Jan-Arwed Richter u. Christian Wolf

Jet-Airliner-Unfälle seit 1952

© HEADSET 1997

Jet-Airliner-Unfälle seit 1952

Jan-Arwed Richter u. Christian Wolf

ISBN-Nr.: 3-923314-13-2

© 1997 by
HEADSET
Döhler & Reinwarth
Postfach 410429
76204 Karlsruhe
Faxtam 0721/498421

Layout und Umschlag:
Hans-Jürgen Ruthenberg, Hamburg

© des Titelbildes:
Action Press, Hamburg
Unfall einer SAS MD-81 bei Stockholm, 1991

Die Rechte an den anderen Bildern liegen bei den in den Bildunterschriften genannten Bildgebern oder den Autoren

Satz:
Eckerle System-Kopie Druckform GmbH, Baden Baden

Druck:
Widmann GmbH, Karlsruhe

Nachdruck und fotomechanische Wiedergabe nur mit ausdrücklicher Genehmigung des Verlages

Printed in Germany

Jan-Arwed Richter
Christian Wolf

Jet-Airliner-Unfälle
seit 1952

Headset Karlsruhe Germany
Döhler und Reinwarth

Inhalt

	Seite
Einführung	7
Vorworte	9
Dokumentation der Unglücksfälle:	
1952 - 1959	11
1960 - 1969	21
1970 - 1979	99
1980 - 1989	258
1990 - 1996	388
Abkürzungen und Fachbegriffe	507
Literatur	509
Index Flugzeugtypen	511
Index Fluggesellschaften	513
Index Unfallorte	516

Einführung

Liebe Leserin, lieber Leser,

einige Zeit ist vergangen, seit wir die „Jet-Airliner-Unfälle seit 1952" in zweiter Auflage veröffentlichten. Bei weiteren Recherchen fanden wir immer neue Unfallberichte und Informationen, die wir in die neue Auflage einfließen ließen. Es wurden die Jet-Unfälle bis einschließlich 1996 aktualisiert.

Zur besseren Anschaulichkeit fügten wir neben weiteren Grafiken nun auch Fotos der Flugzeuge hinzu, die oftmals die später verunglückten Maschinen darstellen.

Die hier wiedergegebenen Schilderungen basieren auf der Recherche öffentlich zugänglicher Informationsquellen wie Zeitungen, Zeitschriften, Büchern, den Fachquellen des Internets, sowie Untersuchungsberichten verschiedener Luftaufsichtsbehörden. Mit Ausnahme der letztgenannten differiert die Qualität der anderen Quellen hinsichtlich Ausführlichkeit, Genauigkeit usw. erheblich, teilweise widersprechen sie sich sogar. Aufgrund des unterschiedlichen Materialumfangs, sind einige Unfälle ausführlicher, andere wiederum knapper gehalten.

Im Prozeß der Informationsfilterung waren wir bemüht distanziert, d.h. sowohl frei von Sensationshascherei, als auch faktentreu zu berichten.

Wir haben uns auf Totalschäden (w/o = Written off) von Düsenverkehrsflugzeugen beschränkt. Material über zurückliegende Unfälle aus der Propeller-Ära (z.B. Constellation; DC-3; DC-4 usw...) würden den ohnehin großen Rahmen dieses Buches sprengen. Dasselbe gilt auch für die myriadenhaften Unfälle der allgemeinen und der militärischen Luftfahrt (eine Ausnahme bilden solche, die mit den Unfällen kommerzieller Düsenverkehrsflugzeuge zu tun haben).

Als Reaktion auf die meisten schweren Flugzeugkatastrophen wurden Verbesserungen an der Flugzeugtechnik, an der Ausbildung und den Bodeneinrichtungen vorgenommen, um einem Wiederholungsfall vorzubeugen. Wir achteten stets darauf, diese Maßnahmen, die für die Opfer leider immer zu spät kamen, so oft sie uns bekannt waren, zu nennen.

Abschließend haben wir noch eine Bitte an Sie:

Dieses Buch wird endgültig fertig sein, solange es die kommerzielle Luftfahrt gibt. Falls es von Ihrer Seite Anmerkungen, Kritik oder Ergänzungen zum Buchinhalt gibt, so setzen Sie uns bitte davon in Kenntnis.

Die Autoren
Hamburg, im Sommer 1997

Vorwort

„Wo gehobelt wird fallen Späne..." Nach diesem Motto hat man sich in den vergangenen Jahrzehnten der Luftfahrt wohl mit dem scheinbar Unabwendbaren von Flugzeugunfällen abgefunden. Auch deren Analysen steckten anfangs noch in den Kinderschuhen. Heute hingegen lassen Flight Data- und Cockpit Voice Recorder, Aufzeichnungen der Sprechfunk- und Radardaten durch die Flugsicherung eine relativ genaue Rekonstruktion der Ereignisse zu, aus denen in vielen Fallen vom schlichten Zwischenfall eine Katastrophe wurde.

Als häufigste Unfallursache wird immer wieder der sogenannte „Human Factor" angeführt, immerhin schließen 75% aller Unfallberichte mit dieser Begründung. Oftmals ist dies wohl auch die bequemste Lösung für Flugzeughersteller und Airlines. Aber ein Satz hat mir auf einem der zahlreichen Sicherheitsseminare am meisten imponiert und bewahrheitet sich immer wieder neu: *„Unfälle passieren nicht - sie werden verursacht".*

Selbst kleinste technische Störungen, wie z.B. eine defekte Glühlampe in der Fahrwerksanzeige (*siehe 29.12.1972, die Autoren*), haben in einem Fall die Cockpitbesatzung so stark beschäftigt, daß sie von „Standard Operating Procedures" (SOP) abwich und es dadurch zur Katastrophe kam. In den seltensten Fällen liegt die Unfallursache im Totalausfall der Piloten. Meistens wurde von vorgeschriebenen Verfahren abgewichen, fehlende Kommunikation, mangelhafte Teamarbeit, Streß oder fehlendes Ausschöpfen aller gegebenen Ressourcen eskalierten und endeten schließlich im Fiasko. Crew Coordination und Crew Resource Management sind schon jetzt ein wichtiger Teil der Pilotenausbildung, und solange die Crew, Gott sei Dank, noch nicht durch Computer ersetzt wurde, wird der menschliche Aspekt eine Rolle spielen, wird es den „Human Factor" geben.

Mein Wunsch ist es, daß diesem Gesichtspunkt weltweit mehr Beachtung geschenkt wird. Luftfahrtunternehmen sollten ihre Besatzungen durch kontinuierliche Aus- und Weiterbildung im positiven Bewußtsein des Menschlichen und der internen Kommunikation schärfen, um diese größte Unfallursache in den Griff zu bekommen. Einsparungen in der Aus- und Weiterbildung, wie sie leider immer häufiger werden, sind hier völlig fehl am Platze, denn UNFÄLLE PASSIEREN NICHT IMMER NUR DEN ANDEREN.

Always happy landings,

Frank Schepek — Flugzeugführer Airbus A340 und Fluglehrer

Vorwort

„There is always a story behind the story" lautet ein angelsächsisches Sprichwort, das mir sofort in den Sinn kam, als ich eine der ersten Auflagen dieses Buches in die Hand bekam. Und der menschliche Forschungsdrang, vielfach mit Neugier verwechselt, will eben die Geschichte, die hinter der Geschichte steckt, wissen. Das hat nichts mit Sensationslust oder der scheinbaren Verifizierung alter Vorurteile zu tun („Ich hab's ja immer schon gesagt, Fliegen ist gefährlich"), sondern mit Grundlagenforschung und - wie immer auf dem Gebiet der Luftfahrt - mit menschlichen Faktoren. Man will wissen, wie ist das passiert um das Gleiche oder ähnliche Unglücke in der Zukunft vermeiden zu können.

Dieses Buch ist hierzu eine hervorragende Studie. Es handelt sich um eine Sammlung von Unfällen, eine sachliche Aufbereitung von Fakten, ohne jegliche Wertung; die jeder für sich selber und seinen Bereich vornehmen muß. In seiner Vollständigkeit und Ausführlichkeit dürfte es momentan einmalig sein.

„Aus Fehlern lernen" ist als ernst gemeinte Intention schon ein Fortschritt, aber im modernen Sicherheitsmanagement nur ein Teilaspekt, nämlich der passive. Im Wesentlichen muß schon im Vorfeld aktiv darauf hingearbeitet werden, potentielle Fehlerquellen zu vermeiden oder erkennbar zu machen, sodaß sie im Falle ihres Auftretens gleich beseitigt werden können. Hierfür ist dieses Kompendium ein hilfreiches Lehrbuch für das Selbststudium. Die Entwicklung moderner Sicherheitstechniken, insbesondere die unter dem Fachbegriff „Crew Resource Management" bekannte Teamschulung für Cockpitbesatzungen, zieht sich für den Leser mit Fachkompetenz wie ein roter Faden durch dieses Buch. „Menschliches Versagen" ist ein Begriff, der viele Unglücke begleitet, und insbesondere dann gerne gebraucht wird, wenn die Besatzung einen Unfall nicht überlebt hat.

Dennoch darf man die menschliche Komponente nirgends vernachlässigen. So wie es kein unsinkbares Schiff gibt (-- Titanic), so gibt es auch kein absturzsicheres Flugzeug (-- Airbus A320 in Habsheim, 26.06.88).

Menschliche Unzulänglichkeit kann aber auch da vorliegen, wo eigentlich die Technik versagt hat, bzw. die Ingenieure zu technikgläubig waren, ein Phänomen, mit dem auch wir Fluglotsen immer wieder zu kämpfen haben. Viele Ingenieure wollen in ihrer Begeisterung für die Technik den Menschen am liebsten ganz ersetzen. Scheitert dies, wird der Mensch wenigstens in seiner Handlungsfähigkeit eingeschränkt. Das kann durch technische Vorgaben sein, daß ein Pilot sein Flugzeug gar nicht mehr so fliegen kann, wie er will, weil der Computer gewisse Steuereingaben schlichtweg verweigert (-- Warschau 14.9.93). Oder durch das relativ neue, in Glascockpitflugzeugen entstandene Phänomen „Ramification", zu deutsch: Verästelung. Kleine Störungen führen zu Fehlermeldungen, diese zu weiteren und irgendwann kann der Pilot die aktuelle Fehlermeldung, eventuell verbunden mit einer automatischen Systemabschaltung, nicht mehr bis zu ihrer eigentlichen Ursache hin zurückverfolgen und interpretieren. Dieses Problem der Verästelung kann auf mangelnde Schulung, (-- Birgenair 06.02.96) aber auch auf Überforderung durch mangelndes Ingenieurwissen der Besatzung zurückzuführen sein (-- Lauda Air 26.05.91).

Interessanterweise hat eine Untersuchung in Japan, wo es um den Vergleich Mensch/Maschine ging, ergeben: „Humans are very bad monitors, but very good deciders." Das gibt mir Hoffnung, daß es noch eine Weile bei Menschen im Cockpit und am Boden als Entscheidungsträgern bleibt. Von enormer Bedeutung für diese Menschen ist ein großes Hintergrundwissen, ein großer Erfahrungsschatz. Dafür ist dieses Buch gedacht. Natürlich kann man nicht aus jedem Unfall lernen; wenn ein Terrorist aus politischen Motiven eine Maschine sprengt, kann man für seine eigenen beruflichen

Aktivitäten vielleicht wenig lernen, aber eine Vielzahl der Unfälle von 1952 bis 1996 kann von großem Wert für jeden Leser sein.

Dem professionell in der Luftfahrt tätigen Leser empfehle ich folgende Stichproben: der Comet-Unfall (08.04.54) mit anschließender Detektivarbeit, der als Meilenstein der Flugunfalluntersuchung gelten darf, und der Zusammenstoß zweier Airliner in der Luft über Zagreb (10.09.76), der insbesondere Fluglotsen nachdenklich stimmen wird. So, wie dem Piloten manche Szene vertraut erscheinen mag, so wird uns Fluglotsen dieses, als „Zagreb 14" in die Geschichte eingegangenes Ereignis, eine Gänsehaut verschaffen.

Ralph Reinwarth, Fluglotse

1952 – 1959

26.10.52
BOAC   DH106 Comet 1
G-ALYZ   6012

Nach einer technischen Zwischenlandung auf dem Flughafen **Rom-Ciampino AP/Italien** sollte die mit 35 Passagieren vollbesetzte Comet an diesem Abend ihren Linienkurs nach Johannesburg wieder aufnehmen. Die erst drei Wochen zuvor ausgelieferte Comet rollte in Dunkelheit und Regen zur Startbahn 16 und begann um 17:56 Uhr/loc. mit ihrem Startlauf.

Die Maschine passierte die 80-Knoten-Marke und der Kommandant zog, den Vorschriften folgend, leicht den Steuerknüppel nach hinten, um das Bugrad vom Asphalt der Startbahn zu heben. Mit aufgerichteter Nase beschleunigte die Comet bis zu ihrer vorher berechneten Abhebegeschwindigkeit von 112 Knoten. Der Steuerknüppel wurde noch ein Stück weiter nach hinten gezogen, woraufhin das Hauptfahrwerk den Boden verließ und die Comet endgültig in der Luft war. Gerade in dem Moment, als der Kommandant das Einziehen der Fahrwerke anordnete, wurde der Rumpf der Comet plötzlich von starken Vibrationen geschüttelt. Die Piloten konnten ein Ausbrechen nach links verhindern, während das Hauptfahrwerk der Comet wieder auf den nassen Bahnasphalt krachte. Da die Maschine jetzt keinerlei Tendenz zeigte, wieder zu beschleunigen, entschlossen sich die Piloten, den Start abzubrechen.

Als die Schubhebel der vier Avon-Triebwerke nach hinten gezogen wurden, war es bereits zu spät, denn die Comet passierte in diesem Moment schon das Ende der Startbahn. Sie schlitterte über unebenes Gelände und einige Entwässerungsgräben, wobei das Hauptfahrwerk abgerissen wurde, bis sie 200 Meter hinter dem Ende der Startbahn zum Stehen kam. Ihre Nase war gerade 10 Meter vom Flughafenzaun entfernt.

Obwohl aus einem Loch in der linken Tragfläche eine große Menge Sprit auslief, brach kein Feuer aus. Folglich verlief die Evakuierung ebenso ruhig wie problemlos. Bis auf zwei Leichtverletzte kamen alle Insassen der Maschine mit einem Schrecken davon. Die neue Comet, der ganze Stolz der britischen Zivilluftfahrt, blieb als Totalschaden hinter der Startbahn zurück.

Die Trümmer der Maschine waren noch nicht zur Seite geräumt, als die Herstellerfirma und die Fluglinie BOAC gemeinsam einen Bericht über die wahrscheinliche Unfallursache veröffentlichte: Sekunden nach dem Abheben war die Luftströmung an den Tragflächen und den Triebwerken abgerissen, was zu den starken Vibrationen und dem Leistungsverlust an den Triebwerken geführt hatte. Grund für diesen Strömungsabriß war das zu starke Rotieren der Comet beim Startlauf und Abheben. Statt der vorschriftsmäßigen 6° hatte die Comet teilweise bis auf 11° rotiert, was durch Schleifspuren des Hecks im letzten Drittel der Bahn offensichtlich war. Die britischen Untersuchungsbehörden gaben das mangelnde Einschätzungsvermögen des Kommandanten der Comet als Hauptursache für den Unfall an. Wegen dieses Urteils wurde er von der BOAC aus dem Kreis der Comet Piloten ausgeschlossen und als Pilot zu den York-Frachtern versetzt. Diese zu Frachtern umgebauten Lancasterbomber aus dem zweiten Weltkrieg transportierten sperrige und komplizierte Fracht, wie zum Beispiel lebende, exotische Tiere, in die entfernten Winkel des britischen Empires und stellte das absolute Rangende für Piloten innerhalb der BOAC dar.

Ebenso wie der Unglückspilot selbst empfanden einige seiner Kollegen dieses Urteil als Ungerechtigkeit. Sie kämpften gegen dieses Urteil an und machten für die Überrotation beim Abheben das Steuersystem und die Instrumentierung der Comet verantwortlich. Das Steuersystem der Comet war eine Neuentwicklung, bei der die Steuereingaben der Piloten von Verstärkermotoren auf die Steuerflächen übertragen wurden. Dieses Fliegen war eine große Erleichterung zu der körperlichen Schwerstarbeit, die das Steuern einer propellergetriebenen Passagiermaschine der damaligen Zeit bedeutete. Doch da der Gegendruck der Steuerflächen fehlte, neigten viele Piloten dazu, aus Routine zu kräftig an dem Steuerknüppel zu zerren. Außerdem fehlte mit dem Gegendruck auch ein „Feedback" auf ihre Steuereingaben. Sie mußten sich an dem damals noch relativ ungenauen Fluginstrument, dem künstlichen Horizont, orientieren, der in der Unglücksmaschine noch nicht über eine Gradeinteilung verfügte. Weitere Nachteile, die mit zu dem Unglück führten, waren die Dunkelheit und das daraus resultierende Fehlen jeglicher optischer Bezugspunkte außerhalb der Maschine. Diese Umstände führten zu der Überrotation und damit zu dem Strömungsabriß. Dieser Strömungsabriß, der den Piloten in einer entscheidenden Flugphase kurzzeitig die Kontrolle über die Maschine raubte, wies außerdem auf eine aerodynamische Überempfindlichkeit der Comet hin.

Der Kommandant kämpfte Zeit seines Lebens gegen das Urteil der Untersuchungskommission und wurde trotzdem nicht mehr rehabilitiert.

03.03.53
Canadian Pacific AL   DH106 Comet 1A
CF-CUN   6014

Die Comet, die in jener Nacht in der pakistanischen Hafenstadt Karachi zum Start rollte, befand sich auf einem Überführungsflug von London in die australische Metropole Sydney. Dort sollte sie für die kanadische Airline Canadian Pacific die Route von Sydney nach Vancouver eröffnen. Nebenbei sollte der Auftritt der Comet in Sydney die australische Airline QANTAS von der Notwendigkeit überzeugen, das britische Wunderflugzeug zu erwerben. Nach einer Landung in Rom erfolgte die zweite Zwischenlandung auf ihrem Flug um die halbe Welt in Beirut, jetzt war sie in Karachi, danach sollten noch weitere Stops in Rangun, Jakarta und Darwin folgen. In Sydney angekommen, sollte sie den ersten asiatischen Jet-Liniendienst nach Kanada eröffnen. Frisch ausgeliefert hatte die werksneue Comet bis jetzt nur 51 Flugstunden absolviert. Auch die Piloten, die die Comet nachts bei klarem Wetter und Vollmond am Beginn der Bahn 25 von **Karachi AP/Pakistan** zum Start vorbereiteten, waren auf Jetflugzeugen und damit auf der Comet unerfahren. Keiner der Besatzungsmitglieder hatte je einen Nachtstart in einer Comet absolviert. Sie hatten allerdings an einem Kurs beim Hersteller de Havilland teilgenommen, wobei großer Wert auf die Rotationsphase während des Startlaufs gelegt wurde, um die Fehler ihres BOAC-Kollegen in Rom zu vermeiden (siehe 26.10.1952).

Um 03:35 Uhr/loc. schob der Kommandant die Schubhebel nach vorne und die Maschine begann die 2.500 Meter lange Piste herunterzurollen. Laut Zeugenaussagen, der Towerlotsen und einer BOAC-Besatzung, hob die „CF-CUN" sehr früh die Bugräder vom Asphalt und schoß mit hochaufgerichteter Nase die Bahn hinunter. Auf der Hälfte der Bahnlänge berührte das Heck den Asphalt. Mit funkensprühenden Heck und einem extrem hohen Anstellwinkel baute die Comet zu langsam ihre Abhebegeschwindigkeit auf.

Die vollgetankte Comet schoß über das Pistenende hinweg auf die Überrollstrecke, wo sich langsam das Hauptfahrwerk vom Boden hob. Doch da war es schon zu spät. Das herunterhängende Heck kollidierte am Ende der Überrollstrecke mit dem Damm eines ausgetrockneten Flusses. Die Comet zerschellte in diesem Flußbett und ging in Flammen auf.

Alle elf Insassen, fünf Besatzungsmitglieder und sechs Techniker des Herstellers, die als Passagiere mitflogen, fanden in den Flammen den Tod.

Auch in diesem Fall wurde den auf Düsenflugzeugen unerfahrenen Piloten die Schuld gegeben. Nicht zuletzt durch diesen Unfall bedingt, stornierte Canadian Pacific alle weiteren Aufträge für dieses neuartige Flugzeugmuster. Nach diesem Unfall wurden die Stimmen immer lauter, die eher der Comet als den Piloten die Schuld an den Abstürzen gaben. Zweimal hatten sich Unfälle mit denselben Begleitumständen ereignet, beide Male mit hocherfahrenen Piloten an Bord. Das Problem, so die Pilotengewerkschaft, sei eher die Comet, denn die Piloten, die sie steuerten. Die gewerkschaftlich organisierten Piloten weigerten sich, die amtlichen Absturzursachen von Rom und Karachi zu akzeptieren und drohten mit einem Streik. An jedem 3. März, dem Tag, an dem sich das Unglück in Karachi jährte, würden die 50.000 in der Gewerkschaft organisierten Piloten für 24 Stunden die Arbeit niederlegen, wenn die Untersuchungen nicht wieder aufgenommen würden.

So unter Druck geraten, gaben die britischen Behörden nach: Die beiden Unfälle wurden nach einer erneuten Untersuchung den mangelnden Auftriebsflächen der Comet (in beiden Fällen waren die Landeklappen nur auf 15° ausgefahren worden), sowie auf die Starttechnik und die mangelhaften Anzeigegeräte im Cockpit zurückgeführt (siehe 26.10.1952). Der Unterschied zwischen der „regulären" Rotation mit 6°-Anstellwinkel und der, wo die Gefahr eines Strömungsabrisses begann, nämlich 9°, war auf dem künstlichen Horizont im Cockpit nur schwer zu erkennen. Bei den Piloten in Karachi kam hinzu, daß sie zum Unglückszeitpunkt schon sehr lange im Dienst waren und insofern sicher Müdigkeit bei dem Unglück eine Rolle spielte.

02.05.53

| BOAC | DH106 Comet 1 |
| G-ALYV | 6008 |

Als sich der Tag des ersten kommerziellen Fluges einer Comet zum ersten Mal jährte, landete auf dem indischen Flughafen Kalkutta-Dum Dum die G-ALYV. Die „Yoke Viktor" war auf einem Linienkurs zwischen Singapur und London und absolvierte in **Kalkutta/Indien** eine Zwischenlandung. Der Kommandant ordnete das Nachtanken der Maschine an und begab sich in das Wetterbüro, um sich über die Witterungsbedingungen des nächsten Routenabschnittes nach Neu Delhi zu informieren. Man befand sich in der Monsunzeit und so war das Wetter sehr wechselhaft. Während über Kalkutta die Sonne schien, liefen beim Flughafen Gewitterwarnungen von Flugzeugen ein, die sich nordwestlich befanden. Eine indische Maschine berichtete von „sehr starken, vertikalen Turbulenzen" mit Böen bis zu 50 Knoten. Von diesen Nachrichten ließ sich der britische Kommandant aber nicht beirren und bestätigte gegenüber dem Chef des Wetterbüros seine Flugroute quer durch die Gewitterfront.

Um 16:30 Uhr/loc. hob die „Yoke Viktor" wieder von der Startbahn des indischen Flughafens ab, wobei sich neben den 37 Passagieren noch sechs Besatzungsmitglieder an Bord befanden. Zwei Minuten später erbaten die Piloten von der Luftraumkontrolle in Kalkutta die Genehmigung auf 32.000 ft zu steigen. Weitere drei Minuten später, um 16:35 Uhr/loc. meldete sich die Besatzung der „Yoke Viktor" bei der Luftraumkontrolle in Delhi, die aber diesen Ruf nicht beantworten konnte. Als der Lotse es wenig später erneut versuchte, den Kontakt mit der Maschine herzustellen, antwortete die Besatzung nicht mehr. Auch alle weiteren Versuche schlugen fehl.

Ungefähr um diese Zeit beobachteten einige Bauern vierzig Kilometer westlich von Kalkutta einen Feuerball in der Luft und sahen kurz darauf Trümmer der „Yoke Viktor" vom Himmel fallen. Als die alarmierten indischen Rettungskräfte in diesem Gebiet eintrafen, konnten sie nur noch den Tod der 43 Insassen feststellen.

Die folgenden Untersuchungen ergaben, daß die Comet auf ihrem Steigflug von einer extrem starken Turbulenz erfaßt wurde und die Piloten dabei die Kontrolle über die plötzlich dem Erdboden entgegentrudelnde Maschine verloren hatten. Als sie verzweifelt versuchten, mittels Ruderbewegungen die Kontrolle wiederherzustellen, wurde durch die heftigen Steuerausschläge der Höhen- und Seitenruder die Struktur des Leitwerks überstrapaziert. Diese Steuerbewegung war auch aus einem anderen Grund sehr heftig ausgefallen. Das Steuersystem der Comet verfügte damals über keinerlei „Feedback" (siehe 26.10.1952), was oft zu einem „Overcontrolling" der Steuerelemente und damit zu sehr heftigen Steuerausschlägen führte. Dazu kam noch, daß der Kommandant einen Großteil seiner Flugerfahrung auf Wasserflugzeugen gesammelt hatte, deren Kontrolle besonders kräftige Steuerschläge der Piloten erforderte. Die indische Untersuchungsbehörde nahm an, daß die Steuerbewegungen zusammen mit dem Gegendruck der Turbulenz die Verbindungsstellen des Hecks mit dem Rumpf überfordert hatte, woraufhin das Heck abgebrochen war. Das gesamte Gewicht der Maschine lag nun schlagartig auf den Befestigungen, die die Tragflächen mit dem Rumpf verbanden, die diesen Belastungen nicht gewachsen waren und brachen. Sowohl die hintere Rumpfsektion wie auch die Tragflächen wurden nach dem Absturz in einiger Entfernung vom Hauptwrack gefunden.

Ob Materialermüdung beim Abbrechen des Hecks eine Rolle gespielt hatte, war nicht mehr zu klären. Andere Absturzursachen, wie ein Blitzschlag oder eine Explosion an Bord wurde von den indischen und britischen Behörden ausgeschlossen, aber auch nicht weiter untersucht.

25.06.53
U A T DH106 Comet 1A
F-BGSC 6019

Bei einem Landeunfall auf dem Flughafen von **Dakar/Senegal** schoß die Comet über das Ende der Bahn hinaus und wurde so stark beschädigt, daß sie nicht mehr repariert wurde.

Glücklicherweise kam niemand ums Leben, es wurden allerdings 29 Insassen verletzt.

25.07.53
BOAC DH106 Comet 1
G-ALYR 6004

Auf dem Flughafen von **Kalkutta/Indien** wurde die Comet aus nicht näher bekannten Gründen irreparabel beschädigt.

10.01.54
BOAC DH106 Comet 1
G-ALYP 6003

Nach dem zweiten Weltkrieg begann zwischen den beiden Alliierten Großbritannien und den USA ein Wettrennen um die Nachkriegsmärkte. Beide Länder hatten sich während des zweiten Weltkrieges darauf geeinigt, daß die USA sich eher auf die Entwicklung von Transportflugzeugen konzentrieren, während Großbritannien sich um den Bau von Jägern und Bombern kümmern sollte. Auf den ersten Blick gab diese Konstellation den Briten einen schlechten Startplatz für das Rennen um die Märkte des zivilen Luftverkehrs, die in der Folge von den propellergetriebenen Produkten der amerikanischen Firmen Boeing, Lockheed und Douglas beherrscht wurden. Die britische Luftfahrtindustrie war aber nicht gewillt, auch den Markt der Zukunft, nämlich den für strahlgetriebene Passagierflugzeuge, den USA zu überlassen. Schon 1943 beschloß ein Ausschuß des britischen Parlaments den Bau eines strahlgetriebenen Postflugzeuges für den Transatlantikverkehr. Die Traditionsfirma de Havilland bekam den Zuschlag für die Entwicklung des Projektes IV und trieb dieses nach dem Krieg mit Nachdruck voran. Die Firma konnte dabei auf Erfahrungen beim Bau von strahlgetriebenen Jagdflugzeugen zurückgreifen, die in Großbritannien gebaut worden waren. Da sich die britische Luftfahrtindustrie auf den Bau von Jagdflugzeugen spezialisiert hatte, war sie mit den Lösungen der vielen mechanischen und aerodynamischen Probleme, die Strahltriebwerke mit sich bringen, viel erfahrener als ihre amerikanischen Konkurrenten. Im Lauf der Zeit wurde aus dem Postflugzeug mit dem Namen „Projekt IV" das Passagierflugzeug Comet, welches am 27.07.1949 erfolgreich seinen Erstflug absolvierte.

In einer Zeit, in der Großbritanniens Empire zusammenzubrechen begann und das Land von einer Wirtschaftskrise in die nächste fiel, war dieses majestätische, silberne Flugzeug nicht nur die Rettung der notleidenden britischen Luftfahrtindustrie, es war auch der Stolz und die Hoffnung einer ganzen Nation.

In den folgenden drei Jahren durchliefen Prototypen der Comet ein anspruchsvolles, nie dagewesenes Testprogramm. Als dieses abgeschlossen war, wurden die ersten Maschinen an die britischen Überseefluggesellschaft BOAC ausgeliefert, die kurz darauf mit ihnen den Passagierdienst aufnahm. Schon bald nach der Einführung ereigneten sich die ersten Unfälle mit dem Flugzeugtyp, die aber allesamt den mangelnden Erfahrungen der Piloten mit dem „Wunderflugzeug" und dem Wetter zugeschrieben wurden. Die Herstellerfirma konnte sich vor Bestellungen kaum retten, und als die amerikanische Fluggesellschaft PAN AM 1952 drei Comets bestellte, schien nichts mehr den Erfolg dieses Flugzeuges aufhalten zu können.

Bis zu jenem kalten Januarmorgen in Italien. Die Comet „Yoke Peter" war einige Stunden zuvor aus Singapur eingetroffen und hob um 10:30 Uhr/loc. nach einer technischen Zwischenlandung vom römischen Flughafen Ciampino wieder ab. Auf ihrem Weg nach London überflog sie die italienische Küste bei Ostia und begann nun parallel zur Küstenlinie auf ihre Reiseflughöhe von 36.000 ft zu steigen. Zwanzig Minuten nach dem Start meldete die Besatzung das Passieren der Flughöhe 26.000 ft und schwenkte endgültig auf das **Tyrrhenische Meer** hinaus. Einige Minuten später meldete sich der Kommandant der „Yoke Peter" über Funk bei einer BOAC Propellermaschine, die zehn Minuten vor seiner Comet in Rom gestartet war. Er wollte sich mit seinem Kollegen über einen Wetterbericht unterhalten und begann gerade den Satz *„Hast du meinem...."*, als sich an Bord der „Yoke Peter" etwas ereignet haben mußte, was ihn für immer verstummen ließ.

Einige Fischer, die sich im Seegebiet in der Nähe der Insel Elba aufhielten, hörten in diesem Moment eine Serie von Explosionen über den Wolken und sahen kurz darauf das Wrack eines Flugzeuges, das in einer immer enger werdenden Spirale der Meeresoberfläche entgegenfiel. Einige Teile des Wracks lösten sich während des Sturzes und zogen Rauchfahnen hinter sich her. Sofort liefen alle verfügbaren Schiffe und Boote aus den umliegenden Häfen aus. Sie konnten aber nur wenige Trümmer der Maschine und einige Leichen von der Wasseroberfläche bergen. Es war offensichtlich, daß keiner der sechs Besatzungsmitglieder und 29 Passagiere diesen Absturz überlebt hatte. Es konnten insgesamt nur 15 Leichen geborgen werden, die allesamt grauenhafte Verletzungen aufwiesen.

Die italienische Regierung setzte sofort eine Untersuchungskommission ein, die von britischen Experten unterstützt werden sollte. Vorsichtshalber wurde die gesamte Flotte der schon ausgelieferten 25 Comets sofort stillgelegt, bis man wußte, was dieses Desaster ausgelöst hatte.

Kurz nach dem Unglück trafen die ersten britischen Marineeinheiten im Seegebiet nahe der Insel Elba ein und begannen den Meeresgrund nach Trümmern der „Yoke Peter" abzusuchen, wobei die damals noch neue Technik von Unterwasser-TV-Kameras zum Einsatz kam. Dieser Aufwand an Technik war notwendig, denn an der Stelle, wo das Wrack vermutet wurde, war der Meeresgrund über 300 Meter tief und damit für Taucher und Unterseeboote nicht erreichbar. Da man nur ungenaue Angaben über die Stelle hatte, bei der „Yoke Peter" auf die Wasseroberfläche aufgeschlagen war, gestaltete sich die Suche sehr langwierig.

Die italienischen Behörden hatten inzwischen die geborgenen Leichen untersucht und gaben bekannt, daß man keine Anzeichen für eine Explosion oder ein Feuer an Bord der Unglücksmaschine finden konnte. Trotzdem stand für die britische Presse vom ersten Moment die Ursache für den Absturz fest: Sabotage. Die wildesten Schlagzeilen hielten mit möglichen Tätern und Komplotten jeden Morgen die Briten in Atem, während die Regierung verzweifelt versuchte, diese Gerüchte zu dementieren und sich selber einen Einblick in die Lage zu verschaffen.

Beim Hersteller de Havilland begann man ebenfalls zu fragen, warum die knapp drei Jahre alte „Yoke Peter" so schlagartig in der Luft auseinandergebrochen war. Neben einem Fehler im Steuerungssystem vermutete man schon bald den Grund des Desasters in der Konstruktion der Druckkabine.

Um den Insassen das Atmen in großen Höhen zu ermöglichen, muß innerhalb der Flugzeugkabine ein höherer Druck herrschen als außerhalb. Deshalb ist die Rumpfzelle als Druckkabine ausgelegt, die nach dem Schließen der Türen hermetisch gegen die Umgebung abgeschlossen ist. Im Steigflug baut sich dann innerhalb der Rumpfzelle ein hoher Druck auf, wobei sich die Rumpfzelle leicht weitet, da sie sich aufbläht wie ein Ballon. Im Sinkflug wiederum nimmt der Überdruck ab und die Rumpfzelle schrumpft wieder auf Normalmaß zurück. Um diesen wechselnden Belastungen gewachsen zu sein, muß die Konstruktion der Rumpfzelle, insbesondere die Verbindungsstellen mit Einbauten wie Türen und Fenster, gleichzeitig elastisch und massiv sein. Ein durch eine Explosion verursachtes Loch im Rumpf oder durch eine Materialschwäche hervorgerufener Riß innerhalb dieser Konstruktion hat in der Luft katastrophale Folgen. Der höhere Druck innerhalb des Rumpfes gleicht sich schlagartig dem Umgebungsdruck an, wobei die angestaute Luft durch den Riß mit einer derartigen Gewalt in das Freie strömt, daß die Schäden in der Rumpfzelle sich noch vergrößern.

Bei der Konstruktion und der anschließenden Testphase der Comet war diesem Aspekt besondere Aufmerksamkeit geschenkt worden. Der Hersteller „alterte" auf einem Teststand künstlich jedes Einzelteil und ganze Sektionen des Rumpfes, in dem sie immer wieder wechselnden Luftdruckbelastungen ausgesetzt wurden.

ca. 70% der Trümmer von „Yoke Peter" wurden vom Meeresgrund geborgen und wieder zusammengefügt um die Unglücksursache zu ermitteln <Quelle: ICAO Circular 47-AN/42, S. 37>

Diese Belastungen überstiegen die staatlich geforderten Werte um 50 % und simulierten ein 18.000 Zyklen langes Serviceleben (also einem vollständigem Flug mit einem Start und einer Landung), ohne daß es zu Rissen kam.

Die „Yoke Peter" hatte aber gerade 1.200 Zyklen absolviert, als sie über dem Tyrrhenischen Meer auseinanderbrach. Die Untersuchungsbehörden zogen nun Betracht, daß immer nur Teile der Comet getestet worden waren, aber nie die gesamte Maschine zusammen. Also beschloß man, das nachzuholen. Eine der älteren Comets der BOAC, die „Yoke Uncle", wurde auf dem Gelände der britischen Flugzeuguntersuchungsbehörde in Farnborough einem Wassertank umbaut, bis nur noch die Flügel aus der Konstruktion herausschauten. In diesem Wassertank sollten die Lastwechsel eines normalen Servicelebens einer Comet solange simuliert werden, bis der Rumpf endlich aufgrund von Ermüdungsrissen nachgab. Ein komplexes Testprogramm wurde entworfen, um einen normalen Flug zu simulieren, inclusive der Verlagerung des Flugzeuggewichts beim Start vom Fahrwerk auf die Rumpfzelle. Der Teststand sollte 24 Stunden am Tag arbeiten, um das gesamte Flugzeug in Zeitraffer altern zu lassen, wobei ein simulierter Zyklus zehn Minuten dauerte.

Je länger die Ermittlung dauerte, ohne daß man konkrete Ergebnisse vorweisen konnte, um so größer wurde der Druck auf die Behörden. Zwar fanden die in das Seegebiet entsandten Bergungseinheiten der Royal Navy am 10.02.1954 endlich die Stelle, wo die meisten Teile des Rumpfes der „Yoke Peter" versunken waren, aber die Bergung der Wrackteile war zeitaufwendig und frustrierend langsam. Die BOAC hatte seit über einem Monat ihre Haupteinnahmequelle in einer Ecke des Londoner Flughafens Heathrow abgestellt und rechnete der Regierung vor, wieviel Geld und Ansehen ihr dieser Zustand jeden Tag kosten würde. Auch der Hersteller de Havilland wurde unruhig. Endlich, am 23.03.1954, gab die britische Luftaufsicht nach. Obwohl man keinen Hinweis darauf gefunden hatte, gab sie als Absturzgrund ein Feuer an Bord der „Yoke Peter" an. Man unterrichtete die BOAC darüber, daß die britische Regierung unter diesen Umständen keinen Grund mehr sehen würde, warum BOAC ihre Linienflüge mit der Comet nicht wieder aufnehmen sollte. Der Hersteller de Havilland gab bekannt, daß in der elfwöchigen Zeit, in der alle Comets inaktiv waren, gut 60 Änderungen und Verbesserungen an den Maschinen vorgenommen wurden, die die Maschine praktisch „absturzsicher" machen sollte. Einen Tag später wurde der Flugbetrieb mit der Comet wieder aufgenommen. Die Versuche mit der „Yoke Uncle" sollten ebenso fortgesetzt wie die Such- und Bergungsaktion im **Tyrrhenischen Meer** nach den Überresten der „Yoke Peter".

Zwei Wochen später, am 08.04.1954, zerbrach die Comet „Yoke Yoke" über dem Tyrrhenischen Meer unter denselben Umständen wie ihr Schwesterflugzeug „Yoke Peter", wobei alle 21 Insassen an Bord ums Leben kamen.

Ein Schrei des Entsetzens ging durch Großbritannien. Die Zeitungen, die Wochen zuvor von der Regierung lautstark die Freigabe der Comet gefordert hatten, wollten jetzt den Kopf des politisch Verantwortlichen für diese Freigabe. Vier Tage nach dem Absturz der „Yoke Yoke" entzog eine in Panik befindliche britische Regierung der Comet ihre Betriebsgenehmigung, während der Premierminister vor dem britischen Parlament Rede und Antwort stehen mußte. Er kündigte an, daß die britische Regierung bei der Suche nach der Absturzursache weder Kosten noch Mühen scheuen würde.

Das Wrack der „Yoke Yoke" lag in einer Meerestiefe von über 600 Metern, weswegen die Bergung der Trümmerstücke praktisch unmöglich war. So lagen alle Hoffnungen auf der Bergungsaktion nach der „Yoke Peter". Diese Bergung nahm langsam verzweifelte Züge an. Die bis jetzt relativ erfolglose und deswegen unter großem Mediendruck stehende Royal Navy kämmte systematisch den Meeresboden zwischen den beiden Inseln Elba und Montecristo nach jedem noch so kleinen Wrackteil ab. Jedes gehobene Teil wurde nach Großbritannien geflogen, dort identifiziert und an einem Drahtgestell so gruppiert, daß man die Unglücksmaschine genau rekonstruierte. So versuchten die Ermittler herauszukriegen, wo das Auseinanderbrechen der „Yoke Peter" begonnen hatte.

Die hartnäckige Suche nach Wrackteilen und die akribische Rekonstruktion zeigte fünf Monate nach dem Absturz der „Yoke Peter" endlich Früchte. Als die Hecksektion gehoben wurde und in das Drahtgestell eingefügt wurde, bemerkten die Ermittler eine Schramme in der blauen Farbe des Heckbereichs. Diese Schramme,

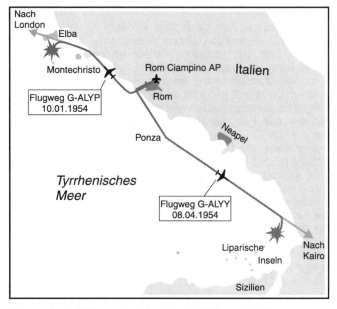

Flugweg der G-ALYP am 10.1.54 und der G-ALYY am 08.4.54

die an der Tragfläche begann und sich bis zum Leitwerk hinzog, war durch einen Passagiersitz verursacht worden, der aus der Druckkabine herausgeschleudert wurde. Der Sitz war an dem Rumpf entlanggeschleift und war dann gegen das Leitwerk geprallt, welches daraufhin abgebrochen war. Neben Spuren von blauer Farbe auf der Oberseite der linke Tragfläche, die haargenau zu einer weiteren Schramme an der Außenseite des Rumpfes paßte, wurden auch Splitter des vorderen linken Notausstiegsfensters in der Tragflächenvorderkante gefunden. Das alles bedeutete, daß die Rumpfzelle zuerst kurz vor dem Tragflächenansatz aufgebrochen war und dann Teile der Konstruktion nach außen weggeschleudert worden waren. Das Auseinanderbrechen der „Yoke Peter" hatte in der vorderen linken Rumpfsektion begonnen.

Anfang Juni, also gut fünf Monate nach dem ersten Absturz, ereignete sich die dritte explosionsartige Dekrompression eines Cometrumpfes. Dieses Mal zerbarst allerdings der Rumpf des Versuchsflugzeugs „Yoke Uncle" am Boden des Wasserbassins in Farnborough. Diese Dekrompression ereignete sich nach der Simulation von 9.000 Flugzyklen. Der Rumpf der Comet hatte gerade mal die Hälfte seiner normalen Lebensdauer absolviert.

Als die Ermittler das Wasser abgelassen hatten, starrten sie in ein Loch von der Größe 2,5 m * 0,3 m in der vorderen Rumpfzelle. Der Riß begann an der unteren Kante des vorderen linken Notausstiegsfensters und hatte sich dann nach beiden Seiten weiter fortgesetzt. Ursache waren durch Materialermüdung entstandene Haarrisse in dem Loch einer Nietverbindung, die den Rahmen des Notausstieges mit der Rumpfzelle verband.

Jetzt wußte man, wonach man suchen mußte. Sowohl die vordere Rumpfsektion wie auch das herausgeschleuderte Notausstiegsfenster der „Yoke Peter" waren inzwischen geborgen worden und wurden nun eingehend metalurgisch untersucht. Anhand der so erzielten Ergebnisse konnte man nun die letzten Sekunden der „Yoke Peter" rekonstruieren:

Seinen Ursprung hatte das Desaster wiederum in einem Haarriß, wiederum im Loch einer Nietverbindung. Die Niete verband den Einbaurahmen der ADF-Antenne mit der Rumpfzelle. Diese ADF-Antenne dient der Navigation und ist an der oberen Spitze der Rumpfzelle installiert. Der Haarriß schwächte die Konstruktion so sehr, daß diese nachgab, als sich während des Steigfluges der „Yoke Peter" der Druck in der Rumpfzelle aufbaute. Der so entstandene Riß vergrößerte sich explosionsartig nach hinten und nach unten, wo der instabile Rahmen des Notausstieges herausflog. Jetzt ohne konstruktiven Halt, zerbarst die gesamte vordere linke Rumpfstruktur, unterstützt von der explosionsartig entweichenden Kabinenluft und der Eigengeschwindigkeit der Comet. Sekundenbruchteile später brach die Rumpfzelle zuerst mittschiffs in der Höhe der Fahrwerkschächte und dann noch einmal kurz vor den Vorderkanten der Tragflächen. Die Cockpitsektion löste sich vom Rumpf, dann das Heck und später auch die äußeren Tragflächen. Die relativ intakten Cockpit- und die Hecksektion schlugen zuerst auf die dunkle Wasseroberfläche des Tyrrhenisches Meeres auf, gefolgt von den Einzelteilen der zerborstenen Mittschiffssektion und den Tragflächen.

Nach den beiden katastrophalen Abstürzen wurden im Flugzeugbau Konsequenzen gezogen: Zuerst wurde die Rumpfstruktur der nachfolgenden Comet-Versionen noch einmal verstärkt. Die äußerlich erkennbare Veränderung war die Abschaffung der viereckigen Kabinenfenster in der Comet und allen anderen nachfolgenden Flugzeugen mit Druckkabine. Sie wurden durch kleinere, runde Fenster ersetzt. Der Suche und Behandlung von Haarrissen innerhalb von Flugzeugrümpfen wurde von nun an in den Wartungshallen der Airlines höchste Aufmerksamkeit geschenkt.

Der höchste Gerichtshof Großbritanniens sprach die Herstellerfirma de Havilland von aller Verantwortung für die beiden Abstürze frei. Die Firma hatte bei der Entwicklung und beim Bau der Comet absolutes Neuland betreten und dabei alle Aspekte der Ingenieurskunst beachtet. Diese Pionierleistung mußte de Havilland und die gesamte britische Luftfahrtindustrie teuer bezahlen. Die 25 schon ausgelieferten Comets der ersten Version (Comet 1), kamen nicht mehr in den Liniendienst. Sie wurden entweder als Versuchsflugzeuge benutzt, verschrottet oder der Royal Air Force übergeben. Die nachfolgenden Versionen 2 und 3 kamen gar nicht mehr in die Produktion. Es sollte bis April 1958 dauern, bis die vollständig überarbeitete Comet 4 zu ihrem Erstflug abhob und kurz darauf von der BOAC in Dienst gestellt wurde. Doch dieses exzellente Flugzeug sollte nie den Verkaufserfolg erreichen, den man geplant hatte. Kurz darauf absolvierten die beiden amerikanischen Konkurenzmodelle Boeing 707 und Douglas DC 8 ihre Erstflüge, in deren Entwicklung die Erkenntnisse der Comet-Abstürze eingeflossen waren. Die 707 und die DC-8 waren größer, hatten eine längere Reichweite, ihre Herstellerfirmen waren reicher und sie hatten keine Probleme mit ihrem Ruf, wie die Comet. Das Image, ein Katastrophenflugzeug zu sein, sollte der Comet bis an ihr Ende schaden, obwohl es bei der Einführung der Boeing 707 ebenfalls Probleme gab, die das gesamte Programm in Frage stellten (siehe 19.10.1959).

08.04.54

BOAC	DH106 Comet 1
G-ALYY	6011

Auf dem Flug von London-Heathrow nach Johannesburg wurde die Comet an die südafrikanische Fluggesellschaft South African Airways verchartert, damit auch die S.A.A. die begehrten Düsenflugzeuge auf ihren Flügen einsetzen konnte. Die Besatzung wurde auf diesen Flügen von der S.A.A. gestellt. Auf ihrem Flug von London nach Kapstadt absolvierte die Maschine auch eine technische Zwischenlandung auf dem römischen Flughafen Ciampino.

Kurz nach der Landung bemerkten Bodenarbeiter, daß sich 30 Haltebolzen in der linken Tragfläche gelöst hatten, und benachrichtigten die Besatzung. Daraufhin wurde der Vierstrahler umständlich repariert und konnte erst am nächsten Tag, mit 25-stündigen Verspätung, um 19.32 Uhr/loc., zum Weiterflug nach Kairo abheben. Es befanden sich 14 Passagiere und 7 Besatzungsmitglieder an

Bord der Maschine, die nun im Steigflug Kurs auf das Funkfeuer von Neapel nahm. Während die Comet auf ihre Reiseflughöhe von 35.000 ft stieg, setzte die Besatzung um 19:57 Uhr/loc. eine Positionsmeldung ab. Sieben Minuten später passierte die Comet den Golf von Neapel und flog nun auf das **Tyrrhenische Meer/Italien** heraus. Hier meldete sich die Besatzung noch einmal, um dem Flughafen in Kairo ihre voraussichtliche Ankunftszeit mitzuteilen. Dies war das letzte Lebenszeichen des Fluges. Alle weiteren Versuche der Bodenstationen, mit der „Yoke Yoke" Kontakt aufzunehmen, schlugen fehl. Die zwei Jahre alte Maschine zerfiel am abendlichen Himmel in seine Bestandteile, die einige Minuten darauf auf der Wasseroberfläche des Tyrrhenischen Meeres aufschlugen. Keiner der 21 Menschen in der Maschine überlebte die Katastrophe.

Die Maschine war über der See zerbrochen, die Wassertiefen von 600 Metern hatte und deshalb für Taucher nicht zugänglich war. So konnten keine Einzelteile der Maschine geborgen werden. Da der Absturz aber unter denselben Umständen stattfand wie der Absturz des Schwesterflugzeugs „Yoke Peter" (siehe 10.01.1954), nahm man für die „Yoke Yoke" einen ähnlichen Absturzverlauf an.

13.09.57
R A F DH106 Comet 2
XK663 6027

Durch ein entstandenes Feuer im RAF Hangar in **Wyton/England**, in dem die Comet gerade geparkt war, wurde diese so sehr in Mitleidenschaft gezogen, daß sich eine Reparatur nicht mehr lohnte.

19.02.58
Aeroflot Tupolev 104G
CCCP-L5414 1681304

Aufgrund von Treibstoffknappheit sah man sich an Bord dieses ersten zivilen sowjetischen Düsenflugzeugs nicht mehr in der Lage, den Flughafen zu erreichen, und stürzte in ein Waldgebiet nahe der Ortschaft **Savosteevka/UdSSR**, ca. 1.500 Meter vor der Landebahnschwelle, fing Feuer und zerschellte. Die Tupolev kam aus Moskau und sollte nach Peking fliegen. Über Todesopfer lagen keine Meldungen vor.

15.08.58
Aeroflot Tupolev 104A
CCCP-L5442 -

Die Tupolev erfuhr in einem Gewittersturm einen Strömungsabriß und stürzte bei **Chita/UdSSR** ab.
Alle 64 Insassen kamen ums Leben.

17.10.58
Aeroflot Tupolev 104A
CCCP-42362 -

Auf einem Flug von Omsk nach Moskau verlor man in etwa 10.000 Meter Höhe die Steuerkontrolle und stürzte bei **Chabarowsk/UdSSR** zu Boden. Alle 80 Insassen kamen zu Tode.

05.03.59
Elbe Flugzeugwerke Baade VL-DDR 152
DM-ZYA 1

Kurz nach der Gründung der DDR entwickelten die ostdeutschen Ingenieure ein düsengetriebenes Verkehrsflugzeug, das der ganze Stolz der jungen Republik war. Am 04.12.1958 erhob sich dröhnend die vierstrahlige Baade 152 auf dem Areal des Dresdener Flughafens Klotzsche in die Luft. Dem erfolgreichen Erstflug folgte eine dreimonatige Baupause, in der unter anderem die Rumpfzelle unzähligen Belastungs- und Festigkeitstests unterworfen wurde. Weitere Tests und Reparaturen folgten, bis die „ZYA" Ende Februar wieder einsatzbereit war.

Der zweite Flug erfolgte an diesem Tag um 12:56 Uhr/loc., als die Maschine auf der 2.500 Meter langen Bahn in Klotzsche abhob. An Bord befanden sich außer den beiden Testpiloten auch noch ein Flug- bzw. ein Bordingenieur. Nach einer Flugzeit von 35 Minuten baten die Piloten, eine höhere Geschwindigkeit als zugelassen aufnehmen zu dürfen. Dies wurde vom Kontrollturm in Dresden jedoch nicht gestattet. „ZYA" machte somit in 6.000 Meter Höhe mit dem Versuchsprogramm über der südlichen DDR weiter. Um 13.40 Uhr/loc. wurde die 152er angewiesen, zum Flughafen zurückzukehren. Aus einer Höhe von 6.000 Metern setzte man daraufhin zum Landeanflug an. Mit geringer Triebwerksleistung sank die Maschine von Norden her dem Boden entgegen, als der Kontrollturm die neuesten Windinformationen durchgab. In dieser Flugphase war man noch ca. 6 Meilen vom Flughafen entfernt, als die Piloten im Tower anfragten:

ZYA: „Elbe-Start von YA, erlauben Sie Überflug des Platzes in einhundert Metern mit Fahrwerk ein?"
ATC: „DYA von Elbe-Start, Überflug erlaubt. DYA von Elbe Start, bitte geben Sie ihren Standort."
ZYA: „YA, DN, vierhundert."
ATC: „DYA von Elbe-Start, verstanden...DYA, DYA...bitte kommen."

Doch „DM-ZYA" antwortete nicht mehr. Kurz hinter dem Einflugzeichen DN, kippte die Baade 152 aus 400 Metern plötzlich nach unten ab und schlug nahe der Ortschaft **Ottendorf-Okrilla/DDR** auf den Erdboden.

Beim Aufschlag, der das Flugzeug zerschellen ließ, starben alle vier Besatzungsmitglieder.

Die Konstrukteure standen allesamt zunächst vor einem Rätsel. Eine präzise Aufklärung der Geschehnisse wurde dadurch behindert, daß sämtliche Unterlagen, die den Absturz betrafen, vernichtet bzw. nicht zugänglich waren. Fest steht jedoch, daß die Piloten ihre Flugroute nicht korrekt einhielten. Auch wurde das vorgesehene Testprogramm nicht planmäßig durchgeführt. So wurde beispielsweise in 3.000 Metern der Sinkflug durch gezielte Schuberhöhung nicht, wie gefordert, unterbrochen. Auch die Bitte der Besatzung, den Flughafen von Norden her in 100 Metern überfliegen zu dürfen, gehörte nicht zum Flugprogramm. Da aber ein Pressefotograf des „Neuen Deutschland" am Flughafen bereitstand, genehmigte der Aufsichtsbeamte am Boden dieses unübliche

DM-ZYA; der Unglücksjet in der Endmontage und bei der feierlichen Vorstellung / Dresden 1958 <Quelle: Baade/Flieger Revue>

Flugmanöver. Wie auch immer, sicher ist jedenfalls, daß die Baade bei langsamen Flugzuständen aerodynamische Probleme bekam. Der Rumpf sowie die Tragflächen stammten von dem sowjetischen Bomber Samoljot 150, einem zweistrahligen Hochdecker der frühen fünfziger Jahre. Die Tragflächenpfeilung betrug bei diesem Flugzeug 30° Grad, was dazu führte, daß die Strömungsabrißgeschwindigkeit (V_{ref}) relativ hoch lag. Das hieß, daß der Jet in niedrigen Geschwindigkeitsbereichen extrem instabil war, weil die Strömung in diesem Grenzbereich schnell abriß. Dann geht auch die Auftriebskraft der Tragflächen verloren und der Jet gerät ins Trudeln, was zu einem Absturz führen kann.

Was sich genau in den letzten Augenblicken vor dem Absturz an Bord ereignet hat, konnte niemals hundertprozentig aufgeklärt werden. Als sicher galt jedoch, daß das Kraftstoffsystem bei extremen Fluglagen funktionale Mängel aufwies. So wurde von den äußeren Tragflächentanks aus kaum noch ein Tropfen Kerosin in die Triebwerke eingespritzt. Hätte der Pilot versucht, die Maschine in Bodennähe bei V_{ref} abzufangen, wäre wahrscheinlich keine Beschleunigungswirkung aufgetreten. Der Jet leitete seinen Sinkflug in 6.000 Meter Höhe ein und war dabei schon recht langsam. Aufgrund der geringen Triebwerksleistung baute sich die Fluggeschwindigkeit immer mehr ab. Als der Pilot im Endanflug versuchte, den Sinkflug abzufangen, kam es höchstwahrscheinlich zu einem Strömungsabriß an den gepfeilten Tragflächen. Weil die vier Triebwerke nicht mit genügend Treibstoff versorgt wurden, zeigte eine sofortige Schuberhöhung keinerlei Wirkung. Es kam zu einem rapiden Sturzflug, der mit dem Aufschlag am Boden endete. Nachdem alle Untersuchungsergebnisse ausgewertet wurden, wurde ein Nachfolgemuster der 152er gebaut: die 152/II. An diesem Flugzeug wurden diverse Verbesserungen durchgeführt, doch kam es nur zu zwei kurzen Testflügen. Die 152/II ging nie in die Serienfertigung, obwohl die ostdeutsche Lufthansa bereits ihr Interesse an dem Flugzeug bekundet hatte. Damit endete die kurze Episode des zivilen Flugzeugbaus der DDR.

15.08.59
American AL   **Boeing 707-120**
N7514A   **17641**

Im Cockpit war es an diesem Nachmittag besonders voll. Für den heutigen Trainingsflug befanden sich ganze fünf Personen in der Kommandozentrale der 707. Es war die Zeit, als viele Propellermaschinen aus dem Mittel- und Langstreckenverkehr der US-Airlines zugunsten von Jetflugzeugen abgezogen wurden. Um genügend ausgebildetes Personal zu haben, mußten umfangreiche Schulungs- und Trainingsprogramme ins Leben gerufen werden, um den gesteigerten Anforderungen an die Flugzeugführer gerecht werden zu können. Sowohl im linken wie im rechten Pilotensitz nahmen zwei erfahrene Kommandanten Platz, die zuvor auf Kolbenflugzeugen zu Hause waren. Zwar absolvierten sie einige Stunden als Beobachter im Jetsimulator, aber einmal wahrhaftig hinter dem Steuerknüppel einer 707 zu sitzen, das war schon etwas anderes für sie. Hinter den beiden saß der Jet-Instruktor auf dem Platz des 2. Offiziers. Komplettiert wurde die Mannschaft durch einen Flugingenieur, der ebenfalls von einem Jet-Instruktor in die neue Technik eingewiesen werden sollte. Ansonsten befand sich niemand an Bord der Boeing. Es war 13:40 Uhr/loc., als die Maschine unter der Flugnummer AA 514 in New York-Idlewild AP/NY/USA abhob. Der Trainingsprogramm beinhaltete einige Übungsanflüge auf den nahegelegenen Peconic River Airport. Zuvor wurden einige Checks auf Reiseflughöhe im Verlauf der Luftstraße V-16 gemacht. Kurz nach 15:00 Uhr/loc. verließ Flug 514 die Reiseflughöhe und nahm Kurs auf den Flughafen von Peconic, nahe der Stadt Calverton auf der Insel Long Island. Dieser Flughafen eignete sich sehr gut für Jet-Trainingsflüge, da hier ausreichende Bodeneinrichtungen vorhanden sind und wenig Flugverkehr herrscht. Bei gutem Flugwetter begann die 707 um 15:11 Uhr/loc. im Luftraum von Peconic mit ihrem Ausbildungsprogramm. Die Flugmanöver beinhalteten u.a.: Full-Stop-Landung; Landungen und Starts bei Seitenwind; Anflugabbruch; simulierte Triebwerksausfälle und einen Anflugabbruch ohne ausgefahrene Klappen.

In Betrieb befand sich an diesem Tag die Bahn 23. Nach dem letzten abgebrochenen Landeanflug, bei dem zwar das Fahrwerk ausgefahren wurde, jedoch keine Klappen gesetzt wurden, wollten die Instruktoren den Schwierigkeitsgrad für die beiden Piloten noch etwas erhöhen. Nachdem man in 2.000 ft den Steigflug unterbrach, um ein weiteres Mal in einer Linkskurve den Platz anzufliegen, wurden die beiden Leistungshebel der zwei rechten Triebwerke (Nr.3 und Nr.4) auf Leerlauf zurückgezogen. Damit wollten die Instruktoren den äußerst seltenen Fall eines doppelten Triebwerksausfalls an der rechten Tragfläche simulieren. Um die angepeilte Fluggeschwindigkeit von 160 Knoten halten zu können wurden daraufhin die beiden anderen Leistungshebel der linken Triebwerke Nr.1 und Nr.2 nahezu auf Vollschub erhöht. Um auf Kurs zu bleiben, mußten beide Piloten nun mächtig in die Pedale der Seitenruder treten, damit das Auftriebsungleichgewicht kompensiert wird. Mit ausgefahrenem Fahrwerk und Klappen ging Flug 514 in den Gegenanflug zur Bahn 23 und erhielt kurz darauf vom Tower die Landefreigabe.

Zu dieser Zeit befand sich jedoch noch ein weiteres Flugzeug im Luftraum von **Peconic/NJ/USA**. Der Pilot einer einmotorigen Piper J-3 Cub absolvierte an diesem Nachmittag auf einem kleinen Flugplatz bei Peconic einige Touch-and-Go Manöver und befand sich auf einem südlichen Kurs in 300 ft Höhe, als er die 707 auf seiner linken Seite erblickte, die gerade dabei war in den Endanflug der Bahn 23 zu kurven. Im Cockpit der Boeing nahm man das kleine Propellerflugzeug aufgrund der Sonnenblendung offenbar erst wahr, als die Distanz der beiden auf 200 - 300 Meter zusammengeschrumpft war. Instinktiv zogen die Piloten die 707 nach links, um vom drohenden Kollisionskurs wegzukommen. Hierbei muß der fliegende Pilot seine Füße für einen Moment von den Seitenruderpedalen genommen haben. Sofort schoben die beiden linken Triebwerke die 707 um ihre Hochachse. Um bis zu 17 ° „gierte" das Flugzeug nach rechts. Die linke Tragfläche schob sich in den Fahrwind, während die rechte mehr und mehr in den Windschatten des Rumpfes geriet. Da sich die 707 in voller Landekonfiguration befand, lag die Fluggeschwindigkeit bei nur 150 Knoten. Augenblicke später riß die Luftströmung ab und man geriet in einen Stall. Sofort drehte sich die Boeing nach rechts und nach 2 Sekunden passierten die Tragflächen die 90°-Stellung. Ohnmächtig mußte der Privatpilot mit ansehen, daß sich die große 707 auf den Rücken legte. Nun wurde auf den beiden rechten Triebwerken Vollschub gegeben, doch es war hoffnungslos. Aus 600 ft Höhe fiel Flug 514 unaufhaltsam vom Himmel. Die Tragflächen hatten zwar schon fast wieder die Horizontalstellung erreicht, jedoch war die Fluggeschwindigkeit so stark abgefallen, daß eine Bodenkollision unabwendbar wurde. Um 16:41 Uhr/loc. fiel der nagelneue Jet nordöstlich des Flughafens in ein Kornfeld und ging beim Aufschlag in Flammen auf.

Von den fünf an Bord befindlichen Personen überlebte niemand das Unglück.

Von nun an durften Trainingsflüge mit Boeing 707 keinerlei Manöver mehr beinhalten, die den Ausfall von zwei Triebwerken auf einer Seite in Höhen unter 10.000 ft simulieren sollen. Außerdem wurde das Rudersystem der 707 neu überarbeitet. Von nun an waren auch größere Gierwinkel mit einem weitaus geringeren Kraftaufwand als vorher von den Piloten beherrschbar.

27.08.59
Aerolineas Argentinas   **DH106 Comet 4**
LV-AHP   **6411**

Beim Anflug auf den Flughafen von **Asunción/Paraguay** streifte die Comet eine Hügelspitze im Anflugweg. Der Vierstrahler geriet daraufhin außer Kontrolle und die Piloten mußten eine Notlandung 20 km außerhalb des Flughafens im Dschungel wagen. Dabei fällte die Comet zwar zahlreiche Bäume, der Treibstoff in den Tanks entzündete sich aber glücklicherweise nicht, was eine größere Katastrophe verhinderte.

Von den 64 Menschen an Bord wurden elf getötet. Weitere 53 trugen Verletzungen davon. Unglücksursache soll ein technisches Versagen gewesen sein.

19.10.59
Braniff Int'l   **Boeing 707-220**
N7071   **17691**

Die „7071" absolvierte vor gut vier Monaten ihren Erstflug in Seattle. Die Maschine war der Prototyp der 200er Serie, die Braniff für ihre neuen Routen nach Mittel- und Südamerika vorgesehen hatte. Speziell für diese „Hot-and-High" gelegenen Flughäfen waren die mit den neuen JT4A-Triebwerken ausgestatteten Jets gut geeignet. Bevor diese neue Version dem Kunden übergeben werden konnte, war jedoch ein umfassendes Checkprogramm erforderlich.

Mit einer dreiköpfigen Trainingscrew, drei Prüfinspektoren und einem Mitarbeiter von Braniff Airways an Bord, für die die 200er Version entwickelt wurde, sollte die 707 getestet und abgenommen werden. Man flog von Seattle in Richtung Norden und nahm das Übungsprogramm auf. Ein Bestandteil dieses Fluges war die Durchführung von sogenannten „Dutch Rolls", bei denen das Flugzeug um seine Hoch- und Längsachse gedreht wurde. Hierbei wurde jedoch von einem der Testpiloten der maximale Gierwinkel von 15 ° überschritten. Die hierdurch erzeugte Seitenwind, der nun auf dem Leitwerk lastete, überstieg die Leistung der Servomotoren am Seitenruder. Das Ruder wurde somit durch den Winddruck zur Seite gedrückt und verstärkte dadurch noch den Gierwinkel. Die Strömung an der „zurückhängenden" Tragfläche riß schließlich ab, und die 707 kippte schlagartig zur Seite. Das Flugzeug geriet in einen Trudelflug, in dem sich durch die hohen Fliehkräfte drei der vier Triebwerke aus ihren Verankerungen lösten und abgerissen wurden. Es wurde ein Abfangmanöver eingeleitet, das jedoch den darauffolgenden Absturz der Maschine nahe der Stadt **Bellingham/WA/USA** nicht mehr verhindern konnte.

Von den acht Personen an Bord konnte nur noch ein Prüfinspektor lebend geborgen werden.

Dies war bereits der zweite Absturz dieses ersten kommerziellen Düsenverkehrsflugzeugs Amerikas innerhalb von nur zwei Monaten.(siehe 15.08.59). Das gesamte 707 Programm stand nun auf dem Spiel. Doch Boeing wollte um keinen Preis seine kostspielige Entwicklung aufgeben. Fieberhaft wurden verschiedene Modifikationen am Höhen- und Seitenruder durchgeführt, um einen ähnlichen Zwischenfall vorzubeugen. Nach der Produktion von nur fünf Maschinen wurde das 707-200er Programm zugunsten der neuen 300er-Version eingestellt, die von vielen Airlines weltweit bestellt wurde. Das 707-Programm war gerettet.

1960 — 1969

19.01.60
S A S SE210 Caravelle 1
OY-KRB 14

Die Caravelle befand sich auf einem Linienflug zwischen Kopenhagen und Cairo, als sie zu einer Zwischenlandung auf dem Flugplatz der türkischen Hauptstadt **Ankara/Türkei** ansetzte. Das Wetter war sehr schlecht: niedrige Wolkendecke, starker Regen und Schneefall behinderte die Sicht der Piloten. Sie wurden um 18:43 Uhr/loc. für den Sinkflug freigegeben und meldeten sich zwei Minuten später noch mal über Funk, wobei die Besatzung bekanntgab, daß sie jetzt bei 6.500 ft angekommen war. Von Problemen an Bord wurde nichts gemeldet. Nur vier Minuten später, um 18:47 Uhr/loc., streifte das schon ausgefahrene Fahrwerk einen Hügel im Anflugweg und Sekunden danach zerschellte die Caravelle an einem zweiten Hügel.

Sechs Kilometer von der Landebahn entfernt starben die 42 Insassen des Fluges SK 871 (35 Passagiere und 7 Besatzungsmitglieder) in den Trümmern der brennenden Maschine.

Die skandinavische Caravelle befand sich zum Zeitpunkt des Unglücks genau auf der verlängerten Pistenmittellinie der Landebahn 03 des Flughafens, aber 1.100 ft unterhalb des Gleitpfades. Die genaue Absturzursache konnte nicht geklärt werden. Im dänischen Untersuchungsbericht wird aber darauf hingewiesen, daß in der Caravelle Höhenmesser unterschiedlichen Typs eingebaut waren. Vier Höhenmesser waren im Cockpit installiert, von denen drei die Höhe nach der alten „Drei-Zeiger-Methode" (jeweils ein Zeiger für zehn, hundert und tausend Fuß) wie auf einer Uhr anzeigte. Einer der Höhenmesser, der des Kommandanten, war ein damals noch neuer Typ, ein Trommel-Höhenmesser. Er zeigte nur zehn und hundert Fußschritte per Zeiger an, während die tausend Fuß Schritte auf einer rotierenden Trommel in der Mitte des Instruments als Zahlenwert erschienen. Wahrscheinlich führte diese ungewohnte Art der Ablesung zu einer falschen Interpretation der Höhe. Irrtümer dieser Art sollten sich in den folgenden Jahren noch oft wiederholen.

20.02.60
Aerolineas Argentinas DH106 Comet 4
LV-AHO 6410

Mit zu hoher Sinkrate prallte die Comet auf die Landebahn des Flughafens **Buenos Aires Ezeiza AP/Argentinien** und mußte anschließend verschrottet werden. Niemand kam zu Schaden.

23.05.60
Delta Air Lines Convair 880
N8804E 16

Vor gerade einmal 17 Tagen erhielt Delta Air Lines die „N8804E" vom Hersteller in San Diego. Noch mangelte es an qualifizierten Piloten für dieses neue Flugzeugmuster. An diesem Vormittag bestiegen vier Crewmitglieder den Vierstrahler, um ein Trainingsflugprogramm zu absolvieren. Der Flug sollte von **Atlanta/GA/USA**, dem Hauptsitz der Airline, in Richtung Columbia/SC gehen. Einige Touch-and-Go-Manöver waren auch eingeplant, um zwei Kommandantenanwärtern den letzten Schliff vor ihrer Prüfung zur Musterberechtigung auf der 880er zu geben.

Es war ein warmer Sonnentag mit leichter Bewölkung und guter Sicht, als die Maschine vom Werftgelände als Flug DL1903 in Richtung der zugewiesenen Startbahn 27 rollte.

Um 11:51 Uhr/loc. erhielt man die Startfreigabe. Die Triebwerkshebel wurden nach vorn geschoben. Nach Erreichen der V_R zog der Pilot an der Steuersäule und DL1903 erhob sich vom Bahnasphalt in die Lüfte. Beobachter am Boden sahen, wie sich die Flugzeugnase ungewöhnlich steil aufrichtete. Gleichzeitig senkte sich die linke Tragfläche etwas und das Flugzeug zog es leicht nach links. Doch auf einmal kippte die Convair abrupt nach rechts ab. Die Tragflächen standen in der Vertikalen, als sich die Nase gen Boden senkte. Im nächsten Moment berührte auch schon die rechte Tragfläche den Erdboden und die nagelneue Convair zerschmetterte in tausend Trümmer. Austretendes Kerosin setzte im Nu die Überreste der Maschine in Brand.

Niemand der vier Menschen an Bord konnte sich retten.

Was genau geschehen war, wird wohl für immer im Dunkeln bleiben, da sich aus den Daten des Flugschreibers keinerlei Hinweise auf einen Defekt ermitteln ließen. Ein CVR-Gerät gab es damals auf der Convair 880 noch nicht.

Vermutlich zog der Checkpilot (auf dem rechten Sitz) kurz nach Erreichen der V_R den Leistungshebel des Triebwerks Nr.4 auf Leerlauf zurück, um einen Triebwerksausfall zu simulieren. Von dieser ungeplanten Trainingseinheit überrascht, versäumte es der Copilot, der auf der 880er gerade einmal 10 Flugstunden gesammelt hatte, die Maschine zu stabilisieren. Durch die Schubasymmetrie hing die rechte Tragfläche nach dem Abheben leicht nach unten, da die linke Tragfläche sich in den Wind neigte und damit etwas mehr Auftrieb erzeugte. Statt die Fluggeschwindigkeit beizubehalten, zog der Pilot die Nase steil nach oben und korrigierte den Flugzustand, indem er das Steuerhorn kräftig nach links drehte. Was er nicht wußte war, daß die Convair 880 besonders in der Startphase ein äußerst sensibles Fluggerät ist, das Fehler meistens nicht verzeiht.

Die linke Tragfläche schob sich immer weiter in den Wind, während die rechte zurückhing. Das Flugzeug „gierte" nach rechts, während die Fluggeschwindigkeit in den kritischen Bereich absank. Als der rechtssitzende Pilot entsetzt den Leistungshebel wieder nach vorne schieben wollte, war es jedoch zu spät. Die Luftströmung um die rechte Tragfläche riß ab und schlagartig kippte Flug 1903 zur Seite. Die Piloten hatten sich somit in eine Lage gebracht, aus der es keine Rettung mehr gab.

20.10.60
Aeroflot   **Tupolev 104A**
CCCP-42452   -

Der Sinkflug auf **Ust-Orda/UdSSR** wurde zu früh eingeleitet. Die Maschine bekam vor dem Flughafen Bodenkontakt und zerschellte.

Die drei Mitglieder der Cockpitbesatzung kamen ums Leben.

16.12.60
United AL   **Douglas DC-8-11**
N8013U   45290

Bereits 1956 kam es zu einer Luftkollision zwischen einer United DC-7 und einer TWA Constellation, bei der 128 Menschen starben. Vier Jahre danach traf es wieder diese beiden Fluggesellschaften:

Der United Flug 826 von Chicago nach New York Idlewild (heute John F. Kennedy AP) befand sich auf südöstlichem Kurs und hatte 77 Passagiere und 7 Crewmitglieder an Bord.

Gleichzeitig flog TWA Flug 266, eine Lockheed L-1049 Constellation, von Dayton über Columbus/Ohio zum anderen New Yorker Stadtflughafen: La Guardia. An Bord befanden sich 39 Passagiere und 5 Besatzungsmitglieder.

Der Himmel an diesem Morgen war bedeckt mit 5.000 ft Wolkenuntergrenze, leichter Schneefall mit leichtem Nebel oder Schneeregen. Es waren keine VFR-Flüge möglich.

Nach dem Passieren von Allentown/Pennsylvania, wurde der DC-8 eine verkürzte Anflugroute gegeben, kurz danach begann der Sinkflug von FL250. Diese Abkürzung bedeutete eine Ersparnis von 12 Meilen zum Preston Fixpunkt, ein Kreuzpunkt zweier VOR-Radialen, südwestlich von New York.

Der Anfluglotse wies UA Flug 826 an, über Preston in ein „racetrack"-Warteschleifenmuster zu gehen und auf weitere Landeanweisungen zu warten. Unbemerkt für die New Yorker Lotsen war einer der beiden VOR-Empfänger der DC-8 außer Betrieb, was zu einem umständlicheren Holding-Verfahren seitens der Piloten führte, zumal durch die verkürzte Wegstrecke dafür weniger Zeit als normal zur Verfügung stand. Die Piloten hätten, um ihre Position zu halten, gewissermaßen von Hand und mit Rechenschieber permanente Positionsberechnungen vornehmen müssen.

Kurz nach 10:32 Uhr/loc., weniger als zwei Minuten vor dem Zusammenprall, wurde UA 826 gebeten, mit Idlewild-Approach Kontakt aufzunehmen, ohne jedoch die herannahende DC-8 an diese Stelle ordnungsgemäß weiterzuleiten.

Flug 826 meldete sich zuletzt bei den Anfluglotsen mit:
„...*approaching Preston at five thousand.*"

Gleichzeitig sank die TWA-Maschine unter Aufsicht der Anflugkontrolle von La Guardia.

Die Constellation wurde angewiesen, eine Linkskurve zu machen und auf 130° zu drehen.

Dann erschien auf dem Radarschirm ein unidentiziertes Echosignal, der Anfluglotse teilte der Connie-Besatzung mit, daß dieses Flugobjekt nach einer Düsenmaschine aussähe (die größeren Blip-Abstände auf dem Radarschirm ließen auf einen Düsenjet, der schneller als Propellerflugzeuge fliegt, schließen):

ATC: „...*off your right, now three o'clock at one mile, north-eastbound.*"

Danach verschmolzen beide Lichtpunkte.

Um 10:33:39 Uhr/loc. kollidierten beide Flugzeuge in der Wolkendecke in etwa 5.000 ft Höhe, fast direkt über der Miller Army Station in New Dorp/Staten Island/New York.

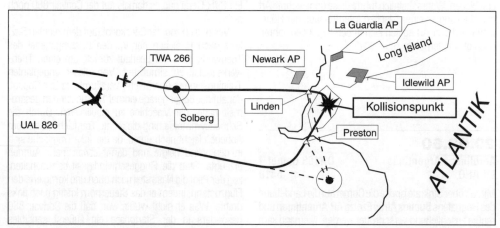

Flugweg von UA 826 & TW 266 am 16. 12. 60

Die DC-8 traf mit 300 Knoten, einer viel zu hohen Geschwindigkeit, die auch mit zur Kollision beitrug, auf die nach links kurvende Propellermaschine. Dabei überholte die DC-8 die Connie von hinten rechts, wobei das Rumpfdach des Vierprops zerstört wurde. Das äußere rechte Triebwerk der DC-8 drang in die Kabine der TWA-Maschine ein. Teile der Kabineneinrichtung und menschliche Überreste wurden später in dieser Turbine gefunden.

Zum Zeitpunkt der Kollision befand sich die Connie gerade in einer Linkskurve, während die DC-8 horizontale Tragflächen hatte.

TWA 266 zerbrach in drei Teile und stürzte auf dem Miller Airfield zu Boden, zusammen mit dem rechten Triebwerk und einem großen Teil der rechten DC-8 Tragfläche, die in der L-1049 hängengeblieben war. Der United-Jet flog noch über 8 Meilen geradeaus, bevor dieser auf einer Straßenkreuzung im Stadtteil **Brooklyn/NY/USA** auf die Erde stürzte und beim Aufschlag explodierte. Zehn Wohnhäuser, ein Supermarkt und eine Kirche wurden zerstört.

Insgesamt starben alle 128 Insassen in beiden Flugzeugen und außerdem 6 Menschen am Boden. Mit 134 Opfern war dies bis dahin das schwerste Unglück in der Zivilluftfahrt gewesen.

Die Ursachen für diese Katastrophe lagen an verschiedenen Dingen: Zum einen flog die DC-8 durch einen Navigationsfehler des Piloten über ihre Freigabe (bis Preston) hinaus. Die Piloten hatten nicht realisiert, daß die Verkürzung der Wegstrecke durch die neue Freigabe nach Preston mit Zeit- und Entfernungsänderungen verbunden ist. Da nur ein VOR-Empfänger funktionierte, mußten die Piloten mit Hilfe des automatischen Richtungsfinders(ADF) andauernd Crosschecks durchführen, um ihre Position zu ermitteln.

Dies führte offensichtlich zu einer Fehlinterpretation von seiten der Piloten und mündete schließlich in eine Verwechslung von zwei Funkfeuern, wonach die Piloten fälschlicherweise davon ausgingen, daß sie sich viel weiter südlich befanden. Als UA 826 das Überfliegen von Preston Intersection meldete, war die Maschine bereits um einiges weiter nördlich Richtung New York unterwegs.

Zum anderen versäumten es die Controller, das Radarziel von Flug 826 zu verfolgen; der zuständige Lotse beobachtete den Flug nicht, als dieser (entgegen der Anweisung) über Preston hinausflog. Als dieser die Radarüberwachung für beendet erklärte, war 826 um mehr als 10 Meilen vom vorgeschriebenen Kurs abgewichen.

Als Folge dieses Unfalls wurde das gesamte US-amerikanische Radarüberwachungssystem erneuert. Von da an wurde eine Radarüberwachung von Flugzeugen über 24.000 ft und auf vielbeflogenen Luftstraßen bis 8.000 ft eingeführt. Außerdem wurde ein Geschwindigkeitslimit unter 10.000 ft (250 kts) und 30 Meilen vor der Destination eines jeden Jet-Fliegers ausgesprochen. Des Weiteren mußten auf allen US-Flugzeugen, die schwerer als 5,6 Tonnen sind, Transponder und DME-Geräte, die die Entfernung von Navigationshilfen anzeigen, installiert werden.

19.01.61

Aeromexico   **Douglas DC-8-21**
XA-SAS   **45432**

Es herrschten arktische Bedingungen im Nordosten der USA. Eine umfangreiche Kaltwetterfront brachte Minusgrade und einen Schneeschauer nach dem anderen. Der Flugbetrieb an allen New Yorker Flughäfen war erheblich behindert. Auf dem Flughafen mit dem meisten Flugbetrieb, **New York-Idlewild AP/NY/USA**, machte sich die mexikanische DC-8 mit einigen anderen Maschinen bereit zum Abflug. Es war nach halb neun Uhr abends und es herrschte Dunkelheit. Die Sicht war wegen des Schneesturms eingeschränkt. Die Niederschlagsintensität nahm immer mehr zu. Eile war geboten, denn jederzeit war mit der Schließung des gesamten Flughafens zu rechnen. An Bord befanden sich 97 Passagiere und die acht Crewmitglieder, die sich auf den bevorstehenden Flug nach Mexico City vorbereiteten. Neben den drei Piloten saß noch ein US-Checkpilot direkt hinter dem Kommandantensessel, der die Aktionen der Piloten überwachen und ggf. eingreifen sollte. Er kam von der Eastern Air Lines, die mit Aeromexico ein Kooperationsabkommen in Sachen Wartung und Ausbildung für den neuen Flugzeugtyp DC-8 abgeschlossen hatte. In Betrieb war die Startbahn 07R, zu der sich die Maschinen durch das winterliche Sturmgebraus „hindurchtasteten". Die Aeromexico Maschine hatte Glück, die Verkehrsleitung entschied sich, die DC-8 als letzte Maschine starten zu lassen, bevor Idlewild AP für den abfliegenden Verkehr gesperrt werden würde.

Der mexikanische Jet erhielt um 20:52 Uhr/loc. die Erlaubnis zum Start auf der Bahn 07R und Sekunden darauf donnerte man die Startbahn hinunter. Gedanklich befanden sich die Piloten und die Passagiere schon in der Luft über der Schlechtwetterzone. Sie waren froh, bald aus der turbulenten Wetterküche in New York herauszusein. Der Towerlotse beobachtete die ersten hundert Meter, wie die lärmende Maschine langsam an Fahrt gewann, um nach wenigen Sekunden im Schneegestöber zu verschwinden. Bis dahin hatte die DC-8 jedoch noch nicht abgehoben. Im Cockpit rief der Copilot „cien" (hundert), als man die 100 Knoten-Marke passierte. Doch noch war man nicht auf Abhebegeschwindigkeit. 110..., 120..., bei 130 Knoten kam der Ruf „V_1...V_R". Fast gleichzeitig zog der Kommandant an seiner Steuersäule und schnell richtete sich die Nase auf. In diesem Moment nahm der hinter dem Kommandanten sitzende Checkpilot wahr, daß die Geschwindigkeit nicht mehr weiter zunahm, sondern abzunehmen schien. Auch der fliegende Kommandant hatte etwas bemerkt und deutete auf seinen Geschwindigkeitsanzeiger. Die verbleibende Bahnlänge nahm immer mehr ab. Eile war geboten. Der Checkpilot übernahm nun seinerseits die Handlungsinitiative, indem er sich hastig losschnallte und die vier Triebwerkshebel bis zum Anschlag nach vorn schob. Doch ihm schien es unmöglich, daß die DC-8 noch innerhalb der Bahnlänge abheben könne. So zog er kurzerhand die Triebwerkshebel auf Leerlauf zurück, fuhr die Spoiler aus und überließ dem fliegenden Kommandanten wieder die Maschine. Dieser bediente die Schu-

CCCP-42419; im Westen eine Rarität: eine Tu-104 der Aeroflot. Eine von vielen Exemplaren der Flotte, die jedoch durch Unfälle erheblich dezimiert wurde / Hamburg in den 70ern <Quelle: Luftfahrt Journal-Sammlung>

bumkehrklappen und trat voll in die Radbremsen. Verzweifelt versuchten die Piloten alles, um die DC-8 rechtzeitig zum Stehen zu bringen. Doch es war ein hoffnungsloses Unterfangen. Die Maschine raste über die Startbahn 07R hinaus und prallte frontal gegen den metallenen Düsenstrahl-Abweiser, der direkt hinter der Rollbahn montiert wurde. Hier brach das gesamte Fahrwerk in sich zusammen und an den Tragflächen brach ein Feuer aus. „XA-SAS" schoß weiter durch das sumpfige Gelände hinter dem Flughafen, prallte gegen zahlreiche Masten der Pistenbefeuerung und überquerte den Rockaway Boulevard. Brennend schoß der Havarist über eine weitere Straße, den Springfield Blvd., hinweg und kollidierte dort mit einem Fahrzeug, dessen Fahrer schwer verletzt wurde. Schließlich blieb die Maschine 250 Meter hinter dem Bahnende und 100 Meter vor einer Wohnsiedlung mit abgebrochener Cockpitsektion liegen. Der auslaufende Sprit setzte das Wrack in Brand. Das Feuer breitete sich allerdings erst nur im Bereich der Tragflächen aus, was eine schnelle Evakuierung der Passagiere begünstigte. Es gelang dem letzten Passagier gerade noch, sich verletzt aus dem Flugzeug zu befreien und in Sicherheit zu bringen. Sekunden darauf explodierten die Treibstofftanks und machten aus der DC-8 ein brennendes Inferno. Nur vier der acht Besatzungsmitglieder schafften es rechtzeitig, sich in Sicherheit zu bringen, die restlichen erstickten oder verbrannten in der Flugzeugkabine. Die Löscharbeiten gestalteten sich schwierig, da im weiten Umfeld keine Hydranten vorhanden waren. Nur einen Monat nach der Luftkollision über Brooklyn (siehe 16.12.1960) erlebte New York das zweite schwere Flugzeugunglück. Es sollte sich erst viele Monate später herausstellen, daß der Checkpilot, der einzige Überlebende im Cockpit, einer fatalen Fehleinschätzung unterlegen war. Tests der FAA ergaben, daß eine startende DC-8 trotz maximalem Rotationswinkel immer noch Geschwindigkeit aufnimmt, statt, wie vom amerikanischen Checkpiloten ausgesagt, langsamer wird. Daher kann die Geschwindigkeit niemals von 130 auf 110 Knoten gefallen sein. Die Untersuchungen ergaben, daß „XA-SAS" gefahrlos hätte abheben können. Eine mögliche Vereisung der Pitot-Rohre, dem Geschwindigkeitsmesser, während der Startphase konnten Untersuchungsexperten jedoch auch nicht ausschließen. Möglicherweise fror der Pitot-Eingang zu und führte zu dem Abfall des Geschwindigkeitsanzeigers.

28.01.61

American AL   **Boeing 707-120**
N7502A   17629

Die 707 verunglückte acht Kilometer westlich von **Montauk/LI/USA** und stürzte in den Atlantik. Die Maschine war in New York gestartet und befand sich auf einem Trainingsflug.

Keiner der 6 Insassen überlebte den Absturz.

01.02.61

Aeroflot   **Tupolev 104A**
CCCP-42357   -

Nach dem Aufsetzen auf dem Flughafen in **Wladiwostok/UdSSR** konnten die Piloten nicht mehr vor dem Bahnende zum Stehen kommen und die Tupolev schoß über das unbefestigte Gelände dahinter. Dabei wurde der Jet zerstört.

Menschen kamen nicht zu Schaden.

15.02.61

Sabena   **Boeing 707-320**
OO-SJB   17624

Nach einem 8,5-stündigen Transatlantikflug SN548 von New York aus, befand sich die Maschine im Sinkflug auf den Brüsseler Flughafen Zaventem. Um 09:50 Uhr/loc. meldete die Besatzung den Überflug der Belgischen Küste und war 10 Minuten darauf im Endanflug auf die Bahn 20. In dem Moment, als die 707 die Runway berührte, starteten die Piloten allerdings wieder durch. Der Airliner stieg auf 1.500 ft und wollte zum Flughafen zurückfliegen, als die Boeing plötzlich anfing, sich nach links zu neigen. Während die Maschine drei Vollkreise flog, rollte sie immer mehr nach links, bis die Tragflächen fast senkrecht zur Erdoberfläche standen. Unmittelbar danach kippte die Maschine nach vorne weg und ging in den Sturzflug über. Um 10:05 Uhr/loc. endete Flug 548 mit dem Aufschlag auf ein Feld nahe der Ortschaft Berg, nur einen Kilometer nordöstlich des Flughafens **Brüssel AP/Belgien**.

Alle 72 Insassen an Bord und ein Bauer auf dem Feld kamen beim Aufschlag ums Leben. Unter den Opfern befanden sich auch 17 der besten US-Eiskunstläufer.

Bei den Untersuchungen stellte man fest, daß die Nietverbindung, die das Hydraulikventil mit dem Gestän-

ge der Bremsklappen verbindet, gebrochen war. Die Nieten waren (wahrscheinlich) während des Endanflugs abgeschert worden, als die Piloten die Hydraulikpumpe für die Bremsklappen in Landeposition gebracht hatten. Daraus ergaben sich zwei Theorien:
○ **Möglichkeit A:** Das äußere Querruder verklemmte sich nahe der „neutral"-Stellung.
○ **Möglichkeit B:** Das ungewollte Ausfahren der Bremsklappen.

Daß sich die rechte innere Bremsklappe während des Unfalls in voll ausgefahrener Stellung befand, während die linke innere Bremsklappe eingefahren war, sprach für Möglichkeit B. Das hatte dazu geführt, daß nur noch minimale Steuerbewegungen möglich waren und die Maschine immer instabiler wurde. Die Crew hatte versucht, die Hydraulik für den Spoiler auszuschalten, was ihr aber nicht gelungen war. In der Zeit, in der die Vollkreise der Maschine immer enger wurden, mußten die Piloten feststellen, daß sich das Ventil der Pumpe in der „open"-Position verklemmt hatte. Somit war eine Korrektur dieses Flugzustands nicht mehr möglich und der Absturz unabwendbar.

13.03.61
Aeroflot   **Tupolev 104B**
CCCP-42438   -

Kurz nach dem Start in **Sverdlowsk/UdSSR** versagten beide Triebwerke. Antriebslos peilte man einen zugefrorenen See als Notlandeplatz an. Beim Aufprall zerschellte die Maschine.
    Hierbei kamen fünf Menschen ums Leben.

30.05.61
K L M   **Douglas DC-8-53**
PH-DCL   45615

Die an den venezolanischem Carrier VIASA vermietete DC-8 startete nachts um 00:15 Uhr/loc. von der Startbahn 23 des Flughafens Lissabon. Sie war im Rahmen des Linienkurses VA 897 Rom-Madrid-Lissabon-Santa Maria (Azoren)-Caracas unterwegs. Während des Tankstops in Lissabon war vor der Atlantiküberquerung die Crew getauscht worden. Es befanden sich nun 14 Besatzungsmitglieder und 47 Passagiere an Bord.

Der Copilot saß am Steuer, während der Kommandant den Funkverkehr abwickelte. Während der ersten Minuten des Steigfluges war alles normal verlaufen, bis die DC-8 die Küstenlinie überflog und das Passieren des Funkfeuers „LS" meldete:

CPT: „Wir sind über dem Funkfeuer „LS" um 01:19 (Uhr/loc.), passieren Flugfläche sechs ...null ...äh, ... sechs null, äh ...., pass da mal auf (sehr schnell gesprochen, wahrscheinlich zum Copiloten), ... wir steigen weiter ..."

Der Funkverkehr riß in dieser Sekunde ruckartig ab. Während der Tower noch versuchte, den Kontakt wieder herzustellen, ereignete sich 3,5 Kilometer vor der Küste eine Tragödie: Die DC-8 zerschellte mit 450 Knoten Geschwindigkeit, 23° nach unten gerichteter Nase und einer Rechtsneigung von 30° im Atlantischen Ozean.

Alle 61 Insassen der DC-8 starben bei dem Aufschlag.

Der Aufschlag war derart heftig, daß keiner der Toten identifiziert werden konnte.

Warum die DC-8 in einer immer enger werdenden Schleife in den Atlantik stürzte, konnte trotz intensiver Untersuchung nicht endgültig geklärt werden.

Weder Sabotage noch technisches Versagen konnte ausgeschlossen werden, obwohl dafür keine konkreten Hinweise gefunden wurden.

Am wahrscheinlichsten ist aber folgende Theorie der niederländischen und portugiesischen Behörden:

Die beiden Piloten waren sehr erfahren und hatten jeweils über 12.000 Flugstunden absolviert. Doch beide hatten fast die ganze Zeit Propellerflugzeuge, wie die DC-6 und die Super-Constellation, geflogen. Auf Düsenflugzeugen, wie der DC-8, waren sie mit 120 (der Kommandant) und 52 (der Copilot) Flugstunden relativ unerfahren. Ein Düsenflugzeug fliegt sich ganz anders als eine Propellermaschine. In jahrelanger Flugpraxis angelernte Instinkte, insbesondere die räumliche Orientierung, sind plötzlich nicht mehr gültig. Diese Instinkte können sogar gefährlich sein, weil in kritischen Situationen ein Düsenflugzeug anders reagiert als ein Propellerflugzeug.

Kurz vor dem Absturz hatte der Copilot eine Kursänderung von 225° auf 273° mit einer leichten Linkskurve ausgeführt. Es war nachts und die kurvende DC-8 befand sich über dem Meer. Es gab also keinerlei optische Anhaltspunkte. Wahrscheinlich lenkte irgendetwas die Piloten im entscheidenden Moment ab. Der künstliche Horizont war vielleicht defekt und die DC-8 rollte zu stark nach links. Dann fiel dem Kommandanten die Schieflage auf *(CPT:„...pass da mal auf...")* woraufhin der Copilot versuchte, mit einer Steuerbewegung nach rechts die DC-8 wieder in die Waagerechte zu bringen. Aber die Steuerbewegung war zu ruckartig und statt in der Waagerechten zu bleiben, legte man sich stark nach rechts. Aus dieser Schräglage kam die Besatzung nicht mehr heraus, und die DC-8 schlug auf dem **Atlantik vor Lissabon/Portugal** auf.

10.07.61
Aeroflot   **Tupolev 104B**
CCCP-42447   -

Im Endanflug auf **Odessa AP/Ukraine/UdSSR** am Schwarzen Meer gingen schwere Regenfälle nieder und es wehte ein böiger Wind. Der Zweistrahler geriet kurz vor der Landebahnschwelle etwas zu tief und prallte gegen die Masten der Anflugbefeuerung. Als man schließlich zum Stillstand kam, war die Tupolev nur noch ein Wrack.

Es starb ein Mitglied der Besatzung. Die 85 Passagiere blieben glücklicherweise unverletzt.

11.07.61

United AL   **Douglas DC-8-12**
N8040U   **45307**

United Airlines Flug UA859 startete um 10.12 loc. in Omaha/NB zum einstündigen Inlandsflug nach **Denver/CO/USA**. Das Wetter war schön an diesem Vormittag und es herrschte nahezu uneingeschränkte Sicht. Am Steuerknüppel saß der Kommandant, ein älterer Kriegsveteran mit vielen tausend Flugstunden auf seinem Konto, neben ihm saß ein weiterer Captain, der erst kürzlich von Propellermaschinen auf Jet-Flugzeuge umgeschult worden war. Er erfüllte die Aufgaben des Copiloten.

Einige Minuten nach dem Abheben hörte der Kommandant, der die DC-8 von Hand flog, ein klappendes Geräusch in seiner Steuersäule. Gleichzeitig gierte die Maschine leicht nach rechts und die gelben Warnlichter der Hydraulikanzeige leuchteten auf. Etwas stimmte nicht. Die Flugsteuerung ging von hydraulischen auf manuellen Betrieb über. Über die Luftreibung wurde nun die Energie für die Seitenruder und Klappen bereitgestellt, während die Höhenruder über einen elektrischen Motor angetrieben wurden. Normalerweise ist ein solcher Hydraulikausfall kein gravierendes Problem und jederzeit von einer versierten Crew beherrschbar.

Der Flug wurde fortgesetzt und um kurz nach 11.00 Uhr/loc. befand sich Flug UA859 im Landeanflug auf die Bahn 26L. Vorsorglich wurde zuvor die Flughafenfeuerwehr in Denver über das Hydraulikproblem informiert und stand bei der Ankunft mit einigen Fahrzeugen an der Landebahn.

Alles sah nach einer normalen Landung aus. Doch als nach dem Aufsetzen der Copilot die Schubumkehrklappen bediente, geschah das Unheilvolle:

Durch den zu geringen Hydraulikdruck rutschten die Umkehrklappen der beiden Triebwerke 1 und 2 an der linken Tragfläche aus ihrer ausgefahrenen Position, während die Schubumkehr auf den Triebwerken 3 und 4 ausgefahren blieb. Die gelben Anzeigen der Schubumkehrklappen leuchteten auf Triebwerk drei und vier auf. Doch den Piloten entging dies. Die DC-8 zog es unaufhaltsam nach rechts von der Landebahn. In schneller Fahrt überquerte man den angrenzenden Rollweg und schoß geradewegs auf ein parkendes Servicefahrzeug zu, daß mitsamt dem Fahrer unter der DC-8 zermalmt wurde. Das gesamte Fahrwerk brach ein, einige Triebwerke wurden aus ihren Verankerungen gerissen und auslaufender Treibstoff entzündete sich im Nu.

Als Flug 859 endlich zum Halten kam, öffneten sich die Türen und die ersten Passagiere aus der ersten Klasse begannen ins Freie zu springen. Alle Insassen aus dem vorderen Teil der Maschine gelangten so in Minutenschnelle ins Freie. Doch im hinteren Kabinenbereich spielten sich chaotische Szenen ab:

Da alle Crewmitglieder zusammen mit den Passagieren aus der ersten Klasse das Flugzeug bereits verlassen hatten, war niemand mehr da, um den übrigen Passagieren den Weg durch den Rauch ins Freie zu weisen. Wie gelähmt schauten sie den Ereignissen zu, die sich im Innern der DC-8 abspielten, die nun immer mehr von Flammen und Rauch eingehüllt wurde. Orientierungslos irrten die Menschen umher und wurden nach wenigen Minuten ein Opfer des dichten Rauchs und der Flammenhitze.

Insgesamt starben bei diesem Unglück 17 Menschen, 44 weitere wurden z.T. schwer verletzt. Eine Untersuchung förderte später zutage, daß die Crew-Trainingsprogramme der Gesellschaft United Airlines alles andere als zufriedenstellend waren. Weder gab es eindeutige Verhaltensregeln bei Notfällen, noch existierten klare Aufgabenzuweisungen bei kritischen Flugphasen, wie z.B. Start und Landung. Beide Piloten hatten nicht einmal in vollem Umfang Kenntnis von ihren Flugsystemen. Hätten sie hierüber im Bilde gewesen, so hätten sie nach dem Aufsetzen nicht so leichtfertig die Schubumkehr aktiviert. Im Falle eines Hydraulikausfalls, wie bei Flug 859, sorgt ein pneumatisches System für den nötigen Druck zum Ausfahren der Schubumkehrklappen. Nachdem die Piloten die Landecheckliste durchgingen, entsicherten sie zwar den Hebel für die dazugehörigen Preßluftflaschen, wußten jedoch nicht wozu dieser Hebel gut war. Somit blieben die Preßluftflaschen verschlossen und das Unheil konnte seinen Lauf nehmen.

Nach diesem Unglück führte der Hersteller Douglas verschiedene Modifikationen durch. Unter anderem ein zweifaches Hydrauliksystem für die Ground Spoiler, die nach dem Aufsetzen betätigt werden. Zweifaches Hydrauliksystem für die Ruder. Erhöhte Hydrauliköl-Kapazität. Ein zusätzlicher Motor zum Betrieb des Bugrades. Eine neuartige Arretiervorrichtung für die Schubumkehrhebel und Leistungshebel, die nun erst dann nach vorn bewegt werden können, wenn alle Schubumkehrklappen ausgefahren und verriegelt sind.

N8003U; eine DC-8-12 der United AL hier noch in der ursprünglichen „Friend Ship"-Farbgebung der 60er Jahre. Diese Maschine wurde im Januar 1959 gebaut und ist nun auf dem Flughafen in Peking abgestellt / Denver im April 1979 <Quelle: Luftfahrt Journal-Sammlung>

27.07.61

Air France   **Boeing 707-320**
F-BHSA   **17613**

Zweimal die Woche startete auf dem Hamburger Flughafen **Fuhlsbüttel** der Linienkurs der Air France (AF 272) aus Paris kommend, nach Anchorage und Tokio. Die nagelneue 707 landete in Fuhlsbüttel um 13:24 Uhr/loc. Nach etwa 1,5 Stunden am Boden, in denen die Maschine betankt und für den Weiterflug präpariert wurde, war man bereit für den Start. Es blies ein kräftiger Wind aus West und es herrschte aufgelockerte Bewölkung, als AF 272 von der Terminalposition in Richtung Startbahn rollte. Neben den zehn Mitgliedern der Besatzung waren noch weitere 33 Passagiere zu diesem Interkontinentalflug an Bord. Die anvisierte Startbahn war die 23. Diese wies eine Gesamtlänge von 2.923 Metern auf. Am südwestlichen Ende der Bahn fanden gerade umfangreiche Erdarbeiten zur geplanten Verlängerung der Bahn statt. Die Bahn sollte auf 3.400 Meter verlängert werden, um den Anforderungen der Düsenflugzeuge gerecht zu werden.

Es war genau 14.18 Uhr/loc., als die 707 Startgenehmigung auf der Bahn 23 erhielt. Aufgrund der geringen Passagierauslastung beschleunigten die vier Triebwerke den Vierstrahler sehr schnell, und nach wenigen Sekunden überquerte man das Bahnkreuz der Bahn 34/16. 80 Knoten...100 Knoten, und der Kommandant zog die Hand von der Bugradsteuerung. Nun begann das Seitenruder zu greifen.

Etwa in diesem Moment ging ein leichtes Rucken durch die Maschine. Gleichzeitig begann die Boeing nach links zu ziehen. Der Kommandant trat ins rechte Seitenruder, jedoch ließ es sich kaum bewegen. Der Flugingenieur bemerkte, daß der Hydraulikdruck im Seitenruder von 3.000 psi auf 1.000 psi gefallen war. Dem Kommandant blieb nur eine Entscheidung: Startabbruch. Eilig wurden die vier Triebwerkshebel auf Leerlauf gezogen und die Schubumkehr auf Triebwerk 3 und 4 aktiviert. Doch immer noch wurde die 707 von einer unsichtbaren Kraft nach links gezogen. Mittlerweile hatte der Kommandant unbeabsichtigt an seiner Steuersäule gezogen und die Bugräder lösten sich einen Moment von der Startbahn. als dann schließlich auch die Schubumkehr auf den linken beiden Triebwerken aktiviert wurde senkte sich das Bugrad und setzte wieder auf dem Boden auf. In exakt diesem Moment brach das gesamte Bugfahrwerk in sich zusammen, und hart schlug der vordere Rumpf auf dem Asphalt auf. Der Navigator, der sich während des Startlaufs nicht angeschnallt hatte, wurde nach vorn geschleudert und landete kopfüber auf der Triebwerkskonsole. Die Schubumkehr flog wieder heraus. Der Linksdrall verstärkte sich und Flug 272 verließ noch in schneller Fahrt nach etwa 2360 Metern die Startbahn 23. Dabei knickte die vordere Rumpfsektion ein. Das linke Hauptfahrwerk brach zusammen. Augenblicke später dann auch das rechte. Auf dem Bauch schlitterte die 707 in einen 1,5 m tiefen Erdgraben hinein, der Teil der Baustelle am westlichen Bahnende war. Nachdem sich der Rumpf um ca. 90° nach links gedreht hatte, endete die Maschine schließlich 400 Meter vor dem Pistenende in einer 5 Meter tiefen Baugrube. Dabei brach der Rumpf hinter dem Cockpit in drei Teile, und aus den beschädigten Tragflächen trat Kerosin aus, das sich auch sofort entzündete.

Die Feuerwehr war binnen zwei Minuten am Flugzeug; alle 43 Menschen konnten in Sicherheit gebracht werden. Glücklicherweise explodierten die mit 50.000 Litern vollgetankten Tragflächentanks nicht. Eine Katastrophe wäre die Folge gewesen. Neun Menschen, darunter die Cockpitbesatzung wurden mit z.T. schweren Verletzungen in die umliegenden Krankenhäuser eingeliefert.

Die 707 brannte völlig aus. Die nachfolgende Untersuchung förderte zutage, daß sich während des Rollens am Boden Teile im Bugfahrwerk verklemmten und dadurch das Bugrad blockierte.

Der Jet war erst vor eineinhalb Jahren ausgeliefert worden.

12.09.61

Air France   **SE210 Caravelle 3**
F-BJTB   **68**

Der Linienkurs 2005 der Air France war an diesem Abend 18:26 Uhr/loc. in Paris-Orly gestartet und sollte die beiden marokkanischen Küstenstädte Rabat und Casablanca bedienen. Nach einem gut zweistündigen Flug über die iberische Halbinsel und die Straße von Gibraltar meldete sich die Air France um 20:45 Uhr/loc. bei der Luftraumkontrolle in Casablanca und erkundigte sich über die Wetterlage. Der Fluglotse mußte die Besatzung informieren, daß die Wetterverhältnisse nicht sehr gut waren, insbesondere die über ihrer ersten Destination, dem Flughafen **Rabat-Sále**. Bei einem leichten Wind aus Süden lag eine dichte Wolkendecke in 300 ft Höhe. Da auch noch Nebelschwaden über das Küstengebiet zogen, fiel die vertikale Sicht bis auf 500 Meter ab.

Um 21:00 Uhr/loc. überflog die Caravelle die Küstenstadt Kenitra in 15.000 ft Höhe, wechselte zur Anflugkontrolle in Rabat und setzte ihren Sinkflug fort. Der Küstenlinie folgend, passierte sie das Funkfeuer KJ, das sich 800 Meter westlich des Flughafens befand, und flog dann einen 360°-Vollkreis, um Höhe für den Endanflug zu verlieren. Jetzt auf 1.650 ft Höhe abgesunken, überflog sie erst die Kleinstadt Sále, dann das Stadtgebiet von

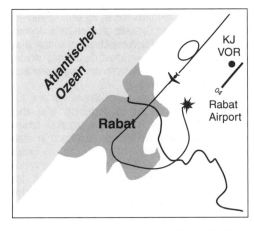

Flugweg des Air France-Linienkurses 2005 am 12. 9.61

Rabat. Hier meldete sich die Besatzung um 21:08 Uhr/loc. wieder bei der Anflugkontrolle und bat darum, eine 180° Kurve fliegen zu dürfen. Man wollte mit einer weiten Linkskurve beginnen, um dann mit einer Rechtskurve endgültig auf die Mittellinie der anvisierten Runway 04 einzuschwenken. Als Orientierungshilfe würde man das Funkfeuer KJ benutzen, auf dessen Höhe man auch vor hatte, aus der Wolkendecke hervorzustoßen. Der alarmierte Towerlotse wies um 21:09 Uhr/loc. die Air France Besatzung darauf hin, daß sich dieses Funkfeuer nicht auf einer Linie mit der Pistenachse befindet. Als die Besatzung diese Warnung nicht bestätigte, fügte er um 21:10 Uhr/loc. noch einen Wetterbericht an, den er gerade erhalten hatte. Demnach hatte sich die Sicht noch weiter verschlechtert, da die dichte Wolkendecke auf 90 ft abgesunken war. Wieder antwortete Flug 2005 nicht.

Später fanden Suchtrupps die brennenden Überreste der Maschine. Die Caravelle war um 21:09:20 Uhr/loc., acht Kilometer vom Flughafen entfernt in einer Schlucht zerschellt. Die Maschine befand sich gerade in einer sanften Linkskurve, als zuerst das schon ausgefahrene Bugfahrwerk und Sekunden später auch das Hauptfahrwerk den Boden eines Plateaus berührte. Sie sprang wieder hoch, streifte die Seitenwand einer Schlucht, prallte wieder auf den Boden und zerbarst an der Felsenwand.

Keiner der 77 Insassen, 71 Passagiere und sechs Besatzungsmitglieder, überlebte den Aufschlag und das anschließende Feuer.

Die nachfolgenden Untersuchungen ergaben, daß die Landeklappen auf 10° ausgefahren waren. Die genaue Stellung der Schubhebel konnte nicht mehr festgestellt werden, aber alle Anzeichen sprachen dafür, daß die Triebwerke zum Zeitpunkt des ersten Aufschlages in Leerlauf betrieben wurden. Die Piloten hatten die Schubstufe bis zur ersten Bodenberührung nicht erhöht, da sie das von der Wolkendecke berührte, in 260 ft Höhe liegende Plateau wahrscheinlich nicht gesehen hatten

Die marokkanischen Behörden spielten nach dem Absturz alle möglichen Szenerien durch: Neben technischen Defekten in den Steuerkontrollen wurde Sabotage ebenso erwägt, wie ein Versagen oder Ausfallen der Cockpitinstrumente. Keine dieser Möglichkeiten wurde endgültig verworfen, alle galten aber als unwahrscheinlich. Nichts wies daraufhin, daß es vor dem Absturz ein Problem an Bord der Caravelle gegeben hatte. Anhand der Auswertung des Flugdatenschreibers konnte man ermitteln, daß die Geschwindigkeit, die Sinkrate und der Kurs in den letzten 30 Sekunden des Fluges praktisch konstant geblieben war.

Die Tatsache, daß die Landeklappen nur auf 10° gefahren waren, statt auf Landestellung, wies aber daraufhin, daß die Air France-Besatzung dem fatalen Irrtum verfallen war, sie befände sich noch in einer größeren Höhe. Deswegen nahm man an, die Pioten hätten sich bei Beginn des Sinkflugs dem Kollsmann-Höhenmessern um 1.000 ft verlesen. Der Aufbau des Ablesefeldes dieses Meßgerätes hatte bei anschließenden Versuchen bei mehr als einer Besatzung zu solchen Ablesefehlern geführt (siehe auch 19. 01. 1960 und 17. 04. 1964).

Gestützt wird diese Theorie noch dadurch, daß der Flugweg und die Sinkrate des Fluges 2005 genau der vorgeschriebenen Route entsprach, aber während des gesamten Fluges immer um genau 1.000 ft zu niedrig lag.

Bei der Unglücksmaschine befand sich auf der rechten Seite des Höhenmessers ein hochkant gestellter Ausschnitt in der Ablesefläche, in dem die Zahlen der Tausenderschritte abgelesen werden. Die aktuelle Tausender-Höhe wird nur durch ein kleines, weißes Dreieck an der Seite des Ausschnittes markiert. Bei einem nächtlichen Anflug nach Instrumenten bei schlechten Witterungsbedingungen, also bei einer hohen Arbeitsbelastung der Besatzung und schlechten Sichtverhältnissen im Cockpit, kam es oft zu Falschablesungen. Die Piloten verwechselten öfter einmal die so markierte Höhe mit den beiden anderen im Ausschnitt erkennbaren Zahlen. Als Reaktion auf diesen Unfall wurde die Ablesefläche des Kollsman-Höhenmessers verändert. Der Ausschnitt wurde so verklebt, daß nur noch eine Zahl zur Zeit erkennbar war.

17.09.61

Aeroflot   Tupolev 104A
CCCP-42388   8350703

Nach einer überharten Landung in **Taschkent/Usbekistan/UdSSR** war die Maschine nicht mehr zu reparieren und mußte abgewrackt werden. Menschen kamen nicht zu Schaden.

27.09.61

VARIG   SE210 Caravelle 3
PP-VJD   15

Die Caravelle setzte bei der Landung in **Brasilia/Brasilien** zu früh auf und kam dann von der Bahn ab. Der Jet fing infolgedessen Feuer und brannte aus.

Alle 62 Passagiere und die neunköpfige Crew konnten sich retten.

Das Flugzeug kam aus Rio de Janeiro.

02.11.61

Aeroflot   Tupolev 104B
CCCP-42504   21902

Im Anflug auf **Wladiwostok/UdSSR** kollidierte man mit einem Radio-Sendemast. Es gelang den Piloten den Flug fortzusetzen, allerdings sahen sie sich gezwungen, ein Triebwerk abzuschalten. Auch konnte mit nur noch einem laufenden Antriebsaggregat die Flughöhe nicht gehalten werden, und man mußte zu einer Notlandung auf freiem Feld ansetzen. Dabei wurde die Maschine zerstört. Menschenopfer waren zum Glück nicht zu beklagen.

23.11.61

Aerolineas Argentinas   DH106 Comet 4
LV-AHR   6430

Nach einer technischen Zwischenlandung auf dem **Sao Paulo-Campinas Airport/Brasilien** rollte die Comet in dieser Nacht wieder zum Start. Sie war kurz vorher aus der argentinischen Hauptstadt Buenos Aires angekommen, wurde in der brasilianischen Metropole Sao Paulo aufgetankt, um dann zum längeren Teilstück ihrer Reise in das karibische Urlaubsparadies Trinidad aufzubrechen. Obwohl die 40 Passagiere die vorhandenen Sitze nicht einmal zur Hälfte belegten, lag das Startgewicht der Comet in dieser Nacht mit 71,5 Tonnen nur knapp eine Tonne unterhalb ihres maximalen Startgewichts. Das lag an der großen Menge Treibstoff, die an Bord genommen wurde, um den knapp 3.000 Kilometer langen Nonstopflug nach Trinidad zu schaffen.

Um 05:40 Uhr/loc. löste die Besatzung die Bremsen der Comet, die auf der Startbahn zu beschleunigen begann, um nach 2.000 Metern abzuheben. Im Tower beobachtete man die Lichter und Umrisse der argentinischen Maschine, die erst in einen langsam Steigflug auf 300 ft überging, dann aber plötzlich wieder zu fallen schien. Es gelang der Besatzung zwar, die Maschine wieder abzufangen. Aber sie hatte soviel Höhe verloren, daß sie einen Hügel streifte, der sich in ihrem Flugweg befand. Der Rumpf der Comet pflügte durch einen Eukalyptuswald an der Hügelspitze, während die Piloten verzweifelt versuchten, die Maschine wieder nach oben zu ziehen. Als die linke Tragfläche einen größeren Eukalyptusbaum streifte, wurde der innere Tank aufgerissen und ausströmender Treibstoff fing Feuer. Nur Momente später krachte ein weiterer Baum in den Lufteinlaß des Triebwerks No. 1, womit das Schicksal der Comet und ihrer Insassen besiegelt war. Gut 300 Meter nach der ersten Baumberührung stürzte die Comet mit hochgezogener Nase zu Boden und zerbarst in einem Feuerball.

Alle 51 Insassen der Maschine, 40 Passagiere und elf Besatzungsmitglieder, starben bei dem Aufschlag und dem anschließenden Feuer.

Die brasilianischen Behörden hielten es für wahrscheinlich, daß der Copilot den Start unter Aufsicht des Kommandanten durchgeführt hatte. In der Dunkelheit hatte der Copilot wahrscheinlich eine für die Comet typische Flugeigenschaft unterschätzt. Der Checkliste entsprechend muß bei Erreichen einer Geschwindigkeit von 170 Knoten, also Sekunden nach dem Abheben, die Höhenrudersteuerung von „coarse" (= grob) auf „fine" (= fein) umgeschaltet werden. Bei dieser Umschaltung tendiert die Maschine dazu abzusacken, was die Piloten durch das Betätigen der manuellen Trimmungsklappe am Höhenruder, der sogenannten „Trim tab", ausgleichen sollen. Diesen Ausgleich hatte der Copilot wahrscheinlich nicht oder zu spät durchgeführt, was zu einem Absacken der Nase führte. Die Comet flog in Dunkelheit auf ansteigendes Gelände zu, ohne irgendwelche optische Bezugspunkte zu haben, weswegen die Besatzung das Absacken der Nase wahrscheinlich nicht rechtzeitig bemerkte. Beim anschließenden Höhenverlust der Comet hatte der überraschte Copilot das Höhenruder zu spät zu sich herangezogen. Die Höhenrudereinstellung stand aber inzwischen auf „fein", daher reagierte das Flugzeug nur langsam auf die Steuereingaben und hob die Nase nur langsam an. Die Untersuchungen ergaben, daß die Comet sich in fast horizontaler Fluglage befand, als sie die ersten Bäume berührte.

Beide argentinische Piloten waren mit einer Gesamtflugstundenzahl von jeweils 12.000 Flugstunden sehr erfahren, wovon sie beide über 1.000 Flugstunden auf der Comet gesammelt hatten. Die brasilianischen Behörden gingen davon aus, daß der Kommandant seinen Kollegen nicht genügend eingewiesen und während des Steigfluges nicht ausreichend überwacht hatte. Inwieweit diese Unachtsamkeiten durch Müdigkeit verursacht wurde, konnte nicht ermittelt werden. Einerseits hatte die Besatzung zuvor den dreistündigen Flug von Buenos Aires nach Sao Paulo hinter sich, andererseits wird die frühe Morgenstunde ihren Preis an der Konzentration der Piloten gefordert haben.

04.12.61
Lufthansa **Boeing 720B**
D-ABOK **18058**

Im November 1961 konnte der Pilot der „D-ABOK" gerade noch ein größeres Unglück verhindern. Einige Minuten nach dem Start in Frankfurt/Main AP, beim Flug über Mainz, bäumte sich der Jet nach einem Fehler der Trimmungsanlage plötzlich auf. Mit aller Kraft stemmten sich die Piloten dagegen und konnten die Kontrolle über die Maschine zurückgewinnen. Es gelang damals, sicher zum Ausgangsflughafen zurückzukehren.

Einen knappen Monat später wurde derselbe Pilot wieder auf einen Flug mit der reparierten „D-ABOK" eingeteilt. Ausgehend von der Basis in Frankfurt sollte ein Werkstattflug, bei der die Flugzeugsysteme überprüft werden, stattfinden. Es war vorgesehen, von Frankfurt

D-ABOH; ein „Kollege" im 720er Flottenpark der Lufthansa hier auf einem Fotoflug. Wie die meisten Maschinen dieses Typs wurde auch diese Mitte der 70er Jahre ausgemustert<Quelle: Lufthansa>

nach Köln und wieder zurück zu fliegen. Um 12:22 Uhr/loc. hob die B-720 in Frankfurt ab und ging mit den drei Besatzungsmitgliedern in den Steigflug über. In einer weiten Kurve drehte der Jet langsam auf Nordwestkurs. Über dem Funkfeuer Nierenstein setzte man eine Positionsmeldung ab und gab die Flughöhe mit ca. 6.000 ft an. Dies war gleichzeitig das letzte Lebenszeichen von „D-ABOK".

Was danach geschah, läßt sich nicht mehr hundertprozentig rekonstruieren. Man geht davon aus, daß sich in dieser Flugphase ein oder mehrere Triebwerkschäden ereigneten. Aufgrund dessen sah man sich an Bord zu einer Notlandung gezwungen. Unter Sichtflugbedingungen wollte man offenbar einen Notlandeplatz erreichen. Dabei, so wird angenommen, verminderte sich die Fluggeschwindigkeit dermaßen, daß das Flugzeug überzogen wurde. Auftriebslos fiel die Boeing um 12:30 Uhr, nur acht Minuten nach dem Start bei **Ebersheim/BR Deutschland** zu Boden und explodierte. Der Absturz hinterließ einen fünf Meter tiefen Erdkrater.

Die drei Crewmitglieder kamen ums Leben.

Berichte von riskanten Flugmanövern, die zu Trainingszwecken geflogen wurden, fanden keine Bestätigung.

21.12.61
BEA DH106 Comet 4B
G-ARJM 6456

Die BEA-Comet, die an diesem verschneiten Abend auf dem Flughafen **Ankara-Esenboga/Türkei** in Richtung Startbahn rollte, hatte bereits eine Tour durch ganz Europa hinter sich. Begonnen hatte der Flug in London, gefolgt von Zwischenlandungen in Rom, Athen, Istanbul um dann endlich in der türkischen Hauptstadt Ankara einzutreffen. Jetzt sollte die Maschine im Rahmen der Zusammenarbeit zwischen der britischen Europa-Airline BEA und der Cyprus Airways nach Tel-Aviv fliegen, mit einer Zwischenlandung in Nicosia. An Bord befanden sich neben den 27 Passagieren auch sieben Besatzungsmitglieder.

Um 21:43 Uhr/loc. wurden im Cockpit die Schubhebel nach vorne geschoben und die Comet begann, sich immer schneller in die Dunkelheit zu bohren. Nach einem normalen Startlauf rotierte sie und hob kurz darauf ab. Sekunden nachdem das Hauptfahrwerk den Asphalt der Startbahn verlassen hatte, sah der Kommandant auf seinen künstlichen Horizont und erstarrte. Das Gerät zeigte ihm an, daß der Anstellwinkel der Maschine viel zu niedrig war. Da das Cockpit von Dunkelheit und Schneetreiben ohne irgendwelche Orientierungspunkte umgeben war, mußte er sich vollständig auf seine Cockpitinstrumente verlassen. Doch der künstliche Horizont hatte sich in dem Moment des Rotierens verklemmt und zeigte von nun an einen zu niedrigen, falschen Wert an. Das verleitete den Kommandanten dazu, seinen Steuerknüppel immer mehr zu sich heranzuziehen, da er auf seinem künstlichen Horizont keine Reaktion auf seine Steuereingaben erkennen konnte. Tatsächlich wurde der Anstellwinkel der Comet immer größer, bis bei 45° plötzlich die Strömung an der linken Tragflächen abriß. Nachdem sie so auf 450 ft gestiegen war, fiel die Maschine jetzt wieder dem Erdboden entgegen. Es gelang der Besatzung zwar, die Maschine wieder in eine horizontale Fluglage zu bekommen, aber die große Sinkgeschwindigkeit konnten sie nicht mehr ausgleichen.

Kurz hinter dem Ende der Startbahn schlug die Comet auf dem Boden auf, wobei die linke Tragfläche zuerst den Boden berührte. Bei dem Aufschlag und dem anschließenden Feuer starben 27 der Insassen an Bord, darunter alle sieben Besatzungsmitglieder. Von den Passagieren konnten die türkischen Rettungskräfte sechs Personen aus dem brennenden Wrack retten.

Die türkischen Untersuchungsbehörden konzentrierten sich auf den verklemmten künstlichen Horizont. Sie fanden heraus, daß sich die obere rechte Schraube, die den Instrumentenrahmen fixieren soll, gelöst hatte. Diese Schraube war schon bei der Herstellung nicht fest genug eingeschraubt worden und hatte sich seit dem Einbau des Instrumentes drei Monate vor dem Absturz im tagtäglichen Betrieb immer mehr losgerüttelt. An diesem schicksalhaften Abend hatte sich die Schraube endgültig gelöst, woraufhin der Instrumentenrahmen beim Rotieren des Flugzeuges nach vorne kippte und sich das Instrument in seiner momentanen Lage verklemmte. Von da an hatte der künstliche Horizont einen Anstellwinkel von 7° angezeigt. Der zweite künstliche Horizont im Cockpit zeigte zwar die richtigen Werte an, aber der Copilot verließ sich entweder zu sehr auf den Kommandanten oder reagierte zu langsam.

Der Hersteller des Instruments, die britische Firma Smith, weigerte sich die Verantwortung für den Unfall zu übernehmen. „Es gibt ernsthafte Zweifel daran, daß der künstliche Horizont der Firma etwas mit dem Unfall zu tun hat", so die Herstellerfirma. Es gab wirklich zwei andere Faktoren, die zumindest das Unfallgeschehen mit beeinflußt haben könnten. Zum einen hatten Augenzeugen gesehen, daß sich auf den Tragflächen und dem Rumpf der Unglücksmaschine während der Bodenzeit in Ankara eine Schneeschicht angesammelt hatte. Zum anderen fielen Sekunden nach dem Start zwei der vier Triebwerke der Comet aus, da die auf der Comet relativ unerfahrene Besatzung nicht alle erforderlichen Treibstoffpumpen eingeschaltet hatte. Diese Pumpen müssen kurz vor Beginn des Startlaufes eingeschaltet werden, was aber aus der „Pre take-off" Checkliste nicht eindeutig hervorgeht und daher oft vergessen wurde.

Nach den Untersuchungsergebnissen der türkischen Behörden spielten diese beiden Umstände keine Rolle. Im türkischen Absturzbericht wurde festgehalten, daß der Schnee auf den Tragflächen „keinen Einfluß auf den Absturz hatte". Die abgeschalteten Treibstoffpumpen hatten sich erst kurz vor dem Überziehen ausgewirkt, als aufgrund der „unmöglichen" Fluglage die wenigen laufenden Pumpen keinen Sprit mehr fördern konnten. Daraufhin war der Spritfluß zu den beiden Triebwerken abgerissen, welche Sekunden vor dem Aufschlag ausfielen. Da der Strömungsabriß an den Tragflächen sich aber in niedriger Höhe ereignet hatte, so die türkischen Behörden, war ein Abfangen der Maschine ohnehin unmöglich.

01.03.62

American AL   **Boeing 707-120B**
N7506A   17633

Unter einem klaren Frühlingsmorgen rollte der Americanflug 001 auf dem New Yorker Flughafen Idlewild (später in John F. Kennedy umbenannt) auf die ihm zugewiesene Startbahn 31L. Um 10:07 Uhr/loc. hob die für Los Angeles bestimmte 707 mit 87 Passagieren und acht Besatzungsmitgliedern an Bord ab und begann mit ihrem Steigflug. Kaum war sie von der Startbahn gekommen, als die Besatzung der 707 die Fahrwerke einzog, die Klappen von 30° auf 20° einfuhr und die Maschine in eine leichte Linkskurve legte. Beim Passieren von 500 ft ging die Maschine wieder kurzzeitig in den Geradeausflug über, um danach wieder mit einer Linkskurve zu beginnen. Diese Flugmanöver waren nötig, um das Dröhnen der vier Pratt-Whitney Düsentriebwerke nicht über bewohntes Gebiet, sondern über das Wasser der Hudson Rivers zu bringen.

Es sollte der 707 nicht mehr gelingen, aus dieser Linkskurve herauskommen. Knapp zwei Minuten nach dem Abheben stürzte sie in extremer Kurvenlage in das seichte Wasser eines Seitenarms des Hudson Rivers, wobei alle 95 Insassen an Bord ums Leben kamen.

Der geheimnisvolle Absturz in die **Jamaica Bay/LI/USA** sollte die amerikanische Luftfahrtgemeinde beschäftigen wie kein anderer zuvor. Die 707 war gerade dabei, die Kinderkrankheiten abzulegen und ihre Herstellerfirma Boeing dank steigender Verkaufszahlen vor der größten finanziellen Katastrophe ihrer Geschichte zu bewahren. Doch jetzt fürchteten viele einen geheimnisvollen Konstruktionsmangel an der Maschine, der das gesamte 707-Programm in ein Fiasko verwandelte. Im Januar 1963 legte das CAB (Civil Aviation Board), der Vorgänger des NTSB, nach neunmonatiger Untersuchungsarbeit seinen Bericht vor. Mit absoluter Sicherheit konnte man die genaue Absturzursache nicht nennen, aber wahrscheinlich war der fehlerhafte Einbau eines Steuerelements der Maschine, des sogenannten „Yaw Dampers", für den Absturz verantwortlich.

Dieser Yaw Damper (Gier-Ausgleicher) soll automatisch durch Turbulenzen oder heftige Steuerschläge der Besatzung verursachte Drehungen um die Hochachse, das sogenannte Gieren, abdämpfen. Die Steuereinheit des Yaw-Dampers setzt Signale des Wendezeigers, der Bewegungen um die Hochachse registriert, in Steuerbefehle für das Seitenruder um.

Die vom Cockpit übertragenen Signale der normalen Steuerinputs der Piloten und des Autopiloten werden von einem Servomotor im Heck auf die Leitungen der Seitenrudersteuerung übertragen. Dabei werden die Signale so verstärkt, daß die mechanischen Kräfte ausreichen, um das Seitenruder in die gewünschte Position zu fahren. Zu der Normalansteuerung dieses Servomotors durch Besatzung und Autopiloten werden die Signale des Yaw-Dampers addiert, wodurch das Seitenruder innerhalb eines begrenzten Bereichs durch den Yaw-Damper beeinflußt werden kann.

Genau am Eingang der Steuereinheit dieses Servomotors brach eines der elektrischen Steuerkabel. Das blanke Kabelende fiel auf andere Kabel in dem Bündel, von denen bei zweien die Isolierungen beschädigt waren. Durch diese Berührung wurde die Steuerung des Yaw-Dampers kurzgeschlossen und lief auf seinen linken Maximalausschlag.

Die Piloten hatten die 707 kurz nach dem Abheben in eine 30° Schräglage gelegt, um die bewohnten Gebiete New Yorks zu umkurven und einer Einflugschneise des benachbarten Inlandsflughafens La Guardia auszuweichen. Nachdem der Yaw-Damper innerhalb von acht Sekunden die 707 um weitere 26° herumgerollt hatte, befand sich die Maschine in einer gefährlichen Querlage. Die Piloten registrierten diesen Linksdrall wahrscheinlich nicht sofort, da sie wegen der drohenden Kollisionsgefahr in dem überfüllten Luftraum der amerikanischen Metropole ihre Augen eher außerhalb denn innerhalb des Cockpits hatten. Sie schrieben wahrscheinlich die Neigung der Maschine, nach links zu rollen, einer Turbulenz zu. Der Yaw-Damper konnte das Seitenruder nicht an seinen linken Vollausschlag fahren, aber das Ruder weit genug ausschlagen lassen, um es der Besatzung unmöglich zu machen, die 707 wieder nach rechts zurück zu bewegen.

Innerhalb von fünf Sekunden nach dem Eintreten der Störung gaben die Piloten erst leichtes und zwei Sekunden später volles rechtes Seitenruder. Als das nichts half, drosselte die Besatzung neun Sekunden nach dem Kabelbruch die linken Triebwerke, um so die Maschine wieder unter Kontrolle zu bringen. Die Querneigung konnte so für den Moment gestoppt werden, da aber die Piloten nicht gleichzeitig mit der Schubverminderung den Steigflug unterbrachen, verlor die 707 an Geschwindigkeit und kippte Sekunden später wieder nach links ab.

Um 10:08:30 Uhr/loc., zwölf Sekunden nach dem Kabelbruch, riß die Strömung an der linken Tragfläche ab. Ziemlich genau beim Abriß der Strömung hatte die Besatzung den Ursprung ihrer Schwierigkeiten gefunden und schaltete zuerst den Yaw-Damper und dann das Seitenruderservosystem ab.

Obwohl es der Americanbesatzung gelang, innerhalb von 30 Sekunden einer komplexen Störung im Steuersystem ihrer 707 auf die Spur zu kommen und den Ursprung dieser Störung zu beseitigen, hatte sie aufgrund des Strömungsabrisses den Kampf um die Steuerbarkeit zu diesem Zeitpunkt schon verloren. Die Maschine zerschellte um 10:08:50 Uhr/loc., also 80 Sekunden nach dem Abheben, in dem seichten Wasser des Hudson Rivers.

Das CAB hielt diesen Ablauf der Ereignisse für den wahrscheinlichsten. Andere Absturzursachen, wie ein fehlerhaft eingebauter Bolzen in einem Hydrauliksteuerventil, könnten zwar einen Absturz auslösen. Aber die Umstände sprachen am ehesten für den Kurzschluß an der Steuereinheit des Servomotors.

Die ersten Hinweise auf diese Absturzursache ergaben sich, als man an der Absturzstelle das abgerissene Kabel am Eingang der Steuereinheit und die durchgescheuerten Isolierungen der umliegenden Kabel fand. Diese Kabel liegen an einer geschützten Stelle, daher ging man davon aus, daß diese Schäden schon vor dem Absturz auftraten. Genau dieselben Schäden fand man später auch an

Servomotoren, die sich noch im Ersatzteillager von American Airlines oder auf dem Fließband des Herstellers Bendix befanden. Ermittlungen ergaben, daß diese Schäden durch den groben Einsatz einer Spitzzange beim Einbau der Kabel in die Steuereinheit des Servomotors verursacht wurden. Nach diesem fehlerhaften Einbau hatte der bewußte Servomotor, der den Absturz von Flug 001 verursacht hatte, 61 verschiedene Inspektionen beim Hersteller, die Wareneingangskontrollen bei Boeing und drei Inspektionen bei American Airlines überdauert, ohne daß die schadhaften Kabelisolierungen jemandem aufgefallen wären.

Das CAB führte in seinem Bericht aus, daß eine der „begleitenden" Absturzursachen die Schwierigkeiten der Besatzung waren, den Ausfall des Yaw-Dampers und den daraus entwickelten „anormalen" Flugzustand zu registrieren und darauf in angemessener Zeit zu reagieren. Die Besatzung hatte alles richtig gemacht, nur eben fünf Sekunden zu spät. Die Besatzung hatte aber keine Chance, da ihnen weder der Ausfall des Yaw-Dampers, noch die Seitenruderstellung angezeigt wurde. Auch wurde im Cockpit keine Überziehungswarnung ausgelöst. Die Anzeige- und Alarmeinrichtungen, insbesondere beim Ausfall einer Automatik an Bord der 707, wurden entscheidend verbessert, um der Besatzung bei späteren Notfällen schnellstmöglich die ausreichenden Entscheidungshilfen zur Verfügung zu stellen.

Die FAA änderte außerdem im Januar 1963 den Abflugweg von der Startbahn 31L. Vorher waren die Piloten aufgefordert „im Interesse des Lärmschutzes die Linkskurve nicht zu verzögern. Jetzt konnten die Piloten damit bis zum Erreichen von 1.000 ft warten.

22.05.62
Continental AL   **Boeing 707-120**
N70775   **17611**

Der 34-jährige Thomas G. Doty, beging im Vorjahr einen bewaffneten Raubüberfall, um schnell zu Geld zu kommen. Der Coup drohte jedoch aufzufliegen und Doty mußte mit einem mehrjährigen Gefängnisaufenthalt rechnen. In dieser Situation faßte er den Gedanken, auf schreckliche Weise seinem Leben ein Ende zu bereiten. Er besorgte sich einige Dynamitstangen und bastelte einen Selbstauslöser. So ausgestattet fuhr er an diesem Abend zum Flughafen in Chicago und kaufte sich ein Ticket für den Flug CO 11 nach Los Angeles/Kalifornien über Kansas City/Missouri. Dann ging Doty zum Schalter einer der Versicherungsgesellschaften, die ebenfalls in der Abflughalle ihre Schalter hatten. Seit Ende der fünfziger Jahre konnte man auf amerikanischen Flughäfen auch Versicherungen für Unfall, Diebstahl, Gepäck etc. abschließen. Zielstrebig füllte Doty eine Lebensversicherung mit einem Wert von 300.000 Dollar aus. Damals bedeutete diese Summe ein Vermögen. Als Alleinbegünstigte gab er seine Ehefrau an und den 22.05. als Tag des Versicherungsbeginns. Als alle Formalitäten erledigt waren, bestieg er zusammen mit weiteren 36 Passagieren die abflugbereite Maschine. Es war eine der neuartigen 707, die Continental seit kurzem auf der Transkontinentalroute nach Los Angeles einsetzte. Kurz vor 20.00 Uhr/loc. hob dann die 707 in Chicago ab und stieg mit Kurs Südwest auf 37.000 ft. Als man nach einer guten Stunde über dem Bundesstaat Iowa in Richtung der untergehenden Sonne jettete, umkurvten die Piloten in weitem Bogen einige aufkommende Gewitterzellen. Der Flug verlief zu dieser Zeit vollkommen ruhig und die Passagiere entspannten sich in ihren Sitzen. In dieser Minute erhob sich Doty aus seinem Sitz und ging langsam in den hinteren Waschraum. Er verriegelte die Tür und drückte um 21:15 Uhr/loc auf den Auslöser.

Eine gewaltige Explosion erschütterte die Maschine. Der gesamte hintere Rumpf wurde in Stücke gerissen und löste sich mitsamt dem Leitwerk vom übrigen Flugzeug. Ein eiskalter Orkan blies durch die 707, die in dieser Sekunde ihre gesamte Steuerfähigkeit eingebüßt hatte. Hilflos trudelte Flug 11 dem Erdboden entgegen. Nicht mal mehr ein Notruf konnte abgesetzt werden.

Kurz darauf stürzten die Wrackteile ca. 10 Kilometer nordwestlich der Kleinstadt **Unionville/IO/USA** zu Boden. Die Trümmer verstreuten sich auf ein 65 km großes Gebiet.

44 Insassen konnten nur noch tot geborgen werden. Ein Passagier gab noch Lebenszeichen von sich, er erlag allerdings anderthalb Stunden später im Krankenhaus seinen Verletzungen.

Die Untersuchungsbehörde CAB und das FBI wurden in die Ermittlungen eingeschaltet. Schnell stellte sich heraus, daß es kein technischer Fehler und auch keine Windturbulenz war, die Flug 11 vom Himmel holte. Spuren von Sprengstoff wurden in den Hecktrümmern ausfindig gemacht.

Noch am Vortag saß Doty mit Freunden zusammen und sagte, daß er sich eher umbringt als seine Strafe anzutreten. In dem festen Glauben, daß seine Hinterbliebenen durch seinen Tod finanziell abgesichert wären, hatte Doty 44 unschuldige Menschen mit in den Tod gerissen. Die 300.000 $ aus der Versicherungsprämie wurden nie ausgezahlt.

03.06.62
Air France   **Boeing 707-320**
F-BHSM   **17920**

Die 707 sollte auf einem Charterflug nach New York und Atlanta (USA) von Paris aus starten. Der Startlauf in **Paris-Orly AP/Frankreich** auf der Bahn 08 verlief normal bis zum Zeitpunkt der Rotation. Für etwa 5 Sekunden hob das Bugfahrwerk von der Bahn ab, um darauf wieder auf die Bahn zurückzufallen. Als die Bremsen betätigt wurden, hatte der Jet bereits eine Geschwindigkeit von über 320 km/h erreicht. Alle Versuche, den Jet zum Stehen zu bringen, schlugen fehl. Die 707 schoß über das Ende der Startbahn hinaus, wobei das gesamte Fahrwerk abgerissen wurde. Schließlich brach an den Masten der Anflugbefeuerung der Rumpf der 707 in mehrere Teile und kollidierte noch mit einem Haus nebst dazugehöriger Garage, bevor die Fahrt 500 Meter hinter dem Ende der Bahn zuende ging.

Das beim Bremsen entstandene Feuer weitete sich explosionsartig auf das gesamte Flugzeug aus, und im Nu standen die Trümmer in Flammen. 130 Menschen

F-BHSN; der direkte Flottennachbar der Unglücksmaschine „BHSM" eine 707-320 mit Heckflosse und Rolls Royce „Straight"-Triebwerken auf dem Vorfeld/Paris-Orly im Juni 1977 <Quelle: Luftfahrt Journal-Sammlung>

(incl. 8 Crewmitglieder) konnten sich nicht mehr aus dem Wrack befreien und kamen ums Leben. Lediglich zwei Stewardessen, die im hinteren Kabinenteil saßen, überlebten mit schweren Brandverletzungen das Unglück.

Als sich der Absturz mittags ereignete, herrschte gutes Wetter mit aufgelockerter Bewölkung und guter Sichtweite.

Schon bald fanden die Untersuchungsmannschaften die Crash-Ursache heraus: Die Trimmung des Höhenleitwerks erfolgte nicht vorschriftsmäßig. Man fand das Höhenleitwerk um 1,5 Einheiten in der „Nase-hoch"-Position. Diese Trimmungsstellung, unterhalb der normalen Take-off-Stellung, führte bei der Rotation zu einem erhöhten Widerstand an den Steuersäulen. Der Pilot nahm somit an, daß sich (wie schon zuvor bei anderen 707ern) ein Ruder verklemmt hatte und brach den Start ab.

Die unkorrekte Einstellung der Trimmung beruhte auf einem Fehler des Servomotors der Trimmung, für den es im Cockpit jedoch keine Anzeige gab. Deswegen erkannte die Crew dieses auch nicht. Nachfolgende Tests bewiesen: die 707 hätte gefahrlos abheben können.

04.06.62
Aeroflot   **Tupolev 104B**
CCCP-42491   **21604**

Nach einem Triebwerksausfall prallte die Tupolev nahe **Sofia/Bulgarien** gegen einen Berg und zerschellte. Die fünf Crewmitglieder wurden getötet.

22.06.62
Air France   **Boeing 707-320**
F-BHST   **18247**

Die mit 103 Passagieren und 10 Crewmitgliedern besetzte 707 prallte 15 Meilen nordwestlich des Le Raizet Flughafens von **Point à Pitre/Guadeloupe/Karibik** gegen die Ausläufer eines Hügels in 1.500 ft und zerschellte beim Aufprall.

Niemand der 113 Insassen überlebte das Unglück.

Zur Unglückszeit herrschte Dunkelheit und einzelne Gewitter lagen über der Gegend. Die 707-Besatzung meldete einige Minuten zuvor das Überfliegen des Point à Pitre NDB's auf 5.000 ft, bevor die Boeing nach Osten, Richtung Berge, abdrehte. Der Pilot bemängelte, daß das VOR der Insel nicht funktionierte. Als ursächlicher Faktor kamen die mangelnden technischen Ausstattungen der Navigationshilfen am Boden sowie ein durch atmosphärische Störungen gestörter Peilempfänger (ADF) an Bord der 707, der unkorrekte Daten lieferte, in Frage.

30.06.62
Aeroflot   **Tupolev 104A**
CCCP-42370   **-**

Bei **Krasnojarsk/Sibirien/UdSSR** verlor man die Steuerkontrolle und das Flugzeug stürzte aus großer Höhe ab. Es kamen 84 Insassen ums Leben.

07.07.62
Alitalia   **Douglas DC-8-43**
I-DIWD   **45631**

Bereits im Mai des Jahres hatte sich der 50jährige Kommandant mit den Verhältnissen auf der Asienroute seiner Gesellschaft vertraut gemacht. Er pilotierte zuvor die Douglas DC-6 bzw. DC-7, allesamt Propellerflugzeuge. Sein Arbeitgeber Alitalia wählte ihn vor zwei Jahren aus, die Musterberechtigung auf der DC-8, dem neuesten Düsenflugzeug der Gesellschaft, zu erwerben, denn Jetpiloten waren rar. Er hatte bereits vorher einige Male die Asienrouten mit der DC-8 geflogen, allerdings mit einem Checkpiloten, der seine Fähigkeiten überprüfte. Er hatte bereits über 13.700 Flugstunden gesammelt, 1.300 davon auf dem Flugzeugmuster DC-8, als er an diesem Abend als verantwortlicher Kommandant die DC-8 „I-DIWD" auf dem internationalen Flughafen in Bangkok bestieg.

Die Maschine wurde erst im März des Jahres ausgeliefert und hatte gerade mal 960 Flugstunden hinter sich. Mit ihm befanden sich der 33-jährige Copilot, sowie der 31-jährige Flugingenieur in der Pilotenkanzel. Neben den sechs Mitgliedern der Kabinenbesatzung waren für diesen Flug auch noch 85 Passagiere gebucht. Die Maschine kam bereits am frühen Abend als Flug AZ771 aus Sydney, Darwin und Singapur nach Bangkok. Dort wechselte dann die Crew, die die restliche Route zum italienischen Heimatflughafen in Rom fliegen sollte. Auf dem Weg dorthin waren Zwischenlandungen in Bombay,

Karachi und Teheran eingeplant. Eine halbe Weltreise lag vor den 94 Menschen an Bord.

Flug 771 hatte bereits Verspätung, und die Abfertigung am Boden wurde zügigst vorangetrieben, um die verlorene Zeit wieder wettzumachen. Dabei verzichteten die Piloten bereits vorher auf den üblichen Besuch beim Wetterdienst und ließen den Meteorologen vergebens warten. Auch wurde kein offizieller Flugplan von seiten des Alitalia Flugbüros an die Besatzung weitergegeben bzw. waren solche Dokumente niemals aufgetaucht. Um Zeit zu sparen, umging man entgegen den Regeln diese bürokratischen Verfahren.

Flug 771 hob um 23:16 Uhr/loc. in Bangkok ab und stieg langsam in den Nachthimmel hinein. Wenig später fing der Kommandant die DC-8 in 36.000 ft ab und ging in den Reiseflug über.

Etwa nach zwei Stunden, um 01:20 Uhr/loc., beim Überflug der Indischen Ostküste, nahm Flug 771 Funkkontakt mit der Luftraumkontrolle in Bombay auf. Man gab die geschätzte Ankunftszeit (02:45 Uhr/loc.) durch und erkundigte sich nach dem aktuellen Wetter. Der Himmel über Bombay war bewölkt mit gelegentlichen Schauern, jedoch wurde keine Gewitteraktivität gemeldet.

Mittlerweile hatte Flug 771 die Reiseflughöhe gewechselt und jettete in 35.000 ft dem Zielort entgegen. Ein Funkfeuer in Aurangabad, ca. 320 km vor Bombay, diente Flug 771 als Fixpunkt zur Berechnung des Sinkfluges. Normalerweise ist es vorgeschrieben den Sinkflug 3 Minuten nach dem Überflug des Funkfeuers einzuleiten. Doch der Kommandant bat die Luftraumkontrolle, bereits direkt über Aurangabad mit dem Abstieg zu beginnen. Bombay Radar gab Flug 771 daraufhin frei auf 20.000 ft, abzusinken. Prompt verließ die DC-8 die Reiseflughöhe und sank dem nachtschwarzen Erdboden entgegen. Nur wenige Minuten später gab der Anfluglotse in Bombay die italienische Maschine zum weiteren Sinkflug auf 4.000 ft frei. Diese Anweisung war fatal, befanden sich doch ausgedehnte Höhenzüge nordöstlich der Stadt, die bis zu 5.400 ft hoch waren. Doch diese Freigabe wurde nicht zurückgenommen oder korrigiert. Auch warfen die Piloten, die mit den örtlichen Gegebenheiten noch nicht sonderlich vertraut waren, keinen weiteren Blick in ihre Anflugkarten. Sie verließen sich blind auf die Anweisungen der Anflugkontrolle. Der Kommandant äußerte in dieser Flugphase seinen Wunsch, in einem Direktanflug auf der Bahn 27 zu landen. Bombay Radar fragte nun, ob Flug 771 einen Vollkreis über dem Voreinflugzeichen machen werde, um Höhe abzubauen, oder ob ein direkter Landeanflug zu erwarten sei.

Die Besatzung antwortete darauf lediglich mit einem „Okay".

Der Sinkflug wurde fortgesetzt. Offenbar glaubte man an Bord der DC-8, daß man kurz vor dem Flughafen sei. Doch der Schein trog. Ahnungslos wurde der Sinkflug in die Dunkelheit fortgesetzt.

AZ771:
  „771 is leaving now five thousand three six zero on the outer marker."
ATC: „771 say again your last message."
AZ771:
  „Say again please."
ATC: „771 unable to make out your last message, will you please repeat."
AZ771:
  „Please say again."

Der Fluglotse ließ nicht locker.

ATC: „771 request your intentions, are you coming straight in from the outer marker for landing runway 27 or making a three sixty over the outer marker then reporting leaving outer marker inbound over?"

Flug 771 bestätigte den Funkspruch und kündigte an, einen Vollkreis zu fliegen.

ATC: „Roger, understand, you will be making a three sixty over the outer marker. Report leaving outer marker while proceeding making a three sixty."
AZ771:
  „Roger, will do, Alitalia seven seven one."

Dies war das Letzte, was von der DC-8 zu hören war. Minuten später beobachteten Bewohner der Ortschaft Yunnar einen Blitz und einen lauten Knall. Flug 771 zerschellte um 01:40 Uhr/loc., etwa 12 Flugminuten vor der Ankunftszeit, in 3.600 ft an einem Hang des Davandyachi-Berges unmittelbar unterhalb des Gipfels und ging in Flammen auf.

Alle 94 Insassen an Bord waren sofort tot. Der Absturzort lag 52 Meilen außerhalb des **Bombay/Indien**.

Erst einen guten Tag darauf fand man das ausgebrannte Wrack an einem Berghang.

Laut indischer Untersuchungskommission kam es zu dem Unfall, weil der italienische Pilot die Entfernung zum Aufsetzpunkt falsch berechnete und den Sinkflug nicht rechtzeitig abbrach. Er unterschritt die Mindestanflughöhe trotz der Unerfahrenheit mit den topographischen Gegebenheiten in diesem Gebiet.

Dementgegen kamen die italienischen Behörden zu dem Schluß, daß der Absturz durch: „Eine unklare, falsche und unvollständige Freigabe von seiten des Anfluglotsen" mit herbeigeführt wurde. Zum anderen, so die Italiener, ist die Luftraumkontrolle um Bombay „schlampig organisiert" und unzumutbar für internationale Verkehrsflugzeuge".

19.07.62
United Arab AL   **DH106 Comet 4C**
SU-AMW   **6464**

Im Rahmen des regulären Linienkurses 869 startete die mit 18 Passagieren und acht Crewmitgliedern besetzte Comet um 13:30 Uhr/loc. in Tokio. Der Linienkurs sollte nach einer Zwischenlandung in Bangkok in der ägyptischen Hauptstadt Cairo enden.

Um 15:04 Uhr/loc. meldete sich die Besatzung bei der Luftaufsicht in Bangkok und teilte mit, sie hätte um 15:08 Uhr/loc. die Grenze ihres Zuständigkeitsgebietes und um 15:13 Uhr/loc. das als Wegmarke genutzte Funkfeuer Ubol überflogen. Der thailändische Streckenlotse wunderte sich zwar etwas, daß sich diese Zeitangaben auf die Minute genau mit den geschätzten Ankunftszeiten deckten, die die arabische Besatzung vor dem Abflug in Tokio in ihrem Flugplan eingetragen hatte. Da er den Flugweg der arabischen Maschine mangels ausreichender Radarausrüstung nicht verfolgen konnte, mußte er sich auf die Angaben der Besatzung verlassen. Er gab daher die Comet für einen Direktflug zur nächsten Wegmarke, dem VOR Bangkok, frei. Nachdem die arabische Besatzung 15:47 Uhr/loc. als ihre voraussichtliche Ankunftszeit über dem VOR-Bangkok mitgeteilt hatte, bat die Streckenaufsicht die Besatzung, sich beim Überfliegen der (imaginären) 100 Meilengrenze rund um den Flughafen Bangkok noch einmal zu melden. Um 15:29 Uhr/loc. meldete die Besatzung das Überfliegen dieser Grenze. Der Besatzung wurde der aktuelle Luftdruckwert zur Einstellung ihrer Höhenmesser mitgeteilt. Die Comet wurde für den Sinkflug von 31.000 ft auf 3.000 ft freigegeben. Zehn Minuten später, die Maschine war mitten im Sinkflug, wurde sie an die Anflugkontrolle des Flughafens Bangkok weitergegeben. Dort meldete sich die Crew sofort danach und teilte den Lotsen mit, daß man gerade 13.000 ft passiert hätte. Die Besatzung erwartete um 15:44 Uhr/loc. den Überflug des Bangkok VOR. Die Anflugkontrolle gab noch einmal die Luftdruckwerte durch und wies die Crew an, sich bei Erreichen von 3.000 ft sofort zu melden. Diese Anweisungen wurden von der arabischen Crew bestätigt.

Als sich die Besatzung um 15:50 Uhr/loc. immer noch nicht gemeldet hatte, wurde in Bangkok Alarm gegeben und eine Suchaktion begonnen. Erst einen Tag später wurde man 94 Kilometer vom Flughafen Bangkok entfernt fündig. Die teilweise verbrannten Überreste der Comet wurden im Dschungel nahe des Berges **Khao Yai/Thailand** gefunden. Alle 26 Insassen waren schon beim Aufschlag ums Leben gekommen.

Zum Zeitpunkt des Absturzes war die Sicht in dem Gebiet durch Regen gemindert gewesen.

Die Gründe für diesen Absturz waren schnell gefunden. Die Luftaufsicht in Bangkok hatte zwar keinen Radarkontakt mit der arabischen Maschine gehabt, aber deren Flugweg war von einer militärischen Radarstation der amerikanischen Streitkräfte verfolgt worden. Die Radaraufzeichnungen bewiesen, daß die Positionsangaben der Besatzung völlig falsch waren. Als sie um 15:30 Uhr/loc. meldete, die Maschine sei noch 100 Meilen von dem Flughafen Bangkok entfernt, war sie in Wirklichkeit noch 137 Meilen davon entfernt. Der Sinkflug begann folgerichtig zu früh und führte die Maschine direkt über das erhöhte Gelände, in dem die Comet zerschellte.

Die thailändischen Behörden nahmen als Grund für diesen schweren Navigationsfehler an, daß die Besatzung die Strecke in einer anderen Geschwindigkeit abgeflogen war, als die, die dem in Tokio eingereichten Flugplan entsprach. Auf dem Streckenflug hatte die Besatzung einfach ihre Meldepunkte vom Flugplan abgelesen, ohne diese Angaben mittels Navigationseinrichtungen zu prüfen.

Als wahrscheinlichen Absturzgrund gaben die thailändischen Behörden an, daß die Besatzung „zu selbstsicher war und ihre Handlungen nicht einmal grundsätzlichen Prinzipien der Luftnavigation entsprach".

20.08.62
Panair Do Brasil   **Douglas DC-8-33**
PP-PDT   45273

Es war spätabends, als alle Vorbereitungen an Bord der brasilianischen DC-8 abgeschlossen waren. Sie stand am Anfang der Startbahn 14 des Flughafens **Rio de Janeiro-Galeao AP/Brasilien** bereit, um einen Linienkurs weiterzuführen, der in Buenos Aires begonnen hatte. Vor der DC-8 und ihren 94 Insassen lag jetzt noch die 3.300 Meter lange Startbahn 14 und ein langer, nächtlicher Transatlantikflug, bis sie an ihrem endgültigen Ziel, der portugiesischen Hauptstadt Lissabon, ankommen würden. Am Ende der Startbahn 14 funkelte das dunkle Wasser der Guanabara Bucht, als um 23:03 Uhr/loc. die Piloten mit dem Startlauf begannen. Erst wurde die Entscheidungsgeschwindigkeit V_1 bei 135 Knoten erreicht, dann rief der Copilot die Rotationsgeschwindigkeit V_R von 148 Knoten aus. Um das Bugfahrwerk vom Asphalt zu heben, zog der Kommandant die Steuersäule zu sich heran, aber nichts geschah. Während die DC-8 immer noch weiter beschleunigte, drückte der Kommandant die Steuersäule noch einmal nach vorne, um es dann noch einmal gemeinsam mit dem Copiloten zu versuchen. Doch das Bugfahrwerk der DC-8 wollte sich einfach nicht von der Startbahn lösen. Die Maschine war mittlerweile 170 Knoten schnell, als sich der Kommandant neun Sekunden nach dem Passieren von V_R entschloß, den Start abzubrechen. Der Besatzung blieben jetzt noch knapp 1.100 Meter befestigte Landebahn, um den 138 Tonnen schweren Douglas-Jet zum Stehen zu bringen.

SU-ANI; *eine identische Maschine wie die „SU-AMW", die bei Bangkok verunglückte. Einige Jahre später verunglückte auch diese Maschine im Anflug auf Addis Abeba. <Quelle: N.Scherrer>*

Ohne seinen Copiloten diese Entscheidung mitzuteilen, betätigte er zuerst leicht und dann mit aller Kraft die Radbremsen. Als dem Kommandanten klar wurde, daß ein Stoppen innerhalb der Startbahn nicht mehr möglich war, zog er erst alle vier Schubhebel auf Leerlaufleistung zurück und steuerte dann die Maschine nach rechts, um der Bucht am Ende der Bahn zu entgehen. Die Maschine schlingerte über den unbefestigten Grund neben der Startbahn, als der Copilot eingriff und ohne Rücksprache mit dem Kommandanten die Bremsklappen auf der Tragfläche ausfuhr und den Umkehrschub auf allen vier Triebwerken aktivierte. Beide Maßnahmen griffen aber nicht mehr, da das Fahrwerk der DC-8 schon so tief durch den losen Grund pflügte, daß die Klappen des Umkehrschubes aller vier Triebwerke aus ihren Verankerungen gerissen wurden.

Der Schwenk nach rechts war zu schwach, um dem Wasser ausweichen zu können. Die Maschine passierte eine Böschung und überquerte mit immer noch hoher Geschwindigkeit eine Straße, wobei sie die beiden linken Triebwerke verlor und Löcher in die Tragflächen gerissen wurden. Am Ende schlug die DC-8 mit einer haushohen Fontäne auf das seichte Wasser der Bucht auf.

Die Geschwindigkeit war noch so groß, daß der Havarist noch 50 Meter in die Bucht heraustrieb, bevor in der Kabine die Evakuierung beginnen konnte. Hier hatte sich die beim Startabbruch entstandene Unruhe der Passagiere in Panik verwandelt, als die Notbeleuchtung in der Kabine nicht anging. Die Konfusion unter den Passagieren vergrößerte sich noch, als es offensichtlich wurde, daß die vorderen und hinteren Eingangstüren aus Furcht vor Wassereinbrüchen nicht benutzt wurden. Keine Ansage der Cockpitbesatzung lenkte die nun einsetzende, chaotische Evakuierung durch die Notausgänge über den Tragflächen. Nur eine Stewardeß kam auf die Idee, die in der stockfinsteren Kabine herumirrenden Passagiere mit einer Taschenlampe auf den geöffneten Notausgang aufmerksam zu machen. So verließen die meisten Passagiere die Maschine durch den rechten Notausgang über die Tragflächen, was zu einem ziemlichen Gedränge führte. Die Evakuierung wurde noch durch die Tatsache erschwert, daß die DC-8 nach ihrem Aufschlag auf die Wasseroberfläche eine Kerosinspur hinter sich hergezogen hatte, die sich jetzt entzündet hatte. Da die Besatzung nach dem Aufschlag auf dem Wasser keine Ansage gemacht hatte, hatten viele Passagiere ihre Schwimmwesten in der Maschine vergessen und mußten im flackernden Licht des Feuers ohne Hilfsmittel zu dem mittlerweile 100 Meter entfernten Ufer zurückschwimmen.

14 Menschen, darunter eine Stewardeß, ertranken bei dem Versuch, sich an das Ufer zu retten. Sieben Crewmitglieder und 27 Passagiere zogen sich beim Aufschlag und der anschließenden Evakuierung Verletzungen zu. Die gut ein Jahr alte DC-8 sank 25 Minuten später auf den Grund der Bucht, die an dieser Stelle acht Meter tief war.

In den Tagen nach dem Unfall suchten Taucher das Wrack der DC-8 auf, um den Grund herauszufinden, warum die Maschine nicht auf die Steuerbefehle der Piloten reagiert hatte. Es stellte sich ziemlich bald heraus, daß die Maschine zum Zeitpunkt des Starts buglastig ausgetrimmt gewesen war, statt wie vorgeschrieben, hecklastig. Das hatte ein Abheben der DC-8 unmöglich gemacht.

Wahrscheinlich war während des Weges vom Rollfeld oder beim Startlauf einer der Piloten an das Verstellrad der Stabilisatoren gekommen und hatte so die Maschine aus Versehen buglastig ausgetrimmt. Der Unfall hatte sich dann ereignet, weil die Besatzung diese fehlerhafte Einstellung nicht bemerkte. Die brasilianischen Behörden stellten dazu fest, daß der auf diesem Flugzeugtyp mit 812 Flugstunden noch relativ unerfahrene Kommandant seit 43 Tage vor dem Unglück nicht mehr geflogen war.

Die Batterie, die Notbeleuchtung in der Kabine mit elektrischer Energie speisen sollte, hatte schon bei einem Wartungsintervall 60 Flugstunden vor dem Unfall ihre Lebensdauer überschritten. Sie hätte damals ausgetauscht werden müssen, was aber versäumt wurde. Folglich versagte die Batterie, als sie nach dem Aufschlag von der Besatzung aktiviert wurde. An Bord der verunglückten DC-8 befanden sich sechs Rettungsboote, die aber in der allgemeinen Konfusion der Evakuierung von der Besatzung vergessen wurden. Zusammen mit dem schnelleren Einsatz der Rettungskräfte hätten diese Rettungsboote die Zahl der Ertrunkenen zumindest senken können.

Die Untersuchungsbehörden mahnten beim Hersteller Douglas an, das Einstellungs- und Anzeigesystem der Stabilisatoren so zu verbessern, daß sich solche versehentlichen Einstellungen nicht wiederholen können. Außerdem sollte die Erreichbarkeit der Notausgänge und die Notbeleuchtung der Kabine verbessert werden. Die Fluggesellschaft Panair do Brasil wurde verpflichtet, Piloten nachzuschulen, die länger als dreißig Tage außer Dienst waren.

02.09.62

Aeroflot **Tupolev 104A**
CCCP-42366 -

Die Maschine wurde im Reiseflug von schweren Vibrationen durchgeschüttelt und stürzte ca. 90 km. außerhalb von **Chabarowsk/UdSSR** ab.

Niemand der 86 Insassen überlebte den Absturz.

25.10.62

Aeroflot **Tupolev 104B**
CCCP-42495 21703

Auf einem Übungsflug bei **Moskau-Sheremetyevo AP/UdSSR** stürzte die Maschine ab.

Elf Insassen kamen ums Leben.

27.11.62

VARIG **Boeing 707-400**
PP-VJB 17906

Die 707 kam als Flug RG 810 von Porto Alegre/Rio Grande Do Sul und befand sich im Anflug auf **Lima/Peru** und dann sollte weiter nach Los Angeles fliegen. Bereits der erste Landeanflug wurde abgebrochen, weil er zu hoch ausgefallen war. Der Tower nahm nun an, daß Flug 810 ein Fehlanflugverfahren einleitet und entlang des Bahnkurses wieder auf Höhe geht, um dann nach einer 180°-Kurve wieder in den Gegenanflug der Bahn 33 zu gelangen. Zu dieser Zeit, es war kurz nach 03:30 Uhr/loc. nachts, lag eine dichte Wolkendecke auf 2.000 ft und ermöglichte keinen Sichtkontakt zwischen der 707 und dem Tower. Entgegen der Annahme des Towers drehte der brasilianische Pilot jedoch nach links und flog die 707 noch drei Minuten auf einem nordöstlichen Kurs. Man befand sich auf einem Kurs von 333°, als der Jet den La Cruz Berg in 2.500 ft Höhe streifte und beim Aufschlag explodierte. Das Fahrwerk war bereits heruntergelassen und die Tragflächen horizontal.

Alle der 80 Passagiere und 17 Crewmitglieder starben bei dem Absturz.

Die Crew, so der Schluß der Untersuchungskommission, machte nur ungenügenden Gebrauch der Navigationshilfen. Die Piloten stellten den Peilsender (ADF) nach dem Abbruch des Landeanfluges auf das falsche NDB ein, und die Collins-ILS-Anzeige ließ den korrekten Flugweg der 707 rechts voraus anzeigen. Tatsächlich wäre eine schnelle Linkskurve erforderlich gewesen, um in den Gegenanflug der Bahn 33 zu gelangen. Der Kurs nach rechts auf 012° und eine ASDF-Anzeige von 90° links überzeugte die Crew, daß das ILS nicht normal funktionierte. Sie maßen dieser Erkenntnis aber keine weitere Bedeutung bei, bis kurz vor dem Aufschlag. Sie steuerten die 707 dann wieder nach links, offenbar nachdem der Fehler erkannt worden war (jedoch zu spät). Die Absturzstelle befand sich 8 Meilen östlich des richtigen Anflugkurses.

12.02.63
Northwest Orient   Boeing 720B
N724US   18354

Ein ausgeprägtes Tiefdruckgebiet lag über dem Südwesten Floridas und brachte dichte Wolkentürme mit sich. In immer wiederkehrenden Schauerkaskaden gingen die Regenmassen nieder. Vielerorts entstanden ausgedehnte Gewitterzonen, die böige Turbulenzen bis in eine Höhe von 40.000 ft emportrugen. Auch über dem internationalen Flughafen von Miami/FL/USA brauten sich dunkle Gewitterwolken zusammen, als der Mittagsflug NW705 zum bevorstehenden Start nach Chicago, Spokane, Portland und Seattle vorbereitet wurde.

Für den ersten Streckenabschnitt nach Chicago bestiegen zunächst die beiden Piloten, der Flugingenieur und die fünf Stewardessen die gerade aufgetankte Boeing 720. Etwa 10 Minuten darauf, um 13.15 Uhr/loc., folgten dann die 35 Passagiere. Die Cockpitcrew wurde kurz vorher mit den neuesten Wetterinformationen vertraut gemacht, die für den östlichen Bereich von Miami mittlere bis schwere Turbulenzen vorhersagten. Es wehte an diesem Tag ein leichter Nordwestwind, so daß die Start- und Landerichtung auf den Bahnen 27L und 27R erfolgte. Um 13:25 Uhr/loc. verließ NW705 die Parkposition am Terminal und rollte in Richtung Startbahn 27L.

Der erfahrene Kommandant, der den Flug nach Chicago als fliegender Pilot absolvieren sollte, konnte insgesamt fast 18.000 Flugstunden vorweisen, jedoch erwarb er erst vor kurzem die Typenberechtigung auf der Boeing 720 und hatte deshalb auch erst 150 Flugstunden auf diesem Flugzeugmuster hinter sich gebracht. Der rechts sitzende Copilot hingegen konnte immerhin schon auf über 1000 Flugstunden auf der 720 zurückblicken. Nachdem die Crew die Startcheckliste durchgegangen war, erkundigte man sich auf der Bodenfrequenz nach den Abflugrouten der zuvor gestarteten Maschinen, die der näherkommenden Gewitterfront ausweichen wollten. Flug 705 wurde daraufhin mitgeteilt, daß die meisten Abflüge entweder nach Südwesten oder nach Südosten die Gewitterzone umfliegen. An Bord der 720 entschied man sich daraufhin für einen südöstlichen Abflugkurs. Nach Erhalt der Startfreigabe schob der Kommandant die vier Leistungshebel der Triebwerke nach vorn auf Startstellung und N724US setzte sich langsam auf der Bahn 27L in Bewegung und hob 30 Sekunden später ab. Nachdem sie das Flughafengelände hinter sich gelassen hatten und das Fahrwerk eingezogen war, erfolgte wie angekündigt eine lange Linkskurve. Mit Südkurs wich Flug 705 dann den Zonen aus, wo die schwersten Turbulenzen zu erwarten waren und stieg nun nahezu parallel zur Küstenlinie des Atlantiks auf die freigegebene Höhe von 5000 ft. Dort angekommen kurvte die Boeing nach rechts und ging mit einem Kurs von 300° auf eine nordwestliche Flugrichtung über. Die ersten Ausläufer der Gewitterfront hatten Flug 705 bereits passiert. Die ersten Böen erfaßten die Maschine, die nun leicht zu schütteln anfing. Um 13:43 Uhr/loc. manövrierte sich Flug 705 zwischen zwei gewaltige Gewittertürme. Man kam für kurze Zeit aus den dichten Regenwolken heraus und befand sich in einem Bereich mit relativ ruhigem Wetter. Nun bat der Copilot um die Freigabe, auf eine größere Flughöhe zu steigen, um nicht geradewegs in die dichteste Schlechtwetterzone zu geraten.

COP: „...wir sind in einer klaren Zone...wir können es draußen vor uns sehen, sieht ziemlich schlimm aus."

Direkt vor den Piloten formierte sich die nächste schwarze Wolkenwand, die bedrohlich näher kam. Prompt kam vom Fluglotsen in Miami die Freigabe, auf 25.000 ft zu steigen. NWA 705 bestätigte die Freigabe und bat nun außerdem um die Genehmigung, während des Steigfluges 30° nach links kurven zu dürfen, um dieser Wolkenfront auszuweichen. Um Gewißheit über die weiteren Absichten der Piloten zu bekommen, fragte der Lotse nach, ob dies bedeute, daß der weitere Steigflug mit einem Kurs von 270° geflogen würde. Der Copilot antwortete darauf, daß sie bei 270° in Richtung einer offenen Stelle im sonst dichten Wolkenmeer fliegen würden. Er fügte außerdem hinzu, daß mittlerweile die Turbulenzen „mittel" bis „schwer" seien und gab außerdem dem Lotsen zu verstehen:

COP: „Okay...ihr führt die restlichen (Flugzeuge) besser über den anderen Weg."

Dies war ein Zeichen, daß sich die Besatzung von Flug 705 nicht allzu wohl in ihrer Haut fühlte und nicht sehr glücklich mit ihrer Abflugroute war. Die Linkskurve wurde sogleich genehmigt und die 720 ging auf Westkurs. Inzwischen wurde der Flug vom Abfluglotsen zur Miami-

Luftstraßenkontrolle (MARC) weitergereicht, die sich nach der gegenwärtigen Flughöhe und Position erkundigte. Der Copilot gab daraufhin die Höhe mit 17.500 ft an und teilte MARC mit, sich gleich mit der aktuellen Position zurückzumelden. Dies war gleichzeitig die letzte Meldung von Flug 705. Wenige Sekunden danach verschwand das Radarecho der Maschine von den Schirmen der Fluglotsen.

Um 13:48 Uhr/loc. vernahmen einige Personen, die sich im westlichen **Everglade Nationalpark** befanden, durch die dichte Wolkendecke und den prasselnden Regen hindurch einen lauten Knall, gefolgt von einer Bodenerschütterung. Als sich die ersten Einsatzkräfte zu der vermeintlichen Einschlagstelle vorgearbeitet hatten, fanden sie dort nur noch die weit verstreuten Trümmer der Boeing 720.

Flug NW705 war plötzlich wie ein Stein zu Boden gerast und ca. 60 Meilen südwestlich von Miami und 15 Meilen östlich der Küste des Golfs von Mexico im sumpfigen und unwegsamen Gelände der Everglades zerschellt.

Alle 43 an Bord befindlichen Personen fanden den Tod.

Das nur unter großen Strapazen zugängliche Absturzgebiet konnte erst 5 Stunden später von Geländefahrzeugen erreicht werden. Von der nächstliegenden Autostraße waren es noch ca. 3 Stunden Geländefahrt bis zum Ort des Geschehens. Die Wrackteile waren auf ein 25 km langes und 2 km breites Gebiet verteilt, was den Schluß zuließ, daß die Maschine bereits in der Luft auseinandergebrochen sein muß. Der vordere Rumpf lag in einiger Entfernung zu den restlichen Rumpftrümmern. Welche Kraft könnte ein solides Düsenflugzeug in der Luft auseinanderreißen? Handelte es sich um Sabotage?; einen Fehler im Steuersystem?; oder war es das Wetter, was die Maschine abstürzen ließ? Um diese Fragen zu beantworten, wurde eine in der Geschichte der USA noch nie dagewesene Unfalluntersuchung ins Leben gerufen. Hierzu wurden sämtliche auffindbaren Trümmerteile von Flug 705 per Helikopter zu einem leeren Hangar der US-Küstenwache in Opa Locka/FL transportiert und dort auf ein Stahlskelett montiert. So wurde langsam, Stück für Stück, fast der gesamte Rumpf der Maschine rekonstruiert. Als Vorlage für diese minutiöse Aktion diente die Bergung und Untersuchung der vor neun Jahren verunglückten Comet G-ALYP in einem Hangar im Englischen Farnborough (siehe 10.01.54).

Einige Tage nach dem Unglück konnte der Flugdatenschreiber gefunden werden; er war zur Überraschung vieler in einem auswertbaren Zustand. Der FDR zeichnete die vier Parameter: Geschwindigkeit, Flughöhe, Kurs und Beschleunigung(G-Kräfte) auf. Sechs Wochen später hatte man die Überreste von Flug 705 in Opa Locka zusammengeflickt. Man konnte schon bald Sabotage durch eine Bombe oder einen mechanischen Defekt im Steuersystem ausschließen. Es ließen sich keinerlei Brandspuren an der Außenhaut oder in der Kabine feststellen. Auch konnte keinerlei Defekt an den Rudern, Klappen oder anderen Steuerelementen ermittelt werden.

Somit verdichtete sich das, was Unfallexperten bereits ahnten. N724US wurde durch enorme Winde innerhalb der Gewitterturbulenzen in einen Flugzustand versetzt, aus dem es dann keine Rettung mehr gab. Um 13:44 Uhr/loc. leitete der Kommandant eine langgezogene Linkskurve ein, die das Flugzeug durch den dichtesten Wetterbereich hindurchmanövrieren sollte. Als ein Kurs von 200° anlag, brachte der Kommandant die Tragflächen wieder in eine horizontale Lage. Mittlerweile war man auf über 15.000 ft gestiegen, und erneut lag im Flugweg eine dunkle, pechschwarze Masse aus Wasser und Luft Sofort legte sich NW705 nach rechts und wich mit Kurs 300° in Richtung Norden aus, um nicht noch weiter nach Süden abgedrängt zu werden. Es sah so aus, als hätte das Wetter die Boeing nicht freigeben wollen. Immer heftigere Windböen zerrten an der Maschine. Hin und wieder prasselten Regentropfen mit bis zu 400 km/h an die Frontscheiben.

Dichte Wolkenformationen nahmen den Piloten jegliche Sicht. In dieser Phase konnte daher nur nach Instrumenten geflogen werden. Um 13:47:25 Uhr/loc., als man gerade eine Höhe von 17.250 ft. passierte und sich vor den Piloten so etwas wie eine hellere Stelle aufzutun begann, ging, unsichtbar für die Crew, direkt im Flugweg der Maschine ein Fallwind nieder. Gewitter bestehen aus Zonen mit warmer, aufsteigender Bodenluft und anderen Zonen von erkalteten, herabfallenden Luftmassen. In eine solche Strömung flog die Maschine genau zu diesem Zeitpunkt hinein. Dies wirkte sich insofern aus, als daß die Steigrate von 2200 ft/min. auf nahezu Null absank und sich die Nase etwas aufrichtete. Die ohnehin durchgeschüttelten Passagiere zog es dadurch leicht nach oben in ihre Gurte, und der Mageninhalt machte sich bei vielen bemerkbar. Der Flug glich einer Achterbahnfahrt. Nach etwa 12 Sekunden hatte man diese Abwindzone durchflogen und stieß erneut in die Aufwindzone hinein. Prompt bäumte sich der Rumpf steil nach oben auf. Die Steigrate erhöhte sich schlagartig auf 9.000 ft/min. Sämtliche Insassen wurden mit dem 1,7-fachen ihres Gewichts in die Sitze zurückgepreßt. Instinktiv drückten die Piloten ihre Steuersäulen nach vorn. Der Kommandant unterstützte dies, indem er die Höhenrudertrimmung auf voll „Nase-unten" stellte. Die Fluggeschwindigkeit von 320 kts. auf 215 kts. zurück und die Flughöhe gipfelte um 13:47:46 Uhr/loc. bei 19.285 ft. Die G-Kräfte schlugen abermals von plus 1G auf minus 2,5G um. Alle losen Gegenstände wurden an die Kabinendecke geschleudert. Die Nase tauchte nach unten ab. Die Piloten hatten in dieser Phase größte Mühe, ihre Steuersäulen in den Griff zu bekommen. Durch die maximal nach unten ausgetrimmte Maschine erhöhte sich zu allem Übel noch die negative Beschleunigung und die Arme der Insassen wurden nach oben gerissen. NW705 tauchte nach unten ab und die Geschwindigkeit nahm in erschreckendem Tempo zu. Ohne Außensicht verloren die Piloten für die nächsten Sekunden an Orientierung. Durch die enormen Kräfte „tanzten" sämtliche Instrumente vor ihren Augen auf und ab. Die beiden künstlichen Horizontanzeigen zeigten aufgrund der nun mehr als 70° nach unten weisenden Flugzeugnase nichts mehr an, was als Orientierungspunkt für die Lage des Flugzeugs gedient hätte. Die Boeing raste mittlerweile mit über 370 kts. in einem Winkel von 95° senkrecht auf den

Erdboden zu. Der Höhenmesser wirbelte in atemberaubendem Tempo gegen den Uhrzeigersinn. Bei jeder Umdrehung verlor die Maschine 1.000 ft. Als die Piloten wieder in der Lage waren, ihre Instrumente zu lesen und sich gegen die Talfahrt ihres Flugzeugs stemmten, erreichte der Geschwindigkeitsmesser mit 470 kts. den Anschlagpunkt. Die aerodynamischen Kräfte wuchsen ins Unermeßliche, als beide Piloten verzweifelt an ihren Steuersäulen zerrten, um das Flugzeug noch abzufangen. Um 13:48:02 Uhr/loc. schließlich, überstiegen die G-Kräfte die Festigkeit der Flugzeugstruktur und ließen in einer Höhe von 10.000 ft zuerst das Seitenleitwerk wegbrechen, dann lösten sich im nächsten Moment die beiden Höhenleitwerke, die Triebwerke brachen mitsamt Pylonen aus ihren Verankerungen und wurden weggerissen. Die Tragflächen knickten wie Streichhölzer und der vordere Rumpf brach hinter der ersten Klasse nach oben weg. Flug 705 und alle seine Insassen hatten aufgehört zu existieren.

Hiernach wurden vom Hersteller Boeing umfangreiche aerodynamische Tests durchgeführt, die zweifelsfrei ergaben, daß sich allzu harte Trimm-Ruderausschläge beim Durchflug einer Gewitterzone überaus ungünstig auswirken, da die Gefahr besteht, diese energischen Kontrollmanöver am Ende nicht mehr zu beherrschen. Daher wurde empfohlen, einen „gelösten" Flugzustand bei solchen Bedingungen unbedingt einzuhalten, indem man das Wetter auf das Flugzeug Einfluß nehmen läßt. Seitdem wird nicht mehr versucht, einen möglichst perfekten Flugzustand auch bei Gewitterböen durch zu starken Ruderausschlag zu erzwingen.

20.03.63
Saudi Arabian VIP **DH106 Comet 4C**
SA-R-7 6461

Als Teil des Trainingsprogramms sollte die VIP-Comet von Hatfield nach Genf fliegen, von da an mit dem saudischen Eigentümer an Bord nach Nizza, und von dort zurück nach Genf.

Der Monarch entstieg seinem neuen Jet bereits in Nizza, so daß die amerikanisch-saudische Crew, die kurz vor dem Erlangen ihrer Musterberechtigung für die Comet stand, nach Genf zurückkehren und ihr Testflugprogramm wieder aufnehmen konnte.

An Bord befand sich auch ein Werkspilot von de Havilland, der als Ausbilder auf dem Rücksitz Platz nahm und den Flug mit einem Kollegen überwachte. Man startete in Genf um 03:00 Uhr/loc. Dieses Flugprogramm zog sich die ganze Nacht über hin. In den frühen Morgenstunden, als die Beobachter der Herstellerfirma gerade in der Kabine schliefen, flogen die übermüdeten Piloten unterhalb der vorgeschriebenen Flughöhe und streiften die Spitze eines Gebirgskamms in der Nähe der Stadt **Cuneo/Italien** auf italienischem Gebiet. Unkontrolliert stürzte die Comet zu Boden.

Keiner der fünf an Bord befindlichen Personen überlebte den Absturz.

18.05.63
Aeroflot **Tupolev 104B**
CCCP-42483 21501

Beim Anflug auf **Leningrad/UdSSR** unterschritt die Tupolev ihre Minimalgeschwindigkeit, stürzte und zerschellte, nachdem die Strömung um die Tragflächen abriß, am Boden.

30.05.63
American AL **Convair 990**
N5616 28

Aufgrund von Nebel wurde der für New York Idlewild bestimmte American Linienflug nach **Newark AP/NJ/USA** umgeleitet. Die Passagiere wurden mit Bussen nach Idlewild gefahren, während das Bodenpersonal die Convair etwas entfernt vom Terminalgebäude abstellte. Am nächsten Morgen um 06:00 Uhr/loc. sahen die Flughafenangestellten plötzlich Flammen aus dem Heck der Maschine schlagen. Die sofort alarmierte Feuerwehr konnte ein Übergreifen des Feuers auf den Rumpf der Convair nicht verhindern. Die Kabine und die Frachträume brannten vollständig aus.

Ausgelöst wurde der Brand durch eine glimmende Zigarette, die ein unachtsamer Fluggast am Abend zuvor in den Mülleimer des hinteren Waschraums geworfen hatte. Die Convair fing am Boden in **New York-Newark AP/NJ/USA** Feuer und brannte völlig aus.

16.06.63
C S A **Tupolev 104A**
OK-LDB 7660061

Die Tupolev fing am Boden auf dem Flughafen **Bombay-Santa Cruz AP/Indien** während Betankungsarbeiten Feuer und brannte aus.

03.07.63
Aerolineas Argentinas **SE210 Caravelle 6N**
LV-HGY 127

Im Rahmen des Linienkurses AR 527/03 von Mendoza nach Buenos Aires setzte an diesem Abend um 18:46 Uhr/loc. die Caravelle zu einer Zwischenlandung in der nordargentinischen Stadt Cordoba an. Über dem Cordoba-Pajas Blancas Airport lag eine dichte Wolkendecke, was bei der herrschenden Dunkelheit die Arbeit der Besatzung nicht einfacher machte.

In einer Flughöhe von 3150 ft tauchte die Caravelle in die Wolkendecke ein. Die Piloten tasteten sich ohne Bodensicht an die zugewiesene Landebahn 17 heran, wobei sie nach der neusten Vorschrift den Landeanflug bei 600 ft hätten abbrechen müssen, wenn die Landebahn bis dahin nicht in Sicht war. Diese Vorschrift beachteten die Piloten jedoch nicht und sanken bis auf 450 ft ab, wo sie aber immer noch keinen Sichtkontakt mit der Bahn herstellen konnten. Nun brachen sie endlich den Sinkflug ab und stiegen wieder, um es noch einmal zu versuchen.

Sie flogen erst südlich des Flughafens über den Wolken eine Schleife, um dann wieder nach Nordwesten zu drehen und im Sinkflug den Flughafen zu überfliegen. Nachdem sie das Funkfeuer auf dem Flughafengelände passiert hatten, wurde im Cockpit mit einer Uhr zwei Minuten abgemessen, die die Caravelle laut Luftkarten mit Kurs 40° geradeausfliegen mußte, nach deren Ablauf man aber immer noch von Wolken umgeben war. Trotzdem machte die Besatzung in 600 ft Höhe eine 180°-Kurve und begann so mit ihrem Endanflug auf die Bahn 17. Mit einer Sinkrate von 500 ft/min und mit ausgefahrenem Fahrwerk und einer Klappenstellung von 20° sank die Caravelle seitlich auf den Gleitpfad der Landebahn 17 zu.

Der Copilot gab später zu Protokoll, man hätte sich in ca. 300 ft Höhe befunden, als die Piloten durch eine Lücke in den Wolken die Lichter der Stadt und des Flughafens sehen konnten und ihre Instrumente das Erreichen des Gleitpfades anzeigten. „Jetzt muß es klappen" dachte sich der Kommandant und versuchte mit einer scharfen Rechtskurve auf den Landekurs einzuschwenken.

Sekunden später streifte zuerst die Spitze der rechten Tragfläche einige 5 Meter hohe Bäume, gefolgt vom Bodenkontakt des rechten Hauptfahrwerkes. Der Pilot wollte das Schlimmste vermeiden und riß die Schubhebel nach hinten, um sich „sanft" auf den Boden fallen zu lassen. Das gesamte Hauptfahrwerk krachte auf das Gelände vor der Landebahn, woraufhin die Maschine ca. 700 Meter auf unebene Grund rollte. Dabei rissen einige Bäume die Außenwände der rechten Tragfläche auf und Treibstoff begann auszulaufen. Die Fahrt der Caravelle endete an einem Bahndamm der „General Belgrano Eisenbahn", wo das gesamte Fahrwerk abgerissen wurde. Um 19:06 Uhr/loc. kam sie dann 280 Meter vor der Landebahnschwelle und 450 Meter von der Pistenmittellinie entfernt zum Stehen. Alle 70 Insassen, 63 Passagiere und sieben Besatzungsmitglieder, konnten unverletzt die Maschine verlassen, bevor das durch ausgelaufenen Sprit entstandene Feuer auf den Rumpf der Maschine übergriff.

Da der Flughafen **Cordoba/Argentinien** nicht über eine eigene Flughafenfeuerwehr verfügte, begannen die Löscharbeiten erst mit dem Eintreffen der Stadtfeuerwehr eine halbe Stunde später. Neben dem Einsatz von Wasser konnte die Feuerwehr nur Erde auf das brennende Wrack schaufeln, womit eine vollständige Zerstörung der erst 15 Monate alten Caravelle nicht verhindert werden konnte. Die argentinischen Behörden klagten die Piloten an, bei ihren beiden Landeanflügen gegen etliche Vorschriften verstoßen zu haben. Bei den späteren Befragungen stellte sich heraus, daß die beiden Piloten von der Existenz einiger Vorschriften, zum Beispiel von der Tatsache, daß die Entscheidungshöhe in Cordoba von 480 ft auf 600 ft heraufgesetzt worden war, überhaupt nichts wußten. Da die Piloten vor ihrem Abflug in Mendoza es zum Beispiel auch nicht für notwendig gehalten hatten, daß dortige Wetterbüro aufzusuchen, führte man diese Wissenslücken auf die übersteigerte Selbstsicherheit der beiden erfahrenen Piloten zurück. Neben dem Leichtsinn der Piloten ergab die Untersuchung auch Schwächen der Flugsicherheit in Cordoba. Der Towerlotse hatte von den Intentionen der Caravelle Besatzung jederzeit Kenntnis, hatte aber weder den Versuch gemacht, die Besatzung auf die existierenden Vorschriften hinzuweisen, noch den Anflug insgesamt zu unterbinden. Außerdem gab er nach dem ersten Anflugversuch immer noch als Wolkenuntergrenze 900 ft an, obwohl die Besatzung ihm berichtet hatte, sie hätte in 450 ft Höhe immer noch keine Bodensicht.

13.07.63

Aeroflot   **Tupolev 104B**
CCCP-42492   **21605**

Bei einer Zwischenlandung auf dem Weg von Tirana/Albanien und Moskau nach Peking stürzte die Tupolev im Landeanflug zwei Kilometer vor der Landebahnschwelle des sibirischen Flughafens **Irkutsk/UdSSR** ab.

Alle 32 Insassen an Bord kamen ums Leben. Dieser Unfall wurde kurz darauf auch im Westen publik, hauptsächlich weil sich die Frau des albanische Botschafter in China unter den Opfern befand.

28.07.63

United Arab AL   **DH106 Comet 4C**
SU-ALD   **6441**

Der Linienkurs 869 war auf der Strecke Tokio-Hong Kong-Bangkok-Bombay-Bahrain-Cairo unterwegs und setzte um 20:16 Uhr/loc. zu ihrer Zwischenlandung in der indischen Metropole **Bombay/Indien** an.

Die Besatzung der vierstrahligen Comet meldete sich zu diesem Zeitpunkt bei der Anflugkontrolle des Flughafens Bombay-Santa Cruz und teilte mit, daß sie gerade in 7.000 ft das Funkfeuer Bombay-VOR überflogen hätten. Der mit Radar ausgerüstete Anfluglotse erkundigte sich bei der Besatzung, welche Anflugprozedur sie bevorzugen würde. Die wünschte sich daraufhin einen ILS-Anflug auf die Landebahn 09. Dieser Wunsch nach einem Anflug mit Blindflughilfen war mit dem Blick auf das Wetter über dem Flughafen verständlich: Zwar stand im Wetterbericht

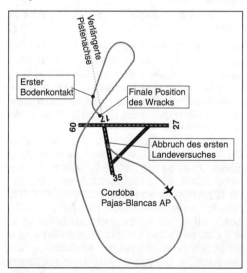

Flugweg der LV-HGY am 3. 7. 63

der indischen Behörden, daß „moderate Monsunbedingungen" in der Umgebung des Flughafens herrschten. Trotz der nur „moderaten" Bedingungen wurden Insassen der arabischen Maschine kräftig durchgeschüttelt, während die Piloten im Cockpit versuchten, ihren Weg zur Landebahn zu finden. Der Anfluglotse konnte den Piloten den Wunsch nach einem Anflug mit Blindflughilfen nicht erfüllen, denn die ILS Anlage der Landebahn 09 war seit fünf Monaten außer Betrieb. Alternativ sollte die Besatzung im permanenten Sinkflug entlang der verlängerten Pistenachse in Richtung Westen einige Meilen auf das arabische Meer hinausfliegen, um dann mit einer 180° Kurve umzudrehen und so auf den Pistenkurs der Landebahn 09 schwenken.

Als die von Wolken umgebenen arabische Comet in 7.000 ft die Küstenlinie überflog, erbat die Besatzung bei der Anflugkontrolle die Genehmigung, statt der vorgeschriebenen Rechtskurve eine Linkskurve fliegen zu dürfen. Dieses genehmigte der Anfluglotse um 20:18 Uhr/loc., fügte aber hinzu, daß sich sechs bis sieben Meilen westlich des Flughafens, also kurz hinter der Küstenlinie und damit direkt vor der arabischen Comet, eine Zone mit starken Turbulenzen befand. Die Comet machte einen Linksschwenk von der Pistenachse weg, um dann eine Rechtskurve einzuleiten, die in Richtung des Flughafens enden sollte. Als sich die Comet gerade in diese Rechtskurve legte, unterlief dem Anfluglotsen ein Fehler. Er informierte die arabischen Piloten, daß sie sich nordwestlich des Flughafens befinden würden. Das war völlig falsch, denn die Comet befand sich in Wirklichkeit südwestlich des Flughafens. Die Piloten vertrauten den Aussagen des Lotsen und legten fluchend die Comet jetzt in eine Linkskurve, dachten sie doch, sie hätten den Landekurs verfehlt. Da sich die Maschine der Schlechtwetterfront näherte, wurden ihre Insassen immer stärker von Turbulenzen gebeutelt. Um nicht in diese Front einzufliegen, zwangen die Piloten ihre Comet in eine immer enger werdende Kurve.

Während der Anfluglotse noch versuchte, wieder mit der Comet Kontakt aufzunehmen, hörten Fischer in der Nähe der Küste einen lauten Knall. Später sollte sich herausstellen, daß dieser Knall von der Comet herrührte, die mit hoher Geschwindigkeit auf die Wasseroberfläche der arabischen See nahe der **Mahd Inseln/Indien** aufschlug. Alle 63 Insassen der Maschine, 55 Passagiere und acht Besatzungsmitglieder, kamen dabei ums Leben.

Aufgrund des schlechten Wetters gestaltete sich die Such- und Bergungsaktion der indischen Marine schwierig, lediglich die Körper von drei Insassen und ein leeres Rettungsinsel der Comet konnten geborgen werden. Insofern fiel es den Behörden auch schwer, eine Ursache für den Absturz zu bestimmen. Es wurde aber angenommen, daß die Besatzung bei ihrem Versuch, auf den Landekurs zu schwenken und der Turbulenzenfront auszuweichen, zu eng eingekurvt war und dabei in den Wolken die Kontrolle über die Maschine verloren hatten. Inwieweit Turbulenzen und die schlechte Sicht bei diesem Unfall eine Rolle gespielt hatte, konnte nicht mehr geklärt werden.

Mit diesem Unglück setzte sich für United Arab Airlines eine Serie von Abstürzen fort. 15 Monate zuvor kamen

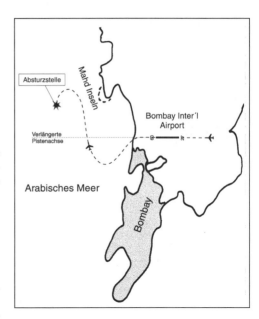

Der vermutlich eingeschlagene Flugweg der UAA Comet am 28.07.1963

bei einem Absturz einer DC-3 in Cairo alle drei Besatzungsmitglieder ums Leben. Am 19.07.1962 hatte ein Absturz einer Comet beim Landeanflug auf Bangkok 26 Opfer gefordert und schließlich wurden bei einem Absturz einer weiteren DC-3 bei Alexandria 34 Menschen getötet.

21.08.63
Aeroflot   **Tupolev 124**
CCCP-45021   **2350701**

Nach dem Start in Tallinn/Estland ließ sich das Bugfahrwerk nicht mehr einfahren. Der Kommandant entschloß sich daraufhin, den Flug Richtung Leningrad fortzusetzen und den restlichen Treibstoffvorrat aufzubrauchen (ein Ablassen des Sprits war technisch nicht möglich). Nachdem dies passiert war, setzten die Piloten den Jet auf die Oberfläche der **Neva/Leningrad/UdSSR**. Die 52 Insassen konnten sich retten. Zwei Stunden später lief der Rumpf voll Wasser und das Flugzeug sank auf den Grund des Flusses ab.

04.09.63
Swissair   **SE210 Caravelle 3**
HB-ICV   **147**

Dichter Nebel lag über dem Züricher Flughafen Kloten, als frühmorgens die Caravelle der Swissair aus dem Hangar gezogen wurde und vor dem Terminal für den täglichen Liniendienst bereitgestellt wurde. Das Bodenpersonal hatte danach die Parkbremse wieder angezogen, um ein selbständiges „Abrollen" der Maschine zu verhindern. Die Parkbremse der Caravelle hat zehn verschiedene Einstellstufen, von Stufe 0 (Aus) bis Stufe 9 (Ganz angezogen).

Um 05:40 Uhr/loc. übernahm die Besatzung die „ICV", um den Tag mit einem Linienkurs SR306 Zürich-Genf-Rom zu beginnen. Im Zuge Ihrer Vorbereitungen hatte

HB-ICV; die verunglückte Caravelle hier zwei Monate vor dem tragischen Unglück fotografiert./Frankfurt im Juli 1963 <Quelle: N.Scherrer>

sie auch die Parkbremse gelöst, aber sie für alle Fälle nicht ganz ausgeschaltet, sondern auf Stufe 1 (Stand by) eingestellt. In diesem Modus berühren sich die Bremsbeläge kaum, blockieren also nicht. Steht die Bremse auf „Stand by", so fällt das beim Rollen kaum auf, außer daß sich die Bremsen erwärmen. In der Praxis kam es öfter vor, daß die Cockpitbesatzung vergaß, die Parkbremse von „Stand by" auf „Aus" zu stellen, bevor sie zum Start rollte. Denn der Einstellhebel, der gleichzeitig den gewählten Modus anzeigt, lag an einer ungünstigen Stelle im Cockpit. Dieser Platz wird von den Besatzungen gerne zum Ablegen von Papieren und Kontrollisten benutzt, wobei der Hebel verdeckt wird. Da damals auf den Checklisten der Swissair aus irgendeinem Grund das Ausschalten der Parkbremse nicht vermerkt war, rollte um 06:00 Uhr/loc. der Flug SR-306 ebenfalls mit Parkbremse in „Stand by"-Stellung vom Terminal ab.

Der Nebel war immer noch derartig dicht, daß sich der „Follow me"-Wagen auf dem Weg zur Startbahn zweimal verfuhr. Als die Caravelle an der Starbahnschwelle angekommen war, erbat die Besatzung vom Tower die Erlaubnis, die Startbahn herauf- und wieder hinunterfahren zu dürfen, um die Sichtverhältnisse selbst zu erkunden.

Als SR306 die Genehmigung zur Insichtnahme der Piste bekam, waren die Bremsen der Maschine schon stark erhitzt.

Die Maschine begann in mäßigem Tempo die Runway 34 hinunterzurollen. Ungefähr bei der Hälfte der Startbahn kamen die Piloten zu dem Ergebnis, daß die Sicht für einen Start ausreichend war, bremsten den Jet ab und drehten um. Den Rückweg zur Startbahnschwelle bewältigten sie mit hoher Triebwerksleistung. Das hatte einerseits den Zweck, die schon aufgelaufene Verspätung zu verringern, andererseits um eine sogenannte „Nebelverblasung" durchzuführen. Bei geringem Wind ist es möglich, durch aufsteigende, heiße Triebwerksabgase einen Sichttunnel in die Nebelwand zu „bohren". Dadurch kann man die Sichtweite zwar nur gering verbessern; sind die Sichtverhältnisse allerdings, wie in diesem Fall, hart an der Grenze, kann das den Ausschlag geben. Der Nachteil an dieser Prozedur ist allerdings die Tatsache, daß die Maschine durch die hohe Triebwerksleistung am Ende der Startbahn stark abgebremst werden muß, was die Reifen und Bremsen stark beansprucht. Und wenn dann auch noch die Parkbremse nicht vollständig gelöst ist, wird die Bremse und damit das ganze Rad über alle Maße erhitzt.

Das war wohl auch bei der Caravelle der Fall, denn bei der 180°-Wendung an der Startbahnschwelle brach die innere Felge des linken Hauptfahrwerks explosionsartig weg. Der Reifen wurde beschädigt und die danebenliegenden Hydraulikleitungen der Bremsen wurden durchschlagen. Das auslaufende, stark brennbare Hydrauliköl entzündete sich sofort an den glühenden Bremsbelägen und setzte den Reifen in Brand. Der Pneu platzte aber nicht, weswegen die Besatzung im Cockpit keine besonderen Anzeichen für das Feuer auf dem Fahrwerk erhielt und ahnungslos Vollgas für den Start gab. Um 6.13 Uhr/loc. hob der Swissair-Linienkurs SR306 mit 80 Insassen und einem - laut Augenzeugen - lichterloh brennenden linken Hauptfahrwerk vom Flughafen Zürich-Kloten ab. Kurz nach dem Start wurde das Fahrwerk eingefahren und die Maschine begann mit ihrem Steigflug Richtung Nordwesten.

In dem nicht luftdicht verschlossenen Fahrwerksschacht wurde das Feuer durch den starken Fahrtwind noch angefacht und breitete sich auf die danebenliegenden Reifen und die durch den Schacht laufenden Hydraulik- und Treibstoffleitungen aus.

Währenddessen drehte die immer noch ahnungslose Besatzung die brennende Maschine nach zwei Flugminuten Richtung Südwesten und stieg weiter auf 10.000 ft. Das Feuer fraß sich langsam weiter durch den Rumpf Richtung Heck und in die linke Tragfläche. Nach fünf Minuten waren im Fahrwerksschacht die Treibstoffleitungen leckgeschlagen, und ein Schwall auslaufenden Kerosins überschwemmte das Heck und die linke Tragfläche der Caravelle. An diesem Punkt bemerkte die Besatzung den Brand, aber jetzt war es schon zu spät: Das Feuer hatte die Tragfläche schon so in Mitleidenschaft gezogen, daß sich Klappenteile gelöst hatten. Außerdem waren die Treibstoffleitungen zum linken Triebwerk unterbrochen, welches sofort ausfiel. Hauptsächlich waren aber die Steuerleitungen durchtrennt, weswegen SR306 praktisch nicht mehr zu steuern war. Die Maschine neigte sich wegen des asymmetrischen Auftriebs nach links und ging acht Minuten nach dem Start in einen unkontrollierten Sturzflug über.

„Mayday Mayday 306 no more...no more..." war um 06:21 Uhr/loc. das letzte, was die Bodenstation in Zürich von Flug 306 hörte. Wenige Sekunden später zerschellte die Maschine auf einem Feld nahe der Ortschaft **Dür-**

renäsch/Schweiz, 30 Kilometer vom Flughafen Zürich entfernt.

Alle Insassen, 74 Passagiere und 6 Besatzungsmitglieder starben bei dem Aufschlag.

Seitdem wurden umfangreiche Änderungen an diesem Flugzeugmuster vorgenommen:

Sämtliche Hydraulikflüssigkeiten mußten von nun an, wie schon seit längerer Zeit in den USA üblich, unbrennbar sein. Außerdem wurden die Fahrwerkshydraulikleitungen der Caravelle in größerem Abstand um beanspruchte Fahrwerksteile herumgeführt.

06.09.63
Panair Do Brasil   **SE210 Caravelle 6R**
PP-SDU   **118**

Um eine Luftkollision mit einem anderen Luftfahrzeug in der Gegend über **Recife/Brasilien** zu vermeiden, wurde die Caravelle überbeansprucht und taugte nach der Landung nur noch als Altmetall.

22.10.63
B A C   **BAC 1-11-200**
G-ASHG   **001**

Die BAC 1-11 war damals die neueste Entwicklung der britischen Zivilluftfahrtindustrie. Am 20. August des Jahres absolvierte der erste Prototyp dieses Flugzeugmusters seinen erfolgreichen Erstflug vom Flughafen Bournemouth-Hurn AP. Wie bei jedem neuartigen Flugzeug mußte für die Musterzulassung eine bestimmte Anzahl von Flugstunden und unzählige Belastungstests überstanden werden. Unter anderem erprobte man die Langsamflugeigenschaften und die Stall-Geschwindigkeiten der BAC.

Hierfür bestiegen an diesem Tag auf dem Werksflughafen von Wisley/England neben den beiden Piloten weitere fünf Flugbeobachter, unter ihnen der stellvertretende Chefdesigner der British Aircraft Corporation, die startbereite Maschine. Für die bevorstehenden Stall-Tests, die überzogene Flugzustände simulieren sollten, wurde der Schwerpunkt der Maschine bis beinahe zur maximalen Grenze nach hinten verlagert. Es sollte der 53. Flug der „ASHG" werden. Bei dieser Maschine handelte es sich um das zu diesem Zeitpunkt einzige Exemplar der BAC 1-11. Die Motoren wurden gestartet, und um 10:17 Uhr/loc. hob der Jet von der Piste 10 in Wisley ab. Nach Sichtflugbedingungen kurvte der Pilot nach dem Start und stieg mit Westkurs auf die anvisierte Höhe von 17.000 ft. Um 10:26 Uhr, neun Minuten nach dem Start, informierte der Copilot den Tower in Wisley, daß man auf 17.000 ft sei und nun mit den Tests beginnen werde. Die BAC wurde hierfür mit einigen Hilfsmitteln ausgerüstet. So benutzte man zur besseren Handhabung der Höhenruder Hilfsklappen, die durch ein doppeltes Steuerkabelsystem kontrolliert wurden. Außerdem wurde ein hydraulischer sogenannter „feel simulator" mit dem rechten Höhenruder gekoppelt, um während des Fluges eine instabile Fluglage besser zu spüren. Neben einigen Systemen zur Verbesserung der Fluglage wurde die BAC unter anderem mit einem Fluchttunnel für etwaige Notfälle ausgerüstet. Dieser Tunnel befand sich im hinteren Cockpitbereich und war durch eine Luke von der umgebenden Atmosphäre getrennt. Diese Luke konnte im Bedarfsfall abgesprengt werden.

Unterdessen brachte die BAC vier Stallversuche erfolgreich hinter sich. Dabei hielt der Pilot unter geringer Triebwerksleistung die Nase in einer aufgerichteten Position und ließ die Fluggeschwindigkeit immer mehr abfallen, bis hin zur Grenze eines kritischen Flugzustands (Stall). In dieser Phase begann das Flugzeug zu schütteln und die Stall-Warngeräte schlugen an. Dann wurde die Nase wieder abgesenkt und die Triebwerksleistung erhöht, so daß die laminare Strömung über den Tragflächen und damit der Auftrieb wieder zunahm. Viermal wurden diese Versuche durchgeführt, wobei die Klappen jedesmal eingefahren blieben. Um 10.36 Uhr/loc. meldete der Copilot den Überflug eines Funkfeuers bei Wisley und setzte das Testprogramm fort. Von nun an hörte man nichts mehr von „ASHG". Gegen 10:38 Uhr/loc. begann man in einer Höhe zwischen 15.000 und 16.000 ft mit weiteren Stallversuchen. Diesmal allerdings fuhr man das Fahrwerk aus und setzte die Klappen auf 8°. Der fünfte Versuch nahm seinen Lauf. Wie gewohnt hob der Pilot die Nase und hielt sie aufrecht, bis die Geschwindigkeit wieder einen kritischen Wert erreicht hatte. Sekunden darauf drückte der Pilot die BAC in gewohnter Weise nach unten, doch die Höhenruder stellten sich plötzlich in die entgegengesetzte Richtung und ließen den Rumpf nach oben schießen. Gleichzeitig sackte das Heck durch und ließ die Geschwindigkeit auf ein Minimum absinken. Die Maschine verlor plötzlich rapide an Höhe und legte sich mehrmals scharf auf die Seite. Die Piloten gaben Vollschub, um wieder Fahrt aufzunehmen. Doch diese Aktion führte zu einem heftigen Aufbäumen des Flugzeugs. Sofort wurde die Triebwerksleistung wieder herausgerissen, gefolgt von einem jähen Abtauchen der Nase nach unten. Mit extrem hoher Sinkrate und immer noch abnehmender Vorwärtsgeschwindigkeit fiel man buchstäblich in horizontaler Lage vom Himmel. Augenzeugen am Boden nahe der Ortschaft **Chicklade/Großbritannien** sahen um 10.40 Uhr/loc., wie die 1-11 flach vom Himmel zu segeln schien. Der rapide Sinkflug konnte nicht mehr abgefangen werden, und somit war es um „ASHG" geschehen. Unweit der Ortschaft stürzte die Maschine auf ein Feld, explodierte und ging in Flammen auf.

Niemand der sieben Insassen überlebte den Aufprall. Obwohl der Absprengmechanismus des Nottunnels betätigt wurde, gelang es keinem der Insassen, sich aus der abstürzenden Maschine zu retten.

Was war geschehen? Beim fünften und letzten Versuch, einen überzogenen Flugzustand herbeizuführen, geriet die Maschine in einen sog. „tiefen" Überziehzustand. Dabei war der Winkel der anströmenden Luft so groß, daß die Luft hinter der Tragfläche zu „flattern" begann und sich verwirbelte. Diese Verwirbelungen strömten weiter nach hinten und erfaßten die Triebwerkseinlässe und das T-Leitwerk der BAC. Einmal in diese Verwirbelungen geraten, ist es nicht mehr möglich mit Ruderausschlägen gegenzusteuern. Unweigerlich geriet „ASHG" außer Kontrolle. Der Kommandant, hatte gerade mal 78 Flugstunden auf diesem Modell absolviert, der Copilot flog an diesem Tag zum zweiten Mal das Flugzeugmuster BAC 1-11. Beide waren erfahrene Piloten, allerdings auf propellergetriebenen Maschinen, deren Flugverhalten von dem eines Jets erheblich abweicht.

29.11.63
Trans Canada AL   **Douglas DC-8-54F**
CF-TJN   **45654**

Die DC-8 sollte an diesem nassen Herbstabend den Linienflug 831 von Montreal nach Toronto absolvieren. Bei geschlossener Wolkendecke, Nieselregen und leichtem Wind hob sie um 18:28 Uhr/loc. mit 111 Passagieren und sieben Crewmitgliedern an Bord ab. In 3.000 ft Höhe wurde sie für einen Steigflug auf 8.000 ft und eine Linkskurve freigegeben mit der Anweisung, sich bei Erreichen der Höhe zu melden. Wegen des Regens war die Reichweite des Flughafenradars begrenzt, und dadurch verloren die Lotsen den Flug 831 schnell aus den Augen. Als sich der Flug aber nach 5 Minuten immer noch nicht gemeldet hatte, versuchten sie Kontakt mit der Maschine aufzunehmen, aber ohne Erfolg. 15 Minuten später bestätigte ein Anruf eines nahegelegenen Provinzflughafens die schlimmsten Befürchtungen der Lotsen. Die DC-8 war um 18.33 Uhr, 38 Kilometer von Montreal-Dorval AP, in der Nähe der Ortschaft **Blainville/Kanada** abgestürzt. Als kurz darauf die Rettungskräfte im strömenden Regen am Unglücksort eintrafen, sahen sie, daß es für sie nichts mehr zu tun gab. Die Maschine hatte bei ihrem Aufschlag einen

10 Meter tiefen Krater hinterlassen, der sich langsam mit Wasser füllte.

Keiner der 118 Insassen hatte den Absturz überlebt.

Der Aufschlag der DC-8 war derartig heftig, daß der Seismograph der Universität Montreal ihn registrierte.

Die noch am selben Abend eintreffenden Untersuchungsbeamten des kanadischen Transportministeriums stellten fest, daß die DC-8 stark nach rechts geneigt und mit einer Geschwindigkeit von ca. 470 Knoten fast senkrecht aufgeschlagen war. Was die Absturzursache anging, standen sie vor einem Rätsel.

Die bis in den Januar dauernde Bergung der Trümmer schaffte ebenfalls keine endgültige Klarheit. Es wurden keine Hinweise auf eine Explosion oder ein Feuer an Bord gefunden. Die Triebwerke hatten bis zum Ende normal funktioniert. Nichts wies daraufhin, daß irgendein Teil des Flugzeuges vor dem Aufschlag abgebrochen war. Die drei Piloten im Cockpit waren sehr erfahren, aber noch relativ neu im Umgang mit Jetflugzeugen. Im Cockpit wies nichts auf plötzliche Krankheiten hin, außer einer Anzahl benutzter Papiertaschentücher. Aber Ende November ist ein Schnupfen nichts besonderes.

Es gab verschiedene Theorien, was diese Katastrophe verursacht haben könnte, wie ausgefallene oder stark fehlerhaft arbeitende Fluginstrumente oder meteorologische Phänomene. Aber die kanadischen Behörden hielten einen Fehler im Trimmungssystem der DC-8 für die wahrscheinlichste Absturzursache.

Zum Zeitpunkt des Aufschlages war die Maschine stark nach vorne ausgetrimmt. Der Hebel, mit dem die Trimmung eingestellt wird war über den Anschlag hinaus auf 1,6° „Nose-Down" überdreht worden, was im Steigflug äußerst unüblich ist. Es wies einiges daraufhin, daß die Piloten diese Trimmung selbst eingestellt hatten.

Wahrscheinlich hatte sich an Bord vom Flug 831 folgendes abgespielt:

An Bord der DC-8 befindet sich eine Automatik namens „Pitch-Trimm-Compensator" (=PTC). Mit ihr sollen starke Steuerausschläge kompensiert werden, indem sie das Höhenruder der jeweiligen Fluglage entsprechend nachstellt. Aus ungeklärten Gründen stellte die PTC sich in ca. 7.000 ft Höhe selbstständig auf „Nose-Up", also stark hecklastig, woraufhin die DC-8 sich plötzlich steil aufrichtete. Die Piloten versuchten erst die Steuerknüppel nach vorne zu schieben um diese unmögliche Fluglage zu korrigieren, bevor die Maschine überzog. Als sie gegen die aerodynamischen Kräfte nicht mehr ankamen, versuchten sie die Nase wieder nach unten zu drücken, indem sie die Maschine stark buglastig, also „Nose-Down" trimmten. Doch sie schafften es nicht mehr, die Fluglage zu korrigieren, und die DC-8 kippte über die rechte Tragfläche ab. Sekunden später schlug sie neben einer Autobahn auf.

Da sich die Ermittlung der Unglücksursache als extrem schwierig herausstellte, zogen die Behörden die Konsequenzen: Der FDR (=Flight-Data-Recorder) wurde auf allen zivilen Düsenflugzeugen vorgeschrieben. Er zeichnet alle wichtigen Parameter, wie Geschwindigkeit, Fluglage, die Triebwerksleistung usw. auf.

08.12.63
Pan American   **Boeing 707-120B**
N709PA   **17588**

Das Wetter, das an diesem Abend über dem Nordosten der USA herrschte, war außergewöhnlich schlecht. Über dem gesamten Gebiet tobten schwere Gewitterstürme und Böenwalzen, von denen keines der dort befindlichen Flugzeuge verschont blieb.

So auch die Insassen des Pan Am Fluges 214, der mit 144 Passagieren an Bord von Puerto Rico kommend, erst nach Baltimore und dann nach Philadelphia fliegen sollte.

Nachdem die Besatzung und die Passagiere schon vor der Zwischenlandung in Baltimore übel durchgeschüttelt wurden, rollte die Maschine um 20:20 Uhr/loc. wieder zum Start. In Baltimore waren 71 Passagiere ausgestiegen, und so waren zu dem knapp halbstündigen Katzensprung nach Philadelphia nur noch 73 Passagiere und die 8 Besatzungsmitglieder an Bord.

Schon kurz nach dem Start mußten die Piloten ihr ganzes Können und körperliche Kraft aufwenden, um die Maschine überhaupt auf Kurs zu halten. Als der „Clipper Tradewind" um 20:36 Uhr/loc. in den Kontrollbereich von Philadelphia einflog, entschied sich die Besatzung, mit der Landung noch zu warten, bis der Kern der Gewitterfront über den Flughafen hinweggezogen war. Bestätigt wurde ihnen diese Endscheidung durch die Erfahrung einer National Airlines Besatzung, die mit ihrer DC 8 versucht hatte, in Philadelphia zu landen, und durchstarten mußten.

ATC: „Fünf Maschinen haben sich entschieden zu warten bis die Front durchgezogen ist. Wollen sie das auch?"
PAA: "Ja, wir bleiben in der Warteschlange.... Wir sind aber bereit zu landen."
ATC: "Okay ... Clipper 214, wartet wie angeordnet. Ich hol euch raus sobald ich kann „
PAA: „Äh, keine Eile. Wir wollten nur wissen, ob ihr uns überhaupt eine Landegenehmigung gebt!"
ATC: "Alles klar, Fein"

Der „Clipper Tradewind" kreiste 16 Minuten in 5.000 ft Höhe in den Gewitterwolken, als um 20:59 Uhr/loc. ein Blitz in das Flugzeug einschlug. In der linken Tragfläche ereigneten sich mehrere schwere Explosionen, die dem PAN AM-Jet die Steuerkontrolle nahmen. Die Piloten hatten keine Chance, den Sturzflug aufzuhalten, und konnten nur noch einen Notruf absetzten:

PAA: „Mayday..Mayday..Mayday! Clipper 214 hier, wir haben die Kontrolle über die Maschine verloren...Wir stürzen ab"
ATC: "Clipper 214, haben sie Philadelphia gerufen?"
PAA: „Clipper 214, wir stehen in Flammen und stürzen ab..."
ATC: "Roger, wir haben das verstanden"

Die über dem Clipper kreisende National DC-8 war zwar vom selben Blitz getroffen worden, aber unversehrt geblieben. Die entsetzte Besatzung konnte dem Tower in Philadelphia nur noch Absturz und Aufschlag von „Clipper Tradewind" melden.

Bei dem Aufschlag 4 Kilometer östlich der Kleinstadt **Elkton/MD/USA** kamen alle 73 Passagiere und die acht Mitglieder der Besatzung ums Leben. Der Rumpf der 707 hinterließ einen tiefen Krater in einem Maisfeld, während eine 6 Kilometer lange Trümmerschleppe, die aus Teilen der Tragfläche und den Triebwerken bestand, den letzten Weg des Pan-Am Clippers markierte.

Der genaue Verlauf der Ereignisse, die zu dieser Katastrophe führten, ist bis heute ungewiß. Das CAB (Vorgänger des NTSB) hatte nur eine geringe Anzahl von Hinweisen, die zur Auflösung beitragen konnte. Der Flugdatenschreiber (FDR) war bei dem Aufschlag so sehr beschädigt worden, daß er als Hilfe ausschied. Klar war, daß es rund um die Tragfläche zu einer großen Energieentladung gekommen war, die die Treibstoffreste in dem äußeren Überlauftank der linken äußeren Tragfläche zur Explosion gebracht hatte. Dieser Überlauftank war von innen geborsten. Den einzigen Hinweis auf einen direkten Blitzeinschlag in den Flugzeugrumpf lieferte ein kleines Loch auf der Oberfläche der linken Tragfläche. Dieses Loch war 3,8 Millimeter groß, wies an den Rändern starke Brandspuren auf, während in der engeren Umgebung alle Nietköpfe verschmort waren.

Das Loch selbst war aber nicht sonderlich tief und befand sich an einer Stelle, die weit weg von dem Ort der Explosion im Überlauftank war. Es gab keine direkte Verbindung zwischen diesem Loch und der Explosion. Es bewies nur, daß es in der Umgebung der Boeing eine Entladung eines Blitzes gegeben hatte. Wie dieser Blitz den Überlauftank zur Explosion gebracht hatte, blieb unklar. Möglich waren starke mechanische Schockwellen, eine „Entzündung" von Plasma oder durch Induktion entstandene Funken in dem Tank.

Nach zwei Jahren Ermittlung gaben die US-Behörden die Version bekannt, die sie für die wahrscheinlichste hielten:

Als die Boeing in Baltimore zwischenlandete, waren ihre Haupttanks leer. Man wußte von der Gewitterfront über der Zieldestination Philadelphia und mußte mit längeren Warteschleifen rechnen. So füllte man die Haupttanks mit einer Mischung aus Jet-A und JP-4 Kerosin auf. Das JP-4 Kerosin hatte einen schlechten Ruf. Es war preiswerter als das Jet-A Kerosin, verdunstete allerdings auch viel schneller. Die dadurch entstandenen Schwaden verdampften Kerosins war im höchsten Maße explosionsgefährdet. Als der „Clipper Tradewind" wieder in Baltimore startete, schwappten im linken äußeren Reservetank nur noch 8 Kilogramm der Kerosinmischung. Diese Mischung verdampfte, während die Boeing in der Gewitterfront kreiste. Die hochexplosiven Dämpfe entwichen durch einen Entlüftungskanal über ein Gitterrost an den Tragflächenspitzen ins Freie. Dort bildeten die Dämpfe eine hochexplosive „Schleppe", die hinter den Tragflächenspitzen hergezogen wurde. Diese Schleppe ist an sich ungefährlich, wenn sich nicht durch eine Einwirkung von außen entzündet werden.

Als sich die Pan-Am 707 in der Warteschleife befand, durchflog sie ein Gebiet, das sehr stark positiv aufgeladen war. Das Flugzeug, das die Gewitterwolken durchflog, lud sich mit entgegengesetzter Polarität auf. Insbesondere an den Außenpunkten des Flugzeuges, wie das Leitwerk und den Tragflächenspitzen, lud es sich negativ auf. Die Boeing hatte damit das selbe Potential wie die Erdoberfläche, die man in 5.000 ft überflog. Im Gegensatz zu der National DC-8, hatte sie jedoch das Pech, durch einen Teil des Wolkengebirges zu fliegen, welches sich kurz vor der Entladung befand. Die negativ aufgeladenen Außenpunkte der Maschine gab der positiven Ladung in der Gewitterwolke jetzt die Gelegenheit, sich mit aller Kraft zu entladen. Explosionsartig schoß ein Blitz in Richtung Erdoberfläche. Die Luft- und Wasserpartikel im Weg dieses Blitzes verbrannten zu Gas und breiteten sich in Sekundenbruchteilen in alle Richtungen aus.

Normalerweise ist so eine Entladung für ein Flugzeug keine Gefahr, denn es ist eine Art „Faradayischer Käfig". Da es keine Erdung hat, d.h. keine leitende Verbindung zur Erdoberfläche, fließt der bei einer Entladung entstandene Strom durch das Flugzeug hindurch und richtet durch die ihr innewohnende große Energie höchstens Verschmorungen an der Oberfläche an. Doch in diesem Fall traf die Entladung die Dämpfe des verdunsteten Treibstoffs hinter den Tragflächenspitzen. Diese entzündeten sich sofort explosionsartig. Die Flammenzunge schoß durch das Gitterrost in das Entlüftungssystem der Treibstofftanks und damit in das Innere der linken Tragfläche. Im äußeren Tragflächentank entzündeten sich das verdunstete Kerosin explosionsartig. Diese Explosion löste eine Kettenreaktion aus, da durch sie die Spundwand zwischen Reserve- und Haupttank zerrissen wurde und damit sich das dort befindlichen Kerosin ebenfalls entzündete. Diese Explosion ließ die Tragflächenspitze abbrechen. Die Boeing fiel ruckartig nach links unten, was eine Belastung der Triebwerke hervorrief, der die Aufhängungen nicht mehr gewachsen waren und brachen. Ohne Triebwerke und einem Großteil ihrer Steuerflächen war die „Clipper Tradewind" nicht mehr zu halten und stürzte ab.

Dieser Absturz sorgte auch außerhalb von Luftfahrtkreisen für viel Aufregung. Bei Einführung der Jetflugzeuge in den Zivilen Luftverkehr hatten Flugzeughersteller lautstark die These verbreitet, daß damit der Luftverkehr „Wetterunempfindlich" geworden sei. Die neuen Düsenjets würden ja „über dem Wetter" fliegen. Die Katastrophe, die sich über Maryland abspielte, bewies das Gegenteil.

Die amerikanischen Behörden ergriffen sofort Gegenmaßnahmen, um eine Wiederholung einer solchen Katastrophe in Zukunft zu verhindern. So wurde die Installation von Blitzableitern in die Tragflächen und von Rückschlagventilen in das Treibstoffentlüftungssystem angeordnet. Außerdem wurden die Tanks in den Tragflächen verstärkt und eine bauliche Lücke zwischen den einzelnen Treibstofftanks vorgeschrieben, um zwischen ihnen ein Luftpolster zu schaffen. Um die Ansammlung von verdampften Treibstoffrückständen zu verhindern, sollte ein Belüftungssystem entwickelt werden, das die Luft innerhalb der Tanks und ihrer Entlüftungen zirkulieren ließ. Durch diese Zirkulation, zusätzliche Entlüftungsstutzen und die Zuführung von nichtbrennbarem Gas sollte das in Zukunft vermieden werden. Fluglinien und Flughäfen nahmen das JP-4 Kerosin freiwillig vom Markt, bevor die Behörden es verboten. Außerdem setzten sich die amerikanischen Behörden innerhalb der ICAO durch und wurden von nun an automatisch an der Untersuchung von im Ausland stattgefundene Abstürzen von in den USA gebauten Flugzeugen beteiligt.

25.02.64
Eastern AL   **Douglas DC-8-21**
N8607   **45428**

Bei den Düsenflugzeugen der ersten Generation steckte der Teufel noch im Detail. Viele der neu konstruierten Geräte und Apparaturen wiesen Funktionsmängel auf, die erst im alltäglichen Flugbetrieb offenbar wurden. So wurden des öfteren die Mechaniker zur Behebung irgendwelcher „Kleinigkeiten" gerufen und kaum ein Flugzeug überstand eine Einsatzwoche ohne Eintrag ins Wartungslogbuch. Auch „N8607" war seit längerem ein „Patient" der Wartungstechniker. So zog sich die DC-8 nach einem Flug durch schwere Turbulenzen im August 1963 ein nur schwer identifizierbaren Schaden am Trimmechanismus des Höhenleitwerks zu. Diese Höhentrimmung ist notwendig, um bei hohen Geschwindigkeiten die Maschine möglichst waagerecht in der Luft zu halten. Entdeckt wurde der Schaden erst im September, als sich bei der Landung in Puerto Rico der Trimmotor in der maximalen „Nase-hoch"-Position verklemmte. Doch man nahm sich des Problems nicht an.

Um die Trimmung der jeweiligen Fluglage und Gewichtsverteilung anzupassen, war die DC-8-21 mit einem computergesteuerten Ausgleichmechanismus, dem sog. Pitch-Trimm-Compensator (PTC), ausgestattet. Dieses noch sehr neue Gerät war jedoch recht störungsanfällig. Bereits achtmal mußte der PTC Computer ausgetauscht werden, davon sechsmal aufgrund von ungewolltem Trimmänderungen. Auch am 24.Februar wurde eines dieser PTC Geräte ausgebaut und ersetzt. Dann, auf dem Flug nach Philadelphia, hatte es keine Beanstandungen mehr gegeben. Vor dem nächsten Abflug nach Mexico City, traten dann erneut Probleme mit dem Testmodus des PTC's auf. Der Defekt resultierte von einem Bruch eines Radzahns in der PTC-Anlage und dem unkorrekten Einbau eines elektrischen Kabels. Der Bodeningenieur begnügte sich allerdings, den Kommandanten darauf hinzuweisen, während des Fluges immer ein Auge auf die Trimmanlage zu werfen. Während des Reisefluges zwischen Washington und Atlanta probierten die Piloten die PTC-Anlage erneut aus, mit dem Ergebnis, daß sie nicht funktionierte. Da die PTC-Anlage nicht zu den essentiellen Einrichtungen an Bord gehörte, wurde sie kurzerhand abgeschaltet und man flog mit einer entsprechend niedrigeren Geschwindigkeit nach Mexico City. Dort landete die Maschine abends um 22:12 Uhr/loc. Nach einer kurzen Bodenzeit war „N8607" gegen 23:00 Uhr/loc. bereit für den Rückflug EA 304 nach New York, über New Orleans, Atlanta und Washington. Eine neue Besatzung bestieg das Cockpit. Diese wurde ausgiebig mit dem Problem der Trimmungskontrolle vertraut gemacht. Außerdem wurde darum gebeten, ebenfalls auf den Autopiloten zu achten, da auch dieser in der Vergangenheit für Fehlfunktionen gesorgt hatte. So flog man den ersten Streckenabschnitt zum Moisant Flughafen nach New Orleans/LA/USA. Dort kam die Maschine um 00:51 Uhr/loc. an. Bereits vor der Landung wurde die DC-8 von einigen Windböen erfaßt, die von einigen Gewitterzonen eines ausgedehnten Tiefdruckgebiets stammten. Im Kegel der Lichtmasten blies der scharfe Wind die Regenkaskaden in Schleiern über das Flughafenvorfeld. Es sollte eine ungemütliche Nacht werden. An Bord von Flug 304 machte man sich derweil an die Startvorbereitungen für den bevorstehenden Abflug nach Atlanta. Die Kabinenbesatzung wurde ausgewechselt und die DC-8 betankt. Die 51 Passagiere befanden sich angeschnallt auf ihren Sitzen. Der Wind blies aus nördlichen Richtungen und die Startbahn 01 war in Betrieb. Um 01:59 Uhr/loc. wurde Flug 304 zum Start freigegeben. Unter lautem Dröhnen beschleunigte der Jet und hob Augenblicke später in die Dunkelheit ab. Nach wenigen hundert Metern verschwanden die Lichter der Maschine in der tiefliegenden Wolkendecke. Die DC-8 leitete zunächst eine leichte Rechtskurve ein und ging auf Kurs 030°. Der Towerlotse wies Flug 304 nun an, mit seinem Kollegen aus dem Abflugsektor Kontakt aufzunehmen. Der reichte den Flug gleich an den Streckenlotsen von New Orleans ARTCC (Air Route Traffic Control Center) weiter. Es war 02.03 Uhr/loc. Als sich Flug 304 um 02.05 Uhr/loc. immer noch nicht gemeldet hatte, rief er den Abfluglotsen an, um zu überprüfen, ob korrekte Instruktionen gegeben wurden. Während dieser Konversation bemerkten beide, daß das Radarsignal der DC-8 plötzlich verschwunden war. Großalarm wurde ausgelöst.

Keiner der 58 Menschen an Bord überlebte den Absturz. Bei hoher Fluggeschwindigkeit stürzte die Maschine kopfüber in das kalte Wasser des **Lake Pontchartrain/LA/USA**, ca. 14 Meilen nördlich der Stadt New Orleans.

Lange herrschte Rätselraten um die Ursache der Katastrophe. Erst, als im darauffolgenden März das Wrack der „N8607" vom Grund des Sees geborgen wurde, konnten Experten den Auslöser des Absturzes ermitteln. Sie rekonstruierten, daß die nicht funktionsfähige PTC-Anlage die Maschine in eine starke „Nase oben" Stellung trimmte, was die Gefahr eines Strömungsabrisses (Stalls) mit sich brachte. Da den Piloten die technische Fehlfunktion bekannt war, trimmten sie die Maschine stark nach vorne aus, um eine „Nase unten" Stellung zu erreichen und damit die fehlerhafte PTC-Anlage auszugleichen. Kurze Zeit nach dem Abheben in New Orleans flog Eastern 304 in 6.000 ft in eine Zone mit heftigen Turbulenzen ein. In dieser Phase verklemmte sich das Getriebe der Höhentrimmung und blieb in einer 2-Grad „Nase-unten"-Position hängen. Die Piloten realisierten nicht rechtzeitig, daß sie an Höhe verloren. Das wichtigste Cockpitinstrument, der künstliche Horizont, war allerdings recht klein und der Hintergrund war schwarz. Schon öfter hatte es hier Beanstandungen einiger Piloten gegeben, die das Gerät bei Nacht nur schwer erkannten. Auch ließ sich dort nur grob ablesen, ob das Flugzeug bug- oder hecklastig ausgerichtet war, da die Neigung nicht in Grad angezeigt wurde. Die verwirrten Piloten bemerkten nun, daß sie etwas unternehmen mußten und versuchten mit Hilfe der Schubumkehrklappen, die sich an den äußeren beiden Triebwerken auch während des Fluges ausfahren ließen, die außer Rand und Band geratene DC-8 wieder in Normallage zu bringen. Das gelang ihnen auch, aber leider hatte man inzwischen eine so hohe Sinkrate erreicht, daß eine Wasserberührung unabwendbar wurde.

Das war bereits der zweite Unfall dieser Art mit einer DC-8 innerhalb von nur drei Monaten.

18.03.64
B A C   BAC 1-11-200
G-ASJB   6

Ein britischer Pilot sollte auf das neue Muster der britischen Luftfahrtindustrie, der BAC 1-11, umgeschult werden. Dieser Trainingsflug fand auf dem Flughafen von **Wisley/Großbritannien** statt. Nach seiner ersten Platzrunde verschätzte sich der Flugschüler und setzte den Prototyp zu früh und zu hart auf den Pistenasphalt. Die Maschine sprang wieder hoch, was zu spät durch den Einsatz des Höhenruders kompensiert wurde. Jetzt allen Auftriebs beraubt, kippte die BAC leicht nach vorne und krachte mit dem Bugrad zuerst derartig hart auf den Asphalt, daß sie noch höher sprang. Der nun folgende „touchdown" war so heftig, daß das gesamte Fahrwerk des Prototyps zusammenbrach. Die Piloten konnten bleich, aber unverletzt, die Szene verlassen.

Die als dritter Prototyp gebaute Maschine war nach dieser überharten Landung so schwer beschädigt, daß sich eine Reparatur nicht mehr lohnte. Die Unglücksmaschine wurde danach als Ersatzteillager benutzt.

22.03.64
BOAC   DH106 Comet 4
G-APDH   6409

Anfang der sechziger Jahre verkaufte die BOAC vier ihrer alten Comet 4 Maschinen an Malaysian Singapur Airlines und ermöglichte der asiatischen Luftlinie damit den Start ins Jet-Zeitalter. Die Maschinen blieben während der Ausbildung der Besatzungen noch bei der BOAC registriert. Eine dieser Maschinen begann mittags in Singapur mit dem Linienkurs ML 511, der die Maschine nach Bangkok und zurück führte, mit jeweils einer Zwischenlandung in Kuala Lumpur. Um 16:15 Uhr/loc. setzte die malaiische Besatzung zur Landung auf der Bahn 02 des Flughafens **Singapur** an. Trotz einiger Wolken in 2.000 ft und einem leichten Seitenwind konnte man die Wetterbedingungen als gut bezeichnen. Jeder der Männer, die im Tower ihren Dienst versahen, erwartete eine Landung, die ebenso ereignislos werden würde, wie der gesamte Linienkurs 511. Um 16:17 Uhr/loc. wurde die Besatzung über einen Wechsel der Windrichtung aufgeklärt und bekam ihre Landegenehmigung. Im Tower verfolgte man den vom Copiloten ausgeführten Endanflug, der gänzlich normal verlief. Der Copilot fing die Comet allerdings einige Sekunden zu spät ab, weshalb sie etwas härter als gewünscht mit der Landebahn Kontakt bekam. Die Maschine federte wieder hoch und schwebte noch ein Stück die Bahn hinunter. In diesem Moment sah einer der Towerlotsen, daß sich das rechte Hauptfahrwerk der Comet in seine Bestandteile auflöste und eine Spur aus Metallteilen hinter sich zurückließ. Während er über Funk die Besatzung warnte, löste sein Kollege den Alarm für die Rettungskräfte auf dem Flughafen aus.

Während des Abbremsens versuchte die gewarnte Besatzung, die rechte Tragfläche so lange wie möglich in der Luft zu halten. Doch bald berührte zuerst die rechte Tragflächenspitze, dann die Klappen und am Ende der Reservetank die Bahnoberfläche. Dieser Reservetank, der die Reichweite der Comet verlängerte, sah aus wie eine in die Mitte der Tragfläche eingebaute Bombe und wirkte in diesem Fall auch so. Nachdem die Unterseite des Tanks durchgescheuert war, begann Kerosin auszulaufen und sich zu entzünden. Das so entstandene Feuer griff schnell auf die restlichen drei Tanks innerhalb der Tragfläche über, wo sich einige kleinere Explosionen ereigneten. Kaum war die Maschine schlitternd zum Stehen gekommen, lief das brennende Kerosin auch unter den Rumpf der Maschine. Somit bestand die Gefahr, daß der gesamte Rumpf in Brand geriet.

Die Kabinenbesatzung reagierte sofort. Alle Türen auf der linken Seite der brennenden Comet flogen auf und die Evakuierung der 68 Insassen begann. An der Schwelle der hinteren Tür installierten die beiden Stewardessen die Notrutsche und aktivierten die Preßluftflaschen. Kaum daß sie aufgeblasen waren, begannen die Rutschen sich auch schon wegen der Hitzeeinwirkung des Feuers unter dem Heck aufzulösen. Nun mußten die Passagiere entweder von der gut drei Meter über dem Boden befindlichen Türschwelle springen oder sich an einem Seil ablassen. Über 40 Passagiere verließen die Maschine durch diesen Ausgang, weitere zwanzig nutzten die vordere, linke Servicetür, wobei hier eine Notrutsche gar nicht erst installiert wurde. Durch den Notausgang über der linken Tragfläche verließen nur drei Passagiere und eine Stewardeß die Comet.

Dank des schnellen und beherzten Einsatzes der Crew und der Flughafenfeuerwehr ging dieser Unfall glimpflich aus. Während der drei Minuten dauernden Evakuierung zogen sich 24 der 60 Passagiere und alle acht Besatzungsmitglieder leichte Verletzungen zu. Trotz des sofortigen Einsatzes der Flughafenfeuerwehr, die schon eine Minute nach ihrer Alarmierung den Unfallort erreichte, war die Comet ein Totalverlust, insbesondere aufgrund der schweren Beschädigungen der rechten Tragfläche und des Hecks.

Zeugenaussagen und die Bilder eines Amateurfilmers, der zufälligerweise die Landung und den folgenden Unfall gefilmt hatte, belegten, daß die Landung des Copiloten durchaus normal war. Sie war wegen des zu späten Abfangmanövers hart, aber keinesfalls so hart, daß anschließend das Fahrwerk zusammenbrechen mußte. Spätere Untersuchungen des rechten Fahrwerks ergaben, daß seine Stabilität schon länger durch einige Haarrisse geschwächt war. Deswegen brach beim ersten Bodenkontakt eine Strebe, und das Fahrwerk begann auseinanderzufallen. Als Reaktion auf diesen Unfall wurde beschlossen, die Fahrwerke der Comet schon nach einer Servicezeit von 4.500 Landungen auszuwechseln, statt wie bisher erst nach 8.000 Landungen. Außerdem sollte ein Wartungsprogramm entwickelt werden, mit dem die Fahrwerksbeine regelmäßig mit Ultraschallgeräten auf Haarrisse untersucht werden sollten.

08.04.64

Pan American   **Boeing 707-120B**
N779PA   **17904**

Die 707 war auf dem Linienkurs 212 von Puerto Rico zum New Yorker Flughafen John F. Kennedy unterwegs. Zu dieser Zeit lag über New York eine dichte Nebeldecke, die keinerlei Auflösungserscheinungen erkennen ließ. Der Clipper mit dem klangvollen Namen „Southern Cross" reihte sich in die Warteschleife über dem VOR Colts Neck ein und wartete mit etlichen anderen Flugzeugen auf die Landegenehmigung. Um 18:38 Uhr/loc., eine halbe Stunde nach der planmäßigen Landezeit, informierte die Luftaufsicht die Clipperbesatzung über die Schließung ihrer Zieldestination **New York JFK AP/NY/USA** aufgrund von schlechter Sicht. Angesichts der Tatsache, daß sich bereits 70 Flugzeuge vor der „Southern Cross" in der Warteschlange für eine Landung auf einem der beiden anderen New Yorker Flughäfen befanden, entschloß sich die Besatzung, den Ausweichflughafen Washington-Dulles Int'l AP anzufliegen. Dort landete man um 19:37 Uhr/loc. und hoffte zusammen mit den Passagieren auf eine Wetterbesserung in New York. Um 22:00 Uhr/loc. war es soweit: Über Funk wurde die Besatzung informiert, daß die Sicht in New York bald eine Landung zulassen würde. Während die Passagiere sich darüber freuten, es vielleicht doch noch nach New York zu schaffen, wurde die Maschine in aller Eile auf den nur 200 Meilen langen Flug nach New York vorbereitet und nachgetankt. Um 22:21 Uhr/loc. hob der Clipper „Southern Cross" mit 136 erleichterten Passagieren und neun Besatzungsmitgliedern in der Dunkelheit vom Flughafen in Washington ab und begann einen Flug, der eher einem Wettrennen glich. Denn neben den Dutzenden verspäteten Passagiermaschinen, die auf Flughäfen rund um New York auf eine Wetterbesserung gewartet hatten, versuchten jetzt auch eine große Zahl von planmäßigen Linienflügen aus allen Himmelsrichtungen eine Landegenehmigung in New York zu erhalten.

Um 22:50 Uhr/loc. erreichte man zum zweiten Mal an diesem Tag das VOR Colts Neck, das als Fixpunkt im Warteraum für den Flughafen JFK galt. Die Besatzung wurde über die Wetterlage ihres Zielflughafens informiert: Eine leichte, durchbrochene Wolkendecke lag 300 ft über dem Flughafen, eine dichte Wolkendecke in 1.400 ft. Außerdem verminderten noch durchziehende Nebelbänke und die Dunkelheit die Sicht auf 1,5 Meilen. Drei Minuten später bekam die Clipper-Besatzung die Chance auf eine Landung und wurde für den Sinkflug auf 1.500 ft freigegeben. Um 22:56 Uhr/loc. erreichte Flug 212 diese Höhe und wurde in die Endanflugsequenz der Landebahn 4R eingefädelt. Die Lotsen reihten die 707 ungefähr 3,5 Meilen hinter einer ebenfalls anfliegenden DC-8 ein, wobei die 707 ihre Geschwindigkeit senken und etliche Haken fliegen mußte, um diese Entfernung auch einzuhalten. Die Maschinen schwenkten auf den vom ILS-Landesystem vorgegebenen Gleitpfad, wobei sie von einem Lotsen mit einem Präzisionsradargerät (PAR) überwacht wurden.

Pan-Am 212 war noch in den Wolken, als sie die der Landebahn 4R vorgelagerte Jamaica Bay überflog. Die Maschine war genau auf dem Gleitpfad und noch gut eine Meile von der Landebahn entfernt, als die Piloten plötzlich die Landebahn sahen. Doch quer durch den Anflugweg der Maschine zog eine Nebelbank über die Gewässer der Jamaica Bay. Diese plötzlich auftauchende Nebelbank war ein Problem für die Besatzung. Während des Endanflugs würden sie in die Nebelbank eintauchen und damit die Sicht auf die Landebahn verlieren. Bei Erreichen der Entscheidungshöhe mußten sie aber die Landebahn sehen, andernfalls schrieben die Vorschriften einen Abbruch des Landeanfluges und ein Durchstarten vor. Ein Durchstartmanöver aber würde eine erneute Einreihung in die Warteschleife bedeuten. Bevor Flug 212 einen weiteren Landeversuch unternehmen konnte, würden alle anderen Flugzeuge vor ihnen landen, die sich vor ihnen in der Warteschlange befanden, oder die Besatzung der „Southern Cross" beantragte wegen Spritmangel Priorität. Alles in allem wäre es nach einem Durchstarten besser, sofort nach Washington zurückzufliegen, statt stundenlang in den dunklen Wolken auf eine Landegenehmigung zu warten und dann doch zurück fliegen zu müssen, dann allerdings wegen Spritmangel.

So beschloß der Kommandant, bei diesem Versuch alles daranzusetzen zu landen, auch wenn er dazu unkonventionell vorgehen mußte. Ungefähr eine Meile vor der Landebahn fing er den Sinkflug der Maschine ab und verließ so den Gleitpfad des ILS-Landesystems. Um die Lichter der Bahnbefeuerung im Auge zu behalten, wollte er die Nebelbank überfliegen und die Maschine dann beim Überfliegen der Landebahnschwelle auf den Asphalt „fallen" lassen.

Der Lotse, der den Flug auf seinem Radarschirm verfolgte, dachte zuerst an einen Startabbruch, als er sah, daß die Maschine aufgehört hatte zu sinken und den Gleitpfad verließ. Als der Flug 212 aber auf derselben Höhe blieb, wurde ihm klar, was die Clipper-Besatzung da versuchte. Er forderte die Besatzung über Funk auf, den Anflug sofort abzubrechen, wenn sie die Landebahn nicht in Sicht hätten. Darauf erfolgte keine Antwort der Besatzung, die gerade in 400 ft Höhe mit 169 Knoten die Nebelbank hinter sich gelassen hatte und die Landebahnschwelle überflog. Jetzt versuchte der Pilot das Flugzeug auf den Boden zu drücken. Das schaffte er allerdings erst sehr spät, ungefähr einen Kilometer hinter der Landebahnschwelle setzte die 707 auf. Sofort wurden die Radbremsen und der Umkehrschub aktiviert, aber die 707 war mit 132 Knoten zu schnell, um noch in den verbleibenden 1,5 Kilometern Landebahn zum Stehen zu kommen.

Der Jet überrollte mit hoher Geschwindigkeit das Ende der Bahn und krachte in einen Wassergraben. Drei der vier Triebwerke wurden abgerissen, und der Rumpf brach kurz vor dem Tragflächenansatz auseinander. Erst dann kam die Maschine zum Stillstand. Das Heck befand sich im Wasser, während die vordere Rumpfsektion auf der gegenüberliegenden Uferseite im Morast zum Liegen kam.

Unverzüglich wurden die 145 Passagiere durch Türen und die Notausgänge der intaktgebliebenen Tragflächen evakuiert. Glücklicherweise brach kein Feuer aus, so daß die Evakuierung ohne Probleme und ohne Panik ablief. Die Passagiere, teilweise noch in ihrer leichten Urlaubskleidung, wateten durch den tiefen Schlamm der Uferböschung hinauf, auf der sich eine Straße befand. Die eingetroffene örtliche Feuerwehr schnitt ein großes Loch in den Flughafenzaun, der den flüchtenden Passagieren im Wege stand, und unterstützte die Rettungsarbeiten. Bei dem Unfall zogen sich 47 der Insassen diverse Verletzungen zu. Die „Clipper Southern Cross" war ein Totalverlust.

Die Unfallschuld wurde dem Piloten zugeschrieben, der trotz widriger Umstände den Anflug fortsetzte und mit einem nicht genehmigten Manöver den sicheren Anflugweg verließ. Daher setzte die 707 zu spät und mit zu hoher Geschwindigkeit auf der Bahn auf. Dieses Manöver wäre nicht nötig gewesen, wie die Besatzung der DC 8 bewies, die denselben Anflugweg eine Minute vor der Pan Am 707 ohne irgendwelche Probleme absolviert hatte.

Der Kommandant des Flugzeugs gab daraufhin freiwillig seine ATP-Lizenz zurück und flog seitdem nur noch kleine Propellerflugzeuge.

17.04.64

Middle East AL   SE210 Caravelle 3
OD-AEM   23

Der Linienkurs 444 der libanesischen Airline hob um 18:09 Uhr/loc. vom Beiruter Flughafen ab, um den Flug in die Saudi Arabische Küstenstadt Daharan am Persischen Golf zu absolvieren. Da sich dieser MEA Flug hervorragend mit den Flügen aus den USA kombinieren ließ, war es ein beliebter Anschlußflug für amerikanische Mitarbeiter der US-saudischen Ölgesellschaft ARAMCO. Folglich waren 23 der 42 Passagiere an Bord US-Staatsbürger und Angestellte der ARAMCO. Zusammen mit den sieben Besatzungsmitgliedern befanden sich 49 Insassen an Bord der Caravelle.

Über ihrer Zieldestination Dharan tobte zu diesem Zeitpunkt ein starker Sandsturm mit Windstärken bis zu 40 Knoten und einer Sicht, die zeitweise bis auf 100 Meter abfiel. Doch als die libanesische Caravelle eine Stunde später die arabische Halbinsel auf der Flugfläche 300 (= 30.000 ft Höhe) überquert hatte, war das Sturmzentrum schon vorbeigezogen. So wurde sie von der zuständigen Luftaufsicht in Bahrain für einen Sinkflug freigegeben, der sich an dem südlich des Flughafens gelegenen Funkfeuer Dharan NDB orientieren sollte und ein tränenförmiges Aussehen hatte. Zuerst wollte man das Funkfeuer mit Kurs 144° in südöstlicher Richtung überfliegen, kurz

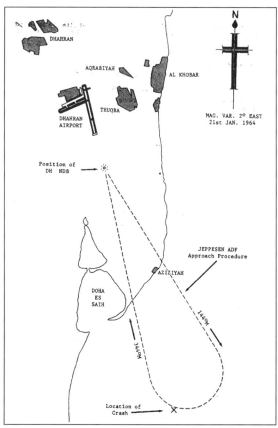

Flugweg von MEA 444 am 17. 4. 64 <Quelle: ICAO Circular 82-AN/69, S. 160>

OD-AEF; eine andere Caravelle der MEA, die später einem Terroranschlag zum Opfer fiel (s.a.: 28.12.68)/Athen im Juli 1967 <Quelle: N.Scherrer>

darauf über den Gewässern des Persischen Golfes eine Wende fliegen und auf den Landekurs 344° einschwenken.

Da man weder in Bahrain noch in Dharan über Radargeräte verfügte, gab es keine Möglichkeit, die Höhen- und Positionsangaben der Besatzung zu überprüfen, die sich durch den abklingenden Sandsturm ihren Anflugweg heruntertastete. Um 20:26 Uhr/loc. kündigte die Besatzung an, sie würde in zwei Minuten das Funkfeuer überfliegen. Daraufhin wurde die Caravelle an die Anflugkontrolle in **Dharan/Saudi Arabien** weitergegeben, wo sie um 20:28 Uhr/loc. das Verlassen von 5.000 ft und eine Minute später das Einschwenken auf den Landekurs meldete. Der Lotse in Dharan gab die Maschine für den Endanflug frei und gab der Besatzung auf, sich beim Erreichen der Sicherheitshöhe 700 ft und der Sichtung des Flughafens wieder zu melden. Statt einer Antwort hörte er um 19:32 Uhr/loc. ein lautes Geräusch über Funk.

Es stellte sich später heraus, daß die Maschine in diesem Moment 10 Meilen vom Flughafen Dharan auf der Wasseroberfläche des Persischen Golfes zerschellt war. Alle 49 Insassen an Bord kamen dabei ums Leben.

Die saudischen Untersuchungsbehörden standen vor einem Rätsel. Auch die Bergung von 95% der Trümmerteile vom Meeresboden brachte sie nicht weiter. Die Maschine hatte in Anflugkonfiguration mit ausgefahrenen Fahrwerk und Klappen in einer leichten Rechtskurve die Wasseroberfläche berührt. Alle überprüften Geräte und Triebwerke der Caravelle hatten bis zum Moment des Aufschlages normal funktioniert. Dasselbe galt für die geborgenen Cockpitinstrumente, die von der Crew vorschriftsmäßig eingestellt worden waren. Alle Passagiere und Besatzungsmitglieder befanden sich angeschnallt auf ihren Sitzplätzen, nichts wies auf einen Bombenanschlag oder ein gesundheitliches Problem der Piloten hin.

Da nichts auf äußere Einwirkungen hinwies und diese Caravelle weder mit einem Cockpit Voice Recorder noch mit einem Flugdatenschreiber ausgerüstet war, konnten die saudischen Behörden nur über die Absturzursache spekulieren.

Die Einwirkung von Turbulenzen innerhalb des Sandsturmes wurde in Erwägung gezogen, aber als unwahrscheinlich abgetan. Um eine Caravelle zum Absturz zu bringen, mußte die Turbulenz sehr heftig sein. Das Sturmzentrum war aber zum Unglückszeitraum schon am Flughafen vorbeigezogen, außerdem war die Caravelle fast waagrecht mit normaler Anfluggeschwindigkeit aufgeschlagen. Das wies daraufhin, daß die Besatzung die Maschine zu diesem Zeitpunkt unter Kontrolle hatte.

Die mit untersuchenden französischen Behörden brachten die Einwirkung von elektromagnetischen Feldern ins Gespräch, die sich innerhalb von Sandstürmen bilden. Diese Felder können die Messungen des Radiohöhenmessers so stören, daß eine größere Höhe angezeigt wird, als die, in der das Flugzeug sich wirklich befindet. Die MEA vermerkte in dem Bericht, daß die französischen Behörden es bis jetzt nicht für nötig gehalten hatten, die libanesische Airline, die oft von Wüstenflughäfen aus operierte, über dieses Phänomen zu informieren. Trotzdem hielten die Untersuchungsbehörden dieses Phänomen nicht für den Grund dieses Absturzes. Die Cockpitbesatzung hatte sich während des Sinkfluges wahrscheinlich an den barometrischen Höhenmessern orientiert und Radiohöhenmesser nur zum Gegenchecken benutzt. Eine Störung oder falsche Justierung der barometrischen Höhenmessern konnte ausgeschlossen werden.

Für eine wahrscheinliche Ursache hielten die saudischen Behörden die Möglichkeit, daß die Besatzung den Geschwindigkeitsmesser mit dem Höhenmesser verwechselt hatten. Diese auf den ersten Blick etwas hergeholt klingende Begründung verdiente trotzdem genauere Beachtung.

Im Januar dieses Jahres hatte die libanesische Airline die bewußte Caravelle von der Air France gemietet. Diese Caravelle war eine Modell 3, und damit früher gebaut, als die Caravelles der Version 6N, die die libanesische Besatzung gewöhnt war. Einer der Unterschiede zwischen den beiden Versionen war die Anordnung der Cockpitinstrumente. Der barometrische Höhenmesser hatte mit dem Geschwindigkeitsmesser die Plätze gewechselt. Auch das Layout der Instrumente hatte sich geändert. In der früheren Version sahen sich der Höhen- und Geschwindigkeitsmesser sehr ähnlich, in der späteren 6N Version unterschieden sie sich sehr stark. Spätere Versuche ergaben, daß auf den Instrumenten der Version 3 zum Beispiel eine Anfluggeschwindigkeit von 160 Knoten ähnlich dargestellt wurde wie eine von Höhe 1.600 ft. Das hatte oft für Verwirrung gesorgt, weswegen man das Layout der Instrumente in späteren Versionen der Caravelle ja auch verändert hatte.

Gut für die Piloten, die von den früheren Version auf die 6N „heraufgeschult" wurden. Diese Anordnung und dieses Layout konnte aber fatale Folgen für Piloten haben, die normalerweise die 6N gewohnt waren und dann nebenbei die alte Version 3 fliegen mußten. Hier kam es oft zu Verwechslungen zwischen den beiden Instrumenten, was insbesondere im Landeanflug fatale Folgen haben konnte. Der Kommandant hatte auf der Caravelle 6N Version schon 235 Flugstunden absolviert, auf der Version 3 aber nur 10 Stunden. Der Copilot hatte 70 Flugstunden auf der Caravelle, davon 29 Stunden auf der 3'er Version. Es lag im Bereich des Möglichen, daß der Cockpitbesatzung inmitten der einsetzenden Dämmerung, des abklingenden Sandsturmes und der Landevorbereitungen genau diese Verwechslung unterlief. Dagegen sprach der Ruf der Piloten, die als ebenso gut ausgebildet wie pedantisch galten. Der Copilot war bei seinen Kollegen für seine besondere Genauigkeit beim Überprüfen der Flughöhe im Landeanflug bekannt, und dafür, den Kommandanten auf jede Abweichung hinzuweisen. Die Saudischen Behörden hielten deswegen eine Verwechslung oder Falschablesung der Instrumente für unwahrscheinlich, aber es war die beste Erklärung, die sie für den Verlust von 49 Menschen hatten. Wieder einmal mußte eine Absturzuntersuchung ohne eindeutiges Ergebnis abgeschlossen werden.

09.06.64
Aeroflot   **Tupolev 104B**
CCCP-42476   **21304**

Bei starken Regenfällen brachen die Piloten den Landeanflug auf **Novosibirsk/UdSSR** ab und flogen erneut an. Doch auch beim zweiten Anflug gab es Steuerprobleme. Der Abflug wurde dennoch fortgesetzt und die Tupolev setzte infolgedessen nicht in der vorgeschriebenen Weise auf dem Bahnbeton auf. Den Piloten gelang es nicht mehr, bis zum Bahnende zum Halten zu kommen, und der Jet schoß über das unebene Gelände dahinter. Dabei wurde das Flugzeug irreparabel beschädigt.

15.07.64
Lufthansa   **Boeing 720B**
D-ABOP   **18249**

Während eines Werkstattfluges, von Frankfurt ausgehend, geriet der Jet in eine extreme Fluglage, die nicht mehr korrigiert werden konnte. Zwischen Fort und Peterdorf bei **Ansbach/BR Deutschland** in Mittelfranken bohrte sich „D-ABOP" in den Erdboden.

Alle fünf Crewmitglieder waren auf der Stelle tot. Angeblich hatten die Piloten versucht, die 720 in eine etwas zu enge Kurve zu zwingen. Damit verlor Lufthansa die zweite 720er während eines Testfluges (siehe 04.12.61).

23.11.64
T W A   **Boeing 707-320**
N769TW   **17685**

TWA Flug 800 machte sich auf dem internationalen Flughafen von **Rom-Fiumicino AP/Italien** bereit zum Weiterflug nach Athen, einer Zwischendestination auf dem Weg nach Tel Aviv und Kairo. Zuvor kam die amerikanische 707 aus Kansas City, New York und Paris. 62 Passagiere, 7 Flugbegleiter und vier Cockpitmitglieder hatten sich an Bord eingefunden. Langsam rollte der Jet zum Anfang der 2225 Meter langen Startbahn 25, die an diesem Nachmittag in Betrieb war. Der Himmel war leicht bewölkt und es wehte ein kaum merklicher Südwestwind. Der Copilot nahm bei diesem Flug die Rolle des fliegenden Piloten ein, während der Kommandant für den Sprechfunkverkehr und die anderen Bordsysteme zuständig war. Die 707 hatte 61.500 Pfund Treibstoff in den Tanks, die Trimmung war eingestellt, die Entscheidungsgeschwindigkeiten gesetzt und die Passagiere mit den Notfallverfahren vertraut gemacht. Alles war zum Start bereit. Genau um 14:07 Uhr/loc. gab der Towerlotse Flug 800 zum Start auf der Bahn 25 frei. Langsam schob der Copilot die vier Leistungshebel nach vorn. Die Triebwerke beantworteten dies mit einem lauten Aufheulen und die 707 beschleunigte die Startbahn hinunter. Die Augen des Copiloten waren auf die Mittellinie des Piste gerichtet, während sich der Kommandant auf die Anzeigekonsole der Triebwerke konzentrierte. Schnell kletterte die Nadel des Geschwindigkeitsmessers. Bei knapp 80 Knoten bemerkte der Kommandant einen rapiden Abfall der EPR-Anzeige im rechten Triebwerk Nr.4. Die EPR(Engine Pressure Ratio) zeigt das Verhältnis von angesaugter zu verdichteter Luft an und ist der wichtigste Leistungsparameter eines Triebwerks. Doch nun zeigte die Nadel einen Wert von 1, also einem ausgeglichenen Druckverhältnis, gleichbedeutend mit einer Schubleistung von Null, an. Fast im gleichen Augenblick leuchtete das gelbe Warnlicht der Schubumkehrklappen am linken inneren Triebwerk Nr.2 auf und zeigte an, daß bei diesem Triebwerk der Bremsschub ausgefahren ist. Viele modernere Düsenflugzeuge waren mit einem solchen Umkehrschubsystem ausgerüstet. Die Schubumkehr wurde für die schweren Düsenflugzeuge konstruiert, die einen längeren Bremsweg haben als die älteren Propellerflugzeuge. Nach dem Aufsetzen zieht der fliegende Pilot die Hebel der Umkehrklappen und sofort schieben sich diese Klappen in den Austrittsstrahl der Triebwerke und drücken den heißen Luftstrom zur Seite bzw. nach vorn weg. Dadurch wird der Schub benutzt, um zusätzlich Bremswirkung nach der Landung zu erzielen. In diesem Falle jedoch sollte er sich als Unglücksfaktor herausstellen.

Der Copilot bemerkte nun auch, daß etwas nicht stimmte. Nun griff der Kommandant ein und entschied folgerichtig: Startabbruch! Noch in der gleichen Sekunde griff er zu den Triebwerkshebeln und riß sie auf Leerlaufleistung zurück. In diesem Moment hatte die 707 mit etwas über 80 Knoten ihren schnellsten Punkt erreicht. Doch die Geschwindigkeit lag immer noch unterhalb der kritischen V_1-Marke. Ein Abbremsen innerhalb der verbleibenden Länge der Startbahn war immer noch möglich. In dieser Phase hoher Anspannung im Cockpit bediente sich der Kommandant sämtlicher zur Verfügung stehender Bremshilfen. Er trat in die Radbremsen, fuhr die Spoiler auf den Tragflächen hoch und bediente die Schubumkehrklappen auf allen vier Triebwerken. Der Kontrollturm in Fiumicino wurde über den Startabbruch informiert.

Doch was die Piloten nicht wußten, war, daß die Schubumkehrklappen am Triebwerk Nr. 2 nicht, wie

51

N8715T; eine 707 der TWA, baugleich mit derjenigen, die in Rom verunglückte. Die abgebildete Maschine wurde ein Jahr später ebenfalls zerstört (s.a.: 13.09.1970)/Zürich im März 1969 <Quelle: N.Scherrer>

angezeigt, ausgefahren waren, sondern in ihrer eingefahrenen Position verharrten. Drei Triebwerke bremsten nun, während eines die Maschine nach vorn drückte. Noch knapp 1000 Meter trennte Flug 800 vom Ende der Startbahn 25. Langsamer als gewohnt, begann die 707 abzubremsen. Gleichzeitig wirkte sich das Schubungleichgewicht aus: Flug 800 zog es nach rechts. Verdutzt versuchten die Piloten mit Hilfe der Budradsteuerung die Maschine in der Mitte der Bahn zu halten, doch vergebens. Sekunden darauf geriet auch schon das rechte Hauptfahrwerk auf den weichen Untergrund neben der Startbahn. Instinktiv reduzierten die Piloten nun die Triebwerksleistung auf den beiden rechten Triebwerken Nr. 3 + 4, um die Maschine wieder „auf Kurs" zu bringen. Doch es half nichts. Der Rechtsdrall konnte nicht mehr korrigiert werden. Die 707 erreichte nun den Kreuzungspunkt der Bahnen 25 und 34. Dort fanden an einem der Rollwege gerade Asphaltierungsarbeiten statt. Eines der dort arbeitenden Baufahrzeuge, eine Dampfwalze, stand der herannahenden Boeing im Weg. Der Fahrer erkannte die Gefahr, die auf ihn zukam und versuchte sein Gefährt aus der Bahn des Linienjets zu manövrieren. Doch die 707 war schneller. Als er erkannte, daß eine Kollision unvermeidlich wurde, sprang er aus dem Führerhaus und brachte sich in Sicherheit. Einen Moment später prallte das auf Umkehrschub laufende äußere rechte Triebwerk Nr. 4 mit großer Wucht gegen das massive Führerhaus der Walze und wurde aus den Verankerungen gerissen. An den offenliegenden Verbindungsstellen spritzte das Kerosin aus dem leckgeschlagenem Tragflächentank und Flammen schlugen aus der rechten Tragflächenspitze. Durch ein beschädigtes Ventil gelangte weiteres Kerosin in den Brandherd und Flug 800 zog eine schwarze Qualmsäule hinter sich her. Nach weiteren 250 Metern, genau auf der Kreuzung der beiden Start- und Landebahnen kam man schließlich brennend zum Stehen. Sofort wurden vom Towerlotsen die Feuerwehrkräfte alarmiert.

In Windeseile war die rechte Flugzeugseite von einer Feuersbrunst umgeben. Da das abgerissene Triebwerk Nr.4 u.a. das Feuer-Warnsystem mit Energie versorgte, erhielten die Piloten in den ersten Sekunden keinerlei Anzeichen, daß die rechte Tragfläche in Brand stand. Von ihrer Position aus konnten die Tragflächenenden nicht eingesehen werden. Kostbare Zeit verstrich, ohne daß zügige Evakuierungsmaßnahmen anliefen. Erst nach einer haben Minuten hatte die Crew den Ernst der Lage erfaßt. Alle Türen flogen auf. Die ersten Passagiere begannen ins Freie zu springen oder sich per Notseil herabzulassen. Einige spürten die Flammenhitze bereits im Nacken und gerieten in Panik. Es konnten sich gerade einmal zehn oder zwölf Passagiere in Sicherheit bringen, da explodierte auch schon der rechte Tragflächentank. Eine lodernde Stichflamme schoß in den Himmel. Eilig versuchten nun die Flugbegleiter die Notrutsche der vorderen linken Tür in Position zu bringen, erschütterte eine zweite, noch gewaltigere Explosion die Maschine. Trümmerteile schossen brennend über die Rollbahn. Flug 800 war binnen einer Minute ein loderndes Inferno geworden. Jetzt versuchte jeder der Insassen mit allen Mitteln der Flammenhölle zu entgehen. Die Explosion zerstörte die Notrutsche und die übrigen Insassen sprangen nun in panischer Angst aus drei Meter Höhe ins Freie. Entsetzliche Szenen spielten sich ab. Die Notausgänge über den Tragflächen waren zu alledem durch die Sitzreihen blockiert, die man direkt vor die Fenster der Notausstiege montiert hatte. Ein weiterer Tank flog in die Luft. Die eintreffende Feuerwehr stand den Flammen nahezu machtlos gegenüber. Aufgrund von Explosionsgefahr, konnte man nur aus einiger Entfernung die Flammen bekämpfen. Nach einigen Stunden kam dann endlich die erlösende Nachricht: der Brand ist gelöscht.

In den verkohlten Überresten der 707 fand man noch 49 Menschen, die dem Qualm und der Hitze zum Opfer gefallen waren. 20 Menschen wurden mit z.T. schwersten Brandverletzungen in die Krankenhäuser eingeliefert.

Der Flughafen Fiumicino blieb an diesem Tag bis auf weiteres für jeglichen Verkehr geschlossen.

Monate darauf fanden Experten heraus, daß durch ein beschädigtes Zuleitungsrohr für den pneumatischen Ausfahrmechanismus der Umkehrschubklappen an Triebwerk Nr. 2 nicht genügend Druck vorhanden war, um die Klappen auszufahren. Daher bremste dieses Triebwerk die Maschine nicht ab, sondern zog sie nach vorn. Des Weiteren, so wurde vermutet, war das Kollsmann-Gerät der EPR-Anzeige defekt. Schon bei einem früheren Flug zeigte dieses Gerät trotz hoher Triebwerksleistung einen Wert von 1 an. Es wurde daraufhin ausgebaut, untersucht und für „O.K." befunden, bevor es dann in die Unglücksmaschine eingebaut wurde. So kostete ein vergleichsweise geringer Fehler am Ende vielen Menschen das Leben.

XX.XX.65

Aeroflot   **Ilyushin Il-62**
CCCP-06156   30001

Dieser Prototyp der Il-62 stürzte bei einem Testflug irgendwo über der **UdSSR** ab. Seit dem Erstflug im Januar 1963 waren bisher zwei Jahre vergangen, in denen die Maschine erprobt und immer wieder einigen Änderungen unterzogen wurde. Hiernach sollten aber noch weitere zwei Jahre vergehen, bis man endgültig soweit war, die IL-62 in den internationalen Liniendienst zu stellen. Im Westen kursierten seit längerem Gerüchte über Schwierigkeiten mit der Rumpfstruktur und den vier Triebwerken.

27.02.65

Japan AL   **Convair 880**
JA8023   59

Der Absturz des Vierstrahlers ereignete sich kurz nach dem Start vom Flughafen in **Kiyushu/Japan**. Während eines routinemäßigen Starts mit nur drei laufenden Triebwerken zum Training von Pilotenanwärtern verunglückte die Maschine.

Auf diesem Flug befanden sich natürlich (zum Glück) keine Passagiere.

08.03.65

Aeroflot   **Tupolev 124**
CCCP-45028   2350803

Nach dem Start in **Kubischew/UdSSR** stürzte die Tupolev ab. Es starben alle 25 Menschen an Bord der Maschine.

20.05.65

P I A   **Boeing 720B**
AP-AMH   18379

Die mit 114 Passagieren und 13 Crewmitgliedern besetzte 720er befand sich auf dem Jungfernflug der Airline auf der Route Karachi-Dhahran-**Kairo/Ägypten**- London. Es war Nacht als sich die Maschine im Anflug zur planmäßigen Zwischenlandung in Kairo befand. Flug 705 wurde zu einem Nichtpräzisions-Instrumentenanflug auf der Bahn 34 freigegeben. Die Maschine drehte gerade nach links zum Queranflug, als die Sinkrate plötzlich stark zunahm (2.400 ft/min) und auch die Fluggeschwindigkeit sich stark erhöhte. In einer leichten Linkskurve, mit ausgefahrenem Fahrwerk und 20 ausgefahrenen Klappen, stürzte die Boeing dem Boden entgegen. Sie zerschellte in einem hügeligen Wüstengebiet.

Von den 127 Insassen überlebten nur 6.

Warum die Maschine diese hohe Sinkrate hatte, ist nicht bekannt. Angenommen wird aber, daß sich die pakistanischen Piloten aufgrund der hellen Lichter des Flughafens in der Entfernung und Flughöhe unterschätzt hatten.

Die Pilotengewerkschaft IFALPA empfahl hiernach, daß die Landebahn 34 nicht mehr bei Nacht angeflogen werden sollte oder ein ILS zu installieren sei.

01.07.65

Continental AL   **Boeing 707-120**
N70773   17609

Die Crew des Continental Linienkurses 12 vom Los Angeles Int'l Airport nach Chicago war schon von ihrer geplanten Flughöhe von 29.000 ft auf 33.000 ft gestiegen, um den schlimmsten Auswirkungen eines Gewittersturmes zu umgehen. Jetzt stand eine Zwischenlandung in **Kansas City/MO/USA** an. Als man die Sinkfluggenehmigung bekam, tauchte die Boeing wieder in Gewitterwolken ein und begann, sich ihren Weg zum Flughafen zu erkämpfen.

Der Flug CO 12 wurde für einen direkten ILS-Anflug auf die Bahn 12 freigegeben. Der Anfluglotse teilte der Continental Besatzung mit, daß Teile der Anflugbefeuerung ausgefallen waren, aber die Landebahnbefeuerung auf höchste Intensität gestellt wurde. Er bezeichnete den Piloten gegenüber das Wetter als sehr schlecht, informierte sie aber nicht über die Tatsache, daß der Gewittersturm gerade über den Flughafen zog. Noch in den Gewitterwolken hörte die Besatzung außerdem über Funk den Bericht der Besatzung vor ihnen. Sie war vier Minuten vor der Continental-Boeing gelandet und berichtete von keinerlei großen Schwierigkeiten.

Nach einem schweren Flug durch die Wolken sahen sie endlich durch einen grauen Regenschleier die Lichter der Landebahn. Die restlichen zwei Meilen bis zur Landebahnschwelle wurde die Maschine von Turbulenzen gebeutelt, während die Besatzung versuchte, die hinter ihren Scheibenwischern tanzenden Lichter der Landebahn im Blick zu behalten.

Als endlich die Fahrwerke auf der Landebahn aufsetzten, ging ein kollektiver Stoßseufzer von Crew und Passagieren durch die Boeing. In diesem Moment wurde aus dem leichten Regenschauer ein Sturzregen. Trotz eines Rückenwindes im Endanflug hatte die Boeing innerhalb der Aufsetzzone den Boden berührt. Mit immer noch gut 6.000 ft Landebahn vor sich wurde die Radbremsen betätigt und der Umkehrschub auf 80% gefahren. Doch die Piloten hatten das Gefühl, daß trotz der Betätigung der Bremsmittel das Flugzeug noch beschleunigen würde. Der Umkehrschub wurde auf 100% hochgefahren, trotzdem wurde das Flugzeug nicht langsamer. Der Kommandant sah das Ende der Landebahn auf sich zu kommen und versuchte, ca. 1.000 ft vor dem Ende der befestigten Bahn das Schlimmste abzuwenden. Hinter der Bahn fiel das Gelände erst leicht ab, um dann wieder zu einem Hochwasserdeich anzusteigen. Um nicht frontal auf den Deich zu prallen, riß der Kommandant den Umkehrschub aus den rechten Triebwerken heraus, woraufhin die Boeing begann, sich träge um ihre Hochachse zu drehen.

Der erste Aufschlag wurde so von der Tragfläche abgefangen und war nicht so schlimm. Doch Sekundenbruchteile später prallte auch der vordere Rumpf an die Deichkrone. Der Schlag war so heftig, daß er die Insassen an Bord betäubte und der Rumpf kurz vor dem Tragflächenansatz brach. Inmitten des strömenden Regens brach kein Feuer aus, was die sofort beginnende Evakuierung erleichterte. Obwohl die beiden vorderen Ausgänge von umgestürzter Inneneinrichtung blockiert oder wegen des Bruches in der Rumpfzelle verklemmt waren, ging die Evakuierung durch die hinteren Ausgänge und die Notausgänge über den Flügel schnell voran. Da der Rumpf mit dem Cockpit voraus in dem Graben vor dem Deich lag, fiel es den Stewardessen enorm schwer, die Türen „bergan" zu öffnen. Nach gut zwei Minuten hatten die meisten Insassen das Flugzeug verlassen, bis auf einen Passagier, der zwischen seinem aus der Verankerung gerissenen Sitz und dem seines Vordermannes eingeklemmt war. Er wurde von ebenfalls zurückgebliebenen Stewardessen und anderen Passagieren aus seiner mißlichen Lage befreit. Die gesamte Evakuierung ging ohne Beleuchtung vonstatten. Die Besatzung hatte zwar die Notbeleuchtung angeschaltet, aber die Batterien, die diese Beleuchtung speisten, waren schon vorher absolut erschöpft

Die Untersuchungsbehörde fand heraus, daß alle Mittel zum Bremsen funktioniert hatten und von der Besatzung zum richtigen Zeitpunkt eingesetzt wurden. Schon bald fanden sich Spuren und Hinweise für Aquaplaning auf der Landebahn. Sekunden nach dem Aufsetzen der Boeing hatte das sogenannte „Rubber Reversion" eingesetzt, das sich bei intensivem Bremsen mit lange blockierenden Rädern auf nassen Landebahnen ereignet. Wenn die Räder beim Bremsen blockieren, wird das Gummi der Reifenkaskade stark erwärmt. Der obere Belag des Gummis auf dem Reifen beginnt zu verdampfen und vermischt sich mit ebenfalls verdampfendem Wasser von der Landebahnoberfläche zu einer Schicht, auf der das Fahrwerk gleitet wie auf Schmierseife. Je kräftiger und intensiver die Piloten die Radbremsen betätigen, desto mehr blockieren die Reifen, je mehr Gummi und Wasser verdampft, desto schlechter wird der Bremseffekt. Die für „Rubber Reversion" typischen weißen Streifen auf der Oberfläche der Bahn waren im vorderen Bereich der Landebahn in Kansas City deutlich zu sehen. Auch auf allen Reifen des Fahrwerkes, inclusive den Bugrädern, waren Spuren dieses Phänomens zu erkennen. Von einer anderen offensichtlichen Form des Aquaplaning berichteten Zeugen außerhalb des Flugzeuges. Ab dem mittleren Teil der Landebahn hatte die Boeing förmlich eine Bugwelle vor sich hergeschoben. Das Wasser spritzte nicht nur zur Seite weg, es bildete auch zwischen den Reifen des Fahrwerks und der Decke der Landebahn einen Wasserfilm, auf dem das Flugzeug regelrecht die Bahn hinunterglitt.

Diese Formen des Aquaplanings setzte die Bremsmöglichkeiten der Boeing soweit herab, daß es der Besatzung nicht mehr möglich war, auf der vorhandenen Bahn die Boeing zum Stehen zu bekommen.

Das NTSB mahnte eine Verstärkung des Trainings im Umgang mit Aquaplaning an, um in Zukunft die Besatzungen in die Lage zu versetzen, besser auf die Folgen dieses Phänomens reagieren zu können. Es stellte außerdem in seinem Bericht fest, daß mal wieder nicht alle nötigen Wetterinformationen von den Towerlotsen an die im Landeanflug befindlichen Piloten weitergegeben wurden.

16.08.65

United AL   **Boeing 727-100**
N7036U   18328

An diesem leicht bedeckten und warmen Spätsommerabend beobachteten um 21:20 Uhr/loc. einige Hobbyfischer auf dem **Lake Michigan/IL/USA** eine laute Explosion und einen Feuerball auf der Oberfläche des Sees ungefähr 20 Meilen vom Ufer entfernt. Auch einige Spaziergänger am Ufer sahen diese Erscheinung und informierten die Polizei. Sie vermuteten einen Flugzeugabsturz, da die Stelle der Explosion in der Haupteinflugschneise des Chicagoer Flughafens O'Hare lag.

Gleichzeitig versuchte der Tower des Flughafens die Funkverbindung mit der als United Flug 389 aus New York kommenden Boeing 727 wieder aufzunehmen. Als alle Versuche fehlschlugen und die Meldungen über die Explosion auf dem Lake Michigan einliefen, wurden Suchschiffe der Küstenwache und der Polizei losgeschickt. Als diese gut fünf Stunden später an der Unglücksstelle eintrafen, fanden sie nur noch auf der Oberfläche treibende Wrackteile.

Damit war endgültig klar, daß der United Flug im Wasser des Lake Michigan geendet hatte und daß dabei alle 24 Passagiere und sechs Besatzungsmitglieder an Bord ums Leben gekommen waren. Dies war der erste Absturz des erst vor kurzem eingeführten Flugzeugtyps Boeing 727.

In einer knapp vier Monate währenden großangelegten Such- und Bergungsaktion wurden 82 % der Trümmer der 727 aus dem Wasser geborgen und von einer Sondergruppe der amerikanischen Flugsicherheitsbehörde untersucht. Sie konnten trotz aller Anstrengungen nichts finden, was ihnen einen Hinweis auf die Absturzursache des erst drei Monate alten Flugzeuges hätte geben können. Eine zweite Gruppe suchte nach Unregelmäßigkeiten im Flugweg der Boeing oder nach Hinweisen über die Besatzung und der Passagiere. Auch diese Gruppe konnte nichts finden, was Licht in den mysteriösen letzten Flug der 727 hätte bringen können. Die 727 war auch mit einem FDR (Flight Data Recorder) ausgerüstet, welcher aber beim Aufschlag zerstört worden war. In dem zwei Jahre später erscheinenden Abschlußbericht mußte das NTSB einräumen, daß es keine Absturzursache feststellen konnte.

Aber gelang ihnen, den Flug und insbesondere seine letzten Minuten zu rekonstruieren. Darüberhinaus konnten sie zu einer Vermutung kommen, was den 30 Menschen an Bord zum Verhängnis wurde:

Die Boeing war am Abend um 19:52 Uhr/loc. vom Flughafen New York La Guardia in Richtung Chicago gestartet. Die Cockpitbesatzung war in New York getauscht worden. Die Piloten waren sehr erfahren, aber auf dem neuen Flugmuster 727 mit 81 Flugstunden (Kommandant) und 363 Flugstunden (Copilot) noch relativ neu. Nach einem gut einstündigem, ereignislosen Flug meldete sich die Crew um 21:03 Uhr/loc. bei der Luftraumkontrolle in Chicago. Die 727 war auf 35.000 ft und erbat die Sinkfluggenehmigung. Die Luftraumkontrolle gab sie erst für 24.000 ft, drei Minuten später für 14.000 ft und am Ende für 6.000 ft frei. Bei 6.000 ft sollte die Besatzung die Höhe halten und auf weitere Anweisungen warten. Sie würde sich dann über der „Sturgeon Intersection" befinden, ein Navigationspunkt über dem Lake Michigan. Von diesem Punkt würde die Maschine in die endgültige Anflugsequenz des Chicagoer Flughafens eingefädelt. Um 21:18 Uhr/loc. meldete sich United 389 bei der Anflugkontrolle von Chicago O'Hare. Diese bestätigte die Freigabe auf 6.000 ft und gab die aktuellen Luftdruckwerte für die Einstellung der Höhenmesser durch. Der Pilot verhörte sich dabei einmal und wurde vom Controller korrigiert. Das war der letzte Funkkontakt mit der Besatzung. Eine Radarüberwachung existiert in diesem Gebiet nicht und so mußte sich der Controller bei den Höhen und Positionsangaben auf die Besatzung verlassen.

Diese kam genau zu diesem Zeitpunkt in ca. 10.000 ft aus den Wolken. Vor ihnen lag die dunkle Oberfläche des Lake Michigan und weit entfernt die Lichter Chicagos am Ufer. Die Aufmerksamkeit der Besatzung dürfte zu diesem Zeitpunkt gleichmäßig zwischen den Landevorbereitungen innerhalb des Cockpits und der optischen Überwachung des Luftraums aufgeteilt gewesen sein. In Chicago O'Hare war „Rush-hour", und in diesem nicht vom Radar überwachten Gebiet verließen sich die Piloten lieber auf ihre eignen Augen, um eventuelle andere Flugzeuge in ihrem Flugweg zu entdecken. Dem Höhenmesser dürften sie in dieser Flugphase immer nur kurze Kontrollblicke gewidmet haben.

Der Höhenmesser war ein „Dreizeiger-Modell". In diesem Typ wurde die aktuelle Höhe von drei Zeigern angezeigt: Der längste Zeiger markiert die „10"-er Aufteilung, ein mittellanger Zeiger die „100"-er Aufteilung und der kürzeste Zeiger „1.000"-er Aufteilung. Diese unübersichtliche Anordnung hatte schon früher zu mehr als einem Unfall geführt, weil die Piloten ihre Höhe falsch abgelesen hatten (siehe auch: 19.01.60; 12.09.61).

So war es wahrscheinlich auch in diesem Fall. Bei ihrem Sinkflug waren diese Zeiger ständig in Bewegung gewesen und hatten so ein genaues Ablesen noch erschwert. Die Piloten dachten, kurz nach dem sie aus den Wolken kamen, sie wären noch in 16.000 ft, statt in 6.000 ft, wo sie sich wirklich befanden. Auf dem Höhenmesser unterscheiden sich diese beiden Höhen lediglich dadurch, daß bei 6.000 ft der kurze Zeiger zwei Zentimeter weiter links steht als bei 16.000 ft.

Ein weiterer Grund dafür, daß die Piloten dem Höhenmesser nur relativ wenig Aufmerksamkeit schenkten, mag die Tatsache sein, daß sich in einer völlig ungewohnten Umgebung befanden. Beide waren sehr erfahrene Propellerpiloten, aber das Cockpit einer 727 mit seiner neuartigen Instrumentierung war neu für sie. Außerdem unterscheiden sich die Flugeigenschaften einer großen Propellermaschine völlig von der eines Düsenflugzeuges, insbesondere bei einem relativ steilen Sinkflug.

Das alles kann dazu geführt haben, daß sich die Piloten bei ihren hastigen Blicken auf den Höhenmesser um 10.000 ft verguckten.

Die meiste Zeit waren ihre Augen ohnehin nach außerhalb des Cockpits gerichtet. Dieser Blick ließ sie wahrscheinlich obendrein noch einer optischen Täuschung aufsitzen, die sie in ihrem Glauben, sie wären über 10.000 ft hoch, noch bestätigte: Die Kombination aus einer lichtlosen, dunklen Wasserfläche und den weit entfernten Lichtern am Ufer hat schon mehr als einen Piloten in dem sicheren, aber fatalen, Glauben gelassen, er würde sich in einer größeren Höhe befinden, als es tatsächlich der Fall war.

Das alles zusammen führte dazu, daß sie bis zum letzten Moment völlig ahnungslos der dunklen Oberfläche entgegensanken. In der letzten Sekunde wurden sie sich ihrer fatalen Fehleinschätzung bewußt. Doch da war es schon zu spät:

Mit leicht nach oben gezogener Nase und der linken Tragfläche zuerst prallte die 727 mit 270 Knoten auf die Wasseroberfläche des Lake Michigan. Beim Aufprall zersprang die Maschine in tausend Stücke. Bis auf einige Wrackteile versanken diese Einzelteile im dunklen See und mit ihnen versank für immer eine abschließende Erklärung für diesen bis heute nicht endgültig geklärten ersten Absturz des zukünftigen „Arbeitspferdes" der westlichen Zivilluftfahrt.

13.09.65

T W A   **Convair 880**
N820TW   26

Kurz nach 12.30 Uhr/loc. rollte die 880er zur Startbahn des **Kansas City-Mid Continent Int'l AP/MO/USA**, der Heimatbasis von TWA, zu einem Trainingsflug. Im Cockpit befanden sich vier Piloten, davon sollte einer seine Typenberechtigung auf der Convair erwerben und wurde zu diesem Zweck von einem älteren Kollegen überwacht und instruiert. Zu Übungszwecken zog der Instruktor kurz nach Erreichen der V1 einen Triebwerkshebel auf Leerlauf zurück, um den Ausfall des Antriebsaggregats zu simulieren. Der Schülerpilot kam jedoch mit der Situation nicht zurecht und geriet nur wenige Momente nach dem Abheben in einen überzogenen Flugzustand. Der Ausbildungspilot versäumte es rechtzeitig einzugreifen und die Convair stürzte zu Boden. Niemand der vier Besatzungsmitglieder konnte sich retten. Dies war bereits der dritte Absturz einer 880er. Alle drei passierten unter fast identischen Verhältnissen während des Starts (siehe 23.05.60/27.02.65).

17.09.65

Pan American   **Boeing 707-120B**
N708PA   17586

Es war 21:43 Uhr/loc., als Clipper Flug 292 von San Juan/Puerto Rico abhob. Die Boeing mit dem klangvollen Namen „Clipper Constitution" war die älteste im Flottenpark der Pan Am. Vor neun Jahren verließ sie als erste kommerziell eingesetzte 707 der Welt die Werkshallen von Boeing in Seattle. An diesem Abend war die Maschine auf dem ausgedehnten Karibik-Streckennetz der Pan Am unterwegs und sollte in St.Croix/US-Jungferninseln, sowie St. John's/Antigua zwischenlanden, um danach den Endpunkt der Strecke, Fort de France/Martinique, zu erreichen. Der Flug führte zunächst über das Karibische Meer, dann flog die 707 von Nord- nach Süd die einzelnen

„Haltepunkte" der Kleinen Antillen ab. Das Wetter zu dieser nächtlichen Stunde war gut, nur zwischen St. John's und Martinique hatten sich in der Nacht kleinere Gewitterzellen gebildet. Mit Anbruch der Dämmerung landete die vierstrahlige Maschine dann in Fort de France. Die Besatzung ruhte sich noch etwas aus, bevor der Rückflug nach Puerto Rico, diesmal in umgekehrter Reihenfolge, anstand. Der erste Abschnitt des Rückfluges sollte für „Clipper Constitution" nur ein kurzer „Hüpfer" werden. Gegen 06.30 Uhr/loc. war die Maschine aufgetankt und 21 Passagiere wurden an Bord gebracht. Die Besatzung bestand aus den drei Cockpitinsassen, sowie sechs Mitgliedern des Kabinenpersonals, die sich um das Wohl der Fluggäste sorgten. Nachdem alle Vorbereitungen getroffen waren, rollte Flug 262 um 07:00 Uhr/loc. von der Parkposition am Terminal zur Startbahn, um nur vier Minuten später abzuheben. Kaum waren 2.000 ft passiert, da leitete der Pilot eine Rechtskurve ein und ging auf Kurs Nordnordwest. Um 07:08 meldete Flug 265 den Durchflug von 8.000 ft bei der Bodenstation und teile weiter mit, daß man auf 16.500 ft (FL165) steigen werde. Kurze Zeit später nahmen die Piloten mit der Luftkontrollstelle in Piarco/Trinidad Kontakt auf, die alle IFR-Flüge über den Antillen koordiniert. Um 07:09 Uhr/loc. war FL165 erreicht. Flug 262 jettete zu diesem Zeitpunkt etwa 10 Meilen westlich an der Insel Dominica vorbei. An Bord herrschte routinierte Gelassenheit. Nur drei Minuten dauerte der Reiseflug, dann erfolgte auch schon die Anweisung für den Sinkflug auf Antigua.

ATC: „*Clipper 292 is cleared descend to cross Coolidge (St. John's Coolidge AP/Antigua) beacon at 2.500 feet. Altimeter 1016, contact Coolidge approach at one five. No delay expected. Cross Gouadeloupe beacon not below flight level 85, over.*"

Flug 262 bestätigte diese Freigabe. Der Fluglotse, der über kein geeignetes Radargerät verfügte, wußte jedoch nicht, daß Clipper 262 zu diesem Zeitpunkt bereits vom vorgeschriebenen Flugweg abgekommen war. Normalerweise verläuft die IFR-Route von Martinique nach Antigua direkt über Gouadeloupe, wo über dem dortigem Flughafen in Point-à-Pitre ein ungerichtetes Funkfeuer installiert war. Doch „Clipper Constitution" flog mit Kurs Nord um etwa 18 Meilen westlich an Gouadeloupe vorbei. Man meldete sich bei Piarco ab und nahm einen Augenblick darauf Funkkontakt mit St. John's auf. Der dortige Towerlotse gab die 707 für den weiteren Sinkflug auf 2.500 ft frei, wobei er die Besatzung anwies, sich entweder beim Überflug des Funkfeuers auf St. John's zu melden, oder aber, wenn sie den Flughafen in Sicht hätten. Dann folgte ein aktueller Wetterbericht mit dem Hinweis, daß die Landebahn 07 in Betrieb wäre und mit einigen Gewitterformationen südwestlich von Antigua zu rechnen sei. Auch diese Meldung wurde von Flug 262 bestätigt. Um 07:25 Uhr/loc. meldete der Pilot den Durchflug von 4.000 ft und schätzte die Ankunftszeit auf St. John's auf 07:30 Uhr/loc. Auf die Frage des Lotsen, ob man inzwischen den Flughafen in Sicht hätte, kam nur ein kurzes „negative". Der Anflug wurde fortgesetzt. Die Boeing sank nun durch eine dichter werdende Wolkendecke hindurch und einige leichtere Turbulenzen machten sich bemerkbar. Im Cockpit rechnete man jeden Augenblick damit die Insel Antigua vor ihnen zu erblicken. Eine zuvor in St. John's gestartete Beechcraft Bonanza, ein zweimotoriges Kleinflugzeug, fing in dieser Phase einen Funkspruch von Flug 262 auf, dessen Pilot sinngemäß meldete: „*Ich habe eure Küste in Sicht.*" Dies war gleichzeitig das letzte Lebenszeichen der Maschine.

Die Piloten nahmen nun an, sich kurz vor dem Flughafen zu befinden. Doch dies war ein tragischer Irrtum. Niemand im Cockpit bemerkte, daß man nicht die Küste von Antigua vor sich hatte, sondern die von Montserrat, einer weiteren Insel, die ca. 20 Meilen südwestlich von Antigua entfernt liegt. Keiner der Piloten zweifelte an der Richtigkeit ihrer Annahme. Somit setzte man den Sinkflug fort und fuhr das Fahrwerk und die Klappen aus, als erwarte man in der nächsten Minute die Landebahn in Sicht zu bekommen. Doch die lag über 20 Meilen entfernt. Die Ausläufer der Gewitterzone erfaßten die Maschine, die nun unterhalb der Wolken in ein Regengebiet einflog. Augenzeugen, die sich im Süden Montserrats an diesem Morgen aufhielten, fiel die 707 auf, die in sehr geringer Höhe in Richtung in Richtung Norden flog. Dann verschwand die Maschine in dichten Regenwolken. Als nach vielen vergeblichen Versuchen mit Flug 262 Kontakt aufzunehmen, immer noch keine Antwort kam, löste der Lotse in St. John's Alarm aus.

Nach nur 21 Flugminuten hatte der Clipper-Flug 262 am 3002 ft hohen **Chance's Mountain auf Montserrat**. geendet. Die Maschine prallte etwa 80 Meter unterhalb des Gipfels gegen die in Wolken gehüllte Bergkuppe. Niemand der 21 Fluggäste und der 9-köpfigen Crew überlebte den Zusammenprall.

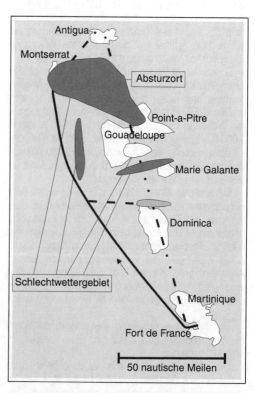

Flugweg von N708PA am 17. 9. 65

Der Absturz gab Rätsel auf. Warum erkannten die Piloten nicht, daß sie vom Kurs abgekommen waren? Obwohl die Piloten die Sinkflugfreigabe über Gouadeloupe bestätigten, befanden sie sich nie in der Nähe der Insel. Der genaue Hergang des Unglücks konnte leider nie zweifelsfrei ermittelt werden. Es besteht jedoch Grund zu der Annahme, daß der Pilot bereits kurz nach dem Start in Fort de France nach Nordwesten auswich, um den gröbsten Gewitterzonen zu entgehen. Dies geschah jedoch ohne die Abstimmung mit der Flugleitzentrale auf Trinidad, die „Clipper Constitution" in Richtung auf Gouadeloupe wähnte. Offenbar hatten die Piloten Schwierigkeiten, die bordeigenen Navigationsinstrumente abzulesen. Die hohe Geschwindigkeit im Sinkflug von über 350 Knoten, statische Entladungen aus den nahen Gewitterzellen, sowie die geringe Flugerfahrung beider Piloten auf dem Typ 707 (der Kommandant hatte 297 Stunden, der Copilot nur 181), beeinflußten die Instrumente und trugen mit zu der Orientierungslosigkeit bei. Zudem lieferte möglicherweise auch ein defekter Kursanzeiger den Piloten einen falschen Kurs, der zu der Abweichung nach Westen führte. Alles in allem hätte die Besatzung von Flug 262 jedoch nicht die ausgewiesene Mindesthöhe von 2.500 ft unterschreiten dürfen, ohne daß sie sich über ihre Position hundertprozentig klar waren. Doch selbst 2.500 ft hätten nicht ausgereicht, um dem Berggipfel zu entgehen. Es wurde hiernach empfohlen, den Flughafen auf Antigua mit moderneren Navigationseinrichtungen auszustatten, sowie die Darstellung der Flugkarten übersichtlicher zu gestalten, um Piloten auch bei hoher Arbeitsbelastung einen raschen Überblick über die wichtigsten topographischen Gegebenheiten zu liefern.

08.11.65

American AL   **Boeing 727-100**
N1996   **18901**

Es war 18:45 Uhr/loc. und wurde bereits dunkel, als sich die Besatzung des American Fluges 383 beim Flughafen ihrer Zieldestination Cincinnati meldete. Die Maschine war aufgrund einer Verspätung vor dem Start in New York La Guardia zwanzig Minuten hinter ihrem Zeitplan zurück. Für die Zeit ihrer Ankunft in **Cincinnati/OH/USA** war über dem Flughafen ein Gewittersturm angesagt, weswegen die Besatzung sich noch mehr beeilte, die Verspätung aufzuholen. Wenn die schlimmsten Auswirkungen des Gewitters Cincinnati erreichten, wollten sie schon auf dem Asphalt des Vorfeldes stehen.

An Bord des Fluges 383 befanden sich neben den 56 Passagieren sechs Besatzungsmitglieder, davon drei Stewardessen. Im Cockpit saß auf der linken Seite ein Pilot mit insgesamt 14.400 Flugstunden, von denen er allerdings erst 35 auf der 727 geflogen war. Seinen Umschulungskurs als Kommandant für diesen Flugzeugtyp hatte er gerade abgeschlossen und absolvierte jetzt die von der FAA vorgeschriebenen 25 Flugstunden als „Kommandant unter Aufsicht". Davon hatte er innerhalb von sieben Flügen 9,5 Flugstunden abgeleistet, allesamt unter Aufsicht desselben Checkpiloten, welcher auch jetzt wieder auf dem rechten Sitz im Cockpit saß. Im Laufe der Ausbildung hatten sich die beiden Piloten persönlich schätzen gelernt und Hochachtung vor den fliegerischen Qualitäten des anderen gewonnen. Folglich überließ der Checkpilot seinem Flugschüler die Kontrolle über das Flugzeug, obwohl er offiziell Kommandant der 727 war. Er fungierte als Copilot und wickelte als solcher auch den Funkverkehr mit den Bodenstationen ab.

Die Maschine wurde für den Sinkflug auf die Bahn 18 des Flughafens freigegeben und begann mit dem Sinkflug. Die Piloten hatten sich aufgrund ihrer Verspätung während des ganzen Fluges beeilt, hatten jede erlaubte Abkürzung benutzt und waren vor allen Dingen sehr schnell geflogen. Als die 727 in 10.000 ft in die 30 Meilen Kontrollzone des Flughafens Cincinnati einflog, bewegte man sich mit 325 Knoten vorwärts, statt der in den FAA-Vorschriften geforderten 250 Knoten. Die Piloten mußten jetzt schnell Höhe und Geschwindigkeit abbauen, um die normale Landegeschwindigkeit zu erreichen und die Landeklappen und die Fahrwerke ausfahren zu können. Die 727 näherte sich von Südwesten dem Flughafen und sank stetig von 10.000 ft auf 2.000 ft mit einer relativ hohen Sinkrate von 3.000 ft/Minute. Der angekündigte Gewittersturm war im Anzug und sandte als erste Vorboten leichten Regen, eine geschlossene Bewölkung in 4.000 ft und Wolkenfetzen bis in eine Höhe von 1.000 ft. Die Sicht lag noch bei 7 Meilen, sank aber zusehends ab. Die American Besatzung wollte die ausreichende Sicht nutzen, um einen Anflug von Süden her unter Sichtflugregeln zu machen. Das würde ihr eine zeitraubende Schleife nach Norden ersparen, die für eine Landung unter Instrumentenregeln notwendig war. Dieser „geführte Sichtanflug" wurde von der Anflugkontrolle in Cincinnati genehmigt.

Kurz nachdem die 727 um 18:50 Uhr/loc. die Wolkendecke in 4.000 ft durchbrochen hatte, übergab der

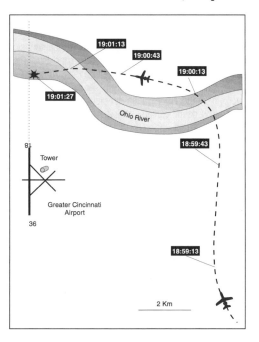

Flugweg von AA383 am 8. 11. 65

Anfluglotse sie an den Towerlotsen in Cincinnati, wo sich die Besatzung auch sofort meldete. Noch während der Checkpilot mit dem Tower sprach, kam durch die Regenschauer die Landebahn in Sicht. Der Pilot fing die Maschine in 2.000 ft ab und flog konstant in dieser Höhe ziemlich genau nach Norden im Gegenkurs die rechts von ihm liegende Landebahn 18 entlang.

Nachdem die Maschine den Flughafen passiert hatte, würde sie über dem Flußbett des Ohios eine 90° Kurve fliegen, dem Flußlauf folgen, bis die verlängerte Pistenachse der Landebahn 18 erreicht wäre. Dort würde die 727 auf den endgültigen Landekurs einschwenken.

Die Maschine war mit 250 Knoten immer noch sehr schnell und mußte im Geradeausflug stark abgebremst werden. Wegen der zu hohen Geschwindigkeit konnten die Landeklappen nur langsam ausgefahren werden, was die Landevorbereitungen im Cockpit stark durcheinander brachte. Um die Geschwindigkeit zu verringern, mußte der Schub reduziert werden und dabei die Maschine praktisch bei Leerlaufschub in konstant 2.000 ft gehalten werden. Der fliegende Pilot mußte so ständig mit den Schub- und Klappenhebeln die Flugleistung regulieren, die Landecheckliste durchführen und gleichzeitig die Lichter des Flughafens durch schwarze Regenschauer im Blick behalten. Das alles führte zu einer hohen Arbeitsbelastung für den fliegenden Piloten, der so immer seltener auf seinen Höhenmesser schaute. Dieser Höhenmesser war obendrein ein Modell der Firma Kollsman, das schon mehr als einmal zu Falschablesungen geführt hatte (siehe 12.09.1961).

Vor allen Dingen realisierte die Besatzung eine geographische Besonderheit des Flughafens Cincinnati nicht. Dieser Flughafen lag auf demselben Höhenniveau wie das Gelände, daß sie in diesem Moment überflog. Aber das Flußbett des riesigen Ohio Flusses hinter dem Flughafen hatte sich in Jahrmillionen immer tiefer in dieses Höhenniveau hineingefressen und lag jetzt gut 400 ft unterhalb des Flughafens.

Die Piloten und der Bordingenieur arbeiteten sich durch die Checklisten und versuchten, den Flughafen durch die zunehmende Dunkelheit im Blick zu behalten. Allen war klar, daß der Höhenmesser im Auge behalten werden mußte. Aber wegen der steigenden Arbeitsbelastung im Cockpit verließ sich jeder der Crew darauf, daß einer der beiden anderen Cockpitinsassen den Höhenmesser schon überwachen würde. Kurz vor Erreichen der ersten Kurve über dem Ohio begann es auch noch regnen, was die ohnehin schlechte Sicht noch zusätzlich verminderte.

Um 19:00:13 Uhr/loc. überflog die 727 in 953 ft das südliche Ufer des Ohios und begann wieder mit dem Sinkflug und der 90° Kurve. Die Maschine war immer noch zu schnell. Die Landeklappen waren erst auf 25°, die Fahrwerke noch in ihren Schächten und einige andere Punkte der Landecheckliste waren ebenfalls noch nicht erledigt. Der Towerlotse erkundigte sich sorgenvoll, ob die Besatzung den Flughafen noch sehen würde. Sie mußten ihre Hälse ziemlich verrenken, die rechts von ihnen hinter Regenvorhängen verschwindenden Landebahnlichter noch erkennen zu können. Sie sahen die Lichter gerade noch, aber ihre Höhenmesser lagen immer seltener in ihrer Blickrichtung.

Ungefähr um 19:01:13 Uhr/loc. sank die 727 unter das Niveau des Flughafens. Die Piloten flogen das Flußbett entlang und sahen statt der Landebahnlichter die an der Uferböschung ansteigenden Lichter der Stadt vor sich. Das gab ihnen die Illusion, noch auf genügender Höhe zu sein und den Flughafen noch zu sehen.

Die Maschine war auf 210 ft unterhalb des Flughafenniveaus abgesunken, als um 19:01:27 Uhr/loc. die rechte Tragfläche einige Bäume berührte, die an der nördlichen Uferböschung wuchsen. Die 727 pflügte eine 300 Meter lange Schneise durch die Bäume und stürzte dann zu Boden, wo sie sofort Feuer fing. Von den 62 Insassen an Bord überlebten nur vier schwerverletzt den Unfall, darunter ein dienstfreier American Pilot, der in der ersten Klasse gesessen hatte.

Eine Mischung aus zu hoher Arbeitsbelastung, Unerfahrenheit, gegenseitigem Vertrauen, schlechten Witterungsbedingungen und dem Layout des Höhenmessers führte zu einer Anhäufung von kleinen Fehlern, die zusammen eine Katastrophe auslösten. Sowohl die FAA wie American Airlines hatten in ihren Vorschriften sehr viele Sicherungen eingebaut, um eine derartige Situation zu verhindern. Keine dieser Vorkehrungen hatte eine ebenso erfahrene wie auch fliegerisch hochwertige Besatzung daran gehindert, eine voll funktionsfähige 727 in die Katastrophe zu fliegen.

Das NTSB merkte in seinem Bericht über den Unfall an, daß mit dem zunehmenden Einzug von Düsenflugzeugen in den Kurz- und Mittelstreckenbereichen des zivilen Luftverkehrs auch die Anforderungen an die Instrumentierung dieser Hochleistungsflugzeuge steigen müßten. Insbesondere sollten visuelle Systeme geschaffen werden, die die Piloten rechtzeitig vor dem Unterschreiten ihrer Sicherheitshöhen warnte.

Diese Aufforderung nahm die Industrie auf und entwickelte in den nächsten Jahren etliche Geräte, die solche Katastrophen wie in Cincinnati verhindern sollten. Das Layout der Höhenmesser wurde wieder einmal überarbeitet und ein optisches System namens VASIS (Visual Approach Slope Indication System) entwickelt. Die VASIS war ein System aus Lampen, die neben der Landebahn installiert und so ausgerichtet waren, daß sie den Piloten während des Endanfluges als optische Referenz bei ihrer Höhenmessung dienen konnten. Nach Installation dieses Systems nahm die Zahl der „Undershots" (zu kurz geratene Landeanflüge) in den USA deutlich ab.

11.11.65

Aeroflot   Tupolev 124
CCCP-45086   5351801

Kurz vor der Landebahnschwelle in **Murmansk/Kola/UdSSR**, bekam die Maschine Bodenberührung und wurde zerstört.

32 Insassen kamen ums Leben.

11.11.65

United AL   **Boeing 727-100**
N7030U   **18322**

Die 727 war das neueste Erzeugnis aus dem Hause Boeing und gehörte seinerzeit zu den wohl fortschrittlichsten Flugzeugen der westlichen Welt. So ließen auch die großen US-Airlines mit Bestellungen nicht lange auf sich warten. Eastern, American und United gehörten zu den Erstkunden dieser bei Passagieren und Piloten sehr beliebten Maschine. Doch das Image des Vorzeigeflugzeugs litt in den letzter Zeit unter zwei tragischen Abstürzen, bei denen insgesamt 88 Menschen ums Leben kamen (siehe: 15.08.65 / 08.11.65).

An diesem Abend befand sich die brandneue 727, die erst im April des Jahres an United AL ausgeliefert wurde, aus Denver kommend, im Landeanflug auf **Salt Lake City/UT/USA**. An Bord befanden sich 85 Passagiere, sowie die sechs Besatzungsmitglieder. Zuvor vereinbarten die beiden Piloten, daß der Copilot den Anflug und die Landung übernehmen sollte. Der Kommandant, der ihm dabei verbal assistierte, übernahm die Aufgaben des Copiloten. Man befand sich bereits auf dem Gleitpfad und die Klappen sowie das Fahrwerk fuhren aus. Die Lichter der Runway wurden langsam größer. Etwa vier Meilen vor dem Aufsetzpunkt bemerkte der Kommandant, daß sich die 727 etwas unterhalb des korrekten Anflugweges befand. Kommentarlos griff er zu den Triebwerkshebeln und schob sie ein Stück nach vorn, um den Schub zu erhöhen und die Sinkrate zu verlangsamen. Doch nun dachte der noch junge Copilot, daß der Kommandant die Maschine übernommen hatte und er war etwas irritiert. Die 1.000 ft-Marke wurde durchflogen und keiner der Piloten rief die abnehmenden Höhenwerte aus, wie es die Richtlinien der Fluggesellschaft gefordert hätten. Im Cockpit herrschte Konfusion darüber, wer nun für die Steuerung der Maschine verantwortlich war. Die Sinkrate vergrößerte sich von Sekunde zu Sekunde, ohne daß jemand eingriff. Erst als man schon kurz vor dem Erdboden war, reagierte der Kommandant und schob in Windeseile die drei Triebwerkshebel auf volle Leistung. Gleichzeitig zog er an seiner Steuersäule. Der Bug der 727 wies in den schwarzen Nachthimmel, während das Heck duchsackte und 110 Meter vor dem Anfang der Landebahn auf den Boden prallte.

Die Bodenberührung war so hart, daß sich das Hauptfahrwerk zur Seite bog und zusammenbrach. Dabei bohrten sich Fahrwerksteile in den Rumpf und beschädigten eine Treibstoffleitung. Das auslaufende Kerosin entzündete sich sofort. Brennend rutschte die Maschine schließlich auf die Landebahn und kam nach weiteren 100 Metern zum Stehen. Immer mehr auslaufendes Kerosin entzündete sich, bis der ganze Rumpf lichterloh in Flammen stand. Die anrückenden Einsatzkräfte der Feuerwehr taten ihr Bestes, konnten allerdings nicht verhindern, daß 43 Menschen im Innern des Flugzeugs nicht mehr lebend herauskamen.

An diesem Tag verlor United AL damit bereits ihre zweite 727 innerhalb von nur drei Monaten. Wie auch bei den beiden Unfällen zuvor, herrschte auch hier zum Unfallzeitpunkt Dunkelheit. Das Ansehen der 727 hatte Schaden genommen. Die Hauptschuld wurde zunächst auf den Kommandanten abgeladen, der in einer kritischen Situation nicht rechtzeitig eingegriffen und weiterhin versäumt habe, die Aufgabenverteilung im Cockpit klarzustellen. Zu seiner Verteidigung führte er an, daß die drei Turbinen nicht auf die veränderte Stellung der Triebwerkshebel ansprachen. Hierbei machte sich die geringe Erfahrung negativ bemerkbar, die die Piloten auf Düsenflugzeugen hatten. Propellermotoren reagieren praktisch ohne Zeitverzögerung auf die Leistungseingaben der Motorenhebel, während Strahlturbinen einige Sekunden brauchen, um vom Leerlauf auf Vollschub hochzulaufen. Diesen Umstand realisierte der Kommandant nicht, sondern flog die 727 so, als wäre sie ein Propellerflugzeug. United Airlines und Boeing bemühten sich redlich, den Unfall als alleinigen Pilotenfehler darzustellen. Dabei beschuldigten sie den Kommandanten, schon früher ein rechte „lockere" Einstellung zu Dienstvorschriften, Standardflugverfahren usw. gehabt zu haben. Erst Jahre später wurden auch die mangelhaften Begleitumstände zur Kenntnis genommen, denen die Piloten unterworfen waren. So wurde bekannt, daß die interne Umschulung der DC-6/DC-7 Propellerkommandanten auf das neue Flugzeugmuster 727 mehr als oberflächlich war. So wurden Propellerpiloten in die Position eines Düsenkommandanten gehoben, die noch nicht einmal 100 Flugstunden auf diesem Typ absolviert hatten. Auch maß United dem Notfalltraining nicht sonderlich viel Bedeutung bei. Diese internen Ausbildungsdefizite trugen dann auch nicht zuletzt zu den drei bisherigen Unglücken der Fluggesellschaft bei, bei denen 175 Menschenleben zu beklagen waren. Aber auch Boeing wurde nicht mit Kritik verschont. So stellten die Unglücksexperten einige Konstruktionsmängel an dem neuen Düsenjet fest. Die Kraftstoffleitungen verliefen beispielsweise dicht unterhalb des Bodens der Passagierkabine und waren aus Aluminium. Dieses Material ist zwar relativ gewichtsparend, weist jedoch kaum Festigkeit bei Verformungen auf. Bereits bei der ersten Bodenberührung verzog sich der gesamte Rumpf der Maschine und damit auch die Kerosinleitungen, die zu den drei Triebwerken im Heck führten. Die Aluminiumrohre gaben sofort nach und brachen an vielen Stellen auf. Direkt neben den Kerosinleitungen verliefen die Hauptstromkabel, die ebenfalls beschädigt wurden. Schließlich bohrten sich die beiden Fahrwerksbeine in den Rumpf und rissen zwei große Löcher in den darüberliegenden Treibstofftank. Das Kerosin konnte in großen Mengen auslaufen. Ein einzelner Funken genügte, um einen Feuerteppich zu legen.

Die Obduktionen der Todesopfer ergaben, daß viele nicht verbrannt waren, sondern durch giftige Gase der Kabineneinrichtung erstickten. Sitzbezüge, Teppichboden und Wandverkleidungen bestanden aus hochgiftigen Plastikverbindungen, die bei Verbrennung beißenden und ätzenden Qualm freisetzen. Nach diesem Unfall zogen die amerikanischen Luftfahrtbehörden und die Fluggesellschaften Konsequenzen:

○   Von nun an durften nur Piloten mit mehr als 100 Flugstunden und mindestens 35 Landungen die 727 als Copilot selbständig fliegen

- Der nicht-fliegende Pilot war ab nun verpflichtet, im Landeanflug die einzelnen Höhenwerte in regelmäßigen Abständen auszurufen
- Das Fahrwerk der 727 wurde dahingehend geändert, daß bei einer überharten Landung die Fahrwerksbeine nach hinten und nicht nach oben wegbrechen können
  Die Kerosinleitungen wurden nicht mehr aus reinem Aluminium, sondern aus stahlverstärktem Neopren gefertigt, das bei Belastung flexibel bleibt
- Die Hauptstromkabel wurden weiter von den Treibstoffleitungen entfernt in die Rumpfmitte verlegt

Die Umsetzung der Forderung nach weniger toxischen Inneneinrichtungen, die ebenfalls weniger leicht entflammbar waren, sollte jedoch noch lange Zeit dauern.

24.11.65
Trans Caribbean   **Douglas DC-8-54F**
N8784R   **45769**

Der Vierstrahler wurde auf dem Flughafen von **Miami/FL/USA** durch ein Feuer zerstört. Die Überreste des Jets wurden an die Charlotte Corp. zum Ausschlachten verkauft.

24.01.66
Air India   **Boeing 707-400**
VT-DMN   **18055**

Auf dem Linienkurs AI 101 von Bombay über Genf nach London verließ der Pilot der 707 vorzeitig seine normale Flughöhe von 9.000 Metern und begann einen verfrühten Sinkflug. Der Kommandant ging irrtümlich davon aus, daß man bereits den vorausliegenden Gipfel des **Mont Blanc/Frankreich** passiert hätte. Der Kommandant:
CPT: „I think, we're passing abeam Mont Blanc now."
Da sich die 707 aber noch vor dem Berg befand, wies ihn der zuständige Radarlotse auf diesen Fehler mit den Worten hin:
ATC: „Five miles to the Mont Blanc."
Diese unpräzise Mitteilung verstand der indische Pilot als eine Bestätigung seiner Positionsannahme. Tatsächlich lag der Berg aber noch einige Meilen vor ihnen. Es wurde nun der Sinkflug eingeleitet. Durch Schwankungen des atmosphärischen Drucks im Windschatten des Mont Blancs zeigte der Höhenmesser unkorrekte Werte an. Zudem geriet das Flugzeug auf der Lee-Seite des Berges in einen Hangabwind, der die Sinkrate um einiges höher als vorgesehen werden ließ. Durch die tiefliegende Sonne, die gerade im Rücken der Piloten aufging, konnten beide die schneebedeckte Flanke des Bergmassivs nicht von den umliegenden Wolken unterscheiden. Sie flogen in ein weißes „Nichts" (der sog. „White-out-Effekt"). Der ahnungslose Pilot flog direkt auf das Mont Blanc-Massiv zu und kollidierte in ca. 3.800 Metern, kurz unterhalb eines Gipfels mit einer Bergflanke.

Dabei wurde das Flugzeug total zerstört und alle 106 Passagiere sowie die 11 Besatzungsmitglieder fanden den schnellen Tod.
Geborgen wurden jedoch nur wenige der verstreuten Leichen, da das Absturzgebiet zu unwegsam war und andauernde Schneefälle ein Auffinden der Opfer unmöglich machte. Erst im Sommer 1992, also mehr als 26 Jahre danach, gab der Berg durch eine längere Warmwetterperiode die konservierten Überreste der verloren geglaubten Personen und auch Teile des dazugehörigen 707-Wracks frei. Durch einen Zufall wurden diese von einem vorbeifliegenden Hubschrauber entdeckt.

04.02.66
All Nippon AW   **Boeing 727-100**
JA8302   **18822**

Es wird wohl nie genau rekonstruiert werden können, was sich an Bord der Boeing im Anflug auf Tokio an diesem Tag ereignete. Es war kurz vor 19:00 Uhr/loc. als sich die mit 126 Passagieren und 7 Besatzungsmitgliedern vollbesetzte 727 dem Zielort näherte. Sie war für den Linienflug NH60 von Sapporo-Chitose auf der nördlichen Insel Hokkaido zum Haneda-Flughafen der Hauptstadt Tokio eingeteilt. Die erst seit März des vergangenen Jahres im Einsatz befindliche Maschine war der zweite ausgelieferte Düsenjet und der ganze Stolz der Gesellschaft. Bei Dunkelheit, Mondschein und leichter Bewölkung leitete man den Sinkflug ein und nahm kurz darauf Funkkontakt mit der Anflugkontrolle in Tokio auf. Die 727 wurde für einen Sichtanflug auf die Runway 33R freigegeben. Der Flughafen Haneda liegt am westlichen Ufer der **Tokio-Bucht/Japan** und seine Landebahnen 15/33 führen bis direkt an das Ufer heran. Alle Anflüge von Osten her finden somit über der Tokio-Bucht statt. Die Sicht war gut und die Piloten von Flug NH60 konnten schon von weitem die hellen Lichter der Bahnbefeuerung sehen. Kurz nach der Freigabe zum Endanflug, als die 727 eine Höhe von ca. 200 ft passierte, sah der Copilot einer Japan Air Lines-Maschine, die nach der 727 landen sollte, plötzlich einen hellen Feuerschein über der Bucht. Er meldete dies den Fluglotsen. Diese versuchten mehrfach, mit Flug NH60 Kontakt aufzunehmen, doch zu diesem Zeitpunkt war der Jet bereits auf der Wasseroberfläche zerschellt.
Die alarmierten Rettungseinheiten konnten niemand der 133 Insassen lebend aus den Überresten der Maschine befreien. Dies war bis dahin das schlimmste Flugzeugunglück überhaupt. Die Absturzstelle lag ca. 7,5 Meilen vor dem Bahnanfang der RWY 33R und einige hundert Meter seitlich versetzt zur verlängerten Pistenachse.
Experten stellten sich die Frage nach der Ursache, warum die 727 ohne Vorwarnung abgestürzt war. Die Untersuchung der Insassen sowie des Flugzeugwracks konnte keinen Anhaltspunkt für ein Feuer, eine Explosion oder einen technischen Defekt an Bord finden. Keines der Cockpitinstrumente wies eine Fehlfunktion auf.
Aus dem letzten Funkspruch, unmittelbar vor dem Absturz, ergab sich keinerlei Indiz auf ungewöhnliche Dinge an Bord. Bis heute konnte der ursächliche Absturzfaktor nicht ermittelt werden.

Jedoch war es bereits zuvor schon mehrfach bei nächtlichen Sichtanflügen zu Fehlinterpretationen, was Flughöhe und Fluglage angeht, gekommen. Möglicherweise durch optische Täuschungen, so einige der Experten, schätzten die Piloten ihre Entfernung zum Bahnanfang falsch ein und fingen, ohne ihre Flughöhe zu kontrollieren, die 727 im ständigen Sinkflug nicht früh genug ab.

15.02.66
Indian AL   **SE210 Caravelle 6N**
VT-DPP   **130**

Der Flug des abendlichen Linienkurses von Kalkutta zur indischen Hauptstadt Neu Delhi verlief in jeder Hinsicht normal. Ganz entschieden nicht normal war die Situation auf dem Zielflughafen **Neu Delhi-Palam/Indien**, denn dort bedeckte ganz plötzlich und unangekündigt ein dichter Bodennebel das Flugfeld. Zwei Feuerwehrleute wurden um 22:00 Uhr/loc. mit einem Jeep auf die Landebahn 28 geschickt, um dort die Sichtbedingungen zu erkunden. Diese stellten sich als derartig schlecht heraus, daß der Fahrer des Jeeps von der Landebahn abkam und über die Grasfläche rumpelte, weil er den Asphalt vor sich nicht mehr erkennen konnte.

Über Funk meldeten die beiden Feuerwehrleute ihrem Dispatcher eine Sichtweite von höchstens 400 ft. Warum der Dispatcher der Feuerwehr in seinem anschließenden Bericht den Towerlotsen nichts von den schlechten Sichtverhältnissen mitteilte, ist nicht bekannt.

So kam es, daß die beiden Feuerwehrleute wegen schlechter Sicht auf dem Flughafengelände herumirrten, während der Towerlotse um 22:10 Uhr/loc. der anfliegenden Caravelle noch eine Sichtweite von 12 Meilen meldete. Fünf Minuten später erkannten allerdings auch die Towerlotsen die aktuellen Sichtverhältnisse und meldeten eine Reduzierung der Sicht auf 6 Meilen. Der Flug aus Kalkutta wurde daraufhin für einen direkten ILS-Anflug auf die Landebahn 28 freigegeben.

Tagsüber sieht ein Pilot, der aus großer Höhe auf eine Bodennebelschicht zufliegt, zwar in den grauen Schleier des Nebels, aber unter dieser Schicht sieht er jedes Detail am Boden. Doch taucht er in die Bodennebelschicht ein, fällt seine Sicht binnen Sekunden auf praktisch Null. Dieses tückische optische Phänomen ist auch der Grund, weswegen Piloten die graue Bodennebelschicht, die sich über ein Flughafengelände zieht, mit einem Leichentuch vergleichen.

Als die indische Besatzung um 22:21 Uhr/loc. 10.000 ft passierte, sah sie die Lichter der Landebahn vor sich. In der Dunkelheit sah der Kommandant den grauen Schleier über dem Flughafen nicht. Die Lichter der Landebahnbefeuerung erschienen ihm diffus und unklar. Daher bat er die Towerlotsen, die Intensität der Landelichter zu verstärken. Doch die Lampen waren aber bereits voll aufgedreht, trotzdem brachte diese Bitte niemanden am Boden dazu, die anfliegende Besatzung über den Bodennebel aufzuklären.

So flog die Caravelle mit 73 Passagieren, den drei Flugbegleitern in der Kabine und einer gänzlich ahnungslosen Cockpitbesatzung auf die Bodennebelschicht zu.

Im Cockpit war man noch mit der Steuerung der Caravelle und der umfangreichen Landecheckliste beschäftigt. Daher fiel dem Kommandanten erst sehr spät ein, daß die Höhenmesser noch justiert werden mußten. Hektisch beugte er sich vor und stellte mit der kleinen Rändelschraube den aktuellen Luftdruckwert ein. Als er danach wieder aus dem Cockpitfenster schaute, tauchte die Maschine gerade in die Bodennebelschicht ein. Schlagartig verschwammen die Landebahnlichter vor ihm. Außerdem reflektierten die eingeschalteten Landelichter der Caravelle in dem grauen Nebel sehr stark. Diese Reflexionen hatten den Effekt eines Streichholzes, das vor den Augen der Piloten entzündet wird. Der Kommandant blinzelte und sah danach wieder die Landebahnbefeuerung vor sich, schwächer als vorher, dafür erschienen ihm aber die Lichter größer als erwartet. Diese größeren Lichter gaukelten ihm vor, sich in einer geringeren Höhe zu befinden, als man tatsächlich war. Sein in über zwanzig Jahren Flugerfahrung gewachsener Instinkt vertraute seinen Augen mehr als dem ILS-Gerät. Noch vor Erreichen des „Middle Markers" brach er in ca. 600 ft den ILS-geführten Anflug ab und drückte die Caravelle unter den Gleitpfad.

Daß seine Instinkte ihn betrogen hatten, bemerkte der Kommandant erst, als das Heck der Maschine mit dem Flughafenzaun kollidierte. Als er den lauten Knall hörte, riß er den Steuerknüppel wieder zu sich heran, aber da pflügte das Heck mit den Triebwerken schon durch die Masten der Anflugbefeuerung. Noch während die Piloten verzweifelt versuchten, die schleudernde Maschine wieder unter Kontrolle zu bekommen, brachen wegen durchtrennter Treibstoffleitungen im Heck die ersten Feuer aus.

300 Meter hinter dem letzten Lichtmast krachte die Maschine zu Boden und schlitterte noch etliche hundert Meter die Überrollfläche und die Landebahn hinunter, bis sie endlich zum Stehen kam. Das Fahrwerk war zusammengebrochen und etliche Teile der Tragflächen und des Leitwerks waren während der Höllenfahrt durch die Lichtmasten verloren gegangen.

Noch während die Caravelle über die Bahn schlitterte, flog ein Wort durch die Passagierkabine, das Sekunden nach dem Stillstand der Maschine auch aus den Kabinenlautsprechern herausscholl: „FEUER". Als die beiden vorderen Türen aufflogen, brannte bereits der gesamte Heckbereich. Die Piloten versuchten im Cockpit das Feuer einzudämmen, indem sie die Treibstoffversorgung in das Heck unterbrachen und die Feuerlöscher auslösten. Doch das Feuer griff bereits auf die Kabine über, wo die Besatzung verzweifelt bemüht war, die Passagiere in Sicherheit zu bringen.

Wegen der schnellen und professionellen Reaktion der gesamten Besatzung gelang es innerhalb von kurzer Zeit, alle Insassen aus der Maschine zu evakuieren. Als die Feuerwehr endlich am Unglücksort eintraf, war die erst drei Jahre alte Caravelle bereits eine lodernde Feuersäule.

Von den sieben Besatzungsmitgliedern und 73 Passagieren erlitten zehn leichte und sechs schwere Verletzungen. Zwei der evakuierten Passagiere erlagen einige Tage später im Krankenhaus ihren Brandverletzungen.

Die indischen Untersuchungsbehörden fanden heraus, daß weder der Kommandant noch sein Copilot im Besitz von vollständigen Fluglizenzen waren, die sie dazu berechtigten, eine Caravelle zu fliegen. Beide waren zwar seit über zwanzig Jahren Piloten und hatten auf allen in Indien gängigen großen Passagierflugzeugen jeweils ungefähr 15.000 Flugstunden gesammelt.

Auf der Caravelle hatte der Kommandant 450 und der Copilot 200 Flugstunden absolviert, was beide zu recht erfahrenen Jetpiloten machte. Aber niemand hatte die beiden jemals auf ihre Fähigkeiten als Caravelle-Piloten geprüft. Sie hatten zwar ihre gesetzlich geforderten halbjährlichen Prüfungen abgelegt, aber immer auf der DC-3 oder der Vickers Viscount, nie auf der Caravelle. Hätte man diese Prüfung durchgeführt, wäre wohl aufgefallen, daß insbesondere der Kommandant große Schwierigkeiten bei Landeanflügen mit der Caravelle unter Instrumentenflugbedingungen (IFR) hatte.

Diese Schwierigkeiten werden verständlich, wenn man bedenkt, daß es bei der Indian Airlines keine allgemeingültige Prozedur für Landungen mit einer Caravelle unter IFR-Bedingungen gab. Eine solche Prozedur zu entwickeln und mit ihren Piloten zu trainieren, wurde von indischen Behörden dringend angemahnt.

04.03.66
CP Air   **Douglas DC-8-43**
CF-CPK   **45761**

Es befanden sich 62 Passagiere und die zehn Mitglieder der Besatzung an Bord der DC-8, die von Hong Kong nach Tokio und von dort dann weiter nach Vancouver fliegen sollte. Die erst vergangenen Oktober ausgelieferte Maschine mit dem Namen „Empress of Edmonton" startete in Hong Kong um 15:14 Uhr/loc. und flog dann über Kaoshima in Richtung Japanisches Meer. Zu dieser Zeit holten sich die Piloten den neuesten Wetterbericht aus **Tokio-Haneda International AP**. Dieser besagte nichts Gutes. Ein ausgedehntes Tiefdruckgebiet bewegte sich nur langsam über die japanischen Inseln. Zusätzlich lag eine Warmfront über dem japanischen Meer, deren Ausläufer auch die Bucht von Tokio streiften. Diese brachten leichten Regen und Nebel mit sich, die die Sichtweite auf dem Flughafen unter eine halbe Meile sinken ließ. Die anfliegenden Flugzeuge wurden auf die geringe Sichtweite hingewiesen und wichen auf Alternativ-Flughäfen aus.

Die „Empress of Edmonton" meldete sich kurz nach 19:00 Uhr/loc. bei der Anflugkontrolle von Tokio und befand sich währenddessen im Sinkflug aus 25.000 ft. Nach der neuesten Wettermeldung entschloß man sich an Bord dazu, über Kisarazu NDB ein Holding-Verfahren einzuleiten und auf bessere Sichtverhältnisse zu warten. In 14.000 ft Höhe kreiste man so für 38 Minuten, bis man um 19:42 Uhr/loc. der Flugkontrolle mitteilte, daß wenn sich innerhalb von 15 Minuten keine Wetterbesserung einstellen würde, der Ausweichflughafen Taipeh/Taiwan angeflogen werden müsse. Um 19:52 Uhr/loc. meldete sich der Controller bei Flug 402 mit dem Hinweis, daß sich die Horizontalsicht auf der Landebahn 33R auf 2.400 ft (1.300 Meter) verbessert hätte. Die Crew entschied sich, einen Landeversuch zu unternehmen, und sank im Holding auf die Anflughöhe von 3.000 ft.

Just zu dieser Zeit veränderten sich die Sichtweiten allerdings wieder ins Negative, und der begonnene Anflug mußte abgebrochen werden. Die DC-8 ging wieder in den Steigflug und kurvte in Richtung Taipei. Doch nur wenige Minuten später, um 20:05 Uhr/loc. war die Sicht auf der Bahn 33R wieder auf 1.600 Meter gestiegen. Ohne zu zögern wurde abermals kehrt gemacht und CPA 402 sank wieder auf Anflughöhe für einen erneuten Anflug. In der Dunkelheit (es war 20:11 Uhr/loc.) wurde ein vom Boden kontrolliertes Anflugverfahren (GCA-Approach) auf die Bahn 33R eingeleitet unter der Höhenüberwachung der Crew durch die ILS-Anzeige.

Der Anflug führte die DC-8 über die Bucht von Tokio bis zum Aufsetzen auf dem direkt am Wasser gelegenen Flughafen Haneda.

Ohne die geringste Außensicht „tasteten" sich die Piloten auf dem Leitstrahl des ILS zum Bahnanfang hinab. Im Cockpit herrschte angespannte Betriebsamkeit, da den Piloten permanent neue Kurs- und Höhenkorrekturen mitgeteilt wurden, um auf dem optimalen Anflugweg zu bleiben. Der Kommandant hatte es eilig, auf den Boden zu kommen, da sich jederzeit die Sichtverhältnisse wieder ändern konnten. Zum anderen war man bereits etliche Stunden in der Luft, und der Treibstoffpegel sank immer mehr. Bei einem erneuten Anflugabbruch hätte man kaum noch bis Taipeh fliegen können, also setzte man alles daran, in Tokio zu landen. Mit einem leichten Rückenwind von fünf Knoten näherte sich CPA 402 dem Flughafen. Bei einer Entfernung von ca. 3 Meilen geriet die „Empress of Edmonton" etwas unter den Anflugweg. Der Anfluglotse wies die Piloten darauf hin.

ATC: „....dropping low to five feet,..ten feet low, turn left three three zero..."

Ohne Zögern verlangsamte der fliegende Kommandant den Sinkflug und befand sich Augenblicke später wieder auf optimalem Anflugkurs. Gespannt blickten beide Piloten nach vorn und versuchten die hellen Lichter der Anflugbefeuerung aus dem Dunkeln wahrzunehmen, die jeden Moment auftauchen konnten. Die Konzentration verlagerte sich zusehends von den Instrumenten nach draußen. Eine Meile vor dem Flughafen geriet man demzufolge wieder unter den Gleitpfad. Dem Lotsen blieb dies nicht verborgen, und er wies CPA 402 auf die zu geringe Höhe hin:

ATC: „....dropping low, ten to fifteen, twenty feet low,...., level off, momentarily...precision miniumum, level off, twenty feet low."

Es war genau 20:14 Uhr/loc., als im Cockpit die ersten Lichter der Anflugbefeuerung durchschimmerten. Die auf höchster Stufe eingestellten Lichter blendeten die Piloten, die sich nochmals meldeten:

COP: „Eh, Tower... would you turn your la...ah...runway lights down?"

ATC: „Roger"

Dies war gleichzeitig das letzte Signal von Flug 402. Die DC-8 löste sich etwas aus der Nebelwand, und der Kommandant hatte für einen Moment Bodensicht. Doch dann flog man wieder durch eine tieferliegende Nebelwand, und die Lichter am Boden waren wieder verschwunden. Im festen Glauben, nach Sicht weiterfliegen zu können, drückte der erfahrene Kommandant sein Flugzeug nach unten, um wieder Sichtkontakt mit der Bahnbefeuerung zu bekommen. Dabei erhöhte er die Sinkrate noch einmal ein wenig. Doch dies sollte sein Verhängnis werden. Den Piloten war nicht bewußt, daß durch den Nebel die Lichter der Anflugbefeuerung weiter entfernt schienen, als es tatsächlich der Fall war. So wog sich der pilotierende Kommandant in Sicherheit und glaubte, daß man noch genügend Höhenreserven hatte, um noch tiefer zu gehen. Ein fataler Irrtum.

Mit einer Geschwindigkeit von ca. 125 Knoten sank die DC-8 wieder aus dem Nebel, doch man war viel zu tief, um noch abgefangen werden zu können. Um 20:14:49 Uhr/loc. berührten die Räder des Hauptfahrwerks bereits die Lampen auf den Anflugmasten. Entsetzt gab der Kommandant Vollschub und wollte wieder Höhe gewinnen, doch es war bereits zu spät.

Das Flugzeug kollidierte mit immer mehr Masten und prallte schließlich mit dem vorderen Rumpf gegen die Mauer des Umfassungsdeichs des Flughafens. Dabei überschlug es sich, zerfiel im mehrere Teile und blieb brennend auf dem Rücken liegen.

Nur 6 der 72 Insassen überlebten das anschließende Inferno.

Nachfolgende Untersuchungen kamen zu dem einhelligen Schluß, daß der auslösende Faktor dieses Unglücks die Tatsache war, daß sich der Kommandant zu einer Landung entschloß. Wegen der schlechten Sichtbedingungen hatten an diesem Abend alle anderen Flugzeuge, die in Haneda landen sollten, ihren Anflug abgebrochen und waren zu Ausweichflughäfen geflogen. Die kanadische DC-8 war die einzige Maschine, die eine Landung riskieren wollte.

05.03.66
BOAC   **Boeing 707-400**
G-APFE   **17706**

In der Nacht vom 4. auf den 5. März 1965 zog eine Kaltfront über Japan und verharrte östlich über dem Japanischen Meer. Ihr stand ein Hoch über dem asiatischen Festland und Japan gegenüber. Das führte dazu, daß am folgenden Tag über dem japanischen Festland ein stark böiger Nordwestwind blies. Insbesondere im Umkreis um Japans heiligen Berg, den ca. 70 Kilometer südwestlich von Tokio gelegenen Fujijama, berichteten abfliegende Besatzungen von teilweise „schweren und heftigen" Turbulenzen.

Vom Flughafen Tokio Haneda aus konnte man aber an diesem Mittag Japans heiligen Berg, den **Fujijama/Japan** gut sehen. Die Piloten der britischen 707 achteten aber wohl eher auf das Wrack der am Abend vorher abgestürzten Canadian Pacific DC-8, an dem sie auf dem Weg zur Startbahn vorbeirollten. Um 13:58 Uhr/loc. erreichten sie die Runway 33L und begannen mit dem Start zur letzten Etappe des Linienkurses 911 San Francisco-Honolulu-Tokio-Hong Kong. Nachdem sich die 707 vom Asphalt gelöst hatte, drehte sie nach Süd-Westen und überflog Tokio und Yokohama und bat dann darum, nach Sichtflugregeln fliegen zu dürfen, was die Lotsen genehmigten. Die Besatzung wollte etwas von ihrem normalen Weg abweichen, um den Fluggästen Gelegenheit zu geben, den Mt. Fujijama zu fotografieren. An Bord war unter anderem eine aus 75 Angehörigen einer Firma bestehende Reisegruppe, die diesen Flug statt ihres Gehalts bekommen hatten.

Die Boeing hatte gerade in einer Höhe von 14.700 ft die Stadt Gotemba überflogen und kam mit einer Geschwindigkeit von 335 kts. aus der windabgewandten Seite des Berges heraus, als sie von einer schweren Turbulenz gepackt wurde. Der starke Nordwestwind strich über den Gipfel des Berges, um dahinter abzufallen und dabei einen extrem starken Fallwind zu erzeugen, welcher die Boeing jetzt erfaßte und ruckartig nach unten schleuderte. Die Tragflächen waren dabei einer Belastung von 6,4 g (6,4 fache Erdbeschleunigung) ausgesetzt. Diesen Belastungen war nicht gewachsen, weswegen zuerst die rechte Tragflächenspitze wegbrach, gefolgt von den Triebwerkspylonen und Teilen der Seitenruder. Sekundenbruchteile später zerbrach der gesamte Rumpf und stürzte - weißen Rauch hinter sich herziehend - der Erde entgegen.

Keiner der 124 Insassen in der Maschine, 113 Passagiere und 11 Besatzungsmitglieder, überlebte den Aufschlag in der Nähe des Dorfes Takahiga.

Die sechs Jahre alte Boeing brach so schnell auseinander, daß die Piloten keinen Notruf mehr absetzen konnten. Japan war geschockt, denn das war der zweite Unfall innerhalb von 24 Stunden und der dritte in diesem Jahr.

03.06.66
De Havilland   **HS121 Trident 1C**
G-ARPY   **2126**

Nachmittags hob die Trident vom Werksflugplatz Hatfield nördlich von London ab, um einige Tests für die fällige Musterzulassung des Dreistrahlers zu absolvieren. Die vierköpfige Testcrew stieg auf ca. 10.000 ft und begann mit den Flugmanövern, die als Test der Überziehungseigenschaften des neuen Produkts der britischen Luftfahrtindustrie dienen sollten.

Insbesondere sollten bei dieser Testreihe das Verhalten der „Stickshaker" und des „Stall-recovery-system" (=SRS) überprüft werden. Der „Stickshaker" warnt die Piloten vor einem eintretenden Überziehungszustand, indem er die Steuersäulen ruckartig hin- und herbewegt. Das „Stall-Recovery-System" versucht, eine beginnende Überziehung der Maschine zu überwinden, indem es die Vorflügelklappen (in diesem Fall die ältere Version von ihnen, die sogenannten „Droops") ausfährt, die Nase der Maschine senkt und den Schub erhöht.

Um 18:30 Uhr/loc. waren der Großteil der Tests beendet, und der Bordingenieur vermerkte in seinem Logbuch, daß die „Stickshaker" bei einer Geschwindigkeit von 102 Knoten und das SRS bei 93 Knoten ansprachen. Beim vierten und letzten Testabschnitt sollte das Verhalten der Trident überprüft werden, wenn alle diese Hilfen abgeschaltet sind. In 11.600 ft wurde das Fahrwerk ausgefahren, die Landeklappen aber eingefahren. Man wollte einen Überziehungszustand im Endanflug simulieren und verringerte planmäßig die Geschwindigkeit. Den „Stickshaker" und das SRS hatte man weisungsgemäß abgeschaltet. Um 18.34 Uhr/loc. meldete der Pilot über Funk, daß: *„wir hier einen Super-Stall haben"*. Die Geschwindigkeit war inzwischen unter 90 Knoten gesunken und das Heck sackte immer mehr durch. Die Piloten wollten wahrscheinlich noch einige Sekunden warten und schauen, wie sich die Situation entwickelte. Doch da war es schon zu spät: Das durchgesackte Heck erzeugte einen großen Anstellwinkel an den Tragflächen, welcher den Luftstrom zu den drei Hecktriebwerken und den auf dem Leitwerk befindlichen Höhenrudern „verdeckte". Dadurch kam es erst zu einem Leistungsabfall in den Triebwerken (insbesondere in den beiden Äußeren) und dann zu einem Abriß der Luftströmung an den Höhenrudern. Dadurch wurden die Höhenruder praktisch wirkungslos und die Trident nicht mehr steuerbar. Die Nase bäumte sich um ca. 40° auf, dann kippte die Maschine über die linke Tragfläche ab. Die Piloten gaben im Mitteltriebwerk noch Vollschub und fuhren die Vorflügel aus, aber die Trident war schon verloren. In einer immer enger werdenden Spirale trudelte sie der Erde entgegen, wo sie 18.36 Uhr/loc. in der nähe der Ortschaft **Felthorpe/Großbritannien** auf einem Feld zerschellte.

Die vier Besatzungsmitglieder starben bei dem Aufschlag.

Trotz des Absturzes in der Testphase wurde bei de Havilland an dem Projekt „Trident" festgehalten, welche sich aber als Konkurrent der Boeing 727 nicht endgültig durchsetzen konnte. Die Regeln für Testflüge in Großbritannien wurden verschärft

30.06.66
Kuwait AW   **HS121 Trident 1E**
9K-ACG   **2118**

Nur 27 Tage nach dem Absturz der „ARPY" verunglückte eine weitere Maschine dieses neuartigen Typs (siehe 03.06.66).

72 Passagiere und die elfköpfige Crew befanden sich an Bord der Trident, die zum Abendflug KU32 von Beirut nach Kuwait-City unterwegs war. Gegen 22:30 Uhr/loc. begann man an Bord mit dem Abstieg zum Zielflughafen. Die Sicht war gut und KU32 wurde für einen Sichtanflug freigegeben. Der Autopilot wurde in einer Höhe von 1.500 ft ausgeschaltet und der Anflug per Hand fortgesetzt. Der Kommandant, der die Maschine flog, sorgte sich im Anflug etwas über die zu geringe Triebwerksleistung und bat mehrmals den Copiloten, den Schub zu erhöhen. Offenbar konzentrierte er sich in dieser Phase nicht mehr auf die Einhaltung der Anflughöhe, und mit erhöhter Sinkgeschwindigkeit (1.350 ft/min) kam man dem Boden sehr rasch näher. Der Copilot, der gerade die Anflugcheckliste abhakte, warf einen Blick aus dem Fenster und machte den Kommandanten auf die geringe Höhe aufmerksam. Doch es war bereits zu spät. Trotz voller Triebwerksleistung konnte der Sinkflug nicht mehr unterbunden werden; und KU32 berührte ca. 4 Meilen außerhalb des Flughafens in **Kuwait City/Kuwait** den weichen Wüstensand.

Durch den Aufprall wurde das gesamte Fahrwerk abgerissen; auf dem Rumpf schlitterte die Trident ungefähr 450 Meter weit, bevor der weitgehend intakt gebliebene Rumpf zum Stillstand kam. Von den 83 Insassen wurden hierbei lediglich 11 verletzt. Rettungsteams trafen jedoch erst nach über einer Stunde am Absturzort ein. Die erst am 27. Mai ausgelieferte Maschine wurde nicht mehr repariert.

04.07.66
Air New Zealand   **Douglas DC-8-52**
ZK-NZB   **45751**

An diesem Nachmittag wurde die DC-8 zu einem routinemäßigen Trainingsflug auf dem Flughafen **Auckland Int'l AP/Neuseeland** bereitgestellt. Ein erfahrener Checkpilot und ein junger Copilot übernahmen zuerst das Steuer, während der Bordingenieur und zwei weitere Piloten im hinteren Teil des Cockpits Platz nahmen. Die Turbinen wurden gestartet, und die DC-8 rollte zur Startbahn 23, um mit dem Trainingsprogramm zu beginnen. Die DC-8 machte ein normales „line up" und ließ die Triebwerke hochlaufen, als um 15.59 Uhr/loc. die Bremsen gelöst wurden und der Jet mit Vollschub die Bahn hinunter beschleunigte. Die Entscheidungsgeschwindigkeit „V_1" wurde nach 14 Sekunden erreicht. Sekundenbruchteile später riß der Checkpilot den Schubhebel des Triebwerkes Nr. 4 (rechts-außen) herunter, um einen Triebwerksausfall in der Startphase zu simulieren. Die Kraft des Herunterreißens ließ den Hebel nicht nur auf den Anschlag knallen, dadurch wurde auch der auf dem Schubhebel sitzende Umkehrschubhebel entriegelt. Damit wurden im Triebwerk Nr.4 die Klappen für den Umkehrschub ausgefahren. Das Triebwerk brauchte einige Sekunden, um von Vollschub auf Leerlauf herunterzufahren. Deswegen zog die DC-8 langsam aber sicher immer stärker nach rechts. Der am Steuer befindliche Copilot trat in das Seitenruder, um den Rechtsdrall auszugleichen. Dadurch war er leicht abgelenkt, als die Maschine 3 Sekunden später bei 118 Knoten plangemäß rotierte. Das fiel etwas „abrupt" aus und die DC-8 stellte sich in einem hohen Anstellwinkel auf. Mit dem Heck kurz über dem Asphalt raste man 2 Sekunden mit 124 Knoten über die Bahn. Da das Triebwerk Nr.4 immer mehr an Kraft verlor und wegen des hohen Anstellwinkels beschleunigte die Maschine nicht mehr und konnte noch nicht abheben. Von den auf Vollschub laufenden verbleibenden drei Triebwerken mit immer mehr Rollmoment versehen, senkte die rechte Tragfläche sich immer weiter Richtung Erdboden. 23 Sekunden nach dem Lösen der Bremsen konnte der Copilot die in ihrer instabilen Lage befindliche Maschine nicht mehr halten. Obwohl der Checkpilot und der Copilot mit aller Kraft gegenlenkten, hob das linke Hauptfahrwerk leicht ab, während die rechte Tragflächenspitze den Boden berührte. Die DC-8 wurde um ihre Hochachse gerissen und machte eine halbe Drehung um sich selbst. Leicht nach vorn geneigt schlug das Bugfahrwerk wieder auf die Piste und brach weg. Sekundenbruchteile später schlug der Rumpf auf und brach auseinander. Das Cockpit löste sich vom Rumpf und schlitterte mit fünf entsetzten Insassen über die Bahn, um dann 30 Meter neben der Bahn zum Stehen zu kommen. Der restliche Rumpf fing Feuer und brannte aus.

Das etwas ruckartige Zurückziehen des Schubhebels kostete den Checkpiloten und den Bordingenieur das Leben. Der Copilot und die beiden anderen Cockpitinsassen konnten schwerverletzt aus dem Wrack geborgen werden. Die Behörden empfahlen nach diesem schweren Unfall, die Schubhebel mit einer mechanischen Sperre gegen das ungewollte „Abrutschen" in den Umkehrschub zu versehen. Das sollte aber Piloten nicht daran hindern, die Schubhebel - wie alle Teile im Flugzeug - mit Gefühl zu bedienen.

13.07.66
Aeroflot   **Tupolev 124**
CCCP-45017   **2350602**

Bei der Landung in **Minsk/Weißrußland/UdSSR** schoß der Zweistrahler bei Regen über das Bahnende hinaus und wurde irreparabel beschädigt.

07.08.66
Braniff Int'l   **BAC 1-11-200**
N1553   **70**

Der abendliche Braniff Linienkurs BI 250 begann in New Orleans und führte die gerade neu ausgelieferte BAC-1-11 quer durch den mittleren Westen der USA. Nach Zwischenlandungen in Shreveport, Fort Smith, Tulsa, Kansas City und Omaha sollte der Kurs spätabends in Minneapolis/Minnesota enden. Die Maschine hob um 18.35 Uhr/loc. in New Orleans ab und absolvierte ohne Zwischenfall die geplanten Zwischenlandungen bis sie später am Abend in Kansas City landete. Im Wetterbüro klärte man den Kommandanten über die Existenz eines äußerst großen und gefährlichen Tiefdruckgebiets direkt auf seiner Flugroute auf. Eine extensive Kaltfront lag zwischen den Bundesstaaten Kansas und Nebraska und bewegte sich in Richtung Südwesten. Innerhalb dieser Front hatten sich Gewitterstürme mit Hagel und Windböen mit bis zu 70 Knoten und starken Turbulenzen gebildet. Bei diesen sogenannten „Frontgewittern" reiht sich eine Gewitterzelle an die nächste, wobei Piloten nur hoffen können, an einer Nahtstelle zwischen den einzelnen Gewitterzellen „durchschlüpfen" zu können.

Als der Kommandant zu seinem Flugzeug zurückging, traf er einige andere Braniff-Piloten, die gerade aus Chicago angekommen waren. Sie hatten das Schlechtwettergebiet durchflogen und erzählten dem Kommandanten von einer „soliden Linie aus sehr intensiven Gewitterstürmen mit vielen Blitzen und praktisch keiner offensichtlichen Lücke. „Diese Front," so sagte der Kommandant des Chicagofluges, „wäre das gemeinste, was er seit langem auf diesem Gebiet gesehen hatte." Er riet seinem Kollegen, sich nicht auf das Bild seines Wetterradars zu verlassen, das würde die Wetterlage nicht realistisch darstellen, so sagte er. Mit diesen nicht optimistisch klingenden Informationen ausgerüstet, ging der Kommandant an Bord seiner BAC und machte diese für den Start bereit.

Als der Flug BI 250 mit 38 Passagieren und vier Besatzungsmitgliedern an Bord um 22:55 Uhr/loc. von der Startbahn in Kansas City abhob, erstreckte sich über ihnen der klare, mit Millionen Sternen übersäte Nachthimmel. Doch als die BAC auf ihre einstweilen zugewiesene Höhe von 5.000 ft stieg, sahen die Piloten die Frontgewitter aus dem Norden auf sich zukommen. Waren die Berichte der Männer im Wetterbüro und der Braniffkollegen schon beunruhigend gewesen, so war das, was die beiden Piloten jetzt vor sich sahen, erschreckend: Die gigantische Gewitterfront zog sich über den gesamten Horizont und wurde immer wieder von Blitzen durchzogen. Die Wolken türmten sich so hoch auf, daß ein Überfliegen der Front nicht in Frage kam.

Doch die beiden Piloten, die dieses Naturschauspiel beobachteten, hatten ihre gesamte Pilotenzeit im mittleren Westen verbracht. Beide hatten 20.000 bzw. 10.000 Flugstunden gesammelt und dabei schon so manche extreme Wettererscheinung gemeistert, die dieses unendlich weite Land für Piloten bereithält. Es stellte sich für die Piloten also nicht die Frage „Fliegen wir da durch?", sondern nur „Wie kommen wir da durch?".

Zuerst wurde beratschlagt, auf welcher Höhe die Front durchflogen werden sollte: Wenn man die Front nicht um- oder überfliegen konnte, wollte man wenigstens versu-

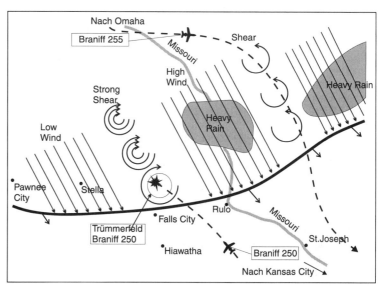

Der Unglücksflug der Braniff BAC 1-11 (Flug BI 250) in die tödliche Gewitterfront bei Falls City am 7.08.1966

chen, die ärgsten Turbulenzen in 5.000 ft zu unterfliegen. Als nächstes wurde auf dem Wetterradar eine Lücke zwischen den Gewitterzellen in der Front gesucht. Dazu wurde auch die Meinung des zuständigen Streckenlotsen in Chicago und eines anderen Braniffluges eingeholt, der als Linienkurs 255 gerade in Omaha gestartet war und dem Flug 250 entgegenkam. Zusammen identifizierte man eine ausgeprägte Gewitterzelle genau im Flugweg der beiden Maschinen. An Bord von Flug 250 sah man auf dem Wetterradar westlich dieser Zelle eine Lücke in der Front und beschloß dort durchzustoßen. Sie baten um 23.04 Uhr/loc. den Streckenlotsen um die Erlaubnis, nach links schwenken zu dürfen. Der meldete sich zwei Minuten später wieder und gab Flug 250 für das Ausweichmanöver frei. Er berichtete davon, *„daß es eine solide Linie von Gewitterstürmen gab, die von Pawnee City bis nach Des Moines reichte."* Im Cockpit von Flug 250 wurde die Diskussion zwischen den Piloten über ein Ausweichen zu dem knapp 60 Kilometer entfernten Pawnee City gerade wieder aufgenommen, als sich ihr Kollege von Flug 255 wieder meldete: Obwohl er ein Ausweichmanöver nach Osten geflogen und damit der Gewitterzelle ausgewichen war, wurde er gerade in 10.000 ft „kräftig durchgeschüttelt". Seinem Wetterradar zufolge, so der Pilot, hatte er jetzt noch ungefähr 18 Kilometer Schlechtwettergebiet vor sich. Der Kommandant von Flug 250 bedankte sich für die Information und diskutierte danach mit seinem Copiloten weiter. Der Copilot hielt ein starkes Ausweichen nach Westen für besser, aber der Kommandant wollte weiter Richtung Norden fliegen und die Front da durchbrechen, wo er eine Lücke vermutete.

Die Besatzung des Braniffluges 250 wußte, daß sie in ein Schlechtwettergebiet mit starken Turbulenzen einflog. Doch die Turbulenzen, auf die die BAC-1-11 jetzt zuflog, befanden sich in der Spitze der Front, enthielten wenig Feuchtigkeit und waren deshalb auf dem Wetterradar der Maschine nicht zu erkennen.

Zeugen am Boden sahen die Braniffmaschine als kleinen blinkenden Lichtpunkt, der auf die Gewitterfront in 5.000 ft zuflog und dann in den brodelnden Wolkenmassen verschwand. Sekunden später sahen sie einen Feuerball in den Wolken. Danach kam der brennende Rumpf der Maschine zum Vorschein, der in einer immer enger werdenden Spirale aus den Wolken heraustaumelte und Sekunden später in der Nähe der Kleinstadt **Falls City/NE/USA** am Boden aufschlug und explodierte. Alle 42 Insassen an Bord starben bei dem Aufschlag und dem anschließenden Feuer. Zwei weitere große Teile der britischen Maschine, die rechte Tragfläche und ein großes Teil der Hecksektion, folgten später und schlugen einige Kilometer westlich vom Hauptwrack auf.

Zuerst führte man diesen Absturz auf das Zusammenspiel zwischen einer Turbulenz und einem Konstruktionsfehler an der BAC-1-11 oder mangelhafter Wartung von Braniff zurück. Die amerikanischen Flugzeughersteller sahen den britischen „Eindringling" auf ihrer „Spielwiese" nicht besonders gern und wurden nach diesem Absturz nicht müde, an die Serie von Comet-Abstürzen in den fünfziger Jahren und den Absturz zweier Prototypen der BAC-1-11 (siehe 22.10.63; 18.03.64) zu erinnern. Die britische Herstellerfirma konterte, indem sie den renommierten Meteorologen Dr. Fujita das Unglück in allen Einzelheiten rekonstruieren ließen. Nach monatelanger Arbeit legte er das Ergebnis seiner Arbeit vor, welches mit dem der amerikanischen Untersuchungsbehörde voll übereinstimmte. Demnach war die BAC-1-11 kurz nach dem Einfliegen in die Gewitterfront von einer mächtigen Turbulenz getroffen worden, die alle Belastungsgrenzen der BAC übertroffen hatte.

Die Gewitterfront über dem mittleren Westen bewegte sich mit gut 60 Kilometern pro Stunde über das Land und schob dabei kalte Luftmassen vor sich her. Diese kalte Luft schob sich unter die unbeweglich über dem Erdboden liegenden warmen Luftmassen. Dabei kann es passieren, daß ein starker Höhenwind den oberen Teil der Kaltluftmassen weiter vorwärtsdrängt als den unteren Teil nahe des Erdbodens. Innerhalb dieses „Überhangs" wird vom Erdboden erwärmte Luft eingeschlossen. Die unter diesem Überhang eingeschlossene warme Luft am Erdboden steigt auf, wobei Teile des kalten Überhangs mit nach oben getragen werden. Zusammen mit der Vorwärtsbewegung der Gewitterfront wird dadurch ein starker rollenförmiger Luftwirbel erzeugt, der um so ausgeprägter wird, je größer der Temperaturunterschied zwischen der warmen Luft am Erdboden und den kalten Luftmassen vor der Front ist. Dieses Gebiet aus Luftwirbeln vor der eigentlichen Gewitterfront wirkt wie eine Walze und kann heftigere Turbulenzen aufweisen, als die Gewitterzellen selbst. Wenn diese Turbulenzen „trocken", d.h. keinen Regen oder kondensiertes Wasser enthalten, sind sie für das Wetterradar an Bord von Flugzeugen nicht lokalisierbar.

An diesem Abend sah der Kommandant von Flug 250 auf dem Wetterradar deshalb eine Lücke zwischen zwei Gewitterzellen und vermutete dort ein „ruhigeres Gebiet" innerhalb der Gewitterfront. In Wirklichkeit flog er aber auf das Gebiet mit der „trockenen" Luftwalze zu.

Diese Turbulenz muß die BAC-1-11 um 23:11:43 Uhr/loc. wie ein Fausthieb von unten getroffen haben. Sie kam von unten und hatte eine Windgeschwindigkeit von ungefähr 150 km/h. Die Höhenruder klappten schlagartig nach oben, während die Seitenruder hin- und hergeschleudert wurden. Obwohl die Stärke der Turbulenz nach 0,125 Sekunden ihren Höhepunkt überschritten hatte, schleuderte sie das Heck der BAC-1-11 so gewalttätig nach oben und links, daß die Steuerflächen am Heck abgerissen wurden. So aus ihrer Flugbahn geschleudert, kippte die Maschine über die rechte Tragfläche ab, wobei die Besatzung sie ohne die Steuerflächen am Heck nicht mehr kontrollieren konnte. Die rechte Tragfläche war diesen Belastungen nicht mehr gewachsen und brach in der Mitte. Die in den Tragflächen integrierten Treibstofftanks rissen auf und der Treibstoff entzündete sich sofort. Damit war die Maschine verloren und stürzte unkontrolliert ab. Diese Untersuchung bewies, daß die Turbulenz, die die BAC an diesem Abend über Nebraska getroffen hatte, alle Belastungen überstieg, für die Flugzeuge in dieser Zeit gebaut waren. Die amerikanische Luftfahrtbehörde CAB stimmte mit der Untersuchung überein und regte an, neue Taktiken zum Durchfliegen von Gewitterfronten zu entwickeln.

13.08.66

Aeromexico   **Douglas DC-8-51**
XA-PEI   **45652**

Es war genau 12 Minuten nach Mitternacht, als die DC-8 aus New York auf dem Flughafen der mexikanischen Stadt **Acapulco/Mexico** aufsetzte. Nachdem alle Passagiere die Maschine verlassen hatten, wurde der Jet neu aufgetankt und für den kommenden Abflug bereitgemacht. Es war vorgesehen, ein nächtliches Übungsprogramm zu Ausbildungszwecken zu absolvieren. Zu diesem Zweck befand sich ein erfahrener Checkpilot im linken Pilotensitz. 15.712 Flugstunden hatte er bereits hinter sich, davon 1.256 in der DC-8. Zwei weitere Piloten sollten in dieser Nacht Flugerfahrung mit Düsenflugzeugen sammeln. Beide flogen bisher nur die Propellermaschinen vom Typ DC-4/DC-6 der Fluggesellschaft Beide standen am Anfang ihrer Ausbildung für die DC-8. Die bisherige Flugstundenzahl in diesem Typ belief sich bei beiden auf gerade mal 7 Stunden. Beide sollten sich während des Flugprogramms auf dem rechten Pilotensitz abwechseln.

Gleichzeitig befanden sich ein Ausbilder für die Position des Flugmechanikers, nebst zwei Schülern, die sich ebenfalls für diese Position ausgebildet wurden, im Cockpit. Beide Schüler hatten zusammen eine Flugerfahrung von knapp 19 Stunden in der DC-8. Bereits vor sechs Tagen kam diese sechsköpfige Gruppe in Acapulco an, um für die nächsten Tage mit dem praktischen Training zu beginnen. Am 9., 11, und 12.August wurden jeweils vier Flugstunden absolviert. Alle diese Flüge fanden nachts nach 24:00 Uhr/loc. statt. So auch an diesem Abend.

Das Wetter war ideal in dieser warmen Sommernacht. Der Himmel war sternenklar, nur vereinzelte Kumuluswolken waren gemeldet und es war fast windstill.

Im Cockpit herrschte drangvolle Enge. Es war bereits kurz nach 01:00 Uhr /loc., als die vier Triebwerke gestartet wurden und die DC-8 mit lautem Getöse in den Nachthimmel abhob. Nach etwa 35 Minuten meldete sich die Maschine, die für ihren Flug keine Flugnummer erhalten hatte, in 16.000 ft über dem Flughafen und bat um die Freigabe für den Sinkflug und Landeanflug. Der Bitte wurde entsprochen, jedoch mit der Auflage, sich in 6.000 ft erneut zu melden. Wenig später waren 6.000 ft erreicht und die DC-8 setzte eine entsprechende Meldung ab. Der Towerlotse hatte die Maschine, die sich als einzige zu dieser späten Stunde im Luftraum befand, mittlerweile in Sicht.

Erneut wurde der Pilot gebeten, sich beim Einkurven in den Endanflug zu melden. Die Lichter der DC-8 entfernten sich nun wieder vom Flughafen, und der Lotse verlor vorübergehend wieder den Sichtkontakt. Minuten später meldete die DC-8 eine Flughöhe von 2.500 ft und daß sie nunmehr in den Endanflug einkurven werden.

Am Flughafen wartete man allerdings vergebens auf den anfliegenden Douglas-Jet. Um 02:15 Uhr/loc. hörte man Explosionen und ein Feuer südöstlich des Flughafens. Die Maschine war am „El-Salado", einem Hügel zwischen dem Flughafen und der Stadt Capultepec zerschellt.

Alle sechs Insassen des Trainingsfluges wurden hierbei getötet.

Mit ausgefahrenem Fahrwerk war die Maschine beinahe schon auf die Pistenmittellinie der Landebahn 28 ausgerichtet, als sie den Boden berührte.

Ein Untersuchungsbericht kam zu dem Schluß, daß aufgrund von Nachlässigkeiten der Sinkflug falsch berechnet wurde und, als Vorwurf an die beiden erfahrenen Ausbildungspiloten, die minimale Sicherheitshöhe unterschritten wurde, ohne daß jemand den Sinkflug unterbrochen hätte.

26.08.66

Japan Domestic AL   **Convair 880**
JA8030   **45**

Einer der üblichen Trainings- und Ausbildungsflüge stand an. Um ihre Typenberechtigungen zu erlangen bzw. beizubehalten und Erfahrung mit diesem neuen Flugzeugtyp, von dem es hieß, er sei der schnellste, leistungsfähigste und schönste seiner Zeit, zu sammeln, nahmen fünf Crewmitglieder im Cockpit Platz. Die Maschine stand auf dem internationalen Flughafen von **Tokio-Haneda/Japan**, bereit zum Abflug. Ohne Passagiere, Fracht und Gepäck rollte man zum Anfang der Bahn 33R und erhielt um 14:28 Uhr/loc. die Startfreigabe. Am Steuer saßen sowohl der 44jährige Ausbildungspilot, als auch ein zehn Jahre jüngerer Kollege, der sich gerade seit wenigen Wochen auf die CV-880 umschulen ließ. Des Weiteren saßen im hinteren Teil des Cockpits ein weiterer Ausbildungspilot (29 Jahre), sowie der 26jährige Flugingenieur. Dank der minimalen Zuladung beschleunigten die vier Triebwerke die Convair mit hohem Tempo auf die nötige Rotationsgeschwindigkeit. Die Nase hob sich vom Bahnasphalt, während das Hauptfahrwerk noch auf dem Boden blieb. Doch im selben Moment gierte die Maschine nach links und rollte gleichzeitig nach rechts. Der Gierwinkel verstärkte sich zusehends. Nun hob das rechte Hauptfahrwerk vom Boden ab und das linke äußere Triebwerk Nr.1 schürfte funkensprühend über die Startbahn. Nun senkte sich die Flugzeugnase wieder, doch der Linksdrall blieb unverändert. Die Grenze des asphaltierten Bereichs war erreicht. Mit hoher Geschwindigkeit raste „JA8030" über die Grasnarbe, schoß über einen Rollweg und geriet nun völlig außer Kontrolle. Am rechten Triebwerk Nr.4 brach ein Feuer aus. Das linke Haupt-, sowie das Bugfahrwerk wurden abgerissen und alle vier Triebwerke lösten sich von den Tragflächen. 2.100 Meter hinter dem Bahnanfang endete der kurze Hüpfer der Convair in einem Feuerball.

Von den fünf Menschen im Inneren der Maschine blieb niemand am Leben. Es konnte nie lückenlos geklärt werden, warum die Maschine nicht normal abhob und den Steigflug einleitete. Es gilt jedoch als wahrscheinlich, daß der Checkpilot im Moment des Rotierens den Leistungshebel von Triebwerk Nr.1 auf Leerlauf herunterzog, um so einen Triebwerksausfall zu simulieren. Dadurch wurde die Maschine aus ihrer Richtungsachse nach links gedrückt. Die Piloten waren danach nicht mehr in der Lage, den kritischen Flugzustand auszugleichen

04.09.66
Indian AL   **SE210 Caravelle 6R**
VT-DSB   **134**

Auf einem Trainingsflug verloren die Piloten die Kontrolle über die Caravelle und stürzten 17 Kilometer vom Flughafen **Bombay/Indien** ab. Alle vier Insassen an Bord kamen dabei ums Leben.

Dies war das zweite fatale Unglück mit einer Caravelle innerhalb von gut sechs Monaten, von dem die indische Inlandsgesellschaft heimgesucht wurde (siehe 15.02.66).

01.10.66
West Coast AL   **Douglas DC-9-14**
N9101   **45794**

Die kleine amerikanische Fluglinie West Coast Airlines war erst an 16.09.1966 mit ihrer ersten DC-9 beliefert worden. Demnach waren die Piloten, die am diesem Abend in San Francisco mit dem Linienkurs 956 begannen, mit diesem nagelneuen Flugzeugtyp noch sehr unerfahren. Der fünfzigjährige Kommandant hatte erst 17,3 Flugstunden auf ihr absolviert, sein Kollege auf dem rechten Sitz, der gleichzeitig als Checkpilot fungierte, immerhin 50 Flugstunden. Außerdem saß im Jumpseat hinter den beiden noch ein Copilot mit 9 Flugstunden auf der DC-9.

Die Maschine startete um 18:44 Uhr/loc. in San Francisco und erreichte bei Dunkelheit um 19:34 Uhr/loc. die Kleinstadt Eugene im Pazifikstaat Oregon. Die Piloten verließen das Cockpit während der knapp zwanzigminütigen Zwischenlandung nicht und hoben um 19:52 Uhr/loc. wiederum ab. Die Besatzung hatte sich weder an dem Ausgangspunkt ihres Linienkurses noch in Eugene einer Wetterberatung durch einen Meteorologen unterzogen, wurde aber zuvor im Wetterbüro ihrer Fluglinie in San Francisco vor einer dort ausgehängten Wetterkarte gesehen. So wußten sie wohl, daß im Gebiet um ihre nächste Destination, das 200 Kilometer nördlich gelegene Portland, mit einer geschlossenen Wolkendecke um 3.000 ft, leichtem Regen, Nebel und einer Horizontalsichtweite von 6 Meilen zu rechnen war.

Für den kurzen Flug nach Portland stieg die Maschine nur auf 14.000 ft, um 10 Minuten nach dem Start wieder mit dem Sinkflug zu beginnen. Die Besatzung wurde um 20:05 Uhr/loc. angewiesen, auf 9.000 ft zu sinken und nach Osten zu drehen. Um den Anflug der West Coast DC-9 noch zu verzögern und sie hinter anderem anfliegenden Verkehr einzureihen, ordnete der Fluglotse eine Rechtskurve zum Kurs 300° an. Diese Kurve führte die DC-9 über eine ausgedehnte Gebirgskette, welche von dem mächtigen, 10.500 ft hohem Mt. Hood beherrscht wird. Als die Besatzung mit der Rechtskurve begann, war sie schon 1.500 ft unter ihre angewiesene Sicherheitshöhe gesunken.

Ohne das Unterschreiten ihrer Sicherheitshöhe zu bemerken, setzte die Besatzung den Sinkflug weiter fort, um die Maschine um 20:08 Uhr/loc. in 3.700 ft abzufangen. Die DC-9 war mittlerweile 5.300 ft unter ihrer Sicherheitshöhe und immer noch in einer Rechtskurve. So flog sie in das Tal des Salmon Rivers ein, was die Piloten aufgrund von Dunkelheit und den schlechten Witterungsbedingungen nicht sofort bemerkten. Um 20:09:26 Uhr/loc. sahen sie plötzlich durch die Bewölkung einen Höhenzug vor sich. Obwohl sofort die Schubhebel auf ihre Maximalstellung gestoßen wurden, schafften sie es nicht mehr, die DC-9 über das ansteigende Gelände hinwegzusteuern.

Die Maschine lag immer noch in einer Rechtskurve und streifte zuerst mit ihrer rechten Tragfläche einige Bäume, schlug mit ihrem Rumpf auf und schlitterte noch knapp 50 Meter über den felsigen Grund. Als sie zum Stehen kam, brach ein Feuer aus, das den gesamten Rumpf vernichtete.

Als die Besatzung sich um 20:15 Uhr/loc. immer noch nicht bei dem Anfluglotsen gemeldet hatte, löste er Alarm aus. Trotzdem dauerte es noch 24 Stunden, bis die Suchtrupps das ausgebrannte Wrack mit den Leichen der 17 Insassen in dem dünn besiedelten Gebiet nahe des Fleckens **Wemme/OR/USA** fanden.

Der Cockpit Voice Recorder war bei dem Feuer zerstört worden, aber der Flugdatenschreiber konnte intakt geborgen werden. Die Auslesung bestätigte, daß die Besatzung zum Unglückszeitpunkt die Maschine voll unter Kontrolle hatte. Es konnte nicht mehr geklärt werden, warum die Besatzung unter ihre vorgegebene Sicherheitshöhe von 9.000 ft absank, obwohl sie über Funk die Freigabe auf diese Höhe laut und deutlich wiederholt hatte. Das NTSB konnte nur Vermutungen aufwerfen, die diesen ersten Absturz einer DC-9 erklären könnten. Die Funkmeldungen an die Besatzung des Fluges 956 beinhalteten eine große Anzahl von 4-en. Keiner der drei Piloten war mit der DC-9 oder Strahlflugzeugen allgemein vertraut. Vielleicht hatte diese ungewohnte Arbeitsumgebung die Besatzung so stark abgelenkt, daß sie in den Funkmeldungen „Neun" (-tausend Fuß Sicherheitshöhe) hörte, aber „vier" (-tausend Fuß Sicherheitshöhe) verstand. Bei 4.000 Fuß beginnt man auch mit dem Einflug in die 30-Meilen Kontrollzone des Flughafens. Für diese These sprach auch die Tatsache, daß die Besatzung die Maschine kurz vor dem Beginn der Rechtskurve stark auf 266 Knoten abgebremst hatte. Diese Geschwindigkeit entspricht derjenigen, die man einhalten muß, wenn man in die 30 Meilen Kontrollzone einfliegt.

In Wirklichkeit war sie zu diesem Moment aber noch über 50 Meilen von der Landebahnschwelle entfernt. Warum dieser auf Propellermaschinen sehr erfahrenen Besatzung (Kommandant: 18.998 Flugstunden; Checkpilot: 21.800 Flugstunden; Copilot: 9.545 Flugstunden, gesammelt auf diversen Propellerflugzeugen, meistens DC-3 und F-27) ein solch schwerer Navigationsfehler unterlaufen konnte, darauf fanden die amerikanischen Behörden keine Antwort.

15.11.66

Pan American **Boeing 727-100**
N317PA **18995**

Aus bisher nicht geklärten Gründen unterschritt die aus Frankfurt-Main kommende Nacht-Postmaschine die Mindestanflughöhe um mehr als 600 Meter, als man sich im Sinkflug auf den Flughafen Berlin/Tegel befand. Die 727 zerschellte gut zehn Meilen südwestlich vom Zielflughafen bei **Dallgow/DDR** an einem 88 Meter hohen Berg und brannte vollständig aus.

Die drei Besatzungsmitglieder kamen ums Leben.

Ursprünglich sollte die Pan Am-Boeing in Tempelhof landen, wurde aber wegen zu geringer Sichtverhältnisse zum noch nicht ganz fertig gebauten Flughafen Tegel umgeleitet. Dieser verfügte aber schon über funktionsfähige Blindanflug-Einrichtungen. Um 01:04:30 Uhr/loc. gab der Berliner Anflugkontrolle den Jet bereits zum Endanflug auf den Outer-marker, das Haupteinflugzeichen der Landebahn 08R, frei. Das Wetter war der Jahreszeit entsprechend, Sicht 2,6 Kilometer, vereinzelter Schneefall, Wolken auf 600 ft und Temperaturen knapp unter Null.

Der Grund des Absturzes konnte nicht geklärt werden, weil die zuständigen sowjetischen Stellen das Wrack beschlagnahmten und erst nach einiger Zeit weniger als 50% der Wrackteile des Havaristen den amerikanischen Untersuchungsbehörden zur Verfügung stellten.

Die Herausgabe so wichtiger Teile wie des Flugschreibers und der Tonbandkassette im Cockpit, auf dem die Cockpitgespräche aufgezeichnet werden, verweigerten die Sowjets aber.

24.12.66

Aeromexico **Douglas DC-8-51**
XA-NUS **45633**

Auf dem Flug von New York nach Mexico City mußte man kurz vor Erreichen des Flughafens im ausgetrockneten **Texcoco See/Mexico City/Mexico** notgelandet werden. Von den 110 Menschen an Bord der DC-8 wurden vier schwer und vier leicht verletzt ins Krankenhaus gebracht. Die DC-8 überstand die Bruchlandung nicht. Über die Ursache der Notlandung ist nichts bekannt. Aeronaves de Mexico verlor an diesem Weihnachtstag bereits die dritte DC-8 innerhalb von nur fünf Jahren (siehe 19.01.61 / 13.08.66).

05.03.67

VARIG **Douglas DC-8-33**
PP-PEA **45253**

Der Linienkurs 837 der brasilianischen Airline VARIG sollte die DC-8 von Beirut nach Rio de Janeiro führen. Bei einer Zwischenlandung in Rom hatte eine neue Besatzung den Jetliner übernommen, während bei einem weiteren Stop in der liberianischen Hauptstadt Monrovia die Maschine für ihren Sprung über den Atlantik betankt werden sollte. An Bord befanden sich neben den 71 Passagieren noch 19 Besatzungsmitglieder, von denen fünf Mann zur Cockpitbesatzung zählten.

Der bisherige Flug von Rom nach **Monrovia/Liberia** war ereignislos geblieben, als sich die brasilianische Maschine um 03:34 Uhr/loc. bei der Luftaufsicht der afrikanischen Großstadt meldete. Der Sinkflug wurde genehmigt, und die DC-8 verließ 90 Meilen vor dem Flughafen ihre Reiseflughöhe von 35.000 ft. Der vom Kommandanten ausgeführte Sinkflug sollte die DC-8 über die Küste hinaus über den Atlantik tragen. Nach einer Kehrtwendung wollte man die Küste wieder überfliegen und die Landebahn 04 des Monrovia-Roberts Airport anfliegen. Das Wetter über dem Flughafen war bis auf einige durchziehende Nebelbänke gut.

Um 03:49 Uhr/loc. meldete die Besatzung des Flugs 837 aus 4.500 ft Höhe die Sichtung der Landebahnlichter. Wegen der angekündigten Nebelbänken, wollte der Kommandant den Landeanflug unter Instrumentenflugbedingungen durchführen. Hierfür stand dem Piloten sein DME-Gerät zur Verfügung.

Dieses DME-Entfernungsmessgerät (Distance Measuring Equipment) sendet einen Abfrageimpuls zu einem am Boden befindlichen Sender, der dieses Signal mit einem ähnlichen Impuls beantwortet. Aus der Laufzeit dieser beiden Impulse errechnet das DME-Gerät die Entfernung zwischen Flugzeug und Sender. Doch das tat der Kommandant nicht. Er versuchte, seine Position anhand des Bildes auf dem Wetterradar festzustellen. Dieses Gerät ist eigentlich dazu da, das Wetter vor dem Flugzeug zu erkunden. Aber mit einigen Verstellungen ließen sich auf dem Bildschirm auch markante Landmarken, wie Flüsse und Küstenlinien, darstellen. Diese Art der Navigation war ungenau und daher unerwünscht. Aber da sie auch einfacher und mit weniger Rechnerei verbunden war als alle anderen Navigationsarten, erfreute sie sich unter Piloten größter Beliebtheit. Zusammen mit der VASI-Lichtanlage neben der Landebahn, mit der der Gleitwinkel überprüft werden konnte, sollte das für einen Landeanflug ausreichen.

Als auf seinem Wetterradar die Küstenlinie erschien, sah der Kommandant kurz aus seinem Cockpitfenster und sah die VASI-Lichter vor sich. Würde er sich über oder unter dem Gleitpfad befinden, würden ihm diese durch ein Spiegelsystem am korrekten Gleitwinkel ausgerichteten Lichter rot entgegenscheinen. Aber er sah die weißen Lichter und wähnte sich so genau auf dem Gleitpfad. Doch die DC-8 befand sich noch in 1.800 ft Höhe und damit am absoluten oberen Rand des Gleitpfades. Der Pilot sah aber weder auf seinen Höhenmesser noch auf das DME-Gerät und bemerkte deshalb nicht, daß er sich in seiner momentanen Position verschätzt hatte und so innerhalb des Landeanfluges noch 300 ft zu hoch war.

Nach dem Überfliegen der Küste absolvierte die in Landekonfiguration befindliche Maschine eine Prozedurkurve und ordnete sich dann auf den Landekurs ein. Jetzt sah der Kommandant plötzlich eine durch den Anflugweg ziehende Nebelbank. Der Copilot rief alle hundert Fuß die aktuelle Höhe aus, bis die VARIG-DC-8 in 800 ft plötzlich in die Nebelbank tauchte.

Der Kommandant wies gerade seinen Copiloten an, nach der Landebahn und ihren Lichtern Ausschau zu halten, als die DC-8 den Middle Marker überflog, wo sie auf eine Höhe von 550 ft abgesunken sein sollte. Statt dessen war sie noch in 800 ft Höhe und obendrein ohne jeglichen Blickkontakt mit der Landebahn. Anstatt jetzt den Landeanflug abzubrechen und noch einmal anzufliegen, entschloß sich der Kommandant zum Weitermachen.

CPT: „Ich bin ein bißchen hoch und werde jetzt auf 550 ft absinken!"

sagte er zum Copiloten, zog die Schubhebel auf Leerlauf zurück und stieß die Steuersäule nach vorne. Die Nase der DC-8 kippte nach vorn und aus einem sanften Landeanflug mit 600 ft/min wurde ein Sturzflug in Bodennähe. Sekunden später sah der Copilot wieder die roten Lichter der VASI-Anlage vor sich und realisierte, daß die DC-8 zu stark abgesunken war. „Wir sind zu tief !!!" schrie er, aber der Kommandant reagierte nicht sofort. Erst einige Momente später versuchte er die DC-8 mit dem Höhenruder und einer Schuberhöhung abzufangen, was aber zu spät war. Immer noch mit einer Sinkrate von 1.120 ft/min krachte die DC-8 praktisch mit allen drei Fahrwerken gleichzeitig knapp 2 Kilometer vor dem Pistenanfang auf die Erde. Diesem Aufschlag war das Fahrwerksgestänge nicht gewachsen und brach zusammen. Die Maschine schlitterte noch einige hundert Meter auf ihrem Rumpf über den Boden, wobei ihre Tragflächen mit einigen Hütten kollidierte und aufgerissen wurde. Noch bevor sie zum Stehen kam, war die DC-8 eine lodernde Feuersäule.

Das Feuer auf den Tragflächen drang über eine geöffnete Notausstiegsluke in die Kabine ein, die sich binnen Sekunden mit Rauch füllte. Als auch die Notbeleuchtung nicht anging, griff in der dunklen Kabine Panik um sich. Über umgestürzte und aus ihren Halterungen gerissene Kabineneinrichtungen, liegengelassenes Handgepäck und gestürzte Passagiere versuchte jeder sich seinen Weg zu den Ausgängen zu bahnen.

Eine der vorderen Eingangstüren war durch einen geöffneten Schrank mit Notfallausrüstung teilweise versperrt, während der Weg nach vorn von umgestürzten Gegenständen aus der Bordküche und einer Garderobe behindert war. Es dauerte unendliche Sekunden, bis die Stewardessen die Hindernisse aus dem Weg geräumt und eine der Türen geöffnet hatten. Elf Passagiere benutzten diesen Ausgang, während der Kommandant und der Navigator das Flugzeug durch ein Cockpitfenster verließen. Der Bordingenieur blieb im Cockpit zurück und erstickte. Dasselbe Schicksal ereilte sechs Passagiere in der Mitte der Kabine, die noch angeschnallt in ihren Sitzen starben.

Im hinteren Teil der Maschine verlief die Evakuierung noch schlechter. Der Brand wütete hier noch heftiger als im vorderen Teil der Kabine, der durch eine wahre Feuerwand abgetrennt war. Es gelang nur zehn Passagieren und allen fünf Stewardessen das Flugzeug durch die linke hintere Tür zu verlassen. Die anderen 44 Passagiere, die sich entweder noch betäubt vom Aufschlag in ihren Sitzen befanden oder verzweifelt versuchten, zum Ausgang zu kommen, wurden vom Rauch erstickt oder von den Flammen getötet. Die Mehrheit der Passagiere starb im Gang.

Nach knapp acht Minuten traf auch die Flughafenfeuerwehr ein. Sie war sofort nach dem Absturz ausgerückt, bestand aber nur aus zwei Löschfahrzeugen und fünf Mann Besatzung. Mit dieser schwachen Besatzung gelang es ihnen nicht einmal, das Feuer einzudämmen.

Insgesamt starben bei diesem Desaster an Bord der VARIG-Maschine 51 Insassen, bis auf den Bordingenieur allesamt Passagiere. Außerdem kamen bei dem Feuer noch fünf Einwohner Monrovias ums Leben. Sieben Besatzungsmitglieder und 16 Passagiere trugen teilweise schwere Verletzungen davon.

Die liberianischen Behörden kritisierten Teile der Besatzung, die sofort das Flugzeug verlassen hatten, ohne sich weiter an der Evakuierung zu beteiligen. Insbesondere im hinteren Teil der Kabine trug dieser Umstand zusammen mit der ausgefallenen Notbeleuchtung zur Konfusion bei, die zu der hohen Zahl der Toten geführt hatte. Ebenfalls wurde das geringe Aufgebot von Rettungskräften am Flughafen kritisiert. Monrovia war damals ein oft angeflogener Ort im Transatlantikverkehr zwischen Europa und Südamerika. Diese Zwischenlandungen fanden zu allen Tages- und Nachtzeiten statt, was die Präsenz von größeren Rettungseinheiten über 24 Stunden pro Tag nahelegte.

09.03.67

T W A **Douglas DC-9-15**
N1063T **45777**

Auf vielen Flughäfen der USA stieg die Zahl der privaten Flieger in den sechziger Jahren immens an. Zugleich wuchs auch die Zahl der Linienflüge, so daß sich vielerorts eine Mixtur von kleineren VFR und den größeren IFR-Flugzeugen ergab. Die allgemeine Fliegerei war jedoch noch nicht den heutigen Regularien unterworfen, sondern genoß noch viel Freiheit. So brauchte sich ein VFR-Flugzeug nur beim Start- und Zielflughafen per Funk zu melden. Oftmals durchquerte ein solcher Sichtflugverkehr die Kontrollzonen von mehreren anderen Flughäfen und machte den dortigen Fluglotsen häufig Kopfzerbrechen.

An diesem sonnigen Märztag startete eine private Beechcraft Baron B-55, ein zweimotoriges Kleinflugzeug von Detroit/MI zu einem VFR-Flug nach Springfield/OH. An Bord der Maschine, die die Kennung „N6127V" trug, befand sich als einziger Insasse der 54jährige Pilot, der über 4.000 Flugstunden absolviert hatte und sich mit seinem Flugzeug gut auskannte. Gleich nach dem Abheben meldete sich der Pilot beim Tower ab und ging auf Südkurs in Richtung Ohio, der 250 km entfernten Destination entgegen. Ohne weitere Funkmeldungen abzugeben, überquerte die Baron die Stadt Toledo und befand sich nun über Ohio. Etwa zur gleichen Zeit, gegen 11:25 Uhr/loc. startete in Pittsburgh/PA eine DC-9 der TWA. Die Maschine befand sich auf einem Inlandsflug TW 553 von New York nach Chicago mit Zwischenstopps in Harrisburgh/PA, Pittsburgh/PA und Dayton/OH. An Bord befanden sich neben den beiden Piloten noch zwei Flugbegleiter, sowie 21 Passagiere. Für den Kurzflug nach Dayton stieg die Maschine nur auf 20.000 ft, die sie nach kurzer Zeit wieder verließ und in den Sinkflug überging. Man nahm Funkkontakt mit Dayton-Radar auf und wurde auf 5.000 ft freigegeben. Der Anfluglotse verfügte über ein Radargerät, auf dem der Leuchtpunkt der DC-9, die sich schnell von Nordwesten her näherte, erschien. Um 11:52:36 Uhr/loc. nahm der Lotse in Dayton Kontakt mit Flug 553 auf, wiederholte die Freigabe zum Sinken auf 5.000 ft und wies den Piloten an eine Rechtskurve auf 240° einzuleiten, um auf den ILS-Leitstrahl zu gelangen. Eine knappe Minute später gab er Flug 553 zum weiteren Sinkflug auf 3.000 ft frei. Die DC-9 befand sich seit einiger Zeit im schnellen Sinkflug. Dabei kletterte die Fluggeschwindigkeit auf über 300 Knoten an, halb so schnell wie der Schall. Die Abstände zwischen jedem Radarecho waren sehr groß. In diesem Moment, als die DC-9 gerade 5.000 ft passierte, tauchte auf dem Radarschirm ein weiterer Leuchtpunkt auf, der sich direkt vor der heranrasenden TWA Maschine befand. Es war das Primärecho der Beech Baron, die von Nord- nach Süd, die Kontrollzone von Dayton in 4.500 ft durchquerte. Weder Flugzeugtyp, Geschwindigkeit oder Flughöhe waren dem Lotsen bekannt, dem dieser unidentifizierte Punkt vorher nicht erschienen war. Ihm blieb nichts anderes als zu hoffen, daß der andere Verkehrsteilnehmer auf einer anderen Höhe unterwegs war. Doch die Hoffnung trog.

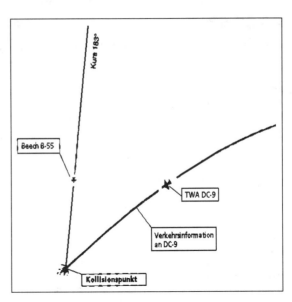

Flugweg von TWA DC 9 und der Beech B55 am 9. 3. 67 nahe Urbana County/Ohio

ATC: „TWA five fifty tree, roger, and traffic at twelve thirty, one mile, southbound, slow moving."

TWA Flug 553 bestätigte die Konfliktwarnung und setzte den Anflug unbeirrt fort. Beide Lichtpunkte kamen sich näher und näher, dann um 11:53:50 Uhr/loc. verschmolzen sie. Bei der nächsten Radarumdrehung atmete der Anfluglotse zunächst erleichtert auf, denn die Lichtpunkte entfernten sich wieder voneinander, als wären sie aneinander vorbeigeflogen. Doch das Radarecho hatte eine andere Form als sonst. Bei der nächsten Umdrehung waren beide Punkte verschwunden.

Der Lotse funkte schon mal an die TWA-Maschine, daß sie den anderen Verkehr passiert hätten, aber niemand war mehr da, der antworten könnte. Beide Maschinen trafen sich in 4.500 ft Höhe, etwa 25 Meilen nordwestlich des **Dayton-Municipal AP/OH/USA**. Von hinten hatte sich der Bug der DC-9 in die wesentlich langsamere Beechcraft gebohrt und sie regelrecht aufgespießt. Beide Havaristen verkeilten sich ineinander und stürzten zusammen auf unbewohntes Gebiet.

Der einzige Insasse des Kleinflugzeugs, sowie alle 25 Menschen an Bord von Flug 553 kamen ums Leben. Es war bereits der zweite Absturz eines Exemplars der neueingeführten DC-9. Die Maschine war brandneu und erst am 19. Januar des Jahres ausgeliefert worden.

Eine großangelegte Untersuchungskommission machte sich daran, die Ursachen für den Zusammenstoß ausfindig zu machen. Übereinstimmend kamen sie zu dem Schluß, daß die TWA-Piloten nicht genügend Ausschau nach der unidentifizierten Baron gehalten haben und somit der Zusammenstoß möglich wurde.

Zwischen der Konfliktwarnung des Lotsen und dem Zusammenstoß vergingen 14 Sekunden, genügend Zeit, so die Untersuchungsbehörde, einen Ausweichkurs zu fliegen. Die Sichtverhältnisse an diesem Vormittag waren allerdings von Dunst getrübt, so daß man im Cockpit der mit 3.500 ft/min. „herabstoßenden" DC-9 die Baron nicht unbedingt sofort vor sich gesehen hatte. Tests ergaben außerdem, daß vom Radargerät in einigen Bereichen nördlich und nordöstlich des Flughafens keine oder nur sehr schwache Radarsignale zurückgeworfen werden. Erst in einer Entfernung von ca. 25 Meilen (dem Punkt der Kollision) gab es wieder deutlichere Radarechos. Das Unglück warf ein Schlaglicht auf die bestehende Verkehrsaufteilung und Überwachung in den USA. Die Pilotengewerkschaft wollte sich nicht mit dieser einseitigen Schuldzuweisung abspeisen lassen. Vielmehr trugen auch die Rahmenbedingungen mit zu dem Unfall bei. Daher wurden die damaligen ATC-Verfahrensweisen für VFR und IFR-Verkehr kritisch unter die Lupe genommen.

Es kam heraus, daß keinerlei Sicherheitsvorkehrungen bestanden, um bekannten von unbekanntem Flugverkehr zu trennen. Die aus der Vorkriegsnautik entnommene „rechts-vor-links"-Regelung ließ sich bei einer Geschwindigkeit von über 280 Knoten nicht mehr einhalten. Es wurde schon damals ein Kollisions-Warngerät empfohlen, das jedoch erst viele Jahre später ausgereift genug war, um allgemeine Verbreitung zu finden. Auch galten seitdem für Kleinflugzeuge im Sichtflugverkehr strengere ATC-Vorschriften, bei denen ein jeder Pilot eine Pflichtmeldung beim Eintritt in eine Kontrollzone abzusetzen und Typ, Flughöhe und Flugziel dem jeweiligen Fluglotsen zu melden hat. Zudem galt seitdem eine „Höchstgeschwindigkeit" von 250 Knoten unterhalb von 10.000 ft. All das, was für die Opfer an diesem Tag zu spät kam, sollte später vielen Menschen das Leben retten.

30.03.67

Delta AL   **Douglas DC-8-11**
N802E   **45409**

Trainingsflüge waren in den sechziger- und siebziger Jahren ein unverzichtbarer Bestandteil der Pilotenausbildung. Geeignete Flugsimulatoren, die Gefahrensituationen „am Boden" realistisch nachspielen können, gab es zu dieser Zeit noch nicht. So zogen die großen Airlines immer ein oder mehrere Flugzeuge am Tag von den Linienflügen ab und stellten sie für die Pilotenausbildung bereit.

Nicht nur Jungpiloten, sondern auch ältere „Hasen" mußten sich den Neuerungen der Technik stellen. Der schnelle Übergang von der Epoche der Kolbenmotoren zum Düsenzeitalter erforderte ein radikales Umdenken für die gesamte Cockpitcrew. Doch es war unübersehbar, daß die Trainingsflüge ein großes Gefahrenpotential in sich bargen, da auf solchen Flügen kritische Flugphasen, wie Triebwerksausfall, Instrumentenausfall, Startabbruch, Landungen bei starkem Seitenwind etc. nachgestellt wurden. In den letzten 12 Monaten kam es zu 15 Düsenflugzeugabstürzen, allein fünf davon waren Trainingsabstürze. Hierbei kamen 21 Menschen ums Leben. Hätten sich in den Flugzeugen Passagiere befunden, wären weitaus mehr Opfer zu beklagen gewesen.

Der 48jährige Kommandant hatte eine harte Woche hinter sich. Es befand sich gerade in der Umschulungsphase von Propeller- auf Jet-Flugzeuge. Seit 16 Jahren flog er für Delta alles, was die Flotte hergab. Mit Einführung der DC-9, vor einem Jahr, war er einer der ersten, die auf dem neuartigen Düsenflugzeug ausgebildet wurden. Auf dem Modell DC-8 hatte er jedoch erst 15 Flugstunden absolviert. Vor zwei Tagen beendete er die mündliche Prüfung zur Erlangung der DC-8 Fluglizenz. Eine strapaziöse Terminplanung mit nur kurzen Schlafpausen bestimmten seinen Tagesablauf. Nach 23.00 Uhr/loc. stand an diesem Abend die praktische Flugausbildung auf dem Programm. Neben ihm bestiegen an diesem späten Abend fünf weitere Menschen den vierstrahligen Jet. Für den angesetzten Nacht-Trainingsflug vom Moisant AP in New Orleans nahmen auf den Pilotensesseln ein Instruktor-Pilot und der bereits erwähnte Trainings-Captain Platz.

Im hinteren Cockpitbereich wurde auf diesem Flug auch ein angehender Flugingenieur ausgebildet, neben ihm saß der Ingenieurs-Instruktor. Gleichzeitig wurde dieser Ausbilder noch von einem sog. Check Airman auf seine Trainingsinstruktionen hin überprüft Komplettiert wurde das Team von einem Beamten der Luftfahrtbehörde FAA, der das gesamte Cockpitverhalten observieren sollte. Nachdem die Startvorbereitungen abgeschlossen waren, wurden die vier Triebwerke gestartet und die Maschine rollte als Flugnummer DL9877 zur Startbahn 01. Auf dem Übungsprogramm stand zunächst ein simulierter doppelter Triebwerksausfall nach dem Start und die anschließende Landung mit nur zwei arbeitenden Triebwerken. Das Wetter war klar in dieser Nacht, jedoch schränkte aufkommender Dunst die Sichtweite auf etwa 5 Kilometer ein. Um 00:43 Uhr/loc. hatte man die Startbahn erreicht und wurde vom Tower sogleich für den Start freigegeben. Der Check-Captain auf dem linken Sitz zog bei Erreichen der Entscheidungsgeschwindigkeit (V_1) den Leistungshebel von Triebwerk No.1 auf Leerlauf zurück. Dies sollte den ersten Triebwerksausfall simulieren. Der Übungspilot auf dem rechten Sitz spürte schon jetzt, daß durch das Schubungleichgewicht die DC-8 nach links zog, hob aber gemäß den Trainingsanweisungen ab und ging in den Steigflug über. Eine knappe Minute später zog der Checkpilot dann noch das zweite Triebwerk No. 2 auf Leerlauf zurück. Die Maschine tendierte nun sehr stark nach links und der Übungspilot mußte nun weitaus mehr Kraft auf die Seitenruder geben, um nicht in einen kritischen Flugzustand zu kommen. Dank ihres geringen Gewichts hob die DC-8 schnell ab und Flug 9877 erklomm eine Höhe von etwa 1.200 ft. Mit ca. 200 Knoten ging man nun in eine weite 180°-Rechtskurve über. Man überflog die westlichen Wohngebiete von New Orleans, in denen sich die meisten Bewohner bereits schlafen gelegt hatten und passierte gerade den Moisant-Flughafen auf der rechten Seite. Nun wurden die Landeklappen auf 25° ausgefahren. Die Fluggeschwingigkeit ging auf 180 Knoten zurück. In dieser Phase hatte der Übungspilot bereits seine liebe Mühe, Höhe und Kurs zu halten. Ständig mußte der Instruktor eingreifen:

CPT(Instruktor):
    „don't...get below a hundred and sixty...ball in the middle...whatever it takes, put'er in there now..."

New Orleans Tower gab die DC-8 nun zur Landung auf der Bahn 01 frei. Als der Checkpilot die Landeklappen weiter ausfuhr und eine Rechtskurve zum Endanflug eingeleitet wurde, fiel die Geschwindigkeit weiter ab. Statt nun den Schub zu erhöhen, zog der Pilot die Nase etwas weiter nach oben, um die Sinkrate zu vermindern. Offenbar konzentrierte sich der Pilot nur noch auf die korrekte Ausrichtung zur Landebahn, statt auf seine Instrumente. Ein weiterer Rückgang der Geschwindigkeit war die Folge.

CPT(Trainee):
    „Call my airspeed for me.", bat er seinen linkssitzenden Kollegen.

CPT(Instruktor):
    „One fourty"

Die Fluggeschwindigkeit hatte nun besorgniserregende 136 Knoten erreicht. Man war kurz vor der Überziehgeschwindigkeit. Eilig gab man mehr Schub auf die rechten Triebwerke Nr.3 und 4.

CPT(Instruktor):
    „One thirty five."

Doch der Schub beider Triebwerke auf der rechten Seite, ließ die DC-8 scharf nach links ausscheren, statt nach vorn zu beschleunigen. Die Luftströmung um die linke Tragfläche riß ab.

XXX: „....you're not to be able to get it."

CPT (Trainee):
    „Uh, uh..."

XXX: „can't hold it, Bud."

Die linke Tragfläche fiel nach unten, während die rechte in den Nachthimmel wies. Flug 9877 war verloren.

CPT (Instruktor) (schreit):
    „Naw, DON'T, let it up, let it up, let'er up, let'er up, let it up!"

Sekunden später, um 00:50 Uhr/loc. und 13 Sekunden, berührte die Maschine einige Bäume und Stromleitungen in der Ortschaft **Kenner/LH/USA** rammte gegen eine Häuserkante, streifte darauf einen parkenden Lastwagen und stürzte an der nächsten Straßenecke mit der Tragfläche auf den Boden. Der übrige Rumpf schlug in ein weiteres Haus ein, zerstörte dies völlig und hinterließ statt dessen einen tiefen Erdkrater. Brennendes Kerosin machte den gesamten Straßenzug zu einer Flammenhölle. Doch die tödliche Fahrt der DC-8 war immer noch nicht gestoppt. Ein drittes Haus wurde in Brand gesetzt, als der brennende Rumpf über ein Bahngleis hinwegschoß und Teile der Cockpitsektion abgerissen wurden. Schließlich prallte die Maschine gegen ein Motel, ca. 250 Meter nach der ersten Baumberührung. Der gesamte Gebäudekomplex des Motels stand binnen Sekunden lichterloh in Flammen.

Neben den sechs Insassen von Flug 9877 starben weitere 13 Menschen am Boden. Darunter auch 8 Mädchen, die sich zum Zeitpunkt des Unglücks im Motel aufhielten und der Feuersbrunst nicht mehr entkamen.

Eine Ursache für dieses Unglück war die verminderte Leistungsfähigkeit des auszubildenden Kommandanten gewesen, dessen Konzentration bei Nacht durch das harte Terminprogramm der vorigen Tage eindeutig reduziert war. Die FAA empfahl von nun an Trainingsflüge nur noch am Tage durchzuführen, da zu dieser Zeit die psychische Leistungsfähigkeit größer ist als bei Dunkelheit.

19.05.67
Air Canada   **Douglas DC-8-54F**
CF-TJM   **45653**

An diesem Tag absolvierten zwei Piloten und ein Instrukteur an Bord einer DC-8 der Air Canada einen Trainingsflug. Er begann in Montreal und führte zur kanadischen Bundeshauptstadt Ottawa. Zum Abschluß des zweistündigen Trainingsfluges wollte der Instrukteur mit den beiden Flugschülern ein Durchstartmanöver mit anschließendem Ausfall der Hydraulik üben. Das Durchstartmanöver vom Flughafen in **Ottawa/Kanada** gelang, und die DC-8 stieg wieder in den klaren Abendhimmel. Während der Instrukteur das Seitenruder auf manuellen Betrieb schaltete, ging die DC-8 in eine Linkskurve, um eine Platzrunde zu fliegen und wieder zu landen. Der Flugschüler mußte kräftig in die Seitenruder treten, denn in dieser Betriebsstufe ist die Kraftübertragung auf die Ruder sehr ineffizient. Vor allen Dingen kann man noch so fest treten, die vom Fuß auf das pneumatische Reservesystem übertragene menschliche Kraft reicht nicht aus, um einen vollen Ruderausschlag zu bekommen. Die Steuerfähigkeit der DC-8 war also eingeschränkt. Die Piloten zwangen das Flugzeug in eine Rechtskurve, um auf die verlängerte Pistenachse des Flughafens Ottawa zu kommen. Der Instrukteur wollte nun den Schwierigkeitsgrad erhöhen und nahm den Schub auf den beiden Triebwerken Nr. 3 und 4 unter dem rechten Flügel in den Leerlauf zurück. Um die Asymmetrie auszugleichen, wurden auch die beiden verbleibenden Triebwerke Nr. 1 und 2 gedrosselt, was die ohnehin schon geringe Geschwindigkeit der DC-8 noch mehr reduzierte. Der Instrukteur meldete nun dem Tower, daß er nach diesem Anflug vorhätte, endgültig zu landen. Die Klappen wurden auf 35° ausgefahren und kurz die Hydraulik des Seitenruders wieder eingeschaltet, um endgültig auf den Landekurs zu schwenken. Sie blieb aber nur 6 Sekunden eingeschaltet, dann ging man wieder auf die manuelle Steuerung, welche immer schwieriger wurde. Je langsamer die DC-8 wurde, desto weniger Steuerwirkung hatte das Seitenruder. Es mußte sehr stark ausgeschwenkt werden, was aber wegen des manuellen Betriebs fast nicht möglich war. Erschwerend kam hinzu, daß ein Ventil im Seitenruder falsch installiert worden war, und beim Einschwenken auf Landekurs selbständig schloß. Dadurch war die Kraft für einen in dieser Situation erforderlichen Ruderausschlag von einem „normalen Menschen" nicht mehr aufzubringen. Durch den asymmetrischen Schub wurde die DC-8 immer mehr um seine Längsachse nach rechts „gerollt", was durch das praktisch unwirksame Seitenruder nicht mehr korrigiert werden konnte. Die Piloten erkannten den Ernst der Lage zu spät und gaben auf den rechten Triebwerken Vollschub. Die rechte Tragfläche sackte aber immer stärker ab, und die DC-8 war nicht mehr zu halten. Sie rollte auf den Rücken und schlug aus 100 ft Höhe kurz vor der Landebahn 32 des Flughafens Ottawa Int'l AP auf. Alle drei an Bord befindlichen Insassen wurden bei dem Aufschlag getötet.

Es stellte sich heraus, daß die beiden Flugschüler zwar insgesamt sehr erfahrene Piloten waren (jeweils mit ca. 15.000 Flugstunden). Aber sie waren auf der DC-8 mit sage und schreibe acht Flugstunden noch völlig unerfahren. Das vom Instrukteur geforderte Flugmanöver ging eindeutig über ihre Fähigkeiten hinaus.

Dies war der sechste tödlich verlaufene Trainingsflug innerhalb eines knappen Jahres. Die Luftfahrtbehörden in aller Welt gaben infolgedessen schärfere Vorschriften zur Durchführung solcher Übungsflüge heraus.

23.06.67
Mohawk AL   **BAC 1-11-200**
N1116J   **98**

Die Einführung der sogenannten APU's (Auxiliary Power Unit) an Bord von Verkehrsflugzeugen war in vielerlei Hinsicht ein Gewinn für die Besatzungen und Fluglinien. Dieses APU ist eine Gasturbine, die meist im Heck installiert ist und einen Kompressor sowie einen Wechselstromgenerator betreibt. Dadurch kann bei abgeschalteten Haupttriebwerken die Energieversorgung des Flugzeuges unabhängig von Bodensystemen aufrecht erhalten werden. Insbesondere bei Zwischenlandungen kann das Flugzeug so mit elektrische Energie und erwärmter Luft für die Klimaanlage und alle Bordsysteme versorgt werden. Da APU's auch hydraulischen und pneumatischen Druck bereitstellen, war man auch nicht mehr auf externe Startermotoren für die Haupttriebwerke angewiesen. Das alles verkürzt die Bodenstandzeiten der Flugzeuge enorm und macht den Besatzungen insbesondere auf kleinen Flughäfen im Winter das Leben entscheidend einfacher. Von der Kostenersparnis der Airlines ganz zu schweigen.

Die hauptsächlich für Kurzstrecken konzipierte BAC-1-11 war ebenfalls mit einem APU ausgerüstet, welches im Heck unterhalb des T-Leitwerkes installiert war. Die im Osten der USA beheimatete Mohawk Airlines gehörte zu den ersten Kunden der BAC-1-11. Im normalen Flottenalltag wurde die britische Maschine selten zu Flügen eingesetzt, die länger als eine Stunde dauerten. Oftmals ließen die Piloten das APU während des Fluges laufen, um die Zeit für das erneute Anwerfen der Turbine zu sparen. In der Gebrauchsanweisung der BAC-1-11 wurde diese Praxis nicht empfohlen, aber auch nicht verboten. Es war allerdings festgelegt, daß das Druckluftsystem der Maschine nur kurzzeitig von der Hauptturbine und dem APU gleichzeitig versorgt werden darf. Nach dem Abheben muß das Ventil geschlossen werden, über das die vom APU erzeugte Druckluft in das Bordsystem eingespeist wird. Die Mehrheit der Mohawkpiloten verstanden diese Anweisung so, daß sie das Ventil schließen mußten, wenn sie über 10.000 ft stiegen.

Diese Praxis wandten auch die beiden Piloten an, die an diesem Tag den Linienkurs 40 absolvierten. Nach einer kurzen Zwischenlandung auf dem Flughafen der Kleinstadt Elmira nahe dem Lake Ontario starteten sie um 14:39 Uhr/loc. wieder in Richtung Washington D.C. An Bord befanden sich neben den 30 Passagieren noch vier Besatzungsmitglieder. Das APU war während der Zwischenlandung in Betrieb und blieb es auch nach dem Abheben.

Die beiden Hauptturbinen komprimierten die Druckluft viel stärker als der relativ kleine Kompressor des APU's. Daher soll ein Rückschlagventil in der Druckluftleitung des APU's verhindern, daß die komprimierte Luft vom höheren Druck in der Bordleitung in das APU zurückgedrückt wird.

Aber aus ungeklärten Ursachen hatte sich dieses Rückschlagventil in seiner offenen Stellung verklemmt. Als die Piloten nach dem Abheben in 1.500 ft die Ventile der Druckluftleitungen der beiden Hauptturbinen öffneten, preßte der höhere Druck die Luft wieder in den Kompressor des APU's zurück. Das APU kam gegen diesen hohen Luftdruck nicht an und sein Kompressorrad wurde praktisch rückwärts gedreht. Die Luft floß in umgekehrter Richtung durch das APU hindurch in den Lufteinlaßkasten, wobei sich die ohnehin schon durch die Komprimierung erhitzte Druckluft noch zusätzlich aufgeheizt wurde. Man hatte bei der Konstruktion des Lufteinlaßkastens und des gesamten Hecks nicht mit dem Auftreten hoher Temperaturen in diesem Bereich gerechnet. So war hier viel leichtentzündliches Dämmaterial zum Lärmschutz verwendet worden, welches jetzt Feuer fing.

Außerdem liefen rund um den Einlaßkasten etliche Hydraulikleitungen, die von dem sich entwickelnden Feuer zusehends in Mitleidenschaft gezogen wurden. Das in den USA als Hydraulikflüssigkeit verwendete „Skydroll" galt allgemein als nicht entflammbar. Doch das aus den Lecks tretende „Skydroll" verdampfte sofort und bildete einen feinen Nebel, der sich binnen kurzem entzündete. So wurde der Brand noch angefacht und obendrein im ganzen Heckbereich verteilt. Hier begann immer mehr Dämmaterial zu brennen, bis schließlich einige Teile der Heckkonstruktion zu schmelzen begannen. Innerhalb von drei Minuten erreichte das Feuer ein Intensität, die die Steuerfähigkeit der Maschine beeinträchtigte.

Die BAC befand sich in 6.000 ft Höhe, als die Piloten im Cockpit die ersten Symptome des Feuers bemerkten, das unbemerkt in ihrem Heck tobte. Zuerst fiel das Funkgerät aus, kurz darauf begann das Flugzeug plötzlich um seine Querrachse zu bocken. Das Feuer hatte eine Aluminiumstange zerfressen, die Steuersignale der Piloten in Bewegungen des Höhenruders umwandelt, und außerdem das Kabel geschmolzen, welches die Funkgeräte mit der VHF-Antenne im Heck verbindet.

Die Schwingungen um die Querrachse der BAC nahmen immer mehr zu, welche dann plötzlich auf 7.500 ft heraufschnellte, um dann sofort wieder auf 3.800 ft zu fallen. Im Heck wurden immer mehr Steuerkabel und Hydraulikleitungen durch das Feuer durchtrennt, während die BAC zunehmend steuerlos durch den Luftraum taumelte.

Im Cockpit versuchten die Piloten verzweifelt herauszubekommen, was ihnen da die Steuerkontrolle nahm. Da das APU selbst nicht überhitzt war, gab es von hier auch keine Warnung. Der Copilot meldete gerade den Ausfall des Hydrauliksystems, als die Maschine plötzlich in einen Sturzflug ging. Mit den letzten Resten der Steuerkontrolle und einer Schuberhöhung gelang es dem Kommandanten noch einmal die Maschine wieder abzufangen. Jetzt wurde das Notsteuersystem aktiviert, woraufhin es sich für die Piloten wieder so darstellte, als würden ihnen die Steuerflächen wieder gehorchen. Doch das war nur eine Illusion, denn das Feuer hatte die Verbindungen zwischen den Steuerflächen und dem Cockpit durchtrennt. Was sie an „Reaktionen" des Steuersystems spürten, war das künstliche „Feedback" des Hydrauliksystems (siehe 26.10.1952), das auf ihre Steuereingaben reagierte.

Das Feuer hatte mittlerweile nicht nur die Übertragungsleitungen zu dem Höhenruder im Heck unterbrochen, es zog nun auch die Befestigung dieser Flächen in Mitleidenschaft Es brannte sich durch die Außenhaut hindurch, schwächte so die Konstruktion des Hecks. Acht Minuten nach dem Start in Elmira und drei Minuten nach dem ersten Auftreten von Symptomen des Feuers brach zuerst das Höhenruder und dann der obere Teil des gesamten Leitwerkes weg. Die BAC-1-11 war damit endgültig steuerlos und stürzte aus 5.100 ft zur Erde.

Alle 34 Insassen, 30 Passagiere und die vier Besatzungsmitglieder, starben bei dem Aufschlag in einem Waldgebiet nahe der Ortschaft **Blossburg/PA/USA**.

Nachdem die Wrackteile der BAC untersucht, die Augenzeugen vernommen und der Cockpit Voice Recorder (CVR) und der Flight Data Recorder (FDR) ausgewertet waren, da war dem NTSB die Absturzursache schnell klar. Auch ein Blick in die Wartungsunterlagen der bewußten BAC-1-11 gab genügend Aufschluß. Es hatte immer wieder Schwierigkeiten mit diesem APU gegeben, die in nicht weniger als 55 Einträgen in den Wartungsunterlagen der BAC-1-11 mündeten. Noch am selben Tag hatte die Besatzung nach der Landung den gesamten Bereich der Hecktreppe raucherfüllt vorgefunden. Diesen Vorfall hatte die Besatzung allerdings weder offiziell im Logbuch eingetragen noch die sie ablösende Besatzung des Unglücksflugs 40 darüber informiert.

Die Auswertung des CVR's bewies, daß die Piloten bis zum Ende nichts von dem Ausmaß des Feuers wußten, das im Heck wütete. Die Warneinrichtungen vor solchen Feuern waren völlig ungenügend. Die Änderungsvorschläge des NTSB zielten demnach auch auf diese Warneinrichtungen, die verbessert werden sollte. Aber vor allen Dingen sollte ein Feuer dieser Art in Zukunft verhindert werden. Das APU sollte feuerfest eingekapselt werden, insbesondere sollten das brennbare Dämmaterial und die Hydraulikleitungen rund um das APU entfernt werden. Zwischen dem APU, seinem Einlaßkasten und dem gesamten oberen Heckbereich mußte eine Feuerbarriere installiert und so ein Übergreifen von Flammen auf die Steuerorgane der Maschine verhindert werden.

Selten genug, aber der amerikanische Zulassungsbehörde FAA (Federal Aviation Agency) machte aus allen diesen NTSB-Vorschlägen Lufttüchtigkeitsanordnungen. Sie verschärfte die NTSB-Vorschläge noch, indem sie allen Flugzeugbetreibern verbot, daß APU im Flug zu betreiben, ohne daß die geforderten Umbaumaßnahmen vorgenommen wurden.

30.06.67
Thai Int'l   **SE210 Caravelle 3**
HS-TGI   **25**

Flug TG 601 von Taipei/Taiwan nach **Hong Kong** startete um 13:40 Uhr/loc. mit 73 Passagieren, vier Stewardessen sowie den drei Cockpitmitgliedern. Für die nationale Fluggesellschaft Thailands war die Caravelle das erste Düsenflugzeug in ihrer noch kleinen Flotte. Es befanden sich bereits drei Exemplare dieses Typs im Einsatz, die alle von der skandinavischen Airline SAS gemietet wurden. SAS stellte nicht nur das Flugzeug zur Verfügung, sondern sie waren auch für Wartung und Reparatur sowie für Aus- und Fortbildung der Besatzungen zuständig. Da Thai International noch nicht über genug eigene Flugkapitäne für die Caravelle verfügte, wurden einige SAS Kommandanten nach Thailand „versetzt", um diesen neuen Flugzeugtyp den einheimischen Piloten näherzubringen. An Bord von TG 601 saß daher ein 43-jähriger dänischer Kommandant, der seit 1954 auf der Caravelle flog und über 7.800 Flugstunden, davon 3.700 auf der Caravelle, nachweisen konnte. Ihm zur Seite saß ein thailändischer Copilot, der sieben Jahre älter war als er. Dieser kam auf eine Gesamtstundenzahl von 18.400, davon 2.300 auf der Caravelle. Komplettiert wurde die Cockpitmannschaft noch vom 33-jährigen Bordingenieur, der jedoch erst 1.500 Flugstunden absolviert hatte, davon gerade mal 50 in der Caravelle. Fliegender Pilot für diesen Flug war der thailändische Copilot, während sein dänischer Kollege für den Sprechfunkverkehr und die Instrumentenüberwachung zuständig war. Da zwischen Taiwan und China erhebliche politische Spannungen herrschten, verweigerte China seit längerem den Einflug in ihren Luftraum bzw. die Landung auf einem ihrer Flughäfen. Daher mußten alle Flugzeuge, die auf der Route Taiwan-Hong Kong flogen, den chinesischen Luftraum umfliegen. Auch stand aus diesen Gründen kein Ausweichflughafen in der näheren Umgebung zur Verfügung. TG 601 mußte daher große Mengen Treibstoff mitführen, um ggf. nach Taiwan zurückkehren zu können. Für den knapp 1,5 Stunden Flug hatte die Caravelle daher Treibstoff für 4 Stunden und 19 Minuten in den Tanks. Das Wetter an diesem Junitag war denkbar schlecht. Der tropische Taifun „Anita" befand sich etwa 150 Meilen nordöstlich von Hong Kong. Am Vortag hatte er in der britischen Kronkolonie für heftige Winde gesorgt, doch seine enorme Wirkung verpuffte weitgehend über dem Chinesischen Meer. Für die Passagiere von Flug 601 bedeutete dies jedoch einige leichtere Turbulenzen; die „Fasten Seatbelt"-Schilder leuchteten fast den gesamten Flug über. Um 14.38 Uhr/loc. nahm man Funkkontakt mit Hong Kong auf und erhielt die Sinkflugfreigabe von 26.000 ft (FL260) auf 7.000 ft (FL 70). Das Wetter verschlechterte sich zusehends. Bei ihrem Abflug in Taipeh herrschte am Hong Kong-Kai Tak Airport noch aufgelockerte Bewölkung mit starkem Südwind und guter Sicht. Nun aber zogen schwere Gewitterstürme über die Stadt hinweg. Unmengen von Regen ergossen sich und reduzierten die Sichtweite auf ein paar hundert Meter. Die einzige Landebahn, die sich für Schlechtwetteranflüge eignete, war die Bahn 31, die über ein ILS verfügte und auf die man in gerader Linie anfliegen konnte. Der Wind hatte sich zwar deutlich abgeschwächt, jedoch bekam es Flug 601 nun mit starken Regenfällen zu tun. Der Anfluglotse leitete die Caravelle auf den ILS-Leitstrahl der Bahn 31, als man sich noch etwa 8 Meilen außerhalb von Kai Tak befand. Dann wurde die thailändische Maschine aufgefordert, mit dem PAR-Controller Kontakt aufzunehmen. Dieser Fluglotse war für die Überwachung des Precision-Approach-Radars (PAR) zuständig und meldete den anfliegenden Maschinen jede kleinste Abweichung vom ILS-Leitstrahl. Jahre später wurde der PAR-Lotse überflüssig, als die meisten Maschinen mit bordeigenen Präzisions-ILS-Anzeigen ausgestattet wurden.

Flug 601 näherte sich durch dichte Regenwolken dem Flughafen. Der gesamte Endanflug verlief über dem Wasser der Kowloon-Bucht, von der der Flughafen Kai Tak umgeben ist. Zunächst verlief der Anflug exakt innerhalb des Anflugkorridors und der PAR-Controller brauchte nicht einzugreifen. Etwa drei Meilen vor dem Aufsetzen wich die Caravelle ein wenig nach rechts ab und der PAR-Controller funkte:

ATC: „One and a half miles, you're slightly right of centre."

Zu diesem Zeitpunkt erreichte die Maschine 415 ft, die minimalste Flughöhe, bei der die Landebahn in Sicht sein muß, um noch gefahrlos aufsetzen zu können. So stand es im „Operation Manual" von Thai AW. Besteht bei 415 ft kein Sichtkontakt zum Boden, so ist unverzüglich der Landeanflug abzubrechen und ein Fehlanflugverfahren einzuleiten. Ohne Außensicht durchflog TG 601 diese Entscheidungshöhe und der Pilot setzte den Sinkflug fort. Nun befand sich das Flugzeug etwa 50 ft unterhalb des Leitstrahls. Eine leichte Linkskurve wurde eingeleitet, um wieder „auf Kurs" zu kommen. Der Copilot konzentrierte sich in dieser Flugphase ausschließlich darauf, den korrekten Landekurs beizubehalten, während sein Augenmerk nicht mehr auf den Höhenmesser gerichtet war.

ATC: „Coming back on centreline now"

Eine weitere Rechtskurve begann, um den Leitstrahl wieder aufzunehmen. Weder der fliegende Pilot noch der erfahrene Kommandant bemerkten, daß die Caravelle nun immer schneller an Höhe verlor. Die 300 ft-Marke durchquerte man mit einer Sinkrate von 900 ft/min. Beide Piloten blickten offenbar angestrengt aus dem Fenster, wo sie jeden Moment die Lichter der Landebahn 31 erwarteten. Doch nur eine nasse graue Masse lag vor ihnen, in der sich keinerlei Konturen abzeichneten. Nur noch eine Meile bis zur Landebahn.

ATC: „One mile going left of centre."

Die Rechtskurve wurde beibehalten. Der vertikale Abstand zum ILS-Leitstrahl vergrößerte sich mehr und mehr, während die Sinkrate nun über 1.000 ft/min stieg. Nur noch 50 Meter trennte die Maschine vom kalten Wasser der Kowloon-Bucht. Im Cockpit jedoch schien man sich noch wenig Sorgen zu machen. Offenbar vertrauten sie auf den PAR-Lotsen, der sie bei Höhenabweichungen schon informieren würde. Doch da irrten die Piloten. TG 601 sank in dieser Phase mit 1.300 ft/min der Wasseroberfläche entgegen. In 100 ft, nur 30 Meter über dem Wasser, erblickte der Copilot die Wellen der Hafenbucht. Erschreckt zog er an seiner Steuersäule, um den Sinkflug abzufangen. Aber der Abstand war bereits zu gering geworden. Es war genau 15:07 Uhr/loc., als die Rumpfunterseite und das Fahrwerk mit 130 Knoten einen guten Kilometer vor der Landebahn auf das Meer schlugen. Im Moment des Aufsetzens brach die leicht nach unten weisende, rechte Tragfläche und das Hauptfahrwerk ab. Gleichzeitig meldete sich der Anfluglotse:

ATC: „Well left of centreline, if you're not visual, climb immediately on your present heading."

Gern wären die Piloten dieser Aufforderung nachgekommen, doch für einen Steigflug war es nun zu spät. Die Caravelle lag bereits in den Fluten der Hafenbucht. Beim Aufschlag brach das hintere Rumpfteil ab; Meerwasser drang in großen Mengen in die Passagierkabine ein. Die Passagiere, die sich im hinteren Rumpfteil aufhielten, konnten sich mit einem beherzten Sprung in Freie retten. Im vorderen Rumpfteil jedoch gab es Probleme mit der Evakuierung. So gelang es dem Purser zunächst nicht, die linke, vordere Passagiertür zu öffnen, da diese sich durch den Aufprall leicht im Rahmen verzogen hatte und klemmte. Erst unter Mithilfe eines Passagiers konnte dieser Ausgang aufgestemmt werden.

Eine Rettungsinsel wurde ausgesetzt, die sich selbständig aufblies. Doch gelang es nicht, sie zu vertäuen, und die Insel wurde von Seegang und Wind schnell vom Flugzeug fortgetrieben. Nur geübte Schwimmer konnten die Insel erreichen, die von auslaufendem Treibstoff und Hydrauliköl sehr rutschig wurde. Nur wenigen Passagieren gelang es, sich bäuchlings auf die Rettungsinsel zu bugsieren. Durch den Aufprall ließ sich zu allem Übel auch keiner der beiden linken Tragflächennotausgänge öffnen. Auf der rechten Flugzeugseite gelang es einem Passagier den hinteren Tragflächennotausgang zu öffnen. So konnte er und seine Frau, der er beim Ausstieg half, ins Freie gelangen. Beide klammerten sich an den abgebrochenen Stumpf der rechten Tragflächenwurzel. Der Kommandant lief nach hinten und versuchte, den zweiten, rechten Tragflächenausgang zu öffnen, aber vergebens. Viele Passagiere gerieten in Panik und vergaßen, ihre Rettungswesten anzulegen. Einige Hubschrauber eilten zu Hilfe und beteiligten sich an der Rettung der Überlebenden. Die Wassertemperatur war hoch genug, um zu überleben, und die See relativ ruhig. Nach einer guten Minute war die Maschine gänzlich von der Oberfläche verschwunden; Flug 601 endete auf dem Meeresgrund.

Von den 80 Passagieren an Bord ertranken 24, die sich nicht mehr rechtzeitig aus dem sinkenden Wrack befreien konnten. Die Überlebenden waren allesamt gute Schwimmer. Diese Tatsache trug zu der hohen Zahl an Überlebenden bei.

19.07.67

Piedmont AL   **Boeing 727-100**
N68650   **18295**

Über dem Himmel von North Carolina/USA kam es an diesem Tag zu einer folgenschweren Luftkollision. Die 727 startete zuvor auf dem Asheville-Municipal AP und befand sich im Steigflug, als sie mit einer im Anflug befindlichen privaten Cessna 310 in 6.000 ft zusammenprallte. Wegen ungünstigem Wetter und Ablenkung durch Navigations- bzw. Abflugverfahren schenkten die Piloten des Havaristen dem umliegenden Geschehen keine Aufmerksamkeit. Die linke Tragfläche der Cessna kollidierte mit dem vorderen Rumpf der 727, die gerade in einer leichten Linkskurve war und nach dem Zusammenprall augenblicklich nach unten abtauchte und in Rückenlage in ein bewaldetes Gebiet, nahe der Ortschaft **Hendersonville/NC/USA**, aufschlug und explodierte.

Alle 79 Insassen der 727 und die drei Personen an Bord der Cessna fanden den Tod.

Der Cessna-Pilot drang zuvor ohne die Kenntnis der Fluglotsen in den Abflugsektor der Bahn 16 (auf der die Düsenmaschine gestartet war) ein. Bereits zehn Minuten vor der Kollision wurde der Cessna-Pilot auf einen bevorstehenden ILS-Anflug in Asheville in Kenntnis gesetzt. Dieser faßte die Ankündigung als

Flugweg von Piedmont 22 und Cessna N3121S am 19. 7. 67

Freigabe für einen entsprechenden Anflugweg. Eigentlich sollte die Cessna nach Passieren des Ashevilles VOR's den nordwestlichen Kurs fortsetzen, um dann über dem Voreinflugzeichen der Bahn 16 in den Endanflug einzuschwenken. Der Anfluglotse gab nun die unklare Anweisung an N3121S:

ATC: „Three one two one sugar, over the VOR to the Broad River, correction, make that the Asheville radio beacon.",

Obwohl er sich korrigierte, benutzte er den Begriff „Broad River", das Funkfeuer, das sich im Abflugsektor der Bahn 16 befindet. Dieser Begriff mag den Cessna-Piloten zusätzlich bewogen haben, nach Passieren des Asheville VOR's Kurs auf dieses Funkfeuer zu nehmen. Später gab der Controller N3121S für einen ADF-Anflug frei, in dieser Flugphase nahm der Privatpilot fälschlicherweise an, daß das Asheville ADF-Funkfeuer und das Broad River ADF-Funkfeuer ein und dasselbe sind. Seine zögernde Äußerung: „We're heading for the...Asheville now.", bestätigte diesen Verwechselungsverdacht.

Im Wrack der havarierten Cessna fand man später eine drei Jahre alte Anflugkarte von Asheville, in der der Asheville ADF-Sender nicht verzeichnet war. Mangelnde Ortskenntnis von seiten des Cessna-Piloten kam noch erschwerend hinzu. Auch das Versäumnis der örtlichen Fluglotsen, der Cessna eindeutige Anweisungen zu geben, und das Fehlen einer Radarüberwachung des Luftraumes über Asheville, trugen zum Unglück bei.

12.10.67
BEA   **DH106 Comet 4B**
G-ARCO   **6449**

BOAC Flug BE 284 hob planmäßig in London-Heathrow AP um 21.45 Uhr/loc. in Richtung Athen ab. Nach einem ereignislosen Flug durch die Dunkelheit landete die Comet um 01.11 Uhr/loc. in der griechischen Hauptstadt. Dort gingen sechs Passagiere von Bord, während weitere 27 für den Weiterflug an Bord kamen. Für den nächsten Flug nach Nicosia/Zypern, änderte die Comet ihre Flugkennung und nannte sich nun Cyprus Airways Flug 284, die Airline für die die Comet auf dieser Route eingesetzt wurde. So erhob sich CY 284 mit 59 Passagieren, vier Flugbegleiterinnen, sowie den drei Cockpitmitgliedern um 02:31 Uhr/loc. in den Nachthimmel über Athen und kurvte sogleich mit Kurs 180° nach Süden. Der Steigflug wurde fortgesetzt und nach 15 Minuten war die Reiseflughöhe von 29.000 ft erreicht. Einige Minuten später begegnete Flug 284 einer anderen BOAC-Comet, die auf 28.000 ft in Sichtweite an ihr vorbeischoß. Die Insel Rhodos wurde um 03:03 Uhr/loc. überflogen. Es gab keinerlei Anzeichen für Komplikationen. 13 Minuten später, um 03:16 Uhr/loc. meldete Flug 284 den Überflug des Fixpunktes R19C und schätzte die Überflugzeit der nächsten Wegmarke, Myrtou auf Zypern, auf 03:40 Uhr/loc. Kurz darauf wurden die Piloten von Athen-Control aufgefordert, mit der Flugleitstelle in Nicosia Kontakt aufzunehmen. Es war genau 03:18:09 Uhr/loc. als der Pilot sich beim Fluglotsen in Nicosia meldete. Zu diesem Zeitpunkt befand sich die Comet etwa 15 Meilen östlich der Insel **Rhodos/Griechenland.** Der Lotse in Nicosia bestätigte die Identifikation und bat Flug 284 gleichzeitig ihren weiteren Flugverlauf mitzuteilen. Doch auf den routinegemäßen Aufruf: „Bealine Charlie Oscar, over" antwortete Flug 284 nicht mehr. Alle Versuche zur Kontaktaufnahme scheiterten. Gegen 04:40 Uhr/loc. wurde ein Marinehubschrauber von der RAF-Basis in Akrotiri/Zypern losgeschickt, um nach dem vermißten Flugzeug Ausschau zu halten. Um 06.25 Uhr/loc. kam dann die befürchtete Nachricht: Einige größere Wrackteile von Flug 284 wurde auf dem Wasser des Mittelmeeres treibend, gesichtet. Damit wurde klar, daß die Comet ins Meer stürzte und niemand der 66 Menschen an Bord das Unglück überlebte.

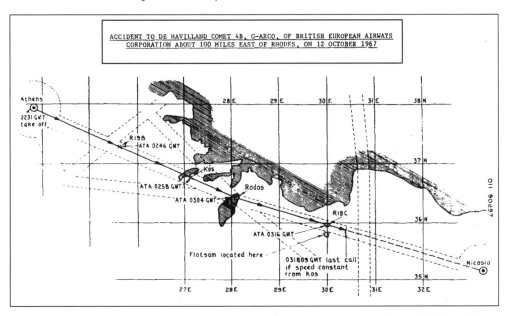

Der schicksalhafte letzte Flug der „G-ARCO" über dem östlichen Mittelmeer am 12.10.1967 <Quelle. ICAO Safety Digest>

Zunächst wurden wieder einige übereilte Reaktionen laut, die Comet wäre, wie schon zweimal zuvor (siehe 10.01.54 / 08.04.54) durch Materialermüdung in der Luft auseinandergeplatzt. Doch die neueren Modelle der Comet waren seit vielen Jahren nunmehr frei von solchen Unglücken geblieben. Auch die Wartung von „G-ARCO" war tadellos. Das Wetter über Rhodos in dieser Nacht war generell schön mit einem klaren Himmel und einigen vereinzelten Wolken. Für Turbulenzzonen gab es keinerlei Anzeichen. Später kam das Gerücht auf, daß die Comet mit einer MiG-21 der ägyptischen Luftwaffe zusammengestoßen wäre, die sich auf einem Überführungsflug von der UdSSR nach Ägypten befunden haben soll. In der Ägäis wurde Trümmer einer MiG gefunden. Bestätigt wurde diese Theorie aber nie.

Die Auswertungen der Wrackteile ergaben später, daß es in einem der Gepäckräume im Rumpf der Maschine zu einer Explosion gekommen sein muß. Durch die Wucht der Explosion wurden die hydraulischen Steuerleitungen so sehr beschädigt, daß praktisch keine Ruderwirkung mehr vorhanden war. Die Maschine setzte zu einem steilen Sturzflug an und brach in niedriger Höhe durch die aerodynamischen Kräfte auseinander. Als Ursache für diese Explosion, so wurde ermittelt, kam nur eine Bombe in Frage, die man in Athen zusammen mit dem Gepäck der Transitpassagiere an Bord plaziert hatte. Erste Vermutungen, der Anschlag habe dem Führer der griechischen Streitkräfte auf Zypern, der sich an Bord von Flug 284 befand, gegolten, stellten sich als unzutreffend heraus. Nachdem man die ersten greifbaren Anzeichen für ein Sprengstoffattentat zusammen hatte, wurden die weiteren Bergungsarbeiten eingestellt.

Die wahrscheinlichste Variante für den Tod von 66 Menschen war allem Anschein nach Versicherungsbetrug. Wie schon von fünf Jahren (siehe 22.05.62) hatten zwei Hinterbliebene für ihre Verwandten, die sich an Bord der Unglücksmaschine befanden, zwei Tage vor dem Abflug eine hohe Lebensversicherung abgeschlossen. Begünstigte im Todesfall wären die beiden kriminellen Hinterbliebenen gewesen. Eine politische Motivation für den Terroranschlag wird jedoch auch nicht ausgeschlossen, obwohl niemand hierfür die Verantwortung übernahm.

04.11.67

Iberia SE210 Caravelle 10R
EC-BDD 202

Die als Linienkurs 62 aus Malaga kommende Maschine war gerade für einen Sinkflug auf 6.000 ft freigegeben worden und hatte das Verlassen ihrer Flughöhe von 14.500 ft gemeldet. Mit Kurs auf das Funkfeuer Epsom war sie dann um 22:02 Uhr/loc. mit leicht erhöhtem Gelände kollidiert und zerschellt. Die Maschine war zu diesem Zeitpunkt noch über 50 Kilometer von der anvisierten Landebahn in London-Heathrow entfernt und war bei ihrer Kollision mit einem 700 ft hohen Hügel war unter voller Kontrolle der Besatzung. Bei Dunkelheit, sehr niedriger Wolkendecke und Regen hatten die Piloten keinerlei optische Referenzpunkte am Boden, die sie vor ihrem fatalen Sinkflug hätten warnen können.

Die Maschine zerschellte nahe der Ortschaft **Fernhurst**. Alle 37 Insassen, 30 Passagiere und sieben Crewmitglieder, starben bei dem Aufschlag. Auch bei diesem Absturz wurde entweder eine falsche Einstellung oder eine fehlerhafte Ablesung des Höhenmessers als Absturzgrund angenommen. Die britischen Behörden nahmen an, daß sich die spanische Besatzung 10.000 ft zuviel abgelesen hatten.

Aus ähnlichen Gründen stürzte bereits vor drei Jahren eine andere Caravelle ab (vgl. 17.04.64).

05.11.67

Cathay Pacific AW Convair 880
VR-HFX 37

Während des Startlaufes der CV-880 auf dem Flughafen **Hong Kong-KaiTak AP** kam es plötzlich zu sehr starken Vibrationen der Maschine. Da sich die 880er noch unterhalb der Abhebegeschwindigkeit befand, entschied sich der das Flugzeug führende Copilot sofort für einen Startabbruch.

Obwohl er die Radbremsen maximal betätigte und vollen Gegenschub gab, wurde die hohe Rollgeschwindigkeit des Flugzeugs nicht geringer.

Außerdem zog der Vierstrahler nach rechts, was der Pilot auch durch starkes Gegensteuern mit dem Seitenruder nicht korrigieren konnte. Der Vierstrahler verließ die Runway, überquerte die Grasfläche neben der Bahn, durchbrach eine Umgrenzungsmauer und tauchte kopfüber in das neben dem Flughafen liegende Hafenbecken der Kowloon-Bucht. Beim sehr heftigen Aufschlag im Wasser brach die Cockpitsektion der Maschine vom restlichen Rumpf ab und versank, während der Rest noch auf der Oberfläche trieb.

Im Cockpit saß außer dem Piloten, Copiloten und Bordingenieur noch ein Check-Pilot, der die Fähigkeiten der beiden Piloten überprüfen sollte. Alle vier konnten sich aus dem Cockpit befreien und blieben unverletzt.

Die Evakuierung der Passagiere war währenddessen in vollem Gange. Man konnte nur die vorderen Ausgänge benutzen, da beim Versuch, die Hinteren zu öffnen, Wasser in die Passagierkabine gelaufen war, was beinahe zum Absinken des Rumpfes und zu einer Panik unter den Fluggästen geführt hatte. Ansonsten lief die Evakuierung aber reibungslos.

Nur einer der Passagiere kam bei dem Unglück ums Leben. Er starb an einer Kopfverletzung, die er sich beim Aufschlag der Convair aufs Wasser zugezogen hatte.

Die Unfallursache war ein geplatzter Reifen. Der Pneu befand sich am Bugfahrwerk auf der rechten Seite und war beim Überrollen eines Gegenstandes auf der Runway beschädigt worden.

06.11.67

T W A Boeing 707-120
N742TW 17669

Linienkurs 159 der Trans World Airlines hatte auf seinem transkontinentalen Flug von New York nach Los Angeles in **Cincinnati/OH/USA** eine Zwischenlandung eingelegt. Um 18:33 Uhr/loc. verließ sie mit 29 Passagieren und sieben Crewmitgliedern wieder das Terminal des Flughafens. Die 707 rollte den Taxiway entlang, mußte dann aber am Haltepunkt der Bahn 27L noch auf hereinkommenden Verkehr warten.

Von ihrem Cockpit aus verfolgten die Piloten des TWA Fluges 159, wie sich aus den leuchtenden Punkten von Landelichtern die Silhouette eines näherkommenden Flugzeuges formte. Schließlich huschte eine Delta DC-9 wie ein Schatten an ihnen vorbei und setzte auf der Bahn auf. Gleichzeitig mit dem Aufheulen des Umkehrschubes der DC-9 erhielt die TWA-Besatzung die Erlaubnis, auf die Bahn zu rollen

Der 26 Jahre alte Copilot sollte den Start übernehmen und bugsierte die 707 in die Mitte der Bahn. An deren Ende sah er, wie die Lichter der DC-9 um 90° nach rechts von der Pistenachse abschwenkten und sich in Richtung eines Taxiways bewegten, dann aber plötzlich stehenblieben. Sekunden später meldete sich die Delta-Besatzung mit der Nachricht, sie wären von der Bahn abgekommen und würde jetzt mit dem Vorderrad im weichen Untergrund neben dem Asphalt feststecken. Die Delta-Piloten verfluchten ihr Mißgeschick, unternahmen aber keine Versuche sich mittels Schuberhöhung selbst zu befreien. Sie zogen die Triebwerkshebel auf Leerlauf zurück und warteten auf Hilfe. Der Tower konnte aber nicht warten. Es war 18:40 Uhr/loc. und der Flughafen befand sich mitten in der Stoßzeit mit etlichen Maschinen im Landeanflug. Aber vom Tower aus konnte der Lotse auch nicht genau erkennen, ob die Landebahn 27L jetzt frei war oder nicht. Also fragte er die Delta-Besatzung, die immer noch ihr Mißgeschick beklagte, aber anschließend erklärte, sie hätten vollständig die Landebahn verlassen. So gab es keinen weiteren Grund zur Verzögerung und die TWA-707 bekam Genehmigung, mit ihrem Startlauf zu beginnen.

Der junge Copilot schob die Schubhebel nach vorne und aus dem Grummeln der vier im Leerlauf befindlichen Pratt & Whitney Turbinen wurde ein tiefes Brüllen, welches die Maschine förmlich vorwärts zu trieben schien. Die vom Copiloten gesteuerte Maschine nahm Fahrt auf und schoß immer schneller die Bahn hinunter.

CPT:„*Okay, you're looking fine*"

bestätigte der Kommandant, der seine Aufmerksamkeit zwischen seinen Instrumenten und den näherkommenden Blinklichtern der liegengebliebenen DC-9 hin- und herwendete.

CPT: „*Eighty knots, you got'er*"

Er wendete seinen Blick nach rechts zur DC-9 und kommentierte:

CPT: „*Not very # far off the runway.*"

COP: „*Sure as # isn't*"

bestätigte der Copilot und konzentrierte sich wieder auf den Startlauf. Mit 135 Knoten passierte die 707 die quer zur Startbahnrichtung stehende DC-9. In diesem Moment war im Cockpit ein lauter Knall zu hören, während die 707 leicht zu schlingern begann.

COP:„*Oh god, I hit him*"

schrie der Copilot und brach sofort den Start ab. Er riß die Schubhebel nach hinten, trat voll in die Radbremsen und rief dem Kommandanten zu, er möge ihm beim Niederdrücken der Steuersäule helfen. Denn die 707 hatte mittlerweile 143 Knoten und damit Abhebegeschwindigkeit erreicht. 2,5 Sekunden nach seinem Hilferuf wurde der Umkehrschub aktiviert, um die 96 Tonnen schwere Maschine innerhalb der verbleibenden Startbahn zum Stehen bringen. Jetzt erst rief der Copilot „*Spoiler*", die eigentlich zusammen mit der Schubreduzierung hätten aktiviert werden müssen. Auch sein Kommandant reagierte zu langsam und dachte zu spät an diese Bremsklappen.

So schaffte es die Besatzung nicht mehr, die Maschine zu stoppen. Sie erreichte das Ende der Startbahn und rumpelte immer noch mit hoher Geschwindigkeit über das Gelände hinter der Bahn. Dort wurde sie von einer kleinen Bodenerhöhung kurzzeitig in die Luft geschleudert, prallte aber schon zwanzig Meter weiter mit großer Gewalt wieder auf die Erde, wobei das Hauptfahrwerk zusammenbrach. Die 707 schlittere noch einige Meter weiter und kam schließlich 150 Meter hinter dem Ende der Startbahn mit angeknackstem Rumpf und einer hinter dem Triebwerk Nr. 4 abgeknickten rechten Tragfläche zum Stehen. Im Bereich dieses Bruches trat Treibstoff aus und entzündete sich. Dieser Brand behinderte die Evakuierung der 36 Insassen insofern, weil nur die Ausgänge auf der linken Seite benutzbar waren.

Ein Passagier starb einige Tage später im Krankenhaus an den Verletzungen, die er sich während der Evakuierung zugezogen hatte. Acht weitere Passagiere und zwei Besatzungsmitglieder trugen von dem Unfall zum Teil schwere Verletzungen davon.

Es stellte sich heraus, daß der Startabbruch gänzlich unnötig gewesen war, denn die rechte Tragfläche hatte niemals die liegengebliebene DC-9 berührt. Das was die Piloten als Knall wahrgenommen hatten, war ein kurzzeitiger Strömungsabriß am Triebwerk No.4 gewesen. Dieser Strömungsabriß war von dem Abgasstrom ausgelöst worden, die die noch im Leerlauf befindlichen beiden Triebwerke der Delta DC-9 produziert hatten. Die TWA 707 war mit 135 Knoten im rechten Winkel durch den starken Abgasstrom hindurchgefahren, was den Strömungsabriß und das starke Schlingern um seine Hochachse ausgelöst hatte.

Trotzdem kam das NTSB zu dem Ergebnis, daß die Entscheidung zum Startabbruch richtig war. Die 707 befand sich mit 135 Knoten noch kurz unterhalb der Entscheidungsgeschwindigkeit V_1 (138 Knoten) und der Copilot hatte keine Möglichkeit in dieser kurzen Zeit festzustellen, ob eine „physische" Berührung mit dem Heck der DC-9 stattgefunden hatte oder nicht.

Das änderte nichts an der chaotischen Durchführung des Startabbruchverfahrens selbst. Das NTSB rechnete später aus, daß es der Besatzung auf keinen Fall gelungen wäre, die Maschine auf der verbliebenen Bahn zum Stehen zu bringen. Aber ein rechtzeitiges Aktivieren des Umkehrschubes und der Spoiler hätte die Geschwindigkeit so stark reduziert, daß der 707 und ihren Insassen wohl der „Hoppser" über die Bodenerhöhung erspart geblieben wäre. Das NTSB vermutete, daß der unerfahrene Copilot instinktiv (richtig) den Start abgebrochen, aber danach auf weitere Befehle oder eine Bestätigung seines Handelns durch den Kommandanten gewartet hatte. Der hatte aber zu spät reagiert.

N828TW; eine Schwestermaschine der im Anflug auf Cincinnati verunglückten „N821TW". TWA gab den frühen Jet-Flugzeugen den Beinamen"StarStream", die diese Flottenbezeichnung viele Jahre hinweg trugen. Zusammen mit einigen anderen 880ern fristet sie seit nunmehr 23 Jahren ihr Dasein in der Mojavewüste in Kalifornien./Columbus im Juli 1971 <Quelle: N.Scherrer>

20.11.67

T W A   **Convair 880**
N821TW   **27**

Nur 2 Wochen nach dem Verlust einer 707 verlor TWA noch ein zweites Flugzeug auf demselben Flughafen.

TWA-Flug 128 befand sich im Anflug auf den **Greater Cincinnati AP/OH/USA**, einer Zwischenstation auf dem Weg von Los Angeles nach Boston. Während des Anfluges auf die Bahn 18 geriet der Jetliner zu tief und stürzte vor Erreichen der Landebahn ab.

65 Passagiere und 5 Crewmitglieder kamen in den Flammen ums Leben. Nur 12 Menschen überlebten den Crash.

Beim Aufschlag waren Fahrwerk und Klappen auf 50° ausgefahren. Die 880er berührte mit 350 km/h einige Bäume, bevor sie 2850 Meter vor dem Bahnanfang auf eine Weide prallte und zerschellte.

Zum Unglückszeitpunkt (21:00 Uhr/loc.) war der ILS-Localizer in Betrieb, aber die VASI-Lichter der Gleitweganzeige und das Haupteinflugzeichen (Middlemarker) waren wegen Bauarbeiten außer Betrieb. Von diesem Umstand wurde die Crew noch während des Fluges unterrichtet.

Bis zum Voreinflugzeichen (Outer marker) verlief der Anflug normal. In der Gegend des Ohio-Flusses flog TWA 128 durch einen Schneeschauer hindurch, der die Sichtweite auf 1,5 - 2 Meilen reduzierte. Sekunden vor der Geländekollision erkannte der Pilot die Lage und zog die Maschine unter Vollschub nach oben, jedoch war es für Gegenmaßnahmen bereits zu spät. Der Kommandant (an das Flugzeug):
CPT: „Come on you!"

Ursache dieses erneuten Unglücks in Cincinnati lag in erster Linie an der ungenügenden Überwachung des Höhenmessers. Der Copilot rief entgegen der Regularien weder die Flughöhen ab 500 ft in 100er Schritten aus, noch gab er den Durchflug der Entscheidungshöhe „DH" (Decision Height), noch Abweichungen vom ILS-Gleitpfad bekannt. Zum Zeitpunkt, als diese Ausrufe hätten gemacht werden müssen, waren der Copilot und der Flugingenieur noch mit dem Lesen der Checkliste für den Endanflug beschäftigt.

Die Piloten verließen sich trotz geminderter Sicht auf die Höheneinschätzung anhand der Bodensicht.

Wie schon 2 Jahre zuvor der American Airlines-Pilot (siehe 08.11.65), orientierte sich der 880er-Pilot an den Lichtern der Wohnhäuser am Ohio-River, die jedoch tiefer als die Landebahn lagen. Der Kommandant hatte die Minimalhöhe nicht mehr im Kopf und fing den Vierstrahler erst bei 400 ft (statt 1.300 ft) ab, was genau um 400 ft über der Höhe des Airports liegt.

09.01.68

Middle East AL   **Boeing 720B**
ET-AAG   **18454**

Bei der Landung auf dem **Beirut Int'l AP/Libanon** kollabierte das Bugrad und die von Ethiopian AL geleaste Boeing 720 schleifte mit dem vorderen Rumpf über die Runway. Außerdem brach ein Feuer aus, was die Maschine in Brand setzte.

07.02.68

CP Air   **Boeing 707-120B**
N791SA   **17698**

Am 06.02. erwachte der Kommandant der Standard Airways in seiner Wohnung in Seattle gegen 08:30 Uhr/loc. An diesem Tag sollte er den Linienflug 321/322 der Canadian Pacific von **Vancouver/Kanada** nach Honolulu/Hawaii und zurück übernehmen. Er fuhr zum Flughafen und traf dort mit den anderen Crewmitgliedern, bestehend aus Copilot, Flugingenieur und Navigator, zusammen. Sie wollten sich gerade für den Zubringerflug nach Vancouver einchecken, als sie erfuhren, daß dieser gestrichen wurde. Also setzten sich alle vier in den Wagen des Kommandanten und fuhren per Auto nach Vancouver. Nach gut 2,5 Stunden Fahrt über die vereiste Autobahn traf die Gruppe um 13.40 Uhr/loc. auf dem Flughafen in Vancouver ein. Dort parkte bereits ihre 707, die gerade für den Abflug nach Hawaii bereitgemacht wurde. Sofort begab sich die Crew ins Cockpit und begann mit den Startvorbereitungen. Die 707 war von Canadian Pacific AL als Ersatzflugzeug für eine ausgefallene DC-8 incl. Piloten angemietet worden. Das Kabinenpersonal bestand aus fünf CPA-Flugbegleitern, die sich um die Passagiere kümmerten. Es war genau 18.12 Uhr/loc., als die 707 in Richtung Honolulu abhob. Dort traf die Maschine um 19.49 Uhr/loc. ein und wurde ohne Verzug auf den Rückflug vorbereitet. Im Cockpit erfuhren die Piloten über den CPA-Dispatcher von einer Wetterverschlechterung in Vancouver. Dort war es Mitternacht und dichter Nebel zog auf, der die Sichtweite immer mehr einschränkte. Falls in Vancouver keine Landung möglich wäre, erwog man Calgary als möglichen Ausweichflughafen anzusteuern. Bis zur geplanten Ankunftszeit sollten jedoch noch mehr als sechs Stunden vergehen und bis dahin könnte sich der Nebel wieder verzogen haben.

Vorsichtshalber wurde aber noch zusätzlicher Treibstoff für 30 Minuten getankt, um etwaige Warteschleifen fliegen zu können. Mit 52 Passagieren an Bord hob man um 21.17 Uhr/loc. in die Dunkelheit ab. Zu dieser Zeit befand sich die Crew seit mehr als 16 Stunden auf den Beinen, und erste Ermüdungserscheinungen machten sich breit.

Der nächtliche Rückflug über den schwarz schimmernden Pazifik verlief ohne weitere Vorkommnisse. Die meisten Passagiere schliefen und die erschöpfte Besatzung sehnte sich ihrem Dienstende in Vancouver entgegen. Gegen 05.40 Uhr/loc. näherte man sich dem kanadischen Festland und nahm mit der Radarkontrolle in Vancouver Kontakt auf. Nur zwei Minuten später wurde Flug 322 über das gegenwärtige Wetter informiert. Dies verhieß nichts Gutes: gebrochene Wolkendecke, Sichtweite ca. 200 Meter, Nebel, schwacher Wind, Temperatur minus 3°.

Die erhoffte Wetterbesserung trat somit nicht ein. Die Besatzung nahm dies zur Kenntnis und setzte den Anflug fort. Zehn Minuten später wurden noch einmal die neuesten Sichtweiten auf dem Vancouver AP bekanntgegeben. Die Besatzung von Flug 322 mußte zur Kenntnis nehmen, daß sich die Sichtweite mittlerweile auf Null reduziert hatte. Um 05.58 Uhr/loc. wurde die 707 für einen ILS-Direktanflug auf die Landebahn 08 freigegeben. In dieser Phase pilotierte der Copilot die Boeing, auf der er bis dahin 344 Flugstunden absolviert hatte. Bei Nullsicht näherte man sich der Runway.

Der Düsenjet folgte zunächst dem vorgeschriebenen Leitstrahl. Fahrwerk und Klappen wurden ausgefahren. In einer Höhe von knapp 1.000 ft befand man sich etwa 30 Meter zu weit links von der Ideallinie. Der Anfluglotse wies die Piloten auf diesen Umstand hin, und der Copilot korrigierte etwas nach rechts. Langsam schwebte man durch die Dunkelheit fast ohne Außensicht über dem Bahnanfang ein. Nur die mit voller Kraft scheinende Anflugbefeuerung drang ein wenig durch die Finsternis hindurch. Kurzzeitig hob der Copilot die Nase etwas an und verlangsamte den Sinkflug. Der Kommandant zog nun die Leistungshebel der vier Triebwerke auf Leerlauf zurück, wodurch die 707 wieder eine höhere Sinkrate erfuhr und nach unten durchsackte.

Etwa 1.000 Meter hinter der Bahnschwelle bekamen die Piloten endlich in einer Höhe von nur 3 Metern Bodensicht. Zu spät erkannten die Piloten die schnell näherkommende Landebahn. Der Kommandant sagte in diesem Moment, daß man wohl besser den Anflug abbrechen sollte. Für ein Abfangen reichte die Zeit jedoch nicht mehr. Die 707 setzte hart auf der rechten Seite der Landebahn 08 auf und hüpfte wieder hoch. Der Rumpf lag etwa 8° rechts von der Pistenachse, wodurch die Maschine immer mehr nach rechts driftete. Der zu einem Go-around entschlossene Kommandant schob kurzzeitig die Schubhebel nach vorne, erkannte jetzt aber, daß es hierfür zu spät war. Die 707 verließ mit hoher Geschwindigkeit die Landebahn und raste in Richtung Terminal. Auf diesem Weg kollidierte sie mit einigen abgestellten Kleinflugzeugen, und die rechte Tragfläche bohrte sich in das kleine Gebäude des Vorfeldbüros.

Völlig außer Kontrolle geraten schlitterte man durch den Nebel und schoß zwischen zwei parkenden Düsenflugzeugen hindurch, um schließlich mit der Nase in eine Ecke des Abflugterminals zu rammen. Dort endete die rasante Fahrt von Flug CPA 322. Unter der rechten Tragfläche war ein Vorfeldfahrzeug eingeklemmt und mitgeschleift worden und hatte Feuer gefangen. Nach dem Stillstand der Maschine schloß der Copilot sofort die Treibstoffzufuhr zu allen vier Triebwerken, doch Triebwerk Nr. 2 lief noch weitere 15 Minuten auf Leerlauf weiter, da beim Aufprall die Ventilsperren in der Kerosinleitung beschädigt wurden. Wegen unvollständiger Verbrennung infolge der schadhaften Zuleitungen schossen über eine längere Zeit große Flammen aus der Düse von Triebwerk Nr. 2. Beide Feuer erhellten die Dunkelheit, so daß die noch schlaftrunkenen Passagiere ohne Schwierigkeiten die Notausgänge fanden und sich ins Freie retten konnten.

Ein Purser sowie ein Flughafenangestellter überlebten den Unfall nicht.

Dabei hatte man noch enormes Glück. Wäre die Boeing mit einem der parkenden Jets auf dem Vorfeld zusammengestoßen, wäre es sicherlich zu einem Inferno gekommen.

Im Nachhinein wurde der Kommandant heftig kritisiert, trotz der geringen Sicht die Landung fortgesetzt zu haben. Außerdem waren beide Piloten nicht auf ein Go-around Manöver vorbereitet. Eine Besprechung der Vorgehensweise in diesem Fall blieb aus. Auch kam der

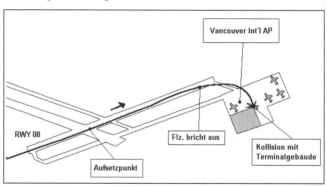

Die mißratene Landung der 707 in Vancouver am 07.02.1968

Kommandant seinen Pflichten als assistierender Pilot nicht nach. Weder Höhen- noch Geschwindigkeitswerte wurden von ihm im Endanflug ausgerufen. Zugute halten muß man den Piloten allerdings, daß die gesamte Cockpitcrew seit fast 21 Stunden ohne Schlaf war und demzufolge Konzentration und Reaktionsfähigkeit nachgelassen hatten. Den nahenden Feierabend vor Augen wollten sie um jeden Preis in Vancouver landen und nicht von einem Ausweichflughafen die 707 wieder nach Vancouver überführen, was eine weitere Dienstzeitverlängerung bedeutet hätte.

16.02.68
Civil AT   Boeing 727-100
B-1018   19175

Civil Air Transport war eine kleine taiwanesische Airline, die erst am 03.01.1968 eine 727 erworben hatte. Abgekauft hatte man die erst zwei Jahre alte Maschine der Air America, die von der CIA gegründet wurde. Jetzt wurde sie auf den internationalen Routen der Airline eingesetzt, so auch an diesem Tag für den Linienkurs 10, der in der taiwanesischen Hauptstadt Taipeh begonnen hatte. Nach einem ereignislosen Hinflug nach Hong Kong und einer ebenso ereignislosen Bodenzeit war die Maschine um 20:18 Uhr/loc. vom Flughafen Kai Tak gestartet. Nach einem 500 Kilometer langen Flug über das Südchinesische Meer meldete sich die Besatzung um 20:45 Uhr/loc. bei der Luftaufsicht von Taipeh und wurde aus 29.000 ft für einen ILS-Anflug freigegeben. An Bord der 727 befanden sich 52 Passagiere und 11 Besatzungsmitglieder.

Im Cockpit befanden sich vier Piloten, darunter zwei Amerikaner. Einer davon war der Kommandant der Maschine, der andere war der Chefpilot der Airline. Außerdem befanden sich noch zwei taiwanesische Copiloten im Cockpit, die mit ihren amerikanischen Kollegen eines gemeinsam hatten: nämlich wenig Erfahrung mit der 727. Der Kommandant und der für diesen Flug eingeteilte taiwanesische „Copilot vom Dienst" waren zum Lernen an die amerikanische Fluglinie Southern Airways ausgeliehen worden. Beide hatten auf diese Art jeweils 130 Flugstunden auf diesem Flugzeugtyp gesammelt, während der Chefpilot schon 170 Flugstunden auf der 727 verbracht hatte. In den letzten sieben Wochen hatten ihn seine Pflichten als Chefpilot allerdings vom Fliegen abgehalten. Um seine Kenntnisse aufzufrischen, hatte er den Platz mit dem taiwanesischen Copiloten getauscht und führte an diesem Abend den Landeanflug durch.

Die 727 passierte um 20:59 Uhr/loc. das VOR-Makung, sie wurde daraufhin für den Sinkflug auf 11.000 ft freigegeben. Die Maschine wurde von Höhe zu Höhe und Fixpunkt zu Fixpunkt weiter freigegeben. Um 21:18 Uhr/loc. überflog die in Landekonfiguration befindliche Maschine den Outer Marker und begann mit dem ILS-Endanflug auf die Landebahn 10. Der Anfluglotse gab die notwendigen Informationen über Bodenluftdruck und Wetter. Das war sehr schlecht. Bei einer Sicht von 4 Meilen, leichtem Regen und einer tieffliegenden Bewölkung tasteten sich die Piloten den ILS-Leitstrahl hinunter in Richtung Landebahn.

Ohne irgendeine Bodensicht sank die Maschine unter den Gleitpfad. Als bei Erreichen der Sicherheitshöhe von 350 ft eine Warnlampe am Radarhöhenmesser aufleuchtete, begannen die alarmierten Piloten, das Flugzeug abzufangen. Doch Sekunden später berührten die Fahrwerke den ansteigenden Boden nahe der Ortschaft **Linkou/Taiwan**. Die Fahrwerke brachen zusammen während die Hecksektion mit den drei Triebwerken und die linke Tragfläche abgerissen wurden. Der Rumpf rutschte weiter, kollidierte mit einem Farmhaus und fing Feuer. Die Unglücksstelle war 15 Kilometer vom Flughafen entfernt, weshalb die sofort alarmierte Flughafenfeuerwehr eine halbe Stunde brauchte, um den Ort des Geschehens zu erreichen. Inzwischen hatten aber schon zivile Rettungseinheiten und die amerikanische Militärfeuerwehr die Löscharbeiten übernommen.

Trotzdem verbrannten drei Besatzungsmitglieder und 18 Passagiere in dem Feuer, außerdem wurde ein Bewohner des Farmhauses getötet.

Die taiwanesischen Behörden gaben dem amerikanischen Chefpiloten die Schuld an dem Absturz. Er war nicht für den Flug eingeteilt und hätte die Maschine in den schlechten Wetterbedingungen nicht fliegen dürfen. Die wenige Erfahrung mit der 727 hatte er im Laufe der „flugstundenlosen" sieben Wochen eingebüßt. Er hatte die Maschine unter den Gleitpfad sinken lassen, ohne dabei von seinem amerikanischen Kollegen auf dem rechten Sitz korrigiert zu werden. Sie faßten die Absturzursache mit einem Wort zusammen: „Leichtsinn". Aufgrund dieses Berichts der taiwanesischen Luftaufsicht wurden die beiden amerikanischen Piloten verhaftet und des Mordes angeklagt. Ihre Pilotenlizenzen wurden ihnen entzogen.

In Pilotenkreisen sorgte dieser Bericht für Empörung. Da sich unter den Opfern des Absturzes auch die Frau des Chefpiloten befand, wurde er praktisch des Mordes an seiner eigenen Frau angeklagt.

Es war unter Linienpiloten ein offenes Geheimnis, daß die ILS-Anlage des Flughafens Taipeh oft nicht intakt war und obendrein falsch justiert war. Die internationalen Pilotengewerkschaft IFALPA (International Federation of Airline Pilots Association) wies das öffentlich nach, aber die taiwanesischen Behörden hielten an ihren beiden amerikanischen Sündenböcken fest. Erst massiver Druck der amerikanischen Regierung und eine Drohung der IFAPLA, ihre Mitglieder aufzufordern, Flüge nach Taiwan zu verweigern, brachte die Behörden des Inselstaates zum Einlenken und die Piloten wurden freigelassen.

06.03.68
Air France   Boeing 707-320C
F-BLCJ   19724

Um 19.27 Uhr/loc. startete die französische Maschine in Caracas zum Flug AF 212 nach Pointe-à-Pitre, auf Goudeloupe. An Bord befanden sich neben den elf Crewmitgliedern noch weitere 32 Passagiere. Der 53jährige Kommandant gehörte zu den „alten Hasen" bei Air France und hatte bereits 18.214 Flugstunden absolviert, davon 4.414 auf der Boeing 707. Bereits 15 Mal in den letzten zwölf

Monaten hatte er Point-à-Pitre angeflogen. Zur Seite saß ihm ein jüngerer Copilot, der 1.842 Flugstunden auf der 707 nachweisen konnte. Für ihn war es erst der zweite Anflug auf Point-à-Pitre überhaupt. Einige Zeit nach dem Abflug nahm noch ein weiterer Kommandant einer anderen Airline, der als Passagier mitflog, auf dem Beobachtersitz zwischen den beiden Piloten Platz. Flug 212 stieg auf die Reiseflughöhe von 33.000 ft (FL330) und nahm Kurs auf die Antilleninsein. Mittlerweile verschwand die Abendsonne hinter der Boeing und es wurde langsam dunkel. Um 20.10 Uhr/loc. verließ man dann die Reiseflughöhe und ging in den Sinkflug auf Gouadeloupe über. Um 20.14 Uhr/loc. passierte die Maschine 15.000 ft und der Copilot nahm mit der Bodenstation auf Gouadeloupe Kontakt auf. Die Maschine wurde auf ein weiteres Flugzeug aufmerksam gemacht, daß ebenfalls in Richtung Gouadeloupe in 8.000 ft unterwegs war. Daher erging die nächste Sinkflugfreigabe nur bis 9.000 ft. Es war ca. 20.24 Uhr/loc. als Flug 212 diese Höhe erreichte. Die Maschine überflog die südliche Nachbarinsel Martinique, die wie ein dunkler Fleck im Meer unter den Piloten vorbeizog. Durch die dichte Bewölkung konnten die Piloten ihr Ziel noch nicht vor sich sehen. Nun wurden sie aufgefordert, mit dem Tower des Point-à-Pitre-Le Raizet Flughafens auf Gouadeloupe, Kontakt aufzunehmen. Doch der Copilot hatte irrtümlich eine falsche Frequenz in seinen UKW-Funkgerät eingeschaltet. So blieben dann auch minutenlang ihre Aufrufe unbeantwortet. Mit über 300 knoten näherte sich die Boeing der Insel. In Kürze, so dachten die Piloten, müßte man die ersten Lichter der Ortschaften an der Südküste sehen. Endlich um 20.29 Uhr/loc. bemerkten die Piloten ihren Fehler und nahmen Kontakt zum Towerlotsen auf. Der gab ihnen die Landeinformationen und die neueste Wettermeldung durch. Desweiteren forderte der Lotse die Besatzung auf, sich entweder bei Erreichen von 9.000 ft, oder bei Sichtkontakt zum Flughafen, wieder zu melden. Doch 9.000 ft hatte man schon vor einigen Minuten erreicht. So hielten die Piloten angestrengt Ausschau nach den ersten Anzeichen der Insel. Zur gleichen Zeit beschäftigte sie aber auch noch das Problem mit dem UKW-Empfänger, der nach Meinung der Piloten wohl einen Defekt aufweisen mußte. So abgelenkt, verlor der Kommandant das Zeitgefühl, und als er durch die Wolken die hellen Lichter einer Stadt erblickte, dachte er, es handelte sich hierbei um Point-à-Pitre. Doch weit gefehlt. Die Lichter stammten von der Stadt Basse-Terre, einer anderen Ortschaft an der südwestlichen Küste Gouadeloupes. Doch für ihn war die Situation klar:

CPT: „....estimating over the airport in approximately 1,5 minutes"

Kurz darauf dann folgte die Meldung:

CPT: „Airfield in sight."

Dem Lotsen, der sich auf die Meldungen der Besatzung verlassen mußte, reichte diese Mitteilung, um Flug 212 für einen Sichtanflug auf die Landebahn 11 freizugeben. Die 707 verließ die Flughöhe von 9.000 ft und ging in den weiteren Sinkflug über. Anhand ihrer Navigationsinstrumente hätten die Piloten allerdings sehen müssen, daß sie noch über 20 Meilen vom Le Raizet-Flughafen entfernt waren. Doch der verhängnisvolle Sinkflug ging weiter. Die Piloten unterhielten sich immer noch über die Qualität der Funkgeräte, anstatt ihre Position zu überprüfen. Um 20.31:30 Uhr/loc. meldete Flug 212, daß man auf das andere Funkgerät gewechselt habe. Dies war gleichzeitig die letzte Meldung der Maschine. Da niemand im Cockpit von den Navigationshilfen Gebrauch machte oder Zweifel an der Richtigkeit des Flugweges hatte, steuerte die 707 ins Verderben.

Die Bewohner des kleinen Ortes Saint Claude blickten kurze Zeit später nach oben, als sie das laute Dröhnen eines sehr tief fliegenden Flugzeugs hörten. Entsetzt erkannten sie die Boeing, die im Sinkflug genau auf die Bergkette zuflog und einen Moment später in einem Feuerball am Berg **La Soufrière**, einem erloschenen Vulkan, zerschellte. Der Unglücksort lag in 3.900 ft Höhe, nur 50 Meter links vom Gipfel des Berges in einem dicht bewaldeten Gebiet.

Alle 43 Menschen, 32 Passagiere und 11 Besatzungsmitglieder an Bord, fanden den Tod. Die Rettungstrupps brauchten sehr lange, um sich zu der schwer zugänglichen Stelle durchzuschlagen. Auslaufendes Kerosin hatte sich entzündet und löste einige Waldbrände aus, die noch tagelang weiterwüteten.

07.03.68

Aeroflot   **Tupolev 124**
CCCP-45019   2350604

Beim Start in **Wolgograd/UdSSR** bei schlechten Wetterverhältnissen verunglückte die Tupolev.

Hierbei kam ein Mitglied der Cockpitbesatzung ums Leben.

21.03.68

United AL   **Boeing 727-100C**
N7425U   19200

Der nächtliche Frachtflug 9963 der United Airlines rollte in dieser Nacht um 03:50 Uhr/loc. auf die Startbahn 9R des Flughafens **Chicago O'Hare AP/IL/USA**. An Bord befand sich neben dem Kommandanten nur noch der Copilot und der Bordingenieur. Nachdem die Vorbereitungen abgeschlossen waren, schob der Kommandant die drei Schubhebel nach vorne. Kurz nachdem die Maschine begonnen hatte zu rollen, schellte plötzlich eine Warnklingel. Diese sollte die Besatzung davor warnen, wenn die Lande- oder Vorflügelklappen, Luftbremsen, die Abgastür des APU's oder die Stabilizer nicht in der richtigen Konfiguration für den Start sind.

Der Kommandant wollte aber den Start nicht abbrechen und forderte seine beiden Kollegen auf, schnellstens den Fehler zu finden und zu beheben. Die Schwierigkeit für die beiden bestand jetzt darin, die falsch eingestellte Klappe zu finden, den diese Warnungen galten nicht nur für eine einzelne Klappe sondern auch für die richtige Kombination der Klappen untereinander. Der Blick der beiden streifte über die Hebel der Lande- und Vorflügelklappen, die beide auf „ausgefahren" standen und endete beim Anzeigelicht für die Vorflügelklappen, welches ebenfalls „grün" illuminiert war. Dieses grüne Licht interpretierte die Besatzung, daß sich die Landeklappen in der richtigen Stellung in Relation zu den Vorflügelklappen befand. Alle anderen Klappen standen ebenfalls in ihren vorschriftsmäßigen Stellungen. Die Maschine war mittlerweile so schnell, daß sich ihr Bugrad von der Bahn hob, woraufhin auch der Alarm verstummte.

„Wird wohl ein falscher Alarm gewesen sein" dachte sich der Kommandant, zog den Steuerknüppel noch etwas mehr zu sich heran und die Boeing verließ kurz darauf den Boden der Bahn. Kaum in der Luft, als die Stickshaker der Steuerknüppel ausgelöst wurden. Der Kommandant schaffte es auch nicht, die Maschine in einen Steigflug zu zwingen. Er ließ die Nase leicht absinken und erhöhte die Leistung der Triebwerke, aber keine weitere Beschleunigung der 727 stellte sich ein. Daraufhin wurde der Start abgebrochen, die Schubhebel nach hinten gerissen und die 727 wieder auf die Bahn gedrückt. Mit einem Anstellwinkel von 4° schoß sie über die Startbahn hinaus, streifte die Krone eines Entwässerungsgrabens und kam erst 350 Meter hinter dem Bahnende zum Stehen. Sofort entwickelte sich im Tragflächenbereich ein Feuer.

Der Besatzung gelang es gerade noch rechtzeitig die Maschine durch das Cockpitfenster zu verlassen. Der Kommandant zog sich bei dem Absturz schwere Verletzungen zu, seine beiden Besatzungsmitglieder konnten sich unverletzt retten. Die knapp ein Jahr alte 727 wurde ein Raub der Flammen.

Die Untersuchung dieses Unglückes förderte zu Tage, daß die Landeklappen der 727 nur auf 2° ausgefahren waren, statt auf die am Start erforderliche Konfiguration von 5° bis 25°. Folgerichtig hatte die „Take off Configuration Alarm" Klingel geschellt. Bei ihrer Suche nach der Quelle des Alarmes hatte sich die Besatzung fast nur auf das grüne Licht der Vorflügelklappen verlassen. Doch dieses grüne Licht sagte nur aus, daß die Vorflügelklappen zusammen mit den Landeklappen ausgefahren waren, mehr nicht. In welcher Stellung die Landeklappen waren, sagte es nicht aus. Das hatten die Piloten ganz offensichtlich aber nicht verstanden.

Die FAA ordnete daraufhin an, daß die Fluggesellschaften ihr Pilotentraining im Bezug auf Warneinrichtungen und den Umgang mit Landeklappen verstärken sollten.

08.04.68
BOAC **Boeing 707-400**
G-ARWE **18373**

Elf Mitglieder der Besatzung sowie 115 Passagiere bestiegen auf dem Flughafen **London-Heathrow/England** den startklaren Vierstrahler. Unter der Flugnummer BA712 sollte der Linienflug über Zürich nach Syndey gehen. Um genau 15.27 Uhr/loc. erhob sich die 707 von der Bahn 28L in den sonnigen Londoner Nachmittagshimmel. Zu diesem Zeitpunkt waren für den ersten Streckenabschnitt 22.000 kg Kerosin in den Tragflächentanks. Der mittlere Rumpftank blieb leer. Zusätzlich zu den normalen vier Mitgliedern der Cockpitbesatzung befand sich ein Checkpilot im hinteren Cockpitbereich, dessen Aufgabe es war, für den fliegenden Kommandanten den halbjährigen Route-Check durchzuführen.

BA712 durchstieg langsam auf 1.300 ft, eine Höhe, bei der das Lärmminderungsverfahren eingeleitet wird. Plötzlich fühlten die Piloten einen Stoß und vernahmen einen Knall. Das Flugzeug war gerade mal eine gute halbe Minute in der Luft, als durch Materialermüdung ein Schaufelrad der fünften Stufe des Niederdruckkompressors im inneren linken Triebwerk (No.2) gebrochen war. Trümmerteile durchdrangen die Kerosinzuleitungen von Triebwerk und Tragfläche. Auslaufender Treibstoff entzündete sich schlagartig und setzte das gesamte Triebwerk in Brand. Vom Boden aus konnte man das brennende und qualmende Triebwerk Nr.2 gut erkennen.

Sofort schnappte der Leistungshebel von Triebwerk 2 in die Leerlaufposition. Die Piloten gingen nun das Verfahren bei einem Triebwerksversagen durch, erkannten jedoch unmittelbar danach, daß Triebwerk Nr. 2 nicht nur ausgefallen, sondern zudem auch noch in Brand geraten war. Der mitfliegende Check-Kommandant blickte aus dem Cockpitfenster und meinte, daß man so schnell wie möglich landen sollte.

Der Copilot rief den Kontrollturm in Heathrow und teilte eine Luftnotlage „Mayday" mit und daß man umgehend wieder landen wolle. Die Bodenstation bot Flug 712 die Bahn 05R an, was prompt von den Piloten bestätigt wurde, denn zu dieser Bahn ist der Flugweg am kürzesten. Andere Flugzeuge wurden aus dem engeren Luftraum des Flughafens herausgenommen und in Warteschleifen geschickt. Die örtliche Flughafenfeuerwehr wurde zur bewußten Bahn 05R dirigiert.

Mittlerweile wurden beide Löschkartuschen in Triebwerk 2 abgefeuert, jedoch ohne Wirkung. Das Feuer konnte mit den bordeigenen Mitteln nicht gelöscht werden und weitete sich auf die Tragfläche aus. BA712 flog nun eine weite Linkskurve, in dessen Verlauf beständig Teile des lädierten Triebwerks abfielen, glücklicherweise ohne am Boden Personen- oder Sachschäden anzurichten. Flammen und Hitzeentwicklung wurden so stark und die Verbindungen von Triebwerk und Tragfläche dadurch so sehr beschädigt, daß sich das gesamte Triebwerk Nr. 2 zusammen mit einem Teil des Pylons löste und aus ca. 3.000 ft in eine mit Wasser gefüllte Kiesgrube fiel. Dies blieb zunächst von der fieberhaft in den Landevorbereitungen steckenden Crew unbemerkt. Es wurden Fahrwerk und Klappen ausgefahren und die 707 auf die Pistenachse der Bahn 05R ausgerichtet. Trotz all dieser Probleme gelang es den Piloten, vier Minuten nach dem Start, einige hundert Meter hinter dem Bahnanfang weich aufzusetzen. Zusätzlich zu den Radbremsen wurde auf den äußeren Triebwerken 1 und 4 die Schubumkehr aktiviert. Dadurch wurden die Flammen nach vorn und gegen den Rumpf geblasen.

Eine dicke schwarze Rauchsäule hinter sich herziehend, kam BA712 schließlich auf der Landebahn zum Stehen. Sofort flogen die Notausgänge auf, und die Passagiere begannen auf der Steuerbordseite die Notrutschen zu benutzen. Die Cockpitbesatzung war noch mit dem Abschalten der Triebwerke beschäftigt, als plötzlich einer der Tragflächentanks in die Luft flog und sich Hitze und Feuer intensivierten. Brennender Treibstoff lief unter den Rumpf und machte aus dem Flugzeug ein Inferno aus Rauch und Flammen. Die hintere rechte Tür und der rechte Tragflächenausgang waren dadurch nicht mehr benutzbar, so daß sämtliche Insassen über den verbliebenen vorderen rechten Ausgang evakuiert werden mußten. Außer dem Flugingenieur verließen sämtliche Mitglieder der Cockpitbesatzung die Maschine durch den Notausgang im Cockpit und ließen sich an einem Seil aus dem Fenster auf den Boden herab.

Mittlerweile begann die Flughafenfeuerwehr damit, die linke Flugzeugseite mit Löschmitteln zu benetzen um weitere Explosionen zu verhindern.

Von den 126 Insassen gelang es einer Stewardeß und vier Passagieren nicht mehr rechtzeitig, das Flugzeug zu verlassen. Sie waren im hinteren Rumpfteil am Rauch und giftigen Gasen ohnmächtig geworden und konnten deswegen den Flammen nicht mehr entfliehen.

Auch die knapp sechs Jahre alte 707 wurde ein Opfer der Flammen.

Später wurde Kritik an der Londoner Flughafenfeuerwehr geübt, die durch einige Unzulänglichkeiten ein Ausweiten der Flammen nicht rechtzeitig bekämpft hatte. Jedoch gehen alle Beteiligten davon aus, daß es selbst bei 100%-igem Verlauf der Löscharbeiten zu den tragischen Opfern gekommen wäre.

20.04.68
South African AW   **Boeing 707-320C**
ZS-EUW   **19705**

Die Flugbedingungen auf dem J.G.Strijdom AP von **Windhoek/Namibia** waren an diesem Herbstabend nahezu ideal. Die Nacht war sternklar und windstill, als die Boeing 707 mit dem Namen „Pretoria" sich um 20.45 Uhr/loc. in Richtung Startbahn in Bewegung setzte. Erst Anfang März des Jahres hatte die südafrikanische Fluglinie die Maschine vom Hersteller übernommen und bis zum heutigen Tag 238 Flugstunden absolviert. Der Jet war die sechste von sieben Maschinen des Erfolgsmusters 707, die seit 1960 bei SAA im Einsatz standen.

An diesem Abend war die Maschine eingeteilt für den Interkontinentalflug SA 228 von Johannesburg über Windhoek, Luanda, Las Palmas nach London. Neben den 116 Passagieren befanden sich weitere sieben Flugbegleiterinnen und fünf Mitglieder der Cockpitbesatzung, darunter drei Piloten, ein Flugingenieur und ein Navigator, an Bord.

Nachdem alle Startvorbereitungen abgeschlossen waren, wurde Flug 228 zum Start auf der 2.750 Meter langen Runway 08 freigegeben. Mit lautem Donnern nahm die 707 langsam Fahrt. Als V_1 und V_R erreicht waren, zog der Kommandant an der Steuersäule, und Momente später lösten sich die Fahrwerke vom Boden und „ZS-EUW" stieg langsam in die pechschwarze Nacht hinein. Alles schien normal zu sein. Doch nach ca. 20 Sekunden beobachteten einige Menschen am Flughafen, die den Start der 707 mitverfolgt hatten, daß die Lichter der Maschine plötzlich nicht mehr weiter stiegen und langsam der Erde entgegensanken. Nur 30 Sekunden nach dem Abheben raste Flug 228 mit 271 Knoten in den Erdboden, 5.300 Meter vom östlichen Ende der Startbahn

entfernt. Beim Aufprall zerschellte der Rumpf, und die gebrochenen Tanks verwandelten den Absturzort in ein flammendes Inferno.

Die Fluglotsen im Tower hatten das Geschehen mitverfolgt und alarmierten sofort die Rettungskräfte der Feuerwehr. Diese rückten auch unverzüglich mit drei Einsatzfahrzeugen aus, doch sie hatten erhebliche Mühe, den Absturzort zu erreichen. Zwei Fahrzeuge durchbrachen den Flughafenzaun und preschten in halsbrecherischer Fahrt in Richtung der Flammen. Nachdem sie weitere Zäune und Hecken einiger Bauernhöfe umgefahren hatten, kollidierte man in der Dunkelheit mit einigen größeren Steinen und blieb erst einmal in einem Graben stecken. Mit Hilfe eines Bauern kam man wieder frei und erreichte etwas später den Ort des Geschehens. Das dritte Feuerwehrfahrzeug nahm die weitaus längere Strecke über eine Landstraße, die man dann verlassen mußte und im Schrittempo über Stock und Stein zur Absturzstelle vordrang. Alles in allem dauerte es 40 Minuten, bis alle Fahrzeuge eintrafen.

Von den 128 Insassen konnten nur noch sechs lebend geborgen werden. Von denen starb Tage später eine weitere Person im Krankenhaus, was die Gesamtzahl der Todesopfer auf 123 erhöhte.

Da weder ein CVR-Recorder oder ein FDR an Bord war, ließ sich keine genaue Rekonstruktion des Unfallverlaufs herstellen. Doch schon bald war klar, daß ein technischer Defekt des neuen Flugzeugs nicht in Betracht kam.

Somit kam nur ein Fehler seitens der Cockpitcrew in Frage. Die Piloten, die noch wenig Erfahrung mit dem „C"-Modell der 707 hatten, fuhren unmittelbar nach dem Abheben nicht nur das Fahrwerk, sondern auch noch die Klappen voll ein, und der Triebwerksschub wurde von Start- auf Steigflug zurückgenommen. Statt bis zum Erreichen der Sicherheitsgeschwindigkeit zu warten, wurde die Höhenrudertrimmung (als man kaum noch Höhe gewann) auf „Nose-up" gestellt. Durch die Kombination all dieser Maßnahmen seitens der Crew, verminderte sich die Geschwindigkeit und die Boeing verlor immer mehr an Auftrieb.

Aufgrund der Dunkelheit zum Zeitpunkt des Unglücks fehlte den Piloten jeglicher Sichtbezug nach außen, außerdem konzentrierten sie sich auf die After-Takeoff-Checkliste. Aufgrund der mangelnden Flugerfahrung auf der „C"-Version der 707, bei der das Instrumentenpaneel anders positioniert wurde als bei den anderen Modellen, versäumten es die Piloten zudem, sich rechtzeitig über ihre Steiggeschwindigkeit zu informieren. Außerdem waren die Trommelhöhenmesser mißverständlich konstruiert, mit denen es schon in der Vergangenheit zu Fehlablesungen im 1000er-Bereich gekommen war.

Offenbar waren die Piloten durch etwas abgelenkt. Ob es ein Vogelschlag, Rauch von überhitzten Kabeln oder ein ungewöhnliches Geräusch war, ließ sich nicht mehr rekonstruieren. Der Unfall belegte wieder einmal die Notwendigkeit von Flugschreibern und CVR-Geräten in allen größeren kommerziellen Flugzeugen.

Nach dem Crash wurde die Minimalhöhe für das Einfahren der Klappen auf 1.000 ft und die entsprechende Richthöhe auf 2.000 ft festgelegt.

PK-GJA; wenige Tage vor dem Crash aufgenommen: Die Unglücksmaschine in der damaligen roten Bemalung der Garuda, die den Namen "Pajajaran" trug./Zürich im Mai 1968 <Quelle: N.Scherrer>

28.04.68
Capitol Int'l   **Douglas DC-8-31**
N1802   45277

Bei der Landung in **Atlantic City/NJ/USA**, verunglückte die DC-8. Die 4 Insassen des Cockpits kamen ums Leben. Die DC-8 befand sich auf einem Trainingsflug.

28.05.68
Garuda   **Convair 990**
PK-GJA   3

Etwa sieben Minuten nach dem Start in **Bombay/Indien** stürzte die 990er ab. Alle 15 Passagiere und die vierköpfige Besatzung kamen ums Leben. Mindestens weitere 20 Menschen am Boden wurden durch das ausgelöste Aufschlagfeuer verletzt. Die Maschine befand sich auf einem Flug nach Karachi/Pakistan.

Als Absturzgrund wird unter anderem auch Sabotage genannt.

13.06.68
Pan American   **Boeing 707-320C**
N798PA   18790

Während des Landeanfluges auf den Dum-Dum-Flughafen von **Kalkutta/Indien** tobte ein schwerer Monsunregen. Die Piloten fingen die 707 zu spät ab und die Maschine bekam vor der Landebahn Bodenberührung. Dabei prallte der Clipper gegen ein Haus und fing Feuer. Die Maschine brannte innerhalb von Minuten aus.

Für 6 Insassen endete ein „Round the World Trip" tragischerweise mit dem Tod.

29.06.68
KLM   **Douglas DC-8-53**
PH-DCH   45383

Ein Treibstofftank der DC-8 fing in Hangar 10 auf dem Flughafen **Amsterdam-Schiphol AP/Niederlande** Feuer und brannte völlig aus. Auch die daneben abgestellten, erst im Januar bzw. April des Jahres an KLM ausgelieferten DC-9 PH-DNI und PH-DNN wurden beschädigt. Niemand wurde verletzt.

03.07.68
BEA   **HS121 Trident 1C**
G-ARPT   2121

An diesem Nachmittag befand sich eine Airspeed Ambassador, ein zweimotoriges Propellerflugzeug der BKS Air Transport (G-AMAD), mit einer Ladung von 8 Rennpferden an Bord im Endanflug auf die Bahn 28R des Flughafens von **London-Heathrow AP**.

Als sich die Propellermaschine bereits über der Landebahnschwelle befand, fuhr die innere linke Landeklappe unvermittelt wieder ein, so daß die Maschine durch die verminderte Auftriebsfläche an der linken Tragfläche nach links von der Anfluglinie abkam und auf die Ankunftsebene des neu eröffneten Terminals 1 zusteuerte. Direkt vor dem Terminal waren die zwei Tridents der BEA und eine Viscount geparkt. Diese lagen nun mitten im Weg der mittlerweile völlig außer Kontrolle geratenen Ambassador.

Die erste Trident (G-ARPI) wurde mit der linken Tragflächenspitze des Props am Leitwerk gestreift Auch die Viscount (G-APKF) wurde von umherfliegenden Trümmerteilen getroffen. Die zweite Trident (G-ARPT) traf es jedoch härter: Der Jet wurde buchstäblich von der Tragfläche der Ambassador durchschnitten. Dabei wurde das gesamte Heck mit Leitwerk und Triebwerken vom übrigen Rumpf getrennt und weggeschleudert.

Das havarierte Propellerflugzeug drehte sich daraufhin auf den Rücken und prallte in dieser Lage gegen das Terminal, wobei ein Treibstofftank explodierte und mehrere Flughafenfahrzeuge zertrümmert wurden.

Zum Glück befanden sich in den beiden Tridents und der Viscount keine Passagiere, so daß ausschließlich die Insassen der Ambassador zu Schaden kamen.

Insgesamt überlebten von der dreiköpfigen Besatzung und den 5 Tierpflegern, die auf die transportierten Pferde aufpassen sollten, nur zwei das Unglück.

Desweiteren wurden 28 Angestellte des Flughafens z. T. schwer verletzt.

13.07.68
SABENA   **Boeing 707-320C**
OO-SJK   **19211**

Der in Brüssel gestartete Frachtkurs SN 712 näherte sich dem Hexenkessel Nigeria. Das westafrikanische Land wurde von einem Bürgerkrieg geschüttelt, in dem sich die rohstoffreiche Ostprovinz Biafra aus dem Bundesstaat Nigeria lösen wollte. Die von den ehemaligen Kolonialmächten immer wieder angefachten Kriegshandlungen hatten nicht nur Zehntausende von Toten gefordert und ganze Landstriche veröden lassen, sie saugten dem Land regelrecht das Blut aus. Beide Seiten verbrauchten ihre gesamten Ressourcen zur Kriegsführung, weswegen schon bald die gesamte Infrastruktur des Landes zusammenbrach.

Die Folgen dieses Zusammenbruchs sollte auch die Besatzung des nächtlichen SABENA Frachtfluges zu spüren bekommen. Die 707 war sechs Stunden vorher mit sieben Mann Besatzung und 35 Tonnen Fracht an Bord in Brüssel gestartet. Um 03:25 Uhr/loc. rief die Besatzung zum erstenmal ihre Zieldestination **Lagos** und bekam den Wetterbericht: „Wolken in 900 ft Höhe, Regen und vorübergehende Gewitterstürme" wurden aus Lagos gemeldet. Zwei Minuten später meldete sich die Besatzung erneut mit der Nachricht, daß das angepeilte Funkfeuer „Ibadan" nicht senden würde. Außerdem baten sie von 33.000 ft auf 6.000 ft sinken zu dürfen. Das genehmigte die Luftaufsicht in Lagos.

Die Besatzung war jetzt gezwungen, ihren Weg ohne Hilfe von außen zu finden. Neben den beiden Piloten befand sich noch ein Bordingenieur, ein Funker und ein Navigator im Cockpit, allesamt sowohl mit der 707 wie auch dem Fliegen in Afrika vertraut. Der Kommandant, der den Anflug auszuführen hatte, war jahrelang für die Sabena in Afrika stationiert gewesen und hatte in dieser Zeit den Flughafen von Lagos mehrmals angeflogen.

So schätzte die Besatzung ihre Position und teilte um 03:39 Uhr/loc. der Luftaufsicht das Überfliegen des Funkfeuers „Ibadan" in 27.500 ft Höhe mit. Zwei Minuten später gab der Copilot an, man würde sich jetzt 50 Meilen nördlich von Lagos befinden. Die Luftaufsicht gab ihn daraufhin für einen Sinkflug auf 2.200 ft frei, allerdings mit der Auflage, sich bei Erreichen dieser Höhe oder der Sichtung des Flughafens wieder zu melden. In Betrieb war zu diesem Zeitpunkt die Landebahn 19 des Flughafens.

Der Kommandant hatte sich in seiner Positionsangabe aber wahrscheinlich kräftig verschätzt: Um 03:50 Uhr/loc. überflog die Maschine den Flughafen Lagos aus Norden kommend in 15.000 ft und war damit 12.800 ft zu hoch für einen „vorschriftsmäßigen" Anflug. Der Kommandant hatte jetzt zwei Möglichkeiten seine Höhe abzubauen. Er konnte südlich des Flughafens bis zum Erreichen von 2.200 ft kreisen oder die zu große Höhe durch eine hohe Sinkrate abbauen. Er entschied sich für die letztere Alternative und setzte erst zu einer langen Wendung über dem Stadtgebiet von Lagos an, um dann wieder Richtung Norden zu drehen und parallel am Flughafen vorüberzufliegen. Es blieb unklar, mit welchen Hilfsmitteln die Besatzung in dieser Flugphase navigierte. An Bord befand sich ein DME-Gerät, das aber auf anderen Frequenzen arbeitete als der Sender des Flughafens Lagos und daher nicht benutzt werden konnte. Wahrscheinlich nahm man Richtungspeilung zum Funkfeuer „Lagos" und benutzte ansonsten den „Mapping"-Modus des Wetterradars (siehe 05.03.1967). Diese beide Navigationsarten sind denkbar ungenau und ließen die Maschine an dem Punkt vorbeischießen, an dem das Einschwenken auf den Landekurs der Bahn 19 erfolgen sollte.

Der Copilot versuchte durch die Regenschauer hindurch die Lichter des Flughafens zu erblicken, während die Blicke des Kommandanten von den unscharfen Bildern des Wetterradars über seine Funkpeilung zum Cockpitfenster wanderten. Der schnell rotierende Zeiger des Höhenmessers wurde hierbei wohl nur kurz gestreift. Dieser Höhenmesser war ohnehin auf einen 1,5 Millibar zu niedrigen Luftdruckwert eingestellt. Daher wähnte sich der Kommandant 150 ft höher als er es wirklich war.

Als die 707 mit der letzten Prozedurkurve begann, waren die Fahrwerke der 707 abgesenkt worden und die Klappen fast in Landekonfiguration gefahren. Im Cockpit bereitete man sich auf die Landung vor und fragte den

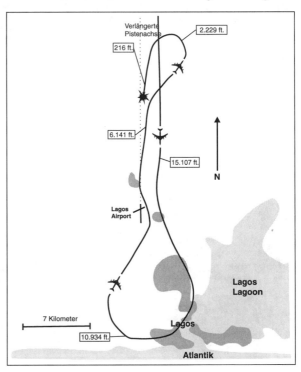

Flugweg von Sabena SN 172 am 13. 7. 68

87

Lotsen nach den Windbedingungen über dem Flughafen und dem Zustand der Landepiste. Um 03:58 Uhr/loc. sank die Boeing unter ihre freigegebene Höhe von 2.200 ft und wurde dort für einige Sekunden abgefangen, während man im Cockpit jede Sekunde das Auftauchen der Landebahnbefeuerung erwartete.

Als man endlich auf die verlängerte Pistenachse des Flughafens einschwenkte, meldete sich der Copilot über Funk beim Tower:
COP: „Juliet Kilo, could you put your runway lights on maximum bright, please."
TWR: „Runway lights on low intensity non variable."

Jetzt hatte die Besatzung eine Begründung für den fehlenden Sichtkontakt zur Landebahn und begann wieder mit 850 ft/min. zu sinken. Der Copilot griff gerade nach vorne, um die Klappen auf 50° auszufahren, als der Kommandant plötzlich aufschrie. Statt der Landebahn sah er plötzlich durch die Regenschauer Bäume auf sich zukommen. Er stieß die vier Schubhebel nach vorne, aber da streifte die untere Rumpfhälfte schon die Baumwipfel.

Die Maschine brach eine 500 Meter lange Schneise durch das Waldstück, bis sie brennend zum Stehen kam. In dem Feuer verbrannten alle sieben Besatzungsmitglieder. Das bis zu den Tragflächenspitzen ausgebrannte Wrack lag über 15 Kilometer von der Schwelle der anvisierten Landebahn 19 entfernt.

Die nigerianischen Behörden konnten den Grund des Unglücks nicht klären. Es fiel ihnen aber auf, daß die Kommunikation zwischen den Stellen am Boden und der Sabena-Besatzung sich nicht einmal auf das nötigste beschränkte. Während des gesamten Sinkfluges hatte die Sabena-Besatzung weder eine Höhenangabe gemacht, noch hat man sie danach gefragt. Die Besatzung hatte sich ihren Weg praktisch allein „ertastet", ohne daß die Fluglotsen das durch Nachfragen genügend überprüften.

Den Grund für die Wortkargheit der Besatzung und der Bodenstellen sehen die nigerianischen Behörden „in der Kenntnis des Notfalles, der zur Zeit des Landeanfluges in Lagos herrschte". Mit dieser Umschreibung wollten die Behörde auf die Bedrohung durch Luftangriffe hinweisen, die zu diesem Zeitpunkt über dem Flughafen lag. Auch die Weigerung der Flughafenbehörden, die Landebefeuerung zu intensivieren, wird so verständlich.

Am Ende kritisierte der Bericht noch die mangelhaften Landechecklisten der Sabena. Diese seien für den Einsatz unter ILS-Bedingungen gedacht und somit für einen Einsatz auf Flughäfen wie Lagos gänzlich ungeeignet. Außerdem war die Checkliste unvollständig: Es kam zum Beispiel keine Aufforderung zum Crosscheck der Höhenmessereinstellungen vor. Das war der Grund, daß der Kommandant und der Copilot zwei verschiedene Einstellungen hatten, wobei die des Kommandanten eindeutig falsch waren.

02.08.68
Alitalia   **Douglas DC-8-43**
I-DIWF   45630

Nach Aussagen von Meteorologen tobten an diesem Tag die schwersten Gewitterstürme über Italien. Mitten in dieses Unwetter hinein setzte die DC-8 zu einer Zwischenlandung auf dem Flughafen **Mailand/Italien** an. Die Maschine wurde unter den Gleitpfad gedrückt und zerschellte auf einem bewaldeten Hügel nahe des Dorfes Cuirone Di Vergiate/Italien. Da die Piloten kurz vor dem Aufschlag noch Vollschub gaben und die Bäume den Aufprall dämpften, konnten die meisten Insassen lebend aus dem Wrack geborgen werden.

Für 12 Insassen der 83 Passagiere und 10 Crewmitglieder kam jede Hilfe zu spät.

07.09.68
VARIG   **Boeing 707-320C**
PP-VJR   19320

Die 707 fiel einem Hangarbrand in **Rio de Janeiro-Galeao AP/Brasilien** zum Opfer. Niemand kam zu Schaden.

11.09.68
Air France   **SE210 Caravelle 3**
F-BOHB   244

Während des Fluges von Ajaccio/Korsika nach Nizza brach im hinteren Waschraum der Caravelle ein Feuer aus. Möglicherweise war die Ursache hierfür ein Kurzschluß des Wasserboilers, denn genau diesem Umstand fiel schon einmal eine Caravelle zum Opfer, die allerdings am Boden stand. Der Brand weitete sich immer mehr aus, bis schließlich die Piloten die letzte Funkmeldung absetzten.
CPT: „Wir werden abstürzen, wenn das so weitergeht..."

***F-BHRX**; eine Caravelle 3, ein baugleiches Exemplar der Unglücksmaschine mit dem Namen „Savoie" hier beim gemächlichen Rollen auf dem Vorfeld / Palma de Mallorca im Oktober 1975 <Quelle: Luftfahrt Journal-Sammlung>*

Die Maschine wurde für einen sofortigen Sinkflug freigegeben und der Pilot meldete, daß er Land in Sicht hätte. Minuten darauf riß der Funkkontakt ab und die Caravelle stürzte 40 Kilometer vor der französischen Küste, vor **Cap d'Antibes/Frankreich**, ins Mittelmeer.

Alle 96 Insassen kamen ums Leben.

Möglicherweise geriet der Jet außer Kontrolle, als viele Fluggäste in Panik vor den Flammen und den giftigen Gasen des Kabinenbrandes ins Cockpit drängten und die Piloten am Weiterfliegen hinderten.

Andere Meldungen sprechen davon, daß „BOHB" Opfer einer fehlgeleiteten Testrakete wurde. Auf ihrem Flugweg überquerte die Maschine auch größere Schießgebiete der französischen Armee, die zur Absturzzeit Schießübungen mit ebensolchen Boden-Luft-Raketen veranstaltete.

12.12.68
Pan American   **Boeing 707-320B**
N494PA   19696

Beim Landeanflug auf den Flughafen **Caracas-Maiquetia AP/Venezuela**, der unter Sichtbedingungen geflogen wurde, stürzte die 707 zehn Meilen vor der Landebahn brennend ins Meer.

Bei dem Absturz kamen alle 51 Insassen ums Leben.

Laut Zeugenaussagen soll es an Bord der aus New York kommenden Maschine eine Explosion gegeben haben. Die Boeing war erst im März des Jahres an PA ausgeliefert worden. Höchstwahrscheinlich ließen sich die Piloten durch die Lichter der Häuser am Hang (es herrschte Dunkelheit) zu der Annahme hinreißen, daß sie noch ausreichend Höhe hatten, und setzten den Sinkflug unbeirrt fort.

26.12.68
Pan American   **Boeing 707-320C**
N799PA   18824

Für den tobenden Vietnamkrieg sollte die 707 militärische Güter von der USA zum Marinestützpunkt Cam Ranh Bay in Südvietnam bringen. Dafür startete die 707 von San Francisco aus in Richtung Alaska, wo weitere Güter an Bord gebracht werden sollten. Die nächste Zwischenlandung sollte in **Elmendorf AFB/AK/USA**, etwas nördlich von Anchorage stattfinden. Danach war noch ein weiterer Stop in Da Nang AFB/Südvietnam geplant. Es war kurz nach sechs Uhr morgens, als die 707 von ihrer Parkposition in Elmendorf losrollte und sich zur Starbahn begab. Das Wetter war für die kalte Jahreszeit entsprechend mit Temperaturen von minus 12° C. Die Sichtweite betrug durch aufkommenden Nebel streckenweise nur wenige hundert Meter und die Piloten hatten alle Hände voll zu tun, um nicht von der Rollwegmarkierung abzukommen. Um 06:15 Uhr/loc. erging die Startfreigabe und der 47jährige Pilot schob die vier Triebwerkshebel auf Startstellung. Donnernd beschleunigte die 707 auf Abhebegeschwindigkeit. Doch die Piloten vergaßen zuvor die Auftriebshilfen an den Tragflächenvorderkanten sowie die Landeklappen auf Startstellung zu bringen. Mit eingefahrenen Klappen benötigte die Maschine eine weitaus höhere Geschwindigkeit als sonst, um sicher abzuheben. Zwar erklomm die Boeing einige Meter durch die Auftriebswirkung des Bodeneffektes, dem Luftpolster, das sich unter den Tragflächen bildete, taumelte aber Sekunden später unkontrolliert zu Boden, als diese Wirkung mit zunehmender Höhe nachließ.

In einem brennenden Trümmerwirbel zerschellte die Maschine kurz hinter dem Ende der Startbahn. Weder die beiden Piloten, noch der Bordingenieur, die einzigen an Bord, überlebten den Crash.

Warum den erfahrenen Piloten (der Kommandant hatte fast 4.000 Flugstunden auf der 707) ein so grober Fehler widerfuhr konnte nicht mehr geklärt werden.

Dies war bereits der zweite Absturz einer Pan Am 707 innerhalb von nur 14 Tagen.

27.12.68
Ozark AL   **Douglas DC-9-15**
N974Z   47034

Als auf dem Municipal AP in **Sioux City/IA/USA** ein heftiger Schneesturm herrschte, beschleunigte die DC-9 auf der verschneiten Piste auf Abhebegeschwindigkeit. Die Räder lösten sich zwar vom Boden, aber in einer Höhe von nur wenigen Metern sank man plötzlich wieder dem Erdboden entgegen. Unsanft prallte die DC-9 hinter dem Ende der Startbahn zu Boden, kollidierte mit einem Erdwall und brach auseinander.

Von den 47 Insassen überlebten lediglich 27. Andere Meldungen sprachen von 37 Verletzten. Später stellte sich heraus, daß trotz der äußeren Bedingungen vor dem Start keine Enteisung der Tragflächen stattgefunden hatte.

28.12.68
Middle East AL	**BAC VC-10-1100**
9G-ABP	824
Middle East AL	**Boeing 707-320C**
OD-AFC	20225
Lebanese Int'l	**Convair 990**
OD-AEW	31
Lebanese Int'l	**Convair 990**
OD-AEX	10
Middle East AL	**DH106 Comet 4C**
OD-ADS	6448
Middle East AL	**DH106 Comet 4C**
OD-ADQ	6446
Middle East AL	**DH106 Comet 4C**
OD-ADR	6445
Middle East AL	**SE210 Caravelle 6N**
OD-AEF	157
Middle East AL	**SE210 Caravelle 6N**
OD-AEE	153

Nachdem im Libanon stationierte palästinensische Terroristen mehrere Anschläge auf israelische Flugzeuge, wie zwei Tage zuvor in Athen auf eine EL AL B707, und Ziele in Israel verübt hatten, führte Israel ein Vergeltungsmanöver durch. Ein israelisches Geheimdienstkommando landete mit einigen Hubschraubern an diesem Abend um 21.50 Uhr/loc. auf dem **Beiruter Flughafen**. Während

OD-AEX; eine der zwei in Beirut gesprengten CV-990 der Lebanese Int'l Airways/Zürich Juli 1967 <Quelle: N.Scherrer>

sich ein Teil des Kommandos ein Feuergefecht mit libanesischen Soldaten lieferte, sprengten andere Kommandomitglieder alle oben aufgeführten Zivilmaschinen in die Luft Zusätzlich wurde auch noch eine Viscount der MEA (OD-ACT), eine DC-7 der Lebanese Int'l AW (OD-AEI), sowie eine DC-6 der TMA (OD-AEY) zerstört.

05.01.69
Ariana Afghan   **Boeing 727-100C**
YA-FAR   **19690**

Die 727 absolvierte unter der Flugnummer FG 701 den wöchentlichen Liniendienst von Kabul über Kandahar, Beirut, Istanbul und Frankfurt nach London. In Beirut stieg eine neue Crew ein, die die Maschine bis London fliegen sollte. Der Flug von da aus nach Istanbul und Frankfurt verlief routinemäßig, bis auf die Tatsache, daß im Anflug auf Frankfurt kurz das gelbe „stabilizer out of trim"-Licht aufleuchtete. Der Anflug wurde fortgesetzt und die Landung problemlos abgeschlossen. Es war längst dunkel, als die 727 für den Weiterflug vorbereitet wurde. Für den 70-minütigen Weiterflug blieben noch 54 Passagiere und die acht Mitglieder der Besatzung an Bord. In Frankfurt holten sich die Piloten die neuesten Wetterinformationen vom Zielflughafen **Gatwick**, der etwa 30 Kilometer südlich der britischen Metropole liegt. Dort war die Sichtweite auf der einzigen Start- und Landebahn 27 infolge gefrierenden Nebels bei minus zwei Grad Celsius auf ca. 100 Meter abgesunken. Die Sichtweite in Stansted, dem Ausweichflughafen, lag zu diesem Zeitpunkt bei 2.000 Metern. Eine Sichtweitenverbesserung in Gatwick wurde nicht vor 06:00 Uhr/loc. am nächsten Morgen erwartet. Trotz dieser widrigen Bedingungen entschloß sich der afghanische Kommandant zum Abflug nach London. Um 01.36 Uhr/loc. hob Flug FG 701 von der Bahn in Frankfurt ab und nahm um 02.13 Uhr/loc. mit London Airways (ATC-Zentrum) Verbindung auf:

FG701:
    „London, Ariana 701..er. 1271."
ATC: „701, good morning, go ahead."
FG701:
    „Er, good morning, we're estimating Wulpen in a minute over...().
ATC: „Roger, 701, maintain flight level 240 and Gatwick's runway visual range is 100 metres..er, confirm, er,..you...your point of landing now."
FG701:
    „Roger, we are trying, er,..to Gatwick, we'll see later."

Die 727 überflog gerade die englische Küste, und beide Piloten konnten durch die Dunkelheit diesen für England so typischen Schleier am Boden ausmachen. Die Piloten erkannten, daß es Bereiche gab, wo sich der Nebel intensivierte und andere, über denen fast überhaupt kein Nebel zu erkennen war.

Unterdessen holte der Radarlotse die neuesten Wetterinformationen aus Gatwick ein, die keinerlei Sichtänderung enthielten und gab die Informationen an die Besatzung von Flug 701 weiter. Der Kommandant wollte allerdings immer noch eine Landung in Gatwick versuchen, da er meinte, daß man mit Glück vielleicht gerade eine Lücke im Nebel erwischen würde. Für den Fall eines Fehlanfluges auf den Flughafen Gatwick, erbat er eine Freigabe zum anderen Londoner Flughafen, Heathrow. Flug 701 rief um 01.27 Uhr/loc. die Anflugkontrolle von Gatwick. Da bislang kein weiteres Flugzeug vorhatte in Gatwick zu landen, fragte der Fluglotse nochmals nach:
ATC: „Er...701, do you wish to make an approach?"
FG701:
    „That's affirmative, 701."

Die internen Regularien von Ariana Afghan AL verbieten es zwar einerseits, Landungen unter den horizontalen Sichtminima (in diesem Fall 500 Meter) durchzuführen, allerdings erlaubten sie, daß der Kommandant selbständig entschied, bei einem Anflug bis zur Minimalgrenze der vertikalen Sichtminima (in diesem Fall 200 Meter) abzusinken und dann gegebenenfalls bei Bodensicht eine Landung durchzuführen.

Flug 701 setzte den Landeanflug fort und wurde um 01:30 Uhr/loc. vom Anfluglotsen zum ILS-Anflug auf die Landebahn 27 freigegeben. Mit einer Geschwindigkeit von 223 Knoten schwenkte die 727 in 2.000 ft auf den ILS-Leitstrahl ein und näherte sich von Osten dem Flughafen. Der Autopilot hielt den Landekurs sowie die eingegebene Höhe, als die Landeklappen auf zwei Grad ausgefahren wurden. Zwanzig Sekunden darauf wurde die Klappenstellung auf fünf Grad erhöht. Wieder eine halbe Minute später fuhren die Piloten die Klappen um weitere 10° auf 15° aus. Rasch baute nun der Kommandant die Fluggeschwindigkeit auf ein geringeres Maß ab und pendelte sich bei etwa 165 Knoten ein. Statt nun die Klappen vorschriftsmäßig auf die Anflugstellung von 25°

weiter auszufahren, beließen es die Piloten bei den anfänglichen 15°. Die Landeklappen sollten den Luftwiderstand beim Anflug erhöhen und die Fluggeschwindigkeit bis zum Aufsetzen gering halten. Durch die nur 15° ausgefahrenen Klappen entstand also nicht der gewünschte „Abbremseffekt", und die Fluggeschwindigkeit stieg wieder auf 177 Knoten. Um auf dem ILS-Leitstrahl zu bleiben, mußte daher das Höhenruder vom Autopiloten auf „Nase-unten" gestellt werden, um nicht zu hoch zu geraten. Hinzu kam noch, daß durch die erhöhte Fluggeschwindigkeit der Auftrieb an den Tragflächen größer war als normal. Um die Maschine nicht steigen zu lassen, war es erforderlich, das Höhenleitwerk noch weiter auf „Nase unten" zu stellen. Als Flug 701 noch 6,5 Meilen vom Flughafen in Gatwick entfernt war, wurde das Fahrwerk ausgefahren. Dadurch verringerte sich zwar wieder die Fluggeschwindigkeit, jedoch lag sie mit 163 Knoten um einiges über der Norm. In dieser Phase des Fluges überstiegen die aerodynamischen Kräfte, die auf dem Höhenleitwerk lasteten, den Toleranzbereich, und im Cockpit leuchtete das gelbe „stabilizer out of trim"-Warnlicht auf, wie schon zuvor beim Anflug auf Frankfurt. Der Kommandant maß diesem Umstand wenig Bedeutung bei. Er interpretierte diese Warnung als einen Fehlalarm und schaltete den Autopiloten kurzerhand ab. Man befand sich nun im Sinkflug ohne jeden Sichtkontakt zum Boden, und der Kommandant konzentrierte sich jetzt weniger auf seine Instrumente als auf die schwarze Nacht vor ihm. Er wartete sehnlichst auf das Auftauchen der ersten Lichter der Anflugbefeuerung. Der Outer-Marker, das Haupteinflugzeichen, wurde in 1.225 ft überflogen und die Leistung der drei Triebwerke auf 20 %-Schub zurückgenommen, um nicht zu schnell zu werden. Dann rief der Kommandant plötzlich:

CPT: „Flap three zero."
COP: „Three zero coming down."

Diese abrupte Erhöhung der Klappenstellung von 15° auf 30°, ohne die Zwischenstellungen 20° und 25°, resultierte in einem plötzlichen Zuwachs der Luftreibung. Die Flugzeugnase senkte sich nach unten, die Sinkrate erhöhte sich und die Geschwindigkeit über Grund verminderte sich. Ohne mit dem Triebwerksschub entgegenzuwirken, sank die 727 mit einer Sinkrate von 1.400 - 1.500 ft/min unter den Gleitpfad des ILS.

Warum weder der Kommandant noch der junge Copilot das Verlassen des Gleitpfades bemerkten, ist ungeklärt. Womöglich orientierte sich der Kommandant an den hell leuchtenden roten Lampen des Russ Hills, einer kleineren Erhebung vor der Landebahn, die er fälschlicherweise für die hinteren Begrenzungslampen der Landebahn hielt. Obwohl diese Lichter während des Anfluges nur für eine Sekunde zu sehen waren, genügte dies, um im Cockpit den Eindruck zu erwecken, daß man sich auf dem richtigen Anflugweg befand. Durch den Nebelschleier erschien die Entfernung zum Boden größer, als sie tatsächlich war. 45 Sekunden lang sank man dem Erdboden entgegen, ohne daß die Piloten ein Wort des Zweifels an der Richtigkeit der Flughöhe wechselten. Der fliegende Kommandant spähte nun intensiv nach den ersten Lichtern der Landebahn 27, als sein Copilot ausrief:

COP: „Four hundred feet."
CPT: „(plus) four hundred feet?"
COP: „Yes, we have four hundred feet."

Augenblicklich zog der Kommandant an der Steuersäule und gab Vollschub auf allen Triebwerken. Doch es war bereits zu spät.

Um 01.33.57 Uhr/loc. kam FG 701 aus dem Nebel herausgeschossen und die ersten Baumkronen streiften das Fahrwerk der 727.

CPT: „...you are sure, we're finished.",

waren die letzten Worte des Kommandanten, bevor die Boeing etwa 1,5 Meilen vom Bahnanfang gegen mehrere Schornsteine eines Wohnhauses schlug. In einem bewaldeten Areal kollidierte man noch mit weiteren Bäumen, die ein gutes Stück der rechten Tragfläche abrissen, bevor der Rumpf auf den unebenen Boden schlug. Von dort prallte Flug 701 wieder etwas in die Luft und schoß auf ein weiteres Haus zu, was direkt im Weg stand. Der Rumpf der 727 kollidierte mit den Mauern des Hauses, brach auseinander, und explosionsartig stand das Wrack in Flammen, die den Nebel ringsherum erhellten.

Von den 62 Insassen kamen 48 in den Flammen um. In den Trümmern des zerstörten Hauses starb ein Ehepaar. Elf Passagiere, alle drei Mitglieder der Cockpitbesatzung sowie die Tochter der ums Leben gekommenen Hausbewohner konnten von den Rettungsmannschaften lebend geborgen werden.

Als ursächlichen Faktor für dieses Unglück wurde das Verhalten des 37jährigen Kommandanten genannt, der trotz der zu geringen Sichtweite eine Landung wagen wollte und dabei durch die fehlerhafte Klappenbedienung und die Übertrimmung des Höhenleitwerks unter den Gleitpfad geriet. In dieser Nacht ist sonst kein weiteres Flugzeug in Gatwick gelandet, da sich jeder andere Flugkapitän aufgrund der zu geringen Sichtweite für eine Ausweichlandung auf einem Flughafen besserer Sichtweite entschied.

13.01.69

S A S   **Douglas DC-8-62**
LN-MOO   **45822**

Die aus Kopenhagen via Seattle kommende DC-8 befand sich im Sinkflug auf den internationalen Flughafen von Los Angeles. Es herrschte zu dieser Zeit ein heftiger und für Kalifornien ungewöhnlicher Regensturm über der Stadt. Die zahlreichen anfliegenden Maschinen mußten z.T. ihre Anflüge abbrechen und in Warteschleifen gehen. de skandinavische Maschine sollte planmäßig um 18.05 Uhr/loc. in Los Angeles landen, doch es war klar, daß man mit einer Verzögerung der Landung rechnen mußte. Nach 90minütigen Warteschleifen über dem offenen Meer wurde auch endlich die DC-8 für den weiteren Anflug freigegeben. Kurz danach wurde dem Radarlotsen mitgeteilt, daß man Schwierigkeiten mit dem Fahrwerk hatte. Eines der drei grünen Lichter, die das Einrasten der drei Fahrwerke anzeigten, leuchtete nicht. Es ergaben sich danach zu allem Übel auch noch Probleme mit der Steuerung. Um 19:21 Uhr/ loc., als die DC-8 bereits auf Pistenkurs der Bahn 07 eingeschwenkt war, verschwand das Radarecho von den Bildschirmen der Fluglotsen in Los Angeles.

Die SAS-Maschine schlug kurz darauf auf der Oberfläche des **Pazifiks** auf und zerbrach in zwei Teile.

Bei diesem Unglück starben 12 der 34 Passagiere und drei der 9 Crewmitglieder.

Da das hintere Rumpfstück noch eine längere Zeit auf der Wasseroberfläche trieb, kamen die anderen 22 Insassen mit dem Leben davon.

SAS entschloß sich danach in alle Flugzeuge ihrer Flotte eines der neuen Bodenannäherungswarngeräte (GPWS) zu installieren.

14.01.69
British United AW   **BAC 1-11-200**
G-ASJJ   **14**

Ein ausgedehntes Tiefdruckgebiet lag über dem Golf von Genua und brachte jede Menge Regen und Schnee in das sonst so sonnenverwöhnte Norditalien. Die Besatzung der aus London-Gatwick kommenden BAC ahnte wohl, was an diesem Tag auf sie zukommen würde. Der Linienflug von London nach Genua geriet in schlechtes Wetter. Schon über den Alpen erfuhr man die neueste Wetterlage in Genua. Die Bedingungen dort lagen jedoch unterhalb der Minimalbedingungen für einen Landeanflug, so entschied der Kommandant kurzerhand zum Ausweichflughafen nach **Mailand-Linate AP/Italien** zu fliegen. Dort landete „G-ASJJ" dann gegen 14:30 Uhr/loc. Bevor der Rückflug nach Gatwick beginnen konnte, mußte man allerdings noch auf die Passagiere aus Genua warten, die nun per Bus nach Mailand gebracht wurden. Nun hieß es warten für die drei Piloten und die Kabinenbesatzung. Für die Strecke London-Genua-London war zusätzlich ein dritter Pilot im Cockpit, der auf dem Supervisor-Sitz hinter den beiden Piloten saß und der verantwortliche Kommandant für dieses Flugzeug war. Eine typisch britische Crewaufteilung, die auch für den Rückflug beibehalten wurde. Während der ungeplant langen Bodenzeit versuchte der Kommandant in der Maschine zu schlafen, doch es wollte ihm nicht so recht gelingen. Um nicht zu frieren, ließ man das APU laufen und hatte somit genug Energie für alle Bordsysteme zur Verfügung. Draußen ging immer wieder ein Schneeschauer nach dem anderen nieder. Die beiden anderen Piloten gingen derweil um das Flugzeug und führten einen Außencheck durch. Im Laufe der Zeit sammelte sich eine dicke Schneeschicht auf den Tragflächen und dem hochaufragenden Höhenleitwerk. Kurze Zeit später kam dann ein Servicewagen und spritzte die weiße Pracht mit einem Glykol-Wasser-Gemisch davon. Mittlerweile wurde es dunkel. Endlich, nach 4,5 Stunden, traf der Bus mit den Passagiere aus Genua ein. Ein zweites Mal inspizierten die Piloten ihr Flugzeug, fanden allerdings keinerlei Eis mehr. Die BAC 1-11 wurde für den Abflug nach Gatwick bereitgemacht. Um 19:30 Uhr/loc., fünf Stunden nach der Landung, trafen die 26 Passagiere an Bord ein. Im Cockpit liefen zeitgleich die Vorbereitungen zum Start: die Klappen wurden auf 18° gesetzt, die Startleistung der beiden Triebwerke bestimmt, die Enteisung eingeschaltet, sowie die Entscheidungsgeschwindigkeiten V_1, V_R und V_2 berechnet. Für V_1 und V_R wurden 117 Knoten, für V_2 127 Knoten festgelegt. Der Flugplan für die bevorstehende Route nach England wurde vom Tower in Mailand-Linate bestätigt und „G-ASJJ" ließ um 20:18 Uhr/loc. hintereinander beide Rolls Royce-Spey Triebwerke an. Das Zirpen des APU wurden schnell durch das dumpfe Dröhnen der Düsen überlagert. Schnell erging die Rollfreigabe und die Maschine setzte sich durch einige Schneematschpfützen zur Startbahn 18 in Bewegung. Nach einer letzten Windinformation gab der Towerlotse um 20.31 Uhr/loc. die Maschine frei zum Start. Nach einem letzten Instrumentcheck schob der Pilot ohne zu zögern die beiden Triebwerkshebel auf die zuvor berechnete Startleistung. Ein Grollen ertönte und die BAC beschleunigte. Bei 80 Knoten nahm der Pilot die Hand von der Bugradsteuerung und legte sie auf die Steuersäule, da nun die Ruder langsam ansprachen. Man näherte sich der 117 Knotenmarke und der Copilot rief *„Vee one, vee two"* aus. Der linkssitzende Pilot zog die Steuersäule langsam zu sich heran. Der Bug richtete sich auf. genau in diesem Augenblick vernahmen alle drei Piloten ein dumpfes Schlaggeräusch. Es hörte sich an, als ob jemand mit überdimensionalen Stiefeln gegen den hinteren Rumpf trat. Allen im Cockpit war klar: es kam von den Triebwerken. Geschwind überflog der hinten sitzende Kommandant die Instrumente. Ihm fiel

G-ASTJ; eine baugleiche Maschine, wie die, die in Mailand nach dem Start abstürzte wartet hier auf neue Passagiere./Zürich im Juli 1970 <Quelle: N.Scherrer>

sofort auf, daß Triebwerk Nr. 1 eine um 20° C höhere Temperatur hatte als das andere. *„I think it's number one...throttle it"*, rief er abrupt aus. Ein Verhängnisvoller Befehl, wie sich später herausstellen sollte.

Der fliegende Pilot tat wie ihm geheißen und zog den Leistungshebel von Triebwerk Nr.1 zurück auf Leerlauf. Inzwischen hatte die Maschine auf Abhebegeschwindigkeit beschleunigt und die beiden Hauptfahrwerke hoben sich von der Startbahn. Um nicht zu sehr an Geschwindigkeit zu verlieren, reduzierte der Pilot nun den Steigwinkel von 12° auf 6°. Langsam gewann die Maschine an Höhe. Der Copilot auf dem rechten Sitz, der gerade das Flughandbuch durchwühlte, um die Seite „Triebwerksausfall nach dem Start" zu finden, bemerkte, daß die Beschleunigung merklich zurückging und ihm fiel auf, daß ja noch das Fahrwerk ausgefahren war. Eilig legte er den Hebel von „down" auf „up". Das Fahrwerk wurde eingezogen. Die BAC erklomm eine Höhe von ca. 250 ft, als plötzlich die Fluggeschwindigkeit von 144 Knoten auf einen Wert auf V_2 (127 Knoten) abfiel. Man war einfach nicht in der Lage Geschwindigkeit aufzunehmen oder Höhe zu gewinnen. Schlimmer noch, „G-ASJJ" sank wieder langsam in Richtung Erdboden. Die letzten Meter der Startbahn waren überflogen und vor den Piloten lagen nun die fast unbesiedelte Ebene, die von einigen Baumalleen gesäumten Dorfstraßen und einige kleinere Häuser. In einem letzten verzweifelten Versuch das drohende Unheil abzuwenden, zog der Pilot an der Steuersäule. Doch es half alles nichts mehr. Wie von einem unsichtbaren Magneten zog es die BAC nach unten. Nach nur einer guten Minute Flugzeit streifte die Rumpfunterseite die ersten Baumwipfel. Im nächsten Augenblick berührte auch schon der Rumpf den schneebedeckten Boden. Mit hoher Geschwindigkeit rutschte die Maschine gegen einen Vorratsspeicher auf dem Hof eines Bauerngehöftes. Dabei wurde das Triebwerk Nr.2 abgerissen. Die BAC überquerte noch zwei Feldwege und prallte dabei unsanft gegen einen Baumstumpf, der das eingefahrene linke Hauptfahrwerk erfaßte und nach hinten durch den unteren Rumpf mitriß. Hierbei zog sich ein Passagier, der in der Nähe saß, schwere Verletzungen zu. Nach 470 Metern Rutschpartie endete schließlich die Fahrt. Sofort bediente der Copilot die Feuerlöscher beider Triebwerke, doch zum Glück war kein Feuer entstanden. Alle drei Cockpitsassen verließen die Maschine durch die geöffneten Windschutzscheiben. Niemand an Bord der Maschine kam ums Leben, jedoch verletzten sich sechs Passagiere schwer. Wie sich später herausstellen sollte, führte eine gravierende Fehleinschätzung des Kommandanten, der zum Zeitpunkt des Unglücks nicht am Steuer saß, zum Absturz der Maschine. Im Moment des Rotierens ereignete sich in Triebwerk Nr. 2 (dem rechten) ein Schaden im Hochdruck-Turbinenbereich. Ein dumpfer „Verschlucker" des Triebwerks war die Folge und führte zu dem dumpfen Knallgeräusch während des Startlaufs. Die Turbine arbeitete jedoch weiter. Lediglich eine höhere Temperatur der austretenden Luft (TGT), sowie eine leicht geringere Schubleistung wären die Folge gewesen.

Die Einschätzung des Kommandanten eine höhere Abgastemperatur bei Triebwerk Nr. 1 (dem linken) beobachtet zu haben, ist als höchst unwahrscheinlich anzusehen. Eine leichte Verminderung der Triebwerksleistung hätte das Triebwerk Nr.2 wieder fast auf Normalleistung gebracht und der Start hätte sicher fortgesetzt werden können. Doch der 46jährige Kommandant hatte ein anderes Bild der Lage. Nachdem er sich einmal auf Triebwerk 1 festgelegt hatte, war seine Entscheidung unumstößlich geworden. Der zwei Jahre jüngere fliegende Pilot saß zwar dichter vor den Instrumenten, ließ sich aber von der eindringlichen Stimme seines Vorgesetzten in seiner eigenen Einschätzung beeinflussen. Die falsche Diagnose des Kommandanten, der besonders bei britischen Fluggesellschaften einen sehr hohes Maß an Autorität genoß, leitete den Absturz ein. Die gestreßten Piloten - alle hatten bereits einen 12-Stunden-Tag hinter sich - übersahen dann auch noch, daß sie unabsichtlich den anderen Leistungshebel von Triebwerk Nr. 2 ein Stück mit nach hinten zogen und somit der BAC die entscheidende Schubreserve raubten. Die Regeln der Fluggesellschaft standen zudem nicht im Einklang mit den Handlungen der Crew., die unmittelbar nach dem eigentümlichen Geräusch den Leistungshebel von Triebwerk Nr.1 zurückzog.

18.01.69
United AL   **Boeing 727-100**
N7434U   **19891**

Nur vier Tage waren seit der unfreiwilligen Bruchlandung der SAS DC-8 im Wasser des Pazifiks vergangen, da ereignete sich abermals ein Flugzeugabsturz im Luftraum von Los Angeles. Die 727 wurde an diesem Tag gegen 17:30 Uhr/loc. für den bevorstehenden Flug UA 266 vom internationalen Flughafen in Los Angeles über Denver nach Milwaukee/Wisconsin/USA vorbereitet. Seit drei Tagen war einer der drei Betriebsgeneratoren an Bord der 727 nicht funktionsfähig. Dem Dispatcher der Gesellschaft blieb dies nicht verborgen und wälzte die Minimum Equipment List (MEL), aus der aber nicht hervorging, daß man mit nur zwei intakten Generatoren am Boden bleiben muß. Somit genehmigte er die weitere Abfertigung der Maschine.

Vom Pazifik her, näherte sich ein Tiefdruckgebiet und brachte Regen und schlechte Sicht. Die Wolkenuntergrenze lag bei knapp 1.000 ft. Laut Flugplan sollte Flug UA266 um 17:55 Uhr/loc. starten. Wegen einer Wetterverschlechterung erhöhten sich jedoch die Abstände der startenden Maschinen und somit verzögerte sich der Abflug auf 18:16 Uhr. An Bord der 727 befanden sich sechs Crewmitglieder sowie 32 Passagiere, als man um 18:16:57 Uhr/loc. zum Start auf der Bahn 24 freigegeben wurde. Vom Schub der drei Triebwerke hob man um 18:17:47 Uhr ab und stieg langsam in die Dunkelheit hinein. Den Anweisungen des Towers folgend drehte der Pilot die Boeing um 30° nach rechts und setzte den Steigflug fort. Kurz darauf lag die Küstenlinie hinter ihnen und die 727 flog nun über den schier unendlichen Pazifik. Plötzlich ertönte um 18:18:30 Uhr/loc. die Alarmglocke der Feuerwarnung am Triebwerk Nr. 1. Den Betriebsvorschriften folgend wurde das linke Triebwerk abgeschaltet und sämtliche Verbraucher mit ihm. Auf die anschließende Frage des Copiloten: *„Everything off?"* schaltete man den zweiten Generator aus und flog damit praktisch nur noch mit einem elektrischen System. Ein einzelner Generator konnte den Energiebedarf der vielen Cockpit- und Kabinenverbraucher nicht decken und fiel kurz darauf wegen der Überlastung ebenfalls aus. UA266 war plötzlich ohne jede elektrische Energieversorgung. Weder Funkanlage noch Cockpitanzeigen konnten in der plötzlichen Dunkelheit abgelesen werden. Als letzte Meldung gab der Pilot um 18:19:05 Uhr/loc. durch:

COP: *„We've had a fire warning on number one engine, we shut down we'd like to come back."*

Der Abfluglotse in Los Angeles wies Flug 266 nun an, auf 3.000 ft zu bleiben und die augenblickliche Flughöhe durchzusagen. Er erhielt jedoch keine Antwort mehr. Im selben Moment verschwand das Sekundärecho des Fluges auf den Radargeräten. Weder das UA266-Signal noch die Flughöhe erschienen mehr auf den Schirmen. Zu diesem Zeitpunkt verloren die Piloten immer mehr an Orientierung. In der Dunkelheit waren wegen des schlechten Wetters keinerlei optische Bezugspunkte auszumachen. Mehrfach versuchte LA-Departure mit Flug 266 Kontakt aufzunehmen, jedoch vergeblich. Um 18:20:30 Uhr/loc. begann die 727 zu sinken. Offenbar hatten die Piloten in ihrer Verzweiflung versucht, unter die Wolkendecke zu kommen und den Flughafen unter Sichtflugbedingungen zu erreichen. Die linke Tragfläche neigte sich nach unten und die Geschwindigkeit nahm zu. Ohne Sicht kam man der Wasserlinie immer näher. In dieser Flugphase fing plötzlich wieder der CVR an zu laufen und zeichnete für 9 Sekunden die Geräusche im Cockpit auf:

XXX: *„Fields out?"*
F/E: *„We're going to get screwed up...I don't know what's going on."*
COP: *„Keep it going up, Arnie you're a thousand feet...pull it up."*

Das Radarecho des Flugzeugs verschwand nun gänzlich von den Radarschirmen der Fluglotsen. Außer Kontrolle geraten schlug es gegen 18:21 Uhr/loc. auf dem Wasser des **Pazifiks** 11,3 Meilen westlich das Flughafens auf. Augenzeugen sahen einen hellen Blitz durch die Dunkelheit scheinen, und das Geräusch einer Explosion war zu hören.

Niemand der 38 Menschen an Bord überlebte den Aufprall. Das NTSB empfahl hiernach den Einbau eines Notstromaggregates sowie eines Fluglageanzeigers, der unabhängig vom elektrischen System arbeitet.

16.03.69
VIASA   Douglas DC-9-32
YV-C-AVD   47243

Kurz nach dem Abheben vom Flughafen in **Maracaibo/Venezuela** streifte die DC-9 einen Hochspannungsmast und stürzte auf den dichtbesiedelten Stadtteil La Trinidad.

71 Menschen am Boden und alle 83 Insassen der Maschine kamen ums Leben. Mindestens 20 Häuser, ein Bus und diverse Pkws wurden zerstört.

Ursächlicher Faktor der Katastrophe war ein fehlerhafter Temperatursensor am Flughafen von Maracaibo, der niedrigere Werte anzeigte, als tatsächlich der Fall war. Die DC-9-Besatzung verließ sich bei ihren Ladegewichts- und Startstreckenberechnungen auf diese Temperaturangaben. Da die Startstrecke eines Flugzeuges auch von der herrschenden Außentemperatur abhängig ist (je heißer die Temperatur, um so länger die Startstrecke), überluden sie die Maschine. Nach dem Abheben konnte die DC-9 zwar in den Steigflug übergehen, stieg jedoch in einem sehr kleinen Winkel, der nicht die nötige Hindernisfreiheit bot.

Der Elektrizitätsmast wurde zuvor gegen die energischen Bedenken der örtlichen Fluglotsen errichtet.

28.04.69
Aeroflot   Tupolev 104B
CCCP-42436   -

Bei der Landung in **Irkutsk/UdSSR** setzte die Tupolev etwa 600 Meter vor dem befestigten Teil der Landebahn auf und wurde infolgedessen irreparabel beschädigt. Näheres ist nicht bekannt.

28.04.69
LAN Chile   Boeing 727-100
CC-CAQ   19812

Man befand sich auf dem Flug von Buenos Aires nach Santiago de Chile, als das Kerosin zur Neige ging und man sich zur Notlandung gezwungen sah. Da keinerlei Landepiste in der Nähe war, setzte die 727 auf einer Farm, außerhalb des Flughafengeländes von **Santiago de Chile/Chile** auf. Der Landeort lag etwa 25 Kilometer nördlich des Stadtteils Colina-Santiago.

Es wurde zwar keiner der Insassen verletzt, jedoch waren die Beschädigungen an der Maschine so stark, daß nur noch die Verschrottung in Frage kam.

04.06.69
Mexicana   Boeing 727-100
XA-SEL   19256

Die Maschine startete morgens als Flug MX704 in Mexico City und war mit 72 Passagieren und sieben Crewmitgliedern nach Monterrey unterwegs. Im Luftraum vom Monterrey wurde der Besatzung jedoch nahegelegt, aus Wettergründen nach Laredo/Texas auszuweichen. Die Piloten setzten jedoch den Anflug auf **Monterrey/Mexico** fort. Es war kurz nach halb neun Uhr morgens, als man über dem Monterrey-VOR ohne Kenntnis der eigenen Position nach links, statt nach rechts kurvte und somit in Richtung Berge flog. Das Wetter zu dieser Zeit war nicht besonders gut: Zwischen 7.500 ft und 500 ft herrschten dichte Wolken aus denen ein leichter Nieselregen niederging. Außerdem wurden Nebel und Gewitter gemeldet.

Mit einer Geschwindigkeit von über 250 Knoten befand sich MX704 immer noch im Sinkflug, und die Gipfel der in Wolken gehüllten Berge kamen unaufhaltsam näher. Ohne Radarüberwachung (die zu dieser Zeit noch nicht installiert war) vertraute der Fluglotse darauf, daß der ortskundige Pilot nach Passieren des VOR's auf den richtigen Landekurs drehen würde. In ca. 6.000 ft Höhe kollidierte man schließlich mit den Ausläufern eines Berges ca. 20 Kilometer südlich des Flughafens und zerschellte.

Alle 79 Insassen kamen ums Leben.

24.06.69
Japan AL   **Convair 880**
JA8028   **49**

Die 880er sollte auf dem abgelegenen Flugfeld des Grant County AP von **Moses Lake/WA/USA**, östlich von Seattle gelegen, einige Trainingseinheiten absolvieren. Gerade als man beim Startlauf auf die Entscheidungsgeschwindigkeit V_1 beschleunigt hatte, zog der Kommandant den Leistungshebel von Triebwerk Nr. 4 auf Leerlauf zurück. Die Maschine wurde nun von der ungleich höheren Schubkraft der beiden linken Triebwerke nach rechts um die Hochachse verschoben. Da V_1 bereits überschritten war, mußte nun der Start fortgesetzt werden. Der fliegende Pilot trat fest ins Pedal und ließ das Seitenruder ein gutes Stück nach links ausschlagen, um dem Gierwinkel entgegenzuwirken. Doch unglücklicherweise herrschte zudem ein starker Seitenwind von links, der die Maschine zusätzlich nach rechts drückte. Es gelang zwar, vom Boden abzuheben doch hatte der Gierwinkel einen Wert von über 40° erreicht. Die Strömung um die rechte Tragfläche riß ab, als diese in die Verwirbelungszone des Rumpfes geriet. Abrupt neigte sich die Convair nach rechts und zerschellte neben der Startbahn.

In den Trümmern starben drei Insassen der japanischen Maschine, zwei weitere wurden schwer verletzt.

Damit verunglückte bereits zum siebten Mal eine Maschine dieses Typs, fünf davon in der Startphase.

09.07.69
Thai Int'l   **SE210 Caravelle 3**
HS-TGK   **34**

Das Aufsetzen auf dem Flughafen **Bangkok-Don Muang AP/Thailand** fiel dermaßen hart aus, daß das gesamte Fahrwerk einbrach und die Caravelle unreparabel an den Tragflächen und der hinteren Rumpfhälfte demoliert wurde.

25.07.69
Air Algérie   **SE210 Caravelle 6N**
7T-VAK   **73**

Die aus Marseille kommende Maschine crashte in der Region um **Biskra/Algerien** im südlichen Algerien. Zuvor war während des Reisefluges ein Feuer an Bord der Maschine ausgebrochen. Die Piloten unternahmen noch den Versuch, den Notlandeplatz des Ölterminals Hassi Messaud anzufliegen, jedoch vergeblich. Es kamen hierbei 35 der 37 Insassen ums Leben.

Der Pilot war gleichzeitig der Chef-Ausbildungspilot der Fluggesellschaft

26.07.69
T W A   **Boeing 707-320C**
N787TW   **18712**

Drei Kommandanten sollten an diesem Tag von einem Instruktor auf ihre Fähigkeiten hin, geprüft werden. Es befand sich außerdem noch ein Flugingenieur im Cockpit, der die Gesamtzahl der Insassen auf fünf erhöhte. Das gesamte Übungsprogramm fand auf dem Flughafen von Atlantic City statt. Darin waren unter anderem auch Manöver mit nur drei laufenden Triebwerken vorgesehen, sowie einige Touch-and-Gos. Die 707 befand sich im Landeanflug auf die Bahn 13, als vom Instruktor das Signal „durchstarten" kam. Der Pilot zog seinen Steuerknüppel zu sich heran und erhöhte den Triebwerksschub. Die Maschine gewann langsam wieder an Höhe. Wenig später ergaben sich jedoch unvorhergesehene Schwierigkeiten. An Bord schien etwas mit dem Hydrauliksystem nicht in Ordnung zu sein. Die 707, die in 1.500 ft dahinflog, geriet binnen sehr kurzer Zeit plötzlich außer Kontrolle und stürzte bei **Pomona/NJ/USA** auf ein Feld. Keiner der fünf Menschen an Bord überlebte den Absturz.

29.07.69
B E A   **HS121 Trident 1C**
G-ARPS   **2120**

Die Trident wurde in den frühen Morgenstunden das Opfer eines Feuers. So geschehen auf der Rampe in **London-Heathrow AP**. Die Schäden waren so groß, daß eine Instandsetzung nicht mehr in Frage kam.

Zu Reparaturzwecken zog man sogar die im Juni des vergangenen Jahres verunfallte G-ARPT als Ersatzteilspender heran.

02.08.69
Alitalia   **SE210 Caravelle 6N**
I-DABF   **179**

Der Endanflug der Caravelle geriet zu kurz, somit bekam die Maschine 55 Meter vor der Landebahnschwelle in **Marseille-Marignane AP/Frankreich** Wasserberührung in der Etang de Berre und sank.

Von den 37 Passagieren und den acht Besatzungsmitgliedern an Bord, verletzten sich vier Menschen. Die Maschine kam zuvor aus Rom. Anderen Quellen zufolge, schoß die Maschine über des Bahnende hinaus und landete in der Bucht von Marseille. Offenbar versagten die Bremsen, incl. dem Bremsfallschirm, über den frühere Caravelle-Versionen verfügten.

Sechs Tage später wurde der gesunkene Flieger aus der Bucht geborgen. Erste Meldungen, wonach Alitalia das Gerät wieder flugfähig aufbereiten wollte, stellten sich als Gerücht heraus.

09.09.69
Allegheny AL   **Douglas DC-9-31**
N988VJ   **47211**

Die DC-9 befand sich im Anflug auf Indianapolis-Weir Cock Mun.AP auf einem Flug aus Boston zum Weiterflug nach St. Louis. Der Jet flog unter IFR-Bedingungen und auf einem nordwestlichen Kurs. Währenddessen flog eine Piper, pilotiert von einem Flugschüler, der Flugerfahrung sammeln sollte, unter Sichtflugbedingungen auf Kollisionskurs mit der DC-9. Keiner der beiden hatte Kenntnis von der Gegenwart des anderen, als es in 3.550 ft zum Zusammenprall beider Luftfahrzeuge kam. Dabei traf der Sportpilot das Höhenleitwerk der DC-9, welches abgerissen wurde.

Der Douglas-Jet ging sofort in den Sturzflug über. In steilem Winkel stürzte die DC-9 in unmittelbarer Nähe eines Wohnmobilparks bei **Shelbyville/IN/USA** zu Boden und zerschellte. Die Piper zerlegte sich noch in der Luft in ihre Bestandteile und ging in etwa 1,5 km Entfernung zu Boden.

Alle 82 Insassen der DC-9 und der einzige Insasse der Privatmaschine kamen ums Leben. Augenzeugen am Boden beobachteten keinerlei Ausweichmanöver der beiden Havaristen vor dem Zusammenprall.

Aufgrund der Mängel im Radarsystem der örtlichen Luftraumkontrolle erschien die Piper auf keinem Radarschirm. Ursache hierfür liegt in dem sog. „Blind-Speed-Effekt". Dieser tritt dann auf, wenn die Fluggeschwindigkeit des Radarziels unter die der Drehantenne fällt. Zum anderen gab es keinerlei Regularien und Verfahren, um den IFR vom VFR-Verkehr zu trennen.

Die FAA reagierte mit der Einführung eines Terminal Control Systems (TCA) an jedem größeren US-Flughafen. Außerdem wurden Steig- und Sinkflugkorridore für den IFR-Verkehr auch an kleineren Flughäfen geschaffen.

12.09.69
Philippine AL   **BAC 1-11-400**
PI-C1131   92

Während des Endanflugs auf **Manila/Philippinen** streifte die BAC die Ausläufer einer Hügelkette und zerschellte.

Es starben bei diesem Unglück 45 Menschen.

21.09.69
Mexicana   **Boeing 727-100**
XA-SEJ   19255

Die 727 sackte im Anflug auf Mexico City durch und zerschellte am schlammigen Ufer des **Texcoco Sees/Mexico**. Von den 114 Insassen kamen 27 ums Leben. Zum Zeitpunkt des Unglücks herrschte schlechtes Wetter. Die Maschine kam aus Chicago.

16.10.69
Seaboard World   **Douglas DC-8-63CF**
N8634   46021

An diesem Tag sollte unter der Sonne Kaliforniens für einige junge Piloten der amerikanischen Frachtfluggesellschaft Seaboard World eine Flug- und Prüfungsstunde stattfinden. Dazu gingen neben den vier Flugschülern, zwei Copiloten und zwei Bordingenieuren, auch ein sehr erfahrener Captain als Ausbilder an Bord der DC-8.

Schon nach dem Abheben vom Flughafen Oakland Int'l AP begann der Ausbilder mit dem Programm: Er ließ das Hydrauliksystem ausfallen, übte „Engine Fire shutdowns" und überprüfte das Verhalten seiner Schüler bei einem Feuer an Bord oder einem Strömungsabriss an den Tragflächen. Um 12:51 Uhr/loc. erreichte die DC-8 den Bereich des Flughafens **Stockton AP/CA/USA**. Auf diesem nicht allzu überfüllten Flughafen im kalifornischen Landesinneren sollten einige Notsituationen geprobt werden, die bei Start und Landung auftreten können.

Zuerst nahm der erste Copilot auf dem Pilotensitz Platz: er sollte heute seine Flugberechtigung für die DC-8 ablegen. Nach einigen Sichtanflügen mit vier oder nur drei Triebwerken, etlichen Durchstartmanövern und Punktlandungen konnte dieser erleichtert mit seinem Kollegen den Platz tauschen, denn er hatte seine Prüfung bestanden. Auch der zweite Copilot wurde durch eine ganze Reihe von „Emergency-Drills" gescheucht, bevor er mit den Landemanövern beginnen konnte.

Es war mittlerweile 15:41 Uhr/loc. geworden. Der Copilot machte gerade einen ILS-Anflug mit eingeschaltetem Autopiloten und Autothrottle auf die Landebahn 29R. Der Anflug verlief planmäßig und der Ausbilder kam nicht umhin, seinen Flugschüler zu loben. Man war im Endanflug, als in 200 ft der Autopilot abgeschaltet wurde und der Ausbilder seinen Flugschüler anwies, nach dem Aufsetzen nicht den Umkehrschub zu aktiveren, da er ein Durchstartmanöver üben wollte.

Das Hauptfahrwerk der DC-8 berührte bei einer Geschwindigkeit von 137 Knoten 600 Meter hinter dem Beginn der fast 3.000 Meter langen Landebahn 29R den Asphalt, wobei schon bei der ersten Bodenberührung die Groundspoiler auf den Tragflächen aktiviert wurden. Sofort nachdem auch das Bugfahrwerk am Boden war, fuhr der Copilot die Groundspoiler wieder ein, ließ die Landeklappen von ihrer Landestellung von 50° auf ihre Startstellung von 23° fahren und schob die Schubhebel wieder nach vorne.

Die DC-8 besitzt ein Warnsystem, das Alarm auslöst, wenn sich die Maschine nicht in vorschriftsmäßiger Startkonfiguration befindet. Dieses Warnsystems gibt einen akustischen Alarm in Form einer Serie von sieben Pieptönen, wenn entweder die Landeklappen nicht in Startstellung, also auf eine Position zwischen 10° und 30° gefahren sind, oder die Störklappen auf den Tragflächen nicht vollständig eingefahren sind. Sind sie vollständig eingefahren, schließen sich jeweils zwei Microschalter pro Groundspoiler. Bleibt einer oder mehrere dieser Schalter offen, leuchtet im Cockpit eine blaue Warnlampe auf und der akustische Alarm wird aktiviert. Dieselbe Serie von Pieptönen wird aber auch aktiviert, wenn die Landeklappen nicht in ihrer Startposition sind.

Daher ist dieses Warnsignal bei einem Durchstartmanöver normal, da die Schubhebel schon auf Vollschub geschoben werden, wenn sich die Landeklappen noch in ihrer Startstellung von 23° bewegen. Im allgemeinen schaltet sich das Warnsystem nach der zweiten Serie von Piepsern von selber ab, wenn die Landeklappen 30° passiert haben.

Die DC-8 beschleunigte während der ersten beiden Serien von Pieptönen völlig normal die Startbahn hinunter. Der Ausbilder wurde in der Sekunde mißtrauisch, als die Pieptöne auch nach der dritten und vierten Serie nicht abrissen. Er warf einen Blick auf das Instrumentenbrett und sah mit Schrecken, das nicht die Landeklappen den Alarm ausgelöst hatten. Vor ihm leuchtete das blaue Warnlicht, daß anzeigte, daß die Groundspoiler noch ausgefahren sind. Da es mit ausgefahrenen Groundspoilern unmöglich ist, zu starten, rief er dem Copiloten zu, er solle mit dem Abheben noch warten, während er die Stellung der Bedienungshebel der Groundspoiler prüfen müsse. Die DC-8 hatte inzwischen die Hälfte der Bahn verbraucht und fast die Entscheidungsgeschwindigkeit V_1 erreicht.

Der Ausbilder griff nach vorne und versicherte sich, das sich der Bedienungshebel der Groundspoiler in der Stellung „eingefahren" befand. Aber das blaue Anzeigelicht und die Pieptöne blieben aktiv. Blitzschnell wägte der Ausbilder die Möglichkeiten ab. Er konnte annehmen, daß die Groundspoiler eingefahren und die Warnmeldungen falsch waren. Dann konnte er den Start normal fortsetzen. Andererseits wären die Folgen fatal, wenn die Warnmeldungen sich als richtig erweisen würden. Die Maschine würde Sekunden nach dem Abheben wie ein Stein auf den Boden zurückfallen.

So entschloß er sich, auf Nummer sicher zu gehen und den Start abzubrechen. Zwölf Sekunden waren seit dem ersten Auslösen des Warnsignals vergangen. Der Besatzung blieben noch ungefähr 1.000 Meter Rollbahnlänge, um die DC-8 zum Stehen zu bringen. Der Ausbilder übernahm die Kontrolle über die Maschine, trat mit aller Kraft in die Bremsen und löste den Umkehrschub aus. Doch es war zu spät.

Mit heulenden Triebwerken schoß die DC-8 über die Landebahn hinaus, rumpelte über das unebene Gelände hinter der Landebahn, passierte einige Entwässerungskanäle und einen Straßendamm, um dann 300 Meter hinter der Landebahn zum Stehen zu kommen. Das Hauptfahrwerk war zusammengebrochen, der Rumpf verbogen und das linke, innere Triebwerk inclusive Aufhängung abgerissen. Aus etlichen Löchern und Rissen in den Tragflächen lief Treibstoff aus, der sich schnell an den noch heißen Triebwerksteilen entzündete.

So zur Eile gezwungen, brachte die fünfköpfige Besatzung in rasender Eile ihre Checklisten zuende, schaltete die verbliebenen Triebwerke und das elektrische Bordnetz ab. Bis zum Ausschalten der elektrischen Versorgung leuchtete das blaue Warnlicht der Groundspoiler. Danach verließen alle fünf Insassen unverletzt den Havaristen und warteten auf die Feuerwehr.

Die Feuerwehr hatte ebenfalls enorme Schwierigkeiten mit dem unebenen Gelände hinter der Landebahn. Einige Fahrzeuge blieben in den Entwässungskanälen stecken, andere mußten Umwege fahren, um auch nur in die Nähe des Havaristen zu kommen. Ein kleinerer Feuerwehrwagen schaffte es, sich dem Flugzeug auf hundert Meter zu nähern, wo er schon von der Besatzung der DC-8 erwartet wurde. Zusammen mit den Feuerwehrleuten machte sich die Besatzung daran, mit einem Wasserschlauch das Feuer zu löschen, doch griff Minuten später das Feuer nach einer Explosion in der linken Tragfläche auf den Rumpf der Frachtmaschine über.

Die linke Tragfläche und der gesamte Rumpf vom Leitwerk bis zum Cockpitbereich brannte vollständig aus, was auch daran gelegen haben könnte, daß es geschlagene 17 Minuten dauerte, bevor die Feuerwehr es schaffte, den ersten Löschschaum auf die inzwischen lichterloh brennende Maschine abzuschießen.

Untersuchungen nach dem Absturz ergaben, daß die kaum neun Monate alte DC-8 schon einige Male Schwierigkeiten mit dem Groundspoiler-Warnsystem gehabt hatte. Dreimal war das Warnsystem fälschlich ausgelöst worden, jeweils einmal beim Rollen auf dem Flughafen, Sekunden nach dem Abheben und während des Fluges. Man hatte die Microschalter getauscht, aber die „Phantomwarnung" trat immer wieder auf. Bei einer gründlichen Überprüfung förderte man zwei in der linken Tragfläche verlaufende Kabel des Warnsystems zu Tage, deren Isolierungen beschädigt waren und damit einen Kurzschluß ausgelöst hatten. Nachdem man eine Woche vor dem Unfall die beiden Kabel ausgetauscht hatte, hielt man das Problem für behoben. Aber offensichtlich waren da noch andere Kabel beschädigt, was aber wegen der totalen Zerstörung der linken Tragfläche nicht mehr nachgewiesen werden konnte.

Das NTSB sprach die Besatzung, und insbesondere den Ausbilder, von jeder Verantwortung an dem Unfall frei. Unter den gegebenen Umständen hätte der Ausbilder die richtigen Entscheidungen in ausreichender Zeit getroffen. Verantwortlich für den Totalverlust des Flugzeuges war nur das schlechte Gelände hinter der Landebahn und die Unfähigkeit der Flughafenfeuerwehr, sich auf dieses Gelände einzustellen.

19.11.69

Malev Tupolev 134
HA-LBA 8350604

Das Flugzeug ging bei der Landung auf dem Flughafen **Istanbul AP/Türkei** verloren, als man bei starken Regenfällen über das Bahnende hinausschoß und auf weichen Untergrund geriet. Das Fahrwerk brach zusammen, und die Maschine zerschellte hinter der Bahn.

20.11.69

Nigeria AW BAC VC-10-1100
5N-ABD 804

Durch die Unachtsamkeit der Besatzung ging im Landeanflug auf einem Flug von Kano nach **Lagos/Nigeria** die vierstrahlige VC-10 verloren, die Nigeria AW erst vor sieben Wochen von BOAC erworben hatte. Beim Durchflug einer Schlechtwetterfront, auf die sich die Crew offenbar voll konzentrierte, vergaßen sie die Flughöhe im Auge zu behalten. Als man dann kurz darauf diverse Bäume streifte, war es jedoch bereits für Gegenmaßnahmen zu spät. Etwa acht Meilen außerhalb der Landebahn 19 ging die VC-10 zu Boden und zerschellte.

Niemand der 84 Menschen an Bord überlebte die Katastrophe.

5N-ABD; die abgestürzte VC-10, die zweite gebaute Maschine dieses Typs überhaupt, hier ein Jahr vor dem Absturz auf dem Werftgelände der BOAC./London-Heathrow 1968 <Quelle: N.Scherrer>

Die Ermittlungen zur Aufklärung der Ursache zogen sich lange hin und bis heute gibt es keine genaue Gewißheit über den Auslöser des Unglücks. Es wird jedoch angenommen, daß Übermüdungserscheinungen der Cockpitcrew, die seit über 10 Stunden im Dienst war, zu erheblichen Konzentrationsmängeln geführt haben sollen.

03.12.69

Air France   **Boeing 707-320**
F-BHSZ   **18459**

Kurz nach dem Start vom Flughafen Caracas-Maiquetia AP/Venezuela stürzte der französische Jetliner ca. 5 Meilen jenseits der Küstenlinie von Venezuela ins Wasser der **Karibischen See/Venezuela**.
Alle 62 Menschen an Bord starben.
Die Maschine sollte als Flug AF212 von Santiago de Chile nach Paris gehen und machte in Caracas-Maiquetia AP eine Zwischenlandung, bei der 19 Passagiere zugestiegen waren.

1970 – 1979

05.01.70
SPANTAX   Convair 990
EC-BNM   32

Ursprünglich war es vorgesehen, daß die vierstrahlige Maschine an diesem Tag vom verschneiten **Stockholm-Arlanda AP/Schweden** zur Touristenhochburg Palma de Mallorca/Spanien fliegen sollte. Die mit vielen sonnenhungrigen Urlaubern gefüllte Maschine setzte sich planmäßig auf der Startbahn in Bewegung. Doch einige Sekunden später bemerkten die Piloten Unregelmäßigkeiten mit Triebwerk Nr.4, das nicht einwandfrei zu funktionieren schien. Somit wurde der Startlauf abgebrochen, und man rollte zurück zum Terminal. Anscheinend war einer der Kompressoren, die zwischen den Fanschaufeln und der Brennkammer angebracht waren, beschädigt worden. Das Triebwerk konnte jedenfalls nicht mehr benutzt werden, soviel stand fest.

Die Besatzung nahm nun Kontakt zur Zentrale ihrer Gesellschaft in Madrid auf und erläuterte die Situation. Die entnervten Passagiere wurden einstweilen auf eine Ersatzmaschine umgebucht, als sich herausstellte, daß das Problem nicht in absehbarer Zeit zu lösen war. Nach einigen Überlegungen beschloß man, die Convair „Coronado" in die Swissair-Werft nach Zürich zu überführen, die neben Spantax als einzige Fluggesellschaft in Europa über geeignete Wartungsfacilitäten für diesen seltenen Flugzeugtyp verfügte. In Zürich sollte das schadhafte Triebwerk Nr.4 ausgetauscht werden. Hierfür mußte jedoch die CV-990 mit nur drei laufenden Triebwerken ohne Passagiere und Fracht von Stockholm nach Zürich fliegen. Dieses durchaus übliche Verfahren sparte nicht nur Zeit, sondern auch teures Geld für eine Frachtmaschine, die das Ersatztriebwerk eigens nach Arlanda bringen müßte.

Die technischen Vorbereitungen für den bevorstehenden Abflug nach Zürich wurden von einem Ground-Engineer überwacht. Mittlerweile wurde es nach 21:00 Uhr/loc. Seit Stunden herrschte völlige Dunkelheit, und die Lampen des Flughafens spendeten nur wenig Helligkeit auf dem Vorfeld. Eine eiskalte Nacht sollte es werden. Die Temperatur lag schon jetzt bei minus 27°C und sollte noch weiter fallen. An Bord befanden sich nunmehr nur noch die beiden Piloten, ein Flugingenieur und ein Bodeningenieur, der hinter dem Kommandanten Platz genommen hatte. Desweiteren saßen auch noch die sechs Stewardessen in der Flugzeugkabine, die froh waren, sich auf dem kommenden Flug nicht um einhundert gestreßte Chartergäste kümmern zu müssen. Eine weitere Stunde verging, bis alle Vorbereitungen abgeschlossen waren. Um kurz nach 22:00 Uhr/loc. erhielt man Rollerlaubnis zum Start auf der Bahn 08 (2.500 Meter). Doch nur Momente später revidierte der Pilot seine Entscheidung und entschied sich für die längere Bahn 19 (3.300 Meter), die für einen Start mit nur drei laufenden Triebwerken besser geeignet war. Noch vor Erreichen des letzten Rollwegs erhielt die „Coronado" Startfreigabe und drei Minuten später schob der 41-jährige Kommandant die Leistungshebel der Triebwerke 1-3 nach vorn. „Rolling", sagte er gleichzeitig dem Tower. Die Maschine begann mit dem Startlauf. Ein Start mit nur drei arbeitenden Triebwerken erfordert die volle Konzentration der Besatzung. Durch den Ausfall von Nr.4 entstand ein Schubungleichgewicht, das die Maschine um ihre Hochachse nach rechts riß. Als der Kommandant merkte, daß das Bugrad zu rutschen begann, zog er den Leistungshebel für Triebwerk Nr. 1 von 85 % auf 60 % zurück, um den Rechtsdrall zu vermindern. Langsam schwenkte man wieder zurück auf die leuchtende Lichterkette der Pistenmittellinie und der Kommandant schob den Hebel Nr.1 wieder ein Stück nach vorn, um bei 134 Knoten das Bugrad vom Boden zu heben. Die Maschine richtete sich auf und stieg langsam in die eiskalte Winternacht hinein. Sekunden später wurde das Fahrwerk eingezogen. Das grelle Licht der Landescheinwerfer wurde von niedrigen Wolken über der Startbahn reflektiert und blendete für Augenblicke die Piloten. Die Convair hatte nun V_2 (= 145 Knoten) erreicht und stieg mit etwa 800 ft pro Minute. Arlanda Tower funkte den Piloten nun die exakte Startzeit und wies sie gleichzeitig an mit der Radarzentrale auf 124,1 MHz Kontakt aufzunehmen. Doch diese Aufforderung blieb unbeantwortet. Gerade als

EC-BZP; eine identische Maschine, wie die, die in Stockholm verunglückte, rollt hier mit ausgefahrenen Vorflügeln zum Start/Palma de Mallorca im Juni 1980 <Quelle: Luftfahrt Journal-Sammlung>

der Copilot zum Einstellknopf des UKW-Gerätes langen wollte, bemerkte er anhand seines künstlichen Horizontes eine Schräglage von 4-6° nach rechts. Auch das Instrument auf der Seite des Kommandanten zeigte das gleiche an. Im selben Moment erkannte er, daß die Fluggeschwindigkeit auf einen Wert 10 Knoten unterhalb von V2 (der minimalen Steiggeschwindigkeit) gefallen war. „The Speed, the Speed", rief er erschrocken aus. Der dröhnende Jet sank wieder dem Erdboden entgegen. Dann ging alles sehr schnell: Sekunden später hörten die Piloten schon die ersten dumpfen Schläge der Baumkronen, die gegen den unteren Rumpf prallten. Die Rechtsneigung erhöhte sich und mehr und mehr Geäst prallte gegen Rumpf und Tragflächen. Die Maschine war verloren. Nur 1.060 Meter hinter der Startbahn 19 hatte der kurze Flug um 22:25 Uhr/loc. geendet. Die Maschine zerbrach in mehrere Teile, wobei das Cockpit nahezu intakt blieb und alle vier dort befindlichen Insassen wurden aus der Trümmerschneise geschleudert. Es brach kein Feuer aus und lautlose Dunkelheit legte sich über den Ort des Geschehens.

Alle vier Cockpitinsassen und eine Stewardeß überlebten den Absturz, zum Teil schwer verletzt. Für fünf der sechs Stewardessen kam jedoch jede Hilfe zu spät.

Im Tower löste man schließlich Alarm aus, als man trotz mehrfacher Aufforderungen keine Lebenszeichen von der gestarteten Convair erhielt. Obwohl der Absturzort nur einen guten Kilometer vom Flughafengelände entfernt war, konnten die Rettungseinheiten die Überreste der Maschine in der Finsternis nicht lokalisieren. Über zwei Stunden verstrichen ergebnislos. Bei den arktischen Außentemperaturen drohten die Überlebenden zu erfrieren. Verzweifelt suchten diese nach dem transportablen Funkgerät, um ein Notsignal auszusenden, was der Tower empfangen konnte. Nach langem Suchen gelang es ihnen auch das Gerät zu finden und sie setzten es in Betrieb. Um 01:14 Uhr/loc. empfing man in Arlanda die ersten Signale des Senders. Doch die Peilgeräte im Tower waren zu ungenau, sie zeigten eine Streuungsvarianz von bis zu 15° an. Erst um 02:27 Uhr/loc., vier Stunden und 2 Minuten nach dem Absturz, trafen die ersten Rettungsteams am Unglücksort ein. Die Überlebenden hatten Erfrierungen, doch alle konnten lebend ins Krankenhaus eingeliefert werden.

Später fand man heraus, daß die Convair nach dem Abheben immer mehr um ihre Hochachse gerissen wurde und nach rechts „gierte". Dieses Gieren wurde durch das Schubungleichgewicht hervorgerufen, da auf der linken Tragfläche beide Triebwerke nach vorn zogen, während auf der rechten Seite nur ein Triebwerk arbeitete. Bar jeder optischen Bezugspunkte gingen die Piloten nicht schnell genug vom Sicht- auf Instrumentenflug über. Erschwerend kam hinzu, daß in nur zehn Meter Höhe eine Inversionsschicht mit deutlich wärmeren Temperaturen lag, als sie am Erdboden waren. Außerdem wehte dort ein Rückenwind mit ca. 10 Knoten. Auf diese veränderte Wetterlage waren die Piloten nicht eingestellt und erkannten daher auch den dramatischen Abfall ihrer Geschwindigkeit erst, als es bereits zu spät war. Aufgrund des größer werdenden Gierwinkels hing die rechte Tragfläche immer mehr nach unten, bis sich der Steig- in einen Sinkflug gewandelt hatte. Die seit über 12 Stunden im Dienst befindlichen Piloten erkannten auch dies erst viel zu spät. Das Gesamtgewicht der Convair lag zwar noch unterhalb der Werksangaben für einen Start mit nur drei Triebwerken, jedoch ist die Maschine laut Werksvorschriften vor dem Start „so leicht wie möglich" zu machen. Das zusätzliche Personengewicht von ca. 500 kg trug jedoch auch dazu bei, daß die Maschine nicht mehr an Höhe gewinnen konnte. Als zusätzlichen Punkt erwähnte die Untersuchungsbehörde noch die Tatsache, daß der Kommandant beim Start die Klappen auf 27° ausfuhr, statt, wie im Flughandbuch empfohlen, auf 10°.

14.01.70
United Arab AL   DH106 Comet 4C
SU-ANI   6475

Flug MS755 kam in dieser Nacht aus Kairo und Khartoum und befand sich im Landeanflug auf den Flughafen von **Addis Abeba/Äthiopien**. Es war 03:35 Uhr/loc. , als sich die arabische Comet mit der Luftraumkontrolle in Addis Abeba in Verbindung setzte. Die Besatzung erhielt den neuesten Wetterbericht. Der Wind wehte schwach, die Sicht betrug am Boden 5 Kilometer. Der Himmel war bedeckt in 7.000 ft und leicht bewölkt in 300 ft, die Temperatur betrug 15° C. Etwa gegen 04:10 Uhr/loc. meldete Flug 755 den Überflug des „AD"-Funkfeuers in 14.500 ft. Danach gab der Fluglotse die Maschine zum Anflug und zur Landung auf der Landebahn 25 frei. Kurze Zeit später meldete der Pilot, daß er den Flughafen in Sicht habe. Fahrgestell und Landeklappen wurden ausgefahren und alles war nun für die bevorstehende Landung eingestellt. Um 04:18 Uhr/loc. beobachteten Augenzeugen am Boden, wie die Lichter der Comet aus der niedrigen Wolkendecke herauskamen, doch befand sich das Flugzeug etwa 200-300 Meter rechts von der Landebahn. Sofort leitete der Pilot eine scharfe Linkskurve ein, um auf den korrekten Landekurs zurückzukehren. Erst nachdem etwa 1.500 m der 3.000 m langen Bahn überflogen waren, leitete der Pilot das Aufsetzmanöver ein und zog an seiner Steuersäule. Dabei realisierte er offenbar nicht, daß er sich noch etwa 10-15 Meter über der Landebahn befand. Durch die geringer werdende Fluggeschwindigkeit riß sofort die Luftströmung um die Tragflächen ab und die Maschine stürzte jäh zu Boden. Erschrocken gab der Pilot mehr Schub, doch es war zu spät. Die linke Tragfläche neigte sich nach unten und rammte in den Boden. Der an der Außenseite der Tragfläche angebrachte Zusatztank wurde abgerissen und Treibstoff lief aus, doch glücklicherweise entstand kein Feuer. Nach dem überharten Aufprall sprang die Comet wieder ein Stück hoch, ehe die Piloten die Kontrolle zurückgewinnen konnten. Trotz der starken Beschädigungen rollte „SU-ANI" noch bis zum Terminalgebäude, wo schon die Fahrzeuge der Feuerwehr bereitstanden. Von den neun Passagieren und der fünfköpfigen Crew wurde niemand ernsthaft verletzt. Der erst 30-jährige Kommandant war zuvor erst ein einziges Mal in Addis gelandet und das am Tage bei gutem Wetter.

29.01.70

Aeroflot Tupolev 124
CCCP-45083 5351706

Im Anflug auf **Murmansk/UdSSR** geriet die Tupolev zu tief und zerschellte an einem Berg. Es kamen 11 Insassen ums Leben.

09.02.70

United Arab AL DH106 Comet 4C
SU-ALE 6444

An diesem Abend herrschte Schneetreiben auf dem **Münchner Flughafen Riem**. Runway und Rollwege waren von Schnee bedeckt und mußten mehrmals freigeräumt werden. Die Comet war an diesem Abend um kurz nach 20:00 Uhr/loc. bereit zum Abflug nach Athen und Kairo. An Bord befanden sich 14 Passagiere und neun Mitglieder der Besatzung. Es war bereits dunkel, als man die Startgenehmigung erhielt und auf Abhebegeschwindigkeit beschleunigte. Um 20:04 Uhr/loc. hob sich das Bugrad von der Bahn, gefolgt von den beiden Hauptfahrwerken. Doch genau in diesem Moment ging ein Zittern durch den Rumpf der arabischen Maschine. Der Kommandant dachte sofort an eine Überziehwarnung und leitete ein Startabbruchverfahren ein. Obwohl „SU-ALE" schon in der Luft war, drückten die Piloten die Comet wieder auf die Bahn. Trotz Radbremsen, Spoilern und Schubumkehr gelang es bei der hohen Geschwindigkeit nicht mehr rechtzeitig, zum Stehen zu kommen. Donnernd schoß der Vierstrahler durch die Bahnbegrenzung, den Flughafenzaun und pflügte dann durch den schneebedeckten Boden. Nach etwa 500 Metern blieb man schließlich mit abgerissenem Fahrwerk kurz vor einem Bauernhaus und einer Scheune liegen.

Zum Glück brach kein Feuer aus, so daß alle 23 Insassen mit geringeren Verletzungen die Comet verlassen konnten. Das Flugzeug war hiernach nicht mehr zu gebrauchen und wurde verschrottet.

20 Insassen wurden verletzt.

15.02.70

Dominicana Douglas DC-9-32
HI-177 47500

Nur zwei Minuten nach dem die DC-9 in **Santo Domingo/Dominikanische Republik** gestartet war, meldete der Pilot Probleme mit einem der beiden Triebwerke. Der Linienflug nach San Juan/Puerto Rico wurde abgebrochen und die Piloten leiteten ein weite Rechtskurve ein, um zum Flughafen zurückzukehren. Doch in dieser Phase verlor die Maschine sehr stark an Höhe. Es gelang mit dem verbleibenden Triebwerk nicht mehr, den Sinkflug zu unterbrechen und die Maschine stürzte 5 km außerhalb des Flughafens in die Wellen der Karibik, zerbrach und sank binnen Minuten auf den 300 m tiefen Meeresgrund. Für die 97 Passagiere und die fünf Crewmitglieder an Bord gab es keine Überlebenschance.

Das Wetter an diesem frühen Abend (es war gegen 18:30 Uhr/loc.) war bestens, doch die Sonne war gerade untergegangen und Dunkelheit legte sich langsam von Osten her über die Insel. Später wurden einige wenige Überreste der Maschine und etwa 24 Leichen gefunden, doch der Großteil der Maschine, darunter auch der wichtige Flugdatenschreiber, konnte nicht mehr geborgen werden. So blieb dieses bislang schwerste Unglück der Dominikanische Inselrepublik ein ungelöstes Rätsel. Die DC-9 war brandneu und wurde vor gerade zwei Monaten an Dominicana ausgeliefert.

21.02.70

Swissair Convair 990
HB-ICD 15

Der vierstrahlige Langstreckenjet wurde an diesem Tag nach seiner Ankunft aus Ankara und Istanbul routinemäßig zum Weiterflug nach Tel Aviv auf dem Züricher Flughafen Kloten vorbereitet. Die Coronado wurde mit Gepäck, Fracht und einigen Postsäcken beladen. Kurz darauf bestiegen 38 Passagiere, 7 Mitglieder der Kabinenbesatzung und die dreiköpfige Cockpitbesatzung das Flugzeug. Nach Beendigung der üblichen Checks meldete Swissair 330 um 13:06 Uhr/loc. Startbereitschaft Nach einer DC-9 nahm man Startaufstellung auf der zugewiesenen Bahn 28 und erhielt einige Minuten später die Freigabe zum Start.

ATC: *„Neufreigabe auf Flugfläche 70, Sie sind frei zum Starten."*

SWR330:
„Frei auf 70, wir rollen."

Um 13:14 Uhr/loc. hob die nur zu einem Drittel besetzte Convair dank ihres geringen Startgewichtes nach der Hälfte der Startbahn 28 ab und ging in den Steigflug auf 7.000 ft über. Die Maschine drehte nach dem Start, der Abflugroute folgend, auf Südkurs und peilte das Funkfeuer Monte Ceneri an. Um 13:18 Uhr/loc. nahmen die Piloten mit der Züricher Streckenkontrolle Kontakt auf. Drei Minuten darauf, um 13:21 Uhr/loc., ging dann folgende Meldung von Flug 330 durch den Äther:

SWR330:
„Wir haben Ärger mit dem Kabinendruck, wir müssen zurück nach Zürich."

ATC: *„Roger, was ist ihre momentane Flugfläche?"*

SWR330:
„140, bitten um entgegengesetzten Kurs."

Der Radarlotse gab daraufhin die Anweisung, eine Schleife nach rechts zu fliegen und das Funkfeuer Koblenz anzupeilen. Die Coronado wurde nun für einen Landeanflug auf die Bahn 18, die als einzige über ein Instrumentenlandesystem verfügt, geführt. Nach weiteren zwei Minuten meldete die Besatzung, daß man eine Explosion in einem der hinteren Frachträume vermutete. Gleichzeitig sagten die Piloten jedoch, daß sonst noch alles in Ordnung sei. Man bestellte allerdings die Feuerwehr an die Landebahn, da man einen Feuerausbruch vermutete. Die Maschine war inzwischen wieder auf 10.000 ft gesunken.

Um 13:25 Uhr/loc. verlangte die Besatzung eine polizeiliche Untersuchung des Vorfalls. Dann unmittelbar darauf:

SWR330:
„Wir haben Feuer an Bord, bitten dringend um Landung."
ATC: „Verstanden, sinken sie auf Flugfläche 60."
SWR330:
„Wir sinken so schnell wie möglich auf 60, wir haben ein Feuer an Bord, im Heck."
ATC: „Verstanden."
SWR: „Dies ist ein Notfall...Zürich von 330!"
ATC: „Alles verstanden."

Mittlerweile erfüllte der vom Brand im Frachtraum erzeugte Rauch Passagierkabine und Cockpit. An Bord wurde die Lage zusehends schlimmer. Zu den Rauchproblemen traten nun auch Schwierigkeiten mit der Navigation auf:
SWR330:
„äh...GCA Anflu..(Ground Controlled Approach = vom Boden kontrollierter Anflug)..ah..wir haben Feuer an Bord..wir haben Geschwindigkeit und bitten um GCA-Anflug, unsere Navigation ist nicht okay."
ATC:„Okay, verstanden."

Nunmehr oblag es dem Fluglotsen, die Coronado mit Kurs- und Höhenanweisungen auf die Landebahn in Kloten zu bringen. Nun wechselten die Piloten auf die Frequenz der Züricher Anflugkontrolle. Die Situation an Bord der qualmgefüllten Convair wurde immer dramatischer.
SWR330:
„(beide Piloten sprechen gleichzeitig) wir haben Stromausfall...330, 330..sprechen sie."
ATC: „Wir..keine Verzögerung für Radarvektor ILS Bahn 16, prüfen sie den Wind 220 Grad 20 Knoten."
ATC: „Flughöhe.?...sie sind frei zum Sinken auf 4.000, Swissair 330, frei zum Sinken auf 4.000..."
(keine Antwort von Flug 330)
ATC: „Ich kann sie nicht mehr hören, ich kann nichts mehr hören, bitte bleiben sie auf Kurs 330...zero."

Wohl unter der Anspannung und dem Dauerstreß wechselten die Piloten versehentlich die Frequenz und tauchten 30 Sekunden später völlig unerwartet auf der Frequenz des Towers wieder auf. Sofort wurden beide Frequenzen zusammengelegt, damit der Radarlotse weiter in der Lage war, Kontakt zu halten. Mittlerweile war der Qualm in der Maschine so dicht geworden, daß die Piloten gezwungen waren, Atemschutzmasken aufzusetzen.

Entgegen den Anweisungen des Towerlotsen leitete die Maschine nun eine Linkskurve ein, die das Flugzeug weiter vom Flughafen entfernte. Aufgrund der niedrigen Wolkendecke war es der Besatzung auch nicht möglich, unter Bodensicht den korrekten Kurs fortzusetzen. Da es sich um eine Notlage handelte, wurde der gesamte Züricher an- und abfliegende Verkehr gesperrt. Die anfliegenden Maschinen wurden angewiesen, in Warteschleifen zu kreisen oder zu Ausweichflugplätzen zu fliegen. Unterdessen war die Coronado vollständig vom Kurs abgekommen. Nun war Handeln oberstes Gebot:
ATC: „Dem Radar zufolge sind sie vom Anflugkurs abgekommen, drehen sie nach rechts bis ich Stop sage."
SWR330:
„Roger, 330."
ATC: „Roger, drehen sie rechts bis ich Stop sage, sie sind nun völlig vom Kurs abgekommen."
SWR330:
„Wir drehen nach rechts, 330."
ATC: „Roger."

Die Maschine drehte danach nach rechts und ging mit Nordkurs in den Geradeausflug über. Um 13:33 Uhr/loc. befand sich die Maschine im beständigen Sinkflug, als die Besatzung abermals meldete, daß Rauch in der Kabine sei und sie jegliche Sichtmöglichkeit verloren hätten. Abermals kamen dramatische Funksprüche von Flug 330:
SWR330:
„...wir haben einen Notfall...Rauch an Bord..ich kann nichts sehen."
ATC: „Rechts..Kurs 080, 330 rechts 080."

Gleichzeitig wurde eine höher fliegende Sabena-Besatzung befragt, die sich zu diesem Zeitpunkt in der Nähe

HB-ICD; die Unglücksmaschine von Würenlingen, die sich zum Zeitpunkt der Aufnahme gerade einmal fünf Monate in Betrieb befand. Swissair gab der CV-990 den Namen "Coronado", unter dem dieser Typ später bekannt wurde./Zürich im Juli 1962 <Quelle: N.Scherrer>

der Coronado befand, ob sie die Swissair Maschine sehen könne.

ATC: „(zu Sabena) da ist ein Flugzeug unter ihnen mit einem Notfall, können sie es erkennen?"

Diese Anfrage blieb unbeantwortet.

Im Cockpit sah man sich mittlerweile außerstande, das Flugzeug zu kontrollieren. Die Maschine verlor immer mehr an Höhe, neigte sich dem Boden entgegen und wurde immer schneller. Die Situation wurde hoffnungslos.

SWR330:
„stürzen ab.."
ATC: „Roger."
SWR330:
„Auf Wiedersehen, ihr alle...,auf Wiedersehen ihr alle...reduzieren Leistung wir können nichts sehen, können sie mir eine niedrige Flughöhe geben?"

ATC: „Sie machen einen Vollkreis (Pfeifton infolge Doppelbelegung),..sie machen einen Vollkreis linkerhand, bleiben sie auf mindestens 3.500 Fuß und setzen sie Kurs 080 wenn möglich..stoppen sie ihre Kurve mit Kurs 080 wenn möglich."

Dies war gleichzeitig die letzen Worte von Flug 330. Die Maschine flog nun wieder auf südlichem Kurs, unter der vorgeschriebenen Höhe von 3.500 ft Um 13:33:40 Uhr/loc. sahen Zeugen am Boden, wie die Coronado bei Klingnau/Aargau aus der Wolkendecke herausschoß, in einer Linkskurve den Fluß Aare überquerte und um 13:34:14 Uhr/loc. mit über 400 Knoten in einem Waldstück bei **Würenlingen/Schweiz** aufschlug und explodierte. Der Aufschlag war derartig heftig, daß dieser in einer 24 km entfernten seismographischen Meßstation als starke Bodenerschütterung wahrgenommen wurde. Die Coronado bohrte sich in einer knapp 200 Meter langen Schneise in den Boden und hinterließ einen Pfad der Verwüstung.

Alle 47 Menschen an Bord der Maschine kamen ums Leben.

Im Tower in Kloten war man sich des Endes von Flug 330 noch nicht bewußt und der Radarlotse gab weiterhin aufgeregt Anweisungen, in der Annahme Gehör zu finden:

ATC: „...sie machen gerade einen Vollkreis linkerhand, halten sie mindestens 3.500 Fuß und wenn möglich setzen sie Kurs 080..stoppen sie ihre Kurve Kurs 080 wenn möglich..()...Kurs 080, bitte..bitte öffnen sie das Fenster Swissair 330, öffnen sie ihr Fenster..Kurs 080, ich empfange sie nicht mehr, bitte öffnen sie ihr Fenster..()..sie haben jetzt eine sehr sehr langsame Geschwindigkeit...sie sind gerade auf einer sehr langsamen Geschwindigkeit, können sie Geschwindigkeit erhöhen auf einen östlichen Kurs, bitte?..()..sie kreisen immer noch..sie kreisen immer noch..()..machen sie weiter, sie fliegen jetzt Richtung Flugplatz, halten sie 3.500 Fuß wenn möglich..".

Doch es war niemand mehr da, diese Anweisungen auszuführen. Bei späteren Untersuchungen stellte sich heraus, daß sich 7 Minuten nach dem Start in Zürich in 13.000 ft Höhe im hinteren Frachtraum eine Detonation ereignet hatte. Verursacht wurde diese Detonation von einem mitgeführten Sprengsatz. Die Bombe befand sich in einem Postsack aus München und wurde durch einen auf Luftdruck reagierenden Zünder zur Explosion gebracht. Die Sprengkraft reichte nicht aus, um die Struktur der Außenwand entscheidend zu beschädigen. Allerdings war sie so stark, daß die Außenwand beschädigt wurde, so daß der Kabinendruck entwich. Das brachte die Maschine jedoch nicht zum Absturz. Durch die Explosion wurden aber die benachbarten Fracht- und Postsendungen schlagartig in Brand gesetzt. Das führte zu einem starken Feuer im Frachtraum, das sich schnell durch eine Verbindung im Kabinenboden im Passagierraum ausbreitete. Alle Versuche der Besatzung und der Passagiere, das Feuer mit den bordeigenen Mitteln unter Kontrolle zu bringen, schlugen fehl.

Einige Passagiere befanden sich in einer Panikstimmung, die jedoch von der Besatzung unter Kontrolle gebracht werden konnte.

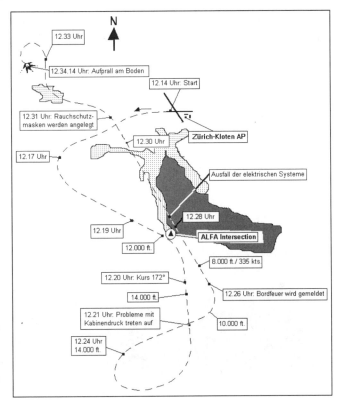

Flugweg der havarierten Convair am 21. 2. 1970

Das Feuer löste außerdem einige Kurzschlüsse aus, was die Funk- bzw. Navigationsprobleme erklärt. Die Coronado war bis zum Ende noch flugfähig, nur war wegen des dichten Rauchs niemand mehr in der Lage, die Maschine zu kontrollieren. Somit wurde der Absturz unabwendbar.

Am gleichen Tag ereignete sich an Bord einer Caravelle der Austrian AL, die von Frankfurt nach Wien gestartet war, eine ähnliche Explosion. Diese wurde durch eine identische höhenmessergesteuerte Bombe, die sich ebenfalls in einem Postsack befand, ausgelöst. Glücklicherweise kam hierbei niemand zu Schaden. Urheber beider Sprengsätze war die palästinensische Terrororganisation PFLP, die damit einen weiteren Terroranschlag gegen israelische Bürger und Einrichtungen unternahm.

01.04.70
Royal Air Maroc SE210 Caravelle 3
CN-CCV 32

Beim Anflug auf den Nouasseur AP in Casablanca kippte die Maschine nahe der Ortschaft **Berrechid/Marokko** aus 200 Metern plötzlich ab und zerschellte am Boden. Es befanden sich 82 Menschen an Bord.
Es starben 61 Menschen, 21 weitere wurden verletzt.
Zum Zeitpunkt des Unglücks lag dichter Nebel über dem Flughafen, in dem die Besatzung offenbar die Orientierung verlor.
Die Caravelle befand sich auf dem Weg von Agadir über Casablanca nach Paris.

19.04.70
S A S Douglas DC-8-62
SE-DBE 45823

An diesem Morgen herrschte noch tiefe Dunkelheit auf dem Flughafen **Rom-Fiumicino AP/Italien**, als die DC-8 „Amund Viking" aus Tokio kommend auf der Landebahn aufsetzte. Nach einer guten Stunde Standzeit am Terminal war man um 05:23 Uhr/loc. bereit zum Weiterflug nach Zürich und Kopenhagen, der Endstation von Flug SK986. An Bord befanden sich neben den elf Mitgliedern der neu eingesetzten Crew noch weitere 64 Passagiere, von denen die meisten noch schliefen. Langsam dämmerte der Morgen herauf, als man im Cockpit die neuesten Wetterinformationen einholte. Es herrschte starker Nebel mit Sichtweiten unter 500 Metern, als SK986 die vier Triebwerke anließ und sich langsam vom Terminal in Richtung der anvisierten Startbahn 34 in Bewegung setzte. Aufgrund der geringen Sichtweite bekam die schwedische DC-8 ein blinkendes „Follow Me"-Auto als Führungsfahrzeug vorneweg, damit die Maschine beim Rollen nicht auf Abwege geriet. Währenddessen besserte sich auf einer anderen Startbahn ein wenig die Sichtweite und prompt wollte SK986 dort hingeführt werden. Doch als man auf Geheiß des Kommandanten die Bahnbefeuerung auf der 34 aktivierte, erschien die Sichtweite den Piloten als ausreichend für einen Start und sie teilten dem Tower mit, daß sie nun zum Start bereit wären.

Startgenehmigung wurde ohne Verzögerung erteilt und um 05:45 Uhr/loc. schob der Pilot die vier Leistungshebel der Triebwerke auf Startstellung. Langsam beschleunigte die Maschine in den kühlen Morgennebel hinein. Alles lief normal, als nur wenige Sekunden darauf, bei einer Geschwindigkeit von 48 Knoten plötzlich ein lauter Knall ertönte. Sofort wurde der Startabbruch eingeleitet und die Radbremsen betätigt. Aufgrund von mangelnder Kühlung entstanden im Triebwerk No.1 einige feine Risse in einer Scheibe der Fanturbine, die bei der sehr hohen Belastung beim Startlauf zu einem Bruch der gesamten Stufe führten. Herumwirbelnde Trümmerteile durchschlugen den Pylon und ein vom Asphalt abprallendes Trümmerteil durchdrang einen Treibstofftank in der linken Tragfläche. Die dort befindlichen Treibstoffleitungen schlugen sofort leck. Außerdem wurde der zweite Treibstofftank in der linken Tragfläche durch die wie Geschosse herumfliegenden Trümmerteile beschädigt. Das Kerosin entzündete sich und sofort stand die linke Tragfläche in lodernden Flammen. Nach der Feuerwarnung im Cockpit wurde unmittelbar nach Stillstand der DC-8 das Evakuierungssignal gegeben, und das Kabinenpersonal begann mit den entsprechenden Maßnahmen. Mit den an Bord befindlichen Löschgeräten konnte ein solch großer Brandherd nicht bekämpft werden und somit mußte die „Amund Viking" aufgegeben werden.

LN-MOW; eine baugleiche Maschine der SAS, wie die die in Rom ausbrannte. Die abgebildete DC-8, hier bereits in der neuen weißen Bemalung, trägt den Namen "Roald Viking" und rollt hier frühmorgens in Richtung Startbahn./Kopenhagen im Oktober 1986<Quelle: JR-Photo>

Unterdessen waren fast alle der 64 Passagiere über die entfalteten Notrutschen auf der dem Feuer abgewandten rechten Flugzeugseite evakuiert. Nur noch einige Passagiere der ersten Klasse im vorderen Rumpfbereich waren noch an Bord, als sich durch die enorme Hitze des über den Asphalt strömenden brennenden Treibstoffs die vordere Notrutsche leckschlug und dadurch wirkungslos wurde. Die noch verbleibenden Passagiere „fielen" buchstäblich die Notrutsche hinunter und zogen sich dabei einige leichtere Verletzungen zu. Als danach die restlichen Crewmitglieder, unter ihnen die Cockpitbesatzung, auf demselben Wege das brennende Flugzeug verlassen wollten, war es bereits so heiß, daß sie sich dabei schwere Verbrennungen zuzogen. Ansonsten gelang es allen 85 Insassen, lebend aus dem Flugzeug zu entkommen, bevor „Amund Viking" ein Raub der Flammen wurde.

22.04.70

T W A **Boeing 707-120**
N743TW **17670**

Die Maschine brannte am Boden in **Indianapolis/IN/USA** aus. Niemand kam ums Leben. Näheres ist nicht bekannt.

03.05.70

A L M **Douglas DC-9-33CF**
N935F **47407**

Es war kurz nach halb elf Uhr vormittags auf dem internationalen Flughafen von New York-JFK, als die 54 Passagiere die abflugbereite DC-9 bestiegen. Der Flug 980 wurde unter der Regie der ALM (Antilleanse Luchtvaart Maatschapij), der offiziellen Airline der Niederländischen Antillen, durchgeführt. Für den boomenden Chartermarkt in der Karibik mietete ALM die DC-9 der ONA, um der steigenden Nachfrage aus den USA gerecht werden zu können. ALM besaß selbst drei Maschinen dieses Typs, allerdings nur die kurze -15er Version.

Als die beiden Piloten ihre Startvorbereitungen durchgingen, mußten sie feststellen, daß die Bordsprechanlage der erst 14 Monate alten Maschine nicht funktionierte. Ein zwar unwillkommener Umstand, der aber, so erwog es der Kommandant, nicht gravierend genug war, um den Abflug zu verzögern. Somit machte man im Cockpit weiter mit der Checkliste. An Bord befanden sich neben den drei Mitgliedern des Kabinenpersonals, die allesamt von der holländischen KLM kamen (der Muttergesellschaft der ALM), drei Mitglieder der Cockpitbesatzung.

Für den bevorstehenden Charterflug 980 zum Juliana Flughafen auf der Karibikinsel St. Maarten führte die Flugroute weit hinaus über den Atlantik. Für die nächsten drei Stunden sollte die Route über den Ozean, weitab von befestigten Funkfeuern und optischen Anhaltspunkten am Boden, verlaufen. Somit war es Vorschrift, für Flüge über weite Seestrecken einen Navigator mit an Bord zu haben. Die Wettervorhersage für den knapp 4,5-Stunden Trip hatte es an diesem Tag in sich und las sich wie folgt: geschlossene Wolkendecke; vereinzelte Gewitterbildung mit starken Regenfällen und böige südöstliche Winde über dem Westatlantik.

Es war 11:14 Uhr/loc., als LM 980 auf der Startbahn beschleunigte und in Richtung Südost kurvte. An Bord befand sich für den Hinflug 31.805 Pfund Kerosin in den Tanks. Die Menge reichte für etwa 5 Stunden aus. Man kalkulierte also mit einer Restmenge von etwas über einer halben Stunde als Reservemenge, um etwaige Warteschleifen drehen oder Ausweichflughäfen anfliegen zu können. Die DC-9 erklomm die Reiseflughöhe von 29.000 ft und näherte sich etwa eine Stunde später den ersten Ausläufern einer Gewitterfront. Zu diesem Zeitpunkt, es war gegen 13:30 Uhr/loc. und LM 980 befand sich 240 Meilen südwestlich der Bermuda Inseln, wurde man von ersten Turbulenzen erwischt.

Der bis dahin ruhige Flug wurde dadurch etwas schaukelig und die „Fasten seatbelts"-Schilder leuchteten auf. Man beschloß daher, auf 27.000 ft zu sinken, um in ruhigeren Luftschichten den Flug fortzusetzen. Doch die Turbulenzen gingen weiter und Flug 980 sank abermals um 2.000 ft auf 25.000 ft Diese niedrigere Flughöhe erhöhte leicht den Treibstoffverbrauch, da sich der Sauerstoffanteil der Luft und damit die Verbrennung in den Brennkammern mit abnehmender Flughöhe vergrößert. Doch eine solch geringe Höhenänderung änderte die Treibstoffreserve nur marginal.

Um 14:24 Uhr/loc. befand sich die DC-9 noch ca. 180 Meilen von ihrer Destination entfernt und es waren noch 8.600 Pfund Treibstoff (= 1 h 20 min.) an Bord. Die Piloten ließen sich nun den neuesten Wetterbericht des Juliana Flughafens von der Kontrollstation in San Juan/Puerto Rico durchgeben, der alles andere als rosig aussah. Über St. Maarten lag ein ausgedehntes Tiefdruckgebiet mit einer Wolkenuntergrenze von nur 500 ft oder darunter. Die Horizontalsicht betrug auch nur drei Kilometer, und es goß wie aus Kübeln. Angesichts eines Landeminimums von 600 ft in Juliana, bedeutete dies, daß LM 980 bei den gegenwärtigen Witterungsbedingungen dort nicht landen konnte. Der Kommandant bat deshalb um Freigabe, nach San Juan auf Flughöhe 21.000 ft auszuweichen zu dürfen. Zu diesem Zeitpunkt, es war 14:46 Uhr/loc., befand sich der Douglas-Jet weniger als 15 Minuten von St.Maarten entfernt, und unter den Passagieren machte sich eine gewisse Anspannung breit. Doch nur fünf Minuten später meldete sich erneut der Towerlotse in St. Maarten und teilte mit, daß sich die Wolkenuntergrenze zwischen 1.000 und 5.000 ft eingependelt hätte und die Sicht auf sechs bis acht Kilometer heraufgegangen sei. Somit entschied sich der Kommandant, nun wieder zur allgemeinen Befriedigung dem eigentlichen Zielort entgegenzukurven.

Etwa 5.800 Pfund Restkraftstoff befanden sich noch im Mitteltank. Die Tragflächentanks waren bereits aufgebraucht. Um 15:08 Uhr/loc. überquerte LM980 das Juliana-NDB in 2.500 ft, und man wurde abermals von einer Verschlechterung der Sicht in Kenntnis gesetzt. Die Wolkenuntergrenze betrug nun wieder weniger als 1.000 ft und die Horizontalsicht reduzierte sich aufgrund heftigen Regens auf zwei bis drei Kilometer. Der Kommandant umkurvte die Insel und flog dann von Osten her einen NDB-Anflug auf die einzige Runway 27/09 in Juliana. Dies war ein anspruchsvolles Unterfangen, das die ganze Konzentration der Besatzung erforderlich machte. Ohne Außensicht und unter ständiger Entfernungs- und Höhenkontrolle waren die Piloten auf sich allein gestellt, sicher auf die Landebahn zu kommen, da St.Maarten über keinerlei Radaranlage verfügte. Der ohnehin schon enorme Schwierigkeitsgrad dieses Unterfangens wurde noch durch die Topographie der Insel erhöht. Das relativ kleine Antillen-Eiland hat bis zu 350 Meter Erhebungen, die sich z.T. mitten im Anflugweg befinden. Selbst bei gutem Wetter atmet jeder Pilot erleichtert auf, der sicher auf der nur 1.600 Meter langen Bahn in Juliana gelandet ist.

LM 980 fuhr das Fahrwerk und die Klappen aus und sank langsam dem Bahnanfang entgegen. Der Copilot rief indes ständig die Höhen- und DME-Werte zum Juliana NDB aus, um einen Anhaltspunkt ihrer Entfernung zum Flughafen zu haben. Es war 15:15 Uhr/loc., als nach über vier Stunden Flugzeit der Erdboden in Sicht kam. Der Flughafen lag nun unmittelbar vor ihnen, doch die DC-9 war noch zu hoch für eine Landung und nicht richtig auf die Pistenmittellinie ausgerichtet.

Somit blieb dem Kommandanten nichts anderes übrig, als die Triebwerkshebel nach vorn zu schieben und wieder nach oben zu ziehen, um erneut anzufliegen. In voller Landekonfiguration drehte man nach links und unternahm vier Minuten später einen zweiten Anlauf. Dieser mußte jedoch wieder abgebrochen werden, da es während eines heftigen Schauers nicht gelang, die Maschine hundertprozentig auf die Landebahn auszurichten. Wieder gab der Kommandant Startschub und brach den Anflug ab. Nun wurden die Klappen voll ausgefahren, um eine geringere Anfluggeschwindigkeit zu erreichen und ein drittes Mal näherte sich LM 980 dem Flughafen.

Diesmal war man genau auf den Landekurs ausgerichtet aber als die Piloten durch den Regen die Landebahn erblickten, erkannten sie, daß man wiederum zu hoch für eine sichere Landung war. Ein weiters Mal wurde das Fehlanflugverfahren eingeleitet und nach einer kurzen Besprechung mit seinem Navigator, entschloß sich der Kommandant aufzugeben und nach St. Thomas auf den zu den USA gehörenden Jungferninseln auszuweichen. St.Thomas lag 110 Meilen westlich von St.Maarten, als man um 15:31 Uhr/loc. in 4.000 ft Höhe Kurs auf diesen Ausweichflughafen nahm. Alle drei Cockpitmitglieder waren in dieser Phase sehr beunruhigt, was den Restkraftstoff anging. Denn der Kraftstof-

fanzeiger des Mitteltanks und der Sprit-Totalanzeiger zeigten beim Auspendeln auf 4.000 ft uneinheitliche Werte an. Teilweise schwankte der letztere sogar auf nur 850 Pfund (ca. 7 min. Flugzeit). Das Gesicht des Kommandanten wurde auf einmal aschfahl:

CPT: *„Das kann nicht richtig sein. Keiner der Crosschecks, den wir unterwegs machten, zeigte irgendwelche Diskrepanzen"*

NAV: *„Es zeigte 850 nur kurz, als wir auspendelten...sieh mal, er hüpft jetzt zwischen 1.350 und 1.400 herum und fluktuiert höher in den 2000er Bereich hinein."*

CPT: *„Auf keinen Fall kann es möglich sein, daß wir so niedrig wie 850 sind. Nach meiner Einschätzung können es auf keinen Fall weniger als 2.000 sein"*

Die Stimme des Fluglotsen in San Juan unterbrach das allgemeine Grübeln im Cockpit:

ATC: *„Welche Flughöhe wünschen Sie nach St.Thomas?"*

CPT: *„Jede höhere, die möglich ist...ich bin ein wenig knapp mit dem Treibstoff, und ich muß nach oben."*

ATC: *„Roger, sie sind freigegeben auf Flugfläche 120."*

Mit reduzierter Triebwerksleistung ging LM980 langsam in einen gemächlichen Steigflug über. Die Piloten dachten, auf diese Weise Treibstoff sparen zu können. Das Treibstoffproblem überlagerte mittlerweile alle anderen Erwägungen im Cockpit. Dennoch waren die Piloten davon überzeugt, noch genug in den Tanks zu haben, um sicher wieder zu landen.

CPT: *„Was denkst Du?"*

NAV: *„Schwer zu sagen von den Anzeigen her, aber um sicherzugehen, warum nicht in Richtung St.Croix fliegen statt St.Thomas?...es ist von uns aus ein bißchen näher."*

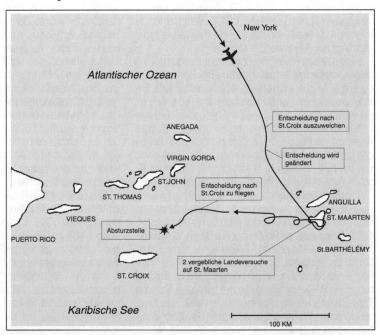

Der Flugweg von ALM 980 in der Karibik

Die ebenfalls zu den USA gehörende Insel St.Croix lag etwa 10 Meilen dichter als St. Thomas. Der Kommandant überlegte kurz, dann willigte er ein. Der Copilot erbat eine Änderung der Freigabe, die auch sofort erteilt wurde und die DC-9 kurvte bei Nullsicht nach links in Richtung St. Croix. Es war kurz nach 15:35 Uhr/loc., mittlerweile war man seit dem Start in New York 4 Stunden und 21 Minuten in der Luft, und dem Kommandanten gefiel die ganze Situation gar nicht.

CPT: „Ich mag das nicht. Wenn wir mit dem Treibstoff knapp sind und die Möglichkeit besteht, daß wir notwassern müssen, sollten wir die See im Auge haben. Ich will keinen Triebwerksausfall in den Wolken...und mit toter Steuersäule durch die Wolken anfliegen ohne Zeit, eine Wasserung vorzubereiten."

Die beiden anderen stimmten ihm zu.

CPT: „...Ich meine, wir sollten besser unter die Wolken gehen...frag San Juan noch mal nach einer Sinkfreigabe"

Als die Maschine in 8.000 ft war, wurde der erneute Sinkflug eingeleitet. Quasi als Rechtfertigung sagte der Kommandant in dieser Phase:

CPT: „Du weißt, es gibt für mich keinen Weg herauszufinden, ob diese Anzeigen genau sind oder nicht. Wir müssen ihnen glauben und wenn wir tatsächlich so wenig Sprit haben, wäre es das beste, jetzt nahe ans Wasser zu gehen und einen Platz zum Wassern zu finden."

Er kontaktierte nun selber San Juan und teilte mit:

CPT: „Okay, ich werde vielleicht dieses Flugzeug notwassern müssen...ich sinke jetzt in Richtung Wasser."

Da die Bordsprechanlage nicht funktionierte, wurde der Purser eilig ins Cockpit gerufen und ihm erklärt, daß er die Passagiere auf eine mögliche Notwasserung vorbereiten solle. Desweiteren teilte man San Juan-Control die beabsichtigte Position der Notwasserung mit. San Juan funkte zurück, daß Rettungseinheiten bereits auf dem Weg seien. Um 15:48 Uhr/loc. sank die DC-9 unterhalb der Wolkendecke; die Insassen der Maschine konnten unter sich die gischtumsäumten Wogen der Karibik sehen. Ein letztes Mal wurde San Juan-Control gerufen:

COP: „We're ditching..."

Der Kommandant manövrierte den Jet langsam den Wellen entgegen, und als die Warnlichter der Treibstoffpumpen anfingen zu flackern, wurden die Klappen voll ausgefahren. Fast gleichzeitig wurden die letzten Tropfen Kerosin in die Brennkammern der Triebwerke injiziert, die gleichzeitig „trockenliefen". Im nächsten Moment schaltete der Kommandant die „Fasten Seat Belts" Schilder einige Mal hin und her, um den Insassen in der Passagierkabine zu signalisieren, daß die Notwasserung unmittelbar bevorsteht.

In der Kabine waren der Navigator und der Purser gerade damit beschäftigt, eines der fünf 25-Mann Rettungsinseln aus dem vorderen Rumpfteil hervorzukramen. Als sie das Flackern der Schilder sahen, augenblicklich riefen sie den Passagieren zu, sich hinzusetzen und die Sicherheitsgurte anzulegen, doch einige Passagiere und eine Stewardeß erfaßten offenbar nicht den vollen Ernst der Lage und standen noch im Gang herum. Kurz vor der Wasserlinie zog der Kommandant die Maschine nach oben, die Vorwärtsgeschwindigkeit baute sich rapide ab und mit ca. 90 kts. schlug LM980 mit der Rumpfunterseite gegen die anrollenden Wellen. Die noch stehenden Insassen wurden durch den Bremseffekt abrupt nach vorn gegen die vordere Kabinenwand geschleudert. Sechs weitere Passagiere wurden verletzt, als sich beim Aufschlag ihre Gurtschnallen lösten und sie mit Gewalt gegen die Vordersitze gedrückt wurden.

Dann war es plötzlich ganz still. Die Reise von Flug 980 endete nach vier Stunden und 46 Minuten, gute 18 Meilen östlich von **St.Croix/US-Jungferninseln**.

Die Evakuierung der Passagiere, die mittlerweile alle ihre Schwimmwesten trugen, begann hiernach ohne Verzug. Die linke vordere Passagiertür hatte sich durch den Aufprall verklemmt und war nicht aufzukriegen. Somit öffnete ein Steward die rechte vordere Ladetür und sofort sprang eine Frau ins Wasser. Zu dritt versuchten dann der Navigator und zwei Stewards die Rettungsinsel, die durch den Aufprall umgeworfen wurde, hervorzuholen und ins Wasser zu bugsieren. Doch auf halbem Wege löste sich der Sicherheitsstift des Preßluftventils und die Insel entfaltete sich mitten in der rechten Außentür. Zischend blockierte die aufgeblähte Gummimasse den drei Crewmitgliedern den Rückweg in die Kabine. Kurzerhand taten sie das einzig mögliche und sprangen in die anrollende See. Unterdessen gelang es einem Passagier, den rechten hinteren Notausgang über der Tragfläche zu öffnen. Sämtliche Insassen, die imstande waren zu gehen, entkamen dem schwimmenden Havaristen über diesen Ausgang. Als der Kommandant erkannte, daß auch ihm der Zugang zur Kabine durch die entfaltete Rettungsinsel versperrt war, öffnete er kurzerhand das linke Cockpitfenster und schwang sich behende ins Freie. Die DC-9 lief schnell voll Wasser und drohte zu sinken. Nachdem der Kommandant von der rechten Tragfläche aus einen letzten Kontrollblick in die Kabine warf, rief er allen anderen zu, sich so weit wie möglich vom Flugzeug zu entfernen, um nicht noch von einem Strudel des sinkenden Fliegers erfaßt zu werden. Nur zehn Minuten nach der Wasserung verschwand der ONA-Jet von der Wasseroberfläche und glitt langsam auf den 1.600 Meter tiefen Grund der Karibik. Glücklicherweise schwamm noch die zusammengefaltete rechte vordere Notrutsche; und es gelang, sie zur Entfaltung zu bringen. So tanzten die Insassen auf den Wogen auf und ab bis einige Zeit später zwei SAR-Flugzeuge weitere Rettungsinseln abwarfen. Kurze Zeit später nahmen drei Hubschrauber alle auffindbaren Insassen von Flug LM 980 an Bord.

Als man am Ende des Tages die Geretteten in St.Croix in Empfang nahm, mußte man allerdings feststellen, daß 22 Menschen fehlten und als vermißt angesehen wurden.

Wo steckte der Fehler im Treibstoffmanagement? Für den gesamten Flug war eigentlich genug Treibstoff in den Tanks, sogar mehr als die geforderte zusätzliche 30 Minuten Reservemenge. Doch schon während des Reisefluges geriet der minutiöse Treibstoffplan ins Wanken. Statt auf Flugfläche 290 (29.000 ft) sank man sukzessive auf FL 250. Somit verbrauchte man für die nächste Stunde mehr Kerosin als erwartet. Aufgrund der zeitweiligen Kursänderung nach San Juan verlor man insgesamt 10 Minuten, bis man über dem St.Maarten NDB war. Dennoch hatte man noch für 33 Minuten Restkraftstoff. Genug Zeit also, sollte man meinen. Der nächste Flughafen lag ca. 20 Minuten entfernt, somit hätte der Kommandant bereits nach dem ersten Fehlanflug in Richtung St.Thomas oder St.Croix ausweichen müssen. Der Cockpitbesatzung war diese Tatsache offenbar nicht klar, als sie weitere zwei Landeversuche unternahm und während dieser ganzen Zeit mit ausgefahrenem Fahrwerk und Klappen durch die regennasse Karibikluft schwebte. Hiernach war jedoch die letzte Sicherheitsmarge unterschritten und nur noch 22 Minuten blieben für Flug 980. Theoretisch hätte man damit noch nach St.Thomas gelangen können, jedoch herrschten starke Winde; und der Kommandant unterlag dem Irrglauben, daß bei moderater Triebwerksleistung während des Steigflugs Treibstoff eingespart werden könnte. Das Gegenteil war der Fall! Wäre man zügig bei hoher Triebwerksleistung gestiegen, so hätte sich dies durchaus positiv auf die verbleibende Reichweite ausgewirkt. Aber in der Pilotenausbildung wurde nie solch eine Situation trainiert. Die 22 Todesopfer bei diesem Unglück offenbarten aber noch einen zweiten Negativaspekt. Durch mangelnde Kommunikation zwischen Piloten und Passagierkabine waren einige der Passagiere und selbst eine Stewardeß im Unklaren über die bevorstehende Wasserung. Dadurch zogen sich die ungesicherten Personen beim Aufschlag Verletzungen zu, die sie daran hinderten, die Maschine zu verlassen. Als Folge des Unfalls wurde später bei allen Notfallchecklisten der Punkt „Passagiere warnen" als verbindlich eingeführt. Zweitens darf seitdem kein Passagierflugzeug starten, bei dem die Bordsprechanlage außer Funktion ist. Drittens wurden keine Gurtsysteme mehr zugelassen, deren Schnallen aus Kunststoff bestanden. Seitdem sind robustere Metallgurte vorgeschrieben. Auch wurde angeregt, die Rettungsinseln so in der Kabine zu verstauen, daß ein schnellstmöglicher Zugriff gewährleistet wird.

01.06.70

C S A **Tupolev 104A**
OK-NDD **96601803**

Beim dritten Landeanflug auf **Tripolis/Libyen** stürzte dieser Pionier des Düsenzeitalters, der aus Prag kam, 4,5 Meilen südlich der Stadt ab.
Dabei starben 13 Menschen.

03.07.70

Dan Air **DH106 Comet 4**
G-APDN **6415**

Der aus Manchester kommende Vierstrahler wurde wegen zu starkem Verkehrsaufkommen im Pariser Luftraum von der ursprünglichen Luftstraße umgeleitet und flog auf einer Ersatzroute dem Zielort Barcelona entgegen. Von da an kam die Comet, möglicherweise durch einen Fehler eines Cockpitinstruments, immer mehr von der vorgeschriebenen Flugroute ab. Die Fluglotsen in Barcelona, die nur über Primärradar verfügten, erkannten nicht, daß die Comet um mehr als 25 Kilometer vom Kurs abgekommen war. Zu diesem Zeitpunkt meldeten die Piloten den Überflug von Berga (einem Pflichtmeldepunkt), von dem sie jedoch noch weit entfernt waren, somit berechneten sie den Kurs zum nächsten Pflichtmeldepunkt (Sabadell-NDB), falsch. All dies machte es dem Radarlotsen schwer, das Flugzeug zu identifizieren.

Nun meldete die Dan-Air-Besatzung den Überflug des Sabadell-NDB's, von dem die Maschine jedoch noch 32 Meilen entfernt war. Zufällig befand sich aber genau zu diesem Zeitpunkt ein anderes Flugzeug über diesem NDB, von welchem der Fluglotse dachte, es wäre die anfliegende Comet. Somit gab er das Flugzeug frei zum Sinken auf die Endanflughöhe von 2.800 ft Die Piloten der Comet befolgten diese Anweisung, flogen jedoch einige Meilen versetzt zum Anflugkurs und über ansteigendes Terrain.

Alle 112 Insassen starben, als der Jet im **Sierra de Montseny-Gebiet/Spanien**, etwa 50 Kilometer nordöstlich von Barcelona und 65 km vom dortigen Flughafen entfernt, abstürzte. Dort kollidierte die Maschine in 4.000 ft mit dem Les Angudes-Berg und ging beim Aufprall in Flammen auf.

G-BDIW; diese Comet 4C der Dan Air, ausgemustert im Jahre 1980, erwarb ein Luftfahrtliebhaber aus der Pfalz und stellte sie in der Original-Bemalung in seinem Freilichtmuseum aus/Hermeskeil im Mai 1995 <Quelle: JR-Photo>

05.07.70

Air Canada   **Douglas DC-8-63**
CF-TIW   **46114**

Die DC-8-63 absolvierte an diesem Morgen den Linienkurs AC 621 Montreal-Toronto-Los Angeles. Die Maschine war mit 100 Passagieren und 9 Besatzungsmitgliedern an Bord um 07:17 Uhr/loc. in Montreal gestartet und sollte jetzt auf dem Flughafen Toronto zwischenlanden. Im Cockpit herrschte an diesem klaren Sonntagmorgen gute Stimmung, denn beide Piloten kannten sich gut und der Copilot war gerade aus dem Urlaub zurückgekehrt. Angeregt wurde über Urlaubserlebnisse und sonstige Freizeitgestaltung geplaudert.

Als sie um 7:55 Uhr/loc. an diesem sonnigen Morgen mit den Vorbereitungen für die Landung auf dem Internationalen Flughafen von **Toronto/Kanada** beschäftigt waren, kam es zu einer kurzen Diskussion über den Zeitpunkt des Entsicherns der Störklappen (= Spoiler). Diese auf den Tragflächenoberseiten befindlichen Klappen sollen in dem Moment ausgefahren werden, in dem das Flugzeug die Landebahn berührt und den letzten Auftrieb an den Flügeln zerstören. Damit wird das Flugzeug auf die Bahn gedrückt und so die Landestrecke verkürzt. Werden sie im Flug ausgefahren, führt das zu einer extrem hohen Sinkrate. Vor dem Ausfahren muß das pneumatische Antriebssystem „belüftet" werden. Dieses „Entsichern" der Spoiler ist in dem „Before Landing Check" in 3000 ft Höhe beim Einschwenken auf den Gleitpfad vorgesehen. Das Entsichern und das mechanische Ausfahren der Klappen wird von einem Schalter besorgt. Die Ergonomie des Schalters, hatte der Hersteller etwas unglücklich konstruiert:

1. Kippte man den Schalter nach oben, so fuhren diese Klappen erst, nachdem die Maschine aufgesetzt hatte, automatisch aus.
2. Zog man den Hebel zu sich heran, so fuhren die Klappen sofort aus.

Diese Konstruktion lud zu einer Fehlbedienung förmlich ein, die insbesondere in Bodennähe katastrophale Folgen haben kann. Aus diesem Grunde sollen die Spoiler auch noch vor dem Endanflug entsichert werden, damit sie beim Aufsetzen automatisch ausfahren. Laut den Gebrauchsanweisungen für die DC-8-63 haben sowohl die Spoiler, als auch ihr Bedienungshebel im Cockpit eine mechanische Sperre gegen das unabsichtliche Ausfahren im Flug. Doch diese Automatik war bei einigen Piloten der Air Canada verrufen. Erstens neigten diese Spoiler dazu, sich manchmal „selbständig" auszufahren (Einer Air Canada Besatzung war das im Anflug auf Kingston/Jamaica passiert). Zweitens war ihnen aufgefallen, daß es keine mechanische Sicherung des Schalters gab, entgegen dem entsprechenden Passus in der Gebrauchsanweisung. Waren im Endanflug die Fahrwerke ausgefahren, konnten jederzeit die Spoiler ausgefahren werden, egal ob die Maschine die Landebahn schon berührt hatte oder nicht. Daher entsicherten die Piloten, die das wußten, sie immer erst im letzten Moment vor dem Aufsetzen, beim Ausschweben über der Landebahn.

Dies war klar gegen die Air Canada Richtlinien, und alle Piloten, die diese Praxis bei Checkflügen betrieben, wurden gerügt. Es gab Diskussionen unter den Piloten und Eingaben an die Checkpiloten, aber ohne Erfolg. Weder die Checkpiloten noch die Flugleitung von Air Canada nahmen zur Kenntnis, daß in den Handbüchern der DC-8-63 falsche Dinge standen.

Zu den gerügten Piloten gehörte auch der Kommandant jenes Fluges 621, der sich inzwischen auf den Anflug auf die Bahn 32 befand. Das hinderte ihn aber nicht, auch an diesem Morgen das Entsichern beim Ausschweben und das manuelle Ausfahren beim „Touchdown" anzuordnen. Der Copilot, der nur wußte, daß das verboten war, aber nicht den Hintergrund des Problems kannte, hielt dagegen:

CPT: „OK. Bremsen drei grüne (Lichter), viermal Druck (auf den Spoilern), Spoiler beim Abfangen (= beim Ausschweben entsichern)."
COP: „Oder automatisch am Boden!"
CPT: „Alles klar, mach es manuell am Boden!"
CPT: „Ich geb's auf."
COP: -lacht-
CPT: „Ich bin es leid, dagegen zu kämpfen."
COP: lacht und prustet-

Nachdem der Copilot überredet war, setzte man um 8:05 Uhr/loc. zum Endanflug an.

Um 08:06:36 Uhr/loc. überflog die DC-8-63 die Flughafengrenze mit einer Geschwindigkeit von 127 Knoten. Der Copilot lehnte sich nach vorne, um befehlsmäßig die Spoiler zu entsichern, und griff daneben. Statt den Hebel nach oben zu kippen, zog er ihn zu sich heran. Der Kommandant sah das im Augenwinkel und schrie:

CPT: „Nein, nein, nein...",

denn er wußte um die Folgen. In sechzig Meter Höhe über der Landebahn 32 fuhren die Spoiler aus und „zerstörten" den Auftrieb der Tragflächen. Die Maschine „fiel" mit hoher Sinkrate der Piste entgegen. Um diese Sinkrate abzufangen, zog der Kommandant die Steuersäule zu sich heran und gab Vollschub. Trotz seiner Gegenmaßnahmen gingen die Entschuldigungen des Copiloten für seinen „Fehlgriff" im Lärm des Aufschlags unter.

COP: „Entschuldigung...Oh, Entschuldigung Pete..."

Die Nase steil nach oben gerichtet, krachte die DC-8 erst mit ihrem Hauptfahrwerk und dann mit ihrem Heck auf die Piste. Das Fahrwerk hielt stand, aber das rechte äußere Triebwerk Nr.4 riß mit dem Pylon ab. Dabei wurden auch Teile der Tragflächenverkleidung, etliche Kabelbäume und auch ein Stück der Außenwand des Tragflächentanks weggerissen.

Die ganze Struktur des Flügels war verzogen und damit instabil. Triebwerk Nr.3 lief noch, war aber beschädigt. Wegen des Risses im Tank begann Treibstoff auszulaufen.

Die Maschine sprang nach dem Aufschlag wieder hoch und gewann wegen des Vollschubs auch schnell wieder an Höhe. Der Towerlotse hatte alles mit angesehen und gab die DC-8 sofort für einen Anflug auf die nahegelegene Piste 05 frei. Im Cockpit waren sich die Piloten aber nicht des Ausmaßes der Schäden an ihrer rechten Tragfläche bewußt:

CPT: „Oh, wir möchten noch mal anfliegen...ich glaube, alles ist in Ordnung."

COP: *„Ja, wir möchten den ganzen Weg gehen, danke Tower."*
TWR: *„Roger, melden sie sich bei der Anflugkontrolle."*

Die Besatzung hatte sich entschlossen, eine Platzrunde zu fliegen und den Anflug auf die Landebahn 32 zu wiederholen, anstatt sofort auf der nächstgelegenen Bahn 05 zu landen. Die DC-8 stieg auf 3.000 ft und drehte nach Süden, als ihr mitgeteilt wurde, daß Landebahn 32 wegen der dort verstreuten Flugzeugteile gesperrt würde. Statt dessen wurde sie für die Bahn 23 freigegeben. Kaum hatten die Piloten eine Rechtskurve eingeleitet, als sie im Cockpit eine Serie von kleinen Explosionen hörten.

COP: *„Was war das?"*
COP: *„Was passiert da, Pete??"*
CPT: *„Das ist Nummer ...das ist Nummer 4...irgend etwas passiert da..."*

Der auslaufende Treibstoff hatte sich an dem noch laufenden Triebwerk Nr.3 entzündet. Erst gab es einige kleinere Explosionen, dann zwei große. Teile der rechten Tragfläche wurden hierbei abgerissen. Damit hatte die DC-8 ihre Steuerbarkeit eingebüßt und taumelte unkontrolliert der Erde entgegen.

Alle 109 Insassen kamen bei dem Aufschlag ums Leben.

Der kanadische Untersuchungsbericht kam zu dem Ergebnis, daß dieser Unfall eher auf einen Konstruktionsfehler denn auf einen Pilotenfehler zurückzuführen sei. Er kritisierte die Ergonomie des Schalters, der schon mindestens zwei ähnliche Zwischenfälle mit baugleichen Maschinen verursacht hatte (die aber alle glimpflich verliefen). Es ginge nicht an, daß in einer amtlich geprüften und genehmigten „Gebrauchsanweisung" etwas von einer (dringend erforderlichen) Sicherungsanlage steht, die überhaupt nicht vorhanden ist.

Dieser Umstand war einigen Piloten der Air Canada bekannt, anderen jedoch nicht, so beispielsweise der Mehrheit der Checkpiloten. Das zeigte, daß die interne Kommunikation bei Air Canada verbesserungsbedürftig. Der Hersteller zog die Konsequenzen und baute eine mechanische Sicherung in die Schalter ein, die ein unabsichtliches Ausfahren in der Luft verhindern sollte.

19.07.70
United Air Lines   **Boeing 737-200**
N9005U   **19043**

Der Startlauf auf dem Flughafen von **Philadelphia/NJ/USA** verlief normal und schnell hob die 737 ab. Doch schon nach wenigen Sekunden versagten die Triebwerke und die zwei Jahre alte 737 fiel aus etwa 75 Metern auf die Startbahn zurück. Da man das Fahrwerk bereits eingefahren hatte, schlitterte die Maschine auf dem Bauch über die Piste und kam erst auf dem unbefestigten Bereich dahinter zum Stehen. Elf der 61 Insassen wurden verletzt. Die neue Boeing mit dem Namen „City of Bristol" sollte erst wieder repariert werden. Später entschloß sich die Fluggesellschaft dann doch, aus Kostengründen von einer Reparatur abzusehen. Dies war der erste Verlust einer Boeing 737.

27.07.70
Flying Tigers   **Douglas DC-8-63AF**
N785FT   **46005**

Die DC-8 geriet während des Landeanfluges auf **Naha Int'l AP/Okinawa/Japan**, zu tief, zerschellte an einem Korallenfelsen und stürzte ins Meer.

Die vier Besatzungsmitglieder starben.

08.08.70
Modern Air   **Convair 990**
N5603   **13**

Eine Regel der mexikanischen Behörden schrieb Reiseveranstaltern in dem südamerikanischen Land vor, das ihre Reisegruppen in einer Stadt beginnen und in einer anderen enden mußten. So befanden sich an Bord der Convair 990 der Modern Air Transport, die in jener stürmischen Nacht auf dem Flughafen des Urlauberortes in **Acapulco/Mexico** beim Landeversuch verunglückte, nur die Besatzungsmitglieder. Der Crash verlief glimpflich und die Besatzung kam mit leichten Blessuren davon.

Die Rettungskräfte evakuierten die meist bewußtlosen und geschockten Flugzeuginsassen und brachten sie in ein Krankenhaus. Als man am Morgen danach wieder einen klaren Gedanken fassen konnte, bemerkte man das eine Stewardessen nicht in das Hospital eingeliefert worden war.

Sofort begann eine Suche nach der Vermißten, die man schließlich im Heck der verunglückten Convair fand. Die schwerverletzte Frau hatte man bei der Evakuierung übersehen, da sie die gesamte Nacht im Flugzeug eingklemmt war.

Sie hatte unteranderem ein über Nacht im Wrack ausgebrochenes Feuer überlebt.

18.08.70
CSA   **Tupolev 124**
OK-TEB   **4351504**

Die Besatzung der CSA-Tupolev, die an diesem Mittag zur Landung auf dem Flughafen **Zürich-Kloten AP/Schweiz** ansetzte, hatte schon einen langen Tag hinter sich. Sie waren um 06:00 Uhr morgens zum Dienst angetreten und hatten mit einer anderen Tupolev 124 den Linienkurs Prag-Amsterdam-Brüssel-Prag absolviert. Wieder in Prag angekommen, hatten sie die OK-TEB übernommen. Aus Zeitgründen fiel das Mittagessen aus, und um 12:39 Uhr/loc. startete der Linienkurs OK-744 mit 14 Passagieren und einer hungrigen Besatzung an Bord Richtung Zürich.

Um 13:31 Uhr/loc. begannen die Piloten mit dem Sinkflug auf die schweizer Bankenmetropole, wobei Störungen mit der automatischen Kabinendruckregelung auftraten. Während die Piloten die bevorstehende Landung besprachen, war der Bordmechaniker gezwungen, den Kabinendruck manuell einzustellen. Dazu mußte er sich zwischen die Piloten kauern und die am unteren Teil der Copilotenkonsole befindliche Justierungsschraube verstellen.

Als das Funkfeuer Schaffhausen überflogen wurde und der Endanflug auf die Bahn 16 begann, gab der Kommandant den Befehl, das Fahrwerk auszufahren, was der immer noch mit dem Kabinendruck beschäftigte Bordmechaniker überhörte. Der Copilot hörte den Befehl zwar, verließ sich aber auf den Bordmechaniker. Der Kommandant war mit der Landung beschäftigt und verließ sich auf die anderen.

Keiner im Cockpit überprüfte den Zustand des Fahrwerks, da es im Cockpit weder eine verbindliche Aufgabenverteilung gab, noch eine Checkliste verlesen wurde. Die Besatzung erklärte nach dem Unfall, daß es Landevorbereitungs-Checklisten bei der CSA gäbe, diese aber im Landeanflug nicht verlesen würden. Das lag einfach daran, daß die OK-TEB kein Exemplar davon an Bord hatte, sondern nur eine Art „Gebrauchsanweisung" für die Tupolev. Checklisten für die Tupolev 124 gibt es, sie liegen in der Zentrale der CSA in Prag aus und können dort jederzeit eingesehen werden!

Außerdem wurde die Überprüfung durch die etwas veraltete Fahrwerksanzeige erschwert. Es gab jeweils drei rote Lampen für „Eingefahren" und drei grüne für „Ausgefahren". Nach dem Start und dem Einfahren der Fahrwerke erloschen die roten Lampen für „Eingefahren" jedoch nicht und brannten den ganzen Flug über. Man übersieht sie aufgrund von Routine und Streß leicht, weil die roten Lampen den Piloten „Normal" vorkommen. Die Warnanlage, die die Besatzung akustisch alarmiert, wenn der Schub auf Leerlauf zurückgenommen wird und das Fahrwerk nicht ausgefahren ist, war von der Besatzung vor dem Sinkflug wegen des nervigen Lärms abgeschaltet worden. Kein Warnhorn ertönte, als die OK-TEB über dem Pistenanfang einschwebte.

Im Tower des Züricher Flughafens sah ein Lotse die Tupolev einschweben und bemerkte, daß das Fahrwerk nicht ausgefahren war. Sein Funkgerät war aber auf die Frequenz der Vorfeldkontrolle eingestellt. Also versuchte er den neben ihm sitzenden und für die Tupolev zuständigen Lotsen das Mikrophon zu entreißen, welcher über das merkwürdige Verhalten seines Kollegen etwas irritiert war. Doch es war zu spät.

Bis zum Moment des Aufsetzens bemerkte die CSA-Besatzung nichts besonderes, bis der Rumpf sich tiefer absenkte als üblich und laute Schleifgeräusche einsetzten. Die kurz hinter dem Rollweg 2a aufgesetzte Tupolev schlitterte funkensprühend 875 Meter die Bahn hinunter, um kurz hinter der Kreuzung mit der Piste 16/28 zum Stehen zu kommen. Im linken Triebwerk brach ein kleines Feuer aus, welches von der Besatzung und der eintreffenden Feuerwehr sofort gelöscht werden konnte. Die vierzehn Passagiere konnten ohne Schwierigkeiten und Verletzungen evakuiert werden.

Nachdem eine Kommission aus Prag angereist war, kam man zu dem Ergebnis, daß sich eine Reparatur der sechs Jahre alten Maschine nicht lohnen würde. Sie wurde danach als Trainingsobjekt für Antiterroreinheiten der Schweizer Polizei zweckentfremdet.

02.09.70

Aeroflot   **Tupolev 124**
CCCP-45012   350502

Die Tupolev erfuhr in 27.000 ft Höhe einen Strömungsabriß, stallte und trudelte rettungslos zu Boden. Nahe **Dnjeprpetrowsk/UdSSR** schlugen die Trümmer auf den Boden.

Von den 37 Menschen an Bord überlebte niemand.

06.09.70

Pan American   **Boeing 747-100**
N752PA   19656

Der erst im Mai des Jahres an Pan Am ausgelieferte Jumbo wurde gerade auf dem Amsterdamer Flughafen Schiphol für die bevorstehende Atlantiküberquerung nach New York-JFK ausgerüstet, als sich in der Abflughalle vier Mitglieder der Palästinensischen Terrororganisation PFLP („Popular Front for the Liberation of Palestine") am Schalter der EL AL für den ebenfalls ausgerufenen Flug nach New York einchecken wollten. Alle drei Männer und eine Frau führten Sprengstoff, Handgranaten und Pistolen mit sich. Alle waren mit gefälschten senegalesischen Papieren ausgestattet, trugen Maßanzüge und machten den äußerlichen Eindruck, normale Geschäftsreisende zu sein.

Zwei von ihnen, darunter auch die „Star"-Terroristin Leila Chaled, wurden von den EL AL-Beamten eingecheckt und gingen in Richtung Transitraum weiter. Bei den anderen beiden wurden die israelischen Schalterbeamten mißtrauisch. Beide gaben sich als senegalesische Studenten aus, die mit einem First-Class-Ticket über New York nach Santiago de Chile fliegen wollten. Allerdings war nur der Hinflug gebucht, ein Rückflugticket fehlte. Den EL AL-Beamten kam dieses Vorhaben für senegalesische Studenten sehr merkwürdig vor. Mit dem Verweis, daß der Flug bereits voll gebucht wäre, verwehrte man ihnen den geplanten Flug auf der EL AL Maschine. Auf ihre Tickets kam der Stempel „Open Endorsement", so konnten sie mit jeder anderen Fluglinie von Amsterdam aus nach New York fliegen.

Nach einem kurzen Blick auf die Anzeigentafel wählten sie den Pan Am-Flug PA 093 nach New York und erhielten auch prompt zwei Tickets der ersten Klasse. Nach längerem Überlegen und dem eiligen Wälzen von Fahndungsphotos informierte inzwischen ein El AL-Mitarbeiter die holländische Polizei, daß etwas mit den beiden wohlgekleideten „Studenten" faul wäre. Als die Polizei diesen Verdacht an das Pan Am-Büro weiterleitete, befand sich der Jumbo jedoch nicht mehr an der Terminalposition, sondern rollte bereits zur Startbahn. Als der Pilot von den zwei Passagieren erfuhr, stand man bereits vor der Startbahn. Dem Kommandanten war es zwar unangenehm, Fluggäste zu stören - immerhin waren beide erste Klasse-Kunden - andererseits wollte er die Sache möglichst schnell hinter sich bringen.

Er stieg also nach unten und erläuterte den zweien die Situation. Zu seiner Erleichterung erklärten sich beide bereit, eine Leibesvisitation über sich ergehen zu lassen. Als hierbei nichts gefunden wurde, war der Kommandant zufrieden und verzichtete auf eine weitere Durchsuchung des Handgepäcks. Rasch kehrte er auf seinen Pilotensessel zurück, und unmittelbar darauf hob der Jumbo kurz vor 15:00 Uhr/loc. mit Ziel New York in Amsterdam ab. Es befanden sich nun 152 Passagiere, 14 Flugbegleiter und die drei Cockpitmitglieder an Bord. Nach einer knappen Stunde, im Londoner Luftraum, bekamen dann Passagiere und Besatzung den brisanten Inhalt des Handgepäcks der beiden „Studenten" zu sehen.

Das Flugzeug wurde ohne Gegenwehr von den beiden Arabern in ihre Gewalt gebracht. Die beiden Terroristen gaben sich als Mitglieder der Organisation PFLP aus.

Zuerst ordneten die beiden die sofortige Rückkehr nach Amsterdam an. Kurz darauf befahlen sie jedoch: „Kurs nach Beirut". An diesem Tag gab es nicht weniger als 4 Entführungsversuche, die alle in einem Zusammenhang standen. Einige Stunden vor der Pan Am-Entführung übernahmen bewaffnete Guerillas eine 707 der TWA auf ihrem Weg von Frankfurt nach New York und dirigierten sie zu einem geheimen Landeplatz in der EL Khana-Wüste. Das gleiche sollte mit einer 707 der EL AL passieren, die ebenfalls an diesem Tag von Amsterdam aus nach New York unterwegs war. Nach einem kurzen aber heftigen Kampf gelang es der israelischen Besatzung, die Entführer zu überwältigen. Die Maschine konnte wohlbehalten in London landen. Nur wenige Stunden nach der Entführung von Flug PA 093 übernahmen bewaffnete Palästinenser ein weiteres Flugzeug: Eine DC-8 der Swissair auf ihrem Flug von Zürich nach New York (siehe u. 13.09.70).

Der Pan Am-Pilot begann nun, auf Befehl der Entführer über Beirut in 27.000 ft zu kreisen. Die Offiziellen des Beiruter Flughafens verweigerten eine Landung des entführten Jumbos auf ihrem Flughafen. Nun begann ein langer Verhandlungsmarathon. Es wurde ein PFLP-Vertreter aus Beirut ans Mikrofon bestellt, um weitere Anweisungen zu empfangen. Nach einer zermürbenden Wartezeit (der Führungsoffizier der Terroristen war auf dem Weg zum Flughafen im üblichen Feierabendstau der libanesischen Hauptstadt steckengeblieben) traf dieser endlich im Tower ein. Er diskutierte längere Zeit mit dem Flughafenmanager und erreichte schließlich, daß die 747 Landeerlaubnis erhielt, um aufzutanken. Ursprünglich sollte der Flug PA 093 zusammen mit den beiden 707 und der DC-8 nach Dawsons Field überführt werden. Allerdings war man auf den Flugzeugtyp 707 eingestellt, nicht auf die mehr als doppelt so schwere Boeing 747. Die Entführer sahen mit einer 747 keine Möglichkeit, in Dawsons Field zu landen. Die PFLP-Offiziellen überlegten nun, was sie mit dem Großraumflugzeug anfangen sollten.

Gegen 22:40 Uhr/loc. setzte Flug 093 auf der Bahn 03 in Beirut auf. Dort wurde aufgetankt und neue Instruktionen ausgegeben. Nun sollte das neue Ziel Kairo in Ägypten heißen. Dort sollte die 747 nach der Landung gesprengt werden. Kairo wurde nicht ohne Grund ausgewählt, denn zu dieser Zeit begann der ägyptische Präsident Nasser, den Friedensprozeß mit Israel einzuleiten. Zu diesem Zweck traf man sich zu Verhandlungen in New York. Allerdings wurden die Vertreter der Palästinenser zu diesen Verhandlungen nicht eingeladen. Die Zerstörung der 747 würde den Unmut der PFLP über diese Entwicklung dokumentieren.

Aus den geheimen Palästinenserlagern im Großraum Beirut wurden weitere Waffen und vor allem Plastiksprengstoff zum Flughafen gefahren und an Bord genommen. Ein Sprengstoffexperte der PFLP bestieg den Jet, und um 01:36 Uhr/loc. hob das Flugzeug in Richtung Kairo ab. Während des einstündigen Fluges wurden die Passagiere für die bevorstehende Evakuierung der Flugzeugkabine vorbereitet. Nach Betätigung des Sprengmechanismus blieb der Crew und den Passagieren nur eine Frist von 8 Minuten, bevor die Boeing detoniert. Dem Piloten wurde An-

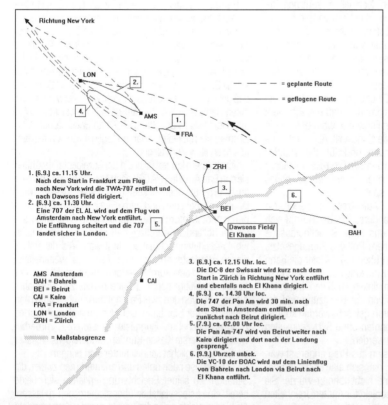

Flugwege der 5 entführten Flugzeuge am 6. 9. 1970 und 9. 9. 1970

13.09.70

Trans World AL	Boeing 707-320B
N8715T	18917
BOAC	BAC VC-10-1150
G-ASGN	864
Swissair	Douglas DC-8-53
HB-IDD	45656

Nach der spektakulären Entführung des amerikanischen Jumbos sollte für die zivile Luftfahrt die schwärzeste Woche in ihrer Geschichte anbrechen. Die palästinensische Befreiungsorganisation PFLP überzog Europa mit einer Welle von Flugzeugentführungen. Die politische Ursache hierfür lag einerseits in der Rache für die Niederlage der arabischen Staaten im Sechs-Tage-Krieg. Andererseits kam es 1968 im israelisch-jordanischen Grenzgebiet zu schweren militärischen Auseinandersetzungen zwischen palästinensischen Guerillaeinheiten und der israelischen Armee. 1970 hatten sich diese Guerillatruppen an der israelischen Grenze festgesetzt und bildeten praktisch einen „Staat im Staat"; das wiederum gefährdete die Autorität der jordanischen Regierung. Die PFLP machte es sich zum Ziel, diese Regierung und das Königreich der Hashemiten mit einer Welle des Terrors zu stürzen und die Staatsgewalt zu übernehmen.

Außerdem waren die arabisch-israelischen Verhandlungen bisher an der mangelnden Kompromißbereitschaft der Regierung Meir gescheitert. Als weiteren Punkt wollte man die in der Schweiz, Israel, England und Deutschland inhaftierten Terroristenkollegen durch gezielte Luftpiraterie freipressen. Dies ist der Hintergrund für die folgenden Ereignisse.

Es war gegen 11:15 Uhr/loc., am 06.09.1970 als nur 18 Minuten nach dem Start in Frankfurt die 707 der TWA auf dem planmäßigen Flug nach New York entführt und in Richtung Nahost dirigiert wurde. Keine 15 Minuten später sollte an Bord einer EL AL 707 auf dem Flug von Amsterdam nach New York das gleiche passieren. Zwei Mitglieder der PFLP, darunter die „Star"-Terroristen Leila Chaled, erhoben sich über der Nordsee aus ihren Sitzen und holten aus ihrer Kleidung zwei Pistolen und Handgranaten heraus. Doch die EL AL-Angestellten waren auf der Hut. Es gelang den Stewardessen in einem tumultartigen Handgemenge, die Terroristen zu überwältigen. Während des wüsten Kampfes wurde einer der Terroristen erschossen, die andere schaffte es noch, eine Handgranate in die Kabine zu werfen, die aus ungeklärter Ursache jedoch nicht explodierte. Eine israelische Stewardeß wurde durch einen Bauchschuß schwer verletzt. Die Piloten meldeten einen Notfall und landeten umgehend auf dem Londoner Flughafen Heathrow, um die Verletzte ins Krankenhaus bringen zu können. Eigentlich war die EL AL-Entführung mit vier Personen geplant, von denen zwei allerdings schon in Amsterdam beim Einchecken abgewiesen wurden (siehe: PAA 747 am 07.09.1970). Mit vier Luftpiraten hätte es die israelische Besatzung ungleich schwerer gehabt, die Entführung zu verhindern.

Noch während die EL AL-707 in der Luft war, mußte ein weiteres Flugzeug den Transponder auf 3 1 0 0 stellen (das damals international übliche Codesignal für einen

weisung erteilt, Funkstille einzuhalten, bis man gelandet sei. Gegen 02:30 Uhr/loc. befand man sich im Sinkflug auf die Millionenstadt Kairo, als der Anführer der Entführer die Order ausgab, in niedriger Höhe über der Stadt zu kreisen, damit sich die Luftpiraten vergewissern konnten, daß auch wirklich die Stadt Kairo unter ihnen lag (und nicht etwa Tel Aviv...).

Nachdem beide die Konturen der Stadt erkannten, ging man zum Landeanflug über. Alle an Bord befindlichen Sprengsätze waren an verschiedenen Stellen im Flugzeug deponiert (so z.B. auf den Sitzen in der ersten Klasse) und mit Zündschnüren verbunden. Im Endanflug wurde das äußere Ende der Zündschnur angezündet und damit der Destruktionsprozeß eingeleitet. Nach dem Aufsetzen - um 03:24 Uhr/loc. - machte der Kommandant dann sehr zügig Gebrauch von Radbremsen und Schubumkehr, um möglichst früh zum Stillstand zu kommen. Aber der Towerlotse in **Kairo AP/Ägypten** hatte mit den Luftpiraten abgesprochen, daß bis zum Ende der Landebahn durchgerollt werden sollte, damit nicht ein Flugzeugwrack den Flugbetrieb auf der einzigen Start- und Landebahn behindere. Als die Maschine schon auf Schrittgeschwindigkeit abgebremst wurde, schrien sowohl der Entführer im Cockpit wie auch der Towerlotse die Piloten an weiterzurollen. Entgegen dieser Forderung blieb der Kommandant auf den Bremspedalen und brachte die 747 zum Stillstand. Der Chefsteward nahm das Halten der Boeing zum Anlaß, unverzüglich das Evakuierungssignal zu geben, und augenblicklich flogen alle Türen auf und die Notrutschen bliesen sich auf. Die ersten Passagiere rutschten schon ins Freie, als der Kommandant den lautstarken Forderungen der Araber nachgab und die Leistungshebel der Triebwerke nach vorn schob. Langsam setzte sich der Jumbo wieder in Bewegung. Es blieben in diesem Augenblick nur noch knapp 4 Minuten bis zur Detonation.

Geschockt darüber, daß sich der Jumbo wieder in Bewegung setzte, lief der Chefsteward zum Oberdeck und rief, daß der Evakuierungsprozeß bereits lief. Sofort bremste der Kommandant wieder und schaltete die Triebwerke und alle elektrischen Systeme ab. In weniger als zwei Minuten verließen alle 150 Passagiere und das gesamte Kabinenpersonal die Maschine. Kurz darauf rutschten auch zwei der drei PFLP-Mitglieder auf die Landebahn und liefen über das Vorfeld. Anrückende Sicherheitseinheiten eröffneten das Feuer und die Luftpiraten schossen zurück. Jetzt lag die Explosion der 747 weniger als eine Minute entfernt. Der Kopf der Entführergruppe blieb noch bis zuletzt im Cockpit und ließ schließlich den Flugingenieur und die beiden Piloten gehen, erst dann lief auch er eilig aus dem leeren Jumbo. Einige Sekunden danach detonierten auch schon die ersten Sprengsätze in Höhe des Cockpits, und unmittelbar darauf explodierte das Heck, gefolgt von der mittleren Rumpfsektion. Die 747 stand sofort überall in Flammen und brannte total aus. Im Verlauf der Evakuierung bzw. der Schießerei wurden die drei Hijacker gefangengenommen. 7 Passagiere wurden leicht verletzt. Eine 707 der Pan Am wurde am gleichen Tag von London nach Kairo überführt. Sie flog die Crew und die erleichterten Passagiere zu ihrem eigentlichen Bestimmungsort: New York.

HB-IDD; die DC-8 der Swissair, die in der Wüste Jordaniens von Terroristen gesprengte Maschine./Zürich 1970

Entführungsfall). Einige Zeit nach dem Start in Zürich zu einem Flug nach New York kaperten bewaffnete PFLP-Guerillas den vierstrahligen Jet im französischen Luftraum und ordneten einen Kurswechsel nach Südosten an.

Die Welt erlebte an diesem Tag vier Entführungen innerhalb von nur drei Stunden, von denen eine vereitelt werden konnte. Der PAN-AM-Jumbo kreiste noch über Beirut, als die TWA 707 und die Swissair-Maschine zu einem stillgelegten Flugplatz in der El Khana-Wüste im Norden Jordaniens geführt wurden. Der anvisierte Landeplatz bildete ein ausgetrocknetes Flußbett, das aus der Vogelperspektive nur schwer auszumachen ist und sich Dawson's Field nennt.

Als erstes Flugzeug traf die TWA Boeing gegen 19:45 Uhr/loc. ein. Die Flugzeuge wurden schon von PFLP-Aktivisten erwartet, die rings um Dawson's Field zwei Verteidigungslinien gebildet hatten, um die Flugzeuge gegen die anrückende jordanische Armee abzuschirmen.

Begleitet von Salven der Begeisterung setzte die 707 und eine Zeit darauf die DC-8 auf dem harten Wüstensand auf.

In beiden Flugzeugen befanden sich ca. 300 Insassen, die nun allesamt in der Hand der Entführer waren. Drei Stunden später war die jordanische Armee am Ort des Geschehens, konnte sich den Flugzeugen aber nur auf ca. 800 Meter nähern, da die Terroristen damit drohten, daß beim Versuch einer Befreiungsaktion die Flugzeuge mitsamt ihren Insassen in die Luft gejagt werden. Hilflos mußten die Jordanier das Geschehen aus einiger Entfernung verfolgen. Die PFLP hatte nun die Geiseln als Druckmittel zur Verfügung.

Außer den politischen Forderungen hatten die PFLP Mitglieder noch andere handfeste Gründe für ihre Aktionen:

Drei Terroristen saßen in schweizerischen Gefängnissen für den Granatenangriff auf ein israelisches Passagierflugzeug im Februar 1969 und waren zu 12 Jahren verurteilt. Mit dieser Aktion sollten diese drei freigepreßt werden. Außerdem wollten die Palästinenser mit der Entführung der TWA-707, auf der sich auch viele Deutsche befanden, die Freilassung von 3 Mitgliedern einer rivalisierenden Gruppe, der AOLP („Action Organisation for the Liberation of Palestine"), die in bayerischen Gefängnissen einsaßen, erwirken. Die drei Männer waren schuldig gesprochen worden, 1969 auf dem Münchner Flughafen eine Handgranate in einen Bus mit EL AL-Passagieren geworfen zu haben. Dabei starb ein israelischer Sicherheitsbeamter, der sich selbstmörderisch auf die Granate warf.

Doch damit nicht genug: Die israelische EL AL-707 landete nach der mißglückten Entführung in London-Heathrow. Dort angekommen, weigerte sich die israelische Besatzung, die überlebende Terroristin Leila Chaled in britisches Gewahrsam zu übergeben. Die „Star-Terroristin" sollte nach Israel geflogen und dort vor Gericht gestellt werden. Daraufhin weigerten sich die Briten, einer beim Entführungsversuch schwer verletzten Stewardeß ärztliche Hilfe zukommen zu lassen.

Als die Israelis versuchten, ihre durch einen Bauchschuß verletzte Kollegin mit Gewalt aus dem Flugzeug zu einem Krankenwagen zu bringen, kam es zu einem Handgemenge. Dabei wurde die Copilotin der EL AL durch einen Streifschuß verletzt, während ein britischer Polizist mehrere Knochenbrüche davontrug. Er wurde von empörten israelischen Besatzungsmitgliedern und Passagieren durch die Flugzeugtür geworfen und fiel aus dieser Höhe auf den harten Flughafenasphalt. Am Ende gaben die Israelis mit Rücksicht auf ihre beiden Verletzten nach. Sie übergaben die mit Handschellen und Strumpfhosen gefesselte Leila Chaled. Das sollte weitreichende Folgen haben:

Nicht nur, daß es nach diesem Zwischenfall zu starken diplomatischen Verstimmungen zwischen Israelis und den Briten kam (die israelischen Behörden nannten das Vorgehen der britischen Polizei eine „zweite Entführung").

Auch die PFLP sann nach Rache: Da Leila Chaled in einem Londoner Gefängnis saß, versuchte die PFLP kurzerhand, ein britisches Verkehrsflugzeug in ihre Gewalt zu bringen. Genau dies geschah am 09.09., als die auf dem Flug von Bahrain nach Beirut befindliche britische Verkehrsmaschine vom Typ VC-10 von einem Palästinenser-Kommando ebenfalls von Beirut nach Dawson's Field entführt wurde, wo schon die schweizerische DC-8 und die TWA 707 seit drei Tagen herumstanden. Nun befanden sich insgesamt über 300 Menschen in der Gewalt der PFLP.

Nach endlosen Verhandlungen gelang es, einen Teil der Geiseln -vornehmlich ältere Menschen, Kranke,

G-ASGN; die ebenfalls gesprengte VC-10 der BOAC./London-Heathrow im Oktober 1968 <Quelle: beide Aufnahmen von N.Scherrer>

Frauen und Kinder- aus der sengenden Wüstenhitze nach Amman zu bringen und in Hotels einzuquartieren.

Nach und nach wurden so immer mehr Menschen aus den drei Flugzeugen gebracht, bis am Ende nur noch 56 Personen, vor allem Israelis und Amerikaner, in den Maschinen zurückblieben.

Je länger die Aktion dauerte, desto mürber wurden die Entführer. Schon bald mußten sie erkennen, daß aufgrund der Unnachgiebigkeit der Europäischen Regierungen ihr Erfolg in Frage gestellt wurde. Aus ihrem Hauptquartier in Beirut blieb zudem noch die Unterstützung aus den eigenen Reihen (vornehmlich der PLO) aus. Nachdem man die letzten Geiseln den Jordaniern übergeben mußte, entschlossen sich die Terroristen zu einem letzten spektakulären Akt:

Mit einigen Kilogramm Sprengstoff jagten sie als letztes Zeichen ihrer „Stärke" sämtliche drei Flugzeuge unter den Augen der Weltöffentlichkeit in die Luft Die Geiseln wurden danach freigelassen und nach Europa ausgeflogen.

So endeten die dunkelsten sieben Tage der zivilen Luftfahrt. An den internationalen Flughäfen wurden danach Sicherheitsmaßnahmen, wie Gepäck- und Passagierkontrollen, sowie Metalldetektoren und Röntgengeräte eingeführt. Trotzdem ging die Luftpiraterie noch jahrelang weiter, da nicht jeder Flughafen sofort diese Maßnahmen in die Tat umsetzte. Es sollte noch mindestens 15 Jahre dauern, bis die internationalen Flughäfen „wasserdicht" wurden.

Doch nicht nur für die Zivilluftfahrt waren diese sieben Tage „schwarz", auch für die Palästinenser: Diesen Terrorakt nahm der jordanische König Hussein zum Anlaß, seine Autorität im Land wieder herzustellen und ein für alle mal mit der PLO und ihren extremen Unterorganisationen „aufzuräumen". Im Anschluß an die Entführungen folgte der blutigste Bürgerkrieg, den der Nahe Osten bis dahin erlebt hatte. Die jordanische Armee rückte mit Panzern und Geschützen gegen die palästinensischen Flüchtlingslager vor. Tausende von Zivilisten starben bei den anschließenden Kämpfen. Die jordanischen Beduinensoldaten gingen mit einer derartigen Brutalität vor, daß ganze PLO-Milizeinheiten es vorzogen, über die jordanische Grenze zu fliehen und sich der (etwas irritierten) israelischen Armee zu ergeben.

Der Monat, in dem sich das alles ereignete, wird seitdem in der palästinensischen Geschichtsschreibung als der „schwarze September" bezeichnet.

08.09.70

Trans Int'l   **Douglas DC-8-63CF**
N4863T   **45951**

In der DC-8, die an diesem Nachmittag auf dem Flughafen **New York JFK AP/USA** zur Startbahn 13R rollte, befanden sich vorerst nur 11 Insassen, nämlich die Piloten und das Kabinenpersonal. Die DC-8 der Chartergesellschaft sollte nach Washington-DC überführt werden, um von dort mit Passagieren nach London zu fliegen. Hinter der dreiköpfigen Besatzung saßen in der Ersten Klasse noch 8 Flugbegleiter.

Auf dem Weg zur Startbahn 13R war ein Steinchen von einer am Rollweg gelegenen Baustelle von den Abgasstrahlen der Triebwerke auf das Leitwerk geweht worden. Unbemerkt von den Piloten verklemmte es sich zwischen dem Höhenruder und dem Leitwerk. Dadurch war das Höhenruder in der Stellung 8 Grad nach oben („Nose-up") festgeklemmt und damit die DC-8 extrem hecklastig ausgetrimmt.

Um 16:04:55 Uhr/loc. machte man das „Line-up" auf der Startbahn. Jeder der beiden Piloten hatte schon ca. 6.000 Flugstunden auf der DC-8 absolviert. Der Kommandant überließ also dem Copiloten den Start, er war schon oft mit ihm zusammen geflogen und verließ sich ruhigen Gewissens auf ihn. Er konzentrierte sich während dessen auf den Funkverkehr und das Verkehrsgeschehen rundherum, was auch bitter nötig war. Die Maschine war mitten in der schlimmsten Rush-hour des größten New Yorker Flughafens. Kaum war die Maschine auf der Startbahn, als der Tower sie schon darauf hinwies, daß sich die nächste landende Maschine auf der Bahn 13R schon über dem Flughafenzaun befand. Eile war also geboten! Um 16:05:07 Uhr/loc. begann der Copilot mit dem Startlauf. Er bemerkte, daß irgend etwas nicht stimmte, als die DC-8 schon bei 81 Knoten (normale V_r Geschwindigkeit war 124 Knoten) zu rotieren begann. Er bekam die Nase nicht mehr herunter, da das Höhenruder sich wegen des Steins nicht mehr bewegen ließ. Der Kommandant bemerkte diese abnormale Situation auch, aber er mußte erst einmal von der Verkehrsbeobachtung „umschalten". Außerdem hatte er seine Brille nicht aufgesetzt (er war leicht weitsichtig), daher hatte er Schwierigkeiten, die Instrumente zu erkennen. Nachdem die Maschine schon zwei Drittel der Startbahn zurückgelegt hatte, krachte bei 90 Knoten das Heck auf die Bahn. Mit der landenden Maschine im Nacken gab der Kommandant trotz des über die Bahn schleifenden Hecks den Befehl:

CPT: „Let's take it up now!"

Um 16:05:35 Uhr/loc. hob sich die DC-8 langsam von der Startbahn, wobei der Anstellwinkel immer steiler wurde. Im Cockpit schlugen sofort die Überziehungswarnungen an, während die Piloten verzweifelt versuchten, die Nase wieder herunterzudrücken. Der kleine Stein hatte sich aber so festgeklemmt, daß sich das Höhenruder um keinen Millimeter mehr bewegen ließ.

Augenzeugen am Boden beobachteten, wie der Anstellwinkel auf ca. 80° anstieg, bis die DC-8 fast senkrecht in der Luft stand. In 400 ft Höhe rollte sie leicht nach rechts, dann kippte sie über die linke Tragfläche ab. Um 16:05:52 Uhr/loc. zerschellte die DC-8 mit der Nase und der linken Tragfläche voran kurz hinter der Startbahn und ging in Flammen auf.

Obwohl die Flughafenfeuerwehr 30 Sekunden später am Unfallort war, konnten die Insassen der DC-8 nur noch tot aus dem Wrack geborgen werden.

Ein kleiner Stein am falschen Platz hatte 11 Menschen in den Tod gerissen.

Das NTSB kritisierte den Kommandanten, der zu jeder Zeit des Starts die Situation innerhalb des Flugzeuges im Blick haben und in der Lage sein muß, das Steuer zu übernehmen. Zu seiner Entlastung wurde die völlig unübersichtliche Verkehrssituation rund um das Flugzeug angeführt. Diese hätte seine volle Aufmerksamkeit erfordert, wobei er sich bei der Ausführung des Starts auf seinen erfahrenen Copiloten verlassen hatte.

15.09.70

Alitalia   **Douglas DC-8-62**
I-DIWZ   **46026**

Der Anfluglotse, der an diesem Mittag die zahlreichen Maschinen für den **New Yorker John F. Kennedy Flughafen** einfädeln mußte, leitete den täglichen Alitalia-Flug aus Rom etwas zu hoch auf den Anflugweg zur Landebahn. Die DC-8 befand sich nun weit über dem korrekten Anflugweg, als die Piloten zum Towerlotsen wechselten und in aller Eile die Landecheckliste abhakten. Schon jetzt war es kaum noch möglich, eine gefahrlose Landung hinzubekommen. Doch die Piloten wollten sich nicht noch einmal in das langwierige Anflugverfahren einreihen, das einen zusätzlichen Zeitverlust bedeutet hätte. So bediente sich der fliegende Pilot eines „Tricks", der nur mit dem Flugzeugtyp DC-8 möglich war. Er fuhr die Schubumkehrklappen an den äußeren beiden Triebwerken aus. In der Regel ist diese Maßnahme nur in einer Höhe von mehreren tausend Fuß erlaubt. Sie ermöglicht in sehr kurzer Zeit große Sinkraten, um im Notfall schnell auf den Boden zu gelangen. Jedoch ist dieses Manöver in Bodennähe absolut lebensgefährlich. Wie ein Stein fiel die italienische DC-8 aus den Wolken. Erst weit hinter der Aufsetzmarkierung kam man der Ladebahn näher. Doch die große Sinkrate konnten die Piloten nun nicht mehr abfangen und prallten mit hoher Geschwindigkeit auf den Bahnasphalt. Sofort brach das gesamte Fahrwerk zusammen. Funkensprühend schlitterte die Maschine am Terminal vorbei, wo viele Passagiere entsetzt mit ansahen,

daß die DC-8 in drei Teile brach und hinter dem Ende der Bahn Feuer fing.

Von den 135 Passagieren und der 10köpfigen Crew trugen elf Menschen Verletzungen davon.

Der Pilot hätte bereits weit vor dem Flughafen ein Fehlanflugverfahren einleiten sollen. Die Piloten mißachteten den ILS-Gleitpfad und wollten mit aller Gewalt im Sichtanflug, der in New York-JFK AP strengstens untersagt ist, die Maschine auf den Boden zwingen.

07.10.70

Dan Air   **DH106 Comet 4**
G-APDL   **6413**

Der Vierstrahler wurde irreparabel beschädigt, als die Comet auf dem Airport in **Teesside/England** mit eingezogenem Fahrwerk landete. Zum Zeitpunkt des Unglücks befand sich die Maschine auf einem Übungsflug zu Trainingszwecken. Einige Zeit wurde die Comet als WFU geführt, bis sie Mitte Juli 71 als Ersatzteillager ausgeschlachtet wurde. Endgültig verschrottet und abgewrackt wurde der Flieger jedoch erst ein Jahr nach dem Unfall.

14.11.70

Southern AW   **Douglas DC-9-31**
N97S   **47245**

Das komplette Football-Team der Marshall University, bestehend aus 36 Spielern, 5 Betreuern, einem Trainer und einigen Cheer Leaders befand sich nach einem Auswärtsspiel in Greenville/NC/USA im Anflug auf den Tri State-AP von **Huntington/WV/USA**. Mit den drei Flugbegleitern, den beiden Piloten und weiteren Passagieren waren insgesamt 75 Menschen an Bord. Zu dieser Zeit, es war bereits dunkel, herrschte Bodennebel mit leichtem Regen und einer Wolkenuntergrenze von 1.000 ft Die Sichtweite betrug 5 Meilen. Das Flugzeug wurde nun für einen Nicht-Präzisionsanflug auf der Bahn 11 freigegeben. Bei dieser Methode verfolgen die Piloten den vertikalen Balken des Landekursanzeigers und richten ihre Sinkrate nach den jeweiligen Entfernungsangaben zur Landebahnschwelle aus. Auf dem Tri-State AP gab es in dieser Landerichtung keine ILS-Gleitweganzeige, da diese wegen des unebenen Geländes hinter der Bahn 11 den ILS-Sender gestört hätte. Ohne Bodensicht wurde der Anflug fortgesetzt. Die Klappen und das Fahrwerk fuhren aus. Offenbar durch eine falsche Einstellung des barometrischen Höhenmessers zeigte dieser Werte an, die ca. 200 ft über den tatsächlichen Werten lagen. Als man nach kurzer Zeit aus der Wolkendecke stieß, war wegen des Nebels der vor ihnen liegende Flughafen immer noch nicht zu sehen. Doch die Lichter einer naheliegenden Raffinerie dienten dem Piloten als Orientierung. In Erwartung der Landebahnsicht verlagerte sich die Aufmerksamkeit der Besatzung von den Instrumenten nach draußen und die DC-9 wurde nun nach Sicht (die nicht vorhanden war) geflogen. Der Copilot unterließ es, in dieser Phase die 500 ft und 100 ft Marken über der Entscheidungshöhe auszurufen. Bei Erreichen der Entscheidungshöhe (DH) muß die Landebahn in Sicht sein, andernfalls ist ein sofortiges Durchstartmanöver einzuleiten. Doch der Sinkflug wurde fortgesetzt. Als der Jet nur noch wenige Meter vom Erdboden entfernt war, erkannten die Piloten ihren Fehler und gaben entsetzt Vollschub. Doch Tragflächen und Rumpf prallten schon mit einigen Bäumen zusammen und die Maschine krachte auf den Boden und zerschellte an einem Hügel, 1,5 Meilen außerhalb der Landebahnschwelle in Huntington. Beim Aufschlag explodierten die Treibstofftanks und setzten die Trümmer in Brand.

Niemand an Bord überlebte den Absturz.

Später wurde eine Non-standard Gleitweganzeige auf dieser Bahn installiert. Außerdem wurden neue Verfahrensregeln für die Crew bei Nicht-Präzisionsanflügen eingeführt.

27.11.70
Capitol Int'l   **Douglas DC-8-63CF**
N4909C   **46060**

An diesem Nachmittag hob eine DC-8 mit 219 Passagieren und zehn Besatzungsmitgliedern von der McChord Airforce Base (AFB) zu einem Flug nach Vietnam ab. 209 der Passagiere waren amerikanische Soldaten, die zu ihrem Dienst in den immer mehr eskalierenden Krieg in Südostasien geschickt wurden, zehn Passagiere waren Zivilpersonal der Streitkräfte. Der „Kontraktflug" im Auftrag des MAC (Military Airlift Command) hatte die militärisch komplizierte Nummer C2C3/26 und sollte nach technischen Zwischenlandungen in **Anchorage AP/AK/USA** und Yokota/Japan auf dem riesigen amerikanischen Marinestützpunkt Camh Ranh Bay enden.

Der Flug von McChord AFB zu dem internationalen Flughafen Anchorage in Alaska verlief ohne irgendwelche Zwischenfälle. In einem leichtem Eisregen setzte die Maschine um 15:32 Uhr/loc. auf der Landebahn 6L des Flughafens auf und schlitterte mehr als daß sie rollte Richtung Terminalgelände. Die Passagiere begaben sich in den Terminal, während die Bodenmannschaften die DC-8 für ihren Flug über den eisigen Nordpazifik bereitmachten. 53 Tonnen Sprit wurden in die Tanks gefüllt, während einige kleinere Reparaturen an den Anzeigeinstrumenten der Triebwerke durchgeführt wurden. Ein Mitglied der Cockpitcrew sowie ein Bodenmechaniker machten in dem immer noch anhaltenden Eisregen eine Kontrollrunde um das Flugzeug. Dabei überprüften sie auch den Zustand der acht Reifen des Hauptfahrwerkes, wobei ihnen allerdings nichts besonderes oder alarmierendes auffiel. Die Passagiere waren inzwischen wieder an Bord und die Maschine enteist, als um 16:54 Uhr/loc. die vier Triebwerke angelassen wurden. Aus dem Eisregen war bei Temperaturen von - 5° inzwischen Schneegestöber geworden.

Es war dunkel geworden, als die Besatzung die Rollgenehmigung bekam. Die DC-8 verließ den lichtüberfluteten Bereich des Terminals und machte sich auf den gut zwei Kilometer langen Weg über Taxiways zum Ende der Bahn 6R. Im Cockpit gingen die Piloten ihre Checklisten durch und besprachen den bevorstehenden Flug. Mit einem Startgewicht von 158,5 Tonnen lag die vollbesetzte DC-8 nur 500 Kilogramm unter ihrem maximal zulässigen Gewicht. Dementsprechend hoch waren die Entscheidungs V_1- und Rotationsgeschwindigkeiten Vr mit 138 bzw. 153 Knoten festgelegt. Um 17:00 Uhr/loc. erreichte man die Bahn. Nach anstrengender Rutschpartie auf den schlechtgeräumten Taxiways bugsierte der Copilot jetzt die DC-8 auf die schneeüberzogene Bahn. Wegen anderem hereinkommenden Verkehr mußte die Besatzung noch einige Minuten auf die Startgenehmigung warten. In dieser Zeit verteilte der Kommandant die Aufgaben im Cockpit: Er wollte die Bremsen und Schubhebel bedienen, während der Copilot den eigentlichen Start durchführen sollte.

Nach drei Minuten Wartezeit kam endlich die Startgenehmigung. Der Kommandant drückte auf seine Bremspedale und bewegte die Schubhebel nach vorne. Hinter ihnen schwoll das Summen der Triebwerke zu einem Brüllen an, das mit dem Heulen des Schneesturmes wetteiferte. In der Kabine setzten sich die Passagiere und Stewardessen auf, denn jetzt würde es losgehen.

Bei Erreichen von 80 Prozent der Triebwerksleistung nahm der Kommandant seine Füße von den Bremspedalen und nickte seinem Copiloten zu. Die DC-8 rollte an und begann immer schneller zu werden, während der Kommandant Vollschub gab und der Copilot mit leichten Seitenruderschlägen Steuerkorrekturen durchführte. Als man 80 Knoten passierte, ließ die Besatzung ihre Blicke über die Instrumente schweifen, doch alles war in bester Ordnung. Bis zum Erreichen von V_1 verlief alles normal, abgesehen von dem Gefühl des Kommandanten, daß die Maschine ein wenig lange zum Beschleunigen brauchte. Zwischen V_1 und V_r verstärkte sich sein Gefühl, die Beschleunigung der Maschine würde „abflachen". Doch jetzt hatte er keine Wahl mehr. Er rief bei 153 Knoten „Vr" aus und der Copilot zog den Steuerknüppel zu sich heran. Die DC-8 war noch gut 500 Meter vom Ende der Startbahn entfernt, als sich das Bugrad von der Bahn hob und einige Passagiere in der Kabine ein lautes Knallen hörten. Einige unendliche Sekunden wartete jeder auf das Abheben der Maschine, doch die raste weiter auf das Ende der Rollbahn zu. Plötzlich war ein rumpelndes Geräusch zu hören, die Maschine begann zu schlingern. Im Cockpit wußte man, daß man die Startbahn hinter sich hatte und jetzt die Überrollfläche und dann ein Acker folgten, weshalb an ein Abheben nicht mehr zu denken war. Jetzt mußte man den Start abbrechen. Die Schubhebel wurden nach hinten gezogen und die Bremsen betätigt, aber da kollidierte die linke Tragfläche auf Höhe des Triebwerks Nr. 2 schon mit der ILS - Antenne. Durch das so gerissene Loch strömten umgehend große Mengen Treibstoff aus, die sich sofort entzündeten. Der Weg der Maschine über die Felder hinter der Startbahn war extrem rauh und die Insassen wurden in ihren Sitzen hin und hergeworfen. Die entsetzten Passagiere sahen, daß schon die linke Rumpfhälfte brannte. Einige lösten ihre Sicherheitsgurte und versuchten, von den Feuern wegzukommen. Doch der stärkste Schlag kam noch, denn die Maschine rumpelte noch eine Böschung hinunter, an deren Ende sie endlich zum Stehen kann. Jeder, der nicht angeschnallt war, wurde durch die Kabine geschleudert, während schlagartig das Licht verlöschte. Der Rumpf brach an zwei Stellen auf, beide Tragflächen waren aufgerissen und rund um das Flugzeug brachen

Brände aus. Jedes der Bewegung noch fähige Besatzungsmitglied sprang von seinem Sitz und versuchte, mit der Evakuierung zu beginnen.

Die Wege zu den Ausgängen waren mit zusammengebrochenen Inneneinrichtungen und heruntergefallenen Deckenstücken versperrt. Doch es gelang der Besatzung und den Passagieren relativ schnell, die Hindernisse aus dem Weg zu räumen und die meisten Ausgänge der DC-8 zu öffnen. Alle vorderen Ausgänge wurden ebenso geöffnet wie die meisten Notausgänge über den Flügeln. Die meisten Überlebenden verließen das Flugzeug auf diesem Weg. Die Passagiere im hinteren Teil der Kabine wurden entweder durch das Loch im Rumpf heraus geschleudert oder verließen das Flugzeug durch die halb geöffnete Kabinentür.

Obwohl nach übereinstimmender Aussage aller Überlebenden die Evakuierung sehr schnell und geordnet von statten ging, starben 47 der Insassen in dem Flugzeug, darunter eine der Stewardessen. Die meisten der Toten saßen hinter der Tragfläche und kurz vor der Bruchstelle im Rumpf der Maschine. Zeugenaussagen zufolge war das Feuer hier besonders schnell und intensiv ausgebrochen. Alle 47 Toten waren entweder verbrannt oder an Rauchvergiftungen gestorben. 43 Passagiere und sechs Besatzungsmitglieder, darunter der Copilot und der Bordingenieur zogen sich zum Teil schwere Verletzungen zu. Bei der Intensität und der Schnelligkeit, in der sich das Feuer verbreitete, hätte die Zahl der Opfer wahrscheinlich noch höher gelegen, wären die Passagiere keine aktiven und damit (halbwegs) gesunden und streßgewohnten Soldaten gewesen.

Die Untersuchungsbehörden kamen relativ schnell zu folgendem Schluß: Blockierte Räder innerhalb des Fahrwerks hatten die Maschine soweit abgebremst, daß sie nicht mehr abheben konnte. Schon 200 Meter hinter dem Punkt, von dem aus der Startlauf begann, wurden erste Anzeichen für „Rubber Reversion" (siehe 01.07.1965) gefunden. Hier waren die blockierten Reifen über die mit Schnee und Eis überzogene Landebahn geschleift, bis sich bei Meter 853 die ersten Fasern von den Reifen fanden. Die ohnehin erhitzten Reifen des Hauptfahrwerks begannen, sich unter der Belastung aufzulösen und Luft zu verlieren. Ab Meter 2.682 fanden sich nur noch die schmalen Spuren der Reifeneinfassungen auf der Bahn, da sich die Karkassen von den Einfassungen des Fahrwerkes gelöst hatten oder gerade geborsten waren.. In diesem Moment befand sich die Maschine gerade zwischen V_1 und V_r, und in der Kabine war das Knallen zu hören.

Der gesamte Startlauf hatte praktisch mit voll blockiertem Hauptfahrwerk stattgefunden. Andererseits gaben die Piloten nach dem Unglück in ihren Aussagen an, der gesamte Startlauf sei bis zum Erreichen von 150 Knoten, also nach V_1, völlig normal gewesen. Die Erklärung dafür war der Eisbelag, von dem die gesamte Bahn 6R überzogen war. Beim „Anrollen", was bei den blockierten Reifen eher ein „Anschieben" war, mußte der Schub der Triebwerke den Widerstand der Reibung der blockierten Reifen auf der Bahn überwinden. Die Triebwerke erzeugten zu diesem Zeitpunkt eine „Anschubkraft" von 33.868 Kilogram, dem die blockierten Reifen bei einer Reibungszahl von 0,15 nur noch 23.775 Kilogram (Flugzeuggewicht * Reibungszahl = Widerstand) entgegensetzen konnten. So konnte die Maschine beginnen sich zu bewegen, wobei die Reibungszahl immer mehr absank. Die blockierten Reifen wurden über diese Eisfläche geschoben, wobei die Reibungszahl zwischen Reifengummi und Eis auf 0,025 absank. Bei einer normalen Rollreibung beträgt diese Zahl 0,019 und war damit nur unwesentlich kleiner. So konnte die Besatzung das Blockieren der Reifen erst bemerken, als das Gummi der Karkassen abgerieben war und das nackte Metall über das Eis schmirgelte. Hierbei stieg die Reibungszahl wieder auf 0,25 an, was eine Verzehnfachung des

Darstellung des Startlaufs der Capitol DC-8 in Anchorage

Bodenkontakt des Bugfahrwerks

ILS-Antenne

21 m lange Spur des am Boden schleifenden Hecks

2.682 m
Alle Reifenspuren verengen sich zu dünnen Bändern der Radfelgen

2.500 m
Bugrad hebt sich von der Bahn

1.341 m
Fetzen der Reifenoberfläche

853 m
Spuren von "Rubber Reversion"

201 m
Spuren von "Rubber Reversion"

0 m
Beginn des Startlaufs

Widerstandes entspricht. Dagegen kamen die auf Vollschub laufenden Triebwerke nicht mehr an, und die Insassen im Flugzeug spürten deutlich das „Abflachen" der Beschleunigung. Da die ersten Reifen erst nach V_1 barsten, konnten die Piloten die blockierten Reifen nur anhand der etwas längeren Beschleunigungszeit bzw. der längeren Startstrecke bemerken. Eigentlich hätte die Maschine 39 Sekunden nach Beginn des Startlaufes V_1 erreichen müssen, bei diesem Startlauf brauchte sie aber 60 Sekunden. Der Kommandant gab später an, daß ihm die längere Zeit wohl aufgefallen sei. Es sei ihm aber bei der Überprüfung der Triebwerksinstrumente nichts besonderes aufgefallen, weshalb er den Start weitergeführt hatte. Als das „Abflachen" der Beschleunigung nach V_1 offensichtlich wurde, konnte er nur noch hoffen, das Flugzeug würde vor Erreichen des Startbahnendes abheben. Als die DC-8 die Überrollfläche erreichte und ein Erreichen der Abhebegeschwindigkeit von 163 Knoten damit unmöglich war, brach er den Start ab.

Das NTSB kam zu dem Ergebnis, daß die Besatzung sich während des gesamten Startlaufes richtig verhalten hatte. Die Piloten konnten vor Erreichen von V_1 nichts von ihrem „Reifenproblem" ahnen, den Start aber erst nach V_1 abbrechen, als die Maschine offensichtlich nicht mehr flugfähig war. Es blieb unklar, weshalb die Räder blockierten. Die Besatzung gab an, vor dem Abrollen vom Terminal die Parkbremse gelöst und auf dem gesamten Weg zur Startbahn nicht mehr betätigt zu haben. Es gab nichts, was die Ermittler an dieser Aussage zweifeln ließ, da eine angezogene Parkbremse beim Rollen zwei Warnlichter illuminieren würde, die schwer zu übersehen sind. Außerdem hatten sich die Räder bis zum „Line-up" auf der Startbahn 6R noch gedreht. Auch eine versehentliche Betätigung der Bremspedale durch einen der Piloten während des Startlaufes war äußerst unwahrscheinlich. Beide gaben an, ihre Füße hätten nach dem Beginn des Startlaufes auf dem darunterliegenden Seitenruderpedal gelegen, was bei den herrschenden Seitenwinden auch dringend nötig war. Eine Überhitzung der Bremsen oder von Teilen des Fahrwerkes war ebenfalls unwahrscheinlich, da diese Wärmeentwicklung während des Rundganges vor dem Start aufgefallen wäre.

Das Feuer hatte den Rumpf total zerstört und damit auch die gesamte Bremsanlage des Flugzeuges vernichtet. Da es unwahrscheinlich war, daß bei acht Reifen gleichzeitig die Bremsen mechanisch verklemmten, wurde mit einem Fehler innerhalb des Hydrauliksystems gerechnet. Was diesen Fehler im Hydrauliksystem ausgelöst hatte, blieb ein Geheimnis.

30.11.70
T W A   **Boeing 707-320C**
N790TW   **18738**

Bei schlechten Sichtbedingungen begann die 707 der TWA mit ihrem Startlauf auf der Piste des Flughafens **Tel Aviv Lod/Israel** (später Ben Gurion Int'l Airport). Die Maschine hatte gerade Abhebegeschwindigkeit erreicht, als die TWA Besatzung plötzlich die Lichter eines anderen Flugzeuges vor sich sah. Die Piloten versuchten verzweifelt auszuweichen, was ihnen aber nur teilweise gelang.

Die linke Tragfläche der 707 streifte das andere Flugzeug und schleuderte von der Bahn. Es gelang der TWA Besatzung, sich aus dem brennenden Wrack zu retten.

Das andere Flugzeug war eine alte Boeing 377 Stratocruiser, den die israelische Luftwaffe zu einem Tanker umgebaut hatte und zur Unzeit über die in Betrieb befindliche Landebahn geschleppt wurde. Der Stratocruiser wurde ebenfalls vom Feuer vernichtet, wobei zwei Mann des Bodenpersonals starben. Der Flughafen wurde für neun Stunden geschlossen.

07.12.70
Tarom   **BAC 1-11-400**
YR-BCA   **130**

Wegen schlechten Wetters wurde die BAC auf einem Flug nach Bukarest in Richtung **Constanta/Rumänien** umgeleitet. Drei Meilen vom Kogalniceanu Flughafen entfernt geriet die Maschine außer Kontrolle und stürzte ab.

Dabei riß sie 18 Menschen in den Tod. Weitere neun überlebten das Unglück.

28.12.70
Trans Caribbean   **Boeing 727-200**
N8790R   **20240**

Bei der Landung auf dem Flughafen von **St.Thomas/Virgin Islands/USA** schoß die aus New York kommende 727 über das Ende der Bahn hinaus und prallte gegen den Fuß des angrenzenden Sarah Hills. Mit mehrfach gebrochenem Rumpf blieb die Maschine schließlich brennend liegen. Es gelang 51 der 53 Insassen, sich durch ein klaffendes Loch im Rumpf in Sicherheit zu bringen, bevor die Boeing ein Opfer der Flammen wurde.

Für zwei Insassen kam jedoch jede Hilfe zu spät.

Ein Augenzeuge beobachtete, daß sich bei der Landung ein Rad löste und über den Boden holperte.

02.01.71
United Arab AL   **DH106 Comet 4C**
SU-ALC   **6439**

Flug MS 844 hatte bereits über 29 (!) Stunden Verspätung. Der Flug sollte von Kairo über **Tripolis/Libyen** nach Algier und retour gehen, doch schlechtes Wetter und anhaltende Sandstürme verzögerten den Abflug immer wieder. Doch dann endlich am 1.Tag des neuen Jahres ging es los. Der Flug bis Algier verlief dann auch problemlos. Erst als beim Systemcheck am Boden vor dem Rückflug die Feuerwarnung in Triebwerk drei nicht erlosch, wurden Techniker gerufen, um das Problem zu lösen. Diese kannten sich jedoch nicht mit einer Comet aus, so daß der Abflug sich bis nach Mitternacht verzögerte. Ohne eine Wettervorhersage der Destination einzuholen, startete man dann in Algier in Richtung der libyschen Hauptstadt. Als man noch 30 min vom Flughafen entfernt war, holte man sich den neuesten Wetterbericht ein. Der verhieß jedoch nichts Gutes. Ein Sandsturm hatte mittlerweile eingesetzt und reduzierte die Sicht auf wenige hundert Meter. Der Pilot entschied, daß man einen

Landeversuch unternehmen wolle, falls jedoch die Sicht nicht ausreichend sei, würde man zum Ausweichflughafen nach Malta fliegen. Die Maschine hatte hierfür genug Treibstoff an Bord. Im weiteren Verlauf des Fluges wurde MS844 mitgeteilt, daß sich die Sichtweite am Flughafen etwas verbessert hätte. Der Towerlotse ließ zudem verlauten, er könne vom Tower aus „drei Kilometer" weit sehen. Das Funkfeuer des Flughafens, das sich mitten im Anflugweg der Bahn 18 befand, war an diesem Abend aufgrund von Einstellungsarbeiten außer Betrieb. Somit fiel diese wichtige Navigationseinrichtung weg. Nur noch ein unpräziser ADF-Sender war noch in Betrieb. Die von Nordwesten her kommende Comet mußte nun in 3.000 ft den Flughafen überfliegen, um dann nach links zurück in Richtung Nord zu schwenken und dann mit einem tropfenförmigen Flugweg zurück auf die verlängerte Pistenachse der Bahn 18 zu gelangen. Dabei mußte der Pilot präzise den exakten Landekurs beibehalten, um nicht vom Anflugweg abzukommen. Es war gegen 02:20 Uhr/loc., als der Pilot den Überflug des Flughafens in 3.000 ft meldete und die Comet mit dem Anflugverfahren begann. Dies war die letzte Nachricht von Flug 844. Nur fünf Minuten später geriet die Maschine in totaler Dunkelheit in heftige Turbulenzen. Die Piloten setzten den Sinkflug fort und kamen dem Erdboden immer näher. Offenbar widmeten sie ihre volle Konzentration dem richtigen Anflugkurs. Das Flugzeug befand sich gerade in einer leichten Rechtskurve, als die rechte Tragflächenspitze, 7 km außerhalb des Flughafens Bodenberührung bekam. Dabei wurde der gesamte rechte Zusatztank, der sich an der Tragflächenspitze befand, abgerissen, und er explodierte. Das ausgefahrene Fahrwerk wurde abgerissen und brennend kamen die Überreste der Maschine zum Stehen.

Niemand der 16 Menschen an Bord überlebte den Crash.

Im Verlauf der Untersuchungen wurde dringend empfohlen, sämtliche internationalen Flughäfen von Libyen mit ILS und GCA und RVR (Runway Visual Range) Einrichtungen auszustatten. Außerdem wurde mit Nachdruck auf die mangelnden Feuerlösch- und Rettungskapazitäten in Tripolis hingewiesen und um Abhilfe nachgesucht. Auch UAA kam nicht ungeschoren davon. Die Kritik richtete sich in erster Linie gegen die Pilotenausbildung, die die Flugzeugführer nicht mit den besonderen Verfahrensweisen bei Schlechtwetteranflügen trainierte. Zum anderen wurde UAA dazu angehalten, in Zukunft Flugdatenschreiber und Radiohöhenmesser in ihre Flugzeuge einzubauen. An diesem Tag verlor UAA bereits zum fünften Mal eine Maschine des Typs Comet.

04.01.71

Air Inter SE210 Caravelle 3
F-BNKI 214

Durch Feuer am Boden in **Paris-Orly AP/Frankreich** zerstört.

Näheres ist nicht bekannt.

21.01.71

Air Cambodge SE210 Caravelle 3
XU-JTA 145

Der Po Chentong-Flughafen von **Phnom Penh** erlebte an diesem Tag den wohl schwersten Angriff der kommunistischen Rebellen „Rote-Khmer", die neben dem Flughafen auch größere Gebiete der Stadt in Schutt und Asche legten. Im Verlauf des Angriffs wurden alle Maschinen, die sich auf dem Vorfeld des Flughafens befanden, vor allem US-amerikanische Bomber und Hubschrauber zerstört. Auch die parkende Caravelle wurde ein Opfer der kriegerischen Auseinandersetzungen.

Über Personenschäden, die in direktem Zusammenhang mit der Zerstörung der Caravelle standen, ist nichts bekannt.

23.01.71

Air India Boeing 707-400
VT-DII 17722

Beim Start auf dem Flughafen **Bombay-Santa Cruz AP/Indien** explodierte ein Reifen des Hauptfahrwerks. Der Pilot brach daraufhin bei hoher Geschwindigkeit den Startlauf ab. Es gelang der Crew nicht, die 707 rechtzeitig zum Stehen zu bringen. Hinter dem Bahnende brach die Maschine in zwei Teile, fing Feuer und brannte aus.

31.03.71

Western AL Boeing 720B
N3166 19439

Frühmorgens um 05:00 Uhr/loc. trafen sich fünf Angestellte der Western AL im Aufenthaltsraum der Airline am Flughafen Los Angeles Int'l, allesamt erfahrene Kommandanten dieser Airline. Drei von ihnen sollten heute ihren jährlichen Tauglichkeitstest ablegen, einer wollte sich eine solche Prüfung einmal von nahem ansehen und der letzte in der Runde war der Checkpilot, der heute morgen die Prüfungen abnehmen würde. Während des Wetterbriefings und der Vorbesprechung war die Stimmung zwischen den Piloten, die sich untereinander kannten, sehr gut. Und das, obwohl das Wetter und die Sicht über ihrem Zielpunkt Ontario sehr schlecht war. Die Wolkendecke lag bei 600 ft über dem Flughafen, und der übliche Smog und Nebel ließen die Sicht auf 1,4 Kilometer absinken.

Man würde in Los Angeles Int'l AP starten und zum knapp 50 Kilometer entfernten Flughafen **Ontario AP/CA/USA** fliegen. Auf diesem Flughafen würden die drei „Prüflinge" verschiedene Flugmanöver und Notfallsimulationen ausführen, um so ihre Fähigkeiten unter Beweis zu stellen.

Um 06:10 Uhr/loc. hob die Boeing 720 von der Bahn 25R ab und flog in Richtung Osten. Nur sechs Minuten später wurde der Western Flug 366 an den Tower in Ontario weitergegeben und die Besatzung begann mit ihrem Flugprogramm. Vom rechten Sitz aus überwachte der Checkpilot die Handlungen seines als Kommandant agierenden Kollegen im linken Sitz. Gleichzeitig versah der Checkpilot die Funktionen eines Copiloten. Sein erster „Prüfling" war 49 Jahre alt und hatte insgesamt 19.700

Flugstunden absolviert, davon 3.500 auf der 707, bzw. der 720. Die 720 war ein Schwesterflugzeug der 707 und unterschied sich von ihr nur durch einen verkürzten Rumpf und einige aerodynamische Veränderungen. Das Cockpit und das Handling der beiden Flugzeugtypen war weitgehend gleich.

Um 06:20 Uhr/loc. wurde die Boeing für einen Anflug auf die Bahn 25 freigegeben, wobei wegen des geringen Verkehrs zu dieser Zeit die Besatzung von den Lotsen eine Art „Narrenfreiheit" bekam.

„One Engine Out ILS Instrument Approach" war das Thema für die erste Prüfung an diesem Morgen. Also zog der Checkpilot eine Minute nach der Landefreigabe die Schubhebel vom rechten, äußersten Triebwerk Nr. 4 zurück und stellte in das Cockpitfenster eine undurchsichtige Plastikscheibe, damit der Prüfling keine Außensicht mehr hatte. Er mußte kräftig in das linke Seitenruderpedal treten, um den Rechtsdrall der Boeing abzufangen.

Nachdem man um 06:29 Uhr/loc. auch die Landegenehmigung des Towers in Ontario erhalten hatte, wurden im Cockpit die Checklisten durchgegangen, wobei der Prüfling seinen Checkpiloten um einen kleinen Gefallen bat: ob der Checkpilot nicht im Falle eines Durchstartens den Wendezeiger innerhalb seines Fluglageleitgerätes (ADI = Attitude Director Indicator) ausschalten könnte. Dieser Wendezeiger zeigt dem Piloten jede Abweichung der Fluglage der Boeing an. Im Falle eines „Go around" (= Durchstartens) verändert sich die Fluglage der Maschine sehr schnell, weswegen der Wendezeiger in diesem Fall eher verwirrend ist und daher von vielen Piloten in so einem Fall einfach abgeschaltet wird. Das versprach der Checkpilot auch seinem Prüfling.

Die Maschine sank durch den Dunst immer mehr der anvisierten Landebahn entgegen. Der Checkpilot rief alle 100 ft die Höhen und die Geschwindigkeit aus. Um 06:33 Uhr/loc. war die Maschine auf 250 ft und kurz vor der Landebahnschwelle, als der Checkpilot „Minimum, no airport" ausrief. Das war der Befehl zum Durchstarten, auf den der Prüfling sofort reagierte. Er forderte *„max power, flaps thirty"* und zog den Steuerknüppel zu sich heran. Das Geräusch der Triebwerke schwoll an und die Maschine hörte auf, Höhe zu verlieren.

An der linken Tragfläche zogen zwei Triebwerke das Flugzeug nach vorne, an der rechten nur ein Triebwerk. Die Maschine wurde davon nicht nur um ihre Hochachse herum nach rechts gezogen, ihre linke Tragfläche wurde auch von dem größeren Auftrieb der beiden Triebwerke nach oben gedrückt. Mit zunehmender Geschwindigkeit wurden diese Effekte immer größer. Der Pilot mußte immer mehr in das Seitenruderpedal treten, um die Maschine wieder auf die richtige Richtung zurückzudrücken.

Die Richtungskontrolle einer Maschine, also ihre Bewegungen um die Hochachse, wird hauptsächlich durch das Seitenruder im Leitwerk des Flugzeuges aufrechterhalten. Dieses Seitenruder wird mittels hydraulischer Kraftübertragung in die von den Steuerimpulsen vorgegebene Position bewegt und dort gehalten. Um das bis zu zehn Meter hohe und einen Meter breite Seitenruder gegen den abströmenden Fahrtwind bewegen zu können, muß ein enormer hydraulischer Druck aufgebaut werden. Dementsprechend massiv muß die Apparatur sein, die das Seitenruder bewegt. Dazu gehört auch die „Ruder Kontroll Einheit" die in der mittlerer Höhe des Leitwerkes installiert ist. Sie schiebt mittels einer Schubstange, die an der beweglichen Ruderfinne festgeschraubt ist, diese in ihre Position. Diese Stange wird von einem Hydraulikzylinder nach vorne, bzw. nach hinten bewegt. Wird die Stange aus ihrer Neutralposition nach vorne geschoben, bewegt sich das Ruder nach links, während ein Nachhintenziehen der Stange eine Ruderbewegung nach rechts bedeutet. Diese Schubstange wird mit einer Schraube an zwei Montagelaschen mit dem Ruder verbunden.

Je mehr die Western Boeing um ihre Hochachse nach rechts gezogen wurde, desto mehr mußte der Prüfling in das Seitenruder treten. Der Druck der Schubstange auf das Ruder wurde immer größer, bis 06:33:25 Uhr/loc. die untere der beiden Montagelaschen dem Druck nicht mehr gewachsen war. Mit dem Bruch der Montagelasche hatte die Stange ihren Ansatzpunkt verloren und konnte so das Ruder nicht mehr nach links schieben. Damit konnte den immer stärker werdenden Kräften, die das Flugzeug nach rechts um ihre Hochachse schoben, nichts mehr entgegengesetzt werden.

Im Cockpit hörte man weder das leise Knacken, mit dem die Lasche wegbrach, noch spürte man eine Veränderung in dem Steuerverhalten. Der von einem Hydrauliksystem erzeugte künstliche Gegendruck auf den Seitenruderpedalen reagiert nur auf die Steuerschläge des Piloten, nicht aber auf die wirkliche Position des Ruders und die vom Luftwiderstand ausgeübte Gegenkraft Er spürte denselben Gegendruck wie vor dem Bruch der Lasche; auf seinen Wendezeiger, der das auswandern der Maschine nach rechts anzeigte, achtete er vermutlich nicht. Da er wegen der Plastikscheibe in seinem Cockpitfenster keine Sicht nach draußen hatte, fiel auch diese Warnmöglichkeit weg. Der einzige Hinweis auf die sich anbahnende Katastrophe war die Tendenz der Maschine, nach rechts auszuwandern ohne ersichtliche Folgen seiner Seitenruderkorrekturen.

Der Checkpilot kam gerade der Bitte nach, seinen Wendezeiger auszuschalten, wozu er die Sicherung an dem Overheadpanel ziehen mußte. Dazu mußte er sich halb aus seinem Sitz winden und in dem abgedunkelten Cockpit die richtige Sicherung finden, warum er in diesem Moment gerade nicht nach draußen oder auf seine Instrumente sehen konnte.

Die Maschine schlingerte um ihre Hochachse, während ihre linke Tragfläche immer mehr nach oben ging, bis sich auch die Nase des Flugzeuges anhob. Die Vorwärtsgeschwindigkeit sank ab und das Flugzeug begann, sich wie ein müder Wal um seine Längsachse herum zu drehen. Der alarmierte Pilot trat immer mehr in das Seitenruder, um die Maschine wieder zurückzudrehen, aber dieses Seitenruderpedal hatte keine Verbindung mehr zum Ruder. Jetzt schob er die Hebel des im Leerlauf befindlichen Triebwerkes Nr.4 wieder nach vorne, aber die Boeing 720 hatte beim Aufrichten schon zuviel Geschwindigkeit verloren.

Die Nase fiel nach unten, und das Flugzeug fiel aus 278 ft praktisch vertikal der Erde entgegen. Viel zu niedrig, um noch abgefangen zu werden, zerschellte sie 100 Meter neben der Startbahn. Alle fünf Besatzungsmitglieder starben bei dem Aufschlag.

Das NTSB kam zu dem Ergebnis, daß die Piloten das Flugzeug hätten retten können, wenn sie eine Sekunde nach dem Bruch der Lasche den Schubhebel des Triebwerkes Nr.4 nach vorne geschoben hätten. Sie hätten auch sieben Sekunden nach dem Bruch den Schubhebel des Triebwerkes Nr.1 nach hinten reißen können, um die Asymmetrie des Auftriebes abzuschwächen. Aber da der Pilot nichts vom Bruch der Lasche wissen konnte und die Hinweise darauf vor ihm verborgen waren, reagierte er zu langsam und mit der falschen Methode. Als er die Tendenz der Maschine spürte, versuchte er diese zu bekämpfen, indem er fester auf das Seitenruderpedal trat. Aber dieses Seitenruder ließ sich nicht mehr nach links ausfahren und reagierte nicht mehr auf Steuerimpulse. Als er endlich Schub auf Triebwerk 4 gab, war es zu spät. Weder er noch sein Checkpilot trugen daran die Schuld, denn die Zeit zwischen dem Bruch der Lasche und dem Aufschlag der Maschine betrug nur 13,8 Sekunden.

Die bewußte Kontrolleinheit für das Ruder hatte eine lange Vorgeschichte. Schon 1967 hatte die US Airforce bei ihren KC-135 (Militärversion der 707, in die baugleiche Geräte eingebaut waren) des öfteren Schwierigkeiten aufgrund von gebrochener oder angeknacksten Laschen dieser Geräte. Im Laufe der nächsten vier Jahre hatte es vier schwere Zwischenfälle wegen gebrochenen Laschen gegeben. Daraufhin ordnete Boeing eine Überprüfung an, wobei sich 28 weitere gebrochene Laschen fanden. Grund für diese Brüche war eine Materialermüdung der Lasche im Zusammenhang mit den großen Kräften, die auf sie wirkten.

Boeing ordnete daraufhin eine genauere Überprüfung und einen Austausch der Lasche durch ein anderes Fabrikat aus festerem Material an. Da es zwar schwere Zwischenfälle gegeben hatte, aber nie einen Totalverlust des Flugzeuges oder einen Toten, beeilte man sich mit diesem kostspieligen Austausch nicht sonderlich. Als letzter Tag für diesen Austausch war der 01.10.1972 vorgesehen, ein Stichtag, den auch die FAA billigte. Das NTSB warf der FAA und Boeing vor, die Gefahren unterschätzt zu haben, die ein solcher Bruch mit sich bringen konnte. Außerdem hätte der Flugzeughersteller und die Genehmigungsbehörde in ihren AD's (Airworthiness Directive) und SB's (Service Bulletin) nicht auf die Gefahren hingewiesen, die sich aus einem solchem Bruch ergeben konnten. Das NTSB mahnte für die Zukunft an, solche Warnungen und Fallbeschreibungen in den SB und AD zu erwähnen. Außerdem sollten solche Gefahrenhinweise nicht nur an die Wartungsabteilungen der Airlines weitergegeben werden, sie sollten den Piloten zugänglich gemacht werden. Zwischen der Erkennung eines technischen Problems und seiner Abstellung mittels Wartungsanweisungen vergingen zum Teil Jahre. In dieser Zeit waren es die Piloten, die mit den Symptomen und Folgen dieser technischen Probleme fertig werden mußten. Probleme und Symptome von denen sie oft gar nichts wissen konnten.

Wie im Fall dieses Absturzes. Das Problem und die Folgen waren seit vier Jahren bekannt, die Piloten wußten nichts davon und reagierten demnach zu spät auf konventionelle und in diesem Fall falsche Art. Das NTSB regte die Einsetzung eines Sicherheitspiloten innerhalb jeder Airline an, der in Zukunft das Training mit den Erfordernissen der Praxis koordinieren sollte. Außerdem sollte bei der Aus- und Weiterbildung der Piloten mehr Wert auf die Rettung aus „unüblichen" Flugzuständen gelegt werden, wie sie bei dem Westernflug 366 aufgetreten waren.

23.05.71

Aviogenex   **Tupolev 134**
YU-AHZ   **1351205**

Beim Endanflug auf den Flughafen von **Rijeka/Krk-Insel/Jugoslawien** geriet eine mit 75 britischen Touristen besetzte TU 134 kurz vor dem Aufsetzen in eine böige Windscherung. Die Maschine kam vom idealen ILS-Anflugkurs ab. Die Piloten versuchten daher, das Flugzeug nach Sicht zu landen. Zu diesem Zeitpunkt herrschten gerade sintflutartige Regenfälle und heftige Seitenwinde tobten über dem jugoslawischen Flugplatz.

Da eine Tupolev 134 über keine besonders großzügige Rundumsicht im Cockpit verfügt, sahen die Piloten die Orientierungsmarken der Aufsetzzone nur ungenau und waren darüber hinaus auch mit dem Korrigieren des Anfluges beschäftigt.

All dies führte zu einer Fehleinschätzung der Piloten, die die Entfernung zur Landepiste falsch deuteten.

YU-AHX; eine Tupolev 134, die sich bei Aviogenex von 1971 bis 1990 im Einsatz befanden./Hamburg im April 1986 <Quelle: JR-Photo>

Kurz vor dem Aufsetzen geriet die Maschine in eine Schräglage, berührte mit der rechten Tragfläche zuerst den Boden und überschlug sich. Die Tragfläche wurde abgeknickt und aus den Treibstofftanks floß das Kerosin, welches sich unmittelbar darauf entzündete.

Die Maschine brannte völlig aus.

78 der 83 Menschen an Bord fanden den Tod.

Die Empfehlung der Untersuchungskommission lautete, daß man das Ausbildungs- und Trainingsprogramm bei der Tu-134 - vor allem die Landungen - intensivieren müßte, damit zukünftige Unfälle dieser Art unterbleiben.

06.06.71

Hughes Airwest **Douglas DC-9-31**
N9345 **47441**

Flug 706 startete gegen 18:00 Uhr/loc. vom Los Angeles Int'l AP/CA/USA zum Linienflug nach Seattle/WA/USA in den blauen kalifornischen Himmel. Insgesamt waren 49 Insassen an Bord. Zur gleichen Zeit näherte sich von Norden ein F-4B Phantom Kampfflugzeug der US-Navy, das im Sinkflug auf den El Toro-Marinestützpunkt (südöstlich von Santa Ana) war. Die F-4 hatte zuvor Schwierigkeiten mit dem Sauerstoffsystem an Bord und flog deshalb auf der relativ geringen Flughöhe von 15.000 ft Die zivilen Radarlotsen standen in keiner Verbindung mit dem Kampfflugzeug, welches von der militärischen Luftüberwachung geführt wurde. Zudem war an Bord der Militärmaschine der Transponder defekt, was dazu führte, daß die Fluglotsen keine Flugdaten aus dem Radarecho der Phantom ablesen konnten. Von alledem ahnte die DC-9 Besatzung nichts. Die Maschine stieg weiter in Richtung Nordosten. Beide Maschinen flogen direkt mit 1.200 km/h aufeinander zu. Im letzten Moment sah der Kampfbeobachter an Bord der F-4 den von rechts unten herannahenden Douglas-Jet. Reflexartig wurde eine Linkskurve eingeleitet, aber zu spät.

Die beiden Flugzeuge kollidierten 20 Meilen östlich von Los Angeles in einer Höhe von 15.000 ft Dabei touchierte die rechte Tragfläche und die rechte Höhenflosse der Phantom mit der vorderen Bugsektion der DC-9. Der Aufschlagwinkel betrug fast 90 Grad. Cockpit und der angrenzende Kabinenbereich wurden zerfetzt. Steuerlos trudelten beide Havaristen brennend dem Erdboden entgegen. Die Linienmaschine stürzte in eine Bergschlucht, den Fish-Canyon nahe der Ortschaft **Azusa/CA/USA**. Die F-4 zerschellte nur etwa 1 Meile davon entfernt.

Alle 50 Menschen an Bord der DC-9 und der Pilot der Phantom wurden getötet. Einziger Überlebender des Unglücks war der Kampfbeobachter an Bord des Marinefliegers, dem es trotz eingeklemmter Schleudersitzvorrichtung gelang, mit dem Fallschirm auszusteigen.

Hätten die Phantom-Piloten um ATC-Unterstützung gebeten und statt auf ihre Flugkarten zu sehen nach draußen geschaut, so wäre es höchstwahrscheinlich nicht zu diesem Unglück gekommen. Als Folge fanden Übungsflüge des Militärs nur noch unter IFR-Bedingungen statt. Außerdem wurde ein Air-Intercept-Radarsystem auf vielen Kampfflugzeugen zur Vermeidung von Kollisionen eingeführt.

22.07.71

Iraqi AW **Tupolev 134**
YI-AED **9350915**

Möglicherweise wurde die Tupolev auf dem Flughafen in **Jeddah AP/Saudi Arabien** irreparabel beschädigt. Näheres ist nicht bekannt.

25.07.71

Pan American **Boeing 707-320C**
N461PA **19371**

Der Frachtflug 6005 der amerikanischen Airline PAN AM begann in San Francisco und sollte nach Zwischenlandungen in Honolulu, Guam und Manila in der südvietnamesischen Hauptstadt Saigon enden. Die ersten beiden Strecken des Fluges verliefen ohne irgendwelche Zwischenfälle. In Guam übernahm eine neue Crew die 707 und begann mit dem dritten Kurssegment um 21:25 Uhr/loc.. Nach einem ebenfalls gänzlich ereignislosen Flug meldete sich die Besatzung um 00:00 Uhr/loc. bei der Luftaufsicht in Manila, welche einen wenig erfreulichen Wetterbericht übermittelte. Ein starker Wind mit 20 Knoten trieb leichten Regen vor sich her, bei Wolkenformationen in 4.000 ft und geschlossener Bewölkung in 9.000 ft. Die Boeing verließ ihre Reiseflughöhe von 34.000 ft und begann mit dem Sinkflug. Zwischen ihr und der Zieldestination Manila auf der Hauptinsel Luzon des phillipinischen Archipels zieht sich eine Gebirgskette mit Bergen bis zu 6.000 ft von Norden nach Süden über die Insel. Die Maschine wurde von den Fluglotsen für einen VOR/DME Landeanflug auf die Bahn 24 des Flughafens Manila freigegeben.

Im schummerigen Licht der Cockpitlampen bereiteten sich die Piloten auf ihren Landeanflug vor, indem Checklisten durchgegangen und die Karten aus den Flugtaschen geholt wurden. Zusammen mit ihren Navigationsgeräten und der krächzenden Stimme des Anfluglotsen waren diese Flugkarten jetzt der einzige Wegweiser, der die Besatzung durch die Wolkenwand bringen konnte, die zwischen ihnen und dem Flughafen lag. Auf den Flugkarten ist ein Anflugprofil eingezeichnet, an dem sich die Piloten während des Anfluges orientieren. Innerhalb des Anflugweges gibt es Fixpunkte, an denen bei einer eingezeichneten Entfernung vom Funkfeuer das Flugzeug eine bestimmte Höhe haben muß und an denen sich die Piloten im Anflug heruntertasten wie an einem Treppengeländer. Bei komplexen Anflügen, zum Beispiel wie dem nach Manila über erhöhtes Gelände, müssen sich die Piloten immer wieder mit einem Blick auf ihre Luftkarten vergewissern, daß sie dem gerade passierten Fixpunkt auch die richtige Flughöhe zuordneten und so ein Sinken unter die Sicherheitshöhe verhindern.

In dieser Nacht flog der Kommandant den Landeanflug, mußte aber um 00:17 Uhr/loc. bemerken, daß eines seiner Navigationsgeräte nicht mehr funktionierte:

CPT: „This DME is gone, *. There it is."

Bei einem sogenannten VOR/DME Anflug wird eines der Funkpeilgeräte an Bord auf ein bestimmtes Funkfeuer ausgerichtet. Mit der Kursanzeige des VOR - Peilgerätes wird die Richtung eingehalten und mit der Entfernungsanzeige des DME - Gerätes (siehe 05.03.1967) das Passieren von Fixpunkten festgestellt. Mit dem Ausfall seines DME- Gerätes war der Kommandant jetzt auf die Aussagen des Copiloten angewiesen.

CPT: *„Is yours working, because my, my DME is out?"*
COP: *„Right, I'm 27 (miles) DME now"*

versicherte der Copilot seinem Chef. Während des nun folgenden Anfluges mußte der Copilot nun die gesamte Navigation des Flugzeuges übernehmen und gleichzeitig den Funkverkehr abwickeln. Die Maschine sank immer tiefer in die Wolkendecke ein, während Regentropfen auf den Rumpf der Frachtmaschine trommelten.

COP: *„Three miles to go, then you go down to 4.200 ft"*

Man flog mit Ostkurs auf das 26 Meilen entfernte Funkfeuer „MA" zu und näherte sich so einem Fixpunkt. Bei einer Entfernung von 23 Meilen vom Funkfeuer mußte die Boeing 7.000 ft hoch sein, eine Sicherheitshöhe die das Flugzeug aber schon unterschritten hatte. Als der Copilot um 00:20 Uhr/loc. ausrief „23 (Meilen), now we are cleared down to (Flightlevel) 4 2 (= 4.200 ft)", hatte der Kommandant die Maschine aus unbekannten Gründen schon auf 6.095 ft absinken lassen. Man flog ohne irgendwelche Außensicht über die Gebirgskette hinweg und näherte sich im Sinkflug einigen 4.000 ft hohen Bergen.

Dreißig Sekunden nach dem Passieren des „23" Meilen Fixpunktes, wollte der Copilot den Kommandanten auf den nächsten „20 Meilen" Fixpunkt vorbereiten, von dem aus man auf 4.200 ft sinken konnte.

COP: *„Okay, at 20 Miles out you are cleared down to three thousand."*

Das wurde vom Kommandanten völlig mißverstanden. Der Kommandant überhörte wohl das Wörtchen „at" in dem Satz und interpretierte die Aussage des Copiloten als Meldung, daß das Flugzeug soeben den „20 Meilen" Fixpunkt überflogen hatte und so mit dem Sinkflug auf 3.000 ft beginnen konnte. Von diesem Moment an war der Kommandant der richtigen Position „immer einen Schritt voraus" und sank so immer mehr unter die Sicherheitshöhe.

Doch ganz sicher war sich der Kommandant nicht, weswegen er noch einmal nachfragte:

CPT: *„Three thousand?"*
COP: *„Three miles to go."*

Diesmal mißverstand der Copilot seinen Chef. Der hatte mit „three thousand?" sich der aktuellen, freigegebenen Sicherheitshöhe versichern wollen. Der Copilot überhörte das Wort „thousand" und interpretierte so die Worte als eine Frage nach der Entfernung zum nächsten Fixpunkt.

Sekunden später meldete sich der Copilot zum letzten Mal bei dem Anfluglotsen in Manila. Als der Lotse ihn nach der aktuellen Flughöhe fragte, antwortete er zuerst mit „4.000 ft". Als er bemerkte, daß diese Höhe unterhalb der Sicherheitshöhe lag, die nach Passieren des Fixpunktes „23 Meilen" einzuhalten ist, korrigierte er sich hastig auf die Sicherheitshöhe „4.200 ft". Diese Aussage behielt er trotz zweimaliger Nachfrage des Anfluglotsen bei. In Wirklichkeit befand sich die 707 in diesem Moment bei 3.420 ft. Weder der Kommandant noch der auf dem Jumpseat sitzende zweite Copilot korrigierten die offensichtlich falsche Aussage des Copiloten.

Der Kommandant schätzte um 00:21:57 Uhr/loc., daß die Maschine erneut drei Meilen zurückgelegt und den „17 Meilen" Fixpunkt erreicht hatte.

CPT: *„Now we go to 25?"*

Obwohl der Copilot sowohl die Anzeige des DME - Gerätes, 21 Meilen bis zum VOR „MA", vor sich hatte und an seinem Höhenmesser ablesen konnte, daß die Maschine sich deutlich unter der Sicherheitshöhe befand, korrigierte er den Kommandanten nicht.

COP: *„Okay, now you are, now you are cleared down to 25"*

Jetzt hatte die Besatzung endgültig den Kontakt zur Realität verloren. In dem gedämpften Licht des Cockpits hatten sie sich im Kopf ein Anflugprofil zurechtgelegt, das mit der wolkenverhangenen Welt außerhalb des Flugzeuges nichts mehr zu tun hatte. Die 707 befand sich in diesem Moment schon unterhalb des Gipfels des 3.700 ft hohen **Mt. Kamunay/Philippinen** und kam der wolkenverhüllten Flanke dieses Bergs immer näher. Bis zur letzten Sekunde bemerkte im Cockpit niemand den Navigationsirrtum, bis um 00:23 Uhr/loc. jemand *„Look out"* schrie. Doch da war es schon zu spät.

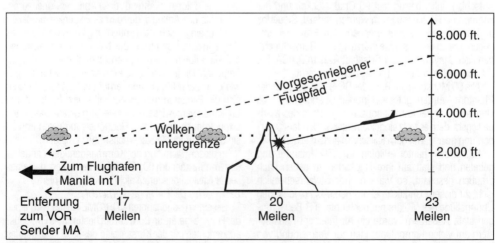

Der fatale Sinkflug der Pan Am 707 auf Manila am Morgen des 25.07.1971

In 2.525 ft Höhe schlug die 707 eine Bresche in die am Hang wachsenden Bäume und stürzte nach 300 Metern endgültig zu Boden, wobei sie auseinanderbrach und Feuer fing. Teile des Rumpfes, darunter auch die gesamte Cockpitsektion, fielen in eine 50 Meter tiefe Schlucht. Bei dem Aufschlag starben die vier Besatzungsmitglieder an Bord.

Nach Auslesung des CVR konnten sich die phillipinischen Untersuchungsbeamten keinen Grund für den völligen Zusammenbruch der Kommunikation innerhalb des Cockpits denken. Während des gesamten Sinkfluges schien es, als hätte sich keiner der Insassen dafür interessiert, was der jeweils andere gerade gesagt hatte. Niemand hörte dem anderen zu und verstand nur das, was gerade hören wollte.

Ein Gericht in den USA verteilte die Schuld anders als die phillipinischen Behörden: An Bord der 707 waren Anflugkarten gefunden worden, die einen ziemlich groben Fehler enthielten. Der im Anflugweg befindliche Mt. Kamunay, an dem die 707 dann scheiterte, war auf den Karten nicht eingezeichnet, da ihn die Kartenzeichner von „Jeppsen Sanderson" ihn schlicht vergessen hatten. „Jeppsen Sanderson"-Luftkarten waren schon damals das Standardkartenwerk an Bord von Zivilflugzeugen der westlichen Welt, was den Fehler der Firma noch schlimmer machte. Das Gericht sah einen Grund für den unkonzentriert durchgeführten Sinkflug darin, daß die Besatzung keine Kenntnis von den Hindernissen in ihrem Weg. So verurteilte das Gericht „Jeppsen Sanderson" als Alleinschuldigen an diesem Unfall. Die Firma mußte Pan Am Schadensersatz von 5.7 Mio. US Dollar für die vier Jahre alte 707 und 59.424 US Dollar für die Fracht sowie an die Hinterbliebenen der Besatzung Schmerzensgeld zahlen.

Nippon Flug 58 war vom Sapporo-Chitose AP/Japan nach Tokio unterwegs und flog mit Südkurs auf der Flugfläche 280 (28.000 ft) auf der vorgeschriebenen Luftstraße. Zur gleichen Zeit absolvierten zwei F-86 Sabre der JASDF (Japan Air Self Defence Force) im selben Luftraum ein umfangreiches Trainingsprogramm. Dabei versuchte ein 22jähriger Flugschüler, 1000 Meter unterhalb des Instructor-Flugzeuges diesem zu folgen. Dem Flugschüler wurde vor dem Abflug weder die Flughöhe noch die vorgesehene Route erklärt. Er konzentrierte sich voll und ganz darauf, dicht hinter seinem Fluglehrer zu bleiben und ihn nicht aus den Augen zu verlieren. Dabei kreuzten beide Flugzeuge in einer Rechtskurve die Flugbahn der von Norden her kommenden 727. Nur wenige Augenblicke vor der Kollision bemerkte der höher fliegende Instructor die herannahende Boeing und erteilte dem Flugschüler den Befehl, umgehende Ausweichmanöver einzuleiten. Dieser erfaßte die bedrohliche Situation aber erst, als es bereits zu spät war. Noch in der begonnenen Linkskurve erfaßte die linke Höhenflosse der 727 das hintere Ende der rechten Tragfläche des Militärflugzeuges. Die Sabre schlug unmittelbar danach mit der unteren Rumpfhälfte gegen die linke Seite des Seitenleitwerks der Boeing, wobei die rechte Tragfläche der F-86 abgerissen wurde. Am Leitwerk der All Nippon-Maschine entstand erheblicher Schaden. Außer Kontrolle gerieten stürzten beide Maschinen dem Erdboden entgegen. Über der Ortschaft **Shizukuishi/Japan**, gingen die Trümmer der beiden Flugzeuge nieder.

Alle 155 Passagiere und die 7köpfige Crew kamen ums Leben. Dem Piloten der Sabre gelang es jedoch -obwohl der Schleudersitz nicht funktionierte- aus dem trudelnden Flugzeug zu entsteigen, und mit dem Fall-

25.07.71
Aeroflot   **Tupolev 104B**
CCCP-42405   -

Bei schlechtem Wetter setzte die Tupolev vor der Landebahn in **Irkutsk/UdSSR** auf und zerschellte.
Es starben alle 97 Insassen der Maschine.

28.07.71
Aeroflot   **Yakovlev Yak-40**
CCCP-87719   9xx0408

Mit hoher Geschwindigkeit überrollte die Yak das Bahnende in **Moskau-Bykovo AP/UdSSR**, prallte gegen ein Hindernis und wurde zerstört.
Näheres ist nicht bekannt.

30.07.71
All Nippon AW   **Boeing 727-200**
JA8329   20436

Nur 7 Wochen nach dem Luftzusammenstoß über Kalifornien (s.o.) ereignete sich wieder eine Kollision zwischen zwei militärischen und einem zivilen Flugzeug. All

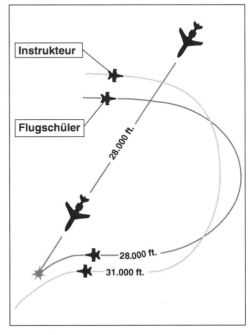

Kollision einer japanischen Militärmaschine mit einer Boeing 727 der All Nippon Airways über Shizukuishi am 30. 7. 1971

schirm landete er sicher in einem Reisfeld. Herabfallende Trümmerteile durchschlugen ein Häuserdach und verletzten eine Bewohnerin.

Anfänglich versuchten die Offiziellen der JASDF, das Unglück herunterzuspielen, indem sie der Bevölkerung weismachen wollten, daß die Besatzung der 727 mit derlei Militäraktionen im zivilen Luftsektor jederzeit zu rechnen habe, denn die Belange der Luftwaffe haben gegenüber denen der Zivilluftfahrt immer Vorrang. Entrüstet über diese Überheblichkeit gingen empörte Anrufe und sogar Bombendrohungen bei der japanischen Luftwaffe ein. Ein japanisches Gericht verurteilte die beiden Piloten wegen „grober Unachtsamkeit" zu mehrjährigen Gefängnisstrafen. Der Generaldirektor der JASDF nahm seinen Hut. Trainingsflüge der Luftwaffe werden seitdem nur noch über der offenen See durchgeführt. Zum anderen wurde der Ausbau des Japanischen ATC-Systems beschleunigt.

04.09.71

Alaska AL   **Boeing 727-100**
N2969G   **19304**

Der Anflug auf Juneau, die Hauptstadt des amerikanischen Bundesstaates Alaska, gilt als der anspruchsvollste in den USA. Er ist mit einem wahren „Slalomflug„ um Berggipfel verbunden. Zusätzlich erschwert wurde der Anflug an diesem Vormittag durch eine aufliegende Wolkendecke. Dessen waren sich die Piloten des Fluges 63 auch bewußt, der hier zu einer Zwischenlandung auf dem Weg von Anchorage nach Seattle ansetzte. Umso verärgerter waren sie, als sie von der Bodenstation unfreiwillig als funktechnische „Relaisstation„ eingespannt wurden, um eine außer Funkreichweite geratene Privatmaschine zu erreichen. Im Cockpit gerieten die Arbeitsabläufe durcheinander. Deswegen versäumten es die Piloten, z.B. ihr Funkpeilgerät auf die Frequenz des aktuellen Funkfeuers umzuschalten. Durch diese Unkonzentriertheit sank die Boeing zu früh ab und kam den wolkenverhangenen Bergen immer näher. Ohne Außensicht prallte Flug 63 gegen eine Bergflanke des **Chilkatmountain/AK/USA**, nahe des Teardrop Lake, zwanzig Meilen nordwestlich von Juneau, und zerschellte.

Alle 104 Passagiere und 7 Crew, kamen ums Leben.

Als technische Maßnahme wurde nur wenige Tage nach dem Unglück ein DME-Gerät am Anflugfunkfeuer installiert, mit dessen Hilfe Piloten nun ihre Entfernung und damit ihre Position weitaus präziser ermitteln können.

06.09.71

Paninternational   **BAC 1-11-500**
D-ALAR   **207**

Paninternational war eine von mehreren Charterfluggesellschaften, die im prosperierenden Charterverkehr der Bundesrepublik seit 1969 aktiv war. Die in München-Riem beheimatete Airline machte im Vorjahr 1970 durch betriebliche Unzulänglichkeiten Schlagzeilen, als durch einige technische Pannen und Logistikfehler viele Urlauber Verspätungen und Flugstreichungen hinnehmen mußten. Für die 71er Saison versprach man, daß diese Anfangsprobleme überwunden sein werden und stieg mit erweitertem Flottenpark (zwei B-707 und vier BAC 1-11) in die Urlaubssaison ein. Die Maschinen waren voll ausgelastet, und alles schien ohne größere Fehler zu laufen - bis zu diesem Tag.

Die „D-ALAR" war für das Routing: Hannover - Hamburg - Malaga eingeteilt worden. Hierzu mußte die BAC allerdings noch von Düsseldorf nach Hannover überführt werden. Ein Bodenarbeiter der Gesellschaft war unter anderem damit beauftragt worden, fünf Kanister mit entmineralisiertem Wasser für die Triebwerke mit einzuladen.

Bei der BAC 1-11 wird dieses Wasser in spezielle Tanks an den Triebwerken gefüllt und beim Start mit in die Turbine eingespritzt, um beim Start eine größere Schubkraft zur Verfügung zu haben. Das Wasser fungiert hierbei als Kühlungsmittel, um den Luftdurchsatz in den Brennkammern zu vermehren und somit bei hoher Triebwerksleistung mehr Luft durch die Turbine strömen zu lassen. Diese fünf Kanister waren jedoch nicht beschriftet. Trotzdem nahm man an, daß es sich beim Inhalt um Wasser handeln würde. Somit hob man ohne weitere Prüfung zum Überführungsflug nach Hannover ab, wo schon 58 Urlauber auf die Maschine warteten. Nach kurzem Aufenthalt, es war bereits nach 16:30 Uhr/loc., ging es weiter in Richtung Hansestadt. Die fünf Kanister blieben bis dahin noch im Frachtraum.

Auf dem Hamburger Flughafen Fuhlsbüttel angekommen, wurde die „D-ALAR" auf den Weiterflug nach Malaga vorbereitet.

Neben einer neuen sechsköpfigen Crew, bestiegen weitere 52 Passagiere den Jet. Insgesamt waren damit 121 Menschen an Bord. Die BAC 1-11 wurde beladen und aufgetankt. Hierzu wurden die fünf Kanister aus Düsseldorf ausgeladen, und einige Paninternational-Angestellte begannen damit, deren Inhalt in die dafür vorgesehenen Tanks an den Triebwerken zu füllen. Ein anderer Hamburger Bodenarbeiter, der die Beladungsaktion beobachtete, bemerkte im Vorbeigehen einen intensiven Kerosingeruch und sagte scherzhaft:„Das Wasser riecht aber sehr nach Sprit."

Die Paninter-Arbeiter nahmen seinen Ausspruch ohne weitere Prüfung zur Kenntnis. Hätten sie den Inhalt der Kanister einer ordnungsgemäßen Prüfung unterzogen, so wäre ihnen mit Sicherheit der starke und unverkennbare Geruch von Kerosin in die Nase gestiegen. Doch unbeirrt wurden die Kühlungstanks weiter gefüllt, man stand unter Zeitdruck und wollte den Passagieren im harten Chartergeschäft keine weiteren Verspätungen (wie im Jahr zuvor) zumuten.

Doch mindestens in einem der Behälter befand sich, wie der Bodenarbeiter schon vermutete, der Flugkraftstoff Kerosin. Minuten später war Flug DR112, mit dem explosiven Flüssigkeitsgemisch in den Triebwerken, bereit zum Abflug. Der Kommandant und die noch junge Copilotin (die erste Pilotin eines großen Verkehrsjets in Deutschland) gingen die Checkliste für den Start durch. In Betrieb befand sich die Startbahn 34, die, 3.600 Meter lang, in nord-nordwestliche Richtung weist.

Die Uhr zeigte 18:15 Uhr/loc. Die Anlaß- und Streckenfreigabe wurde erteilt und „D-ALAR" setzte sich in Richtung RWY 34 in Bewegung. Drei Minuten darauf bekam DR112 vom Tower die Freigabe zum Start. Die beiden Leistungshebel der Triebwerke wurden nach vorn auf Startstellung geschoben. Unter dem anschwellenden Grollen nahm die BAC langsam Geschwindigkeit auf. Der explosive Inhalt der Kühlungstanks begann, in die Kompressoren der Triebwerke injiziert zu werden. Dadurch fand der Verbrennungsprozess bereits vor der Brennkammer statt, und die Betriebstemperatur der Turbinen stieg unaufhaltsam an.

Zwanzig Sekunden darauf rief die Copilotin V1 aus. Ein Startabbruch wäre nun nicht mehr in der verbleibenden Bahnlänge möglich gewesen. In dieser Phase bemerkten die Piloten, daß etwas mit den Triebwerken nicht stimmte. Einige Anzeigen schlugen stärker aus als normal. Doch sonst schien alles wie immer zu sein. Bei VR hob sich das Bugrad von der Bahn, und Augenblicke später erhob sich DR112 langsam in den bewölkten Hamburger Abendhimmel.

Es war genau 18:19 Uhr/loc., als die Temperatur in den Kompressoren einen kritischen Wert erreichte. Infolge der übergroßen Hitze kam es zu Überdehnungen und Rissen in den Turbinenschaufeln. Beide Antriebsaggregate kollabierten daraufhin und fielen im Abstand von wenigen Sekunden mit lautem Knall aus.

Die Maschine hatte gerade ein paar hundert Meter Höhe gewonnen, und die Copilotin wollte gerade das Fahrwerk einfahren, als die Piloten von dieser Situation überrascht wurden.

Flug DR112 war innerhalb eines Moments ohne Antrieb. Sofort übernahm der Kommandant die Steuerkontrolle, und Flug 112 setzte den Notruf „Mayday" ab.

Die Fluggeschwindigkeit nahm immer mehr ab. Um nicht zu überziehen, drückte der Kommandant die Steuersäule nach unten, um wieder etwas Fahrt aufzunehmen. Versuche, die Triebwerke zu starten, blieben erfolglos. Sofort erkannte man im Cockpit die bedrohliche Lage. Die BAC 1-11 war zu einem 40-Tonnen schweren Segelflugzeug geworden. Um zum Flughafen zurückzukehren, war man bereits zu niedrig. Außerdem wäre dafür eine 180°-Kurve notwendig gewesen. In einem steilen Kurvenflug hätte die Maschine einen Teil des wertvollen Auftriebs verloren und wäre mit hoher Sinkrate vor dem Flughafen niedergegangen. Was sollte man tun?

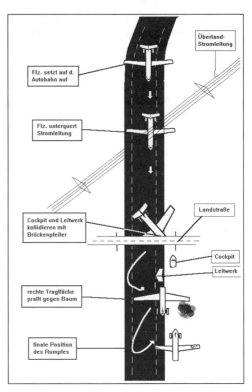

Die verunglückte Notlandung der BAC 1-11 auf der Autobahn bei Hasloh am 6. 9. 1971

Im ununterbrochenen Sinkflug kam der Erdboden nun unaufhaltsam näher. Direkt im Flugweg lag der erst einige Monate alte Autobahnabschnitt der A7 von Hamburg nach Kiel. Den Piloten blieb keine andere Wahl, sie mußten auf der Autobahn landen. Zwei Minuten nach dem Start in Fuhlsbüttel schwebte die Maschine in einer leichten Rechtskurve mit ausgefahrenen Klappen und Fahrwerk auf die östliche Spur der Autobahn zu. Gekonnt unterquerte der Kommandant die Stahltrossen einer Hochspannungsleitung und befand sich nun direkt über der Fahrbahn, auf der sich zu diesem Zeitpunkt viele Fahrzeuge befanden. Die in Nord-Süd Richtung fahrenden Verkehrsteilnehmer erblickten den herannahenden Düsenjet und versuchten, durch Lenk- und Bremsmanöver auszuweichen.

D-ALAR; die Unglücksmaschine von Hasloh ein halbes Jahr vor dem Unglück. Hier wartet sie auf die Startfreigabe./München im März 1971<Quelle: N.Scherrer>

In einer langen Kurve der Autobahn, nahe der Ortschaft **Hasloh** setzte DR112 um 18:21 Uhr/loc. unmittelbar hinter der Mittelleitplanke mit hohem Anstellwinkel auf. Gleichzeitig berührte das Heck die Asphaltdecke. Sofort wurden die Fahrwerksbremsen betätigt, und die Maschine kippte nach vorne über. Mit hoher Geschwindigkeit rammte das Bugrad in den Boden und ein Reifen platzte dabei. Der Kommandant versuchte, auf der Fahrbahn zu bleiben, während die Copilotin mit in den Bremsen stand. Doch nun stand eine Straßenbrücke mitten im Weg. Die Maschine berührte mit der äußeren linken Tragfläche die Böschung am Fahrbahnrand und wurde dadurch um die Hochachse nach links gedreht. Rutschend schoß DR112 unter der Betonbrücke hindurch, verlor dabei Teile der Tragflächen, und das gesamte Höhenleitwerk wurde abgerissen. Mit dem vorderen Rumpfteil kollidierte die BAC mit einem Pfeiler der Brücke, wobei die gesamte Cockpitsektion abbrach. Der Rumpf machte eine halbe Drehung um sich selbst, verlor nach der Kollision das Heckteil und kam schließlich brennend auf dem Grünstreifen neben der Fahrbahn zum Stehen.

Die sofort aus den umliegenden Gemeinden alarmierten Feuerwehrkräfte waren binnen Minuten am Ort des Geschehens, konnten aber nur noch 99 Menschen lebend aus dem Wrack retten.

Für 20 Passagiere und 2 Besatzungsmitglieder kam leider jede Hilfe zu spät. Der grandiosen fliegerischen Leistung der beiden Piloten ist es mitzuverdanken, daß nicht noch mehr Menschen ums Leben kamen.

Das Flugzeug war erst im Mai 1970 ausgeliefert worden und wurde am 12.08.70 dem letzten größeren Check in Bournemouth/England unterworfen. Nur einen Tag nach dem Unglück von Hasloh orderte Paninternational eine weitere BAC 1-11 als Ersatz.

Fünf Bodenarbeiter der Gesellschaft wurden später wegen fahrlässiger Tötung vor Gericht gestellt. Die bayerische Fluggesellschaft überlebte nach dieser massiven öffentlichen Kritik die nächste Saison nicht und wurde aufgelöst.

13.09.71

C A A C   HS121 Trident 1E
256   2131

Dieser Flugzeugverlust hat eine umfangreiche politische Vorgeschichte. Der geistige und politische Führer Chinas, Mao Zedong (sprich: Mao Tse-tung) war in die Jahre gekommen. In seinem engsten Umfeld wurde seine grassierende Senilität bemängelt. Der von Mao bevorzugte Nachfolger, der Verteidigungsminister Lin Bao, konnte nicht mehr abwarten und initiierte eine Verschwörung gegen den Staatschef. Auch andere beteiligten sich an diesem Komplott, das im September 1971 aufflog. Als sich die Verschwörungsnachricht im Lande verbreitete, befand sich Lin Biao gerade im Prominentenseebad Beidaihe, nahe der Stadt Qinhuangdao am Golf von Chihli. Panisch versuchte er, außer Landes zu kommen. Er ließ die auf dem nächstliegenden Flughafen stehende Trident volltanken und hob dann, zusammen mit einigen anderen Getreuen und seiner Familie an Bord, schleunigst in Richtung Westen ab. Er wollte versuchen, die UdSSR (die seinen versuchten Staatsstreich unterstützt hatte) zu erreichen und dort politisches Asyl beantragen. Um zu verhindern, daß man vom chinesischen Radar erfaßt wurde, flog man äußerst tief. Die Trident drang auf diese Weise weit in das Gebiet des Nachbarlandes **Mongolei** ein, wo die Maschine an einem Berg zerschellte.

Alle Insassen an Bord kamen ums Leben.

Warum die Trident abgestürzt war, ist unklar. Entweder hatte die nicht ortskundige Besatzung die Orientierung verloren und übersah im Tiefflug einen in Wolken gehüllten Berg. Oder der Trident war der Sprit ausgegangen. Einige behaupteten später, Lin Biao wäre gar nie lebend an Bord gegangen, sondern bereits in China gefaßt und erschossen worden. Seine Leiche hätte man dann an Bord des Flugzeuges gebracht, um ihn als flüchtenden Verschwörer zu präsentieren. Eine andere Version behauptet, daß der Absturz in den Mongolischen Bergen durch einen Sprengsatz mit Zeitzünder ausgelöst wurde. Endgültige Klarheit gibt es bis heute nicht.

Später wurden an der Unglücksstelle die Flugzeuginsassen von den mongolischen Behörden begraben und an der Stelle ein Mahnmal errichtet. Es besteht aus einem größeren Trümmerteil der Trident.

16.09.71

Malev   Tupolev 134
HA-LBD   9350801

Die Maschine des ungarischen Carriers stürzte während des Landeanfluges auf **Kiew/UDSSR** ab. Die Tupolev kam aus Budapest.

Der Absturz ereignete sich in der Nähe von Kiew und kostete 41 Passagieren und den acht Crewmitgliedern das Leben. Angeblich sollen Triebwerksprobleme zum Absturz geführt haben.

10.10.71

Aeroflot   Tupolev 104B
CCCP-42490   21603

Einige Zeit nach dem Start vom Moskauer Vnukovo AP ereignete sich an Bord eine Explosion, die das Flugzeug auseinanderbrechen ließ. Die Maschine zerschellte ca. 120 km. außerhalb der Stadt **Moskau**.

25 Menschen kamen ums Leben.

21.11.71

China AL   SE210 Caravelle 3
B-1852   122

Während des Fluges von Taipei nach Hong Kong stürzte die Caravelle 50 Meilen westlich von Taiwan, nahe Penghu Island, Pescadores, in die **Straße von Formosa**.

Die Opfer von 17 Passagieren, sowie der acht Crewmitglieder waren zu beklagen. Ursache des Absturzes war die Explosion einer Bombe, die in einem Gepäckstück unbemerkt an Bord kam.

15.12.71
P I A	Boeing 707-320C
AP-AVZ	20487

Die Cargomaschine verunglückte bei der Landung in **Urumchi** in der Singkiang Provinz in China. Die Maschine schoß bei schwerem Schneefall über das Ende der Rollbahn hinweg und wurde dabei so stark beschädigt, daß sie abgeschrieben wurde. Es entstand zum Glück kein Personenschaden.

07.01.72
Iberia	SE210 Caravelle 6R
EC-ATV	163

Die Caravelle war auf dem Flug IB 602 von Madrid über Valencia zur Baleareninsel Ibiza unterwegs. Kurz nach 12:00 Uhr/loc. verließ die Maschine mit 98 Passagieren und sechs Besatzungsmitgliedern an Bord die Reiseflughöhe und sank in Richtung Ibiza. Das Wetter zu dieser frühen Jahreszeit war durchaus annehmbar. Es wehte ein mäßiger Wind aus nördlichen Richtungen, der Himmel war bewölkt mit Wolkenhöhen von 2.500 ft Die Sicht darunter lag bei 15-20 Kilometer. Der Pilot manövrierte sich zum Anflug der Landebahn 07, wobei er die Mindesthöhe von 2.000 ft unterschritt. Möglicherweise war ihm die Sicht zum Boden durch aufkommende Wolken versperrt. Der Sinkflug wurde fortgesetzt, ohne daß jemandem im Cockpit die zu geringe Höhe aufgefallen wäre. Die Klappen und das Fahrwerk wurden ausgefahren, als die Maschine in 1.000 ft frontal gegen einen Ausläufer des Rocas Altas, einen Berg der Atalayasa Berge/nahe der Ortschaft **San Jose/Ibiza/Spanien** prallte und in einem Feuerball zerschellte.

Keiner der 104 Menschen an Bord überlebte den Absturz. Die Piloten hielten sich an keine der vorgeschriebenen Anflugverfahren und achteten trotz der Nähe zu den Bergen weder auf Höhe, Geschwindigkeit noch auf die Sinkrate.

21.01.72
T H Y	Douglas DC-9-32
TC-JAC	47213

Beim Landeanflug auf **Adana/Türkei** herrschte gerade ein Schneesturm. Die DC-9 stürzte etwa 2 Kilometer außerhalb des Flughafens auf den Boden und brannte aus.

Es war ein Toter zu beklagen. Die 4-köpfige Crew wurde verletzt.

25.01.72
Bakhtar Afghan	Yakovlev Yak-40
YA-KAD	9120517

Bei der Landung in **Khost/Afghanistan** geriet der Flieger zu tief und prallte vor der Landebahn auf den Boden. Über Personenschäden ist nichts bekannt. Die Yak sollte an diesem Tag an Bakhtar ausgeliefert werden.

26.01.72
Inex Adria AW	Douglas DC-9-32
YU-AHT	47482

Zehn Kilometer von der Stadt Hermsdorf, an der DDR-Grenze, zerschellte die DC-9 im Anflug auf Prag am **Kroussne-Hory Berg/CSSR**.

Es kamen 27 Menschen ums Leben. Eine Stewardeß überlebte das Unglück.

Die Absturzursache war ein Sabotageakt der nationalen kroatischen Exilgruppe, die eine Bombe an Bord des Jets praktiziert hatte. Die Maschine kam aus Stockholm und sollte nach Belgrad fliegen.

28.01.72
British Caledonian AW	BAC VC-10-1101
G-ARTA	803

Der Vierstrahler befand sich auf einem Flug ohne Passagiere kurz vor dem Aufsetzen in **London-Gatwick AP** in stürmischem Wetter mit erheblichen Seitenwinden. Die Maschine prallte dreimal auf die Runway, bevor man kontrolliert ausrollte. Nach dem Stillstand konstatierte man, daß der Rumpf jenseits der Toleranzgrenze belastet worden war, und zog das Flugzeug umgehend aus dem Verkehr. Teile des Unglücksfliegers wurden zu VC-10 Plaketten gefertigt und dienten als Verkaufserlös für eine Stiftung.

01.02.72
V F W	VFW-614
D-BABA	01

Das erste zivile westdeutsche Düsenflugzeugprojekt nach dem 2.Weltkrieg lief auf vollen Touren. Bereits im Juni des vorhergehenden Jahres war der Erstflug der 614er, und man war immer noch in der Flugerprobungsphase. An diesem Tag sollte nach einer viermonatigen Zwangspause aufgrund von Reparaturarbeiten das Flugprogramm wieder aufgenommen werden. Im Oktober 1971 brach bei Vibrationstests das Höhenleitwerk an drei Stellen und mußte umfangreich repariert und neu konstruiert werden. Mit dem überarbeiteten Höhenleitwerk erhob sich „D-BABA" an diesem Tag vom Werksflughafen **Bremen-Lemwerder AP/BR Deutschland** wieder in die Luft. An Bord befanden sich die beiden Piloten und ein Flugingenieur, der den Flug mit überwachen sollte. Das Testprogramm war nahezu abgeschlossen, als man mit reduzierter Geschwindigkeit über dem Bremer Flughafen in eine leichte Linkskurve überging. Plötzlich trat ein immer heftiger werdendes Schütteln auf, das nicht mehr kontrollierbar war. Es gelang nur zwei der drei Männern, sich aus dem unkontrollierbaren Fluggerät über einen Notausstieg ins Freie zu bugsieren und den Fallschirm zu ziehen. Der dritte wurde in den Tod gerissen. Die Maschine stürzte mit ca. 800 km/h neben dem Neuenlander Feld zu Boden und versank z.T. im morastigen Untergrund.

Nachfolgende Untersuchungen ergaben, daß das gerade überarbeitete Höhenleitwerk wieder der Ausgangspunkt des Unglücks war. Konstruktionsmängel verursachten in einem bestimmten Geschwindigkeitsbereich ein Strömungsungleichgewicht, was zu den starken Schüttelscheinungen geführt hat. Bei den nachfolgenden Maschinen dieses Typs, die mit vollkommen neuen Höhenleitwerken ausgestattet wurden, traten diese Probleme nie wieder auf.

08.03.72
T W A Boeing 707-320
N761TW 17673

Die 707 wurde das Opfer eines Terroranschlages. Über Nacht parkte die Maschine auf dem Vorfeld in **Las Vegas/NV/USA**, als eine Bombe im Cockpit der abgestellten Boeing detonierte. Niemand wurde verletzt. Es war nicht mehr festzustellen, wer für diesen Terroranschlag verantwortlich war. TWA schrieb die 1959 ausgelieferte Maschine danach ab.

Die Firma Boeing sollte aber von diesem Anschlag profitieren, gab er ihr doch ein vollständiges Flugzeug als Testobjekt, bei dem nur das Cockpit zerstört, der restliche Rumpf jedoch intakt war. Die Ingenieure nahmen die dreizehn Jahre alte Maschine Stück für Stück auseinander, um die Auswirkungen des Liniendienstes an der Maschine festzustellen, wobei insbesondere nach Anzeichen von Materialermüdung gefahndet wurde. Ergebnis dieser Untersuchung war ein Katalog von besonders „gefährdeten Zonen" des Flugzeuges, denen man in Zukunft bei den Inspektionen von Boeing 707/720 besondere Aufmerksamkeit schenken sollte. Insbesondere im Heckbereich und der Unterseite des Rumpfes zeigten sich bei einigen Verbindungsstellen kleine Ermüdungsrisse. Boeing war trotzdem erleichtert über den guten Zustand der „alten Dame", die immerhin 44.421 Flugstunden und 13.666 Flugzyklen hinter sich gebracht hatte.

14.03.72
Sterling AW SE210 Caravelle 10R
OY-STL 267

Die Caravelle befand sich auf einem Charterflug von Colombo über Dubai nach Kopenhagen. Beim abendlichen Anflug auf den Flughafen in **Dubai/VAE** bekamen die Piloten die Freigabe für einen Direktanflug auf die Bahn 30. Die Piloten verwechselten in dieser Flugphase offenbar die Lichter der Ortschaft Al Fujayrah - oder einer anderen Ortschaft - mit denen von Dubai. Somit dachten sie, daß sie sich kurz vor dem Flughafen befänden und forcierten den Sinkflug. Da sich die Piloten nur nach Sicht orientierten, fehlte ihnen jeglicher Bezug zu den Instrumenten.

In 1500 ft schließlich endete der Flug an einem Bergrücken, etwa 80 Kilometer vom Flughafen entfernt, wobei die Caravelle in Flammen aufging.

Keiner der 106 Passagiere und 6 Besatzungsmitglieder überlebte den Crash.

Im Wrack fand man später veraltete Anflugkarten von Dubai, die mit Sicherheit auch zum Unglück beitrugen.

19.03.72
Inex Adria AW Douglas DC-9-32
YU-AHR 47503

Die an Egypt Air vermietete Maschine verunglückte beim Anflug auf **Aden/Süd Yemen**, am Shamsan-Berg und explodierte.

Die 30 Insassen, die sich auf einem Pilgerflug von Jeddah(Mekka) und Kairo befanden, wurden getötet.

19.03.72
Aeroflot Tupolev 104B
CCCP-42408 -

Man hatte bereits vier abgebrochene Landeversuche auf dem schneeverwehten Flughafen von **Omsk/Sibirien/UdSSR** hinter sich, als man zum fünften Mal versuchte, auf die Landebahn zu kommen. Hierbei setzten die Piloten jedoch um einiges vor der Landebahnschwelle auf. Danach war die Tupolev nicht mehr zu kontrollieren und es kam zu einer Kollision mit einem Schneehaufen neben der Bahn. Niemand wurde verletzt, jedoch war die Maschine nicht mehr reparabel.

18.04.72
East African AW BAC VC-10-1150
5X-UVA 881

Frühmorgens um 06:55 Uhr/loc. hob die Langstreckenmaschine VC-10 vom Flughafen der kenianischen Hauptstadt Nairobi ab und begann so den Linienkurs 720 der East African Airways. Dieser sollte nach Zwischenlandungen in **Addis Abeba/Äthiopien** und Rom in London enden. Der Flug und der Landeanflug auf den Flughafen von Addis Abeba verliefen ohne Zwischenfall, bei der Landung allerdings kamen der VC-10 einige Vögel in die Quere. Doch das ging ohne große Schäden ab, wie eine anschließende Inspektion der Maschine ergab.

Nach einer guten Stunde Aufenthalt in Addis Abeba rollte die VC-10 wieder vom Terminal ab. An Bord befanden sich neben den elf Besatzungsmitgliedern noch 96 Passagiere, die das Abfluggewicht der Maschine zusammen mit dem Sprit und dem Gepäck auf 132 Tonnen brachten, nur drei Tonnen unter dem maximal zugelassenen Abfluggewicht. Dementsprechend hoch war die Endscheidungsgeschwindigkeit V_1 angesetzt, nämlich mit 143 Knoten.

Addis Abeba liegt auf einem Bergplateau gut 2.500 Meter über dem Meeresspiegel, was den Flughafen zu einer Herausforderung für jeden Piloten macht, da in dieser Höhe die Luft dünner ist. Da so eine geringere Luftmenge durch die Turbinen gezogen wird, verlieren diese an Leistung, was die Start-, bzw. die Ausrollstrecke von Düsenflugzeugen enorm verlängert. Die Betreiber des Flughafens hatten daher die Bahn 07/25 des Flughafens auf 3.700 Meter verlängert, um eine für schwere Düsentransportflugzeuge ausreichende Bahn zur Verfügung stellen zu können. Man hatte das erreicht, indem man einen Geländeeinschnitt hinter dem Anfang der Bahn 07 teilweise mit Erde aufgeschüttet hatte. Nachteil dieser Baumaßnahme war allerdings, daß es jetzt nach einer 60

Meter langen Überrollfläche hinter der Bahn 07 zehn Meter steil nach unten ging: Die ersten Masten der Anflugbefeuerung der Gegenbahn hatte man auf hohe Stahlkonstruktionen gut 20 Meter hinter der Überrollfläche gestellt, damit sie mit der Bahn auf einer Ebene waren.

Die VC-10 rollte auf dem Taxiway parallel zu der ihr angewiesenen Startbahn 07, wobei den Piloten Gegenstände auf der Landebahn auffielen. Bei genauerem Hinsehen wurde ihnen klar, daß niemand die aus ihrer Kollision resultierenden Vogelkadaver von der Bahn geräumt hatte. Der Kommandant rief den Tower an und bat, dieses vor seinem Start nachzuholen. Der Tower schickte sofort einen Feuerwehrwagen los, dessen Besatzung das Entfernen der Vogelkadaver mit einer Schaufel erledigte, während die Besatzung der VC-10 am Ende der Landebahn wartete. Im Cockpit wurde der Start besprochen, der vom Copiloten durchgeführt werden sollte.

Nach einigen Minuten hatten die Feuerwehrleute ihre etwas ekelige Arbeit beendet und verließen die Bahn. Der Tower gab jetzt endlich die Startgenehmigung für die VC-10, welche von der Besatzung sofort in die Tat umgesetzt wurde. Um 09:39 Uhr/loc. meldete der Kommandant dem Tower „*Wir rollen*".

Die Maschine wurde immer schneller und die Piloten bereiteten sich schon auf das Abheben vor, als es plötzlich direkt unter ihnen laut knallte. Der rechte Reifen des Bugfahrwerkes war geplatzt, weswegen die gut 135 Knoten schnelle Maschine zu schlingern begann und die Insassen von starken Vibrationen in ihren Sitzen geschüttelt wurden. Das Bugfahrwerk der VC-10 hob sich kurz und krachte danach wieder auf den Asphalt. Man befand sich unterhalb der Endscheidungsgeschwindigkeit V_1 und brach daher den Start sofort ab. Vier Sekunden nach dem Reifenplatzer traten die Piloten erst leicht und Sekundenbruchteile später mit aller Kraft in die Bremspedale.

Genau in diesem Moment platzte auch einer der Reifen des Hauptfahrwerks. Das Schlingern der Maschine wurde immer stärker, konnte aber von der Besatzung noch beherrscht werden. Es gelang ihr aber trotz rechtzeitiger Aktivierung von Umkehrschub und Spoilern nicht mehr, die VC-10 innerhalb der Startbahnlänge zum Stehen zu bringen. Mit hoher Geschwindigkeit passierte sie das Ende der Rollbahn, schoß über die Überrollfläche hinweg und erreichte die Kante der Aufschüttung. Immer noch 67 Knoten schnell wurde sie hier förmlich über den Rand geschleudert und blieb einige unendliche Sekunden in der Luft, in denen sie auf die Masten der Landebahnbefeuerung zuflog. Mit dem Heck zuerst krachte die Maschine in die Stahlkonstruktion und brach sich seine Bahn, bis es endlich 60 Meter hinter dem Abhang auf dem Boden aufschlug, wobei der Rumpf in drei Teile zerbrach. Die Tragflächen waren von den Stahlmasten aufgerissen worden, wobei große Mengen Kerosin freigesetzt wurden und sich entzündeten. Schon bevor die erste Stewardeß ihren Gurt gelöst hatte, um mit der Evakuierung zu beginnen, war die Maschine und ihre Umgebung ein riesiges Flammenmeer.

Die Zeugenaussagen von überlebenden Passagieren belegten das ruhige und mutige Verhalten der Kabinenbesatzung, dem etliche Insassen ihr Leben verdanken. Zwei Stewardessen blieben solange auf ihren zugewiesenen Evakuierungsstationen, bis sie sich selbst nicht mehr vor den Flammen retten konnten. Die meisten Überlebenden kamen aus der abgebrochenen Hecksektion der Maschine. Zehn Passagieren gelang es zwar, aus dem vorderen Rumpfteil herauszukommen, konnten aber wegen eines hohen Maschendrahtzaunes nicht die Umgebung des brennenden Flugzeuges verlassen und verbrannten. Die Flughafenfeuerwehr traf vier Minuten nach dem Unglück ein und begann sofort mit den Rettungsarbeiten.

Trotz des heldenhaften Einsatzes der Kabinenbesatzung und des schnellen Eingreifens der Feuerwehr gelang es 35 Passagieren und acht Besatzungsmitgliedern, darunter alle vier Cockpitinsassen, nicht mehr rechtzeitig den Flammen zu entkommen. Der Bordingenieur konnte zwar noch lebend aus den Trümmern geborgen und zu dem Unglückshergang befragt werden, starb aber einige Tage später an seinen schweren Verbrennungen. Insgesamt 61 Passagiere und drei Besatzungsmitglieder überlebten das Inferno, von ihnen trugen aber 15 schwere Verletzungen davon.

Der Grund für den Reifenplatzer des rechten Bugfahrwerkss war schnell gefunden. Eine vier Stunden vor der VC-10 gestartete kleine Propellermaschine hatte auf der Bahn ein längliches, scharfes Metallstück verloren, wel-

5H-MMT; eine andere der fünf VC-10 Exemplare der East African, der multinationalen Airline von Tansania, Uganda und Kenia, wird hier gerade vom Terminal zurückgeschoben./London-Heathrow 1974 <Quelle: N.Scherrer>

ches sich in den Reifen der VC-10 gebohrt hatte und diesen so zum Bersten brachte. Die VC-10 hatte zu diesem Zeitpunkt 135 Knoten erreicht und 2.147 Meter zurückgelegt. Eigentlich genug Platz, um die Maschine auf der insgesamt 3.700 Meter langen Bahn zum Stehen zu bekommen.

Nach längeren Untersuchungen brachten die Ermittler den Grund an das Tageslicht, warum den Piloten das nicht gelingen konnte. Eine gute Woche zuvor, am 05.04.1972, war ein Leck an der linken Radachse des Hauptfahrwerks bemerkt worden. Daraufhin hatte man einen Teil des technischen Innenlebens dieses Fahrwerks ausgetauscht. Beim Zusammenbau hatten die Mechaniker und Ingenieure auf das gröbste geschlampt. So war zum Beispiel ein Drosselventil einer Hydraulikpumpe fehlerhaft eingebaut worden. Diese Hydraulikpumpe erzeugt den Druck, mit dem die Bremsbacken der Radbremsen betätigt werden, konnte aber wegen des falschen Einbaus nur 70% seiner Leistung bringen.

Außerdem waren zwei Hydraulikleitungen des Antiskid Systems falsch herum eingebaut worden, was dazu führte, daß die Räder bei Betätigung der Bremsen sofort blockierten und die Reifen sich nach wenigen Sekunden so sehr erwärmt hatten, daß sie barsten.

Den äthiopischen Behörden machte weniger der Pfusch der Mechaniker in der Luftwerft von East African Airways in Nairobi Sorgen, sie bemängelten hauptsächlich die Tatsache, daß die Fahrwerke sämtlichen Qualitätsprüfungen ohne Beanstandungen überstanden hatten. Ganz offensichtlich waren die vom Hersteller vorgegebenen Testparameter und Prüfverfahren ungenügend. Die Ermittlungsbehörden mahnten schnellstens neue Vorschriften vom britischen Hersteller an, um solche Unglücke in Zukunft zu vermeiden.

04.05.72
Aeroflot   **Yakovlev Yak-40**
CCCP-87778   9040314

Im Anflug auf **Bratsk/UdSSR** geriet die Maschine aufgrund starker Windscherungen zu niedrig, berührte einige Baumkrone und stürzte unmittelbar danach zu Boden. Es kamen 18 Menschen ums Leben.

05.05.72
Alitalia   **Douglas DC-8-43**
I-DIWB   45625

Beim Anflug auf den Flughafen Palermo-Punta Reisi AP zerschellte die DC-8 der Alitalia am Berg **Montagna Lunga/Italien**, nur 5 Kilometer außerhalb des Flughafens.
115 Insassen an Bord wurden getötet.

Die aus Rom kommenden Piloten hatten sich in der Dunkelheit (es war nach 22:00 Uhr) nicht ausreichend mit den örtlichen Anflugverfahren vertraut gemacht. Die brennenden Trümmer lösten in der ausgetrockneten Gegend um den Berg herum mehrere Waldbrände aus.

Nur 6 Monate danach ereignete sich eine weitere Tragödie am Montagna Lunga: Ein Mann, der zum Berg kam, um für seine bei dem Absturz ums Leben gekommene Tochter zu beten, wurde auf dem Rückweg von einem herabfallenden Trümmerstück erschlagen. Somit erhöhte sich die Gesamtzahl der Opfer, die (direkt oder indirekt) bei dem Unglück ums Leben kamen, auf 116.

18.05.72
Eastern AL   **Douglas DC-9-31**
N8961E   45870

Es sollte nur ein kleiner Luftsprung werden. Die mit nur sechs Passagieren und vier Crewmitgliedern besetzte DC-9 startete um 15:11 Uhr/loc. vom internationalen Flughafen in Miami zum Flug EA346 nach **Ft.Lauderdale/FL/USA** und weiter nach Cleveland/Ohio. Die Flugzeit zum Hollywood-Int'l AP nach Ft.Lauderdale, das bereits unmittelbar nach dem Abheben in Sichtweite kam, schätzten die Piloten auf knapp 10 Minuten. Die Miami-Abflugkontrolle gab EA346 auf 3.000 ft frei. Kurz darauf wurde EA346 zum Anfluglotsen weitergereicht, der auch für die Anflüge von Ft.Lauderdale zuständig war. Die DC-9 wurde als Landenummer zwei hinter einer anderen DC-9 der Northeastern zum ILS-Anflug der Bahn 09L dirigiert. Über dem gesamten Gebiet lag an diesem Nachmittag ein Tiefdruckgebiet, das für eine undurchdringliche Wolkendecke und einige Gewitterzellen mit böigen Winden sorgte. Die Wolkenuntergrenze lag bei 700 ft. Die Piloten baten um die neueste Wettermeldung in Ft.Lauderdale

ATC: *"...estimated seven hundred, overcast, one-half mile, thunderstorm, heavy rainshower."*

Der vor ihnen fliegenden DC-9 der Northeastern war das Wetter für eine Landung zu schlecht. Sie brauchten eine Mindestsichtweite von einer 3/4-Meile. Somit wurde der Flug in ein Holding geschickt, um auf Wetterbesserung zu warten. Um 15:15 Uhr/loc. machte der Anfluglotse beide Maschinen darauf aufmerksam, daß der ILS-Leitstrahl auf der Bahn 09L außer Betrieb sei, und fragte gleichzeitig den Eastern-Jet, ob man dennoch einen Anflug machen möchte. Prompt kam die Antwort:

COP: *"...if we got seven hundred is enough."*

Obwohl die Sichtweite unterhalb der Landeminima der DC-9 lag, setzte man den weiteren Anflug fort. Somit wurde EA346 um 15:18 Uhr/loc. für einen Localizer-Anflug auf der Bahn 09L freigegeben und aufgefordert, den Kontrollturm in Ft.Lauderdale zu rufen.

COP: *„Tower, man, Eastern 346."*

ATC: *„Eastern 346, Fort Lauderdale tower, report the marker inbound for nine left, wind one eight zero degrees, ten."*

Kurz darauf meldete sich noch mal der Tower:

ATC: *„We're estimated seven hundred overcast, half-mile, thunderstorm, heavy rainshower over the airport....eastern 346 our glideslope appears to be back in...it just went out again."*

Von EA346 kam keinerlei Antwort. Als nach einer Minute der Ton des Voreinflugzeichens (= OM, 5.4 Meilen vor der Landebahn) immer noch nicht zu hören war, veranlaßte dies den Kommandanten zu einer diesbezüglichen Frage. Sein Copilot war sich zu diesem Zeitpunkt auch nicht hundertprozentig über ihre derzeitige Entfernung vom Flughafen im klaren. Doch eine entsprechende Anfrage an den Tower blieb aus. In etwa 1.000 ft drang die DC-9 in eine Zone heftiger Regenfälle ein. Laut prasselten die Tropfen gegen die Windschutzscheiben. Die Maschine schaukelte etwas hin und her. Als beim Erreichen der MDA (Minimum Descend Altitude), die Landebahn noch immer nicht in Sichtweite kam, hätte man ein sofortiges Durchstartmanöver einleiten sollen. EA346 sank jedoch immer weiter ab. Der fliegende Pilot ließ hierbei die beiden Triebwerkshebel in der Leerlaufstellung, was zu einer enormen Sinkrate führte.

Das Haupteinflugzeichen (MM) war um 15:21 Uhr/loc. erreicht. Nun trennte die Maschine noch eine gute halbe Meile vom Bahnanfang. Im Cockpit war man offenbar so sehr damit beschäftigt, die ersten Konturen des Bodens zu erblicken, daß man grundlegende Dinge nicht mehr wahrnahm. Obwohl sich beide Piloten darüber in klaren sein mußten, daß eine Landung unmittelbar bevorstand, waren sie vom Tower immer noch nicht dazu freigegeben worden. Auch blieb die Überflugmeldung des Voreinflugzeichens aus. Die Aufmerksamkeit der Crew galt nur noch der Landung. Mit auf 50° ausgefahrenen Klappen überflog EA346 um 15:22 Uhr/loc. den Anfang der Bahn 09L.

Der Copilot vernahm ein schwaches Leuchten direkt vor ihm:

COP: *„There's the runway, right under us."*

Mit einer Sinkrate von knapp 2.000 ft/min. fiel die DC-9 förmlich aus der Wolkendecke. Eilig zog der Kommandant an seiner Steuersäule, um den Sinkflug abzufangen, doch es half nichts mehr. Zu schnell kam der Boden näher. Drei Sekunden später krachte das rechte Hauptfahrwerk auf den nassen Bahnbelag. Aufgrund des hohen Rotationswinkels setzte gleichzeitig auch das Heck auf der Bahn auf. Dabei wurde die gesamte hintere Rumpfsektion hinter der Tragflächenkante abgerissen. Das gesamte Fahrwerk brach ein. Der vordere Rumpf schürfte brennend über die Bahn, kam nach rechts ab, drehte sich um 180° und blieb am anderen Ende der Bahn 09L in einem Rauchpilz liegen. Die Flughafenfeuerwehr wurde sofort alarmiert, und binnen zwei Minuten war das Feuer gelöscht.

Von den sieben Menschen an Bord wurden drei durch die Wucht des harten Aufpralls verletzt. Die anderen entkamen dem Wrack ohne größere Blessuren.

Der unglückliche Kommandant sagte später aus, ein heftiger Fallwind hätte ihn auf die Bahn fallen lassen. Eine Auffassung, der sich das NTSB jedoch nicht anschließen konnte. Auch meinten die Piloten, in der Wettermeldung von Miami-ATC keinerlei Sichtbegrenzungen gehört zu haben. Doch aus den Anflugkarten der Bahn 09L ging eindeutig hervor, daß bei einem unpräzisen Localizer-Anflug eine Mindestsichtweite von einem Kilometer herrschen muß, um eine Landung durchzuführen. Dieses grobe Fehlverhalten der Crew wurde noch durch die Tatsache verschlimmert, daß EA346 zu keiner Zeit um eine Landefreigabe nachsuchte.

30.05.72

Delta AL   Douglas DC-9-14
N3305L   45700

Mit Einführung der Großraumflugzeuge schob die amerikanische Flugzeugindustrie die Grenzen des technisch Machbaren noch um ein weiteres Stück hinaus. Nie zuvor hielten Flugzeuge mit vergleichbaren Abmessungen Einzug in die kommerzielle Fliegerei. Dennoch stand man damals am Anfang der Erkenntnisse und wußte noch nicht, was es bedeutet, solche Flugzeuge auf stark frequentierten Flughäfen auf der ganzen Welt einzusetzen. Nicht nur mußten die Abmessungen vieler Flughäfen dieser neuen Flugzeuggeneration angepaßt werden. Auch mußten die bisherigen Erkenntnisse über das aerodynamische Verhalten dieser „Jumbos" neu erforscht werden. Es war bereits bekannt, daß während des Fluges hinter allen Flugzeugen eine Zone von Luftverwirbelungen entsteht. Diese Zone beträgt bei kleineren Sportflugzeugen nur wenige Meter. Je größer und schwerer jedoch Rumpf- und Tragflächen sind und je schneller sie sich durch die Luft bewegen, desto länger wird diese Verwirbelungszone. Fliegt ein Flugzeug in diese Zone hinein, so kann dies im schlimmsten Fall zu einem Verlust der Steuerkontrolle führen. Mit Einführung der Großraumflugzeuge machte sich dieser Effekt weitaus stärker bemerkbar, als mit den herkömmlichen Jets. Allerdings existierten bis dahin keinerlei Vorschriften zur Einhaltung von bestimmten Mindestabständen hinter den „Widebodies" beim An- oder Abflug. Diese gefährlichen Wirbelschleppen bedeuteten nur eine Gefahr für kleinere Propellerflugzeuge, so dachte man damals. Doch nach den Ereignissen dieses Tages mußte man feststellen, daß man die Gefahr verkannt hatte.

Es war ein klarer, warmer Dienstagmorgen, als auf dem Flughafen von Dallas-Love Field eine DC-10 der American Airlines ohne Passagiere zu einem Crew-Trainingsflug abhob. Ihr Ziel war der **Greater Southwest AP/TX/USA** von Fort Worth, der westlichen Nachbarstadt von Dallas. Dieser Flughafen stand seit vielen Jahren in Konkurrenz zu Love Field und wurde in dieser Zeit auf internationalen Standard ausgebaut, obwohl sich mehr und mehr Fluggesellschaften für das näher an Dallas gelegene Love Field entschieden.

Als 1968 die Bauarbeiten für den gemeinsamen Großflughafen Dallas/Fort Worth begannen, fand fast der gesamte Düsenluftverkehr in Love Field statt. Somit ereilte den Greater Southwest AP das Schicksal eines „weißen Elefanten", d.h. eines groß angelegten, aber kaum gebrauchten Flughafens. Das geringe Verkehrsaufkommen bot jedoch ideale Bedingungen für Trainingsflüge. Er verfügt über zwei gekreuzte Start- und Landebahnen (RWY 13/31 und RWY 17/35) mit jeweils 2575 bzw. 2745 Metern Länge. An Bord der DC-10 befanden sich unter anderem zwei Copiloten, die für ihre Typenqualifikation hier sehr gute Trainingsbedingungen vorfanden. Bei schwachen Winden begann nun der Großraumjet gegen 05:20 Uhr/loc. auf der Bahn 13 mit einer „Touch-and-Go"-Prozedur, bei der man normal auf der Bahn aufsetzt und sofort danach wieder abhebt und erneut anfliegt. So zog die DC-10 ihre Kreise, als in Love Field ein weiteres Flugzeug in Richtung Greater Southwest AP startete. Es handelte sich um eine DC-9 der Delta Airlines, die mit einem Kommandanten, zwei Pilotenanwärtern und einem FAA-Inspekteur gegen 06:50 Uhr/loc. auf dem Southwest Flughafen eintraf. Man wollte hier ebenfalls ohne Passagiere ein längeres Ausbildungsprogramm durchführen. Zu dieser Zeit absolvierte die DC-10 nach wie vor ihr „Touch-and-Go"-Programm und befand sich ca. 6 Meilen vor der anfliegenden DC-9, die nach dem Aufsetzen die Landung beendete und von der Bahn rollte. Ohne anzuhalten rollte der Jet den parallelen Taxiway entlang und näherte sich wenige Minuten später wieder dem Bahnanfang der Runway 13. Dort angekommen bat der Kommandant um einen weiteren ILS-Anflug auf die Bahn 13. Diese Bitte wurde gewährt. Der Tower erteilte die Starterlaubnis, nachdem die DC-10 an der wartenden DC-9 vorbeigerauscht war und nach dem Aufsetzen erneut abgehoben hatte. Beide Flugzeuge waren mit dem Towerlotsen verbunden und konnten gegenseitig Funkmeldungen mithören. Die DC-9 erhielt die Auflage, nach dem Start im Sichtflug zu bleiben. Eine knappe Minute später hob die DC-9 ab und positionierte sich sechs Meilen hinter der vorausfliegenden DC-10. Nach Beendigung der zweiten Landung wurde wiederum Startleistung gegeben und der Jet stieg wieder in den blauen Morgenhimmel hinein. Die DC-9-Piloten erbaten nun eine Freigabe für einen simulierten VOR-Anflug auf die entgegengesetzte Bahn 35. Diese Bitte wurde genehmigt; wenig später näherte sich die DC-9 von Süden dem Flugplatz. Kurz vor der Landebahn 35 brach man dann den Anflug ab und bat um eine Freigabe, in einer 270 Grad-Linkskurve, auf den Gegenanflug der Bahn 17 fliegen zu dürfen, um einen weiteren ILS-Anflug zu simulieren. Auch diese Bitte wurde vom Towerlotsen genehmigt. Doch nachdem die Piloten die von rechts nach links vor ihnen kreuzende DC-10 erblickten, änderten sie ihr Vorhaben. Die Piloten wollten einer möglichen Konfliktsituation zwischen den beiden Flugzeugen während des Anfluges aus dem Weg gehen. Als die DC-9 in Höhe der Bahnkreuzung nach Norden flog, rief man nochmals den Tower und erbat eine geänderte Freigabe zur Landung auf der Bahn 13, auf deren verlängerter Pistenachse gerade die DC-10 einschwenkte, um wieder und wieder den ILS-Anflug zu üben. Der Towerlotse, der die Lichter der näherkommenden DC-10 sah, entgegnete:

ATC: „Okay, that'll be fine...use 13 for full stop.",
dann ergänzte er noch:
ATC: „...caution, wake turbulence."

Dieser vorschriftsmäßige Hinweis auf Wirbelschleppen hatte immer dann zu erfolgen, wenn Flughöhen von weniger als 2500 ft zwischen zwei anfliegenden Flugzeugen liegen. Besonders dann, wenn das vorausfliegende Flugzeug ein Großraumflugzeug ist. Die DC-9 leitete nun eine weite Linkskurve ein und folgte nach Sicht der DC-10. Als man im Gegenanflug die Höhe des Bahnanfangs der Runway 13 passierte, war die DC-10 nur noch eine Meile vom Aufsetzpunkt entfernt. Die Besatzung des kleineren Douglas Jets flog nun statt einem normalen, einen stark verkürzten Anflugweg, der die Maschine auf direktem Weg zur Bahnschwelle führte.

CPT: „Turning final, full stop.",

meldete die DC-9, die sich nun mit ausgefahrenem Fahrwerk und Klappen im Queranflug befand. Hierbei verringerte sich die Distanz zur vorausfliegenden DC-10 rapide. Die große DC-10 setzte gerade in diesem Moment auf der Bahn auf, als die kleinere DC-9 auf die Pistenachse einschwenkte. Jetzt trennten die beiden Flugzeuge gerade mal zwei Meilen. Der Pilot des American-Jets schob nun wieder die Schubhebel nach vorn und hob ein weiteres Mal von der Bahn ab, während sich die Delta-Maschine der Bahnschwelle näherte. Die langgezogene Linkskurve geriet ein wenig zu lang, so daß der Pilot leicht nach links korrigierte, um die Mittellinie „einzufangen". Etwa zweihundert Meter vor dem Bahnanfang, als man eine Höhe von 100 ft passierte, neigte sich die linke Tragfläche etwas nach unten.

CPT: „A little turbulence here".

Diese leichte Querneigung wurde sogleich durch die Piloten korrigiert, doch nun fing das Flugzeug an zu schlingern. Nochmals kippten die Tragflächen der DC-9 ein Stück nach unten. Es machte den Eindruck, als ob der Pilot mit den Querrudern „winken" würde.

CPT: „Let's go around...take off power!...I've got it"

Doch noch in derselben Sekunde, als man die Schwelle der Bahn 13 passiert hatte, kippte die Maschine scharf nach rechts ab. Wie von einer Urgewalt wurden die Tragflächen um 90 Grad quergeneigt; augenblicklich stürzte der Jet aus einer Höhe von ca. 60 ft zu Boden.

XXX: „God..."

Im nächsten Augenblick berührte auch schon die rechte Tragflächenspitze den Bahnasphalt. Die gesamte Tragfläche zerbrach, als die Maschine auf dem Boden zerschellte. Beim Aufprall brach die hintere Rumpfsektion mitsamt dem Leitwerk ab, während der restliche Rumpf auf den Rücken gedreht wurde und nach 720 Metern brennend zum Stehen kam.

Obwohl die Rettungseinheiten in Windeseile am Flugzeugwrack eintrafen, konnten sie die vier Insassen der DC-9 nur noch tot bergen.

Das NTSB teilte später mit, daß die DC-9 aufgrund der zu geringen Annäherung zur vorausfliegenden DC-10 von einer unvorhersehbaren Wirbelschleppe, die direkt über der Landebahn lag, erfaßt und zu Boden geschleudert wurde.

Diesen Wirbelschleppen, auch Vortex genannt, wurde bis dahin nur wenig wissenschaftliche Beachtung geschenkt. Zwar wußte man von kleineren Verwirbelungen, die früher bei Pilotenschülern zu Übungszwecken als Trainingseinheit benutzt wurden, indem ein Pilotenschüler einen so engen Vollkreis fliegen sollte, daß er in seine eigene Verwirbelung hineinflog. Dies machte sich insofern bemerkbar, als das kleine Flugzeug zu schütteln begann. Nach wenigen Sekunden konnte man jedoch problemlos aus der Zone herausfliegen. Dieser Schütteleffekt wurde damals dem vom Propeller erzeugten Wirbel zugeschrieben. Später erkannte man jedoch, daß sich diese Verwirbelungen an den Enden der Tragflächen bilden. Hierbei formieren sich die aerodynamischen Kräfte aus dem Tragflächenprofil an den äußersten Enden zu rotierenden Luftwirbeln. Diese entstehen durch das Zusammentreffen von hohem Luftdruck um die Tragfläche und der Zone niedrigeren Luftdrucks um das Flugzeug herum. Je größer die Tragfläche und je schneller sie sich dabei durch die Luft bewegt, desto stärker wirken die aerodynamischen Kräfte an den Tragflächenspitzen. Dabei drehen sich die Luftmassen in einem Durchmesser von mehreren Metern um sich selbst und erzeugen eine Art „Luftschlauch".

Die Verwirbelungen zieht dann ein Flugzeug an jeder Seite hinter sich her. Es bilden sich die sogenannten Wirbelschleppen. Das tückische an diesen Vortex-Wirbelschleppen ist, daß die mit dem bloßen Auge nicht wahrnehmbar sind. Ein Beobachter, der sich in der Nähe eines anfliegenden Flugzeugs befindet, wird jedoch manches Mal Ohrenzeuge von Wirbelschleppen. Nachdem das Dröhnen eines Jets vorübergezogen ist, kann man des öfteren das Rauschen dieser enormen Luftströmung hören. Zu sehen ist jedoch nichts davon. Die stärksten Wirbelschleppen, so fand man heraus, entstehen im Landeanflug, wenn sämtliche Auftriebshilfen und Landeklappen ausgefahren sind. Bei ruhigem Wetter können diese Schleppen über mehrere Minuten andauern.

Die Vortex-Bildungen führten in den sechziger Jahren zu einigen Unfällen mit kleineren Flugzeugen, für die seitdem Mindestabstände hinter vorausfliegenden Düsenmaschinen gelten. Doch daß Vortex-Wirbel auch für Düsenflugzeuge selbst gefährlich werden können, konnte man sich bis zu diesem Unglück nicht vorstellen. Doch was sich auf dem Greater Southwest AP zutrug, war genau dies. Als sich die Delta-Maschine hinter der DC-10 der Landebahn näherte, flogen die Piloten, ohne es zu wissen, direkt in die Wirbelschleppe der linken Tragfläche der DC-10 hinein, die in einer Höhe von ca. 50-60 ft über dem Erdboden rotierte. Die linke Tragfläche wurde nach oben gedrückt. Nun ging es rasend schnell. Nur Sekunden später drang die Maschine dann vollends in die Wirbelschleppe ein und wurde augenblicklich um die Querachse nach rechts gedreht. Alle Gegenmaßnahmen blieben in diesen rotierenden Luftmassen wirkungslos.

Es häuften sich hiernach die Meldungen von Piloten, die nun über ihre Vortex Erfahrungen berichteten. Bei vielen Fällen kam es zu gefährlichen Manövern, die mit etwas Glück überstanden wurden. Da es zuvor keinerlei Erklärung für diese Schüttelerscheinungen, Höhenverluste oder Querneigungen der Tragflächen gab, wurden sie allesamt als Pilotenfehler von den Airlines dokumentiert. Viele dieser Piloten konnten nun endlich aufatmen und hatten die Gewißheit, daß sie an diesen Flugmanövern unschuldig waren.

Doch nun wollte es die amerikanische Luftfahrtbehörde FAA genau wissen: Man führte Mitte der siebziger Jahre einige Vortex-Tests durch, bei denen eine DC-10 und ein TriStar in geringer Höhe an einem Stahlmast vorbeiflogen, an dem sich ein Rauchwerfer und ein Windmesser befanden. Nachdem das Flugzeug den Mast passiert hatte, driftete die Wirbelschleppe langsam über den Mast und der ruhig aufsteigende Rauch begann zu rotieren. Sekunden darauf bildete sich ein Schlauch von sich drehendem Rauch, ähnlich wie eine horizontale Windhose. Die FAA-Mitarbeiter waren beeindruckt. Zum ersten Mal waren Vortex-Erscheinungen sichtbar geworden. Weitere Tests der NASA belegten, daß eine anfliegende 747 bei ruhigen Winden eine Wirbelschleppe von bis zu acht Meilen hinter sich herziehen kann. Dies bedeutet, daß es mehr als zwei Minuten dauern kann, bis ein Vortex-Wirbel aufgehört hat zu existieren. Als Folge des Delta-Unfalls, bei dem glücklicherweise keine Passagiere an Bord waren, wurden eine Reihe von Maßnahmen angeordnet. Zum einen wurden den Fluglotsen verbindliche Richtlinien zur größeren Staffelung von Landeanflügen und Starts gegeben, besonders, wenn sich Großraumflugzeuge im An- oder Abflug befinden. Zum anderen sollten Piloten bei Wetterbedingungen, die Vortex-Wirbel begünstigen (Windstille) von der ATC darauf hingewiesen werden. Diese neuen Richtlinien werden jedoch bei der immer größer werdenden Zahl der Starts und Landungen an den größeren Flughäfen nicht immer eingehalten. Bei Verkehrsspitzenzeiten geht die Effizienz der Verkehrsabwicklung des öfteren auf Kosten der Sicherheit. In den frühen achtziger Jahren wurden einige Versuche mit sogenannten Winglets unternommen, bei denen die Tragflächenenden einer DC-10 mit einer nach oben gebogenen Verlängerung ausgestattet wurden. Diese sollte nicht nur Treibstoff einsparen, sondern zudem auch noch die Verwirbelung der Luftschichten abmildern. Jedoch wurden hiermit nur geringe Anti-Vortex Erfolge erzielt. Die Forschungen auf diesem Gebiet gehen weiter.

14.06.72

Japan AL   **Douglas DC-8-53**
JA8012   45680

Die DC-8 befand sich auf dem Flug JA 471 von Tokio über Neu Delhi nach London. Beim Anflug auf den Palam-AP von **Neu Delhi/Indien** wurde die DC-8 für einen „Straight-In"-ILS-Anflug auf die Bahn 28 freigegeben. Nur 10 Meilen außerhalb der Landebahnschwelle stürzte die Maschine in die Tiefebene des Yamuna-Flusses und zerschellte beim Aufprall.

Von den 92 Menschen an Bord überlebten lediglich 3 das Unglück.

Zum Zeitpunkt des Unglücks herrschte Dunkelheit und geminderte Sicht wegen Dunst- und Nebelbildung im Flußtal.

Die Crew von Flug 471 wich entgegen den Vorschriften von der Anflugroute ab. Der Pilot beobachtete nicht mehr die Instrumente und versuchte nur noch Bodensicht zu bekommen. Beide Piloten hatten auf der DC-8 nur sehr wenig Flugerfahrung. Trotzdem ließ der Kommandant den Copiloten die Landung durchführen, obwohl dieser noch keine Lizenz als Copilot hatte. Beide Piloten waren zudem mit den geographischen und topographischen Bedingungen vor Ort nicht vertraut. Auch wurde keine Landecheckliste verlesen. Es herrschte kaum Disziplin im Cockpit. Als die Piloten im Endanflug Lichter am Boden sahen, hielten sie diese fälschlicherweise für die Bahnbeleuchtung und setzten den Sinkflug fort. Im Moment, als sie glaubten, daß sie sich über der Landebahnschwelle befänden, erkannten sie ihren Fehler und gaben Vollschub. Noch bevor die Triebwerke volle Leistung brachten, bekam die DC-8 jedoch Bodenberührung.

Die Untersuchungsmannschaften fanden im Cockpit ein Gleitweg-Anzeigegerät, auf dem eine kleine rote Warnflagge zu sehen war. Diese Flagge fährt automatisch aus, wenn die Maschine den ILS-Leitstrahl verläßt, wie in diesem Fall geschehen(ein Beweis, wie wenig Aufmerksamkeit die Piloten den Instrumenten geschenkt hatten).

15.06.72
Cathay Pacific AW   Convair 880
VR-HFZ   53

Auf dem Flug von Bangkok nach Manila verschwand die 880er plötzlich von den Radarschirmen der Lotsen in Südvietnam. Die Maschine war in den Dschungel nahe der Stadt **Pleiku/Südvietnam** gestürzt und zerschellt.

Keiner der 81 Insassen überlebte das Unglück.

Man nahm zuerst an, die Convair wäre mit einem anderen Flugzeug zusammengestoßen (zu diesem Zeitpunkt tobte noch der Vietnamkrieg und die Dschungelgebiete rund um Pleiku wurden oft von amerikanischen Kampfflugzeugen angeflogen). Diese Vermutung konnte aber nicht bestätigt werden, denn die Untersuchungskommission fand Spuren einer Explosion an Bord:

In der Außenhaut der Maschine befand sich eine starke Ausbuchtung nach außen und in dem Sitz 10 E/F Spuren von Plastiksprengstoff. Auf diesem Sitzplatz hatte eine frischverheiratete Frau eines thailändischen Polizeioffiziers mit ihrer Tochter gesessen. Dieser Polizeioffizier hatte kurz vor dem Abflug der Maschine eine Reiseversicherung für die beiden abgeschlossen. Die Prämie dieser Versicherung, immerhin 1.1 Millionen Baht, stand ihm nach dem Unglück als nächstem Verwandten zu. Der Mann wurde in Thailand der Sabotage, des Betrugs und des Massenmordes angeklagt und vor Gericht gestellt.

Es konnten aber während des Jahre dauernden Untersuchungsprozesses keine eindeutigen Beweise für seine Schuld gefunden werden, die zu seiner Verurteilung führen konnten.

Deswegen wurde ihm 1983, 11 Jahre nach der Katastrophe, die millionenschwere Summe ausbezahlt.

16.06.72
Egypt Air   Ilyushin Il-62
SU-ARN   801

Irrtümlicherweise verwechselte der Pilot den Flughafen Kairo-Int'l AP mit dem kleineren **Almaza Airport/Ägytpen** und schoß über das Bahnende hinaus.

18.06.72
B E A   HS121 Trident 1C
G-ARPI   2109

Bei der British European AL lag an diesem Tag Ärger in der Luft. Für den nächsten Tag war ein weltweiter Streik aller Piloten geplant, der auf die mangelnden Sicherheitsmaßnahmen gegen Terroristen hinweisen sollte. Die ohnehin (damals noch) streikfreudigen britischen Piloten wollten außerdem noch eine bessere Bezahlung und ein moderneres Ausbildungssystem erreichen. Und so fanden sich im Versammlungsraum der Gesellschaft die Flugbesatzungen zusammen, um über den Streik und seine Ziele zu diskutieren. Dabei kam es zu einem heftigen Streit zwischen streikwilligen und streikunwilligen Piloten. Insbesondere ein 51-jähriger Pilot erregte sich extrem über den geplanten Streik. Seine fliegerischen Fähigkeiten waren bei allen unbestritten, aber er war unter den Copiloten als sehr autoritär und reizbar bekannt.

Als die Versammlung beendet war, wurde die Besatzung für den Linienflug BEA 548 nach Brüssel zusammengestellt. Dem beschriebenen reizbaren Piloten wurde ein 22-jähriger erster und ein 24-jähriger zweiter Offizier zugeteilt. Die beiden jungen Männer waren relativ unerfahren und dementsprechend verunsichert. Insbesondere der Copilot hatte Respekt vor dem Kommandanten, hatte der doch einige Tage vorher seinem Freund während eines Fluges eine ungewöhnlich scharfe Rüge erteilt.

Der Linienflug war mit 109 Passagieren voll besetzt und das maximale Abfluggewicht nur um 2000 kg unterschritten. Als die Trident dann nachmittags starten sollte, wehte ein böiger Südwestwind mit heftigen Regenschauern über dem Londoner Luftraum. Die Wolkenuntergrenze betrug 1000 ft (300 m). Beim Groundcheck im Cockpit entging der dreiköpfigen Crew, daß ein Verriegelungsdraht am Dreiwegeventil des Druckbehälters der Steuersäulenstoßvorrichtung, die bei einem drohenden Überziehungszustand die Steuersäule ansprechen sollte, abgerissen war. Dieser Druckbehälter gibt automatisch die komprimierte Luft frei, wenn ein

***VR-HFZ**; die über Südvietnam durch eine Bombenexplosion abgestürzte Convair 880 der Cathay Pacific hier zwei Monate vor dem Absturz aufgenommen/Bangkok im April 1972 <Quelle: N.Scherrer>*

Überziehzustand an den Tragflächen auftritt. Dann wird die Steuersäule durch den Druck nach vorn gepreßt und die Flugzeugnase senkt sich nach unten, was zu einer Geschwindigkeitszunahme und zur Stabilisierung des Flugzustandes führt. Bei einem der vorherigen Flüge hatte sich dieses Ventil ein wenig verschoben, und es entwich etwas Luft aus dem Druckbehälter. Die entsprechende Warnanzeige für Unterdruck („Low Pressure") befand sich genau neben dem Bedienungshebel der Nasenklappen, der wiederum liegt eng neben dem formgleichen Hebel der Landeklappen. In Startkonfiguration werden sowohl die Landeklappen um 10-20° Grad ausgefahren, als auch die Nasenklappen (Droops genannt) an den Tragflächenvorderkanten ausgeklappt. Diese Droops sorgen in der Start- und Steigphase für zusätzlichen Auftrieb und sind für den sicheren Steigflug bei erhöhtem Abfluggewicht unerläßlich. Bereits früher kam es zu Verwechslungen bei anderen Piloten, die im Fluge statt die Landeklappen die Nasenklappen einfuhren und somit die wertvolle Auftriebsfläche verkleinerten. Glücklicherweise liefen diese Verwechslungen immer glimpflich ab.

Nach Beendigung der Checkliste rollte die Trident zum Ende der Startbahn 28 R, um daraufhin um 16:09:14 Uhr/loc. mit 144 Knoten von der Bahn abzuheben. Das Flugzeug erreichte die korrekte Sicherheitsgeschwindigkeit von 152 Knoten, und der Kommandant schaltete 19 Sekunden später, bei einer Geschwindigkeit von 170 Knoten, den Autopiloten ein. Was niemand im Cockpit wußte, war, daß der 51-jährige fliegende Pilot bereits seit längerem an einer chronischen Verengung der Herzkranzgefäße litt, was aber bei den üblichen medizinischen Checks des Fliegerarztes nie bemerkt worden war.

Daher schaltete er den Autopiloten schon so früh nach dem Abheben ein. Der Autopilot hält dann die im Augenblick des Einschaltens erreichte Geschwindigkeit. Diese Mindestabfluggeschwindigkeit wird aus der Summe der Abhebegeschwindigkeit (in diesem Fall: 152 Knoten) plus 25 Knoten (ergo: 177 Knoten) errechnet.

Um die Arbeitsbelastung wegen seines Gesundheitszustands so niedrig wie möglich zu halten, schaltete der Kommandant deswegen schon bei 170 Knoten den Autopiloten ein. Somit flog BEA548 schon in den ersten Sekunden mit einer um 7 Knoten zu geringen Fluggeschwindigkeit.

Während die Trident automatisch nach dem Standardabflugverfahren auf das Funkfeuer Epsom zuflog, machten sich bei dem Kommandanten verstärkt die gesundheitlichen Probleme bemerkbar.

Deswegen gab er seinem Copiloten, gemäß dem Lärmminderungsverfahren, die Anweisung, in einer Höhe von 690 ft die auf 20 Grad ausgefahrenen Landeklappen einzufahren und die Triebwerksleistung zu vermindern. Dieser bediente aber fatalerweise nicht den Hebel für die Landeklappen, sondern den Hebel der Nasenklappen, neben dem das „Low Pressure"-Warnlicht des defekten Druckbehälters aufgeleuchtet haben muß. Gleich daneben befindet sich der Warnschalter für die Nasenklappen („Droop out of position"), der aufleuchtet, wenn die Nasenklappen ausgefahren sind. Fälschlicherweise verwechselte er beide und leitete somit die Katastrophe ein.

Das Einfahren dieser Nasenklappen ist nur oberhalb von 3.000 ft und bei einer Mindestgeschwindigkeit von 225 Knoten erlaubt. Man flog nun in einer Linkskurve auf Epsom in 1.500 ft zu, als die Geschwindigkeit durch die immer noch ausgefahrenen Landeklappen und die Triebwerksdrosselung unter den vorgeschriebenen Wert von 157 Knoten abfiel. Diese Geschwindigkeitsverminderung und die eingefahrenen Nasenklappen ließen die Maschine immer mehr in einen Überziehzustand kommen. Dies bemerkte der mit Schmerzen kämpfende Pilot jedoch nicht, und auch dem beschäftigten Copiloten entging dies. Unmittelbar danach sprach das Rüttelsystem der Steuersäulen an, die durch eine Automatik heftig nach vorn gestoßen wurden. Der Autopilot schaltete sich aus und der mit Herzjagen und Atemnot kämpfende Kommandant griff zur Steuersäule. Aber anstatt die Maschine zur Geschwindigkeitserhöhung nach unten zu drücken, hielt er sie im Geradeausflug. Er versäumte es außerdem, die gedrosselten Triebwerke auf Startleistung zu bringen. Er und sein Copilot waren wie gelähmt. Obwohl sich die Geschwindigkeit kurzzeitig wieder auf 177 Knoten erhöhte, hatte sich durch das Einfahren der Nasenklappen der Schwerpunkt der Maschine nach hinten verlagert. Das Flugzeug hob die Nase und sackte nach unten durch. Die

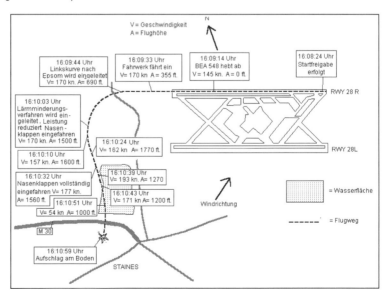

Der kurze, letzte Flug von BEA 548 am 18.06.1972

137

Cockpitbesatzung war offensichtlich nicht mehr Herr der Lage.

Mittlerweile passierte die Maschine im beständigen Sinkflug die Höhe von 1270 ft mit einer Geschwindigkeit von 193 Knoten. Die ratlose Cockpitbesatzung setzte daraufhin das entnervende Steuersäulenrüttelsystem außer Betrieb. Der Pilot nahm nun an, daß sich die Maschine stabilisiert hatte, und zog die Steuersäule wieder zu sich heran.

Ein folgenschwerer Irrtum: Die Trident bäumte sich abermals auf und geriet mit einem Anstellwinkel von 31° Grad in einen tiefen Überziehungszustand. Als das Flugzeug mit einer Sinkrate von 4.000 ft/min die Wolkendecke in einer Höhe von 1.000 ft durchquerte, sank die Vorwärtsgeschwindigkeit auf 54 Knoten ab. Flug 548 war nun endgültig verloren. Die Maschine raste in einem Winkel von 60 Grad unaufhaltbar auf die Erde zu und sauste über die Autobahn A30 hinweg. Die Trident schlug genau um 16:11 Uhr/loc. mit dem Bauch nahe der Ortschaft **Staines/England** zu Boden.

Die sofort nach dem Verschwinden der Maschine von den Radarschirmen eingeleitete Rettungsaktion konnte nicht verhindern, daß alle 118 Insassen der Maschine ums Leben kamen.

Über die Ursache des Unglücks, vor allem über die wichtigen Konversationen im Cockpit, konnte nur gemutmaßt werden. Somit war eine evidente und lückenlose Rekonstruktion des Hergangs nicht möglich. Als Konsequenz aus diesem Unfall wurde ein Tonbandgerät, welches sämtliche Cockpitgespräche aufzeichnet, bei allen britischen Zivilflugzeugen verbindlich vorgeschrieben. Dieser „Cockpit-Voice-Recorder (CVR)" trägt seitdem weltweit zu einer besseren Rekonstruierung von Unfallhergängen bei.

06.07.72
Aviaco   Douglas DC-8-52
EC-ARA   45617

Die von Iberia gemietete Maschine stürzte 14 Meilen östlich von **Las Palmas AP/Kanarische Inseln** in den Atlantik. Die DC-8 befand sich im Anflug auf den Flughafen von Las Palmas.

Die zehn Crewmitglieder an Bord, die den Vierstrahler ohne Passagiere nach Las Palmas überführen sollten, kamen ums Leben. Von da aus sollte der Flug nach Hamburg fortgesetzt werden.

17.07.72
Aeroflot   Tupolev 134
CCCP-65607   104

Die Tupolev wurde irgendwo in der UdSSR zerstört. Näheres ist nicht bekannt.

14.08.72
Interflug   Ilyushin Il-62
DM-SEA   00702

Die IL-62 war um 16:30 Uhr/loc. vom Flughafen Berlin-Schönefeld gestartet, um mit 148 Passagieren und 8 Crewmitgliedern an Bord einen Urlauberflug nach Burgas/Bulgarien zu absolvieren. Im Laufe ihres Einsatzes schlug im Heck der DDR-Langstreckenmaschine eine Versorgungsleitung, die von ca. 300°Celsius heißer Luft durchflossen wurde, leck. Die ausströmende Luft erwärmte das die Leitung umgebende Isolierungsmaterial so sehr, bis es ca. eine Viertelstunde nach dem Start Feuer fing. Das Feuer zog in der Nähe verlegte Strom- und Steuerleitungen soweit in Mitleidenschaft, daß die Besatzung um 16:43 Uhr loc. gezwungen war, einen Notruf abzusetzen und den Towerlotsen zu melden, daß sie Schwierigkeiten mit der Steuerung hätten. Die Erlaubnis zur Rückkehr nach Schönefeld wurde umgehend erteilt. Die IL-62 machte im Luftraum von Erfurt eine 180° Kurve und begann mit dem Sinkflug. Doch das Feuer im Heck breitete sich immer weiter aus. Angefacht durch bloßgelegte Stromkabel, deren Isolierung verbrannt, war kam es zu Kurzschlüssen. Diese Kurzschlüsse erfolgten „explosionsartig", und verteilten geschmolzenes Metall über das ganze Heck, woraufhin auch der hintere Gepäckraum zu brennen begann. Außerdem begann sich das Feuer auf die Stabilität des Hecks auszuwirken. Die Besatzung fing nun an, Sprit abzulassen, und kurvte Richtung Westen, um mit dem Anflug auf die Bahn 25 zu beginnen. Doch um 16:59:25 Uhr/loc. waren die Steuerkabel soweit beschädigt, daß die Piloten die Kontrolle über die Il-62 verloren. Sie setzten noch einen „Mayday,"-Ruf ab und versuchten verzweifelt, die Kontrolle über die Maschine zurückzugewinnen. Sekunden später war aber klar, daß sie dies nicht mehr schaffen konnten:

CPT: *"Unmöglich die Höhe zu halten, hatten Brand, haben Schwierigkeiten mit der Höhensteuerung.„*

Knapp eine Minute später war die Heckstruktur durch das Feuer soweit geschwächt, daß es abbrach. Die Maschine stürzte in der Nähe von **Königswusterhausen/DDR** in ein Waldstück und explodierte beim Aufprall.

Alle 156 Insassen starben bei dem Aufschlag.

Der anschließende Bericht der DDR-Behörden sorgte für Verstimmungen mit dem „großen Bruder„ und Herstellerland UdSSR. In diesem Bericht wurde als Absturzursache der technische Defekt im Heck angegeben. Dies akzeptierten die Sowjets aber nicht. Sie taten sich schwer damit zuzugeben, daß es in ihren Flugzeugen technische Defekte gab. Auf höchster Ebene wurden Memoranden hin- und hergeschickt, bis im Dezember 1973 die DDR-Führung nachgab und „die Sache auf sich beruhen ließ,„. Daß die Absturzursache nicht öffentlich publik gemacht wurde, verstand sich damals von selbst. Laut DDR-Behörden würden diese Informationen „bei der Bevölkerung und bei internationalen Luftfahrtexperten zu falschen Schlußfolgerungen führen,„! Somit hüllte man sich in der DDR über die Ursachen des schwersten Fugzeugunglücks auf deutschem Boden in Schweigen.

14.09.72
TWA   Boeing 707-320C
N15712   20068

Nach einem abgebrochenen Startlauf auf dem **San Francisco Int'l AP/CA/USA** schoß der Vierstrahler über das Ende der Bahn hinaus und pflügte durch den dahinterliegenden Morast der angrenzenden Bucht. Dabei brach der Rumpf vor den Tragflächen entzwei.

Die drei Crewmitglieder blieben unverletzt.

Als Ersatz des Frachtfliegers wurde die 707 (N788TW) in eine Nurfrachtversion umgerüstet.

19.09.72
Nigeria AW   **Fokker F28-1000**
PH-FPT   **11994**

Die Fokker schoß bei der Landung in **Port Harcourt/Nigeria** über das Bahnende hinaus und wurde irreparabel beschädigt.

Es gab keine Verletzten.

24.09.72
Japan AL   **Douglas DC-8-53**
JA8013   **45681**

Im Anflug auf den internationalen Flughafen **Bombay-Santa-Cruz AP/Indien** orientierte sich die Cockpitbesatzung der DC-8 nach Sichtflugregeln. Die anvisierte Bahn war die 09, deren Anflugweg von Westen her über das arabische Meer führt. Unmittelbar nordwestlich des internationalen Airports liegt das kleine Flugfeld von Juhu. Auf diesem kleinen Flugplatz, deren einzige Start- und Landebahn in fast derselben Ausrichtung wie in Santa Cruz angelegt ist, war zu dieser Zeit eine Hubschrauber-Ausbildungsstaffel der indischen Streitkräfte stationiert. Dem in Bombay noch unerfahrenen japanischen Kommandanten fiel nun im weiteren Verlauf des Anfluges von Westen kommend als erstes das Flughafengelände in Juhu ins Auge. In der Annahme, es hier mit dem internationalen Airport von Bombay zu tun zu haben, richtete er die Maschine auf den Anflug aus und setzte den Sinkflug fort. Dem Copiloten fiel in dieser Phase auf, daß der vor ihnen liegende Airport unmöglich der eigentliche Zielflughafen sein kann. Er wies seinen Kommandanten auf den Irrtum hin, doch dieser entgegnete: *„Ich befehle, dies ist der richtige Flughafen".* Eingeschüchtert gab der Copilot nach, und die DC-8 setzte auf der für Düsenflugzeuge dieser Art viel zu kurzen Landebahn in Juhu auf. Trotz Radbremsen und Schubumkehr gelang es den Piloten nicht mehr, vor dem Ende der Runway zum Stehen zu kommen. Mit erhöhter Geschwindigkeit schoß man über das Bahnende hinaus und prallte unmittelbar danach an einen Umfassungswall, der den Fluglatz umgab. Zum Glück brach kein Feuer aus, daher gab es glücklicherweise nur neun Verletzte bei diesem Unfall. Die DC-8 hatte jedoch nur noch Schrottwert.

Nur knapp zwei Monate darauf, am 13.12. des Jahres, passierte einem Pilot einer Il-18 Propellermaschine der Interflug dasselbe Mißgeschick. Auch diesmal gelang es nicht mehr rechtzeitig, vor dem Bahnende zu stoppen. Um dem immer noch herumliegenden Wrack der DC-8 auszuweichen, schwenkte der Interflug-Pilot seine Maschine kurz vor dem drohenden Zusammenprall zur Seite weg. Beinahe wäre es somit an gleicher Stelle zu einem Folgeunglück gekommen.

13.10.72
Aeroflot   **Ilyushin Il-62**
CCCP-86671   **70301**

Nach einem Linienflug von Paris verunglückte die Il-62 bei der Landung auf dem Flughafen **Moskau-Sheremetyevo AP/UdSSR** bei schlechtem Wetter und geringer Sichtweite. Keiner der 176 Insassen überlebte den Crash. Bereits zweimal zuvor hatte der Pilot den Landeversuch abgebrochen. Beim dritten Mal schließlich stürzte die Maschine 3 Meilen vor der Landebahnschwelle in einen See in der Einflugschneise. Die Ursache der Katastrophe ist nicht bekannt, jedoch funktionierte das ILS an diesem Tag gerade nicht.

30.10.72
Interflug   **Tupolev 134**
DM-SCA   **8350502**

Auf einem Flug von Leipzig nach Krakau/Polen, stürzte der Jet in der Nähe von **Dresden/DDR** ab. Gerüchte sprechen von einer überharten Landung auf dem Dresdener Flughafen. Näheres ist nicht bekannt.

20.11.72
J A T   **SE210 Caravelle 3**
YU-AJG   **191**

Nach einem Landeunfall in **Belgrad/Jugoslawien** wurde die Caravelle nicht mehr repariert. Die Maschine war zuvor von Aérospatiale angemietet worden. Nachdem die Maschine von JAT als Ersatzteilspender ausgeschlachtet worden war, wurde das Flugzeug als Cabin-Trainer für die Ausbildung der Kabinenbesatzung genutzt.

CCCP-86564; mit ausgefahrenen Schubumkehrklappen an den äußeren Triebwerken schwebt die IL-62M auf den Aufsetzpunkt zu/Berlin-Schönefeld im September 1991<Quelle: JR-Photo>

22.11.72

Aeroflot   **Yakovlev Yak-40**
CCCP-87819   9231024

Aufgrund von Tragflächenvereisung beim Start in **Krasnojarsk/UdSSR** fiel die Yak wieder auf die Runway und wurde zerstört.

28.11.72

Japan AL   **Douglas DC-8-62**
JA8040   46057

Es war 18:17 Uhr/loc., als die DC-8 auf Flug JL446, aus Kopenhagen kommend, auf dem internationalen Moskauer Flughafen **Sheremetievo** landete. Für den Weiterflug nach Tokyo befanden sich 62 Passagiere sowie die 14 Besatzungsmitglieder an Bord. Um 19:40 Uhr/loc. war alles für den Abflug bereit und die Maschine verließ ihre Parkposition, um in Richtung Startbahn 25 zu rollen. Zu dieser späten Jahreszeit war es bereits Dunkel geworden. Die Temperaturen lagen bei 5 Grad unter Null. Um 19:49 Uhr/loc. erhielt Flug JL446 die Startfreigabe und kurz darauf begann man mit dem Startlauf. Bei VR zog der Pilot an der Steuersäule und die Maschine löste sich von der Startbahn. Alles sah wie immer aus. Doch wenige Sekunden später, als Flug 446 durch etwa 300 ft stieg, geriet die Maschine plötzlich in einen kritischen Flugzustand. Schnell verlor man wieder an Höhe und stürzte 150 m hinter dem Bahnende zu Boden. Dabei brach der Rumpf auseinander und auslaufender Treibstoff entzündete sich.

Von den 77 Insassen überlebten nur 15. Was war geschehen? Nachfolgende Untersuchungen konnten nicht mehr eindeutig klären, was den Absturz ausgelöst hatte. Man ging jedoch von zwei möglichen Theorien aus:

1.) Der kritische Flugzustand kurz nach dem Abheben könnte durch die unbeabsichtigte Betätigung der Spoiler hervorgerufen worden sein. Den hierfür notwendigen Hebel im Cockpit kann man nach oben drücken oder zu sich heranziehen. Letztere Stellung bewirkt das sofortige Ausfahren dieser Störklappen. Zu einer solchen Fehlbedienung kam es schon einmal (vgl. 05.07.70).
2.) Ebenfalls könnte den Höhenverlust eine Fehlfunktion in Triebwerk Nr.1 oder Nr.2 ausgelöst haben. Kurz nach dem Abheben, so fand man heraus, ergaben sich Anomalien in einem der beiden linken Triebwerke. Dies könnte möglicherweise durch Eisansatz an den Triebwerkseinlässen hervorgerufen worden sein, da die Piloten vor dem Abflug die Enteisungsanlage ausgeschaltet ließen.

Die Piloten, die wegen der Dunkelheit keinerlei Sichtbezug hatten, versuchten den Steigflug durch einen erhöhten Anstellwinkel zu erzwingen. Dadurch geriet die DC-8 in einen Überziehungszustand und fiel zu Boden. Die Untersuchung des Absturzes wurde auch durch das Verhalten der Sowjets behindert, die keine ausländischen Expertenteams zur Aufklärung zuließen und die Überreste der DC-8 unter Verschluß hielten.

03.12.72

SPANTAX   **Convair 990**
EC-BZR   25

Es herrschte, durch Nebel bedingt, schlechtes Wetter auf dem Flughafen von **Los Rodeos AP/Teneriffa/Spanien**, als die Coronado zur Startbahn rollte. Der bevorstehende Charterflug nach München hatte bereits eine 30-minütige Verspätung infolge von aufwendigen Sicherheitschecks nach der Serie von Flugzeugentführungen der letzten Zeit. Um 07:55 Uhr loc. erfolgte die Startfreigabe auf der Bahn 30 und der vom Copiloten gesteuerte Vierstrahler begann auf seine Abhebegeschwindigkeit zu beschleunigen. Doch diese Geschwindigkeit wurde nicht erreicht, weswegen die Coronado schon Sekunden nachdem Abheben einen Strömungsabriß erlitt. Sie kippte über die linke Tragfläche ab und zerschellte ca 250 Meter links hinter dem Bahnende in Rückenlage auf dem Boden. Beim Aufschlag lösten sich alle 4 Triebwerke und der Jet explodierte.

Alle 148 Passagiere und die sieben Mitglieder der Besatzung kamen ums Leben.

05.12.72

Egypt Air   **Boeing 707-320C**
SU-AOW   19845

Der auf einem Testflug im Landesinneren befindliche Jet stürzte 70 Kilometer südöstlich von Kairo, bei **Beni Sueif/Ägypten** ab. Die 6 Insassen an Bord kamen ums Leben.

Es hält sich das Gerücht, daß die 707 versehentlich von einer ägyptischen Boden-Luftrakete getroffen wurde.

08.12.72

United AL   **Boeing 737-200**
N9031U   19069

Die 737 befand sich als Flug UA 553 im Sinkflug auf die Bahn 31L des Flughafens **Chicago-Midway AP/IL/USA**. Im Cockpit wählte man einen Anflug nach Sicht (VFR), was zu einer erhöhten Arbeitsbelastung im Cockpit führte. In dieser Flugphase bemerkten die Piloten, daß das Aufzeichnungsgerät der Cockpitgespräche (CVR), das zu dieser Zeit noch nicht lange im kommerziellen Luftverkehr eingesetzt wurde, nicht richtig funktionierte. Der Sinkflug wurde dennoch fortgesetzt, jedoch entstand nun an Bord eine Diskussion über die weitere Vorgehensweise. Man war sich uneinig, ob die kleine Störung - die keinerlei Einfluß auf die Sicherheit an Bord hatte - noch in der Luft zu reparieren war, oder erst nach der Landung am Boden. Die 737 befand sich mittlerweile in Landekonfiguration. Die Landeklappen wurden ausgefahren und die Vorflügel gesetzt. Die Piloten konzentrierten sich aber mehr auf das Problem des CVR's, als auf den korrekten Landeanflug. Mittlerweile geriet das Flugzeug um einiges zu hoch über dem Gleitpfad. Um dies zu korrigieren, betätigte der fliegende Pilot die Spoiler, die sich auf der Tragflächenoberseite befinden und die Maschine stärker absinken lassen. Die Unterhaltung im Cockpit hielt immer noch an, nur unterbrochen durch das verspätete Lesen der Landecheckliste. Doch nun sank man zu sehr unter den Gleitpfad mit immer noch ausgefahrenen Spoilern. Da sich ein vorausfliegendes Kleinflugzeug noch in der Landephase befand und die Distanz zu diesem Flugzeug immer geringer wurde, wies der Tower die United-Piloten an, den Anflug abzubrechen:

ATC: „United five fifty-three execute a missed approach, make a left turn on a heading of one eight zero climb to two thousand."

COP: „Okay, left turn to one eight zeron... left turn okay?"

Mit vollem Schub wollte der Pilot nun wieder Höhe gewinnen, übersah aber in der Aufregung, daß die Spoiler immer noch ausgefahren waren. Ein Steigflug war damit unmöglich. Als man keine Höhe gewann, zog der Pilot den Steuerknüppel zu sich heran. Sofort sprach das Rüttelsystem der Steuersäulen an, was vor überzogenen Flugzuständen warnen soll. Die 737 bäumte sich auf, und trotz Vollschub riß unmittelbar darauf die Strömung an den Tragflächen ab und das Flugzeug stürzte ohne Auftrieb zu Boden. Die Maschine streifte einige Bäume und Häuser und stürzte dann in eine Ansammlung von Garagen.

Es starben 43 der 61 Insassen. 2 Menschen am Boden, in deren Haus die 737 hineinstürzte, kamen ebenfalls um.

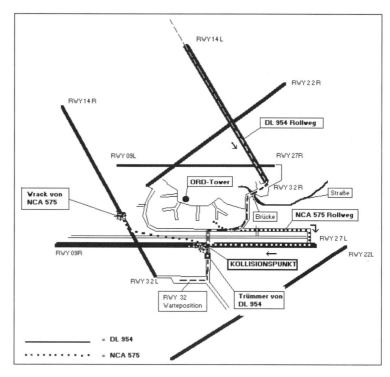

Die Rollwege von Delta AL 954 und NCA 575 in Chicago O'Hare am 20.12.1972

20.12.72

North Central AL	Douglas DC-9-31
N954N	47159
Delta AL	Convair 880
N8807E	29

An diesem Tag lag Nebel mit einer Sichtweite von nur 300 Metern über dem Flughafen von **Chicago O'Hare/IL/USA**.

Die Towerlotsen hatten bis auf die in unmittelbarer Nähe am Terminal stehenden Maschinen keinerlei Sichtkontakt zu startenden oder landenden Flugzeugen. Jeder Pilot mußte das Verlassen bzw. das Kreuzen von aktiven Startbahnen melden. Um 17:55 Uhr/loc. landete auf der Bahn 14L die Convair 880, die als Flug DL 954 aus Tampa kam, und meldete auch um 17:56:18 Uhr/loc. das Verlassen der Startbahn nach rechts und nahm Kontakt mit der Vorfeldkontrolle auf:

DL954:
„Delta nine fifty four is with you inside the bridge and we gotta go to the box."

ATC: „....okay, if you can just pull over to the thirty two pad."

DL954:
„Okay, we'll do it."

Der Delta-Pilot meldete, daß er sich auf der Rollwegbrücke (die unmittelbar hinter der Landebahn 14L liegt) befand, und zur „Box" wollte. Die Box ist ein Wartebereich für Flugzeuge, deren Terminalposition noch belegt ist. Flug 954 wurde jedoch zunächst vom Lotsen zum Wartebereich der Bahn 32L dirigiert. Der dafür vorgesehene Rollweg kreuzte eine der anderen Bahnen des Flughafens, die Startbahn 27L, an deren Ende sich die abflugbereite DC-9 der North Central AL befand. Ohne Sichtkontakt zu haben, nahm der Vorfeldlotse an, daß die CV-880 im Moment der Kontaktaufnahme die Bahn 27L verlassen hatte, und gab die zur Startposition der Bahn 27L rollende DC-9 zum Towerlotsen weiter. Die entscheidenden Worte: „....inside the bridge...", wonach der Controller einen eindeutigen Standorthinweis erhalten hätte, entgingen ihm. Die Delta-Besatzung wurde nun angewiesen, den Wartebereich der Bahn 32L (den man nur erreichen kann, wenn man die Bahn 27L kreuzt) anzusteuern. Ohne weiter nachzufragen, steuerte die Convair auf die aktive Startbahn 27L zu. Um 17:59:52 Uhr/loc. erhielt die DC-9, die auf dem Flug NCA 575 nach Duluth, Iowa, war, die Startgenehmigung.

Das Schicksal wollte es, daß genau im Moment des Kreuzens dieser Bahn, die schon beinahe auf Abhebegeschwindigkeit beschleunigte DC-9 mit der 880er zusam-

EC-BVC; die in Bilbao irreparabel beschädigte Fokker F-28 mit dem Namen „Rio Jamara"./London-Heathrow im September 1970 <Quelle: N.Scherrer>

menstieß. Der DC-9-Kommandant sah erst im letzten Moment die quer vor ihm liegende Convair und befahl sofort: „Rotieren!" Den Piloten gelang es sogar noch, vor der Convair abzuheben, aber das noch ausgefahrene Fahrwerk und die rechte Tragfläche prallten, genau um 18:00:08 Uhr gegen das Heck der 880er und zerfetzten das gesamte Leitwerk. Der noch fliegende Douglas-Jet wurde nach rechts gezogen und prallte einige hundert Meter weiter auf die Querbahn 32L, wo der Havarist zerschellte und brennend zum Stehen kam.

Der Schaden an der Convair hielt sich in Grenzen. Nur das Höhenleitwerk sowie die äußere Spitze der linken Tragfläche wurden abgerissen. Obwohl in der Convair niemand ums Leben kam, wurde der Vierstrahler abgeschrieben. Von den 68 Passagieren der 880er wurden lediglich 2 verletzt. In der DC 9 kamen allerdings 10 von 41 Passagieren ums Leben.

23.12.72
BRAATHENS S.A.F.E.   **Fokker F28-1000**
LN-SUY   **11011**

Die aus Aalesund kommende Fokker war zur Hauptstadt Oslo mit über 45 Menschen an Bord unterwegs. Im Anflug auf die Stadt stürzte die Maschine 18 Kilometer außerhalb des Flughafens, bei **Asdolfjern/Norwegen** zu Boden

Hierbei kamen 38 Passagiere sowie zwei Besatzungsmitglieder ums Leben, 5 weitere wurden verletzt.

Zum Zeitpunkt des Unglücks herrschte Nebel.

28.12.72
Iberia   **Fokker F28-1000**
EC-BVC   **11023**

Bei der Landung in **Bilbao/Spanien** kam die F-28 von der Bahn ab und wurde irreparabel demoliert.

Über Verletzte gab es keine Meldungen.

29.12.72
Eastern AL   **L1011 TriStar 1**
N310EA   **1011**

Sie war der ganze Stolz der Lockheed Flugzeugwerke. Das brandneue Modell L-1011 „TriStar", das am 16.11.1970 in Palmdale/CA den Erstflug bestritt, debütierte auf dem hartumkämpften Weltmarkt, auf dem sich bereits andere Konkurrenten breitgemacht hatten. Zahlreiche Fluggesellschaften hatten bereits die DC-10 bestellt, die einige Monate zuvor entwickelt wurde. Um dennoch verlorengegangenes Verkaufsterrain zurückzuerobern, konterte Lockheed mit einer technologischen Offensive und stattete die TriStar mit den modernsten und teuersten Flugsystemen aus, die in der zivilen Luftfahrt bis dahin zur Anwendung kamen. Die L-1011 verfügte damals über zahlreiche Neuerungen, so z.B. vier unabhängig voneinander arbeitende Hydrauliksysteme; computergesteuerte Spoiler auf den Tragflächenoberseiten; Direct Lift Control (DLC), das automatisch für einen gleichmäßigen Anstellwinkel während des Landeanfluges sorgt; eine Blindlandeautomatik, die selbst bei Nullsicht noch sichere Landungen gewährleistet, sowie das hierfür speziell konstruierte Sichtsystem für die Piloten, das sog. Para-Visual Display(PVD); drei Trägheitsnavigationssysteme; einen Flight Management System(FMS)-Computer, der einen möglichst ökonomischen Treibstoffverbrauch erzielen soll, sowie zwei moderne Autopilotsysteme, die für Höhen-/Kurseinhaltung, selbständige Triebwerkssteuerung und automatische Landung zuständig sind.

Die so mit Hochtechnologie vollgestopften Großraumflugzeuge (Boeing 747, DC-10 und L-1011) verlagerten die Entscheidungsgewalt immer mehr von den Piloten weg zu den Flugzeuginstrumenten. Die guten alten Tage der Fliegerei waren mit dem Einzug des Computers an Bord endgültig vorbei. Durch diese Aufgabenübertragung wurden zwar einerseits die Piloten entlastet, andererseits jedoch verließ sich der Mensch immer mehr auf die moderne Technik, und seine antrainierte Wachsamkeit verkümmerte immer mehr. Es gab jedoch bei allen drei Flugzeugmustern bislang keinerlei Unglücke, die auf einen Fehler in der Technik zurückzuführen waren. An diesem Tag sollte dieses uneingeschränkte Vertrauen in die hochgepriesene Technik allerdings in einer Katastrophe enden.

Eastern Airlines (EAL) war der erste Kunde der TriStar und bekam die erste Maschine am 5.4.1972 ausgeliefert. Schnell wuchs die L-1011-Flotte bis Ende des Jahres auf 12 Maschinen an. Dieser neuartige Flugzeugtyp wurde unter anderem auch auf der Hauptroute von New York nach Miami - der Basis von Eastern AL - eingesetzt. An diesem Abend wurde die L-1011 an der Terminalposition des New Yorker Flughafens John F. Kennedy zum bevorstehenden Flug nach **Miami/FL/USA** bereitgemacht. Es herrschte großes Gedränge in den Terminals, eine übliche Erscheinung in der Zeit nach Weihnachten. Obwohl an diesem Winterabend alle 254 Sitzplätze an Bord ausgebucht waren, erreichten viele der Passagiere wegen des chaotischen New Yorker Straßenverkehrs nicht mehr rechtzeitig den Flughafen und kamen daher nicht mehr an Bord. Als die Türen geschlossen wurden, befanden sich gerade einmal 162 Passagiere, die 10 Mitglieder der Kabinenbesatzung sowie die drei Cockpitmitglieder und ein dort mitfliegender EAL-Wartungsingenieur an Bord. Der 54jährige Kommandant flog seit seinem 18. Lebensjahr und hatte bereits die unglaubliche Zahl von mehr als 30.000 Flugstunden angesammelt. Sein Copilot (39) war ebenfalls sehr erfahren und absolvierte bereits seine 300. Flugstunde auf der L-1011. Komplettiert wurde die Cockpitmannschaft von einem Bordingenieur, der für seine Perfektion und technische Begeisterung für die neue Bordtechnik bekannt war.

Der „Whisperliner", so die Eastern-Bezeichnung der L-1011, hob gegen 21:20 Uhr/loc. in JFK ab und stieg schnell auf Reiseflughöhe. Mit Südkurs näherte sich der Jet seiner Destination. Die Passagiere sehnten sich danach, die arktische Luft New Yorks gegen die angenehmen Temperaturen Floridas eintauschen zu können. Es herrschte Dunkelheit und viele der Passagiere schliefen, als sich vor den Piloten die erleuchteten Umrisse Miamis aus der pechschwarzen Nacht abzeichneten. Es war kurz nach 23:00 Uhr/loc., als EA401 die Reiseflughöhe verließ und man wenig später mit Miami-Approach Funkkontakt aufnahm. Wie erwartet war das Wetter bestens, es herrschten angenehme 22 Grad Celsius, kaum Wind, gute Sicht und nur einige Wölkchen schwebten in 2500 ft.

CPT (über die Bordsprechanlage):
„Welcome to Miami. The temperature is in the low seventies and its an beautiful night out there tonight"

Vom zuständigen Anfluglotsen wurde EA401 auf das ILS der Bahn 09L geführt und wenige Minuten darauf gab er den TriStar an den Towerlotsen ab. Es war bereits nach 23:30 Uhr/loc., als die Maschine auf der verlängerten Pistenachse einschwebte.

„Go ahead and throw them out...", sagte der Kommandant zu seinem Copiloten, der der Anweisung folgend den Hebel der Fahrwerke bediente. Ein leichtes Rumpeln ging durch den großen Jet, als die anströmende Luft gegen die Fahrwerke drückte. Gleichzeitig begann der rückwärtig sitzende Flugingenieur die Landecheckliste durchzugehen. Jeder Punkt auf der Liste wurde nun vom Copiloten entsprechend zurückgelesen, während der Kommandant das Ausfahren des Fahrwerks überwachte. Dieser Vorgang benötigt normalerweise etwa 10 Sekunden. Sind alle drei Fahrwerke ausgefahren und verriegelt, so leuchten drei im Dreieck angeordnete Lämpchen auf der Mittelkonsole auf. Nachdem das leise Summen der Fahrwerksmotoren verstummt war, leuchteten jedoch nur die beiden Lampen des Hauptfahrwerks auf, das Kontrollicht des Bugfahrwerks blieb erloschen. Das obere Lämpchen der Bugradverriegelung wollte einfach nicht aufleuchten.

„Bert, is that handle in?", fragte der Kommandant den Copiloten.

Der blickte kurz von seiner Checkliste auf, überflog das Instrumentenpult vor ihm und entgegnete:
COP: „No nose Gear!"

Abermals wurde das Fahrwerk ein- und wieder ausgefahren, doch immer noch brannten nur zwei der drei Lampen. Möglicherweise so dachten die erfahrenen Piloten, die solch eine Situation schon des öfteren erlebten, war nur die Bugradanzeige defekt, denn vom Geräusch des Ausfahrens der Fahrwerke „fühlten" die Piloten, daß alle drei Fahrwerke ausgefahren waren. Der Kommandant teilte nun dem Tower mit:

CPT: „Well, tower, this is Eastern 401. It looks like we're going to have to circle...we don't have a light on our nose gear."
ATC: „Eastern 401 heavy, roger. Climb straight to 2000...go back to Approach Control on 128.6"
CPT: „Okay, going up to 2000...128.6"

Sofort wollte der Copilot das Fahrwerk wieder einfahren und das Fehlanflugverfahren einleiten, als ihn sein links sitzender Kommandant anhielt:
CPT: „Put power on first, Bert...leave that damn gear down until we've found out what we've got."

N311EA; die 3 Monate ältere "Schwester" der Unglücksmaschine. Wie alle frühen TriStars der Eastern AL trug sie den "Whisperliner"-Schriftzug am Lufteinlaß des Mitteltriebwerks/San Juan im März 1977 <Quelle: Luftfahrt Journal-Sammlung>

Mit ausgefahrenem Fahrwerk wurde die Triebwerksleistung erhöht und EA401 stieg langsam auf 2000 ft. Es war 23:34 Uhr/loc., als die Maschine die Landebahn 09L in Miami überflog, auf der man zu dieser Zeit eigentlich schon aufgesetzt haben wollte. Das Problem mit dem Bugrad nahm die Besatzung nun mehr und mehr in Anspruch. Ein kleines Problem zwar, jedoch bedurfte es einer Überprüfung. Doch alle im Cockpit waren keineswegs beunruhigt. Zur Not konnte man immer noch von Hand das Fahrwerk herauskurbeln.

Der TriStar wurde vom Copiloten gesteuert, der den Jet vorschriftsmäßig in 2000 ft abfing, während der Flugingenieur nun von Hand an das Kontrollpaneel der Fahrwerke heranzukommen versuchte. Hierzu griff er über die linke Schulter des Copiloten und mühte sich, das Paneel loszubekommen, jedoch gelang es ihm nicht. Der Kommandant, der aus seiner Position nicht an die Fahrwerksanzeige, die auf der rechten Konsolenseite angebracht war, herankam, nahm nun erneut Kontakt mit der Anflugkontrolle auf:

CPT: *"Approach Control, Eastern 401, we're right over the airport now, climbing to 2000 feet...in fact we've reached 2000... and we've got to get a green light on our nosegear."*

ATC: *"Eastern 401, roger, turn left heading 360 maintain 2000, vectors to 09 left on final."*

CPT: *"Left, 360."*

Der Copilot drehte nun von Hand den 150 Tonnen-Jet auf Nordkurs und behielt 2000 ft bei. Der Kommandant wollte nun nicht noch mehr Zeit verlieren und so schnell wie möglich das Problem beheben. Der Copilot, der die Steuersäule fest in beiden Händen hielt, konnte nicht an die Fahrwerksanzeige herankommen, obwohl sie zu ihm am dichtesten lag. Dem Kommandanten reichte es nun, er teilte seinem Copiloten mit:

CPT: *„Put that damn thing on autopilot, see if you can get it out."*

Gesagt, getan. Der Copilot betätigte den kleinen Hebel des Autopiloten und nahm dann seine Hände von der Steuersäule. EA401 flog von nun an per Flugautomatik und behielt die eingegebene Höhe von 2000 ft bei. Der Kommandant und der Copilot waren zu diesem Zeitpunkt der Meinung, daß das Fahrwerk vollständig ausgefahren und nur die Glühbirne der Anzeige kaputt war. Also versuchten sie, die Glühbirne auszuwechseln. Doch der Copilot hatte seine liebe Mühe mit dem Herauslösen der Kontrollampeneinheit. Der Kommandant, der dem Problem genauso unerfahren gegenüberstand, gab von links gutgemeinte Ratschläge:

CPT: *„Now push the switches just a little bit forward...you've got to turn it sideways...no, I don't think it'll fit."*

Nun meldete sich der Anfluglotse und bat EA410 nach links auf Kurs 300 Grad zu gehen, um nicht mit anderem Flugverkehr in Konflikt zu geraten. Prompt gab man dem Autopiloten den neuen Kurs ein und widmete sich wieder intensiv dem Bugradproblem. Der Copilot fummelte immer noch erfolglos an der Lampenanzeige herum, und die Geduld des Kommandanten nahm zusehends ab. Plötzlich drehte er sich nach rechts und sagte seinem Flugingenieur, der hinter ihm saß:

CPT: *„Hey, get down there and see if that damn nosewheel is down...you better do that."*

Er hatte die Idee, daß der Flugingenieur durch ein Mannloch im Cockpitboden in die darunterliegende Elektronikzelle kriechen solle. Dort war ein Sichtfenster installiert, von dem aus die Position des Bugfahrwerks mit bloßem Auge zu sehen war. Falls zwei Fahrwerksstangen mit einem roten Balken deckungsgleich übereinanderliegen, so ist das Bugfahrwerk ausgefahren und verriegelt.

Im Moment, als er sich dem Flugingenieur zuwandte, stieß der Kommandant gegen die Steuersäule und schob sie für einen Moment ein kleines Stück nach vorn. Dabei setzte er unwissentlich eine Ereigniskette in Gang, an deren Ende eine Katastrophe stehen sollte.

Die Lockheed TriStar war mit einem hochmodernen Autopilotcomputer (AFCS=Avionic Flight Control System) ausgerüstet, der aus zwei unabhängigen Systemen besteht. Das A-System ist für den Kommandanten, während das B-System für den Platz des Copiloten zuständig ist. Beide AFCS-Systeme können getrennt voneinander betrieben werden, haben jedoch exakt baugleiche Bedienungselemente und Anzeigen. Die Standardeinstellung des Autopiloten ist der CWS-Modus (CWS=Control Wheel Steering), bei dem die Steuereingaben der Steuersäulen (Steig- Sinkflug; Links- Rechtskurve) selbständig beibehalten werden. Dem AFCS kann für fast jede Flugsituation ein bestimmter Modus eingegeben werden. EA401 flog in dieser Phase im „ALTITUDE HOLD" - Modus, bei dem die eingegebene Flughöhe von 2000 ft automatisch gehalten wird. Kursänderungen waren jedoch durch entsprechende Eingaben in das AFCS-System möglich. Der jeweilige AFCS-Modus wird auf beiden Pilotenpaneelen durch entsprechende Leuchtanzeigen dargestellt. Das ganze System war so konstruiert, daß es sich automatisch abschaltete, wenn auf einer der Steuersäulen eine Kraft von mehr als 15 Pfund (7 kg) einwirkt. Dann schaltet das AFCS selbsttätig in den CWS-Modus, und das Flugzeug fliegt nach den manuellen Steuereingaben weiter. Unglücklicherweise stieß der Kommandant mit einer Kraft gegen seine Steuersäule, daß der Flugcomputer vom „ALTITUDE HOLD"-Modus in den CWS-Modus überging, ohne daß die beiden beschäftigten Piloten davon Kenntnis nahmen. Der leichte Stoß nach vorn bewirkte, daß der Großraumjet in einen leichten Sinkflug überging und die Flughöhe von 2000 ft zu verlassen begann. Niemand im Cockpit hatte etwas davon bemerkt. Alle waren zu sehr mit dem Problem des Bugrades beschäftigt, als daß jemand auf die Instrumentenkonsole geblickt hätte. Auf der Autopilot-Konsole des A-Systems (auf der linken Seite des Kommandanten) erlosch in diesem Moment die „ALTITUDE HOLD"-Anzeige, während auf der Seite des B-Systems dieses Licht immer noch brannte. Der Copilot hantierte jedoch an seinem Fahrwerkspaneel herum und schenkte seinem Instrumentenbrett ebenfalls keinerlei Beachtung. Das Verhängnis nahm seinen Lauf.

Mittlerweile hatte der Copilot das Paneel der Fahrwerkslampen aus der Konsole herauslösen können, jedoch hatte er nun Schwierigkeiten die bewußte Glühbirne aus der Halterung zu entfernen.

COP: „Got a handkerchief or something so I can get a better grip? Anything I can do with it."

Der Kommandant reichte ihm sein Taschentuch. Der technisch nicht unversierte Ingenieur, der seit dem Start in New York auf dem Jumpseat im Cockpit mitflog, schaltete sich ebenfalls in das lebhafte Geschehen ein und assistierte verbal dem erfolglosen Copiloten.

ING: „...pull down and turn to your right...now turn it to your left one time"
COP: „It hangs out and sticks."
ING: „Try it my way"
COP: „It won't come out, Bob, if I had a pair of pliers, I could cushion it with that Kleenex."

Im Cockpit herrschte Hochbetrieb. Der Mechanismus der Glühlampe war komplizierter, als die Piloten ahnten. Der Flugingenieur hatte unterdessen die Luke zur Elektronikzelle geöffnet und wollte gerade die kleine Leiter hinabsteigen, als er zum Copiloten sagte:

ING: „I can give you a pair of pliers. But if you force it you'll break it, believe me."

Die grübelnde Besatzung wurde jäh durch einen weiteren Funkspruch des Anfluglotsen unterbrochen:

ATC: „Eastern 401, turn left...heading 270."

Abermals drehte der Copilot mit der linken Hand die Kursautomatik auf den entsprechenden Wert. Der Großraumjet flog nun genau mit Westkurs und entfernte sich wieder von der Stadt. Die Geduld des Kommandanten hatte ihren Endpunkt erreicht. Konsterniert gab er von sich:

CPT: „To hell with it, go down and see if it's lined up on that red line, that's all we care"

Sichtlich amüsiert über die Situation fügte er hinzu:

CPT: „Screwing around with a 20 cent piece of light equipment, on this plane."

Alle im Cockpit lachten über den Ausspruch, der ihre Situation auf den Punkt brachte. Ein zig-Millionen Dollar teures Fluggerät wurde durch eine Glühlampe für lumpige 20 Cents in der Luft gehalten. Es war zum Haareraufen.

Niemand an Bord hatte bemerkt, daß sich der TriStar seine anfängliche Flughöhe verlassen hatte und langsam dem Erdboden entgegensank. Als man eine Flughöhe von 1750 ft passierte, also 250 ft unterhalb der im AFCS-eingegebenen Höhe, ertönte im Cockpit ein entsprechender Warnton im C-Akkord. Doch das Unglück wollte es, daß der Lautsprecher, aus dem die akustische Warnung kam, über dem Arbeitsplatz des Bordingenieurs installiert war. Der Flugingenieur war jedoch in diesem Moment im der Elektronikzelle unter dem Cockpit und konnte von dort Keinerlei Geräusche wahrnehmen. Beide Piloten waren durch ihre Kopfhörer abgeschirmt, auf denen ständig Funksprüche zwischen der Anflugkontrolle in Miami und anderen Flugzeugen hin- und hergingen. Der ebenfalls mitfliegende Wartungsingenieur hörte zwar den C-Akkord. Da ihm jede Cockpiterfahrung fehlte, interpretierte er dieses Geräusch als eine Routinemeldung des Bordsystems und dachte sich nichts dabei. Alle vier Menschen im Cockpit konzentrierten sich nun ausschließlich auf das vertrackte Bugradproblem. Keiner beobachtete den Höhenmesser, deren großer Zeiger sich langsam gegen den Uhrzeigersinn drehte.

Der Kommandant bat nunmehr die Anflugkontrolle, ihren Flugweg nach Westen beibehalten zu dürfen, um etwas mehr Zeit zur Verfügung zu haben. Diese Bitte wurde gewährt, und EA401 entfernte sich langsam aus dem besiedelten Stadtbereich. Die letzten Lichter überflog der Düsenriese um 23:40 Uhr/loc. und vor dem Flugzeug lag nun die schier unendliche Schwärze der Everglade-Sümpfe.

Der Kopf des Flugingenieurs erschien wieder über dem Mannloch.

ING: „I can't see it down there."
CPT: „For the nosewheel there's a place in there where you can look and see if it's lined up."

Trotz intensiver Bemühungen seitens des Flugingenieurs vermochte er aufgrund der Dunkelheit in der unteren Elektronikzelle nicht zu erkennen, ob sich das Bugfahrwerk in seiner vorgeschriebenen Position befand. Den mitfliegenden EAL-Ingenieur hielt es nun nicht mehr länger auf seinem Platz. Er stieg mit hinab durch das enge Mannloch, um den Flugingenieur zu unterstützen. Nun befanden sich nur noch die beiden Piloten im Cockpit, als der Anfluglotse in Miami sich abermals an sie wandte:

ATC: „Eastern 401, how are things coming along out there?"
CPT: „Okay, we'd like to turn around now and come back in."
ATC: „Eastern 401, turn left heading 180."

Der Kommandant bestätigte die Linkskurve, die sie wieder zurück auf das ILS der Landebahn bringen sollte. Immer noch hatte niemand bewirkt, daß der TriStar nur noch knapp 200 ft vom Erdboden entfernt war. Aufgrund der tiefen Schwärze der Everglades konnte man selbst mit gutem Augen bei einem Blick aus dem Cockpitfenster keinerlei Bodenkonturen in der Dunkelheit wahrnehmen. Kein Licht aus einem Haus oder Autoscheinwerfer waren als optische Orientierungshilfe vorhanden. Nur dunkle Sumpflandschaft befand sich unter dem Düsenriesen. Dem Copiloten fiel in dieser Situation auf, daß die Fluggeschwindigkeit von 174 Knoten auf 188 Knoten zugenommen hatte. Er zog die drei Leistungshebel der Triebwerke leicht zurück, um wieder die alte Geschwindigkeit zu erreichen. Zugleich drehte er den TriStar in die angewiesene Linkskurve, als er bei einem Blick auf sein Instrumentenbrett stutzig wurde. Irgend etwas stimmte nicht. Des Licht des Autopiloten, das den „ALTITUDE HOLD"-Modus anzeige, leuchtete zwar wie vorher auch, jedoch war etwas nicht wie sonst. Ein flinker Blick auf den Höhenmesser ließ ihn erschauern. Dort stand der kleine Zeiger auf Null, während der große Zeiger langsam die 100 ft Markierung passierte und sich langsam dem kleineren näherte. Das bedeutete, daß sich EA410 nur wenige Meter vor dem Erdboden befand! Verwirrung machte sich beim Copiloten breit, der die gegenteiligen Anzeigen der Instrumente nicht sofort zu deuten vermochte:

COP: „We did something to the altitude!"
CPT: „What?"
COP: „We're still at 2000, right?"

Der Copilot erfaßte die Situation immer noch nicht vollends. Wie alle an Bord, ging er davon aus, daß die

Maschine immer noch auf 2000 ft war, die Flughöhe, die dem Autopiloten eingegeben wurde. Für einen Moment herrschte Totenstille im Cockpit, als der Kommandant in Windeseile seine Instrumente überflog. Plötzlich rief er:
CPT: *„Hey, what's happening here?"*

Kaum hatte er zuende gesprochen, da ertönte auch schon das laute Hupen des Höhenwarngerätes, das eine gefährliche Annäherung mit dem Erdboden anzeigt. Die Piloten, die noch nicht recht wußten wie ihnen geschah, waren nicht mehr in der Lage Gegenmaßnahmen zu ergreifen. In der gleichen Sekunde berührte bereits die linke Tragflächenspitze den weichen Boden der Everglade Sümpfe /FL/USA. Augenblicklich wurde EA410 um die Hochachse herumgerissen. Die Tragflächen wurden vom Rumpf abgerissen, der in Sekundenschnelle aufgerissen wurde und auseinanderbrach. Das tosende Bersten von Metall war nach einigen Sekunden vorüber, als das Wrack des TriStar's endlich auf dem nassen Untergrund um 23:42 Uhr/loc. zum Stehen kam. Eine gespenstische Stille umgab nun den Ort des Geschehens, der viele Kilometer von der nächsten Ortschaft entfernt war. Der entstandene Feuerblitz beim Aufschlag erlosch sofort wieder und die Dunkelheit legte sich wieder über die Sümpfe des Nationalparks. Ein zufällig mit seinem Propellerboot patrouillierender ehemaliger Wildhüter beobachtete die Lampen des Flugzeugs und den darauffolgenden Aufschlagblitz. Er war gerade mit seinem Boot auf der Jagd nach einer seltenen Froschart, die nur nachts aktiv sind und eine örtliche Delikatesse sind. Instinktiv begab er sich schnellstmöglich in Richtung zu dem Ort, wo er das helle Leuchten wahrgenommen hatte.

Unterdessen stellte der Anfluglotse in Miami fest, daß das Radarecho von Flug 401 erloschen war. Zwar sah er zuvor, daß auf der Höhenanzeige der Radaridentifizierung statt 2000 nur noch ein Wert von 900 stand, jedoch sah er darin keinen Anlaß zur Besorgnis. Da nur ein Antennenempfänger in Betrieb war, zeigten oftmals die Höhenwerte unkorrekte Daten an. Der Controller ging somit davon aus, daß lediglich die Radaranzeige fehlerhaft war. Zudem waren aus dem vorherigen Wortwechsel mit den EAL-Piloten keinerlei Anzeichen für einen Notfall zu erkennen. Beunruhigt über das Verschwinden des Radarsignals funkte er:
ATC: *„Eastern 401, are you requesting emergency equipment for your landing?"*

Es kam keine Antwort von Flug 401.
ATC: *„Eastern 401, I've lost you on radar...and your transponder. What is your altitude?"*

Wiederum blieb dieser Aufruf unbeantwortet. Der Controller versuchte es weiter und weiter - ohne Erfolg. Dann meldete sich eine 727 der National AL:
NA727:
„Miami Approach, this is National 611, we just saw a big flash...looked like it was out west. Don't know what it means, but we wanted to let you know."

Unmittelbar darauf funkte ein anfliegender chilenischer Jet:
LAN451:
„Lan Chile 451, we saw a big flash...a general flash, like some kind of explosion."

Zur gleichen Zeit berichtete ein gerade gestartetes Privatflugzeug Miami-Tower von einem „gewaltigen Blitz" und „....es sieht aus als ob ein Flugzeug geradewegs zu Boden gestürzt wäre.". Sofort wurde Großalarm ausgelöst. Zwei Hubschrauber der US-Küstenwache flogen zum vermuteten Absturzort. Dort angekommen trafen sie auf den Froschfänger, der mit seinem Propellerboot als erster am Flugzeugwrack eintraf. Als das ganze Ausmaß der Katastrophe sichtbar wurde, wurden sofort sämtliche zur Verfügung stehenden Rettungseinheiten in Bewegung gesetzt. Die umfangreichen Rettungsmaßnahmen, an denen sich sämtliche Rettungsunternehmen der Gegend, die Küstenwache und die US-Air Force beteiligten, beförderten 73 Überlebende in die umliegenden Krankenhäuser.

103 Menschen, darunter auch die Piloten überlebten das Unglück nicht.

Viele Passagiere wurden beim Aufprall aus dem Flugzeug geschleudert und überlebten zunächst die Havarie. Bewußtlos hingen einige noch auf ihren Sitzen und gerieten mit dem Kopf unter die Wasserlinie. Durch die mangelnde Zugänglichkeit des Sumpfgebietes waren viele bereits ertrunken, als die Rettungsmannschaften am Absturzort eintrafen.

Der amerikanische Fortschrittsglaube erlitt in dieser Nacht einen Tiefschlag. Es war das erste Mal, daß einer der sogenannten „Jumbo-Jets" in einen Absturz verwickelt war, die bis dahin den Nimbus der technischen Perfektion genossen und als die ausgereiftesten und sichersten Flugzeuge überhaupt galten. Eine derartige Kombination von unglücklichen Ereignissen, wie sie Flug 401 widerfuhr, konnten sich selbst die kühnsten Spezialisten der High-Tech-Flugzeugkonstrukteure nicht ausmalen.

Das NTSB erließ hiernach eine ganze Reihe von Vorschriften:
○ In allen amerikanischen Zivilflugzeugen über 5,7 Tonnen mußte ein Bodenannäherungswarngerät (Ground Proximity Warning System (GPWS)) installiert werden, das bald darauf weltweite Verbreitung fand.
○ Zusätzlich zu den akustischen Höhenwarnungen wurde die AFCS-Konsole der L-1011 mit blinkenden gelben Warnlampen ausgerüstet, die bei einer Abweichung von mehr als 250 ft ausgelöst werden.
○ Die L-1011 wurde mit einer Beleuchtungsanlage ausgerüstet, mit deren Hilfe es für nur eine Person einfach möglich war, die Position des Bugrades zu erkennen.

02.01.73

Pacific Western   **Boeing 707-320C**
CF-PWZ   **18826**

Morgens um 5:00 Uhr/loc. klingelte der Wecker des Kommandanten der „CF-PZW" in Vancouver an der kanadischen Pazifikküste. Die letzten Monate waren eine anstrengende Zeit für ihn: Er war Pilotenausbilder seiner Firma und mußte den theoretischen Unterricht am Boden abhalten und die angehenden Piloten in der Luft prüfen. Da „Pacific Western" ihn von seiner normalen Tätigkeit während seiner Zeit als Ausbilder nicht freistellte, mußte er seine Flugaufträge „nebenher" noch mitfliegen. Man konnte davon ausgehen, daß der Mann, der sich da aus dem Bett wälzte und sich zum Dienst begab, ziemlich müde und gestreßt war. Am Flughafen von Vancouver angekommen, wurde ihm mitgeteilt, daß es ein Problem mit den Dienstplänen gäbe: Der Boeing-Frachter „CF-PWZ" war am Abend vorher in Toronto mit 24 Stunden Verspätung gelandet, weshalb die Besatzung außer Dienst gehen mußte. Der neun Jahre alte Frachter sollte so schnell wie möglich in Toronto eine Ladung von 86 Kühen übernehmen und nach Edmonton/Alberta fliegen.

Der Kommandant wurde damit beauftragt, sich mit einem Copiloten nach Toronto zu begeben und die „CF-PWZ" zu übernehmen. Der einzige verfügbare Copilot hatte seinen ersten Arbeitstag nach einem sechswöchigen Urlaub. Seine Erfahrungen mit der 707 beschränkten sich auf einen Umschulungskurs, mehrere Übungsflüge und eine Landung nach Instrumentenflugregeln. Vorher war er Copilot auf der Boeing 737 gewesen.

Die beiden trafen um 22:00 Uhr/loc. in Toronto ein. Beim Blick in das Logbuch der bereitstehenden 707 fielen ihnen einige technische Mängel auf: Einer der vier Generatoren, die das Flugzeug mit Strom versorgen, war defekt. Von einigen anderen kleineren Störungen abgesehen, war auch der Cockpit-Voice-Recorder inoperabel. Darüber wollte er mit der vorhergehenden Besatzung sprechen, die aber schon nach Vancouver zurückgeflogen war. Der Copilot hatte inzwischen den Flug genehmigen lassen und die Wettervorhersage für die Strecke eingeholt: Zwischen Toronto und Edmonton im Westen zog eine Kaltfront hindurch, die leichten Schneefall und starke Turbulenzen in ca. 4000 ft mit sich brachte. Über dem Flughafen von Edmonton schneite es leicht, und eine Wolkendecke ließ die Sichtweite auf 1000 Meter absinken. Für Kanada im Januar schon fast gutes Wetter. Die Piloten begaben sich zur „CF-PWZ", wo der Flugingenieur seit 15:00 Uhr/loc. mit zwei Bodenarbeitern damit beschäftigt war, die 707 mit Kuhboxen auszurüsten und danach die 86 Kühe einzuladen.

Nachdem der Frachter betankt worden war, rollte man zur Starbahn. Im Cockpit befand sich ein Kommandant, der seit fast 19 Stunden auf den Beinen war, sowie ein unerfahrener Copilot. Komplettiert wurde die Besatzung von einem Flugingenieur, der ebenfalls schon einen harten Tag hinter sich hatte: Er war seit 15:00 Uhr/loc. im Dienst und hatte seitdem bei Temperaturen unter dem Gefrierpunkt Kuhboxen in eine 707 eingebaut und sich danach beim Beladen als Viehtreiber betätigt. Anschließend hatte er die 707 durchgecheckt, die nicht im besten Zustand war, und das Betanken überwacht. Um 23:47 Uhr/loc. hob die 707-300 zu ihrem Flug PWA 3801 mit einer abgearbeiteten und übermüdeten Besatzung Richtung Edmonton/Alberta ab.

Nach einem drei Stunden und 30 Minuten langen Nachtflug durch ein Schlechtwettergebiet mit Sicht null und schweren Turbulenzen meldete sich die Besatzung um 0:10 Uhr/loc. bei Edmonton Center mit der Bitte, mit dem Sinkflug beginnen zu dürfen. Dieser wurde genehmigt und ein Wetterbericht nachgereicht, der sich nicht sonderlich von dem in Toronto unterschied, nur war das Wetter dort noch schlechter geworden. Der Kommandant wollte die Zentrale seiner Firma in Vancouver über die baldige Landung in Edmonton informieren, vergaß aber sein Funkgerät auf die Companyfrequenz umzuschalten und redete unwissentlich mit den Lotsen in Edmonton weiter. Diese wiesen ihn auf seinen Irrtum hin. Das war das erste Anzeichen, daß die Müdigkeit anfing, sich auf seine Konzentration auszuwirken. Um 0:14 Uhr/loc. meldete der Kommandant dem Tower Schwierigkeiten mit dem Generator Nr.4.

Die 707 war auf 5.000 ft abgesunken, als sie für einen Direktanflug für die Landebahn 29 freigegeben wurde und zur Towerfrequenz hinüberschalten sollte. Im Tower hörte man für 2 Minuten und 51 Sekunden nichts von der Besatzung, bis man besorgt nachfragte:

TWR: „3801 International, hören Sie mich?"

Jetzt meldete sich der Pilot und gab eine Positionsmeldung ab. Warum die Besatzung sich fast drei Minuten nicht gemeldet hatte, ist nicht ganz klar. Die 707 war in einer Höhe von 3.000 ft stur geradeaus geflogen, während die Besatzung wahrscheinlich damit beschäftigt war, die Stromversorgungsprobleme zu beheben. Nachdem der Generator Nr.4 schon vom Start an nicht richtig funktioniert hatte, war wahrscheinlich zum Zeitpunkt des Überfliegens des Outermarkers auch noch Generator Nr.1 ausgefallen. Der Flugingenieur hatte seinen Sitz direkt hinter den Piloten wieder zu seinem Instrumentenpult zurückgeschoben und versuchte, die ausgefallenen Generatoren zu überbrücken. Dabei waren seine Unterlagen keine Hilfe, denn die bezogen sich auf die 707-100 und nicht auf die 707-300. Während der Bordingenieur zu retten versuchte was zu retten war, fuhr der am Steuer

CF-PWZ; die Unglücksboeing 707 der PWA, die bei Edmonton abstürzte./Dubai im August 1972 <Quelle: N.Scherrer>

sitzende Copilot die Fahrwerke aus und ließ die Klappen auf 50° herunter. Das war unüblich und wird normalerweise erst kurz vor dem Aufsetzen gemacht. Die von starken Turbulenzen gebeutelte „CF-PWZ" war aber noch 4 Meilen vom Aufsetzpunkt entfernt. Sie bekam dadurch eine hohe Sinkrate, die aber abgefangen werden konnte. Der Kommandant meldete sich um 0:33 Uhr/loc. noch einmal beim Tower, dann brach der Funkkontakt endgültig ab. An Bord flog wegen Überlast die Sicherung des „Essential AC-Bus Nr.2" heraus, der unter anderem das Instrumentenpult und das Funkgerät des Kommandanten mit Strom versorgte. Wegen der vollausgefahrenen Klappen und der zu langsamen Geschwindigkeit erhöhte sich die Sinkrate wieder. Die „CF-PWZ" sank unter den Gleitpfad, was der unerfahrene Copilot nicht bemerkte. Im letzten Moment übernahm der Kommandant wieder das Steuer, obwohl er vor toten Instrumenten saß. Da war es aber schon zu spät.

Er riß die Nase des Frachters wieder nach oben, aber die 707 streifte schon die ersten Bäume am Ufer des **Telford Lake/Kanada**. Der Havarist krachte 1,7 Meilen vor der Landebahn mit dem Hauptfahrwerk gegen die ansteigende Uferböschung, welches infolgedessen abbrach. Immer noch mit 95 knoten schnell, schoß sie durch eine Hochspannungsleitung hindurch, zerriß die Stromkabel und zerschellte an einem Hügel.

Die Maschine hatte bei ihrem Absturz die Hochspannungsleitung zerrissen, die den Flughafen mit Strom versorgt. Der Tower versuchte verzweifelt, die „CF-PWZ" zu erreichen und darüber zu informieren, daß sie einen totalen Stromausfall hätten.

Aber da hatte die dreiköpfige Besatzung schon in den brennenden Trümmern den Tod gefunden. Auch die 86 Kühe überlebten den Absturz nicht.

Zum Zeitpunkt des Absturzes war der Kommandant ohne eine einzige Ruhepause über 23 Stunden im Dienst. Bei den Untersuchungen stellte sich heraus, daß der Generator Nr.4 und Cockpit-Voice-Recorder schon zwei Wochen vorher defekt waren. Doch bei „Pacific-Western" war niemand in der Lage, diesen Fehler zu beheben.

22.01.73
Alia   **Boeing 707-320C**
JY-ADO   **20494**

Die 707 wurde von Nigeria AW angemietet und befand sich mit 209 Insassen auf dem Rückflug von Jeddah nach Lagos/Nigeria. Die meisten Passagiere waren Moslems, die von einer Pilgerreise aus Mekka zurückkehrten. Wegen schlechtem Wetter in Lagos wurde die Boeing nach **Kano/Nigeria** umgeleitet. Im Endanflug geriet man allerdings zu tief und bekam vor der Landebahn Bodenberührung. Mit abgerissenen Fahrwerk schlitterte der Rumpf über den Pistenanfang, drehte sich um ca. 180° und fing Feuer. In einem Flammenmeer kam „JY-ADO" endlich zum Stillstand. Die Notrutschen konnten gerade noch betätigt werden, und es gelang noch 33 Menschen, aus dem Inferno zu entfliehen, bevor die 707 endgültig ausbrannte.

Alle anderen 176 Menschen, darunter auch drei Mitglieder der Besatzung kamen bei diesem Unglück ums Leben. Es war dies das bisher schwerste Flugzeugunglück der zivilen Luftfahrt der westlichen Welt. Berichten zufolge, soll der amerikanische Pilot kurz vor der Landung auf böige Winde aufmerksam gemacht worden sein.

30.01.73
S A S   **Douglas DC-9-21**
LN-RLM   **47304**

Der Abendkurs SK 370 der SAS von **Oslo/Norwegen** über Trömsö nach Alta am Polarkreis war nur mäßig besetzt. Nur 29 Passagiere und 4 Besatzungsmitglieder befanden sich an Bord der „Reidar Viking". Um 23:15 Uhr/loc. rollte die DC-9 vom Terminal des Osloer Flughafens Fornebu ab und begab sich in Richtung der Startbahn 24. Auf dem Weg hörten die Piloten noch den letzten Wetterbericht des Flughafens ab: Die Temperatur lag bei 0° Celsius, leichter Seitenwind und mittelmäßige Sicht. Die Bremswirkung auf der Piste wurde wegen überfrierender Nässe als „Schlecht" bezeichnet. Um 23:18 Uhr/loc. erhielt die DC-9 die Erlaubnis für einen „Rolling Take off", sie konnte sofort auf die Piste rollen und ohne Zwischenhalt mit dem Startlauf beginnen.

Die Maschine bog mit 30 Knoten auf die Piste und die Piloten schoben sofort die Leistungshebel nach vorne. Schnell beschleunigte die DC-9 und hatte innerhalb 15 Sekunden Entscheidungsgeschwindigkeit V_1 von 117 Knoten. Das Flugzeug beschleunigte weiter und bei der Rotationsgeschwindigkeit V_R von 125 Knoten zogen die Piloten die Steuersäule zu sich heran. Langsam hob sich das Bugrad von der Runway.

In diesem Moment schlugen im Cockpit die Stall-Warngeräte an, das ein Überziehen der Maschine verhindern soll. Das Steuersäulenrüttel-System begann zu arbeiten und das Warnhorn tutete mit 109 Dezibel laut in die Ohren der Piloten. Drei Sekunden nach dem Einsetzen der Warnung brachen die Piloten den Start ab, obwohl die Maschine mit 140 Knoten ihre V_1-Geschwindigkeit schon lange überschritten hatte. Sie hatten jetzt noch 1.100 Meter Startbahn übrig, um die 40 Tonnen schwere DC-9 zum Stehen zu bringen. Der Umkehrschub wurde betätigt, und das Bugrad krachte wieder auf den Asphalt. Nun traten die Piloten mit aller Kraft in die Bremsen, aber es gelang ihnen nicht, die Maschine bis zum Ende der rutschigen Rollbahn zum Stehen zu bringen. Außerdem arbeitete der Umkehrschub nur unvollständig. Die Radbremse des Bugrades versagte ganz.

Mit immer noch hoher Geschwindigkeit passierte der Jet die Überrollfläche und rumpelte danach die Uferböschung des Oslofjordes hinunter. Es war Winter, weswegen die Wasseroberfläche des Fjordes mit einer dicken Eisschicht überzogen war. So legte die DC-9 die letzten Meter ihrer Rutschpartie auf dem Eis zurück.

Mittlerweile auf Schrittempo heruntergebremst, kam sie gut 20 Meter vom Ufer entfernt zum Stehen. Sofort verließen die unverletzt gebliebenen Insassen das Flugzeug und begaben sich zum Ufer. Das Eis konnte das Gewicht der „Reidar Viking" nicht lange tragen. Nach zwanzig Minuten brach es und die DC-9 versank in den schwarzen Fluten des Fjordes.

Sie wurde zwei Tage später wieder aus zwölf Metern Tiefe gehoben, aber es stellte sich heraus, daß eine Behebung der Schäden am Flugzeug ca. 5 Millionen Dollar kosten würde. Das lohnte sich nicht, und so wurde die vier Jahre alte DC-9 abgeschrieben.

Probleme mit der „Reidar Viking" hatte es schon vorher gegeben: Eine Woche vorher hatte beim Start in Alta eine „full stall warning" angeschlagen. Da die V1-Geschwindigkeit schon überschritten war, ließen es die Piloten darauf ankommen und hoben die DC-9 von der Piste. 30 ft über dem Boden schaltete sich die Warnung wieder ab und der weitere Steigflug verlief normal. Die Piloten atmeten erleichtert durch: „Fehlalarm"! Diese Fehlalarme wiederholten sich an diesem Tag noch zweimal. In der Luftwerft konnte man später keine Ursache für diese Zwischenfälle finden, und die Maschine wurde wieder in den Liniendienst gelassen. Nachdem die „Reidar Viking" aus dem Wasser gezogen worden war, fand man die Ursache der Falschmeldungen: Das Pitot-Rohr, das den Bordcomputer mit Geschwindigkeitswerten versorgt, war teilweise vereist gewesen. Das Pitot-Rohr ist das „Fühlinstrument", das den Geschwindigkeitsmesser mit Werten versorgt. Da es nur teilweise vereist war, zeigte es zwar noch Werte an, die aber niedriger waren als die tatsächlichen. Der Bordcomputer hatte diese niedrigen Geschwindigkeitswerte falsch interpretiert und Alarm geschlagen.

19.02.73
Aeroflot   **Tupolev 154**
CCCP-85023   **23**

Die Tupolev 154 war um 06:50 Uhr/loc. in Moskau zu einem Linienflug nach **Prag/Tschechoslowakei** gestartet. An Bord befanden sich neben 87 Passagieren noch 13 Besatzungsmitglieder, von denen sich sechs in dem engen Cockpit der Tupolev drängelten. In qualvoller Enge befanden sich neben den beiden Piloten noch jeweils ein Ausbilder für den Bordingenieur und den Navigator in dem Cockpit.

Der zweistündige Flug bis zur Grenze der CSSR verlief ebenso ohne besondere Vorkommnisse wie der Beginn des Landeanflug auf den Flughafen Prag - Ruzyne. Um 09:02 Uhr/loc. passierte die Tupolev 4.500 ft und wurde an den Anfluglotsen weitergeben. Von ihm wurde die Maschine für einen Anflug auf die Bahn 25 freigegeben. Die Piloten sollten auf 1.500 ft absinken und dann auf den ILS - Gleitpfad schwenken. Bei dem Passieren von 1.050 ft informierte der Lotse die Besatzung über eine Kursabweichung von 2 Kilometern, die aber binnen 40 Sekunden korrigiert wurde. Die Tupolev war jetzt noch 15 Kilometer von der Landebahnschwelle entfernt. Um 09:05 Uhr/loc. wurde sie an den Towerlotsen übergeben, der die Besatzung mit neuesten Wetterinformationen versorgte und sie endgültig für die Landung auf der Bahn 25 freigab. Bei einem leichten Gegenwind ließ leichter Schneefall die Sicht über dem Flughafen absinken. Eine Minute später wiederholte die Besatzung diese erhaltenen Informationen. Das war der letzte Kontakt mit der Aeroflot Maschine.

Die Tupolev befand sich genau auf dem Gleitweg des ILS - Strahles, als sie um 09:07 Uhr/loc. mit ausgefahrenen Fahrwerken das Voreinflugzeichen „L" überflog. Plötzlich tauchte die Maschine vor den Augen der entsetzten Towerlotsen aus 900 ft steil nach unten ab. Der sowjetischen Besatzung gelang es nicht mehr, die Tupolev abzufangen, die Sekunden später gut 460 Meter vor der Landebahnschwelle mit dem Bugrad zuerst aufschlug. Das Bugfahrwerk brach ebenso zusammen wie das rechte Hauptfahrwerk, das als nächstes den Boden berührte. Ungeschützt schlugen jetzt die rechte Tragfläche und der hintere Rumpf auf, wobei die Tragfläche abbrach und ausströmender Treibstoff sich entzündete. Der Rumpf der Maschine schlitterte weiter durch die Landebahnbefeuerung und drehte sich dabei langsam um seine Achse, bis der brennende Torso endlich 250 Meter vor der Landebahn zum Stehen kam. Der aus der abgerissenen rechten Tragfläche ausströmender Treibstoff drang in die Kabine ein und setzte Teile der Kabineneinrichtung in Brand.

Der diensthabende Offizier der Flughafenfeuerwehr hatte den Absturz mitangesehen und sofort Alarm gegeben. Das brennende Wrack stand noch nicht, da rückten schon die ersten Wagen aus und erreichten gut eine Minute später die über ihre ganze Länge brennende Tupolev. Während sich aus den vorderen Ausgängen einige Insassen retten konnten, brannte das Heck schon mit einer Intensität, die es den Rettungskräften unmöglich machte, sich ihm zu nähern. Eilig begannen einige Feuerwehrleute, den Rumpf mit Schaum zu überziehen, während ihre Kollegen in die brennende Kabine eindrangen, um der Kabinenbesatzung bei der Evakuierung zu

CCCP-85423; eine andere der vielen Tupolev 154er der Aeroflot hier beim Ausrollen nach der Landung / Hamburg im Juli 1986 <Quelle: JR-Photo>

helfen. In den folgenden vier Minuten gelang es, 34 Insassen zu retten. Danach brannte es innerhalb des Flugzeuges so stark, daß die Feuerwehr sich zurückziehen mußte. Im Frachtraum des Flugzeuges begannen einige Preßluftflaschen zu explodieren, was es den eintreffenden Verstärkungen der Rettungskräfte schwer machte, sich dem Flugzeug zu nähern. Es dauerte fast 40 Minuten, bis die Feuerwehr den Brand unter Kontrolle hatte.

In der Kabine kamen 53 Insassen ums Leben, darunter auch einige Cockpitinsassen, die meisten in ihren Sitzen im Heck. Weitere 13 Insassen konnten zwar dem Inferno entrissen werden, erlagen aber später ihren Verletzungen. Das alles brachte die Zahl der Toten auf insgesamt 66, von denen 51 an Brandverletzungen starben. 18 Insassen, davon drei Besatzungsmitglieder, trugen zum Teil schwerste Verletzungen davon.

Es war den Untersuchungsbehörden nicht möglich festzustellen, warum die erst sechs Monate alte Tupolev abgestürzt war. Das Feuer hatte die Trümmer der Maschine vollständig zerstört, was die Bestimmung der Absturzursache nicht erleichterte. Die von den sowjetischen Behörden zur Verfügung gestellten Wartungsunterlagen gaben ebenfalls keinen Aufschluß. Die Informationen über die Piloten enthüllten, daß sowohl der Kommandant wie auch der Copilot mit jeweils 12.000 Flugstunden sehr erfahrene Piloten waren. Auf der legendär komplizierten Tupolev 154 hatten beide nur jeweils 450 Flugstunden gesammelt.

Der CVR und FDR wurde nach Moskau zur Untersuchung geschickt, wobei man schon in Prag feststellte, daß der im Cockpitbereich installierte CVR schwer beschädigt war. Die sowjetischen Behörden stellten die aus den Auslesungen gezogenen Ergebnisse und Feststellungen den tschechisch slowakischen Behörden nicht zur Verfügung.

Nach der großangelegten Untersuchung schlossen die Behörden einen Fehler der Crew, einen technischen Defekt innerhalb des Flugzeuges und der Bodeneinrichtungen aus. Auch Sabotage wurde ausgeschlossen. Ein Auftreten einer „atmosphärischen" Turbulenz, z.B. einer Windscherung, konnten die Behörden nicht ausschließen.

21.02.73
Libyan Arab AL   **Boeing 727-200**
5A-DAH   **20244**

Die Boeing der Libyan Arab AL war vormittags auf dem Flughafen der libyschen Hauptstadt Tripolis abgehoben und sollte nach einer planmäßigen Zwischenlandung in Bengahzi als Flug LN 114 seine endgültige Destination Kairo anfliegen. An Bord befanden sich neben der achtköpfigen Besatzung noch weitere 105 Passagiere. Es herrschte dichte Bewölkung, die keinerlei Bodensicht zuließ. Als LN 114 gegen 13:45 Uhr/loc. gerade die Reiseflughöhe erreicht hatte, begann das Flugzeug vom Kurs abzukommen. Die Boeing überflog die Hauptstadt Kairo und nahm Kurs auf den Golf von Suez.

Die Suez Halbinsel war zu dieser Zeit Schauplatz von militärischen Auseinandersetzungen zwischen Ägypten und Israel. Von Israel besetzt, wurde auf diesem Territorium eine Unmenge von israelischen militärischen Einheiten zusammengezogen, immer bereit, einen drohenden Angriff der Araber abzuwehren. Der Irrflug der Boeing blieb daher auch dem israelischen Radar nicht verborgen. Beim Eindringen in den von Israel kontrollierten Luftraum schickte die Armee zwei F-4 Phantom Abfangjäger dem vermeintlichen Eindringling entgegen. Die 727 flog recht niedrig in ca. 5.000 ft Höhe, als es gegen 14:00 Uhr/loc. auf die Phantom-Flugzeuge traf. Diese versuchten sofort, den Eindringling zum Landen zu bewegen. Die vermutlich völlig überraschte Besatzung bemerkte nun wohl, daß mit ihrer Position etwas nicht stimmte und kurvte wieder mit Westkurs in Richtung Kairo. Dies legten die israelischen Piloten offenbar als Fluchtversuch aus und schossen nun scharf auf die Tragflächen der Boeing. Die Geschosse der Bordkanonen durchdrangen den äußeren rechten Tragflächentank, der sofort leckschlug. Das auslaufende Kerosin geriet sofort in Brand. Der Zivilpilot tauchte nach unten ab und konnte die Höhe nicht mehr halten. Das Feuer weitete sich schnell auf den Rumpfbereich aus. Gegen 14:10 Uhr/loc. versuchten die Piloten etwa **10 km östlich des Suezkanals** eine Rumpflandung in der Sinaiwüste. Dabei kam es zu einer Explosion. Die 727 geriet außer Kontrolle und brach bei der heftigen Bodenberührung in mehrere Teile.

Von den 113 Insassen überlebten nur fünf den Absturz.

Die Resonanz dieses Unglücks in Kairo und Tel Aviv ließ nicht lange auf sich warten. Empört über den „gezielten, provokanten Abschuß" drohte Ägypten mit Racheakten. Israel entgegnete, daß trotz mehrfacher, eindeutiger Aufforderungen seitens der Phantompiloten der libysche Pilot nicht reagierte und somit die israelischen Abfangjäger keine Handlungsalternative sahen, als die Landung mit allen möglichen Mitteln zu erzwingen.

Fest steht jedoch, daß trotz mehrmaliger Anweisungen der ägyptischen ATC, Kurs auf das Funkfeuer in Kairo zu nehmen, keine Reaktion von Flug LN 114 kam. Um 14.05 fing man die letzte Meldung des Piloten auf:
LN114:„*Sie schießen auf mich und zwingen mich zur Landung in der Nähe von Berdavil.*"

Ein in der Nähe befindlicher MEA-Jet fing außerdem noch einen „Mayday"-Notruf auf.

Bis zu 80 km tief drang die 727 in das von Israel kontrollierte Gebiet ein und überflog dabei diverse Stellungen der Armee. Laut israelischer Darstellung entgegnete der libysche Pilot, als die Abfangjäger durch das Ausfahren des Fahrwerks zur Landung aufforderten, daß er keine Befehle von Israel entgegennehmen würde. Dann habe man durch Flügelwackeln und Schüsse vor den Bug den Forderungen Nachdruck verliehen, bevor die 727 in Brand geschossen wurde.

Einige Zeit vorher drohte die radikale Palästinenserorganisation „Schwarzer September" damit, über den israelischen Stellungen im Sinai ein mit Sprengstoff gefülltes Flugzeug abstürzen zu lassen. Ein Eindringen der zivilen 727 mußten die Israelis als mögliche Wahrmachung dieser Drohung auffassen.

Der israelische Verteidigungsminister Moshe Dayan beurteilte den Zwischenfall als eine Fehleinschätzung und

5A-DII; eine 727 der Libyan Arab AL in der typischen goldenen Farbgebung hier nach der Landung/ Wien im Mai 1986 <Quelle: JR-Photo>

sagte den Opfern und Hinterbliebenen finanzielle Hilfeleistungen zu.

Dies kann jedoch nicht über die Zahl der ums Leben gekommenen Menschen an Bord von Flug LN 114 hinwegtrösten.

Sowohl die Navigationshilfen, als auch das Anflugradar der ägyptischen Hauptstadt waren an diesem Tag außer Betrieb gewesen. Die Lotsen hatten die 727 anhand von Standortmeldungen der 727-Besatzung „blind" geführt, die allesamt um ca. 50 Meilen zu weit westlich lagen. Bis zum Auftauchen der israelischen Abfangjäger hatte die Flugsicherung in Kairo den Piloten deshalb versichert, sie befände sich über ägyptisch kontrolliertem Gebiet!

28.02.73
Aeroflot   **Yakovlev Yak-40**
CCCP-87602   **9XX0118**

Kurz nach dem Start in **Semipalatinsk/UdSSR** fiel die Yak-40 wieder auf den Boden zurück und wurde zerstört.
Hierbei kamen 32 Insassen ums Leben.

05.03.73
Aviaco   **SE210 Caravelle 10R**
EC-BID   **228**

Beim Anflug auf den für Piloten schwierigen Flughafen von **Funchal/Madeira/Portugal** stürzte der Jet in die See.

Die drei an Bord befindlichen Crewmitglieder wurden getötet. Das Wrack der Caravelle, die ohne Passagiere unterwegs war, wurde erst Tage danach aufgefunden.

05.03.73
Iberia   **Douglas DC-9-32**
EC-BII   **47077**

Den Fluglotsen in Frankreich reichte es mal wieder. Der Berufsverband forderte mit Nachdruck verbesserte Arbeitsbedingungen und mehr Gehalt. Doch die Verhandlungen mit dem Verkehrsministerium in Paris verliefen im Sande. So griff man am 24. Februar zu einem ebenso einfachen, wie bewährten Mittel: Streik. Mit ihrem landesweiten Protest behinderten sie nicht nur die französischen Flughäfen, sondern auch noch den gesamten Überflugverkehr von Nord- nach Südeuropa. Was niemand ahnen konnte war, daß die groß angelegte Arbeitsniederlegung ein verhängnisvolles Unglück nach sich ziehen sollte.

Der französische Staat kommandierte als Reaktion einige Kompanien militärischer Fluglotsen von den Luftwaffenstützpunkten im ganzen Land an die Radarschirme der zivilen Kontrollzentren. Genau um 07:00 Uhr/loc. begann am 26. Februar der Wechsel von ziviler auf militärisch kontrollierte Luftraumüberwachung. Der Aufbau des neuen Systems, Clement Marot Plan genannt, war allerdings alles andere als simpel. Grundprinzip ist der vertikale Abstand der einzelnen Flugflächen von 1.000 ft bis zu einer Höhe von 30.000 ft Darüber betrug der Abstand 2.000 ft Die Flugflächen (FL) der einzelnen Luftstraßen Frankreichs wurden in vier Staffeln aufgeteilt.:

1.) FL80, FL140, FL200, FL210, FL220, FL290, FL300, FL340
2.) FL100, FL180, FL240, FL250, FL320, FL360
3.) FL160, FL380
4.) FL120, FL270

Alle anderen Flugflächen (FL60, FL70, FL90, FL110, FL130, FL150, FL170, FL190, FL230, FL260, FL280, FL400 und FL440) waren für besondere Umstände für einzelne Flugzeuge freizuhalten. Schon diese Aufteilung brachte bereits eine gewisse Konfusion mit sich. Der französische Luftraum war in eine Handvoll Sektoren eingeteilt, die jeweils über verschiedene Kontrollzentren für die obere Luftraumüberwachung zuständig waren. Dazu kam ein Gewirr von Luftstraßen, die das Land in alle Himmelsrichtungen durchzogen. Für die Fluglotsen ein kompliziertes Unterfangen, hier den Durchblick zu behalten. Jeden Tag wurden die angemeldeten Flüge, die den oberen Luftraum Frankreichs benutzen wollten, gesammelt und auf eine der vier Höhenstaffelungen verteilt. Ein tägliches Briefing der Fluglotsen vor jeder Schicht war daher unumgänglich.

Eine wichtige Luftraumkontrollstation in Frankreich war der sogenannte „Marina" Sektor in Mont-de-Marsan an der südwestlichen Ecke Frankreichs, der alle Flüge von und nach Spanien kontrollierte. Elf Luftstraßen lagen in der Verantwortung des Marina Kontrollsektors. Marina Control war in mehrere Sub-Sektoren eingeteilt, in denen jeweils drei Fluglotsen ihren Dienst versahen: Ein Radarlotse, der den Sprechfunkverkehr abwickelte und vor dem Radargerät saß. Daneben ein Fluglotse, der für den „Papierkram", sprich die ausgedruckten Fluginformationsstreifen der einzelnen Flüge zuständig war sowie ein weiterer Kollege zur Überwachung der beiden ersteren. Das gesamte Organisationsprinzip funktionierte zwar, doch waren die militärischen Lotsen in der Anfangszeit noch nicht vollständig mit den neuen Verfahrensweisen vertraut. So kam es bald zu einigen gefährlichen Begegnungen am Himmel über Frankreich. Stimmen einiger Pilotenvereinigungen wurden laut, man sollte doch tunlichst den Luftraum Frankreichs meiden, um kein unnötiges Risiko einzugehen. Doch die Fluggesellschaften kümmerte diese Mahnung wenig, da eine Umgehung des französischen Luftraums zusätzliche Wegstrecke und damit Zeit und Geldverlust bedeutet hätte. Der komplizierte Clement Marot Plan rief zwar bei vielen Piloten Kopfschütteln hervor, allerdings hatte man aber auch keine Einwände, sich ihm anzuvertrauen.

Linienflug IB504 von Palma de Mallorca nach London-Heathrow hob an diesem Tag um 12:24 Uhr/loc. vom Flughafen der Baleareninsel ab und stieg mit Kurs Nordwest auf die angemeldete Flugfläche von 310 (= 31.000 ft). An Bord befanden sich 61 Passagiere sowie die sieben Besatzungsmitglieder. Der Himmel war leicht bewölkt an diesem Mittag, und die Passagiere genossen den weiten Blick auf das nördliche Mittelmeer. Die DC-9 überflog wenig später die spanische Küstenstadt Tarragona und das dazugehörige Funkfeuer „Reus", schwenkte dann leicht nach rechts und flog auf der Route W132 in Richtung auf das Funkfeuer „Agen" in Südfrankreich. Um 13:16 Uhr/loc. überquerte die DC-9 die Grenze zu Frankreich und wurde vom spanischen Fluglotsen aufgefordert, sich mit Marina Control in Verbindung zu setzen. Drei Minuten später meldete sich Flug 504 auf der Frequenz 128,1 Mhz im Sub-Sektor E des Marina Kontrollzentrums:

IB504:

„Iberia 504, über der Grenze um 12:16 (GMT), Flugfläche 310, Agen schätzungsweise um 24."

Marina Control bestätigte und gab dem Flug einen Transponder-Identifizierungscode, der den Flug auf dem Radarschirm mit Geschwindigkeit und Flughöhe erscheinen läßt. Ohne diesen Transponder ist nur das primäre Radarecho, d.h. ein kleiner Leuchtpunkt, auf dem Schirm zu sehen. Um 13:25 Uhr/loc. überflog die DC-9 das Funkfeuer in Agen und der Autopilot ließ die Maschine eine kaum spürbare Linkskurve drehen, hin zum nächsten Fixpunkt der Reise, dem Funkfeuer von Cognac, ca. 100 km nördlich von Bordeaux. Alles verläuft routinegemäß, da meldete sich in Marina-Control auf Frequenz 127.85 Mhz, Flug BX400. Es handelte sich hierbei um eine Convair CV-990A Coronado der spanischen Charterfluggesellschaft SPANTAX, die um 12:01 Uhr/loc. in Madrid gestartet war und auf 26.000 ft (FL260) in Richtung Nantes-VOR flog. Der Flug sollte ebenfalls in London enden, allerdings auf dem südlich der Stadt gelegenen Flughafen Gatwick. Der Fluglotse wies BX400 an, sich mit seinem Kollegen auf der benachbarten Frequenz 128.75 Mhz in Verbindung zu setzen. Dann endlich um 12:27 Uhr/loc. meldete sich die vierstrahlige Maschine auf der korrekten Frequenz und nahm mit dem Lotsen im Sub-Sektor D des Marina Kontrollzentrums Kontakt auf. Man teilte die Flughöhe mit und schätzte die Überflugzeit des Funkfeuers in Nantes auf 13:52 Uhr/loc. Beide Flugzeuge befanden sich nun unter der Kontrolle der Lotsen im Marina-Kontrollzentrum, jedoch auf zwei verschiedenen Frequenzen. Wenige Minuten später wurde Iberia Flug 504 aufgefordert, sich mit dem Kontrollzentrum in Brest, Menhir genannt, auf 124,05 Mhz in Verbindung zu setzen. Menhir-Control überwacht den Luftraum im nordwestlichen Teil Frankreichs. Der Fluglotse im Marina-E Sektor telefonierte nun mit seinem Kollegen in Brest und teilte den weiteren Flugverlauf der DC-9 mit. Brest bestätigte die Maschine, jedoch kam die Anweisung, von FL310 auf FL290 zu sinken, um die Regel der Höhenstaffelung einzuhalten, in der FL310 nicht existieren darf. Somit war alles klar und die DC-9 sank langsam auf die gewünschte Reiseflughöhe von 29.000 ft Der Iberia-Pilot schätzte die Überflugzeit des Nantes-VOR auf 13:54 Uhr/loc., also nur zwei Minuten nach der Coronado. Nun forderte Menhir-Control die DC-9 auf, den Transponder auf „stand-by"(Bereitschaft) zu schalten, bis man sich in diesem Luftraum befände. Dies führte dazu, daß das Sekundärsignal des Fluges, auf dem Geschwindigkeit und Flughöhe angezeigt wurden, vom Radarschirm verschwand. Offenbar gab es Schwierigkeiten mit der Radaridentifizierung der Maschine.

Unterdessen wurde der Spantax-Maschine, die immer noch mit Marina-Control in Verbindung stand, eine verhängnisvolle Anweisung gegeben: und zwar sollte der Jet von FL260 auf FL290 steigen, dieselbe Höhe, die auch Flug IB 504 innehatte. Der Lotse im Marina D-Sektor griff zum Telefonhörer und kontaktierte seinen Kollegen in Brest, um ihn mit Flug BX400 vertraut zu machen. Der jedoch sagte, daß zur gewünschten Zeit der Überflug von

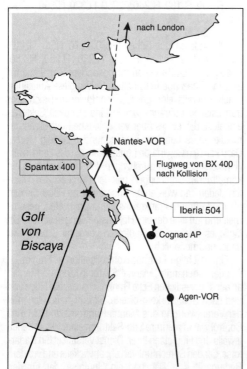

Darstellung der Kollisionswege der Iberia DC-9 und der SPANTAX Convair über Nantes am 5.03.1973

Nantes nicht möglich sei. Erst ab 14:00 Uhr/loc. sei das Funkfeuer wieder frei zum Überfliegen. Marina teilte daher um 13:40 Uhr/loc. BX 400 mit, daß das Funkfeuer Nantes erst um 14.00 überfliegen werden könnte. BX 400 bestätigte, fragte aber gleichzeitig nach den Gründen der Verspätung. Der Fluglotse gab auf diese Frage lediglich ein „stand by" zu verstehen. Der Spantax-Pilot dachte nun, daß die letzte Anweisung noch nicht endgültig klar war. Somit wurde die Fluggeschwindigkeit nicht reduziert. Das Verhängnis nahm seinen Lauf. Zu dieser Zeit erschien bei Menhir-Control in Brest das Sekundärsignal der Coronado. Fast gleichzeitig erlosch damit das Signal in Marina-Control, als sich die Convair schnell aus der 140 Meilen Zone der Radarreichweite entfernte. BX 400 konnte die Funksignale aus Mont-de-Marsan (Marina Control) wegen der größer werdenden Distanz immer schlechter verstehen. Jedoch konnte man am Boden noch verstehen, daß die Piloten die verspätete Überflugzeit von 13:00 Uhr/loc.bestätigten. Die weiteren Meldungen zwischen der Spantax-Maschine und der Bodenstation in Mont-de-Marsan wurden immer unklarer. Wäre die Funkverbindung besser gewesen, hätten die Fluglotsen vernehmen können, daß die Piloten eine Reduzierung ihrer Geschwindigkeit ankündigten. Tatsächlich verlangsamte nun die große Convair ihren rasanten Flug von 500 Knoten auf etwa 400 Knoten. Es war genau 12:47 Uhr/loc. als BX 400 in den Luftraum von Menhir-Control (Brest) einflog. Exakt in derselben Minute flog auch die DC-9 der Iberia mit Kurs 335 Grad in den Kontrollsektor Menhir ein. Der Abstand beider Maschinen war mittlerweile auf weniger als 29 Meilen geschrumpft

Abermals liefen am Boden zwischen Brest und Mont-de-Marsan die Drähte heiß: Menhir bat Marina, die genauen Überflugdaten für die Spantax Maschine zu übermitteln. Der Lotse in Marina-Control sagte, daß Flug BX 6400 (!) um 13:00 Uhr/loc.über Nantes-VOR sein werde. Menhir fragte noch mal nach der korrekten Flugnummerbezeichnung, die in den vergangenen Minuten immer wieder zu Konfusionen geführt hatte. Der Fluglotse in Mont-de-Marsan hatte des öfteren die falschen Nummern „6400" oder auch „1400" benutzt. Er erkannte nun, daß trotz der geringeren Geschwindigkeit die Spantax-Coronado das Nantes-Funkfeuer sehr dicht hinter der DC-9 passieren würde. Daher wies er die CV990-Besatzung an, den Überflug von Nantes um 8 Minuten zu verzögern. Zu dieser Zeit war die Maschine jedoch nur noch zehn Minuten davon entfernt. Die geforderte Verzögerung ließ sich durch eine Reduzierung der Fluggeschwindigkeit nicht mehr bewerkstelligen. So funkte Marina-Control, daß man mit einem 360°-Kurvenmanöver rechnen müsse, um die Überflugzeit weiter zu verzögern. Zwei Mal versuchte BX 400 Marina-Control darüber zu informieren, daß man in Kürze nach rechts schwenken und den angekündigten 360° Vollkreis einleiten werde. Doch es kam keine Antwort. Ein drittes Mal versuchte es der spanische Pilot:
BX400:
„Spantax 400, zu Ihrer Information, wir drehen nach rechts für einen 360 Grad Kreis auf Flugfläche 290."

Als Antwort kam nur ein lapidares „Stand By". Der Lotse im Kontrollzentrum in Marina, verstand offenbar nicht. Die Piloten mußten nun reagieren und begannen mit der Rechtskurve. Sowohl die Iberia DC-9, als auch die Spantax-Maschine befanden sich zu dieser Zeit in dichten Wolkenformationen und hatten keinerlei Sichtkontakt zueinander. Ahnungslos flogen die Piloten der Spantax mitten in den Flugweg der DC-9, die nur noch wenige Meilen vom Funkfeuer in Nantes entfernt war. Genau um 13:52 Uhr/loc. kam es zur Kollision. Die linke Tragflächenspitze der Coronado prallte mit ungeheurer Wucht gegen den vorderen Rumpf der DC-9 und zerriß die Maschine buchstäblich in der Luft Steuerlos taumelte die Maschine zu Boden und fiel über der Ortschaft **La Plange/Frankreich** zu Boden. Die Trümmer wurden über ein mehrere Quadratkilometer großes Gebiet verstreut.

Niemand der 69 Insassen überlebte das Unglück.

Die Menschen an Bord der Spantax-Maschine hatten jedoch unglaubliches Glück. Obwohl die Coronado bei der Luftkollision ein 6 Meter langes Stück der linken Tragfläche verlor, gelang es den Piloten, sich in der Luft zu halten. Trotz massiver Steuerungsprobleme setzten sie einen „Mayday"-Notruf ab. Dieser Notruf wurde jedoch im Marina-Kontrollzentrum nicht gehört. Erst als eine weitere Iberia-Maschine, die sich auf derselben Frequenz befand, den Notruf weiterleitete, wurde man am Boden hellhörig. Der Spantax-Pilot sagte, daß man an Höhe verliert und daß man beabsichtigt, in Bordeaux zu landen. Eine T-33 Militärmaschine wurde entsandt, um die havarierte Convair in Richtung Tours zu dirigieren, doch es kam keine Funkverbindung zwischen den beiden Flugzeugen zustande. Um 14:18 Uhr/loc. befand sich BX 400 unter der Obhut der Anflugkontrolle in Bordeaux. Der dortige Fluglotse gab andauernd Instruktionen für einen Landeanflug, als die Piloten aus dem Fenster die Umrisse des Militärflughafens von Cognac erspähten. Dieser

EC-BIM; eine baugleiche Maschine der Iberia wie der Unglücksjet von La Plange, hier bereits in den neuen Farben/Amsterdam im April 1983 <Quelle: JR-Photo>

Flughafen lag weitaus günstiger als Bordeaux, somit kurvte man auf diesen Flughafen zu. Dort wurden sofort alle Rettungsfahrzeuge alarmiert und grüne Signalraketen abgefeuert. Die Landung in Cognac verlief äußerst hart, und die Coronado sprang mehrfach wieder hoch, bevor man auf der Landebahn ausrollte. Beim Bremsmanöver platzten zwar einige Reifen, jedoch waren die 106 Insassen gerettet.

Das Unglück offenbarte, daß das höchst komplexe und neuartige Überwachungssystem (der Clement Marot Plan) einer intensiven Schulung bedurft hätte, für die jedoch die Zeit fehlte. Die Funksprüche belegten, daß die militärischen Lotsen teilweise mit den ihnen übertragenen Aufgaben überfordert waren.

Sowohl die interne Kommunikation zwischen den Kontrollzentren in Brest und Mont-de-Marsan, als auch das gesamte Kontrollsystem hatte versagt. Die potentielle Konfliktsituation beider Flugzeuge sollte durch das komplizierte Unterfangen der Geschwindigkeitsänderung entschärft werden, obwohl es auch eine einfache Höhenänderung getan hätte. Als weiterer Unglücksfaktor wurde die schlechte Qualität der Funksprüche zwischen Piloten und Bodenstation ins Feld geführt. Die Spantax-Maschine wurde von der Flugsicherung weitestgehend allein gelassen und war die gesamte Zeit über nicht eindeutig identifiziert worden. Eine gefahrlose Flugführung hätte einer lückenlosen Radarüberwachung sowie einer präzisen Navigation der Piloten bedurft Beides war nicht der Fall gewesen. Nach diesem Unglück erhielten Piloten von ihren Fluggesellschaften die Anweisung, das Gebiet von Nantes einstweilen zu meiden, bis eine ausreichende Radarüberwachung gewährleistet sei.

12.04.73
NASA Convair 990
N711NA 1

Im Anflug auf Moffett Field NAS, kollidierte die Coronado in der Luft mit einer Lockheed P-3 Orion (einer Militärversion der Electra; Reg.: 157332) der US Navy. Der Vierstrahler wurde von hinten gerammt und beide Havaristen verkeilten sich im Flug ineinander.

Beide Flugzeuge stürzten auf dem Parcour eines Golfkurses in **Sunnyvale/CA/USA**, zu Boden und zerschellten.

In der Orion kamen 5, in der Coronado 11 Menschen ums Leben.

Dieses Flugzeug war der erste von 4 Prototypen der 990 Serie und flog seit dem 27.11.64 für die NASA Erprobungsflüge.

07.05.73
Aeroflot Tupolev 154
CCCP-85030 30

Kurz nach dem Start vom **Moskauer Flughafen Vnukovo AP** fuhren bei der Tupolev die Spoiler aus. Sofort trat ein Strömungsabriß auf, der das Flugzeug binnen Sekunden abstürzen ließ. Näheres ist nicht bekannt.

10.05.73
Thai Int'l Douglas DC-8-32
HS-TGU 45526

Die DC-8 schoß bei der Landung in **Katmandu/Nepal** über das Bahnende hinaus und prallte gegen einen Schutthaufen. Mindestens eines der vier Triebwerke wurde abgerissen.

Keiner der 100 Passagiere und zehn Crewmitglieder an Bord wurde getötet, allerdings verletzten sich hierbei vier Menschen. Eine Person am Boden kam sogar ums Leben. Die Maschine wurde nicht mehr repariert.

25.05.73
Aeroflot Tupolev 104
CCCP-4.... -

An Bord des Linienkurses von Moskau nach Chita, Sibirien versuchte ein Passagier die Maschine ins Ausland zu entführen. Er drohte sich und die Tupolev mit allen Insassen in die Luft zu sprengen, würde man seinen Forderungen nicht nachgeben. Ein mitreisender Sicherheitsbeamter der Miliz eröffnete noch während des Fluges das Feuer auf den Entführer und verwundete diesen mit einem Schuß in den Rücken tödlich. Im Fallen gelang es dem Entführer noch, eine Sprengladung, die er am Körper trug zu zünden. Die Schäden der anschließenden Explosion waren so groß, daß die Piloten die Kontrolle über die Maschine verloren. Sie zerschellte in der Nähe von **Chita/UdSSR**, nicht weit von der chinesischen Grenze.

Alle 100 Insassen an Bord starben bei diesem Absturz. In sowjetischen Publikationen wurde der Entführer als geisteskrank hingestellt, der versucht hatte die Maschine zu entführen, weil man ihm den Zugang zum diplomatischen Dienst verwehrt hatte.

31.05.73
Indian AL Boeing 737-200
VT-EAM 20486

Etwa 4 Meilen südlich vom internationalen Flughafen von **Neu Delhi-Palam AP/Indien** berührte die 737 einige Überlandleitungen und ging in den Sturzflug über. Nahe der Ortschaft Vasant Vihar machte der Jet eine Bruchlandung.

Es kamen 48 Menschen ums Leben, 17 überlebten teilweise schwer verletzt das Unglück.

01.06.73
Cruzeiro SE210 Caravelle 6R
PP-PDX 126

Nach der Pleite der Panair do Brasil wurde die Caravelle, zusammen mit dem restlichen Flugzeugpark an die brasilianische Regierung transferiert und von dieser an andere Gesellschaften ausgehändigt. So auch an Cruzeiro, unter deren Regie der Jet im Endanflug auf den Flughafen von **Sao Luiz/Brasilien**, zu frühe Bodenberührung bekam und über unebenes Gelände schoß.

Dabei fing die Caravelle Feuer und ging in Flammen auf. Es kamen 23 Insassen ums Leben.

03.06.73
Aeroflot   **Tupolev 144**
CCCP-77102   01-2

Anläßlich des Pariser Aerosalons waren auf dem Vorfeld des Flughafens Le Bourget unter anderem als „Highlights" die Französisch-Britische Concorde, als auch das sowjetische Gegenstück, die Tupolev 144 anwesend. Es war kurz nach 15:00 Uhr/loc., als die Concorde mit ihren Flugvorführungen begann. Einige Minuten später startete die „Concordski", wie die Tupolev 144 auch scherzhaft genannt wurde. Es befanden sich nun beide Überschallflieger im Pariser Luftraum. Der britische Testpilot machte genau um 15:19 Uhr/loc. einen „Touch-And-Go", direkt an den Zuschauern vorbei, gefolgt von atemberaubenden Kurven- und Rollmanövern. Zehn Minuten später schwebte das sowjetische Gegenstück ein. Offenbar beeindruckt vom Flugprogramm der Concorde ahmte der sowjetische Pilot die Manöver der Maschine nach, die aber alle etwas schwerfälliger wirkten, als bei der Anglo-Französischen Co-produktion zuvor. Mit ausgefahrenen Nasenflügeln und aktivierten Nachbrennern donnerte die „102" über die Runway, daß die Luft vibrierte. Nach dem Überflug der Bahn riß der russische Major den Jet am Ende der Runway in steilem Winkel nach oben. Dröhnend schoben die vier Triebwerke die Tupolev auf ca. 2.000 ft, bis die Vorwärtsgeschwindigkeit einen kritischen Wert erreichte. Ohne zu zögern drückte der Major das Flugzeug in einen Sturzflug und nahm wieder Fahrt auf. Beeindruckt sahen die Zuschauer dem großen Flugzeug hinterher. Doch als der Pilot zum zweiten Mal versuchte die schwergängige Tupolev in Bodennähe mit aller Gewalt abzufangen, gingen die aerodynamischen Kräfte über den Toleranzbereich hinaus. Die Tragflächen wurden so stark beansprucht, daß Teile des rechten Flügels abbrachen und herabfielen. Sofort wurde „102" unkontrollierbar, und nach der Explosion von zwei Triebwerken trudelte die Maschine außerhalb des Flughafengeländes brennend dem Erdboden entgegen.

Herabstürzende Trümmer fielen auf die Ortschaft **Goussainville/Frankreich** und töteten dort acht Menschen am Boden. Zahlreiche Gebäude wurden zerstört.

Zudem fanden alle sechs Crewmitglieder des sowjetischen Überschalljets den Tod.

09.06.73
VARIG   **Boeing 707-320C**
PP-VLJ   19106

Beim Anflug auf den Flughafen von **Rio de Janeiro-Galeao/Brasilien** gerieten einige Geier in die Triebwerke des Vierstrahlers. Ein Tier durchschlug die Cockpitscheiben und verursachte dort ein wildes Durcheinander. Daraufhin waren die Piloten nicht mehr in der Lage, das Flugzeug zu kontrollieren, woraufhin man stark absackte.

Es gelang der Crew nicht mehr, die Landebahn des Galeao-Airports zu treffen, und das Flugzeug prallte vor derselben auf den Boden und rutschte in das Wasser der Rio-Bucht, direkt neben der Landebahn.

Auf dem Weg dorthin zerbrach der Rumpf des Vierstrahlers.

Bei diesem Unglück starben 2 Menschen. 2 weitere wurden verletzt. Berichten zufolge fuhren noch im Fluge die Spoiler aus, die eigentlich erst am Boden bedient werden sollen. Die dadurch entstandene hohe Sinkrate konnte man im Cockpit nicht mehr abfangen.

20.06.73
Aeromexico   **Douglas DC-9-15**
XA-SOC   47100

Beim Anflug auf Mexico City prallte die DC-9 gegen die Ausläufer eines Berges, 20 Kilometer südöstlich von **Puerto Vallarta/Mexico**, und zerbrach.

Es starben 27 Menschen in der aus Houston kommenden Maschine.

721.06.73
Air Canada   **Douglas DC-8-53**
CF-TIJ   45962

Als auf dem Terminal des Flughafens **Toronto AP/Kanada**, die DC-8 zum Interkontinentalflug AC890 nach Zürich und Wien aufgetankt werden sollte, fing der unter der rechten Tragfläche des Vierstrahlers stehende Tanklastzug Feuer und explodierte.

Die DC-8 wurde dadurch total zerstört.

30.06.73
Aeroflot   **Tupolev 134A**
CCCP-65668   1351208

Beim Start in **Amman/Jordanien** kam die Tupolev nicht von der Piste hoch, schoß in ein dahinterliegendes Haus und zerbrach in drei Teile.

Von den 84 Insassen überlebten 9 Menschen das Unglück nicht.

03.07.73
Indian AL   **SE210 Caravelle 6N**
VT-DPO   128

Bei der Landung in **Bombay-Santa Cruz AP/Indien** versagte die Bugradhalterung und ließ das Bugrad vollständig zusammenbrechen. Die durch die intensive Bodenreibung hervorgerufene Reibungshitze ließ den Rumpf Feuer fangen und beschädigte das Flugzeug so sehr, daß eine Instandsetzung nicht mehr in Frage kam.

Glücklicherweise kam hierbei niemand zu Schaden.

09.07.73
Aeroflot   **Tupolev 124**
CCCP-45062   351407

Ca. 15 Minuten nach dem Start in **Kuibishew/UdSSR** fielen beide Triebwerke aus und man sah sich an Bord zu einer Notlandung auf freiem Feld gezwungen.

Zwei der Insassen kamen ums Leben.

11.07.73

VARIG   **Boeing 707-320C**
PP-VJZ   **19841**

Nur gut einen Monat, nachdem eine Varig-707 im Anflug auf Rio verunglücktem, traf es wieder den gleichen Flugzeugtyp der gleichen Gesellschaft Flug RG 820 startete morgens um 06:03 Uhr/loc. auf dem Galeao AP von Rio de Janeiro zum Linienflug nach Paris-Orly.

Eine Dreiviertelstunde später hatte man die Reiseflughöhe von 35.000 ft erreicht und flog mit Mach 0,8 über den Atlantik in Richtung Europa. Nach einer Flugzeit von 10,5 Stunden erreichte man um 14:40 Uhr/loc. den französischen Luftraum und nahm mit dem Pariser Westsektor Funkkontakt auf. Flug RG 820 wurde in Richtung Chartres VOR geleitet. Dort angekommen kreiste die 707 im Sinkflug, bis sie eine Flughöhe von 10.000 ft erreicht hatte. Von dort wurde die Maschine weiter zum Funkfeuer Toussous geleitet, um kurz darauf um 14:58 Uhr/loc. mit der Anflugkontrolle von Orly Kontakt aufzunehmen.

Zu dieser Zeit war die Piste 26 in Betrieb. Das Wetter war exzellent, und die Passagiere hatten eine gute Sicht auf die unter ihnen vorbeiziehende französische Provinz. Doch von den Passagieren und der Besatzung unbemerkt, zogen milchige Rauchschwaden durch einen Spalt des hinteren Toilettenraumes in die Passagierkabine. Eine durch einen Passagier achtlos in den Müllbehälter geworfene Zigarettenkippe glimmte noch und setzte nach kurzer Zeit die umliegenden Papiertaschentücher und Servietten in Brand. Durch die Unsitte, noch schnell vor dem Aufleuchten der „No smoking"-Schilder heimlich eine letzte Zigarette vor der Landung zu inhalieren, kam es zu einem folgenschweren Unglücksfall.

Der brennende Inhalt des Mülleimers griff schließlich auf die Tapete sowie auf die darunterliegende Wandverkleidung über. Die giftigen Verbrennungsgase des Kunststoffs füllten schnell die Toilette. Einem Mitglied der Kabinenbesatzung fiel der hervorquellende Qualm nun auf. Zusätzliche Crewmitglieder wurden herbeigerufen, und mit einem Feuerlöschgerät gelang es nach geraumer Zeit, die Flammen zu ersticken. Aber da war schon dichter Rauch und die giftigen Gase des verbrannten Kunststoffes in die Passagierkabine gedrungen.

Die Cockpitcrew bemerkte dies und funkte an die Bodenstation:

RG820:...haben Problem mit Feuer an Bord..bitten um Notabstieg."

Der Fluglotse reagierte prompt und erteilte die Freigabe auf 3.000 ft abzusinken. Da sich die 707 südöstlich des Flughafens befand, lag die Bahn 07 für einen Direktanflug weitaus günstiger. Somit wurde Flug 820 für einen Anflug auf diese Bahn freigegeben.

Der immer dichter werdende Qualm drang auch ins Cockpit, wo die Piloten gerade mit dem Notabstieg beschäftigt waren. Durch den Rauch wurde den Piloten fast jegliche Außensicht genommen, so meldeten sie dem Tower in Orly, daß man an Bord „totales Feuer" habe, und daß man nicht mehr imstande sei, den Flughafen zu erreichen. Die brasilianische Boeing befand sich nunmehr nur noch etwa 18 Kilometer vor der Landebahn.

Aus der Passagierkabine quoll immer noch dichter schwarzer Rauch, als sich zusätzlich zu den vier Cockpitmitgliedern noch weitere fünf Besatzungsmitglieder im Cockpit einfanden, um den tödlichen Gasen in der Kabine zu entfliehen.

Trotz geöffneter Cockpitscheiben war es kaum mehr möglich, aus dem Fenster zu schauen. Bei jedem Blinzeln brannten die Augen wie Feuer. Die Piloten suchten verzweifelt nach einer Landemöglichkeit außerhalb von **Paris-Orly AP/Frankreich**. Mit letzter Kraft wurde ein freies Feld, ca. 6 Kilometer vom Flughafen entfernt, angepeilt. Es gelang der Besatzung sogar, auf dem Acker aufzusetzen. Dabei wurde zwar das gesamte Fahrwerk abgerissen, aber der Rumpf blieb weitgehend unbeschädigt. Da die Feuerwehr rechtzeitig alarmiert wurde, konnte das durch leckgeschlagene Treibstoffleitungen entstandene Feuer an den Tragflächen schnell gelöscht werden. Ein größeres Übergreifen der Flammen auf den Rumpf konnte verhindert werden. Als die Rettungsmannschaften mit der Evakuierung der Passagiere beginnen wollten, fanden sie die meisten Passagiere tot in den Sitzen.

Durch den Kabinenbrand waren 123 Menschen am Rauch und den giftigen Gasen brennenden Plastiks erstickt. Es überlebten nur 11 Insassen, darunter die neun Cockpitinsassen.

Nach diesem Flugzeugunglück wurden verstärkte Brandschutzbestimmungen bzw. -vorkehrungen in der Flugzeugkabine empfohlen. So wurde angeregt, die Passagiersitze künftig mit feuerhemmenden Materialien auszustatten, die Toiletten- und Washräume mit Rauchmeldern auszurüsten. Eine weitere Forderung war, sämtliche Wandverschalungen und die Kabineneinrichtungen aus einem Material zu konstruieren, das bei Verbrennung keine toxischen Gase entstehen läßt. Die Umsetzung dieser Forderungen sollte jedoch noch neun Jahre auf sich warten lassen.

14.07.73

Sterling AW   **SE210 Caravelle 6R**
OY-SAN   **98**

Die Caravelle wurde jenseits der Reparierbarkeitsgrenze beschädigt, als diese auf dem Vorfeld des Flughafens **Stockholm Arlanda AP/Schweden** beim Rollen gegen einen Lichtmast prallte.

Das Flugzeug wurde danach außer Dienst gestellt und ein Jahr später abgewrackt.

22.07.73

Pan American   **Boeing 707-320B**
N417PA   **18959**

Ungeklärt sind die Umstände, die zum Absturz der 707 nur 30 Sekunden nach dem Abheben vom Faaa-AP in **Papeete/Tahiti** geführt haben. Es war kurz nach 22:00 Uhr/loc., als das Flugzeug mit 79 Insassen auf der Bahn 04 in Richtung Honolulu und Los Angeles abhob. Laut Augenzeugen stieg der Jetliner in einem relativ flachen Winkel und ging danach in die vorgeschriebene Linkskurve in Richtung offene See. In dieser Phase muß es im Cockpit zu einer Störung eines Instruments oder eines anderen Gerätes gekommen sein, das die Aufmerksamkeit der Besatzung auf sich lenkte. Ohne optischen Sichtbezug erhöhte sich die begonnene Querneigung, bis man an Auftrieb und Flughöhe verlor und schließlich die linke Tragfläche Wasserberührung bekam. Die 707 zerschellte an der Wasseroberfläche, 3 Kilometer vor der Küste der Südseeinsel. Die Trümmer sanken auf den 700 Meter tiefen Meeresgrund.

Nur eine Person der 88 Insassen überlebte den Absturz.

Da weder FDR nach CVR geborgen wurden, liegt die eigentliche Unglücksursache bis heute im Dunkeln.

23.07.73
Japan AL   **Boeing 747-200B**
JA8109   **20503**

Am Vormittag des 20.03.73 startete der Jumbo in Paris und sollte als Linienflug JAL 444 über Amsterdam und Kopenhagen nach Tokio gehen. Vom Amsterdamer Flughafen Schiphol startete man darauf ohne weitere Vorkommnisse in Richtung Kopenhagen. Nur kurz darauf ereignete sich an Bord ein Zwischenfall. In Amsterdam bestieg eine aus einer Frau und drei Männern bestehende Gruppe den Düsenriesen, die auf den ersten Blick nach unverdächtigen Passagieren aussah. Doch der Schein trog: Es waren Mitglieder der palästinensischen Aktionsgruppe „Ibrahim Abu Daya", die vorhatten, die 747 in ihre Gewalt zu bringen. Gerade als sich die eine Frau, die in der ersten Klasse Platz genommen hatte, von einem Steward ihren Sitz einstellen ließ, detonierte eine Handgranate in ihrer Handtasche. Wahrscheinlich hatte sich der Sicherungsstift der Handgranate bei den Verrenkungen gelöst, die man beim Einstellen eines Flugzeugsitzes vollführen muß. Sie und der Steward waren sofort tot. Bei der Explosion wurde die Bordwand beschädigt und es kam zu einem schlagartigen Druckabfall in der Kabine. Den Piloten gelang es, die Maschine wieder unter Kontrolle zu bringen, aber die Erleichterung darüber währte nur kurz. Kaum hatten sie den Jumbo auf eine sichere Flughöhe gebracht, stürmte ein weiterer bewaffneter Entführer ins Cockpit. Er übernahm im Namen der palästinensischen Terrorgruppe „PFLP" das Kommando über das japanische Flugzeug. Zwei andere Terroristen hielten inzwischen die Kabinenbesatzung und die Passagiere in Schach.

Die japanische 747 war nun mit 123 Passagieren und den 22 Mitgliedern der Besatzung in ihrer Gewalt.

Da die zuvor ums Leben gekommene Frau die Anführerin des Kommandos gewesen war, waren die anderen drei nach der Übernahme der Maschine sozusagen kopflos. Nach einigen Überlegungen leiteten sie die Maschine zuerst Richtung Mittelmeer um und dirigierten darauf den Jumbo in Richtung Zypern, um dort zu landen. Dort bekamen sie allerdings keine Landegenehmigung. Die 747 kreiste in einem Holding ca. 30 Minuten über der Insel, während die Entführer über den Bordfunk anti-israelische Parolen verbreiteten und die Freilassung von Kozo Okamoto forderten, der von den Israelis wegen eines Terroranschlags auf den israelischen Flughafen Lod bei Tel Aviv zu einer lebenslänglichen Haftstrafe verurteilt wurde. Außerdem verlangten sie als Gegenleistung für die Freilassung der Geiseln ein Lösegeld in Höhe von 5 Mio. US-$.

An Bord der 747, die nur Treibstoff für den Flug nach Kopenhagen in den Tanks hatte, mußte man sich nun langsam einen Landeplatz suchen. Der Flughafen in Dubai/VAE gewährte eine Landung unter der Bedingung, die Geiseln freizulassen. Somit wurde Kurs auf Dubai genommen. Dort angekommen, begannen endlose Verhandlungen, in die sich auch der Verteidigungsminister der Vereinigten Arabischen Emirate einschaltete. Dieser verlangte immer wieder als Gegenleistung für den Treibstoff die Freilassung der Geiseln. Dies wurde jedoch stets abgelehnt. Am nächsten Tag gingen die Vorräte an Bord langsam dem Ende entgegen. Einige hundert Sandwiches wurden daraufhin zur 747 gebracht, die ungeschützt vor der sengenden Sonne auf dem Vorfeld herumstand. Die Forderung, doch wenigstens Frauen und Kinder freizulassen, wurde mit dem Hinweis abgelehnt, daß alle an Bord menschlich behandelt würden. Die Verhandlungen zogen sich lange ergebnislos hin, weil die Terroristen wegen des Verlustes ihrer Anführerin offenbar nicht mehr wußten, was sie tun sollten.

So vergingen zwei weitere Tage, als endlich die Regierungen der VAE und Syriens sich darüber einig waren, den Vierstrahler in Damaskus aufzutanken und dort weiterzuverhandeln. Mit dem letzten Rest Sprit startete die japanische Boeing nach 70stündigem Aufenthalt in Dubai in Richtung Damaskus, wo sie kurze Zeit später landete. Die Maschine wurde aufgetankt, und nach weiteren 3,5 Stunden startete man erneut ohne Verhand-

JA8109; zwei Monate vor seinem tragischen Ende rollt der Jumbo-Jet in die Parkposition am Terminal./Genf im Mai 1973 <Quelle: N.Scherrer>

lungserfolg. Aufgrund eines Problems mit der Druckkabine (Verursacht durch die Explosion der Handgranate) war man gezwungen, in 10.000 ft zu fliegen. Die Terroristen befahlen nun, Kurs auf Beirut zu nehmen, um dort mit dem Hauptquartier der PFLP Kontakt aufzunehmen und sich neue Instruktionen zu holen. Dort erhielt man keine Landegenehmigung und flog in Richtung Athen weiter. Doch auch dort wollte niemand etwas mit dem gekidnappten Jumbo zu tun haben. Somit drehte man wieder in Richtung Süden ab und nahm Kurs auf die Nordafrikanische Küste. Der Pilot nahm Kontakt mit der libyschen Radarkontrolle auf, die auf Geheiß der libyschen Regierung eine Landung in **Benghazi/Libyen** genehmigte.

Ohne einen Erfolg verbucht zu haben, entschlossen sich die Luftpiraten, nach dem Vorbild der Entführungen im September 1970, zum letzten ihnen noch verbleibenden Mittel. Nachdem alle Insassen das Flugzeug verlassen hatten, zündeten sie den an Bord deponierten Sprengstoff und setzten die 747 in Brand. Durch die Gewalt der Explosionen und das Feuer wurde das Flugzeug zerstört. Menschen kamen hierbei nicht zu Schaden.

31.07.73

Delta AL Douglas DC-9-31
N975NE 47075

Beim Anflug auf den Flughafen **Boston-Logan AP/MA/USA** erhielt die Besatzung der aus Manchester, New Hampshire, kommenden Delta AL DC 9 den Hinweis, daß man wegen Nebels mit erschwerten Sichtbedingungen im Endanflug zu rechnen hätte. Abgelenkt durch wichtige Verkehrsereignisse, versäumten die Fluglotsen, dem Delta-Jet weitere Kurs- und Höheninstruktionen zu geben. Nach einem längeren Geradeausflug erinnerte man sich im Tower wieder an die DC 9 und gab der Maschine nun die hastige Anweisung, in einer Steilkurve auf den ILS-Gleitpfad einzufliegen.

Für diesen Endanflug war die Maschine jedoch noch viel zu hoch und um einiges zu schnell. Die endgültige Landeerlaubnis bekam die Besatzung erst, nachdem sie den Outermarker überflogen und zweimal beim Tower nachgefragt hatte. Die DC-9 war immer noch um 45 Knoten zu schnell und lag über dem Gleitpfad.

In dieser Flugphase unterlief der Cockpitbesatzung ein verhängnisvoller Fehler: Statt den Schalter für den Modus des Autopiloten von der Stellung APP, die für einen ILS-Anflug von oben ungeeignet ist, auf die nächste Position nach rechts auf VOR/LOC zu stellen, drehten die Piloten in der Hektik diesen Schalter zu weit. Der Autopilotenmodus rastete auf der Stellung für einen Durchstart, ganz rechts, ein. Dies bewirkte, daß die Steuerungsautomatik einen Steigflug anzeigte, der in dieser Situation völlig unmöglich war.

Die Piloten waren durch diese irritierende Anzeige verstört und standen dem Problem hilflos gegenüber, was sich in folgender Konversation offenbarte:
COP: „Der Kommandobalken zeigt....(unverständlich)"
CPT: „Ja, er zeigt nicht viel..."

CPT: „Geh auf Grundmodi, ich traue dem Ding nicht mehr."

Doch während dieser Diskussion hob sich die Nase der DC-9 immer mehr, bis die Vorwärtsgeschwindigkeit ihren kritischen Wert unterschritt. Die Strömung an den Tragflächen riß ab und die Piloten verloren die Kontrolle über die DC-9.

Sie kollidierte 1 km vor der Landebahn in Boston mit einer Begrenzungsmauer des Hafenbeckens und zerschellte.

88 Menschen starben in den Trümmern.

Als die DC-9 durch die Masten der Anflugbefeuerung pflügte und an der Flughafenumfassungsmauer zerschellte, wurde im Tower Alarm ausgelöst. Da die Lotsen jedoch wegen des Nebels keinerlei Sicht auf das bewußte Stück Landebahn hatten, gingen sie von einem Fehlalarm aus und schalteten die aktivierte Alarmsirene wieder aus. Obwohl man im Tower nun zumindest Kenntnis von einem Fehler der Landebahnbefeuerung hatte, wurden die nachfolgend auf der Bahn 04R landenden Flugzeuge nicht über diesen Zustand informiert. Dem Zufall ist es zu verdanken, daß die im Anflug befindlichen Maschinen wegen der zu geringen Sicht ihren Landeanflug abbrachen und nicht auf der mit Trümmern übersäten Landebahn aufsetzten. Ein weiteres Desaster wäre die Folge gewesen.

Uprünglich wollten die Piloten mit dem VOR/LOC Modus erreichen, daß die Maschine trotz konstantem Anflugkurs noch vertikal steuerbar bleibt. Die Piloten waren im entscheidenden Moment des Landeanflugs abgelenkt.

Seit dem Start in Manchester/New Hampshire/USA, der sich aufgrund schlechten Wetters um 50 min verzögerte, waren die Piloten mehr als normal strapaziert, denn: Ein Flug durch eine Schlechtwetterfront erfordert bis heute die volle Konzentration der Cockpitbesatzung. Beim Anflug mußten sich die Piloten mit total überlasteten Fluglotsen auseinandersetzen Weil der Controller den drohenden Zusammenstoß zweier anderer Maschinen verhindern mußte, vergaß er kurzzeitig die anfliegende DC-9 Entgegen den Wettervorhersagen stellten sich die Sicht- und Windbedingungen im Endanflug als bedeutend schlechter heraus. Auch ohne die Steilkurve wäre bei diesen Witterungsbedingungen ein Landeanflug ein recht kompliziertes Unterfangen gewesen. Der Hersteller des Autopiloten verzichtete bei der Konstruktion des Gerätes auf die mittlerweile üblichen Kontrollampen, die die Schalterstellung anzeigen.

Wegen all dieser Gegebenheiten übersahen die Piloten die Ursache dieser fatalen Fehlanzeige und konnten den Crash nicht mehr abwenden.

08.08.73

Aeroflot Yakovlev Yak-40
CCCP-87790 9xx0515

Die Maschine verunglückte beim Start in **Archangelsk AP/UdSSR** aufgrund eines verklemmten Höhenruders.
Ein Mitglied der Besatzung kam ums Leben.

EC-BIC; die in La Coruna verunglückte Maschine der Iberia ein gutes Jahr vor dem Absturz/Palma de Mallorca im Mai 1972 <Quelle: N.Scherrer>

13.08.73

Aviaco   SE210 Caravelle 10R
EC-BIC   225

Über dem Flughafen von **La Coruna/Spanien** lag der Nebel, der sich seit den Morgenstunden nicht verzog. Die Sichtweite betrug gerade mal 1.500 Meter horizontal und weniger als 300 Meter vertikal. Kurz vor 11:30 Uhr/loc. stand die planmäßige Landung eines Inlandfluges aus Madrid an. Die von Iberia gemietete Caravelle befand sich im Endanflug, brach diesen aber wegen der zu geringen Sichtweite ab. Auch ein zweiter Anflug schlug fehl. Im Cockpit entschloß man sich aber, einen letzten, den dritten Anflugversuch zu unternehmen. Sollte dieser auch abgebrochen werden, so werde man zu einem anderen Flughafen ausweichen. Als im erneuten Sinkflug auf der verlängerten Pistenachse der Bahn 22 der Tower die verschwommenen Umrisse des Flugzeugs aus dem Dunst ausmachte, teilte man daraufhin den Piloten mit, daß man die Caravelle in Sicht habe. Die Besatzung, die allerdings noch keinerlei Bodensicht hatte, nahm nun an, daß man die vorgeschriebene Sicherheitshöhe nur um ein kleines Stück unterfliegen müsse, um den Landeanflug nach Sichtbedingungen fortzusetzen. Beide Piloten sahen angestrengt aus den Cockpitfenstern, statt auf die Anzeige der Höhenmesser zu achten. Vor den Piloten zeichneten sich nun auch einige Umrisse ab. Es waren aber nicht die der Landebahn in La Coruna, sondern die Wipfel einiger Eukalyptusbäume auf einem 345 ft hohen Hügel im Anflugweg. Obwohl ein sofortiger Durchstartbefehl mit voller Schubleistung gegeben wurde, war das Flugzeug bereits verloren. Fahrwerk und rechte Tragfläche verfingen sich bereits im dichten Geäst der Bäume. In Rückenlage prallte die Maschine auf den Boden, kollidierte mit einigen kleineren Häusern, fing Feuer und zerschellte.

Niemand der 79 Passagiere und 6 Besatzungsmitglieder überlebte den Crash. Außerdem wurde ein dort ansässiger Arbeiter am Boden getötet, der die Gesamtopferzahl auf 86 erhöhte.

Hauptursache des Unglücks war die Entscheidung des Kommandanten, unter die vorgeschriebene Sicherheitshöhe zu sinken und daß trotz der unter Minima liegenden Sichtbedingungen kein Ausweichflughafen angesteuert wurde. Zum anderen wiesen die Anflugkarten des Flughafens die auf dem Hügel befindliche Vegetation, die noch einmal 40-50 ft höher war, nicht als die Hügelkuppe aus.

21.08.73

Avensa   SE210 Caravelle 3
YV-C-AVI   20

Das gesamte Fahrwerk brach bei der Landung auf dem Flughafen von **Barquisimento/Venezuela** ein. Der dabei entstandene Rumpfschaden war für eine Reparatur zu aufwendig. Somit wurde die Caravelle an Ort und Stelle verschrottet.

29.08.73

C S A   Tupolev 104A
OK-MDE   86601202

Auf dem Flug von Baghdad über Damaskus nach Prag traten Probleme mit den Triebwerken auf. An Bord befanden sich 70 Personen.

OK-MDE; die in Nikosia verunglückte Tupolev 104 der CSA hier bei der Rotation kurz vor dem Abheben./Zürich im Juli 1969 <Quelle: N.Scherrer>

Der Kommandant entschied sich zur Notlandung in **Nikosia/Zypern**.

Bei der dortigen Landung berührte die linke Tragfläche den Boden und fing Feuer. Das Fahrwerk gab nach, und die Tupolev kam schließlich in einem Graben hinter der Landebahn zum Liegen.

Es wurden 9 Menschen verletzt.

08.09.73
World Airways   Douglas DC-8-63F
N802W   46146

Es war gegen 22:00 Uhr/loc., als sich die drei Mitglieder der Cockpitbesatzung im Fluginformationszentrum der World Airways in Oakland/CA trafen. Alle drei waren für den bevorstehenden Nachtflug WO802 nach Übersee eingeteilt. Der Weg sollte vom Luftwaffenstützpunkt Travis in Kalifornien zur Clark AFB auf die Philippinen führen. Unterwegs waren zwei Zwischenstopps in Cold Bay/Alaska und auf der Yokota AFB in Japan vorgesehen. Nachdem der Dispatcher in Oakland die Crew über die Route informierte, setzten sich alle drei in ein Auto und fuhren vom Flughafen in Oakland die 80 Kilometer zur Travis AFB, wo ihre DC-8 schon abflugbereit wartete. Nach einem kurzen Wetterbriefing ging es dann um 01:11 Uhr/loc. in Richtung Alaska. An Bord der DC-8 befanden sich vorwiegend militärische Ausrüstungs- und Versorgungsgüter für die amerikanischen Soldaten in Japan und auf den Philippinen. Der Flug ging in einer Höhe von 31.000 ft entlang der amerikanischen Westküste, über den Golf von Alaska in Richtung Cold Bay. Gegen 05:25 Uhr/loc. empfing man das VORTAC-Funkfeuer von Cold Bay. Die Piloten hörten die ständig laufenden Wettermeldungen der Flight Station ab. Das Wetter war nicht gerade gut: In 500 ft lag eine geschlossene Wolkendecke, aus der hin und wieder ein leichter Sprühregen fiel. Die Sicht unter den Wolken war gut, aber es war mit 7 Grad ungemütlich kalt an diesem frühen Morgen.

Cold Bay liegt am äußeren Zipfel der Aleuten-Halbinsel, 1000 km südwestlich von der Hauptstadt Anchorage entfernt. Der Flughafen wird sowohl von zivilen wie auch militärischen Flugzeugen genutzt. Cold Bay liegt an der westlichen Küste der gleichnamigen Bucht und verfügt über zwei Start- und Landebahnen, von denen die Hauptbahn 14/32 in Betrieb war. Aufgrund des starken Nordwestwindes war die Landerichtung 32 offen für Localizer-Anflüge. Die Umgebung ist dominiert von hochaufragenden Bergen. Die beiden höchsten sind die erloschenen Vulkane Shishalding im Westen (2857 m) und der Pavlov-Vulkan (2714 m), der etwa 35 km östlich der Stadt liegt. Unterhalb des Vulkans erstreckt sich in östlicher Richtung eine Zone von steilen Berghängen, deren höchster Punkt der 1632 Meter hohe Mount Dutton ist.

Es war 05:27 Uhr/loc., als WO802 zum Sinkflug freigegeben wurde:
ATC: „Okay, World 802, cleared for the approach."
Der Fluglotse präzisierte hierbei weder die Art des Landeanflugs, noch gab er die DC-8 für eine bestimmte Anflughöhe frei. Im Cockpit fragte man auch nicht noch einmal nach. Der 52jährige Kommandant steuerte die Frachtmaschine, während der junge Copilot bereits eifrig in den Anflugkarten blätterte.
COP: *„That's the first time I've ever been cleared for a approach like this. Whooo!",* rief er emphatisch aus.

Der Kommandant war in den letzten Jahren schon mehrmals Cold Bay angeflogen und hatte noch die Endanflughöhe von 3.500 ft im Kopf. Mit Westkurs sank WO802 über die Shumagin Inseln hinweg in Richtung ihrer Destination, die noch ca. 20 Minuten entfernt lag. Hinter den Piloten dämmerten ganz allmählich die ersten Sonnenstrahlen des neuen Tages durch die Finsternis, doch als man in die Wolkendecke eintauchte, war WO802 noch von völliger Dunkelheit umgeben.

Das vorgesehene Anflugverfahren für einen sog. „Back-Course"-Anflug auf der Bahn 32 sah wie folgt aus:

Kommt ein Flugzeug aus Osten, so war es vorgeschrieben, in 7.000 ft bis zu einem Punkt, 19,5 Meilen in der verlängerten Pistenmittellinie der Bahn 32 zu fliegen und dann dem Localizer-Kurs von 322 Grad zu folgen. Erst dann war der weitere Sinkflug auf die Endanflughöhe von 3.500 ft gestattet. Doch in den Anflugkarten war von der Zwischenhöhe von 7.000 ft nichts zu lesen. Statt dessen stand dort die Bemerkung „40 DME Cold Bay VOR", verbunden mit der Zahl 3.500. Doch bezog sich diese Anflughöhe auf eine Prozedur, bei der das anfliegende Flugzeug bereits vor der 19,5 Meilen Entfernung auf dem Localizer der Bahn 32 eingeschwenkt ist und sich vom Süden her über den Golf von Alaska dem Flughafen nähert. Doch WO802 kam von Osten, entlang der bergigen Landzunge der Aleuten auf das Cold Bay-VORTAC zugeflogen. Es kam zu einer fatalen Mißinterpretation der Piloten, die für einen Anflug freigegeben worden waren und somit auf die Endanflughöhe von 3.500 ft sanken. Um 05:36 Uhr/loc., als man noch etwa 35 Meilen vom Flughafen entfernt war, erlosch mit einmal die Entfernungsanzeige zum Funkfeuer CDB, das sich genau auf dem Flughafengelände befand. Dem Kommandanten fiel dies sofort auf:
CPT: „Where's your DME?"
COP: „Not good."
CPT: „No DME, huh?"

Die ersten Vorboten des drohenden Unheils hatten sich angekündigt. Die DC-8 war mittlerweile so niedrig, daß die Funksignale des VORTAC durch das hohe Gelände abgeschirmt wurden. Als Flug 802 3.500 ft erreichte, zog der Kommandant die Flugzeugnase leicht nach oben und fing den Jet auf dieser Höhe ab. An Bord kam man ins Grübeln. Wie sollte man den 19,5 Meilen Fixpunkt treffen, wenn man keine Entfernungsanzeige hat? Aus der Gelassenheit wurde mehr und mehr Beunruhigung. Der Copilot warf noch rasch einen Blick auf die Anflugkarten und fing an, sich über die Geländeerhebungen Sorgen zu machen:
COP: *„Do you know what the terrain is like out here ? ...where's that mountain that you were talking about?"*
CPT: *„Mountains everywhere."*, kam es nüchtern vom Kommandanten.

Immer noch waren die DME-Anzeigen tot. Unbehagen machte sich beim Copiloten breit, dem die Sache nicht geheuer vorkam.

COP: „We should be a little higher than that out here, shouldn't we?"
CPT: „No, fourty DME you're all right."
COP: „You're all right", wiederholte der Copilot, quasi als Bestätigung der beruhigenden Worte des erfahreneren Kommandanten.

Mit über 200 Knoten hatte die DC-8 gerade eine Talsenke überflogen, und das Terrain stieg nun wieder an. In der Dunkelheit waren sich die Piloten nicht über ihre Situation im Klaren. Vor ihnen erhoben sich Berghänge bis zu 4.950 ft Plötzlich ertönte der Heulton des Höhenwarngerätes.

COP: „I'll go up a little bit here...no reason to stay down that low so long."

Der Triebwerksschub wurde erhöht, doch gewann die Maschine kaum an Höhe. Auf einmal erwachte der Entfernungsmesser aus seiner Lethargie und zeigte eine Entfernung von 24 Meilen an. Erleichtert leitete der Pilot nun eine Linkskurve ein, um auf den vorgeschriebenen Anflugkurs zu gelangen, als plötzlich zum zweiten Mal das Höhenwarngerät anschlug. Sekunden später ertönte das Warnsignal ein drittes Mal. In der Linkskurve verlor WO802 jedoch wieder ein wenig an Höhe und steuerte nun geradewegs auf den Mount Dutton zu. An Bord beruhigte sich die Lage wieder etwas, und man ging die Anflugcheckliste durch. Die Landeklappen wurden auf 12 Grad ausgefahren. Doch nur eine gute Minute später schlug erneut die Höhenwarnung an.

COP: „Radio altimeters..(*)...hey John, we're off course!"

Die Nadel des Radio-Höhenmessers drehte sich immer schneller gegen den Uhrzeigersinn, was bedeutete, daß der Erdboden rasch näher kam.

„Four hundred feet", rief der Copilot aus und der Kommandant gab Vollschub.

„Get back", war das Letzte, was im Cockpit zu hören war. Um 05:42 Uhr/loc. prallte die DC-8 gegen den verschneiten Osthang des **Mount Dutton/AK/USA** und zerschellte.

Von den drei Mitgliedern der Cockpitbesatzung, den einzigen Personen an Bord, überlebte keiner das Unglück.

Flug WO802 wurde das Opfer einer Fehlinterpretation seitens der Crew, die sich nicht gründlich genug über die Anflugbedingungen in Cold Bay informierte. An Bord ging man davon aus, daß innerhalb des 40 Meilen Radius ein Sinkflug auf 3.500 ft erlaubt sei.

Nur ein gutes Jahr darauf passierte einer weiteren DC-8 fast das gleiche Malheur. Aus Kalifornien kommend, wurde die DC-8 für einen „Back door"-Anflug für Runway 32 freigeben. Keiner der Piloten kannte sich mit den Anflugbedingungen aus. Die Maschine sank auf ca. 4.000 ft und als man kurz danach aus der Wolkendecke brach, erblickten die entsetzten Piloten ein hohes Gebirgspanorama um sich herum. Sofort wurde ein Steigflug eingeleitet und man konnte sicher landen.

Das NTSB regte hiernach sofort die Änderung der Anflugkarten für Cold Bay an. Die irreführenden 40-Meilen-Fixpunkte, zusammen mit der Endanflughöhe von 3.500 ft wurden herausgenommen und statt dessen eine fettgedruckte Warnung vor dem bergigen Terrain abgedruckt. Seitdem ist es dort zu keinen schwerwiegenden Unglücken mehr gekommen.

10.09.73
California AM   **Convair 990**
N7876   **4**

Das Flugzeug ging auf dem Auslieferungsflug von der Garuda in die USA, aus Manila kommend, bei der Landung auf Guam **Island/US-Guam** verloren. Inmitten eines Gewittersturms verloren die Piloten bei 20 Knoten starke Seitenwinden während Landung die Kontrolle über die Maschine. Das Bugrad brach zusammen, die 990 schlitterte von der Bahn und kollidierte mit einem abgestellten Tankwagen. Zum Glück brach aber kein Feuer aus. Die Besatzung konnte unverletzt die Szene verlassen.

Die Maschine sollte eigentlich als Forschungsflugzeug an die NASA ausgeliefert werden. Das Wrack wurde von der NASA geborgen und als Ersatzteilspender nach Moffet Field, dem NASA Testgelände, in den USA transportiert.

11.09.73
JAT   **SE210 Caravelle 6N**
YU-AHD   **151**

Die Maschine stürzte 35 Kilometer nördlich von **Titograd/Jugoslavien** gegen den Montaganik Berg und zerschellte nahe der Stadt Kolasin. Es kamen 44 Menschen ums Leben. Die Maschine kam aus Skopje.

23.09.73
Air Algérie   **SE210 Caravelle 3**
7T-VAI   **28**

Bei einem Landeunfall auf dem Dar-El-Brieda AP in **Algier/Algerien** wurde die Caravelle derartig beschädigt, daß die Maschine abgeschrieben wurde.

30.09.73
Aeroflot   **Tupolev 104B**
CCCP-42506   **21904**

Das Flugzeug stürzte kurz nach dem Start in **Sverdlovsk/UdSSR** ab.

Alle 108 Insassen fanden den Tod.

03.10.73
Aeroflot   **Tupolev 104B**
CCCP-42486   **21504**

Die Tu-104 befand sich im Landeanflug auf den Flughafen **Moskau-Domodedovo AP/UdSSR**, als sie plötzlich über die linke Tragfläche abkippte und am Boden zerschellte.

Hierbei kamen alle 122 Insassen ums Leben. Die Maschine kam aus Tiflis.

20.10.73

Mexicana Boeing 727-100
XA-SEN 19398

Der Landeanflug in **Mazatlan/Mexico** geriet zu kurz und die Boeing wurde erheblich beschädigt. Der Schaden war so groß, daß man die Mechaniker nicht mehr zu rufen brauchte.

Die Hecksektion der verunglückten Maschine wurde nach Van Nuys in den USA abtransportiert.

03.11.73

Pan American Boeing 707-320C
N458PA 19368

Jeden Tag flog von New York eine Frachtmaschine der Pan Am nach Frankfurt. An jenem Tag war die 707 mit 26 Tonnen Fracht beladen. 7,5 Tonnen waren genehmigungspflichtige, gefährliche Chemikalien, der Rest elektronische Bauteile und Post. Um 8:25 Uhr/loc. startete die Maschine mit drei Besatzungsmitgliedern an Bord in Richtung Frankfurt.

Kurz nachdem die Maschine ihre angewiesene Flughöhe von 31.000 ft erreicht hatte, meldete die Besatzung ein Feuer an Bord. Sie vermutete das Feuer in der elektrischen Anlage der Maschine, nicht in der Ladung. Deswegen sah sie das Problem als nicht sonderlich akut an und entschloß sich, nicht auf dem ersten besten Flughafen zu landen, sondern nach New-York zurückzufliegen.

Um 9:10 Uhr/loc. kam der nächste Funkspruch der Maschine:

CPT: „Smoke is getting a little thick in here!"

Eine Minute später wurde die Sache dann prekär. Der Kommandant endschied sich jetzt doch, einen näherliegenden Airport anzufliegen, nämlich **Boston/MA/USA**. Als Begründung gab er an:

CPT: „The Smoke is getting a little too thick!"

Die Cockpitbesatzung setzte Rauchschutzbrillen und Sauerstoffmasken auf, um in dem dicken Rauch noch atmen zu können. Die Maschine nahm Kurs auf Boston und begann schnell zu sinken. Der erste Funkkontakt mit Boston wurde um 9:31 Uhr/loc. hergestellt. Die Maschine wurde für den Anflug freigegeben und angewiesen, auf 2000 ft zu sinken. Der Controller fragte nach, ob es sich um einen Notfall handele, was die Besatzung aber verneinte. Und auch hier änderte die Besatzung kurz darauf ihre Meinung: auf die Frage, ob sie einen normalen oder einen direkten Anflug wünsche, antwortete die Besatzung: den direkten Weg, sie wollten so schnell wie möglich landen. Das war der letzte Funkkontakt mit der Maschine. Alle Versuche, mit ihr wieder in Kontakt zu kommen, schlugen fehl. Der Grund dafür war einfach: Da der Kommandant den Brand in der elektrischen Anlage vermutete, hatte er den Befehl gegeben, alle für den Flug nicht unbedingt nötigen Geräte abzuschalten, um weitere Kurzschlüsse zu vermeiden. Der Bordingenieur hatte bei der Ausführung dieser Anweisung wahrscheinlich auch die Stromzufuhr für die Funkanlage und die Fluglagenkontrolle unterbrochen. Das war hauptsächlich darauf zurückzuführen, daß sowohl der Kommandant wie auch der Copilot während des Anflugs ihre Cockpitseitenfenster geöffnet hatten, um den Rauch abziehen zu lassen. Der Nutzen dieser Handlung dürfte fraglich sein. Eine Folge davon war aber, daß der durch den Luftstrom erzeugte Lärm jegliche Kommunikation im Cockpit unmöglich machte.

Aber insbesondere die Abschaltung der Fluglagenkontrolle stellte sich als katastrophal heraus. Die Maschine war schon über dem Flughafengelände, als der Pilot die Flugzeugnase hochzog, um die Anfluggeschwindigkeit zu senken.

Plötzlich kippte die Nase wieder steil nach unten und das Flugzeug rollte nach links. Die Pan Am Maschine prallte fast vertikal in die Anflugbefeuerung der Runway und ging sofort in Flammen auf.

Alle drei Insassen an Bord kamen ums Leben. Der Absturz, Sekunden vor der Landung, war auf die abgeschaltete Fluglagenkontrolle zurückzuführen. Außerdem dürfte der Qualm im Cockpit der 707 derartig dick gewesen sein, daß eine Kontrolle des Flugzeuges durch die Besatzung fast unmöglich war!

Die Entscheidung, alle „unnötigen" elektrischen Geräte abzuschalten, war umso fataler, weil dazu nämlich kein Grund bestand.

Das Feuer war nicht durch einen Kurzschluß in der Elektrik der Maschine ausgelöst worden, sondern durch seine Ladung. Das konnte die Besatzung aber nicht wissen.

Im hinteren Teil der Frachtmaschine waren mehrere Holzkisten mit Chemikalien verstaut gewesen. In diesen Holzkisten waren Flaschen mit Nitritsäure verstaut. Eine dieser Flaschen schlug aus unbekannten Gründen leck, und die Säure ergoß sich über den Boden der Holzkisten. Nitritsäure reagiert mit Holz sehr heftig, und es war zu einer sehr starken Rauchentwicklung gekommen. Kurz darauf brach die Kiste in sich zusammen, mehr Flaschen zerbrachen und griffen das Holz der umstehenden Kisten an. Noch mehr Rauch entstand, und binnen Minuten war das gesamte Flugzeug qualmerfüllt.

Der Rauch behinderte nicht nur die Sicht der Besatzung, er war auch noch extrem gesundheitsgefährdend, was einige der Fehlentscheidungen der Besatzung, insbesondere des Bordingenieurs erklärt.

Es stellte sich heraus, daß die sehr mangelhafte Verpackung der Chemikalien nur deswegen gegen keine Vorschrift verstoßen hatte, weil es keine diesbezüglichen Vorschriften gab!

Auch war die Besatzung in keiner Weise über die Art und Beschaffenheit ihrer Ladung informiert worden.

05.11.73

Iberia SE210 Caravelle 6R
EC-BIA 226

Die auf dem Vorfeld in **Madrid-Barajas AP/Spanien** geparkte Caravelle fing aus nicht näher geklärten Umständen Feuer und brannte total aus.

20.11.73

Aeroflot Tupolev 124
CCCP-45031 2350901

Bei schlechtem Wetter überrollte die Tu-124 das Ende der Landebahn in **Kazan/UdSSR** und wurde dabei zerstört.

27.11.73

Eastern AL Douglas DC-9-31
N8967E 47267

Bei einem abendlichen Anflug (18:51 Uhr/loc.) auf **Akron-Canton/OH/USA** bekam die Maschine vorzeitige Bodenberührung und zerschellte. Die DC-9 war in einem Gewittersturm in heftige Windböen geraten. Außerdem hatten die Piloten sich bei der visuellen Einschätzung ihrer Höhe verschätzt.

Hierbei kam glücklicherweise niemand ums Leben. 15 Verletzte waren die Bilanz. Die anderen sechs Passagiere sowie die fünf Crewmitgliedern kamen mit dem Schrecken davon.

Dies war ein typischer CFIT (Controlled Flight Into Terrain) Unfall.

27.11.73

Delta AL Douglas DC-9-32
N3323L 47032

Der Delta Flug Nr.516 startete um 17:57 Uhr/loc. in Atlanta zum regulären Liniendienst nach **Chattanooga/TN/USA**. An Bord befanden sich neben den fünf Mitgliedern der Crew noch weitere 74 Passagiere, die sich für den knapp einstündigen Flug eingecheckt hatten.

Der Kommandant auf dem linken Sitz steuerte die Maschine, während der Copilot die Bordsysteme bediente und den Funkverkehr abwickelte. Gegen 18:15 Uhr/loc. flog DL516 in den Luftraum, von Chattanooga ein und wurde vom Anfluglotsen erst einmal in ein Holding über dem örtlichen VOR geschickt, da über dem Flughafen gerade eine schwere Gewitterzone hinwegzog und daher Landungen vorübergehend nicht möglich waren. Nach ca. 15 Minuten wurden die Anflüge wieder freigegeben und DL516 erhielt die Anfluggenehmigung für das ILS der Bahn 20. Von Norden her näherte sich die DC-9 in IFR-Bedingungen dem Flughafen. Der Controller informierte die anfliegenden Maschinen über die neueste Wetterlage:

„Wolkenuntergrenze zwischen 400 und 1.100 ft, bedeckt, Sichtweite: fünf Meilen und leichter Regen".

Um 18:46 Uhr/loc. hatte sich die DC-9 auf dem ILS-Leitstrahl der Bahn 20 stabilisiert; im Cockpit ging man die Checkliste für die bevorstehende Landung durch. Als man sich über dem Fixpunkt Daisy, 7,7 Meilen außerhalb der Landebahnschwelle befand, erhielt man vom Tower die Landefreigabe:

ATC: *„Delta 516 by Daisy, cleared to land, the wind, ah, one five zero degrees at four."*

COP: *„Cleared to land"*

In voller Landekonfiguration mit auf 50° ausgefahrenen Klappen sank DL516 per Autopilot der Landebahn entgegen, deren Lichter in Kürze vor den Piloten aus der dunklen Wolkendecke auftauchen würden. Von den Fluglotsen unbemerkt, ging gerade zu dieser Zeit ein schwerer Regenguß über dem nördlichen Flugfeld nieder, und der eben noch zarte Wind frischte böig auf.

Der Delta-Jet passierte gerade 1.400 ft, als die Piloten das harte Prasseln der aufschlagenden Wassertropfen wahrnahmen. Momente darauf kam man langsam aus den Regenwolken heraus, und die blitzenden Lauflichter der Anflugbefeuerung(Rabbits) wurden sichtbar. Den Kommandanten irritierte womöglich diese optische Anflughilfe. Er wies den Towerlotsen an:

CPT: *„Kill the rabbit, please"*

Die Lauflichter wurden abgeschaltet. Nun schimmerten nur noch die matten Lichtkegel der Landelichter den Piloten entgegen.

Die Intensität des Regens ließ nicht nach. Stur hielt der Autopilot die DC-9 auf Kurs. Kaum merklich hatte sich der leichte Gegenwind in einen Rückenwind gekehrt, der die Fluggeschwindigkeit über Grund ansteigen ließ. Der Copilot achtete angestrengt auf seine Instrumente und rief die Höhenwerte aus, während der Kommandant nach vorn blickte, um die unmittelbar bevorstehende Landung durchzuführen. Über dem Haupteinflugzeichen (Middlemarker) war die Entscheidungshöhe (DH) erreicht. Da man Sichtkontakt zu den Bodenlichtern hatte, wurde der Anflug fortgesetzt. Der Kommandant schaltete den Autopiloten aus und übernahm von Hand die Steuerung der letzten paar hundert Meter bis zum Aufsetzen selbst. Doch in dieser Phase wurde er das Opfer eines optischen Phänomens. Durch den starken Regen, der auf die Cockpitscheiben niederging, waren die Konturen außerhalb des Cockpits nur undeutlich zu erkennen. Der einzige Bezugspunkt des Kommandanten waren die Anfluglichter, die durch den starken Regenfall weiter entfernt wirkten als es tatsächlich der Fall war. Der Kommandant erlag der Täuschung, weiter vom Erdboden entfernt zu sein, als es für eine sichere Landung nötig gewesen wäre. Somit drückte er die Steuersäule nach vorn, um dem Erdboden schneller entgegen zu sinken. Dem Copiloten fiel die erhöhte Sinkrate auf:

COP: *„Gotta plus five, sinking to nine."*

Dl516 durchflog zu allem Übel jetzt auch noch eine Windscherung, die die Sinkgeschwindigkeit weiter zunehmen ließ.

COP: *„Plus five sinking to ten."*

Trotz der beiden warnenden Hinweise unternahm der Kommandant nichts, um den rapiden Sinkflug abzufangen. Bis zum Schluß bemerkte er nicht, daß er dem Erdboden viel zu schnell näherkam. Es war 18:51 Uhr/loc., als die DC-9 mit dem Fahrwerk durch die Masten der Anflugbefeuerung pflügte und mit der Rumpfunterseite gegen eine Erdaufschüttung prallte. Die linke Tragfläche brach ab und auslaufendes Kerosin entzündete sich.

Schnell standen die Überreste der Maschine in hellen Flammen. Der Towerlotse in Chattanooga, der die Flammen am Ende der Landebahn sah, alarmierte sofort die Feuerwehr. Glücklicherweise erstickten die Flammen von selbst innerhalb von Augenblicken und alle 79 Insassen konnten sich nach 2,5 Minuten ins Freie retten.

Das NTSB regte hiernach an, noch mehr als vorher die Installation von sogenannten VASI-Landelichtern an allen Landebahnen der größeren Verkehrsflughäfen voranzutreiben. VASI's (Visual Approach Slope Indicator) zeigen anfliegenden Piloten an, ob das Flugzeug zu hoch ist oder sich zu tief unter dem Gleitweg befindet.

VASI's gehören mittlerweile zur Grundausstattung der meisten Flughäfen der Welt.

04.12.73

Austral BAC 1-11-500
LV-JNR 192

Während des Startlaufs in **Bahia Blanca/Argentinien** versagte eine der beiden Turbinen des Flugzeugs. Da die Maschine für einen Startabbruch schon zu schnell war, mußte man abheben und in einer Schleife zum Flughafen zurückkehren. Bei der anschließenden Notlandung wurde die BAC für eine Reparatur zu sehr demoliert. Von den fünf Crewmitgliedern und den 68 Passagieren kam niemand zu Schaden.

07.12.73

Aeroflot Tupolev 104B
CCCP-42503 21901

Die Maschine berührte zu früh den Boden bei der Landung in **Moskau-Domodedovo AP/UdSSR** und zerbrach. Zum Unglückszeitpunkt tobte ein Schneesturm über dem Flughafen.

Von den 72 Insassen der aus Kutaisi kommenden Tupolev kamen 16 ums Leben.

16.12.73

Aeroflot Tupolev 124
CCCP-45061 351406

In einer Höhe von 18.000 ft tauchte die Nase der Tupolev plötzlich nach unten ab. Etwa 150 Kilometer außerhalb von **Vilnius/Litauen/UdSSR** zerschellte die Tupolev. Man befand sich auf dem Linienflug von Moskau nach Vilnius/Litauen.

Nach amtlichen Angaben gab es unter den 51 Insassen keine Überlebenden.

17.12.73

Iberia McDD DC-10-30
EC-CBN 46925

Auf dem Bostoner Flughafen **Logan-Int'l/MA/USA** herrschte für diese Jahreszeit das fast schon obligatorische Wetter. Die Wolkendecke schien an diesem Tag wie am Boden festgeklebt zu sein. Von Zeit zu Zeit ging ein leichter Regen nieder. Zudem wehte ein kalter Südwestwind, der dieses „Hundewetter" komplett machte. Die Sichtweite betrug durch die Regenfälle zeitweise weniger als 400 Meter, und am Flughafen mußten auch tagsüber die Lampen angelassen werden, um das trübe Dezemberwetter notdürftig aufzuhellen.

Boston-Logan AP wird zur Hälfte durch das Wasser der Boston-Bay begrenzt, das unmittelbar im Osten an die Flughafenbegrenzungsmauer schwappt. Geminderte Sicht ist daher ein nur allzu üblicher Wetterzustand auf diesem Flughafen. Daher wurden bereits vor über zehn Jahren hier die ersten ILS-Installationen vorgenommen, um auch bei geringer Sicht noch landen zu können. Für die landenden Flugzeuge an diesem Tag bedeutete dieses Wetter erhöhte Wachsamkeit und Konzentration.

Es war 15:34 Uhr/loc., als Iberia-Flug Nr. 933 mit der Anflugkontrolle in Boston-Logan Funkkontakt aufnahm. Die erst im März des Jahres ausgelieferte Maschine mit dem Namen „Costa Brava" befand sich auf dem Nonstop-Linienflug von Madrid und hatte 153 Passagiere, sowie 14 Crewmitglieder an Bord.

Die Bostoner Anflugkontrolle gab Flug 933 frei zum Sinkflug auf 3.000 ft und kündigte gleichzeitig die vorgesehene Landebahn 33L an. Der Anflugweg verläuft von Südosten her über das dunkle Wasser der Boston-Bay. Die Bahnschwelle befindet sich unmittelbar hinter dem Flughafendeich, der das Flughafenareal von der Wasserlinie trennt.

Elegant kurvte der Kommandant, der als fliegender Pilot fungierte, seine DC-10 auf den ILS-Leitstrahl. Um 15.40 rief Flug 933 den Tower, der die Piloten anwies:

ATC: „...runway visual range is out of service, the visibility is three quarters, the wind is three one zero at ten, report lights in sight."
IB933: „Roger."

Ohne Bodensicht „tastete" sich der Jet förmlich der Landebahn entgegen. Die Landecheckliste war beendet, das Fahrwerk sowie die Klappen ausgefahren. Der fliegende Kommandant flog die DC-10 mit eingeschaltetem Autopiloten und automatischer Schubkontrolle, dem sog. „Auto-Throttle", der die Anfluggeschwindigkeit bei 145 Knoten hielt.

Eine knappe Minute darauf erhielt IB933 Landefreigabe auf der Bahn 33L. Der Towerlotse wies dann die Besatzung darauf hin, daß die Bremswirkung auf der Landebahn als „mittel" bis „schwach" gemeldet wurde.

Als der Bordingenieur „300 feet", ausrief, erblickte der Copilot die ersten Lichter der Anflugbefeuerung rechts voraus:

COP: "Lights to the right".
CPT: "Ok, lights in sight"

Der Kommandant schaltete nun den Autopiloten aus. Gleichzeitig schwenkte er die Maschine etwas nach rechts, um genau auf die Pistenachse ausgerichtet zu sein. Just in diesem Moment wurde die DC-10 von einer leichten Windscherung erfaßt, die das Flugzeug stärker als sonst absinken ließ. Dem Kommandanten, der gerade mit dem Übergang vom automatischen Instrumenten- auf manuellen Sichtflug beschäftigt war, entging dieser gefährliche Umstand.

"Minimum decision height", rief plötzlich der Bordingenieur.

Die niedrigste Höhe, bei der die Landebahn in Sicht sein muß, um gefahrlos zu landen, war erreicht. Die große Maschine drang aus der dichten Wolkendecke. Der Kommandant bemerkte nun, daß er etwas zu tief anflog und schob die Leistungshebel der drei Triebwerke ein Stück nach vorn. Gleichzeitig zog er die Steuersäule etwas an sich und die Flugzeugnase richtete sich auf. Doch der Sinkflug konnte nicht mehr abgefangen werden.

Die Landebahn lag zwar direkt vor der Maschine, aber man befand sich noch über der Wasserlinie des Hafenbeckens. Die Höhe nahm immer mehr ab. Beide Piloten hielten den Atem an.

ING: "50, 40, 30, 20, 10..."

Es war 15:43:31,5 Uhr/loc., als Flug 933 mit dem Hauptfahrwerk gegen die vier letzten Stahlmasten der Anflugbefeuerung prallte. Die linke Fahrwerkssäule donnerte gegen die Masten und wurde erheblich beschädigt. Beim Aufprall gegen die Umfassungsmauer riß zudem das rechte Fahrwerksbein ab. Die DC-10 sprang wieder hoch. Da sich der Sitz des Kommandanten durch den Aufprall nach hinten verschoben hatte, war ihm die Sicht genommen. Energisch drückte er die Steuersäule nach unten. Die Maschine reagierte prompt und stürzte förmlich nach 400 Metern mit dem Bugrad voran auf die Landebahn. Nach dieser heftigen Landung kollabierte das Bugrad und der vordere Rumpf schleifte über den Boden. Das linke Triebwerk explodierte und benetzte das Mitteltriebwerk im Seitenleitwerk mit austretendem Kerosin, welches kurz danach Feuer fing. Die rechte Tragfläche bekam Bodenberührung. Funkensprühend schleifte sie mitsamt Triebwerk Nr.3 über den nassen Asphalt. Die Maschine kam nach rechts von der Bahn ab und blieb etwa 1.000 Meter hinter dem Bahnanfang und nur 15 Meter vor der Hafenmauer brennend liegen.

Der Towerlotse, der auf die Landung der DC-10 wartete, hörte plötzlich den Warnton der Anflugmasten, der immer dann ertönt, wenn ein- oder mehrere Lampen ausgefallen waren. Als er auf seiner Konsole den Warnton abschalten wollte, meldete sich Flug 933:

CPT: "Iberia 933, we have an accident."

Es wurde Alarm ausgelöst. Sofort nachdem die Maschine zum Stillstand gekommen war, gab der Kommandant das Evakuierungssignal. Die Notrutschen wurden betätigt, und unter Hilfe der Besatzung konnten alle Passagiere den brennenden Großraumjet verlassen. Lediglich 16 Insassen zogen sich beim Verlassen der Maschine einige leichtere Verletzungen zu.

Hiernach wurde bemängelt, daß der ILS-Gleitpfad für die Bahn 33L eine zu geringe Hindernisfreiheit, speziell für größere Flugzeuge, bietet. Die Räder einer korrekt landenden DC-10 schweben beim Überqueren der Bahnschwelle nur 2,5 Meter über der Boden und nur 8 Meter über den Masten dem Anflugbefeuerung!

Zum zweiten widmete sich das NTSB den Windverhältnissen. Es wurde ermittelt, daß der Bodenwind zwar mit 315° auf der Bahn 33 stand, jedoch wehte über 350 ft ein kräftiger Wind aus südwestlichen Richtungen. Daraus folgte, daß Flug 933 bis in diese Höhe einem Rückenwind ausgesetzt war, der das Flugzeug schneller als sonst anfliegen ließ. Um die eingestellte Anfluggeschwindigkeit von 145 Knoten nicht zu überschreiten, zog das „Auto-Throttle"-System die Triebwerkshebel fast auf Leerlauf zurück. Beim Durchflug von 300 ft blies auf einmal der Wind von vorn. Die Fluggeschwindigkeit verlangsamte sich. Fatalerweise schaltete der Kommandant im nächsten Moment den Autopiloten ab, der bis dahin die DC-10 auf dem Gleitweg hielt. Die erhöhte Sinkrate aus dem schnellen Anflug zuvor wurde erst dann bemerkt, als es bereits zu spät war. Dies war der erste Verlust des damals neuen Großraumflugzeugs DC-10.

17.12.73

Pan American   **Boeing 707-320B**
N407PA   18838

Kurz vor Weihnachten war der Andrang auf dem Flughafen **Rom-Ciampino AP/Italien** extrem groß. Weder den Polizisten noch den Passagieren fiel die Gruppe arabisch aussehender Passagiere auf, die gerade einer aus Madrid kommenden Maschine entstiegen und sich in Richtung Transithalle bewegten. Gegen 13:00 Uhr/loc. gingen die ankommenden Passagiere dieses Fluges in Richtung der obligatorischen Gepäckkontrolle, als die achtköpfige Gruppe plötzlich wie aus dem Nichts Maschinenpistolen und Handgranaten aus ihrem Handgepäck hervorholten und wild um sich schießend in Richtung Rollfeld liefen. Jeder, der sich ihnen in den Weg stellte, wurde sofort niedergeschossen. Direkt vor den Terroristen lag die amerikanische Boeing 707, in der gerade die Passagiere für den Linienflug nach Beirut und Teheran Platz genommen hatten. Als der Pilot sah, daß sich die Araber anschickten, die Maschine zu stürmen, wies er die Passagiere lautstark über die Bordsprechanlage an, sich auf den Boden zu werfen. In diesem Moment hatten die Terroristen bereits zwei Handgranaten in das innere der Maschine geworfen. Nachdem beide detoniert waren, schossen sie mit ihren Schnellfeuerwaffen wahllos in die raucherfüllte Kabine.

Als sie das Flugzeug wieder verlassen hatten, begann die Besatzung sofort mit der Evakuierung der Menschen aus der schon brennenden Maschine. Eine Stewardeß wurde bei dem Versuch, den Notausgang über der linken Tragfläche zu öffnen, erschossen, denn die Terroristen hatten sich auf diese Seite der Maschine gestellt, um genau diese Fluchtmöglichkeit im Keim zu ersticken. Den meisten Passagieren gelang es aber, über Notausgänge auf der anderen Seite der Maschine zu flüchten. Als die 707 brannte, wandten sich die Palästinenser einer in der Nähe stehenden 737 der Lufthansa zu, die gerade für den Flug nach München vorbereitet wurde. In der Maschine befanden sich noch keine Passagiere, aber die Besatzung und einige Bodenarbeiter und italienische Zöllner, die sich vor den Schußsalven in Sicherheit bringen wollten.

Die Terroristen forderten den Kommandanten der 737 auf, sofort zu starten, was diesem aber nicht möglich war, weil die Maschine noch von Tank- und Servicewagen umgeben war.

Um ihren Forderungen Nachdruck zu verleihen, erschossen sie eine der Geiseln, einen Italienischen Zöllner.

Die Besatzung und die anderen Geiseln zogen die im Wege stehenden Wagen zur Seite, und die Maschine startete in Richtung Athen.

Der gesamte Vorgang auf dem Rollfeld in Rom dauerte 50 Minuten. Während der gesamten Zeit war die italienische Polizei mit einem großen Aufgebot anwesend, beschränkte sich aber darauf, das Geschehen aus genügender Entfernung zu beobachten. Der Einsatzleiter sah keinerlei Möglichkeit zum Eingreifen. Im Gegensatz dazu begann die Flughafenfeuerwehr noch während die Araber in die Pan Am Maschine schossen mit den Löscharbeiten.

Alle Terroristen waren Mitglieder der radikalen Palästinensergruppe „Schwarzer September", eine Unterorganisation der PLO.

Bei diesem Anschlag starben 32 Menschen: 30 Passagiere, ein Zöllner und ein Feuerwehrmann. Die Boeing brannte aus, bevor das Feuer gelöscht werden konnte.

19.12.73
Lufthansa   **Boeing 707-320B**
D-ABOT   **18463**

Im Anflug auf den Flughafen **Neu-Delhi AP/Indien** befand sich der Vierstrahler im konstanten Sinkflug auf dem Gleitpfad zur Landebahnschwelle. Es herrschte zu dieser Zeit eine beständige Bodennebelschicht über der Anflugzone und Landebahn, so daß die Piloten keinerlei Lichtsignale im Endanflug ausmachen konnten. Der Kapitän überließ seinem Copiloten den Anflug. Dieser hatte erhebliche Mühe, die Boeing auf dem vorgesehenen Gleitpfad zu halten. Beim Überfliegen des Outermarker, ca. 8 km vor der Landebahnschwelle, war die Maschine zu hoch und mehr als 120 km/h zu schnell. Der daraufhin eingeleitete Sinkflug wurde durch verminderten Schub und volle Klappenstellung erreicht. Jedoch sank der Flieger nun mit einer zu hohen Sinkrate. Das ganze Manöver wurde unter Sichtflugregeln durchgeführt. Damit war der für die 707 noch relativ unerfahrene Copilot offensichtlich überfordert. Der Pilot wies seinen Co auf die zu geringe Schubleistung hin. Mit beinahe Leerlaufleistung der Triebwerke sank man schnell unter den Gleitweg und kollidierte mit den Häuschen des Middlemarkers. Dabei verlor das Flugzeug das gesamte Fahrwerk und setzte schließlich 460 Meter vor der Landebahnschwelle auf den Triebwerken auf, schoß über eine Straße, verlor alle 4 Triebwerke, drehte sich um 90 Grad und blieb schließlich am Anfang der Runway liegen. Bei dieser Bruchlandung wurde niemand verletzt, jedoch geriet die linke Tragfläche in Brand. Es konnten aber alle 109 Insassen rechtzeitig evakuiert werden. Probleme gab es lediglich bei der Flughafenfeuerwehr von Neu-Delhi, die ihren Wagenpark keinem regelmäßigen Batteriecheck unterwarf, was dazu führte, daß sämtliche Einsatzfahrzeuge erst angeschoben werden mußten!

Hinzu kam, daß die nun endlich gestartete Feuerwehrarmada sich nicht in Richtung auf das Wrack der Lufthansamaschine machte, welches brennend am Ende der Runway lag, sondern zu einem Jumbo-Jet der BOAC fuhren, der unversehrt auf dem Vorfeld stand.

Dies alles verzögerte die Löschmannschaften erheblich, so daß bereits der Rumpf der Maschine brannte, als die Feuerwehr, 18 min nach dem Absturz, am Unglücksort eintraf.

21.12.73
Aeroflot   **Yakovlev Yak-40**
CCCP-87629   **9xx1019**

Bei einer überharten Landung in dichtem Nebel auf dem armenischen Flughafen **Eriwan/UdSSR** wurde die Yak-40 so sehr beschädigt, daß sie abgeschrieben werden mußte.

22.12.73
Sobelair   **SE210 Caravelle 3**
OO-SRD   **69**

Die auf einem Linienflug aus Paris kommende Caravalle befand sich im Gegenanflug auf die Landebahn in Tanger-Boukhalf AP/Marokko. Aus nicht näher geklärten Gründen wurde dieser Gegenanflug jedoch immer weiter nach Osten in Richtung des bergigen Terrains fortgesetzt. Schließ kollidierte die Maschine mit einem Ausläufer des Mt. Mellaline nahe der Ortschaft **Tetouan/Marokko** (25 km östlich des Flughafens) in einer Höhe von etwa 2.300 Metern.

Die 106 an Bord befindlichen Menschen fanden alle den Tod.

Das Unglück passierte kurz nach 22 Uhr/loc. in Dunkelheit, Regen und stürmischem Wetter.

***D-ABUL**; eine der letzten im Einsatz befindlichen 707 der Lufthansa beim Rollen zur Startbahn/Frankfurt im Juli 1984 <Quelle: JR-Photo>*

23.12.73
Aeroflot **Tupolev 124**
CCCP-45004 350202

Nur drei Minuten nach dem Start in **Lvov/Ukraine/UdSSR** erlitt das Flugzeug einen Turbinenschaden und stürzte 10 Kilometer südöstlich der Stadt ab. Hierbei wurden 17 Insassen getötet. Über verletzte Personen liegen keine Angaben vor.

23.12.73
Cruzeiro **SE210 Caravelle 6R**
PP-PDV 120

Die Caravelle schoß bei der Landung in **Manaus/Brasilien** über das Bahnende hinaus, fing Feuer und brannte aus. Sie teilt somit das Schicksal ihrer Schwestermaschine „PP-PDX", die vor gut 6 Monaten verunglückte.(s.a. 01.06.73)

Von den 50 Passagieren und der 7-köpfigen Crew wurde ein Mensch verletzt.

01.01.74
Itavia **Fokker F28-1000**
I-TIDE 11015

Bei Schneeregen im Anflug auf den Flughafen **Turin-Caselle AP/Italien** geriet die Fokker zu tief und bekam frühzeitig Bodenberührung. Die Maschine streifte einen Baum und schoß geradewegs über das Gelände eines Bauernhofes. Mit hoher Geschwindigkeit rammte „I-TIDE" eine Scheune und blieb schließlich brennend liegen.

38 von 42 Insassen des Zweistrahlers kamen ums Leben. Zur Unglückszeit herrschte Regen. Die Fokker war auf dem Routing Caligiari-Bologna-Turin unterwegs.

16.01.74
T W A **Boeing 707-120B**
N757TW 18395

Die Landung auf dem **Los Angeles Int'l AP/CA/USA** war sehr hart. Dadurch prallte das Bugrad so hart auf die Erde, daß dieses an der dafür vorgesehenen Sollbruchstelle abbrach.

Von den 58 Passagieren und den sieben Besatzungsmitgliedern verletzten sich acht Personen hierbei.

Das nachfolgend entstandene Feuer drang in die Kabine ein und führte zu irreparablen Schäden. Zum Unfallzeitpunkt herrschte Nebel.

26.01.74
T H Y **Fokker F28-1000**
TC-JAO 11057

Bis in die späten Abendstunden regnete es auf dem Cumaovasi AP von **Izmir/Türkei**, auf dem die Fokker geparkt war. Die Temperaturen sanken jedoch in der Nacht unterhalb der Gefrierzenze und bildeten eine dünne Eisschicht an Tragflächen und Triebwerkseinlässen.

Am nächsten Morgen wurde das Flugzeug für den bevorstehenden Linienflug nach Istanbul präpariert. Es bestiegen 68 Passagiere und die 5 Besatzungsmitglieder das Flugzeug, was gegen 07:30 Uhr/loc. zur Startbahn 35 rollte und anschließend auf Abhebegeschwindigkeit beschleunigte. Da man aber vergaß, die Tragflächen zuvor zu enteisen, minderte die Eisschicht die Auftriebsfähigkeit der Tragflächen. Als der Pilot bei der zuvor errechneten Abhebegeschwindigkeit die Steuersäule zu sich heranzog, riß die Strömung ab, und es trat ein Stall-Zustand auf. Durch die Pufferwirkung des Bodeneffektes erklomm man zwar eine Höhe von ca. 30 ft, kippte dann aber über die linke Tragfläche ab und prallte wieder zu Boden. Die äußeren Klappen der linken Tragfläche und die linke Rumpfunterseite berührten zuerst den Boden. Dann schoß die Maschine in unvermindertem Tempo in einen parallel zur Runway verlaufenden Entwässerungsgraben, zerschellte und ging in Flammen auf.

Nur 6 Passagiere, unter ihnen ein Kind, sowie ein Mitglied der Besatzung konnten verletzt geborgen werden. Für alle anderen 66 Insassen kam jede Hilfe zu spät.

30.01.74
Pan American **Boeing 707-320B**
N454PA 19376

Der Linienflug der Clipper 707 führte als Rückflug von Auckland, Neu Seeland, über die Samoa Inseln und Honolulu auf Hawaii nach Los Angeles, dem Endpunkt der Strecke.

Zwischen den Samoa Inseln und Honolulu würde man die Datumsgrenze, die mitten durch den Pazifischen Ozean läuft, überqueren und vom 31. in den 30. Januar zurückfliegen.

Das Flugzeug war auf der Etappe nach **Pago Pago/US-Samoa** mit 10 Besatzungsmitgliedern und 91 Passagieren besetzt.

Das Wetter auf den Insel in dieser Nacht war nicht gerade als mild zu bezeichnen. Es tobte in einiger Entfernung vom Flughafen ein mittelschwerer Gewittersturm mit den dazugehörigen Regenschauern und Sturmböen, die wie aus dem Nichts ein Flugzeug erfassen und ordentlich durchschütteln können.

Die Boeing-Besatzung flog den Düsenflieger um 23:34:56 Uhr/loc. im Sinkflug durch 5.000 ft auf das nächtliche Pago Pago zu und wurde vom dortigen Kontrollotsen auf einen elektrischen Systemausfall der Flughafeneinrichtungen hingewiesen :

23:38:50 Uhr/loc. CTR:
„*Clipper eight oh six, appears we've had power failure at the airport.*"
PAA: „*Eight oh six, we're still getting our VOR, the ILS and the lights are showing.*"
23:39:05 Uhr/loc.CTR:
„*See the runway lights?*"
PAA: „*Affirmative, we've had a bad rain shower here. I can't see them from here.*"
23:39:29 Uhr/loc.PAA:
„*We're five DME now and they still look bright.*"
CTR: „*Wind zero five zero degrees at two zero, gusting to two five. Advise clear of runway.*"

23:39:41 Uhr/loc.PAA:
  „Eight zero six, wilco."
Dies war die letzte Funkmitteilung, die man von der 707 erhielt.
Nun wurde die Landecheckliste gelesen, die Scheibenwischer angestellt und die Klappen auf 50 Grad voll ausgefahren.
Der Cockpit Voice Recorder zeichnete nun folgendes auf:
23:40:22 Uhr/loc. CPT:
  „You're a little high."
23:40:26 Uhr/loc. - Geräusch des elektrischen Trimmungsstabilisators -
23:40:29 Uhr/loc. CPT:
  „You're at minimums...field in sight."
23:40:29 Uhr/loc. CPT:
  „Turn to your right, hundred and fourty knots."
Zu dieser Zeit befand sich die Maschine nur noch ein paar Meilen vom Aufsetzpunkt der anvisierten Landebahn 05 in Pago Pago entfernt. Die Sinkrate war mit fast 1.500 ft/min viel zu hoch.
Das Flugzeug geriet unter den Gleitweg des Landekurssenders ILS und berührte um 23:40:29, einen guten Kilometer vor der Landebahn, die Bäume des angrenzenden Regenwaldes.
Das Flugzeug konnte nicht mehr abgefangen werden und pflügte durch die Dschungelvegetation und in eine Bananenplantage hinein. Es rammte einen 1 Meter hohen Wall aus erstarrter Lava und zerschellte in einem Feuerball, der über die ganze Insel zu sehen war. Tragflächen und Heckteil der 707 wurden dabei abgerissen.
Es konnten lediglich vier der 101 Insassen lebend aus dem Inferno geborgen werden.
Unglücksursache, so ermittelte die Untersuchungskommission, war menschliches Versagen der Cockpitbesatzung, die kurz vor Erreichen der Bahn die Landehilfen abschaltete und nach Sichtbedingungen weiterflog.
Dies führte zu einer Fehleinschätzung der Entfernung zur Bahn, da durch den Regen die Landescheinwerfer der Anflugbefeuerung größer und damit näher erschienen als sie tatsächlich waren.
Ferner, so die Kommission, versäumten es die Piloten, ihre Instrumente zu überwachen, aus denen eindeutig hervorgegangen sein muß, daß sich die Boeing unter dem Gleitweg befand.

Nachdem der Kapitän eine Ruhepause aus gesundheitlichen Gründen von 132 Tagen hinter sich gebracht hatte, war dies sein erster Landeanflug nach Instrumentenbedingungen(IFR). Somit wurde der Unfall zu den Akten gelegt.
Erst im Oktober 1977, also beinahe 4 Jahre nach dem Geschehen, sah sich die Unfallbehörde genötigt, die eigentliche Absturzursache zu veröffentlichen.
Auf Anregung und unter dem Druck der amerikanischen Pilotenvereinigung (ALPA), die sich mit der Alleinschuld der Besatzung nicht abfinden wollte, revidierte man schließlich mit 3 gegen 1 Stimme, ganz offiziell, die erste Ursacheneinschätzung. Als Hauptgrund wurde nun eine Windscherung als höchstwahrscheinliche Absturzursache in die Annalen der Unfallbehörde aufgenommen. Diese Windscherung, bedingt durch die Gewitterfront in Flughafennähe, drückte das Flugzeug nach oben und ließ einige Sekunden lang den Endanflug der 707 zu hoch werden. Die Besatzung schaltete daraufhin, richtigerweise, die Steuerung auf Handbetrieb, um die Anflugkorrektur von Hand vornehmen zu können. Als Hilfsmittel bedienten sich die Piloten des Trimmungsstabilisators, der für einen starken Sinkflug ausgerichtet wurde, mit anfänglichem Erfolg.
In dieser Flugphase erhöhte sich logischerweise auch die Sinkrate, und man befand sich wieder einigermaßen auf dem Gleitweg, so schien es den Piloten.
Unglücklicherweise ließ nun die Windböe, die für den starken Auftrieb verantwortlich war, abrupt nach, und die Maschine sackte urplötzlich nach unten durch. Erst nach 15 Sekunden erkannten die Piloten ihre fatale Lage und erhöhten die Triebwerksleistung, um wieder an Höhe zu gewinnen, jedoch kamen ihre Gegenmaßnahmen um einiges zu spät, da bereits die Baumwipfel an das Fahrwerk schlugen. Man kam zu diesem Schluß, da Dank der mittlerweile fortgeschrittenen Technik die Wirkungsverhältnisse von Windscherungen auf Flugzeuge einwandfrei ermittelt werden konnten.

01.02.74

| Transbrasil | BAC 1-11-500 |
| PP-SDQ | 228 |

Die Landung bei schweren Regenfällen in **Sao Paulo-Congonhas AP/Brasilien** mißriet. Die BAC schoß über

N455PA; der identische Flottennachbar der auf Samoa abgestürzten PAA 707. Nach vielen Betriebsjahren und wechselnden Besitzern ist diese Maschine heute nicht mehr im Einsatz /San Juan im März 1977 <Quelle: Luftfahrt Journal-Sammlung>

das Ende der Landebahn hinaus und brach dahinter in zwei Teile.

Hierbei kamen von den 88 Insassen zum Glück niemand ums Leben.

04.03.74
British AW   BAC VC-10-1150
G-ASGO   865

Als Antwort auf angebliche militärische Unterstützung Israels durch die USA und Großbritannien bemächtigten sich am 3.3. einige arabische Extremisten beim Flug über Jugoslawien der von Beirut nach London fliegenden Maschine.

Diese wurde nach **Amsterdam-Schiphol AP** umgeleitet, wo die Terroristen am nächsten Tag die VC-10 in Brand setzten.

Alle 102 Insassen an Bord der Maschine konnten sich vor den Flammen über die Notrutschen in Sicherheit bringen, bevor die VC-10 dem Feuer zum Opfer fiel.

Die Terroristen wurden noch an Ort und Stelle verhaftet.

04.03.74
THY   McDD DC-10-10
TC-JAV   46704

Nachdem es im Juni 1972 in Amerika beinahe zu einer Katastrophe mit einer DC-10 gekommen war, wurden Stimmen laut, die DC-10 baulich zu verändern. Damals war die hintere Frachtluke einer American AL DC-10 während des Fluges aufgesprungen, was eine explosionsartige Dekompression in der Flugzeugkabine verursachte, bei der mehrere Menschen verletzt wurden. Auswertungen ergaben, daß das Verriegelungssystem der Frachtklappe nicht optimal konstruiert worden war. Um diesen Zustand zu beheben, erließ die amerikanische Luftfahrtbehörde FAA Maßnahmen zur sicheren Überwachung dieses Schließsystems. Allerdings weigerte sich der Hersteller McDonnell Douglas, diese rechtlich nicht bindenden Änderungsempfehlungen in die Tat umzusetzen, da dies einen immensen Kostenaufwand zur Folge gehabt hätte, der bei der damaligen Konkurrenzsituation einschneidende Wettbewerbsnachteile für McDonnell Douglas bedeutet hätte. Auch wurde von Regierungsseite keinerlei Druck auf die Hersteller ausgeübt, immer aus Rücksicht auf die konjunkturelle Wachstumsdoktrin der Nixon-Ära. Es entstand ein Hick-Hack um Zuständigkeiten. Die technischen Änderungen an der DC-10 beschränkten sich jedoch nicht nur auf das Verriegelungssystem, auch sollten der Kabinenboden und die Kabelstränge der Steuerleitungen neu geführt werden. Der schwarze Peter wurde vom NTSB zur FAA geschoben, die sah die Verantwortung beim Hersteller, der wiederum berief sich auf irgendwelche Vorschriften, nach denen die Fluggesellschaften die Kosten für die Umrüstung zu zahlen hätten. Das wiederum konnten sich die ohnehin knapp kalkulierenden Fluggesellschaften nicht leisten und spielten den Ball wieder zu McDonnell Douglas bzw. nach Washington. In all dieser Zeit wurden lediglich Übergangslösungen und provisorische Änderungen an den Frachttüren der DC-10-Flotte vorgenommen.

Das Bedienungspersonal konnte von nun an durch einen Sehschlitz in der Frachtraumtür mit eigenen Augen das Einrasten der Verriegelung optisch überwachen. Turkish AL, die als erste nicht-amerikanische Fluggesellschaft die DC-10 ausgeliefert bekam, verfügte über die dahingehend überarbeitete Version dieses Typs.

An diesem Tag wurde die „TC-JAV" auf dem Vorfeld des Pariser Flughafens Orly zum Flug TK981, der nach London-Heathrow gehen sollte, ausgerüstet.

Doch ein algerischer Angestellter des Pariser Bodenpersonals, der mit dem Verschluß der hinteren Frachtklappe beauftragt worden war, verzichtete nach dem Schließen der Tür auf den Kontrollblick durch den 2,5 cm langen Sehschlitz. Hätte er dies getan, wäre ihm das nicht eingerastete Verriegelungssystem aufgefallen. Die englische Gebrauchsanweisung neben dem Kontrollpaneel am Türrahmen stellte zudem eine zu große Anforderung an den Bodenarbeiter, der des Englischen nicht mächtig war, dar. Der verantwortliche Bodeningenieur der THY, der normalerweise vor jedem Abflug die Frachttüren kontrolliert, war an diesem Tag zu allem Übel nicht im Dienst. Erschwerend kam noch hinzu, daß -durch einen Konstruktionsfehler bedingt- die Kontrollampe im Cock-

***TC-JAU**; eine der beiden „übriggebliebenen" DC-10-10 der THY rollt hier von der Terminalposition zur Startbahn. Dieses Exemplar fliegt heute als Frachter bei Federal Express./ Frankfurt im März 1986 <Quelle: JR-Photo>*

pit, auf der „Door open" steht, auch im Fall einer nicht vollständigen Verriegelung, wie in diesem Falle, erlischt. Wäre sie erleuchtet geblieben, so wäre es höchstwahrscheinlich nicht zur Katastrophe gekommen. Nichts wies die Cockpitcrew auf die ungesicherte Frachttür hin.

Es bestiegen 335 Passagiere und 11 Besatzungsmitglieder den Großraumjet.

Um 11:24 Uhr/loc. setzte sich „TC-JAV" mit insgesamt 346 Menschen an Bord in Bewegung und rollte langsam zur angewiesenen Startbahn 08. Das Abflug-Routing sollte in östlicher Richtung zum Funkfeuer Coulommiers gehen, um dann in einer Linkskurve mit nordwestlichem Kurs auf das Funkfeuer Montdidier zuzufliegen, das sich etwa 50 Meilen nördlich von Orly befindet.

Nach dem Durchgehen der Checkliste beschleunigte der Kommandant auf der Startbahn; um 11:30:30 Uhr/loc. hob die 163 Tonnen schwere Maschine ab.

Es erfolgte kurz darauf die Freigabe zum Steigen auf Flugfläche 230, und um 11:36 Uhr/loc. drehte die DC-10 anweisungsgemäß nach links und kurvte auf den Steuerkurs von 346 Grad in Richtung Montdidier. Als der neue Kurs um 11:38 Uhr/loc. anlag, stieg man gerade durch 9000 ft Zu dieser Zeit lastete auf der unverriegelten Frachttür bereits ein Druck von über 5 Tonnen.

Um 11:39:56 Uhr/loc.befand sich das Flugzeug in einer Höhe von 11.550 ft, als die Tür dem immer größer werdenden Druck nicht mehr standhielt und aufsprang.

Durch den enormen Druck wurde die gesamte Tür abgesprengt und weggerissen. Der darüberliegende Kabinenboden brach zusammen, und die letzten beiden Passagiersesselreihen, auf denen sich 6 Menschen befanden, wurden ins Freie geschleudert. Staub und Nebel fegten durch die gesamte Kabine.

Die Piloten waren völlig überrascht. Augenblicklich schaltete sich der Autopilot aus, und die drei Triebwerkshebel schnappten in die Leerlaufstellung zurück. Gleichzeitig senkte sich die Flugzeugnase nach unten, und das gesamte Flugzeug kippte nach links ab.

CPT: „Was ist passiert?"
COP: „Der Rumpf ist gebrochen."
CPT: „Sind sie sicher?"

Sämtliche Kabelstränge, die unter dem Kabinenboden entlangliefen, wurden durchtrennt oder festgeklemmt, so daß keinerlei Steuerbewegungen über die Ruder möglich waren. Trotz aller Bemühungen gelang es den Piloten nicht mehr, die Nase hochzuziehen.

CPT: „Zieh sie hoch, zieh die Nase hoch."
COP:„Ich kann sie nicht hochkriegen - sie spricht nicht an."
F/I: „Alles aus."

Die Geschwindigkeit erhöhte sich mehr und mehr, als TK981 dem Boden entgegenraste.
COP:3„Siebentausend Fuß."
CPT: „Hydraulik?"
COP: „Wir haben sie verloren..uh..uh."

Um 11:40:20 Uhr/loc. erlosch beim Durchflug von 700 ft im Kontrollzentrum von Paris-Nord der eingeblendete Flugstreifen von TK981. Es war nur noch das Primär-Radarecho des Flugzeuges zu erkennen. Dazu war ein ortsfester Lichtfleck zu sehen, der sich vom Flugzeugecho immer mehr entfernte: Es war das Echo der herabstürzenden Trümmer, zusammen mit den 6 Passagieren der beiden hinteren Sitzreihen!

CPT: „Es sieht so aus, als ob wir abstürzen...Geschwindigkeit!"
CPT: „Das ist das Aus!"

Flug 981 war verloren. Um 11:41:04 Uhr/loc. empfing man am Boden die letzten beiden Funksprüche der Besatzung. Die DC-10 befand sich zwar etwa im Geradeausflug, sank aber immer mehr ab. Zudem verharrten die Tragflächen wie festgenagelt in ihrer anfänglichen Linksneigung. Die Geschwindigkeit betrug bis zum Schluß 430 Knoten (zum Vergleich: eine DC-10 hebt bei ca. 140 Knoten ab!).

Um 11:41:08 loc. berührte die DC10 mit der Tragfläche die Bäume im **Ermenonwald/Frankreich**, 37 km nördlich von Paris, kam nochmal frei, um um 11:41:31 Uhr/loc. in einem bewaldeten Tal bei Bosquet de Dammartin auf dem Boden zu zerschellen. Seit dem Absprengen der Frachttür waren nur 77 Sekunden vergangen. TK981 riß beim Aufprall eine 700 Meter lange und 100 Meter breite Schneise in den Wald.

Keiner der 364 Insassen des Großraumjets überlebte die Katastrophe.

Das Unglück war bis dahin das schwerste in der Geschichte der zivilen Luftfahrt. Die schon zuvor angemahnten Änderungen an der DC-10 wurden nach dieser Katastrophe eilends in die Tat umgesetzt, und seitdem haben sich keinerlei ernsthafte Zwischenfälle mit der Ladetür mehr ergeben.

15.03.74

Sterling AW SE210 Caravelle 10R
OY-STK 266

Die Caravelle war mit 96 Insassen an Bord auf dem Weg von Singapur nach Kopenhagen. Unterwegs waren diverse technische Zwischenstopps zum Auftanken eingeplant. Eine dieser Zwischendestinationen war der Teheraner Flughafen **Mehrabad/Iran**, auf dem die Maschine gerade zum Weiterflug vorbereitet wurde. Startklar rollte man in Richtung der angewiesenen Startbahn. Dabei überhitzte sich ein Hauptfahrwerk, welches sofort in Brand geriet und nachgab. Eine der Tragflächen bekam Bodenkontakt und es kam zu einer Explosion. Sekunden später stand bereits das gesamte Heck in Flammen. Die Maschine brach infolgedessen auseinander.

15 der 61 Insassen konnten den Flammen nicht mehr entkommen.

22.03.74

Air Inter SE210 Caravelle 3
F-BSRY 258

Die unbeobachtet auf dem Poreta Flughafen der korsischen Stadt **Bastia/Frankreich** parkende Maschine nahmen höchstwahrscheinlich einige korsische Separatisten aufs Korn. Diese plazierten am Rumpf einige Sprengsätze und jagten die Caravelle damit in die Luft

Neben einigen Löchern im Rumpf wurde auch das Fahrwerk des Jets verzerrt und überbeansprucht.

23.03.74
Airlift Int'l   **Douglas DC-8-63CF**
N6164A   46144

Die auf der **Travis AFB/CA/USA** geparkte Maschine flog aus nicht näher bekannten Gründen durch einige Explosionen in die Luft.
Am Boden erlag ein Mensch seinen Verletzungen.

09.04.74
Aeroflot   **Yakovlev Yak-40**
CCCP-87369   9341931

Während des Startlaufs in **Kasan/Tartastan/UdSSR** fiel die mittlere Turbine aus. Es gelang nicht mehr, die Yak vor dem Bahnende abzubremsen, und man schoß über unebenes Gelände. Hierbei wurde der Dreistrahler zerstört.

20.04.74
T W A   **L1011 Tristar 1**
N31007   1026

Aus nicht näher bekannten Gründen brach im hinteren Rumpfteil des TriStar, der über Nacht auf dem Vorfeld des **Boston-Logan Int'l AP/MA/USA** geparkt war, ein Feuer aus.
Die Flammen brachen im hinteren Waschraum, nahe des APU (Auxiliary Power Units) aus. Das APU dient als Lieferant für die interne Energieversorgung und besteht aus einer kleineren Turbine, die, wie die Triebwerke, mit Kerosin betrieben wird. Als das Feuer entdeckt wurde, war es bereits zu spät: Die Flammen hatten sich durch den Rumpf gefressen, und damit war es um die Maschine geschehen. Erst nach vier Stunden hatte die Flughafenfeuerwehr den Brand unter Kontrolle.
Der Großraumjet, der am nächsten Morgen eigentlich wieder auf Linieneinsätzen eingeteilt war, wurde zum Versicherungsfall. Einzelteile, die nicht ein Opfer der Flammen wurden, wurden abmontiert und dienten von da an dem Ersatzteilbestand der TWA.

22.04.74
Pan American   **Boeing 707-320C**
N446PA   19268

Auf dem Trans-Pazifik-Flug 812 von Hong Kong nach **Bali/Indonesien**, geriet die Boeing 707 um einiges vom vorgesehenen Anflugkurs ab. An Bord befanden sich neben der 11-köpfigen Crew noch 96 Passagiere, viele von ihnen Urlauber, die die Sonneninsel zur Erholung besuchen wollten. 70 Passagiere sollten das Flugzeug auf Bali verlassen. Die Boeing sollte danach weiter in Richtung der endgültigen Destination - Los Angeles - abheben. Um 22:26 Uhr/loc., kurz vor der Landung auf dem Inselflughafen in Denpasar, prallte die 707 gegen den Berghang des Mt. Mesehe, eines inaktiven Vulkans und zerschellte unterhalb des Gipfels.
Die Absturzstelle lag genau zwischen den Bergen Mount Singa Singa und Mount Bunglon, 25 Meilen westlich von Singaraja auf Bali.

Keiner der 107 Menschen an Bord überlebte das Unglück.
Die Bergung des Flugzeugwracks und der Insassen erwies sich als schwieriges Unterfangen.
Die indonesische Armee wurde alarmiert und setzte sich mit über hundert Einsatzkräften zum Ort des Geschehens in Bewegung.
In dem bergigen Aufschlaggebiet war an den Einsatz von Fahrzeugen nicht zu denken. Auch die Bergung mit Hilfe von Hubschraubern kam wegen der böigen Winde an den Felshängen des Vulkans nicht in Frage. Nach 6-stündigem Fußmarsch erreichten die Rettungsmannschaften schließlich den Absturzort. Man konnte allerdings keine Überlebenden finden.
Zwar herrschte zur bewußten Zeit Dunkelheit, aber das Wetter war klar mit guten Sichtweiten. Man nimmt an, daß aufgrund von falschen Positionsannahmen die Piloten unterhalb der Sicherheitshöhe sanken. Um die Landestrecke zu verkürzen, nahmen sie direkten Kurs in die Richtung des NDB's des Flughafens. Ungeklärterweise schwang kurz darauf die Nadel des dazugehörigen Funkpeilgerätes um 180 Grad um. Die Piloten dachten somit, sie hätten das Funkfeuer direkt überflogen und forcierten somit noch ihren Sinkflug. In Wahrheit flog man aber noch ca. 35 Meilen nördlich davon. Dieses außergewöhnliche Sinkverfahren beanspruchte die gesamte Aufmerksamkeit der Besatzung, die sich nicht mehr über ihre Position vergewisserte (z.B. hätten die Piloten den anderen ADF-Empfänger auf die Frequenz des Denpasar-NDB's ausrichten können). Das ADF-Gerät blieb jedoch bis zum Schluß in der 180 Grad-rückwärtigen Position, da zwischen dem Flughafen und der 707 die über 3000 Meter hohen Berge der Insel lagen, dieses Funkpeilgerät außer Funktion setzten. Unbeirrt wurde der Sinkflug bis zum Aufschlag fortgesetzt.
Die 707 hatte bis zu diesem Tag genau 27947 Flugstunden hinter sich gebracht. Dies war bereits der 4. Pan Am Absturz innerhalb von 9 Monaten. Deswegen wurden Zweifel an der Sicherheit der Clipperflüge laut.
Die US-Luftfahrtbehörde FAA ordnete eingehende Untersuchungen auf den Gebieten: Pilotentraining, Ortsqualifikation, Flugverfahren, Pilotenüberwachung, Flugzeugwartung u.a., an.
Es ließen sich jedoch keinerlei Rückschlüsse auf ein grundsätzliches Fehlverhalten seitens der Fluggesellschaft ermitteln.

02.05.74
Aeroflot   **Yakovlev Yak-40**
CCCP-87398   9411033

Der Startlauf der Yak auf dem Flughafen in **Rostov/UdSSR** wurde aus unbekannten Gründen abgebrochen. Es gelang den Piloten nicht mehr, die Maschine auf der regennassen Startbahn zum Stehen zu bringen. Somit schoß man über unebenes Gelände und die Yak wurde zerstört.
Ein Mitglied der Besatzung erlag seinen Verletzungen. Eine Kommission kam zu dem Ergebnis, daß die schwer beschädigte Yak nicht mehr reparabel war.

5B-DAB; eine der beiden in Nikosia zerstörten Trident 2E der Cyprus Airways unmittelbar vor dem Auslieferungsflug./London-Heathrow im Mai 1970 <Quelle: N.Scherrer>

23.05.74

Aeroflot	Yakovlev Yak-40
CCCP-87579	9221122

Die Maschine zerschellte beim Anflug auf den Flughafen **Kiev-Zhulyani AP/Ukraine/UdSSR**.
Hierbei starben 29 Insassen.

09.07.74

Egypt Air	Tupolev 154
SU-AXB	48

Wegen der politischen Lage im Nahen Osten erwarb Ägypten in den sechziger und siebziger Jahren immer mehr Importwaren aus dem Ostblock. Nicht nur Unmengen von Waffen wurden geliefert, auch zivile Produkte fanden ihren Weg nach Ägypten. Viele Dinge, wie der Assuan Staudamm am Nil, waren hochwillkommen, andere Produkte weniger. Eines dieser ungeliebten Produkte war der neue sowjetische Mittelstreckenjet Tupolev 154, von denen Anfang der siebziger Jahre sieben Stück per Staatsabkommen an die ägyptische Staatsairline Egypt Air ausgeliefert wurden.

Bald machte die Egypt Air die Erfahrung, daß der niedrige Anschaffungspreis von sehr hohen Treibstoff- und Wartungskosten der Tupolev zunichte gemacht wurden. Es traten außerdem einige ernsthafte „Handhabungsschwierigkeiten" auf, wie die Hecklastigkeit der Tupolev 154. Flogen Maschinen dieses Typs leer oder mit einer geringen Auslastung, mußten im vorderen Frachtraum etliche hundert Kilo Ballast in Form von Sandsäcken mitgeführt werden, um das Gewicht der drei im Heck installierten Kusnezow Triebwerke auszugleichen. In der Kritik war auch das automatische Fluglagesystem. Das Fluglagesystem an sich war, nach Angaben der ägyptischen Piloten, brillant. Aber leider gab es in Ägypten keinen Piloten, der dieses Lagesystem beherrschen oder programmieren konnte. Der Eingabemechanismus war derartig kompliziert, daß es den sowjetischen Ausbildern nicht gelang, ihren ägyptischen Schülern den Mechanismus zu erklären. Die Hecklastigkeit und das komplizierte Fluglagesystem der Tupolev sollten eine Ereigniskette auslösen, an deren Ende der Tod von sechs Menschen stehen sollte.

An diesem Tag im Juli sollten zwei ägyptische Piloten in das neue Flugzeugmuster durch Absolvieren einiger Flugstunden eingewiesen werden. Zu diesem Zweck waren außer ihnen noch vier sowjetische Ausbilder an Bord.

Nach einer erfolgreichen Landung auf dem Flughafen **Kairo Int'l AP, Ägypten** starteten die ägyptischen Piloten durch. Kaum hatte die Tupolev den Asphalt der Bahn wieder verlassen, als die Piloten die Landeklappen einfuhren. Der Auftrieb der Tupolev verminderte sich immer mehr. Das Heck sackte nach unten, was das Fluglagesystem eigentlich ausgleichen sollte, indem es die Tupolev automatisch buglastig austrimmte. Aus unbekannten Gründen versagte das Fluglagesystem seinen Dienst. Der Anstellwinkel der Tupolev wurde immer steiler und damit die Gefahr eines Strömungsabrisses an den Tragflächen immer größer. Die ägyptischen Flugschüler mit ihrer geringen Erfahrung mit dem Flugzeugtyp realisierten das aber zu spät. Ihre sowjetischen Ausbilder wiesen sie jedoch auf die Gefahren hin, aber ihre Kenntnisse der arabischen Sprache waren ebenso begrenzt wie der russische Wortschatz ihrer ägyptischen Flugschüler. Daher erfolgten die Gegenmaßnahmen zu spät.

Die Strömung an der linken Tragfläche der Tupolev riß in ca. 1.000 ft ab, woraufhin die Maschine über diese Tragfläche abkippte und neben der Landebahn zerschellte. Alle sechs Insassen an Bord starben bei dem Aufschlag.

Egypt Air groundete sofort ihre restlichen sechs Tupolevs und gab sie nach langen Verhandlungen an die UdSSR zurück. Egypt Air schaffte stattdessen 1975 Boeing 737 an.

22.07.74

Cyprus AW	HS121 Trident 1E
5B-DAE	2134
Cyprus AW	HS121 Trident 2E
5B-DAB	2155

Nach der Landung türkischer Truppen in Nordzypern wurden die am Boden auf dem Flughafen in Nikosia/Zypern stehenden Tridents der zypriotischen Fluggesellschft von der türkischen Luftwaffe beschossen. Beide

Flugzeuge wurden dabei von Geschoß- und Splitterteilen regelrecht durchsiebt.

Beide Maschinen stehen bis zum heutigen Tage auf dem Flughafengelände. Dieses ist ein Teil der Pufferzone zwischen dem griechischen und türkischen Teil der Mittelmeerinsel, wo UNO Truppen die Reste der Tridents und die verfallenden Gebäude des Flughafens bewachen.

Außer den beiden zerstörten Tridents wurden noch die zwei Schwestermaschinen „DAC" und „DAD" sowie eine BAC 1-11 durch Treffer beschädigt und später wieder hergerichtet.

08.09.74
T W A   Boeing 707-320B
N8734   20063

Ende August entdeckte ein Bodenarbeiter beim Entladen einer 707 der TWA in Rom, daß dichter Rauch aus einem der hinteren Gepäckcontainer quoll. Schnell wurde das verantwortliche Gepäckstück ausfindig gemacht und der dazugehörige Passagier vernommen. Zunächst schien es so, als ob auslaufende Flüssigkeit eines Feuerzeugs in einen Kassettenrecorder gelangte, dann durch die Batterien floß und einen Schmorbrand verursachte. Da am Flugzeug und anderen Gepäckstücken kein Schaden festgestellt werden konnte, durfte der Passagier seine Reise fortsetzen. Die 707 startete mit einiger Verspätung als Flug 814 in Richtung New York. Die ganze Angelegenheit geriet schnell wieder in Vergessenheit.

Es war morgens um 07:13 Uhr/loc., als die 707 auf der Startbahn des Ben Gurion-Flughafens von Tel Aviv abhob. An Bord befanden sich 105 Passagiere sowie neun Mitglieder der Crew. Im unteren Frachtraum waren einige Säcke Post, Luftfracht und Material der Airline verstaut. Der Flug TW 841 sollte von Tel Aviv nach New York gehen, mit Zwischenlandungen in Athen und Rom. Viele Passagiere waren froh, daß man in der Luft war, denn durch die aufwendigen Sicherheitskontrollen für Passagiere und Gepäck, verzögerte sich der Abflug, der eigentlich auf 06:30 Uhr angesetzt war. Nach knapp zwei Stunden landete die 707 dann auf dem internationalen Flughafen von Athen-Hellenikon. Dort stiegen 56 Passagiere aus und 30 andere kamen dafür an Bord. Ihr Gepäck wurde im vorderen und hinteren Frachtraum untergebracht. Insgesamt saßen nun 88 Menschen in der Boeing. Ein paar Tonnen Kerosin wurden nachgetankt und Flug 841 war bereit zum zweiten Streckenabschnitt nach Rom.

Donnernd hob die Maschine um 10:12 Uhr/loc. in Hellenikon ab und folgte der Standardabflugroute Nr. 6 in Richtung Korinth. Um 10:30 Uhr/loc. meldete Flug 841 eine Flughöhe von 28.000 ft sei erreicht. Dies sollte das letzte Lebenszeichen des Fluges sein.

Nur zehn Minuten später kam ein dramatischer Funkspruch vom Kommandanten einer Pan Am Maschine. Pan Am Flug 110 flog in 33.000 ft auf der Luftstraße „Green 8" von Rom nach Beirut, auf derselben Route, die der TWA-Jet genommen hatte. „Ich habe soeben ein vierstrahliges Flugzeug brennend abstürzen sehen", waren seine beklemmenden Worte. Doch die Funkverbindung war schlecht und der Fluglotse in Athen verstand zunächst nicht, was gemeint war. Daher nahm ein in der Nähe befindliches Flugzeug der Olympic AL die Meldungen von Flug 110 auf und leitete sie an die Kontrollstation weiter. Verzweifelt versuchten alle drei Funkkontakt zu Flug 841 zu bekommen, aber vergebens. Nach mehrfachem Nachfragen der Olympic Besatzung schilderte der Pan Am Kommandant seine Eindrücke:...das Flugzeug stand nicht in Flammen...es machte den Eindruck als ob es eine 707 der TWA war...es sah außerdem so aus, als ob ein Triebwerk abgefallen sei.

Als der griechische Pilot nachhakte und fragte, ob denn nur das Triebwerk oder vielleicht das Flugzeug abgestürzt wäre, entgegnete ihm der Pan Am Pilot:
PA110:
"No, the aircraft is falling, too. I saw an aircraft pitch up into a steep climb, then roll over on its back and start in a dive, then a slow spiral..."

Damit war der Absturz von Flug 841 zur Gewißheit geworden. Eine C-47, wurde auf die Suche nach dem vermißten Airliner losgeschickt. Etwa 2,5 Stunden später meldete der Pilot der C-47, Trümmer und Leichen seien zu sehen. Schnell wurde klar, daß hier niemand überlebt hatte.

Der Unglücksort befand sich etwa 50 Meilen westlich von **Kefallina/Griechenland** im Ionischen Meer. Der Meeresgrund liegt hier in 3.000 Meter Tiefe und machte damit die Bergungsarbeiten des CVR's und FDR's unmöglich. Doch sollte die Ursache für die Katastrophe bald geklärt werden.

Tags darauf erklärte sich eine palästinensische Organisation für den Absturz verantwortlich.

Ein Sprengsatz zerriß in 28.000 ft sämtliche Steuerkabel und machte Flug 814 unkontrollierbar. Die aerodynamischen Kräfte ließen das Flugzeug nach oben ausbrechen und dann trudelnd nach unten abstürzen. Durch die enormen G-Kräfte riß das Triebwerk No.2 aus der Halterung und löste sich von der Tragfläche.

Nichts auf der Welt hätte die 88 Insassen mehr retten können.

Amerikanische Untersuchungen ergaben, daß der Sprengsatz am Boden in Athen in den hinteren Gepäckraum der 707 verladen wurde. Die Sicherheitsbestimmungen dort waren mit denen in Tel Aviv nicht vergleichbar, daher konnte es gelingen, ein unbegleitetes Gepäckstück an Bord zu bringen. Sofort nach dem Unglück wurden in Athen die Sicherheitsvorschriften verschärft. Doch auch in den folgenden Jahren galt der Flughafen als „Ausgangspunkt" für terroristische Aktionen. So zum Beispiel bei der Entführung einer TWA-Maschine im Jahre 1985 und bei einem Bombenanschlag auf eine 727 derselben Gesellschaft zwei Jahre später.

Am 18. September analysierten US-Experten den Kofferinhalt des Passagiers, der in Rom Ende August einen Gepäckbrand ausgelöst hatte. Es wurden Partikel von C-4, einem hochexplosiven Plastiksprengstoff, entdeckt, der zu einem Sprengsatz gehörte und nicht explodiert war, sondern nur leicht exotherm reagiert hatte. Sofort wurde eine Suche nach dem Passagier eingeleitet, der in Rom noch freiwillig seinen Koffer identifiziert hatte. Doch der war längst über alle Berge.

11.09.74

Eastern AL   **Douglas DC-9-31**
N8984E   **47400**

Fliegen über dem nordamerikanischen Kontinent ist eine altgewohnte Sache. Seit vielen Jahrzehnten bieten viele Liniengesellschaften Flugverbindungen in jeden Winkel der Vereinigten Staaten an. Für Piloten und Flugbegleiter ist ein Beruf in der Fliegerei nichts besonderes mehr, sondern gilt bei manchen als so etwas wie Busfahren, nur schneller und höher.

Daher kommt es, daß sich bei langjährigen Piloten ein gewisses Routineverhalten einstellen kann. Man kenne sich eben aus mit den landesweiten Verfahrensregeln und brauche sich nicht, wie in Europa oder Asien, mit schlechtem Englisch der Fluglotsen herumschlagen. In den USA läuft daher alles etwas reibungsloser und lockerer ab. Doch diese Unkompliziertheit birgt auch das fatale Risiko einer allzu lässigen Einstellung zu der anspruchsvollen Tätigkeit des Piloten.

Eastern Airlines Flug Nr. 212 startete morgens um 07:00 Uhr/loc. in Charleston/South Carolina zum Flug nach Chicago über **Charleston/NC/USA**. An Bord der 5 Jahre alten DC-9 saßen 78 Passagiere, zwei Flugbegleiter und die beiden Piloten. Auf dem ersten Streckenabschnitt nach Charleston flog der 36-jährige Copilot den Jet, während der 13 Jahre ältere Kommandant die Aufgaben des Copiloten übernahm.

Gute zwanzig Minuten nach dem Start empfing die Crew die automatische Wetteransage des Douglas Airport in Charleston (ATIS). An diesem Spätsommermorgen hatte sich der örtliche Bodennebel noch nicht aufgelöst. Es herrschte ein schwacher Wind aus Nord, und der Himmel war mit dichten Wolken verhangen. Die Eastern-DC-9 war Nummer drei in der Anflugsequenz hinter einem kleineren Flugzeug.

In Betrieb befand sich die Landebahn 36, auf der nur ein unpräziser VOR-Anflug möglich war. Das bedeutete, daß ein NAV-Empfänger auf das CLT(Charlotte)-VOR eingestellt wird, das sich mitten auf dem Flughafengelände befindet. Mit Kurs 353° wird dann unter ständiger Kontrolle der Entfernung vom CLT-VOR in Richtung Flughafen eingeleitet. Ist bei 450 ft der Boden nicht in Sicht, muß der Anflug abgebrochen werden.

Die Anflugkontrolle gab EA 212 zum weiteren Sinkflug auf 4.000 ft frei. Die DC-9 befand sich nun auf einem nördlichen Kurs, ca 20 Meilen südöstlich des Flughafens. Um 07:29 Uhr/loc. wurde Flug 212 aufgefordert, auf Kurs 240° zu gehen. Mittlerweile wurden die Klappen auf 15° ausgefahren, und die Fluggeschwindigkeit verringerte sich leicht. Kurz darauf erging die Freigabe, auf 3.000 ft zu sinken und nach rechts auf 350° zu kurven, um auf die 353°- Radiale des CLT-VOR's zu gelangen und zum Endanflug überzugehen.

ATC: „*turn right heading 350° cleared VOR 36 approach, you're six miles south of Ross Intersection.*"

Ross ist ein Fixpunkt, 5,5 Meilen vor der Landebahn, den anfliegende Maschinen in 1.800 ft zu überqueren haben. Der Douglas-Flughafen selbst liegt auf 748 ft (über NN). Bereits seit einiger Zeit unterhielten sich beide Piloten über Themen, die nichts mit der Durchführung des Fluges zu tun hatten. Die lebhafte Unterhaltung handelte vom Vietnamkrieg, Gebrauchtwagen und anderem. Immer wenn EA212 eine neue Anweisung erhielt, wurde die Konversation unterbrochen, um sie kurz danach wieder aufzunehmen. Es entstand eine zwanglose, laxe Atmosphäre. Hierbei vergaß der Kommandant, die Höhenmesser vom Standardluftdruck auf den örtlichen Luftdruck umzustellen. Dies entsprach einem Höhenunterschied von immerhin 726 ft Dies Versäumnis sollte nur ein Glied einer ganzen Kette von Fehlleistungen, sein. Für Flug 228 war es jedoch verhängnisvoll.

Die DC-9 drehte auf die verlängerte Pistenachse und durchstieß die letzten Wolkenfetzen. Links vor den Piloten blitzten die Lichter des Carowinds-Towers, einem 110 Meter hohen Stahlturm, das Wahrzeichen des gleichnamigen Freizeitparks, der eine knappe Meile südwestlich der Ross Intersection liegt. Ununterbrochen fährt ein ringförmiger Aussichtsfahrstuhl, wie ein überdimensionaler Krapfen hoch und runter. Der gesamte Turm wird von 2 Millionen Glühbirnen selbst für weit entfernte Beobachter unübersehbar gemacht.

CPT: „*There's Carowinds. I think that's what that is.*"

Als Landenummer zwei nahm EA212 um 07:31 Uhr/loc. mit dem Tower in Charlotte Kontakt auf, und man verließ die Anflughöhe von 3.000 ft

CPT: „*...*"

Eine Minute später kamen dem Copiloten Zweifel, ob die Lichter vor ihnen tatsächlich vom Aussichtsturm kamen. Morgendunst und Bodennebel verhinderten eine vollständige Sicht auf den Erdboden der Umgebung.

COP: „*Ah, that tower, would that tower be it or not?*"
CPT: „ * *Carowinds, I don't think it is. We're too far, too far in Carowinds is back of us.*"
COP: „*I believe it is.*"
CPT: „*...that looks like it. You know its * Carowinds*"
(* = unverständliches Wort)

Zwischenzeitlich passierte die Maschine die Endanflughöhe von 1.800 ft Abgelenkt, behielt der Copilot diese Höhe jedoch nicht bei, sondern setzte den Sinkflug unbeirrt fort.

COP: „*It's supposed to be real nice.*"
CPT: „*...yeah that's the tower*"

Das Fahrwerk wurde ausgefahren. Fast gleichzeitig ertönte die akustische Höhenwarnung, die immer dann aktiv wird, wenn das Flugzeug weniger als 1.000 ft von der Erde entfernt ist. Schnell schalteten die Piloten das ungemütliche Geräusch per Schalter ab.

Immer noch grübelte man im Cockpit über die links vorbeiziehenden Lichter nach. Die Aufmerksamkeit der Piloten hatte einen Tiefpunkt erreicht. Der Kommandant versäumte es, in dieser Phase die abnehmenden Werte des Höhenmessers auszurufen. Um 07:33 Uhr/loc. passierte Flug 212 den Ross-Fixpunkt.

CPT: „*There's ah Ross. Now we can go down.*"

Die Landeklappen wurden auf 50° ausgefahren. Die DC-9 passierte gerade 1.350 ft, das waren 450 ft unter der vorgeschriebenen Flughöhe. Vom Tower erhielt man nun die Freigabe zur Landung auf der Bahn 36. Ein kurzes „Allright" kam als Antwort. Beide Piloten wunderten sich, daß sie trotz der geringen Flughöhe keinen Sichtkontakt zu den Anfluglichter der Landebahn hatten. Ein Blick auf den Höhenmesser hätte die Crew aufgeschreckt, denn man befand sich bereits kurz vor dem Erdboden.

Weder die Anflug- und Landecheckliste wurden vom Kommandanten verlesen, noch rief er irgendeine Flughöhe aus. Lapidar sagte er nur.

CPT: „Yeah, we're all ready. All we got to do is find the airport"
COP: „Yeah"

Kaum war das letzte Wort ausgesprochen, da kamen urplötzlich aus dem Dunst die dunklen Fetzen der ersten Baumkronen auf die Piloten zugeschossen, die beide in panischer Erregung aufschrien. Sie konnten keine Gegenmaßnahmen mehr ergreifen. In derselben Sekunde, um 07:33:58 Uhr/loc. kollidierte auch schon das Fahrwerk und die Rumpfunterseite mit weiteren Bäumen und Flug 212 prallte auf ein Kornfeld, 3 Meilen südlich des Charlotte-Douglas AP. Mit voller Wucht zerbrach der Rumpf an weiteren Bäumen und ging in Flammen auf.

Von den 82 Personen an Bord konnten nur noch neun Passagiere, der Copilot und eine Stewardeß lebend aus der Trümmerschneise befreit werden. Durch die Wucht des Aufpralls wurden sie aus dem Flugzeug ins Freie geschleudert. Eine knappe Minute danach erblickte der Towerlotse in Charlotte eine schwarze Rauchsäule südlich des Flughafens. Nachdem kein Funkkontakt mit EA212 herzustellen war, wurde die Feuerwehr alarmiert. Die Rettungsmannschaften hatten Mühe, durch den Nebel zum Absturzort zu gelangen. Die rauchenden Trümmer der DC-9 lagen ca. 100 ft unterhalb der Landebahnschwelle in aufsteigendem Terrain. In sorgloser Atmosphäre im Cockpit wogen sich beide Piloten in Sicherheit und beachteten kaum die Eastern AL-Vorschriften für einen VOR-Anflug. Aus denen ging klar hervor, daß der nichtfliegende Pilot bereits im frühen Sinkflug 1.000 ft über der freigegeben Flughöhe hätten ausrufen sollen. Desweiteren sind 1.000 ft und 500 ft über dem Flughafen und in 100er-Schritten die Höhe über der Entscheidungshöhe (DH/MDA) auszurufen.

In krasser Weise vernachlässigte die Crew auch, die Anflug- und die Landecheckliste ordnungsgemäß durchzugehen. Zudem wurden weder die Sinkrate noch die Geschwindigkeit vom Kommandanten überwacht. Zu diesem sträflichen Leichtsinn hatte auch die unnötige Konversation über den Carowinds-Tower beigetragen, der die Aufmerksamkeit der Piloten von den Instrumenten ablenkte.

Hinzu kam dann noch die Ignorierung der akustischen Höhenwarnung und die zu hohe Anfluggeschwindigkeit. Alles zusammengenommen läßt sich das Verhalten der Cockpitcrew auf Flug 212 nur mit dem Wort „katastrophal" beschreiben. Warum zwei langjährigen Piloten solch gravierende Disziplinlosigkeit widerfuhr, läßt sich bis heute nicht vollständig klären.

13.09.74

Conair   **Boeing 720**
OY-DSR   18243

Beim Rollen auf dem Flughafen **Kopenhagen-Kastrup AP/Dänemark** brach das linke Hauptfahrwerk zusammen, und der Rumpf der Maschine schleifte einige Meter über den Boden. Außerdem wurde die linke Tragfläche demoliert.

In Anbetracht des Raparturaufwands (Kosten: ca. 1,5 Mio. $) und des Alters der Maschine verzichtete man auf eine Instandsetzung.

Im Juli 1975 fiel der Jet schließlich dem Schneidbrenner zum Opfer.

15.09.74

Air Vietnam   **Boeing 727-100C**
XV-NJC   19819

Um einige in US-Gewahrsam befindliche Vietcong-Mitglieder freizupressen, brachte ein Passagier die Boeing auf Flug 706 von Da Nang nach Saigon in seine Gewalt. Er gab die Anweisung aus, nach Hanoi (Nord-Vietnam) geflogen zu werden, doch die Crew wollte ihn überlisten. Heimlich funkte der Pilot, daß man versuchen werde -entgegen den Anweisungen- in **Phan Rang-AFB/Süd-Vietnam** zu landen (ein Flugplatz der amerikanischen Luftwaffe, der etwa 150 km nördlich von Saigon liegt). Im Sinkflug auf den Luftwaffenstützpunkt flog man quer zur Anflugrichtung (Base-Leg) und überquerte die verlängerte Pistenmittellinie. In diesem Moment erkannte der Hijacker, daß er getäuscht wurde und zündete in seiner Wut zwei Handgranaten im Cockpit. Die Detonationen machten das Flugzeug manövrierunfähig. Aus 1.000 ft Höhe stürzte der Jet in die Vegetation in der Nähe des Flughafens.

Alle 75 Menschen an Bord kamen ums Leben.

05.11.74

Aeroflot   **Tupolev 104B**
CCCP-42501   21804

Bei der Landung in **Chita/UdSSR** überrollte die Tupolev das Bahnende und zerschellte an einem dahinterliegenden Bahndamm. Personenschäden wurden nicht gemeldet.

11.11.74

Iberia   **SE210 Caravelle 6R**
EC-BBR   171

Bei einem Hangarbrand auf dem Flughafen **Madrid-Barajas AP/Spanien** wurde die Maschine von den Flammen erfaßt und verbrannte.

20.11.74

Lufthansa   **Boeing 747-100**
D-ABYB   19747

Mit dem Modell 747 brach für die Fluggesellschaften eine neue Epoche an. Zum ersten Mal wurde es möglich, ein Vielfaches der bisherigen Passagiere und Fracht über weite Strecken zu transportieren. Wo immer ein solcher Jumbo-Jet auftauchte, sorgten seine enormen Dimensionen für Aufsehen. Im operationellem Betrieb erwies sich dieses neuartige Fluggerät als äußerst sicher und zuverlässig, war doch an Bord modernste Technik installiert um die Arbeit der Piloten zu entlasten. Doch auch auf der 747 gab es Pannen und Unfälle, bei denen jedoch nie Menschenleben zu beklagen gewesen waren. So startete eine 747 der British Airways im August 1972 ohne die Vorflügel auszufahren. Diese Vorflügel, „Slats" genannt, befinden sich an den Tragflächenvorderkanten aller größerer Düsenflugzeuge und sollen das Strömungsprofil nach vorn verlängern, damit das Flugzeug in der Startphase mehr Auftriebsfläche zur Verfügung hat. Sind die Slats beim Start nicht ausgefahren, so braucht die Maschine eine höhere Geschwindigkeit, um vom Boden abheben zu können. In diesem Fall bemerkten die Piloten noch rechtzeitig ihren Fehler, und es gelang ihnen den Steigflug sicher fortzusetzen.

Der Hersteller Boeing schickte daraufhin ein Rundschreiben an alle 747-Kunden, indem auf die Notwendigkeit zur Überprüfung der Vorflügelposition hingewiesen wurde. Außerdem willigte Boeing ein, eine zusätzliche akustische und optische Warnvorrichtung einzubauen, die auf eine unkorrekte Vorflügelposition aufmerksam machen soll. Fortan wurden die Jumbos der britischen Airline mit diesem System ausgerüstet. Doch alle anderen Betreiber der 747 wurden von dieser Maßnahme nicht in Kenntnis gesetzt. Offenbar dachte der Hersteller, mit dem Rundschreiben der Sache genüge getan zu haben. Doch dem war mitnichten so:

Lufthansa Flug 514 startete am Dienstag Abend in Frankfurt/Main. Die 747 mit dem Namen „Hessen" sollte auf der Afrikastrecke über **Nairobi/Kenia** nach Johannesburg/Südafrka und zurück gehen. Nach einem längeren Nightstop machte sich Flug 514 an diesem Morgen auf dem internationalen Flughafen Nairobi-Wilson AP/Kenia bereit zum Abflug für den zweiten Streckenabschnitt. 139 Passagiere waren gebucht, eine relativ geringe Auslastung für die große Maschine. Zusätzlich befanden sich 17 Crewmitglieder an Bord, was die Gesamtzahl auf 156 Menschen erhöhte. Der Himmel war an diesem Morgen stahlblau mit kleineren Nimbuswölkchen. Eben typisches Urlaubswetter. Im Cockpit gingen die beiden Piloten und der Flugingenieur die Checklisten für den bevorstehenden Start durch. Rasch wurden die einzelnen Punkte abgehakt. Einer dieser Punkte beinhaltete die Aktivierung des pneumatischen Systems, daß für die Bewegung der Vorflügel (Slats) sorgt. Was genau der Flugingenieur auf die Frage „Bleed air valve?", entgegnete, konnte nicht mehr rekonstruiert werden. Die normale Antwort lautete jedenfalls „Open". Doch die Ventile blieben geschlossen und die Slats verharrten in ihrer eingefahrenen Position. In diesem Fall leuchteten vier gelbe „valve closed"-Lichter auf dem Paneel der Flugingenieurs auf, dem dies jedoch offenbar entging. Vermutlich konzentriere er sich auf den unmittelbar anstehenden Startlauf und hatte seinen Sitz bereits nach vorn gestellt.

Fatalerweise meldete der erfahrene Kommandant (53) die dazugehörigen Kontrollampen als „green" (in Ordnung). Etwas, das technisch nicht möglich war. Beide Piloten nahmen nun ihrerseits an, die Slats seien vorschriftsmäßig ausgefahren. Der Copilot berechnete auf dieser Grundlage den Koeffizienten, der für die Entscheidungsgeschwindigkeit (V_1), die Rotationsgeschwindigkeit (V_R), sowie die geringste Steiggeschwindigkeit (V_2) maßgeblich ist.

Bleiben die Slats eingefahren so braucht die 747 eine weitaus höhere Geschwindigkeit um den nötigen Auftrieb für den Steigflug zu erzeugen. Außerdem verlängert sich in diesem Fall die Startstrecke um ein beträchtliches Maß. Ungeachtet dieser Umstände wurde die Checkliste zu Ende gelesen und die 747 rollte gemächlich zum Anfang der 4117 Meter langen Startbahn 24.

Im Cockpit bestanden nunmehr keinerlei Zweifel, daß alles für den Start korrekt eingestellt war.

Es war 07:54 Uhr/loc., als man vom Tower die Freigabe zum Start erhielt. Langsam schob der Pilot die vier Leistungshebel nach vorn auf „Startstellung". Das bedeutete in diesem Fall eine Schubleistung von 94 %. Einen Start mit 100% Schubleistung wird fast nie angewandt, da bei langen Startbahnen und geringem Startgewicht die Triebwerke nicht übermäßig belastet werden sollen und die Geräuschemissionen so gering wie möglich zu halten sind.

Flug 514 beschleunigte die Startbahn hinunter. Als die „Hessen" 135 Knoten passierte, rief der Copilot: „Vee One", gefolgt von: „Vee R", bei 143 Knoten. Der Kommandant glaubte nun die Rotationsgeschwindigkeit erreicht zu haben und zog langsam an seiner Steuersäule. Die Nase richtete sich auf. Sekunden darauf fing das Flugzeug auf einmal an zu vibrieren. Der Kommandant dachte sofort an einen Triebwerksausfall durch Vogelschlag. Doch trotz der viel zu geringen Geschwindigkeit kam Flug 514 zunächst vom Boden frei. Dies lag am

D-ABYQ; eine 747-200, die leistungsstärkere Variante des -100er Modells, hier im Landeanflug/Hamburg 1987 <Quelle: JR-Photo>

sogenannten „Bodeneffekt". Durch die hohe Geschwindigkeit bildete sich unter dem Rumpf und den Tragflächen ein Luftpolster, das die 747 vom Boden wegdrückte. Bei zunehmender Höhe läßt diese Wirkung jedoch immer mehr nach und das Flugzeug ist dann allein auf den Auftrieb seiner Tragflächen angewiesen. Meter um Meter stieg die Maschine in die Luft Aber das Schütteln und die Vibrationen ließen nicht nach. Der Kommandant sprach nun von einem möglichen Schaden am Bugfahrwerk. Doch die Situation war ernster als man dachte. Dem Copiloten fiel jetzt die äußerst träge Steigrate auf, außerdem war kaum noch Beschleunigung zu spüren. In ca. 30 Metern Höhe verlor man die Wirkung des Bodeneffektes und geriet in einen überzogenen Flugzustand, den sogenannten „Stall". Hierbei riß die Luftströmung an den Tragflächen langsam ab und Meter um Meter sank Flug 514 wieder dem Erdboden entgegen.

Die Maschine befand sich in einem bedrohlichem Flugzustand. Die Fluggeschwindigkeit war für einen weiteren Steigflug zu niedrig. Nur eine Erhöhung der Triebwerksleistung auf 100 %, sowie eine leichte Senkung der Flugzeugnase hätten die Katastrophe noch abwenden können. Da sich aber niemand im Cockpit über die wahre Problemursache im Klaren war, ließen die Piloten die Boeing unverändert mit einem Anstellwinkel von 10 Grad weiterfliegen. Der Kommandant gab nun den Befehl, das Fahrwerk einzufahren. Damit war das Schicksal der Maschine besiegelt. Denn durch die Betätigung des Fahrwerkshebels fuhren zunächst die großen Fahrwerkstore aus und erhöhten dadurch noch den Strömungswiderstand. Die Fluggeschwindigkeit der ohnehin im Grenzbereich fliegenden Boeing sank unter den V_2-Wert, wodurch die Luftströmung um die Tragfläche endgültig abriß. Flug 514 war verloren.

Mittlerweile waren auch die letzten Meter der Startbahn verbraucht und vor den Piloten lag die ausgedörrte Steppe Kenias.

Als der Copilot erkannte, daß eine Bodenkollision unabwendbar geworden war, riß er alle vier Triebwerkshebel auf Leerlauf zurück. Im selben Moment streifte das Fahrwerk auch schon einige Büsche und Sträucher. 1130 Meter hinter dem Bahnende prallte der Rumpf der 747 hart auf den Boden. In Sekundenbruchteilen kollabierte das Fahrwerk und der Rumpf zerbrach in zwei Teile, als man über eine erhöhte Zufahrtstraße hinwegschoß. Die Triebwerke wurden aus ihren Halterungen gerissen und auslaufendes Kerosin entzündete sich schnell. Sofort wurden die Passagiere evakuiert, bzw. sprangen einfach ins Freie und begaben sich schleunigst in Sicherheit. Nach knapp 3 Minuten drangen die Flammen in einen Tragflächentank, der mit großer Wucht explodierte und im Nu auf den Rumpf übergriff.

Von den 156 Menschen an Bord starben 59, darunter auch vier Crewmitglieder, die bei der Evakuierung mithalfen. Die gesamte Cockpitcrew überlebte den Crash und wurde später angeklagt, den Absturz durch Unachtsamkeit herbeigeführt zu haben.

Dies bedeutete den ersten Verlust einer 747 unter „normalen" Betriebsbedingungen. Im folgenden Jahr veröffentlichte die amerikanische Luftfahrtbehörde FAA eine Direktive, in der die Installation eines zusätzlichen Warngerätes für eingefahrene Slats vorgeschrieben wurde. Dieses Warnsystem wird automatisch aktiviert, wenn bei ausgefahrenen Klappen die Vorflügel noch eingefahren sind. Dann leuchtet auf der Instrumentenkonsole ein gelbes Warnlicht auf und zusätzlich ertönt ein akustisches Warnsignal. Auch wurde das Stall-Warnsystem dahingehend modifiziert, daß es auch bei unvorschriftsmäßiger Stellung der Vorflügel aktiviert wird.

Wäre diese Vorkehrung, die schon ein Jahr früher bei British Airways zum Einsatz kam, auch bei allen anderen 747-Airlines installiert worden, so wäre die „Hessen" höchstwahrscheinlich ihrem tödlichen Schicksal entkommen.

23.11.74
J A T   **Douglas DC-9-32**
YU-AJN   **47579**

Die von Inex Adria AW gemietete Maschine fing während des Fluges Feuer und machte daraufhin auf einem Feld in der Nähe des Flughafens **Belgrad-Surcin AP/Jugoslawien** eine Notlandung.
2 Insassen wurden verletzt.

01.12.74
Northwest Orient   **Boeing 727-200**
N274US   **20296**

Mit 6:0 gewannen die Buffalo Bills ihr Heim-Footballspiel gegen die Baltimore Colts. Bei böigen Winden und Temperaturen unter dem Gefrierpunkt machte sich die geschlagene Gastmannschaft am Nachmittag zum Flugha-

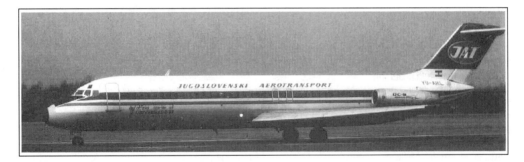

YU-AHL; eine Schwestermaschine der in Belgrad verunglückten "YU-AJN"/Hamburg 1984 <Quelle: JR-Photo>

fen auf, um ihr eigens gechartertes Flugzeug in Richtung Baltimore zu besteigen. Hierzu sollte die fünf Jahre alte 727 der Northwest Orient AL an diesem Abend von New York-JFK in Richtung Buffalo überführt werden.

Noch an der Parkposition in JFK ging man gegen 19:00 Uhr/loc. die Startvorbereitungen für den 40 minütigen Flug NW6231 durch. Für diesen Sonderflug ohne Passagiere befanden sich nur die drei Mitglieder der Cockpitbesatzung an Bord. Der 35jährige Kommandant hatte 7500 Flugstunden auf seinem Konto und war seit acht Jahren Pilot. Der nur drei Jahre jüngere Copilot kam erst vor sechs Wochen von der 727-Typenprüfung und hatte seitdem etwa 50 Flugstunden absolviert. Komplettiert wurde die Cockpitcrew durch den 33jährigen Flugingenieur, der immerhin auf 1600 Stunden an Bord einer 727 zurückblicken konnte. Es war von der Fluggesellschaft vorgeschrieben, daß der rückwärtig sitzende Flugingenieur die Checklisten vorlas. Die einzelnen Posten der „Pre-Take-off"-Checkliste beinhalteten unter anderem: Klappen(Startstellung), Markierung des Geschwindigkeitsmessers(Bug), Eisschutz(Triebwerksenteisung) und Pitotheizung. Als man im Cockpit die Liste durchging, unterlief der Crew eine verhängnisvolle Panne.

ING: „Flaps?"
COP: „...15,15..blue"
ING: „Bug?...pitot heat?", fragte der Flugingenieur, ohne auf die Antwort eines der beiden Piloten zu warten. Er übersprang dabei die Frage nach der Triebwerksenteisung. Der Copilot entgegnete etwas gehetzt:
COP: „Off and on".

Dies war die Standardantwort und beinhaltete den vom Flugingenieur übergangenen Punkt der Triebwerksenteisung. Nun meldete sich etwas verspätet der Kommandant zu Wort, indem er den Wert der Markierung des Geschwindigkeitsmessers durchgab.
CPT: „One fourty-two is the bug setting."

Der etwas irritierte Copilot fragte danach den Kommandanten:
COP: „Er...do you want the engine heat on?"

Der Kommandant nickte. Dies veranlaßte den Copiloten, die Schalter der Triebwerks- und Pitotenteisung, die sich am Overhead-Paneel über dem Kopf der Piloten befanden, umzuschalten. Nun war die Triebwerksheizung eingeschaltet, die Pitotenteisung jedoch ausgeschaltet. Der Flugingenieur machte unterdessen weiter mit der Checkliste, und die Gedanken der Piloten waren auf den bevorstehenden Flug gerichtet.

Das Pitot-System mißt den Staudruck der anströmenden Luft und ist mit den Cockpitanzeigen wie Geschwindigkeitsmesser, Höhenmesser, und der Sink- bzw. Steigfluganzeige gekoppelt. Die hierfür notwendigen Meßrohre sind an der Außenhaut unter beiden Seiten des Cockpits und am Leitwerk untergebracht. Dieses dreifach vorhandene System zeigt auch eine drohende Überziehung des Flugzeuges an. Bei Minusgraden kommt es oft vor, daß Kondensationsflüssigkeit oder Regenwasser in die Pitotrohre eindringt. Hierfür ist extra ein Abfluß vorgesehen, um den Meßkanal freizuhalten. Bei Minusgraden gefriert dieses Wasser und verstopft langsam die Pitotrohre. Dies würde zu einer enormen Abweichung der hierdurch gespeisten Cockpitanzeigen führen. Daher ist es notwendig, für eine Enteisung dieses Systems zu sorgen, damit die gemessenen Werte auch der Wirklichkeit entsprechen.

Flug NW6231 verließ unterdessen die Parkposition und rollte der Startbahn entgegen. Das Wetter an diesem Abend war nicht besonders gut. In 5000 ft lag eine geschlossene Wolkendecke; starke Regenfälle gingen nieder mit Winden aus Nordwest. Vereinzelt bildeten sich Gewitterzellen bis in eine Höhe von 28.000 ft hinauf. Daher waren während des Fluges leichte Turbulenzen zu erwarten.

Um 19:14 Uhr/loc. hob Flug 6231 in JFK ab und befand sich eine Minute später schon in der dichten Wolkendecke. Die Dunkelheit und das Wetter ließen keinerlei Sichtkontakt mit dem Boden zu, und die Crew flog allein nach ihren Instrumenten.

New York-ATC gab die 727 frei zum Steigflug auf 14.000 ft Dank des leichten Gewichts der Maschine stieg man relativ schnell mit einer Rate von 2500 ft/min. Alles lief wie immer. Um 19:21 Uhr/loc. wurde Flug 6231 auf die Reiseflughöhe von 31.000 ft freigegeben. Der Copilot, der die Maschine steuerte, überflog routinegemäß seine Instrumente, als ihm die Anzeige des Geschwindigkeitsmessers und der Steigfluganzeige auffiel. Er drehte sich zum Kommandanten und sagte:
COP: „Do you realise we're going 340 knots and climbing 5000 feet a minute?"

In der Tat wunderten sich die Piloten, daß die 727 eine solch enorme Steigleistung hatte. Offenbar, so vermutete der Kommandant, befand man sich in einem starken Aufwind, der von der naheliegenden Gewitterzone herrühren müßte. Doch selbst dem erfahrenen Kommandanten kam diese Steigleistung seltsam vor. Nach kurzem Wortwechsel der Piloten lieferte der Flugingenieur die vermeintliche Erklärung:
ING: „That's because we're light"

Keiner der Piloten kam auf den Gedanken, daß etwas mit der Pitot-Anzeige nicht in Ordnung sein könnte. Diese war in einer Höhe von 15.000 ft zugefroren, und der somit falsch gemessene Staudruck war für diese Fehlanzeigen verantwortlich. Mittlerweile hatte die 727 das Stadtgebiet von New York hinter sich gelassen und befand sich mit Kurs Nordost über dem Harriman Park, einem großen Naturreservat und beliebten Ausflugsziel der New Yorker.

Unterdessen nahmen die angezeigte Geschwindigkeit und die Steigleistung immer mehr zu. Als man 23.000 ft durchquerte, betrug die Steigleistung phantastische 6.500 ft/min., während die Geschwindigkeit mit 405 Knoten im roten Bereich angelangt war. Laut ertönte das Warnhorn für zu hohe Fluggeschwindigkeit.
CPT: „Would you believe that?"
COP: „I believe it. I just can't do anything about it!"
CPT: „Pull her back and let her climb."

Dieser Aufforderung des Kommandanten kam der Copilot nach. Er zog die Steuersäule weiter zu sich heran in der Hoffnung, die Geschwindigkeit würde dadurch zurückgehen. Doch nichts dergleichen geschah. Die Maschine bäumte sich auf und der Angriffswinkel der Luftströmung erreichte den kritischen Wert von 30 Grad.

Augenblicke später sprach das Rüttelsystem der Steuersäulen an, das vor einem Überziehen warnen soll. Sofort sackte die 727 nach unten ab. Die Piloten realisierten zu diesem Zeitpunkt immer noch nicht, daß sie sich nahe der Überziehgeschwindigkeit befanden, während die Geschwindigkeitsanzeige auf 405 Knoten geklettert war.

COP: „There's that mach buffet...I guess we'll have to pull it up."
CPT: „Pull it up."

Das Rütteln der Steuersäulen sprachen sie fälschlicherweise den Lufteinwirkungen zu, die sich bei der Annäherung der Schallgeschwindigkeit bilden. Eine tödliche Fehleinschätzung. Der Copilot zog die Steuersäule weiter zu sich heran. Das Schicksal von Flug 6231 war besiegelt. Die 727 geriet in 24.500 ft in einen tiefen Überziehungszustand. Sofort wurden die drei Triebwerkshebel zurückgerissen doch dies ließ die Vorwärtsgeschwindigkeit nur noch mehr sinken. Die Luftströmung an den Tragflächen riß ab und die Nase kippte abrupt nach unten. Der Jet begann sich nun unaufhaltsam um ihre Längsachse zu drehen und ging in den Sturzflug über. Die Nase wies fast senkrecht dem Boden entgegen. Rapide baute sich die Geschwindigkeit wieder auf, als man der Erde engegentrudelte. Die drei Crewmitglieder wurden aufgrund der negativen Schwerkraft nach oben gedrückt. Der Höhenmesser wirbelte gegen den Uhrzeigersinn. Mit 15.000 ft/min verlor NW6231 an Höhe. Die Höhenwerte rasten nahezu im Sekundentakt vorbei: 23.000, 22.000, 21.000.

CPT: "Mayday, mayday...", funkte der Kommandant.
ATC: „Flight 6231...go ahead!"
CPT: „Roger...we're out of control...descending through 20.000 feet."

Der Controller stellte nun einige Routinefragen, nach denen einer der Piloten sich verzweifelt meldete:

XXX: "We're descending through twelve...we're in a stall."

Dies war die letzte auswertbare Nachricht von Flug 6231. Was sich an Bord abgespielt haben muß, kann man nur vermuten. 11.000, 10.000, 9.000..., der Sturzflug ging weiter. Die tatsächliche Fluggeschwindigkeit dürfte bei 350 Knoten gelegen haben. Der Copilot versuchte unablässig, die Boeing abzufangen, doch aufgrund der Luftverwirbelungen, die die Tragflächen verursachten, sprachen weder die Höhenruder noch die Seitenruder an. Flaps two", rief er lauthals. Die Klappen wurden langsam ausgefahren. Doch es änderte nichts. Das laute Geräusch des Steuersäulen-Rüttelsystems überlagerte alle anderen Lärmquellen im Cockpit. In einem letzten Versuch den fallenden Jet doch noch abzufangen, schrie der Copilot:

CPT: "Pull now! Pull, that's it!"

Gemeinsam zogen die Piloten an ihren Steuersäulen. Die G-Kräfte wuchsen augenblicklich auf 5 g an. Das war zuviel für die Struktur der Boeing. Unter der mörderischen Belastung brach in diesem Moment die linke Höhenflosse am Heck ab. Flug 6231 war verloren.

Knapp zehn Sekunden später schoß man durch die Wolkendecke und raste um 19:26 Uhr/loc. in einen bewaldeten Hang des **Bear Mountain/Harriman State Park/NY/USA**, 35 km nordwestlich von New York. Beim Aufprall zerschellte die Maschine und riß einen tiefen Erdkrater in den Boden. Niemand der an Bord befindlichen überlebte den Absturz.

Aufgrund der schlechten Wetterlage und der geringen Sicht bei Nacht konnte der genaue Absturzort stundenlang nicht exakt lokalisiert werden. Hilfsflugzeuge konnten nicht starten; viele freiwillige Helfer mußten von den lokalen Polizeikräften daran gehindert werden sich zum Absturzort aufzumachen, um nicht selbst orientierungslos in dem riesigen Gelände des Harriman Parks verlorenzugehen.

01.12.74

T W A   Boeing 727-200
N54328   20306

Der Vormittags-Flug TW 514 begann an diesem ersten Dezembertag in Indianapolis/Indiana/USA und sollte über Columbus/Ohio nach Washington D.C.-National AP, dem Stadtflughafen der Hauptstadt, gehen. Der erste Flugabschnitt verlief ohne besondere Vorkommnisse und die 727 verließ Columbus um 10:24 Uhr/loc. mit 85 Passagieren und sieben Besatzungsmitgliedern zum Flug nach Washington. Als man sich Virginia näherte, lag eine dichte Wolkendecke über dem gesamten Gebiet. Die Temperaturen lagen um Null Grad (Celsius). Die Sichtweite war gering und es herrschten böige Winde aus östlichen Richtungen. Die Wetterwarte in Washington-National AP meldete neben einer geschlossenen Wolkendecke in 1.200 ft immer stärkere Windwerte. Der Flughafen verfügt jedoch nur über eine benutzbare Start- und Landebahn, die genau in Nord-Süd Richtung verläuft (36/18). Die seitlichen Böen verstärkten sich zusehends. Um 08:53 Uhr/loc. betrug die Windstärke 25-35 Knoten. Eine Stunde später waren es bereits 44 Knoten (75 km/h) mit steigender Tendenz. Damit war die erlaubte Windlimit des Flughafens erreicht und man entschloß sich, Washington-National für sämtlichen Flugverkehr zu schließen. Alle anfliegenden Maschinen wurden in Holdings geschickt oder zum internationalen Flughafen Dulles umgeleitet. Um 10:36 Uhr/loc. wurde Flug 514 über die Schließung informiert. Nach kurzem Gespräch mit der TWA-Zentrale in New York entschied der Kommandant, nach Dulles auszuweichen. Um 10.48 wurde die 727 von Cleveland Center auf Washington-Center weitergereicht, das nun für den weiteren Anflug auf Washington-Dulles verantwortlich war. Die Landebahn am Flughafen war die 12, die Bahn auf der die geringste Seitenwindkomponente lag. Der Kommandant gab nun die Steuerkontrolle seinem Copiloten, während er selbst die Flugzeugsysteme bediente und den Funkverkehr abwickelte. Im Cockpit ging man nun die verschiedenen Anflugvarianten durch. Die Flugkontrolle gab TW 514 für den weiteren Sinkflug auf 7.000 ft, frei. Als der Dreistrahler um 11:04 Uhr diese Höhe erreicht hatte, kamen vom Anfluglotsen die verhängnisvollen Worte:

ATC: „TWA 514 you're cleared for a VOR/DME approach to runway 12."

Der Kommandant faßte diese Anweisung als definitive Anflugfreigabe auf und begann nun damit, auf die ausgewiesene Endanflughöhe von 1.800 ft zu sinken. Tatsächlich jedoch war diese Anweisung lediglich als eine Bewilligung, daß Flug 514 mit einer VOR/DME Landung zu rechnen habe und daß man in den Aflugsektor von Dulles einfliegen könne, gemeint. Dabei steuerte die 727 mit Kurs 100° Grad auf die Round Hill-Intersection zu (ein Schnittpunkt zweier Funkfeuer-Radialen, der 17,2 Meilen außerhalb der verlängerten Pistenachse der Bahn 12 liegt). Bis zu diesem Punkt gilt eine Mindestflughöhe von 3.400 ft Die Cockpitbesatzung ging jedoch davon aus, daß man nunmehr auf die Endanflughöhe von 1.800 ft sinken könne. Ein fataler Irrtum! Ohne weitere Nachfrage wurde der Sinkflug fortgesetzt. Trotz alledem war sich der Kommandant nicht ganz sicher, ob er auf diese Endanflughöhe sinken durfte. Kurz darauf fegte er jedoch die Bedenken beiseite, indem er quasi als Bestätigung seiner These sagte:

CPT: „When he cleares you...that means you can go to your..initial approach."
XXX: „Yeah."
CPT: „Initial approach altitude."

Guten Mutes sank die 727 und ihre Besatzung weiter auf 1.800 ft Durch die Wolken war ihnen die Sicht auf den näher kommenden Mt. Weather(der 1.900 ft hoch ist) versperrt. Bei klarem Wetter hätten die Piloten sofort ihren Fehler erkannt und wären gar nicht erst unter die Minimalgrenze von 3.400 ft gesunken. Knapp 3 Meilen vor der Bergkuppe hatte Flug 514 um 11:08:29 Uhr 1.800 ft erreicht und behielt diese Höhe bei.

CPT: „All right."
F/I: „It's dark in here."
COP: „And bumpy, too."

Gerade überflog man den Shenandoah-Fluß, hinter dem das Terrain bergig wird und steil ansteigt. Durch die Turbulenzen im Windschatten des Mount Weathers konnte der Sinkflug nicht hundertprozentig unterbunden werden. Böige Abwinde ließen die 727 unter die zuvor eingestellte Höhe von 1.800 ft sinken. Als die Nadel des Höhenmessers unterhalb dieser Höhe geriet, ertönte ein lautes Warnhorn. (Anm.: () = Schimpfwort, daß nicht übermittelt wurde)

CPT: „I had ground contact, a minute ago."
COP: „Power on this...():"
CPT: „You got a high sink rate."
F/I: „We're right there, we're on course."
CPT: „You ought to see ground outside in just a Minute."

Nur noch eine gute Meile trennte das Flugzeug nun vom Westhang des Mt. Weather. Ein zweites Mal schlug das Warnhorn an. Die eingestellte Höhe von 1.800 ft konnte einfach nicht gehalten werden.

COP: „Boy, it was...wanted to go right down through there, man...must have had a ..()..of a downdraft"

Der Boden kam nun unaufhaltsam näher. Es war 11:09:14 Uhr, als zusätzlich der Radarhöhenmesser losschlug und damit den Piloten eine Höhe von nur 500 ft signalisierte. Nun ging alles ganz schnell. Drei Sekunden später ertönte erneut der Radarhöhenmesser, was bedeutete, daß man nur noch 100 ft vom Erdboden entfernt ist. Eine Geländekollision war nun unabwendbar geworden.

CPT: „Get some power on.",

waren die letzten Worte des Kommandanten, aber da kappte das Fahrwerk bereits die ersten Baumwipfel. Mit 250 Knoten raste Flug 514 gegen die Westflanke des **Mount Weather/VA/USA**. Dabei kollidierte der Rumpf in 1.670 ft mit einem Felsvorsprung, zerschellte und brannte aus.

Niemand der 92 Insassen überlebte das Unglück.

Im beiderseitigen Vertrauen achtete weder der Fluglotse noch die Piloten auf die laut Anflugkarte ausgewie-

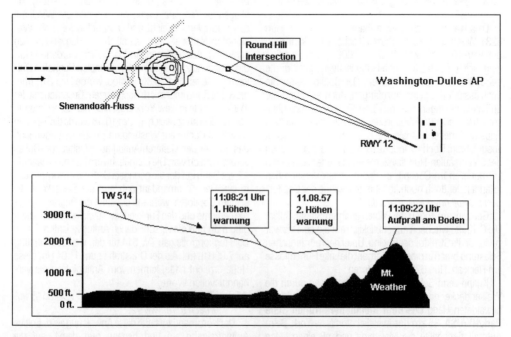

Darstellung der letzten Minuten vor dem Crash des TW Fluges 514 am 1.12.1974

sene Mindesthöhe von 3.400 ft in dieser Gegend. Mit der Einführung der neuartigen ARTSS (Automated Radar Terminal System), Anfang der siebziger Jahre, bei dem nicht nur Kurs, sondern auch Höheninformationen dem Lotsen zur Verfügung standen, legten die Piloten immer mehr Vertrauen in die Hände der Fluglotsen, obwohl jeder Pilot für seine Flughöhe selbst verantwortlich war. Das NTSB machte neue Verfahrensregeln verbindlich, in denen der Fluglotse bei jedem nicht-ILS-gestützten Anflugverfahren die Mindestanflughöhe mitzuteilen hat. Auch wurde das mittlerweile weltweit gebräuchliche GPWS für alle N-registrierten Airliner vorgeschrieben, das weit zuverlässiger ist als die Radio-Höhenmesser. Eine eindringliche Frauenstimme vom Tonband warnt seitdem mit einem „PULL UP" jeden Piloten vor drohenden Geländekollisionen. Desweiteren wurde das ARTSS-System dahingehend modifiziert, daß bei Unterschreitungen von Mindestanflughöhen der zuständige Lotse durch ein Warnsignal darauf aufmerksam gemacht wird.

Somit kam es innerhalb von nur acht Stunden zu zwei 727-Abstürzen in den USA. Man konnte von Glück reden, daß bei diesem Unglück keine Passagiere an Bord waren.

04.12.74
Martinair   Douglas DC-8-55F
PH-MBH   45818

182 Passagiere, sechs Mitglieder des Kabinenpersonals, der Flugingenieur und die beiden Piloten bestiegen das Flugzeug auf dem Flughafen in Surabaja/Java/Indonesien, welches von der indonesischen Garuda angemietet wurde, um über Colombo/Sri Lanka nach Jeddah/Saudi Arabien zu fliegen. Die Passagiere waren ausnahmslos indonesische Moslems, die sich auf ihrer Pilgerreise befanden. Beide holländischen Piloten hatten wenig bis gar keine Erfahrung auf der vor ihnen liegenden Strecke zum Bandaranaike AP in Colombo. Der Kommandant wurde auch zuvor von der Fluggesellschaft keinem Route-Briefing unterzogen. Erschwerend kam die Tatsache hinzu, daß es schon vor dem Abflug in Indonesien dämmerte. Als der vierstrahlige Langstreckenjet abhob, war bereits Dunkelheit eingekehrt. Somit waren die Piloten auf ihre bordeigenen Navigationsanlagen angewiesen, denn zu dieser Zeit waren die Bodennavigationseinrichtungen auf Sri Lanka noch recht spärlich und unzuverlässig. Die DC-8 „Mike Bravo Hotel" kam vor knapp 15 Monaten zur Martinair. Vorher flog sie als Frachter bei Seaboard World AL und wurde extra für den Einsatz bei Martinair mit Charterbestuhlung ausgestattet. An Bord war einiges anders, als bei anderen Flugzeugen der Flotte. So auch das Doppler-Navigationssystem und des Wetterradar. Letzteres hatte eine Reichweite von 180 Meilen, 30 mehr als bei den anderen Martinair-Flugzeugen.

Die Zahlenscheiben der Entfernungsanzeige zeigten öfters unkorrekte Zehner- und Einer-Werte an. Obwohl dies der Besatzung mitgeteilt wurde, gab es dennoch einigen Spielraum für Mißinterpretationen.

Die DC-8 flog mittlerweile über dem Indischen Ozean und näherte sich der Küste Sri Lankas. Nun stellte sich ein weiteres Versäumnis heraus: weder der verantwortliche Stationsmanager noch Martinair versorgte die Besatzung mit Kartenmaterial der Navigationseinrichtungen von Colombo.

Weder Pilot noch Copilot wußten, wo sich die Pflichtmeldepunkte befanden. Da man den Daten der Navigationsempfänger nicht traute, versuchte die Besatzung mit Hilfe des Wetterradars ihre Position zu bestimmen. Dabei vergaß sie, daß die Reichweite nicht 150 sondern 180 nautische Meilen betrug. Sie wähnten sich somit immer um 30 Meilen näher am Flughafen, als es tatsächlich der Fall war. Ohne Sichtkontakt zum Flughafen wurde der Sinkflug fortgesetzt. Trotz der nur leichten Bewölkung konnte die Crew keinerlei Bondenkonturen ausmachen. Aufgrund ihrer fehlerhaften Entfernungsberechnungen setzte der Pilot die Meldung ab, daß man sich noch etwa 14 Meilen außerhalb des Flughafens befände. In Wahrheit lag die Entfernung jedoch knapp unter 50 Meilen. Ohne ihren Fehler zu merken, sank die DC-8 schnell unter die Minimalhöhe, und um ca. 22:15 Uhr/loc. kollidierte die linke Tragfläche mit einer Bergkuppe der Anjimalai-Berge in 4.500 ft Höhe.

Dabei verlor man etwa ein Drittel der gesamten Tragfläche, bevor der Jet mit ausgefahrenem Fahrwerk und in einer Linksneigung am Boden zerschellte und in einem Feuerball explodierte.

Niemand der 191 Insassen überlebte den Absturz, der nahe der Ortschaft **Maskeliya/Sri Lanka** stattfand. Hiernach wurde die Empfehlung ausgegeben, Instrumente, die unzuverlässig arbeiten, mit Klebestreifen zu überdecken. Außerdem wurde für alle in Holland registrierten Flugzeuge der Einbau eines GPWS-Systems verbindlich gemacht, um Unfälle dieser Art in Zukunft zu verhindern.

14.12.74
Aeroflot   Yakovlev Yak-40
CCCP-87360   9340931

Wegen eines verklemmten Höhenruders konnte die Yak-40 nicht von der Startbahn des Flughafens **Buchara/Uzbekistan/UdSSR** abheben. Sie zerschellte hinter der Runway und wurde total zerstört.

Es kamen 7 Passagiere ums Leben.

22.12.74
Avensa   Douglas DC-9-14
YV-C-AVM   47056

Fünf Minuten nach dem Start auf der Bahn 05 vom Flughafen in **Maturin/Venezuela** verloren die Piloten die Steuerkontrolle und die DC-9 stürzte aus ca. 5.000 ft zu Boden.

Alle 69 Passagiere und die 6 köpfige Crew kamen ums Leben.

Wodurch der Verlust an Steuerkontrolle eintrat, ist nicht bekannt. Die Maschine war auf dem Kurs Ciudad Bolivar-Maturin-Caracas unterwegs.

TC-JAP; kurz vor der Auslieferung parkt die Fokker, die später in Istanbul abstürzte, auf dem Werksvorfeld./Amsterdam im März 1973 <Quelle: N.Scherrer>

28.01.75

Aeroflot   **Yakovlev Yak-40**
CCCP-87825   9241724

Beim Startlauf auf dem Flughafen in **Zaporozhye/Ukraine/UdSSR** rotierte die Yak zu früh. Daraus resultierte ein Geschwindigkeitsverlust, der wiederum dazu führte, daß die Abhebeschwindigkeit nicht mehr erreicht wurde. Mit hoher Geschwindigkeit überrollte die Maschine das Bahnende und wurde irreparabel beschädigt.

30.01.75

T H Y   **Fokker F28-1000**
TC-JAP   11058

Schon diverse Male wurde der Flughafen **Istanbul-Yesilköy AP/Türkei** von der internationalen Pilotenvereinigung IFALPA angemahnt, gravierende Sicherheitsmängel zu beseitigen und endlich für die Durchsetzung der internationalen Standards zu sorgen. Doch wie so oft, blieb diese Kritik ohne Reaktionen und Yesilköy bekam dafür den Schwarzen Stern, der jedes Jahr von der IFALPA für Flughäfen mit „kritischen Sicherheitsmängeln" vergeben wird.

Es war bereits Abend, als sich der Linienflug der THY mit 41 Insassen an Bord aus Izmir kommend, im Endanflug auf die Hauptlandebahn in Istanbul befand. Die Maschine befand sich bereits über dem Bahnasphalt und jede Sekunde rechnete man an Bord mit dem Aufsetzen der Räder. Doch plötzlich ereignete sich ein Ausfall des elektrischen Hauptnetzes des Flughafens. Sofort erloschen alle Lichter des Flughafens, die Vorfeldscheinwerfer, die Lampen im Innern des Terminals sowie die Begrenzungslichter der Landebahn versagten ihren Dienst. Irritiert gab der Pilot wieder Gas und brach die Landung ab. Die Fokker legte sich im Steigflug in eine Linkskurve um erneut zum Anflug anzusetzen. Nach 22 Sekunden war auf einmal der Strom wieder da und die Landebahnbeleuchtung funktionierte wieder. Die türkische Fokker kurvte ein zweites Mal zum Endanflug. Doch in 800 ft Höhe wurde der Pilot aufgefordert erneut den Anflug abzubrechen, da der Towerlotse einem Jumbo der Pan Am den Vorrang zum Start auf derselben Bahn gab. So stieg die Maschine abermals nach oben und drehte nach links über das Wasser des Bosporus hinaus, um einen dritten Anflugversuch durchzuführen. Dabei verloren die Piloten offenbar die Kontrolle oder die Orientierung und stürzten 2,5 Meilen vor der Küste ins Marmarameer.

Keiner der 41 Menschen an Bord der Maschine konnte lebend gerettet werden.

THY-Piloten, die schon seit längerem ihren Unmut über den allgemeinen Zustand des Yesilköy-Flughafens geäußert hatten, boykottierten nach dem Absturz den Flughafen für 24 Stunden.

Der Wachleiter der Spätschicht, die zur Unglückszeit im Tower ihren Dienst versah, wurde bereits 10 Minuten vor dem Blackout telefonisch darüber in Kenntnis gesetzt, daß der Strom abgestellt werden würde. Dies war für Istanbul nichts Ungewöhnliches, da die Stadtverwaltung aus Energiespargründen keine 24-Stunden Stromversorgung aller Bezirke der Millionenstadt gewährleisten konnte. Yesilköy war leider nicht mit einer Automatikvorrichtung ausgestattet, die im Fall eines Blackouts in Sekundenschnelle per Notgenerator für Energie sorgt. Außerdem wurde trotz massiver Kritik vieler Piloten, immer noch keine Anflugbefeuerung auf der Hauptstart- und Landebahn installiert.

09.02.75

Jet Travel   **BAC 1-11-400**
N711ST   58

Die an den Harrah's Club vercharterte BAC setzte sich auf der Startbahn in **Lake Tahoe/OR/USA** in Bewegung. Bei hoher Geschwindigkeit wurde der Startlauf abgebrochen und man kam von der Piste ab. Dabei kollidierte die rechte Tragfläche mit einem Schneewall und wurde z.T. abgerissen. Von den Insassen verletzten sich zwei. An eine Reparatur der Maschine mochte man nicht mehr denken.

19.02.75

General Air   **Yakovlev Yak-40**
D-BOBD   9230323

Im Auftrag der Lufthansa absolvierte die Yak am Nachmittag den Linienkurs LH1745 von Frankfurt nach **Saarbrücken-Ensheim**. An Bord befanden sich 12 Fluggäste, eine Stewardeß und die beiden Piloten, als man um 16:46

Uhr/loc. in Frankfurt abhob. Gegen 17:00 Uhr/loc. wurde der Punkt erreicht, an dem LH1745 den Sinkflug auf Saarbrücken einleitete. Das Wetter in Saarbrücken verhieß nichts Gutes: Wind aus Nordost; bedeckt in 700 ft; 2° Celsius; leichter Regen; Sichtweite ca. 10 Kilometer.

Saarbrücken-Ensheim verfügt über eine 2.000 Meter lange Asphaltbahn, allerdings mit nur einem ILS-Anflug auf der Bahn 27. Auf der Bahn 09 sind nur Sichtanflüge möglich. An diesem Tag war aufgrund der geringen Wolkendecke nur ILS-Anflüge auf der Bahn 27 möglich. Dies bedeutete eine Rückenwindkomponente von 5-6 Knoten im Anflug und bei der Landung.

LH1745 wurde im ständigen Sinkflug auf das ILS der Bahn 27 eingefädelt und nahm um 17:12 Uhr/loc. Kontakt mit der Platzkontrolle in Saarbrücken auf. Da kein weiteres Flugzeug vor ihnen lag, erhielt die Yak sofort die Landefreigabe und die letzten Windmeldungen, die sich aber nicht von den vorherigen unterschieden.

Mit 35°-Klappen und ausgefahrenem Fahrwerk näherte sich die Maschine dem Flughafen. Der ILS-Leitstrahl wurde jedoch von oben „eingefangen", und Pilot drückte die Yak nach unten, um genau auf die Ideallinie zu kommen. Dadurch erhöhte sich die Geschwindigkeit über Grund und über dem Middlemarker, dem Haupteinflugzeichen war man immer noch um ca. 20 % zu schnell. Sekunden darauf kam LH1745 aus den Wolken und hatte die Landebahn vor sich. Der Pilot fing die Maschine kurz über dem Boden ab, und um 17:14 Uhr/loc. berührten die Räder des Hauptfahrwerks die nasse Piste. Der Aufsetzpunkt lag etwa 80 Meter hinter der Aufsetzmarkierung, zudem war die Geschwindigkeit etwas höher als üblich. Sofort nach dem Aufsetzen des Bugrades kam das Kommando zum Bremsen. Dabei wurden die Radbremsen und die Schubumkehr bedient. Die Yakovlev 40 hat drei Triebwerke, von denen aber nur das mittlere Triebwerk Nr. 2 über Umkehrschubklappen verfügt. Der entsprechende Bedienungsknopf befindet sich rechts oben auf der Mittelkonsole und wird im allgemeinen vom Copiloten gedrückt. Die beiden äußeren Triebwerke liefen auf Leerlauf, als der Ruf „Reverser on" ertönte. Doch durch einen nicht näher identifizierbaren Defekt oder eine Fehlbedienung fuhren die Umkehrklappen nicht aus. Das Mitteltriebwerk blieb im Vorwärtsschub.

Mittlerweile hatte man schon ein gutes Stück auf der Runway zurückgelegt, als die Schubkraft auf Triebwerk Nr.2 erhöht wurde. In der Annahme, die Schubumkehr funktioniert, wurde der Leistungshebel auf Nr.2 hochgeschoben. Als kaum Verzögerungswirkung auftrat, erhöhte man den Schub und trat stärker in die Bremspedale, doch die Yak ließ sich nicht entscheidend abbremsen. Nun kam das Bahnende immer näher. Der Flughafen liegt auf einer aufgeschütteten Hochebene, und das Gelände hinter dem Ende der Bahn 27 fällt sehr steil ab. Überrollflächen gab es nicht. Dem Kommandanten wurde in diesem Moment klar, daß man nicht mehr rechtzeitig vor dem Bahnende zum Halten kommen würde. Somit entschloß er sich, die Maschine rechterhand von der Piste zu steuern, um nicht den Abhang hinunterzurollen. Noch mit hoher Geschwindigkeit wurde die Yak von der Piste gelenkt und rutschte über die unbefestigte Grasnarbe. Dabei sprang sie einen 60 Meter breiten Wall hinunter und blieb auf dem Gelände einer Obstplantage stehen. Ein Feuer brach zum Glück nicht aus.

Von den 15 Insassen wurden zwei verletzt, die anderen konnten sich unverletzt in Sicherheit bringen. Die Yak-40 war nach dem Unfall nicht mehr zu reparieren und wurde abgewrackt.

Dieser Unfall war in erster Linie auf die falsche Einschätzung des Rückenwindes im Anflug und die daraus resultierende zu hohe Aufsetzgeschwindigkeit zurückzuführen. Hätten die Piloten Kenntnis von den nicht ausgefahrenen Umkehrklappen gehabt, wäre ein Durchstartmanöver mit anschließendem Neuanflug in dieser Situation das Beste gewesen.

Nicht zuletzt wegen dieses Unfalls, sah sich die General Air am 01.11.75 nicht mehr in der Lage, ihren Flugbetrieb weiterzuführen, und ging in Konkurs.

31.03.75
Western AL **Boeing 737-200**
N4527W **20131**

Die Besatzung der Western 737 plante an diesem Morgen ihren Linienkurs 470, der in Denver begann und in Minneapolis-St.Paul enden sollte. Bei diesem Routineflug galt ihre besondere Aufmerksamkeit ihrem ersten Zwischenstop in Casper/Wyoming. Der Flugplatz in den Rocky Mountains lag unter einem Schneesturm, die Temperatur bei -30°C, die Sicht war mit knapp zwei Kilometern sehr begrenzt. Trotz dieser widrigen Umstände entschloß sich die Besatzung nach Rücksprache mit dem Wetterbüro, die Landung in Casper zu versuchen.

Der Flug 470 hob frühmorgens um 7:00 Uhr/loc. mit 93 Passagieren und einer sechsköpfigen Besatzung in Denver ab. Schon eine halbe Stunde nach dem Start begann die 737 wieder mit dem Sinkflug auf den **Casper AP/WY/USA**. Im Cockpit befanden sich drei Piloten. Der Kommandant sollte fliegen, während der Kopilot die Höhen ausrufen und nach dem Flughafen Ausschau halten sollte. Hinter den beiden Piloten saß im Jumpseat noch ein weiterer, junger Kopilot, der den Landeanflug beobachten sollte.

Der Flughafen Casper Natrona County International Airport liegt in 5.350 ft Höhe in einem Bergtal. Um diesen Flughafen zu erreichen, mußte die Besatzung mit einer hohen Sinkgeschwindigkeit in das Tal eintauchen, um schnell auf die Höhe des von Bergen umgebenen Flughafens abzusinken. Dazu kam noch, daß die Besatzung wegen Vereisungsgefahr die Landeklappen nur auf 30° ausfahren durfte, statt der normalen Maximalstellung von 40°, und die Triebwerke bis zum Aufsetzen mit einer hohen Schubstufe zu betreiben hatte. Die Landegeschwindigkeit der 737 würde daher ungefähr 15-25 Knoten über V_{ref} (V_{ref} = Referenzgeschwindigkeit. Sinkt die Geschwindigkeit unter diese Marke, besteht bei dem gegebenen Gewicht die Gefahr eines Strömungsabrisses) betragen.

Der Tower in Casper teilte der Besatzung mit, daß die Landebedingungen nicht erfreulicher geworden waren. Die Landebahn war gerade von Schnee geräumt worden, hatte aber schon wieder eine zentimeterhohe Pulverschneedecke. Eine Besatzung der Frontier Airlines, die kurz vor der Western 737 mit einem Propellerflugzeug gelandet war, bezeichnete die Bremswirkung auf der Bahn 25 als „mittel bis schlecht". Die Sicht war weiter abgesunken, dafür hatte sich der Wind aber beruhigt.

Der Tower teilte außerdem mit, das die Maschine beim Endanflug auf die Bahn 25 einen 8 Knoten starken Rückenwind haben würde. Da aber das erlaubte Maximum bei 10 Knoten Rückenwind lag und die Besatzung die Vorteile eines ILS-geführten Anflugs vorzog, entschied sie sich für einen Anflug auf diese Bahn.

Um 07:42 Uhr/loc. schwenkte die 737 auf ihren Landekurs ein und begann mit dem Endanflug. Sekunden später rief der Kopilot das Erreichen der Sicherheitshöhe von 1.000 ft aus. Die Piloten konnten die Bahn noch nicht sehen, weswegen der Kommandant die 737 abfing und leicht den Schub erhöhte, um eventuell durchstarten zu können. Bange 40 Sekunden vergingen, bis der Kopilot endlich durch das Schneegestöber die Landebahn 500 Meter vor sich sah.

Die 737 war zu diesem Moment noch 150 Knoten schnell und nicht vollständig in Landekonfiguration, da die Klappen erst auf 25° ausgefahren waren.

Der Kommandant hatte sich bis zu diesem Zeitpunkt auf seine Instrumente konzentriert und blickte erst jetzt auf. Da er die schneebedeckte Landebahn nur schwer von der ebenfalls weißen Umgebung unterscheiden konnte, schätzte er die momentane Entfernung der Maschine zur Landebahn auf ca. 1.000 Meter. Das war genug Raum für eine normale Landung. Er zog die Nase der 737 leicht nach oben, um auszuschweben, und wollte die Klappen auf ihre Maximalstellung von 40° ausfahren. Davon riet ihm der zweite Kopilot mit einem Hinweis auf die Vorschriften ab und fuhr die Klappen statt dessen nur auf 30° aus. Immer noch gut 140 Knoten schnell und in einer Höhe von 250 Fuß überquerte man den normalen Aufsetzpunkt der Bahn. Als dem Kommandant seine aktuelle Höhe bewußt wurde, zog er den Steuerknüppel konsequenter zu sich heran.

Wegen des Schneegestöbers und des dämmrigen Morgenlichts konnte die Besatzung außerhalb des Flugzeugs fast keine optischen Bezugspunkte ausmachen. So konnte es passieren, daß die vom Rückenwind geschobene 737 fast 2.000 Meter über die Bahn hinwegschwebte, ohne daß die Besatzung es wahrnam. Als endlich die Fahrwerke auf die schneebedeckte Landebahn hart aufkamen, waren ihnen noch 700 Meter Landebahn verblieben. Der ahnungslose Kommandant aktivierte ohne Hast die Luftbremsen auf den Tragflächen und den Umkehrschub der Triebwerke.

Als der Kommandant durch einen Schneevorhang plötzlich die Anflugbefeuerung vor sich sah, wurde ihm klar, wie sehr er sich verschätzt hatte. Da ein Durchstarten nicht mehr möglich war, riß er die 737 herum, um an der Stahlkonstruktion der Anflugbefeuerung vorbei zu kommen. Trotz dieses Ausweichmanövers streifte die 737 die Stahlkonstruktion, riß drei Lichtmasten um und zerschellte in einem Drainagegraben 250 Meter hinter dem Bahnende.

Sofort nachdem die 737 zum Stehen gekommen war, begann die Besatzung mit der Evakuierung. Die beiden Piloten rissen ihre Cockpitfenster auf, um sich zu vergewissern, ob ein Feuer ausgebrochen war. Sie sahen, daß das rechte Triebwerk aus seiner Verankerung gerissen war, aber sie sahen kein Feuer. Der Kommandant versuchte, der Kabinenbesatzung den Evakuierungsbefehl zu geben, aber das Mikrophon des PA-Systems war während des Aufschlages aus seiner Halterung herausgerissen worden. Er schickte daraufhin den zweiten Kopiloten in die Kabine, um mit der Evakuierung zu beginnen. Während der Kommandant die Emergency-Checklisten zuende brachte, informierte der Kopilot den Tower über den Unfall.

Bei der Evakuierung hatten sich inzwischen Schwierigkeiten ergeben. Während sich die beiden rechten Ausgänge normal öffnen ließen, klemmten die beiden linken Ausgänge. Sie konnten erst geöffnet werden, nachdem sich jeweils zwei Besatzungsmitglieder gleichzeitig gegen sie stemmten. Eine Notrutsche verklemmte

EI-BPW; eine von der irischen Leasinggesellschaft GPA gemietete 737 der Western AL mit silbernem Rumpf bei der Landung./Idaho-Falls im Sommer 1987 <Quelle: JR-Photo>

sich beim Ausrollen, eine andere fiel beim Aufblasen auf scharfe Kanten eines Zaunes und verlor sofort an Luft Die Evakuierung wurde außerdem durch Gepäckstücke behindert, die aus den Gepäckfächern gefallen waren und nun den Gang blockierten. Auch die Inneneinrichtung der Boeing, die sich beim Aufschlag gelöst hatte verstellte den Insassen den Weg. Trotzdem hatten nach gut einer Minute alle Insassen das Flugzeug verlassen.

Während bei dem eigentlichen Unfall nur ein Insasse verletzt wurde, gab es bei der Evakuierung drei Verletzte, davon einen Knochenbruch.

Nach gut zwei Minuten hatten alle Insassen den Havaristen verlassen und warteten auf die Rettungskräfte. Die waren aber zusammen mit den meisten anderen Flughafenangestellten damit beschäftigt, die Schneemassen von den Landebahnen zu räumen. Als der Airportmanager über Funk über den Unfall informiert wurde, schickte er zwei Fahrer los, um die Rettungsfahrzeuge zu holen und das restliche Rettungspersonal am Flughafen zusammenzutrommeln. Da kein Feuer ausgebrochen war, gab er allerdings keinen Generalalarm, und auch der normale Flugbetrieb lief weiter.

Es dauerte fast zehn Minuten, bis die ersten Rettungsfahrzeuge an der Unfallstelle eintrafen. Da der Flugbetrieb normal weiterlief, kollidierte Minuten später beinahe ein Bus mit geretteten Insassen des Fluges 470 mit einer startenden Commutermaschine, als er die Startbahn überquerte. Es gelang den Piloten aber gerade noch, ihre Maschine vor dem Bus von der Startbahn zu heben.

Das NTSB unterstellte dem Kommandanten der Boeing, daß er bei der mentalen Vorbereitung der Landung in Casper den Rückenwind unterschätzt und sich deswegen in Höhe und Geschwindigkeit verschätzt hatte. Zu seiner Entschuldigung ließ es aber gelten, daß die Sichtbedingungen bei der Landung noch schlechter waren als angekündigt und so eine Orientierung im Endanflug extrem schwierig war. Außerdem war er von den beiden anderen Cockpitinsassen bei diesem komplizierten Anflug zu wenig unterstützt worden. Der Copilot rief während des gesamten Landeanfluges nur dreimal Höhenangaben aus, während der zweite Copilot es versäumte, die Instrumente zu überwachen und den Kommandanten so in seiner Entscheidungsfindung zu unterstützen. Hätten die anderen Besatzungsmitglieder den Kommandanten im letzten Teil des Anfluges mit Höhen- und Geschwindigkeitsangaben versorgt, hätte dieser wahrscheinlich die Maschine zeitiger auf die Bahn gebracht oder die Entscheidung zum Durchstarten getroffen.

09.04.75

| Itavia | Fokker F28-1000 |
| I-TIDA | 11014 |

Die Maschine verunglückte in **Bergamo/Italien** und wurde jenseits der Repariergrenze beschädigt.

Glücklicherweise gab es hierbei keine Verletzten.

12.06.75

| Air France | Boeing 747-100 |
| N28888 | 20542 |

Der Startlauf des Jumbos wurde auf der Bahn des Flughafens **Bombay-Santa Cruz/Indien** abgebrochen, weil die Piloten eine zu geringe Beschleunigung bemerkten. Kaum stand die Maschine, als eine Feuerwarnung aus dem Frachtraum Alarm schlug. Die Besatzung entschied sich sofort zur Evakuierung des Jumbos, die ohne große Probleme ablief. Vier der 384 Passagiere und 18 Crewmitglieder zogen sich dabei leichte Verletzungen zu. Der Linienkurs kam aus Hong Kong und sollte anschließend über Tel Aviv nach Paris gehen.

Der Jumbo allerdings brannte vollständig aus. Das Feuer begann im Bereich des rechten Hauptfahrwerkes, wo während des Startlaufes oder des folgenden Abbruchs einige Reifen geplatzt waren. Es breitete sich langsam aus und erreichte nach einiger Zeit die gefüllten Tanks der Boeing, die explodierten. Nach sechs Stunden war das Feuer zwar gelöscht, aber von dem knapp drei Jahren alten Jumbo waren nur noch die Tragflächenspitzen und das Heck übrig.

Schuld an dem langsamen Abbrennen der Maschine hatte nach Meinung der amerikanischen FAA die Flughafenfeuerwehr des indischen Flughafens. Die habe viel zu langsam auf das Feuer reagiert und dann keine geeigneten Löschmittel, wie Löschschaum, zur Verfügung gehabt. Die FAA verbot daraufhin sämtlichen amerikanischen Airlines den Flughafen anzufliegen, bis die Feuerwehr ihre Sicherheitsmaßnahmen im Griff hatte.

F-BPVF; eine baugleiches Exemplar der in Bombay ausgebrannten 747, hier in der seit 1977 eingeführten, weißen Farbgebung beim Rollen zur Startbahn./Paris-Orly im Oktober 1988 <Quelle: JR-Photo>

17.06.75

Indian AL   **SE210 Caravelle 6N**
VT-DVJ   216

Nur 6 Tage nach dem Totalverlust des Air France-Jumbos mußte man auf dem Flughafen **Bombay-Santa-Cruz AP/Indien** in Bombay einen zweiten Flugzeugverlust hinnehmen.

Die Caravelle schoß bei der Landung über das Ende der Landebahn hinaus. Dabei wurde das Fahrwerk und die rechte Tragfläche so sehr beschädigt, daß nach äußerlicher Begutachtung eine Reparatur nicht mehr in Frage kam.

Von den 87 Insassen wurde zum Glück niemand verletzt.

24.06.75

Eastern AL   **Boeing 727-200**
N8845E   20443

Ohne jegliche Schwierigkeiten hatte die Boeing bereits den größten Teil des Linienfluges EA66 von New Orleans nach **New York-JFK/NY/USA** absolviert. Mit 116 Passagieren und den acht Crewmitgliedern an Bord leitete der Pilot den Sinkflug über New Jersey ein. Seit nunmehr 2 Stunden und 16 Minuten war man in der Luft, als um 15:35 Uhr/loc. der Copilot Kontakt mit der Anflugkontrolle in JFK aufnahm. Zuvor hatte sich die Crew mit Hilfe der Automatischen Terminal Wetterinformation (ATIS) einen Überblick über die Situation verschafft.

ATIS: „....Kennedy weather, VFR, sky partially obscured, estimated ceiling 4.000 broken, 5 miles with haze...wind 210 degrees at 10, altimeter 30.15. Expect radar vectors to an ILS runway 22L, landing runway 22L, departures are off 22R..."

Das hörte sich recht zufriedenstellend an, jedoch verschlechterte sich das Wetter zusehends. Nordwestlich des Flughafens zog eine Gewitterfront mit dichten Wolkentürmen auf. Am Flughafen begann es leicht zu regnen. Unterdessen war Flug EA 66 vom Anfluglotsen in die Sequenz zur Landebahn 22L eingefädelt worden. Um 15:52 Uhr/loc. meldete sich noch einmal der Anfluglotse:

ATC: „All aircraft this frequency, we just went IFR with 2 miles very light rain showers and haze. the runway visual range is not available...and Eastern 66 descend and maintain 4.000, Kennedy radar one three two four."

Flug 66 bestätigte und wechselte die Funkfrequenz, wie angewiesen. Als Landenummer fünf wurde die 727 in den anfliegenden Verkehr eingegliedert. Die Gewitterzellen verstärkten sich und der Anfluglotse hatte des öfteren einigen Bitten um Ausweichkurse nachzukommen, da innerhalb von Gewitterzellen starke Luftmassenverwirbelungen existieren, die selbst größere Flugzeuge aufs Heftigste durcheinanderwirbeln können. An Bord von Flug 66 machten sich die Piloten zum Landeanflug bereit. Man war etwas spät dran. Vor fast 15 Minuten um 15:45 Uhr, hätte man laut Flugplan landen sollen. Im Falle von etwaigen Landeverzögerungen hatte man jedoch nur noch einen begrenzten Treibstoffvorrat in den Tanks. In diesem Fall, so einer der Piloten, würde man nach La Guardia, dem Stadtflughafen von New York ausweichen. Scherzhaft faßte einer der Piloten die Situation zusammen: „...one more hour and we'd come down, whether we wanted to or not."

Unbemerkt von den anfliegenden Besatzungen entstand direkt im Endanflug von Bahn 22L eine Windscherung, ein sogenannter Microburst. Diese Windscherungen entstehen durch Fallwinde, die bevorzugt bei Mischwetterlagen (Gewittern) in großen Höhen auftreten. Dabei sinken die kälteren Luftschichten durch die aufsteigenden wärmeren Luftschichten wie in einem Kamin nach unten und werden mit zunehmender Fallenergie immer schneller. Am Boden ergießen sich dann diese herabstürzenden Luftmassen in alle Richtungen. Es kommt zu gefährlichen Verwirbelungen, die ein anfliegendes Flugzeug ohne Vorwarnung zu Boden drücken können. Über diese seltene Wettererscheinung ist bisher nur unzureichend geforscht worden. Zu gering waren damals die meteorologischen Erkenntnisse, als daß man für solche Windscherungen eine Vorhersage oder gar eine konkrete Warnung aussprechen könnte.

Vier Flugzeuge vor der 727 hatte gerade eine DC-8 der Flying Tiger Landefreigabe auf der Bahn 22L erhalten und war geradewegs in diesen Fallwind hineingeflogen. Plötzliche Änderungen des Windes ließen die Maschine absacken. Aus einer Höhe von 300 ft gelang es den Piloten mit Maximalschub den steilen Sinkflug zu unterbinden und die Landung erfolgreich abzuschließen. Noch unter dem Eindruck der abgewandten Havarie gaben sie nach dem Abrollen der Runway dem Tower Bescheid:

FTL: „I just highly recommend that you change the runways and...land northwest, you have such a tremendous wind shear down near...the ground on final."

Tower: „Okay, we're indicating wind right down the runway at 15 knots when you landed."

Der Towerlotse konnte offenbar die Gefahr nicht nachvollziehen. Energisch entgegnete der DC-8 Pilot:

FTL: „I don't care what you're indicating, I'm just telling you that there's such a wind shear on the final on that runway you should change it to the northwest."

Der Tower sagte daraufhin nichts mehr dazu. Ein weiteres Flugzeug befand sich im Endanflug. Flug EA 902, eine Lockheed L1011, ein Großraumflugzeug der Eastern Airlines näherte sich der Bahn 22L. Auch dieser Flug bekam die Auswirkungen der Windscherung zu spüren. Die Fluggeschwindigkeit sank rapide ab. Gleichzeitig schnellte die Sinkrate von 700 ft/min. auf 1.500 ft/min hoch. Mit Höchstschub gelang es gerade noch in einer Höhe von 30 Metern eine vorzeitige Bodenberührung abzuwenden und den Sinkrate abzubauen. Flug 902 brach den Landeanflug ab und stieg mit lärmendem Düsensound wieder in die Wolken. Um 15:59 Uhr/loc. meldete sich die Besatzung erneut auf der Frequenz der Anflugkontrolle. Diesmal konnte die Besatzung von Eastern 66 mithören, wie die Kollegen die Windscherung beschrieben. Sie sagten, die Sicht läge im Endanflug bei Null, daß sich ihre Vorwärtsgeschwindigkeit drastisch vermindert habe und daß die Sinkrate abrupt vergrößert

N8844E; die Schwestermaschine der in New York abgestürzten 727, deren Exemplare über viele Jahre hinweg die Aufschrift "Whisperjet" trugen/Fort Lauderdale im März 1979 <Quelle: Luftfahrt-Journal-Sammlung>

hätte. Die Piloten der 727 bestätigten diese Meldung. Der Landeanflug wurde fortgesetzt. Durch die dichte Wolkendecke hindurch war für die Piloten keinerlei Bodensicht möglich.

Etwa fünf Meilen vor dem Voreinflugzeichen (Outer Marker) der Bahn 22L wurde Flug 66 für einen ILS Anflug freigegeben. Zeitgleich landete Flug 105 der Finnair, eine weitere DC-8, auf der 22L. Auch in diesem Fall baute sich die Fluggeschwindigkeit rapide ab und die Sinkrate nahm zu. Doch stabilisierte sich der Anflug wieder und man landete normal. Gleiches passierte auch der nachfolgenden Beech Baron, einem zweimotorigen Privatflugzeug. In beiden Fällen waren die Piloten gewarnt und hatten entsprechend ihre Anfluggeschwindigkeit erhöht. Es sah so aus, als ließe die tückische Windscherung nach.

Es war 16:01 Uhr/loc. als die Piloten die Landechecksliste durchgingen. Beide besprachen die Wetterbedingungen und kamen zu dem Schluß, daß es besser wäre, die Geschwindigkeit höher als normal zu halten, um eine Sicherheitsreserve zu haben. Die Landeklappen wurden erst auf 15°, dann auf 30° ausgefahren und das Fahrwerk hinuntergelassen. Die Fluggeschwindigkeit pendelte sich zwischen 140 und 145 Knoten ein. Der Towerlotse gab um 16:03 Uhr/loc. Eastern Flug 66 zur Landung auf der Bahn 22L frei.

„1.000 feet", rief der Flugingenieur aus. Wenige Augenblicke später flog die 727 in ein Regengebiet hinein. Der Geräuschpegel im Cockpit schwoll an, als die Regentropfen gegen die Cockpitscheiben prasselten. „500 feet. Der Regenlärm intensivierte sich und die Scheibenwischer wurden auf volle Leistung gestellt.
CPT: „Stay on the gauges."
COP: „Oh yes, I'm right with it."

Durch den dichten Regen hindurch erspähten die Piloten die ersten Lichter der Anflugbefeuerung.
CPT: „I have approach lights"
COP: „Okay."
CPT: „Stay on the gauges."
COP: „I'm with it"

Für die Piloten unsichtbar, ging direkt vor ihnen ein weiterer Microburst nieder. Dieser erzeugte eine Windscherung die die Gewalt der vorherigen noch überstieg. Die dort hindurchfliegende Boeing wurde daher zunächst von einem unerwartet starken Gegenwind über den ILS-Kurs gehoben. Plötzlich verschwand dieser Gegenwind und wandelte sich, als die 727 den „Kamin" passierte, in einen ebenso starken Rückenwind um. Die in etwa 400 ft anfliegende Maschine verlor in Sekundenschnelle an Vorwärtsgeschwindigkeit. 140 Knoten, 135, 130, 123 Knoten. Gleichzeitig schlug der Zeiger des Sinkfluginstruments von 650 ft/min. auf 1.500 ft/min. aus. Flug 66 geriet unter den Gleitweg. Die Piloten erkannten nur allmählich den Ernst der Situation. Der Jet sackte durch die 200 ft- Markierung hindurch. Die Windscherung hatte sie voll erwischt.
CPT: „runway in sight."
COP: „I got it."
CPT: „Got it?"

Die Maschine wurde von der rechten auf die linke Seite geworfen. Der Erdboden war nun zum Greifen nah. Entsetzt erkannte der fliegende Copilot die bedrohliche Lage und befahl lautstark: „take off thrust!". Doch es war zu spät. Es war 16:05 Uhr/loc., als Zeugen am Boden die Boeing aus der Wolkendecke herauskommen sahen. Im selben Moment kollidierten auch schon das ausgefahrene Fahrwerk und die Landeklappen mit den stählernen Anflugmasten. Noch in der Luft brach der Rumpf auseinander. Weitere Anflugmasten zerstörten die Struktur des Flugzeug nun endgültig. Unter Vollschub prallte die Boeing mit der linken Tragflächenspitze auf die äußerste Spur des achtspurigen Rockaway Boulevards. In einem Feuerball zerschellte die Maschine in viele kleinere Teile die einen Abhang herunterkullerten und nur knapp 100 Meter vor dem Bahnanfang der Runway 22L zum Stehen kamen. Flug EA 66 hatte aufgehört zu existieren. Entsetzt drückte der Towerlotse auf den roten Knopf: Großalarm! Der Flughafen blieb für über eine Stunde geschlossen. Den Rettungskräften bot sich ein Bild der Verwüstung.

Von den 124 Insassen starben hierbei 115 Menschen.

Die solide gebauten Stahlmasten der Anflugbefeuerung trugen mit zu dem Zerstörungsgrad der 727 bei. Der Towerlotse, der entgegen den Empfehlungen der zuvor gelandeten Piloten bei der nördlichen Anflugrichtung blieb, sagte aus, daß nach seinen Anzeigegeräten kein Anlaß zur Bahnänderung bestand. Zum anderen, so der Controller, sei er viel zu beschäftigt gewesen, um diese Empfehlungen an seinen entscheidungsbefugten Vorgesetzten weiterzuleiten. Aufgrund der Tatsache, daß viele andere Flugzeuge diese Landebahn vor der 727 benutzten hatten und daß eine Bahnänderung mit einer Ankunftsverzögerung von etwa 30 Minuten verbunden gewesen wäre, sah man im Eastern-Cockpit keinen Grund, auf einer anderen Landebahn zu bestehen. Windscherungen und die sogenannten „Microbursts" konnten zu dieser Zeit mit den vorhandenen technischen Mitteln nicht vorhergesagt werden. Jedoch fing man an, sich über die Entwicklung solcher Geräte Gedanken zu machen. Es sollten jedoch noch Jahre vergehen, bis man diese plötzlichen Winderscheinungen vorhersagen konnte.

15.07.75

Aeroflot   **Yakovlev Yak-40**
CCCP-87475   9xx2037

Am diesem Tag mußte die Yak auf dem Flughafen von **Batumi/Georgien/UdSSR** durchstarten. Es gelang ihr danach nicht wieder, an Höhe zu gewinnen und sie kollidierte schließlich mit einem Berg.

Bei diesem Unglück kamen alle 41 Insassen ums Leben.

03.08.75

Alia Royal Jordanian AL   **Boeing 707-320C**
JY-AEE   18767

Der Vierstrahler war für den Flug Paris-Agadir, Marokko, an RAM verchartert worden. Während des Sinkfluges auf Agadir, der bei praktisch Nullsicht in dichtem Nebel durchgeführt wurde, flog die Besatzung aus nicht näher ermittelten Gründen unter die vorgeschriebene Sollhöhe des ILS-Anfluges. Die Maschine prallte am Ortsrand von Imzizen gegen die Ausläufer der **Atlas-Berge/Marokko**, 30 Meilen nordöstlich von Agadir und explodierte. Der Ort des Geschehens lag in 5.000 ft Höhe.

Alle 188 Menschen an Bord, meist marokkanische Gastarbeiter, die auf dem Weg in den Urlaub waren, kamen dabei ums Leben.

07.08.75

Continental AL   **Boeing 727-200**
N88777   19798

An diesem Nachmittag im Spätsommer überquerte in großer Höhe eine Gewitterfront den Großraum Denver und somit auch den Flughafen **Denver-Stapleton AP/CO/USA**. Die Hauptfront dieses Gewitters war gerade über den Flughafen hinweggezogen, als um 16:08 Uhr/loc. der Linienkurs 426 der Continental Airlines auf die Startbahn 35L rollte. Der Linienkurs hatte in Portland begonnen und sollte nach dieser ersten Zwischenlandung in Denver über Witchita und Tulsa nach Houston führen. Das Gewicht der mit 127 Passagieren, sieben Crewmitgliedern, Gepäck und Treibstoff vollbeladene Boeing 727 addierte sich auf 70 Tonnen, knapp unterhalb des erlaubten Maximalstartgewichts. Die Cockpitbesatzung hatte die 727 erst in Denver übernommen und hatte das Wetter um den Flughafen herum nicht selbst „erflogen", sondern war nur vom Wetterdienst auf das vorbereitet worden, was ihnen nach dem Abheben bevorstand. Als die Continental 727 zur Startbahn rollten, fiel kein Regen mehr, die Wolkenuntergrenze der Front lag bei 10.000 ft und die Sicht war mit 40 Meilen exzellent. Allen Anschein nach zog die Schlechtwetterfront nach Osten weiter, wobei laut Wetterdienst noch einige Ausläufer den Abflugweg des Fluges streifen würde. Aber diese Ausläufer hatten es in sich, wie eine Besatzung der Braniff Airlines feststellen mußte, die fünf Minuten vor der Continental starten sollte: Die Braniff-727 war nicht vollbesetzt und deshalb mit 59 Tonnen Startgewicht über zehn Tonnen leichter als die Continental-727 und ihre Besatzung war vor der Landung in Denver kräftig durchgeschüttelt worden. Als der Braniff-Kommandant um 16:05 Uhr/loc. die 727 wieder von der Startbahn abhob, wurde sie Sekunden später zwischen 100 - 300 ft von den Scherwinden gepackt, womit der Braniff-Kommandant aber gerechnet hatte. Er verstieß gegen die Lärmschutzvorschriften der FAA und ließ die Triebwerke während des gesamten Steigfluges mit maximaler Leistung arbeiten. Um den Lärmschutzmaßnahmen zu genügen, die keinerlei Ausnahmen aufgrund schlechter Wetterbedingungen zuließ, müßte er nach dem Abheben die Schubhebel leicht zurückziehen, um die Geschwindigkeit V_2+10 Knoten zu halten. Er flog aber nie langsamer als V_2+20 Knoten und konnte mit dieser Geschwindigkeitsreserve sicher aus der Schlechtwetterfront heraussteigen.

Inzwischen hatte die Continental-727 ihren Haltepunkt vor der Landebahn 35L erreicht. Sie konnte von ihrem Cockpit aus die für Gewitterfronten typischen Cumolo-Nimbus Wolken in 14.000 ft Höhe nicht sehen, die gerade über das nördliche Ende der Startbahn 35L zogen. Unter diesen Wolken bilden sich starke Luftbewegungen, die zu böige Winden aus schnell wechselnden Richtungen führen. In diese Scherwinde war auch die Braniff-727 geraten. Nach der Braniff-727 startete um 16:09 Uhr/loc. noch eine Propellermaschine der Frontier Airlines. Als die Continentalbesatzung gerade die letzten Checklisten beendet hatte, hörte sie den Funkspruch der Frontier-Besatzung, die gerade den Wolken entgegenflog: Auch dieses Flugzeug war Sekunden nach dem Abheben von der Startbahn 35L von einem Scherwind erfaßt und aus 200 ft Höhe beinahe wieder auf die Startbahn gedrückt worden.

Um 16:10 Uhr/loc. erhielt die inzwischen auf 35L gerollte Continental-727 ihre Starterlaubnis. Der Copilot sollte das erste Teilstück nach Witchita fliegen und schob die Schubhebel nach vorne. Ungefähr bei der Hälfte der Startbahn hob die 727 ab und begann zu steigen. Sekunden nach dem Abheben zog der Copilot die Schubhebel leicht zurück, um den Lärmschutzmaßnahmen des Flughafens gerecht zu werden. Die 727 passierte mit reduziertem Schub 100 ft und fuhr bei einer Geschwindigkeit von 143 Knoten, V_2+5 Knoten, gerade das Fahrwerk ein, als sie erst in einen schweren Regenschauer geriet und dann von den ersten Scherwinden erfaßt wurde. In 150 ft Höhe drehte der Wind schlagartig und aus einem leichten Rückenwind wurde ein Abwind, dessen Luftmassen mit 60 Knoten dem Boden entgegenfielen. Flug 426 verlor schnell an Geschwindigkeit, was der Copilot durch das Absenken der Flugzeugnase auszugleichen versuchte. Doch ein Geschwindigkeitsverlust von 41 Knoten in fünf Sekunden ließ sich so nicht ausgleichen und deswegen die mittlerweile erreichte Flughöhe nicht mehr halten. Als der Kommandant spürte wie die Maschine zu sinken begann, übernahm er das Steuer. Er gab Vollschub und drückte die Nase der 727 weiter nach unten, um wieder Geschwindigkeit aufzunehmen und zu steigen. Mit ihrer gesamten Triebwerkskraft stemmte sich die 727 gegen den Wind, aber sie war nicht zu halten.

Die 727 war nur 20 Sekunden in der Luft gewesen, als sie kurz vor dem Ende der Startbahn 35L mit dem Heck zuerst wieder auf dem Asphalt aufschlug. Mit eingezogenen Fahrwerk und auf Vollschub laufenden Triebwerken schlitterte sie auf dem Bauch noch 700 Meter über eine unbefestigte Fläche hinter der Landebahn, um kurz vor dem Flughafenzaun liegen zu bleiben.

Nachdem die Maschine zum Stehen gekommen war, vernahm die Cockpitbesatzung einen lauten Knall und Schreie aus der Passagierkabine. Nach erfolglosen Versuchen, die Cockpittür zu öffnen und die Triebwerke abzuschalten, verließen sie das Cockpit durch die Schiebefenster, da sie der Meinung waren, das Flugzeug würde in Flammen stehen. Draußen angekommen bemerkten sie ihren Irrtum, denn die Maschine hatte glücklicherweise beim Aufschlag kein Feuer gefangen. Der Kommandant kehrte noch zweimal über das geöffnete Cockpitfenster in das Innere der Maschine zurück und versuchte die immer noch auf Vollschub laufenden Triebwerke auszuschalten, was ihm aber nicht gelang. Durch Brüche im Rumpf waren die Verbindungskabel zwischen Cockpit und Triebwerken so beschädigt worden, daß sie sich vom Cockpit aus nicht mehr ausschalten ließen. Am Ende spritzte die Flughafenfeuerwehr eine große Ladung Schaum in die Lufteinlässe der Triebwerke, was diese endgültig zum stehen brachte. Der Kommandant schaffte es danach die Cockpittür zu öffnen und bahnte sich seinen Weg zu den beiden Stewardessen im vorderen Teil der Kabine. Nachdem diese sich mit seiner Hilfe aus ihren Sitzen befreit hatten, verließen sie zusammen mit dem Kommandanten das Flugzeug. Von den beiden Stewardessen im hinteren Teil der Maschine war nur eine unverletzt geblieben und nahm ihren vorgeschriebenen Platz bei der Evakuierung der Passagiere ein. Sie war das einzige der sieben Besatzungsmitglieder, das aktiv die Evakuierung der 127 Passagiere vom Inneren der 727 aus leitete. Obwohl nur fünf statt der neun Ausgänge benutzbar waren, hatten nach drei Minuten alle Passagiere das Flugzeug verlassen, mehrheitlich durch die vier Notausgänge über den Flügeln.

Bei dem Aufschlag der 727 und der anschließenden Evakuierung wurden 15 Insassen des Flugzeuges, darunter 3 Besatzungsmitglieder, verletzt.

Die Besatzung, insbesondere die Cockpitcrew, wurde für ihr Verhalten bei der Evakuierung schwer gerügt. Das NTSB hielt ihnen vor, sie hätten nach dem Aufschlag der 727 die Nerven verloren und überstürzt das Flugzeug verlassen. Es ist fraglich, ob bei Ausbruch eines Feuers die von den Passagieren organisierte Evakuierung ebenfalls so glatt abgelaufen wäre.

Diese Kritik war für die Cockpitbesatzung um so schlimmer, als daß sie am Absturz selber keine Schuld traf. Die Continental-727 hatte kurz nach dem Start weder die nötige Geschwindigkeits- noch eine genügende Höhenreserve gehabt, um sicher aus den Scherwinden herauszukommen. Die Continental Besatzung war relativ ahnungslos in diese Turbulenzzone eingeflogen, da sie zwar aus ihrer Wetterberatung und vom Abhören der Funksprüche von der Existenz dieser Zone wußte, aber weder deren genaue Position noch ihre Stärke einschätzen konnte. Die Continentalbesatzung hatte wegen dieser ungenügenden Informationen einen Start nach Vorschrift durchgeführt, ohne dabei ihre Flugtechnik den Wetterbedingungen anzupassen. Als sie in 150 ft Höhe von den Scherwinden erfaßt wurde, gab die Besatzung Vollschub, aber da war es wahrscheinlich schon zu spät. Ob allerdings ein Steigflug mit Vollschub die Maschine und ihre Insassen vor ihrem Schicksal bewahrt hätte, konnte auch das NTSB nicht klären.

Um solche Unfälle in Zukunft zu vermeiden, forderte das NTSB endlich ein spezielles Training zum Durchfliegen von Scherwinden in Bodennähe innerhalb der Fluggesellschaften vorzuschreiben. Außerdem sollte die Entwicklung und Einführung von Geräten vorangetrieben werden, um Fluglotsen und Piloten rechtzeitig vor solchen extremen Windbedingungen zu warnen. Das war der zweite Unfall aufgrund einer Windscherung innerhalb von knapp sechs Wochen, wobei der erste Unfall bei einem Landanflug einer Eastern 727 auf dem New Yorker Flughafen John F. Kennedy am 24.06.1975 115 Menschen das Leben gekostet hatte.

15.08.75

Aeroflot   **Yakovlev Yak-40**
CCCP-87323   9330230

Die Maschine zerschellte bei der Landung in **Krasnovodsk/Turkmenistan/UdSSR**. Zu diesem Zeitpunkt lag über der Hafenstadt am Kaspischen Meer dichter Nebel.

Es kamen 23 Menschen ums Leben.

20.08.75

C S A   **Ilyushin Il-62**
OK-DBF   31502

Frühmorgens geriet die Ilyushin während eines nach Sichtflugregeln durchgeführten Anflugs auf **Damaskus/Syrien** zu tief und prallte 10 Meilen nordöstlich des Flughafens gegen eine Sanddüne. Die Maschine fing Feuer.

Von den 117 Passagieren und 11 Crewmitgliedern überlebten lediglich zwei Menschen das Unglück schwerverletzt.

Der Vierstrahler kam als Linienflug aus Prag.

Da der Flugdatenschreiber (FDR) beim Absturz verbrannte, konnte die genaue Unfallursache nicht mehr ermittelt werden.

30.08.75

Aeroflot   **Tupolev 104B**
CCCP-42472   21205

Bei einer nächtlichen Landung auf dem Tolmachiowo AP von **Novosibirsk/UdSSR** setzte man sehr hart auf der Landebahn auf. Dabei wurde das rechte Hauptfahrwerk wieder in den Fahrwerksschacht zurückgedrückt und das Flugzeug trug irreparable Beschädigungen davon.

01.09.75
Interflug **Tupolev 134**
DDR-SCD 9370701

An diesem Montag Morgen startete die Tupolev um 07:07 Uhr/loc. als Sonderflug von Stuttgart zur Leipziger Herbstmesse. An Bord waren 28 vorwiegend westdeutsche Geschäftsleute und sechs Crewmitglieder. Gegen 8:00 Uhr/loc. befand man sich im Endanflug auf den Flughafen **Leipzig-Schkeuditz/DDR**, über dem noch der Morgennebel lag. Die Interflug-Maschine begann nun mit einem radargeführten Endanflug, wobei der Radarlotse die Flughöhe überwachen sollte. Das versäumte dieser aber und so sank die Tu-134 unter den Gleitpfad ab, ohne daß es die Piloten bemerkten. Wahrscheinlich verließen sie sich zu sehr auf den Anfluglotsen. So kam es, daß der DDR-Jet kurz vor der Landebahn mit der linken Tragfläche einen Antennenmast eines Funkfeuers rammte, wobei ein Teil ihrer Tragfläche und das linke Triebwerk abrissen. Die Maschine drehte sich um ihre Längsachse und schlug in Rückenlage ca. 300 Meter vor der Landebahn auf ein Feld. In dem ausbrechenden Feuer verbrannten 24 Passagiere und drei Besatzungsmitglieder.

Der nachfolgende Untersuchungsprozeß verurteilte die beiden überlebenden Piloten und den Radarlotsen zu mehrjährigen Haftstrafen wegen des unerlaubten Unterschreitens der Mindestanflughöhe.

16.09.75
Northeast AL **HS121 Trident 1E**
G-AVYD 2138

Die Trident startete auf dem Flughafen von **Bilbao/Spanien**. Zuvor gingen längere Regengüsse auf den Flughafen nieder, so daß sich einige Wasserlachen auf der Startbahn befanden. Aufgrund des ungepflegten Runway-Zustandes waren diese Pfützen recht groß und tief. Die Trident, die in diese Wasserflächen hineinrollte, wurde dadurch so stark abgebremst, daß sich die Piloten nicht mehr in der Lage sahen, die Maschine rechtzeitig vom Boden abzuheben. Somit wurde der Startlauf abgebrochen. Aber anstatt bis zum Bahnende durchzurollen, schwenkte die „YD" unvermittelt nach links und rollte einen etwa 20 Meter hohen Abhang hinunter. Dabei versagte die Hydraulik des rechten Hauptfahrwerks. Keiner der 100 Passagiere und Crewmitglieder wurde verletzt. Bei der ganzen Aktion wurde das Flugzeug nur leicht beschädigt. Der Hauptschaden passierte erst dann, als die spanischen Behörden versuchten, die Trident mit Hilfe eines Krans und eines Bulldozers zu bewegen! Danach war die Maschine nicht mehr zu gebrauchen und wurde in Einzelteile ausgeschlachtet.

24.09.75
Garuda **Fokker F28-1000**
PK-GVC 11039

2 Meilen außerhalb des Flughafens von **Palembang/Indonesien** kam es zum Absturz des im Landeanflug befindlichen Jets. Zuvor streifte man noch einige Bäume im Anflugweg.

Bei diesem Unglück starben 23 von 61 Insassen.

30.09.75
Avianca **Boeing 727-100C**
HK-1272 19525

Sekunden vor dem Aufsetzen auf dem Flughafen von **Barranquilla/Kolumbien** geriet die 727 zu tief und prallte vor der Landebahn zu Boden. Dabei starben alle 4 Insassen.

Die Maschine war auf einem Frachtflug von Bogota nach Miami unterwegs.

30.09.75
Malev **Tupolev 154**
HA-LCI 53

Auf dem Linienflug von Budapest/Ungarn nach **Beirut/Libanon** stürzte die Tupolev während des Landeanfluges ins Mittelmeer nahe der libanesischen Hauptstadt.

Es wurden 60 Menschen getötet.

16.10.75
Aeroflot **Yakovlev Yak-40**
CCCP-87328 9330730

Beim Landeanflug auf den Flughafen von **Kirov/UdSSR**, 600 Kilometer östlich von Moskau, versagten alle drei Triebwerke. Antriebslos trudelte die Yak dem Erdboden entgegen und zerschellte unmittelbar darauf. Nähere Informationen liegen nicht vor.

G-AVYD; die in Bilbao verunfallte Maschine hier in der knallgelben Farbgebung der Northeastern, jedoch noch mit dem Schriftzug der British Airways, für die die Trident kurzfristig eingesetzt wurde./London-Heathrow im September 1974 <Quelle: N.Scherrer>

22.10.75

Aeroflot   **Yakovlev Yak-40**
CCCP-87458   9xx1736

Während des Anfluges auf **Novgorod/UdSSR** geriet die Yak zu tief, streifte ein Haus und stürzte unmittelbar darauf ab.

Neben den sechs Insassen kamen weitere fünf Hausbewohner ums Leben.

30.10.75

Inex Adria AW   **Douglas DC-9-32**
YU-AJO   47457

Die DC-9 kam aus Tivat und befand sich im Anflug auf den Flughafen von Prag-Ruzyne. Als die Piloten versuchten, in dichtem Nebel einen Sichtanflug durchzuführen, gerieten sie zu tief und durchflogen ein Tal. Da der Flughafen in Prag auf einem erhöhten topographischen Niveau liegt, schafften sie es nicht mehr, das ansteigende Terrain rechtzeitig zu bemerken. Als man noch etwa 7 Kilometer von der Landebahnschwelle entfernt war, bekam die Maschine Bodenberührung an einem Hügel nahe der Ortschaft **Sadlec/CSSR** und zerschellte.

Es kamen 74 Menschen ums Leben. Dies war der erste Anflug, nachdem der Flughafen längere Zeit aufgrund von schlechtem Wetter geschlossen war. Dieser Versuch der jugoslawischen Piloten, die Nebelbank zu unterfliegen, fand gegen den lautstarken Protest des örtlichen Fluglotsen statt, der energisch auf das ansteigende Gelände hingewiesen hatte.

12.11.75

O N A   **McDD DC-10-30CF**
N1032F   46826

Aufgrund der Nähe zum Meer und zum Seehafen ist das Gebiet des **New Yorker Flughafens John F.Kennedy** an bestimmten Tagen im Jahr ein Tummelplatz von Seemöven. So auch an diesem Tag, als die DC-10 der ONA gerade zum Start in Richtung der Startbahn 13R rollte. Wenn der Winter naht, ziehen Jahr für Jahr Tausende von Vogelschwärmen von Labrador entlang der US-Ostküste und weiter nach Florida, um dort zu überwintern. Kaskaden von weißen Klecksen bevölkerten an diesem Tag die Rasenflächen zwischen den Start- und Landebahnen und flatterten bei jedem vorbeidonnernden Jet aufgeregt von dannen, um sich nur wenige hundert Meter weiter erneut niederzulassen. Die Flughafenverwaltung bemühte sich redlich, gegen die Schwärme anzukommen. Um Vögel zu vertreiben, wurden zuvor automatische Geräuscherzeuger installiert, die Schreckschuß-Patrouillen der Flughafenfeuerwehr verdoppelt, chemische Vergällungsstoffe versprüht, sowie Geräusche von Raubvögeln über Tonband über das Flughafengelände ausgestrahlt. Trotz all dieser Maßnahmen gelang es an diesem Tag nie, den gesamten Flughafenbereich frei von Vögeln zu bekommen.

Die 139 Insassen an Bord der DC-10 waren allesamt Mitarbeiter der Fluggesellschaft, die sich zu einem Flug nach Jeddah in Saudi Arabien eingefunden hatten, um von dort einige Pilgerflüge für andere Fluggesellschaften durchzuführen.

Kurz nach 13:00 Uhr/loc. hatte die Maschine den Anfang der Bahn 13R erreicht und nach Erhalt der Starterlaubnis beschleunigte der Pilot die Startbahn hinunter. Der große Jet hatte bereits ein gutes Stück zurückgelegt, als die Piloten plötzlich einen Möwenschwarm direkt vor sich sahen. Von rechts nach links kreuzten viele der aufgeschreckten Tiere unmittelbar vor der dröhnenden DC-10 die Startbahn. Im selben Moment konnten die Piloten bereits die ersten Einschläge am Rumpf und den Tragflächen spüren. Sofort wurde der Startlauf abgebrochen. Die Spoiler fuhren hoch und die Schubumkehr wurde bedient. Einige der Federtiere wurden vom rechten Triebwerk eingesaugt, das schlagartig ausfiel und in Brand geriet. Umherfliegende Trümmerteile des rechten Triebwerks durchdrangen die darüberliegende Tragfläche und beschädigten das rechte Fahrwerk. Beide Piloten standen voll in den Bremsen. Dadurch platzten am bereits lädierten rechten Hauptfahrwerk einige Reifen. Aufgrund der asymmetrisch nach links ziehenden Schubumkehr kam die DC-10 kurz vor dem Bahnende von der Runway ab. In diesem Moment brach das rechte Fahrwerk in sich zusammen und die rechte Tragflächenspitze schleifte über dem Boden. Austretender Treibstoff umhüllte die Maschine mit einem schwarzen Rauchkegel. Qualmend kam der Jet halb auf einem Taxiway, halb auf der Grasnarbe zum Stehen. Zu diesem Zeitpunkt stand bereits die gesamte rechte

N1032F; die in New York beim Start verunglückte DC-10 der ONA hier kurz vor dem Zurückschieben von der Terminalposition/Hamburg <Quelle: Luftfahrt Journal-Sammlung>

Tragfläche in Brand, und ohne Verzug wurde das Evakuierungssignal gegeben. Die gelben Notrutschen quollen unter den Türböden hervor und nach etwa 3,5 min. war die brennende DC-10 leer.

Einige der herbeigeeilten Flughafenangestellten und Polizeikräfte erlitten durch die Flammen und den Rauch leichtere Verletzungen. Ansonsten gelang es allen 139 Insassen, sich rechtzeitig in Sicherheit zu begeben, bevor die Maschine in Minutenschnelle ein Raub der Flammen wurde.

Die Tatsache, daß sich ausschließlich flugerfahrene Airline-Angestelle an Bord befanden, trug maßgeblich zur reibungslosen Evakuierung bei. Einhellig waren sie der Meinung, daß die Abwicklung solch einer Notsituation mit einer vollbesetzten Maschine und „normalen" Passagieren zu ernsten Problemen geführt hätte.

15.11.75
Aerolineas Argentinas   **Fokker F28-1000**
LV-LOB   **11086**

Die Fokker berührte während des Landeanfluges auf **Cordoba/Argentinien**, 200 Kilometer nördlich der Hauptstadt Buenos Aires, mit einer Tragfläche einen Baum im Anflugweg. Daraufhin wurde das Flugzeug um 180 Grad gegen die Flugrichtung gedreht und fiel in eine Eukalyptusplantage.

Von den 60 Passagieren wurden sechs Passagiere und ein Crewmitglied verletzt.

22.12.75
T W A   **Boeing 707-320B**
N18701   **18978**

Der mit 122 Passagieren und 11 Besatzungsmitgliedern besetzte Boeing-Jet befand sich auf dem Linienflug von San Francisco und New York-JFK nach Mailand. Unter den Passagieren befand sich auch der prominente Startenor Luciano Pavarotti, der wie viele andere an Bord, zu Weihnachten in die Heimat flog.

Doch das Wetter zu dieser Jahreszeit war nicht gerade ideal. Seit Tagen herrschte schlechte Sicht, und in der Mailänder Tiefebene hatte sich ein dichter Nebelteppich am Boden gebildet, der eine Sichtweise von nicht einmal 100 Metern zuließ. An diesem Morgen war bereits aufgrund der Sichtverhältnisse der gesamte Flugverkehr des Stadtflughafens Mailand-Linate eingestellt worden. Auch der morgendliche Berufsverkehr kam streckenweise zum Erliegen. Der internationale Flughafen **Mailand-Malpensa AP/Italien** befindet sich ca. 20 Kilometer nordwestlich der Stadt, dort sollte der TWA Flug planmäßig landen. Während des andauernden Nebels mußten jedoch einige Flugzeuge im Holding einige Warteschleifen über dem Flughafen ziehen. Sie alle warteten auf eine Sichtverbesserung am Flughafen. Auch die 707 aus New York reihte sich in die Kette der Maschinen ein, die auf Landeerlaubnis warteten. Nachdem man über 1,5 Stunden kreiste und die Menge des restlichen Treibstoffs einen Punkt erreicht hatte, an dem eine Entscheidung nötig wurde, versuchte der Kommandant auf eigene Faust in Malpensa zu landen.

Doch wegen zu geringer Sicht wurde dieser Versuch kurz vor Erreichen des Flughafens abgebrochen. Erneut ging man auf Höhe und versuchte es abermals. Diesmal wollte der Pilot um jeden Preis in Malpensa landen. Doch der Anflug geriet etwas zu kurz und das Hauptfahrwerk der 707 bekam noch vor der Landebahn Bodenkontakt. Sofort wurde das Fahrwerk abgerissen, und die Boeing schleifte auf dem Rumpf unkontrolliert über einen Asphaltstreifen, der von Helikoptern benutzt wurde, und geriet in Brand. Ein Teil der linken Tragfläche mitsamt eines Triebwerks wurden abgerissen. Kurz bevor man zum Stillstand kam, brach zu allem Übel noch durch die enormen Erschütterungen die vordere Rumpfsektion direkt hinter der ersten Klasse ab. Unmittelbar darauf kam der Vierstrahler brennend neben der Runway zum Stehen. In Panik sprangen sofort die ersten Passagiere durch die geöffneten Notausgänge über die rechten Tragfläche ins Freie.

Es grenzt an ein Wunder, daß von den 133 Menschen an Bord niemand ums Leben kam. Nur 26 Menschen trugen Verletzungen davon..

28.12.75
B E A   **HS121 Trident 1C**
G-ARPC   **2103**

Die auf dem Areal des Flughafens **London-Heathrow AP/England** geparkte Trident fiel in der Nacht vom 27. auf den 28.12. gegen 01:00 Uhr/loc. einem Brandanschlag zum Opfer und wurde zerstört.

01.01.76
Middle East AL   **Boeing 720B**
OD-AFT   **18020**

Viele Passagiere des Fluges ME438 waren froh, daß sie dem tobenden Bürgerkrieg und den tagtäglichen Terroranschlägen ihrer Heimatstadt Beirut den Rücken kehren konnten. Der Flug sollte vom Flughafen der libanesischen Hauptstadt nach Dubai im Sultanat Oman am Persischen Golf gehen. Hierfür war eine 747 der Fluggesellschaft vorgesehen, jedoch ergaben sich einige Probleme mit den Triebwerken des Jumbos. Somit mußte kurz vor Abflug in der Silvesternacht noch ein Ersatzfluggerät beschafft werden. Für die wartenden Passagiere wurde unterdessen eine improvisierte Neujahrsfeier im Flughafenterminal abgehalten. Für jeden Passagier wurde eigens eine warme Mahlzeit aus der Stadtküche beschafft, da die Flughafenküche aufgrund fehlenden Heizmaterials nicht in Betrieb war. MEA hat eben gelernt auch mit widrigen Bedingungen fertigzuwerden.

Gegen 01:30 Uhr/loc wurde dann die Ersatzmaschine bereitgestellt. Eine ältere Boeing 720 mit 124 Sitzplätzen sollte nun die 67 Passagiere und die 15 Crewmitglieder zu ihrem Zielort bringen. Kurz nach 02:00 Uhr/loc war man startklar, und wenige Minuten später hob der vierstrahlige Jet zum vierstündigen Flug in Richtung Dubai ab. Mit Südostkurs flog die 720 an der Saudisch-Irakischen Grenze entlang und nahm mit der Flugleitzentrale in Kuwait City Kontakt auf. Alles schien wie immer zu sein. Doch plötzlich verschwand das Radarecho von

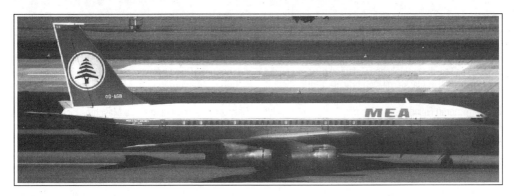

OD-AGB; eine andere 720 der MEA hier beim Rollen zur Startbahn/Zürich 1987 <Quelle: N. Beiswanger>

den Bildschirmen der Fluglotsen in Kuwait. Trotz mehrerer Aufrufe antwortete Flug 438 nicht. Es wurde Alarm gegeben. Sucheinheiten fanden am nächsten Morgen die ausgebrannten Überreste der Boeing in einem Wüstengebiet südlich der neutralen Zone zwischen Irak und Saudi Arabien, 30 Meilen nordwestlich der Ortschaft **Qaisumah/Saudi Arabien**.

Alle 82 Menschen an Bord starben bei dem Unglück.

Später wurde herausgefunden, daß die Boeing 720 das Opfer einer Bombe wurde, die während des Reisefluges in 37.000 ft zündete und die Maschine bereits in der Luft zerbersten ließ. Über die Urheberschaft dieses terroristischen Anschlags liegen keine Hinweise vor.

02.01.76
O N A   McDD DC-10-30CF
N1031F   46825

Unter der Streckenregie von Saudia, die die DC-10 für ihre Hadj-Flüge nach Jeddah von ONA geleast hatte, sollte der Flug nach Ankara gehen. Allerdings war dort eine Landung wegen Nebels ausgeschlossen, so daß der Kommandant sich entschloß statt dessen nach **Istanbul/Türkei** auszuweichen. Beim Landeanflug auf den Esenboga-Flughafen der Bosporusmetropole explodierte das linke Triebwerk der mit 364 Moslems auf dem Rückweg von Mekka vollbelegten DC-10. Die Crew schaffte es noch, den Flughafen zu erreichen, obwohl die Triebwerke und die Tragfläche Feuer gefangen hatten. Während des Abbremsens geriet die Maschine allerdings von der Bahn ab. Das Fahrwerk brach ein, und Feuer breitete sich auf die gesamte Maschine aus.

Bis auf zwei Menschen konnten sich aber alle Insassen retten.

Dieser zweite DC-10 Verlust innerhalb von 2 Monaten bedeutete das Ende der Großraumflotte der ONA, da die Gesellschaft nur über 2 Exemplare dieses Typs verfügte. Die sofort nachgeorderten Ersatz-DC-10er wurden im Mai 1977 ausgeliefert.

03.01.76
Aeroflot   Tupolev 124
CCCP-45037   351002

Kurz nach dem Start in **Moskau-Vnukovo AP/UdSSR** verunglückte der Jet.

Alle 61 Menschen an Bord starben.

Es existieren Meldungen von einer ebenfalls am 03.01. verunglückten Tupolev 134 in Vnukovo. Angeblich sollen an Bord dieser Maschine, die auf dem Weg nach Brest/Weißrußland war, 87 Menschen ums Leben gekommen sein.

09.02.76
Aeroflot   Tupolev 104A
CCCP-42327   -

Während des Starts in **Irkutsk/UdSSR** verloren die Piloten die Steuerkontrolle und verunglückten.

Hierbei kamen 24 Menschen ums Leben.

18.03.76
Cubana   Douglas DC-8-43
CU-T-1200   45638

Die DC-8 wurde über **Havanna/Kuba** in eine Mid-Air-Collision mit einer An-24 derselben Gesellschaft (CU-T879) verwickelt. Dabei stürzte der Propeller sofort ab und zerschellte mitsamt den 5 Insassen. Die DC-8 konnte zwar noch den Flughafen der Hauptstadt erreichen, allerdings war der Schaden an Triebwerk und Tragfläche so gravierend, daß sich der Eigentümer (Air Canada) nicht mehr zu einer Reparatur durchringen konnte.

19.03.76
Syrianair   Yakovlev Yak-40
YK-AQC   90543

Während der Startvorbereitungen auf dem **Beiruter Int'l AP/Libanon** wurde die Yak von einer Rakete getroffen und brannte aus. Es gab keine Verletzten.

05.04.76
Alaska AL   Boeing 727-100
N124AS   18821

Der amerikanische Bundesstaat Alaska gilt unter Piloten als Herausforderung. Schnee und Eis in der meisten Zeit des Jahres, schlechte Sicht und rasant wechselnde Witterungsbedingungen, schlecht ausgebaute Flughäfen mit kurzen Landebahnen, ungenügende Anflugshilfen bei oft abenteuerlichen Anflugwegen und teilweise beklagenswerten Bodeneinrichtungen. Die Bedingungen in diesem Teil der Welt formte eine besondere Art von Piloten, die ihre fliegerischen Fähigkeiten auf ihre Umgebung einstellten. Das ließ sie die tagtäglichen Gefahren bewältigen, die der Flugbetrieb in Alaska mit sich brachte, führte aber oft zu Flugmanövern, die man im besten Fall als „gewagt", in schlimmeren Fällen als „leichtsinnig" und „gefährlich" bezeichnen konnte. Da allerdings ohne solche Piloten und solche Flugmanöver der Flugverkehr und damit das öffentliche Leben in Alaska nicht aufrechtzuerhalten ist, sind solche wagemutigen Piloten sehr respektierte Personen in diesem Teil der Welt. Das gilt nicht nur für die Piloten kleinerer Propellermaschinen, sondern auch für die Besatzungen von großen Strahlflugzeugen, wie der Besatzung des Alaska Airlines Fluges 60, der an diesem Morgen in Seattle-Tacoma, im Nordwesten der USA, in Richtung Alaska abhob.

Der Flug 60 begann um 07:38 Uhr/loc. mit seinem Linienkurs nach **Ketchikan/AK/USA** und der Landeshauptstadt Juneau. An Bord der 727 befanden sich 43 Passagiere und sieben Besatzungsmitglieder. Schon eine halbe Stunde nach dem Start begann man mit dem Sinkflug auf den Flughafen der Stadt Ketchikan. Dieser Flughafen liegt auf einer Insel und ist vom Stadtgebiet durch einen breiten Sund getrennt. Der Landeanflug auf die anvisierte Landebahn 11 führte vom Pazifik her über eine verstreute Inselwelt. Das Wetter über dem Flughafen war für Alaska in dieser Jahreszeit typisch: niedrige Wolkendecke, Sicht um 3 Kilometer bei leichtem Schneefall und Nebel. Die Bremswirkung auf der 2.300 Meter langen Landebahn 11 bezeichnete der Lotse als „Schlecht".

So vorbereitet begann die Besatzung mit einem ILS-Anflug, wobei sie bei 4.000 ft durch die Wolkendecke brach und die Inselwelt des Clarence Sundes unter sich sahen. Als die Maschine gerade 2.100 ft durchflog und noch 15 Kilometer von der Landebahn entfernt war, beschloß der Kommandant, den ILS - Anflug abzubrechen und nach Sicht weiterzufliegen, denn als erfahrener „Nordlandpilot" vertraute er seinen Augen mehr als jeder elektronischen Landehilfe. Doch an diesem Morgen wäre es besser gewesen, sich dem ILS - Strahl anzuvertrauen. In den folgenden Minuten sank die Maschine immer mehr unter den angewiesenen Gleitpfad. Als dies dem Kommandanten das auffiel, schob er etwas Schub nach und ließ die Maschine wieder leicht ansteigen. Bald befand man sich wieder über dem Gleitpfad und war obendrein mit 209 Knoten viel zu schnell. Die Piloten bemerkten dies, als sie 3,6 Kilometer vor dem Aufsetzpunkt Sichtkontakt mit dem Flughafen bekamen. Der Copilot wies seinen Chef auf die zu große Höhe hin und fuhr auf eigene Initiative die Landeklappen von 30° auf ihre Landestellung 40°. Inzwischen drückte der Kommandant die Nase der 727 nach unten und versuchte mittels der Luftbremsen Geschwindigkeit abzubauen.

Die 727 überflog in 100 ft Höhe den normalen Aufsetzpunkt der Bahn. Da sie mit 150 Knoten um 30 Knoten zu schnell war, konnten die Piloten sie erst nach der Hälfte der Bahn zu Boden drücken. Zuerst berührte sie mit ihrem Bugfahrwerk den Boden, schlitterte etwas über die Bahn, prallte wieder hoch und krachte am Ende mit allen Fahrwerken gleichzeitig auf die Bahn. Der Umkehrschub wurde aktiviert und der Kommandant trat in die Pedale der Radbremsen, entschied sich aber wegen des geringen Bremseffektes sofort zum Durchstarten. Die Schubhebel wurden auf Maximalschub gesetzt, die Klappen und Spoiler begannen einzufahren. Doch die Besatzung bemerkte, daß die Maschine nicht beschleunigte, weil die Klappen des Umkehrschubes nicht wieder einfuhren. Der Kommandant riß die Schubhebel auf Leerlauf zurück und schob sie wieder nach vorne, doch das Anzeigelicht erlosch nicht. Jetzt entschloß sich der Kommandant endgültig zum Abbruch seines Durchstartversuchs. Die schlitternde Maschine hatte inzwischen zwei Drittel der Bahn passiert und konnte vor deren Ende nicht mehr gestoppt werden. Immer noch mit hoher Geschwindigkeit passierte die 727 das Ende der Landebahn und rumpelte einen 15 Meter tiefen Abhang hinunter, wobei die Tragflächen Felsen und Bäume streiften. Treibstoff lief aus den gerissenen Löchern und entzündete sich noch bevor die Maschine am Abgrund der Senke ankam. Der Aufschlag war so heftig, daß der Rumpf vor und hinter den Tragflächen auseinanderbrach.

Drei Minuten nach dem Unfall erreichte die Flughafenfeuerwehr die Kante des Abhangs, aus dem schon die ersten Flugzeuginsassen nach oben kletterten. Unten versuchten inzwischen einige Passagiere und Stewardessen, die schwerverletzten Piloten aus dem Cockpit zu befreien, während die Hecksektion mit den Triebwerken und Teile der Kabine schon in Flammen standen.

Trotz der schnellen und reibungslosen Evakuierung kam einer der Passagiere bei dem Unfall ums Leben; weitere 32 Insassen zogen sich zum Teil schwere Verletzungen zu. Der Kommandant und eine Stewardeß erlitten Knochenbrüche. Das Flugzeug brannte noch einige Stunden, weil es weder der Flughafenfeuerwehr noch den hinzugeeilten Einheiten der Stadtfeuerwehr gelang, ausreichende Ausrüstung und Löschmittel an die Unglücksstelle zu schaffen.

Nach Auswertung der Flugdatenschreiber und Befragung etlicher Augenzeugen konnte sich das NTSB ein Bild des Landeanfluges machen, den man nur als „unkontrolliert" bezeichnen konnte. Es war dem NTSB anfangs nicht klar, warum ein erfahrener Kommandant mit 14.000 Flugstunden (2.400 davon auf der 727) und jahrelanger Alaskaerfahrung einen derartig instabilen Landeanflug machen konnte. Die beiden anderen Cockpitinsassen hatten zwar regelmäßig die Höhe und Geschwindigkeit ausgerufen, aber außer dem „We are high"- Kommentar des Copiloten kurz vor der Landebahn hatte keiner der beiden in den völlig verkorksten Anflug eingegriffen.

Doch schon bei den ersten Befragungen der Besatzung bestätigte sich ihr Verdacht: Der Kommandant konnte sich weder an Details des Landeanfluges erinnern, noch war er in der Lage, den Ermittlern zu sagen, an welchem Punkt die 727 zuerst die Landebahn berührt hatte. Eine ärztliche Untersuchung förderte einen zu niedrigen Blutzuckergehalt des Kommandanten zu Tage. Bei dem vorgeschriebenen FAA Gesundheitscheck einige Wochen vor dem Unfall hatte man ebenfalls zu niedrige Blutzuckerwerte festgestellt und den Kommandanten sofort auf Diät gesetzt, um die beginnende Zuckerkrankheit im Keim zu ersticken.

Nach dem Unfall hatte er bei weiteren Befragungen angegeben, daß er am vorhergehenden Abend lediglich ein Sandwich zu sich genommen. Bei seinem Dienstantritt am nächsten Morgen hatte er dann nur einen Kaffee getrunken, aber nichts gegessen. Diese ungesunde Nahrungsaufnahme ließ seinen Blutzuckergehalt im weiteren Verlauf des Morgens soweit abfallen, daß er während des Landeanflugs von einem Anfall von Diabetis heimgesucht wurde. Daher wurde seine Aufmerksamkeit von dem komplizierten Landeanflug und dem schlechtem Wetter abgelenkt. Das alles entschuldigte nicht die Tatsache, daß er in dieser Situation nicht sofort das Kommando an seinen Copiloten weitergegeben hatte. Das völlig passive Verhalten der beiden anderen Cockpitinsassen ließ sich nur aus ihrem Respekt einem alaskaerfahrenen und älteren Kommandanten gegenüber erklären. Sie hatten wohl die drohende Gefahr gesehen, aber erwartet, daß der Kommandant sie schon irgendwie aus dieser Situation herausfliegen würde.

Nach diesem Unfall machten sowohl das NTSB wie auch die FAA völlig klar, daß gewisse Grundregeln für den Landeanflug auch in Alaska zu gelten hatten. Es sollte schnellstens ein Ausbildungsprogramm etabliert werden, das ein „professionelles" Verhalten von Linienpiloten in jeder Phase des Fluges gewährleistet.

Das NTSB errechnete, daß es trotz der späten Landung beim regelgerechten Einsatz aller Bremsmittel möglich gewesen wäre, die Maschine knapp innerhalb der Bahn zum Stehen zu bringen.

Erst durch den wiederholten Versuch des Durchstartens wurde das unmöglich. Untersuchungen des Gestänges des Umkehrschubes brachten keine Defekte ans Tageslicht. Allerdings bewies die Einsatzerfahrung der Boeing 727, daß es immer wieder Schwierigkeiten beim Wiedereinfahren der Schubumkehrklappen oberhalb einer Geschwindigkeit von 100 Knoten gegeben hatte. Die Pneumatik der Reverser war zu schwach, um gegen den Windruck anzukommen.

22.04.76
US Global   Boeing 720
N37777   18044

Mit einer Ladung von 19 Tonnen Blumen stürzte die von Inair Panama gemietete Maschine in der Nähe von **Barranquilla/Kolumbien** ab.

Die 4 Besatzungsmitglieder kamen mit dem Leben davon. Ursprünglich sollten die Blumen nach Bogota geflogen werden.

27.04.76
American AL   Boeing 727-100
N1963   19837

Um noch schneller und mit mehr Kapazität fliegen zu können, wurde vor einigen Jahren der Flugbetrieb mit Düsenflugzeugen auf dem kleinen Harry S.Truman-Flughafen von **St. Thomas** eingeführt. St. Thomas ist die größte Insel der zu den USA gehörenden Jungferninseln in der Karibik, einem Eiland, das praktisch nur durch die Flugverbindungen Kontakt zum amerikanischen Kontinent hat. Mit Einführung des Jet-Betriebs wurden die ersten mahnenden Stimmen laut, daß dieser Flughafen für Düsenflugzeuge denkbar ungeeignet sei. Die nur 1550 Meter lange Runway endet am westlichen Ende im Wasser, im Osten begrenzen zwei Hügel das Flughafenareal. Piloten und Airline-Mitarbeiter bemängelten des öfteren die Sicherheit, die, wie sie sagten, nicht den FAA Kriterien entsprach. Der Harry S. Truman AP war einer von drei US-Flughäfen, denen der „schwarze Stern", der für kritische Mängel stand, verliehen wurde. Im Dezember 1970 konnte auf dem Harry S.Truman Flughafen eine landende 727 der Trans Caribbean AL nicht mehr rechtzeitig zum Stehen gebracht werden; sie schoß über das Bahnende hinaus (siehe 28.12.70). Damals kamen zwei Menschen ums Leben. Hiernach verschärfte sich die Kritik an den unsicheren Gegebenheiten auf St.Thomas. Doch in Anbetracht der prosperativen Entwicklung auf St. Thomas, was den Fremdenverkehr anbelangt, hatte man vor Ort keinerlei Interesse daran, den Jet-Betrieb wieder auf die unkomfortabelen Propellermaschinen umzustellen. Somit blieb alles beim Alten. Als im März 1971 Trans Caribbean AL, die Fluggesellschaft, die vornehmlich St. Thomas anflog, von American Airlines übernommen wurde, bediente seitdem diese Airline die Karibikstrecken. American Airlines galt als sehr sichere Fluggesellschaft, die in den letzten 10 Jahren ohne Flugzeugverlust geblieben war und 1975 dafür einen Preis der Flight Safety Foundation bekam. Doch schon im nächsten Jahr sollte diese Serie ein abruptes Ende finden. An diesem Aprilmorgen startete American Airlines Flug Nr. 625 von Providence/RI nach New York-JFK AP/NY. Dort kamen weitere Fluggäste an Bord, und mit insgesamt 80 Passagieren und acht Besatzungsmitgliedern machte sich die 727 um 12:00 Uhr/Loc. auf den 1.400 Meilen langen Weg von New York nach St.Thomas.

Nach dreistündigem Flug befand man sich im Sinkflug auf den Harry S.Truman AP, die Besatzung erhielt die Landedaten vom Tower in St.Thomas. Das Wetter war gut und die Passagiere, viele von ihnen Urlauber, freuten sich auf die sonnig warmen Temperaturen der Karibikinsel. Die einzige für Düsenflugzeuge erlaubte Landerichtung war Ost-West, also eine Landung auf der Bahn 09. Außerdem war es Vorschrift, daß nur der erfahrenere Kommandant den Anflug und die Landung ausführen durfte. Der fliegende 54-jährige Kommandant kannte sich mit den örtlichen Gegebenheiten bestens aus. Er hatte 22.000 Flugstunden auf dem Buckel und flog seit 1965 auf der 727. Auf St. Thomas absolvierte er bereits über 150 sichere Landungen. Der Copilot, 36-jährig, hatte 8.000 Flugstunden zu Buche stehen, davon 2.500 in der 727. An diesem Nachmittag sollte er seine 39. Landung in St.Thomas machen. Vervollständigt wurde die Cockpitbesatzung durch den Flugingenieur, der 9.500 Stunden, alle in der 727, und 125 Landungen auf dem kleinen Karibikeiland hinter sich gebracht hatte. Die 727 sank gemächlich auf die freigegebene Flughöhe von 10.000 ft, als urplötzlich der Kabinendruck anstieg. Alle an Bord fühlten ein Unbehagen, Ohrenschmerzen und waren vorübergehend taub. Auch die Cockpitbesatzung klagte:

CPT: „Boy, I'm deaf...I can't hear a goddam thing."
COP: „Yeah...the bloody thing hurts, my ears hurt."
F/I: „Yeah, mine do too."

Der Flugingenieur versuchte die Sache in den Griff zu bekommen, doch es gelang nicht. So wurde der IFR-Flugplan gestrichen, um mit einer sehr geringen Sinkrate weiterfliegen zu können. Das Drucksystem sorgt im Normalfall dafür, daß sich in der Flugzeugkabine ein Druck entsprechend einer Höhe von ca. 1600 Metern bildet, um die Belastungen des Rumpfes beim Reiseflug zu minimieren. Ohne diesen künstlichen Unterdruck würden die Druckkräfte, die von innen auf dem Rumpf beim Reiseflug in 10.000 Metern Höhe lasten, schnell zu Materialermüdungen führen. Normalerweise baut das System diesen künstlichen Unterdruck am Boden langsam auf, so daß die Insassen keinerlei Unannehmlichkeiten spüren. Langsam gewöhnten sich die Passagiere und die Crew an die veränderten Druckverhältnisse, und im Cockpit konzentrierte man sich nun wieder auf die bevorstehende Landung. AA 625 wurde vom Tower in St. Thomas für einen Sichtanflug auf die Bahn 09 freigegeben.

Die Piloten arbeiteten nun wie ein Uhrwerk: der Kommandant wollte trotz der Sichtanflugfreigabe mit Hilfe des ILS-Leitstrahls eine zusätzliche Höhenführung haben. Die Fluggeschwindigkeit verlangsamte sich, als die Klappen auf 15° ausgefahren wurden.

Kurz darauf fing der Kommandant die Boeing in einer Höhe von 1.500 ft ab und schwenkte auf die verlängerte Pistenachse der Bahn 09 ein. Der Copilot setzte die Landeklappen auf 25° und fuhr gleichzeitig das Fahrwerk aus. Flug 625 verlangsamte sich weiter. Die Piloten konnten nun bereits die ersten Umrisse des Flughafens und den kleinen schwarzen Strich der Landebahn sehen. Der Tower gab nun die neuesten Windinformationen und erteilte die Landefreigabe. In einer Höhe von 1.000 ft fuhr der Copilot die Klappen auf die Endstellung 30° aus. Die Fluggeschwindigkeit näherte sich langsam der Aufsetzgeschwindigkeit von 120 Knoten. Der Flughafen war zum Greifen nah, als die 727 die Schwelle der Landebahn überflog. Die Geschwindigkeit erreichte 115 Knoten, nahezu perfekt für diesen Flughafen. Der Kommandant zog die Leistungshebel der drei Triebwerke nach hinten auf Leerlauf. Jeden Moment erwartete man das Rumpeln der Räder auf dem Asphalt. Doch genau in diesem Moment flog Flug 625 in eine leichte Turbulenz hinein, die die rechte Tragfläche abrupt nach unten abfallen ließ. Nur volles linkes Querruder brachte die Tragfläche wieder in ihre horizontale Lage, man flog wieder in ruhigere Luft hinein. Doch die Maschine war immer noch nicht am Boden:

COP: „You're still high, Art."

500 Meter schwebte AA 625 über die Landebahn. Die Hälfte des schwarzen Asphalts lag bereits hinter der 727, als der Kommandant die Steuersäule hart nach vorn drückte und die Maschine unsaft aufsetzen ließ. Einmal auf dem Boden, kamen dem Kommandanten nun Zweifel, daß die rasante Fahrt sicher beenden könne und er rief:

CPT: „Let's go around."

Die Triebwerkshebel wurden wieder nach vorn geschoben. Gleichzeitig ertönte die Sirene der „Take-off"-Warnung, die immer dann ausgelöst wird, wenn sich am Boden bei hoher Triebwerksleistung die Klappen nicht in Startstellung befinden.

COP: „Flaps 25?"
CPT: „Flaps 15"

In der Aufregung sagte der Kommandant irrtümlich „25 Grad", obwohl die richtige Stellung 25° gewesen wäre. Der Copilot interpretierte jedoch die Situation richtig und setzte die Klappen ohne weiteren Kommentar auf 25°. Mittlerweile wurde es brenzlig, denn trotz hoher Schubleistung spürte der Kommandant fast keine Beschleunigung. Abermals änderte er seine Entscheidung, er riß die Schubhebel wieder zurück und trat mit aller Kraft in die Radbremsen. Noch nicht einmal 400 Meter blieben den Piloten zum Stoppen. Dies reichte jedoch in keinem Fall mehr für ein Abbremsen aus. Dröhnend schoß der Jet über das Ende der Bahn hinaus und pflügte durch die Anflugmasten der Gegenbahn. Dort brach das gesamte Fahrwerk weg, als man frontal die ILS-Anlage zerstörte. Die rechte Tragfläche wurde aufgerissen und auslaufender Treibstoff entzündete sich im Nu. Mit noch hoher Geschwindigkeit überquerte die Boeing eine Autostraße, begrub diverse Fahrzeuge unter sich, rutschte in eine Shell-Tankstelle, wo sich tonnenweise Treibstoff entzün-

N1956; ein Flottenkollege der abgestürzten "N1963", der mit voller Triebwerksleistung nach dem Abheben in den Steigflug übergeht/San Croix 1976 <Quelle: Luftfahrt Journal-Sammlung>

dete und explodierte. Die Boeing streifte noch ein Restaurant am Straßenrand, deren Gäste sich jedoch kurz vorher in Sicherheit bringen konnten, bevor man endlich zum Stillstand kam.

Der Rumpf brach in drei Teile, die sofort in dichten schwarzen Rauch und Flammen gehüllt waren. Noch während die 727 über die Bahn hinausschoß, drückte der Towerlotse auf den roten Alarmknopf, und die Einsatzfahrzeuge fuhren in Richtung der Unglücksstelle. Dort wurden die Löscharbeiten durch dichten Rauch und heruntergerissene Stromleitungen behindert, die noch unter Hochspannung standen.Die Tatsache, daß der Rumpf in mehrere Teile zerbrach, begünstigte die schnelle Evakuierung der unverletzten Passagiere, von denen sich eine große Zahl binnen 2 Minuten ins Freie retten konnte. Aus dem lichterloh brennenden Flugzeug konnten sich die meisten Passagiere ins Freie retten.Dennoch verloren bei diesem Unglück 35 Passagiere, sowie zwei der vier Stewardessen ihr Leben.

Die 727 riß einige Telefon- und Elektrizitätsleitungen mit, wodurch es bei einem Drittel der Einwohner der Hauptstadt Charlotte Amalie zu Stromausfällen kam.Unfallexperten, die den Hergang des Unglücks analysierten, lasteten die Schuld dem Kommandanten an, der trotz der viel zu langen Flugphase über der Landebahn aufsetzen und bremsen wollte. Dies erschien um so unverständlicher, da der Flugzeugführer als sehr erfahren und umsichtig galt.

Seine anfängliche Entscheidung zum Durchstarten wäre richtig gewesen, doch realisierte er nicht, daß Düsentriebwerke ca. 7 Sekunden brauchen, um vom Leerlauf auf Vollschub hochzulaufen. Diese Sekunden kamen ihm endlos lang vor, so lang, daß er es für unmöglich hielt, wieder abzuheben.Später belegten medizinische Analysen, daß die späte Landung durch ein seltenes Phänomen, Akkomodierungskrampf genannt, ausgelöst wurde.

Der plötzliche Druckanstieg während des Sinkflugs belastete nicht nur das Gehör, sondern führte bei den Piloten zu einer Reaktion der Augen, die vorübergehend auf einen Bereich von 1-2 Metern focussieren. Die Augen des fliegenden Piloten, die auf die vor ihnen liegende Landebahn gerichtet waren, stellten nun ungewollt auf die Cockpitinstrumente „scharf", und alles außerhalb des Flugzeugs wurde nur noch verschwommen wahrgenommen. Obwohl der fliegende Kommandant von seinem „trüben" Ausblick überrascht war, war der Landeanflug so wie immer. Kurz bevor die Räder die Landebahn berührten, zog der Pilot an der Steuersäule, um den Sinkflug abzufangen.

Doch hierbei verschätzte er sich. Aufgrund der unscharfen Sicht stufte er den vertikalen Abstand vom Flugzeug zur Landebahn geringer ein als er tatsächlich war. Somit zog er ein wenig zu früh an der Steuersäule, und die 727 schwebte 500 Meter lang, 1-2 Meter über dem Bahnasphalt.Nach diesem Unglück entzog die FAA dem Harry S.Truman AP die Jet-Betriebsgenehmigung; American AL flog seitdem St.Thomas nur noch mit kleineren Propellermaschinen an. Erst Jahre später, als endlich die Runway verlängert wurde, flog die Fluggesellschaft wieder mit Düsenmaschinen nach St.Thomas.

09.05.76

Iranian AF **Boeing 747-100F**
5-283 19677

Die Einwohner der spanischen Ortschaft Valdemoro nannten diesen Tag „den Tag des Sturmes". In der Tat lag über Zentralspanien an diesem Frühlingstag ein ausgedehntes Tiefdruckgebiet. Am Mittag kamen starke Winde mit Gewittern und heftigen Regengüssen auf. Den auf den internationalen Flughafen von **Madrid-Barajas/Spanien** anfliegenden Maschinen stellten sich immer mehr Wolkentürme in den Weg, aus denen bedrohliche Blitze zuckten. Doch der Flugbetrieb auf Spaniens größtem Flughafen ging ohne Probleme weiter. Unter den vielen anfliegenden Maschinen an diesem Nachmittag war auch der Flug ULF48. Hinter dem exotischen Rufzeichen verbarg sich eine 747, die für die iranische Luftwaffe von Teheran in die USA unterwegs war. Mit logistischen Gütern sollte diese Frachtmaschine in Madrid zwischenlanden, bevor sie dann mit vollen Tanks über den Atlantik zur McGuire AFB in New Jersey gehen sollte. Madrid-Barajas war in letzter Zeit häufiger Landeplatz dieser Militärflüge zwischen Iran und Amerika.

Es war 15:22 Uhr/loc. als die Flugleitung in Madrid der 747 das lokale Wetter mitteilte; wenig später begann Flug ULF48 mit dem Sinkflug von FL330 (33.000 ft) auf FL100 (10.000 ft). Die iranische Maschine wurde hiernach angewiesen, über dem Fixpunkt Castejon zum Funkfeuer CPL zu fliegen, um von da aus zum Endanflug einzuschwenken. Minuten später drang der Jumbo in die Schlechtwetterzone ein. Auf dem Wetterradar der beiden Piloten waren die hellen Flecken der Gewitterzellen deutlich zu erkennen.

An Bord von Flug 48 wurde es langsam unruhig. 15:30 Uhr/loc.: die Crew teilt dem Fluglotsen mit, daß man einer Gewitterzelle nach links ausweichen werde. Madrid-Approach willigte in die Kursänderung ein und gab Flug 48 gleichzeitig frei zum weiteren Sinkflug auf 5.000 ft Drei Minuten darauf wechselten die Piloten auf die Frequenz der Anflugkontrolle des Barajas-Flughafens. Links und rechts von ihnen türmten sich die Wolken auf. Turbulenzen und Regenfälle wechselten sich in raschem Tempo ab. Der Kommandant sprach in dieser Phase davon, daß die Gewittertürme das Flugzeug "auseinanderreißen" würden, wenn man dort hindurch fliegen würde. Der Anfluglotse wurde daraufhin gebeten, die 747 per Radarführung um die Gewitterzellen herum zu leiten. Der Anfluglotse tat wie ihm geheißen und wies Flug ULF48 an, auf einen Kurs von 260° zu gehen. Die iranische Crew bestätigte und meldete gleichzeitig, daß man auf 5.000 ft sinken werde. Dies war das letzte Lebenszeichen von Flug 48. Zu diesem Zeitpunkt passierte er die Ortschaft Valdemoro, östlich des Flughafens. Einige Bewohner beobachteten den vierstrahligen Jumbo, wie er aus den Wolken herauskam und in Richtung Flughafen flog.

"We're in the soup", sagte der Kommandant, als man geradewegs wieder in eine unruhige Zone hineingeriet. Wenige Augenblicke später zerriß eine gewaltige Explosion die linke Tragfläche der Maschine. Ein heller Lichtblitz erschien und Flammen schlugen aus der linken Flugzeugseite. Im Cockpit brach Chaos aus: *"watch your*

autopilot", rief ein Crewmitglied. Der Kommandant erkannte die fatale Situation:
CPT: *"the flight control is not working!"*.

In Sekundenschnelle stürzte die Boeing zu Boden und schlug gegen 15:35 Uhr/loc. auf unbewohntem Farmland, 80 km südöstlich der Hauptstadt, auf. Das hügelige Absturzgebiet war mit einem 8 x 3 Kilometer langen brennenden Trümmerteppich übersät.

Von den zehn Crewmitgliedern und den sieben Passagieren, darunter fünf Boeing-Mitarbeiter, überlebte niemand den Absturz.

Die sechs Jahre alte 747 kam erst vor zwei Monaten von der TWA zur Iranischen Luftwaffe und wurde zuvor vom Passagiertransport zum Frachtjumbo umgebaut. Die Unfallexperten standen vor einem Rätsel. Es war der erste Absturz dieser Art bei einer 747, die doch als eines der solidesten Flugzeuge, die je gebaut wurden, galt. Schnell konzentrierten sich die Ermittlungen auf die linke Tragflächenstruktur, die schon im Flug auseinandergebrochen war.

Akribisch trugen die Experten die Wrackteile zusammen. doch letztendlich konnte die wahre Ursache für den Absturz der 747 nicht eindeutig geklärt werden. Als wahrscheinlichstes Szenario, so der Unfallbericht, kam nur ein Blitzschlag in Frage. Dieser muß am oberen Rumpfbereich, wahrscheinlich direkt über dem Cockpit, eingeschlagen und sich dann über die linke Tragflächenspitze in Richtung Erdboden entladen haben. Auf diesem Weg passierte der Blitz auch die Tragflächenhinterkante und brachte durch seine enorme Energie das Metall des linken Außentanks Nr.1 zum Schmelzen.

In den Tanks der iranischen Boeing befand sich außer dem schwer entflammbaren JET-A Treibstoff, auch noch JP-4 Kerosin, welches wesentlich leichter verdampft als JAT-A Kerosin und im Tank ein hochexplosives Treibstoff/Luftgemisch gebildet hatte.

Die Untersuchungsmannschaft fand heraus, daß es höchstwahrscheinlich an den Motoren der Pumpventile des linken Treibstofftanks Nr.1 zu einer Verpuffung gekommen sein muß. Diese Motoren sind hinter der vorderen Außenwand montiert und mechanisch mit den Ventilen gekoppelt. Da diese metallene Verbindung nicht gegen elektrische Ladungen isoliert war, wird angenommen, daß auf diesem Wege die Energie des Blitzschlags in das Innere des Treibstofftanks No.1 gelangte und dort eine Entzündung des empfindlichen Treibstoff/Luftgemisches hervorrief. In Sekundenbruchteilen explodierte der gesamte Treibstoff und riß auch gleich noch die stählernen Streben des Flügelholms entzwei. Durch die Wucht der Explosion platzte auch die Wand des inneren Nachbartanks Nr.2. Auslaufendes Kerosin entzündete sich schlagartig und sprengte buchstäblich die äußeren acht Meter der linken Tragfläche ab. Die Piloten konnten den brennenden Jumbo nicht mehr kontrollieren, der nun schlagartig über die linke Seite abkippte und zu Boden stürzte. Bereits im Dezember 1963 wurde eine 707 Opfer eines Blitzschlags (siehe 08.12.63). Obwohl viel für die Theorie eines Blitzschlags sprach, konnten die Unfallexperten auch nicht völlig ausschließen, daß möglicherweise auch eine extrem starke Windscherung die Tragflächenstruktur zum Bersten brachte.

23.05.76

Philippine AL   BAC 1-11-500
RP-C1161   213

Nachdem sich auf dem Flughafen von **Zamboanga/Philippinen** einige Luftpiraten der Maschine bemächtigt hatten, sprengten diese den Jet mitsamt seinen Insassen in die Luft.

Unter den 17 Todesopfern waren auch drei der Entführer. 22 Personen wurden verletzt.

01.06.76

Aeroflot   Tupolev 154A
CCCP-85102   102

Auf dem Flug von Luanda/Angola nach **Malabo/Äquatorial Guinea** ging der Funkkontakt zur Maschine verloren. Nach fünf Tagen Suche fand man die Überreste des Flugzeugs in bergigem Gelände.

An Bord befanden sich 46 Personen, von denen niemand den Absturz überlebte.

23.06.76

Allegheny AL   Douglas DC-9-31
N940VJ   47333

Der Allegheny Flug 121 hatte an diesem Nachmittag in Rhode Island, nördlich von New York, begonnen und sollte nach Zwischenlandungen in Windsor Locks und Philadelphia in Memphis/Tennessee enden. Um 15:49 Uhr/loc. hob die DC-9 mit 102 Passagieren und vier Besatzungsmitgliedern an Bord vom Flughafen der Kleinstadt Windsor Locks ab und erreichte rechtzeitig mit der Rush-hour die Kontrollzone des internationalen Flughafens Philadelphia. Die Allegheny DC-9 und einige andere Verkehrsflugzeuge machten sich für eine Landung auf dem Flughafen **Philadelphia Int'l AP/NJ/USA** bereit, in dessen Umgebung sich ein Schlechtwettergebiet befand. Als die Besatzung in 16.000 ft um 17:02 Uhr/loc den ersten Wetterbericht vom Flughafen empfing, hörte der sich noch ganz annehmbar an: Eine Wolkendecke in 3.000 ft, Sichtweite 6 Meilen und eine Windstärke von 10 Knoten. Aber er enthielt auch schon die ersten Warnungen vor dem Gewittersturm. Die DC-9 wurde für einen Sinkflug auf 5.000 ft freigegeben und sollte sich auf einen Anflug auf die Bahn 27R vorbereiten.

Inmitten eines Pulks anderer Verkehrsmaschinen schwenkte die Allegheny DC-9 auf den Landekurs der Bahn 27R ein. Noch in den Wolken konnten die Piloten nicht sehen, was sie über dem Flughafen erwartete, aber sie hörten die Funksprüche ihrer Kollegen auf der Anflugfrequenz. Die Besatzung einer anderen vor ihnen fliegenden Allegheny Maschine teilte dem Tower mit, daß ihre Sichtweite binnen Sekunden auf zwei Meilen abgesunken war. „Two Miles, uh...." war der simultane Kommentar der beiden Piloten im Cockpit von Flug 121. In diesem Moment kam die Maschine aus der Wolkendecke heraus und die beiden Piloten sahen plötzlich die Gewitterwolke im Südwesten, die sich mit knapp 30 km/h auf den Flughafen zubewegte.

198

CPT: „Parts of that storm sitting on the end of the runway."
COP: „Yeah."

Jetzt sah der Copilot die Gewitterzelle auch auf dem Wetterradar. Es handelte sich zwar nur um eine einzelene Gewitterzelle, deren Zentrum das Flughafengelände noch nicht erreicht hatte. Die Gewitterzelle bewegte sich aber zügig in Richtung Nordwesten auf den Flughafen und die im Landeanflug befindlichen Maschinen zu. Der Kommandant, der auch das Flugzeug flog, hoffte trotzdem, vor dem Zentrum der Gewitterzelle die Landebahn zu erreichen.

Der Flug 121 befand sich noch 27 Kilometer vom Aufsetzpunkt entfernt, als sie auf den Gleitpfad des ILS - Senders einschwenkte und die Fahrwerke ausfuhr. Die Allegheny Besatzung wechselte zur Towerfrequenz über und versuchte sich bei dem Lotsen anzumelden. Der war aber gerade von einer Eastern Maschine in Anspruch genommen, die sich vor der DC-9 im Endanflug befand. Der Niederschlag auf dem Flughafen war mittlerweile derartig heftig, daß der Towerlotse den Easternflug von seinem Platz aus nicht mehr sehen konnte und fragen mußte, ob die Maschine sich noch sich auf der Landebahn befand oder nicht. Die Eastern Piloten antworteten, daß sie sich gerade dazu entschlossen hatten durchzustarten.

Diese offensichtliche Verschlechterung der Wetterbedingungen machte dem Kommandanten im Cockpit der Allegheny DC-9 Sorgen:
CPT: „How come he went around?"
COP: „Yeah, he probably got a wind,..., got a wind change."

Es sah ganz so aus, als würde man es doch nicht vor dem Gewitter bis zum Flughafen schaffen. Trotz wachsender Bedenken wollte es der Kommandant der Allehegheny DC-9 trotzdem versuchen zu landen. Der Copilot erreichte um 17:09 Uhr/loc endlich den Towerlotsen, als die DC-9 gerade den Outer Marker der Landebahn überflog. Sekunden später sah die Besatzung die Landebahn und die starken Niederschläge am anderen Ende des Flughafens, die genau auf die Maschine zuzukommen schienen. Im Cockpit der von Turbulenzen gebeutelten DC-9 wurde dem Kommandanten klar, daß sie es hier erst mit den Ausläufern des Gewittersturmes zu tuen bekamen. Das Zentrum stand Ihnen noch bevor.

Um 17:10 Uhr/loc teilte der Towerlotse dem Flug 121 ihre Landegenehmigung und gab die neuesten Winddaten bekannt, der mit 25 Knoten aus 230° kam. „*25 Knoten*" wiederholte der Kommandant, wobei ein sorgenvoller Seufzer deutlich auf dem Band des CVR zu hören war. Aber er flog weiter auf die Landebahn zu. Eine Minute später durchflog die DC-9 gerade 400 ft, als der Towerlotse einem nachfolgenden Flugzeug mitteilte, daß der Wind mittlerweile auf 35 Knoten angestiegen war und auf 210° gedreht hatte. Das war genug für den Kommandanten, der seine Stimme erheben mußte, um dem Copiloten gegen das Hintergrundgeräusch des Regens seine Entscheidung mitzuteilen:
CPT: „*35 (Knoten), let's go around!*"

Er setzte die Schubhebel auf Durchstartleistung und aktivierte am Autopiloten den Durchstartmodus. Im strömenden Regen wurde die DC-9 von der Besatzung abgefangen, die Fahrwerke wurden eingefahren, die Landeklappen auf ihre Startstellung bewegt. Inmitten dieses Regengusses versuchten die Piloten, der 40 Tonnen schweren Maschine den Steigflug aufzuzwingen, doch die Triebwerke kamen gegen die Witterungsbedingungen nicht an. Die Geschwindigkeit sank immer mehr ab und der Kommandant fürchtete einen Strömungsabriß. Seine Hände tasteten immer wieder nach den Schubhebeln und versuchten, sie weiter nach vorne zu schieben, doch sie standen schon auf ihrer Maximalstellung. Die Geschwindigkeit war mittlerweile unter die Marke von 121 Knoten gefallen: Unterhalb dieser sogenannten Referenzgeschwindigkeit droht ein Strömungsabriß an den Tragflächen. Die DC-9 überflog inzwischen den Anfang der Landebahn in geringer Höhe und wurde von den starken Winden immer mehr nach unten gedrückt.

Der Kommandant stand jetzt vor einem Dilemma: Um wieder Höhe zu gewinnen, konnte er die Nase der DC-9 nach oben ziehen und versuchen, der Maschine einen Steigflug aufzuzwingen. Doch dabei bestand die Gefahr, daß dieser Steigflug nur von kurzer Dauer sein würde, denn die DC-9 würde noch mehr von ihrer ohnehin schon geringen Geschwindigkeit einbüßen und einen Strömungsabriß an den Tragflächen riskieren. Doch es gab noch eine zweite Möglichkeit, nämlich die Nase der DC-9 abzusenken, den Steigflug einzustellen und erst einmal im Tiefflug Geschwindigkeit aufzunehmen. Das Verfahren „Erst Geschwindigkeit, dann Steigflug" hat in der Pilotenausbildung gesetzmäßigen Charakter. Doch in der Mitte dieses Unwetters barg es die Gefahr, daß die DC-9 ihre ohnehin geringe Höhe verlieren und den Boden berühren würde, bevor sie genügend Geschwindigkeit für einen weiteren Steigflug aufgenommen hatte.

So entschied sich der Kommandant instinktiv für die zweite Möglichkeit. „5 Knoten unterhalb der Referenzgeschwindigkeit in einem Gewittersturm sind genug" sagte er sich und ließ die Nase der DC-9 um 2° absinken. Eine kurze Zeit flog man in geringer Höhe mit eingezogenem Fahrwerk horizontal zur Landebahn, dann wurde der Jet von einem Windstoß erfaßt und nach unten gedrückt.

Jetzt riß der Kommandant den Steuerknüppel nach hinten. Doch statt zu steigen, krachte die Hecksektion der DC-9 auf die Landebahn und brach ab. Der restliche Rumpf fiel jetzt ebenfalls auf den Asphalt und schlitterte auf dem Bauch die Bahn hinunter, bis sie nach knapp 700 Metern nahe eines Taxiways zum Stehen kam. Bis auf das knapp vor dem hinteren Druckschott abgebrochene Heck mit den Triebwerken waren der Rumpf und die Tragflächen intakt geblieben. Die Maschine hatte sich um 90° gedreht und lag noch halb auf der Landebahn. Sie lag nur noch 40 Meter von einer Northwest Boeing 727 entfernt, die auf dem angrenzenden Taxiway auf eine Rollgenehmigung gewartet hatte.

Im Tower hatte man die letzten Momente des Allegheny Fluges 121 verfolgt und die Rettungskräfte alarmiert. Sekunden nach dem Stillstand der DC-9 konnte das Towerpersonal durch den Regenvorhang sehen, wie die Notausgänge über den Flügeln aufgestoßen wurden und die ersten Insassen das Flugzeug verließen. Weder in oder um den Havaristen herum brach ein Feuer aus, was bei der Situation in der Kabine ein Glück war.

Dort waren die meisten Sitze entweder beschädigt oder ganz aus ihren Verankerungen gerissen worden. Nur acht der 100 Passagiersitze waren nach dem Unfall unbeschädigt. Etliche Gepäckfächer hatten sich über den Köpfen der Passagieren bei dem Aufschlag geöffnet und ihren Inhalt über die Kabine und die Insassen entleert. Oder sie waren ganz herausgebrochen und versperrten jetzt den Fluchtweg zu den Ausgängen. Alle vier Besatzungsmitglieder waren ebenso wie 82 Passagiere wegen zusammengebrochener Sitze und herumfliegenden Gegenständen schwer verletzt.

Jeder der sich noch bewegen konnte, versuchte zu einem der Ausgänge zu kommen. Doch die beiden vorderen Ausgänge fielen aus, da bei einem noch vor der Türöffnung die Notrutsche aktiviert wurde und sich zischend im Gang entfaltete. Der rechte Ausgang bei der vorderen Galley konnte zwar geöffnet werden, aber auch hier wurde die Notrutsche aktiviert, obwohl sich der Kabinenfußboden nur einen Meter über der Erde befand. Der orangefarbene Gummiwulst wurde von den starken Winden immer wieder senkrecht gegen die Tür gewebt und versperrte somit auch den zweiten Ausgang. Alle Passagiere aus der vorderen Kabine, die sich aus ihren Sitzen befreien konnten verließen das Flugzeug durch die vier Notausgänge über den Flügeln.

Nach einiger Zeit gelang es der verletzten Stewardeß mit Hilfe einiger Passagiere die verklemmte Hecktür aufzustemmen, woraufhin alle Passagiere aus dem hinteren Teil das Flugzeug über diesen Weg verlassen konnten. Nach wenigen Minuten hatten alle Insassen bis auf 12 Passagiere, eine Stewardeß und die beiden Piloten das Flugzeug verlassen. Diese zurückgebliebenen, meist schwerverletzten, 15 Insassen wurden während der nächsten Stunde von den Rettungskräften vorsichtig aus den Trümmern des Havaristen befreit. Die Zahl der Verletzten wurde noch durch einen Flughafenpolizist erhöht, der während der Rettungsarbeiten auf der nassen Tragfläche ausrutschte und sich den Fuß brach.

Das NTSB untersuchte diesen Absturz mit viel Aufwand, da es sich hier um einen weiterer Vorfall in der Reihe der „wetterbedingten" Unglücke der zivilen Luftfahrt war und das NTSB sich nicht mit einem „Act of God" zufrieden geben wollte. Es sprach die Schuld an diesem Unfall dem Kommandanten zu, weil dieser den Landeanflug zu spät abgebrochen hatte. Schon bei dem Überfliegen des Outer Markers, also drei Minuten vor dem Absturz, hatte er genügend Informationen beisammen, um den Landeanflug abzubrechen, auch wenn die Bedingungen (noch) im Rahmen der Vorschriften waren. An der Auslesung des CVR's war deutlich zu erkennen, daß er mit dem Gedanken spielte abzubrechen. Er tat es aber erst, als die Meldung von der Windänderung auf 35 Knoten kam, was der Windgeschwindigkeit entsprach, bei der die Vorschriften einen Abbruch vorschreiben. Auch beim Abbruch des Landeanfluges selbst hielt er sich an die Vorschriften, was sich aber als Fehler herausstellte. Der Kommandant klammerte sich an ein Kunstprodukt namens V_{ref} „Referenzgeschwindigkeit", welche vor der Landung errechnet wird und oder aus Tabellen abgelesen wird. Selbst wenn sie vor der Landung den Formeln entsprechend auf das Komma genau errechnet wird, so ist sie trotzdem nur eine Annahme mit einer gewisse Fehlermarge, insbesondere bei einer Landung in einem Gewittersturm mit ständig wechselnden Windverhältnissen.

Das NTSB forderte die Airlines nochmals dazu auf, daß Pilotentraining zum Verhalten in Schlechtwettergebieten zu überarbeiten und zu verstärken.

27.06.76

Middle East AL   **Boeing 720B**
OD-AGE   **18963**

Nach der Landung auf dem Flughafen **Beirut-Int'l AP/Libanon** wurde die Maschine von einer Explosion zerstört. Ob diese Explosion durch eine Bombe im Flugzeug oder von einer verirrten Granate verursacht wurde, ist fraglich.

Da die aus Amman kommenden Passagiere die Maschine schon verlassen hatten, kam es nicht zu Personenschäden. Andere Meldungen sprachen aber davon, daß der Pilot tödlich verletzt wurde.

17.07.76

Aeroflot   **Tupolev 104A**
CCCP-42335   -

Beim Start in **Chita/UdSSR** streifte die Tupolev einen höhergelegenen Bahndamm unmittelbar hinter dem Flugfeld und wurde zerstört.

Da die Maschine um fünf Tonnen überladen war (immerhin mehr als 30% über dem maximalen Abfluggewicht!) konnte man keine Höhe gewinnen. An diesem Damm zerschellte bereits 1974 eine Maschine gleichen Typs der Aeroflot bei der Landung.

02.08.76

Korean AL   **Boeing 707-320C**
HL7412   **19715**

Beim Start von der Bahn 29 des Flughafens Teheran-Mehrabad AP fing ein Triebwerk des Vierstrahlers Feuer. Da sich die Maschine schon oberhalb der Entscheidungsgeschwindigkeit befand, hob der Pilot die Maschine von der Bahn ab. Die Besatzung wurde sofort für einen Landeanflug freigegeben und leitete diesen auch ein. Dabei hielt sich die koreanische Besatzung aber nicht an das vorgeschriebene Anflugprofil. Statt einer vorgeschriebenen Linkskurve flog sie erst weiter geradeaus und driftete dann immer weiter nach rechts, bis sie in 6.500 ft an einem Berg nahe der iranischen Hauptstadt zerschellte. Die Radarüberwachung des Flughafens Teheran bemerkte zwar die Kursabweichung der koreanischen Maschine, griff aber aus unverständlichen Gründen nicht ein. Dieses Unglück ereignete sich 18 Kilometer nordwestlich von **Teheran/Iran** und kostete den fünf Mann der Besatzung das Leben.

Dieser Absturz und das passive Verhalten der Radarüberwachung führte zu einer grundlegenden Modernisierung und Umorganisation des Radarsystems des Landes. 200 Millionen Dollar kostete diese Unterfangen, aber dieses Investition zahlte sich aus. Die iranische Radarüberwachung galt über lange Jahre, auch während der beiden Golfkriege, als ebenso modern wie professionell.

16.08.76
Avianca   **Boeing 720B**
HK-723   18061

Nachdem bei der Landung in **Mexico-City/Mexico** das Bugrad kollabierte, trug der Vierstrahler so große Beschädigungen davon, daß man von einem Wiederaufbau aus Kostengründen absah.

21.08.76
Orient Pacific AW   **Convair 880**
N48060   47

Die 880er befand sich in der Startphase zu einem Überführungsflug mit 4 Besatzungsmitgliedern und 5 Passagieren an Bord auf der Runway des **Singapur-Seletar AP/Singapur**, als der Pilot bemerkte, daß er das Bugfahrwerk nicht von der von der Bahn bekam. Der sofort eingeleitete Startabbruch konnte ein Überrollen des Pistenendes nicht verhindern. Erst etwa 100 Meter hinter dem Pistenende kam des Flugzeug zum Stehen. Von einer Reparatur des Havaristen wurde Abstand genommen. Niemand der Insassen kam zu Schaden.

Das Rotieren der Maschine beim Startlauf mußte scheitern, weil ein schlechtgesichertes Ersatzteil im hinteren Frachtraum verrutscht war und damit den Gewichtsschwerpunkts beim Start verschoben hatte.

28.08.76
Air France   **SE210 Caravelle 3**
F-BSGZ   83

Bei einem Entführunsversuch auf dem Flughafen von **Saigon /Vietnam** explodierte eine Granate der Entführer im Cockpit. Dabei wurde die Caravelle so sehr lädiert, daß man von einem Wiederaufbau absah.

02.09.76
Aeromexico   **Douglas DC-9-15**
XA-SOF   47124

Die DC-9 überrollte bei der Landung in **Leon/Mexico** das Ende der Bahn und wurde jenseits der Reparierbarkeitsgrenze beschädigt.

07.09.76
Air France   **Boeing 707-320**
F-BHSH   17620

Als die Boeing verlassen auf dem Vorfeld des Campo del Oro Flughafens von **Ajaccio/Frankreich** auf Korsika parkte, bemächtigten sich korsische Guerillas der Maschine und jagten diese als Zeichen der Verachtung gegenüber dem Französischen Staat mit Hilfe von einigen Ladungen Plastiksprengstoff in die Luft Hierbei wurde niemand verletzt.

09.09.76
Aeroflot   **Yakovlev Yak-40**
CCCP-87772   9030713

Im Luftraum über **Anapka/Kamschatka/UdSSR** kam es zur Kollision mit einer Antonov An-24 (CCCP-46518) der Aeroflot. Beide Havaristen stürzten infolgedessen ab.

Alle 18 Insassen an Bord der Yak-40 kamen ums Leben. Unglücksursache soll ein Fehler der örtlichen Fluglotsen gewesen sein.

10.09.76
Inex Adria AW   **Douglas DC-9-32**
YU-AJR   47649
B E A   **HS121 Trident 3B**
G-AWZS   2320

Über kaum einem anderen Land in Europa herrscht im Sommer ein derartiger Andrang an Flugbewegungen, wie über Jugoslawien. Zu den ansteigenden Zahlen der Urlaubsflüge an die Adria-Küste dienen die Luftstraßen Jugoslawiens als Tor des Ost-West-Luftverkehrs zwischen Europa und Asien. Will ein Flugzeug von Mitteleuropa oder Skandinavien in den vorderen Orient oder nach Asien, führt sein Flugweg durch den „Flaschenhals" Jugoslawien. Trotz einer relativ moderner Radarüberwachung im Kontrollzentrum in Zagreb sind die dort arbeitenden Lotsen wegen des enormen Andranges an Flugbewegungen und einiger technischer Unzulänglichkeiten einem großem Arbeitsdruck ausgesetzt. Besonders im Sommer schwoll das Verkehrsaufkommen so sehr an, daß eine 100 %ige Luftraumkontrolle nicht mehr gewährleistet war.

Die Fluglotsen in Zagreb mußten sich auch noch mit einigen technischen Unzulänglichkeiten herumschlagen. So lieferte das veraltete Doppler-Radar unpräzise Höhenwerte. Durchquert ein Flugzeug den jugoslawischen Luftraum in beispielsweise 37.000 ft, so erscheint auf dem Radarschirm oftmals ein Wert von 37.200 ft, oder 37.500 ft Vor 18 Monaten wurde eine neue Radaranlage aus Schweden angeliefert, die jedoch, so wurde behauptet, nicht den Vertragsbedingungen entsprach. So wurde diese Anlage niemals in Betrieb genommen und ein langwieriger Rechtsstreit vom Zaun gebrochen, um nicht den vollen Preis zahlen zu müssen.

Aus chronischem Geldmangel wurden auch keine zusätzlichen Fluglotsen eingestellt, weshalb es im Kontrollzentrum Zagreb ständig an Personal fehlte. An allen Ecken und Enden wurde gespart. Statt der geforderten 50-60 Mann Stärke, versahen nur 30 Flugleiter in Zagreb ihren Dienst. Eine Tagesschicht im Kontrollzentrum Zagreb begann um 07:00 Uhr und endete um 19:00 Uhr, nach einer Dienstzeit von zwölf Stunden! Auch saßen nicht, wie seit längerem gefordert, drei Lotsen an einem Arbeitsplatz, sondern nur zwei, die oftmals den Verkehrsandrang kaum bewältigen konnten. All diese Mißstände vor Augen, wundert man sich, daß es bisher zu keiner größeren Katastrophe am jugoslawischen Himmel kam. In den letzten fünf Jahren kam es zu 32 Beinahe-Kollisionen und 166 gefährlichen Begegnungen. Oftmals, weil ein Pilot eine Anweisung falsch ober zu spät ausführte oder die Fluglotsen eine falsche Freigabe erteilten. Doch bis dato ging alles gut. Es herrschte das Prinzip Hoffnung.

Es war ein warmer Freitagmorgen, als sich die Tagesschicht kurz vor 07:00 Uhr im Kontrollzentrum Zagreb zum Dienstantritt meldete. Neben dem Schichtleiter, Julije Dajcic, versahen weitere fünf Fluglotsen an drei Arbeitsplätzen ihren Dienst: Bojan Erjavec, Mladen Hochberger, Gradimir Pelin, Gradimir Tasic und Nenad Tepes.

Zagreb-Control besteht aus drei Kontrollsektoren: Einem unteren (Zagreb-Lower), in dem alle Flüge bis in eine Höhe von 22.000 ft (FL220) kontrolliert werden, einem mittleren Sektor für Flüge bis 29.000 ft (FL290) und einem oberen Sektor (Zagreb-Upper) ab einer Höhe von 30.000 ft Alle drei Arbeitsplätze befanden sich im selben Raum und waren nur eine Armlänge voneinander entfernt. Jedem Fluglotsen war ein Assistent zugeordnet, der, wenn erforderlich, per Telefon mit den angrenzenden Kontrollstationen Kontakt aufnehmen konnte. Falls ein Flugzeug eine andere Höhe als vorgesehen bekam oder einen anderen Kurs fliegen wollte, stimmte er dies dann telefonisch mit seinen Kollegen in Wien, Belgrad oder Rom ab, bevor der Radarlotse dann die geänderte Freigabe erteilen konnte.

Die Lotsen ahnten, was am heutigen Tag an Verkehr auf sie zukommen sollte. Freitag ist der Tag mit dem höchsten Verkehrsaufkommen, besonders vormittags durchqueren Dutzende Zivilmaschinen den Kontrollsektor Zagreb. Dafür benötigen sie etwa 40 Minuten. Als die Tagesschicht das kurze Briefing von ihren Kollegen erhielt, die sich nun ausruhen konnten, purzelten schon unaufhörlich die elektronisch erstellten Flugstreifen aus den Schächten und stapelten sich zu mehreren Reihen übereinander. Jeder Flugstreifen ist ein elektronisch erstelltes Flugdatenblatt, in dem alle für den Lotsen wichtigen Informationen über Flug XY enthalten sind. So z.B. die beantragte Höhe, Destination, Flugzeugtyp, die Luftstraße, auf der der Flug die Kontrollzone durchquert, usw.

Einer der fünf an diesem Tag diensthabenden Lotsen hatte ein besonders hartes Arbeitspensum zu leisten gehabt: Gradimir Tasic. In den letzten fünf Tagen war Tasic vier Tage lang für die 12-Stunden Schicht eingeteilt gewesen, der letzte freie Tag lag 72 Stunden zurück; in dieser Zeit absolvierte er 40,25 Stunden hinter dem Radarschirm. Eine heute kaum mehr vorstellbare Dienstzeit. Mit 28 Jahren war er der jüngste an diesem Tag im Kontrollzentrum und seit drei Jahren als voll ausgebildeter Radar- und Towerlotse in Zagreb im Einsatz.

An diesem Vormittag assistierte Tasic im oberen Luftraum seinem Kollegen Mladen Hochberger, der als Lotse fungierte. Um 11:00 Uhr sollte dann Tepes Hochberger ablösen, der dann eine Stunde Pause hatte. Pausenlos kamen die Meldungen von Flugzeugen, die in den Luftraum Zagreb einflogen, den Überflug eines Funkfeuers meldeten oder eine andere Höhe beantragten.

Um 10:48 Uhr/loc startete in der jugoslawischen Küstenstadt Split eine DC-9 der Charterfluggesellschaft Inex Adria, die als Flug JP550 mit 108 Urlaubern und fünf Besatzungsmitgliedern auf dem Weg nach Köln war. Die DC-9 sollte in Richtung Norden der Luftstraße UB9 (Upper Blue 9) folgend, von Split über das Funkfeuer Kostajnica und Zagreb-VOR zum Funkfeuer Graz fliegen. Der vollbesetzte Jet stieg langsam in nördliche Richtung und wurde um 10:54 Uhr/loc vom Abfluglotsen zum Kontrollzentrum Zagreb weitergereicht:

10:54:49 JP550:
"Dobar dan (guten Tag) Zagreb, Adria 550 crossing 130, climbing 180, heading Kostajnica."
10:55:01 ZAG-L:
"Roger, recleared 240, Adria 550."
JP550:
"Recleared 240."
(ZAG-L = Zagreb lower airspace controller)

Gradimir Pelin versah gerade Dienst im unteren Kontrollsektor, und gab die DC-9 zum Steigflug auf 24.000 ft frei. Die endgültig beantragte Reiseflughöhe war 26.000 ft (FL260). Er erkundigte sich bei einer vorausfliegenden Maschine der gleichen Gesellschaft, die ca. 10 Minuten vor dem Flug JP 550 DC-9 gestartet war, nach ihrer Flughöhe. Doch der vertikale Abstand beider Maschinen war groß genug. So erteilte er die weitere Steigflugfreigabe auf FL260 mit der Auflage, den Durchflug von FL220 zu melden. Mittlerweile wurde Hochberger am Radargerät des oberen Kontrollsektors unruhig. Es war kurz vor 11 Uhr und seine Ablösung, Nenad Tepes, hätte schon längst zur Einweisung erscheinen müssen. Doch es fehlte von ihm jede Spur. Somit entschloß er sich, Tepes zu suchen. In einem ruhigeren Moment übergab er die Radarkontrolle an seinen Assistenten, Gradimir Tasic und machte sich wortlos von dannen. Nun war Tasic allein für den oberen Sektor zuständig. Er übernahm sowohl die Streckenkontrolle als auch die Aufgaben des Assistenten, der ja nun fehlte. Gebannt starrte er auf die Leuchtpunkte vor ihm, die unaufhörlich über den runden Bildschirm krochen. Doch Hochberger hatte gut vorgearbeitet und Tasic konnte das Geschehen erst einmal "laufen lassen".

Unterdessen durchstieg JP550 die Flugfläche 220 und wurde sogleich aufgefordert, mit dem mittleren Kontrollsektor in Zagreb Kontakt aufzunehmen.

Die DC-9 flog nun in den mittleren Kontrollsektor ein. Dieses "Stockwerk" erstreckte sich von FL220 bis FL290. Zuständig für diesen Sektor war Bojan Erjavec, bei dem sich gerade eine griechische Maschine gemeldet hatte:

11:02:52 ZAG-M:
"Report Zagreb, Graz next, squawk Alfa 2500."
OA187:
"2500 is, Zagreb, Graz next, Olympic 187."
11:03:07 JP548:
"Adria 548, approaching Kostajnica, reaching, maintaining 280, Zagreb 08."
(ZAG-M = Zagreb middle sector controller)

Das war die andere Inex-Maschine, die Flug 550 um etwa 7 Minuten voraus war. Flug JP548 hatte in 28.000 ft seine endgültige Reiseflughöhe erreicht, und der Copilot schätzte die Überflugzeit des Zagreb-VOR's auf 11:08 Uhr/loc Das Melden der geschätzten Überflugzeiten war durchaus normal, konnte der Lotse doch dadurch drohende Konfliktsituationen frühzeitig erkennen. Erjavec gab JP548 für den weiteren Streckenflug frei. Als eine Pause im Nachrichtenstrom eintrat, konnte sich nun auch der zweite Inex Adria Flug melden:

11:03:21 JP550:
„Dobar dan Zagreb, Adria 550 crossing 225, climbing 260."
11:03:28 ZAG-M:
„550, good-morning, Squawk Alfa 2506, continue climb 260."

Die DC-9 setzte ihren Steigflug fort. Alles schien wie immer zu sein.

Eine knappe Minute darauf flog eine BEA Trident in den überfüllten jugoslawischen Luftraum ein. BEA Flug 476 von London-Heathrow nach Istanbul startete an diesem Morgen um 08:32 Uhr/loc und stieg auf die gewählte Flughöhe von 33.000 ft (Flight Level FL330). An Bord der Trident befanden sich 54 Passagiere und neun Crewmitglieder, die um 12:45 Uhr/loc auf dem Istanbul-Atatürk Airport erwartet wurden. Die Flugroute ging auch durch den jugoslawischen Luftraum auf der Luftstraße UB5 (Upper Blue 5) über Klagenfurt und Zagreb in Richtung Belgrad. Um 11:03 Uhr/loc wurde die britische Trident von Wien-Control aufgefordert, mit der oberen Luftraumkontrolle in Zagreb Kontakt aufzunehmen.

11:04:12 BE476:
„Zagreb, Bealine 476, good-afternoon."
ZAG-U:
„Bealine 476, good-afternoon, go-ahead."
(ZAG-U = Zagreb upper sector controller)
11:04:19 BE476:
„Er, 476, is Klagenfurt at (11:)02 (Uhr/loc), 330 and estimating Zagreb at (11:)14 (Uhr/loc)"
ZAG-U:
„Bealine 476, roger, call me passing Zagreb, flight level 330, Squawk Alfa 2312."
11:04:38 BEA 476
„2312 is coming."

Der sogenannte Squawk ist ein vierstelliges Transpondersignal, das dem zuständigen Fluglotsen Auskunft über Flugnummer, Flughöhe, Kurs und Geschwindigkeit übermittelt. Diese Daten erscheinen dann neben dem jeweiligen Leuchtpunkt des Radarsignals auf dem Radarschirm. Tasic hatte mittlerweile alle Hände voll zu tun. Neue Kontrollstreifen fielen in kurzen Abständen aus dem Datenzentrum und stapelten sich neben ihm. Der Flugverkehr ließ ihm keine Ruhe:

11:04:41 TK889:
„Zagreb Turkey 889 over Charlie 350."
ZAG-U:
„Turkey 889, contact Vienna control 131 er...sorry, 129.2. Good-day."
11:04:54 TK889:
„129.2. Good-day sir."

Tasic griff zum Telefon, um mit dem angrenzenden Kontrollzentrum in Belgrad Kontakt aufzunehmen. Prompt nahm ein Kollege dort den Hörer ab:

11:05:10 BELGRAD:
„Nasice, Upper..."
ZAG-U:
„I need Sarajevo upper."
BELGRAD:
„Right away?"
11:05:17 OA182:
„Zagreb, Olympic 182, passing KOS at 05, 330, estimate Sarajevo 17."

Der Funkspruch unterbrach Tasic. Dann fuhr er fort:
ZAG-U:
„You can hear the message over the phone..."

Er hielt den Hörer an sein Mikrofon, um Belgrad mithören zu lassen:

11:05:20 ZAG-U:
„Olympic 182, contact, Olympic 182 report passing Sarajevo."

Eine Bestätigung von OA182 wartete er gar nicht erst ab, sondern machte mit Belgrad weiter:

11:05:25 BELGRAD:
„Hallo?"
11:05:20 ZAG-U:
„Hallo, hallo, listen, give me the controller..."

Ein weiteres Flugzeug meldete sich, doch Tasic konzentrierte sich auf das Telefonat.

11:05:30 9KACX:
„Zagreb, Grumman 9KACX, with you, flight level 410."
11:05:1 ZAG-U:
„Er, Lufthansa 360 and Olympic 182-they've got nine minutes between them. Is that OK for you?"
BELGRAD:
„I've got it...OK"
ZAG-U:
„It's OK?"
BELGRAD:
„OK. It's OK."

G-ARPG; eine Trident 1C der BEA, eine frühe Version der Trident, von der 39 Maschinen gebaut wurden hier beim Rollen zur Startbahn/Zürich im April 1969 <Quelle: N.Scherrer>

Gut, dachte er, damit wäre diese Angelegenheit geklärt. Doch nun prasselten förmlich die Meldungen bei ihm ein:
11:05:44 IR777:
„Zagreb, this is Iran Air triple seven... good after (ah)...morning."
ZAG-U:
„Go ahead, sir."
(... usw.)
Im Mittleren Kontrollsektor war die Inex Adria DC-9 gerade dabei, ihre endgültige Flughöhe zu erreichen, doch die Piloten wollten noch höher.
11:05:57 JP550:
„Adria 550, levelling 260, standing by for higher."
Diese Bitte wich vom normalen Betriebsablauf insofern ab, als daß im Flugplan für JP550 eine Flughöhe von 26.000 ft ausgewiesen war. Erjavec checkte kurz die übrigen Flugflächen ab, um der Bitte nachzukommen. FL280 war besetzt, FL330 auch, FL310 wäre eigentlich frei gewesen, doch diese Höhe war noch vom Militär nicht freigegeben worden. In dieser Höhe jettete zuvor an diesem Morgen der jugoslawische Diktator Tito zusammen mit seinem rumänischen Kollegen Ceaucescu in Richtung Belgrad. Die Regierungs-737 war zwar schon längst in Belgrad gelandet, doch die Luftwaffe hatte es versäumt, die reservierte Flugfläche, in der kein anderes Flugzeug fliegen durfte, freizumachen. Erjavec überlegte kurz:
11:06:03 ZAG-M:
„550, sorry 330, er 310 is not available. 3 - 280 also; are you able to climb, maybe to 350?"
11:06:11 JP550:
„Yes, affirmative affirmative, with pleasure, we can climb to 350."
11:06:13 ZAG-M:
„Roger, call you back."
JP550:
„Yes sir."
Diese außerplanmäßige Höhenänderung sollte jedoch den Auslöser einer Kette von schicksalhaften Ereignissen in Gang setzen, an dessen Ende ein Desaster stehen sollte. Um der Bitte von JP550 nachkommen zu können, mußte Tasic im oberen Sektor damit einverstanden sein. Erjavec hob die Hand, als Zeichen für Tasic, daß er seine Aufmerksamkeit brauchte, um den Steigflug von JP550 mit ihm abzustimmen. Doch Tasic winkte sofort ab. Er war gerade sehr beschäftigt:
11:06:15 OM148:
„Zagreb, Monarch 148, we checked Kostajnica 05, level 370, Sarajevo 19."
11:06:27 ZAG-U:
„Monarch 148, report passing Sarajevo..."
OM148 - bestätigt -
11:06:37 9KACX:
„Zagreb, Grumman 9KACX is with you, level 410."
ZAG-U:
„9CX, good-day, maintain 410 and report Delta Oscar Lima and squawk Alfa 2317."
...
So, nun war für einen Moment Ruhe und Gradimir Pelin, zuständig für den unteren Sektor, der gleichzeitig Erjavec assistierte, nahm den Flugkontrollstreifen von JP550 in die Hand und übergab ihn an Tasic.
Der jedoch hatte keine Zeit, sich mit den Flugdaten auseinanderzusetzen. Als ihm Pelin das Radarecho von Flug 550 auf seinem Schirm mit dem Finger zeigte, nickte Tasic kurz. Dies faßte Pelin als bestätigende Geste auf und kehrte zu Erjavec's Pult mit den Worten: *"Alles klar"* zurück. Damit stand dem weiteren Steigflug nichts mehr im Wege:
11:07:40 ZAG-M:
„Adria 550, recleared flight level 350."
11:07:45 JP550:
„Thank you, climbing 350, Adria 550."
Der Pilot schaltete den Autopiloten von 26.000 ft auf 35.000 ft, und mit erhöhtem Schub begann JP550 seinen weiteren Steigflug. Das Verhängnis nahm seinen Lauf.
Pelin unterdessen kontaktierte Wien-Control, um den zuständigen Fluglotsen über die Höhenänderung von JP550 zu informieren. Damit war für Erjavec und Pelin die Sache erledigt.
Hochberger hatte seine Ablösung, Tepes, mittlerweile im Gang aufgefunden und übergab ihm dort seinen Arbeitsplatz, indem er ihn in die Situation einwies. Diese hastige Übergabe stand in klarem Gegensatz zu den bestehenden Dienstvorschriften. Zur gleichen Zeit versuchte Tasic, der immer noch allein vor seinem Radarschirm saß, dem enormen Andrang an Maschinen Herr zu werden. Nun mußte er nochmals mit Belgrad Control eine Koordinierung vornehmen. Er griff wieder zum Telefonhörer:
11:08:08 BELGRAD:
„Hello?"
ZAG-U:
„I need upper."
BELGRAD:
„Which one?"
ZAG-U:
„Anyone you offer me."
11:08:26 ZAG-U:
„You can hear in the receiver:"
ZAG-U:
„778, radar contact, continue."
...
Aus Zeitmangel wartete er die Bestätigung des Flugzeugs nicht mehr ab:
11:08:30 BELGRAD
„Zagreb upper."
ZAG-U:
„Excellent! Estimating Bealine 476."
11:08:35 BELGRAD
„Moment, please."
Nervös trommelte er mit den Fingern auf die Konsole.
11:08:45 ZAG-U:
„Hm...Hm..."
BELGRAD:
„Nothing! I don't have anything (on BE476)"
ZAG-U:
„Nothing?"
BELGRAD:
„So nothing."

ZAG-U:
„Shame on it."
BELGRAD:
"Here it is: Bravo Echo 476."
ZAG-U:
„Yes."
BELGRAD:
„Further?"
ZAG-U:
„That's the Trident- yes: twenty-one from London to Constantinopel."
BELGRAD:
„How do you spell Constantinopel?"

Diese scherzhafte Frage seines Belgrader Kollegen paßte Tasic nun gar nicht. Trotzdem überlegte er kurz und gab, um nicht unhöflich zu wirken, den Vier-Letter-Code durch :
ZAG-U:
„Lima Tango Bravo Alfa."
...

Abgelenkt nahm er nur noch zum Teil wahr, was auf seinem Radarschirm vor sich ging. Von Westen her näherte sich die britische Trident auf FL330. Von Süden kam ein weiterer Leuchtpunkt in Richtung Zagreb, der jedoch ohne Transpondercode-Identifizierung war. Er schenkte diesem Leuchtpunkt immer noch keine Beachtung. Er nahm an, daß er von einem Flugzeug aus dem mittleren oder unteren Kontrollsektor stammen mußte. Doch Tasic schätzte die Situation falsch ein. Der kleine Leuchtpunkt war das Echo von Flug JP550 auf der Luftstraße UB9 in Richtung Zagreb im Steigflug auf FL350. JP550 stand immer noch im Funkkontakt mit Erjavec. Der gab nun die weitere Streckenführung frei:
11:09:1 ZAG-M:
„550, approaching Kilo Oscar Sierra, proceed to Zagreb, Graz and
call me passing 290."
JP550:
„Roger."

Wenig später war FL290 erreicht:
11:09:49 JP550:
„Zagreb Adria 550 is out of 290."
11:09:53 ZAG-M
„Roger, call me passing 310 now."
11:09:55 JP550:
„Roger."

Endlich erspähte Tasic die Ablösung. Tepes war da. Ruhig setzte er sich auf den Stuhl neben Tasic, der ihn erleichtert über die Situation informierte. Dabei vergaß er zu erwähnen, daß die DC-9 außerplanmäßig auf FL350 stieg:
11:12:03 JP550:
„Zagreb, Adria 550, out of 310."
11:12:06 ZAG-M:
„550, for further Zagreb 134.45. Squawk stand by and good-day sir."

Für Erjavec war nun die Situation endgültig erledigt und er widmete sich wieder anderen Flugzeugen. Inex Adria 550 flog in den oberen Kontrollsektor ein und damit in Tasics Bereich ein.

Die Aufforderung "Squawk stand-by" bedeutete, daß der Pilot von Flug JP550 seinen Transponder für den bevorstehenden Einflug in den oberen Kontrollsektor ausschalten sollte. Tasic würde dem Flugzeug dann einen anderen Transpondercode zuweisen. Die Transpondercodes im mittleren Sektor gingen von A2500 bis A2577, während die des oberen Sektors von A2300 bis A2377 gingen. Bei einem einheitlichen Transpondersignal für beide Sektoren wäre Tasic sofort über die Flughöhe informiert gewesen, doch JP550 blieb für ihn nur ein Leuchtpunkt von vielen. Seine Gedanken lagen bei anderen Dingen, denn ununterbrochen kamen nun die Meldungen:
11:12:1 ZAG-U:
„Finnair 1673, report passing Delta Oscar Lima, maintain level 390, squawk Alfa 2310."
11:12:12 JP550:
„Squawk stand by, 134.45.Good-day."
11:12:20 AY1673:
„Will report passing Dolsko at 390."
11:12:24 LH310:
„Lufthansa 310, Sarajevo at 09, 330 Kumanovo, 31."
ZAG-U:
„Lufthansa 310, contact Beograd, 134.45 - sorry, sorry, 133.45, good-day."
LH310:
„Good-day."
ZAG-U:
„Good-day."
11:12:38 OA172:
„Zagreb, Olympic 172, good afternoon, level 330."
11:12:48 ZAG-U:
„Olympic 172, go ahead."
OA172:
„Olympic 172, level 330, estimate Dolsko at 16."
11:13:00 ZAG-U:
„Olympic 172, report passing Dolsko, flight level 330, squawk Alfa 2303."
11:13:07 OA172:
„Olympic 172, Alfa 2302 and confirm Dolsko direct to Kostajnica?"
11:13:15 ZAG-U:
„Affirmative, sir."
11:13:18 OA172:
„Thank you."
11:13:19 BE932:
„Zagreb, Beatours 932 is level 370, estimate Dolsko 18."
11:13:34 BE932:
„Zagreb, Beatours 932."
ZAG-U:
„962, go ahead."

Das unkorrekte Zurücklesen der BEA Flugnummer war bereits Tasic's zweiter Flüchtigkeitsfehler innerhalb von 70 Sekunden.
11:13:42 BE932:
„Beatours, 370, estimate Dolsko 18."
11:13:1 ZAG-U:
„Beatours, maintain flight level 370 and report overhead Dolsko, squawk Alfa 2332."

11:14:03 BE932:
„Roger, 2332."

Die Lücke im Funkverkehr nutzte die Inex Adria DC-9 und setzte die Meldung ab:

11:14:04 JP550:
„Dobar dan Zagreb, Adria 550."

11:14:07 ZAG-U:
„Adria 550, Zagreb dobar dan, go ahead."

11:14:10 JP550:
„325 crossing, Zagreb at One Four."

Tasic glaubte seinen Ohren nicht zu trauen. *"Zagreb at one four?"*, also genau jetzt. Nochmals fragte er nach:

11:14:14 ZAG-U:
„What is your present level?"

11:14:17 JP550:
„327."

Die DC-9 trennte nur noch 100 Höhenmeter von Flugfläche 330, auf der von Westen her die britische Trident mit 889 km/h entgegenraste. Beide Lichtpunkte kamen sich bedrohlich näher. Nun war Eile geboten. Tasic griff zur Sprechtaste und stammelte auf kroatisch:

11:14:1 ZAG-U:
„...äh...bleibt auf der augenblicklichen Höhe und meldet den Überflug von Zagreb."

11:14:27 JP550:
„Welche Höhe?"

Tasic lief die Zeit weg. Beide Maschinen waren nur noch eine Radarumdrehung voneinander entfernt. Aufgeregt rief er ins Mikrofon:

11:14:1 ZAG-U:
„(kroatisch) Die Höhe die sie durchfliegen weil...sie haben ein Flugzeug von vorn in...335 von links nach rechts."

Die alte Radaranlage zeigte ihm für BA476 eine Höhe von 334 an. Tatsächlich jedoch flog die britische Maschine präzise auf 33.000 ft Jetzt wurde es knapp.

11:14:38 JP550:
„(kroatisch) Okay, wir werden exakt auf 330 bleiben..."

Tasic konnte nun nichts mehr tun. Gebannt starrte er auf den Radarschirm, wo in diesem Moment beide Lichtpunkte miteinander verschmolzen. Er war nur von dem Gedanken beseelt, daß beide Maschinen aneinander vorbeifliegen. Doch seine Hoffnung sollte sich nicht erfüllen.

Laut Anweisung unterbrach der jugoslawische DC-9-Pilot den Steigflug und gleitete in einem seichten Sinkflug von FL332 auf FL330 zurück. Durch die tiefstehende Sonne erkannten die Piloten in der Trident nicht die unmittelbare Gefahr, in der sie sich befanden. Sie waren geblendet und konnten daher nicht sehen, was sich direkt vor ihnen abspielte. Die Piloten im DC-9 Cockpit waren damit beschäftigt, den Autopiloten abzustellen und von Hand die Flugfläche 330 einzunehmen. Sie achteten auf ihre Instrumente und schenkten der äußeren Umgebung keine große Beachtung. Es war genau 11:14:41 Uhr/loc als beide Maschinen genau über dem Funkfeuer Zagreb miteinander kollidierten.

Die linke Tragfläche der DC-9 drang in das Cockpit der Trident ein und tötete alle drei Crewmitglieder auf einen Schlag. Der gesamte vordere Rumpf der Trident wurde aufgerissen. Führerlos senkte sich der große Jet dem Boden entgegen. Der DC-9 wurde die gesamte linke Tragfläche mitsamt dem linken Triebwerk abgerissen. Der aufgerissene Rumpf der Trident zermalmte auch das Leitwerk der DC-9. Brennend taumelte JP550 dem Erdboden entgegen.

"(kroatisch) Wir sind erledigt...auf Wiedersehen,...auf Wiedersehen...", war um 11:14:46 Uhr/loc. das Letzte, was das CVR-Gerät von Flug JP550 aufzeichnete.

Auf dem Radarschirm sah es für Tasic zunächst so aus, als wäre sein banges Hoffen doch in Erfüllung gegangen. Beide Lichtpunkte entfernten sich wieder voneinander. Doch schon bei der nächsten Radarumdrehung erloschen beide Punkte.

Mit etwas beruhigterer Stimme wies er BE476 an:

ZAG-U:
„Bealine 476, Zagreb, report passing Nasice."

Doch im selben Augenblick stürzten beide Havaristen schon unkontrolliert dem Erdboden entgegen. Es war keine Rettung mehr möglich.

Über der Kleinstadt **Vrbovec/Jugoslawien**, 25 km nördlich von Zagreb, ging unmittelbar danach ein tödlicher Regen aus Trümmern, Gepäckstücken und Leichenteilen nieder. Die Trident fiel in ein Kornfeld, während die DC-9 in einem Waldstück aufschlug.

In dieser Minute starben alle 179 Menschen an Bord beider Flugzeuge.

Tasic starrte immer noch auf den Radarschirm. Beide Lichtpunkte über dem Zagreb-VOR waren verschwunden. Er wollte sich einfach nicht eingestehen, was geschehen war. Verzweifelt rief er die jugoslawische DC-9.

11.15.50 ZAG-U:
„Adria 550, Zagreb."

Im Moment der Kollision flog eine 737 der Lufthansa auf Flugfläche 290 hinter der Trident im mittleren Kontrollsektor auf Zagreb-VOR zu. Mit angespannter Stimme sagte der Pilot zu Erjavec:

11.15.1 LH360:
„....e Zagreb! It is possible we have a mid-air collision in sight - we have two aircraft going down, well, almost below our position now."

Erjavec verstand nicht ganz die Tragweite der Meldung.

11.15.1 ZAG-M:
„Yes, two aircraft are below you, but I don't understand you: what do you want, sir?"

LH360:
„I think there's been a mid-air collision! Two aircraft are going down with a very fast rate of descent - it might be a fighter but I think it might also be an airliner...!"

ZAG-M:
„I'm sorry, sir. I don't understand you."

Noch immer konnte oder wollte man im Kontrollzentrum Zagreb nicht verstehen. Tasic rief unablässig nach beiden Maschinen.

11.16.00 ZAG-U:
„Adria 550, Zagreb."

11.16.14 ZAG-U:
„Adria 550, Zagreb."

11.16.32 ZAG-U:
„Adria 550, Zagreb."
11.16.42 ZAG-U:
„Adria 550, Zagreb."
11.16.50 ZAG-U:
„Bealine 476, Zagreb."
11.16.58 ZAG-U:
„Bealine 476, Zagreb."

Ein drittes Mal versuchte der Lufthansa-Pilot, die Fluglotsen von seinem Erlebnis zu unterrichten:
11.17.19 LH360:
„Do you still have contact with Olympic airliner?"
ZAG-M:
„Olympic was on course for Graz."
LH360:
„Not him, the aircraft ahead of us! I believe it's 172."
...

Verwirrung machte sich breit. Sollte im oberen Sektor bei Tasic etwas passiert sein? Erjavec und Pelin blickten zu Tasic hinüber, der immer noch eifrig dabei war, die abgestürzten Maschinen zu rufen. Vergeblich. Nochmals fragte Erjavec nach:
11.18.1 ZAG-M:
„Lufthansa 360, this is Zagreb, will you be so kind and say again. Do you have a
problem?"
11.18.1 LH360:
„We don't have any problem, but in front of us about 15 miles or so I think, we did see a mid-air collision. It's possible that the other aircraft ahead of us had a mid-air collision...er...just overhead Zagreb. We had two aircraft going down with a rapide rate of descent...and there was also smoke coming out."

Als die Bedeutung dieser ernüchternden Worte in den Kopf des Lotsen eingesunken waren, schaute Erjavec nochmals nach rechts, wo Tasic mit aschfahlem Gesicht langsam die Hände an die Kopfhörer nahm und sie langsam, ganz langsam auf die Konsole vor ihm legte.

Tasic war ein gebrochener Mann.

Noch am selben Tag kamen Polizeibeamte in das Kontrollzentrum, und die gesamte Schicht, die an diesem Tag Dienst hatte, wurde in einstweilige Untersuchungshaft genommen. Noch innerhalb der nächsten Tage waren fünf von sechs Beteiligten wieder auf freiem Fuß. Nur Gradimir Tasic blieb in Haft.

Die jugoslawische Justiz leitete einen aufwendigen Prozeß in die Wege, um die näheren Umstände des Unglücks zu klären und die dafür Verantwortlichen zu verurteilen. Der Oberstaatsanwalt am Landesgericht machte jedoch von Anfang an klar, daß es ihm hauptsächlich um die Überführung des Fluglotsen ging, der für die Kollision Verantwortung trug. Schon zu Prozeßbeginn wurde alle Aufmerksamkeit von seiten der Staatsanwaltschaft auf das Fehlverhalten Tasic's gelenkt. Daß zu diesem Unglück auch andere Faktoren beigetragen haben könnten, wurde weitgehend außer acht gelassen. Minutiös rekonstruierte das Gericht die Umstände und das Geschehen in den letzten Minuten vor dem Zusammenstoß.

Auf allen Beteiligten lag ein enormer Druck. Den Angeklagten drohten Haftstrafen bis zu 20 Jahren, wenn man ihnen eine Schuld nachweisen konnte.

Es wurden die Zeugen der Morgenschicht vernommen. Dajcic, der Schichtleiter sagte aus, daß Tasic, obwohl der Jüngste, zu den besten Lotsen in Zagreb gehörte und daß er keinen Zweifel an seiner Professionalität hätte.

Doch nach den anfänglichen Entlastungen schnürten sich die Fäden immer enger um Tasic, der von seinen Kollegen mehr und mehr belastet wurde. So sagte Pelin, der Assistent aus dem mittleren Sektor aus, Tasic hätte bereits um 11:07 Uhr Kenntnis über den Kontrollstreifen von Flug JP550 gehabt. Diese Aussage wurde von Erjavec später bestätigt. Tasic bestritt energisch diese Vorwürfe und sagte seinerseits aus, er hätte die DC-9 nur unter der Bedingung zum Steigflug auf FL350 freigegeben, wenn die Maschine bei Kostajnica mindestens auf FL310 war. Diese Behauptung wurde jedoch von den anderen bestritten. Der Prozeß wurde von Tag zu Tag komplizierter und schwieriger. Aussage stand gegen Aussage, Behauptung gegen Behauptung.

Von seinen Kollegen wurde Tasic mehr und mehr isoliert. Er, der nicht sonderlich beliebte Kollege, war ein passender Sündenbock für alle Beteiligten. Er war es, der im oberen Sektor Verantwortung trug. Er war es, der

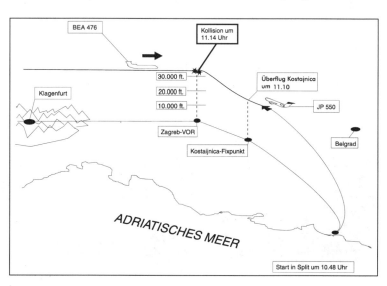

Flugwege der jugoslawischen DC-9 (von rechts), und der britischen Trident bis zur Kollision über Zagreb am 10.09.1976

gegen die Bitte der Steigfreigabe von Flug JP550 nichts entgegnet hatte. Er war es, der Nicht-Standard-Phraseologie benutzte, indem er den jugoslawischen Piloten in Kroatisch ansprach. Es lief mehr und mehr auf eine Person hinaus: Gradimir Tasic. Gegen Ende des Prozesses war es zuviel für Tasic, unter einem unmenschlichen Rechtfertigungsdruck erlitt er einen Nervenzusammenbruch. Das Gericht mußte sich vertagen.

Als Nebenkläger erschien auch der Anwalt einer bei dem Unglück ums Leben gekommenen Stewardeß aus der britischen Trident. Vor Gericht verlas er ein beeindruckendes Plädoyer, indem er anführte, daß nicht die Fluglotsen, sondern die Unzulänglichkeiten des gesamten jugoslawischen Luftkontrollsystems im Zentrum der Kritik stehen sollten. Die Fluglotsen waren für ihn die Opfer eines fehlerhaften Systems und keine Kriminellen.

Im Mai 1977 wurde das Urteil gesprochen. Von den insgesamt acht Angeklagten wurden sieben freigesprochen. Die alleinige Verantwortung für den Zusammenstoß trug, so das Gericht, Tasic. Der Ansicht, daß Tasic zum Zeitpunkt des Unglück überlastet war, konnte das Gericht nicht folgen. Er hätte seine Pflichten in grober und fahrlässiger Weise verletzt. Daß er in einer kritischen Phase mehr als acht Minuten allein im oberen Kontrollsektor gelassen wurde, daß sich Hochberger und Tepes auf dem Gang und nicht am Arbeitsplatz ablösten, daß das Radargerät unzuverlässig war, daß er nach vier Arbeitstagen hintereinander die 12-Stunden Schicht absolvierte, daß die Personaldecke in Zagreb viel zu dünn für eine ordnungsgemäße Verkehrsabwicklung war. All diese Faktoren wurden vom Gericht als nicht relevant abgewiesen.

Tasic wurde zu sieben Jahren Gefängnis verurteilt.

Gegen das harte Urteil wurde sofort Beschwerde seitens der Nebenkläger, die die eigentlichen Anwälte Tasic's waren, und der internationalen Fluglotsenvereinigung (IFATCA) eingelegt. Ein knappes Jahr später griff dann das oberste jugoslawische Gericht den Fall noch einmal auf. Es sprach Tasic nur eine Teilschuld zu und senkte die Haftstrafe auf die Hälfte ab. Doch dies reichte der IFATCA nicht. Mit einer Petition wandte sich die Organisation an Marschall Tito und bat um die Freilassung des Kollegen.

Schließlich hatte man Erfolg: am 29.11.1978, gute zwei Jahre nach dem Unglück, wurde Tasic freigelassen.

19.09.76

T H Y **Boeing 727-200**
TC-JBH **20982**

Der Dreistrahler kam an diesem Sonntagabend aus Mailand und Istanbul und sollte um 23:00 Uhr/loc auf dem Flughafen des türkischen Urlaubsortes Antalya landen. Nachdem man das Afyon Funkfeuer passiert hatte, wurde die 727 vom Towerlotsen in Antalya, mit dem man mittlerweile in Verbindung stand, zum weiteren Sinkflug auf 12.000 ft freigegeben. Der Anflug wurde nach Sichtflugregeln durchgeführt.

Die 727 war noch gut 130 Kilometer vom Flughafen, als der Pilot meldete: *„Ich kann die Lichter der Runway schon sehen!"*. Er stellte eine Landung innerhalb von einer Minute in Aussicht. Doch in der Dunkelheit unterlief der Besatzung ein tödlicher Fehler.

Denn die Lichter die sie sahen stammten mitnichten von der Küstenstadt Antalya, sondern von der Stadt Isparta, 65 Meilen nördlich davon. Offenbar fiel den Piloten diese Fehlkalkulation nicht auf. Der Towerlotse in Antalya, der über keinerlei Radareinrichtung verfügte, schloß aus der letzten Meldung des Piloten, daß nun ein gefahrloser Anflug möglich sei und gab die 727 frei zum Endanflug. Isparta liegt inmitten eines Talkessels und ist von höheren Bergen umgeben. Ahnungslos wurde der Sinkflug fortgesetzt, bis man schließlich um 23:15 Uhr/loc an einem Hang des **Karatepe Berges/Türkei** binnen Sekundenbruchteilen zerschellte.

Keiner der 147 Passagiere und acht Crewmitglieder überlebte die Katastrophe.

07.10.76

Cubana **Douglas DC-8-43**
CU-T-1201 **45611**

Es war 13:20 Uhr/loc als Flug CU455 vom Seawell Int'l AP in Barbados abhob und Kurs auf Kingston/Jamaika nahm, der nächsten Destination auf dem Weg nach Havanna/Kuba. Nichts deutete auf Unregelmäßigkeiten hin, bis die Kontrollstation am Boden nach etwa 10 Minuten folgenden Funkspruch auffing.

CU455:

„We have an explosion in the back."

Außerdem gab der Pilot seinen Entschluß bekannt, nach **Barbados** zurückzukehren. Beobachter am Boden

TC-JBF; eine identische 727, wie die bei Antalya zerschellte Maschine, hier beim Abbremsen auf der Landebahn / Hamburg im März 1989 <Quelle: JR-Photo>

sahen, wie die DC-8 unterhalb der Wolkendecke entlangflog und eine Rauchfahne hinter sich herzog. Plötzlich bäumte sich die Maschine steil auf und kippte über die rechte Tragfläche ab. Trudelnd stürzte der Jetliner, 10 Meilen außerhalb der Küste ins Meer.

Keiner der 48 Passagiere und 25 Besatzungsmitglieder konnte lebend geborgen werden.

Schon kurz danach verdichteten sich die Anzeichen, daß Flug 455 das Opfer eines Bombenanschlages geworden war. Ein durch die antikommunistische Exilorganisation „Coordinacion de Organizaciones Revolucionarias Unidas", kurz CORU, gelegter Sprengsatz wurde zuvor am Boden in den hinteren Laderaum praktiziert. Die Explosion war zwar nicht stark genug, um die massive Struktur der DC-8 zu zerstören, jedoch wurde ein verheerendes Feuer ausgelöst, in dem sich Rauch und Hitze ungehindert ausbreiten konnten. Schließlich brannten die Steuerleitungen zum Heck durch und machten die Maschine steuerunfähig. Die Piloten hatten keine Chance.

Da innerhalb weniger Monate zwei von Air Canada gemietete DC-8 bei Cubana verunglückten, hatte der Eigentümer kein Interesse mehr an den riskanten Vermietungen an diese Fluggesellschaft Dies bedeutete lange Zeit das Ende von westlichen Flugzeugmustern in den Farben der Cubana.

1980 wurden ein Anti-Castro Exil-Cubaner, sowie drei weitere mutmaßliche Attentäter des Fluges 455 von einen Venezuelanischen Gericht vom Vorwurf der mutwilligen Herbeiführung des Absturzes aus Mangel an Beweisen freigesprochen.

12.10.76
Indian AL   **SE210 Caravelle 6N**
VT-DWN   231

Beim Start auf dem Flughafen **Bombay-Santa Cruz AP/Indien** brach ein Schaufelblatt des 10. Turbinenrades im rechten Triebwerk. Die Caravelle befand sich bereits im Steigflug, als dieses Triebwerk dadurch ausfiel. Benachbarte Treibstoff- und Hydraulikleitungen wurden danach leckgeschlagen. Flammen kamen aus dem rechten Triebwerksbereich, und die Crew entschied sich zur sofortigen Rückkehr zum Flughafen. Man befand sich auch schon im Endanflug auf die Bahn 09, als mit zunehmendem Druckverlust der auslaufenden Hydraulikflüssigkeit die Steuerkontrolle immer mehr abnahm und die Maschine schließlich aus einer Höhe von 300 Metern abtauchte und 100 Meter vor dem Bahnanfang brennend am Boden zerschellte.

Alle 89 Passagiere und 6 Mitglieder der Besatzung kamen ums Leben.

Der Flug sollte eigentlich in einer Boeing 737 durchgeführt werden, die war aber mit einem Triebwerksschaden ausgefallen.

13.10.76
Lloyd Aereo Boliviano   **Boeing 707-120**
N730JP   17671

Die Boeing hatte eine Ladung Ölbohrausrüstungen in die bolivianische Stadt **Santa Cruz/Bolivien** abgeliefert und sollte leer nach Miami fliegen. Kurz nach dem Start fing eines der Triebwerke Feuer. Man wollte zum Flughafen zurückkehren. Die Notlandung mißlang aber und die 707 stürzte auf ein Wohnviertel. Sie streifte ein Schulgebäude und stürzte auf einen Fußballplatz und eine Tankstelle. Explodierender Treibstoff an Bord der Maschine und der Tankstelle verwandelte den Unglücksort in ein Inferno.

Neben der dreiköpfigen Besatzung starben 81 Menschen am Boden. Nur die Tatsache, daß 10 Minuten vor der Katastrophe Schulschluß war und das Schulgebäude fast leer war, vermied eine noch höhere Zahl von Opfern.

In Bolivien wurde für drei Tage Staatstrauer angeordnet, um die Opfer, meist im Kindesalter, zu betrauern.

16.11.76
Texas Int'l   **Douglas DC-9-14**
N9104   47081

Während die DC-9 auf dem Flughafen **Denver-Stapleton/CO/USA** auf der Startbahn beschleunigte, gab es eine Strömungsabrißwarnung vom Bordcomputer, die sich erst im Nachhinein als falsch herausstellte, da es sich in Wahrheit um einen geplatzten Reifen handelte. Die DC-9 war zu diesem Zeitpunkt 150 Knoten schnell und hatte schon das Bugrad vom Asphalt gehoben. Obwohl die Rotationsgeschwindigkeit schon erreicht war und trotz normaler Geschwindigkeits- und Fluglageanzeigen entschloß sich die Besatzung zum Startabbruch. Als sie den Umkehrschub aktivierten, fing eines der Triebwerke offenbar von eingesaugten Reifenteilen Feuer. Die DC-9 rollte über die Startbahn hinaus und wurde an den Masten der Pistenbefeuerung irreparabel beschädigt und ging in Flammen auf. Die FAA regte daraufhin abermals an, die Masten der Anflugbefeuerung weniger massiv als bisher zu konstruieren, um einer Wiederholung dieses Falles vorzubeugen.

Die 86 Insassen konnten sich -z.T. schwerverletzt- retten. Die Piloten hatten schon einige Fehlalarme der Strömungsabrißwarnung erlebt, und die DC-9 schüttelte sich wegen des Reifenplatzers derartig, daß sie diese Warnung ernst nahmen und dachten, daß die Maschine nicht mehr flugtauglich wäre. Deswegen trafen sie wahrscheinlich die Entscheidung zum Startabbruch.

28.11.76
Aeroflot   **Tupolev 104B**
CCCP-42471   21204

Einige Minuten nach dem Start in **Moskau-Sheremetyevo AP/UDSSR** verunglückte die Tupolev etwa 30 km außerhalb des Flughafens.

72 Menschen wurden hierbei getötet.

07.12.76
Aeroflot   **Yakovlev Yak-40**
CCCP-87756   9020112

Die Yak mußte in der Nähe von **Armarvir/Kaukasus/UdSSR** notlanden. Ihr ging während des Fluges der Treibstoff aus. Niemand kam zu Schaden.

16.12.76
Airtrine Inc.   **Convair 880**
N5865   **57**

Nachts um 03:30 Uhr/loc setzte die Besatzung der zum Frachter umgebauten Convair auf dem Int'l Airport von **Miami/FL/USA** zum Startlauf an. An Bord befanden drei Besatzungsmitglieder, die eine Herde von 37 Rindern nach Santo Domingo transportieren sollte.

Beim Beladen hatte man die Rinder nicht ausreichend gesichtert, woraufhin sie in der Kabine zuviel Bewegungsfreiheit hatten. Als die Maschine beim Start das Bugrad von der Bahn hob, purzelten die Rinder in den hinteren Teil der Maschine und bewirkten so eine starke Hecklastigkeit. Erschreckt von dieser Verschiebung des Gewichtsschwerpunktes und des daraus resultierenden Verlustes der Steuerkontrolle brachen die Piloten den Start ab. Die verbleibende Strecke reichte aber nicht mehr aus, um den Frachter auf der Startbahn 09L zum Stehen zu bringen. Er rutsche über das Ende hinaus und schlitterte einen Graben hinunter, wo die Convair mit zerdrückter Frontpartie liegen blieb.

Während die beiden Piloten des Havaristen unverletzt blieben, konnte der eingeklemmte Bordingenieur erst nach sechs Stunden aus den Trümmern befreit werden. Die Rinder hatten entweder den Unfall selbst nicht überlebt, oder mußten vor Ort vom Tierarzt getötet werden.

16.12.76
Aeroflot   **Yakovlev Yak-40**
CCCP-87638   **9XX1919**

Nachdem während eines Trainingsfluges die Yak in einen unkontrollierbaren Trudelflug geriet, stürzte die Maschine nahe **Zaporozhye/Ukraine/UdSSR** ab und zerschellte.

Alle fünf Besatzungsmitglieder verloren ihr Leben.

17.12.76
Aeroflot   **Yakovlev Yak-40**
CCCP-88208   **9631349**

Kurz nach dem Start in **Ust-Kut/Sibirien/UdSSR** streifte die Maschine einige Bäume und stürzte infolgedessen ab. Hierbei starben alle 7 Insassen der Maschine.

25.12.76
EgyptAir   **Boeing 707-320C**
SU-AXA   **20763**

Beim Anflug auf den Bangkoker Don Muang Flughafen herrschte Dunkelheit und eine geschlossene Wolkendecke in 1000 ft. Flug SU 864 wurde zur Landung auf der Landebahn 21L freigegeben, nachdem der Pilot die Runway in Sicht meldete. Der weitere Anflug auf **Bangkok/Thailand** wurde ohne die Zuhilfenahme des ILS durchgeführt. Offenbar verloren die Piloten dann die Übersicht über ihre Flughöhe und verschätzten sich in der Entfernung zur Landebahn. Dies resultierte in einem zu niedrigen Anflugweg. In voller Landekonfiguration kollidierte die 707 dann mit den Aufbauten einer Textilfabrik, die 1,2 Meilen vor dem Flughafengebiet liegt.

Beim Aufprall explodierte der Jet und riß neben den 44 Passagieren und 9 Crewmitgliedern noch weitere 19 Menschen, die sich in oder neben dem Fabrikgebäude aufhielten, in den Tod.

Die Maschine kam aus Kairo und sollte nach der Zwischenlandung in Bangkok nach Tokio weiterfliegen.

02.01.77
C S A   **Tupolev 134A**
OK-CFD   **2351505**

Auf dem Flughafen **Prag-Ruzyne AP/CSSR** landete eine IL-18 (OK-NAA) der CSA. Unmittelbar dahinter setzte die Tupolev zur Landung als Nr.2 an. Nachdem der Jet aufgesetzt hatte, bemerkte man den zu kurzen Abstand zur vorausgelandeten Ilyushin, die sich mit dem Abrollen recht viel Zeit ließ. Beide Maschinen kollidierten noch auf der Landebahn miteinander. Dabei stieß die Tupolev gegen das Rumpfheck des Vierprops und sauste daraufhin unkontrolliert die Bahn hinunter. Erst etwa 200 Meter dahinter blieb das Flugzeug inmitten von Kornfeldern stehen. Man entschied sich, die lädierte Maschine nicht wieder aufzubauen.

4 Menschen wurden verletzt.

13.01.77
Aeroflot   **Tupolev 104A**
CCCP-42369   **-**

Nach einem Turbinenschaden fing das linke Antriebsaggregat Feuer. Die Piloten versuchten noch den Flughafen von **Alma-Ata/Kasachstan/UdSSR** zu erreichen, aber vergeblich. In 900 ft Höhe explodierte die Tupolev. Zuvor wurde fast der gesamte Treibstoffvorrat verbraucht. Alle 90 Passagiere kamen ums Leben. Der Düsenveteran kam aus Khabarowsk und sollte über Novosibirsk nach Duschanbe weiterfliegen.

13.01.77
Japan AL   **Douglas DC-8-62AF**
JA8054   **46148**

Der Taxifahrer aus Anchorage, der in dieser Nacht um 04:30 Uhr/loc drei Männer an einem Hotel abholte, war Betrunkene gewöhnt. Die Tristesse der Stadt im amerikanischen Bundesstaat Alaska ist legendär und hat manchen direkt in den Alkohol getrieben.

Die drei Männer, die in sein Taxi einstiegen, waren Piloten der Japan Air Lines, und einer dieser Männer war offensichtlich sturzbetrunken. Die vier Streifen an seiner Jacke wiesen ihn als Kommandanten der Besatzung aus. Während der zwanzig Minuten langen Fahrt zum **Anchorage Int'l AP/AK/USA** vertiefte sich dieser Eindruck immer mehr. Der Kommandant sprach undeutlich und schaffte es kaum, einen Satz zuende zu bringen. Seine Augen glänzten und seine Bewegungen waren fahrig und unstet. Am Flughafen sah der Taxifahrer mit an, wie der Kommandant sich aus dem Wagen quälte und sich erst einmal an der Tür festhalten mußte, um nicht auf den Bürgersteig zu fallen. Der Gedanke, daß dieser Mann ein Flugzeug, vielleicht sogar eines mit hunderten von Passagieren an Bord führen sollte, jagte dem Taxifahrer Angst ein. Er entschloß sich, bei seiner Zentrale anzurufen und seinem Vorgesetzten von seinen Beobachtungen zu berichten. Dieser war darüber genauso besorgt wie sein Fahrer und rief sofort bei der Firma an, die in Anchorage die Bodenabfertigung für Japan Air Lines übernahm. Der Diensthabende der Kontraktfirma beruhigte ihn. Die Dispatcher von Japan Air Lines würden den Piloten sofort aus dem Verkehr ziehen, wenn ihnen etwas Ungewöhnliches an ihm auffallen würde. Der Diensthabende unterhielt sich mit einem Kollegen über diesen Anruf und kam mit ihm zu dem Ergebnis, daß Angestellte einer so renommierten Fluglinie einen offensichtlich „berauschten" Kommandanten niemals auch nur in die Nähe eines Flugzeuges lassen würden. So riefen die beiden Männer nicht mehr in der Operationszentrale der Japan Air Lines in Anchorage an und ließen die Sache auf sich beruhen.

Doch scheinbar war weder dem Personal der JAL Operationszentrale, noch anderen Angestellten der japanischen Airline der Zustand des Kommandanten an diesem Morgen aufgefallen. Oder sie trauten sich aus unverständlichen Gründen nicht den Kommandanten an der Übernahme des Japan Air Lines Fluges 8054 zu hindern.

Die aus Moses Lake nahe Seattle kommende Fracht DC-8 hatte eine Ladung von 57 lebenden Kühen an Bord und war um 05:03 Uhr/loc in Anchorage gelandet. Der gesamte Frachtraum war durch Eisenstangen in Quadrate abgeteilt, in denen sich die Kühe frei bewegen konnten. Nach dem Betanken und einem Crewwechsel sollte die Maschine innerhalb von zwei Stunden wieder Richtung Tokio starten. Die abgelöste Crew übergab die DC-8 ihren Nachfolgern, welche zusammen mit zwei für die Kühe verantwortlichen Männern mit den Startvorbereitungen begannen. Während die Maschine aufgetankt und die Kühe mit Futter und Wasser versorgt wurden, machte der Bordingenieur zusammen mit zwei Bodenmechanikern einen Rundgang um die DC-8. Man hatte am Rumpf und an den Tragflächen keine Vereisung feststellen können. Allerdings waren einige Meßaufnehmer für die Stallwarnung und die Geschwindigkeitsmesser mit einer Eisschicht überzogen, aber die konnte auch mit den bordeigenen Heizungen nach dem Start der Turbinen geschmolzen werden. Die Außentemperaturen lagen unter Null Grad, aber es gab keinen Niederschlag, weshalb der Bordingenieur auf eine Enteisung verzichtete. Um 06:00 Uhr/loc waren alle Vorbereitungen abgeschlossen und die Besatzung hauchte der auf dem Vorfeld stehenden Maschine wieder Leben ein, um mit dem Flug über den Nordpazifik zu beginnen.

Die Navigationsgeräte wurden programmiert, die Rollgenehmigung erbeten und der Wetterbericht eingeholt. Um 06:15 Uhr/loc gab der Tower die Genehmigung zur Startbahn 24L zu rollen, woraufhin die Triebwerke gestartet wurden und die DC-8 vom Terminal abrollte. Kaum waren die vier Turbinen gestartet, als der Bordingenieur die Heizungen für die Meßfühler und die Lufteinlässe der Triebwerke einschaltete. Der Kommandant wollte den Start selber durchführen und teilte seiner Besatzung das Abflugverfahren und die im Falle eines Notfalles zu ergreifenden Maßnahmen mit.

Die japanische DC-8 verließ den Terminalbereich und wurde vom Kommandanten an das Ende der Startbahn 24R manövriert. Er meldete dem Tower die Maschine als „startbereit". Jetzt begann eine längere Diskussion mit dem Towerlotsen, der dem Kommandanten klarmachte, daß er für die Parallelbahn 24L freigegeben war und deshalb auf der falschen Bahn stand. Der Kommandant widersprach dem Lotsen eine Zeit lang, bis er zähneknirschend nachgab, mitten auf der Landebahn eine 180° Wendung machte und zur Bahn 24L rollte. Um 06:33 Uhr/loc kam die DC-8 dort an und wurde vom Kommandanten erneut als startbereit gemeldet. Kaum hatte der Tower die Startgenehmigung erhalten, als im Cockpit die Leistungshebel auf Maximalschub gesetzt wurden.

Die Frachtmaschine begann die Bahn herunterzurollen. Zwanzig Sekunden später bestätigte der Kommandant noch einmal, daß er die Maschine steuerte. Danach rief der Copilot kurz hintereinander „80 Knoten", „V_1" und „V_R" aus, woraufhin der Kommandant um 06:35:16 Uhr/loc die Maschine rotierte.

Von jetzt an ging alles schief. Das Bugfahrwerk verließ den kalten Asphalt, worauf der Kommandant mit „Zehn Grad" einen Zwischenstand des Anstellwinkels der Frachtmaschine ausrief. Doch die Nase der DC-8 stieg immer mehr an. Kurz nachdem sich auch das Hauptfahrwerk von der Bahn gehoben hatte und V_2 passiert war, begann die Maschine wegen des größer werdenden Anstellwinkels immer langsamer zu werden. Während die DC-8 noch stieg, begann dem Kommandanten die Kontrolle aus der Hand zu gleiten. Die DC-8 begann über die linke Tragfläche abzukippen, während die Luftströmung um die Tragflächen immer geringer wurde. Der Anstellwinkel war mittlerweile auf 18° angestiegen, als der Bordingenieur von seinem Platz aus „ZU STEIL" rief. In diesem Moment riß die Strömung an den Tragflächen ab. Automatisch wurden die Stickshaker aktiviert. Die Maschine hatte nur 160 ft erreicht und war damit für einen erfolgreichen Rettungsversuch zu niedrig. Augenzeugen berichteten, daß die DC-8 über ansteigendem Gelände regelrecht über ihre linke Tragfläche „aus der Luft rutschte". Die Maschine prallte zuerst mit ihrem Heck auf, kippte leicht nach rechts, um dann mit der Cockpitsektion auf das ansteigende Gelände zu prallen, wobei alle fünf Besatzungsmitglieder starben.

In den ersten Ermittlungen konnten keinerlei Fehler an dem Flugzeug, den Triebwerken oder den Steuerflächen festgestellt werden. Das NTSB erklärte aber in seinem Bericht, daß sich auf den Tragflächenoberseiten der DC-8 wahrscheinlich ein dünner Eisbelag befunden hatte. Nach ihrem Start in Moses Lake hatte die Maschine die eiskalten oberen Luftschichten durchflogen, wobei der Treibstoff in den Flächentanks der DC-8 auf eine Temperatur von 22 Grad unter Null abgekühlt war. Bei der Zwischenlandung in Anchorage stieg diese Temperatur zwar durch nachgefüllten „warmen" Treibstoff auf -6° C an, befand sich aber immer noch unter Null. Diese Temperatur in den Tanks ließ auch die Temperatur auf der Außenhaut der Tragflächen auf unter Null absinken.

Da es keinen Niederschlag gab, wie Regen oder Schneefall, hatte der Bordingenieur die Maschine nicht enteisen lassen. Jedoch zog beim Abrollen der DC-8 eine Bodennebelschicht über das Flughafengelände, wobei an den eiskalten Oberseiten der Tragflächen der DC-8 die feuchte Luft auskondensierte und sofort gefror.

Als die Maschine mit ihrem Startlauf begann, waren ihre Tragflächen mit einer regelrechten Rauhreifschicht überzogen. Wenn diese Schicht nur knapp einen Millimeter dick ist und die gesamte Oberfläche der Flügel überzieht, kann die Maschine beim Start bis zu 20% Auftrieb einbüßen. Das NTSB ging von der Existenz einer solchen Schicht auf den Flügeln der DC-8 aus. Die zu schnelle und zu starke Rotation der DC-8 durch den Kommandanten hatte den von der Rauhreifschicht schon geminderten Auftrieb endgültig zerstört und so den Absturz eingeleitet.

Der Kommandant hatte diese Überrotation zu spät bemerkt und folglich zu spät reagiert. Es blieb unerklärlich, warum der Copilot und der Bordingenieur so spät eingegriffen hatten. Oder warum sie den Kommandanten nicht daran gehindert hatten, das Steuer zu übernehmen. Denn die pathologische Untersuchung förderte beim Kommandanten einen Blutalkoholspiegel zutage, der mehr als doppelt so hoch war wie der, welcher im Straßenverkehr in Alaska erlaubt war. Sowohl bei Aussagen von Zeugen über die Zeit vor dem Absturz wie auch bei der Auslesung des CVR's zeigte sich deutlich, daß der Kommandant Anzeichen von Trunkenheit aufwies. Es blieb unerklärlich, warum weder die Angestellten der Japan Air Lines in der Operationszentrale noch die Besatzungsmitglieder an Bord der DC-8 ihn davon abhielten, den Flug ins Verderben zu führen.

Im Zuge der Ermittlungen interviewte das NTSB insgesamt 13 Personen, die in den zwölf Stunden vor dem Unglück Kontakt mit dem Kommandanten hatten. Sechs sagten aus, sie hätten ihn beim Alkoholkonsum oder unter dem Einfluß von Alkohol gesehen, der Rest erinnerte sich entweder nicht mehr oder leugnete ab, irgendwelche Anzeichen von Alkohol an ihm bemerkt zu haben. Diese sieben waren entweder enge Bekannte des Kommandanten oder Angestellte der Japan Air Lines. Die pathologischen Untersuchungen ließen aber keinen Zweifel an dem Zustand des Kommandanten.

Mit ähnlichen Anzeichen der Verdrängung und Panik reagierten die Behörden in Japan auf die Erkenntnisse des NTSB, wobei ihnen die Tatsache behilflich war, daß der Kommandant amerikanischer Staatsbürger war. Der ehemalige Marinepilot war nach Stationen bei der in Südostasien operierenden CIA Airline „Air America" und der Southern Air Transport 1969 von der Japan Air Lines angeheuert worden. Offenkundig waren er und weitere 125 amerikanische Piloten als Ausbilder eingestellt worden, aber die 1.600 Mann starke japanische Pilotengewerkschaft unterstellte ihnen eine andere Funktion. Die amerikanischen Piloten sollten im Falle eines Streiks der japanischen Piloten den Flugbetrieb der Japan Air Lines aufrechterhalten. Als die japanische Regierung jetzt als Folge des Unfalles eine Reduzierung der Zahl von amerikanischen Piloten forderte, bekam sie dafür Beifall aus den Reihen der Gewerkschaft. Außerdem sollten Alkoholtestgeräte im Cockpit aller Japan Air Lines Flugzeuge installiert werden, um den guten Ruf der Airline wieder herzustellen. Diese Maßnahme traf allerdings auf harten Widerstand der Pilotengewerkschaft, die darin einen Beweis des mangelnden Vertrauens der Betriebsführung und des Staates in die JAL Piloten sahen. Nach langer Diskussion wurden am Ende keine der beide Maßnahmen durchgeführt.

04.03.77

ONA   Douglas DC-8-63CF
N8635   46050

Ungefähr 800 Meter vor Erreichen der Landebahnschwelle in **Niamey/Niger** stürzt die DC-8 zu Boden und zerschellte.

2 Menschen verloren ihr Leben, 2 weitere wurden verletzt. Die Maschine kam als Frachtflug aus Paris und war nach Nigeria unterwegs.

Der Jet gehörte der Seaboard World AL und war an ONA verchartert worden. Allerdings trug die Maschine noch die Farben des vormaligen Betreibers: Korean Air Lines.

17.03.77

British Airtours   Boeing 707-400
G-APFK   17712

Am letzten Tag einer viertägigen Trainingsphase für die Boeing 707 unterzogen sich ein Kommandantenanwärter und ein zukünftiger Copilot dem Übungsprogramm. Letzterer saß an diesem Morgen im rechten Pilotensitz, während der Ausbildungskommandant links Platz nahm. Außerdem befanden sich ein Bordingenieur im Cockpit. Die Trainingseinheiten wurden allesamt auf dem schottischen Flughafen **Prestwick**, ca. 50 km südwestlich von Glasgow, durchgeführt, auf dem relativ wenig Verkehr herrschte. Auf dem heutigen Trainingsprogramm stand ein Start mit erhöhter Seitenwindkomponente. Es blies ein kräftiger Wind aus nördlichen Richtungen, der in Böen durchaus Sturmstärke hatte: für den Start bot sich daher die Hauptlandebahn 13 an.

Um 08:42 Uhr/loc. wurde die Rollfreigabe auf die Bahn 13 erteilt. Aufgrund von Bauarbeiten stand das westliche Ende der 13 nicht zur Verfügung. Somit rollte „G-APFK" über einen der Abrollwege auf die Startbahn, von wo aus man immer noch 2.388 Meter zur Verfügung hatte. Die Werte für die Entscheidungs-, Rotations- und Steiggeschwindigkeit wurden berechnet. Als man sich auf der Runway befand übergab der Kommandant die Steuerkontrolle dem 28-jährigen Übungspiloten, und der schob die Triebwerkshebel ohne zu zögern nach vorn. Die leichte 707 gewann unter lautem Dröhnen schnell an Fahrt. Durch den Seitenwind von links mußte der Pilot leicht in das linke Seitenruderpedal treten und gleichzeitig die linke Tragfläche mittels Querruder in der Horizontalen halten. Alles lief routinegemäß: der Bordingenieur rief die Entscheidungsgeschwindigkeit für einen Startabbruch V_1 und kurz danach die Rotationsgeschwindigkeit V_R aus. Der Copilot hob die Nase um 4.5° an, als der Kommandant einen Triebwerksausfall simulieren wollte und den

Leistungshebel vom linken äußeren Triebwerk Nr.1 mit den Worten „number one engines failed" auf Leerlauf zurückzog.

Das brachte den Flugschüler aus dem Konzept, denn dieser Bestandteil war nicht im Übungsprogramm vorgesehen. Durch das Schubungleichgewicht wurde die 707 nach links um die Hochachse geschoben, der Gierwinkel vergrößerte sich bis schließlich die Luftströmung um die linke Tragfläche abriß und die Maschine aus 15 ft nach links abkippte. Die Piloten waren nicht mehr in der Lage gegenzusteuern und die linke Tragfläche bekam Bodenberührung. Hart schlug der Rumpf auf den Asphalt und das gesamte Fahrwerk brach weg. „G-APFK" schlingerte nach links und kam von der Startbahn ab. Flammen schlugen aus leckgeschlagenen Treibstofftanks. Die schleudernde Boeing zog eine Spur brennenden Kerosins hinter sich her, bevor nach 2.300 Metern die Fahrt zuende ging. Die vordere Notrutsche blies nicht auf, und die Besatzung mußte aus 2 Metern in einen tiefen Kerosinsee springen. Dabei verletzte sich einer der vier Cockpitinsassen, alle erlitten toxische Gesundheitsschädigungen durch das brennende Kerosin.

Die Boeing brannte vollständig aus, bevor die Flughafenfeuerwehr eingreifen konnte.

27.03.77

Pan American   Boeing 747-100
N736PA   19643
K L M   Boeing 747-200B
PH-BUF   20400

Auf dem Flughafen der Kanareninsel Gran Canaria explodierte am Sonntag, den 27. März 1977, ein von kanarischen Separatisten gelegter Sprengsatz in der Abflughalle des Terminals. Hierbei wurde zwar niemand verletzt, dieser Anschlag setzte jedoch eine Kette von Ereignissen in Gang, an deren Ende die größte Katastrophe stehen sollte, die die zivile Luftverkehr bis dahin erlebt hatte. Der Flughafen in Las Palmas wurde nach der Explosion sofort gesperrt, und sämtliche im Anflug befindlichen Maschinen wurden auf den Flughafen der Nachbarinsel Teneriffa umgeleitet. Unter ihnen auch zwei B747 Jumbo-Jets der KLM und der Pan Am. An Bord des holländischen Jumbos, der unter der Flugnummer KL 4806 aus Amsterdam kam, befanden sich 234 Urlauber. Der amerikanische Großraumjet, der als Flug Clipper 1736 aus Los Angeles und New York-JFK kam, war ebenfalls verchartert und mit 378 Passagieren und 16 Crewmitgliedern vollbesetzt.

Der Flughafen **Los Rodeos AP/Teneriffa/Spanien** war für einen derartigen Andrang von Flugzeugen nicht ausgelegt, und so kam es zu einer erheblichen Platznot auf dem kleinen Vorfeld. Flugzeuge, die nicht mehr auf das Vorfeld paßten, mußten auf den Taxiways und Abrollwegen parken. Die KLM-Maschine landete um 13:38 Uhr/loc, rollte über C2 am Rande des Vorfelds entlang und stoppte kurz vor der Einmündung des ersten Abrollwegs C1 zwischen der Bahn 12 und dem Vorfeld. Weitere Maschinen, eine 737, eine DC-8 und eine 727 landeten in Abständen von wenigen Minuten. Alle stellten sich auf die kleine Fläche hinter der KLM, und nur noch ein kleines Stück des Taxiways war noch frei. Der Kommandant des Clippers bat während des Landeanfluges um die Freigabe, in eine Warteschleife zu gehen und dort einstweilen zu kreisen. Diese Bitte wurde abgelehnt, und somit wurde der Anflug auf Los Rodeos fortgesetzt. Dort setzte der Jumbo um 14:15 Uhr/loc auf, rollte ebenfalls über C2 und rangierte sich behutsam in diese letzte Lücke hinter einer DC-8.

Zu dieser Zeit war der Tower mit nur zwei Fluglotsen besetzt, die alle Hände voll zu tun hatten, all die vielen Flugbewegungen zu koordinieren. Mittlerweile ließ der holländische Kommandant, der auch Chef-Ausbildungspilot der KLM war, die Passagiere von Bord gehen und mit Bussen vorerst ins Terminal abtransportieren. Der Pan AM-Kommandant rechnete mit einer baldigen Wiedereröffnung des Flughafens in Las Palmas, und er sollte recht behalten. Um 14:45 Uhr/loc traf die Meldung ein, daß Las Palmas in den nächsten Minuten wieder offen sei. Die ersten ausgewichenen Maschinen ließen wieder ihre Triebwerke an und begannen, langsam zu ihrem eigentlichen Zielort zu starten.

Auch der gelandete PAN-AM Jumbo war abflugbereit, konnte aber seine Parkposition nicht verlassen, da ihm der KLM-Jet den Weg versperrte. Die amerikanische Crew war bereits seit geraumer Zeit im Dienst und strebte daher einen zügigen Start nach Las Palmas an. Über die Tatsache, daß sie durch den vor ihnen stehenden holländischen Jumbo aufgehalten wurden, war die Cockpitbesatzung der Pan AM höchst ungehalten. Unterdessen ließ der KLM-Kapitän die zuvor ins Terminal entlassenen Passagiere wieder an Bord kommen, was einige Zeit in Anspruch nahm. Die holländische Besatzung war auch bereits seit über neun Stunden im Dienst und war daher nahe daran, die tarifliche Höchstgrenze ihrer Arbeitszeit zu überschreiten. Die um einen Reiseleiter verringerte Zahl von 248 Passagieren bestieg nun wieder den Großraumjet. Allen verbalen Auseinandersetzungen mit der Pan AM Besatzung zum Trotz ließ der holländische Pilot nun noch die Maschine betanken, ein Vorgang, den man auch nach der Landung in Las Palmas hätte machen können und der noch einmal ca 30 Minuten in Anspruch nahm. Die Stimmung an Bord des PAN-AM Jumbos wurde immer schlechter. Mittlerweile stand man nun schon seit fast 2,5 Stunden in Los Rodeos herum, und das Wetter verschlechterte sich zusehends.

Los Rodeos liegt im hügeligen Norden Teneriffas auf einer Höhe von knapp 1.000 Metern. Am auslaufenden Nordhang des 3.700 Meter hohen Pico de Teide (dem höchsten Berg Spaniens) gelegen, kann die Witterung urplötzlich umschlagen. Das eben noch blaue Firmament trübte sich mehr und mehr ein. Der stärker werdende Westwind blies immer mehr Wolken über das Flugfeld, aus denen zeitweise ein leichter Regen niederging. Die Sicht nahm rapide ab, und man mußte mit einer baldigen Schließung des Flughafens rechnen.

30 Minuten vergingen, bis der Betankungsvorgang beendet war. Danach wurde um 16:56 Uhr/loc unverzüglich die Anlaß- und Rollfreigabe für den KL 4805 erteilt. Kurz darauf erging auch die Anlaßfreigabe für den amerikanischen Clipper. Das Flugfeld war mittlerweile in wolkenartigen Nebel gehüllt, der gelegentlich aufklarte

und eine Sicht von ein paar hundert Metern freigab. Allerdings hatte der Towerlotse nun keinen Sichtkontakt mehr zu den beiden Großraumjets. Er wies nun KL 4805 an, die gesamte Piste 12 hinunterzurollen und am Ende mit einer 180°-Wende in Startaufstellung auf der Bahn 30 zu gehen. Der KLM-Jumbo begann nun damit, diese Anweisung in die Tat umzusetzen, rollte langsam auf der Mittellinie der Runway entlang und war nach wenigen Sekunden aus dem Blickfeld der PAN-AM Besatzung verschwunden. KL 4805 wechselte unterdessen auf die Frequenz der Anflugkontrolle. Der Towerlotse erteilte nun auf der Towerfrequenz die Anweisung an Clipper 1736, der KLM-Maschine zu folgen und die Piste am dritten Ausgang linksseitig zu verlassen. Von dieser Anweisung bekam der KLM-Jumbo nichts mit und konnte zunächst nichts von der Rollaktivität des Amerikaners wissen. Erst kurz danach ging PA 1736 auch auf die Abflugfrequenz und bat nochmals um eine Bestätigung der Rollanweisung. Daraufhin wiederholte der Towerlotse:

ATC:„*Affirmative, taxi into the runway and leave the runway third, third to your left, third.*"

Aufgrund der schlechten Sichtverhältnisse und der mangelhaften Rollwegbefeuerung hatte die Pan Am Crew erhebliche Mühe, den Anweisungen des Lotsen, der teilweise mit kaum verständlichem spanischen Akzent sprach, gerecht zu werden. Die Amerikaner tasteten sich auf der wolkenverhangenen Bahn hinter dem KLM-Jumbo her, immer nach links schauend, damit sie die passierten Rollwege zählen konnten. Unterdessen passierte der holländische Jet die Einmündung von Rollweg C4. ATC fragte KL 4805 nach einer Positionsbestätigung:
ATC: „*KLM 4805 how many taxiways did you pass?*"
KLM: „*I think, we just passed Charlie four now.*"
ATC: „*Okay, at the end of the runway make a one eighty and report for ATC clearance.*"

Der KLM-Kommandant fragte nun nach, ob die Mittellinienbefeuerung funktioniere. Der Lotse sagte zu, dies zu prüfen und sich zurückzumelden. Die holländischen Piloten erkannten nun die roten Lichter vor ihnen, die das Ende der Bahn 12 markierten.

PA 1736 rollte immer noch langsam hinter der KLM her, und im Cockpit machte sich aufgrund der mit starkem Akzent gesprochenen Anweisungen des Towerlotsen Konfusion breit. Meinte der Controller nun den dritten oder den ersten Taxiway? Sie fragten abermals nach und der Lotse entgegnete:
ATC: „*Third one sir, one two three, third,...third one.*"
PAA: „*Very good, thank you.*"
ATC: „*Clipper 1736, report leaving the runway.*"
PAA: „*Clipper 1736.*"

Den dritten Abrollweg zu nehmen, bedeutete in einer komplizierten Z-förmigen Kurve scharf nach links zu drehen, während der nachfolgende Abrollweg einen einfacheren Abzweigungswinkel hatte.

Es war bereits 17:04 Uhr/loc, als KL 4805 das Ende der Bahn erreichte, und anweisungsgemäß machte der Kommandant auf engstem Raum eine 180 Grad Schleife. Man stand nun in Startposition. Jetzt meldete sich der Tower und teilte beiden Besatzungen mit, daß die Mittellinienbefeuerung nicht betriebsfähig sei. Somit fiel dies als optisches Hilfsmittel beim Startlauf weg.

Unterdessen gingen die holländischen Piloten die Take off-Checkliste durch:
COP: „*Cabin warned..Flaps ten, ten.*"
F/I: „*Eight greens.*"
COP: „*Ignition?*"
F/I: „*Is coming...all on flight start.*"
COP: „*Body gear?*"
F/I: „*Body gear okay.*"
CPT: „*Yes, go ahead.*"

Gerade lichtete sich der Nebel etwas und gab eine Sichtweite von immerhin 900 Metern frei.
COP: „*Wiper on?*"
F/I: „*Lights are on.*"
COP: „*No...the wipers?*"
CPT: „*No, I'll wait a bit...if I need the I'll ask.*"
F/O: „*Body gear disarmed, landing lights on, check is completed.*"

Da die Piloten es eilig hatten, Los Rodeos zu verlassen, schob der KLM-Kapitän ohne zu zögern die Schubhebel der vier Triebwerke nach vorn, um die Maschine zu beschleunigen. Er wurde jedoch von seinem Copiloten auf die noch nicht erteilte Streckenfreigabe nach Las Palmas hingewiesen:
COP: „*Wait a minute, we don't have a ATC-Clearance.*", und zog daraufhin die Schubhebel wieder zurück.
CPT: „*No, I know that, go ahead, ask.*"

Der Copilot meldete sich noch einmal beim Towerlotsen:
COP: „ *KLM 4805 is now ready for take off and we are waiting for our ATC clearance.*"

Unterdessen tastete sich der amerikanische Clipper weiter auf der Runway entlang. Wegen der schlechten Sicht hatte man den anvisierten Abrollweg C3 verpaßt, und bewegte sich im Dunst langsam weiter. Man befand sich noch 1.500 Meter vom Bahnende entfernt und damit weit außerhalb der Sichtweite der KLM-Maschine. In diesem Moment wurde die Streckenfreigabe für Flug 4805 erteilt:

ATC: „*KLM 4805, you are cleared to the Papa beacon. Climb to and maintain flight level nine zero. Right turn after take off, proceed with heading zero four zero until intercepting the three three five radial from Las Palmas VOR.*"

Doch bevor der spanische Lotse zu Ende gesprochen hatte, bestätigte der KLM-Kommandant die Freigabe mit einem einfachen „Yes", schob die Schubhebel der vier Triebwerke ein Stück nach vorne und hielt die 747 mit den Radbremsen im Stand. Er verstand diese Streckenfreigabe als definitive Freigabe zum Starten und löste die Bremsen, als der Copilot die Freigabe hastig zurücklas:

KLM-COP:
„*Ah, roger, we're cleared to the Papa beacon, flight level nine zero...*"
KLM-CPT:
„*Let's go, check thrust.*"

Die Uhr zeigte genau 17 Uhr 06, als der Kommandant die Schubhebel langsam auf Startstellung schob und KL 4805 in den Nebel hineinbeschleunigte, ohne an den ihnen entgegenrollenden Clipper Jumbo zu denken.

KLM-COP:
„...right turn out, zero four zero until intercepting the three two five. We are now at take off."

Dieser mißverständliche Satz war verhängnisvoll. Sagte der Copilot „we are at take off", oder „we're ah, taking off."?

Jedenfalls waren der Towerlotse und die Pan Am-Besatzung beunruhigt. Der Towerlotse, der den Startlauf des KLM-Jumbos aus diesen Worten entnahm, entgegnete:

„Okay...", er wollte gerade weiterreden, als sich auch der amerikanische Copilot zu Wort meldete und beide Transmissionen sich infolgedessen überlagerten. Gleichzeitig sagten Tower und Copilot:

PAA-COP:
„No, uh...and we are still taxiing down the runway, the Clipper 1736."
ATC:„...standby for take off, I will call you."

Beide Meldungen waren im KLM-Cockpit nur als ein dreisekündiges Quietschen zu hören. Fatalerweise bekamen die KLM-Piloten nur das erste Wort „Okay" mit, was sie als Bestätigung ihrer Starterlaubnis auffaßten. Ihre Gedanken waren bereits auf die Abflugroute gerichtet, und man war froh, nun endlich aus der unwirtlichen Witterung in Los Rodeos herauszukommen. Daher begriffen sie auch nicht die folgende Mitteilung des Towers an die Pan Am Besatzung:

ATC: „Roger, Papa Alpha 1736, report the runway clear."

Das Schicksal wollte es, daß der Lotse gerade bei diesem einzigen Mal nicht Clipper, sondern das Callsign „Papa Alpha" benutzte, was von den niederländischen Piloten offenbar als ein anderes Flugzeug interpretiert wurde.

PAA: „Okay, we report when runway clear."
ATC: „Thank you."

Die Konzentration der mithörenden KLM-Piloten war nicht mehr auf die Funkgespräche gerichtet, somit nahmen sie diese Meldung, aus der sie eindeutig ihre fatale Lage hätten erkennen müssen, nicht zur Kenntnis. Nur der holländische Flugingenieur fragte nach, als sich die Maschine schon im zügigen Rollen befand, ob denn der hinter ihnen herrollende Pan Am-Jumbo die Bahn schon verlassen hätte:

F/I: „Is he not clear then?"
CPT: „What did you say?"
F/I: „Is he not clear that Pan American?"
CPT: „Oh, yes."
COP: „Oh, yes."

Mit diesem beruhigenden Worten des Kapitäns wurde der Startlauf direkt auf die PAN-AM Maschine fortgesetzt.

Clipper 1736 hatte inzwischen drei Abrollwege passiert und stand einfahrbereit in Höhe des Taxiways C4. Die Piloten waren immer noch beunruhigt über die vorhergehende Take off-Meldung der Holländer. Sie ahnten noch nicht, daß KL 4805 mit Vollschub auf sie zukam.

PAA-CPT:
„Let's get the hell out of here."
PAA-COP:
„Yeah, he's anxious, isn't he."
PAA-F/I:
„Yeah, after he held us up for an hour and a half...now he's in a rush..."

Noch bevor der Flugingenieur zuende gesprochen hatte, erspähte der PAN-AM Kommandant die Lichtkegel der heranrasenden KLM-Maschine, die durch die Nebelwand auf sie zukamen.

PAA-CPT:
„There he is...look at him...that...that son of a bitch is coming."
COP-COP:
„Get off!, Get off!, Get off!"

In höchster Not stieß der Kommandant die Leistungshebel bis zum Anschlag nach vorn, um so schnell wie möglich nach links in den Abrollweg einzuschwenken. Die KLM-747 passierte gerade die Entscheidungsgeschwindigkeit V_1, die vom Copiloten ausgerufen wurde, als die Silhouette der Pan Am für die Besatzung sichtbar wurde.

KLM-CPT:„Oh...", war das letzte, was der Kommandant noch sagen konnte. Instinktiv riß er die Steuersäule nach hinten, um über das Hindernis hinwegzukommen. Dabei überrotierte der Rumpf und das Heck schleifte funkensprühend über den Bahnasphalt. Doch ein Entrinnen war nicht mehr möglich. Zu spät erkannte die KLM-Besatzung den querstehenden Jumbo vor ihnen. Für den Bruchteil einer Sekunde hoben die 16 Räder des Hauptfahrwerks vom Boden ab. Um über den vor ihnen stehenden Pan AM Jet hinwegzukommen, reichte die Höhe allerdings bei weitem nicht aus. Um 17:06 Uhr/loc kollidierten beide Maschinen in Höhe des vierten Abrollweges und 1.300 Meter hinter der Startbahnschwelle der Bahn 30 miteinander. Dabei schlitzte das Bug- und Hauptfahrwerk des KLM-Jumbos den oberen Rumpf des

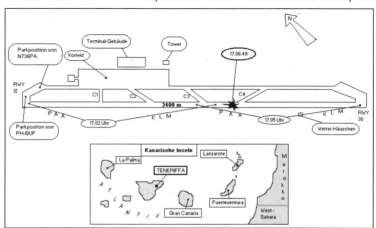

Die Rollwege der beiden Jumbos bis zur Katastrophe auf dem engen Flughafenareal in Teneriffa am 27.03.1977

Clippers zwischen 1.Klasse Bar und dem Heck auf. Diesem wurde dabei die obere Rumpfhälfte auf einer Länge von etwa 35 Metern abgerissen, und das gesamte Heck brach ab. Auslaufendes Kerosin entzündete sich schnell und setzte den Clipper binnen weniger Augenblicke in Brand. Dem KLM-Jet wurde bei der Kollision das gesamte Hauptfahrwerk und das linke äußere Triebwerk abgerissen, so daß der Rumpf nach 150 m wieder auf die Piste prallte. Die vollgetankte Maschine rutschte noch etwa 300 m auf dem Bauch über die Piste, fing sofort Feuer und explodierte.

Niemand der 257 Menschen an Bord des holländischen Jumbo-Jets überlebte den Zusammenprall.

An Bord des Clippers gelang es 70 Menschen vor dem Inferno zu fliehen. Für 317 Insassen kam allerdings jede Hilfe zu spät.

Rettungskräfte der ganzen Insel trafen daraufhin in Los Rodeos ein, um zu helfen. Sie konnten allerdings nicht verhindern, daß 583 Menschen bei diesem schwersten Flugzeugunglück, das die Menschheit jemals erlebt hatte, ihr Leben verloren.

Es wurden danach weltweit verbindliche Sprachregelungen im Funkverkehr zwischen Fluglotsen und Piloten erlassen, die die Wiederholung einer derartigen Tragödie verhindern sollten. Unter anderem sollten solche uneindeutigen Phrasen wie „Okay" und „We' re ready for..", durch „Roger", „Wilco" oder „Affirmative", bzw. durch „We request.." ersetzt werden. Zum anderen wurde die Installation eines Bodenradars gefordert, damit der Tower auch bei minimalen Sichtverhältnissen über die genaue Position jedes Flugzeugs im Bilde ist. Außerdem wurde neben dem krassen Fehlverhalten der KLM-Besatzung auch die spanischen Fluglotsen gerügt. Sie waren zum Unglückszeitpunkt durch einen Fernseher im Tower abgelenkt worden. Dort lief gerade die Direktübertragung eines Fußballspiels, wie man aus den CVR-Protokollen laut im Hintergrund hören konnte. Dies stand im krassen Widerspruch zu allen existierenden Dienstvorschriften.

Mittlerweile wird der Los Rodeos AP kaum noch für Linien- oder Charterverkehr benutzt. Seit Mitte der achtziger Jahre ist der im wärmeren Süden Teneriffas gelegene Flughafen in Betrieb, auf dem nahezu der gesamte Urlauberverkehr abgewickelt wird.

30.03.77

Aeroflot   **Yakovlev Yak-40**
CCCP-87738   **9010310**

Bei der Landung in der russischen Stadt **Zhadovka/UdSSR** war die Sichtweite infolge Nebels erheblich eingeschränkt. Das Aufsetzmanöver mißriet und die Yak wurde zerstört.

Von den 27 Insassen kamen 8 ums Leben.

02.04.77

Aviogenex   **Tupolev 134A**
YU-AJS   **48370**

Im Anflug auf die Hafenstadt **Libreville/Gabun** verunglückte die Maschine.

Es starben acht Insassen.

04.04.77

Southern AW   **Douglas DC-9-31**
N1335U   **47393**

Es begann leicht zu regnen, als der Douglas-Jet der Southern Airways auf dem Flughafen von Huntsville/Alabama zur Startbahn rollte. Die Besatzung und die 81 Passagiere hatten an diesem Nachmittag die letzte Etappe des Rundkurses Atlanta-Muscle Shoals-Huntsville-Atlanta vor sich. Der Flug von Huntsville nach Atlanta sollte plangemäß nur eine halbe Stunde dauern. Er führte über die gleiche Route, die die Piloten schon beim Hinflug vor zwei Stunden benutzt hatten. Das war einer der Gründe, weswegen sie während des zehnminütigen Zwischenaufenthalts keine neuen Wetterinformationen eingeholt hatten. Ein weiterer Grund könnte ihr Dienstplan gewesen sein:

Die Piloten waren seit zwei Tagen im Dienst, mit einer 8 stündigen „Schlafpause" in einem Motel. Da die Piloten erst um 23:00 Uhr abends im Motel eingetroffen waren, gab es nichts zum Abendessen. Auch am nächsten Morgen ließen die Flugvorbereitungen keine Zeit für einen Imbiß. Die Zwischenlandung in Huntsville ließ ihnen Zeit für einen „Snack", mehr nicht. Es ist wahrscheinlich, daß die beiden Piloten müde und hungrig waren. Der halbstündige Flug nach Atlanta war alles, was zwischen ihnen und dem Feierabend stand. Vielleicht war das ein Grund, warum sie es bei der vorletzten Zwischenlandung in Muscle Shoal/Alabama eilig hatten und sich nicht mit Wetterbriefings aufhalten lassen wollten.

Doch als um 15:54 Uhr/loc der Copilot die Schubhebel nach vorne schob und Flug 242 von der Startbahn abhob, hatten sich die Wetterbedingungen auf der Strecke entscheidend verändert!

Bei ihrem ersten Zwischenstop in Muscle Shoals am Mittag hatten sie das normale Wetterbriefing bekommen. Der Wetterbericht sagte für ihre Flugroute schlechtes Wetter und Gewitter mit einer Wolkendecke bis unter 1000 ft voraus.

Doch nachmittags war die Schlechtwetterfront in Richtung Südwesten gewandert, und ihr Zentrum lag genau auf der Route von Flug 242. In diesem Zentrum gingen schwere Regen- und Hagelschauer nieder. Außerdem waren in dieser Gegend einige Tornados aufgetreten. Die Wettervorhersage sprach von dem „schlimmsten Unwetter seit Jahren". Nach den Vorschriften hätten die Piloten das Recht gehabt, auf dem Boden den Abzug der Front abzuwarten. Da sie aber in Huntsville keine Wetterinformationen abgefordert hatten, erfuhren sie von der Intensität des Unwetters erst, als sie schon in der Luft waren. Während des Steigfluges auf ihre angepeilte Flughöhe von 17.000 ft, wurden sie von der Bodenstation auf die schweren Gewitter hingewiesen. Außerdem empfingen sie den Bericht eines TWA-Fluges, der versucht hatte die Front zu durchfliegen: TWA584:

> „Ah, Center, TWA 584, dies...dies ist wirklich nicht allzu gut.. der Korridor, durch den wir gerade kommen, ist zu am Zentrum, äh, wir haben mittlere äh..schwere mittlere Turbulenzen und etwas reichlich Unruhe hier."

ATC: „584, Roger, sieht so aus..äh, als wäre es genau jetzt weitere fünfzehn Meilen nach Süden vielleicht ein bißchen besser."
TWA584: „Okay, es ist gut, überhaupt noch Hoffnung zu haben."

Nach diesem Dialog begannen die Southern-Piloten, ihr Wetterradar nach einer Lücke in der Front abzusuchen:

CPT: „Ich glaube wir tun gut daran, genau hier zu verlangsamen.(X)."
- Hintergrundgeräusch von leichtem Regen -
CPT: „Sieht schlimm aus, da geht nichts durch."
COP: „Siehst Du das?"
COP: „Da ist eine Lücke, nicht wahr?"
CPT: „Es zeigt keine Lücke an, siehst du?"
- Geräusch von Regen -
COP: „Hm....Willst du das umfliegen?"
CPT: „Handsteuerung auf etwa zwei acht fünf Knoten."
COP: „Zwei acht fünf."

- Geräusch von Hagel und Regen -

Inzwischen hatte Flug 242 die Außenränder des Gewitters erreicht. Als erste Vorboten prasselte Hagel und Regen auf die DC-9, und im Cockpit wurde es schlagartig dunkel.

COP: „Welchen Weg sollen wir hier kreuzen oder rausfliegen...ich weiß nicht, wie wir da durchkommen sollen, Bill."
CPT: „Ich weiß, du mußt da einfach rauskommen."
COP: „Ja, genau durch das Band dort."(Deutet wahrscheinlich auf den Wetterradar)
CPT: „Alles klar links, ungefähr rechts jetzt, ich glaube wir können uns da jetzt durchschlagen."
COP: „In Ordnung, dann mal los."

Der Copilot senkte die Geschwindigkeit und flog eine leichte Linkskurve. Er wollte auf das zusteuern, was er auf dem Wetterradar für eine Lücke in der Front gehalten hatte. Aller Wahrscheinlichkeit nach hatte die Besatzung aber entweder die Anzeige falsch interpretiert oder das Wetterradar war defekt. Mit dieser Linkskurve flog die Maschine jetzt genau auf das Zentrum des Gewitters zu! Das Wetter um Flug 242 wurde immer schlechter, und der Lärm des Hagels überdeckte alle anderen Geräusche im Cockpit.

Doch Regen und Hagel prasselten nicht nur auf das Cockpit, Wasser wurde auch in die Triebwerke eingesaugt. Bis zu einer gewissen Menge spielt das keine Rolle. Als aber der Copilot begann, auf 14.000 ft zu sinken und den Schub auf fast Leerlaufleistung verringerte, begannen die Probleme. Da Wasser schwerer ist als Luft, muß die Turbine sehr viel Kraft aufwenden, um es durch den Kompressor zu drücken. Dadurch sinkt die Umdrehungsgeschwindigkeit des Rotors in der Turbine und damit auch die Stromstärke, die der Generator in der Turbine erzeugt. Überschreitet das Verhältnis Wasser-zu-Luft 14 %, fällt im Leerlauf die Umdrehungsgeschwindigkeit unter den Wert, bei dem alle überflüssigen „Lasten" von der Welle der Turbine genommen werden. Das sind zum Beispiel die Generatoren, die das Flugzeug mit Strom versorgen.

Als die Maschine das Gewitterzentrum durchflog, brach deswegen um 16:07 die normale Stromversorgung an Bord von Flug 242 zusammen.
Die Piloten starteten sofort das APU und erhöhten den Schub, so daß nach 36 Sekunden der Strom wieder da war.:

ATC: „Southern 242, Atlanta...."
COP: „Hab ich, hab' ich wieder, Bill, hab' ich wieder. hab' ich wieder."
CPT: „Äh, 242, warten sie."
ATC: „Nochmal?"
CPT: „Warten sie."

Weiterhin kämpfte sich die DC-9 durch das Gewitter. Die Frontscheibe war in dem Hagel zerbrochen, und die Maschine wurde von Turbulenzen und schweren Regenschauern geschüttelt.

CPT: „Okay, äh..242 äh, uns hat es gerade die Frontscheibe zerdrückt und, ah, wir versuchen, auf fünfzehn(15.000 ft) hochzugehen, wir haben vierzehn."
COP: „Fünfzehntausend."
ATC: „Southern zwei zweiundvierzig, sie sagten sie wären jetzt auf vierzehn?"
CPT: „Ja, äh..können es nicht ändern"

Um zu steigen, erhöhte der Copilot den Schub. Dadurch erhöhte sich ruckartig die Menge des eingesaugten Wassers. Die Turbine wurde aber nicht so schnell mit dem Wasser fertig. Es staute sich im Hochdruckkompressor im hinteren Teil der Turbine und verstopfte so zeitweise den Luftdurchfluß. Die Turbine „verschluckte" sich, um sofort danach wieder hochzulaufen. Durch diese Belastung wurden die Schaufeln im vorderen Teil der Turbine erst von dem Luftstau nach vorne gebogen, dann wieder vom einsetzenden Luftstrom nach hinten gebogen. Nach zwei Minuten waren die Schaufeln der sechsten Stufe des linken Triebwerks soweit verbogen, daß sie gegen das Gehäuse schlugen und Teile abbrachen. Sie wurden von dem Luftstrom in den Hochdruckkompressor gesogen, wo sie so schweren Schaden anrichteten, daß das linke Triebwerk ausfiel.

COP: „Das linke Triebwerk dreht nicht mehr!"
CPT:„ Unser linkes Triebwerk ist eben ausgegangen."
- Pause und eine Routineanfrage -
ATC: „Sie sagten, ein Triebwerk sei ausgefallen und, äh, eine Frontscheibe zerdrückt?"
CPT: „Ja, Sir!"

Sekunden später streifte auch im rechten Triebwerk eine Turbinenschaufel das Gehäuse. Das Triebwerk fiel ebenfalls aus. Damit hatte die DC-9 ihre beiden Triebwerke verloren und segelte antriebslos der Erde entgegen.

COP: „Mein (Gott), das andere Triebwerk geht auch (aus)!"
CPT: „Uns geht das andere Triebwerk auch noch aus."
ATC: „Southern zwei zweiundvierzig, wiederholen sie das."
CPT: „Moment,...wir haben beide Triebwerke verloren!"
COP: „Okay, Bill, besorg uns einen Kurs auf freies Gelände."
CPT: „Geben sie uns einen Kurs auf freies Gelände, Atlanta."

ATC: „Äh, fliegen sie gegenwärtigen Südostkurs. TWA ist auf ihrer linken Seite ungefähr vierzehn Meilen auf vierzehntausend und meldet klares Wetter."
CPT: „Okay."
CPT: „Wollen sie, daß wir nach links drehen?"
ATC: „Southern 242, rufen sie die Anflugkontrolle auf 126,9, und die werden versuchen sie direkt nach Dobbins (ein Luftwaffenstützpunkt ca. 20 Meilen entfernt) zu bringen."
COP: „Gib mir...Ich kenne Dobbins, sag denen, die sollen uns einen Kurs dahin geben."
CPT: „Geben sie mir, äh, den Kurs nach Dobbins, wenn die offen sind!"

Kurz darauf, um 16:10 Uhr/loc, fiel der Strom in der Maschine wieder aus, diesmal über 2 Minuten. Die Piloten aktivierten die an Bord befindlichen Batterien, welche die wichtigsten Funktionen an Bord nach einem Stromausfall in Betrieb halten. Diese versorgen unter anderem auch die wichtigsten Instrumente, wie Höhenmesser, künstlicher Horizont und Funkgeräte. Aber nicht alle! Von den zwei Funkgeräten hatte nur eines Strom, welches die Piloten aber vor dem Abflug routinemäßig auf die Companyfrequenz der Airline eingestellt hatten. In der allgemeinen Hektik nach dem Stromausfall übersahen sie das, weswegen alle Versuche der Radarlotsen, mit der Maschine Kontakt aufzunehmen, fehlschlugen.

Zu diesem Kontakt bestand dringender Anlaß, denn statt ihren Flug in Richtung Südosten auf die angepeilte Luftwaffenbasis Dobbins fortzusetzen, drehte die DC 9 um 180° Grad in Richtung Nordwesten. Die Maschine flog damit genau auf den kleinen Privatflughafen in Cornelius Moore zu, es gibt aber keine Hinweise darauf, ob die Piloten dort wirklich landen wollten oder ob sie überhaupt von seiner Existenz wußten. Warum sie diese Schleife flogen, ist nicht geklärt, da zu den Geräten, die während des Stromausfalls nicht arbeiteten, auch der Cockpit-Voice Recorder gehörte.

Um 16:13 Uhr gelang es, das bordeigene Notstromaggregat (Auxiliary Power Unit = APU) zu starten. Es konnte wieder Kontakt mit der Außenwelt aufnehmen. Die Maschine war aus dem Gewitter heraus, aber inzwischen auf 7.000 ft gesunken. Während die beiden Stewardessen in der Kabine die Passagiere auf die bevorstehende Notlandung vorbereiteten, kurvten die Piloten wieder nach Osten in Richtung Dobbins. Gesteuert wurde die Maschine immer noch vom Copiloten, während der Kommandant den Funkverkehr übernahm. Wieso der Kommandant in dieser Notsituation nicht das Steuer übernahm, ist nicht bekannt.

Etliche Versuche, die ausgefallenen Turbinen wieder zu starten, schlugen fehl, woraufhin der Copilot dieses mit den Worten abschloß:
COP: „Nimm diese Turbinen und (unübersetzbar)!"

Im Cockpit war man sich klar, daß es schwer sein würde bis Dobbins im Segelflug zu kommen. Trotz der Notsituation an Bord von Flug 242 wickelte der verantwortliche Lotse ersteinmal einige normale Anflüge ab, worüber die Piloten langsam ungehalten wurden:
COP: „Äh..."
ATC: -Gibt weiter detaillierte Anweisungen zum Sinkflug einer TWA-Maschine.-
COP: „Okay, hören sie zu, wir haben eben beide Triebwerke verloren, ich muß ihnen nicht erzählen, was das heißt, insbesondere wenn man nur ZWEI Triebwerke hat und WIE WEIT IST ES NACH DOBBINS!"
ATC: „Southern 242, äh, es sind noch 19 Meilen bis Dobbins."
COP: „DANKE...."
CPT: „Wir sind runter auf 5.800 ft, zweihundert Knoten schnell."
COP: „Wie ist die Geschwindigkeit, wir müssen feststellen, welches Gewicht wir haben, Bill, stell die Geschwindigkeit ein."
ATC: „Southern 242, ein Triebwerk funktioniert aber noch?"
COP: „Nein"
CPT: „Negativ, kein Triebwerk."
ATC: „Roger"

Während der Lotse sich wieder um seine Routineaufgaben kümmerte, segelte Southern 242 weiter dem Erdboden entgegen und die Piloten bereiteten sich auf die Notlandung vor.
CPT: „Paß auf, daß du sie nicht überziehst!"

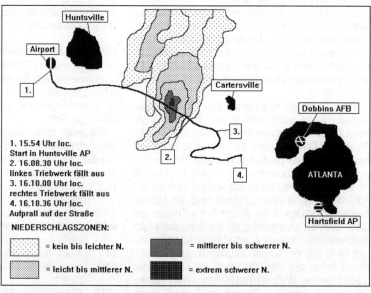

Darstellung des Flugverlaufs von Southern Flug AW 242 am 4.04.1977 vom Start bis zur Notlandung

COP: „Nein, werde ich nicht."
CPT: „Setz die Klappen.."
COP: „Mach ich, soweit die Hydraulik noch funktioniert."
CPT: „Funktioniert noch."
- Einen Moment später -
COP: „Hast du Dobbins auf der Anflugkarte?"
CPT: „Ich kann Dobbins nicht finden. Sag mir, wo das ist. Atlanta?"
COP: „Ja."

Die Maschine war schon auf 4.600 ft gesunken, als nach dreiminütiger Wartezeit der Lotse das Wetter über dem angepeilten Notlandeplatz bekanntgab. Außerdem wurden die Piloten informiert, daß sie noch 16 Meilen vom Flughafen entfernt waren.

CPT: „Ich weiß nicht ob wir das noch schaffen oder nicht."
ATC: „Roger."
COP: „Äh, frag sie, ob irgend etwas zwischen Dobbins und hier ist."

Der Lotse redete gerade mit einer Eastern-Maschine, so mußte die Besatzung noch einige Zeit warten, bis er die Landkarte zu Rate zog.

ATC: „Southern 242, äh, no Sir, Dobbins ist der nächste Flughafen."
CPT: „Ich weiß nicht, ob wir das schaffen, aber wir versuchen alles"
ATC: „Roger, da wäre noch Cartersville, da sind sie 10 Meilen entfernt, das ist 15 Meilen westlich von Dobbins."
COP: „Wir nehmen das, ja, wir gehen da hin."
CPT: „Können sie uns einen Kurs nach Cartersville geben?"
ATC: „Alles klar, kurven sie nach rechts, Kurs 360 wird sie direkt, äh, Direktkurs dahin bringen."
CPT: „360, roger."
COP: „Wie ist die Rollbahn, welche Richtung hat die Rollbahn?"
CPT: „Welche Richtung hat die Rollbahn?"
ATC: „Warten sie."
CPT: „Und wie lang ist sie?"
ATC: „Warten sie?."

Aber sie konnten nicht mehr warten! Die Piloten hatten erkannt, daß sie es nicht mehr zum Flugplatz schaffen würden. Augenzeugen am Boden sahen zu dieser Zeit die DC-9 aus den Wolken herauskommen und nach Osten drehen. Sie wunderten sich, denn sie hörten kein Motorgeräusch.

Die Besatzung begann, einen Notlandeplatz vor dem Flughafen zu suchen.

CPT: „So wie's mit uns aussieht, müssen wir uns ein Feld aussuchen."
COP: „Bill, du mußt mir eine Landstraße suchen!"
CPT: „Lass uns das nächste freie Feld nehmen."
COP: „Nein.. *.."
CPT: „Ich sehe eine Landstraße, keine Autos."
COP: „Da drüben...ist sie gerade?"
CPT: „Nein."
COP: „Wir müssen sie nehmen."

Jetzt teilte der Lotse die angeforderten Informationen über den Flughafen in Cartersville mit, aber dazu war es zu spät.

CPT: „Äh, Atlanta, wir landen auf einer Landstraße, wir sind auf absolut Null."
COP: „Klappen?"
CPT: „Sind auf 50."
COP: „Oh *, Bill, ich hoffe wir schaffen es!"
COP: „Ich hab's, ich hab's!"
COP: „Ich versuche über diesen Typen da wegzukommen."
CPT: „Da ist ein Auto."
COP: „Ich hab's, Bill, ich hab's jetzt, ich hab's."
CPT: „Okay"
CPT: „Überzieh sie nicht!"
COP: „Ich brauche einen Schubs"
COP: „Wir machen es genau hier."
STA: „Beugen sie sich herunter und festhalten!"
COP: „Ich hab's."

Die DC-9 schwebte über dem State Highway 92 ein. Sie schaffte es über einige entgegenkommende Autos und Trucks hinwegzukommen und streifte einige Bäume am Straßenrand mit der äußeren linken Tragfläche. Nachdem sie 200 Meter die Straße entlanggeschwebt war und den Ortseingang von **New Hope/GA/USA** passiert hatte, berührte das linke Hauptfahrwerk die Straße. Gleichzeitig krachte die linke Tragfläche gegen einen Ampelmast und brach ab. Die Maschine schlitterte nach links, rasierte einige Lichtmasten und Verkehrsschilder ab, streifte eine Tankstelle und kollidierte mit fünf Autos und einem Truck. Weitere 400 Meter weiter prallte sie gegen eine Baumgruppe und kam zum Stehen. Der Rumpf zerbrach in fünf Stücke, welche sofort in Flammen aufgingen.

In der Kabine konnten sich beide Stewardessen aus ihren Sitzen befreien.

Die in dem vorderen Teil des Rumpfes sitzende Stewardeß hing kopfüber in ihrem Sitz, konnte sich aber selbst befreien und verließ die Maschine durch ein Loch im Rumpf. Sie rannte zu einem Haus, in dessen Vorgarten der Havarist zum Stehen gekommen war, um Hilfe zu holen. Danach lief sie zum brennenden Wrack zurück und half bei der Evakuierung der Passagiere. Die zweite Stewardeß saß zuerst im brennenden Heckteil fest. Sie versuchte die Hecktür zu öffnen, was ihr aber nicht gelang. Es gelang ihr aber, sich in die Kabine vorzukämpfen und mit der Bergung von Passagieren zu beginnen. Viele Passagiere waren in den brennenden Trümmern eingeschlossen. Andere waren, als die Maschine auseinanderbrach, mit ihren Sitzen ins Freie geschleudert worden.

64 der Insassen an Bord überlebten die Notlandung nicht, darunter auch die beiden Piloten. Alle 17 Überlebenden wurden schwer verletzt. In der kleinen Ortschaft New Hope/Georgia hatte die DC-9 eine 600 Meter lange und 90 Meter breite Spur der Vernichtung hinterlassen. Am Boden starben insgesamt 8 Menschen.

18.04.77

Philippine AL   Douglas DC-8-53
RP-C803   45937

Der DC-8 wurden während des Startlaufs in **Tokio-Narita AP/Japan** starke Seitenwinde zum Verhängnis. Diese schoben die Maschine rechterhand von der Startbahn.

Die Piloten konnten diesen Drall nicht korrigieren und wurden mit ihrer Maschine in ein angrenzendes Feld geschoben. Dabei wurden alle vier Triebwerke abgerissen, und das gesamte Fahrwerk brach weg. Auf eine Reparatur wurde aus ökonomischen Gründen verzichtet.

14.05.77
IAS Cargo Boeing 707-320C
G-BEBP 18579

Im Jahre 1963 verließ die 707 mit der Baunummer „18579" die Werkshallen des Herstellers Boeing. Die Maschine wurde an die Pan American Airways ausgeliefert und leistete dort die nächsten dreizehn Jahre normalen Liniendienst, bis sie im März 1976 außer Dienst gestellt wurde. Nach drei Monaten wurde die Maschine an die britische Charterfluggesellschaft Dan Air verkauft, welche sie einem sorgfältigen technischen Check unterzog und sie auf ihre zukünftige Rolle als Frachtflugzeug für die afrikanische Fluggesellschaft „International Air Services" vorbereitete. Am 14.10.1976 übernahm die in Sambia beheimatete Airline diese von Grund auf gewartete und von der Luftaufsichtsbehörde Großbritanniens, CAA, flugtauglich geschriebene 707 und setzte sie für ihr weitverzweigtes Streckennetz in Afrika und Europa ein. Am 21.02.1977 wurde die Maschine noch einmal bei Dan Air sorgfältig gewartet. In ihrer gesamten Dienstzeit hatte es mit der „G-BEBP" nie irgendwelche technischen Zwischenfälle gegeben, weder bei der Pan AM, noch bei der IAS Cargo. Bis zu dem verhängnisvollen Morgen über der sambischen Hauptstadt **Lusaka/Sambia**.

Die „G-BEBP" war auf dem Rückweg von einem Frachtflug auf Charterbasis, der in London Heathrow begonnen hatte und von Zwischenlandungen in Athen und Nairobi unterbrochen war. In Nairobi hatte eine frische Besatzung die 707 übernommen, um den letzten Teil des Weges nach Lusaka zu fliegen. Die Besatzung bestand aus fünf Mann, also zwei Piloten, einem jungen Bordingenieur und seinem Ausbilder sowie einem Lademeister. Der um 10:17 Uhr/loc in Nairobi gestartete Flug meldete sich knapp zwei Stunden später bei der Luftaufsicht in Lusaka. Diese gab die „G-BEBP" für einen Sinkflug frei und reihte sie hinter einer anderen landenden Maschine ein. Die Maschine war auf 2.200 ft abgesunken, als der Copilot dem Tower die Sichtung der Landebahn meldete. Die 707 näherte sich von Norden aus der Landebahn 10 des Flughafens und flog so im rechten Winkel auf die Bahn zu. Nach der Sichtung des Flughafens gab der Tower den Frachter für einen Sichtanflug frei, den der Kommandant sofort einleitete. Die 707 schwenkte scharf nach rechts und flog so einige Minuten fast parallel zum Landekurs, wobei sie sich wieder vom Flughafen entfernte. Um 12:32 Uhr/loc. wechselte die Besatzung zur Towerfrequenz, welche die „G-BEBP" zu einem Schwenk auf den Landekurs freigab. Die 707 legte sich wieder nach links, während im Cockpit die Landechecklisten gelesen und abgeschlossen wurden. Um 12:33:17 Uhr GMT war auf dem CVR-Band plötzlich das Geräusch von reißendem Metall zu hören, welches 0,5 Sekunden anhielt. Augenzeugen am Boden sahen, wie sich im selben Moment zuerst nur kleine Teile und dann das gesamte rechte Höhenleitwerk von der Maschine lösten. Während die Nase der 707 immer mehr nach unten zu kippte, stürzte das Flugzeug aus 800 ft auf den Erdboden zu, wo es praktisch vertikal zerschellte. Das Cockpit schlug zuerst auf dem Boden auf, wobei alle sechs Insassen der Maschine ums Leben kamen. Nach dem Aufschlag brach ein großes Feuer am Boden aus. Nach Aussage der sambischen Behörden ist es nur einem Wunder zu verdanken, daß es am Boden keine Todesopfer gab. Der Aufschlag ereignete sich gut drei Kilometer von dem Flughafen entfernt.

Die sambischen Behörden ermittelten schnell, daß der Bruch des Höhenleitwerks auf Materialermüdung zurückzuführen war. Für die daraus resultierenden metallurgischen Untersuchungen gab es in Sambia keine Ausrüstung, daher Großbritannien als „Registerstaat" der „G-BEBP" mit der weiteren Ermittlung beauftragt.

Die Unfallexperten widmeten diesem Unfall mehr Aufmerksamkeit und Aufwand, als man es von einem Absturz einer 14 Jahre alten Frachtmaschine in Afrika vermuten würde. Doch nur auf den ersten Blick. Die „G-BEBP" befand sich mit 14 Jahren und 47.621 Flugstunden (Das Serviceleben einer 707 sollte 60.000 Stunden betragen) in ihren mittleren Jahren, als sie aufgrund von Materialermüdung auseinanderbrach. Die Maschine war während ihrer ganzen Lebenszeit nach den Richtlinien der Luftaufsichtsbehörden der USA und Großbritanniens gewartet und inspiziert worden, das letzte Mal im Rahmen eines C - Checks drei Monate vor dem Absturz in der Werft der britischen Dan Air. Bei der Konstruktion der 707 nach dem „Fail Safe" Prinzip hatte man so viele mechanische Sicherungen eingebaut und derartig akribische Wartungs - und Inspektionsmethoden entwickelt, daß sich ein mechanisches Versagen dieses Ausmaßes nicht hätte ereignen dürfen.

Bei einer nach dem Fail Safe Prinzip entwickelten Konstruktion wird die durch einen Strukturschaden an einem Bauteil entstandene zusätzliche tragende Last auf alle anderen Bauteile mitverteilt. So wird sichergestellt, daß ein Schaden an einem Bauteil nicht die gesamte Konstruktion zerstört, wie es bei den Cometabstürzen in den fünfziger Jahren (siehe 10.01.1954) passiert war. Innerhalb der Lebensdauer eines Flugzeuges sollte so die Ausfallsicherheit der Konstruktion gewährleistet werden. Doch dieses ausgefeilte Prinzip hatte bei der „G-BEBP" offensichtlich versagt.

Nach fast einem Jahr gelang es den britischen und sambischen Ermittlern, den Ablauf und die Gründe der Katastrophe nachzuzeichnen. Begonnen hatte alles mit einer Verbesserung der tragenden Konstruktion des Höhenleitwerks. Wie bei allen anderen mechanischen Konstruktionen innerhalb des Flugzeugs muß auch diese stabil genug sein, um höchsten mechanischen Belastungen standzuhalten. Gleichzeitig muß sie aber auch flexibel genug sein um diesen Belastungen ein wenig nachzugeben und so eine Materialermüdung der Konstruktion zu vermeiden (Nebenbei darf diese Konstruktion nicht zu viel wiegen und muß ebenso leicht zu erstellen wie zu inspizieren sein. Und das alles zu einem niedrigem Preis).

Das Höhenleitwerk ist als Gesamtheit in einem kleinen Bereich um seine Querachse drehbar und dient so der

Trimmung des Flugzeuges (Stabilizer), um eine Heck-, bzw. Buglastigkeit des Flugzeugs auszugleichen. Am hinteren Ende des Höhenleitwerkes ist das bewegliche Höhenruder installiert, welches die Steuerung des Flugzeugs um seine Querachse übernimmt. Dieses Höhenleitwerk setzt sich aus quer zur Flugrichtung laufenden Trägern, den Flügelholmen, und aus den mit der Flugrichtung verlaufenden profilförmigen Rippen zusammen. Diese Konstruktion wird mit relativ dünnem Metall, durch aufgenietete Profile verstärkter Außenhaut, beplankt. Die gesamte Belastung des Leitwerks wird so auf die Holme und die versteifte Außenhaut verteilt.

Die „G-BEBP" war das erste gebaute Flugzeug der 300C (=Convertible) Version der 707, welches sowohl als Passagierflugzeug wie auch als Frachter eingesetzt werden konnte. Das hatte zu einigen konstruktiven Veränderungen geführt, darunter auch zum Einsatz eines anderen, härteren und damit steiferen Stahls zur Konstruktion der Holme des Höhenleitwerks. Es zeigte sich aber, daß die höhere Steifigkeit des Stahles die täglichen Belastungen des Flugalltags nicht so gut verkraften konnte und es im Bereich des vorderen Holmes des Höhenleitwerks nach einigen Jahren zu Materialermüdung kam. 7.200 Flugstunden vor dem Absturz war die Konstruktion im Bereich eines Nietloches soweit geschwächt, daß ein Ermüdungsriß entstand, der sich im Laufe der Zeit immer mehr vergrößerte. Dieser Riß blieb aber vorerst so klein, daß er bei den regelmäßigen Inspektionen nicht auffiel. Doch im im Lauf der Zeit hatte er sich immer mehr ausgebreitet, bis die Konstruktion an jenem schicksalhaften Morgen im Landeanflug auf Lusaka endgültig nachgab.

Das Nietloch befand sich auf der Oberseite des rechten Höhenleitwerkes und verband den vorderen Höhenleitwerksholm mit der Beplankung der Außenhaut. Als dieses Loch nachgab, wirkte schlagartig eine große Belastung auf die umliegenden Bauteile. Doch die beiden Höhenleitwerksholme waren aus dem selben Material und so mehr oder weniger gleichmäßig von Materialermüdung betroffen. Bei der Beplankung waren bei einer früheren Reparatur einige der Versteifungselemente gegen weniger hochwertige Aluminiumprofile ausgetauscht worden. So gab in einer Kettenreaktion die gesamte geschwächte Konstruktion nach, was mit dem Auseinanderbrechen des rechten Höhenleitwerkes und seinem Abbrechen kurz vor dem Rumpfansatz endete. Jetzt wurde die gesamte Belastung des rechten Höhenruders auf das linke Höhenruder und seine Aufhängung in der Hecksektion verlagert. Diesen nach unten gerichteten Belastungen war die Aufhängung nicht gewachsen und bog sich zur Seite, bis sie brach. Das linke Höhenruder begann sich nach unten zu neigen, wobei die Außenhaut der Hecksektion aufzureißen begann.

Als Vorbereitung für die Landung hatten die Piloten die Maschine leicht hecklastig ausgetrimmt, doch als sich jetzt das linke Höhenleitwerk von seiner Aufhängung löste, wurde es von der anströmenden Luft immer mehr in eine buglastige Trimmung gedrückt. Die Nase der Boeing sank deswegen nach unten ab, bis die Maschine fast senkrecht nach unten stürzte, ohne das die Piloten daß geringste daran ändern konnten. Von dem Moment als das Nietloch des rechten Höhenruders nachgab, war das Schicksal der „G-BEBP" und ihrer fünf Insassen innerhalb von 0,5 Sekunden besiegelt.

Als der erste Bericht über diesen Unfall veröffentlicht wurde, ordnete die FAA eine sofortige visuelle Überprüfung aller Höhenleitwerksholme der 320'er und 400'er Versionen der Boeing 707 an. Die Menge von Rissen, die man bei diesen Inspektionen fand, regte einige Airlines dazu an, mit Ultraschallgeräten noch genauer zu suchen. Das war ein Glück, denn sie fanden so etliche weitere Risse, die bei der visuellen Untersuchung übersehen worden waren. Die FAA geriet zunehmend in die Kritik, das Problem nicht ernst genug genommen zu haben, schließlich hatte sie die Umbauten an der Boeing 707 genehmigt. Als Antwort auf diese Vorwürfe ordnete die FAA aufwendige Inspektionen im Abstand von 375 Flugzyklen (oder viermal pro Jahr) an. Der Hersteller Boeing beeilte sich, einen Umbausatz der Höhenrudersektion anzubieten, der zwar sehr aufwendig, aber immer noch billiger als die regelmäßigen, teueren Inspektionen war. Boeing war derartig um seinen guten Ruf als Flugzeugbauer besorgt, daß die Firma einigen für ihre laxen Wartungs- und Inspektionsmethoden bekannten Airlines, den Umbau zu einem Sonderpreis anbot. Seitdem ist es bei dem Model 707 nicht mehr zu einem vergleichbaren Unfall gekommen.

27.05.77

Aeroflot   **Ilyushin Il-62M**
CCCP-86614   **51903**

Die aus Moskau kommende IL-62 streifte bei dem Versuch einer Notlandung eine Hochspannungsleitung und zerschellte bei „reduzierter" Sicht kurz vor dem Flughafen von **Havanna/Kuba** in unbewohntem Gebiet. Von den 56 Passagieren und zehn Besatzungsmitgliedern überlebten den Absturz nur zwei. Beide waren verletzt.

Unbestätigten Meldungen zufolge hatte die Maschine bei ihrem Flug über den Atlantik ein Problem mit einem Triebwerk, welches zu einem Brand in der Triebwerksgondel und so zu einer schweren Notsituation an Bord geführt hatte.

28.05.77

Societa Avioligure   **Yakovlev Yak-40**
I-JAKE   **9141418**

Der Flieger kam bei der nach links von der Landebahn in **Genua AP/Italien**, ab und endete halb mit dem Rumpf im Wasser des Golfes von Genua. Die Maschine wurde zwar geborgen, jedoch waren die Beschädigungen derart gravierend, daß an eine Wiederherstellung des Flugzeugs nicht mehr zu denken war.

09.08.77

Pearl Air   **Boeing 707-400**
9Q-CRT   **17718**

In **Sanaa/Nord-Yemen**, wurde die 707 so sehr beschädigt, daß man sich nicht mehr zu einer Reparatur entschließen konnte.

20.08.77
Monarch Avn.   Convair 880
N8817E   65

Es war 10:53 Uhr/loc. als die mit 22,5 Tonnen Rinderhälften beladene 880er auf der Startbahn des Juan Santamaria-Flughafens in San Jose/Costa Rica auf Abhebegeschwindigkeit beschleunigte. Augenblicke später hoben sich die Fahrwerke vom Boden, und langsam begann die Maschine mit dem Steigflug. Doch der langsame Steigflug kehrte sich kurz darauf in einen Sinkflug und die Convair verlor an Höhe. Zusätzlich hing die rechte Tragfläche immer mehr nach unten. Das Flugzeug driftete nach rechts von der Pistenachse. Die Piloten waren offensichtlich nicht in der Lage, den Sinkflug zu unterbinden, und nach nur zwei Flugminuten stürzte man 6 km östlich des Flughafens zu Boden. Beim Aufprall zerschellte der Vierstrahler und setzte die Umgebung in Brand.

Keiner der drei Crewmitglieder, die einzigen Insassen der Convair, überlebte den Crash.

Der Aufprall hinterließ eine 200 Meter lange Trümmerschneise neben einer Landstraße und einem Reifenwerk.

Da die Flugdatenschreiber zerstört wurden, ließen sich leider keine eindeutigen Rückschlüsse auf die Unglücksursache anstellen.

21.09.77
Malev   Tupolev 134
HA-LBC   8350605

Beim Versuch einer Notlandung in **Bukarest-Otopeni AP/Rumänien**, stürzte die Tupolev in der Nähe des Flughafens ab.

Dabei kamen 29 Menschen ums Leben und 24 wurden verletzt. Die Maschine kam aus Istanbul und sollte in Budapest landen.

27.09.77
Japan AL   Douglas DC-8-62
JA8051   46152

Die Maschine befand sich kurz vor Beendigung des Linienfluges JL715 von Hong Kong nach Kuala Lumpur, als man dem Piloten mitteilte, daß wegen eines heftigen Gewitters die gesamte Anflugbefeuerung incl. dem ILS ausgefallen sei. Der Anflug auf den Flughafen **Kuala Lumpur-Int'l AP/Malaysia** wurde dennoch fortgesetzt, und so kam es, daß der Jet etwa 20 Meilen vor der Landebahnschwelle einen 1500 Meter hohen Berg streifte. In der Kabine erloschen die Lichter, als die DC-8 in eine Kautschukplantage am Fuß des Berges stürzte. Sie zerbrach in drei Teile und ging in Flammen auf.

Es starben 34 Insassen, weitere 45 wurden z.T. schwer verletzt.

05.11.77
Indian AF   Tupolev 124K
V643   6351903

Bei der Landung in **Jorhat/Indien**, verunglückte das Flugzeug. Die 5 Besatzungsmitglieder starben.

19.11.77
T A P   Boeing 727-200
CS-TBR   20972

Nach zwei gescheiterten Versuchen, auf dem nassen Bahnasphalt der Runway 24 des Flughafens Funchal auf der portugiesischen Ferieninsel **Madeira/Portugal** aufzusetzen, unternahmen die Piloten einen dritten Landeversuch. Das örtliche Wetter war alles andere als gut: Regen mit reduzierter Sichtweite von nur 2 Meilen und eine fast geschlossene Wolkendecke in 1.500 ft Zu dieser Zeit, es war gerade 21:48 Uhr/loc, herrschte zudem Dunkelheit. An Bord der aus Brüssel kommenden vollbesetzten 727 befanden sich neben den 8 Crewmitgliedern noch 154 Fluggäste. Über der Landebahnschwelle befand sich die 727 noch in perfekter Anflughöhe und Geschwindigkeit. Doch die Piloten fingen die Maschine etwas zu früh ab, was dazu führte, daß der finale Aufsetzpunkt etwa 500 Meter hinter dem vorgesehenen Aufsetzpunkt lag. Zum anderen setzte die 727 mit einer um 30 km/h erhöhten Geschwindigkeit auf, was durch das Einziehen der Landeklappen unmittelbar vor dem Touchdown bewirkt wurde. Offenbar wollte der Kommandant damit versuchen, die Boeing auf den Boden zu zwingen. Zusätzlich wies das Bahnprofil ein geringes Gefälle auf und Wasserlachen, die aus Deformierungen in der Asphaltdecke entstanden waren. Das alles gab schließlich den Ausschlag, daß es die 727 nicht mehr schaffte vor dem Bahnende zum Stillstand zu kommen. Trotz voller Schubumkehr und des

CS-TBY; am Terminal wird eines der "Schwesterschiffe" der auf Madeira verunglückten "CS-TBR" auf den nächsten Flug vorbereitet./London-Heathrow 1988 <Quelle: JR-Photo>

Ausfahrens der Spoilerklappen schoß die Boeing über das Ende der Landebahn hinaus und fiel über die dahinterliegende Klippe auf eine alte Steinbrücke. Dabei zerbrach der Rumpf, explodierte und brannte vollständig aus.

Es starben 131 Insassen der Maschine. 31 weitere überlebten z.T. schwerverletzt.

Nach diesem Crash verbot TAP das Starten oder Landen auf der Bahn 24 bei nassen Witterungsbedingungen. Madeira gehörte zu den wenigen Flughäfen, die die Pilotenvereinigung IFALPA für äußerst bedenklich einstufte, da es hier trotz der kurzen Piste keinerlei Überrollflächen hinter den Bahnenden gab, sondern unmittelbar dahinter die fast senkrecht nach unten verlaufende Steilküste liegt.

19.11.77

Ethiopian AL   **Boeing 707-320C**
ET-ACD   **19736**

Die 707 verunglückte beim Start in **Rom-Fiumicino/Italien** und brannte aus.

Die 5 Besatzungsmitglieder wurden getötet.

21.11.77

Austral   **BAC 1-11-400**
LV-JGY   **155**

Insgesamt drei Maschinen umfaßte die Armada der Austral Lineas Aereas, die an diesem Novembertag in Jorge Newbery zu einem Sonderflug nach **San Carlos de Bariloche/Argentinen** abhoben. Alle drei BAC 1-11 waren zuvor von einer Hochzeitsgesellschaft angemietet worden. Im Abstand von wenigen Minuten, zwischen 22:48 Uhr/loc. und 23:19 Uhr/loc., starteten die drei Flugzeuge und stiegen in die Dunkelheit hinein. Die beiden ersten Maschinen bekamen die Sonderflugnummer AU 8 und AU 9 und flogen mit einem Abstand von etwa 14 Meilen horizontal und 2.000 ft vertikal voneinander in Richtung Bariloche. Gegen 00:00 Uhr/loc. wurden die Kontrollpunkte Santa Rosa und Neuquén überflogen. Eine halbe Stunde später begann dann der Sinkflug auf Bariloche. Flug 9 flog mit einer höheren Geschwindigkeit und hatte kurz zuvor den vorausfliegenden Flug 8 überholt. Der Pilot beantragte einen direkten ILS-Anflug auf die Landebahn 28. Das Wetter auf dem Flughafen in San Carlos de Bariloche war nicht besonders gut in dieser Nacht: Es blies ein kräftiger Wind aus westlichen Richtungen und trieb von Zeit zu Zeit Regenschauer über das Flugfeld. Die Wolkenuntergrenze lag bei etwa 300 Metern, Tendenz abnehmend. Die vergnügte Hochzeitsgesellschaft erwartete ein rauher Empfang. Wichtigste Navigationseinrichtung für anfliegende Flugzeuge war das Bariloche-VOR, das in verlängerter Pistenlinie der Bahn 28 stand und bei schlechter Sicht (wie heute Nacht) von allen Flugzeugen angepeilt würde, um auf den richtigen Anflugkurs zu gelangen. Der dortige Towerlotse, mit dem man untendessen Verbindung aufgenommen hatte, bat Flug 9, sich zu melden, sobald sie „zentriert" wären, d.h. wenn der Balken der Gleitweganzeige mit dem des ILS-Senders übereinanderliegt. Flug 9 bestätigte kurz darauf, daß sie „zentriert" wären und wurden sogleich zur Landung auf der Bahn 28 freigegeben. Doch statt zu landen, überflog die Maschine um 00:55 Uhr/loc. den Flughafen in geringer Höhe. Auf die Nachfrage des Towers, warum keine Landung möglich war, antwortete man:

Flug 9:„Das ILS hat versagt."

Momente darauf beantragte die Besatzung eine Freigabe zum Sichtanflug auf die Gegenbahn 10, doch nachdem der Towerlotse auf den starken Rückenwind aufmerksam machte, besann sich der Pilot schnell anders. Somit wurde die 180°-Kurve eingeleitet, um zum Anflug auf die Bahn 28 zurückzukehren und es noch einmal zu versuchen. Unterdessen hatte sich die Wolkenuntergrenze noch näher an den Erdboden verlagert. Ohne zu zögern, gab der Copilot des kreisenden Fluges 8 zu verstehen:

Flug 8:„Unter diesen Bedingungen weiche ich zum Ausweichflughafen (Neuquén) aus."

Dieses hastige Statement war jedoch nicht mit dem Kommandanten abgesprochen; somit blieb Flug 8 einstweilig in der Warteschleife. Flug 9 war mittlerweile wieder in die Wolken hineingestiegen und bewegte sich in 6.400 ft in Richtung Anflugachse. Auf die Frage, ob man denn die Landebahn in Sicht hätte, kam von Flug 9 nur ein kurzes: *„Negativ."* Daraufhin wurden die Piloten aufgefordert, den Sichtkontakt mit den Lichtern der Landebahn zu melden. Die Piloten stabilisierten sich ein zweites Mal auf der verlängerten Pistenachse. Sekunden darauf erlosch plötzlich erneut die Gleitweganzeige. Rot-weiß gestreifte Flaggen erschienen auf den Anzeigeinstrumenten, was bedeutete, daß keinerlei Gleitweginformation mehr vorhanden war. Doch statt den Landeanflug unverzüglich abzubrechen, blieb Flug 9 auf Kurs. Der Copilot fragte im Tower nach, ob das Funkfeuer-Bariloche ausgefallen sei. Der Towerlotse hatte jedoch keine Kontrollmöglichkeit und mußte die Antwort schuldig bleiben. Die Situation war ihm nicht klar. Daher wandte er sich um 01:04 Uhr/loc. noch einmal an den Piloten:

ATC: „Was meinen Sie?"

Flug 9:

„Ja, ja, ja...ich habe jetzt einen zwischenzeitlichen Ausfall des VOR's."

Der Pilot sprach sehr schnell. Offenbar konzentrierte man sich im Cockpit darauf, die Maschine zu fliegen. Sowohl Flug 8, als auch Flug 10, der sich noch in einiger Entfernung vom Flughafen befand, bestätigten den Ausfall ihrer Navigationsanzeigen. Doch als man Flug 9, der sich etwa 11 Meilen vor der Landebahn befinden mußte, anfunken wollte, kam keine Antwort mehr.

Erst am nächsten Morgen entdeckte ein Suchflugzeug die zerstörten Überreste von Flug 9, ca. 20 km östlich des Flughafens. Der Rumpf war größtenteils intakt geblieben, als das Flugzeug gegen einen Berg prallte und nach etwa 200-300 Metern zum Stehen kam. Dabei wurde der vordere Rumpf abgerissen. Ein Feuer brach zum Glück nicht aus. Daher gelang es 33 Insassen lebend aus dem Wrack zu gelangen. Alle anderen 41 Passagiere und alle fünf Crewmitglieder kamen ums Leben.

Die anderen beiden Flugzeuge landeten nach dem Unglück ohne weitere Probleme in San Carlos des

Bariloche. Experten rekonstruierten, daß sich das schadhafte Funkfeuer von selbst abgeschaltet hatte. Ein ungewöhnlich rapider Temperatursturz oder ein Vogel störten wahrscheinlich die empfindlichen Funkanlagen und lösten eine Selbstkalibrierung des Funkfeuers aus. Automatisch schaltete sich das VOR ab, um die Einstellungen neu vorzunehmen. Doch der fliegende Kommandant von Flug 9 interpretierte diese Fehlfunktion als Bestätigung für die korrekte Ausrichtung auf der Pistenachse. Er stand etwas unter Zeitdruck, wollte er doch unbedingt als erster in Bariloche landen. Er dachte nun, er sei noch ein gutes Stück zu hoch und leitete einen steilen Sinkflug ein. Die Sinkrate betrug 2.000 ft/min statt den normalen 750 ft/min. Nach dem abgebrochenen ersten Anflug wollte er um jeden Preis verhindern, ein zweites Mal ein Fehlanflugverfahren einzuleiten. Abgelenkt nahm er nicht mehr wahr, daß die Maschine immer tiefer sank, bis es zu spät für einen Steigflug war.

22.11.77
Interflug   **Tupolev 134A**
DM-SCM   **3351904**

Die Interflugmaschine befand sich mit 74 Passagieren aus Moskau kommend im Endanflug auf **Berlin-Schönefeld AP/DDR**. Die Maschine wurde bis zu einer Höhe von 360 ft vom Autopiloten an die Piste herangeführt. Dann sollte der Autopilot ausgeschaltet werden und die Piloten die restliche Strecke nach Sicht fliegen. Diese vergaßen aber, ihn auszuschalten, weswegen die Tu-134 sich auf den letzten Metern mal über und mal unter dem Gleitpfad befand. Als Sekunden vor der Landung das Höhenruder plötzlich voll ausschlug und die Maschine eine zu hohe Sinkrate bekam, bemerkten die Piloten ihren Irrtum. Der Kommandant rief zwar noch: *"Autopilot raus"*, aber es war schon zu spät.

Die Tu-134 knallte mit derartiger Gewalt auf den Pistenasphalt, daß die linke Tragfläche abbrach. Das Flugzeug sprang wieder hoch und drehte sich um die Längsachse auf den Rücken. Beim zweiten Aufschlag löste sich das Leitwerk vom Rumpf. Auf dem Rücken schlitterte die Tu-134 die Bahn hinunter und blieb 48 Meter hinter dem Ende der Landebahn liegen.

Bei diesem Unfall kam zum Glück niemand zu Schaden.

02.12.77
Balkan   **Tupolev 154**
LZ-BTN   **54**

Die Besatzung der aus Jeddah kommenden Tupolev mußte bei ihrer Ankunft im libyschen Luftraum feststellen, daß der angesteuerte Bengahzi Jalilah Flughafen von dichtem Nebel überzogen war. Nachdem alle Versuche einen Ausweichflughafen zu finden fehlgeschlagen waren, ging der Treibstoff aus. Die Besatzung mußte eine Notlandung in der Wüste nahe **Benghazi/Libyen** versuchen. Dabei brach der Rumpf in zwei Teile. Von den 165 Insassen an Bord der Chartermaschine starben 59.

04.12.77
MAS   **Boeing 737-200**
9M-MBD   **20585**

Die 737 befand sich im Sinkflug auf Kuala Lumpur auf einem Inlandsflug von Penang, als plötzlich ein bewaffneter Mann ins Cockpit eindrang und den Piloten die Anweisung gab, nach Singapur zu fliegen. Der Pilot konnte die Bodenstellen noch über die Entführung informieren, als im Cockpit wahrscheinlich ein Handgemenge entstand. Die Boeing sank plötzlich von 21.000 ft auf 7.000 ft, bevor der Radarkontakt abbrach. Das Flugzeug stürzte in eine sumpfige Gegend in der Nähe des Ortes **Kampong Ladang/Malaysia** und zerschellte beim Aufschlag.

Von den 93 Fluggästen und der 7-köpfigen Crew überlebte niemand.

Offenbar kam es an Bord zu einem Tumult, in dessen Verlauf beide Piloten von dem Entführer erschossen wurden!

Hiernach wurden die Sicherheitskontrollen auf den malaysischen Flughäfen verschärft.

09.12.77
Aerotour   **SE210 Caravelle 6N**
F-BYAU   **192**

Beim Rollen auf dem Areal des Flughafens von **Oujda/Marocco** kollabierte das gesamte Fahrwerk. Die Caravelle wurde dadurch so sehr in Mitleidenschaft gezogen, daß sich ein Wiederaufbau nicht rentierte.

Die Maschine hatte bis dahin 22546 Flugstunden hinter sich gebracht.

11.12.77
Charlotte AC   **Douglas DC-8-33**
N8170A   **45270**

Während Betankungsarbeiten an der DC-8, die auf dem Vorfeld in **Lake City/FL/USA** herumstand, entzündete sich aus nicht näher überlieferten Gründen ein Feuer, welches das gesamte Flugzeug in Flammen setzte und zerstörte.

18.12.77
United AL   **Douglas DC-8-54F**
N8047U   **45880**

Bei der ausschließlich für Fracht- und Postflüge eingesetzten "N8047U" traten bereits in der Vergangenheit einige Schwierigkeiten mit einer der vier Generatoren auf. Diese Generatoren, die jeweils von einem Triebwerk mit Energie versorgt werden speisen das gesamte elektrische Bordsystem der DC-8. Aus einem der letzten Flüge fiel während des Anlassens der Turbinen in New York das elektrische System Nr.1 aus. Dieses System wird vom Generator das äußeren linken Triebwerks (Nr.1) gespeist. Der Flugingenieur ließ daraufhin den Generator-Schalter Nr. 1 in der "OFF"-Position. Die Maschine wurde somit von nur drei Generatoren mit elektrischer Energie versorgt. An Bord dieses elf Jahre alten Düsenflugzeugs konnte so etwas schon einmal vorkommen. Dieser Vorfall stellte für die sichere Durchführung des bevorstehenden Fluges keinerlei Probleme dar, übernahmen doch die anderen drei Systeme die Energieversorgung der DC-8. N8047U flog von New York über Chicago und Denver nach San Francisco. Dort angekommen, führten einige herbeizitierte United-Wartungstechniker gezielte Checks an den elektrischen Systemen durch. Sie wechselten das Generatorenpaneel Nr.1 aus und ließen die Triebwerke Nr.1 und Nr.2 an. Nach Beendigung der Tests wurde das Problem als "behoben" bezeichnet.

Noch am selben Abend meldete sich die dreiköpfige Crew bei ihrem Dispatcher in San Francisco. Sie sollten den Nacht-Frachtflug der DC-8 von San Francisco über Salt Lake City nach Chicago übernehmen. Um 23:17 Uhr/loc. hob der Vierstrahler von der Startbahn in San Francisco zum Flug UA2860 in Richtung der Hauptstadt des Bundesstaates Utah ab. Mit nordöstlichem Kurs überflog man die ersten Ausläufer der Rocky Mountains, die als hell schimmernde Schneegipfel aus dem Dunkel der Nacht vor den Augen der Piloten emporragten. Um 01:11 Uhr/loc. bat man den Streckenlotsen in Salt Lake City (SLC), mit dem man mittlerweile in Verbindung stand, um die Freigabe zum Sinkflug. Prompt wurde Flug 2860 für eine Höhe von 15.000 ft freigegeben; man verließ die Reiseflughöhe von 37.000 ft. Während des Sinkflugs bat man um die Übermittlung der neuesten Wetterinformationen in SLC. Zu dieser Zeit ergaben sich an Bord jedoch Probleme mit einem der UKW-Empfänger der Funkanlage. Es schien so, als ob das alte Problem mit dem elektrischen System Nr.1 wieder auftrat. Erneut lieferte der Generator Nr.1 dem Bordnetz keinen Strom. Der auf seinem rückwärtigen Platz sitzende Flugingenieur versuchte indes, diese Fehlfunktion zu beheben, und wollte das ausgefallene System Nr.1 mit den anderen drei Systemen überbrücken. Diese Versuche blieben jedoch erfolglos. Die vom elektrischen System Nr.1 betroffenen Komponenten waren u.a.:

- sämtliche Triebwerksanzeigen des Triebwerks Nr.1
- zwei Landelichter
- die Warnvorrichtung des Fahrwerks
- die Hydraulikölanzeigen
- das UKW-Funkgerät Nr.1 mitsamt dem dazugehörigen Transponder

In dieser Phase tauschten die beiden Piloten ihre Aufgabenbereiche. Der Kommandant, der bis dahin die Steuerung der DC-8 übernommen hatte, war nun für die Abwicklung des Funkverkehrs zuständig. Er hatte nun die Hände frei und widmete sich intensiv der vor ihm liegenden Instrumentenkonsole. Die Steuersäule lag ab jetzt in der Hand des Copiloten. Der Streckenlotse bat nun die Crew mit der Anflugkontrolle Kontakt aufzunehmen, und teilte mit, daß die gewünschten Wetterinformationen ebenfalls von dort zu beziehen wären. Flug 2860 bestätigte und verabschiedete sich mit den Worten:

CPT: „Okay, cause we're working with radio problems too, it looks like."

Um 01:16 Uhr/loc., nahm Flug 2860 mit dem Anfluglotsen in Salt Lake City Kontakt auf. Der Flughafen von Salt Lake City ist mit 4.226 ft einer der höchstgelegenen internationalen Flughäfen der USA. Im Osten und Westen der Airports erstrecken sich die Wasatch-Berge in bis zu 4.000 Meter Höhe. Im Norden liegt das weite Gebiet des Salzsees, das sich in einer langgestreckten Hochebene hinzieht. Daher sind die beiden Start- und Landebahnen in SLC in Nord- Süd Richtung angelegt (16L/R bzw. 34 L/R)

Im Tower in SLC versahen zu dieser späten Stunde nur zwei Fluglotsen ihren Dienst. Zum einen der Bodenlotse, der für Anlaß- und Rollfreigaben, sowie für die Flugdatenbearbeitung zuständig war. Zum anderen der Anfluglotse, der für allen an- und abfliegenden Verkehr und die Platzkontrolle verantwortlich war. Letzterer hatte bereits am Vortag von 07:00 Uhr bis 15:00 Uhr Dienst gehabt, hatte dann neun Stunden frei und meldete sich pünktlich um Mitternacht wieder zurück zum Dienst. In den neun Stunden Freizeit schlief er gerade mal gute zwei Stunden, somit kam er etwas ermattet zum Nachtdienst in den Tower.

SLC bei Nacht, das war vor allem Kaffee trinken und die Zeit totschlagen. Zwischen 23:00 Uhr und 05:00 Uhr morgens herrscht kaum Flugverkehr und nur in Ausnahmefällen startet und landet ein Flugzeug. Die DC-8 der United gehörte in dieser Nacht zu diesen Ausnahmen. Sonst befand sich kein weiteres Flugzeug in der Kontrollzone. Der Anfluglotse kündigte Flug 2860 einen VOR-Anflug auf die Bahn 16R an und erteilte die Freigabe für den weiteren Sinkflug auf 8.000 ft Dann teilte er den Wetterbericht mit:

ATC: „...measured 1.700 overcast, visibility 15, light rain, temperature 41, altimeter 29.58"

Eine kalte, ungemütliche Nacht sollte es werden. Kurze Zeit später erfolgte eine weitere Sinkflugfreigabe auf 6.000 ft (18.00 ft über dem Erdboden). Der Pilot bestätigte die Freigabe und erkundigte sich noch einmal nach der Wolkenuntergrenze. Kurz darauf funkte Flug 2860:

CPT: „Okay, we got...a few little problems here, we're trying to check our gear and stuff right now."
ATC: „Okay, if...you need any help, I'll give you a vector back around to final, but you're seven miles from the VOR."
CPT: „Okay..."

Höchstwahrscheinlich hatten die Piloten keine Fahrwerksanzeige mehr und wußten daher auch nicht, ob das Fahrwerk beim bevorstehenden Ausfahren auch eingerastet war. Um etwas mehr Zeit für den Landeanflug zur Verfügung zu haben, wurde Flug 2860 auf einen nordwestlichen Kurs geleitet und behielt die Flughöhe von 6.000 ft bei. Man folgte der verlängerten Pistenmittellinie und überflog den Flughafen und das dazugehörige Funkfeuer. Durch die dichte Wolkendecke, aus der sich hin und wieder ein Schauer ergoß, konnten die Piloten jedoch keinerlei Sichtpunkte am Boden ausmachen. Sie flogen erneut an. Der Copilot kurvte in einer Rechtskdiurve auf einen nordwestlichen Kurs. Drei Minuten später bat Flug 2860:

CPT: „...take us out about 20 miles can you do that?"
ATC: „Affirmative"
CPT: „Okay, „cause we're trying to get the gear down and try to find out what the heck is going on."

In diesem Funkspruch steckte die ganze Ratlosigkeit, die die Crew an Bord der DC-8 umgab. Der Lotse ahnte

225

wohl, daß die Schwierigkeiten an Bord nicht so schnell zu beheben wären. Für weitere 2 Minuten hörte man nichts mehr von Flug 2860. Dann jedoch meldete sich erneut der Kommandant:

CPT: „You put us in a holding pattern at 6.000 here on the VOR for a while?"
ATC: „Roger, turn right, proceed direct to Salt Lake City VOR, hold on the, at the VOR, maintain 6.000."
CPT: „Okay, we'll hold north of the VOR, 6.000...right turn okay?"
ATC: „That's correct, northwest of the VOR at 6.000, right turns."
CPT: „Okay."

Weder diese Freigabe des Anfluglotsen, noch die Wiederholung des Kommandanten standen im Einklang mit der international gebräuchlichen ATC-Phraseologie. Der Controller gab der Besatzung keinerlei Anweisung auf welchem Kurs das Holding geflogen werden sollte. Offenbar nahm er an, daß die Maschine parallel zum Steuerkurs, der in den Anflugkarten verzeichnet war (331 Grad), entlangkurven würde. Doch es ist nicht geklärt, ob die Piloten überhaupt einen Blick in die Anflugkarte geworfen hatte. Der Kommandant diskutierte wohl mit dem Bordingenieur über die weitere Vorgehensweise. Hierzu entfalteten sie mühsam die Schaltpläne des elektrischen Systems und suchten nach möglichen Überbrückungsvarianten. Die Aufmerksamkeit im Cockpit galt mehr und mehr der Lösung ihres Generator-Problems und nicht mehr dem Steuern des Flugzeugs. Auch der Copilot lauschte mit einem Ohr der regen Konversation, um gegebenenfalls sein Wissen mit einzubringen. In einer weiten Rechtskurve drehte man wieder in Richtung Flughafen. Die Maschine flog nun entlang der 331 Radiale das SLC-VOR's, ganz nach Vorschrift, so dachte der Fluglotse und ging davon aus, daß die DC-8 nach Erreichen der VOR's ihre vorgeschriebenen Rechtskurven ziehen würde.

Im Cockpit wurde man langsam unruhig. Es half alles nichts. Das Problem schien die Fähigkeiten der Besatzung zu übersteigen. Alle drei Piloten wollten zudem auch schon seit einigen Minuten gelandet sein. Somit suchte man sich professionelle Hilfe. Der Kommandant wollte mit dem 24-Stunden Service ihrer Fluggesellschaft in San Francisco (United-Ops) Kontakt aufnehmen, um sich von dort einen kompetenten Rat einzuholen.

Da aber nur eines der beiden UKW-Funkgeräte betriebsfähig war, mußte sich Flug 2860 erst einmal beim Anfluglotsen in SLC abmelden:

CPT: „Okay, now can we go, ah...leave you for a little minute. We wanna call San Francisco a minute."
ATC: „United 2860, frequency change approved."
CPT: „Thank you Sir, we'll be back."

Mittlerweile war es 01:31 Uhr geworden, als man mit einem Wartungstechniker der United AL in Verbindung stand. Der Kommandant schilderte die Situation, daß man aufgrund des ausgefallenen Generators keine Fahrwerksanzeige hätte. Der Wartungsingenieur wälzte sofort die Schaltpläne des elektrischen Systems der DC-8-54. Nach einigen Blicken war ihm klar, daß sich das Problem mit der Fahrwerksanzeige nicht so leicht lösen lassen würde. Im Cockpit studierte man ebenfalls diese Pläne,

war jedoch nicht so versiert in diesen Dingen. Alle drei Personen im Cockpit waren fieberhaft mit der Lösung dieses Problems beschäftigt. Ihre DC-8 flog unterdessen vom Salt Lake City-VOR in einer Rechtskurve wieder gen Norden. Der Copilot wollte wohl die Maschine einige Meilen nördlich des Flughafens halten, um möglichst schnell das Holding verlassen und rasch zum Landeanflug übergehen zu können.

Nach einigem Hin und Her schlug der Wartungsingenieur vor zu überprüfen, ob auch die Anzeige der Hydraulikflüssigkeit vom Generator Nr.1 betrieben werde. Dazu mußte er allerdings seinen Platz am Funkgerät kurzzeitig verlassen. Kurz bevor sich Flug 2860 in San Francisco abmeldete, ließ man verlauten:

CPT: „Oh, just before you go...one thing, if that's the only way they can get gear indicators, we're gonna go ahead and land then."

Als man das Gespräch beendet hatte, begann der Copilot, eine weite Rechtskurve einzuleiten. Doch während man sich mit San Francisco unterhielt, verging weitaus mehr Zeit als angenommen. So befand sich die DC-8 um mehr als 12 Meilen nordwestlich des Flughafens und näherte sich nun den Ausläufern der Wasatch-Berge.

Das einzig funktionierende Funkgerät Nr.2 wurde um 01:37 Uhr/loc. wieder auf die Anflugfrequenz in Salt Lake City umgeschaltet. Während sich UA 2860 noch mit San Francisco unterhielt, versuchte der Anfluglotse in SLC mehrmals vergeblich die DC-8 zu rufen. Ihm war nicht entgangen, daß die Maschine vom zugewiesenen Holdingverfahren abgewichen war. Während dieser gesamten Zeit war UA 2860 für ihn nicht erreichbar. Ohnmächtig mußte er mit ansehen, wie sich der Leuchtpunkt des Jets auf dem Radarschirm in Richtung der Berge bewegte.

Es war 01:37:28 Uhr/loc., als sich UA 2860 erneut meldete:

CPT: „...hello Salt Lake CIty, United 2860, we're back."
ATC: „United 2860, you're too close to terrain on the right side for a turn back to the VOR, make a left turn back to the VOR."
CPT: „Say again."
ATC: „You're too close to terrain on the right side, make a left turn back to the VOR."
CPT: „Okay."

Diese Anweisung war fatal, beruhte sie doch auf der Annahme, daß der Jet in gerader Linie nach Nordosten flog. Der Radarmonitor im Tower gab ein ungenaues Bild vom Flugweg der DC-8. Auch erschienen dort keinerlei topographische Elemente, wie z.B. Berge.

Der Lotse nahm nun an, daß das Gelände links von der Maschine frei wäre. Doch das Gegenteil war der Fall. Auf der linken Seite lag die Stadt Ogden mitten in den Bergen, die bis zu 10.000 ft hoch waren. Die eingeleitete Rechtskurve (die die DC-8 ohne Kollisionsgefahr wieder in Richtung Flughafen gebracht hätte) wurde unterbrochen.

ATC: „United 2860, do you have light contact with the ground?"
CPT: „Negative."
ATC. „Okay, climb immediately to maintain 8.000."

Der Lotse hielt den Atem an. Es kam keine Antwort.

ATC: „United 2860, climb immediately, maintain 8.000."
CPT: „United 2860 is out of six for eight."

Im Cockpit machte man sich offenbar den Ernst der Lage nicht vollständig klar. Immer noch grübelten die Piloten üben dem Problem mit dem Generator und der stillgelegten Fahrwerksanzeige. Offenbar ohne Eile folgte der Copilot der Anweisung. Träge legte sich der vierstrahlige Jet in eine Linkskurve. Der Triebwerksschub wurde nun erhöht, um wie angewiesen auf 8.000 ft zu steigen. Doch mittlerweile war es zu spät. Ohne Sichtkontakt zum Boden schlug plötzlich das GPWS-System an und warnte vor zu geringer Flughöhe.

In diesem Moment blickten einige Personen nördlich der Kleinstadt **Kaysville/UT/USA** nach oben, als sie das Dröhnen eines Düsenflugzeugs dicht über sich hörten. Sie hörten, wie die Maschine sehr niedrig in östlicher Richtung durch die Wolken flog, und nahmen einige Sekunden später ein orangefarbiges Aufleuchten durch die Wolkendecke wahr.

Flug 2860 schlug in 7.200 ft Höhe an einen der schneebedeckten Hänge des Ed's Peak in den Wasatch Mountains. Dabei rasierte der Jet noch mehrere Bäume und Büsche um, bevor er am Boden zerschellte und in Flammen aufging.

Alle drei Besatzungsmitglieder, die einzigen Personen an Bord, starben noch in der Aufprallsekunde.

Unterdessen versuchte der Fluglotse in SLC mit dem vom Radarschirm verschwundenen Flugzeug Kontakt aufzunehmen:

ATC: „United 2860, how do you hear?",

aber es kam keine Antwort mehr.

Das NTSB rekonstruierte später, daß vor allem die unpräzise Formulierung seitens des Fluglotsen, der eine Nicht-Standard-Phraseologie für das Holdingverfahren benutzte, als Hauptgrund für das Unglück zu sehen war. Auch wurde das Verhalten der Besatzung gerügt, die ihrem Flugweg zu wenig Aufmerksamkeit schenkte und sich zu sehr auf das Problem der Energieversorgung der Fahrwerksanzeige fixierte. Die jahrelange Routine des eingespielten Fluglotsen verhinderte, daß er die korrekte, aber etwas umfangreichere Holdingfreigabe benutzte. Die Crew von Flug 2860 ließ ihn jedoch über die tatsächliche Lage an Bord im Unklaren. Daher konnte er nicht wissen, daß die DC-8 während der gesamten Zeit, in der der Kommandant mit United-Ops sprach, für ihn nicht erreichbar war. Wäre er im Bilde gewesen, so hätte er wohl einen Frequenzwechsel nicht genehmigt.

Um eine bessere Rekonstruktion der Geschehnisse innerhalb des Cockpits zu gewährleisten, wurde abermals vom NTSB die Installation eines Cockpit Voice Recorders in allen größeren Maschinen angeregt.

18.12.77
S A T A   SE210 Caravelle 10R
HB-ICK   200

Gerade mal vier Wochen lag das Unglück der portugiesischen 727 (siehe auch 19.11.1977) auf dem Flughafen Funchal der Urlauberinsel Madeira zurück, bei dem von 164 Insassen 131 ums Leben kamen. Mit dazu beigetragen hatten unter anderem auch die extrem schwierigen Anflugverfahren auf den Flughafen der Insel. Die dortige Bahnlänge betrug nur 1600 Meter und hinter beiden Bahnenden fiel das Gelände sehr steil ab. Überrollflächen gab es nicht. Dieser Flughafen, der von anfliegenden Piloten aufgrund seiner topographischen Lage als „Flugzeugträger" bezeichnet wurde, ließ keinerlei Raum für Fehler der Besatzung zu. Nur besonders geschultes und trainiertes Flugpersonal durfte Funchal anfliegen. Nach dem Unglücksfall wurde der Flugbetrieb jedoch wieder aufgenommen. Vor allem Urlauberflüge stellten den Hauptverkehrsanteil auf dieser Insel im Atlantik dar.

So machte sich an diesem Nachmittag auf dem Flughafen von Zürich die Caravelle der SATA bereit zum bevorstehenden Charterflug 730 nach **Funchal**. Nach einer Zwischenlandung in Genf startete man um 17:26 Uhr/loc. mit 52 Passagieren und vier Besatzungsmitgliedern in Richtung Madeira. Der erfahrene Kommandant nahm für diesen Flug auf dem rechten Pilotensitz Platz, während sein Copilot, der ebenfalls die Fluglizenz als Kommandant auf der Caravelle besaß, auf dem linken Sitz das Flugzeug steuerte. Für den Copiloten war dies der erste Flug nach Funchal. Der Kommandant übernahm nun die Funktionen des Copiloten und überwachte gleichzeitig seinen ortsunerfahrenen Kollegen. Gemäß Vorschrift hat sich bei jedem Flug nach Funchal ein dritter Überwachungspilot auf dem hinteren Cockpitsitz zu befinden, der die fliegenden Piloten unterstützt und überwacht. Doch die Dienstpläne der SATA sahen dieses dritte Mitglied der Cockpitbesatzung nicht vor.

Der Flug 730 hatte noch die Reiseflughöhe von 33.000 ft, als die beiden Piloten begannen, die Landung vorzubereiten. Der Copilot prägte sich wieder und wieder das Anflugprofil ein, als um 19:41 Uhr/loc der Fluglotse der Bezirkskontrolle die Maschine für einen Sinkflug freigab. Es war schon dunkel, als die Caravelle begann, auf 5.000 ft zu sinken. Einige Zeit später wechselten die Piloten auf die Frequenz der Anflugkontrolle. Vom Anfluglotsen wurde die weitere Sinkflugfreigabe auf 3.500 ft erteilt. Der Pilot studierte in dieser Flugphase die Anflugkarten von Funchal. Diese sahen für die Bahn 26 nach dem Überflug von MAD-VOR eine leichte Rechtskurve vor, um dann im Direktanflug zur Bahnschwelle einzuschweben. Aufgrund des Wetterberichtes, den man sich zuvor von der Kontrollstation in Lissabon eingeholt hatte, waren die Piloten der Meinung, daß Piste 26 in Betrieb sein mußte. Doch statt dessen wurden sie für die Landebahn 06 freigegeben, die bedeutend schwerer anzufliegen ist. Für diese Piste gab es keinerlei Instrumentenanflugverfahren. Anfliegende Maschinen mußten nach Überflug des MAD-VORs eine Rechtskurve einleiten und auf Gegenkurs („Downwind") zur Bahn 06 gehen. Unter ständigem Sichtkontakt mit markanten Punkten am Boden ist dann in voller Landekonfiguration per Handsteuerung die 180°-Rechtskurve zu fliegen, an dessen Ausgang sich auch schon der Bahnanfang befindet. Hier muß der Sink- und Kurvenflug hundertprozentig aufeinander abgestimmt sein, ansonsten ist eine Landung innerhalb der Aufsetzmarkierungen nicht mehr möglich. Schon bei Tageslicht ist dieses Anflugverfahren selbst für erfahrene Piloten eine Herausforderung. Bei Nacht allerdings fallen

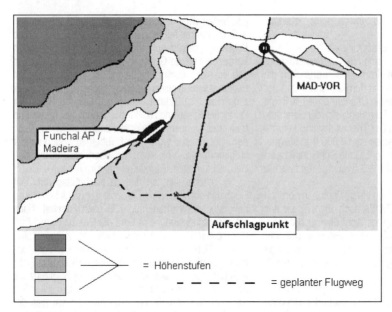

Flugweg der Schweizer Caravelle bis zum Aufschlag auf der Wasseroberfläche vor Madeira am 18.12.1977

Nichtsahnend näherte sich die Caravelle langsam der Meeresoberfläche. Der radiogesteuerte Höhenmesser gab kurz darauf ein optisches Warnsignal, als die Maschine die 200 ft-Marke durchquerte. Doch beide Piloten konzentrierten sich nach draußen, wo doch der Flughafen in Sicht kommen müßte. Somit nahmen sie diese Warnung nicht wahr und ließen die Caravelle weiter absinken. Gerade, als man die langgezogene Rechtskurve einleitete, um auf Anflugkurs zu kommen, war alles zu spät. Das ausgefahrene Fahrwerk bekam mehrfach Wasserberührung, bevor auch der Rumpf ins Wasser schlug. Die Insassen spürten zunächst mehrere leichte Schläge, wie bei einer holprigen Landung. Einige Passagiere dachten, nun sei man gelandet, doch die starke Verzögerungswirkung preßte sie unmittelbar darauf in die Gurte. In Sekunden brach der Rumpf auseinander und große Wassermengen ergossen sich ins Innere der Maschine. Es war 20:15 Uhr/loc. als der Anfluglotse mehrfach versuchte, Funkkontakt zur Maschine herzustellen, doch vergebens. Somit wurde Alarm ausgelöst.

die visuellen Orientierungspunkte wie Meer, Berge und Straßen weg und die Piloten sind allein auf den Sichtkontakt mit den optischen Landehilfen (VASIS), die sich in gekrümmter Linie vom Ufer bis zum Pistenanfang hinziehen, angewiesen.

Um 20:11 Uhr/loc. meldete sich Flug 730 beim Fluglotsen in Funchal, der sowohl für die Platz- als auch die An- und Abflugkontrolle zuständig war, daß man sich dem Funkfeuer MAD nähere und ein Direktanflugverfahren auf die Bahn 06 fliegen werde. Der Lotse bat die Piloten, sich bei Sichtkontakt der Landebahn nochmals zu melden, und gab Flug 730 für einen Sichtanflug auf Bahn 06 frei. Das Wetter war sehr gut. Es wehte ein kaum spürbarer Nordwestwind und die Sichtweite betrug einige Meilen. An Bord der Caravelle, die sich von Nordosten her der Insel näherte, bereitete man sich auf die bevorstehende Landung vor. Die Anschnallzeichen leuchteten auf und die Passagiere wurden auf das Landeverfahren hingewiesen. Die Landeklappen wurden gesetzt und einige Zeit später auch das Fahrwerk ausgefahren. Mittlerweile hatte die Caravelle im ständigen Sinkflug das Funkfeuer MAD hinter sich gelassen und befand sich nunmehr im Gegenanflug auf die Bahn 06. In dieser Phase hätte eigentlich die erleuchtete Landebahn und der hell scheinende Flughafen in Sicht kommen müssen, doch die Crew meldete dem Fluglotsen keinerlei Sichtkontakt.

Die Minimalhöhe, die bei diesem Gegenanflug nicht unterschritten werden darf, betrug 720 ft. Die angespannten Piloten blickten angestrengt aus dem Fenster in der Erwartung jeden Moment Sichtkontakt zum Flughafen zu bekommen. Doch alles was sie sahen, waren die Lichter einiger Häuser, die sich an der Straße zur Stadt Funchal entlangzogen. Flug 730 sank immer weiter ab und hatte bereits zuvor die Sicherheitshöhe von 720 ft unterschritten. Jetzt war man zu tief, um die Anfluglichter zu sehen.

An Bord versuchte nun jeder, in Panik das vollaufende Wrack auf dem schnellsten Wege zu verlassen. Die Piloten öffneten flugs die Cockpitfenster, kletterten nach draußen und schwammen ins Freie. Durch eine große Öffnung konnte ein Teil der übrigen Insassen die sinkende Maschine verlassen. Doch bei vielen anderen Passagieren hatten sich die Anschnallgurte verklemmt und ließen sich nicht mehr öffnen. Verzweifelt versuchten sich die Passagiere zu befreien, doch die Flugzeugkabine füllte sich in Windeseile mit Meerwasser. Einige Besatzungsmitglieder halfen den Passagieren, denen es gelungen war ins Freie zu flüchten, die auf der Wasseroberfläche herumtreibenden Rettungswesten anzulegen, und hielten noch einige von ihnen an der Oberfläche. Die vollgelaufenen Rumpfteile der Caravelle sanken in diesem Moment zusammen mit 34 Passagieren und einer Flugbegleiterin auf den Meeresgrund ab. Alles geschah innerhalb von nur zwei Minuten. Aufgrund der Dunkelheit wurden die ersten umhertreibenden Passagiere erst über eine Stunde später, um 21:30 Uhr/loc. von einem privaten Motorboot aufgefunden. Inzwischen war eine großangelegte Rettungsaktion begonnen worden, so daß 40 min. später die anderen Überlebenden aus dem Wasser gefischt worden und in Krankenhäuser auf der Insel gebracht werden konnten.

Insgesamt befanden sich noch die 35 Insassen an Bord, die seitdem als vermißt angesehen wurden und höchstwahrscheinlich ums Leben kamen.

Hiernach wurde empfohlen, daß bei Einweisungs- bzw. Checkflügen immer ein dritter beobachtender Pilot auf dem hinteren Sitz Platz zu nehmen hat. Tests der Gurtschnallen des Unglückstyps ergaben, daß wenn ein Teil der Kleidung oder etwas anderes zwischen die Einrastvorrichtug gerät, ein Öffnen des Gurtes nicht mehr möglich ist. Dieser Gurttyp wurde seitdem nicht mehr eingesetzt.

Die Schweizer Charterfluggesellschaft S.A.T.A. hatte schon vor dem Unfall ihre Wartungsrechnungen nicht bezahlen können. Nach diesem Unfall ging sie endgültig in Konkurs.

01.01.78

Air India	**Boeing 747-200B**
VT-EBD	**19959**

Vor dem Start des Linienkurses 855 der Air India von **Bombay/Indien** nach Dubai in den Vereinigten Arabischen Emiraten wies nichts auf ein Problem hin. Das Wetter über der indischen Hafenstadt am Arabischen Meer war ruhig und klar, als sich die 190 Passagiere und 20 Crewmitglieder an Bord der Boeing 747 begaben. Es war dunkel, als die Boeing zur Startbahn 27 rollte, dort beschleunigte und in Richtung Dubai abhob. Als die Räder der vom Kommandanten gesteuerten Maschine in die Fahrwerkschächte einfuhren, überflog die 747 die Küstenlinie und ließ die hell erleuchtete Großstadt hinter sich. Vor den Piloten lag jetzt die schwarze Fläche des Arabischen Meeres. Aufgrund der Dunkelheit konnten sie den Horizont nicht mehr erkennen und waren deswegen bei der Beurteilung ihrer Fluglage völlig auf ihren künstlichen Horizont angewiesen. Der Kommandant meldete sich in 1.500 ft Höhe bei der Abflugkontrolle und bekam die Erlaubnis, auf 8.000 ft zu steigen, und die Aufforderung sich beim Passieren von 2.400 ft zu melden.

CPT: „Happy New Year to you, Sir. Will report leaving two four."

Der Kommandant machte mit der 747 eine kurze Rechtskurve, um auf die zugewiesene Luftstraße zu schwenken. Anschließend machte er einige kurze Steuerschläge nach links, um die schwere Maschine wieder um ihre Längsachse zurück auf eine horizontale Fluglage zu rollen. Doch bei einem Blick auf seinen künstlichen Horizont mußte er feststellen, daß die Maschine immer noch nach rechts gerollt war. Ohne irgendeinen optischen Referenzpunkt außerhalb des Cockpits starrte er auf sein Instrument, das nicht in seine horizontale Lage zurückkehrte. Er drückte den Steuerknüppel nach links, doch sein Instrument regte sich nicht.

CPT: „What's happened here, my instrument....."
COP: „Mine also has toppled, look's fine."

Der Copilot bewies damit, daß er seinen Chef mißverstanden hatte. Der Kommandant wollte darauf hinweisen, daß sein künstlicher Horizont wie festgeklemmt eine leichte Querneigung nach RECHTS anzeige. Das Instrument des Copiloten zeigte aber eine Querneigung nach LINKS an, was er aber scheinbar für gänzlich normal hielt.

Ganz im Gegensatz zu dem Bordingenieur, der den beiden Piloten über die Schulter sah und damit die beiden künstlichen Horizonte der Piloten und den Reservehorizont auf dem Mittelpaneel des Cockpits beobachten konnte. Er sah, daß der Horizont des Kommandanten eine leichte Rechtsneigung anzeigte, während auf dem des Copiloten und auf dem Reserveinstrument gerade eine Linksneigung von 40° passiert wurde und immer weiter anstieg. Er folgerte, daß der künstliche Horizont des Kommandanten eine Funktionsstörung hatte und versuchte, ihn darauf hinzuweisen:

F/E: „Don't go by that one, don't go by that one...."

Doch der Kommandant ignorierte diese geschriene Warnung und versuchte immer noch, eine imaginäre Rechtsneigung auszugleichen. Sekunden später hatte er den Jumbo so auf eine Linksneigung von 108° gedreht und damit praktisch auf den Rücken gerollt. Er verlor zunehmend die Kontrolle über die 747, welche dann aus 2.000 ft auf die Meeresoberfläche zustürzte, wo sie um 20:41 Uhr/loc. aufschlug. Der Aufschlag zwei Meilen vor der Küste war in der ganzen Stadt zu hören und kostete allen 210 Insassen das Leben.

Die indischen Behörden gaben den beiden Piloten die Schuld an diesem Desaster, weil sie auf den verklemmten künstlichen Horizont nicht richtig reagiert hatten. Hätte der Kommandant sich nicht auf sein Instrument verlassen und auf die beiden anderen künstlichen Horizonte geachtet, hätte er die 747 rechtzeitig wieder in eine horizontale Fluglage bringen können. Aber die indische Untersuchungsbehörde stellte auch fest, daß der „Auslöser" dieser Katastrophe eine Funktionsstörung eines zentralen Fluginstrumentes war, was aus unbekannten Gründen keinen Alarm ausgelöst hatte.

Und genau dieser Tatsache widersprach ein amerikanisches Bundesgericht im Jahre 1985. Angehörige der Opfer des Flugs AI 855 hatten einen Prozeß gegen den Flugzeughersteller Boeing, den Hersteller des künstlichen Horizonts Lear Siegler und den Hersteller des „Central Instrumental warning system" CWIS (das die einzelnen Funktionen des Flugzeuges und die Instrumentenanzeigen vergleicht und bei Fehlfunktionen und Abweichungen Alarm auslöst) Collins Electronic angestrengt. Sie wollten die drei Herstellerfirmen aufgrund der amerikanischen Produkthaftung zur Zahlung eines hohen Schadensersatzes zwingen. Der künstliche Horizont des Kommandanten, so die Vorwürfe, hatte aufgrund von „Konstruktionsfehlern" ebenso versagt wie die Warneinrichtungen der beiden anderen Instrumentenhersteller an Bord der 747.

Die Anwälte der Firma Boeing präsentierten während des Prozesses Unterlagen und Zeugenaussagen, die den Kommandanten des Fluges AI 855 kompromittieren sollten. Es fanden sich Unterlagen, nach denen er schon 1972 an Diabetes erkrankt war und ihm 1975 für sechs Monate seine Pilotenlizenz wegen „seiner unkontrollierten Diabetes und seinem extensiven Alkoholgenusses" entzogen wurde. Die von Boeing beauftragten Anwälte warfen ihm vor, die Lizenz nur durch einen Trick wiederbekommen zu haben. Er nahm Medikamente ein, die seinen Glukosespiegel senkten. So konnte er sich durch die periodische Gesundheitsuntersuchung „mogeln".

Vor dem Gericht bezeugte außerdem ein Barkeeper, er habe dem Kommandanten bei einer Silversterfeier in einem Nachtclub innerhalb von neunzig Minuten „zwei oder drei" Scotch mit Soda serviert. Für einen Piloten einer Boeing 747, der unter Diabetes litt und deshalb eine strenge Diät einhalten mußte, verbot sich jeglicher Alkoholgenuß. In Fall des indischen Kommandanten hatte der Alkoholgenuß zum Zeitpunkt des Unglücksfluges zu einem „totalen Orientierungsverlust" geführt, was man an dem Flugprofil vor dem Desaster erkennen konnte: Die Maschine wurde während des Startlaufs von dem Kommandanten noch nachgetrimmt (laut Gericht „eine ungeeignete Steuerbewegung"). Danach hätte er zu spät rotiert und beim anfänglichen Steigflug keine „gleichmäßige Steigrate" eingehalten. Während der ganzen Steigphase hätte der Kommandant „sprunghafte und ungleichmäßige Steuerbewegungen gemacht, die man von einem erfahrenen Piloten nicht erwarten würde". Kernpunkt der Aussage der Firmenanwälte war, daß es außer dem Warnruf des Bordingenieurs keinen Hinweis auf ein Versagen des künstlichen Horizonts gab, der unglücklicherweise nicht zu den geborgenen Wrackteile zählte.

So kam das amerikanische Bundesgericht zu dem Urteil, daß „der Leichtsinn des Kommandanten der unmittelbare Auslöser" dieses Desasters war. Nach den Regeln der ICAO war dieser Mann nicht als Pilot eines großen Verkehrsflugzeuges qualifiziert. Deswegen wurden alle Schadensersatzforderungen der Angehörigen gegen die drei amerikanischen Herstellerfirmen zurückgewiesen.

11.02.78
Pacific Western   **Boeing 737-200**
C-FPWC   **20142**

Auf dem kanadischen Provinzflughafen in **Cranbrook/B.C./Kanada** herrschte das übliche Februarwetter. Bei minus sechs Grad Celsius ging schon seit Stunden ein leichter Schneefall nieder. Die Wolkendecke betrug ca. 1.500 ft, und die Sichtweite lag bei etwa einem Kilometer. Die einzige Start- und Landebahn 16/34, die eine Länge von knapp 2.000 Meter hat, mußte in regelmäßigen Abständen mit einem Schneepflug schnee- und eisfrei gehalten werden.

Der Flugverkehr in Cranbrook bestand vornehmlich aus kleineren Privatmaschinen und einigen Linienflügen der PWA, die die zahlreichen Wintersport-Touristen zu den nahegelegenen Skigebieten bringen sollten. So war für diesen Tag unter anderem auch der PWA-Flug 314 angesetzt. Flug 314 startete in Calgary um 12:30 Uhr/loc. mit 54 Passagieren und fünf Besatzungsmitgliedern. Für den 180 Kilometer „Kurztrip" war eine Flugzeit von 23 Minuten angesetzt. Der Tower in Calgary übermittelte die voraussichtliche Ankunftszeit der 737 von 13:05 Uhr ETA (Estimated Time of Arrival) über Telefon an die Flugleitung in Cranbrook.

Cranbrook ist einer der vielen „unkontrollierten" Flugplätze in Kanada, die nicht über ein eigenes Radar verfügen. Lediglich ein Lotse für die Platzkontrolle war anwesend. Alle IFR An- und Abflüge werden von einem sogenannten „Aeradio" in Calgary abgewickelt, das für Funkkommunikation, Fluginformationen und Wetter zuständig war. Der Towerlotse in Cranbrook übermittelte die ETA 13:05 Uhr/loc. an den Fahrer des Schneepfluges, der weiterhin die Piste auf- und abfuhr. Der nahm dies zur Kenntnis und sah kurz auf seine Armbanduhr. Sie zeigte 12:35 Uhr, also noch ca. 30 Minuten bis zum Eintreffen der Maschine. Die Uhrzeit wurde vom Tower bestätigt, und er machte mit seiner Arbeit weiter.

Unterdessen überflog die Boeing 737 der PWA die wolkenverhangenen Rocky Mountains und stieg auf die Reiseflughöhe von 20.000 ft Nur vier Minuten behielt Flug 314 diese Höhe bei. Es war 12:42 Uhr, als die Piloten den Sinkflug einleiteten und Kurs auf das Cranbrook VOR nahmen, welches ca. 16 Meilen südöstlich des Flugplatzes lag. Es war 12:46 Uhr/loc., als sich der Copilot beim Tower in Cranbrook meldete:

COP: *„Cranbrook Radio, Pacific Western three one four..er..your frequency."*
ATC: *„Three one four, Cranbrook, go ahead."*
COP: *„Yes, sir. We have the approach. You can go ahead with your numbers."*

Der Platzlotse informierte die Besatzung über den neuesten Wind und den Luftdruck, dann ging er auf das Räumfahrzeug auf der Landebahn ein:

ATC: *„and three one four. The..er..sweeper on the runway..er..has been for some time trying to keep the snow back for you. I'll let you know what it's like as soon as I get a progress from him. And the visibility...not much change in the weather..maybe visibility about three quarters of a mile in snow."*

Flug 314 bestätigte die Meldung und setzte ihren Sinkflug fort. Von nun an gab es keinerlei Funkgespräche mehr zwischen dem Towerlotsen in Cranbrook und der FLugzeugbesatzung. Alle wichtigen Landedaten hatte sich die Besatzung bereits vor dem Abflug in Calgary

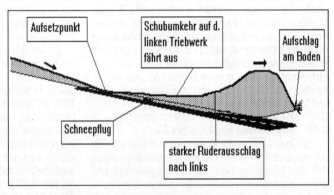

Perspektivische Darstellung des Endanflugs und dem darauffolgenden Absturz neben der Landebahn in Cranbrook am 11.02.1978

eingeholt, somit war das Anflugverfahren klar. Die 737 flog einen „Straight In"-ILS-Anflug auf die Bahn 16. In ca. 10.000 ft kurvte der Pilot auf das ILS ein. Es war 12:53 Uhr/loc, als das Fahrwerk und die Klappen ausgefahren wurden. Die Boeing sank durch die Wolkendecke und kam dem Flughafen immer näher. Der Towerlotse interpretierte die letzte Meldung der Besatzung so, daß sich die Piloten bei Überflug des Sookum-Funkfeuers (ca. 20 Meilen nördlich des Flughafens) nochmals beim Tower melden würden. Sookum ist ein Pflichtmeldepunkt, dessen Überflug in Cranbrook gemeldet werden muß. Die Piloten nahmen die letzten Wettermeldungen aus Cranbrook und den Hinweis, daß kein weiteres Flugzeug in der Nähe sei, als Freigabe zur Landung. Doch der Towerlotse wollte noch vor der Landung von Flug 314 die neuesten Sicht- und Bahnbeschaffenheiten vom Fahrer des Schneepfluges erfahren. Doch der Fahrer meldete sich nicht. Er ging immer noch von der ETA 13:05 Uhr/loc. aus, also blieben noch mehr als zehn Minuten, so dachte er. Da er keine anderslautenden Instruktionen bekam, fuhr er weiterhin die schneebedeckte Piste auf und ab.

Es war genau 12:55 Uhr/loc, als die 737 durch die Wolkendecke hindurchkam und auch schon direkt vor dem Pistenanfang einschwebte. Die Räder berührten die Erde, und das Bugrad senkte sich langsam auf den Boden. Die Klappen des Umkehrschubs wurden betätigt.

Bei der geringen Sichtweite erspähten die Piloten plötzlich einen Schatten direkt vor ihnen. Am rechten Pistenrand fuhr immer noch das Schneeräumfahrzeug, aber in die gleiche Richtung wie die herannahende 737. Somit konnte der Fahrer die drohende Gefahr hinter sich nicht erblicken. Die Piloten trauten ihren Augen nicht, nur noch wenige hundert Meter trennten sie von dem Fahrzeug. Der Umkehrschub wurde „herausgerissen" und die Triebwerke auf Startleistung gebracht. Der Kommandant zog an seiner Steuersäule, und langsam hoben sich die Räder wieder von der Runway. Nur etwa drei Meter schoß die Tragfläche an dem Schneepflug vorbei. Mit lautem Getöse erhob die Maschine sich wieder in die Luft.

„Where the hell did he come from?"„ schrie der Fahrer entgeistert in sein Funkgerät, als die 737 an ihm vorbeidonnerte.

Die Piloten hatten gerade diese Situation bereinigt, da tauchte ein neues Problem auf. Als man gerade eine Höhe von ca. 30 Metern erreicht hatte, fuhren ohne Vorwarnung die Klappen der Schubumkehr am linken Triebwerk langsam aus. Dies war ein altes Problem der 737. Nach der Aktivierung des Schubumkehrs und dem augenblicklich danach erfolgten Wiedereinfahren der Umkehrklappen, befand sich die Maschine noch in Landekonfiguration. Selbst als man bereits wieder Höhe gewonnen hatte, interpretierte die Boeing dies nicht als „Go-around", sondern war immer noch auf „Landung" eingestellt. Zwar fuhren die Umkehrklappen zunächst ein, waren allerdings nicht verriegelt. Das rote „Thrust Reverser unlock"-Licht flackerte, als die 737 in geringer Höhe über die Bahn flog. Beim rechten Triebwerk blieben die Umkehrschubklappen in der eingefahrenen Position, waren allerdings unverriegelt. Durch das heftige „Herunterreißen" des Klappenmechanismus blieb der linke Schubumkehrhebel um wenige Millimeter vom Anschlag entfernt stehen, was ausreichte, damit die Klappenpneumatik die Umkehrklappen freigab, und diese somit durch den Fahrtwind langsam wieder in ihre ausgefahrene Stellung gedrückt wurden.

Die mit dem Go-around-Verfahren beschäftigte Crew bemerkte dies offenbar nicht rechtzeitig und begegnete dem stärker werdenden Linksdrall durch entsprechende Ruderausschläge nach rechts. In dieser Phase bemerkte der Kommandant, daß mit dem linken Triebwerk etwas nicht stimmte und zog den Leistungshebel von Nr. 1 auf Leerlauf zurück. Sekunden darauf wurde die 737 nach oben gezogen und gewann zunächst auch ca. 200 ft an Höhe. In dieser Phase muß wohl der Copilot die aktivierten Schubumkehrklappen am linken Triebwerk bemerkt haben. Er griff sofort zum Overhead Paneel über seinem Kopf und legte den Schalter für den Umkehrschub am linken Triebwerk von der „Normal"- in die „Override"-Position. Somit konnte der Pilot manuell die Automatik des Schubumkehrs übersteuern. Doch auch dies half nichts. Die Umkehrklappen blieben ausgefahren. Nur 12 Sekunden nach dem Beginn des Durchstartverfahrens hatte die 737 eine kritische Flugphase erreicht. Die Vorwärtsgeschwindigkeit nahm immer mehr ab, und plötzlich riß die Strömung an der linken Tragfläche ab.

COP:„We're gonna crash", war das letzte was von den Piloten zu hören war. Ruckartig kippte die Maschine um fast 90° nach links und sackte nach unten weg. Alle Gegenmaßnahmen der Piloten konnten den Sturzflug nicht verhindern und Flug 314 stürzte mit der linken Tragfläche und der linken vorderen Rumpfseite auf den schneebedeckten Boden. Die Maschine zerbrach beim Aufprall in mehrere Teile und Feuer brach aus, wodurch das gesamte Wrack in Flammen gesetzt wurde.

Der Absturzort lag etwa hundert Meter links vom südlichen Ende der Bahn 16 entfernt. Der Fahrer des Räumfahrzeuges, der alles mitansah, alarmierte sofort den Towerlotsen, der auch prompt Alarm gab. Zu zweit fuhren sie mit dem einzigen Feuerwehrfahrzeug, das der Flughafen besaß, zum Absturzort. Doch die hohe Schneedecke verhinderte, daß sich das Fahrzeug dem Wrack nähern konnte.

Die Helfer konnten von den 59 Insassen nur noch sechs Überlebende finden, die sich durch Öffnungen im Rumpf ins Freie retten konnten. Ein überlebender Passagier wurde mitsamt Sitz ca. 50 Meter weit vom Wrack aufgefunden. Er wurde beim Aufprall durch ein Loch im Rumpf nach draußen geschleudert.

Nach einiger Zeit kamen auch die Feuerwehren aus Cranbrook zum Ort des Geschehens. Aber auch sie gelangten nicht durch die 60-80 cm hohe Schneedecke und wurden dadurch bei ihren Lösch- und Rettungsarbeiten erheblich behindert.

Hiernach wurden verbindliche Meldepunkte beim Anflug auf die vielen „unkontrollierten" Flughäfen Kanadas erlassen, deren Überflug den Fluglotsen unbedingt zu melden sind. Desweiteren wurde das Umkehrschubsystem der 737 modifiziert und die Cockpitverfahren bei einem Durchstart nach dem Aufsetzen und dem Betätigen des Umkehrschubs angepaßt.

15.02.78

Sobelair Boeing 707-320
OO-SJE 17627

Bei der 707, die von der Sabena-Muttergesellschaft angechartert worden war, ließ sich im Anflug auf den Flughafen **Los Rodeos/Teneriffa**/Spanien das Fahrwerk nicht ausfahren. Am Boden traf man daraufhin alle Vorbereitungen für eine mögliche Rumpflandung. Zudem war beim Endanflug die Sinkrate zu hoch, und somit setzte man das Flugzeug etwa 120 Meter vor dem Bahnanfang auf den Boden. Sie schlitterte 1200 Meter über Piste, bis sie an einer Kreuzung zum Stehen kam.

Durch die große Reibungshitze entstand schnell ein Feuer.

Zwar konnten sich alle Insassen unverletzt retten, aber die Boeing hatte bereits Feuer gefangen und brannte völlig aus.

01.03.78

Continental AL McDD DC-10-10
N68045 46904

Für den 59jährigen Kommandanten sollte es der letzte Flug seiner Laufbahn werden. 1946 wurde er als Copilot bei Transcontinental & Western Airlines eingestellt und flog seitdem alle gängigen Flugzeugtypen. Am 02. März wäre sein 60.Geburtstag, der Tag seiner Pensionierung, das verdiente Ende einer langen Karriere. Für diesen letzten Tag wurde er für den Linienflug CO603 von **Los Angeles-Int'l AP** nach Honolulu/Hawaii eingeteilt. An diesem letzten Tag war das Flugzeugmuster DC-10 vorgesehen, der einzige Flugzeugtyp der Continental AL, der für diese Distanz geeignet ist.

An Bord gingen 180 Passagiere und die 14 Crewmitglieder brachten es auf eine Gesamtinsassenzahl von 194 Menschen. Die Passagiere, meist Urlauber, waren froh, über das Wochenende den Moloch L.A. verlassen zu können. Zur Abflugzeit herrschte über dem südlichen Kalifornien ein ausgedehntes Tiefdruckgebiet. Andauernde Regengüsse und stürmische Böen gingen aus der geschlossenen Wolkendecke nieder.

Als die Startvorbereitungen abgeschlossen waren, setzte sich CO603 um 09:01 Uhr/loc. langsam in Richtung Startbahn 06R in Bewegung. Wegen des Unwetters wurde die normale Start- und Landerichtung an diesem Tag von Ost-West auf West-Ost-Richtung geändert. Die Rollstrecke vom Terminal zur Runway war daher enorm lang, so daß die DC-10 ganze 20 Minuten brauchte, um bis zum Bahnanfang zu gelangen.

Was der Cockpitcrew in dieser Phase jedoch entgegen war, war die Tatsache, daß bei einem der acht Reifen des Hauptfahrwerks ein zu geringer Reifendruck herrschte. Da die DC-10-10 gegenüber der Langstreckenvariante DC-10-30 ein geringeres Leergewicht aufwies, wurde hier auf die Anbringung eines zusätzlichen dritten Hauptfahrwerks in der Rumpfmitte verzichtet. Während der Rollstrecke lief der Reifen mit dem zu geringen Druck nicht sauber auf der Felge, und durch die enorme Reibung bei jeder Radumdrehung heizte sich das Fahrwerk immer mehr auf. Als dann gegen 09:25 Uhr/loc. die Startgenehmigung erteilt wurde und die DC-10 die Startbahn hinunter beschleunigte, wurde der Zustand des Reifens kritisch. Dröhnend näherte sich der Großraumjet der V_1-Marke.

Im Cockpit deutete nichts auf Unregelmäßigkeiten hin, als plötzlich ein Knall und ein Rumpeln von der linken Flugzeugseite her zu hören waren. Die DC-10 hatte bis dahin etwa 1600 Meter zurückgelegt und war etwa 130 Knoten schnell. Der überhitzte Reifen zerbarst mit so enormer Wucht, daß der benachbarte Reifen gleich mit explodierte. In Sekundenbruchteilen schliff das durch die Explosionen beschädigte linke Fahrwerksbein auf dem Bahnasphalt und brach seitlich weg. Ohne Halt senkte sich infolgedessen die linke Tragfläche auf den Boden und schleifte funkensprühend über den Asphalt. Im Nu waren die gefüllten Treibstofftanks erreicht, aus denen brennendes Kerosin strömte. Völlig überrascht handelten die Piloten instinktiv und versuchten, die nach links ziehende Maschine auf der Landebahn zu halten. An eine Fortsetzung des Startlaufs war nun nicht mehr zu denken. Im Moment der Reifenplatzer wollte der Kommandant gerade den Rotationsvorgang einleiten und war in Gedanken wohl schon in der Luft.

Doch die Ereignisse am Boden überschlugen sich. CO603 drehte sich immer mehr nach links und schoß über das Ende der Startbahn hinaus. Trotz Aktivierung sämtlicher Bremssysteme holperte die DC-10 mit noch hoher Geschwindigkeit über die Überrollfläche. Dabei gelang es der Besatzung noch, einem Treibstoffdepot und einem Parkplatz auszuweichen. Schließlich kam man brennend zum Stehen und das Evakuierungssignal wurde gegeben. Durch das Feuer konnten jedoch nur vier von acht vorhandenen Notausgängen geöffnet werden. Es kam an Bord zu panikartigen Szenen, als sich längere Schlangen vor den Notrutschen auf der rechten Flugzeugseite bildeten, während die linke Seite bereits in hellen Flammen stand. Die Cockpitbesatzung half bei der Evakuierung mit und sorgte dafür, daß von den 191 Insassen zumindest 189 lebend aus der Maschine gelangen konnten.

Lediglich zwei Personen verbrannten beim Versuch über einen der Notausgänge über der rechten Tragfläche zu entkommen, als brennender Sprit sich unter dem gesamten Flugzeug verteilte.

Weitere 50 Insassen, sowie einige Feuerwehrleute, mußten mit Brand- und Rauchverletzungen in die umliegenden Krankenhäuser gebracht werden.

Dem professionellen Handeln des Kommandanten war es mit zu verdanken, daß es hierbei nicht noch mehr Opfer gab.

Die Herstellerfirma in Long Beach kam daraufhin in Verruf, das Fahrwerk der DC-10-10 zu schwach ausgelegt zu haben. Besonders das Anti-Blockier-System sei bei der DC-10 weitaus gröber eingestellt, als beispielsweise bei der 747, so wurde kritisiert. Aufgrund der dadurch längeren Bremsintervalle des ABS würden sich die Bremsen und die Reifen beim Rollen übermäßig aufheizen. Doch seitdem kam es nie wieder zu einem vergleichbaren Unglück mit dieser Version der DC-10.

02.03.78
Nigeria AW Fokker F28-1000
5N-ANA 11993

Bei der Kollision einer MiG-21 der Nigerianischen Luftwaffe und der F-28 im Anflug auf **Kano/Nigeria** kamen alle 16 Insassen der Fokker sowie die beiden Piloten der MIG ums Leben. Beide Maschinen explodierten in der Luft.

04.03.78
Iberia Douglas DC-8-63
EC-BMX 45930

Das Aufsetzen auf der Landebahn in **Santiago De Compostela/Spanien** fiel reichlich hart aus und die als Nachmittagsflug IB575 aus Madrid kommende Maschine sprang durch den Stoß wieder einige Meter in die Luft. Als Umkehrschub und Fahrwerksbremsen schließlich aktiviert wurden, war es für ein rechtzeitiges Halten innerhalb der Bahnlänge zu spät geworden. Die DC-8 verließ die Runway und holperte über das unebene Gelände dahinter. Als sie zum Stehen kam, brach sie in zwei Teile und fing Feuer. Unglückszeitpunkt: 17:25 Uhr/loc. Von den 211 Passagieren und 12 Crewmitgliedern wurden 52 verletzt aber glücklicherweise niemand getötet.

16.03.78
Balkan Tupolev 134
LZ-TUB 8350501

Die Tupolev stürzte 30 Meilen nördlich von Sofia, bei **Vratsa/Bulgarien**, in der Nähe der Ortschaft Gabare nach dem Start ab. Alle 73 Insassen an Bord wurden getötet. Der Flug sollte nach Warschau gehen.

24.03.78
Balkan Tupolev 154
LZ-BTB 27

Ein weiteres Flugzeug der Balkan prallte im Landeanflug auf **Damaskus/Syrien** gegen eine Hügelkette, 14 Meilen nordöstlich der Stadt, und zerschellte. 4 Menschen starben. An dieser Hügelkette war am 20.08.1975 eine Il-62 der tschechoslowakischen Airline CSA zerschellt. Innerhalb von nur einer Woche kam es damit zu zwei schweren Flugzeugunglücken der bulgarischen Airline.

02.04.78
V A S P Boeing 737-200
PP-SMX 20969

Nach einer Rumpflandung mit eingezogenem Fahrwerk in **Sao Paulo-Congonhas AP/Brasilien** fing das Flugzeug Feuer und wurde zerstört. Die 44 Insassen kamen mit dem Schrecken davon.

04.04.78
SABENA Boeing 737-200
OO-SDH 20914

Im Zuge der Pilotenausbildung befand sich die Boeing 737 auf dem Weg zu einem Trainings- und Übungsflug von Brüssel nach **Charleroi AP/Belgien**, ca 60 km südöstlich von Brüssel.

Dort sollten diverse ILS-Anflüge mit anschließendem Durchstart auf der Runway unternommen werden. An Bord befanden sich zu diesem Zweck drei Personen: ein erfahrener Ausbildungspilot vom amerikanischen Herstellerwerk Boeing, ein Trainingspilot, der als Copilot fungierte, ein weiterer Trainingspilot, der den Beobachterposten hinter den Pilotensesseln einnahm.

Zunächst flog man 6 ILS-Anflüge auf die Piste 25, jedesmal mit Bodenberührung und anschließendem Wiederabheben von der Bahn (dem sog. „Touch- and go"-Manöver). Nach dem 6. Anflug ließ man die 737 ausrollen und nahm kurzfristig eine Parkposition auf dem Rollfeld des Flughafens ein. Bei dieser Trainingspause tauschten der Copilot und der Beobachter die Plätze und damit auch ihren Aufgabenbereich. Ihr 737-Ausbilder behielt seinen Pilotenplatz inne. Der Jet hob nun wieder auf der Gegenbahn 07 ab und setzte nach einer Wendekurve das begonnene Flugmanöver, wie schon sein Mitschüler, auf der Bahn 25 fort. Beim 2. Landeanflug geschah allerdings das Unerwartete:

die Maschine setzte normal unter der Führung des neuen Copiloten auf der Bahn auf, sodann wurden die

***OO-SDD**; eine Schwestermaschine der in Charleroi verunfallten "OO-SDH" hier bereits in der seit 1892 eingeführten, leicht modifizierten Bemalung / London-Heathrow im Juli 1986 <Quelle: JR-Photo>*

Klappen von Landestellung auf 15 eingefahren, die Trimmung in Windeseile zum Steigflug ausgerichtet und der Triebwerksschub auf Startleistung gebracht. Als die Abhebegeschwindigkeit erreicht war, gab der Kommandant den Befehl zum Rotieren, d.h. zum Hochziehen der Flugzeugnase. Genau in diesem Augenblick sah die Cockpitbesatzung einen größeren Taubenschwarm direkt vor sich die Piste in niedriger Höhe überfliegen.

Unmittelbar darauf vernahm die Cockpitbesatzung auch schon die Geräusche von Aufschlägen auf Rumpf und Tragflächen sowie einen dumpfen Schlag im linken Triebwerk. Das Flugzeug vibrierte und schüttelte. Als die 737 daraufhin nicht vom Boden wegkam, übernahm der Ausbildugskapitän wieder die Steuerung der Maschine und versuchte verzweifelt abzuheben. Die Maschine reagierte jedoch in keiner Weise. Dem Kommandanten blieb daher nur eine Entscheidung: Startabbruch! Er fuhr die Störklappen an den Tragflächen aus, trat in die Radbremsen und betätigte gleichzeitig die Umkehrschubklappen an den beiden Triebwerken. Trotz dieses radikalen Bremsmanövers erkannte man im Cockpit, daß die verbleibende Länge der Bahn nicht mehr ausreichen würde.

Die Boeing überrollte das Pistenende, rammte die Antenne des Localizers (ein Voreinflugzeichen) inclusive des Sendemastes der ILS-Antenne und schoß über den Flughafenzaun hinweg. Die Maschine befand sich immer noch in Fahrt und überquerte nun die am Flughafen vorbeilaufende Nationalstraße No.5, wobei das rechte Triebwerk abgerissen und die Maschine nach rechts gedreht wurde. Schließlich kam die havarierte 737 nach einer 180 Grad Drehung ca. 320 Meter hinter dem Bahnende zum Stillstand. Durch die beschädigten Tragflächen floß Treibstoff, der sich unmittelbar danach entzündete. Die drei Piloten an Bord der Maschine konnten sich unverletzt durch ein geöffnetes Cockpitfenster ins Freie retten. Jedoch konnte die schnell zur Stelle gewesene Feuerwehr nicht verhindern, daß die Maschine völlig ausbrannte.

08.04.78
Aeroflot   **Yakovlev Yak-40**
CCCP-87911   **9731854**

Beim Startlauf auf dem Flughafen in **Aldan/Sibirien/UdSSR** 50 km westlich von Magadan ereignete sich ein Strömungsabriß, demzufolge kam der Dreistrahler nicht von der Bahn weg und verunglückte auf dem Flughafengelände. Ursache des Strömungsabrisses waren vereiste Tragflächen.

20.04.78
Korean AL   **Boeing 707-320B**
HL7429   **19363**

Die 707 war auf einem Linienkurs KE902 von Paris über Anchorage nach Seoul unterwegs, als die Boeing bei Alert, nördlich von Grönland, den Kurs änderte und in Richtung UdSSR abbog. Diese fehlerhafte „Kurskorrektur" ließ den Jet um mehr als 2000 km vom normalen Kurs nach Anchorage abkommen. Als Flug 902 über der Barentssee in den sowjetischen Luftraum eindrang, stiegen 2 sowjetische Suchoi Su-15 Abfangjäger auf, um den vermeintlichen „Eindringling", der in 35.000 ft dahinflog, abzufangen. Nach kurzer Zeit formierten sich die Kampfflugzeuge um das koreanische Passagierflugzeug und feuerten einige Salven ihrer Bordkanonen auf die Maschine ab. Diese wurde an der linken Seite an Rumpf und Tragfläche beschädigt. Geschosse drangen in die Kabine und verletzten 13 Passagiere, 2 davon schwer. Dabei verlor der Jet ein 4,5 m langes Stück der linken Tragfläche. Schlagartig sank der Luftdruck in der Kabine und eiskalter Nebel durchzog das Flugzeuginnere. Um ein Auseinanderbrechen des Rumpfes durch die beschädigte Außenhaut zu verhindern, entschloß sich der Pilot, in einem Sturzflug auf 5.000 ft Höhe zu sinken und einen geeigneten Landeplatz zu suchen. In ständigem Geleit der Militärjets flog der Vierstrahler etwa zwei Stunden lang im Tiefflug. Dabei spähten beide Piloten nach dem nächsten Platz in der Wildnis, um auf den Boden zu gelangen. Die Sowjetische Luftwaffe verhinderte eine Landung auf einem regulären Flugplatz aus Gründen der militärischen Geheimhaltung. In dieser Gegend Kareliens lagen diverse Luftwaffenbasen, Armeestützpunkte, Atomabschußrampen und der einzige eisfreie Marinehafen des Nordmeeres, Murmansk, sehr dicht beieinander. Außerdem durfte kein Flugzeug Südkoreas in der UdSSR landen, da beide Staaten keine diplomatischen Beziehungen unterhielten. Die Piloten waren daher gezwungen, auf der nächsten freien Fläche herunterzugehen. Ein selbstmörderisches Unterfangen bei der nächtlichen Dunkelheit. Schließlich wagte es der Kommandant und setzte zur Landung auf einem zugefrorenem See nahe der Stadt **Kem/UdSSR**, 320 km südlich von Murmansk/Kola an. Nach vier abgebrochenen Versuchen setzte man schließlich um 22:17 Uhr/loc. bei hellem Mondschein mit eingefahrenem Fahrwerk auf dem Schelfeis des Sees auf. Dabei rammte die 707 mit ihrer linken Tragfläche einige Bäume am Ufer und blieb schließlich holpernd auf dem Eis liegen.

Bei diesem Manöver wurde zwar niemand verletzt, das Flugzeug hingegen lag schwer beschädigt auf dem Eis. Die Su-15 Maschinen kreisten noch einige Minuten über der Stelle, wo Flug 902 geendet hatte, kehrten dann aber aufgrund ihrer begrenzten Treibstoffkapazität zu ihren Stützpunkten zurück. Da die Stromversorgung an Bord ohne laufende Triebwerke nicht möglich war, sanken die Temperaturen im Innern der Maschine schnell gegen Null. Nach zwei langen Stunden ließ sich endlich ein Hubschrauber der Sowjets blicken. In dieser Zeit verstarben die zwei zuvor durch die Geschoßtreffer der Kampfflieger verletzten Passagiere. Die Hubschrauber flogen die Toten und die anderen Verletzten nach Kam. Noch einmal vergingen zwei Stunden, bevor drei weitere Hubschrauber die restlichen Passagiere und Besatzungsmitglieder aus der arktischen Kälte in die warmen Stuben des KGB-Quartiers brachten.

Der Präsident von KAL erklärte, daß er einen Fehler des Navigators für den Irrtum verantwortlich macht und keine gezielte Provokation beabsichtigt wurde. KAL entließ nach kurzer Zeit sowohl den Navigator, als auch den Kommandanten, die die beiden Hauptverantwortlichen für den Irrflug waren.

Das Fluggerät auf der Polroute von Europa nach Korea wurde seitdem von 707 auf die DC-10 umgestellt, die über eine zuverlässigere moderne Trägheitsnavigation verfügte. Eine diplomatische Peinlichkeit am Rande erlaubte sich der Sicherheitsbeauftragte des US-Verteidigungsministeriums, Zbigniew Brzezinski, der in einer ersten hastigen Stellungnahme durchblicken ließ, daß US-Horchradar den Flugweg der Boeing mitverfolgt hätte. Brzezinski gab dadurch unfreiwillig die streng geheime Information preis, daß die USA in der Lage ist, den Nordmeer-Luftraum der Sowjets zu beobachten. Eine Tatsache, über die die US-Militärs bis dato eisernes Schweigen bewahrt hatten.

08.05.78
National AL   **Boeing 727-200**
N4744   **19464**

Normalerweise ist der amerikanische Bundesstaat Florida für sein gutes Wetter bekannt, doch an diesem Morgen hing eine tiefe Wolkendecke über dem Stadtgebiet von Pensacola. Auch der Luftverkehr wurde von diesen schlechten Witterungsbedingungen behindert, da der Flughafen **Pensacola/FL/USA** mit einem ungenügenden Radarsystem ausgerüstet war. Lediglich eine der Landebahnen, die Bahn 16, war mit einem Instrumenten Landesystem (ILS) ausgerüstet, aber ausgerechnet diese Bahn war schon seit Wochen wegen Bauarbeiten geschlossen. So mußten an diesem Morgen die anfliegenden Maschinen auf die Bahn 25 ausweichen, wobei sie im Landeanflug nur mit einem veralteten „Airport Surveillance Radar" (ASR) geführt werden konnten. An diesen Radargeräten kann der Anfluglotse nur die Entfernung des anfliegenden Flugzeuges ablesen, nicht jedoch die aktuelle Flughöhe. Dieses antiquierte Radarsystem in Pensacola hätte eigentlich schon im November 1975 gegen ein neueres System ausgetauscht werden sollen, aber verschiedene technische und organisatorische Gründe hatten zu einer dreijährigen Lieferverzögerung geführt.

Flug 193 der National Airlines 727 hatte in New Orleans begonnen und danach eine Zwischenlandung in Mobile/Alabama hinter sich gebracht. An Bord befanden sich außer den 52 Passagieren noch sechs Mitglieder der Crew. Die 727 war kaum im 120 Kilometer entfernten Mobile/Alabama gestartet, als sie sich um 09:00 Uhr/loc. zur Landung in Pensacola anmeldete. Die Anfluglotsen schickten die 727 ein Stück über die weite Fläche des Golfs von Mexico, um sie in die Kette der anfliegenden Maschinen einzureihen und auf den Landekurs der Bahn 25 einschwenken zu lassen. Die Besatzung begann gerade mit den Landevorbereitungen, als sie über Funk die Probleme einer Eastern MAschine mithörte, die sich ebenfalls im Landeanflug auf die Bahn 25 befand. Die 727 sank bis auf Minimumhöhe von 480 ft ab, ohne Sichtkontakt zum Boden zu bekommen. Daraufhin entschloß sich die Easternbesatzung den Anflug abzubrechen und einen Ausweichflughafen anzufliegen. Während der Fluglotse noch die abfliegende Eastern 727 aus seinem Luftraum geleitete, begann die National 727 mit ihrem Landeanflug. In der dichten Wolkendecke tastete sich die Maschine praktisch blind in Richtung Landebahn. Der Towerlotse hielt sich nicht an die Standardprozedur und gab die National 727 erst sehr spät zum Endanflug frei. Statt 15 Kilometer vor der Bahn schwenkte die 727 erst 8 Kilometer vorher auf den Landekurs und war so zu einem sehr steilen Landeanflug gezwungen.

Die Landevorbereitungen im Cockpit gerieten damit immer mehr durcheinander, da die Besatzung die 727 jetzt schnellstens für die Landung bereit machen mußte. Während der Bordingenieur die Landecheckliste herunterlas, absolvierten die Piloten hastig die abgefragten Checks am Instrumentenbrett. In dieser Zeit mu te der Kommandant gleichzeitig die 727 trotz einer hohen Sinkrate unter Kontrolle halten. Sein Blick wanderte immer wieder von seinen Instrumenten weg zum Cockpitfenster, wo er nach dem schwarzen Band der Landebahn Ausschau hielt. Doch statt der Landebahn sah er nur die Wolkenmassen vor sich.

So wuchs die Spannung im Cockpit immer mehr an. Die beiden Piloten schenkten den Höhenmessern und den Variometern (Instrument zur Messung der Sinkrate) immer weniger Aufmerksamkeit. Immer noch ohne Bodensicht wurden in 900 ft die Fahrwerke ausgefahren, während die Landeklappen immer noch auf 25° (statt bei 30°, wie es die Checkliste verlangt) standen. Die Maschine sank immer mehr ab, bis im Cockpit plötzlich das GPWS aktiviert wurde, das die beiden Piloten vor einer zu schnellen Annäherung an die Wasseroberfläche warnte. Hektisch flogen die Augen des Kommandanten zwischen dem Höhenmesser und Cockpitfenster hin und her, während er die Steuersäule zu sich heranzog, um die Maschine abzufangen. Dabei mußten ihm beim Ablesen des Höhenmessers ein Fehler unterlaufen sein, denn nach dem Abfangen der Maschine und dem Verstummen des GPWS glaubte er, sich in 1.500 ft zu befinden, und führte daher den Sinkflug unbeirrt weiter fort. Da der Copilot während des gesamten Landeanflugs keine einzige Flughöhe ausrief, wurde der fliegende Pilot nicht auf seinen Irrtum hingewiesen. Die Maschine war mittlerweile auf 500 ft abgesunken.

Augenzeugen am Boden sahen die 727 aus den Wolken kommen und eine „perfekte Landung" machen, nur leider nicht auf der Landebahn in Pensacola, sondern auf der glatten Wasseroberfläche der Escambia Bucht sechs Kilometer vor dem Flughafen. Sowohl die Stewardessen wie auch die Passagiere in der Kabine dachten im ersten Moment an eine harte Landung auf dem Flughafen, bis Wasser in die Kabine eindrang. Die Stewardessen schnallten sich los, rannten zu den Fenstern und sahen rund herum nur Wasser. Sofort wurde mit der Evakuierung begonnen, während die 727 begann, über ihr Heck im Wasser zu versinken, das an der Absturzstelle zum Glück nur gut 3 Meter tief war.

Die Kabine lief voll Wasser, während die Passagiere ruhig und geordnet das Flugzeug durch die vorderen Ausgänge und die Notausgänge über den Flügeln verließen. Die Besatzung konnte ihnen nur Schwimmwesten aushändigen, da sich keine Rettungsflöße an Bord befanden (Einige Verkehrsflugzeuge, die nur im Inland flogen, brauchten diese laut FAA Vorschriften nicht mehr mitzuführen). Wenige Minuten nach dem Unfall erreichte ein Schlepper mit einem Lastkahn am Haken die Unglücksstelle und konnte die evakuierten Flugzeuginsassen aus dem Wasser fischen. Trotz dieser schnellen Hilfe ertranken drei Passagiere. Von der 727 ragten nur noch die vorderen Sektionen mit dem Cockpit und das Leitwerk aus dem Wasser.

Das NTSB lobte in seinem Bericht die ruhige und überlegt durchgeführte Evakuierung und Rettungsaktion der National Besatzung. Doch das änderte nichts an der Tatsache, daß nach Meinung des NTSB der Unfall durch den „unprofessionell" durchgeführten Landeanflug der Cockpitbesatzung verursacht wurde, die es versäumt hatte während des Sinkflugs die Sinkrate und Höhe der Maschine im Auge zu behalten. Mit verursacht wurde dieses Unglück durch den Anfluglotsen. Er hätte durch sein Abweichen von der Standardprozedur die Maschine zwar nicht in eine gefährliche Situation gebracht, aber mit seiner verspäteten Freigabe die Besatzung zu großer Eile bei den Landevorbeitungen gezwungen.

19.05.78
Aeroflot   **Tupolev 154B**
CCCP-85169   **169**

Während des Reisefluges stürzte die Tu-154 nahe der Ortschaft **Pochinok/UdSSR** ca. 80 km. südlich von Smolensk, ab.

Von den 134 Insassen kamen vier ums Leben.

23.05.78
Aeroflot   **Tupolev 144D**
CCCP-77111   **602**

Nach ihrem Absturz während des Aerosalons in Paris (siehe 03.06.1973) wurde die sowjetische Überschallmaschine einige Zeit aus dem Verkehr gezogen und „vollständig" überarbeitet. Erst im November 1977 wurde sie wieder im Liniendienst der Aeroflot eingesetzt, wobei sie einmal wöchentlich zwischen Moskau-Domodedovo AP und der kasachischen Republikhauptstadt Alma Ata verkehrte. Doch selbst diese wenigen Flüge wurden oft gestrichen.

Im Westen hielten sich ständige Gerüchte über den immens hohen Treibstoffverbrauch des Überschalljets und „Vibrationsprobleme". Im Juni 1978 wurde die Tu-144 wieder aus dem Liniendienst genommen und erhielt von den sowjetischen Behörden Flugverbot.

Daß hinter dieser Außerdienststellung mehr als nur „einige kleine technische Probleme" standen, wurde im Dezember 1978 Gewißheit. Bei einem Linienflug von Moskau nach Alma Ata im Mai 1978 mußte die Tu-144 eine Notlandung in **Jegorjewsk/UdSSR** machen, wobei die sowjetische Überschallmaschine irreparabel beschädigt wurde. Über die Umstände und eventuelle Opfer dieses Unfalls ist nichts bekannt.

Es dauerte wieder ein gutes Jahr, bis sich die erste Tu-144 wieder vom Boden erhob und einen 6.185 Kilometer langen Flug von Moskau nach Khabarowsk in Sibirien überstand. Euphorisch teilten die sowjetischen Behörden westlichen Journalisten mit, die Tu-144 wäre jetzt bereit zur „Massenproduktion". Diese Ankündigung erwies sich als etwas verfrüht, denn es gelang der Aeroflot nicht mehr, die Überschallmaschine in den normalen Liniendienst zu nehmen. Im Februar 1983 wurde die Tu-144 endgültig außer Dienst gestellt, da sie (laut des stellvertretenden Luftfahrtministers) „zu schwer und zu ineffizient" wäre.

25.05.78
Groth Air   **Convair 880**
N8815E   **63**

Die 880er kam auf dem Internationalen Flughafen von **Miami/FL/USA** von der Runway ab. Hinter der Bahn brach das Bugrad zusammen, woraufhin die gesamte Bugsektion verbogen wurde. Keiner der Cockpitinsassen dieses Cargofluges kam zu Schaden.

Es dauerte drei Jahre, bis man beschloß, die Convair nicht mehr zu reparieren und abzuwracken.

26.06.78
Air Canada   **Douglas DC-9-32**
C-FTLV   **47197**

Nach einem Wechsel der Besatzung rollte die DC-9 morgens um 8:00 Uhr/loc. zur Startbahn des Flughafens **Toronto Int'l AP/Kanada**. Sie hatte 107 Insassen an Bord und sollte als Flug AC 189 weiter nach Winnipeg und Vancouver gehen. Um 8.08 Uhr/loc. stand sie ausgerichtet am Anfang der 2878 Meter langen Startbahn 23L, die Klappen gesetzt und die Checks abgeschlossen. Als die Starterlaubnis erteilt wurde, wiederholte der Kommandant nochmal die Entscheidungsgeschwindigkeit (V_1) von 154 Knoten und löste die Bremsen. Er schob langsam die Schubhebel nach vorne, und die DC-9 begann zu rollen. Alles verlief normal, bis 46,5 Sekunden nach dem Bremsenlösen plötzlich im Cockpit ein lauter Knall zu hören war. Die 145 Knoten schnelle Maschine begann

CCCP-77144: Eine Schwestermaschine der verunglückten „77111", aufgenommen während der Luftfahrtmesse in Paris-Le Bourget im Juni 1975 <N. Scherrer>

stark zu vibrieren, und im Cockpit leuchtete die Lampe „Fahrwerk ungesichert" auf. In der Sekunde 48,2 rief der Copilot:
COP: „Fahrwerk ungesichert, rechtes Fahrwerk!"
Gleichzeitig fiel die Leistung im rechten Triebwerk stark ab, woraufhin der Kommandant beschloß, den Start abzubrechen. Er riß die Schubhebel auf Leerlauf zurück und begann zu bremsen, wobei er aber nicht das Pedal bis zum Boden durchdrückte. Die DC-9 war jetzt 149 Knoten schnell und hatte noch 1200 Meter Rollbahn vor sich.
4 Sekunden später, nachdem er schon mit den Maßnahmen zum Startabbruch begonnen hatte, teilte er seine Entscheidung dem Copiloten mit:
CPT: „Abbrechen, Umkehrschub."
COP: „Ok, ist draußen!"
Mit ausgefahrenen Spoilern und Umkehrschubklappen raste die DC-9 auf das Ende der Bahn zu. Durch den Leistungsabfall im rechten Triebwerk liefen beide im Leerlauf, weswegen der Umkehrschub beim Bremsen nicht viel half. Nachdem er anfangs nur leicht in die Bremsen trat, drückte der Kommandant sie jetzt mit voller Kraft bis zum Boden herunter. Aber es reichte nicht mehr.
65,7 Sekunden nach dem Beginn des Starts und immer noch 70 Knoten schnell erreichte man das Ende der Rollbahn. Die DC-9 überquerte die 120 Meter breite Überrollfläche, rumpelte eine Böschung hinunter und prallte mit 46 Knoten gegen den Damm eines Entwässerungsgrabens.
Seit dem Auftreten der Störung waren 20 Sekunden vergangen.
Der Havarist zerbrach in zwei Teile, während große Mengen Sprit aus dem geplatzten linken Tragflächentank ausliefen. Dank der Tatsache, daß eine Minute später die Feuerwehr eintraf und den gesamten Bereich mit Schaum abdeckte, brach kein Feuer aus.
Der Startunfall kostete zwei Menschen das Leben, weitere 47 waren schwer verletzt.
Die meisten Passagiersitze waren beim starken Aufprall auf den Damm aus ihren Verankerungen gerissen worden und zusammengeklappt wie Taschenmesser, was die hohe Anzahl von Schwerverletzten erklärt. Die beiden Toten hatten jeweils einen Genickbruch erlitten. Im Cockpit wurde der Kommandant trotz fest zugezogener Bauch- und Schultergurte mit dem Kopf derartig gegen das Instrumentenbrett geschleudert, daß er ohnmächtig wurde und sich schwere Rückgratverletzungen zuzog.
Nach diesem Unfall wurde lautstark über die Neukonstruktion von Flugzeugsitzen diskutiert. Derartige Neuerungen erfolgten auch, allerdings scheinen diese Neukonstruktionen nicht viel verändert zu haben, denn bei späteren Unfällen mit neueren Versionen der DC-9 trat dasselbe Problem wieder auf (Siehe 27.12.1991 = SAS MD 81). Insbesondere die Sitze der Piloten erweisen sich auch heute noch teilweise den Anforderungen bei solchen Unfällen nicht gewachsen.
Der kanadische Untersuchungsbericht warf dem Kommandanten vor, am Anfang zu zögerlich gebremst zu haben. Hätte er von Anfang an voll gebremst, hätte er die Maschine vor dem Ende der Bahn zum Stehen bringen können - so der Untersuchungsbericht. Die Berechnungen beruhten auf einer trocknen und unverschmutzten Startbahn, was aber nicht der Realität entsprach. Während des Starts hatte es leicht geregnet, und die ganze Piste war stark mit Gummiabrieb verschmutzt. Das wurde zur Entlastung des Piloten vorgebracht.
Ausgelöst wurde der Unfall von einem Reifen des rechten Hauptfahrwerks, der nicht genügend Druck hatte. Dies führte zu einer Überhitzung und schlußendlich zum Platzen des Reifens. Teile des abgeplatzten Gummis waren von dem auf Vollschub laufenden rechten Triebwerk eingesaugt worden und hatten hier den Leistungsabfall bewirkt.

09.07.78
Allegheny AL **BAC 1-11-200**
N1550 44

Beim Anflug auf **Rochester/NY/USA** schlug das Bodenannäherungsgerät (GPWS) dreimal Alarm. Zweimal wegen überhöhter Sinkgeschwindigkeit und einmal wegen nicht vollständig ausgefahrener Landeklappen. Die Piloten beachteten jedoch keine dieser Warnungen, und so überflog die BAC mit 184 Knoten (64 Knoten mehr als vorgeschrieben) den Anfang der Landebahn. Erst nach der Hälfte der Landebahn konnte sie auf die Runway gedrückt werden. Die BAC überrollte das Pistenende, wobei das Hauptfahrwerk abgerissen wurde.
Einer der Insassen wurde hierbei verletzt.
Die Auswertung des CVR ergab, daß keiner der Piloten auf die Warnungen reagiert hatte. Die Piloten versuchten gar nicht erst, die viel zu hohe Sinkgeschwindigkeit zu korrigieren. Der Copilot hatte nicht wie vorgeschrieben die Geschwindigkeiten ausgerufen, und ein Durchstartmanöver wurde nicht einmal erwogen. Das NTSB kam zu dem Ergebnis, daß die Besatzung den ungewöhnlich hohen Geschwindigkeiten ihrer Maschine überhaupt keine Beachtung geschenkt hatten.

03.08.78
LAN Chile **Boeing 707-320B**
CC-CCX 18584

Während des Endanfluges auf **Buenos Aires-Ezeiza AP/Argentinien** herrschte dichter Nebel. Die 707 sank vor der Landebahn auf Bodennähe ab, streifte einige Bäume, wobei die Tragflächentanks explodierten und das Flugzeug höchst unsanft auf den Boden prallte.
20 Personen wurden verletzt.

25.09.78
P S A **Boeing 727-200**
N533PS 19688

An jenem Morgen unternahm eine private Cessna 172(N7711G) vom Flugplatz Montgomery, welcher einige Meilen nordöstlich von **San Diego/CA/USA** liegt, einen Flug zum Lindbergh Int'l Airport in San Diego. Die Propellermaschine wollte einige Übungsanflüge auf das dort vorhandene ILS der Runway 09 unternehmen. Das Flugfeld vom Lindbergh Airport liegt unterhalb der Radarzone von San Diego (4320 ft), daher wurden anfliegende Maschinen mit keiner Abstandskontrolle zueinander gestaffelt, sondern erhielten lediglich Radarberatung vom zuständigen Kontrollotsen. Nach zwei Anflügen auf das ILS hatte man sein Pensum erfüllt und flog nach Sicht (VFR) in Richtung Nordost zum Ausgangsflugplatz zurück. Zur gleichen Zeit näherte sich von Norden die Linienmaschine der PSA, eine 727, die auf ihrem linienmäßigen Kurs von Los Angeles zum Lindbergh Airport unterwegs war. Die Cessna erhielt nun die Anweisung, auf der Frequenz der Anflugkontrolle in Miramar zu rufen. Diese erteilte die Anordnung, auf Kurs 070 Grad zu gehen und eine Flughöhe von 3500 ft nicht zu überschreiten. Die 727 flog zu diesem Zeitpunkt nach Instrumentenflugregeln auf das Funkfeuer Mission Bay (ca. 4 Meilen nordwestlich des Flughafens) zu. Um 08:53 Uhr meldete sich der Pilot der Maschine bei der Anflugkontrolle von San Diego. Um 08:57 Uhr durchflog die 727 im Sinkflug 9500 ft und meldete den Sichtkontakt mit dem Bestimmungsflughafen. Der Anfluglotse gab die 727 nun für einen Sichtanflug auf der Bahn 27 in Lindbergh frei. Dies bedeutete, daß sich die Piloten während des Anfluges nach Sicht orientieren mußten und dabei auch andere Luftfahrzeuge zu beachten hatten. Beide Flugzeuge kamen sich nun unaufhaltsam näher. Die weiter sinkende 727 wurde dabei vom Anfluglotsen (ATC) auf die näherkommende Cessna 172 aufmerksam gemacht:

08:59:30 ATC:
"Flugobjekt in Zwölf-Uhr Position, eine Meile entfernt, Kurs Nord."
08:59:35 PSA:
"Wir suchen."
08:59:39 ATC:
"PSA 182, ein weiteres Ziel in Zwölf-Uhr Position, hm.., drei Meilen entfernt, knapp nördlich des Flugplatzes, Kurs Nordost, eine Cessna 172 im Steigflug nach Sichtflugregeln aus einer Höhe von 1400 ft."
08:59:50 PSA:
"Okay, wir haben die andere in Sicht."

08:59:
-ATC erteilte eine Freigebe an die Cessna -
09:00: - ATC:
"PSA 182, Ziel in zwölf Uhr, drei Meilen, aus 1700 ft steigend."
09:00:22 PSA:
"Ziel in Sicht."
Diese Meldung der 727 war fatal, da nun der Anfluglotse glaubte, daß die Boeing die Cessna im Auge behalten und den Anflug sicher fortsetzen würde.
09:00:30 ATC:
"Okay, Sir, halten sie Abstand nach Sicht und schalten sie um zum Kontrollturm Lindbergh."
09:00:38 ATC:
"PSA 182, hier Lindbergh Tower, Objekt in zwölf Uhr, eine Meile, eine Cessna."
09:00:44 PSA:
"Okay, da hatten wir sie schon vor einer Minute."
09:00:50 PSA:
"Ich glaube, er ist rechts an uns vorbei."
09:00:42 PSA Cockpit Voice Recorder:
"Ist das der, den wir suchen?"
"Ja, aber ich sehe ihn gerade nicht."
"Er war genau da drüben vor einer Minute."
"Haben wir genügend Abstand von der Cessna?"
"Kann man annehmen."
"Ich nehm's an."
"Ich hoffe."
09:01:21 PSA:
"Oh ja, bevor wir zum Gegenanflug kurvten, sah ich sie in Ein-Uhr Position, wahrscheinlich jetzt hinter uns."
09:01:38 PSA:
"Da ist einer unter uns."
Genau zu diesem Zeitpunkt schaltete der Pilot der PSA Maschine, der nun annahm, die private Cessna überholt zu haben, auf die Kontrollturm-Frequenz in Lindbergh AP um, die gerade mit der Cessna kommunizierte:
09:01:47 ATC:
"Der andere Verkehrsteilnehmer ist in Ihrer Nähe, ein PSA-Jet, hat Sie in Sicht."

Doch just in dieser Sekunde war es bereits zu spät. Der ahnungslose Privatpilot befand sich genau unter dem Linienjet. Die Cessna kollidierte in knapp 2000 ft mit der äußeren rechten Tragfläche der 727 und wurde von dieser augenblicklich zerfetzt. Steuerlos fiel sie senkrecht vom Himmel. Beide Insassen waren auf der Stelle tot. Der Boeing wurde die rechte Tragfläche aufgerissen, wobei diverse Kerosintanks leckschlugen und die Tragfläche in Brand geriet. Verzweifelt versuchte die Cockpitbesatzung, das Flugzeug in der Luft zu halten, jedoch verlor die 727 an der rechten Tragfläche durch das Feuer immer mehr an Auftrieb und setzte zu einem unkontrollierten Sturzflug an. Man versuchte an Bord, den

Der tödliche Flugweg von PSA 102 und N77116 am 25.09.1978

N550PS; ein anderes Exemplar als die Unglücksmaschine der PSA, hier in voller Startkonfiguration/Los Angeles im Juli 1981 <Quelle: Luftfahrt Journal-Sammlung>

Sturzflug mit dem Ausfahren des Fahrwerks und sämtlicher Klappen, die sich durch die hohe Sturzgeschwindigkeit zu lösen begannen, aufzuhalten. Ohne Erfolg.

Um 09:02:04 Uhr/loc. raste der Boeing-Jet in steilem Winkel über eine Autobahn hinweg und zerschellte schließlich knapp dahinter in einer Wohnsiedlung. Zusätzlich zu den 137 Opfern an Bord beider Flugzeuge kamen noch sieben weitere Menschen am Boden ums Leben. 22 Häuser einer Wohnsiedlung wurden durch den Absturz zerstört. Niemand an Bord beider Havaristen überlebte den Zusammenprall.

Die amerikanische Luftfahrtbehörde FAA erließ als Konsequenz aus dieser Katastrophe eine Bestimmung zur Neugliederung des Luftraumes. Diese Regelung sollte die Rechte der allgemeinen Luftfahrt(Privatfliegerei) erheblich beschneiden.

02.10.78
Aeroflot   **Yakovlev Yak-40**
CCCP-87544   90942

Beim Versuch einer Landung mit eingezogenem Fahrwerk wurde die Yakovlev auf dem Flughafen der georgischen Hauptstadt **Tiflis/UdSSR** zerstört. Alle Versuche der Besatzung, vor der Landung das Fahrwerk auszufahren, schlugen fehl.

07.10.78
Aeroflot   **Yakovlev Yak-40**
CCCP-87437   9XX1335

Nur fünf Tage später kam es nahe des russischen Industriezentrums **Sverdlovsk/UdSSR** zu einem weiteren Unfall. Nachdem das linke Triebwerk versagte hatte, stürzte die Yak ab und zerschellte.

38 Tote waren die traurige Bilanz.

15.11.78
Loftleidir   **Douglas DC-8-63CF**
TF-FLA   46020

Die von Garuda zu Pilgerfügen nach Jeddah angemietete Maschine befand sich im Sinkflug auf den Flughafen **Colombo-Bandaranaike AP/Sri Lanka**. Das Wetter war denkbar schlecht: heftige Monsungewitter gingen über der Umgebung nieder und machten den Piloten das Leben schwer. Die Wolkenuntergrenze betrug 320 Meter. Der Copilot versäumte es in dieser Phase, die abnehmenden Höhenwerte des Altimeters auszurufen. Außerdem hatten die Piloten eben diesen Höhenmesser so eingestellt, daß er Werte anzeigte, die etwas höher lagen, als tatsächlich der Fall war. Der Pilot, der versuchte, Sichtkontakt mit der Landebahnbefeuerung zu bekommen, achtete nicht mehr auf den Höhenmesser und kam unter die Anfluglinie. Erst als der Boden nur noch wenige Meter entfernt war, gab er Vollschub, jedoch zu spät.

Etwa 1,5 km von der Landebahn in Colombo entfernt, prallte die DC-8 auf den Boden einer Kokosnuß-Plantage, dabei kollidierte dieser mit mehreren Bäumen. Eine Tragfläche wurde hierbei abgerissen, der Vierstrahler bewegte sich radschlagenderweise vorwärts und kam schließlich brennend zum Stehen.

Insgesamt starben 184 Menschen, 78 überlebten z.T. mit schweren Verletzungen.

17.12.78
Indian AL   **Boeing 737-200**
VT-EAL   20485

Beim rotieren auf der Startbahn in **Hyderabad/Indien** begann die Boeing stark zu vibrieren. Man entschloß sich im Cockpit aber dennoch abzuheben und zum Flughafen zurückzukehren. Bei der anschließenden Notlandung setzte der Pilot sein Fluggerät mit dem Rumpf auf den Asphalt und zerstörte somit das Flugzeug.

Von den 126 Insassen an Bord verletzten sich 17. Drei weitere Menschen am Boden wurden bei dem Unglück tödlich verletzt.

24.12.78
Alitalia   **Douglas DC-9-32**
I-DIKQ   47227

Beim nächtlichen Landeanflug auf den Punta-Raisi Flughafen von **Palermo/Italien** verschätzte sich die unter VFR-Bedingungen anfliegende Crew in der Flughöhe und stürzte in das Thyrrhenische Meer. Das Wetter war bewölkt in einer Höhe von 2.500 ft; darunter betrug die Sichtweite 10 km. Die italienischen Piloten schalteten zu früh von Instrumentenbedingungen auf Handbetrieb um und ließen sich täuschen, als sie nach Sicht über ein Gebiet ohne Bodenlichter (Meer) hinwegflogen und somit annahmen, daß sie höher waren als tatsächlich der Fall war.

6 Kilometer vor dem Bahnanfang endete dann der Flug der aus Rom kommenden DC-9.

Erst nach viertägiger Suche konnten die 108 Menschen an Bord aus 52 Metern Tiefe tot geborgen werden.

28.12.78
United AL   **Douglas DC-8-61**
N8082U   **45972**

Der United-Flug UA 173 hatte in New York JFK begonnen und die DC-8 mit ihren Insassen über den gesamten nordamerikanischen Kontinent geführt, nur unterbrochen von einer Zwischenlandung in Denver. Dort hatte man die Maschine neu aufgetankt und für ihren Weiterflug an die Westküste nach **Portland/OR/USA** bereitgemacht. An Bord befanden sich 181 Passagiere und acht Besatzungsmitglieder. Der gesamte bisherige Linienkurs war absolut problemlos verlaufen, als die Besatzung sich um 17:05 Uhr/loc. bei dem Anfluglotsen in Portland meldete. Die Maschine wurde für einen Landeanflug auf die Bahn 28 freigegeben und meldete um 17:07 Uhr/loc. das Verlassen der Flughöhe 10.000 ft und den Beginn des Anfluges.

Der Copilot, der die DC-8 im Landeanflug steuerte, meldete die Sichtung des Flughafens und bat den Kommandanten, die Landeklappen auf 15 Grad zu bringen und das Fahrwerk auszufahren. Sekunden später verspürten die Insassen der DC-8 erst einen harten Schlag, während die Maschine stark nach rechts rollte, gefolgt von einer leichteren Erschütterung. Im Cockpit herrschte leichte Konfusion, weil weder die beiden grünen „eingerastet" noch die „Transit" Lampen der beiden Hauptfahrwerke aufleuchteten. Die Crew konnte sich deshalb nicht sicher sein, ob das Fahrwerk wirklich in seiner Landeposition eingerastet war, und brachen daher den Landeanflug ab.

17:12 APP:
   „United 173 heavy, contact the (Portland) Tower, 118,7!"
CPT: „Negativ, we'll stay with you. We'll stay at five. We'll maintain about a 170 knots. We got a gear problem. We'll let you know."

Das Wetter war ruhig und die Sicht klar, als die Besatzung die DC-8 in eine Warteschleife südlich von Portland steuerte. Vor ihrem Abflug in Denver hatte die Maschine 21160 kg Sprit an Bord gehabt, wovon beim Abbruch um 17:12 Uhr/loc. noch 6041 kg übrig waren. In dieser Konfiguration blieben der Besatzung noch knapp eine Stunde Zeit, bevor ihre Triebwerke wegen Treibstoffmangels verlöschen würden. Bei soviel Zeit konnte die Besatzung in Ruhe mit Hilfe ihrer Handbücher und Checklisten das Problem angehen und versuchen, sich Klarheit über den Status des Fahrwerks zu verschaffen. Über den Treibstoff machte sich im Cockpit keiner Sorgen. Im Cockpit saß neben dem Kommandanten (28.000 Flugstunden, davon 5.000 als Kommandant auf einer DC-8), dem Copiloten (8.000 Flugstunden) und dem Bordingenieur (3.900 Flugstunden, davon 2.000 auf der DC-8) noch ein weiterer United-Pilot, der als Passagier im Cockpit mitflog.

Während die vier Triebwerke zusammen 120 kg Sprit pro Minute verbrannten, kreiste die DC-8 über dem Großraum von Portland. Die Dunkelheit brach langsam herein, während in dem beleuchteten Cockpit die erfahrene Besatzung versuchte, den Fehler zu finden, der sie am Landen hinderte.

Als man nach einer knappen halben Stunde keine Lösung gefunden hatte, wurde um 17:38 Uhr/loc. über die Companyfrequenz die Wartungsabteilung von United Airlines in San Francisco zu Hilfe gerufen. Der Kommandant schilderte den United Ingenieuren am Boden das Problem und die Schritte, die unternommen wurden, um es zu lösen. Als den United Ingenieuren auch nichts anders einfiel, beschloß der Kommandant, eine Landung zu versuchen.

17:44 UAL-Maint.:
   „Okay, United 173...You estimate that you'll make a landing about 18:05."
CPT: „Yeap, that's a good ball park. I'm not gonna hurry the girls. We got a 165 people on board and we ...want to...take our time and get everbody ready and then we'll go. It's clear as a bell and no problem."

Da der Status des Fahrwerks immer noch nicht geklärt war, hatte der Kommandant die berechtigte Sorge, daß es bei der Landung zusammenbrechen würde und die DC-8 danach Feuer fangen könnte. Deshalb bat er die Chefstewardeß in das Cockpit, um mit ihr eine möglichst schnelle und reibungslose Evakuierung der 181 Passagiere im Falle eines Brandes zu planen.

17:45 CPT:
   „How are you going, Dory."
STW: „We're ready for your announcement...you have the signal for protective position?..."
-kurze Pause
STW: „....And if you want us to evacuate, what are you going to say?
CPT: „We'll either use the PA, or we'll stand in the door and call."
STW: „OK, one or the other. We're reseating passengers right now and all the cabin lights are full up."
CPT: „All right."

Die Zeit der Vorbereitung würde den Mitgliedern der Cockpitbesatzung Zeit für weitere Checks des Hauptfahrwerks geben. Der Copilot hatte die DC-8 inzwischen wieder vom Autopiloten übernommen und steuerte sie auf einen Südwestkurs. Die Maschine kreiste jetzt seit über einer halben Stunde und der Copilot begann, sich langsam über den verbleibenden Treibstoff Gedanken zu machen. Der Bordingenieur berichtete dem Kommandanten gerade von seinem erfolglosen Versuch, den Status des Fahrwerks an zwei Markierungen auf der Tragflächenoberseite festzustellen, als der Copilot sie unterbrach.

17:46 F/E:
   „I can see the red indicators from here, but I can't if there's anything lined up."

COP: „How much fuel have we got?"
F/E: „5000 (Pfund = ca. 2320 kg)"

Bevor die beiden anfangen konnten dieses Problem weiter zu besprechen, wurden sie vom zweiten United Piloten, der auf dem hinteren Jumpseat unterbrochen:

17:46 ODP: „Less than three weeks...three weeks to retirement...you better get me out of here."
CPT: „Don't worry."

Danach begab sich der dienstfreie Pilot in die Kabine, um sich von den Stewardessen für die Evakuierung einteilen zu lassen. Kaum hatte er das Cockpit verlassen, als die Luftaufsicht aus Portland anrief und die Besatzung auf ein Flugzeug in ihrer Umgebung hinwies. Der Copilot meldete die Sichtung dieses Flugobjekts, um dann wieder auf die Kerosinreserven zurückzukommen. Jetzt wandte er sich an den Kommandanten, der in Gedanken völlig von dem Fahrwerksproblem und der Evakuierung eingenommen war.

17:49 COP: „What's the fuel show now?"
CPT: „5000 (Pfund)"
COP: „5000 (Pfund)"

In diesem Moment begannen die Anzeigelampen der Treibstoffpumpen zu blinken. Der Bordingenieur wies die beiden Piloten darauf hin:

17:49 F/E: „...."
CPT: „That's about right, the feed pumps starting to blink."

Der Kommandant schätzte zu diesem Zeitpunkt den verbleibenden Treibstoffvorrat der DC-8 völlig richtig auf 2320 kg ein. Denn bei diesem Treibstoffstand beginnen bei der DC-8-61 die Anzeigelampen der inneren Förderpumpen des Treibstoffes zu blinken. Im Cockpit wurde jetzt ernsthaft mit den Vorbereitungen der Landung begonnen. Dazu gehörte auch das Ausfüllen der „Landekarte" um damit unter anderem das Gewicht und damit die Trimmung des Flugzeugs einzustellen.

17:50 CPT: „Hey Frostie (der F/E)"
F/E: „Yes Sir."
CPT: „Give us a current card on weight, figure about another 15 minutes."

Der Kommandant wollte wissen, wieviel Treibstoff bei einer Landung noch übrig wären, wenn man noch einmal für eine Viertelstunde kreisen würde. „Eine Viertelstunde?" fragte der Bordingenieur erschreckt nach.

17:51 CPT: „Yeah...give us 3-4000 (Pfund = ca. 1500 kg) on top of zero fuel weight."
F/E: „Not enough! 15 minutes is going to really run us low on fuel here."

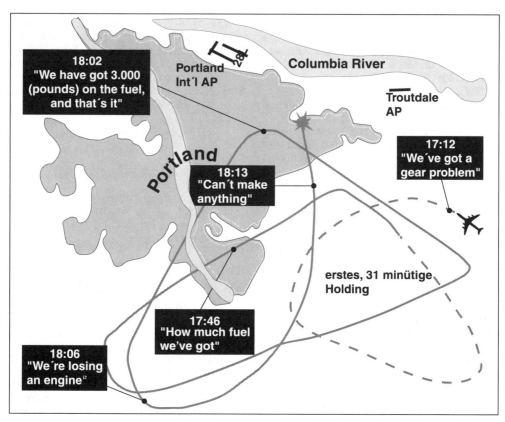

Die Warteschleifen der United DC-8 am Abend des 28.12.1978.

Dieses Gespräch war der erste Hinweis darauf, daß der Kommandant die Übersicht verloren hatte. Um 17:49 Uhr/loc. hatte er noch völlig richtig gesagt, daß die Maschine in diesem Moment noch 2320 kg (= 5000 Pfund) Treibstoff an Bord hätte. Zwei Minuten später schätzte er jedoch, daß bei der Landung in einer guten Viertelstunde noch 1350 - 1800 kg (3 - 4000 Pfund) Treibstoff in den Tanks der DC-8 verbleiben würden. Diese Schätzung war gänzlich unrealistisch, verbrannte die DC-8 doch 120 kg (220 Pfund) Treibstoff pro Minute und würde also in 15 Minuten Flug 1500 kg verbrauchen. Es wären somit nur noch ca. 650 kg Treibstoff in den Tanks der DC-8 übrig. Da man die Treibstofftanks konstruktionsbedingt nicht bis zum Bodensatz leeren kann, mußte man davon ausgehen, daß die DC-8 zu diesem Zeitpunkt in ernsthaften Treibstoffproblemen stecken würde.

Der Kommandant ließ sich von der Widerrede seines Bordingenieurs nicht beeinflussen, denn seine beiden Kollegen drängten ihn nicht zu einer baldigen Landung. Der Bordingenieur wiederholte seine Warnungen nicht und sprach einige Minuten mit der United - Station in Portland und beendete im Cockpit Vorbereitungen für die Notlandung. Danach begab er sich auf Anweisung des Kommandanten in die Passagierkabine, „um zu gucken wie die Dinge da so laufen". Währenddessen unterhielten sich der Copilot und der Kommandant über die bevorstehende Evakuierung und einige Bremsfunktionen der DC-8. Um 18:01 Uhr/loc. kehrte der Bordingenieur aus der Kabine zurück und meldete, daß die Vorbereitungen noch weitere „zwei bis drei Minuten" dauern würden. Er setzte sich danach wieder auf seinen Platz, machte eine kurze Überschlagsrechnung bezüglich des verbleibenden Treibstoff und teilte das Ergebnis dieser Rechnung seinen Kollegen ziemlich trocken mit:

18:02 F/E:
  „We have got three (Tausend Pfund = 3200 Pfund = 1359 kg) on the fuel - and that's it."

Die beiden Piloten waren in eine Diskussion über das Verhalten bei der Landung vertieft und hörten dem Bordingenieur überhaupt nicht zu. Es waren noch genau 941 kg Treibstoff an Bord, genug für gerade mal drei Minuten Flug, während sich die Maschine in ihrem Holding auf einem südwestlichen Kurs von der rettenden Landebahn in Portland entfernte.

Die beiden Piloten hatten das Treibstoffproblem völlig verdrängt und diskutierten die Landung. Der Bordingenieur versäumte es in diesen kritischen Minuten, die beiden an die Tatsache zu erinnern, daß gerade die letzten Treibstoffresereven durch die Triebwerke geblasen wurden.

Um 18:06 Uhr/loc. schloß der Kommandant nach einem letzten Gespräch mit der Chefstewardeß die Landevorbereitungen ab, als sich die ersten Folgen der Treibstoffknappheit zeigten:

18:06 CPT:
  „OK, we're going to go in now, should be landing in about 5 minutes..."
  -im letzten Teil des Satzes vom Copiloten unterbrochen-
COP: „I think you've just lost number four..."

STW: „I'll go and make the five minute announcement...I'll be sitting down now."

Nachdem die Chefstewardeß das Cockpit verlassen hatte, wandte sich der Kommandant völlig verwirrt seinem Copiloten zu. Der wiederholte:

18:06 COP:
  „We're going to lose an engine!"
CPT: „Why?"
COP: „We are losing an engine."
CPT: „WHY???"
COP: „Fuel!"

Jetzt begann zwischen dem völlig verwunderten Kommandanten und den beiden anderen Cockpitinsassen eine ebenso hektische wie konfuse Diskussion über die an Bord befindliche Treibstoffmenge, die der Copilot mit den Worten „It's flamed out!" abschloß.

Der Kommandant hatte aber den Ernst der Situation immer noch nicht begriffen. Er bat über Funk den Towerlotsen um eine Landegenehmigung auf der Bahn 28L, von der man jetzt noch 35 Kilometer entfernt war. Doch er sagte dem Tower kein Wort über den Triebwerksausfall oder die Treibstoffknappheit. Jetzt mischte sich auch der Bordingenieur ein:

18:07 F/E:
  „We're going to lose number three in a minute, too. It's showing zero!"
CPT: „You got a thousand pound. You've got to."
F/E: „5000 (pound) thousand in there, but we lost it!"
CPT: „Okay"

Während die DC-8 auf die rettende Landebahn zuflog, setzte im Cockpit hektische Betriebsamkeit ein. Die Besatzung versuchte, die verloschenen Triebwerke wieder zu starten und öffnete dazu alle Kreuzspeisungsventile des Treibstoffversorgungssystems. Daraufhin gelang es dem Copiloten, eines der Triebwerke wieder anzuwerfen, doch schon Sekunden später verlosch dafür ein anderes.

18:08 COP:
  „Get this # on the ground..."
  ...
18:09 CPT:
  „Reset that circuit breaker momentarily - see if we get gear lights."
F/E: „Yeah, nose gear is down."

In Gedanken war der Kommandant offensichtlich immer noch bei dem Fahrwerk. Und auch der Bordingenieur konnte es nicht glauben:

18:11 F/E:
  „Boy, the fuel sure went to hell all of a sudden. I told you we had four (=4000 Pounds)."
CPT: „There's an interstate highway type thing along that bank on the river - in case we're short (on fuel)."
  ...
18:12 COP:
  „Let's take the shortest Route to the airport."

Inzwischen hatte der Kommandant wieder das Steuer der DC-8 übernommen. Die drei Männer machten sich noch Hoffnungen, daß wenn man schon nicht den 20 Kilometer entfernten Flughafen Portland Int'l, so doch wenigstens den kleineren Flugplatz von Troutdale errei-

chen würde. Doch schon wenige Momente nach diesem Hoffnungsschimmer holte sie auch hier die Realität ein:
18:13 F/E:
"We've lost two engines, guys!!!!! We just lost two engines. One and two!!"
Jetzt waren alle vier Triebwerke ausgefallen!
CPT: "They're all going. We can't make Troutdale."
COP:
"We can't make anything!"
CPT: "Okay, declare an emergency."

Als das Wort „Notfall" ausgesprochen war, schien es, als würde all die Übersicht und Professionalität zu dem Kommandanten zurückkehren, die ihm die letzte Stunde abgegangen war. Das 91 Tonnen schwere Segelflugzeug, das noch vor wenigen Minuten ein düsengetriebenes Verkehrsflugzeug war, würde keinen Flughafen mehr erreichen können. Der Kommandant mußte jetzt schnell einen Platz zur Notlandung finden. Er wählte eine Fläche aus, die er von seinen früheren Flügen nach Portland im Tageslicht als Waldgebiet in Erinnerung hatte. Er hoffte, daß sich unter den Bäumen keine Häuser befanden, und peilte den Schimmer einiger Straßenlaternen an, die sich quer durch das unbeleuchtete Waldgebiet zogen.

Die DC-8 sank lautlos auf die Baumwipfel herab, bis die Tragflächen die ersten Äste berührten. Momente später schlug der Rumpf eine Schneise durch die Bäume und kam nach 350 Metern zum Stehen. Die linke Tragfläche war ganz, die rechte Tragfläche in Höhe des Außentriebwerks abgerissen und der Rumpf mit Ausnahme der abgeknickten Cockpitsektion relativ unbeschädigt. Es brach kein Feuer aus.

Ein großer Baum hatte sich in die vordere rechte Seite des Rumpfes gebohrt und damit alle Insassen getötet, die sich hinter den Pilotensitzen und vor der Reihe fünf in der ersten Klasse befunden hatten. Unter den zehn Todesopfern befand sich auch der Bordingenieur und die Chefstewardeß. Allen anderen Passagieren und dem gesamten Kabinenpersonal gelang es das Wrack des Havaristen zu verlassen. Daß die Evakuierung so ruhig und geordnet ablief, war nach Aussagen von Passagieren auf die lange, sorgfältige Vorbereitung der Besatzung zurückzuführen.

Das NTSB machte hauptsächlich den Kommandanten für diesen Unfall verantwortlich. Er hatte weder bei der Fehlersuche am Fahrwerk noch bei der anschließenden Vorbereitung der Landung sich selbst und seiner Besatzung ein Zeitlimit gesetzt. Er hatte sich während des gesamten Holdings nur auf diese beiden Probleme konzentriert und dabei völlig die Übersicht über die Gesamtsituation verloren.

Das NTSB sparte auch nicht an Kritik an den beiden anderen Cockpitinsassen. Obwohl der Kommandant für das Flugzeug verantwortlich ist, müssen der Copilot und der Bordingenieur ihn dabei überwachen und bei einem Fehler korrigieren. Beide hatten ihn zu verschiedenen Zeitpunkten auf die Treibstoffsituation hingewiesen, hatten es aber dann wahrscheinlich selber immer wieder aus den Augen verloren. Der Copilot hatte zwar desöfteren den Treibstoff vorsichtig zur Sprache gebracht, aber erst nach dem Verlöschen zweier Triebwerke mit seinem Kommentar „Get this # on the ground" seiner Meinung deutlich gemacht. Der Bordingenieur hatte des öfteren

schon viel deutlicher auf den verrinnenden Treibstoff hingewiesen, ließ sich aber vom Kommandanten immer wieder davon abbringen und in „seine Probleme" einbinden.

Bei den anschließenden Untersuchungen wurde auch der Grund für die Störung während des ersten Landeanfluges festgestellt: Eine Strebe, die das Fahrwerk während des Ein- und Ausfahrens stützt, war völlig durchgerostet. Als die Strebe während des Ausfahrens wegbrach, waren die Räder sozusagen „im freien Fall" in ihre normale Landeposition „gefallen". Das hatte den harten Schlag verursacht. Dort war das Fahrwerk dann normal eingerastet. Die widersprüchlichen Anzeigen im Cockpit über den Zustand des Fahrwerks waren auf kaputte Sensoren im Fahrwerk zurückzuführen. Technisch gesehen hätte einer sicheren Landung nichts im Wege gestanden.

30.01.79
VARIG   **Boeing 707-320C**
PP-VLU   **19235**

Die 707 verschwand 30 Minuten nach dem Start in Tokio-Narita AP von den Radarschirmen der Fluglotsen. Die Maschine befand sich über dem **Pazifischen Ozean** auf einem Flug nach Los Angeles. Der Frachter hatte unter anderem 53 kostbare Gemälde, die einen Wert von 1.24 Mio. $ hatten, geladen.

Die umfangreiche Suchaktion dauerte 4 Tage lang an.
Die Maschine und die sechsköpfige Besatzung wurde nie gefunden.

09.02.79
Eastern AL   **Douglas DC-9-14**
N8910E   **45771**

Während des Übens von Touch-and-go-Manövern auf dem Flugfeld von **Dade Collier/FL/USA** (40 Meilen westlich von Miami) crashte die DC-9 etwa 100 Meter vor der Landebahnschwelle und brach in drei Teile.
Über zuschadengekommene Personen liegen keine Berichte vor.

19.02.79
Quebecair   **Boeing 707-120B**
C-GQBH   **17650**

Mit vielen Urlaubern an Bord befand sich Flug QB 714 aus Toronto kommend im Anflug auf die Bahn 10 des Hewanorra Intl AP der Karibikinsel **St.Lucia** . Bis zum Endanflug verlief alles ganz normal. Der Copilot steuerte die Maschine, während der Kommandant die Bordsysteme bediente und die abnehmenden Höhenwerte ausrief. Als man schon fast über dem Bahnanfang war, wurde die 707 plötzlich von einem starken Seitenwind erfaßt und ein Stück über den Gleitweg gehoben. Dieser Wind wurde durch eine sogenannte „Bergwelle" (Mountain Wave) hervorgerufen, der immer im Windschatten von Bergen oder höheren Erderhebungen auftritt. Der Hewanorra AP liegt direkt südlich einiger Hügel, um die sich eine solche „Bergwelle" unbewußt von den Fluglotsen im Tower, gebildet hatte. Dabei strömt die Luft aus höheren Schichten um die Flanke des Berges herum und erzeugt am Boden einen starken Wind. In diesen Wind geriet „C-GQBH" hinein. Irritiert, daß die Boeing obwohl schon über der Runway, keine Sinkrate mehr hatte, rief der Kommandant:

CPT: „Plus ten!"

Um endlich aufzusetzen, zog nun der Copilot die Leistungshebel der vier Triebwerke zurück. Im Cockpit vertiefte sich das sonore Heulen, als die Turbinen langsamer wurden.

CPT: „Decreasing."

Doch nun flog die Maschine wieder aus der Windzone heraus und sackte wie ein Stein aus 6 Metern auf die Landebahn. Mit lautem Knall prallte das Hauptfahrwerk auf den Boden. Die Maschine sprang wieder hoch, knallte noch einmal 200 Meter weiter auf die Bahn, sprang erneut wieder in die Luft, um nach weiteren 200 Metern mit hochaufgerichteter Nase ein drittes Mal aufzusetzen. Diesmal blieb zum Glück das Hauptfahrwerk am Boden. Der Kommandant berappelte sich und übernahm die Kontrolle, mit der der Copilot seine liebe Mühe hatte.

CPT: „Okay, I got it."

Er senkte das Bugrad und bediente Schubumkehr und Radbremsen. Gerade als man das Gefühl hatte die Maschine im Griff zu haben, brach das schwer lädierte Bugrad weg. Mit lautem Knall prallte die Cockpitsektion auf die Landebahn. Die 707 kam etwas nach rechts von der Pistenmittellinie ab, dann gelang es den Piloten doch noch nach links zu schwenken. Nach etwa 1.400 Metern blieb die Maschine endlich stehen. Niemand kam ernsthaft zu Schaden, doch die 20jährige Boeing war nicht mehr zu retten. Hiernach wurde angeregt, die Windmeßeinrichtungen zu verbessern, um die unvorhergesehenen Windeffekte von „Bergwellen" besser vorherzusagen.

07.03.79
Garuda   **Fokker F28-1000**
PK-GVP   **11094**

Die Fokker stürzte beim Landeanflug gegen den Mt. Bromo bei **Probolinggo/Indonesien** ab.

4 Personen wurden getötet. Das Flugzeug war auf dem Inland-Kurs GA553 unterwegs.

12.03.79
Air France   **SE210 Caravelle 3**
F-BHRL   **31**

Beim Rollen auf dem Frankfurter **Rhein-Main AP/BRD** wich die Caravelle, die zum Start nach Lyon in Position gehen sollte, von der vorgeschriebenen Rolleitlinie ab und kam von der Rollbahn ab. Schließlich berührte die Maschine mit der rechten Tragfläche einen Metallzaun, wobei diese durchbohrt wurde und Treibstoff auslief. Keiner der 35 Passagiere, sowie die 6 Besatzungsmitglieder wurden bei dem Unfall verletzt. Die Caravelle wurde jedoch nicht mehr instandgesetzt und an Ort und Stelle abgewrackt. Die Schuld an dem Unfall wurde dem französischen Kapitän, der die nicht ausreichende Hindernisfreiheit verkannt hatte, angelastet.

14.03.79
Alia   **Boeing 727-200**
JY-ADU   **20886**

Fliegen im Orient bedeutet im allgemeinen, problemlose meteorologische Bedingungen für Piloten und Flugzeuge zu haben. Doch am heutigen Tag sollte es anders kommen. Flug RJ600 der Alia Royal Jordanian Airlines, hob um 23:55 Uhr/loc. in Amman zum Liniendienst nach **Doha**, der Hauptstadt des Sultanats **Katar** ab. Endstation sollte die Stadt Muscat/Oman sein. Der Flug durch die stockfinstere Nacht verlief ereignislos, bis man sich dem ersten Zielort, Doha, näherte. Abendliche Gewittertürme entluden ihre Energie und trugen heftige Turbulenzen sowie Unmengen von Wolkentürmen bis in die Reiseflughöhe der 727. Die „Fasten Seatbelt"-Schilder leuchteten auf, als der Jet von ersten Windstößen von der einen auf die andere Seite geworfen wurde. Um 02:08 Uhr/loc. nahm man Funkkontakt mit Doha-Control auf. Der dortige Fluglotse gab den neuesten Wetterbericht durch: Wind aus 090° mit 17 Knoten, Sicht: 10 Kilometer; Gewitteraktivität; Wolken in 2.500 bis 3.000 ft Ein für diese Region eher unübliches Wetter. Der Lotse fügte noch hinzu, daß die Gewitterbildung über dem Flughafen zuzunehmen scheint. Flug 600, das einzige Flugzeug zu dieser nächtlichen Zeit, wurde für einen Sichtanflug auf die Landebahn 16 freigegeben. Um 02:17 Uhr/loc. befand sich die Ma-

C-GQBH; die Unglücksmaschine der Quebecair, die hier 2,5 Jahre vor dem Unfall auf den nächsten Einsatz wartet/Paris-Le Bourget im Juli 1976 <Quelle: Luftfahrt Journal-Sammlung>

schine über dem Flughafen; und der Towerlotse konnte durch die Wolkentürme hindurch die Lichter der 727 über sich sehen. Der Pilot drehte nun nach Westen, um mit der Anflugprozedur zu beginnen. Aufgrund der schweren Gewitter entschied sich der Kommandant doch, einen NDB/VOR Anflug zu machen, bei dem man die Kursrichtung des Funkfeuers nutzt, um während des Endanflugs auf der Pistenachse zu bleiben. Doch nur Momente später schlug ein Blitz in das Sendegerät des Funkfeuers ein und unterbrach kurzzeitig aufgrund der Überspannung den Empfang der NDB-Anzeige im Cockpit. Den Flughafen in Doha umzuckten in immer kürzeren Abständen die statischen Blitzentladungen der Gewitterfront. Die Piloten von Flug 600 wollten nun keine Zeit mehr verlieren, um auf den Boden zu kommen und aus dem Wetterkarussell heraus zu sein. Jetzt ging über dem Flughafen ein Platzregen nieder, der dann jedoch nachließ, darauf aber wieder zu tosenden Regenkaskaden anschwoll. Im Tower gab man nun die Boeing zur Landung frei. Doch der Pilot hatte bis zum Erreichen der Minimalhöhe die Landebahn nicht in Sicht bekommen und zog somit unter dem Dröhnen der drei Triebwerke wieder nach oben in die Wolken hinein, um es ein zweites Mal zu versuchen. Es war 02:35 Uhr/loc., als die 727 wieder in Richtung Anflugkurs schwenkte und der Pilot kurzzeitig die Lichter des Flughafens und der Landebahn in Sicht bekam. Zwischendurch meldete sich immer wieder der Towerlotse und funkte die meteorologischen Platzverhältnisse. Mittlerweile hatte sich der Regen intensiviert und die Sichtweite am Flughafen ging auf 1.000 Meter zurück. Gleichzeitig erhöhte sich auf der Bahn 16 die Rückenwindkomponente. Die Piloten, die sich bis zur Entscheidungshöhe von 300 ft durch die Turbulenzen hinuntermühten, erkannten in diesem Moment, daß eine sichere Landung in Doha in dieser Nacht nicht möglich sein wird, und somit entschied der Kommandant den Landeanflug erneut abzubrechen und den nächsten Ausweichflughafen, Dharan in Saudi Arabien, anzufliegen. Der Schub wurde erhöht, die Klappen auf die Startposition 25° eingefahren, das Fahrwerk eingezogen sowie die Nase auf die 12° - Steigfluglage nach oben gezogen. Langsam gewann die Maschine wieder an Höhe, bis plötzlich in 750 ft die Vorwärtsgeschwindigkeit unter das Minimum von 140 Knoten sank. Flug 600 war mitten in eine tödliche Windscherung geraten, deren Abwinde das Flugzeug nach unten drückten. Die Piloten hatten die Kräfte der Fallwinde unterschätzt, die in solchen Gewitterzellen auf die Erde herabfallen können und in denen Flug 600 mitgerissen wurde. Wie ein Stein sackte die 727 nach unten durch und prallte um 02.37 Uhr/loc. mit über 4.000 ft pro Minute auf den Boden direkt hinter dem Anfang der Landebahn. Dabei teilte sich der Rumpf in drei Teile und die beiden Außentriebwerke rissen ab. Nach einem „Hüpfer" von weiteren 100 Metern, brachen die Tragflächen weg und der Rumpf rutschte teilweise auf dem Dach über das Flughafengelände. Der Hauptteil rutschte mitten in die Garage der Flughafenfeuerwehr, wo drei Einsatzfahrzeuge ineinander geschoben wurden und für eine Löschaktion nicht mehr in Frage kamen. Sofort wurde Großalarm ausgelöst, doch es gab nicht mehr viel zu retten.

Von den 49 Passagieren und der 15-köpfigen Crew starben 45, weitere 15 Überlebten schwer verletzt.

Das auslaufende Kerosin breitete sich in Sekundenschnelle aus und hinterließ einen Flammenteppich. In der ganzen Aufregung beachtete der Einsatzleiter nicht die Notfall-Verfahrensweise und ging davon aus, daß die Feuerwehr-Einsatzzentrale am anderen Ende des Flughafens den Unfall mitbekommen hätte und zum Ort des Geschehens unterwegs wäre. Doch dort war man über die Situation nicht im Bilde und die Nachtschicht saß immer noch inaktiv im Aufenthaltsraum herum, bis acht Minuten nach dem Unglück der offizielle Einsatzbefehl gegeben wurde. Für viele Insassen kam diese Hilfe leider acht Minuten zu spät.

14.03.79
C A A C   **HS121 Trident 2E**
B-274   **2172**

Die Trident geriet nach dem Abheben auf der Runway eines Trainingsflughafens bei **Peking/China** außer Kontrolle und stürzte in das Gebäude einer Fabrik. Neben den drei Piloten befanden sich noch neun Militärangehörige an Bord.

Alle 12 Insassen der Trident und ca. 180 Menschen am Boden wurden getötet (Insgesamt 192).

17.03.79
Aeroflot   **Tupolev 104B**
CCCP-42444   **-**

Beim Endanflug auf **Moskau-Vnukovo AP/UDSSR** fing eines der Triebwerke Feuer. Mit nur einem funktionieren-

JY-AFU; eine von ursprünglich sieben Maschinen in der 727-Flotte der Alia. Dieses Exemplar fliegt seit 1981 bei der jordanischen Airline / Frankfurt 1986 <Quelle: JR-Photo>

den Triebwerk geriet die Maschine unter die vorgeschriebene Anflughöhe und kollidierte mit einigen Kabeln einer elektrischen Leitung. Daraufhin geriet das Fluggerät außer Kontrolle und stürzte nahe des Flughafens ab.

Es starben ca. 25 Menschen in den Trümmern.

20.03.79
Aeroflot Yakovlev Yak-40
CCCP-87390 9410233

Beim Start in **Chardzhou/Turkmenistan/UdSSR** befand sich ein Mil-6-Hubschrauber direkt im Weg der startenden Yak. Bei der darauffolgenden Kollision wurde die Yak vollständig zerstört.

22.03.79
Aeroflot Tupolev 134
CCCP-65931 9410233

Im Endanflug auf **Liepaia/Lettland/UdSSR** prallte die Tupolev ca. 1,5 km vor der Landebahn zu Boden und zerschellte.

Vier der fünfköpfigen Besatzung starben hierbei. Zum Zeitpunkt des Unglücks herrschte schlechtes Wetter.

01.04.79
Uganda AL Boeing 707-320C
5X-UAL 18580

Die von Ronair gemietete Boeing wurde auf dem Airport von **Entebbe AP/Uganda** das Opfer von Kriegshandlungen. Die dort geparkte Maschine lag unter heftigem Feuer tanzanischer Truppen, die den Flughafen belagerten. Eine Tragfläche wurde in die Luft gesprengt, und der gesamte Rumpf wurde mit kleinkalibrigen Feuerwaffen durchsiebt. An eine Wiederherstellung war nicht mehr zu denken.

26.04.79
Indian AL Boeing 737-200
VT-ECR 20962

Die 737 schoß bei der Landung auf dem Meenambhkan AP von **Madras/Indien** über das Ende der Bahn hinaus und endete in einem Feld. Dabei entzündete sich auslaufendes Kerosin an einer Tragfläche, was schnell auf den Rumpf übergriff.

Von den 67 Insassen wurden 11 verletzt.

Als die Maschine noch etwa 70 Meilen vom Flughafen entfernt war, gab der Pilot die Meldung einer Bombenexplosion an Bord ab.

19.05.79
Aeroflot Tupolev 134A
CCCP-65839 18117

Mit verklemmten Radbremsen geriet die Maschine bei der Landung in **Ufa/UdSSR**, am Fuße des Urals gelegen, außer Kontrolle und schoß über das Ende der Landebahn hinaus. Hierbei wurde das Fahrwerk abgerissen. Feuer brach aus, das sich im Nu auf das ganze Flugzeug ausweitete. Den Insassen gelang es zu entkommen, bevor die Maschine ein Raub der Flammen wurde.

25.05.79
American AL McDD DC-10-10
N110AA 46510

Gerade waren die Diskussionen um den Flugzeugtyp DC-10, der seit dem Unglück in Paris (siehe 3.3.74) in den Schlagzeilen stand, abgeklungen, da ereignete sich wieder ein schweres Desaster, das abermals die DC-10 -allerdings zu Unrecht- in Verruf brachte.

An diesem Tag herrschte hervorragendes Wetter auf dem Flughafen **Chicago O'Hare/IL/USA**. Der Himmel war wolkenfrei, und es blies ein Wind aus Nord. Kurz vor 14:00 Uhr/loc. war die Maschine bereit zum Abrollen von der Terminalposition zur Startbahn. Der Großraumjet sollte an diesem Nachmittag den Nonstop-Dienst AA191 von O'Hare nach Los Angeles absolvieren. 258 Passagiere hatten sich auf den Sitzen niedergelassen und sorgten für eine gute Auslastung. 10 Mitglieder des Kabinenpersonals sowie die zwei Piloten und der Flugingenieur brachten die Gesamtzahl auf 271 Personen. Mit einem Startgewicht von 171.800 kg (13,7 Tonnen unterhalb des maximalen Startgewichtes) setzte sich AA191 um 14:59 Uhr/loc. zum Ende der vorgesehenen Startbahn 32R in Bewegung. Im Cockpit ging man nun die Start-Checkliste durch und besprach noch einmal die Abflug-Route. Der Copilot saß auf dem Sitz des Kommandanten und führte den Hinflug als fliegender Pilot durch.

Alle Systeme waren startbereit, und um 15:02:38 Uhr/loc.erhielt man das Startkommando vom Tower. Der Copilot schob langsam die drei Leistungshebel der DC-10 nach vorn und AA191 setzte sich auf der Bahn 32R in Bewegung. Nichts deutete auf Unregelmäßigkeiten hin. Bei 139 Knoten erreichte man den V_1-Wert. Jetzt mußte abgehoben werden. Es war 15:03:36 Uhr/loc.als sich die Katastrophe anbahnte. Wenige Sekunden vor dem Abheben bei der V_R-Geschwindigkeit brach der Halteflansch des Triebwerkspylons am linken Triebwerk Nr.1. Das auf vollen Touren laufende Antriebsaggregat konnte von den anderen Haltebolzen nicht mehr an der Tragfläche gehalten werden, schoß nach oben über die linke Tragfläche weg und zerschellte dahinter auf dem Bahnasphalt. Die Piloten wußten von alledem nichts. Aufgrund ihrer Cockpitanzeigen, die allesamt auf Null herunterliefen, gingen sie von einem Triebwerksausfall an der linken Seite aus.

Bei 145 Knoten rief der Kommandant „Rotate" und Augenblicke später hob der Düsenriese von der Bahn ab. Beim Triebwerksverlust wurde ein ca. 1 Meter langes Stück der Flügelvorderkante mitsamt Hydraulikkabeln zerstört, so daß die ausgefahrenen Vorflügel an der linken Tragfläche keinen Hydraulikdruck mehr hatten und vom Gegenwind wieder in die Tragflächenführungskanten hineingedrückt wurden. Es ergab sich somit ein Auftriebsungleichgewicht. Mit zunehmender Geschwindigkeit (ca. 159 kn) vergrößerte sich dieser asymmetrische

N110AA; die Unglücksmaschine von Chicago. Hier parkt die taufrische DC-10 kurz nach der Auslieferung vor dem Wartungshangar./Los Angeles im April 1972 <Quelle: N.Scherrer>

Auftrieb, und die linke Tragfläche neigte sich nach unten. Der Pilot steuerte mit dem rechten Seitenruder dagegen und es gelang ihm auch zunächst, die angeschlagene DC-10 einigermaßen waagerecht zu halten. Da sämtliche Cockpitinstrumente auf der Pilotenseite durch das linke Triebwerk gespeist wurden, erloschen alle Anzeigen auf dieser Seite. Der rechtssitzende Pilot, dessen Anzeigen einwandfrei arbeiteten, übernahm nun die Steuerkontrolle. Beide Piloten gingen immer noch davon aus, sie hätten es mit einem „normalen" Triebwerksausfall zu tun, und gingen entsprechend den diesbezüglichen Vorschriften vor. Beide Piloten konnten von ihrer Position aus die linke Tragfläche nicht erkennen. Sie waren auch zu sehr beschäftigt, um aus dem Fenster zu blicken. Die Steigrate betrug ca. 1.200 ft/min., und die Geschwindigkeit hatte um 15:03:47 Uhr/loc. 172 Knoten erreicht. In diesem Flugzustand hätte man das Flugzeug kontrollieren können, und eine Rückkehr zum Flughafen wäre möglich gewesen. Doch nun trat das Verhängnisvolle ein: Der Copilot studierte die Checkliste für das Verfahren bei einem Triebwerksausfall nach V_1. Dort stand eindeutig: *„Setzen Sie den Steigwinkel so weit, daß mit V_2 der Steigflug fortgesetzt wird. Ziehen Sie dann das Fahrwerk ein und steigen Sie so auf 800 ft."*

Gemäß dieser Vorschrift erhöhte der Kommandant den Steigwinkel auf 14 Grad, was die Geschwindigkeit auf 153 Knoten abnehmen ließ. Als sich zuvor das Antriebsaggregat aus der Verankerung löste, waren zu allem Übel auch noch die Signal- und Warnkabel der Vorflügel abgetrennt worden, was dazu führte, daß die Warnlampe, die ein Auftriebsungleichgewicht (durch ungleiche Stellung der Vorflügel) anzeigen soll, nicht aufleuchtete. Zum anderen war das Aktivierungskabel des Steuersäulenrüttelsystems, das nur auf dem linken Pilotensitz wirkte, außer Funktion gesetzt worden.

Bei einer Geschwindigkeit von V_2 + 6 (also 159 Knoten) überzog die nach hinten hängende linke Tragflächenspitze. Als die Fluggeschwindigkeit unter diesem Wert zurückfiel, riß auch prompt die Strömung an der linken Tragflächenspitze ab. Weder Warnsignal noch Rüttelsystem konnten ansprechen und die Piloten warnen. Um 15:03:55 Uhr/loc. legte sich AA191 aus einer Höhe von 360 ft scharf nach links, und die Nase fiel nach unten ab. Nun war alles zu spät. Mit noch ausgefahrenem Fahrwerk rollte die Maschine immer weiter nach links, bis die Tragflächen eine vertikale Stellung erreicht hatten. Verzweifelt versuchten beide Piloten gegenzusteuern, jedoch vergebens. AA191 war verloren und fiel dem Erdboden entgegen. Um 15:04:09 Uhr/loc. bekam die linke Tragfläche Bodenberührung. Die DC-10 zerschellte in einer gigantischen Explosion, 2 Kilometer vom Ende der Startbahn 32R entfernt. Viele Trümmer flogen auf das Gelände eines Caravan-Parks und richteten erheblichen Schaden an.

Niemand der 271 Menschen an Bord des Flugzeugs überlebte die Katastrophe. Zusätzlich wurden zwei Bewohner des Caravan-Parks getötet, zwei weitere wurden schwer verletzt. Diverse Autos, ein Wohnwagen und ein alter Flugzeughangar wurden zerstört. Mit 273 Opfern war dies das bis dahin schlimmste Flugzeugunglück auf amerikanischem Boden.

Die Untersuchungen konzentrierten sich auf die Frage, warum sich in der Startphase das gesamte Triebwerk mitsamt Pylon von der Tragfläche lösen konnte. Schon bald hatte man die Ursache gefunden. Seit Inbetriebnahme der DC-10 in Amerika wurden Triebwerke (entgegen den Herstellerempfehlungen), zwecks Minimierung der Arbeitsstunden, zusammen mit dem Pylon, der das Triebwerk mit der Tragfläche verbindet, abmontiert und gewartet. McDonnell Douglas sah jedoch vor, erst Triebwerk und dann den Pylon von der Tragflächenbefestigung zu lösen. Dies war für viele US-Airlines, die unter Kostendruck standen, ein Arbeitsschritt zuviel. Die Kosteneffizienz stand im Vordergrund. Bis zu 200 Arbeitsstunden ließen sich so einsparen. Zwei Monate vor dem Unglück wurde das Triebwerk Nr.1 von N110AA in der Wartungsbasis in Tulsa/Oklahoma auf diese Weise abmontiert. Dazu bediente man sich eines Gabelstaplers, der die gesamte Triebwerk-Pyloneinheit an- und abtransportierte. Das gleiche Wartungsverfahren wurde auch von Continental Airlines praktiziert. Obwohl nicht vom Hersteller gedeckt, ergaben sich dadurch nie ernste Probleme. Beim Einsetzen der gesamten Triebwerks-Pyloneinheit erforderte es viel Geschick und Können des Gabelstaplerfahrers, den Pylon genau unter die Halteflansche der Tragflächenbefestigung zu bugsieren. Millimeterarbeit war vonnöten. Unbemerkt von den Wartungstechnikern trat jedoch durch das unpräzise Einsetzen des Pylons ein Riß am Halteflansche der Tragflächenverbindung auf.

Mit diesem Riß ging die DC-10 wieder in Dienst. Besonders beim Start entstehen die größten Kräfte zwischen Tragflächenbefestigung und Triebwerk. So vergößerte sich jedesmal der Riß, bis am Unglückstag das Triebwerk nicht mehr gehalten werden konnte. Nachfolgende Untersuchungen deckten bei weiteren 31 DC-10-Flugzeugen Bruchstellen an Befestigungen auf, die alle auf dieselbe Art gewartet wurden. Die bis dahin nicht konsultierte FAA wurde aktiv. Unverzüglich wurde der DC-10 das Lufttüchtigkeitszeugnis entzogen. Davon waren auch alle DC-10 Betreiber im Ausland betroffen, die gegen diese Maßnahme protestierten. Betroffen von dieser Maßnahme waren auch alle DC-10-30 Flugzeuge, obwohl bei ihnen niemals derartige Probleme aufgetreten waren. Erst Anfang August 1979 wurde das Startverbot der DC-10 Flotte wieder aufgehoben.

Nach diesem Unglück wurde das gesamte Vorflügelsystem der DC-10 mit einer Einrast-Vorrichtung versehen, die die Vorflügel auch bei Beschädigung der Hydraulik ausgefahren hält. Weiter erhöhte man die Climb-Out-Geschwindigkeiten von $V_2 + 6$ auf $V_2 + 10$ Knoten. Die Entfernung von Triebwerk mitsamt Pylon wurde verboten und verbesserte Wartungsverfahren eingeführt. Außerdem wurde das elektrische Warnsystem modernisiert und die Energieversorgung der Steuersäulen-Rüttelvorrichtung auf mehrere Triebwerke verlagert, um einem Wiederholungsfall vorzubeugen.

31.05.79
Aeroflot **Tupolev 134A**
CCCP-65649 **351004**

Durch einen Hydraulikschaden brach während des Startlaufes in **Tyumen/Sibirien/UdSSR** das linke Hauptfahrwerk ein und der Jet schlitterte über die Bahn. Das Flugzeug wurde nicht mehr repariert.

11.07.79
Garuda **Fokker F28-1000**
PK-GVE **11055**

Bei schlechtem Wetter prallte die Fokker gegen die Ausläufer des **Mount Sibayak/Sumatra/Indonesien**.
Bei diesem Unglück starben alle 61 Menschen.

20.07.79
Aerotal **SE210 Caravelle 6R**
HK1778 **140**

Nach einer überharten Landung in **Bogota/Kolumbien**, wurde das Flugzeug abgeschrieben.

23.07.79
T M A **Boeing 707-320C**
OD-AFX **19107**

Während Touch-And-Go-Manövern zur Pilotenausbildung bekam die 707 mit der rechten Tragfläche Bodenberührung und verunglückte in einem Feuerball. So geschehen auf dem Flughafen **Beirut-Int'l AP-Libanon**.

Die 6 Insassen wurden dabei getötet. Zuvor unternahm man einen Probeflug mit nur drei laufenden Triebwerken.

26.07.79
Lufthansa **Boeing 707-320C**
D-ABUY **20395**

An diesem bewölkten schwülen Abend machte sich die 707 bereit, vom internationalen Flughafen Galeao in Rio de Janeiro/Brasilien den linienmäßigen Rückflug LH 527 anzutreten.

Einzige Insassen waren die beiden Piloten sowie der Bordingenieur, der die Flugsysteme bediente. Ansonsten befanden sich in der Kabine anstelle von besetzten Passagiersitzen, diverse Paletten mit Frachtgut,. Die 707 war eigens für Frachttransporte eingerichtet worden und seitdem im stark expandierenden Frachtgeschäft der Fluggesellschaft unterwegs.

Die Flugroute für den Kurs LH 527 sollte über den Südatlantik gehen und nach einer Zwischendestination in Dakar/Senegal auf dem Frankfurter Rhein-Main Flughafen enden.

Nachdem die Abflugchecks beendet waren, wurden die vier Triebwerke gestartet. Um 18:05 Uhr/loc. setzte sich die 707 langsam von ihrer Parkposition in Richtung Startbahn 27 in Bewegung. Auf der Bodenfrequenz erhielt Flug 527 kurz darauf die Information zur Abflugroute, die man nach dem Start einzuhalten hatte. Der Kommandant sollte für den bevorstehenden Flug die Rolle des Copiloten übernehmen, während der Pilot auf dem rechten Sitz für die Steuerung der Maschine verantwortlich war. Für den Kommandanten war es erst der dritte Flug, den er in die brasilianische Metropole unternahm. Auch der Copilot war nicht gerade sehr erfahren in dieser Gegend, er war zum zehnten Mal in Rio.

Kurz bevor Flug 527 den Anfang der Startbahn 27 erreicht hatte, wurde auf die Towerfrequenz gewechselt. Von dort erhielt man die Aufforderung anzuhalten und weitere Instruktionen abzuwarten. In dieser Zeit koordinierte der Fluglotse im Tower mit seinem Kollegen im Abflugsektor, der auch gleichzeitig für die anfliegenden Maschinen zuständig war, den Abflugweg der deutschen Frachtboeing. Rio de Janeiro verfügt neben dem internationalen Flughafen Geleao noch über einen etwas kleineren Inlandsflughafen (Santos Dumont), dessen Anflugsektor sich mit dem Abflugsektor von Galeao überlagert, so daß die Fluglotsen bei Ost-West-Betriebsrichtung in Galeao an- und abfliegende Maschinen beider Flughäfen aufwendig auseinanderhalten müssen. Der Fluglotse im An- und Abflugsektor von Galeao mußte ein anfliegendes Flugzeug auf Santos Dumont im Auge behalten. Gleichzeitig näherte sich von Nordwesten ein Jet der Varig (RG409), der im Anflug auf Galeao war. Dieser Jet kreuzte gerade den geplanten Abflugsektor der Lufthansa Maschine, deren Start sich daher noch um einige Minuten verzögern sollte. In Galeao AP müssen alle IFR-Abflüge in Ost-West Richtung eine obligatorische Rechtskurve fliegen, um möglichst geringen Konflikt mit dem Anflugsektor in Santos Dumont zu haben und andererseits, um den Bergen im Westen der Stadt nicht zu nahe zu kommen. Der Abfluglotse teilte nun seinem Kollegen im Tower mit, daß die 707 während des Abfluges in 2.000 ft den Steigflug unterbrechen sollte, um nicht mit der anfliegenden Varig-Maschine in Konflikt zu geraten. Diese Meldung leitete der Towerlotse dann an den Piloten von Flug 527 weiter. Die Abflugroute führte über das Funkfeuer Caxias, nördlich des Flughafens, von da sollte die Lufthansa-Maschine in einer weiteren Rechtskurve auf südöstlichen Kurs gehen und das brasilianische Festland hinter sich lassen. Der deutsche Pilot fragte noch mal nach, da er den mit schwerem portugiesischen Akzent sprechenden Fluglotsen nicht gleich verstanden hatte. Doch der antwortete lediglich bis zum Caxias-VOR zu fliegen und dann mit der Abflugkontrolle Kontakt aufzunehmen. Die Anfrage des Piloten blieb somit ungeklärt. Weitere vier Minuten vergingen, bis sich der Towerlotse wieder der deutschen Frachtmaschine widmete. Während dieser Zeit änderte sich jedoch die Situation. Der anfliegende Jet der Varig hatte längst den Abflugsektor der Bahn 27 verlassen und kurvte bereits auf den ILS-Kurs der Bahn 27. Daher bestand nun keine Notwendigkeit mehr, LH 527 eine Steigflugbeschränkung aufzuerlegen. Der Abfluglotse, der für den anfliegenden Varig-Jet nicht mehr zuständig war, wurde jedoch nicht von seinem Kollegen im Tower über die neue Situation in Kenntnis gesetzt. Somit wurde die Steigflugbeschränkung für Flug 527 beibehalten. Das Verhängnis nahm seinen Lauf.

Endlich, um 18:27 Uhr/loc. erfolgte die Startfreigabe für die Lufthansa 707 und wenige Momente später hob die Boeing von der Startbahn 27 ab. Gleich darauf nahm man mit der Abflugkontrolle Kontakt auf:

DLH527:
   „Galeao, Lufthansa 527, good evening."
ATC: „527, Rio, go ahead, Lufthansa"
DLH527:
   „We are passing 15 hundred feet inbound to Caxias."
ATC: „Turn right, heading 040, turning right, heading 040 and maintain 2000 feet until further advice, Lufthansa 527, and increase your speed, if feasable."

Der Abfluglotse gab nun der deutschen Frachtmaschine eine Anweisung, die von ihrer ursprünglichen Freigabe abwich. Lufthansa 527 sollte nun nicht mehr wie vorgesehen in Richtung des Funkfeuers Caxias fliegen, sondern bekam eine abweichende Kursanweisung. Weder wurde die Besatzung über das Vorhaben des Fluglotsen in Kenntnis gesetzt, noch bediente er sich der international festgelegten Phraseologie. Auch führte die Anweisung, die Fluggeschwindigkeit zu erhöhen, zu einem Mißverständnis. Unter 10.000 ft ist die maximal zugelassene Geschwindigkeit 250 Knoten. Die Lufthansa Besatzung ging jedoch nunmehr davon aus, daß sie keiner Geschwindigkeitsbeschränkung mehr unterliege. Doch im Cockpit war man sich nicht völlig über die Anweisung im klaren: „Increase your speed, meinte er nur.", grübelte der Kommandant. Nur zwei Minuten nach dem Abheben waren 2.000 ft erreicht und der Pilot senkte die Flugzeugnase, um nicht über die angewiesene Höhe hinauszuschießen. Die Fluggeschwindigkeit baute sich auf und schnell waren 250 Knoten überschritten. Gleichzeitig wurde die Rechtskurve eingeleitet. Flug 527 flog nun auf Kurs 040° Richtung Nordosten auf bergiges Gelände zu. Zu dieser Zeit gab es keinerlei exakte IFR-Flugkarten, aus denen die Standard An- und Abflugwege ersichtlich gewesen wären. Von ihrer Fluggesellschaft wurden die Piloten nur mit einer groben Gebietskarte ausgestattet, auf denen allerdings die Berge im Norden des Flughafens sowie die Minimalhöhen der einzelnen Sektoren eingetragen waren. Doch die Crew von Flug 527 flog unbekümmert in 2.000 ft weiter.

In dieser Situation, in der Flug 527 eigentlich einer hohen Aufmerksamkeit seitens des Fluglotsen bedurft hätte, wandte sich der Controller dem südlichen Luftraum zu. Dort hatte er vier kleinere Flugzeuge zu dirigieren. Zwei von ihnen (PT-NDC und PT-DEL) kamen sich über Ilha Raza so nahe, daß der Fluglotse eingreifen mußte, um die Gefahrensituation zu entschärfen. Danach nahm er mit zwei Linienflugzeugen Funkkontakt auf, die sich in seinem Sektor gemeldet hatten. Ungewöhnlich lange hielt er sich mit diesen beiden Maschinen auf und instruierte langatmige Anweisungen an die Piloten, ohne noch an die Lufthansa 707 zu denken.

Die komplexe Verkehrssituation, die der Fluglotse zu bewältigen hatte, hätte es dringend erfordert, einen beobachtenden Assistenten zur Verfügung zu haben. Doch der nahm die Aufgaben des Anfluglotsen wahr und kommunizierte ständig mit dem Towerlotsen und informierte ihn über eine anfliegende Boeing der VARIG. Für eine effektive Koordination des an- und abfliegenden Verkehrs wären zwei Assistenten dringend nötig gewesen, doch nur einer versah zu dieser Abendstunde seinen Dienst. Zu wenig, um eine sichere Durchführung der vielen Flugbewegungen zu gewährleisten. Doch die ahnungslose Besatzung der Fracht-707 blieb unbesorgt:

CPT: „...wir sind radar, das heißt, theoretisch kann uns gar nichts passieren..."

Aber der Kommandant sollte sich täuschen. Das blinde Vertrauen in den Fluglotsen war ein Fehler.

Es war 18:30 Uhr/loc., als sich DLH527 10 Meilen nordöstlich des Flughafens befand. Immer noch hielt man 2.000 ft ein. Die Piloten hatten bereits kurz nach dem Abheben aufgrund der dichten Bewölkung jegliche Bodensicht verloren. Beide Piloten blickten auf ihre Flugkarte: „Well, Caxias is 30, 23 miles 2.000 ft and is rising up to 4.000 ft." In dieser Aussage lag bereits ein gewisses Unbehagen, was die Flughöhe anging. Doch offenbar unterlag der Kommandant einer weiteren Fehleinschätzung, da er annahm, daß die vor ihm liegende Flugkarte nach dem magnetischen Nordwert ausgerichtet war. Doch tatsächlich orientierte sich die Karte nach dem wahren Nordpol, und der lag um 19° weiter westlich als der magnetische. Folglich nahm der Pilot an, sich südlich der Bergregion zu befinden, doch tatsächlich hielt Flug 527 mit knapp 300 Knoten geradewegs darauf zu.

Als der Abfluglotse in Galeao um 18:30:34 Uhr/loc. das Verkehrsgeschehen im südlichen Sektor erst einmal „im Griff" hatte, widmete er sich nun wieder der deutschen Frachtmaschine, die sich bereits außerhalb des 10 Meilen Radius befand. Schnell begriff der Lotse, daß sich die Boeing direkt vor den Bergen befand, entgegen seiner Annahme, die auf einer Geschwindigkeit von 250 Knoten basierte, doch aufgrund der unklaren Ausdrucksweise von den Piloten mißverstanden wurde. Jetzt mußte es schnell gehen:

ATC: *"Lufthansa, turn right heading 140, just now, over. Lufthansa 527, turn right heading 140 and climb without restrictions."*

DLH527:
"Roger, leaving 2.000, Lufthansa 527, turning right heading 140."

Wieder drückte sich der Abfluglotse nicht in der vorgeschriebenen Weise aus. Aus seiner hastigen Anweisung erkannten die Piloten jedoch keinerlei Dringlichkeit, die ihre Handlungen beschleunigt hätte. Statt dessen präzisierte der Controller seine Aufforderung zum Abdrehen nach Südosten.

ATC: *"Continue to the right until 160, Lufthansa, and increase your rate of climb 3.000 per minute, over."*

Die Piloten hatten den Ernst ihrer Lage immer noch nicht erfaßt. Langsam kurvte der vollgetankte Jet nach rechts und träge richtete sich die Flugzeugnase wieder auf, um mit dem Steigflug zu beginnen.

Nur Augenblicke später wurde die Crew von dem eindringlichen Warnton des GPWS-Bodenannäherungswarngerätes aufgeschreckt. Instinktiv zog der Copilot seine Steuersäule zu sich heran. Mit 3.2 G wurde die Besatzung in ihre Sessel gedrückt und die Nadel der Steigfluganzeige schlug nach oben aus. Doch das Manöver kam zu spät.

Es war genau 18:32 Uhr/loc. als das vierstrahlige Frachtflugzeug mit der linken Tragfläche sowie der Rumpfunterseite gegen die ersten Baumkronen des dichten Regenwaldes am Südhang der **Sierra dos Macacos,** 13,3 Meilen nordöstlich des Flughafens in 2.045 ft prallte und danach in einem Feuerball auseinanderbrach und zerschellte.

Keiner der drei Besatzungsmitglieder überlebte das Unglück.

Als ursächlicher Faktor für den Absturz der 707 machte man das Verhalten des Fluglotsen im Abflugsektor verantwortlich, der den deutschen Frachtpiloten unklare Anweisungen gegeben hatte und sie über 1,5 Minuten alleingelassen hatte. Doch auch die ungünstigen Begleitumstände der gesamten Organisation unter den Fluglotsen in Rio wurden als mitverursachend genannt.

Seit diesem Unglück gibt es eindeutige Flugkarten, in denen die Anflugroute für die Landebahn 27 sowie die Mindestflughöhen in den einzelnen Sektoren klar ausgewiesen sind. Desweiteren wurde die Ausbildung des Lotsenpersonals, besonders was die englischen Standardausdrücke angeht, intensiviert. Seitdem ist der Luftraum von Rio de Janeiro, der immer als potentielle Gefahrenzone galt, sicherer geworden.

11.08.79

Aeroflot	Tupolev 134A
CCCP-65735	2351516
Aeroflot	Tupolev 134A
CCCP-65816	05040

Bei schlechten Sichtverhältnissen kollidierten beide sowjetischen Zivilflugzeuge in 26.000 ft und stürzten bei **Dnjeprodsershinsk/UdSSR** in der Ukraine ab. Ursache des Zusammenpralls war ein Fehler der örtlichen Fluglotsen. An Bord der Maschinen befanden sich insgesamt 173 Menschen, von denen niemand das Unglück überlebte.

19.08.79

Cyprus AW	Boeing 707-120B
5B-DAM	17628

Nach einem Bugradkollaps bei der Landung in **Bahrein/VAE** wurde die Maschine nicht wieder instandgesetzt. Näheres ist nicht bekannt.

29.08.79

Aeroflot	Tupolev 124
CCCP-45038	3351003

Während des Reisefluges in 27.000 ft Höhe, auf dem Weg von Kiew nach Kazan, wurden irrtümlich die Landeklappen ausgefahren. Dadurch wurde die Struktur der Maschine überbelastet, und ein Absturz war unabwendbar. Nahe der Ortschaft **Kirsanov/UdSSR**, 300 km nordwestlich von Saratov, fiel die Tupolev zu Boden.

Niemand der 63 Insassen überlebte das Unglück.

11.09.79

China AL	Boeing 707-320C
B-1834	18887

Während eines Trainingsfluges stürzte die 707 kurze Zeit nach dem Start von **Taipeh/Taiwan** ins Meer. Die 6 Menschen an Bord kamen ums Leben.

CCCP-65972; ein baugleiches Exemplar einer Tu-134, von dem Typ zwei Maschinen in der Luft kollidierten und 173 Menschen in den Tod rissen/Hamburg im Juni 1986 <Quelle: JR-Photo>

13.09.79
A T I Douglas DC-9-32
I-ATJC 47667

Auf dem Flug von Alghero-Caligiari-Rom verunglückte die DC-9 und stürzte in eine Bergschlucht nahe **Sorroch/Italien**/Sardinien.

Bei diesem Unglück starben 31 Menschen. Es herrschten zum Absturzzeitpunkt schlechte Sichtbedingungen. Der Pilot hatte außerdem kurz vor dem Absturz gemeldet, er befände sich in einem Gewitter.

07.10.79
Swissair Douglas DC-8-62
HB-IDE 45919

Um 18:41 Uhr/loc. startete eine DC-8 der Swissair mit 142 Passagieren, 7 Personen des Kabinenpersonals, 3 Cockpitbesatzungsmitgliedern sowie 2 Sicherheitsbeamten (insgesamt 154 Personen) von Zürich über Genf nach **Athen/Griechenland**. Diese war als Linienflug auf der Asienstrecke nach Bombay und Peking unterwegs und sollte in Athen lediglich einen flugplanmäßigen Zwischenstop einlegen.

Um seine Flugstundenzahl auf diesem Flugzeugmuster zu erhöhen, hatte auf dieser Teilstrecke der Copilot der DC8 das Kommando übernommen und führte die vierstrahlige Langstreckenmaschine vom rechten Sitz aus. Der Pilot übernahm nun die Kontroll- und Bedienungsaufgaben des Copiloten. Als man in griechischen Luftraum einflog, herrschte bereits Dunkelheit, und man begann damit, den Sinkflug auf 21.000 ft einzuleiten.

An jenem Tag wurde die griechische Metropole von beständigen Regenfällen und starken Windböen heimgesucht.

Erst seit wenigen Tagen hatte sich das über die Sommermonate andauernde heiße und trockene Wüstenklima in ein naßkaltes und regnerisches umgekehrt. Auch der stadtnahe Flughafen Hellenikon wurde vom feuchten Naß nicht verschont. Auf der 3500 Meter langen Hauptstart- und Landebahn 33R (rechts) bzw. 15L (links) verwandelte sich in dieser Zeit der nahezu über der gesamten Piste liegende Reifenabrieb der pausenlos startenden und landenden Maschinen in einen rutschigen, schmierseifenartigen Bahnbelag.

Die Parallelbahn 33L bzw. 15R wird nur von dem in Athen beheimateten National-Carrier Olympic AW als Rollweg benutzt.

Auf ihr spielen sich weder Starts noch Landungen ab.

Die Schweizer DC-8 setzte ihren Sinkflug fort und nahm Kontakt mit der Athener Anflugkontrolle auf. Man erhielt die Anweisung, sich nach dem Passieren des Funkfeuers Didimon für einen Platzrundenanflug nach Sichtbedingungen auf der Bahn 15L einzurichten.

Dies bedeutete, daß die Piloten nun den Landekurssender der Gegenbahn 33R, der sich einige Meilen südlich des Flughafens befand, anpeilten und im kontinuierlichen Sinkflug über diesem kreisten, um auf die geeignete Anflughöhe von 1500 ft zu gelangen.

Es herrschte zu dieser Zeit reger Abendverkehr im Athener Luftraum, und die Schweizer DC-8 wurde vom zuständigen Kontrollotsen in die Anflugstaffelung der Bahn 15L eingegliedert.

Um 22:08 Uhr/loc. war man auf den Landekurssender 33R ausgerichtet und verlor nun beständig an Höhe. Um 22:11 Uhr/loc. meldete die Besatzung, daß sie die erleuchtete Piste in Athen in Sicht habe und damit unterhalb der Wolkendecke sei. Die DC-8 war nun tief genug, um aus dem Platzrundenanflug auszuscheren und als Landenummer zwei in den Gegenanflug der Bahn 15l einzuschwenken. Die Besatzung wurde nun angehalten, abermals die Frequenz zu wechseln und mit dem Athener Kontrollturm Kontakt aufzunehmen. Der Anflug der Bahn 15 gestaltete sich erheblich schwieriger als der der Gegenbahn 33.

Auf die Landebahn 33R kann man in gerader Linie anfliegen, unterstützt von einem Gleitwegsender (ILS), der die Maschine auf Kurs hält, damit praktisch automatisch gelandet werden kann.

Beim Anflug auf die Bahn 15, die zur betreffenden Zeit gerade in Betrieb war, muß jedes Flugzeug nach Sicht in einer Rechtskurve ohne ILS-Hilfe und unter ständiger Höhen- bzw. Geschwindigkeitskontrolle auf die Bahn kommen. Besonders abends werden anfliegende Maschinen angehalten, den 15-Anflug so kurz wie möglich einzurichten, um den Überflug von bewohntem Gebiet zu vermeiden.

Die DC-8 flog mittlerweile um einige Meilen versetzt, nahezu parallel zur Landebahn, um danach zur 180 Grad Rechtskurve anzusetzen. Zur gleichen Zeit drehte eine, dem Schweizer Jet vorausfliegende Boeing 707 der Olympic zum Endanflug auf der Bahn 15L ein. Der Pilot der DC-8 wählte nach Erhalt der neuesten Windinformation eine Anfluggeschwindigkeit von 146 Knoten(kn) und teilte seinem Co mit, daß nach dem Aufsetzen lediglich normaler Bremsschub gegeben werden sollte.

Um 22:14:08 Uhr/loc. meldete die Besatzung, daß man nun die Rechtskurve zum Endanflug einleiten werde, und fragte gleichzeitig im Tower nach den letzten Werten der Bremsstärke auf der Bahn 15.

Der Kontrollturmlotse bat die Besatzung noch solange zu warten, bis man die Information von der vor ihnen gelandeten 707 eingeholt habe. Inzwischen setzte die Besatzung den Anflug fort: fuhr das Fahrwerk aus, setzte die Landeklappen auf 35 Grad, stellte die Landescheinwerfer ein und begann darauf mit dem Lesen der Landecheckliste. Im Cockpit herrschte zu diesem Zeitpunkt rege Betriebsamkeit und Anspannung. Man durchquerte 1000 ft bei einer Geschwindigkeit von 151 Knoten, also ca. 10 Knoten über dem geplanten Wert, und erhielt nun von der gelandeten Olympic-Besatzung die geforderten Werte der Bremsstärke. Diese wurde als mittelmäßig bis schwach eingestuft. Beim Durchflug von 600 ft und nach Beendigung der Landecheckliste geriet die DC-8 in eine leichte Windscherung, in der sich der Gegen- in Rückenwind umkehrte und die Fluggeschwindigkeit auf über 160 Knoten erhöhte.

Zu diesem Zeitpunkt befand sich das Flugzeug auch um einiges oberhalb des Gleitweges. Um 22:14:55 Uhr/loc. gab die Besatzung bekannt, daß man nun in der letzten Phase des Endanfluges sei, und erhielt prompt darauf die Landefreigabe mit den letzten Windinformationen. Zur Geschwindigkeitsreduzierung wurde nun die Leistung der 4 Triebwerke gedrosselt und die Landeklappen auf 50 Grad voll ausgefahren. In einer Höhe von 375 ft steuerte die Maschine schließlich auf Pistenkurs 150 Grad ein. Just in diesem Moment erhielt die Besatzung eine Höhenwarnung vom Bodenabstandswarngerät, da die DC-8 relativ niedrig über einige Hügel im Endanfluggebiet dahinjagte. Bei 300 ft überflog man schließlich den Anfang der Piste 15L mit einer Geschwindigkeit von über 150 Knoten Zu dieser Zeit war die Maschine noch nicht voll auf die Pistenmittellinie ausgerichtet, zu hoch und etwas zu schnell. Spätestens jetzt hätte den Piloten klar werden müssen, daß der geplante Aufsetzpunkt nicht eingehalten werden konnte und damit auch nicht die berechnete Bremsstrecke nach dem Aufsetzen.

Hinzu kam, daß der Bahnzustand die Ausrollstrecke um einiges verlängerte und die DC-8 mit einem Gewicht von 107 Tonnen nahe an ihrem maximalen Landegewicht war. All diese Faktoren hätten die Besatzung unter den Aspekten der Sicherheit zu einem Durchstart mit anschließendem Neuanflug veranlassen sollen. Der fliegende Copilot versuchte mit allen Mitteln, die Maschine auf den rutschigen Asphalt zu bringen.

Der Aufsetzpunkt lag somit ungefähr 700-750 Meter hinter der versetzten Aufsetzzone. Dabei wurden Bug- und Hauptfahrwerk nahezu zeitgleich auf die Piste gesetzt und ermöglichten den Copiloten das unverzügliche Ausfahren der Spoilerklappen. Unmittelbar nach dem Aufsetzen wurden die Schubumkehrklappen aller vier Triebwerke betätigt, und der Pilot übernahm nun wieder das Kommando über die Maschine.

Um 22:15:35 Uhr/loc., einige Sekunden nach der Bodenberührung, gab der Copilot auf den Innentriebwerken 2 und 3 erhöhten Gegenschub, während die Außentriebwerke 1 und 4 in Leerlaufstellung blieben.

Dieses vom Pilot vorher angekündigte Bremsverfahren reichte für ein sicheres Abbremsen innerhalb der Pistenlänge jedoch nicht aus. Die Aufsetzgeschwindigkeit von 149 Knoten verringerte sich.

Bei ca. 93 Knoten wurde auch von den Radbremsen Gebrauch gemacht, allerdings, so schien es der Cockpitbesatzung, sah man keinerlei Anlaß zu verschärften Bremsmaßnahmen.

Als die DC-8 in das letzte Drittel der Piste kam, wo der Gummiabrieb um einiges stärker war als im Mittelteil, ließ die Bremswirkung nach und die Geschwindigkeit nahm kaum mehr ab.

Im Cockpit herrschte dennoch Zuversicht, daß man die Maschine noch vor dem Bahnende zum Halten bringen könne.

Ca. 300 Meter vor dem Bahnende kamen den Piloten jedoch Zweifel an ihrer Annahme. Nun wurde an allen Triebwerken Gegenschub gegeben und gleichzeitig von den Radbremsen Gebrauch gemacht.

26 Sekunden nach dem Aufsetzen versuchte der Pilot, das Bugrad zu steuern. Dies führte dazu, daß die DC8 nach links von der Mittellinie abkam und mit 40 Knoten (ca 70 km/h) über die betonierte Überrollfläche schoß. Als auch diese nach 65 Metern zu Ende war, wurde ein Halten auf befestigtem Untergrund unmöglich.

Ungefähr 41 Sekunden nach dem Aufsetzen holperte die DC 8 mit nahezu unverminderter Geschwindigkeit einen 4 Meter hohen Abhang hinunter, durchbrach den Flughafenzaun und blieb schließlich auf einer Betonstraße, die südlich des Flughafens verläuft, liegen.

Dabei wurde die linke Tragfläche hinter dem äußeren Triebwerk Nr. 1 verbogen. Ebenso wurde der Rumpf geringfügig angeknickt und das Bugfahrwerk nach hinten gebogen. Die Hauptfahrwerke lösten sich von der Tragflächenstruktur und wurden nach hinten abgedreht und weggerissen. Dabei wurden die Treibstofftanks in der rechten Tragfläche aufgerissen und das auslaufende Kerosin an der Hitze des abgerissenen Fahrwerks entzündet.

Um 22:16 Uhr/loc.wurde im Athener Kontrollturm Alarm ausgelöst und die Flughafenfeuerwehr alarmiert. Auch die US-Luftwaffe, die auf dem Flughafen stationiert ist, wurde informiert. Beide schickten sämtliche zur Verfügung stehenden Einsatzfahrzeuge zum Unfallort.

Gleichzeitig begann das Kabinenpersonal der DC-8 mit der Evakuierung der Passagiere.

Hierzu konnten nur der vordere und hintere linke Ausgang benutzt

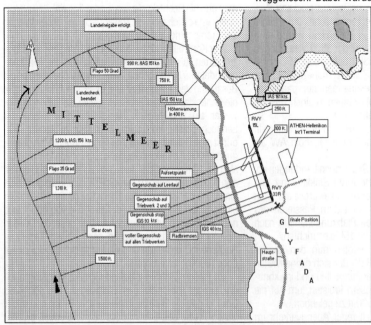

Die letzten Flugminuten und das mißratene Landemanöver der DC-8 in Athen am 7.10.1979

werden. Alle anderen waren vom größer werdenden Feuer, das links und rechts in Höhe der Tragflächen loderte, blockiert.

Während sich die Vordertür problemlos öffnen ließ, gab es bei der hinteren Tür Schwierigkeiten.

Offenbar hatte sich diese durch die Belastung des Rumpfes so sehr deformiert, daß sie sich erst nach einiger Zeit öffnen ließ.

Vor dieser Tür hatten sich inzwischen etliche unruhige Passagiere versammelt, die durch die starke Rauchentwicklung zusehends in Panik gerieten. Einige Personen versuchten daher, zum vorderen Ausgang zu gelangen, wo sich die Passagiere inzwischen zügig über die Notrutsche ins Freie begaben. Doch auch hier kam es bald zu Schwierigkeiten. Gegen die Anweisung der Besatzung benutzten mehrere Personen gleichzeitig die Notrutsche, welche daraufhin vom Rumpf abriß. Daraufhin waren die Passagiere gezwungen, aus einer Höhe von 1,70 m aus dem Flugzeug zu springen.

Hierbei zogen sich 11 der Insassen leichte Verletzungen zu, da einige Personen in Panik auf zuvor gestürzte Passagiere sprangen.

Inzwischen war es dem Kabinenpersonal im hinteren Teil der Maschine gelungen, die Tür zu öffnen, und die wenigen verbliebenen Passagiere sprangen ins Freie.

Währenddessen waren die Einsatzwagen der Feuerwehr eingetroffen und begannen sofort mit den Löscharbeiten.

Die Einsatzkräfte hatten erhebliche Mühe, sich zum Flugzeug durchzuschlagen, da das Gelände hinter dem Flughafen unwegsam und hügelig ist. Außerdem versperrte der Rumpf der havarierten DC-8 sämtliche Zufahrtswege zum rechten Teil der Maschine, der stärker vom Feuer betroffen war. An dieser Seite konnte die brennende Maschine nicht gelöscht werden.

Es explodierten einige Sauerstoffbehälter an Bord der DC 8, was das Feuer in Sekundenschnelle auf den gesamten Rumpf ausweiten ließ.

Nun rückte auch die örtliche Feuerwehr mit zusätzlichen, gutausgerüsteten Bergungsmannschaften an, um die Flughafenfeuerwehren zu unterstützen. Jedoch kam keiner der mit Atemmasken ausgerüsteten Feuerwehrleute zum Einsatz, da diese vergeblich auf den Einsatzbefehl warteten.

Die Einsatzleitung argumentierte später, daß die Bergungskräfte außerhalb der Reichweite der Schaumkanonen waren und damit für ihre Sicherheit nicht garantiert werden konnte!

Mittlerweile mutmaßte man, daß die Evakuierung abgeschlossen war, da niemand mehr aus der Maschine sprang.

Der Pilot, der die Maschine durch ein geöffnetes Cockpitfenster verlassen hatte, hob den Copiloten wieder in die Maschine, weil dieser sich von der vollständigen Räumung der Passagierkabine überzeugen wollte. Wegen der starken Rauch- und Hitzeentwicklung in der Kabine mußte er sein Vorhaben allerdings nach einigen Metern abbrechen. Deswegen bemerkte er die vierzehn Insassen im hinteren Rumpfteil nicht, die aufgrund der Rauchentwicklung ohnmächtig wurden und sich nicht mehr vor den Flammen retten konnten. Warum der Besatzung keine Atemschutzgeräte zur Verfügung standen, muß offen bleiben.

Nach Abschluß der Löscharbeiten konnten nur noch die Leichen der 14 Menschen geborgen werden!

Im nachfolgenden Untersuchungsprozeß wurden die Piloten zu langjährigen Haftstrafen verurteilt, da es das Gericht als erwiesen ansah, daß durch den fehlerhaften Landeanflug, das verspätete Aufsetzen und den nicht ausreichenden Gebrauch der Bremsmöglichkeiten das Überrollen der Bahn unvermeidbar wurde.

Die Angeklagten nahmen dieses harte Urteil nicht hin und gingen in die Revision. Hiernach wurden die Freiheits- in Geldstrafen umgewandelt.

Die nicht unerhebliche Tatsache, daß der schlechte Bahnzustand in Athen eine Mitschuld am Tod von vierzehn Menschen trägt, nahm der griechische Gerichtshof nicht zur Kenntnis.

Die Cockpitbesatzung wurde zum Alleinschuldigen des Unglücks erklärt. Daraufhin protestierten internationale Fachkreise gegen dieses für ihre Begriffe ungerechte Urteil.

Es war hinlänglich bekannt, daß in Athen weniger auf Pflege und Instandhaltung, sondern eher Funktionalität Wert gelegt wurde.

Auch um den gefährlichen Gummiabrieb auf der Landebahn wurde sich kaum gekümmert. Dieser wurde auch einem Jumbo-Jet der libanesischen Frachtfluggesellschaft T M A vorher zum Verhängnis, der ebenfalls nicht mehr vor Ende der Bahn 15L abgebremst werden konnte. Die Maschine blieb an derselben Stelle liegen, an der vier Jahre später auch die SWISSAIR-DC 8 scheiterte.

Einige Tage nach dem Unglück wurde der Reifenabrieb auf der Bahn entfernt. Leider zu spät für die Opfer.

Ein weiterer Kritikpunkt ist der ungenügend gewartete südliche Teil des Flughafens. Der verhängnisvolle Abhang hinter der Überrollfläche ist bis heute nicht aufgeschüttet worden.

Bemerkenswerterweise war der Leiter der Untersuchungskommission gleichzeitig ein hoher Beamter der griechischen Behörde, die auch für den Pistenzustand des Athener Flughafens verantwortlich ist.

Bis heute hat die griechische Luftfahrtbehörde keinerlei Konsequenzen aus dem Unglück gezogen. Die Haupttrunway ist mittlerweile wieder von einer dicken, langen Schicht des Reifenabriebes überzogen.

31.10.79

Aeroflot   **Yakovlev Yak-40**
CCCP-87648   9140920

Bei einem Flug ging der Yak 40 der Sprit aus. Man war zu einer Notlandung in der Nähe von **Krasnodar/UdSSR** gezwungen. Meldungen über Opfer liegen nicht vor.

31.10.79

Western AL   **McDD DC-10-10**
N903WA   46929

Als Flug 2605 kam die DC-10 aus Los Angeles und befand sich im Endanflug auf den Benito Juarez AP in **Mexico City/Mexico**. Der Himmel über dem Flughafen war mit einigen Nebelbänken bedeckt, die sich bis auf 800 ft heruntergezogen. Es war noch vor 06:00 Uhr/loc. morgens und es herrschte Dunkelheit. In Betrieb befand sich zu diesem Zeitpunkt die Landebahn 23R. Die Parallelbahn 23L wurde neu asphaltiert und war wegen Bauarbeiten für alle Starts und Landungen gesperrt. Der vorgesehene Anflugweg war wie folgt: zunächst würde Flug 2605 über das ILS (über das nur die Bahn 23L verfügte!) anfliegen, um bei Erreichen der Entscheidungshöhe (DH) von 600 ft bei Bodensicht auf die danebenliegende Bahn 23R überzuschwenken. Vom zuständigen Towerlotsen wurden die Piloten auch mehrfach auf die gesperrte Bahn 23L hingewiesen. Unerklärlicherweise setzte der DC-10-Pilot seine Maschine mit dem linken Hauptfahrwerk links neben der Bahnasphalt der Bahn 23L auf den Boden.

Unmittelbar danach bemerkte er seinen Irrtum und versuchte mit Vollschub durchzustarten. Die Piloten schafften es zwar, das Flugzeug abzuheben, jedoch kam die Maschine nicht auf Höhe, kollidierte mit diversen Kieshaufen und streifte eine Betonmischmaschine. Die DC-10 kippte darauf zur Seite und prallte schließlich gegen einen Hangar, wo sie brennend zum Stillstand kam.

73 der 88 Insassen überlebten das Unglück nicht.

Offenbar führte die Übermüdung der Piloten, die ihre tarifliche Arbeitszeit überschritten hatten, zu Konzentrationsmängeln.

16.11.79

Aeroflot   **Yakovlev Yak-40**
CCCP-87454   **9XX1136**

Beim Landeanflug auf **Vologda/UdSSR**, 320 km östlich von Leningrad, geriet die Yak zu tief, streifte Bäume und zerschellte.

Drei Menschen kamen ums Leben. Zum Unglückszeitpunkt herrschte schlechtes Wetter.

26.11.79

P I A   **Boeing 707-320C**
AP-AWZ   **20275**

Der nächtliche Linienflug PK740 startete um 01:29 Uhr/loc. auf dem internationalen Flughafen von Jeddah/Saudi Arabien mit 145 Passagieren und elf Crewmitgliedern in Richtung Karachi/Pakistan. Die meisten der Fluggäste waren Pilger zu den heiligen islamischen Stätten. Viele schliefen bereits kurz nach dem Abheben, ermüdet von einem langen Tag, in ihren Sitzen ein. Die 707 folgte der Abflugroute und näherte sich langsam der gewünschten Flugfläche von 37.000 ft (FL370). PK 740 flog nun entlang der Luftstraße B57 in Richtung Norden.

Während des Steigfluges konnten sich die Piloten zurücklehnen und konnten den letzten Flug ihres Arbeitstages genießen. Diese Ruhe wurde jedoch jäh unterbrochen, als um 01:47 Uhr/loc. eine Stewardeß ins Cockpit stürmte und meldete:

C/A: „There's a large fire and a lot of smoke in the rear of the cabin."

Der Kommandant schickte sogleich den Flugingenieur nach hinten, um das Feuer zu bekämpfen, doch der war weder in der Lage, sich durch die unruhigen Passagiermassen nach hinten durchzukämpfen, noch konnte er aufgrund der Intensität des Feuers etwas dagegen ausrichten. Nach vier Minuten kehrte er unverrichteter Dinge ins Cockpit zurück; der Kommandant bat um die Freigabe zur sofortigen Rückkehr nach Jeddah:

COP: „Jeddah, Pakistan 740, at 290 position 123 DME. We would like to return back to Jeddah due to smoke in the aircraft...fire...electrical supposedly"

Der Steigflug wurde in 30.000 ft unterbrochen und eine weite 180°-Wendung eingeleitet. Das Feuer nahm zu und beißende Dämpfe strömten in jeden Winkel der Kabine. Aus der anfänglichen Unruhe wurde langsam Panik.

COP : „We are getting flames inside the back, you want us to get down faster."

Sechs Minuten später meldete sich der Copilot bei der Bodenstation:

COP: „Jeddah, Pakistan 740, can you tell us what height we can descend to safely?"
ATC: „Cleared to descend to 4.000 ft."
COP: „Roger, 4.000."

Der Kommandant wies den Copiloten an, anhand der Flugkarten die Sicherheitshöhe in dieser Gegend mitzuteilen. Offenbar wußte er, daß das Gelände unter ihnen recht bergig war. *„It's about 11.000 ft."*, kam die prompte Antwort des Copiloten. Flug PK 740 war von pechschwarzer Dunkelheit umgeben, während sich die Nadel des Höhenmessers gegen den Uhrzeigersinn drehte. Bei jeder Umdrehung verlor man 1.000 ft. Alle an Bord waren dem Feuer hilflos ausgeliefert und wollten schnellstens auf den sicheren Boden zurück. In der Kabine spielte sich eine Tragödie ab. Alle Passagiere drängten in Panik nach vorne ins Cockpit, weg vom Feuer und dem dichten Qualm. Ein wildes Durcheinander entstand. Sogar die Piloten spürten nun die Hitze und wurden zusehends unruhiger:

XXX: „Fire, fire, it's totally on fire."
XXX: „Fire has caught back on, are you going to land here?"
XXX: „It is impossible to move, go back, back, back."

Um 02:01 Uhr/loc. nahm die Hitze und der Qualm Ausmaße an, daß den Piloten nur noch der Notabstieg blieb:

COP: „We're making an emergency descent, request radar assistance for landing."
ATC: „Radar contact, cleared to descend to 4.000 feet...your position is 83 miles from Jeddah."

Nur zwei Minuten später fing man am Boden einen kurzen „Mayday"-Ruf des Kommandanten auf. Zu dieser Zeit befand sich Flug 740 etwa 65 Meilen nördlich des Flughafens in einer Höhe von 19.000 ft. Wenige Augenblicke darauf verschwand plötzlich das Radarsignal von den Schirmen der Flugsicherung. Alle Versuche, mit der 707 Kontakt aufzunehmen, schlugen fehl. Um 02:04:15 Uhr/loc. stürzte die Boeing in einem felsigen Gebiet beinahe senkrecht zu Boden, explodierte und brannte aus. Die Absturzstelle lag nur 30 Meilen nördlich der Hafenstadt **Taif/Saudi Arabien**.

Weder von der 707 noch von den 156 Menschen an Bord blieb etwas übrig. Keiner hatte das Unglück überlebt.

Der Crash wurde von einem anderen Flugzeug, einer BAC 1-11 aus 30 Meilen Entfernung beobachtet. Die Piloten sahen einen orangefarbigen Feuerschein und kurz danach einen großflächigen Brand am Boden. Wodurch genau der Brand an Bord ausgelöst wurde, konnte aufgrund der totalen Zerstörung der Maschine nicht mehr zweifelsfrei ermittelt werden. Es gilt jedoch als sicher, daß einige Passagiere in ihrem Handgepäck Teekocher dabei hatten. Diese Kocher sind in der arabischen Welt weit verbreitet und werden mitunter von manchen Fluggästen trotz Verbotes auch im Flugzeug eingesetzt. Betrieben werden sie mit Benzin oder Kerosin, das man in einem luftdichten Gefäß unterhalb des Brenners anbringt und per Handpumpe unter Druck setzt. Es ist vorstellbar, daß eines dieser Gefäße undicht war und sein Inhalt bei abnehmendem Kabinendruck in die unmittelbare Umgebung versprüht wurde. Der Brennstoff entzündete sich an der Flamme des Brenners und löste eine fatale Folgereaktion aus. Auch besteht die Möglichkeit, daß sich einige schlecht isolierte Kabel durch einen Kurzschluß im hinteren Kabinenbereich von selbst entzündet hatten.

28.11.79
Air New Zealand   **McDD DC-10-30**
ZK-NZP   **46910**

Zu einem der zu dieser Zeit populären Panorama-Flüge von Neuseeland Richtung Südpol bestiegen 237 Passagiere, 15 Stewardessen sowie 5 Cockpitmitglieder die am Terminal 2 in Auckland stehende DC-10. Die zwei zusätzlichen Personen im Cockpit waren ein zweiter Copilot, der auf Antarktik-Operationen Vorschrift war und ein bekannter Polarforscher, der über die Bordsprechanlage die Passagiere über Sehenswertes entlang ihrer bevorstehenden Route unterrichten sollte. Der fünfstündige Flug TE901 sollte über die Balleny-Inseln bis zur McMurdo-Station auf der Ross-Insel gehen und dann mit Nordkurs wieder über die Dailey Inseln in Richtung Neuseeland, wo in Christchurch schließlich gelandet werden sollte. Die normale Kompaß-Navigation ist so nahe am Südpol untauglich. Hier wird die sog. Grid-Navigation angewandt, bei der ein Gitter über die Navigationskarten gelegt wird und sich alle Kursrichtungen auf dieses Gitter beziehen. Zu beachten ist hierbei, daß sich alle Südrichtungen in Nordrichtungen umkehren. Fliegt man genau mit 180° Richtung Südpol, so entspräche dies genau 360° Grad nach der Gitternavigation. Mit der Einführung des internen Bodennavigationssystems (AINS) im August 1978 gab man die Koordinaten der Wegpunkte in den Streckencomputer, der daraufhin selbständig die gewählte Route abflog. Eine dieser Wegpunkte war das NDB der von den Amerikanern benutzten McMurdo-Basis an der südlichen Küste des McMurdo Sundes. Dieses Funkfeuer liegt auf 77° 53.0' Süd und 166° 48.0' Ost. Aufgrund eines Eingabefehlers wurden allerdings die Koordinaten 164° 48.0' Ost eingetippt. Dies führte dazu, daß der durch den Tippfehler entstandene Flugweg um etwa 30 Meilen östlicher lag als beabsichtigt. Ein kleiner aber verhängnisvoller Fehler. Seit Anfang November war das McMurdo NDB nicht in Betrieb und fiel somit als Navigationshilfe aus. Stattdessen war das TACAN von Williams Field, das nahe der Landepiste in McMurdo gelegen war, in Betrieb. Zivilflugzeuge können allerdings nur die Entfernungsangaben (DME) eines TACAN-Funkfeuers empfangen, nicht etwa deren Peilrichtung. Eine Tatsache, die erschwerend hinzukam. Zwei Wochen vorher unternahm eine andere DC-10 der Gesellschaft einen Panoramaflug auf der neuen Route, die direkt über dem zugefrorenen McMurdo Sund verläuft und hinter der südlichen Ross-Insel entlangführt, um den darauf befindlichen 3743 Meter hohen Mount Erebus, einen noch aktiven Vulkan, zu umfliegen. Hierbei bemerkte die Crew die Ost-West-Abweichung des Bordcomputers, als sie Williams-Field überflogen. Jedoch wurde diese Meldung nicht an die Besatzung des nächsten (und für dieses Jahr letztmalig geplanten) Panoramaflugs weitergeleitet und blieb im Speicher des Bordcomputers. Mittlerweile hatte TE901 Neuseeland hinter sich gelassen und kurvte entlang des Schelfeises an der Küste des 6. Kontinents östlich von Victorialand.

Entgegen den Prognosen stellte sich das Wetter in McMurdo als weniger gut als erwartet heraus. Es herrschte eine geschlossene Wolkendecke mit leichtem Schneefall in 3.000 ft allerdings lag die Sichtweite darunter bei 70 Meilen. Der Kommandant von Flug TE901 entschied sich trotz der ungünstigen Wettermeldung, den begonnenen Flug wie geplant fortzusetzen. Exakt über

ZK-NZP; hierbei handelt es sich um die am Mt. Erebus zerschellte Unglücksmaschine, die hier zum Startlauf ansetzt/London-Heathrow im Juli 1976 <Quelle: Luftfahrt Journal-Sammlung>

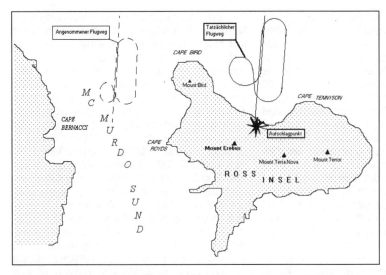

Darstellung des fatalen, letzten Fluges von NZ 901 in der Antarktis am 28.11.1979

den Balleny-Inseln kurvte die DC-10 zum Cape Hallet, von dort ging es weiter zum zugefrorenen McMurdo Sund. Allerdings flog auf dieser letzten Etappe vor der McMurdo Station die Maschine auf dem falsch im AINS eingetippten Kurs und driftete ohne Wissen der Cockpitbesatzung langsam nach Osten ab. Einige hundert Kilometer vor Erreichen der Ross Insel verließ man die Reiseflughöhe von 35.000 ft und sank zunächst auf 18.000 ft. Es war kurz vor 12:30 Uhr/loc., als man in den südlichen Teil des Sundes eindrang. Man befand sich noch in VMC-Bedingungen. Vor den Piloten befand sich in Wolken gehüllte Ross Insel mit dem gewaltigen Erebus-Vulkan. Flug TE901 erhielt nun die Genehmigung, unter die herannahende Wolkendecke auf 10.000 ft zu sinken, und leitete einen Vollkreis ein. Man flog nun unter Sichtbedingungen, ca. 70 Meilen von Williams Field entfernt. In der Annahme, sie befänden sich über dem offenen McMurdo Sund, sank man weiter auf 2.000 ft und konnte bei bester Sicht einige geographische Konturen ausmachen. Ohne sich den Navigationsinstrumenten zu widmen, erblickten die Piloten, die zuvor noch nie über der Antarktis geflogen waren, so etwas, das wie die Landspitze des westlichen Victorialandes aussah. Doch tatsächlich war dies bereits die Landzunge der Ross Insel. Von ihrer Position aus ähneln sich diese beiden Küstenlinien so sehr, daß es sehr leicht zu Verwechslungen kommen kann. Niemand ahnte das Unheilvolle. In Wahrheit flog man jedoch nicht über dem vereisten Meeressund, sondern geradewegs auf die Mitte der Ross-Insel zu, deren höchste Erhebung -der Mt.Erebus- immer näher kam. Inzwischen grübelten die Piloten über ihre Position nach,

sie waren nun ohne Radarkontakt und empfingen durch den zwischen dem Funkfeuer und der DC-10 liegenden Berg keinerlei Funksignale. Die Sicht war dennoch ausgezeichnet, nur war den Piloten nicht bewußt, daß bei indirekter Sonneneinstrahlung (wie es über der Ross Insel der Fall war) mit zunehmender Entfernung die Konturen von Erde und Himmel fließend ineinander übergehen und mit dem bloßen Auge kein

Unterschied zwischen der vereisten Meeresoberfläche und der schneebedeckten Landmasse zu erkennen ist. Man spricht in diesem Zusammenhang von „White-Out-Effekt", der jeden Piloten „blind" werden läßt. Kurz nachdem Flug TE901 nach dem zweiten Vollkreis 2.000 ft erreicht hatte, stieß man auf die tiefliegende Wolkendecke und beschloß daher, noch etwas tiefer zu gehen, um in Sichtbedingungen weiterfliegen zu können. Direkt vor ihnen lag der gewaltige **Mount Erebus/Antarktis**, der jedoch von den Piloten nicht als Berg, sondern als Himmel wahrgenommen wurde. Als die McMurdo Station immer noch nicht in Sicht kam, machte sich ein gewisses Unbehagen beim Kommandanten breit:

CPT: „We're twenty six miles north. We'll have to climb out of this."

Auch der Flugingenieur bekundete sein Mißfallen an der ganzen Situation:

F/I: „I don't like this."

Nur Sekunden darauf schlug urplötzlich das Bodenannäherungswarngerät (GPWS) Alarm:

GPWS:„WHOOP, WHOOP, PULL UP."
F/I: „Five hundred feet."
GPWS:„PULL UP, PULL UP."
F/I: „Four hundred feet."
GPWS:„WHOOP WHOOP, PULL UP, WHOOP WHOOP, PULL UP."
CPT: „Go around power, please."
GPWS:„PULL UP, PULL UP, PULL UP, WHOOP WHOOP WHOOP..."

In diesem Moment war es zu spät. Über dem stetig ansteigenden Terrain zerschellte Flug 901 um 12:49 Uhr/loc. am unteren Nordhang des Mount Erebus. Dabei pflügte das Flugzeug eine 600 Meter lange Schneise durch den Schnee, und der restliche Treibstoff explodierte in einem Flammenmeer.

Alle 257 Menschen an Bord waren sofort tot.

Sofort wurden alle weiteren Antarktisflüge der Fluggesellschaft gestrichen und die Navigationscomputer fehlerredundant modifiziert. Zunächst wurde den Piloten die Hauptschuld angelastet, die die ausgewiesene Mindestflughöhe von 16.000 ft unterschritten hatten und trotz der Unklarheit ihrer Position nach Sicht weitergeflogen waren. Diese Bewertung, die nicht die Fluggesellschaft, sondern bewußt die Piloten beschuldigen sollte, wurde durch die Hartnäckigkeit eines neuseeländischen Untersuchungsrichters ad absurdum geführt. Er konnte nachweisen, daß die Crew weder ordentliches Kartenmaterial erhalten, noch über die geänderte Routenführung im

Bordcomputer informiert wurde. Desweiteren wies niemand vor dem Abflug die in der Antarktis unerfahrenen Piloten auf das „White-Out"-Phänomen in dieser Region hin. Panoramaflüge über der Antarktis wurden seitdem von Air New Zealand nicht mehr durchgeführt.

30.11.79
Saudia   **Boeing 707-320C**
HZ-ACE   18582

Bei einer überharten Landung in **Jeddah/Saudi Arabien**, wurde die Rumpfstruktur derart lädiert, daß eine Reparatur nicht mehr in Frage kam. Später wurde der Flieger einem Schrotthändler übergeben.

23.12.79
T H Y   **Fokker F28-1000**
TC-JAT   11071

Bei dichtem Nebel zerschellte die aus der Schwarzmeerstadt Samsun kommende Fokker F-28 im Landeanflug auf den Flughafen Ankara-Esenboga AP. Die Maschine geriet zu tief, streifte einen Ausläufer des **Cubuktepe-Berges**, 20 Meilen nördlich des Flughafens und zerschellte nahe der Ortschaft Cucuk Koy. Die Wrackteile waren über ein größeres Gebiet verstreut.

Von den 43 Insassen überlebten nur drei Passagiere und ein Flugbegleiter.

Über die Ursache des Unglücks liegen keine Informationen vor.

1980 — 1989

07.01.80
Alitalia   Douglas DC-9-32
I-DIKB   47118

Einem Feuer im AZ-Hangar in **Rom-Fiumicino AP/Italien** fiel die DC-9 zum Opfer. Bis dahin geflogene Stunden (TT): 24228 h.

13.01.80
Garuda   Douglas DC-9-32
PK-GND   47463

Nach einer sehr harten Landung in **Banjarmasin/Indonesien** befand sich die DC-9 jenseits der Repariergrenze.

21.01.80
Iran Air   Boeing 727-100
EP-IRD   19817

Die mit 120 Passagieren und 8 Besatzungsmitgliedern besetzte Boeing kam als Inlandsflug aus Meshed-i-Sar/Iran. Sie wurde für einen ILS-Anflug auf die Bahn 29 des internationalen Flughafens von **Teheran-Mehrabad/Iran** freigegeben. Zu dieser Zeit herrschte Dunkelheit mit Schneefällen und schlechter Sicht. Da das ILS nicht richtig funktionierte, fand die 727-Besatzung nicht den gewünschten Anflugweg und flog 18 Meilen nördlich der Stadt gegen einen Ausläufer der Elburz-Berge.
Alle 128 Insassen kamen ums Leben.
Gegen den Chef der iranischen Luftfahrtbehörde und weitere 5 andere Offizielle wurde Anklage erhoben.

23.01.80
L O T   Tupolev 134
SP-LGB   8350603

Die Maschine schoß bei der Landung in **Warschau-Okiece AP/Polen** auf der Bahn 11 über das Pistenende hinaus und rammte einen 4 Meter hohen Erdwall.
Die rechte Tragfläche brach daraufhin ab, und Treibstoff lief aus, der das Flugzeug in kurzer Zeit in Brand setzte.
Über Opfer liegen keine Angaben vor.

27.01.80
Avianca   Boeing 720B
HK725   18087

Nach einem Landeunfall in **Quito/Ecuador** wurde die 720er jenseits der Repariergrenze beschädigt. Näheres ist nicht bekannt.

03.02.80
Cubana   Yakovlev Yak-40
CU-T1219   9840959

Die mit 33 Passagieren und 4 Besatzungsmitgliedern besetzte Yak verunglückte bei der Landung in **Baracoa/Kuba** und wurde zerstört. Eine Person zog sich Verletzungen zu.

27.02.80
China AL   Boeing 707-320C
B-1826   20262

Im Endanflug auf **Manila/Philippinen** lösten sich aus Materialermüdungsgründen Teile des Höhenleitwerks. Die 707 ging daraufhin in einen zu steilen, unkontrollierten Sinkflug über. Zwar gelang es den Piloten, auf der Piste aufzusetzen, jedoch mit einer viel zu hohen Sinkrate. Beim Aufprall lösten sich die beiden äußeren Triebwerke aus den Verankerungen. Die Kerosinleitungen wurden aufgerissen, und nach wenigen Augenblicken war das mittlerweile zum Stehen gekommene Flugzeug in Flammen und Rauch gehüllt.
Zwei von 135 an Bord befindlichen Personen überlebten das Unglück nicht. Nach 1,5 Stunden war das brennende Wrack gelöscht. Die 707 kam als Flug CI811 aus Taipei.

01.03.80
Aeroflot   Tupolev 154A
CCCP-85103   103

Bei einer überharten Landung in **Orenburg/UdSSR** wurde die Tu-154 irreparabel beschädigt. Berichte über zuschadengekommene Insassen lagen nicht vor.

I-DIZA; eine DC-9-32 der Alitalia, die hier bereits die neuen Farben der Airline trägt, beim Rollen zur Startbahn/Hamburg 1989 <Quelle: JR-Photo>

14.03.80
L O T   Ilyushin Il-62
SP-LAA   11004

Der gesamte Linienflug von New York nach Warschau war ereignislos verlaufen, bis der vierstrahlige Langstreckenjet zum Endanflug auf den Flughafen **Warschau-Okiece AP/Polen** ansetzte. Die Fahrwerke wurden ausgefahren, doch im Cockpit blieb die Bestätigung für das korrekte Einrasten aus. Die Piloten entschlossen sich durchzustarten und niedrig am Tower vorüberzufliegen, um die Towerlotsen das Fahrwerk visuell prüfen zu lassen. Als sie die Schubhebel nach vorne schoben, erschütterte eine laute Explosion die Maschine. Eines der Schaufelräder des äußeren linken Triebwerks Nr.1 war gebrochen. Das weggeschleuderte Fragment demolierte auch die benachbarten Schaufelblätter, die sich ebenfalls z.T. aus der Verankerung lösten. Blitzartig durchschlugen Trümmerteile das angrenzende Triebwerk Nr.2 und beschädigten sogar noch das auf der rechten Rumpfseite liegende Triebwerk Nr.3. Alle drei Triebwerke fielen kurz hintereinander aus. Schlimmer war jedoch, daß herumfliegende Trümmerstücke auch Hydraulikleitungen und Steuerflächen der Ilyushin beschädigten.

Die Piloten waren noch in der Lage, mit den verbleibenden Steuermöglichkeiten die Maschine wieder auf den Landekurs der Bahn zurückzudirigieren, doch einen knappen Kilometer vor der Startbahn verloren sie endgültig die Kontrolle. Die Ilyushin stürzte 70 Sekunden nach der Explosion des Triebwerks kurz vor der Landebahn ab und zerschellte.

Alle 62 Insassen, darunter die zehn Besatzungsmitglieder, starben bei dem Aufschlag. Unter den Toten befanden sich auch 31 amerikanische Staatsbürger, die meisten von ihnen Sportler.

Der polnische Untersuchungsbericht machte Materialermüdung aufgrund unzulänglicher Wartung für das Auseinanderbrechen des Schaufelrades verantwortlich. Sofort nach dem Unglück wurden alle baugleichen Triebwerke des Typs Kuznetsov NK-8-4 einer sorgfältigen Inspektion unterzogen.

Der Bericht lobte die Leistung der Cockpitbesatzung, die das schwerbeschädigte Flugzeug noch eine Minute in der Luft gehalten hatte und so einigen Wohnvierteln nahe des Flughafens ausweichen konnte.

17.03.80
Texas Int'l   Douglas DC-9-14
N9103   45796

Die DC-9 verunglückte in **Baton Rouge/LA/USA**. Näheres ist nicht bekannt.

29.03.80
Inair Panama   **Convair 880**
HP-821   41

Nach einer Landung inmitten eines Gewittersturmes auf dem Tocumen AP in **Panama City/Panama**, schoß der Vierstrahler über das Bahnende hinaus und wurde stark beschädigt. Später entschloß man sich, die Maschine abzuwracken.

04.04.80
Bangladesh Biman   **Boeing 707-320C**
S2-ABQ   19441

Die von PIA an Biman verschenkte 707 wurde jenseits der Repariergrenze auf dem Flughafen **Singapur-Seletar AP/Singapur** beschädigt, als die Maschine während der Rotationsphase zu einem Flug nach Dacca an Triebwerksleistung verlor und auf die Startbahn zurückfiel. Ein Abbremsen innerhalb der Bahnlänge war nicht mehr möglich und somit schoß man über den weichen Untergrund hinter dem Bahnende. Dabei wurde die 707 irreparabel beschädigt. Verletzt wurde zum Glück niemand. Lediglich der Flugingenieur, auf dessen Fehlverhalten der Unfall höchstwahrscheinlich zurückzuführen war, stürzte sich einen Tag darauf aus dem Fenster seines Hotels in den Tod.

12.04.80
Transbrasil   **Boeing 727-100C**
PT-TYS   19111

Während des abendlichen Landeanfluges auf **Florianopolis/Brasilien** herrschte schlechtes Wetter und Dunkelheit. Die Besatzung der aus der Hauptstadt Brasilia kommenden Maschine bemerkte indessen nicht, daß

S2-ACA; eine der wenigen 707 der Bangadesh Biman, die hier zwischen zwei langen Flügen ausruhen darf/London-Heathrow im Juli 1986 <Quelle: JR-Photo>

sich die 727 immer mehr vom vorgeschriebenen Gleitweg entfernte und unter die zulässige Sollhöhe sank. In dieser Flugphase kollidierte das Flugzeug, nur zwei Minuten vor der planmäßigen Landung, mit den Ausläufern einer Hügelkette, fing Feuer und zerbrach in mehrere Teile.

Hierbei starben 55 Menschen, weitere 3 wurden zum Teil schwer verletzt.

Möglicherweise wurde das Unglück durch einen Blitzeinschlag in ein Triebwerk verursacht, das daraufhin explodierte. Die Steuerbarkeit der 727 nahm dabei immer mehr ab. Die Provinzhauptstadt Florianopolis liegt auf der bergigen Insel Ilha de Santa Catarina im Südatlantik, die nur durch zwei Brücken mit dem Festland verbunden ist.

25.04.80
Dan Air   **Boeing 727-100**
G-BDAN   **19279**

Die Boeing startete in Manchester um 09:22 Uhr/loc. zum Charterflug DA1208 zur spanischen Kanareninsel Teneriffa. Gegen 13:00 Uhr/loc. verließ man die gewählte Reiseflughöhe und wurde wenig später von Las Palmas-Control Centre aufgefordert, mit Teneriffa-Nord Kontakt aufzunehmen. Das örtliche Wetter war typisch für Teneriffa: heraufziehende Nebelschwaden ließen die Sichtweite am Boden von 6 km bis auf wenige Meter variieren. Darüber fast dasselbe Bild: Kumuluswolken, die den Himmel vollständig bedeckten und erst ab ca. 500-700 ft die Sicht auf den Boden freigaben. Es nieselte leicht bei einer Temperatur von 16° C. Der Wind wehte mäßig aus Südost. Die aktive Lande- und Startbahn auf dem Los Rodeos AP von Teneriffa-Nord war an diesem Tag die RWY 12, auf der ein ILS installiert war.

Flug 1208 meldete sich um 13:14 Uhr beim Fluglotsen in Los Rodeos:

DA1208:
 „Tenerife, good morning, Dan Air one zero zero eight."
APP: „Dan Air one zero zero eight, Tenerife, go ahead."
DA1208:
 „Good morning sir, level one one zero, fourteen miles to Tango Fox November."
APP: „Dan Air one zero zero eight, cleared to the Foxtrott Papa beacon via Tango Foxtrott November, flight level one one zero, expect runway one two, no delay."

Die 727 flog zu diesem Zeitpunkt mit etwa 280 Knoten und fast genau Südkurs in Richtung des TFN-Funkfeuers, was sich acht Kilometer nordöstlich des Flughafens mitten auf der Insel befand und für die vor allem aus Norden anfliegenden Maschinen einen wichtigen Fixpunkt darstellt. Von da sollte DA1208 direkt zum FP-Funkfeuer, welches sich ca. 1 km in der verlängerten Pistenachse der Bahn 12 befindet, fliegen. Der Zusatz „no delay" gab den Piloten das Gefühl, den kürzesten Anflugweg einzuschlagen.

DA1208:
 „Roger, cleared to the Fox Papa via Tango Fox November, runway one two. Can we copy the weather?"

Der Controller gab den neuesten Wetterbericht durch, der keine größeren Abweichungen von den vorherigen Meldungen enthielt. Er erkundigte sich bei einer Iberia-Maschine nach der Flughöhe. Diese wurde ihm mit 5.000 ft angegeben. Daraufhin gab er Flug 1208 zum weiteren Sinkflug auf FL 60 frei. Im Cockpit wurde der weitere Anflug besprochen, während man dem TFN-VOR immer näher kam.

Um 13:18:15 Uhr/loc. passierte die 727 ca. 1 Kilometer östlich das TFN-Funkfeuer, als man im Cockpit den ILS-Sender empfing:

COP: „ITF three oh five is in my box...three oh two, I'm sorry excuse me."
CPT: „Just about to go overhead going for."
COP: „Two five five out of here."

Nach dem Vorbeiflug von TFN-VOR kurvte DA1208 jedoch nicht wie vorgesehen zum FP-Fix, sondern behielt den Südkurs unverändert bei. Zu dieser Zeit meldete sich gerade eine startklare Hapag Lloyd-Maschine in Los Rodeos und belegte die Funkfrequenz für eine knappe halbe Minute. Erst danach meldete der Copilot von DA1208 den Überflug von TFN und teilte mit, daß man nun Richtung FP fliegen werde. Allerdings kam seine Meldung 33 Sekunden zu spät. Als um 13:18:48 Uhr/loc. die Rechtskurve eingeschlagen wurde, war man bereits um einige Kilometer vom Anflugkurs abgewichen.

DA1208:
 „Dan Air one zero zero eight has just passed the Tango Fox November heading to the er, Fox Papa."

G-BDAN; die abgestürzte 727 der Dan Air, die versuchsweise eine abgewandelte Bemalung trug, nur wenige Tage vor dem Unglück aufgenommen/Palma de Mallorca im April 1980 <Quelle: Luftfahrt Journal-Sammlung>

Nun gab der Anfluglotse den britischen Charterjet frei zum weiteren Anflug, indem er mitteilte:

APP: „Roger, the standard holding over Foxtrott Papa is inbound heading one five zero, turn to the left, call you back shortly."

DA1208: „Roger, Dan Air one zero zero eight."

Im Cockpit entstand Konfusion über die letzten Anweisungen des Lotsen, der anfänglich „no delay", sagte, dann jedoch wieder „standard holding" und „turn to the left" sagte, eine höchst widersprüchliche Anweisung, zumal das Standardholding auf der Bahn 12 mit einer Rechtskurve durchzuführen war. Statt jedoch noch einmal den Lotsen um eine Klarstellung des weiteren Anflugweges zu bitten, grübelten die Piloten über die weitere Vorgehensweise nach:

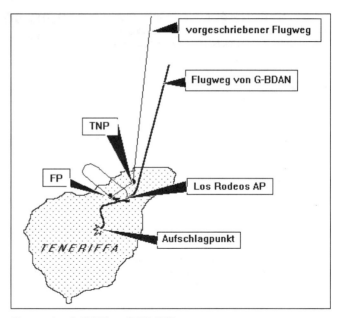

Flugweg der „G-BDAN" am 25.04.1980

CPT: „Inbound one five zero to your left."
COP: „One five zero left, yeah."
CPT: „That's an odd sort of one the runway...one to go."
COP: „One to go."
F/E: „One to go."
COP: „No, I'm not ...er suppose it's alright."
CPT: „I'll just turn straight round left onto one five zero when I go overhead then."
COP: „Yes."
CPT: „The only thing is we're...hmmm we're just about to miss it ah ah it's too close."
COP: „Would you like the other one on the Fox Papa?"
CPT: „If you put them both, we're going to hold, yeh...that's er that's the Foxtrot Papa now."
COP: „Yeah."

Aufgrund seiner fehlerhaften Analyse kam der Kommandant zu dem Schluß, daß nach Passieren des FP-Fix eine Linkskurve von 150° Grad zu fliegen wäre, was jedoch genau die verkehrte Richtung war. Beide Piloten waren mit dem Studium der Anflugkarten beschäftigt, als die Instrumente den Vorbeiflug am FP-Fix anzeigten. Hiervon überrascht leitete der Kommandant die vermeintlich korrekte Linkskurve ein. DA1208 flog nun in ein Gebiet, indem eine Mindesthöhe von 14.500 ft vorgeschrieben war. Dem Copiloten, der erst zum neunten Mal nach Teneriffa flog, kam die Sache nicht ganz geheuer vor. Er äußerte einige Bedenken, indem er sagte:

COP: „Bloody strange hold, isn't it ?"
CPT: „Yes, doesn't isn't a parallel with the runway or anything."
COP: „It's that way isn't it ?"
F/E: „That is a three, isn't it ?"
COP: „Hmm."
F/E: „That is a three, isn't it ?"
COP: „Yes, well the hold's going to be here isn't it ?"

Die Linkskurve wurde unbeirrt fortgesetzt. Der Tower in Teneriffa verfügte über keinerlei Radarsystem, auf dem Geschwindigkeit oder Höhenwerte abzulesen waren. Am Boden war man ausschließlich auf die Meldungen der Piloten angewiesen, die ihre Positions- und Höhenmeldungen mitteilten. In der Annahme, der Dan Air Flug befand sich auf dem korrekten Anflugweg (wie von der Crew gemeldet), gab der Lotse Flug 1208 zum weiteren Sinkflug auf 5.000 ft frei. Dem Kommandanten kamen erste Zweifel über die Richtigkeit des eingeschlagenen Flugweges, und unsicher wandte er sich an seinen Copiloten zur Rechten:

CPT: „Hey, did he say it was one five zero inbound ?"
COP: „Inbound yeah."
CPT: „That's...I don't like that."
COP: „They want us to keep going more round, don't they ?"

Noch mitten im Satz schlug plötzlich das GPWS-System los. Ein untrüglicher Hinweis auf zu geringe Höhe.

CPT: „Okay, overshoot...he's taking us round to the high ground."

Sofort wurde die Linkskurve abgebrochen und eine Rechtskurve eingeleitet. Das GPWS verstummte kurzzeitig, als man ohne Bodensicht über ein Tal hinwegflog.

CPT: „Er...Dan Air one zero zero eight we've had a ground proximity warning."

Ein zweites Mal ertönte das GPWS und veranlaßte den Kommandanten, die Neigungswinkel noch zu verstärken. Doch es war zu spät.

Mit etwa 275 kn prallte die Boeing um 13.21:17 Uhr/loc. in 5.450 ft, 40 Meter unterhalb eines Berggipfels, gegen den Felsen des **Pico Teide/Spanien** und zerschellte.

Keiner der 146 Insassen überlebte das Unglück.

Durch die Schräglage der Tragflächen konnte der vom Kommandanten zuvor angeordnete Overshoot, der ein unverzügliches Steigmanöver einleitete, nicht durchgeführt werden. Der Sinkflug wurde lediglich verlangsamt. Da der Los Rodeos-Flughafen über keine Radarüberwa-

chung verfügte, konnte der Lotse sich keine Gewißheit über die Position der Dan Air-Maschine verschaffen.
In der nachfolgenden Untersuchung wurde das Holding-Verfahren gerügt, bei dem in einem sehr scharfen Winkel abgebogen werden muß, um in das Holding-Muster einzufliegen. Die 727 hatte aber eine zu hohe Geschwindigkeit, um diesen Winkel exakt nachzufliegen. Anflugkarten und Holding-Verfahren des unfallträchtigsten Flughafens in Spanien wurden hiernach modifiziert. Auch fiel die widersprüchliche und verwirrende Phraseologie des Anfluglotsen Negativ auf, die gegen Regeln hinsichtlich der verbalen Kommunikation zwischen Lotse und Flugzeugführer verstieß.

11.05.80
Zaire Int'l　　　　　　　　　　Boeing 707-320C
OO-SJH　　　　　　　　　　　　　　　　18890

Bei der Landung auf der regennassen Landebahn in **Douala/Kamerun** kam die 707 ins Rutschen und zudem noch nach links von der Piste ab. Zwei Triebwerke und das gesamte Fahrwerk lösten sich aus der Verankerung und Feuer brach aus. Nachdem sich die Maschine um 270 Grad gedreht hatte, blieb sie schließlich liegen. Der Brandschaden am Rumpf war nicht mehr zu reparieren. Über zuschadengekommene Personen lagen keine Angaben vor. Die Boeing befand sich auf einem Frachtflug und wurde von Sabena angemietet. Zum Unglückszeitpunkt gingen schwere Regenschauer nieder.

07.06.80
Aeroflot　　　　　　　　　　　Tupolev 154B-2
CCCP-85355　　　　　　　　　　　　　　　355

Alle 166 Insassen kamen ums Leben, als die Tupolev beim Start in **Alma Ata/UDSSR** von einer Windscherung erfaßt wurde und abstürzte. Näheres ist nicht bekannt.

08.06.80
TAAG Angola　　　　　　　　　Yakovlev Yak-40
D2-TYC　　　　　　　　　　　　　　　9721753

Auf dem Flug von **Jamba/Angola** nach Lubango wurde der Dreistrahler das Opfer einer Anti-Luft-Rakete, die offenbar von Unita-Rebellen abgeschossen wurde. Die Yak ging im Süden Angolas zu Boden und explodierte.
29 Menschen starben. An Bord der Maschine sollen sich bewaffnete Regierungssoldaten befunden haben.

12.06.80
Aeroflot　　　　　　　　　　　Yakovlev Yak-40
CCCP-87689　　　　　　　　　　　　　9910403

Die aus Leninabad kommende Yak kollidierte im Sinkflug auf **Duschanbe/Tadschikistan/UDSSR** mit einem Berg und zerschellte. Niemand der 29 Insassen überlebte das Unglück. Andere Meldungen besagen, daß das Flugzeug auf einer Autostraße nahe Dushanbe niedergegangen sein soll.

19.06.80
Midwest AC　　　　　　　　　SE210 Caravelle 6R
N905MW　　　　　　　　　　　　　　　　　95

Nach einem zu kurz ausgeführten Landeanflug auf den Flughafen **Atlanta-Harstfield AP/GA/USA** wurde die Maschine so sehr beschädigt, daß sich eine Reparatur nicht mehr lohnte.

19.06.80
McDD　　　　　　　　　　　　　McDD MD-80
N1002G　　　　　　　　　　　　　　　　48001

Mitte der siebziger Jahre beschloß die Firma McDonnell Douglas, ihrem erfolgreichen Flugzeugmodell DC-9 einen grundsätzlich überarbeiteten Nachfolger zu geben, die MD-80. Dieses gründlich überarbeitete Nachfolgemodell war um 5 Meter länger und mit einem neuen Cockpit und modernen Triebwerken ausgerüstet. Doch bevor die MD-80 an ihre Kunden ausgeliefert werden konnte, mußten sich die drei Prototypen einer Unzahl von Tests unterziehen, um die Musterzulassung der amerikanischen Luftaufsichtsbehörde FAA zu erlangen.

Aufgrund eines Streiks bei den Zulieferfirmen war der Erstflug des Prototyps der MD-80 mit Verspätung am 19.10.1979 erfolgt. Das anschließende Zulassungsverfahren sollte erst recht unter einem schlechtem Stern stehen.

Der erste Rückschlag folgte am 02.05.1980 auf der Edwards AFB. Der erste Prototyp, die N980DC, sollte die Festigkeit der Konstruktion bei einer harten Landung mit maximalem Landegewicht von 52 Tonnen und nach vorne geschobenem Schwerpunkt unter Beweis stellen: Die Zelle der MD-80 ist konstruiert, daß sie einen Aufschlag mit 10 ft/sec standhalten kann. Aber statt mit der geplanten Sinkrate von 8 ft/sec prallte die N980DC mit 16 ft/sec auf den Boden der Landebahn, woraufhin die Flugzeugzelle an einer Stelle vor den Tragflächen um 2° einknickte. Außerdem brach der gesamte Heckbereich hinter den Triebwerksaufhängungen ab, inklusive den Stabilisatoren, dem Höhenleitwerk und dem Heckkonus mit der Ausstiegstreppe der Maschine.

Mit diesen schweren Beschädigungen fiel die N980DC für den Rest des Zulassungsverfahren aus. Sie wurde zwar wieder repariert, aber die Swissair, für die dieses Flugzeug eigentlich bestimmt war, nahm es nicht mehr vom Hersteller ab.

Der zweite Rückschlag folgte sechs Wochen später: Am frühen Abend um 18:20 Uhr/loc. startete der zweite Prototyp der MD-80, die N1002G, auf dem Flughafen von **Yuma/AZ/USA** zu einem Testflug. Im Laufe des Tages waren bei einigen Testflügen das Verhalten der Maschine bei einem Strömungsabriss an den Tragflächen erprobt worden. Jetzt waren stand ein Test der Flug - und Landeeigenschaften bei einem totalen Hydraulikausfall auf dem Programm. An Bord befanden sich neben einem FAA-Testpiloten, der die Funktion des Kommandanten einnahm, noch zwei Piloten des Herstellers. Der eine fungierte als Copilot, der andere war für die umfangreichen Meßeinrichtungen im Flugzeug verantwortlich.

Bei früheren Testflügen trat immer wieder ein kleines Problem mit einem asymmetrischen Umkehrschub auf: Ist der Umkehrschub nach dem Aufsetzten aktiviert, werden zwei Klappen im hinteren Teil des Triebwerkes mittels eines hydraulischen Antriebes in den Luftstrom geschoben und bremsen so das Flugzeug ab. Bei einem Ausfall des Hydrauliksystems werden die Klappen mit Hilfe von Preßluft in den Luftstrom geschoben, teilweise werden sie von dem Luftstrom des Triebwerks hereingesogen. Nachteil dieser Technik war, daß sich die Klappen beider Triebwerke sich mit unterschiedlicher Geschwindigkeit schließen und so während der Transitphase ein asymmetrischer Umkehrschub entsteht. Diese Asymmetrie der beiden Umkehrklappen machte es den Piloten sehr schwer, das Flugzeug in der Mitte der Landebahn zu halten und ein Ausbrechen des Flugzeuges zu verhindern.

Während der FAA-Pilot schon den ganzen Tag über Testflüge absolviert hatte, waren die beiden Werkspiloten erst zu diesem Testflug zugestiegen. Der MD-Pilot wies während des vorhergehenden Briefings nicht auf das Problem mit den Umkehrklappen hin, dachte er doch es wäre dem FAA Piloten bekannt. Das war es aber nicht, denn der FAA-Pilot hatte noch nie einen Testflug mit ausgefallenem Hydrauliksystem absolviert.

Nach den ersten beiden Anflügen ohne Hydraulik wurden in den Flugprotokollen die Flugeigenschaften der MD-80 auf das Höchste gelobt. Beides waren aber nur „Touch and Go"-Manöver gewesen, da die Maschine nach dem Aufsetzten sofort wieder beschleunigt worden war und erneut von der Landebahn abhob. Um 18:45 Uhr/loc. flog die MD-80 zum dritten Mal an, wobei diesmal die N1002G auf der Landebahn vollständig zum Stehen gebracht werden sollte. Um den schlimmsten Fall eines solchen Hydraulikausfalles zu simulieren, fuhr man die Landeklappen nicht aus. Der Landeanflug geriet daher recht flach und sehr schnell. Alles verlief nach Plan, bis zu dem Moment, in dem das Hauptfahrwerk den Asphalt der Landebahn berührte. Obwohl es laut Gebrauchsanweisung des Flugzeuges, dem Flightmanual, ausdrücklich verboten ist, löste der FAA Testpilot bei der ersten Bodenberührung den Umkehrschub aus. Der asymmetrisch hochlaufenden Umkehrschub zog die MD-80 immer stärker um ihre Hochachse. Mit dem Bugfahrwerk noch in der Luft, brach die Maschine stark nach links aus. Anfangs versuchte der FAA-Pilot den Linksdrall zu korrigieren, indem er das Seitenruder nach rechts schwenkte, doch als das nichts half, trat er auch noch das rechte Bremspedal durch. Das Bugfahrwerk krachte auf die Bahn und die MD-80 wurde wieder um ihre Hochachse herum zurück auf die Pistenachse gezogen. Die volle Betätigung der rechten Bremse wurde noch dadurch verstärkt, daß das „Anti-Skid-System" abgeschaltet war. Dieses System erzeugt automatisch eine Art Stotterbremsen, womit ein Blockieren der Reifen und damit Schleudern des Flugzeuges auf der Landebahn vermieden wird. Der zweite Effekt dieses Systems ist die Schonung der Reifen. Ohne dieses System blockierten die beiden Reifen des rechten Hauptfahrwerks und platzten deswegen kurz hintereinander. Mit immer noch 130 Knoten knallten die Radaufhängungen auf den Asphalt und zogen das gerade stabilisierte Flugzeug stark nach rechts, was durch das bis zum Anschlag durchgetretene Seitenruder noch verstärkt wurde. Der FAA Pilot reagierte sofort und schwenkte jetzt das Seitenruder nach links. Als die MD-80 immer noch nach rechts zog, betätigte er auch das linke Bremspedal. Doch nichts half. Obwohl der FAA Pilot mittlerweile das Seitenruder und Bremsen mit aller Kraft betätigte, schwang das Heck immer mehr aus. Nun versuchten die Piloten diese Tendenz entgegenzusteuern, indem sie den rechten Umkehrschub herausrissen. Das hatte keinen Effekt, denn in diesem Moment platzten die beiden überlasteten Reifen des linken Fahrwerks, womit die Piloten den Kampf um die Steuerkontrolle endgültig verloren hatten. Sich um ihre Längsachse drehend, schlitterte die N1002G von der Bahn. Auf dem weichem Grund neben der Bahn brach erst das linke, dann das rechte Hauptfahrwerk und am Ende auch noch das Bugfahrwerk zusammen.

In einer Wolke aus Staub blieb die MD-80 neben der Landebahn liegen. Aus einigen Löchern in den Tragflächen lief Treibstoff aus, aber wegen des schnellen Eingreifens der Feuerwehr brach kein Feuer aus.

Als die Feuerwehr die Unfallstelle erreichte, kamen ihnen schon die drei unverletzten gebliebenen Testpiloten entgegen.

Da die N1002G vollgepackt mit Meßgeräten, Sensoren und Aufnahmegeräten war, sollte dieser Unfall einer der bestdokumentiertesten in der Luftfahrtgeschichte werden. Sehr zum Ärger der Piloten, denn während der Unfallsequenz war ihr Verhalten von einer Videocamera im Cockpit gefilmt worden. In diesem Film war deutlich zu sehen, daß die Triebwerksinstrumente eine unterschiedliche Leistung des Umkehrschubs anzeigten. Aber keiner der drei Cockpitinsassen schenkte diesen Anzeigen irgendwelche Beachtung.

Für die N1002G war die Unglücksserie mit diesem Zwischenfall noch nicht beendet. Bei dem Versuch, den Havaristen abzutransportieren, verlor einer der beiden beteiligten Kräne den Halt und stürzte auf die N1002G, welche danach ein Fall für den Altmetallhändler wurde.

Die Herstellerfirma McDonnell Douglas gab nicht auf und schaffte mit einigen Wochen Verspätung doch noch die Musterzulassung mit dem letzten verbliebenen Prototyp der MD-80.

27.06.80

Itavia   **Douglas DC-9-15**
I-TIGI   **45725**

Es sollte das Bestreben eines jeden Verantwortlichen sein, die Ursache jedes Flugzeugunglückes ans Tageslicht zu bringen und für Aufklärung der Hintergründe zu sorgen. Doch das Schicksal dieser DC-9 sollte über viele Jahre hinweg im Unklaren bleiben, da bis heute einflußreiche Mächte eine Aufdeckung der Tatsachen verhindern. Immer noch herrscht keine endgültige Klarheit darüber, was sich damals tatsächlich abgespielt hat.

An jenem warmen Sommerabend im Juni startete der Douglas-Jet mit 77 Passagieren und vier Besatzungsmitgliedern in Bologna zum Inlandsflug IH870 nach Palermo auf Sizilien.

Flug IH870 hatte zwei Stunden Verspätung, und die Piloten beeilten sich, die 14jährige Maschine auf die anvisierte Reiseflughöhe von 25.000 ft zu befördern. Man flog entlang der Küstenlinie Richtung Süden. Kurz hinter Rom bog man dann gen Sizilien ab und flog auf das Tyrrhenische Meer in den Abendhimmel hinaus. An Bord lief alles wie immer. Kurz vor 21:00 Uhr/loc. hatte die DC-9 schon den längsten Teil der Reise hinter sich gebracht. Im italienischen Flugkontrollzentrum von Rom-Ciampino schenkte man dem Radarecho der DC-9 keine übermäßige Beachtung.

Doch plötzlich erlosch das Radarsignal von Flug IH870. Alle verzweifelten Aufrufe der Fluglotsen in Ciampino blieben ungehört. Nach einer guten Stunde Flugzeit hatte Flug 870 im Tyrrhenischen Meer, etwa 25 Kilometer nordöstlich der **Ustica Inseln/Italien**, geendet.

Die Nachricht vom Absturz der DC-9 verbreitete sich schnell im ganzen Land. Die alarmierten Rettungseinheiten begaben sich sofort mit vielen Schiffen und Suchflugzeugen in die Gegend vor den Ustica Inseln. Doch nur noch verstreute Trümmer und Leichenteile konnten geborgen werden. Der Hauptteil der Maschine versank in den Fluten des Tyrrhenischen Meeres auf eine Tiefe von etwa 3.700 Meter.

Schnell wurde klar, daß keiner der 81 Menschen an Bord die Tragödie überlebt hatte.

Doch wodurch war die Maschine so plötzlich in die Katastrophe geflogen? Weder wurde ein Notruf abgesetzt, noch gab es irgendwelche Anzeichen für Unregelmäßigkeiten an Bord.

Doch noch bevor die ersten Sondersendungen im Fernsehen von dem Unglück berichteten, lief ohne das Wissen der Öffentlichkeit und hinter dem Rücken der Regierungsstellen die größte Vernebelungsaktion in der Geschichte des Landes an.

Militärangehörige kamen noch in der gleichen Nacht in das militärische Kontrollzentrum in Grosseto und beschlagnahmten zunächst sämtliche Bänder der Radaraufzeichnungen der letzten 24 Stunden. Die diensthabenden Fluglotsen wurden eindringlich eingeschworen, mit niemanden über die Ereignisse, die sich an jenem Abend abgespielt haben, zu sprechen. Eilig wurden diese wichtigen Indizien in das Kontrollzentrum nach Ciampino bei Rom gebracht und blieben danach für lange Zeit unauffindbar. Der italienische Militärapparat schwieg von nun an zum Thema Ustica.

Um die politisch aufgewühlte italienische Nation zu beruhigen, wurde eine offizielle Untersuchungskommission ins Leben gerufen. Diese kam dann auffallend schnell zu dem Schluß, daß Flug 870 aufgrund eines Konstruktionsfehlers oder einer Bombe an Bord abstürzte. Dieses lapidare Resümee war nicht nur unbefriedigend, sondern auch noch falsch, wie sich später herausstellen sollte. Jedoch war damit das gesamte Thema erst einmal abgehakt. Für eine stichhaltige Gegentheorie waren zunächst keine Anhaltspunkte gegeben.

Am Abend des Unglückstages überwachte allerdings noch eine andere Macht den süditalienischen Luftraum: die Amerikaner.

Zu dieser Zeit lag zufällig der amerikanische Flugzeugträger „USS-Saratoga" im Hafen von Neapel. Die NATO-Marineordnung schrieb vor, daß wenn ein Flugzeugträger eines NATO-Landes in einem anderen NATO-Land vor Anker geht, das jeweilige Gastland den Radarschutz bereitstellt. Die „USS-Saratoga" hatte ihre Radarempfänger somit zwar abgeschaltet, aber sämtliche Begleitschiffe der 6.Flotte lagen mit eingeschaltetem Radar vor Neapel. An Bord nahm man interessiert zur Kenntnis, was sich dort am Himmel über Ustica abspielte. Einige der Radarbänder wurden einige Tage nach dem Unglück der amerikanischen Transportsicherheitsbehörde NTSB übergeben. Das NTSB bemühte sich unabhängig von den Italienern, um eine eigene Rekonstruktion der Ereignisse. Doch der Abschlußbericht ließ auf sich warten.

Allgemein wurde die „offizielle" Unglücksversion akzeptiert. Die Fluggesellschaft Itavia hatte in Italien keinen besonders guten Ruf, was die Sicherheit anging. Bereits 1974 und 1975 verunglückten zwei Maschinen der Inlandsairline, 38 Menschen kamen ums Leben. Diese Vergangenheit machte es leicht, an einen Material- oder Pilotenfehler zu glauben.

Der Ustica-Absturz entschwand langsam aus dem Bewußtsein der Öffentlichkeit. Die Verschleierungstaktik der Militärs schien aufzugehen.

Doch einige Wochen später sollten die Skeptiker der offiziellen Absturztheorie neue Nahrung bekommen. Ein italienischer Fernsehsender installierte ein „Telefono Giallo", ein gelbes Telefon, über das jeder Zuschauer seine Meinung oder Erkenntnisse zu allgemein brisanten Themen abgeben konnte.

Es dauerte nicht lange, da meldete sich ein Fluglotse aus Ciampino, der am Unglücksabend Dienst hatte. Angespannt gab er zu verstehen, daß er dazu gezwungen wurde, Stillschweigen über den Fall Ustica zu bewahren.

Was war von dieser Aussage zu halten? Verwirrung machte sich breit. Was gab es geheimzuhalten?

Am 18.Juli, 21 Tage nach dem Absturz, wurde das Wrack einer abgestürzten MiG-23 der libyschen Luftwaffe in den kalabrischen Sila-Bergen, 120 km südlich von Catanzaro, gefunden.

Eine Meldung, die scheinbar auf den ersten Blick nicht im Zusammenhang mit dem Ustica-Absturz stand. Schnell wurde eine Erklärung hierfür gefunden. Angeblich erlitt der Pilot, der sich auf einem Trainingsflug in internationalem Luftraum befand, einen Herzinfarkt und steuerte geradewegs auf Süditalien zu, wo dem Düsenjäger dann der Treibstoff ausging und er abstürzte. Die Maschine war unbewaffnet und nicht mit Zusatztanks ausgerüstet, so die staatlichen libyschen Stellen.

Dann, Ende 1980, wurde der NTSB-Bericht veröffentlicht. Die Auswertungen der Radarbilder ergaben Ungeheuerliches: die DC-9 war an jenem Abend des 27.Juni nicht allein am Himmel. Hinter der Zivilmaschine tauchte plötzlich ein wesentlich schnelleres Flugzeug auf, das sich auf einem östlichen Kurs befand und genau in Richtung der DC-9 flog. Als sich beide Leuchtpunkte bis auf drei Kilometer genähert hatten, verschwand auf einmal das Radarecho von Flug 870. Die Vermutung, eine äußere Gewalteinwirkung habe das Flugzeug zum Absturz gebracht, kam auf.

Was war geschehen? Diese Frage beschäftigte nun zunehmend die italienische Presselandschaft. Offenbar steckte mehr hinter dem Fall Ustica, wie der Absturz der DC-9 von nun an genannt wurde, als man ahnen konnte.

Der Bericht des NTSB wurde jedoch von den italienischen Behörden nicht zur Kenntnis genommen. Sie beharrten weiter auf der These: Konstruktionsfehler bzw. Bombenanschlag.

Einige Leichen- und Wrackteile, die auf der Oberfläche des Tyrrhenischen Meeres trieben, wurden mittlerweile geborgen und obduziert. Die Experten der Untersuchungsmannschaft entdeckten Spuren von Phosphor in einem Beinknochen eines Passagiers. Ein Indiz auf ein Raketengeschoß. Hinzu kam die Feststellung, daß die Trümmer nicht, wie bei einer Bombenexplosion an Bord, nach außen, sondern nach innen geschleudert wurden. Eine äußere Einwirkung als Absturzursache wurde zunehmend wahrscheinlicher.

Italiens damaliger Transportminister Rino Formica stellte vor einem Parlamentskomitee in Rom die Frage nach der Ursache des Absturzes. Allerdings fehlten immer noch wichtige Beweise, die die offizielle Absturztheorie hätten widerlegen können.

Darstellung des letzten, mysteriösen Fluges der DC-9, der so viel Wirbel nach sich zog

Zwar wurden nach längerem Tauziehen die Aufzeichnungsbänder aus dem Kontrollzentrum Ciampino einer Regierungskommission übergegeben. Doch seltsamerweise fehlten auf diesem Band vier Minuten und, als hätte man es geahnt, es waren genau die vier Minuten zur Zeit des Absturzes. Die Gespräche der 14 diensthabenden Fluglotsen untereinander fehlten ebenfalls.

Auch die Radarstationen Marsala und Siracusa auf Sizilien hätten eigentlich mitbekommen müssen, was am Abend des 27. Juni vor sich ging. Doch zufällig war das Radar in Marsala nicht funktionsfähig; und in Siracusa war man mit Wartungsarbeiten an der anfälligen Radarsoftware beschäftigt. Dazu wurde auch dort, so die italienischen Militärs, das Radar abgeschaltet. Ein ebenso unglückliches, wie merkwürdiges Zusammentreffen.

Es wurde immer eindeutiger, daß hier etwas in großem Stil verheimlicht werden sollte. Gab es tatsächlich einen unidentifizierten Eindringling im italienischen Luftraum? Wenn ja, dann mußte es sich um ein militärisches Flugzeug gehandelt haben. Die Radaraufzeichnungen des Flugwegs, die im NTSB-Bericht festgehalten wurden, legten diese Erkenntnis nahe. Laut den Angaben der Militärs hatte es jedoch in diesem Luftraum schon seit mehr als sechs Monaten keinerlei militärische Luftübungen gegeben. Doch auch diese Aussage wurde entkräftet. Die Protokolle des Luftwaffenstützpunktes in Grosseto belegten, daß am 27. Juni um 19:30 Uhr/loc. mehrere Abfangjäger vom Typ F-104 „Starfighter" mit unbekanntem Ziel aufstiegen. Um 20:45 Uhr/loc., eine Stunde nach dem Unglück, waren sie wieder in Grosseto gelandet. Hatten sie etwas vom Schicksal der DC-9 mitbekommen?

Die Staatsanwaltschaft in Rom wurde unterdessen mit den Ermittlungen beauftragt. Doch in Rom hatten die zuständigen politischen Stellen offenbar wenig Interesse für die Aufklärung von Flug IH870. Die Ermittlungen zogen sich über Jahre hin, ohne daß ein konkretes Ergebnis veröffentlicht wurde. Mehrere Regierungen kamen und gingen, eine Lösung des Falls Ustica schien aber ferner denn je.

Erst als sich im Jahre 1986 Staatspräsident Cossiga mit den Hinterbliebenen der Katastrophe traf, wurde Ministerpräsident Craxi von ihm angehalten, die Ermittlungen fortzuführen.

Es kam wieder etwas Bewegung in die Sache. Eine französische Bergungsfirma wurde beauftragt, den Hauptteil des Wracks vom Grund des Tyrrhenischen Meeres heraufzuholen, in dem sich immer noch der Flugschreiber und der Cockpit Voice Recorder befand. Fast 90 % der Trümmer der DC-9 wurden gefunden und zum Luftwaffenstützpunkt Pratica di Mare, südlich von Rom gebracht. Dort wurde anhand dieser Trümmerstücke die Maschine wieder zusammengepuzzelt. Doch erneut wurden die Erkenntnisse des Militärs der Öffentlichkeit vorenthalten. Der staatliche italienische Fernsehsender RAI - in Italien eine Art vierte Gewalt - recherchierte nun auf eigene Faust. Die Erkenntnisse verhärteten sich dahingehend, daß die DC-9 Opfer eines Kampfflugzeugs geworden war. Offenbar stieg dieses Flugzeug zusammen mit anderen von einem italienischen Luftwaffenstützpunkt auf und kreuzte den Flugweg der Itavia-Maschine. Die Militärs hatten immer wieder verneint, daß es zur fraglichen Zeit militärische Flugbewegungen gegeben hatte. Der Einsturz des Gebäudes aus Lügen und Verschleierungen war endgültig perfekt, als eine abgestürzte NATO-Flugattrappe, eine sogenannte Drohne, in Süditalien gefunden wurde. Drohnen sind unbemannte, ferngesteuerte Flugkörper, die zu Trainingszwecken ein feindliches Ziel darstellen sollen. Damit war klar: es hatte Luftkampfübungen am Himmel über Süditalien gegeben. Doch die Militärs, bis hin zum Verteidigungsminister, hüllten sich in Schweigen.

In der Presse kursierte nun die Theorie, die DC-9 sei aus Versehen mit der Zieldrohne verwechselt worden, die einige Zeit einen parallelen Kurs hatte. Als der NATO-Pilot den Befehl zum Abschuß erhielt, feuerte er eine infrarotgesteuerte Rakete auf das Ziel ab. Die Rakete suchte sich ihr Ziel nach den heißen Austrittsgasen der Triebwerke der Drohne. Durch die relativ kurze Entfernung zur Itavia DC-9 wurde die Rakete von den wesentlich stärkeren Triebwerksabgasen der DC-9 angezogen und traf das Zivilflugzeug. Dennoch blieben viele Fragen offen. Die Akten der Zeugenprotokolle blieben unter Verschluß.

Einige Zeugen der Geschehnisse an jenem Abend kamen unter mysteriösen Umständen ums Leben. So auch Mario Naldini und Ivo Nutarelli, zwei Piloten der F-104-Staffel von Grosseto, die am 27.Juni aufgestiegen waren. Später wurden sie Mitglieder der italienischen Kunstflugstaffel „Frecce Tricolori". Naldini wurde sogar später aufgrund seiner hervorragenden Fähigkeiten und seiner jahrelangen Flugerfahrung zum Teamchef der Staffel erkoren. Am 28.August 1988 kam es bei einer Kunstflugfigur anläßlich eines Flugtages auf der US-Airbase im Rheinland-Pfälzischen Ramstein zu einem schrecklichen Unglück, als das Flugzeug Nuterellis mit dem von Giogio Alessio und dies wiederum mit dem von Naldini kollidierte. Alle drei Piloten und weitere 67 Zuschauer am Boden kamen ums Leben. Zufall? Sabotage?

Der Fall Ustica wurde komplizierter. Viele Zeugen wollen oder können nicht mehr aussagen.

Feldwebel Maro Dettori, der am fraglichen Tag im Radarzentrum von Poggio Ballone Dienst hatte, gestand engen Freunden nach der Ustica Katastrophe, daß er Zeuge eines dramatischen Ereignisses wurde, welches Italien beinahe in einen Krieg gestürzt hätte. Doch mehr sagte er nicht. Im März 1987 fand man Dettori erhängt an einem Baum.

Nun endlich schien es die römische Staatsanwaltschaft mit der Aufklärung der Geschehnisse ernst zu meinen. Der 1991 eingesetzte Ermittlungsrichter Rosario Priore sammelte nun unermüdlich Fakten und Aussagen zum Fall Ustica, die für eine Anklage der Verantwortlichen ausreichend wären.

Franco Parisi, ein Radaroffizier aus dem Kontrollzentrum in Otrano, hatte auch am Unglücksabend Dienst gehabt. Im Herbst 1995 sagte er bei Richter Priore aus. Wenige Wochen später fand man auch ihn erhängt auf.

Die Mehrzahl der an dem Unglück beteiligten Personen ist durch eine Kette von Selbstmorden, Morden und tödlichen Autounfällen bereits gestorben, bevor diese Personen zu einer Aussage vor einem Gericht erscheinen sollten. Mysteriös ist auch der spektakuläre Diebstahl von geheimen Computerdisketten, die wichtige Radar-Aufzeichnungen des Absturzgebietes zum Zeitpunkt des Unglücks enthielten. Ein US-Raketenexperte untermauerte 1993 die Raketentheorie und kam zu der Erkenntnis, daß zwei Luft-Luft-Raketen den Rumpf der Itavia-Maschine trafen, die erste an der rechten Tragflächenwurzel, die zweite im oberen Cockpitbereich. Doch wenn dies alles so wäre, warum geben dann die italienischen Militärs bei dieser erdrückenden Indizienlast nicht einfach zu, einen verhängnisvollen Irrtum begangen zu haben? Scheinbar ist die ganze Wahrheit noch nicht ans Licht gekommen. Offenbar gibt es brisante Verwicklungen auf höchster politischer Ebene.

Doch langsam kam man in Rom der Wahrheit näher. Bei einer angeordneten Hausdurchsuchung des pensionierten Generals Demetrio Cogliandro (ehem. Chef beim militärischen Geheimdienst) förderten die Ermittler Brisantes zutage: es fanden sich bisher unbekannte Dokumente zum Fall Ustica. Der Ex-General vertrat darin die These, die DC-9 sei aufgrund eines mißglückten Anschlages auf den libyschen Revolutionsführer Muammar el-Gaddafi aus Versehen abgeschossen worden.

In derselben Nacht wurde über Sizilien eine libysche MiG-23 Militärmaschine abgeschossen. Es hält sich das Gerücht, daß es sich bei dem zweiten Flugobjekt neben der DC-9 nicht um eine NATO-Drohne, sondern um eine zweite libysche MiG-23 gehandelt hat. Die Staatsanwaltschaft in Rom ermittelte jahrelang in diese Richtung, aber handfeste Beweise, die diese Hypothese erhärten könnten, wurden bis heute nicht gefunden. Es war bekannt,

I-TIGA; eine baugleiche DC-9, wie die Unglücksmaschine von Ustica. Hier mit rauchender Abgasfahne nach dem Abheben./Mailand-Linate im Februar 1978 <Quelle: N.Scherrer>

daß Italien mit Libyen florierende Beziehungen unterhielt. Gaddafi kaufte 1976 10 % der Fiat-Aktien auf, und investierte in größerem Stil in italienischen Firmen. Dafür zeigte sich Rom erkenntlich und lieferte Libyen Waffen und technisches Material. Doch Italien geriet hierdurch in eine Zwickmühle. Für die USA und Großbritannien war der libysche Diktator zum erklärten Feind geworden. Nun mußte sich Italien einerseits seinen NATO-Partnern solidarisch zeigen, andererseits Gaddafi nicht vor den Kopf stoßen. In italienischen Geheimdienstkreisen bildete sich eine pro-libysche Fraktion, die Gaddafi immer wieder mit wichtigen Informationen der NATO versorgte.

Rückblende: Gaddafi selbst unternahm an jenem 27.Juni 1980 einen Staatsbesuch in Polen. Offenbar existierten Pläne, seine zivile Tupolev abzuschießen. Doch der Staatsbesuch ging ohne Zwischenfall vonstatten. Später sagte Gaddafi, er wäre nur mit knapper Not einem Mordkomplott der Amerikaner entgangen, die seine Maschine abschießen wollten. Eine Verwicklung Libyens in die Ustica-Affäre wurde jedoch durch die Obuktion des MiG-23-Piloten untermauert, der am 18.Juli in Kalabrien gefunden wurde. Man fand heraus, daß der Zeitpunkt seines Todes etwa drei Wochen zurückgelegen hatte, also genau zur Zeit des Absturzes der Itavia. Merkwürdig bleibt jedoch die Tatsache, daß der Pilot amerikanische Stiefel und einen Helm mit englischer Aufschrift trug. Eine nachträgliche Manipulation um eine falsche Fährte zu legen?

1980 drohten zwischen Libyen und Ägypten bewaffnete Auseinandersetzungen auszubrechen. Ägypten verhängte das Kriegsrecht. Die Amerikaner halfen den Ägyptern und ihrem Präsidenten Sadat. Ein Luftwaffenstützpunkt wurde westlich von Kairo eingerichtet, um für einen libyschen Angriff gerüstet zu sein. Zusätzlich zu einigen F-4 Kampfjets wurde auch einige F-111 Kampfbomber, ausgerüstet mit taktischen Atomwaffen, aus Mildenhall in England nach Ägypten entsandt. Der Überführungsflug sollte am 27.Juni, dem Tag der Ustica-Katastrophe, stattfinden. Nun hält sich folgende Version der Geschehnisse über dem Tyrrhenischen Meer:

Einige pro-libysche Geheimdienstler in Italien benachrichtigten Gaddafi von der Entsendung der F-111 Bomber. Der libysche Staatschef schickt sofort einige MiG-23 Kampfjets, die modernsten der libyschen Luftwaffe, in Richtung Italien los, um den Bomber abzufangen. Um nicht den Italienern als unidentifiziertes Objekt auf den Radarschirmen aufzufallen, benutzte der Bomberpilot eine trickreiche Taktik. Er heftete sich direkt hinter die DC-9 der Itavia und flog so in ihrem Radarschatten unbemerkt in Richtung Sizilien. Der amerikanische Flottenverband, der gerade im Hafen von Neapel lag, beobachtete das Manöver auf den Radaranlagen der Begleitschiffe und führte die F-111 hinter die DC-9. Die Auswertung der Radarbilder untermauert diese Theorie. Die libyschen MiG's und die amerikanischen Bomber begannen einen Luftkampf in dessen Verlauf die zivile DC-9 von einer wärmesuchenden Rakete, womöglich von einer MiG getroffen wurde. Die italienische F-104-Staffel befand sich in der Nähe, griff jedoch nicht ein. Ob es sich so abgespielt hat, weiß man nicht.

Zeugen in Kalabrien sagten aus, sie hätten am Unglückstag ein tieffliegendes Kampfflugzeug gesehen, das in Richtung Osten davonflog. Sie glaubten erkannt zu haben, daß das Flugzeug eine dreieckige Tragflächenform gehabt hat. Dies läßt auf eine Verwicklung anderer Mächte in der Sache Ustica schließen. Eine solche Delta-Tragflächenform existiert eigentlich nur bei den Mirage-Kampffliegern der französischen Luftwaffe. Vielleicht hat die Mirage von Korsika aus ins Kampfgeschehen eingegriffen. Die andere Möglichkeit ist, daß es eine israelische Kfir-Maschine war. Diese Kampfjets besitzen ebenfalls Deltaflügel. Sollte der israelische Geheimdienst von der Sache Wind bekommen haben? Doch weder für eine Beteiligung der Franzosen, noch für die Israelis gibt es irgendwelche eindeutigen Anhaltspunkte.

Eins ist jedoch klar. Im Verteidigungsministerium in Rom hatte man in allen Punkten die Unwahrheit gesagt und richterliche Untersuchungen behindert. Alle Chefs des italienischen Generalstabs der letzten 16 Jahre wurden wegen Verschleierung und Hochverrats im Fall Ustica angeklagt. Eine sogenannte „Expertenkommission" kam noch im Jahre 1994 zu dem Schluß, daß an Bord von Flug 870 eine Bombe explodiert sein muß, um ein hochrangiges Mitglied der sizilianischen Mafia, der sich als unregistrierter Passagier an Bord befunden haben soll, aus dem Weg zu räumen. Für diese bewußte Irreführung der Öffentlichkeit wurden zwei dieser „Experten", angeklagt und verhaftet.

Man kann nur hoffen, daß die wahren Hintergründe des Todes der 81 Menschen von Flug IH870 nicht länger im Dunkeln bleiben.

18.07.80

Aeroflot   **Yakovlev Yak-40**
CCCP-87893   -

Im Anflug auf **Archangelsk/UdSSR** schaltete der Pilot irrtümlicherweise die Triebwerke aus. durch den erlittenen Geschwindigkeitsverlust gelang es danach nicht mehr, in der Luft zu bleiben, und die Yak ging außerhalb des Flughafens nieder. Von den Insassen an Bord kam niemand ums Leben.

01.08.80

Aeronaves Del Peru   **Douglas DC-8-43**
OB-R-1143   45598

Am Berg **Cerro Lilio/Mexico** nahe Mexico City endete der Flug aus Lima, als die Maschine in dichtem Nebel zu tief geriet, zahlreiche Bäume kappte und schließlich am Berghang, 15 Meilen vom Flughafen entfernt, zerschellte.

Von den 7 Insassen wurden 3 getötet. Das Schicksal der anderen 4 ist nicht bekannt.

07.08.80

Tarom   **Tupolev 154B-1**
YR-TPH   277

Beim Anflug auf **Nouadhibou/Mauretanien** geriet die Maschine unterhalb der Ideallinie und fiel 320 Meter vor der Landebahn in die Fluten des Atlantiks. Von den 116

Menschen an Bord, die aus Bukarest kamen, wurde eine Person getötet und eine vermißt. Alle anderen konnten sicher evakuiert werden.

08.08.80

Aeroflot   **Tupolev 154B-2**
CCCP-85321   321

Bei einer überharten Landung in **Chita/UdSSR** brach die Tupolev auseinander und wurde zerstört.
Niemand wurde ernsthaft verletzt.

14.08.80

Saudia   **L1011 TriStar 200**
HZ-AHK   1169

Die „HZ-AHK" war vor fast genau einem Jahr ausgeliefert worden und eine der neuesten Maschinen im Flottenpark der Saudia. An diesem Tag beflog sie die Route des Linienfluges SV163 von Karachi über **Riyadh/Saudi Arabien** nach Jeddah. Nach 2,5-stündigem Flug landete Flug 163 um 19:06 Uhr/loc. in Riyadh und stoppte direkt vor dem Ankuftsterminal: Die strengen zollrechtlichen Bestimmungen Saudi Arabiens machten es nötig, daß alle Passagiere, darunter auch diejenigen, die nach Jeddah weiterfliegen wollten, aussteigen mußten: Auch wurde das gesamte Gepäck ausgeladen: Zusammen mit den Fluggästen, die in Riyadh an Bord kamen, wurde auch das Gepäck wieder eingeladen: Neben den 14 Mitgliedern der Crew bestiegen nach einer guten Stunde auch noch 287 Passagiere, die meisten von ihnen Pilger, den Großraumjet: Um 20:50 Uhr/loc. verließ der TriStar das Flughafenvorfeld und rollte zur Startbahn, von wo man um 21:08 Uhr/loc. abhob. Die Abflugkontrolle gab SV 163 zum Steigflug auf 35.000 ft frei, während der Pilot in Richtung Jeddah kurvte.

Es waren noch nicht einmal sieben Minuten vergangen, als ein Feuerwarnlicht im hinteren Frachtraum C-3 aufleuchtete. Zugleich verharrte der Leistungshebel des Mitteltriebwerks Nr. 2 in der Steigflugstellung und konnte nicht mehr bewegt werden. Somit wurde dieses Antriebsaggregat abgeschaltet. Nun verbrachte die Crew geschlagene fünf Minuten damit, die Prozedur bei einem Brand des hinteren Frachtraumes aus dem Operation-Manual-Buch durchzugehen. Weitere Zeit wurde damit zugebracht, um zu überprüfen, daß es sich bei der Feuerwarnung um keinen falschen Alarm handelte, sondern tatsächlich Feuer ausgebrochen war. Um dies herauszufinden, wurde der Bordingenieur sogar zweimal in die Passagierkabine geschickt. Zu diesem Zeitpunkt zogen bereits Rauchschwaden durch die Kabine, erste Anzeichen von Panik machten sich unter den Passagieren breit. Der Kommandant, der bis dahin keinerlei Anlaß sah, den Flug abzubrechen, entschloß sich nun zum Rückflug nach Riyadh, ein Flugweg von etwa 80 Kilometern. Die Bodenstelle wurde informiert:

COP: *„163, we are coming back to Riyadh."*

Als der Fluglotse nachfragte, aus welchem Grund eine Rückkehr eingeleitet wurde, entgegnete Flug 163:

COP: *„We got a fire in the cabin, please alert the fire trucks."*

Der Brand weitete sich schnell aus. Auf die Frage der Bodenstation, wie viele Personen sich an Bord befänden, antwortete der Pilot zögernd:

SV163;*...don't know exactly, think we have a full load."*

Die Cockpitcrew entwickelte in dieser Situation keine besondere Eile und nahm sich mit den weiteren Landevorbereitungen Zeit. Offenbar ging man davon aus, daß die Flugbegleiter die Situation im Griff hatten - ein folgenschwerer Irrtum. Einige Minuten danach stürmte ein Mitglied der Kabinenbesatzung ins Cockpit und teilte mit, daß man keine Möglichkeit sähe, nach hinten vorzudringen:

F/A: (arabisch)

„...keine Möglichkeit, daß ich weiter als L2 und R2 nach hinten gehen kann, weil die Leute sich in den Gängen prügeln."

Tatsächlich liefen die im hinteren Bereich sitzenden Passagiere in Panik nach vorn, und es kam zu tumultartigen Handgreiflichkeiten unter den Passagieren. Auf dem CVR sind einige singende Geräusche zu hören, möglicherweise islamische religiöse Lieder der Cockpitbesatzung!

Um 18:27 Uhr/loc., 19 Minuten nach dem Start, erklärte der Kommandant:

CPT: *„So schnell wie möglich werden wir unten sein."*

Die Kabinenbesatzung tat ihr möglichstes und flehte die Passagiere in Arabisch, Englisch und Urdu an:

„Bitte alles hinsetzen, gehen Sie doch aus dem Weg, alles hinsetzen, gehen Sie von den Gängen weg, es besteht keine Gefahr vom Flugzeug, jeder soll in seinen Sitzen bleiben."

Hinter der feuerfesten und geschlossenen Cockpittür herrschte bereits ein flammendes Inferno. Rauch und giftige Verbrennungsgase ließen den Kreislauf diverser Fluggäste bereits kollabieren, und das Feuer nahm weiter zu. Mehrere Male wurde der Kommandant vom Kabinenpersonal gefragt, ob nach der Landung die Passagiere aus der Kabine sofort evakuiert werden sollen, denn die Entscheidung, das Evakuierungssignal zu geben, lag im Ermessen des Kommandanten. Dieser wich jedoch diesen Fragen aus und sagte lediglich:

CPT: *„Was?...nehmen Sie Ihre Positionen ein."*

Neunzehn mal(!) beschwor die Kabinencrew die Passagiere, die Sitzplätze wieder einzunehmen, und demonstrierte die Sitzhaltung für die unmittelbar bevorstehende Notlandung in Riyadh. Als sich der TriStar schon im Endanflug befand, verlangte der Flugingenieur, daß man der Kabinenbesatzung eine Antwort auf die Frage geben müsse. Der Kommandant gab 40 Sekunden später lapidar zu verstehen:

CPT: *„Sag Ihnen,...sag Ihnen, wir evakuieren nicht."*

Die Landebahn lag bereits vor ihnen, und der Kommandant machte um 18:36:26 Uhr/loc. eine glatte Landung. 28 Minuten hatte der Flug gedauert, aber das Geschehen an Bord verschlimmerte sich nun zusehends.

Trotz der dramatischen Lage in der Passagierkabine beeilte man sich im Cockpit nicht gerade sehr mit dem Abrollen zur Vorfeldposition, sondern rollte gemächlich weitere 2 Minuten und 36 Sekunden, bis das Großraumflugzeug zum Stillstand kam. Die letzte Meldung, die aus der saudischen Maschine drang, war die eigentlich

unmittelbar nach der Landung erwartete Meldung des Kommandanten um 18:40:33 Uhr/loc.:
CPT: „Wir versuchen jetzt zu evakuieren."

Trotz dieser eindeutigen Aussage wurden die Triebwerke, die während der ganzen Zeit problemlos funktionierten, erst nach weiteren drei Minuten abgeschaltet! Die Hilfs- und Rettungsmannschaften am Flughafen versuchten nun, in die Maschine vorzudringen. Als sie sich dem hinteren Rumpf näherten, waren von außen bereits Flammen hinter den Panzerglasscheiben der Kabinenfenster zu sehen. Man konnte über die Verhältnisse im Inneren des TriStars, in dem ein Inferno aus Flammen und Rauch herrschte, nur mutmaßen. Nun kam ein weiteres Hindernis hinzu:
Feuerwehrmannschaften, die auf fahrbaren Treppen als erste in die Maschine vordringen sollten, hatten nur sehr mangelhafte Erfahrungen mit dem Umgang von Flugzeugbränden, da niemals ein derartiges Löschtraining auf ihrem Dienstplan stand. Schlimmer noch: Keiner der Männer wußte, wie eine Tür einer L-1011 TriStar von außen zu öffnen war. Somit vergingen wiederum kostbare Minuten, die die mit dem Leben ringenden Insassen dem Tod näherbrachten. Weder von innen noch von außen ließen sich die Türen öffnen. Erst nach endlosen neunundzwanzig Minuten(!) gelang es den Einsatzkräften, eine der acht Türen aufzubekommen. Zu diesem Zeitpunkt schlugen die Flammen schon durch den Rumpf der Maschine! Im Inneren bot sich den Rettern jedoch ein Bild des Grauens.

Niemand der 301 Insassen an Bord, darunter 15 Kleinkinder, überlebte die Katastrophe.

Warum sich nicht ein einziger Ausstieg des Flugzeuges weder von innen noch von außen öffnen ließ, ist nicht bekannt. Es wird jedoch gemutmaßt, daß durch die in Panik zu den Ausgängen drückenden Passagiere die Türen nicht bewegt werden konnten. Die TriStar-Türen müssen erst einige Zentimeter nach innen gezogen werden, bevor sie in der oberen Rumpfhälfte verschwinden und den Weg nach außen freimachen. Auch ist es sehr wahrscheinlich, daß weder die Kabinenbesatzung noch die Passagiere wegen des geringen Sauerstoffgehalts in der Lage waren, noch etwas zu tun. Da die Piloten gemäß der Checkliste unter anderem auch das ECS (Evironmental Control System), das für die Zufuhr von Frischluft in die Kabine zuständig ist, abschalteten, verschlimmerte sich die Lage an Bord weiter.
Nachfolgende Untersuchungen ergaben, daß das Feuer im hinteren Frachtraum C-3 entstand und sich durch die Decke des Frachtraumes in die Passagierkabine fraß. Die an der Frachtraumdecke verlaufenden Signal- und Steuerkabel des Mitteltriebwerks wurden durch die Flammen so sehr beschädigt, daß im Cockpit der Leistungshebel des Mitteltriebwerks Nr.2 nicht mehr zu bewegen war. Die Ursache des Feuers konnte allerdings nicht ermittelt werden. Möglicherweise haben sich (wie auch schon früher einmal vorgekommen) in einem Koffer mitgeführte Streichhölzer von selbst entzündet und die tödliche Ereigniskette in Gang gesetzt.

An der L-1011 wurden verschiedene Modifikationen durchgeführt, wie der Austausch von Isoliermaterial und Abdeckungen im Frachtraumbereich. Vom NTSB wurde darüber hinaus angeregt, daß man erneut über die Zulassung der Frachträume bei Großraumflugzeugen nachdenken sollte. Diese sind so konstruiert, daß ein Feuer innerhalb eines Frachtraumes durch den knapper werdenden Sauerstoffgehalt von selbst erlischt. Dies hat sich jedoch nur bei kleineren Flugzeugtypen mit geringeren Frachtraum-Volumina als erfolgreich herausgestellt. Die Brenndauer bei den größeren Frachträumen, wie die einer L-1011, liegt jedoch bei ca. 10 Minuten. Ausreichend Zeit, um durch die Decke in die obere Rumpfhälfte einzudringen. Saudia zog ihrerseits Konsequenzen und gab neue Notfall-Checklisten und Evakuierungsvorschriften heraus. Außerdem wurden die C-3 Frachträume ihrer TriStar-Flotte neu ummantelt und versiegelt.

03.09.80
Pan American   **Boeing 727-100**
N327PA   **19036**

Die 727 befand sich im Endanflug auf den Juan Santamaria Flughafen von **San Jose, der Hauptstadt von Costa Rica**. Es war 14:37 Uhr/loc. als man auf den Anfang der Landebahn 07 zuschwebte. In dieser Phase geriet die Maschine zu tief und berührte ca. 15 Meter vor dem Bahnasphalt den aufgeweichten Erdboden. dabei pflügte man durch die metallenen Masten der Anflugbefeuerung, das rechte Hauptfahrwerk wurde in Sekundenschnelle abgerissen. Holpernd, brach die 727 nach rechts aus, verließ den Flughafenbereich, überquerte einen Feldweg, sowie einen Entwässerungsgraben und blieb, mittlerweile des gesamten Fahrwerks beraubt, quer auf einem Acker liegen.

Lediglich fünf der 67 Passagiere und sechs Crewmitglieder wurden leicht verletzt. Die Maschine kam als Flug PA421 aus Miami.

Zum Zeitpunkt der Unfalls gingen starke Regengüsse über dem Flughafen nieder, die zeitweise die Horizontalsicht einschränkten.

12.09.80
Aeronaves del Peru   **Douglas DC-8-33F**
N715UA   **45386**

Auf einem Cargo-Flug von Lima zerschellte die an Aeronaves del Peru vermietete DC-8 im Landeanflug auf **Iquitos/Peru** im nordöstlichen Landesteil an einem Berg im Amazonas Dschungel und brannte aus.

Die 4 Besatzungsmitglieder überlebten den Absturz nicht. Die Maschine kam erst kürzlich zu Aeronaves, und zwar als Ersatz für die am 01.08. des Jahres verunglückte DC-8.

20.09.80
Iraqi AW   **Ilyushin Il-76**
YI-AIO   **73410315**

Unbestätigten Berichten zufolge soll die Ilyushin beim Anflug auf **Bagdad/Irak** von iranischen Kampfflugzeugen (evtl.F-14 Tomcats) abgeschossen worden sein.

YI-ALS; In der grünen Farbe der Iraqi Airways rollt dieser Frachter nach der Landung aus/Frankfurt im März 1986 <Quelle: JR-Photo>

03.11.80

Latin Carga	Convair 880
YV-145C	64

Wieder einmal beim Start verunglückte eine 88er. Diesmal verlor der Jet bei Startleistung kontinuierlich an Schubkraft und prallte einige Sekunden nach dem Abheben wieder auf die Runway. Dort fing der Rumpf Feuer, die Maschine zerschellte hinter der Startbahn des Flughafens **Caracas-Simon Bolivar AP/Venezuela**.
Die 4 Besatzungsmitglieder verloren ihr Leben.

04.11.80

TAAG Angola	Boeing 737-200
D2-TBA	21172

Der Landeanflug auf **Benguela/Angola** geriet zu tief, und die 737 bekam frühzeitige Bodenberührung. Etwa 1200 Meter schlitterte der Jet auf unbefestigtem Untergrund. Dabei wurde das Fahrwerk abgerissen, die Triebwerke zerstört und die Tragflächen aufgerissen, aus denen der Sprit auslief und sich entzündete. Die Maschine wurde gelöscht, und erst am 10.11. nahm man sich des Jets wieder an. Man versuchte mit Hilfe einer Winde den Havaristen aufzubocken, dabei brach erneut Feuer aus und zerstörte nun endgültig die erhalten gebliebenen Überreste der Maschine.

19.11.80

Korean AL	Boeing 747-200
HL7445	21773

Die mit 206 Menschen besetzte 747 befand sich, aus Los Angeles und Anchorage kommend, im Endanflug auf den Flughafen von **Seoul/Süd-Korea**, der zu dieser Zeit in dichtem Nebel lag. Die Maschine kam vom Anflugweg ab und berührte mit der Tragfläche eine Erderhebung. Die 747 prallte daraufhin kurz vor der Landebahn auf den Boden. Hierbei wurde das gesamte Fahrwerk abgerissen, und noch etwa 1200 Meter rutschte die Boeing auf dem Bahnasphalt entlang. Dabei brach ein Feuer aus, welches die Maschine zerstörte.

Insgesamt verloren 14 Menschen bei diesem Unglück ihr Leben. 70 weitere wurden verletzt. Den Aussagen einiger Überlebender zufolge sollen die Piloten sich beharrlich geweigert haben, den brennenden Jumbo zu verlassen, da sie ihrer Meinung nach den crash verursacht haben. Beide waren unter den Opfern.

21.11.80

Air Micronesia	Boeing 727-100
N18479	19174

Die Fluggesellschaft Air Micronesia verbindet die amerikanischen Treuhandgebiete im pazifischen Ozean miteinander. Diese Inselgruppen werden seit dem ersten Weltkrieg von den USA verwaltet. Sie liegen südlichwestlich des japanischen Archipels mitten in einer Weltgegend, die man allgemein unter dem Namen „Südsee" kennt. Da dieses Gebiet amerikanisches Staatsgebiet ist, befindet sich die Fluglinie Air Micronesia im Besitz der amerikanischen Fluglinie Continental Airlines. Dabei stellte Continental die Flugzeuge und einen Teil der Besatzungen, insbesondere die Cockpitbesatzungen. Regelmäßig wurden Piloten aus dem normalen Liniendienst innerhalb der USA an die paradiesischen Gestade der Südsee versetzt. Die beiden amerikanischen Piloten, die sich an diesem Morgen um 05:30 Uhr/loc. am Tresen des Crewhotels in Guam trafen, waren am Abend zuvor frisch aus den Staaten eingetroffen. Der Kommandant hatte vorher eine DC-10 auf den Pazifikrouten der Continental geflogen, der Copilot hatte an der verregneten amerikanischen Ostküste eine Boeing 727 kommandiert. Beide waren aufgrund einer Verkleinerung des Pilotenstammes der krisengeschüttelten amerikanischen Airline in die Südsee versetzt und dabei in ihrem Rang zurückgestuft worden. Doch da man sie in die Südsee versetzt hatte, sahen sie das nicht unbedingt negativ und befanden sich daher an diesem Morgen in bester Stimmung.

Der Kommandant hatte im September an einer 41 Flugstunden währenden Umschulung auf die 727 (auf der er einige Jahre zuvor schon 700 Flugstunden gesammelt hatte) und ein „Eingewöhnungstraining" auf den Routen und Flughäfen der Südsee teilgenommen. Nach diesem Training erforderten es betriebliche Zwänge innerhalb der Fluggesellschaft, daß der Kommandant seine Tätigkeit als DC-10 Pilot für einen Monat wieder aufnahm. Danach ging er für drei Wochen in den Urlaub.

Sein Copilot hatte ein 69 stündiges „Eingewöhnungstraining" auf den Routen der Air Micronesia erhalten und war dann ebenfalls für vier Wochen in den Urlaub gegangen. Die beiden Männer hatten in den letzten sieben bzw. vier Wochen kein 727 Cockpit von innen gesehen, und die Besonderheiten der kleinen Inselflughäfen waren ihnen auch nicht mehr besonders geläufig.

Der Tag begann mit dem Linienkurs 611, der der Route Guam - Saipan - Guam. Die Landung in Saipan führte der Kommandant aus, die in Guam der Copilot. In Guam begann ein neuer Linienkurs, dieses Mal in südliche Richtung nach Palau, mit einer Zwischenlandung auf der Insel Yap. Als der Kurs 614 in Guam von der Landebahn abhob, befanden sich 67 Passagiere und sechs Besatzungsmitglieder an Bord. Davon saßen vier, die beiden Piloten, der Bordingenieur und der Lademeister, im Cockpit der 727. Von der Passagierkabine waren sie durch einen großen Frachtraum getrennt.

Um 08:30 Uhr/loc. hob die 727 vom Flughafen in Guam ab und begann mit ihrem 900 Kilometer langen Flug zu der südlich gelegenen Insel **Yap/Carolinen Inseln/USA**. Hatte morgens schon eine gelockerte Stimmung unter der Besatzung geherrscht, so war nach der ersten erfolgreichen Landung der beiden Piloten die Laune der Besatzung hervorragend. Das Cockpit füllte sich mit angeregtem Geplauder, während 35.000 ft unter der 727 sich die unendlich blaue Fläche des Pazifischen Ozeans ausbreitete.

Nach einer Stunde Flug stand die Landung in Yap an. Der Copilot meldete die Maschine bei der Flugleitung des Inselflughafens an, während der Kommandant den Landeanflug einleitete. Es war erst seine zweite Landung auf dem kleinen Flughafen, wobei er die erste unter Aufsicht eines Fluglehrers absolviert hatte. Der Landeanflug sollte die 727 in 500 ft parallel an der Landepiste entlangführen. Dann mußte man bei gleichbleibender Höhe im rechten Winkel auf die verlängerte Pistenachse fliegen und bei ihrem Erreichen auf Landekurs einschwenken. Dann erst beginnt der Endanflug und das Absinken auf die Landebahn.

Einige Regenwolken zogen über die Insel und sorgten für ein „Schmuddelwetter", das man nicht unbedingt in der Südsee erwarten würde. In 600 ft brach die 727 durch die Wolkendecke und flog in nordwestlicher Richtung auf den Flughafen zu. Die Landevorbereitungen im Cockpit wurden immer wieder vom Copiloten unterbrochen, der in dieser Flugphase angeregt über Golfplätze und Motels auf der Insel plauderte.

COP: „Wo ist das große Motel? Warst du da mal?"
MECH: „Yeah, genau da hinten, rechts von dir."
COP: „Da hinten?"
MECH: „Zwei davon."
- Geräusch eines Summers -
- Geräusch eines Schalters -
- Geräusch eines Trimmotors -
CPT: „Klappen auf 25 (Grad)."

Der Flugplatz kam in Sicht und im Cockpit wurde die Landechecklliste gelesen, an deren Ende die Fahrwerke ausgefahren wurden. Die Maschine war jetzt bereit für den Endanflug. Nicht jedoch der Kommandant:

CPT: „Mach einige Fotos von der Landebahn, OK. (Dreht sich um, gibt dem Mechaniker seine Kamera und zeigt ihm den Auslöseknopf) Alles was du tun mußt ist hier drauf zu drücken, so, zielen und klicken."
F/E: „Ist das eine Automatikkamera?"
CPT: „Yeah, alles automatisch, mach nur so ein Photo...."
F/E: „Ich wollte nur wissen, ob es eine Automatik ist."
CPT: „Yeah...das sind die einzigen, mit denen ich umgehen kann."

Während der Bordmechaniker sich zwischen die Piloten drängte und einige Photos machte, besah sich der Kommandant die Landebahn. Von oben sah die 1460 Meter lange Landebahn wie eine asphaltierte Schneise aus, die man in den Dschungel gehauen hatte. Dem Kommandanten, der normalerweise Flughäfen wie Honolulu, Sydney und Tokio gewöhnt war, erschien sie wie eine Briefmarke. Er beschloß etwas niedriger anzufliegen und genau am Anfang der Piste 07 aufzusetzen und nicht erst 320 Meter hinter dem Pistenanfang. Statt der vorgegebenen zwei 90° Rechtskurven wollte er ein anderes Manöver fliegen.

Er begann dieses Manöver mit einer 90° Rechtskurve und flog damit im rechten Winkel von der Landepiste weg. Dann leitete er eine 270° Linkskurve ein, die genau auf der verlängerten Pistenachse endete und ihm gleichzeitig genügend Platz verschaffte, die Kante der Landebahn anzupeilen.

COP: „Okay, 250 (ft), (wir) sinken mit 500 (ft/min)."
COP: „Wir sind ein bißchen tief, äh."

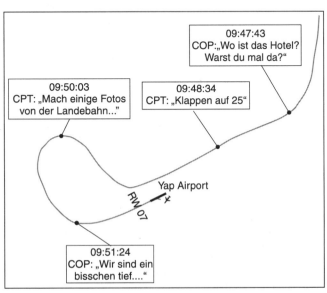

Flugweg der Boeing 727 vom Anflug bis zur verunglückten Landung am 21.11.1980

Das sah auch der Kommandant und hob die Flugzeugnase leicht an, um die Sinkrate noch mehr zu verkleinern. Um die Maschine in dieser Konfiguration in der Luft zu halten, mußte er die Leistung der drei Triebwerke wieder erhöhen. Jetzt schwebte die 727 in einem sehr flachen Gleitwinkel auf die Landepiste zu.
COP: „Wir sind auf 160 (ft)."
COP: „Sinkrate 320 (ft/min)."
COP: „120 (ft) gehen durch."

Die Bäume vor der Landebahn kamen immer näher und der Kommandant atmete tief durch, um die Maschine sanft auf die Landebahn zu senken. Als der Copilot „50 Fuß" sagte und die Maschine den Waldrand überflog, zog er die Schubhebel auf Leerlauf zurück und ließ die Nase der 727 leicht ansteigen. Eine DC-10 würde jetzt leicht an Geschwindigkeit einbüßen und sich daher in einem flachen Gleitwinkel sanft auf die Landepiste senken.

Die Boeing 727 hatte da aber leider andere aerodynamische Gegebenheiten: Als sie ihre Geschwindigkeit durch das „Ausschweben" verlor, fiel die Maschine einfach wie ein Stein nach unten. Hätte der Kommandant sich an die normale Prozedur gehalten und einen Punkt 320 Meter hinter dem Rand der Piste angepeilt, wäre daraus lediglich eine harte Landung geworden. Da aber die vordere Kante der Piste angepeilt wurde, prallte die 727 vor dem Asphalt extrem hart auf den ansteigenden Boden, wobei das rechte Hauptfahrwerk abbrach. Die rechte Tragflächenspitze krachte gleichzeitig mit dem linken Hauptfahrwerk auf den Absatz der Landebahn. Die Maschine schlitterte auf der Tragfläche und zwei Fahrwerken die Bahn hinunter, wobei einige Flügeltanks aufrissen und ausliefen. Der auslaufende Treibstoff entzündete sich, während die Maschine von der Bahn in den Dschungel rutschte.

Kaum war die Maschine zum Stehen gekommen, als sich die leicht benommene Cockpitbesatzung aus ihren Sitzen schälte und mit der Evakuierung begann. Sie sahen, daß bereits die gesamte rechte Seite der 727 in Flammen stand. Nachdem es ihnen nicht gelang, die Schiebefenster des Cockpits zu öffnen, drängten die Piloten durch den Laderaum in die Passagierkabine, um von dort aus die Evakuierung zu leiten. Hier versuchte der Mechaniker gerade die linke Ausgangstür zu öffnen, was ihm aber nicht gelang. Auch als er sich mit dem Kommandanten gegen diese Tür stemmte, bekamen sie die Tür nicht weiter als einige Zentimeter auf. Die meisten Passagiere waren schon auf den Beinen und drängten zu den Ausgängen. Im Heck versuchte die zweite Stewardeß die Hecktür aufzubekommen, was ihr aber ebenfalls nicht gelang. Nach einigen Sekunden wies sie die Passagiere im Heck an, sich ebenfalls zu den Notausgängen zu begeben. Dort hatten die beiden Piloten und ein Steward inzwischen alle Ausgänge auf der linken Seite geöffnet. Die Passagiere verließen das Flugzeug, in dessen Kabine der Rauch immer dichter wurde. Nach einer guten Minute war das Flugzeug leer und die Evakuierung abgeschlossen.

Die Feuerwehr der Insel bestand aus einem einzigen Löschfahrzeug, dessen Besatzung aus einem einzigen Mann bestand. Dieser einzige Feuerwehrmann übernahm die Löscharbeiten, wobei er jedes Mal, wenn ihm das Löschwasser ausging, in die einige Kilometer entfernte Stadt zum Nachtanken fahren mußte. Außerdem ging im Laufe der Löscharbeiten die Wasserpumpe seines Feuerwehrfahrzeuges kaputt, die er dann mit Hilfe der 727 Besatzung wieder reparieren mußte. Als um 18:00 Uhr/loc. die Löscharbeiten abgeschlossen wurden, war die 727 nur noch um ein rauchendes Wrack.

Von den 73 Insassen der Maschine zogen sich drei schwere Verletzungen zu, der Rest blieb unversehrt. Bei der Geschwindigkeit und Intensität, mit der sich das Feuer ausgebreitet hatte, war es nur dem schnellen und ruhigen Handeln der Besatzung zu verdanken, daß es keine Todesopfer zu beklagen gab.

Den Unfall selbst schrieb das NTSB dem Kommandanten zu: Er hatte sich beim Landeanflug verschätzt und so den Unfall ausgelöst. Das NTSB hielt ihm allerdings seine mangelnde Erfahrung mit der 727 und die daraus resultierenden Schwierigkeiten, seine auf der DC-10 gesammelten „Instinkte" auf die 727 umzustellen, zugute. Der Copilot hatte es außerdem versäumt, den Kommandanten zu korrigieren. Der Hauptgrund für all diese Fehler war allerdings die Urlaubstimmung, die während des Anfluges im Cockpit geherrscht hatte.

30.11.80

TWA   **Boeing 707-120B**
N797TW   18760

Bei der Landung in **San Francisco/CA/USA** wurde die Boeing irreparabel beschädigt, als man ohne ausgefahrenes Bugrad aufsetzte.

20.12.80

Aerotal   **Boeing 707-320F**
HK-2410X   17605

Die Maschine fing während der Landung in **Bogota-El Dorado AP/Kolumbien** Feuer und brannte aus.

21.12.80

TAC Colombia   **SE210 Caravelle 6R**
HK-1810   165

Etwa 10 Minuten nach dem Start in **Riohacha/Columbien** ereignete sich an Bord der Caravelle um 14:45 Uhr/loc. eine Explosion. Der Pilot meldete dem Tower in Riohacha, daß man versuchen werde, auf freiem Feld notzulanden. Dies war das letzte Lebenszeichen der Maschine. Die Piloten verloren die Kontrolle über die Maschine, die noch in der Luft auseinanderbrach und in der unbewohnten Guajira-Ebene, 500 km nördlich der Hauptstadt Bogota, zu Boden ging. Die alarmierten Rettungseinheiten konnten keinen der 63 Passagiere und sieben Besatzungsmitglieder lebend aus dem Wrack befreien.

Es dauerte nicht lange, da wurden erste Gerüchte über einen Bombenanschlag laut. Ein anonymer Anrufer meldete sich kurz vor dem Abflug der Caravelle im Büro der Aerocesar in Riohacha und sagte: *„Es wäre besser das Flugzeug aufzuhalten, weil es nicht an seinem Zielort ankommen wird."*

Der Flug sollte eigentlich nach Medellin und Bogota gehen, daher liegt die Vermutung nahe, daß ein Sprengsatz von einem Mitglied eines Drogenkartells in die Caravelle gebracht wurde, um entweder einen wichtigen Staatsbeamten oder einen unliebsamen Konkurrenten, der sich an Bord befand, aus dem Weg zu räumen. Die vielen unschuldigen Todesopfer wurden dabei bewußt einkalkuliert. Als ebenfalls erwägbare Theorie kommt noch ein Brand in einem Laderaum in Frage. Die Fracht der Caravelle bestand unter anderem aus einigen hundert Kilo Feuerwerkskörpern für das bevorstehende Silvesterfest. Doch eine Selbstentzündung wird für sehr unwahrscheinlich gehalten.

06.01.81

Aeroflot **Tupolev 134A**
CCCP-65698 -

Bei der Landung in **Sochi/UdSSR** verunglückte die Tupolev. Während des Fluges hatten sich die Bremsen verklemmt und blockierten die Räder, so daß beim Aufsetzen das Fahrwerk abgerissen wurde. Es entstand ein irreparabler Schaden.

08.01.81

P I A **Boeing 720B**
AP-AXK 18590

Die Boeing wurde in **Quetta/Pakistan** so sehr beschädigt, daß man den Vierstrahler nur noch abwracken konnte. Näheres ist nicht bekannt.

15.01.81

O N A **Douglas DC-8-61**
N913R 46128

Durch einen Brand im Cargolux-Hangar auf dem Flughafen **Luxemburg-Findel/Luxemburg** wurde der gesamte Rumpf des dort zu Wartungszwecken abgestellten 8ers zerstört. Tragflächen und Triebwerke blieben jedoch nahezu unbeschädigt und konnten weiterverwendet werden. Die Maschine war von Saudia gemietet worden.

02.02.81

P I A **McDD DC-10-30**
AP-AXE 46935

Während Wartungsarbeiten in einem Hangar auf dem Flughafen **Karachi AP/Pakistan** fing die DC-10 Feuer und brannte vollständig aus. Es liegen keine Angaben über Personenschäden vor. Näheres ist nicht bekannt.

17.02.81

Air California **Boeing 737-200**
N468AC 20334

Der kleine John Wayne County AP von **Orange County-Santa Ana/CA/USA** konnte ein recht hohes Verkehrsaufkommen verzeichnen. Hauptgrund hierfür war die Fluggesellschaft Air California, die auf dem John Wayne Airport ein en Knotenpunkt eingerichtet hatte. Ihrem Namen entsprechend, wurden die meisten Flughäfen an der US-Westküste von hier aus bedient. An diesem Mittag befand sich gegen 13:30 Uhr/loc. eine der vielen 737 der Air Cal, (die Kurzform von Air California) im Landeanflug auf Orange County. Es handelte sich um Flug OC 336, der aus San José/CA kam. Gleichzeitig rollte eine andere 737 der Air Cal in Richtung des Startpunkt derselben Bahn. Der Towerlotse gab nun zunächst die anfliegende Maschine zur Landung frei. Er warf einen Blick auf den näherkommenden Punkt der anfliegenden Boeing. Dann wandte er sich der zum Start rollenden 737 zu. Diese war auf Flug OC 931 unterwegs. Da sich Flug 931 bereits direkt vor dem Anfang der Runway befand, entschloß sich der Towerlotse zu einem gewagten Manöver. Er wollte Flug 931 noch vor der zur Landung freigegebenen 737 starten lassen.

ATC: „Air California 931, lets do it. Taxi into position and hold, be ready."

OC931:
„931 is ready."

Die nur noch 2 Meilen entfernte 737 kam immer näher. Eile war nun geboten.

ATC: „Air Cal 931, traffic clearing at the end, clear for take off, Sir. Boeing 737 on a mile and a half final."

OC931:
„In sight, were rolling."

Die Besatzung der startenden Maschine schwenkte auf die Pistenmittellinie ein und Augenblicke später schoben die Triebwerke die 737 mit einem Grollen nach vorn. Doch dies ging dem Lotsen zu langsam. Er erkannte, daß sich beide Maschinen zu nahe kommen würden. Also erteilte er den unausweichlichen Befehl:

ATC: „Air Cal 336 go around. 336, go around."

OC 336:
„Can we hold?"

ATC: „Air Cal 931, if you can just go ahead and hold."

Doch hier hatte der Fluglotse etwas mißverstanden. Er dachte, daß die startende Maschine gerufen hätte, doch die Bitte um Fortsetzung (des Anfluges) kam von der landenden Boeing. Der Lotse interpretierte jedoch „hold" als „stoppen". Der Pilot meinte jedoch „fortfahren" (mit dem Anflug), da er nicht noch einmal neu anfliegen wollte.

OC336:
„Can we land Tower?"

ATC: „Behind you...Air Cal 931, abort."

ATC: „Air Cal 336, please go around Sir. Traffic is going to abort the departure."

Der Towerlotse beeilte sich jetzt, die Konfliktsituation zu entschärfen. Die startende 737 brach den Start ab, während die landende Boeing durchstarten sollte. Die Landebahn war bereits zum Greifen nahe, als der Kommandant der anfliegenden 737 einen Seufzer ausstieß und befahl: „Gear up". Der Copilot tat wie ihm geheißen. Die Piloten von Flug 336 hatten allerdings nunmehr den Eindruck, als wäre die zweite 737 weit genug entfernt, um sicher zu landen. Trotz gegenteiligem Befehl des Towers wurde der Landeanflug fortgesetzt. Doch in der allgemeinen Aufregung vergaß der Pilot, daß das Fahrwerk bereits wieder eingefahren war. Es kam zur Bauchlandung. Dabei rutschte Flug 336 von der Runway und verfehlte die andere 737 knapp, die gerade langsam

273

in Höhe der Pistenmitte entlangrollte. Man schoß über das unbefestigte Gelände rechts von der Bahn. Hierbei brach das gesamte Fahrwerk ab und Feuer brach aus. Der Rumpf brach an zwei Stellen, bevor man zum Stillstand kam.

Dank einer zügigen Evakuierung kam niemand der 106 Passagiere ums Leben.

11.03.81
Ghana AW Fokker F28-2000
9G-ACA 11077

Nach einer heftigen Landung in **Accra/Ghana** kam man von der Piste ab und schoß in einen Entwässerungsgraben. Hierbei brach das Fahrwerk ab und der Rumpf wurde irreparabel beschädigt. Die Maschine befand sich auf einem Trainingsflug.

29.03.81
Sobelair Boeing 707-320
OO-SJA 17623

Der betagte Charterflieger schlitterte bei einer Notlandung auf dem Flughafen **Brüssel Zaventem AP/Belgien** von der Bahn und wurde schwer beschädigt. Es dauerte einige Jahre, bis die belgische Airline sich entschloß, die 707 w/o zu schreiben.

07.05.81
Austral BAC 1-11-500
LV-LOX 212

Die BAC befand sich mit 25 Passagieren und vier Besatzungsmitgliedern im Anflug auf den Inlandsflughafen von Buenos Aires, Aeroparque/Argentinien. Zu dieser Zeit herrschte schlechtes Wetter. Mitten über der Stadt lag ein Gewittersturm mit äußerst heftigen Windböen. Unmengen von Regenwasser ergossen sich auf den Boden. Mittels des Bordradars beobachteten die Piloten die Entwicklung des Wettergeschehens, als sie sich kurz darauf entschieden, östlich des Flughafens zu kreisen und auf Wetterbesserung zu warten. Einige Zeit darauf entschloß sich der Kommandant, einen Anflug zu wagen, obwohl die Windverhältnisse ständig wechselten. Er begann den Sinkflug und steuerte nach Sicht in Richtung einer helleren Stelle in den Wolken. Dabei geriet das Flugzeug in eine Luftschicht mit schwersten Turbulenzen. Hierbei verloren die Piloten die Steuerkontrolle und die Maschine stürzte östlich der Hauptstadt in den Meeresarm **Rio de la Plata**, einige Kilometer jenseits des Ufers, und sank nach wenigen Minuten.

Die vierköpfige Crew konnte sich nicht mehr retten. Alle 25 Passagiere überlebten jedoch das Unglück z.T. schwerverletzt.

Als Ursache des Unglücks wurde das Verhalten des Kommandanten genannt, der aufgrund einer Fehleinschätzung der Wetterlage versucht hatte, eine intensive Gewitterzone zu durchkreuzen.

Zuvor hatte der Fluglotse dem Piloten nahegelegt, einen Landeversuch aus Wettergründen zu unterlassen.

11.06.81
VARIG Boeing 707-320C
PP-VJT 19322

Bei der Landung in **Manaus/Brasilien** kam die 707 von der Bahn ab und wurde bei der anschließenden Rutschpartie an Fahrwerk, Triebwerken und Tragflächen so stark beschädigt, daß man von einer Reparatur absah.

13.06.81
Aeroflot Tupolev 154
CCCP-85029 29

Auf der regennassen Landebahn in **Bratsk/UdSSR** griffen die Radbremsen offenbar nicht richtig und die Tu-154 kam erst weit hinter dem Bahnende zum Stehen. Niemand kam zu Schaden, jedoch war die Maschine nicht mehr zu reparieren.

28.06.81
Aeroflot Tupolev 134A
CCCP-65871 29311

Bei der Landung in **Simferopol/UdSSR** überhitzten sich die Bremsen. Reifen und Felgen fielen auseinander. Hiernach war die Maschine nicht mehr zu reparieren.

05.07.81
T M A Boeing 707-320C
OD-AGW 19440

Bei einem Angriff auf den Flughafen **Beirut Int'l AP/Libanon** wurde die geparkte 707 von Splittern getroffen und zerstört.

27.07.81
Aeromexico Douglas DC-9-32
XA-DEN 47621

Inmitten des Landeanfluges auf die nordmexikanische Stadt **Chihuahua/Mexico** geriet der aus Monterrey kommende Flug 230 in einen Gewittersturm. Kurz vor der Landebahn verloren die Piloten vorübergehend die Kontrolle über das Flugzeug, das mit großer Gewalt auf den Asphalt prallte. Sie schafften es die DC-9 auf der Landebahn zu halten, aber konnten sie vor dem Ende der Bahn nicht zum Stehen bringen. Auf dem Gelände dahinter zerschellte die Maschine und fing Feuer.

Von den sechzig Passagieren und sechs Besatzungsmitgliedern kamen 32 Insassen ums Leben, darunter zwei Stewardessen. Verletzt wurden 28 Insassen, von denen eine Woche nach dem Absturz immer noch sechs im Krankenhaus lagen.

22.08.81
Far Eastern AT Boeing 737-200
B-2603 19939

Als der weltweit erfolgreiche Flugzeughersteller Boeing stellte Anfang der sechziger Jahre sein Montageverfahren um. Um Gewicht zu sparen, wurden viele Konstruktionsteile vereinfacht. Doppelreihige Nieten der Rumpfzelle wichen einfachen Reihen. Geschraubte Verbindungen wurden vielfach durch Klebeverfahren miteinander verbunden. Die Aluminiumsegmente der Außenhaut wurden einige Millimeter dünner. Die einzelnen, überlappenden Rumpfsektionen wurden unter anderem in einem Klebeverfahren zusammengefügt. Dieses Bündel an Vereinfachungen trug dazu bei, daß Boeing seine Produkte um einiges günstiger anbieten konnte und man war damit auf dem Weltmarkt konkurrenzfähiger.

Doch es häuften sich die Hiobsbotschaften. Besonders das neue Kurzstreckenmodell 737 war betroffen. Das Ende 1967 eingeführte Flugzeug schien für Korrosion und Materialermüdung besonders anfällig zu sein. Dies lag nicht zuletzt am kräftezehrenden Einsatzprofil der 737, das zumeist pro Tag 5-6 Starts- und Landungen absolviert, während andere Jets auf höchstens 4 Umläufe kommen.

Bei Boeing gingen bis Ende der sechziger Jahre aus aller Welt diverse Berichte von Korrosionserscheinungen, Auflösungsanzeichen der Klebeverbindungen, sowie Haarrissen der Aluminiumhaut, ein.

Von diesen Berichten besorgt, stellte Boeing dann Anfang 1970 das Montageverfahren wieder um und fügte die Rumpfsektionen der 737 nun in einem Schweißverfahren zusammen.

Korrosion ist ein ernstzunehmendes Problem in der Flugzeugindustrie. Das Innenleben jeder Maschine muß in regelmäßigen Abständen kontrolliert und gewartet werden. Bleibt erstmal eine korrodierte Stelle unentdeckt, so kann es bei ständigem Flugbetrieb leicht zu einem Bruch der Konstruktion kommen. Bis 1970 wurden mehr als 100 Maschinen der 737-Serie gebaut, doch bisher kam es zu keinem schwerwiegenden Strukturversagen des Materials.

Die Boeing 737 mit der Baunummer 19939 verließ als 151stes Exemplar ihrer Gattung die Werkshallen in Seattle im April 1969 und wurde bei United AL im Mai in Dienst gestellt. Die taiwanesische Inlandsairline Far Eastern Air Transport (FEAT) erwarb dann die Maschine sieben Jahre später und setzte sie unter dem Kennzeichen „B-2603" im pauselnlosen Liniendienst zwischen den Städten der asiatischen Inselrepublik ein.

In dem feuchten, rauhen Seeklima litt die noch nach dem alten Klebeprinzip gefertigte 737 bei jedem Flug. Der andauernde Wechselzyklus von Normaldruck-, Unterdruck- und Überdruck beanspruchte die Konstruktion und machte viele Metallteile anfällig für Korrosion und Ermüdungserscheinungen. Nach fünf Jahren im Dienst von FEAT ließ der allgemeine Zustand des Flugzeugs zu wünschen übrig.

Am 21.August tauchten erste Anzeichen für eine Überbelastung der Boeing auf, als der vom Piloten eingestellte Kabinendruck nicht gehalten werden konnte. Irgendwo an Bord mußte es eine undichte Stelle geben. Notdürftig wurde die Boeing über Nacht in der Werft in Taipei repariert, jedoch hätte es einer aufwendigeren Überholung bedurft, um die Boeing wieder in einen mangelfreien Zustand zu versetzen.

Am nächsten Morgen wurde die „B-2603" wieder als einsatzbereit gemeldet und 104 Passagiere, sowie 6 Crewmitglieder bestiegen den Jet zum Linienflug EF103 nach Kaoshiung.

Nachdem die Türen geschlossen wurden und die Triebwerke angelassen, stellte sich langsam der notwendige Unterdruck in der Kabine ein. Flug 103 hob planmäßig ab und ging kurz darauf mit Kurs Südwest auf die anvisierte Reiseflughöhe von 22.000 ft. Es war gegen 10.00 loc., als sich Teile der vorderen Rumpfhaut plötzlich ohne Vorwarnung in der Luft vom Rumpf lösten. Eine furchtbare Kettenreaktion wurde in Gang gesetzt als weitere Teile durch die Luftreibung abfielen und der Rumpf der 737 durch den Überdruck regelrecht zerplatzte. Flug 103 fiel in vielen Teilen zur Erde herab. Ein Trümmerregen ging auf ein 10 km großes Gebiet nahe der Ortschaft **Sanyi/Taiwan** nieder. Die Bodenstation empfing keinen Notruf mehr.

In wenigen Sekunden wurde das Leben aller 110 Insassen ausgelöscht.

Später rekonstruierte ein taiwanesisches Untersuchungsteam, daß der Hersteller Boeing die Rumpfhaut in Bugbereich um einiges zu dünn konstruiert hatte. Boeing hingegen, wies jede Verantwortung zurück und kam in einem eigenen Untersuchungsbericht zu der Auffassung, daß FEAT durch unsachgemäße Handhabung entscheidend zum Unglück beigetragen hätte.

So wurden mit der „2603" über Jahre nicht nur Passagiere, sondern auch desöfteren verschiedene Meerestiere befördert, die in offenen Fässern im Frachtraum transportiert wurden. Diese Nahrungsmittel wurden in Salzlake eingelegt, von der beim Transport öfter mal etwas Flüssigkeit auslief und auf den Boden tropfte.

Seitdem wurden die tragenden Teile an diesen Stellen zusätzlich angegriffen, denn Salz fördert die Korrosion. Hinzu kam dann noch die salzhaltige Meeresluft der Inselrepublik in der die 737 jahrein jahraus herumflog.

Die „2603" durchlief ihr letztes größeres Wartungsintervall offenbar ohne daß die Techniker die angegriffene Rumpfkonstruktion entdeckt haben.

Die nachfolgende Untersuchung ergab zweifelsfrei, daß Korrosion und die daraus folgende Materialermüdung zu feinen Haarrissen an den tragenden Teilen geführt hat, die dann unter dem ständigen Druckwechsel zwischen Start und Landung nachgaben.

Aus diesem Unglück entstand ein offener Disput zwischen der Regierung Taiwans, die den Hersteller zur Verantwortung ziehen wollte und der Firma Boeing die, gedeckt durch einen unabhängigen ICAO-Bericht, beim Betreiber FEAT den Hauptschuldigen für den Tod der 110 Menschen sah.

Trotzdem begann Boeing danach die 737 mit verstärkten Rumpfsegmenten auszustatten und bot für alle Kunden ein Umrüstverfahren an.

31.08.81
Middle East AL   **Boeing 720B**
OD-AFR   **18018**

Der Vierstrahler wurde auf seinem Heimatflughafen **Beirut-Int'l AP/Libanon** das Opfer eines Terroranschlages. Eine Bombe jagte die Maschine in die Luft. Bei dem

Anschlag entstand zum Glück nur Materialschaden. Die 720er kam kurz zuvor aus Tripolis.

18.09.81
Aeroflot Yakovlev Yak-40
CCCP-87455 9XX1236

Im Anflug auf **Zelesnogorsk/UdSSR** kollidierte die Yakovlev mit einem Mil-Mi-8 Hubschrauber. Aus ca. 1.000 ft Höhe stürzten beide Havaristen zu Boden und zerschellten. – Alle 33 Insassen beider Luftfahrzeuge kamen ums Leben.

06.10.81
N L M Fokker F28-4000
PH-CHI 11141

Dichte Wolkentürme bauten sich über dem südwestlichen Holland auf. Eine Kaltfront zog in Richtung Festland und brachte Regen und Wind mit sich. Die wärmeren Luftschichten wurden nach Nordosten verdrängt. Vom Ärmelkanal her machten sich bereits die ersten Gewitter bemerkbar, als die Fokker F-28 zum Linienflug von Rotterdam über Eindhoven nach Hamburg bereitgemacht wurde. Die Piloten wurden mit den veränderten Wetterbedingungen vertraut gemacht. Eine Routineangelegenheit. Nur in den ersten Flugminuten würde das Flugzeug mit der Gewitterfront konfrontiert werden. Danach war dann wieder ruhigeres Flugwetter angesagt. Keinerlei Wetterbesonderheiten wurden im Laufe des Tages gemeldet, so daß einem pünktlichen Start nichts mehr im Wege stand. Neben den beiden Piloten und einer Stewardeß bestiegen noch weitere 14 Passagiere die startklare Maschine. Um 17:04 Uhr/loc. erhielt PH-CHI die Startfreigabe und hob kurz danach auf der Bahn 24 das Fahrwerk vom Boden. Nach Erreichen der Sicherheitshöhe ging man nun in eine Linkskurve und flog in südlicher Richtung weiter. Das Flugzeug verschwand in der niedrigen Wolkendecke und war nun aus der Sicht der Beobachter verschwunden. In 3.000 ft senkte der Pilot die Nase und behielt diese Höhe bei. Die Geschwindigkeit pendelte sich bei ca. 250 Knoten ein. Ohne Bodensicht flog die Fokker über den Rotterdamer Hafen, als die Piloten auf dem Wetterradar eine starke Unwetterformation mit Turbulenzen und viel Regen vor sich sahen. Die begonnene Linkskurve wurde unterbrochen, und mit Kurs 180° Grad flog PH-CHI nunmehr geradeaus auf etwas, das den Piloten wie eine hellere Stelle im Himmel vorkam. Um 17:12 Uhr/loc. fing plötzlich das Flugzeug immer stärker zu vibrieren an. Von Sekunde zu Sekunde verstärkten sich die Vibrationen zu einem Schütteln. Wenige Augenblicke später wurde die Maschine von einer gewaltigen Turbulenz erfaßt und mit 6,9 G (dem 6,9 fachen der Erdanziehung) nach oben geschleudert, um unmittelbar danach mit minus 3 G wieder nach unten zu schießen. Für diese Belastung war die Fokker nicht konstruiert, und ein größeres Teil der rechten Tragfläche brach ab. Ohne Steuerkontrolle stürzte das Flugzeug aus der Wolkendecke. Trudelnd fiel es nahe **Moerdijk/Niederlande** in das seichte Wasser der Holland Diep und zerschellte beim Aufschlag.

Keiner der 17 Insassen überlebte den Absturz.

Woher mögen diese enormen Belastungen von Rumpf und Tragflächen gekommen sein, die zum Absturz geführt haben?

Wie später ermittelt wurde, fiel PH-CHI einem besonders in Europa sehr seltenen Wetterphänomen zum Opfer. Einem Tornado!

Zur Absturzzeit beobachteten einige Passanten und eine Polizeistreife am Boden diesen eigentümlichen Luftschlauch, der sich für nur wenige Minuten beim Zusammentreffen der Kalt- mit der Warmluft gebildet hatte. Tornados entstehen besonders häufig über dem großen Festlandsgebiet der USA und richten dort regelmäßig schwere Schäden an. Durch die Kraft eines Tornados wurden schon ganze Siedlungen zerstört und etliche Menschen verloren ihr Leben. Seitdem werden immer bessere Vorhersagetechniken entwickelt, die einen Tornado rechtzeitig ankündigen. In Europa hatte man sich bisher um diese Wettererscheinung nicht allzuviel Gedanken gemacht, da Tornados dort, wie gesagt, kaum vorkamen. Dem Wetterdienst wurde nichts dergleichen gemeldet. Die Piloten hatten daher von der Existenz dieses Luftwirbels in ihrem Flugweg nicht die leiseste Ahnung. Als wahrscheinlich gilt jedoch, daß sich erst nach dem Start in Rotterdam der Tornado über dem Holland Diep gebildet hatte. Auf dem Wetterradar ist ein Tornado zudem nicht zu erkennen, da in ihm nicht mehr Feuchtigkeit gespeichert ist als in der Umgebung. Die wenigen Minuten seiner Existenz aber genügten, um die Fokker von 3.000 auf 4.500 ft empor zu katapultieren. Genauso schnell wie er kam, „starb" der Luftschlauch auch wieder und nahm die 17 Insassen von PH-CHI mit in den Tod.

21.10.81
Malev Tupolev 154B
HA-LCF 126

Die ungarische Tu 154 absolvierte den Linienflug MA 641 von Amsterdam nach Budapest, mit einer Zwischenlandung in Prag. Bei schlechter Sicht geriet der Anflug auf den Flughafen **Prag-Ruzyne AP/CSSR** der ungarischen Tupolev zu weit. Als sie schon über gut die Hälfte der Landebahn hinweggeschwebt war, ließ der Kommandant die Maschine äußerst hart auf den Asphalt krachen. Der Aufprall überforderte die Festigkeit des Rumpfes, und er zerbrach in zwei Teile.

Von den 81 Insassen wurden mehrere schwer verletzt.

23.10.81
T M A Boeing 707-320C
OD-AGT 19213

Als der Taifun „Gay" über der Millionenstadt Tokio lag, fing ein Triebwerk der 707 beim Start kurz vor Mitternacht des 22.10. Feuer. Im Cockpit entschloß man sich, nach **Tokyo-Narita/Japan** zurückzukehren. Bei der anschließenden Notlandung brach das Bugfahrwerk ab.

YU-ANG; identisch mit der auf Korsika abgestürzten „YU-ANA". Im März 1986 änderte die Airline ihren Namen und nannte sich seitdem nur noch „Adria Airways" / Hamburg im Mai 1986 <JR-Photo>

Nach eingehender, fachlicher Beurteilung verzichtete die Company auf eine Wiederherstellung des betagten Flugzeugs und gab die Boeing in die Hände eines örtlichen Schrotthändlers.

08.11.81
Aeromexico   **Douglas DC-9-32**
XA-DEO   **47622**

35 Minuten nach dem Start in Acapulco meldete der Kommandant ein Problem mit der Druckkabine seiner DC-9 und bat darum umgehend zum Ausgangspunkt zurückkehren zu dürfen. Die Maschine begann sofort aus 31.000 ft Höhe mit einem Notabstieg. Die DC-9 zerschellte 250 Kilometer vor Acapulco in dem Sierra De Guerrero Gebirge an einem 6.000 ft hohen Berg ungefähr 65 km östlich von **Zihuatanejo/Mexico**.

Die zwölf Passagiere und sechs Besatzungsmitglieder an Bord verloren bei dem Unfall ihr Leben. Der Flug sollte eigentlich nach Guadalajara gehen. Das war der zweite Unfall (siehe 27.07.1981) der Aeromexico innerhalb von knapp drei Monaten.

16.11.81
Aeroflot   **Tupolev 154B-2**
CCCP-85480   **480**

Bei der Landung in **Norilsk/Sibirien/UdSSR** hatte plötzlich das Höhenruder keine Wirkung mehr. Die Steuerkontrolle ging verloren und man stürzte außerhalb des Flughafens zu Boden.

Von den 167 Insassen starben 99 bei diesem Unglück.

01.12.81
Inex Adria AW   **McDD MD-82**
YU-ANA   **48047**

Der erst seit Anfang August des Jahres an Inex Adria abgelieferte Jet startete am frühen Morgen vom Heimatflughafen in Ljubljana/Slowenien zu einem Charterflug nach Ajaccio/Korsika/Frankreich. Der Flug verlief ohne Probleme, und man verließ die Reiseflughöhe von 33.000 ft und wurde vom Anfluglotsen in Ajaccio zum Sinkflug auf 6.000 ft freigegeben. Es herrschten zu dieser Zeit heftige Winde aus westlichen Richtungen und eine geschlossene Wolkendecke in 7000 ft Korsika ist eine Insel mit hohen Bergen, die steil bis über 2.500 Meter emporragen. Die Mindestflughöhe in dieser Region beträgt 6.800 ft Der Anfluglotse ging nun davon aus, daß die Maschine auf direktem Wege zum Endanflug auf den örtlichen Flughafen ansetzen würde. Somit gab er die jugoslawische MD zum weiteren Sinken auf 3.000 ft frei. Dem war jedoch nicht so. Beide Piloten wollten zunächst in einem Warteschleifenmuster über dem Hochfrequenz-Funkfeuer(VOR) von Ajaccio kreisen, um danach zum weiteren Landeanflug überzugehen. Die Meldungen: „Call you inbound radial 247", und „...rolling inbound out of six thousand" hätten dem Controller eigentlich die Absichten des Fluges eindeutig klarmachen müssen. Mittlerweile war die MD-80 in die Warteschleife eingeflogen und befand sich mitten in den Wolken. Kurze Zeit später schlug das GPWS an. Der Kommandant bat in ruhigem Ton um höhere Triebwerksleistung, um wieder an Höhe zu gewinnen. Nur drei Sekunden vergingen, als die linke Tragfläche in einer 20-Grad Linksneigung die felsigen Ausläufer des **Mt. San Pietro/Korsika/Frankreich** 20 Meilen südwestlich der Inselhauptstadt, streifte. Über die Hälfte der Tragfläche brach weg und die Maschine taumelte steuerlos zu Boden. In 2.300 ft zerschellte das Flugzeug um 08:53 Uhr/loc. am Rande einer Felsschlucht.

Alle 174 Passagiere und 6 Crewmitglieder fanden den Tod.

Als mögliche Ursachen wurden einerseits der Sinkflug unter die ausgewiesene Mindesthöhe von 6.800 ft genannt. Zudem waren auf den benutzten Anflugkarten weder die topographischen Gegebenheiten, noch der Radius der Warteschleife kartographisch ausgewiesen.

Im Cockpit saß außer den Piloten noch der kleine Sohn des Copiloten. An der Tatsache, daß die MD-82 mit überhöhter Geschwindigkeit flog, kann man schließen, daß die Piloten im entscheidenden Moment abgelenkt waren. Die verbalen Mißverständnisse zwischen der ATC und den Piloten trugen dann ihr übriges zum Unglück bei.

Hiernach wurden verbesserte Anflugkarten eingeführt und das Holding über dem Ajaccio-VOR verlegt. Die Installation eines Radargerätes für den korsischen Luftraum wurde ebenfalls gefordert.

12.12.81

Hispaniola AW   **Boeing 707-120**
HI-384HA   **17610**

Der Rumpf der 707 verzog sich bei einer zu harten Landung in **Miami/FL/USA**. Daher mußte - zwar äußerlich intakt - der Vierstrahler abgestellt und verschrottet werden.

13.01.82

Air Florida   **Boeing 737-200**
N62AF   **19556**

Es war einer der typischen kalten Ostküsten-Wintertage. Im gesamten Gebiet um die US-Hauptstadt Washington, in Maryland und Virginia schneite es seit den frühen Morgenstunden. Auch der innerstädtische Flughafen von **Washington-National (DCA)/USA** wurde von dem weißen Niederschlag nicht verschont. Am Ufer des mächtigen Potomac-Flusses gelegen wird DCA von allen größeren Fluggesellschaften des Landes angeflogen. Von dort wird der gesamte inländische Luftverkehr abgewickelt, während vom knapp 30 km. weiter westlich gelegenen Flughafen Dulles die internationalen Flüge starten und landen.

Das Thermometer zeigte 4 Grad unter Null, und immer neue Schneefälle gingen aus der tiefliegenden Wolkendecke nieder. Die Sicht betrug vereinzelt nur einige hundert Meter. Es herrschte reger Flugbetrieb an diesem Mittwoch, und pausenlos starteten und landeten die Flugzeuge auf der einzigen in Betrieb befindlichen Bahn 36, deren Länge mit 2200 Metern relativ kurz ist. Unter den vielen landenden Flugzeugen war auch die 737 der Air Florida, die ihren planmäßigen Liniendienst QH95 von Miami absolvierte. Genau um 13:29 Uhr EST (Eastern Standard Time) setzte der Pilot die Boeing auf den mit einer Schneeschicht belegten Asphalt der Lande- und Startbahn 36 auf. An der Terminalposition angekommen, wurden sogleich die Vorbereitungen für den Abflug, der laut Flugplan auf 14:15 Uhr angesetzt war, getroffen. Die Schneefälle nahmen an Intensität zu, und schon bald mußte die einzige Start- und Landebahn von den Schneemassen befreit werden. Hierzu wurde um 13:38 Uhr der Flughafen für den Flugverkehr gesperrt, und die Kolonnen von Schneeräumfahrzeugen begannen mit ihrer Arbeit. Die Räumarbeiten wurden auf 50 Minuten festgesetzt und die geplante Wiederinbetriebnahme auf 14:30 Uhr angesetzt. Nicht nur die Landungen, sondern auch die Starts der vielen am Terminal stehenden Flugzeuge mußten verschoben werden. So auch der Weiterflug der Air Florida-737, die als Rückflug QH90 über Tampa nach Fort Lauderdale fliegen sollte.

Die Maschine wurde mit 11,8 Tonnen Sprit betankt, die Kabine gereinigt und Fracht und Gepäck eingeladen. Aus dem Warteraum bestiegen zwischen 14:00 Uhr und 14:30 Uhr 71 Passagiere die 737. Zusammen mit den beiden Piloten und den drei Mitgliedern des Kabinenpersonals waren insgesamt 79 Menschen an Bord.

Der heftige Schneefall dauerte immer noch an, als gegen 14:20 Uhr das Servicepersonal damit begann, die Boeing zu enteisen. Der Pilot teilte zuvor dem Enteisungswagenfahrer mit, daß er die 737 kurz vor der angesetzten Wiederinbetriebnahme des Flughafens enteist haben wollte, damit man rechtzeitig in die Startsequenz eingeführt werden konnte. Es lag eine etwa 1-2 cm hohe Schicht aus nassem Schnee auf dem Flugzeug, als der Enteiser das Deicing Fluid II auf den Rumpf und die Tragflächen versprühte. Kurz darauf kam das Kommando aus dem Cockpit: „Aktion einstellen!...der Flughafen bleibt noch länger dicht!" Somit wurde der Enteisungsvorgang abgebrochen und der Wagen zog unverrichteter Dinge wieder ab. Zu dieser Zeit wurde Flug QH90 davon in Kenntnis gesetzt, daß 5 bis 6 Flugzeuge vor ihnen eine höhere Abflugpriorität hätten und der Flug QH90 noch solange am Terminal warten müsse.

Gegen 14:45 Uhr waren die Räumarbeiten so gut wie beendet, und um 14:53 Uhr konnte DCA den Flugbetrieb wieder aufnehmen. Sogleich wurde der Enteisungswagen wieder zum Flugzeug bestellt, und wenige Minuten später begann zum zweiten Mal der Enteisungsvorgang. Zunächst widmete sich das Enteisungspersonal der linken Flugzeugseite. Tragfläche, Rumpf, Heck, der obere Teil des Triebwerkspylons und die Triebwerkseinlässe wurden mit einer auf 24 Grad erhitzten Lösung, bestehend aus 30-40% Glykol und 60-70% Wasser besprüht. Die Zusammensetzung dieser Lösung ergab sich aus den Außentemperaturen, die bei -4,4° Celcius lagen. Besonders intensiv nahm sich der Enteisungsfahrer die Klappen- und Ruderverbindungen am Leitwerk und an der Tragfläche vor. Während dieses Vorgangs intensivierte sich wieder der Schneefall und in der Luft waren fast nur noch weiße Flocken zu erkennen.

Nachdem die linke Flugzeugseite vollständig mit dem Lösungsmittel benetzt worden war, wurde der Bodenarbeiter von einem Mechaniker abgelöst. Dieser machte nun auf der rechten Seite von N62AF weiter. Jedoch stellte er das Mischungsverhältnis von 30-40% Glykolanteil auf 20-30% herunter, da er von einer Außentemperatur von -2,2° Celcius ausging.

Der Kommandant, der auf dem Rückflug nach Tampa als Copilot fungierte, bat um 15:15 Uhr den noch in der vorderen Passagiertür stehenden Stationsmanager von Air Florida, nach dem Zustand der linken Tragfläche zu schauen. Dieser berichtete, daß eine geringe Schneeschicht in Höhe des Triebwerks bis zur Tragflächenspitze zu sehen ist. Auf dem inneren Tragflächenbereich hingegen konnte er keinen Schneeansatz erkennen. Zufrieden machten die Piloten mit ihren Startvorbereitungen weiter. Ein Schlepperfahrzeug stand bereits in Position, um QH90 vom Terminal wegzudrücken. Als die Vorbereitungen soweit abgeschlossen waren, meldete der Copilot Rollbereitschaft. Aufgrund des starken Verkehrs wurde die Air Florida-Maschine gebeten, noch ein paar Minuten zu warten. Um 15:23:37 Uhr kam dann das „OK" für den Rollvorgang. Zwei Minuten später bekam der Schlepperfahrer das Signal zum „Push back". Der Fahrer gab Gas, aber auf dem rutschigen Schneeboden drehten die Räder durch. Der „Push back" wurde abgebrochen. Der Copilot schlug daher vor, mit Hilfe der Schubumkehr von der Terminalposition zu rollen. Obwohl der zuständige Bodenarbeiter Flug QH90 darauf hinwies, daß dies nicht im Einklang mit den Richtlinien stünde, wurden die Triebwerke gestartet und die Schubumkehrklappen ausgefahren. Dieses Verfahren ist eigentlich nicht erlaubt, aber dennoch auf vielen US-Flughäfen angewandte Praxis, wenn kein geeignetes Schlepperfahrzeug zur Verfügung steht. Um sich zeitraubende Diskussionen zu ersparen, willigte der Bodenarbeiter prinzipiell ein, ordnete jedoch an, daß die Schubhebel im Leerlauf (Idle) bleiben sollten.

Als die Triebwerke langsam auf Leerlaufumdrehung hochliefen, wirbelten Schneewolken und Matsch umher und wurden vom nach vorn gerichteten Luftstrom zum Bug der Maschine geweht. Etwa eine Minute lang versuchte man so vom Terminal freizukommen, jedoch ohne Erfolg. Die Triebwerke wurden wieder ausgeschaltet und ein neues, stärkeres Schlepperfahrzeug, das über Schneeketten verfügte, angekoppelt. Endlich war man soweit: Um 15:36 Uhr wurde QH90 ohne weitere Schwierigkeiten in rückwärtige Fahrt versetzt und auf die Rollinie neben dem Terminal ausgerichtet. Die Triebwerke wurden erneut angeworfen und die bis dahin noch ausgefahrenen Umkehrklappen eingefahren. Flug 90 war bereit zum Rollen zur Startbahn. Als die Crew die „After-Start-Checkliste" durchging, kam es im Cockpit zu folgendem Wortwechsel in Bezug auf die bordeigene Enteisungsanlage:

COP: „Anti-ice?"
CPT: „Off."

Normalerweise ist die „Off"-Stellung korrekt, bei den momentan herrschenden Außentemperaturen jedoch wäre es angebracht gewesen, die Enteisungsanlage anzustellen. Die Piloten kamen jedoch nicht mehr dazu, ihre Checkliste nochmals zu überprüfen, da in diesem Moment der Lotse, der für den Rollverkehr am Boden zuständig war, die Rollfreigabe zur Startbahn 36 erteilte:

COP: „Ground, Palm ninety, we're ready to taxy out of this way."
GND: „Okay, Palm Ninety, Roger, just pull up over behind that..TWA and hold right there. You'll be fall in line behind a...Apple...DC nine."

Neun Zivil-Airliner und sieben Kleinflugzeuge warteten in einer langen Reihe vor der Bahnschwelle auf Startgenehmigung. Auf dem Vorfeld herrschte rege Betriebsamkeit, und in Minutenabständen starteten und landeten die Flugzeuge. Beobachtern in anderen Flugzeugen fiel auf, daß auf der Air Florida-Maschine besonders viel Schnee lag. Radom, Cockpitdach, oberer Rumpf und Tragflächen wiesen wieder eine gehörige weiße Schicht auf. Langsam setzte sich die 737, durch das Schneegestöber hindurch, wie angewiesen hinter DC-9 der New York Air. Der Kommandant pfiff vor sich hin und sagte:

CPT: „Boy, this is shitty, it's probably the shittiest snow i've seen."

In seiner Äußerung lag eine gewisse Anspannung, und Unbehagen über das Wetter machte sich zunehmend im Cockpit breit. Nun entstand an Bord eine minutenlange Diskussion über das Eis an den Tragflächen und die weitere Vorgehensweise. Um 15:40:42 bemerkte der Kommandant, daß seit der letzten Enteisung reichlich Zeit vergangen war. Zudem ließen seine Äußerungen eine gewisse Unsicherheit hinsichtlich des Tragflächenzustands erkennen. Der erste Offizier, der auf dem linken Sitz des Flugzeugführers saß, entgegnete daraufhin, daß man sich um die äußeren Flügelenden keine großen Sorgen machen bräuchte. Bei einer Geschwindigkeit von 80 Knoten würden sich diese durch den Fahrtwind und die Bodenschwingungen von selbst von Schnee und Eis befreien. Trotz der sicheren Kenntnis der Schneeschicht auf den Tragflächen rollte die 737 gemächlich weiter in Richtung Startbahn. Es ging stoßweise vorwärts. Nach jeder Landung erfolgte ein Start. Die Abstände der Landesequenz wurde so abgestimmt, daß jeweils ein Start zwischen zwei Landungen paßte. Die Besatzung von QH90 war nach der überlangen Wartezeit am Terminal nun nicht mehr gewillt, die Warteschlange zu verlassen und sich abermals enteisen zu lassen. Beide Piloten wußten, daß die Wirkungsdauer des Enteisungsfluids II nur ca. eine Viertelstunde bis maximal 20 Minuten anhält, und seit der letzten Enteisung waren schon mehr als 30 Minuten vergangen. Um sich selbst zu beruhigen, beschloß der Kommandant, möglichst nah an die vor ihnen stehende DC-9 heranzurollen, um durch die heißen Triebwerksabgase Rumpf und Tragflächen eisfrei zu bekommen. Ein Trugschluß.

COP: „See this difference in that left engine and right one."
CPT: „Yeah."

Womöglich fiel dem Copiloten auf den Anzeigen der Triebwerke auf, daß die Zeiger der Abgastemperaturen differierten. Möglich wäre auch, daß die Druckanzeige der Turbinenkompressoren ungleich waren. Schon ein geringer Eisansatz an den Triebwerken mindert die Luftstromzufuhr in die Kompressoren, was sich ungünstig auf die Triebwerksleistung (die vom Kompressordruck abhängt) auswirkt. Daß sich ein solcher Eisansatz an den Triebwerken gebildet hatte, war eindeutig.

COP: „I don't know why that's different...less it's his hot air going into that right one, that must be it...from this exhaust...it was doing it that at the chocks awhile ago...ah."

Der Copilot schrieb demnach dieses Mißverhältnis dem ungleichen Strom des erwärmten Gegenwindes, der von den am Rumpf liegenden Triebwerken des Vordermanns herrührte, zu. Diese zugegeben simple Erklärung, befriedigte den Copiloten jedoch nicht. Er erinnerte sich, daß beim Anlassen der Triebwerke noch auf der Parkposition dasselbe Phänomen auftrat. Anweisungsgemäß kreuzte die 737 nun die inaktive Rollbahn 03 und bewegte sich weiter in Richtung Startbahn 36. Gerade startete wieder einmal eine Maschine, und die nachfolgenden Jets rückten um eine Position weiter auf.

„Don't do that...Apple, I need to get the other wing done.", sagte der Copilot, als die New York Air-Maschine anrollte und sich von der 737 entfernte. Um 15:52:04 Uhr rief der Tower in Washington-National Flug QH90 auf, und teilte mit, daß der Start nach der DC-9 erfolgen würde. Unablässig gingen die Schneefälle nieder, und der Copilot sah ein, daß man mit der Enteisung wohl keinen Erfolg hatte:

COP: „Boy...this is a losing battle here on trying to deice those things, it (gives) you a false feeling of security that's all that does."

Trotz dieser einsichtigen Worte blieb QH90 in der Startsequenz. Die Startfreigabe war nur noch eine Frage

279

von Minuten und beide Piloten wollten endlich den Minusgraden und dem Schneegestöber in Richtung Florida entfliehen. Sie vertrieben sich die Wartezeit mit einigen scherzhaften Bemerkungen über Enteisungsmaßnahmen. Da niemand vor ihnen aus der Startsequenz ausscherte, um sich nochmals enteisen zu lassen, beruhigte sich die Crew, daß die Enteisungsfahrer ganze Arbeit geleistet hätten. Sie schlußfolgerten daher, daß auch ihr Flugzeug ordentlich enteist worden sei. Jetzt wurde die New York Air-Maschine angewiesen, hinter einem startenden Eastern-Jet in Startposition zu gehen und sich für einen schnellen Start bereitzuhalten. QH90 stand unmittelbar vor der Startbahn 36. Nun mußte es schnell gehen, eine anfliegende TWA-Maschine war nur noch 3 Meilen vom Aufsetzpunkt entfernt, die DC-9 stand auf derselben Bahn, auf der gerade der Eastern-Jet abgehoben hatte und in den Wolken verschwand.

TWR: *"Trans World five fifty-six, the wind is zero one zero, you're cleared to land runway three six, visual range is three thousand touchdown is at, ah, rollout is on thousand eight hundred."*

TWR: *"Apple(New York Air) fifty-eight, cleared for take off traffic's three south for the runway."*

Normalerweise müßte in dieser Situation erst das startende Flugzeug freigegeben werden. Obwohl in diesem Moment die Bahn noch durch die DC-9 blockiert war, erhielt die TWA-Maschine zuvor bereits die Landefreigabe. Ohne weiteren Verzug dröhnte die DC-9 die Startbahn hinunter und war bereits nach einigen Sekunden im Schneegestöber verschwunden. An Bord der 737 ging man nun die Checkliste für den Start durch. Die Ruder wurden bewegt, die Trimmung gesetzt, das Startgewicht geeicht, der Startdruck auf den Triebwerksanzeigen eingestellt und die V_1, V_R und V_2-Geschwindigkeiten errechnet. Die Werte 138 Knoten(V_1), 140 Knoten(V_r) bzw 144 Knoten(V_2) wurden auf den Geschwindigkeitsmessern eingestellt. Als die Checkliste beendet war, meldete sich um 15:58:54 Uhr schon das nächste anfliegende Flugzeug beim Tower, eine Boeing 727 der Eastern, die sich über dem Outermarker, dem Voreinflugzeichen der Bahn 36, befand. Im Cockpit von QH90 herrschte angespannte Konzentration.

TWR: *"Palm ninety, taxi into position and hold, be ready for an immediate."*

CPT: *"Palm ninety, position and hold."*

Die Triebwerke heulten auf und QH90 rollte in Startposition. Die verschneite Bahn lag nun vor ihnen. Der Eastern-Jet kam hinter ihnen unaufhaltsam näher. Sofort nachdem die gerade gelandete TWA-Maschine die Bahn verlassen hatte, erfolgte um 15:59:24 die Startfreigabe. Gleichzeitig machte der Tower Flug 90 auf den nachfolgenden Verkehr aufmerksam, der nur noch 2,5 Meilen vor der Bahn 36 war, und wies die Piloten an, ohne Verzögerung zu starten. Ein kurzes „Okay" war das letzte Signal, was von QH90 über Äther zu hören war. „Your throttles", sagte der Kommandant und überließ die Leistungshebel der Triebwerke nun dem pilotierenden Copiloten, der diese auch sofort auf Startstellung schob. QH90 setzte sich in Bewegung. Nach 7 Sekunden fiel dem Piloten die EPR-Triebwerksanzeige auf, auf der statt 2.04 nur ein Triebwerksdruck von 1.72 angezeigt wurde.

COP: *"God, look at that thing."*

Auch spürten beide Piloten, daß die Boeing nicht in der gewohnten Weise beschleunigte.

COP: *"That don't seem right, does it?"*

Obwohl QH90 noch nicht einmal die Hälfte der Startbahn hinter sich gelassen hatte, befand sich der Eastern-Jet schon über der Bahnbefeuerung. Die 737 näherte sich jetzt der 80 Knoten-Markierung, die vom zweiten Piloten auszurufen ist. „Ah, that's not right.", wiederholte der Copilot, der sich zusehends über die zu geringe EPR-Anzeige sorgte.

CPT:*"Yes it is, there's eighty."*, beruhigte der Kommandant:

COP:*"Naw, I don't think that's right."*, gab der Copilot zu bedenken. Mittlerweile beschleunigte man immer mehr und beide Piloten unterbrachen den Startlauf nicht. In Gedanken waren sie schon in der Luft. Der Copilot war sich nun seiner Sache nicht mehr sicher und sagte:

COP: *"Ah, maybe it is."*

CPT: *"A hundred and twenty."*

QH90 näherte sich der 120 Knoten Marke, eine Geschwindigkeit, bei der ein Startabbruch gerade noch möglich gewesen wäre. Doch nichts dergleichen ge-

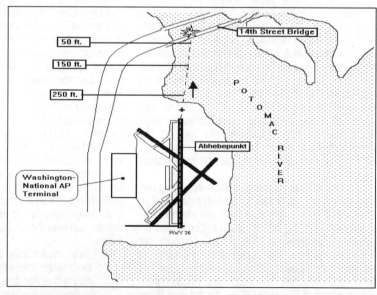

Der kurze Unglücksflug QH90 vom Start bis zur Kollision mit der Autobrücke am Nachmittag des 13.01.1982

schah. „I don't know.", sagte der Copilot unsicher und ließ die Hand an den Leistungshebeln. Um 16:00:31 passierte man V_1, die Geschwindigkeit bei der ein Startabbruch nicht mehr möglich ist. Nun mußte abgehoben werden, egal was kommen mag. In dieser Sekunde setzte die Eastern-727 auf der Bahn 36 auf. Für ein paar Momente befanden sich beide Flugzeuge auf der Bahn.

Die Uhr zeigte 16:00:37 Uhr, als der Copilot die Steuersäule zu sich heranzog, und um 16:00:39 lösten sich die Räder am Boden. Doch kaum war die 737 in der Luft, schlug das Rüttelsystem der Steuersäulen los. Dieses System wird bei überzogenen Flugzuständen ausgelöst und warnt vor einem Strömungsabriß an den Tragflächen. Daß sich die Boeing trotzdem überhaupt vom Boden lösen konnte, lag an der Pufferwirkung des Bodeneffektes, bei dem sich ein Luftpolster unter den Tragflächen bildet. Dieses Polster läßt bei zunehmender Höhe aber immer mehr an Wirkung nach. Da in diesem Fall die Tragflächen mit einer Eisschicht bedeckt waren, wäre eine wesentlich höhere Geschwindigkeit vonnöten gewesen, um sich in der Luft zu halten.

CPT: „Forward, forward."
XXX: „Easy."
CPT: „We only want five hundred."

Die völlig überraschte Crew versuchte verzweifelt, die Kontrolle über die vor- und zurückstoßenden Steuersäulen wiederzuerlangen. Langsam, Meter um Meter, stieg die Boeing und entschwand in den Schneewolken. Der Towerlotse wies die Piloten nun an, mit der Abflugkontrolle Kontakt aufzunehmen. Daran war aber in dieser Situation nicht zu denken.

CPT: „Come on, forward...forward."
CPT: „Just barely climb."

Flug 90 erreichte eine maximale Höhe von 35-40 Metern und sank nun wieder langsam dem Erdboden entgegen. Die Nase zeigte immer noch nach oben. Flach sank man wieder aus der Wokendecke, vor der Maschine lag das westliche Ufer des Potomac, auf dem viele Eisschollen trieben. QH90 flog direkt auf die 14th-Street-Brücke zu, die den Staat Virginia mit dem Regierungsbezirk Washington-D.C. verbindet. Dicht an dicht schoben sich die Fahrzeuge durch das Schneewetter vorwärts. Unaufhaltsam sank QH90 dem südlichen Brückenarm entgegen. Durch den Anstellwinkel des Rumpfes konnten die Piloten nicht sehen, was vor ihnen lag. „Stalling, we're falling", schrie jemand im Cockpit.

Nur noch knapp hundert Meter trennten die Boeing 737 von der Brücke. In diesem Moment wurden die Triebwerkshebel auf Maximalstellung gebracht, doch es war bereits zu spät.

COP: „Larry, we're going down, Larry."
CPT: „I know it."

In genau diesem Moment kollidierte die Maschine mit dem südlichen Brückenteil. Das Heck, Triebwerke und Tragflächen erfaßten mehrere Fahrzeuge, darunter einen Lieferwagen, die allesamt zerstört wurden. Durch die Wucht des Aufpralls brach ein 14 Meter langes Stück aus der Fahrbahn heraus. 32 Meter des stählernen Brückengeländers wurden ebenfalls weggerissen. Die Hecksektion löste sich vom übrigen Rumpf, der kopfüber in den eisbedeckten Potomac stürzte und sofort unterging. Eisschollen wurden meterweit umhergewirbelt. Air Florida Flug 90 endete in diesem Moment nur 0,75 Meilen nördlich der Startbahn und nach nur 23 Sekunden Flugzeit.

Von den 79 Insassen wurden 74 beim Aufprall getötet. Weitere 4 Menschen, die sich in ihren Fahrzeugen auf der Brücke befanden, erlitten tödliche Verletzungen. 5 Menschen am Boden wurden z.T. schwer verletzt.

Inzwischen versuchte man im Tower, mit QH90 Kontakt aufzunehmen. Doch vergebens. Es kam keine Antwort. Auch erschien auf den Radarschirmen kein Echosignal von diesem Flug. Da man im Tower nur etwa einen Kilometer weit sehen konnte, wurden um 16:03 Uhr zwei Feuerwehrfahrzeuge angewiesen, zum Bahnende der Bahn 36 zu fahren, während drei weitere sich in Richtung George Washington Parkway nördlich des Flughafenbereichs begaben.

Inzwischen gelang es vier Passagieren und einer Stewardeß, die sich allesamt im hinteren Kabinenteil aufhielten, sich an die aus dem Wasser ragende Hecksektion zu klammern. Um 16:11 Uhr/loc. erreichte das erste Einsatzfahrzeug der Flughafenfeuerwehr den Ort des Geschehens. Sofort wurden sämtliche zur Verfügung stehenden Rettungseinheiten alarmiert und Großalarm gegeben. Ein Long Ranger-Helicopter der US Park Police flog zum Absturzort und wurde in die anlaufenden Rettungsarbeiten einbezogen. Ein Boot der städtischen Feuerwehr versuchte, sich einen Weg durch die Eisschollen hindurch zu bahnen. Aber das Boot blieb nach wenigen Minuten in der dicken Eisschicht stecken und mußte umkehren. Der Hubschrauber, der 20 Minuten nach dem Alarm am Einsatzort eintraf, versuchte mit Hilfe eines bordeigenen Rettungsringes die Überlebenden aus dem eisigen Wasser zu ziehen. Da man über keinerlei Seerettungsgerät verfügte, zogen sich die Bergungsarbeiten über eine längere Zeit hin. Eine der Geretteten verlor den Rettungsring und rutschte kraftlos ins Wasser zurück. Ohne zu zögern sprang ein am Ufer stehender Passant -ein Angestellter des US-Finanzministeriums- in den Potomac und holte die Frau ans Ufer. Später erhielt dieser Mann die Ehrenmedaille für sein selbstloses Verhalten. Einer der zwei noch im Wasser befindlichen Personen, die am Ende ihrer physischen und mentalen Kräfte waren, gab den Rettungsring des Hubschraubers -der eigentlich ihm galt- an die Person weiter, die neben ihm im Wasser lag. Als der Hubschrauber zu ihm zurückkehren wollte, schwanden jedoch seine Kräfte. Besinnungslos rutsche er unter die Wasserlinie und ertrank vor den Augen der Retter. Somit erhöhte sich die Gesamtzahl aller Opfer des Absturzes von QH90 auf 79 Menschen.

Als Hauptursache des Unglücks muß in erster Linie die Tatsache genannt werden, daß trotz der Witterung das Enteisungssystem der Triebwerke beim Durchgang der Checkliste nicht eingeschaltet wurde. Dadurch meldeten die Sensoren einen zu geringen Kompressordruck, der nicht ausreichte, um die Maschine sicher abheben zu lassen. Hätte man dies getan, so wären die Sensoren nicht blockiert gewesen und man hätte die richtige Triebwerksleistung erreichen können. Zum Anderen verhielten sich die Piloten falsch, indem sie den Start durchführten, obwohl sie um die Schneeschicht auf ihren Tragflächen wußten. Beide Piloten waren nicht Willens, die bis dahin schon längere Verzögerung noch durch eine Rückkehr zum Terminal und weitere zeitraubende Enteisungsvorgänge zu verlängern. Desweiteren führte die Entscheidung, den Umkehrschub am Terminal einzusetzen, zu einer Schneeschmelze an den Tragflächenvorderkanten. Nachdem der Umkehrschub abgestellt wurde, wurde dieses Wasser jedoch wieder zu Eis. Es bildete sich eine geringe, kaum sichtbare Schicht. Auch das dichte Aufrollen hinter der DC-9 ließ abermals den Schnee an diesen kritischen Stellen schmelzen und vergrößerte anschließend die Eisschicht noch. Generell, so läßt sich sagen, offenbarte dieses Unglück einen Mangel an Erfahrung der Crew bei Winterwitterung. Die Piloten unterschätzten in grober Weise die auftriebsmindernde Wirkung von Eis und Schnee an den Tragflächen. Auch schätzten sie die zu geringe Turbinendruckzahl falsch ein und brachen den Startlauf nicht ab. Die rasche Expansion der Air Florida in den letzten Jahren führte dazu, daß Copiloten schneller als üblich zu Kommandanten befördert wurden. Auch wurden mehr Jungpiloten eingestellt, um den Bedarf an fliegendem Personal auf den neuen Routen decken zu können. Somit fehlte es bei vielen Piloten an der nötigen Flugerfahrung. Auch wurde das Enteisungsverfahren bei QH90 bemängelt. Es wurde eine unkorrekte Lösung, die zuwenig Glykol enthielt, aufgetragen. Außerdem ließ die Wirkungsdauer dieses Enteisungsmittels zu wünschen übrig. All diese Faktoren führten letztendlich zur Katastrophe.

Das Unglück zeigte aber auch die mangelhaften Einrichtungen der Rettungskräfte. Die Hubschrauber der US-Park Police sind seitdem mit einer Seilwinde und einer aufblasbaren Rettungsinsel ausgestattet, die es erlaubt, Personen einfacher aus dem Wasser zu bergen. Auch verfügt die Feuerwehr seitdem über ein Bergungsboot mit geringen eisbrechenden Fähigkeiten. Auch wurden hinter der Runway 36/18 in DCA Überrollflächen aufgeschüttet und die Bahn um ca. 100 Meter verlängert. Dies bietet bei einem Startabbruch auf rutschigem Bahnbelag zusätzliche Sicherheit. Eine Sicherheit, die für die Opfer von Flug QH90 leider zu spät kam.

16.01.82
Aeroflot   **Yakovlev Yak-40**
CCCP-87902   **9720454**

Auf einem Überführungsflug zum Flughafen in **Shevchenko/Kasachstan/UdSSR** ging ca. 140 km vor dem Ziel der Treibstoff aus. Notgedrungen mußte man mit eingezogenem Fahrwerk eine Notlandung auf offenem Gelände machen. Dabei wurde die Yak zerstört. Die drei Crewmitgieder blieben unverletzt.

23.01.82
World AW   **McDD DC-10-30CF**
N113WA   **47821**

Für die 196 Passagiere des Charterfluges 30 war es hart wieder zu Hause zu sein. Hatten sie noch vor wenigen Stunden das angenehme Klima Hawaiis genossen, so hatte bei ihrer ersten Zwischenstation ihrer Rückreise in New York - Newark ein Schneesturm das eiskalte Ostküstenwetter durch die offenen Kabinentüren in das Flugzeuginnere geblasen und die Insassen erschauern lassen. Man war froh, als die Türen endlich geschlossen waren und die Besatzung die letzte Etappe des Charterkurses 30 der World Airways zum **Boston-Logan Int'l AP/MA/USA** begann. Gerade als die DC-10 von der Startbahn in New York abhob, wurde der Flughafen in Boston wieder geöffnet nachdem man über zwei Stunden den Schnee von der Landebahn 15R, den Taxiways und dem Vorfeld geräumt hatte.

Inmitten dunkler Wolken verfolgten die World Piloten den Funkverkehr ihrer Kollegen, die jetzt in Boston landen mußten. Der Tower bezeichnete die Bremswirkung auf der Landebahn 15R zwar als „fair" (=mittelmäßig), aber die Piloten, die ihre Maschinen auf dem eiskalten Asphalt zum Stehen bringen mußten, waren da etwas anderer Meinung. Die sechs Besatzungen, die vor der World Airways landeten, bezeichneten die Bremsverhältnisse als „poor" (=schlecht) bis „nil" (= Null = nicht vorhanden). Auch die Angaben des Towers zur Windrichtung wurden von den Piloten in Frage gestellt. Statt dem angekündigten Gegenwindes aus Südosten wehte über dem Flugfeld ein Wind aus Westen. Da die Landebahn 15R die einzige offene Bahn war, hatte es die Besatzung in ihrem Endanflug somit einer starken Rückenwindkomponente zu tun.

So vorbereitet begann die DC-10 mit ihrem Sinkflug auf den Flughafen und kam um 19:35 Uhr/loc. in 600 ft endlich aus der Wolkendecke. Die Besatzung sah durch das Schneegestöber die Lichter des Flughafens und die dahinter liegenden schwarzen Fluten der Boston Bay vor sich. Sie hatten keine Zeit sich zu entspannen, denn sie spürten wie es wegen des Rückenwindes immer schwerer wurde, den geplanten Aufsetzpunkt auf der Bahn zu treffen. Die DC-10 schwebte so noch ein Stück die Landebahn hinunter, bis es den Piloten ungefähr nach einem Drittel ihrer Länge gelang, die DC-10 auf die Bahn zu zwingen. Doch als die Räder den Boden berührten, spürten sie keinerlei Bremswirkung. Weder griffen die Radbremsen, noch fuhren die Bremsspoiler auf den Tragflächen aus. Der Umkehrschub der drei Triebwerke wurde aktiviert, der die Maschine endlich auch langsamer werden ließ. Doch trotzdem reichte die Bremsstrecke nicht mehr aus, um die DC-10 innerhalb der verbleibenden Länge der Landebahn zum Stehen zu bringen. Als der Kommandant die massiven Stahlmasten der Anflugbefeuerung am Ende der Bahn auf sich zu kommen sah, versuchte er, diesen auszuweichen, und steuerte die Maschine nach links.

Sekunden später verließ die DC-10 die asphaltierte Fläche der Landebahn, passierte die Überrollfläche, brach durch den Flughafenzaun und rumpelte mit 60 Knoten Geschwindigkeit eine kleine Böschung in Richtung Hafenbeckens hinunter. Dort kam die Maschine mit einem heftigen Ruck zum Stehen, wobei das Wasser bis zur Hälfte der Triebwerkshöhe reichte. Obwohl die gesamte Cockpitsektion beim Aufschlag auf die Wasseroberfläche abgerissen wurde, lief das mittlere Rumpftriebwerk im

N106WA; eine DC-10-30CF der World Airways rollt in Hamburg zur Startbahn./Juni 1983 <Quelle: JR-Photo>

Umkehrschub weiter, was für leichte Konfusion in der hinteren Kabine sorgte. Dort hörten die Passagiere und die Kabinenbesatzung das Triebwerk, sahen die Lichter des Flughafens und glaubten an eine ganz normale Landung, in deren Anschluß man zum Terminal rollen würde. Unter dem Gedröhn des Triebwerkes mußten die Flugbegleiter aus dem vorderen Teil der Maschine ihren Kollegen klar machen, daß es sich hier mitnichten um eine normale Landung handelte und daß die DC-10 nicht mehr auf der Landebahn, sondern im Hafenbecken stand.

Anschließend kam es zu heftigen Diskussionen, ob man nun evakuieren sollte oder nicht. Der total durchnäßte Kommandant entschied sich für eine Evakuierung. Er hatte es zusammen mit allen anderen Insassen des Cockpits geschafft, sich aus der ins Hafenbecken gefallenen Cockpitsektion zu befreien, und war über den vorne offenen Rumpf ins Flugzeuginnere zurückgeklettert. Er zeigte der Chefstewardeß den in das Hafenbecken führenden Abgrund, der vor wenigen Minuten noch eine DC-10 Kabine gewesen war. Endlich überzeugt, wurde die Maschine über die mittleren Ausgänge und die Tragflächen evakuiert. Sie mußten ein kurzes Stück zum Ufer durch das eiskalte Wasser watete, was die Urlaubsstimmung der Passagiere endgültig beendete.

Von den 196 Passagieren und zehn Besatzungsmitgliedern konnten sich alle bis auf zwei Insassen an das Ufer retten. Diese zwei Insassen wurden nach der Evakuierung als vermißt angesehen, es wird aber angenommen, daß sie in den dunklen Fluten des Hafenbeckens ertranken.

Nach dem Absturz entzündete sich eine laute Diskussion über den Flugbetrieb auf amerikanischen Flughäfen im Winter. Die Flughafenverwaltung des Bostoner Flughafens kam ebenso in die Kritik wie die Fluggesellschaft World Airways. World Airways, so die Anschuldigungen, hätte seine Piloten nicht ausreichend auf die extremen Witterungsbedingungen in Boston vorbereitet. Der Sprecher des Flughafens Boston - Logan warf der Besatzung vor, die Maschine zu spät aufgesetzt und die Bremshilfen der Maschine zu spät aktiviert zu haben.

Doch das NTSB sprach die Piloten und World Airways von aller Kritik frei. Der Unfall sei durch die ungenügenden Windinformationen des Towers und den Zustand der Landebahn ausgelöst worden. Die Landebahn sei zum Unfallzeitpunkt in einem Zustand gewesen, der eine Sperrung der Bahn und eine Schließung des Flughafens notwendig gemacht hätte. Bei den gegebenen Windverhältnissen und der schnee - und eisbedeckten Landebahn wäre es der Besatzung nicht möglich gewesen, die DC-10 zum Stehen zu bekommen. Das NTSB warf der FAA vor, keine genügenden Vorschriften für einen sicheren Winterbetrieb erlassen zu haben. Dem Flughafen Boston Logan wurde unterstellt, nicht alles getan zu haben, „um eine sichere Landung von Großraumflugzeugen zu garantieren". Der Towerlotse habe außerdem die Besatzung nicht mit ausreichenden Informationen über die Landebahn versorgt.

World Airways verklagte daraufhin den Flughafen Boston Logan aufgrund des materiellen Schadens des Flugzeugverlustes und der Einbußen ihres Rufes als eine sichere Airline. Ein Bundesgericht gab der Airline grundsätzlich recht, teilte allerdings die Schuld unter der Genehmigungsbehörde FAA und dem Flughafenmanagement auf.

26.01.82

Alyemda   **Boeing 707-320C**
7O-ACJ   **18737**

Im Anflug auf **Damaskus/Syrien** wurde die 707 Opfer einer militärischen Aktion. Ein Kampfflugzeug beschoß die Maschine und traf diese noch in der Luft an Triebwerken und Heck. Zusätzlich wurde der Jet am Boden bei der etwas unsanften Notlandung beschädigt. Das Wrack der Maschine wurde ausgeschlachtet und liegengelassen. Bei dem attackierenden Kampfflugzeug soll es sich entweder um eine irakische oder israelische Maschine gehandelt haben. Die 707 war auf einem Frachtflug von Libyen nach Damaskus mit einigen Tonnen Militärgütern unterwegs. Später wurde die Maschine in einem Wohngebiet als Kinderspielplatz bzw. Restaurant abgestellt.

09.02.82

Japan AL   **Douglas DC-8-61**
JA8061   **45889**

Beim Endanflug auf den Flughafen **Tokyo-Haneda AP/Japan** erhob sich der Kommandant von seinem Pi-

F-BVGN; ein Airbus A300B4, wie derjenige, der in Sanaa irreparabel beschädigt wurde hier verläßt der 1980 gelieferte Airbus die Parkposition und rollt in Richtung Startbahn./Paris-Orly im Oktober 1985 <Quelle: JR-Photo>

lotensessel und gab Unverständliche Worte von sich. Dann setzte er sich wieder, um darauf seine Steuersäule nach vorne zu pressen. Der völlig verwunderte Copilot versuchte krampfhaft, die Steuerung wieder zurückzureißen, um einen drohenden Sturzflug zu verhindern. Als der inzwischen hinzugeeilte Bordingenieur den Kommandanten zurückzuziehen versuchte, kam es zwischen den beiden zu einem Handgemenge, in dessen Verlauf der Bordingenieur zu Boden ging und bewußtlos liegenblieb. Die Maschine senkte sich mittlerweile unter den Gleitpfad und kam der Wasserlinie bedrohlich nahe. Dem mit der Steuersäule ringenden Copiloten gelang es zwar die Flugzeugnase wieder nach oben zu ziehen, jedoch versuchte der außer Rand und Band geratene Flugkapitän, mit Hilfe der Schubumkehrklappen die DC-8 auf den Boden zu bekommen. Dies gelang ihm auch und bewirkte, daß die Maschine einen erheblichen Geschwindigkeitsverlust erlitt und wie ein Stein in die Anflugbefeuerungsmasten stürzte und in mehrere Teile brach. Von den 174 Insassen kamen 24 ums Leben.

Der Langstreckenjet war auf dem JAL Flug 350 Tokio-Fukuoka-Tokio unterwegs. Bereits auf dem Hinflug nach Fukuoka dirigierte der Kommandant den Jet in eine brenzlige Situation, die auch fatal geendet hätte, wenn der Copilot nicht im letzten Moment beherzt eingegriffen hätte. Wie sich später herausstellte, wurde dem Kommandanten schon Jahre vor dem Unfall Schizophrenie attestiert. Er wurde von einem Facharzt als psychisch krank eingestuft. Trotzdem stellte ihn JAL einige Zeit später wieder als Pilot ein.

17.03.82

Air France   **Airbus A300B4**
F-BVGK   **70**

Frühmorgens schwenkte der französische Airbus auf die Bahn 36 des Flughafens **Sanaa Int'l AP/Nordjemen**, um mit seinem Linienflug nach Kairo und Paris zu beginnen. Nach der Startgenehmigung wurden die Bremsen gelöst, und der mit 111 Passagieren und 13 Besatzungsmitgliedern nicht mal halbvolle Airbus setzte sich schwerfällig in Bewegung. Die brüllenden CF-6 Triebwerke zogen die Maschine mit 400 kN Schub immer schneller die Piste hinunter, bis bei 100 Knoten Geschwindigkeit ein lauter Knall die Maschine erschütterte. Im Cockpit begannen die Feuerwarnungen des rechten Triebwerkes zu schellen, während weitere kleinere Explosionen zu hören waren. Eine Schrecksekunde später beschloß die Besatzung, kurz nach dem Erreichen von 120 Knoten den Start abzubrechen. Die Schubhebel wurden nach hinten gerissen, die Spoiler und die Radbremsen aktiviert.

Es gelang der Besatzung, den schlingernden Airbus auf der Bahn zu halten und 1.900 Meter hinter dem Anfangspunkt des Startlaufs zum Stehen zu bringen. Zu diesem Zeitpunkt hatte sich auslaufender Treibstoff aus der rechten Tragfläche entzündet und sich schnell auf dem Asphalt der Bahn schnell unter dem Flugzeug ausgebreitet. Die Besatzung evakuierte die Insassen durch die hintere linke Ausgangstür, wobei sich nur zwei der Insassen verletzten.

Als die Löscharbeiten beendet waren, bot sich den frisch eingetroffenen französischen Inspektoren ein Bild der Zerstörung: Erst war das rechte Triebwerk geplatzt. Danach hatten herumfliegende Splitter des Triebwerks einige Treibstofftanks in der rechten Tragfläche aufgerissen, vier Reifen des rechten Hauptfahrwerks zum Platzen gebracht. Einige Splitter waren so unglücklich vom Asphalt abgeprallt, daß sie auch das linke Triebwerk getroffen und dieses schwer beschädigt hatten. Der auslaufende Treibstoff hatte sich an den glühend heißen Triebwerkssplittern entzündet, wobei das Feuer durch Lecks in den Tragflächentanks immer mehr angefacht wurde. Ein 8 Knoten starker Rückenwind hatte das Feuer dann unter die vordere Rumpfsektion getrieben und diese ebenfalls in Brand gesetzt. Die Air France beschloß einige Monate später, daß sich eine Reparatur des drei Jahre alten Airbus nicht mehr lohnen würde. Damit hatte das europäische Airbus Konsortium seinen ersten Totalverlust. Verursacht wurde dieser Unfall durch ein explosionsartiges Auseinanderbrechen des ersten Verdichterrades der Hochdruckstufe des CF-6-50 Triebwerkes. Es war der dritte Zwischenfall dieser Art mit einem CF-6 Triebwerk innerhalb von drei Jahren. Die beiden anderen Zwischenfälle, eine PAL DC-10 in Bahrain und ein Thai

Airbus A300 in Hong Kong, waren ohne Totalverlust geblieben.

Genaue Untersuchungen förderten einen Konstruktionsfehler des Verdichterrads zu Tage. Auf der Außenseite des Rades konnten sich aufgrund eines falsch berechneten Radius in einer Vertiefung Zentren von Materialermüdung bilden, die zum Auseinanderbrechen des Rades geführt hatte. Der Hersteller General Electric ersetzte die 1.600 im Einsatz befindlichen fehlerhaften Verdichterräder durch neu konstruierte Räder. Die alten Räder wurden innerhalb der normalen Wartungszyklen ausgetauscht. In der Zwischenzeit ordnete die FAA verkürzte Inspektionszyklen und genauere Überwachungsmethoden der Verdichterstufen des CF-6 Triebwerkes an.

20.03.82
Garuda Fokker F28-1000
PK-GVK 11078

Während des Landemanövers in heftigem Regen schoß die F-28 über das Ende der Piste des **Branti AP/Indonesien** in Tanjungkaran hinaus und kam erst in einem Feld, etwa 750 Meter hinter der Bahn, zum Stehen. Während dieser Aktion geriet die Maschine in Brand.

Auch ohne die Flammen hätte sich eine Wiederherstellung des Gerätes nicht mehr gelohnt.

24 Menschen kamen um, weitere 4 wurden verletzt.

26.04.82
CAAC HS121 Trident 2E
B-266 2170

Wegen schlechtem Wetter hatte Flug CA3302 drei Stunden Verspätung, als sich die Maschine auf dem Flug von Gouangzhou (ehem. Kanton) nach Kweilin (Guilin) ihrer Zieldestination näherte. Im Landeanflug geriet die Trident dann unter die Mindesthöhe und kollidierte frontal mit einem Ausläufer des **Mt.Yangsu/China**, ca. 40 Kilometer südöstlich des Flughafens und zerschellte beim Aufprall.

An Bord kamen alle 104 Passagiere und die acht Besatzungsmitglieder ums Leben.

Ursache des Unglücks soll ein Pilotenfehler gewesen sein. Zum Absturzzeitpunkt regnete es sehr stark.

24.05.82
VASP Boeing 737-200
PP-SMY 20970

Die Piloten der mit 119 Menschen besetzten Boeing hatten im Anflug auf **Brasilia/Brasilien** mit starken Windböen zu kämpfen. Die 737 taumelte hin- und her und setzte mit dem Bugrad zuerst auf. Dabei brach das vordere Fahrwerk sofort weg und der Flieger drehte sich um 180 Grad. Rückwärts rutschte man von der Bahn und schoß über einen Graben hinweg. Dort zerbrach der Rumpf in zwei Hälften bevor die rasante Fahrt zuende ging. Für zwei Menschen kam jede Hilfe zu spät.

31.05.82
Aeroflot Yakovlev Yak-40
CCCP-87485 9XX1338

Die mit 31 Passagieren und vier Crewmitgliedern besetzte Yak kam bei einem Durchstartmanöver in **Dnjeprpetrowsk/Ukraine/UdSSR** nicht von der Bahn weg und schoß über das unebene Gelände hinter der Runway. Es waren keine Opfer zu beklagen, jedoch wurde die Maschine zerstört.

02.06.82
Air Canada Douglas DC-9-32
C-FTLY 47200

Aus nicht näher bekannten Umständen explodierte während einer Grundüberholung im Hangar auf dem **Montreal-Durval AP/Kanada** der Zusatztank des Neuners, der den gesamten Flugzeug-Innenbereich in Brand setzte. Die Flammen konnten erst unter Kontrolle gebracht werden, als sich das Feuer bereits durch das Dach gefressen hatte.

08.06.82
VASP Boeing 727-200
PP-SRK 21347

Die 727 flog in 33.000 ft durch die endlose Schwärze der Nacht über die Regenwälder im Nordosten Brasiliens hinweg. Ziel war der Pinoto Martins Flughafen der Hafenstadt Fortaleza. Der dreistrahlige Jet, der erst vor kurzem von der Singapore Airlines gemietet worden war, befand sich mit 128 Passagieren und den neun Crewmitgliedern auf dem Flug 168 von Sao Paulo über Rio de Janeiro nach Fortaleza. Es war kurz vor 02:00 Uhr/loc., als die Piloten vor sich bereits die weit entfernten Lichter der Stadt erblickten. Wenig später wurde der Sinkflug eingeleitet. Das Wetter war nahezu ideal ohne größere Wolkenformationen, die die Sicht hätten behindern können. Von der Flugsicherung wurde die 727 zum weiteren Sinkflug auf 5.000 ft freigegeben, der niedrigsten für einen Landeanflug. Am Steuer saß der Kommandant, während der jüngere Copilot die Bordsysteme bediente und den Funkverkehr abwickelte. Der Landeanflug wurde aufgrund der guten Wetterbedingungen nach Sicht durchgeführt. Schon in dieser Phase des Anflugs verlagerte sich die Konzentration des Kommandanten immer mehr nach außerhalb des Cockpits. Er fixierte sich auf die Lichter der Stadt und nahm nun kaum noch an der Arbeit im Cockpit teil. Dies führte unter anderem dazu, daß er die vorgeschriebene Höchstgeschwindigkeit von 250 Knoten unter 11.000 ft nicht beachtete und mit über 300 Knoten auf den Flughafen zusteuerte. Fortaleza ist im Süden und Westen von einigen Hügelketten umgeben, deren Gipfel bis in 800 Meter Höhe aufragen. Dem Copiloten wurde etwas mulmig zumute, als der Kommandant unbeirrt unter die freigegebene Sicherheitshöhe von 5.000 ft sank, doch er wagte es aus Respekt vor seinem erfahreneren Kollegen nicht einzugreifen. Flug 168 kurvte mit Kurs 042° auf den Endanflug zu und passierte gerade 3.000 ft, als der Warnton des Radiohöhenmessers anschlug. Auf-

285

geschreckt meldete sich nun der Copilot zu Wort und fragte zögernd seinen Chef:
COP: „...sind wir frei von den Hügeln..hier?"
CPT: „ Wir sind beinahe drüber."

Direkt vor den Piloten lagen die Ausläufer der Serra de Aratanha-Hügel, die man jedoch bei der Dunkelheit nicht erkennen konnte. Nur die grellen Lichter der Stadt schimmerten klar durch die Nacht. Der Kommandant zeigte, in dieser Phase keinerlei Unruhe und der Copilot ließ seinen Einwand auf sich beruhen. Offenbar vertraute er mehr dem Gefühl des älteren Kollegen, als der eigenen Ratio, nach der sich die Maschine noch vor den Hügeln befinden mußte. Kurz danach erschallte der Warnton der Fahrwerkswarnung, die immer dann ausgelöst wird, wenn sich das Flugzeug mit noch eingefahrenen Rädern nur noch 1.500 ft vom Boden entfernt war und gleichzeitig sinkt. Doch der Pilot setzte den Sinkflug fort. An Bord machte sich offenbar niemand Sorgen über das drohende Unheil, auf das Flug 168 zusteuerte. Als die Boeing in geringer Höhe einige erste Hügelspitzen überflog, sollte eigentlich das GPWS System anschlagen, doch da man die Sicherung des Warngerätes zuvor herausgeschraubt hatte, blieb die letzte lebenswichtige Warnung aus. Die 727 befand sich noch kurz vorher unter der Regie von Singapore Airlines. Diese Fluggesellschaft gab einige Jahre zuvor die Anweisung heraus, die Sicherung des GPWS in allen 727 lahmzulegen, da man in der Vergangenheit viele unerwünschte Fehlalarme mit dem GPWS-System erlebt hatte. Nachdem VASP die Maschine bekam, wurde das deaktivierte GPWS-System offenbar vergessen und nicht wieder in Betrieb gesetzt. Flug 168 war damit verloren. Um 02:45 Uhr/loc. prallte die Maschine 19 Meilen vor dem Flughafen gegen einen Hügel in 1.992 ft und explodierte in einem Feuerball.

Die Rettungsmannschaften fanden keinen der 137 Menschen an Bord mehr lebend vor.

Die Piloten unterbrachen den tödlichen Sinkflug bis zum Aufprall nicht. Der Untersuchungsbericht regte hiernach an, mehr Teamwork im Cockpit zu trainieren. Ältere Kommandanten, die für die sichere Durchführung des Fluges Verantwortung tragen, sollten sich nicht zu schade dafür sein, auch Hinweise jüngerer Kollegen zu beachten. Brasiliens Fluglinien sollten zudem ein besseres Prüfverfahren für die Fähigkeiten der Piloten ausarbeiten.

12.06.82

Middle East AL	Boeing 720
OD-AFP	18017
Middle East AL	Boeing 707-320
OD-AFB	20224
Siehe unten	

16.06.82

T M A	Boeing 707-320C
OD-AGN	18938
Middle East AL	Boeing 720B
OD-AFW	18026
Middle East AL	Boeing 720B
OD-AFU	18029
Middle East AL	Boeing 720B
OD-AFO	18035
Middle East AL	Boeing 720B
OD-AGR	19161

Seit der Gründung des Staates Israel war dieses Land von seinen arabischen Nachbarn stets mit Argwohn und Mißgunst betrachtet worden. Besonders an den nördlichen Staatsgrenzen zu Syrien und Libanon flackerten ständig einige Scharmützel zwischen der israelischen Armee und Stellungen von PLO-Anhängern auf. Die PLO schoß des öfteren mit Raketen und Artillerie auf israelisches Gebiet. Nicht zuletzt zu nennen wären da auch noch die besetzten Gebiete im Westjordanland und der Gazastreifen, deren palästinensische Bevölkerung als durchaus gewaltbereit gegen die israelische Besatzungsmacht einzustufen war. Gegenseitige Provokationen und zunehmende Gewalttaten bestimmten das politische Bild. Auf jeden Schlag folgte ein Gegenschlag. Griffen die PLO-Verbände aus dem Süden Libanons an, stiegen innerhalb der nächsten 24 Stunden Flugzeuge der israelischen Luftwaffe auf und griffen ihrerseits Stellungen oder Depots der PLO im Libanon an.

Als Anfang Juni 1982 der israelische Botschafter in London von arabischen Terroristen angegriffen und verletzt wurde, stiegen am 4. und 5.6. israelische Kampfflugzeuge auf und bombardierten mehrere PLO Stellungen im Großraum Beirut und im Süden Libanons. Dies sollte als Vorbereitung dafür dienen, was am nächsten Tag folgen sollte. Am Morgen des 6.Juni begann die israelische Armee die Grenze zum Libanon zu überschreiten und in Richtung Norden zu marschieren. Es folgten Tage mit erbitterten Kampfhandlungen zwischen den PLO-Rebellen und der syrischen Armee einerseits, die im Libanon als „Ordnungs- und Schutzmacht" auftrat und ungehinderten Zugang in den Libanon genoß, sowie den Israelis andererseits, die die militärischen Stützpunkte der PLO ein für allemal kampfunfähig machen wollten. Auch in der Luft wurde heftig gekämpft; diverse Militärjets wurden auf beiden Seiten abgeschossen. Als am 12.Juni endlich ein Waffenstillstand in Kraft trat, stand die israelische Armee bereits in den Außenbezirken der Hauptstadt Beirut. Viele PLO-Einheiten waren in der geteilten Stadt eingekesselt. Fast alle Straßen nach Beirut waren von den Israelis besetzt, und auf dem Mittelmeer kreuzte die israelische Marine. Die Fluchtwege der Rebellen sollten auf diese Weise abgeriegelt werden. Um ihnen noch die letzte Fluchtmöglichkeit zu nehmen, unternahm die israelische Armee eine Aktion, die auf vergleichbare Weise bereits im Dezember 1968 durchgeführt wurde. Der im Süden Beiruts gelegene internationale Flughafen der Hauptstadt lag in Reichweite der israelischen Artilleriestellungen, die rund um die Stadt verteilt waren. Auf dem Flughafen fand seit der israelischen Invasion kein Flugverkehr statt und der Flughafen war seit Tagen geschlossen. In zwei Angriffen am 12. und 16. Juni ließen die Armeebefehlshaber gezielt auf die parkenden Zivilflugzeuge der MEA feuern. Dabei wurden am 12. zwei und am 16. fünf Maschinen zerstört. Über Personenopfer, die in Zusammenhang mit diesen gezielten Angriffen standen, liegen keine Informationen vor.

RA-42549; eine mitgenommene Yak-42, jedoch etwa 10 Jahre später aufgenommen, mit dem neuen "RA-" (für Rußland) Kennzeichen und der Russischen, statt der roten Flagge im Leitwerk/ <Quelle: Luftfahrt Journal-Sammlung>

22.06.82

Air India   **Boeing 707-400**
VT-DJJ   **17723**

Im Endanflug auf den Flughafen **Bombay-Santa-Cruz AP/Indien** verlor der Pilot die Kontrolle über den Jet. Nach dem Aufsetzen kam dieser von der Landebahn ab und kollidierte mit einem Erdwall, der eine Tragfläche abriß. In knietiefem Wasser blieb die Maschine schließlich stehen.

17 Menschen verloren bei diesem Unglück ihr Leben. 32 wurden verletzt. Zur Unglückszeit ging ein heftiger Monsunregen nieder, der den Untergrund tagelang aufweichte.

Der Flug kam als AI403 aus Singapur und Kuala-Lumpur.

28.06.82

Aeroflot   **Yakovlev Yak-42**
CCCP-42529   **8040104**

Während des Reisefluges über Weißrußland versagten aufgrund einer Strukturschwäche einige Haltebolzen des Höhenleitwerks, das sich auf dem Seitenleitwerk befand. Unkontrolliert stürzte die vollbesetzte Maschine nahe dem Flughafen von **Mozyr/UdSSR** zu Boden und zerschellte.

Keiner der 124 Passagiere und der achtköpfigen Crew überlebte das Unglück. Die sowjetischen Aufsichtsbehörden verhängten darauf ein längeres Flugverbot für alle Maschinen dieses Typs. Erst Ende 1984 wurde nach einigen technischen Verbesserungen der Liniendienst wieder aufgenommen.

06.07.82

Aeroflot   **Ilyushin Il-62M**
CCCP-86513   **4037536**

Vier Minuten nach dem nächtlichen Start in **Moskau-Sheremetyewo/UDSSR** stürzte die IL-62 auf ein Feld nahe dem Flughafen und zerschellte.

Alle 90 Insassen an Bord kamen ums Leben. Die Maschine war auf einem Linienkurs nach Sierra Leone und Senegal und die meisten Opfer waren afrikanische Studenten, die in ihren Semesterferien nach Hause fliegen wollten.

Offenbar hatte es in einem oder mehreren Triebwerke ein Feuer gegeben, woraufhin die Besatzung die Maschine nicht mehr halten konnte und abstürzte.

09.07.82

Pan American   **Boeing 727-200**
N4737   **19457**

Im feuchtwarmen Klima der südlichen US-Bundesstaaten gehen häufig im Sommer heftige Gewitter nieder. Nicht nur sintflutartiger Regen, sondern auch heftige Windserscheinungen begleiten diese Gewitterzonen. In den vergangenen Jahren wurden viele Flugzeuge Opfer von tödlichen Windscherungen, die in den oberen Wolkentürmen entstehen und Flugzeuge, die sich in niedriger Höhe befinden, zu Boden drücken können (siehe 24.6.75; 7.8.75; 14.3.79). Doch einiges hatte sich seither getan. Viele Flughäfen in den USA installierten sogenannte LLWSAS (Low Level Wind Shear Alert System), das Windbewegungen um den Flughafen herum mittels Doppler-Radar überwacht und bei gefährlichen Windscherungen Alarm auslöst.

An diesem frühen Nachmittag startete Clipper Flug Nr. 759 in Miami/Florida mit dem Ziel Las Vegas/ Nevada. Die 727 mit dem Namen „Clipper Defiance" stammte ursprünglich von der National Airlines, deren Flottenpark und Flugrouten die Pan Am im Januar 1980 übernommen hatte. Flug 759 steuerte zunächst über den Golf von Mexico, hin zur linienmäßigen Zwischendestination **New Orleans** in Louisiana. Gegen 14:00 Uhr/loc. setzte die Maschine auf der Landebahn des belebten Moisant-Flughafens auf. Fluggäste und Besatzung verließen den Jet durch die herangeschwenkte Gangway, um der Reinigungskolonne Platz zu machen. „Clipper Defiance" wurde aufgetankt und für den Weiterflug vorbereitet. 136 Passagiere bestiegen nun wieder die Boeing, zusammen mit den vier Flugbegleitern und den drei Cockpitmitgliedern. Zu dieser Zeit verdichteten sich die Wolken über dem Moisant Flughafen und als Flug 759 vom Schlepper zurückgeschoben wurde, fing es leicht an zu regnen. Der freundlich warme Sommertag verdüsterte sich und entferntes Donnergrollen ließ viele Passagiere besorgt nach oben blicken. Auch die schwüle Sommerluft wurde nun zusehends unruhiger. Aufgrund des hohen Abfluggewichtes beantragten die Piloten die längere Startbahn

10 (2812 Meter). Der Bitte wurde stattgegeben und um 15:00 Uhr/loc. setzte sich Clipper 759 in Richtung Startbahn in Bewegung. Den Flug nach Las Vegas sollte der Copilot durchführen, während der Kommandant die Aufgaben des Copiloten übernahm. Sowohl der Kommandant (45) als auch der Copilot (32) kannten sich mit ihrem Flugzeug gut aus und waren schon unzählige Male in New Orleans gelandet und gestartet. Auch waren ihnen die Witterungsbedingungen in dieser Gegend durchaus geläufig, da sie fast ausschließlich im feuchtwarmen Süden der Vereinigten Staaten unterwegs waren. Ein kurzer Blick nach oben ließ ihnen die Situation klar werden: intensive Kumuluswolkenbildung mit einigen Gewittern rings um den Flughafen; aufkommende Windböen aus südöstlichen Richtungen bliesen vom Golf von Mexico über den Flughafen. Eine Reihe anderer Flugzeuge wollte auch zu dieser Zeit starten. Moisant Hauptstartbahn zu dieser Zeit war die Bahn 19, allerdings wollten auch andere Piloten, außer denen der Pan Am, die längere Bahn 10 zum Start haben. So hob gerade eine DC-9 der Delta auf der Bahn 10 ab und hinter dem Pan Am Clipper gesellte sich eine DC-9 der USAir, während sich zwei andere DC-9, der Republic Airlines und der Texas International, zum Anfang der kürzeren Bahn 19 bewegten. Als nächstes hob eine 737 der Southwest Airlines in die entgegengesetzte Richtung auf der Bahn 28 ab, um so den dichter werdenden Gewitterzellen, die östlich des Platzes lagen, zu entgehen. Um sich Klarheit über den neuesten Wetterstand zu verschaffen, fragte der Copilot des Pan Am Clippers den Fluglotsen auf der Bodenfrequenz noch mal nach dem Wind. Dieser antwortete:

ATC: „Winds now 070° at 17, peak gusts that was, 23 knots...we have low level wind shears in all quadrants...appears that the front is passing overhead right now, we're in the middle of everything."

Mit einem leicht beunruhigten Stirnrunzeln nahmen die Piloten den veränderten Wetterstand zur Kenntnis und rollten weiter Richtung Bahnanfang. Der Kommandant ahnte wohl, daß man in der Steigphase mit Windscherungen zu rechnen habe. Er sagte, was in dieser Situation zu tun sei:

CPT: „Let your airspeed build up on takeoff..."

Damit wollte er die Abhebegeschwindigkeit erhöhen und schnell die nötige Sicherheitsgeschwindigkeit erreichen, um den Steigflug gefahrlos einzuleiten. Auch erhöhte der Kommandant die Werte der Triebwerks-Startstellung auf den beiden äußeren Triebwerken 1 und 3. Gleichzeitig landete ein Großraumjet auf der Bahn 10, hinter dem die 727 die Freigabe zur Startaufstellung erhielt. Es war 16:06 Uhr/loc., als Clipper 759 vom Tower die Freigabe zum Start erhielt:

ATC: „Clipper 759, maintain 2000, fly runway heading, cleared for takeoff."

Flug 759 bestätigte. Der Copilot, der am Steuer saß, fragte nun seinen Kollegen, in welche Richtung man nach dem Abheben kurven sollte, um den Gewitterzellen zu entgehen.

COP: „Right or left turn after we get out of here?"
CPT: „I would suggest...a slight turn over to the left."

Eine Minute später schob der Kommandant die drei Leistungshebel der Triebwerke auf die zuvor berechnete Startstellung und Flug 759 beschleunigte langsam. Der Towerlotse gab, obwohl die Boeing noch auf der Startbahn war, einen weiteren Anflug der Delta Airlines zur Landung auf derselben Bahn frei. Auf den belebten Flughäfen der USA ein durchaus übliches Verfahren. Dann fügte er noch hinzu, daß die zuvor gelandete Maschine eine leichte Windscherung im Endanflug gemeldet hatte.

Beide Piloten des Clippers 759 beachteten jedoch diese Meldungen nicht mehr und konzentrierten sich auf den Start. Die Maschine beschleunigte in gewohnter Weise. Alles sah nach einem perfekten Start aus, als direkt über dem östlichen Flugfeld ein Microburst niederging. Microbursts sind sehr schnelle Fallwinde, die sich in den oberen Wolkentürmen eines Gewitters bilden. Dabei sinkt die erkaltete Luft in den oberen Luftschichten wie durch einen Schlauch nach unten und verdrängt die umgebende Warmluft. Auf dem Weg nach unten nimmt so ein kalter Fallwind immer mehr Fahrt auf, bis er auf den Boden auftrifft und in alle Richtungen, einer Bombe gleich, auseinander weht. Die Ausdehnung dieses Microbursts

N4733; identisch mit der in New Orleans verunglückten „N4737" ist dieses Exemplar, das den Namen „Clipper Charger" trägt./ Hamburg 1986 <Quelle: JR-Photo>

erstreckt sich zwar nur auf einen guten Quadratkilometer, jedoch bedeutet er für alle Flugzeuge, die in ihn hineingeraten, allerhöchste Gefahr. Die neuen LLWSAS-Geräte in New Orleans schlugen zwar Alarm, jedoch wußte man am Boden die Anzeichen nicht zu deuten. Weder Piloten noch Fluglotsen erkannten die tödliche Gefahr.

„Clipper Defiance" schoß mit lärmenden Triebwerken durch die Entscheidungsgeschwindigkeit V_1 und bei V_R hob der Copilot das Bugrad vom Boden. Sekunden darauf lösten sich die Hauptfahrwerke. Clipper 759 war in der Luft. Ein leichtes Rütteln ging durch den Jet, der nun von der unruhigen Luft getragen wurde. Das Fahrwerk wurde eingefahren. Unbemerkt von den Piloten drang man in den Microburst ein. Ein böiger Gegenwind blies der 727 auf die Nase und riß die Maschine förmlich vom Boden weg. Dann, in einer Höhe von etwa 30 Metern durchflog man den Kegel des Fallwindes und der Gegenwind hörte schlagartig auf. Außerdem durchquerte man eine heftige Regenzone. Nach weiteren 5 Sekunden drang die Maschine wieder hinein in die turbulente Sturmzone, jedoch blies der Wind nicht mehr von vorn, sondern von hinten. Schlagartig verlor die 727 an Geschwindigkeit. Um fast 50 Knoten wurde Flug 759 langsamer und der Steigflug hatte sich in einen Sinkflug gewandelt. Die letzten Meter der Startbahn lagen bereits hinter ihnen, als der Kommandant rief:

CPT: „Come on back, you're sinking, Don, come on back!"

Die Fluggeschwindigkeit hatte einen Wert unterhalb von V_2, der geringst möglichen Geschwindigkeit, erreicht. Unaufhaltsam näherte sich „Clipper Defiance" dem Erdboden. Augenzeugen im Passagierterminal, die den Abflug der Boeing verfolgten, sahen mit Schrecken, wie Flug 759 immer mehr an Höhe verlor und schließlich in den dichten Regenschwaden außer Sichtweite geriet. Das GPWS-Gerät erscholl noch kurz, dann berührte die Boeing mit der Rumpfunterseite die ersten Bäume, 500 Meter hinter dem Bahnende. Trotz Vollschub konnte der Sinkflug nicht mehr unterbunden werden. Die linke Tragfläche erlitt einen vollständigen Strömungsabriß, der den dreistrahligen Jet binnen Sekunden um die Längsachse riß. Nach weiteren 200 Metern streifte man eine zweite Baumgruppe, die die linke Tragfläche demolierte. Völlig außer Kontrolle geraten, kippte das Flugzeug über die linke Tragfläche ab und zerschellte 16:07 Uhr/loc. in Kenner, einem Wohngebiet westlich von New Orleans.

Von den 145 Menschen an Bord überlebte niemand den Absturz. Acht Menschen am Boden wurden getötet, 16 weitere erlitten z.T. schwere Verletzungen. Über 10 Privathäuser wurden zerstört oder schwer beschädigt. Die 727 schlug eine 150 Meter breite Schneise der Verwüstung in das Wohnviertel.

Nachdem der Unfall gemeldet wurde, änderten viele Piloten, die nach der 727 starten wollten, ihr Vorhaben und rollten entweder zurück zum Terminal oder änderten die Startrichtung.

Obwohl das LLWSAS-System des Moisant Flughafens den letzten Stand der Technik repräsentierte, war es dennoch nicht in der Lage, den bedrohlichen Microburst anzuzeigen bzw. davor zu warnen.

Angehörige der Opfer erhielten von der U.S.Luftverkehrsbehörde erhebliche Entschädigungszahlungen, da es als erwiesen angesehen wurde, daß die zuständige Kontrollbehörde, entgegen den Empfehlungen einer früheren Unfalluntersuchungskommission, keine adäquaten Einrichtungen zur Vorhersage von Fallböen und bodennahen Luftturbulenzen installiert hatte. Das in New Orleans bis dahin eingesetzte System war veraltet und störungsanfällig. Es wurden wiederum folgende Empfehlungen gegeben:

- das Low Level Wind Shear Alert System, welches bodennahe Luftwirbel anzeigt und vorhersagt, zu modifizieren und auf allen größeren US-Flughäfen zu installieren
- dazu das bisher gebräuchliche Doppler-Radar mit einer zusätzlichen Windgeschwindigkeits-Meßanlge auszustatten, welches das Erscheinen von akuten Fallböen (Microbursts) anzeigt
- ferner die bisherigen Flugsimulationen im Pilotentraining in Bezug auf Fallböen und Scherwinden intensiv zu üben und die Simulationssoftware dementsprechend zu verbessern.

01.08.82

Middle East AL   **Boeing 720B**
OD-AGG   18828

Während der Kampfhandlungen um die libanesische Hauptstat Beirut und den Flughafen **Beirut Intl AP/Libanon** wurde die Maschine durch Geschoßeinwirkung so schwer beschädigt, daß sich eine Reparatur nicht mehr lohnte.

04.08.82

Aerotal   **Boeing 727-100**
HK-2556   18994

Nach einem Landeunfall in **Santa Marta/Kolumbien** wurden Fahrwerk, Nase und linke Tragfläche erheblich beschädigt. Trotz einer möglichen Reparatur entschied man sich zur Verschrottung.

14.08.82

Aeroflot   **Yakovlev Yak-40**
CCCP-98102   9720554

Auf dem Weg von **Kazan nach Kuybishev** brach an Bord ein Feuer aus, das nicht unter Kontrolle zu bringen war. Trotz sofortigem Notabstieg gelang es nicht mehr, zum nächstliegenden Flughafen zu fliegen. In geringer Höhe brach das Flugzeug auseinander und stürzte ab. Wie durch ein Wunder überlebten die vier Besatzungmitglieder mit schweren Verletzungen.

14.08.82

Aeroflot   **Tupolev 134A**
CCCP-65836   17113

Beim Startlauf in **Sukhumi AP/Georgien/UdSSR** kollidierte die Tu-134 mit einem kreuzenden Zubringermaschine Let-410 (CCCP 67101). Dabei wurden beide Luftfahrzeuge zerstört. In der Tupolev kamen alle Insassen mit dem Schrecken davon. In der kleineren Let-Propellermaschine hingegen, wurden alle elf Insassen getötet.

26.08.82
Southwest AL   **Boeing 737-200**
JA8444   **21477**

Die 737 raste 200 Meter über das Ende der Landebahn in **Ishigaki Island/Okinawa/Japan** hinaus und kam erst weit dahinter in einem Wäldchen zum Stehen. Nachdem die Passagiere und die Besatzung die Maschine verlassen hatten, explodierte unmittelbar darauf eines der beiden Triebwerke, welches den Havaristen in Brand setzte. Damit war das Schicksal der 737 besiegelt.

Von den 133 Passagieren und fünf Besatzungsmitgliedern wurden 49 Personen verletzt.

10.09.82
Aeroflot   **Yakovlev Yak-40**
CCCP-87346   **9511539**

Im Anflug auf **Zeya/UdSSR** im fernen Osten der UdSSR bei sehr schlechten Wetter unterschritt die Maschine die Mindesthöhe und streifte dabei einige Bäume im Anflugweg. Die Zubringermaschine stürzte ab.

Von den 34 Insassen starben drei.

10.09.82
Sudan AW   **Boeing 707-320C**
ST-AIM   **19410**

Beim Landeanflug auf **Khartoum/Sudan** ergaben sich Probleme an Bord der aus Saudi Arabien kommenden Maschine. Die Besatzung sah sich infolgedessen nicht mehr in der Lage, ihren Zielort zu erreichen und unternahm außerhalb des Flughafens eine Notlandung im weiten Flußbett des Nils. Dabei wurde die Maschine zerstört. Die Absturzstelle lag nur fünf Kilometer südlich der sudanesischen Hauptstadt. Die drei Besatzungsmitglieder wurden nur leicht verletzt.

13.09.82
SPANTAX   **McDD DC-10-30**
EC-DEG   **46962**

Drückend lag die Mittagshitze über dem Flughafen von Malaga/Spanien, als die DC-10 zur Startbahn 14 rollte. Die DC-10 sollte an diesem Montag einen Charterflug nach New York-JFK absolvieren. 380 Passagiere und 13 Crewmitglieder besetzten jeden Sitz der Maschine. Ziemlich genau um 12:00 Uhr/loc. hatte man die Bahn erreicht und der Kommandant schob die Triebwerkshebel nach vorn. Der Schub beschleunigte „EC-DEG" immer mehr. Bei einer Geschwindigkeit von 152 Knoten, noch vor der Entscheidungsgeschwindigkeit V_1, nach der ein Abbremsen innerhalb der Bahnlänge nicht mehr möglich ist, begann plötzlich das Flugzeug zu vibrieren. Drei Sekunden später rief der Copilot „Vee R", die Rotationsgeschwindigkeit, aus. Nun mußte abgehoben werden. Das Flugzeug wurde nun immer mehr durchgeschüttelt. Die Geschwindigkeit betrug nunmehr 169 Knoten und die Nase hob sich vom Boden. Doch die Erschütterungen wurden immer stärker. Der Kommandant nahm an, daß die DC-10 nicht mehr kontrollierbar sei, und befahl trotz Überschreitung der V_1: *"Startabbruch!"* Erst bei einer Geschwindigkeit von 175 Knoten (!) wurden die Leistungshebel der Triebwerke zurückgerissen, die Nase wieder abgesenkt und die Schubumkehrklappen betätigt. Dabei verfehlte er kurzzeitig den Hebel für das Triebwerk Nr.3, als Folge zog es die DC-10 leicht nach außen, und die volle Bremskraft stand in diesen wichtigen Sekunden nicht zur Verfügung. Beide Piloten traten mit aller Kraft in die Radbremsen. Trotz all dieser Bremsmanöver kam das Ende der Bahn unaufhaltsam näher, und noch mit einer Geschwindigkeit von über 100 Knoten schoß man über das unebene Gelände dahinter. Das Häuschen des ILS-Senders stand nun direkt im Weg, und noch mit hoher Geschwindigkeit prallte die rechte Flugzeugseite gegen die Betonwände, wobei das rechte Triebwerk aus der Verankerung gerissen wurde. Die angeschlagene DC-10 kreuzte dann eine direkt hinter dem Flughafen verlaufende Autostraße und kollidierte mit einigen Fahrzeugen, bevor die Fahrt an einem Bahndamm abrupt endete. Sofort entzündete sich der auslaufende Treibstoff und setzte das Flugzeug in Brand. Die Evakuierung lief ungeordnet ab, da viele Passagiere beim Anblick des Feuers in Panik aus dem Flugzeug drängten und dabei sich und andere verletzten.

51 Insassen, darunter drei Crewmitglieder, konnten sich nicht mehr aus dem Wrack befreien und verbrannten. Mehr als 120 Menschen wurden verletzt, darunter zwei am Boden. Ein Lastwagen, vier PKW's und ein Gebäude wurden zerstört.

Noch am Ort des Geschehens wurden die Piloten von einigen Passagieren angeklagt, das Unglück herbeigeführt zu haben. Einige unverletzt gebliebene Fluggäste machten daraufhin ihrer aufgestauten Wut, Angst und Aggression auf offensive Weise Luft: Vollständig verloren sie die Kontrolle über sich und schlugen den bis dahin unverletzten Copiloten derartig zusammen, daß er mit zwei Rippenbrüchen ins Krankenhaus eingeliefert werden mußte.

Die Ursache der Vibrationen war ein geplatzter Reifen am Bugfahrwerk der DC-10. Dieser Reifen war mehrfach aufgummiert worden, d.h. es wurde ihm mehrfach eine neue Oberfläche aufgeklebt, nachdem das Profil der alten Oberfläche abgenutzt war. Dieses „Aufgummieren" ist eine umstrittene Praxis: Sie spart den Fluggesellschaften Kosten, denn die nach ca. 300 Landungen abgenutzten Reifen müssen nicht weggeworfen, sondern können runderneuert und wiederbenutzt werden. Doch ein Flugzeugreifen ist auch eines der am meisten beanspruchten mechanischen Teile des Flugzeuges (zusammen mit der Rumpfstruktur, den Triebwerksaufhängungen und den Triebwerken selbst) und damit auch eines der störanfälligsten. Reifenplatzer verursachen 37% aller Startabbrüche mit anschließendem Totalverlust eines McDonnell Douglas-Produktes (DC-8, DC-9 und DC-10). Die Gefahr bei Reifenplatzern besteht nicht nur in der Konfusion, die so ein Ereignis in der Startphase im Cockpit verursachen

EC-DEG; die Unglücks-DC-10 der Spantax unmittelbar nach dem Abheben, hier nur zwei Wochen vor den Crash aufgenommen/Palma de Mallorca im August 1982 <Quelle: Luftfahrt Journal-Sammlung>

kann (siehe oben) oder Schwierigkeiten, das Flugzeug mit einem oder mehreren platten Reifen unter Kontrolle zu halten. Hauptgefahr sind die herumfliegenden Trümmerteile, die dafür sorgen, daß meist Sekunden später mehrere andere Reifen platzen und eine „Kettenreaktion" ausgelöst wird. Diese Trümmerteile können auch andere wichtige Teile beschädigen, insbesondere die Radbremsen, oder ein Feuer im Fahrwerksbereich entfachen, was verheerende Folgen haben kann (siehe 04.09.63; 30.03.86). Deswegen sind Flugzeugreifen, die sich im besten Zustand befinden, äußerst wünschenswert. „Aufgummierte" Reifen sind das meist nicht. Erstens sind sie alt und damit anfällig. Zweitens kann beim Aufgummieren einiges schief gehen, wie bei der Spantax-DC-10: Beim Aufgummieren wird unter großer Hitzeeinwirkung eine neue Oberfläche aufgeklebt. Wird der Reifen nur ein wenig zu stark erhitzt, wird seine Gummistruktur spröde, und unter der Oberfläche bilden sich kleine Luftbläschen. Im Einsatz, also beim Rollen auf dem Flughafen, erhitzt sich der Reifen bis auf 110° Celcius (je nach Belastung und Außentemperatur). Bei Hitze dehnt Luft sich aus, und die Luftbläschen werden größer. Irgendwann gibt die ohnehin schon geschwächte Struktur des Reifenmaterials nach und der Reifen platzt, besonders oft zur Unzeit, also während des Startlaufes, und an der schwächsten Stelle, an der Seite des Reifens, in der Nähe der Radfelgen. So passiert bei jener DC-10 der Charterfirma „Spantax" mit den beschriebenen Folgen. So kam es, daß Spantax einen Satz neuer Reifen einsparte und ein ganzes Flugzeug verlor.

Dazu kam noch die Entscheidung des Kommandanten, den Start abzubrechen: Als der Reifen geplatzt war, wurde der Flugzeugrumpf von schweren Vibrationen erfaßt, die von der reifenlosen Radfelge herrührten, die über den Asphalt rumpelte. Die dadurch verursachte Vibration bedeutete jedoch keine größere Gefahr für die DC-10. Normalerweise hätte der Pilot abheben müssen und mit möglichst wenig Kerosin wieder landen sollen. Entgegen den Regeln brach der Pilot aber den Start ab. Eine klare Fehlentscheidung. Da über das Auftreten von unerwarteten Erscheinungen nach V_1, die nicht von den Cockpitinstrumenten angezeigt werden, nichts im Trainingsplan stand, fehlte dem Kommandanten eine klare Regelungsvorgabe. Die Piloten wurden nur auf eine mögliche Triebwerksstörung bei V_1 geschult. Ein Vorfall, der auf den Instrumenten klar erkennbar ist. Bei einer derartigen Störung wie hier mußte der Kommandant jedoch „aus dem Bauch heraus" entscheiden. Aus seiner Sicht war seine Entscheidung richtig, da er annahm, daß, erst einmal in der Luft, die Maschine nicht mehr zu kontrollieren sei. Ein fataler Trugschluß.

17.09.82
Japan AL   **Douglas DC-8-61**
JA8048   **46160**

Etwa 9 Minuten nach dem Start um 14:08 Uhr/loc. in **Schanghai/China** hörte die Besatzung auf dem Linienflug JL792 nach Tokyo einen dumpfen Knall, der vom hinteren Kabinenteil zu kommen schien. Gleichzeitig fiel der Hydraulikdruck auf Null ab. Sofort wurde die Bodenzentrale benachrichtigt und man erhielt die Freigabe zur Rückkehr. Zweimal kreiste Flug 792 über dem Hongqiao-Flughafen, um das Anflugverhalten ohne hydraulischen Druck auszuprobieren und die Checklisten für eine Landung ohne Landeklappen durchzugehen. Gegen 14:30 Uhr/loc. setzte die DC-8 dann auf der Bahn 36 auf. Es gelang den Piloten, innerhalb der Aufsetzzone zu landen und die Schubumkehr zu aktivieren. Trotzdem verlor die Maschine kaum an Geschwindigkeit. Flug 792 überrollte das Bahnende, schoß auch über die Überrollfläche hinweg und blieb schließlich 200 Meter weiter in einem Entwässerungsgraben liegen.

Von den 113 Passagieren und elf Crewmitgliedern kamen 101 mit dem Schrecken davon. Die anderen 23 verletzten sich beim Aufprall bzw. der anschließenden Evakuierung.

Der vordere Rumpfbereich der vierstrahligen DC-8 wurde sehr stark beschädigt. Das Bugfahrwerk kollabierte und die Triebwerke 1, 2 und 3 wurden z.T. aus ihren Verankerungen gerissen. Später wurde rekonstruiert, daß in der hinteren linken Tragflächenwurzel eine Preßluftflasche explodiert war. Diese Preßluftflasche dient in einem Notfall der Betätigung der Luftbremsen und Spoiler. Die Wucht der Detonation ließ die umliegenden Hydraulikleitungen leckschlagen und brachte so die Maschine in eine bedrohliche Lage, da das gesamte Klappen- und Bremssystem in dieser Tragfläche ausfiel.

Ursache der Flaschenexplosion waren korrosionsbedingte Risse an der Innenseite der Flasche infolge Materialermüdung. Die Maschine wurde abgeschrieben und ist seitdem in einem Shanghaier Museum in der Austellung „Shanghai Aviation Enthusiasts", zusammen mit diversen anderen Flugzeugen, zu bestaunen.

29.09.82
Aeroflot **Ilyushin Il-62M**
CCCP-86470 72503

Auf dem Linienkurs SU343 von Moskau nach Lima wird regelmäßig auf dem Luxemburger **Flughafen Findel** eine technische Zwischenlandung eingelegt. Nach dem Aufsetzen auf der Bahn 06 versagte jedoch die Schubumkehr im linken Triebwerk Nr.1. Dies führte dazu, daß die Il-62 nach rechts zog und von der Landebahn abkam. Der Vierstrahler schoß einen Abhang hinunter, streifte einen Wassertank und fing Feuer. Schnell breiteten sich die Flammen aus. Von den 78 Insassen konnten sich sechs nicht mehr retten und verbrannten. 40 weitere wurden verletzt. Nachfolgende Untersuchungen ergaben, daß ein schnelles Gegensteuern das Unglück hätte vermeiden können.

17.10.82
EgyptAir **Boeing 707-320C**
SU-APE 20342

Um 11:04 Uhr/loc. meldetet sich der Linienflug MS 771 der Egypt Air bei der Luftverkehrskontrolle in Genf. Die Maschine war um 7:25 Uhr mit 182 Insassen an Bord in Kairo gestartet. Der Flug war bis dahin ereignislos verlaufen. Das Wetter über Genf war an diesem Tag regnerisch mit einer geschlossenen Wolkendecke und einer Wolkenuntergrenze von 500 ft (laut ATIS von 10:50 Uhr/loc.).

Die Maschine wurde von dem 39 Jahre alten Kommandanten gesteuert. Er war bei der ägyptischen Luftwaffe Transporterpilot gewesen, als er in den siebziger Jahren zur Egypt Air überwechselte. Seit 1979 war er verantwortlicher Flugzeugführer auf der B-707, wobei er 12.000 Flugstunden auf diesem Typ aufweisen konnte, davon über 4.000 als Kommandant. Der Copilot, 32 Jahre alt, hatte auf der B-707 nur 3.000 Flugstunden Erfahrung als Copilot.

Außer den beiden Piloten war noch der Bordingenieur und eine Bekannte des Kommandanten mit ihren beiden Kindern im Cockpit. Das Cockpit war also voll, und die beiden Kinder sorgten für eine gewisse Ablenkung im tristen Flugalltag.

Als die Maschine sich bei Genf-Control anmeldet, war sie noch über 180 Kilometer von ihrem Ziel Genf-Cointrin entfernt und noch in einer Höhe von 39000 ft. Der Controller gab die Maschine zum Sinkflug auf 31.000 ft frei.

Normalerweise hätte der Pilot jetzt die Maschine langsam abbremsen müssen, denn ein normaler Anflug beginnt ungefähr 280 Kilometer vom Flughafen entfernt. Das tat er aber nicht mit der Begründung, er wolle einen „high speed"-Anflug (hohe Geschwindigkeit und hohe Sinkrate) durchführen, um Zeit und Brennstoff zu sparen, was ein durchaus übliches Verfahren ist. Die Maschine passierte die FL 310 und wurde schrittweise bis zu einer FL 150 freigegeben. In dieser Zeit hätte die Cockpitbesatzung, laut Vorschriften, die Anflugcheckliste verlesen, das Anflugprocedure durchsprechen und die daraus resultierende Aufgabenverteilung festlegen müssen. Aber nichts dergleichen passierte. Während des gesamten Anflugs fand keinerlei Koordination zwischen den Besatzungsmitgliedern statt. Die Maschine wurde an die Anflugkontrolle in Genf übergeben, welche der Besatzung auftrug, auf die FL 120 zu sinken und nach links zu kurven, um den Kurs 300 zu erreichen und den Anflugweg abzukürzen. Die arabische Maschine war die Nummer eins in der Anflugkette und sollte direkten Anflug auf den Flughafen machen. Wogegen der Kommandant nichts einzuwenden hatte, denn die Maschine hatte bereits einige Minuten Verspätung. Er erhöhte die ohnehin schon hohe Sinkrate und damit die Geschwindigkeit. Auch dem Radarlotsen in Genf fiel die relativ hohe Geschwindigkeit auf.

Erst informierte er die Besatzung, daß sie nur noch 35 Kilometer vom Flughafen entfernt waren. Als die Geschwindigkeit aber immer noch nicht gesenkt wurde, beschloß der Controller es nicht bei indirekten Hinweisen zu belassen. Er blieb aber höflich. Als die Maschine die Höhe von 7000 ft passierte, fragte er die Besatzung nach der Geschwindigkeit. Diese wurde ihm mit 320 Knoten angegeben, was laut Vorschriften um 72 Knoten schneller war als zulässig.

Darauf der Controller:

ATC: „Ok, sie können die Geschwindigkeit senken, wenn sie wollen."

Der Kommandant verstand aber nach eigener Aussage „Sie können Ihre Geschwindigkeit halten." Und so antwortete er:

CPT: „Ok, wir behalten Geschwindigkeit bei!"
COP: „Der Controller ist ein wenig beunruhigt."
CPT: lacht
COP: „Warum sind wir so schnell?"
CPT: „Um ihn unter Druck zu halten. Damit er aufwacht!"

Um 11:17 Uhr/loc. wies der Controller die Besatzung nochmal darauf hin, daß sie nur noch 25 Kilometer von der Piste des Flughafens **Genf-Cointrin AP/Schweiz** entfernt seien, was die Besatzung mit einem „Roger" quittierte.

Die Maschine war noch 6.750 ft hoch und 321 Knoten schnell, als so etwas wie ein Check stattfand:

COP: „1000"
CPT: „Für welche Höhe sind wir freigegeben?"
COP: „4000 ft"
CPT: „Das Wetter ist schlecht....260Grad auf beiden ILS."
COP: „Beide ILS stehen auf 260Grad."
COP: „Beide ILS reagieren....wir sind auf dem Gleitpfad."
CPT: „Wie sieht es mit der Kabine aus?"
F/E: „Gut."
CPT: „Halt ein Auge drauf."

Kurz darauf wurde die Maschine an die Anflugkontrolle Genf-Cointrin weitergegeben, welche den Endanflug freigab. Die Maschine war jetzt wegen der hohen Sinkrate leicht unter den Gleitpfad gesunken und immer noch um

ca. 70 Knoten zu schnell. Der Kommandant wußte das, und so entschloß er sich, das Fahrwerk auszufahren, um abzubremsen (und nicht den Landeanflug abzubrechen, was er laut den Vorschriften der Egypt Air hätte tun müssen!).
COP: „Bereit zur direkten Landung."
CPT: „Fahrwerk ausfahren."
COP: „Wir sind zu schnell, um das Fahrwerk auszufahren!"
CPT: „Sind wir nicht!"
COP: „Wir sind 270 Knoten schnell."
Fahrwerkschalter wird bedient
CPT: „Bei welcher Geschwindigkeit fährst du das Fahrwerk bei einem Notabstieg aus?"
COP: „320 Knoten"

Da man keinen Notabstieg machte, war das eine völlig ungerechtfertigte Zurechtweisung. Daraufhin trat der Copilot, ebenfalls ungerechtfertigterweise, in den Streik, das heißt er stellte sämtliche Arbeiten zur Unterstützung des Kommandanten ein, was dieser mit folgenden Worten kommentierte:
CPT: „Ist es denn die Möglichkeit!"

Um 11:19 Uhr/loc. erreichte die Maschine den Outermarker des Flughafens Genf. Der Copilot war immer noch im Streik und das, obwohl die Maschine genau in diesem Moment zwei Piloten dringend gebraucht hätte. Laut Vorschriften hätte die Maschine jetzt genau die Landekonfiguration haben müssen, aber davon war sie weit entfernt: Sie war um ca. 60 Knoten zu schnell, die Sinkrate betrug 2.500 ft/min (was im Vergleich zu den Werten der normalen Sinkrate von 1.000 ft/min relativ schnell war). Die Landeklappen waren noch eingefahren (normal sollten sie sich zu diesem Zeitpunkt in der 50 Grad-Stellung befinden), die Bremsklappen waren auch eingefahren, und die Triebwerke arbeiteten im Leerlauf (statt bei ca.70% Leistung). Obendrein war die Maschine für die Landung nicht ausgetrimmt (was wegen der nicht gelesenen Checkliste offenbar vergessen wurde).

Die Maschine war noch in den Wolken, als sich der Pilot nach dem „Durchstartverfahren" erkundigte. Außerdem meldete sich der Bordingenieur zu Wort, um zu retten was zu retten war (was nicht mehr viel war):
CPT: „Wie sieht das Durchstartverfahren aus?"
COP: „Durchstarten, steigen auf dem Track 227 in Richtung auf das Funkfeuer Passeiry VOR/NDB."
F/E: „Die Bremsklappen.....die Bremsklappen ausfahren!"
CPT: „Sind ausgefahren!"

Was er dann auch prompt tat. Er fuhr nur die äußeren Bremsklappen aus, was auch Wirkung zeigte. Nicht zuletzt wegen der im Leerlauf befindlichen Triebwerke ging die Geschwindigkeit über Grund schlagartig zurück. Leider wurde damit die ohnehin schon hohe Sinkrate der Maschine noch kräftig erhöht (3.000 ft/min statt 1.000 ft/min), und die Maschine befand sich wegen der nicht erfolgten Austrimmung praktisch im freien Fall. Genau zu diesem Zeitpunkt kam die Maschine aus den tiefliegenden Wolken, und die Besatzung bemerkte, daß sie sich leicht rechts von der Centerline befand. Der Pilot hätte eine leichte Linkskurve fliegen müssen, die Bremsklappen einfahren und die Landeklappen ausfahren, die Maschine austrimmen, kräftig (aber mit Gefühl) das Höhenruder betätigen und die Triebwerksleistung erhöhen müssen, um ein „Zukurzkommen" und ein Aufschlagen vor der Piste zu verhindern. In den fünfzehn Sekunden bis zur Bodenberührung konnte er das aber nicht mehr schaffen, insbesondere nicht im „Einmannbetrieb", da sich der Copilot immer noch im Streik befand!

Der Pilot schaffte es zwar noch, die Linkskurve einzuleiten und die Landeklappen teilweise auszufahren, während es dem Bordingenieur noch gelang, die Bremsklappen einzufahren.
GPWS:„Pull up....Pull up."
Schaltergeräusch, wahrscheinlich der Bremsklappenschalter
CPT: „Scheiße..."(auf arabisch) „Geschwindigkeit..."
Aufschlaggeräusch
F/E: „Auf der Centerline bleiben, die Centerline.., Centerline..."

Die Maschine prallte 35 Meter vor dem Pistenanfang und 8 Meter rechts der Centerline auf. Sie schlitterte auf die Rollbahn, drehte sich einmal im Uhrzeigersinn um 245 Grad um sich selbst, verlor zwei Triebwerke und blieb am Ende mit abgeknickter Tragfläche und aufgerissenem Rumpf 400 Meter vom Pistenanfang liegen.

Die sofortige Evakuierung und die innerhalb von drei Minuten anrückende Feuerwehr verhinderten das Schlimmste. Es gab zwei Schwerverletzte bei der Evakuierung, sonst keine Opfer. Dafür zwei gescheiterte Pilotenkarrieren.

29.11.82
Aerotal   **Boeing 727-100**
HK-2560   **18996**

Aus nicht näher bekannten Gründen löste sich das linke Hauptfahrwerk der 727 auf dem Flughafen in **Santa Marta/Kolumbien**. Dadurch wurde der Rumpf so stark beschädigt, daß man die 727 abschrieb.

04.12.82
Global Int'l   **Boeing 707-320B**
N8434   **20173**

Beim Start auf dem Flughafen von **Brasilia/Brasilien** stieß die Maschine mit dem linken Hauptfahrwerk gegen einen Signalmast.

Nachdem der Pilot den Notfall gemeldet hatte, wurde auf dem Flughafen mit den Notlandevorbereitungen begonnen und ein Schaumteppich ausgelegt. Auf diesem landete die 707 mit nur einem Fahrwerk. Dabei wurde die Maschine so stark beschädigt, daß sich eine Reparatur nicht mehr lohnte.

Die 46 Passagiere, acht Besatzungsmitglieder und sechs dienstfreie Firmenangehörigen wurden bei der Landung und der anschließenden Evakuierung nicht verletzt. Bei den Passagieren handelte es sich um Reporter die über den Besuch des amerikanischen Präsidenten in Brasilia berichtet hatten. Böse Zungen behaupteten nachher, dies wäre die einzige Gelegenheit gewesen, in der sie wirklich etwas zu berichten gehabt hatten.

EP-IRU; eine andere 727 bei der Landung, baugleich zu "EP-IRA", die in Teheran verunfallte. Diesem Exemplar war jedoch auch kein besseres Ende beschieden (siehe:10.06.1996) / Hamburg 1989 <Quelle: JR-Photo>

07.01.83

Iran Air   **Boeing 727-100**
EP-IRA   **19171**

Die 727 kam bei Rollversuchen auf dem Vorfeld des Flughafens **Teheran-Mehrabad AP/Iran** von der Piste ab und kollidierte mit einem Betonklotz. Dabei wurde das Bug- sowie das rechte Hauptfahrwerk abgerissen. Die Boeing wurde nicht mehr in Betrieb genommen.

11.01.83

United AL   **Douglas DC-8-54F**
N8053U   **46010**

Die kalte, sternklare Nacht ließ das Flughafengelände des **Detroit Metropolitan AP/MI/USA** wie ein wogendes Lichtermeer erscheinen, in dessen Mitte sich die Besatzung des United Frachtfluges 2885 nach Los Angeles für ihren Start bereitmachte. Im Cockpit saßen außer dem Kommandanten noch der Copilot und der Bordingenieur. Ansonsten war niemand an Bord.

Die Maschine war bereits um 01:52 Uhr/loc. nachts als regulärer Frachtflug UAL 2885 aus Cleveland/OH zu einer Zwischenlandung auf dem Detroit Metropolitan AP/MI/USA eingetroffen. Die DC-8 war eine gute halbe Stunde vorher in Cleveland gestartet und sollte in dieser Nacht noch nach Los Angeles weiterfliegen. In Detroit wurde die Maschine für ihren Transkontinentalflug betankt und einige Paletten Fracht zusätzlich in den Rumpf der DC-8 geladen.

Dabei unterlief einem Belader von United ein Fehler. Vor dem Beladen wird ein genauer Plan erstellt, wo welche Frachtpalette im Rumpf seinen Platz einzunehmen hat, um eine gleichmäßige Verteilung des Gewichts innerhalb des Flugzeuges zu erreichen. Dieses ist notwendig um zu verhindern, daß das Flugzeug nicht bug- oder hecklastig wird. In dieser Nacht mußten die Belader feststellen, daß einer der angekündigten Frachtcontainer nicht angeliefert worden war. Sie hatten schon den Platz für diese 1,5 Tonnen schweren Post-Palette im vorderen Teil der Maschine freigemacht, in dem sie die restlichen Paletten weiter in Richtung Heck geschoben hatten. Als die Palette aber nicht eintraf, zogen sie die Ladung aber nicht wieder nach vorne. So kam es, daß die restliche Fracht weiter hinten stand, als es eigentlich geplant war. Dadurch wanderte der Gewichtsschwerpunkt weiter nach hinten. Die DC-8 wurde leicht hecklastig. Diese Kluft zwischen Beladeplan und Wirklichkeit fiel aber weder der Crew, noch den Bodenarbeitern auf.

Die Piloten dieses Frachtfluges übersahen zu dieser nachtschlafender Stunde aber noch etwas anderes: Der Copilot hatte die Strecke von Cleveland nach Detroit geflogen. Bei der Landung in Detroit hatte er sich eines kleinen Tricks bedient: Kurz vor der Bodenberührung muß die Nase des Flugzeuges noch einmal leicht angehoben werden, um die Geschwindigkeit zu senken und die 120 Tonnen Flugzeug, Fracht, Treibstoff und Besatzung leicht auf den Asphalt der Landebahn sinken zu lassen. Das Flugzeug wird „ausgeschwebt". Dazu hatte er mit Hilfe der Stabilisatoren das Flugzeug hecklastig ausgetrimmt. Leider hatte er danach beim Abrollen von der Landebahn vergessen, die Stabilisatoren wieder in ihre Normalstellung zurückzufahren. Auch später in der Parkposition und beim Beladen fiel es nicht auf.

Es war 02:31 Uhr/loc., als die Besatzung der extrem hecklastig getrimmten DC-8 mit den Vorbereitungen für ihren Weiterflug nach Los Angeles begann. Die Besatzung arbeitete sich müde durch die Checklisten, bewältigte ein Problem mit einem Triebwerk welches beim Starten keinen Öldruck zeigte und rollte danach vom Frachthof in Richtung der schimmernden Lichter der Startbahn 21R.

Nachdem der Copilot die erste Etappe der Reise bis Detroit geflogen war, übernahm der Kommandant nun die zweite Etappe bis Los Angeles. Aber auf dem Weg zur Startbahn überlegten die beiden Piloten es sich anders:

Der 55-jährige Kommandant hatte bei United einen sehr guten Ruf. Er galt als ebenso professioneller wie erfahrener Pilot und sein guter Umgang mit Copiloten und Bordingenieuren war unstrittig. Er ließ Copiloten soviel „Strecke" wie möglich fliegen und zögerte nie, sie an seinem Wissen und Können teilhaben zu lassen. Manchmal ließ er auch Bordingenieure ans Steuer, obwohl das eigentlich verboten war. Der Beruf des Bordingenieurs war für viele aber nur ein „Sprungbrett" auf die Pilotensitze eines Düsenflugzeugs und so nahmen sie jede Möglichkeit, Flugstunden und damit Erfahrungen zu sammeln, dankbar an.

Auch der 50-jährige Bordingenieur, der in dieser Nacht hinter den Piloten saß, hatte schon versucht, sich als Copilot zu qualifizieren. Er hatte zweimal einen „upgrade" Kurs gemacht, einmal im Juli 1979 als Copilot für die DC-8, dann, ein knappes Jahr später für dieselbe Position auf der 737. Beide Male hatte er es nicht geschafft. Beim

***N8053U**; die in Detroit verunglückte DC-8-54F, hier mit geöffnetem Frachttor in dem noch der alte Schriftzug "United" prangt/San Francisco im Juli 1981 <Quelle: Luftfahrt Journal-Sammlung>*

ersten Kurs war er nur bis zur 41. Flugstunde gekommen, beim 737 Kurs hatte er es immerhin geschafft, für ein halbes Jahr in den Liniendienst übernommen zu werden. Doch bei einer Nachprüfung fiel seine Landung derartig wackelig aus, daß der Fluglehrer sie zuende führen mußte. Ihm wurde ebenso großer Lerneifer wie „Kampfgeist" bescheinigt, aber trotz aller Bemühungen schaffte er einfach den Sprung in den Pilotensessel nicht. Nach seiner letzten Zurückstufung zum Bordingenieur im Mai 1981, hatte er sich mit seinem Los abgefunden. Im Kollegenkreis galt er als ruhiger, hochprofesioneller Bordingenieur.

Doch in dieser Nacht war sein Kommandant der Meinung, daß es für den Bordingenieur Zeit war, seine fliegerischen Kenntnisse aufzufrischen, beziehungsweise zu vertiefen. Als sich die DC-8 auf dem Taxiway befand und die Besatzung gerade die letzten Checklisten durchging, drehte er sich zu seinem Bordingenieur um und fragte:

CPT: „Wollt ihr Jungs tauschen??"

Er bot dem Bordingenieur damit an, den Platz mit dem Copiloten zu tauschen und den Start durchzuführen. Der Copilot unterstützte ihn mit den Worten :"Tu es...Ich bin bereit".

Doch der Bordingenieur wollte nicht so recht. Er war sich seines fliegerischen Unvermögens bewußt, und war mit seiner Stellung als Bordingenieur durchaus zufrieden. Außerdem war die Checkliste der Startvorbereitung noch nicht abgeschlossen.

F/E: „Macht ihr mal..."

„Fertig zum tauschen???" drängte der Kommandant. Schließlich gab der Bordingenieur nach, und tauschte mit dem Copiloten. Dieser saß jetzt vor den Schaltpulten des Bordingenieurs und bemühte sich die Checkliste zuende zu führen. Der Bordingenieur versuchte sich derweil auf dem rechten Pilotensitz in der Front des Cockpits zurechtzufinden:

COP: „Wir sind auf Towerfrequenz."
CPT: „Okay."
CPT: „Du hast die Steuerung und den Rest der Maschine..."
F/E: „Yeah..."
CPT: „Diese # Sachen, ich hasse sie.."
- Lachen im Cockpit -

Die Maschine stand jetzt auf der Startbahn, und die beiden Crewmitglieder auf ihren „vertauschten" Plätzen brachten hektisch die Checkliste zuende. Beide waren aber mit ihren Aufgaben nicht vertraut, und so endete die Checkliste in einem Chaos. Im Cockpit wimmelte es von unsicheren Nachfragen und Versuchen, dem jeweils anderen zu erklären, was er jetzt tun hätte. Dazu kam noch die schlechte Beleuchtung, welche das Auffinden von Schaltern und Hebeln noch erschwerte. Aber der Kommandant drängte zum Aufbruch:

???: „Haben wir alles?"
CPT: „Okay, Leute..."
- Geräusch der hochlaufenden Turbinen -

Die DC-8 begann die mit blitzenden Lichtern gespickte Startbahn herunterzurollen. Die Kontrolle hatte der zum „fliegenden Piloten" Bordingenieur, der, wie der Rest der Cockpitcrew, in der Hektik etwas vergessen hatte. Kurz vor ihrem Platztausch hatte er während der Checkliste nach der Stellung der Stabilisatoren beim Punkt : „Trim??" gefragt, worauf der Copilot „Gesetzt" geantwortet hatte. Laut der Checklistenbeschreibung von United war das die geforderte Antwort. Dies entsprach aber nicht der Realität: Die Stabilisatoren waren immer noch hecklastig ausgetrimmt. Routinemäßig greift beim Beschleunigen des Flugzeugs der Pilot nochmal nach dem Einstellrad, um sich der richtigen Einstellung zu versichern. Aber der völlig unerfahrene Bordingenieur nutzte diese letzte Chance nicht, die völlig vertrimmten Stabilisatoren zu korrigieren. Der Kommandant überprüfte die Einstellung ebenfalls nicht.

Das Flugzeug hob kurz nach Hälfte der Startbahn ab. Die an den vollausgefahrenen Stabilisatoren vorbeistreichende Luftströmung drückte das Heck nach unten, wodurch der Anstellwinkel immer größer wurde. Dies kommentierte der Kommandant ungerührt mit den Worten:

CPT: „...wie bei Apollo 10..."

Während der Anstellwinkel größer wurde, sank die Vorwärtsgeschwindigkeit immer mehr ab. Die DC-8 näherte sich einem überzogenen Flugzustand. Das bemerkte auch der Kommandant:

CPT: „Warte einen Moment..."

In dieser Sekunde setzten die „Stickshaker" ein, die die Piloten vor einem überzogenen Flugzustand zu warnen. „Nein! Nein!.....Nach vorne drücken...Nach vorne drücken..." forderte der Kommandant den Bordingenieur auf. Doch dieser bekam die Nase der DC-8 nicht nach unten. Vom hinteren Teil des Cockpits rief der Copilot

"Trim", womit er den Grund des gefährlichen Flugzustandes erfaßt hatte. Augenzeugen am Boden sahen aus den Triebwerken „Funken" kommen, als die Strömung in den Aggregaten abbrach. Die Frachtmaschine stieg im steilen Winkel bis auf ca. 1.000 ft, als die Luftströmung an der rechten Tragfläche abriß. Obwohl die Piloten verzweifelt versuchten, die DC-8 wieder abzufangen, kippte sie unerbittlich über die Tragfläche ab und begann dem Boden entgegenzustürzen. Sekunden danach schrie der Kommandant „Uns geht die Luft aus...".

Um 02:52 Uhr/loc. endete der Frachtflug UAL 2885 ungefähr 300 Meter rechts neben der Startbahn 21R in einem Feuerball. Die drei Besatzungsmitglieder starben beim Aufschlag.

Die Flughafenfeuerwehr war eine Minute nach dem Absturz vor Ort und begann mit den Löscharbeiten. Ungefähr sieben Minuten nach dem Absturz hatte sie das aus brennendem Sprit bestehende Feuer rund um das Wrack unter Kontrolle, mußte aber noch lange gegen vereinzelte Brandherde innerhalb des Rumpfes und durch verstreute Brände der Ladung kämpfen.

Um 03:35 Uhr/loc. hörte ein Flughafenangestellter zufälligerweise im Terminal ein Gespräch von United-Bediensten, in dem sie feststellten, daß sich „radioaktives Material" an Bord der abgestürzten DC-8 befunden hätte. Der Flughafenangestellte informierte sofort den Einsatzleiter der Feuerwehr über diesen Umstand. Dieser unterbrach sofort die Löscharbeiten und zog seine Leute vom Unfallort ab, um eine Gefährdung durch radioaktive Verseuchung zu vermeiden. Zwanzig Minuten später wurde der Einsatzleiter nach einem „inoffiziellen" Rückruf bei der Frachtabteilung von United in Detroit darüber informiert, das sich ein gesicherter Transportbehälter mit Americanum 242 in der Maschine befand. Dieser Stoff war nur leicht radioaktiv und so nahm die Feuerwehr ihre Löscharbeiten wieder auf. Um 06:20 Uhr/loc. trafen zwei Spezialisten mit Geigerzählern an der Absturzstelle ein und konnten die Rettungskräfte beruhigen: Es konnte keine Radioaktivität gemessen werden. Die Transportbehälter hatten den Absturz unbeschadet überstanden.

Das Unitedpersonal auf dem Frachthof in Detroit war Minuten nach dem Absturz über die radioaktive Fracht der DC-8 aus den Ladepapieren unterrichtet gewesen. Der Zuständige am Detroiter Frachthof hatte - genau nach Vorschrift - die United Zentrale in Chicago über den Absturz und die Fracht informiert. Laut Vorschrift sollte die Zentrale in Chicago danach alle nötigen Anrufe tätigen. In Chicago benötigte man aber zwei Stunden, bis man sich mit der ebenfalls in Detroit zuständigen Behörde, Zivilschutz, Feuerwehr usw., in Verbindung setzte. Danach ging alles weiter seinen vorschriftsmäßigen Gang, so daß die Feuerwehr an der Unfallstelle „offiziell" erst um 06:20 Uhr/loc., fast vier Stunden nach dem Absturz, über die Existenz von „radioaktiven Material" informiert wurde.

Im Absturzbericht des NTSB wurde angeregt, daß der unglaublich lange „Behördenweg" schnellstens verkürzt werden sollte. Nebenbei hatte United beim Transport gefährlicher und der dem Unfall nachfolgenden Informationspolitik nicht weniger als FÜNF Vorschriften und Richtlinien mißachtet.

Der Bericht nahm zur Kenntnis, daß es auf Frachtflügen das „Plätzetauschen" eine durchaus gängige Praxis ist. Was aber nichts an der Tatsache änderte, daß diese Praxis verboten ist. Dieser Umstand sollten die Airlines und Chefpiloten ihren Angestellten deutlich machen.

16.01.83

T H Y   Boeing 727-200
TC-JBR   21603

Mit 65 Passagieren und sieben Besatzungsmitgliedern befand sich die 727 im Landeanflug auf **Ankara-Esenboga AP**. Zuvor war die Boeing in Istanbul gestartet. Zu dieser Zeit (22.30 Uhr/loc.) herrschte Dunkelheit und Schneetreiben. Die Sichtweite war auf ein Minimum reduziert. Außerdem wehten starke Sturmböen und machten eine Landung zu einem heiklen Unterfangen. Im Endanflug wurde die 727 dann plötzlich von einer Windscherung erfaßt und zu Boden gedrückt. 150 Meter vor dem Beginn der Landebahn, ging man zu Boden, rutschte jedoch noch auf die Landebahn und zerbrach in drei Teile.

Nur 13 Menschen überlebten den Crash. Für 47 Insassen kam jede Hilfe zu spät. Die meisten Überlebenden befanden sich im vorderen Teil der Maschine.

22.02.83

V A S P   Boeing 737-200C
PP-SNC   21187

Unmittelbar nach dem Start in **Manaus/Brasilien** stürzte die 737 in den angrenzenden Dschungel. Die Maschine befand sich mit einer Ladung TV-Geräte auf einem Cargo-Flug von Manaus nach Sao Paulo.

Bei diesem Unglück starben 2 Menschen.

11.03.83

Avensa   Douglas DC-9-32
YV-67C   47025

Trotz sehr schlechten Wetters führte der Copilot den Landeanflug auf den Flughafen von **Barquisimento/Venezuela** fort. Er unterließ grundsätzliche Vorbereitungen für die Landung, unterschritt die Mindestanflughöhe und überschritt die Landegeschwindigkeit. Der Anflug mißlang, aber anstatt durchzustarten, setzte der Copilot die Maschine zum schnellere Abbremsen in das morastige Gras neben der Piste. Das Fahrwerk war für solche Belastungen nicht ausgelegt und brach ab, woraufhin sich die Maschine überschlug und Feuer fing. Das Ergebnis dieser Kette von Fehlleistungen sind 23 Tote und 27 Schwerverletzte. Warum der Kommandant nicht eingriff, ist nicht bekannt.

Die Maschine kam aus Caracas.

14.03.83

Jamahirya AT   Boeing 707-320C
5A-DJO   18955

Der Vierstrahler startete in **Sebha/Libyen** mit nur drei laufenden Triebwerken. Während des Steigfluges versuchte die Cockpitbesatzung, das fehlerhafte Triebwerk wieder zu starten. Dieses war jedoch durch die nicht abgestellte Kerosineinspritzung voll von Treibstoff, das bei der Zündung schlagartig Feuer fing. Das Triebwerk explodierte. Dadurch erfuhr der Flieger eine Neigung nach unten, die sich durch die Piloten nicht mehr korrigieren ließ.

Die Maschine zerschellte etwa 30 Kilometer nördlich von Sebha und riß die 5 Besatzungsmitglieder in den Tod.

28.03.83

L A M   **Boeing 737-200**
C9-BAB   **20281**

Die 737 bekam im Endanflug auf **Quelimane/Mozambique** frühzeitige Bodenberührung. Das rechte Triebwerk und das gesamte Fahrwerk wurden abgerissen. Darauf drehte sich die gesamte Maschine um 90 Grad und endete schließlich an einem Hügel neben der Landebahn. Niemand wurde verletzt, die Boeing war allerdings schrottreif.

19.04.83

Aeroflot   **Yakovlev Yak-40**
CCCP-87291   **9320628**

Beim Anflug auf die armenische Stadt **Leninakan/UdSSR** zerschellte die Yak an einem Berg. Keiner der 21 Insassen überlebte den Crash.

29.04.83

S A N   **SE210 Caravelle 6N**
HC-BAT   **125**

Beim Start in **Guayaquil/Equador** fiel eines der beiden Triebwerke aus. Der Pilot entschied sich dennoch abzuheben und leitete eine Platzrunde ein, um daraufhin wieder zu landen. Dabei wurde versehentlich die Treibstoffzufuhr des intakten Triebwerks unterbrochen. Antriebslos verlor die Maschine an Höhe. Da waren die Piloten nicht mehr in der Lage, eine Notlandung auf dem Flughafen durchzuführen, und stürzten einige hundert Meter vor dem Flughafen in ein Sumpfgebiet.

Dabei starben 8 der 94 Insassen.

02.06.83

Air Canada   **Douglas DC-9-32**
C-FTLU   **47196**

Als an jenem sonnigen Tag im Juni die DC-9 der Air Canada in 33.000 ft Höhe auf ihrem Weg von Dallas, Texas nach Toronto den amerikanischen Bundesstaat Kentucky überflog, ereignete sich in der rechten Hecktoilette ein Brand. An Bord des halbvollen Linienkurses 797 befanden sich 41 Passagiere und 5 Besatzungsmitglieder. Warum dieser Brand im Kabelbaum der Toilettenspülungspumpe ausbrach, ist nicht klar. Eine Ursache könnte ein Kurzschluß wegen durchgescheuerter Isolierungen an den Kabeln gewesen sein. Er kann auch durch eine Stromüberlastung der Kabel, z.B. durch eine verklemmte Pumpe oder zu lange laufende Toilettenspülung verursacht worden sein. Auch ein Aufeinandertreffen aller drei Umstände zuzüglich einer nicht funktionierenden Sicherung ist möglich.

Das Feuer fraß sich durch den Kabelbaum und erfaßte bald die wärmedämmenden Materialien an der Bordwand. Der Schmorbrand zwischen den Wandpaneelen und der Bordwand wurde immer größer, bis um 18:51:14 Uhr/loc. die Piloten im Cockpit die ersten Folgen des Brandes bemerkten.

Die DC-9 war gut eine Stunde vorher in Dallas gestartet. Die Cockpitbesatzung genoß gerade ihr Bordessen, als die drei Sicherungen der Toilettenspülungspumpe heraussprangen. Das Essen wurde zur Seite gestellt, und der Kommandant versuchte, die Sicherungen wieder hereinzudrücken. Sie flogen sofort wieder heraus, weswegen er erst einmal annahm die Pumpe hätte sich „festgefressen". Er versuchte noch einige Male, die Sicherungen wieder hineinzudrücken, aber es blieb erfolglos. Überlegungen wurden über den Grund der Störung angestellt und ein Eintrag im Bordbuch gemacht. Den Vorschriften von Air Canada folgend, ließen sie die Sicherungen draußen. Da in der hinteren Toilette kein Rauchmelder war, konnten sie von dem Feuer nichts ahnen. Doch in der Kabine konnte man den Brand mittlerweile riechen. Ein Passagier in der letzten Reihe verständigte eine Stewardeß. Sie roch den Brand ebenfalls, nahm sich einen Feuerlöscher und begab sich in die hintere Toilette. Als sie die Tür öffnete, sah sie Schwaden von grauem Rauch, aber keine Flamme. Sie begab sich in das Innere, um den Brand zu löschen. Aber sie fand keinen Brandherd, inhalierte aber dafür den Rauch. Sie verließ unverrichteter Dinge den Raum wieder und erstattete hustend dem Chefsteward Bericht. Der schickte eine andere Stewardeß in das Cockpit, um die Piloten zu informieren, und begann die Passagiere in den vorderen Teil der DC-9 umzusetzen. Dann begab er sich selbst mit einem Feuerlöscher bewaffnet in die hintere Toilette. Er sah ebenfalls keine Flammen, aber er entleerte seinen Feuerlöscher in die Ritzen der Deckenpanele, wo der Rauch seiner Meinung nach herkam.

Um 19:02:40 Uhr/loc. wurden die Piloten von dem Feuer informiert. Der Kommandant schickte den Copiloten nach hinten, setzte seine Atemmaske auf und schaltete alle Stromkreise in der hinteren Toilette ab.

Der Copilot schaute in die Toilette, aber da er seine transportable Atemmaske und die Schutzbrille im Cockpit vergessen hatte, konnte er nicht viel tun. Der Rauch füllte inzwischen die halbe Kabine. Der Copilot kehrte ins Cockpit zurück und informierte den Kommandanten von der Intensität der Rauchentwickelung:

COP: „Ich kann da nicht zurückgehen, es wird zu dicht, ich denke wir gehen besser runter."

Bevor der Kommandant irgend etwas antworten konnte, stürmte der Chefsteward ins Cockpit:

STA: „Ich habe die Leute nach vorne umgesetzt, du hast keinen Grund dir Sorgen zu machen, es beruhigt sich."

Der Copilot drehte sich um und blickte durch die offene Cockpittür, wo sich der Rauch dem Anschein nach wirklich verzog.

COP: „Es fängt an sich aufzuklären."

Er lieh sich vom Kommandanten die Rauchschutzbrille -seine eigene konnte er in der Eile nicht finden- und ging wieder nach hinten. Kaum hatte der Copilot das Cockpit verlassen, kam der Chefsteward wieder und sagte noch einmal zum Kommandanten, daß der Rauch sich verziehen würde.

Auch nach Aussagen von Passagieren gab es nach dem Löscheinsatz des Chefstewards wirklich eine Zeit von 1-2 Minuten, wo sich der Rauch etwas verzog. Wegen dieser scheinbar positiven Entwicklung entschloß sich der Kommandant nicht sofort einen Notabstieg mit anschließender Notlandung auf dem nächstgelegenen Flughafen einzuleiten. Er hätte auf dem acht Kilometer östlich von seiner Position befindliche kleine Provinzflughafen Louisville landen können. Dieser verfügte aber nur über eine kurze Landebahn und war auch sonst nur notdürftig ausgerüstet. Seinen späteren Aussagen zufolge dachte der Kommandant, das Feuer wäre im Mülleimer der Toilette ausgebrochen und wäre durch den Löscheinsatz des Chefstewards erstickt worden. Nachdem ihm um 19:04 Uhr/loc. drei Besatzungsmitglieder unabhängig voneinander mitgeteilt hatten, daß der Rauch sich verziehen würde, sah er keinen Grund mehr für einen Notabstieg. So verpaßte die Besatzung eine Chance für eine zeitige Landung, denn das Feuer hatte sich keineswegs beruhigt!

Es fraß sich langsam zu den lebenswichtigen Stromleitungen durch, die die Cockpitinstrumente mit Strom versorgen. Während sich der Copilot noch in der Kabine befand, fiel um 16:05:35 Uhr/loc. die normale Gleich- und Wechselstromversorgung der DC-9 aus. Der Kommandant informierte über Funk die Luftraumlotsen im „Indianapolis Center" darüber, daß sie ein :„Problem mit der Elektrik" hätten. 45 Sekunden später verschwand das Sekundärsignal des Transponder der Air Canada Maschine von den Radarschirmen der Lotsen.

In der Kabine versuchte der Copilot inzwischen, die Tür zur Toilette zu öffnen, doch der Türgriff war zu heiß zum Anfassen. Er instruierte die Kabinenbesatzung, die Tür geschlossen zu halten, und rannte um 19:07:11 Uhr/loc. wieder nach vorne in das Cockpit.

COP: „Ich mag überhaupt nicht was da vorgeht. Es wäre besser, wir würden runtergehen, Okay?"
CPT: „Okay!"

Auch der Pilot war zu dem Ergebnis gekommen, daß jetzt ein Notabstieg unausweichlich geworden war. Denn kaum hatte der Copilot sich wieder auf seinen Platz gesetzt, fiel auch das Ersatzsystem für die Stromversorgung aus. Die Fluglageanzeigen der Piloten waren plötzlich tot. Das batteriegespeiste Notsystem wurde aktiviert, aber das konnte die Instrumente nur teilweise wiederbeleben. Unter anderem versagten weiterhin zwei künstliche Horizonte (die DC-9 hat drei), Teile der Trimmanlage und vor allen Dingen die gesamte Navigationsanlage ihren Dienst. Auch der Cockpit Voice Recorder zeichnete nicht mehr auf. Um 19:08:12 Uhr/loc. funkte Air Canada Flug 797 „Mayday". Die Fluglotsen boten der Air Cananda-Maschine an, den 45 Meilen entfernten Flughafen **Cincinnati Int'l AP/USA** als Notlandeplatz anzufliegen. Das wurde akzeptiert und der Flug 797 wurde für einen Sinkflug auf 5.000 ft freigegeben.

Die Lotsen sahen aber auf ihren Schirmen wegen des Stromausfalls an Bord der DC-9 nur den Punkt des Primärechos, nicht aber das Sekundärecho mit dem Transpondercode, Geschwindigkeit und der Höhe der in Luftnot geratenen Air Canada Maschine.

Deswegen fiel es den Lotsen schwer, die Maschine in dem Verkehrsgewimmel über Kentucky zu identifizieren. Es ereignete sich ein kleiner Irrtum, als die Lotsen, die für den Luftraum oberhalb von 30.000 ft zuständig waren, die Maschine an die Anfluglotsen in Cincinnati übergeben wollten. Sie verwechselten die in Luftnot befindliche DC-9 mit einer anderen Maschine. Das führte zu Irritationen an Bord des Continental Fluges 382, der gemütlich in 35.000 ft Höhe in Richtung Westen flog. Die Besatzung der Continental-Maschine war etwas verwundert, als sie plötzlich für einen Notabstieg freigegeben wurde, den man gar nicht erbeten hatte. Nachdem die Continental-Crew den Lotsen in Cincinnati klar gemacht hatte, daß in ihrem Fall ein Notabstieg nicht erforderlich wäre, setzten sie ihren Flug Richtung Westküste fort.

Nachdem dieser Irrtum nach einigen Sekunden ausgeräumt war, wurde die Air Canada DC-9 für einen Direktanflug auf Cincinnati freigegeben und die Rettungsmannschaften am Flughafen informiert.

In der Maschine wurde die Situation immer kritischer. Mit nur noch einem künstlichen Horizont und dem Geschwindigkeitsmesser „tasteten" sich die Piloten ihren Weg durch eine dichte Wolkendecke. Erschwert wurde die Orientierung auch dadurch, daß durch die offene Cockpittür immer mehr Rauch quoll. Der Kommandant hatte zwar seine Rauchschutzbrille aufgesetzt, aber die war innerhalb von Minuten von innen beschlagen. Außerdem war der Rauch im Cockpit so dicht, daß die Piloten vorbeugen mußten, um die noch verbliebenen Instrumente erkennen zu können. Da sie Atemgeräte trugen, hatten sie zumindest keine Schwierigkeiten beim Luftholen. Ganz im Gegensatz zu den Passagieren in der Kabine, die mittlerweile nur noch durch feuchte Taschentücher atmen konnten.

Da sämtliche Navigationseinrichtungen an Bord ausgefallen waren, mußten die Lotsen in Cincinnati die Navigation der Air Canada übernehmen. Die DC-9 wurde nicht mehr mit Kursanweisungen versorgt, sondern mit Befehlen wie:„*Kurven sie nach rechts.....und Stop*" durch den Luftraum geleitet. Nachdem man es geschafft hatte, unter die dichte Wolkendecke zu kommen, begann man mit dem Endanflug auf die Landebahn 27L. Die Klappen und Fahrwerk wurden ausgefahren, und um 19:20:09 Uhr/loc. konnte ein erleichterter Towerlotse in Cincinnati seinen Kollegen melden:
TWR: „*Sie sind gelandet!!*"

Die Piloten bremsten auf der Landebahn mit voller Kraft, und so kam die DC-9 nach zwei Dritteln der Bahn zum Stehen. Sekunden später war die Flughafenfeuerwehr mit 7 Einsatzfahrzeugen am Flugzeug und begann erst einmal vorbeugend, den Rumpf mit Schaum abzusprühen. In der Kabine begann man sofort nach dem Stillstand mit der Evakuierung. Die Passagiere waren fast zwanzig Minuten dem Rauch und den giftigen Gasen der brennenden Kabineneinrichtungen ausgesetzt gewesen. Benommen von den giftigen Gasen und in Todesangst hatten sie Schwierigkeiten, in der völlig verqualmten Kabine ihren Weg zu den Ausgängen zu finden. Die Sichtweite war 30 cm über dem Kabinenboden auf Null abgesunken. Die von den Stewardessen instruierten Passagiere in der Mitte der DC-9 öffneten drei Notausgänge über den Flügeln. Innerhalb von dreißig Sekunden schafften es 11 Passagiere, die im mittleren Bereich der DC-9 gesessen hatten, die brennende Maschine über die Flügel zu verlassen. Die Evakuierung des vorderen Teils der Maschine war ungleich schwieriger. Die beiden vorderen Ausgänge wurden Sekunden nach dem Stillstand der DC-9 geöffnet. Der am linken Ausgang stehende Chefsteward betätigte die Notrutsche und versuchte in die Kabine herein zu brüllen: „Kommen sie hier entlang!". Es kam aber nur ein Krächzen aus seinem Mund, denn es war schon schwer genug Atem zu holen, geschweige denn genug Luft für das Brüllen zu haben. Es fanden sieben Passagiere den Weg durch diesen Ausgang, ein weiterer verließ das Flugzeug durch den rechten Ausgang. Das waren alles Insassen, die in den ersten Reihen gesessen hatten. Die Piloten versuchten, in die Kabine vorzudringen, wurden aber von dem dichten Rauch und der Hitze des Feuers wieder in das Cockpit getrieben. Sie kletterten durch die geöffneten Cockpitfenster ins Freie. Die Passagiere, die zwischen den ersten Reihen und den Flügelausgängen saßen, mußten sich ihren Fluchtweg nach vorne oder hinten an den Sitzlehnen entlang ertasten. Das dauerte ungleich länger, denn weder die Notbeleuchtung noch die beleuchteten „EXIT"-Schilder funktionierten. Sieben Passagiere brachen mit schweren Rauchvergiftungen im vorderen Gang zusammen und erstickten. Zwei hatten in dem dichten Rauch die Flügelausgänge nicht gesehen und schleppten sich in Richtung Heck. Auch sie erstickten im Gang auf der Höhe der hinteren Tragflächen. Sechs Passagiere hatten schon bei Beginn der Evakuierung so schwere Rauchvergiftungen, daß sie es nicht mehr schafften, sich aus ihren Sitzen zu erheben, um sich zu retten. Ca. 70 Sekunden nach dem Beginn der Evakuierung wurde die Hitze in dem Inneren des Flugzeuges so groß, daß die Inneneinrichtung schlagartig Feuer fing. Die Hitze dieses Brandes trieb die an den Türen stehenden Flugbegleiter ins Freie.

Insgesamt starben 15 Passagiere in der Kabine der DC-9. Von den 23 Insassen, denen es gelang die Maschine zu verlassen, hatten die meisten schwere Rauchvergiftungen.

Nach dreißig Minuten schaffte es die Feuerwehr, den Brand zu löschen. Die Flammen hatten sich inzwischen durch die Außenwand gefressen und die DC-9 in ein qualmendes Wrack verwandelt. Es waren mehrere Versuche fehlgeschlagen, in die brennende Maschine einzudringen und das Feuer direkt zu löschen. Zum einen wollten die Rettungskräfte nicht die wenigen Notausgänge mit ihrem Gerät verstopfen und damit die Evakuierung behindern. Zum anderen trugen die Feuerwehrleute zwar Atemgeräte und Asbestanzüge; diese paßten aber nicht zusammen. Trug man die Atemschutzmaske, paßte die Kappe des Asbestanzugs nicht mehr über den Kopf. Dadurch behindert, mußte sich die Feuerwehr in den ersten zehn Minuten darauf beschränken, die Maschine von außen mit Schaum zu kühlen.

Die Tragödie auf dem Flughafen von Cincinnati löste nicht nur in Fliegerkreisen eine starke Diskussion über die Möglichkeit der Brandverhinderung und -bekämpfung in Verkehrsflugzeugen aus. Nach ähnlichen Katastrophen in Paris und Boston 1973 fragte die Öffentlichkeit immer lauter, was die Flugzeughersteller und die Airlines seit damals getan hatten. Sowohl das NTSB wie auch die Öffentlichkeit fragten, warum immer noch keine Rauchmelder in Flugzeugtoiletten installiert. Die unhandlichen Atemgeräte der Besatzung und die nur begrenzt vorhandenen Feuerlöscher wurden ebenso kritisiert wie die offensichtlich mangelhafte Ausbildung der Besatzung, einen Brandherd zu erkennen und zu bekämpfen. Aber vor allem wurde der Ruf nach Sitzbezügen und Kabineneinrichtungen aus brandhemmenden Materialien immer lauter. Die Materialien waren da, aber die Fluglinien scheuten die hohen Kosten der Anschaffung und Umrüstung.

Nach dieser Katastrophe wurde die Ausrüstung der Kabinen mit sogenannten „Feuerblockern" und der Toiletten mit Rauchmeldern in Amerika und Europa vorgeschrieben.

Die Flugaufsichtsbehörden gaben außerdem die Anweisung, die Ausbildung der Kabinenbesatzung zu verbessern und es ihnen damit zu ermöglichen, den Brandherd sofort und „aggressiv" zu bekämpfen.

Das NTSB kritisierte die Piloten wegen ihrer zu späten Entscheidung, den nächsten Flughafen anzufliegen. Diese setzten sich mit dem Argument zur Wehr, sie hätten nur ungenügende und widersprüchliche Informationen aus der Kabine über die Intensität des Feuers bekommen.

02.06.83

Garuda   **Fokker F28-3000RC**
PK-GFV   11132

Beim Start auf dem Flughafen von **Tanjungkaran/Indonesien** „verschluckte" sich eines der zwei Triebwerke, was zu einem Schub- und Auftriebsverlust in dieser kritischen Flugphase führte. Daraufhin stürzte die Fokker zu Boden und kollidierte mit einem Erdwall. Ursache war ein zu steiler Anstellwinkel der Tragflächen nach der Rotation gewesen.

Bei diesem Unglück starben 3 Menschen. Die Cockpitsektion wurde vollständig zerstört.

29.06.83

Aeroflot   **Yakovlev Yak-40**
CCCP-87808   9231823

In der Nähe der Stadt **Kazerman/UdSSR** wurde die Yakovlev von einer starken Windscherung erfaßt und stürzte ab. Näheres ist nicht bekannt.

01.07.83

Chosonminhang   **Iljushin Il-62M**
P-889   -

Die Maschine zerschellte an den **Foutadjall Bergen/Guinea-Bissau** nahe der Stadt Labe.

23 Menschen starben. Der Flug sollte von Pjöngjang nach Conakry/Guinea gehen. Bislang fehlt eine offizielle Bestätigung dieses Absturzes. Jedoch tauchte bis heute die Maschine nicht wieder auf, so daß man von der Gültigkeit der Unglücksmeldung ausgehen muß.

01.07.83

Altair SE210 Caravelle 3
I-GISI 54

Beim Takeoff in **Mailand-Malpensa AP/Italien** zu einem Flug nach London-Gatwick brach in Engine No.2 (Steuerbord) ein Feuer aus. Die Cockpitbesatzung brach daraufhin den Start ab.

Alle 89 Studenten an Bord konnten sich retten. Die Caravelle jedoch wurde unreparabel beschädigt.

11.07.83

TAME Boeing 737-200
HC-BIG 22607

Auf 8.500 ft, mitten in den Equadorianischen Anden gelegen, ist der Flughafen von **Cuenca/Equador** nur unter Einhaltung der strikten An- und Abflugwege zu erreichen. Die an diesem Morgen aus der Hauptstadt Quito anfliegende Boeing 737 befand sich im Sinkflug auf Cuenca und hatte neben den sieben Mitgliedern der Besatzung weitere 112 Passagiere an Bord. Das Wetter an diesem Morgen war durchaus gut mit annähernd wolkenlosem Himmel. Nur vereinzelte Wolkenfetzen waren an den Hängen der umliegenden Berge zu erkennen. Teilweise zogen noch einige morgendliche Nebelschwaden über das Flugfeld und reduzierten etwas die Sicht, als die 737 in den Endanflug kurvte. Hierbei wichen die Piloten vom normalen Anflugkurs ab. Offenbar vertrauten sie auf die gute Sicht und wollten nach eigenem Ermessen die Landung durchführen. Dabei gerieten sie zu tief, drangen in die Bodennebelzone ein und streiften mit dem Fahrwerk eine Bergkuppe, ca. 2 Meilen vor dem Bahnanfang. Unkontrollierbar stürzte das Flugzeug augenblicklich zu Boden und ging in Flammen auf. Die Absturzstelle lag in einer unzugänglichen Felsschlucht des Mount Gaulum, nur eine gute Meile vom Mariscal La-Mar Airport in Cuenca entfernt.

Niemand der 119 Menschen an Bord überlebte den Absturz, der das schwerste Flugzeugunglück in der Geschichte des Landes war.

04.08.83

Pan American Boeing 747-100
N738PA 19645

Der Jumbo schoß bei der Landung in **Karachi/Pakistan** über das Bahnende hinaus und wurde irreparabel beschädigt, als das Fahrwerk durch morastigen Untergrund pflügte. Personen sollen nicht zu Schaden gekommen sein.

25.08.83

Aeroflot Yakovlev Yak-40
CCCP-87201 9741956

Wegen Überschreitung des zulässigen Höchststartgewichts vermochte die Yak beim Startlauf in **Omsukchan/UdSSR** nicht abzuheben. Man überrollte das Bahnende und kam auf weichem Untergrund zum Stehen. Niemand wurde ernsthaft verletzt, doch die Maschine war nicht mehr zu reparieren.

30.08.83

Aeroflot Tupolev 134
CCCP-65129 60630

Die Tupolev flog den Linienkurs SU129 von Kazan über Tscheljabinsk zur kasachischen Hauptstadt **Alma-Ata**. Der Start im russischen Tscheljabinsk erfolgte um 18:03 Uhr/loc. mit insgesamt 90 Insassen an Bord. Es war bereits fast dunkel, als die Maschine über der Steppe Kasachstans die Reiseflughöhe von 10.200 Metern (in der Sowjetunion gilt das metrische System) verließ. Um 20:10:03 Uhr/loc. nahm man mit der Anflugkontrolle von Alma-Ata Verbindung auf:

SU129:Alma-Ata Radar, auf Kurs zum Outer-Marker. Flughöhe 1.800 Meter. Erbitten ILS-Anflug."
ATC: „65129, Alma Ata Radar, Entfernung 36 km, Kurs 160 Grad, frei zum ILS-Anflug, Übergangshöhe 1.800 Meter, bei QFE (Luftdruckangabe) 703 Millimeter sinken Sie auf 900 Meter."

Der Flughafen von Alma Ata ist im Westen von Bergen bis zu 1.500 Metern und im Süden von Erhebungen bis zu 4.500 Metern umgeben. Im Betrieb befand sich die Landebahn 05, bei der die anfliegenden Maschinen von Norden her in 900 Metern auf das Haupteinflugzeichen zufliegen, das sich 18 Kilometer vor dem Pistenanfang befindet. SU129 sank nun auf die Übergangshöhe 1.800 Metern, von der der Höhenmesser vom Standardluftdruck auf den örtlichen Luftdruck geeicht wird. Doch die Tupolev flog zu dieser Zeit nicht genau von Nordwesten her auf den Outer-Marker zu, sondern wich linkerhand vom Anflugkurs ab. Hinter der Tupolev befand sich eine weitere Maschine, die ebenfalls in Alma Ata landen wollte. Es handelte sich hierbei um eine Ilyushin-62, die sich jedoch mit Kurs 150 Grad auf dem korrekten Anflugweg Richtung Outer-Marker befand. Der Fluglotse wollte nun die Situation damit bereinigen, daß er die Tu-134 hinter der IL-62 plazierte. Um 20:10:15 Uhr/loc. informierte er Flug 129 über den anderen Verkehr:

ATC: „129, da ist eine Il-62, 8 Kilometer rechts von Ihnen, wird auf 600 Meter sinken."
SU129:In Ordnung."

Die Ilyushin-62 wurde nun zur Landenummer eins eingewiesen, während die Tupolev gebeten wurde, nach rechts auf 230 Grad zu kurven und somit ihren Anflugweg zu verlängern. Der zu dieser Zeit am Steuer sitzende Copilot kurvte anweisungsgemäß auf 230 Grad und entfernte sich nun wieder vom Flughafen. Die Piloten schalteten in dieser Phase des Fluges das automatische Navigationsgerät im Cockpit ab und steuerten die Tu-134 von Hand durch die Dunkelheit. Als die Ilyushin gelandet war, widmete sich der Fluglotse um 20:15:09 Uhr/loc. wieder Flug 129:

ATC: „129, drehen Sie nach links zum Endanflug, sinken Sie auf 600 Meter."

SU129:
„129, nach links zum Endanflug, sinken auf 600 Meter."

Obwohl sich die Maschine über 40 Kilometer vom Flughafen entfernt hatte und damit außerhalb der Anflugkontrollzone war, wurde der weitere Sinkflug auf 600 Meter freigegeben. Ohne dies noch einmal zu überprüfen und das Navigationsgerät wieder einzuschalten, bestätigten die Piloten diese Anweisung, drehten nach links auf Südkurs und begannen mit ihrem Sinkflug. Kurz danach ertönten im Cockpit bereits die ersten Höhenwarnungen, als man über die ersten Bodenerhebungen südwestlich des Flughafens hinwegflog. Davon irritiert, hielt der Copilot in seinem Kurvenflug inne und flog nun wieder geradeaus. Doch dieser Kurs führte ihn geradewegs auf das dahinterliegende Gebirge zu. Die Höhenwarnungen rissen nicht ab, und der Kommandant sah, wie sich der Höhenmesser mit großem Tempo auf Null zubewegte. Instinktiv ergriff er die Steuersäule und zog sie heftig zu sich heran. Doch es half nichts mehr. Um 20:17:31 Uhr/loc. prallte die Tupolev gegen die kahle Kuppe eines 1.450 Meter hohen Berges und zerschellte beim Aufprall.

Von den 90 Insassen konnte niemand mehr lebend geborgen werden.

Der Absturzort lag 36 km außerhalb vom Bahnanfang der Runway 05 und etwa 1,5 km rechts von der verlängerten Pistenachse. In erster Linie war dieses Unglück auf die mangelnde Ortskenntnis des neu eingeführten sowjetischen Fluglotsen zurückzuführen, der die Tu-134 über die Anflugzone hinausfliegen ließ. Außerhalb dieser Kontrollzone betrug die minimale Sicherheitshöhe 4.620 Meter. Entgegen dieser Bestimmungen gab er Flug 129 jedoch auf 600 Meter frei. Zum anderen wurde das Verhalten des Tu-134-Kommandanten gerügt, der bei seinen Funkgesprächen von der üblichen Phraseologie abwich und während einer 23-sekündigen Höhenwarnung kein Steigmanöver einleitete.

01.09.83

Korean AL
HL7442

Boeing 747-200B
20559

Das Wettrüsten der beiden Supermächte USA und Sowjetunion hatte einen neuen Höhepunkt erreicht. Die Abrüstungsverhandlungen SALT 2 verliefen weitestgehend ergebnislos. Die UdSSR brachte neue SS-20 Raketen in Stellung, während in Westeuropa die Stationierung der Pershing-2 anlief. Die Reden der beiden Staatsoberhäupter Andropow und Reagan waren in erster Linie noch von ideologischen Beschimpfungen, denn von konstruktivem Dialog bestimmt. Konfrontation und eine strenge Abgrenzung beider Militärblöcke war an der Tagesordnung. Beide Staaten waren militärisch auf eine kriegerische Auseinandersetzung vorbereitet. Die UdSSR stützte sich dabei allein auf ihre militärische Macht. Ein wichtiger Teil hierbei war die Überwachung der sowjetischen Staatsgrenze von Kaliningrad an der Ostsee bis nach Wladiwostok am Pazifik. Besonders den Luftraum galt es vor widerrechtlichen Eindringlingen zu schützen.

Seit im April 1978 eine koreanische 707, die auf dem Weg von Paris nach Anchorage versehentlich über sowjetisches Territorium geraten war, von Jägern beschossen und gewaltsam zur Landung auf einem zugefrorenen See gezwungen wurde, wußte man, was es bedeuten würde, wenn ein Zivilflugzeug ohne Genehmigung in den sowjetischen Luftraum eindringt.

Es war ein warmer, windiger Sommerabend am letzten Tag im August. Auf dem New Yorker Flughafen John F. Kennedy machte sich die 747 der Korean Air Lines (KAL) zum Flug KE 007 startbereit. Der Linienflug sollte von New York über Anchorage/Alaska, wo eine technische Zwischenlandung erfolgte, zur südkoreanischen Hauptstadt Seoul gehen. Nach sieben Stunden problemlosen Fluges über dem nordamerikanischen Kontinent setzte die Maschine um 03:30

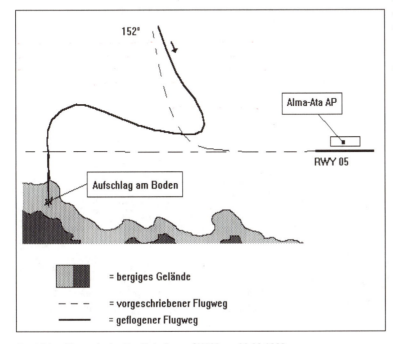

Der letzten Momente des Unglücksfluges SU129 am 30.08.1983

Uhr/loc. in der Nacht im naßkalten Anchorage auf. Dort wurde die müde gewordene Crew durch eine frische ersetzt, die Kerosinreserven für die achtstündige Reise nach Seoul ergänzt sowie die Passagierkabine gereinigt. In der Zwischenzeit vertraten sich die Passagiere im geheizten Warteraum etwas die Beine vor dem langen Weiterflug. Der koreanische Jumbo flog früher bei der deutschen Chartergesellschaft Condor und wurde im Februar 1979 von der KAL gekauft, um die Nachfrage an Großraumfluggerät im steigenden Langstreckenpassagiergeschäft zu decken.

Die neue Crew bestand aus zwei Piloten, einem Flugingenieur und zwanzig Mitgliedern der Kabinenbesatzung. Alle drei Mitglieder der Cockpitcrew waren sehr erfahren auf dem Flugzeugtyp 747. Der Kommandant konnte auf satte 10.600 Flugstunden zurückblicken, von denen er 6.618 in einer 747 verbracht hatte. Wie viele KAL-Piloten, wechselte er von der südkoreanischen Luftwaffe zur Zivilluftfahrt und wurde aufgrund seiner hervorragenden Leistungen sogar als VIP-Pilot für den südkoreanischen Präsidenten ausgewählt. Zusätzlich befanden sich sechs KAL-Angestellte sowie 240 Passagiere auf dem abflugbereiten Großraumjet, was die Gesamtzahl auf 269 Insassen erhöhte.

Noch einmal ließ man sich die neuesten Wettermeldungen durchgeben. Für den Flug nach Seoul wurde ein leichter Rückenwind erwartet, der die Flugzeit um einiges verkürzen würde. Um nicht während des Nachtflugverbots (von 23:00 - 06:00 Uhr) auf dem Kimpo Int'l Airport in Seoul anzukommen, entschloß sich der Kommandant, den Abflug um ca. 30 Minuten hinauszuzögern.

Im Cockpit bereiteten sich die Piloten auf die achtstündige Reise entlang der Luftstraße Romeo 20 vor. Dabei wurde der geplante Flugweg in die Bordcomputer eingegeben. Fast die gesamte Wegstrecke verlief über Wasser, wo herkömmliche Bodennavigation nicht möglich ist. Um dennoch möglichst genau auf der vorgeschriebenen Luftstraße zu bleiben, bediente man sich an Bord der 747 der Trägheitsnavigation (Inertial Navigation System (INS)). Hierbei wurde die genaue Ost-West und Nord-Süd Position in das Gerät eingegeben. Wichtig hierbei ist, daß sich das Flugzeug nicht in Bewegung befindet. Ist einmal ein Start-Fixpunkt eingegeben (z.B. die Terminalposition in Anchorage), so lassen sich dann weitere Fixpunkte entlang einer bestimmten Luftstraße festlegen, die dann auf wenige Meter genau, einer nach dem anderen, selbständig vom Autopiloten abgeflogen werden.

Es befinden sich immer drei INS-Geräte an Bord, um im Falle einer Fehlanzeige das fehlerhafte Gerät identifizieren zu können. Der Arbeitsplatz des Navigators wurde durch diese technische Neuerung mehr und mehr verdrängt.

Fehlerhafte Eingaben seitens der Piloten hatten nur in einem von 19600 Fällen zu größeren Kursabweichungen geführt. Statistisch gesehen konnte ein gleichzeitiges Versagen aller drei INS-Systeme praktisch ausgeschlossen werden.

Als alle Checks beendet waren, rollte KAL 007 von der Terminalposition zur Startbahn 32. Die Aufgaben im Cockpit waren verteilt: der Kommandant steuerte die 747, während der Copilot die Bordsysteme bediente und den Funkverkehr abwickelte. Es war gegen 04:50 Uhr/loc., als sich die Boeing zum zweiten Streckenabschnitt nach Seoul in den Nachthimmel über Alaska erhob. Unter dem Schub der vier Triebwerke folgte man zunächst mit Kurs 220° der Abflugroute, kurvte kurz darauf direkt auf die Luftstraße Victor 319 und nahm mit Steuerkurs 246° direkt Kurs auf das Funkfeuer Bethel, ca. 660 km westlich von Anchorage. Einige Zeit später hatte Flug 007 die vorgesehene Flughöhe von 31.000 ft (FL310) erreicht und ging in den Reiseflug über. Der Jumbo-Jet befand sich in dieser Flugphase bereits auf Autopilot/INS-Modus. Etwa 20 Minuten nach dem Start verließ KAL 007 den kontrollierten Luftraum von Alaska und befand sich nun außerhalb der Radarreichweite der Fluglotsen in Anchorage. Jetzt war man auf die eigene Navigation angewiesen.

Müdigkeit überkam die ersten Passagiere, die sich in ihren Sesseln ausstreckten und langsam einschlummerten. Für die Piloten brach nun der Teil des Fluges an, bei dem sie vorwiegend nur überwachende Tätigkeiten ausübten.

Zu dieser Zeit hätte den Piloten jedoch die erste Inkorrektheit in ihrem Flugweg auffallen müssen. Das Funkfeuer Bethel überflog Flug 007 nicht, sondern passierte es um 12 Meilen nördlich. Trotzdem meldete der Copilot Bethel als „überflogen". Nun begann die Romeo 20-Route. 13 imaginäre Fixpunkte lagen vor KAL 007, als die 747 den amerikanischen Kontinent langsam hinter sich ließ und über der Beringsee dem ersten Wegpunkt, „NABIE" genannt, entgegenflog. In Abstän-

HL7442; hierbei handelt es sich um den vor Sachalin abgeschossenen Jumbo, der hier auf die Startbahn einschwenkt/Hong Kong im Oktober 1980 <Quelle: Luftfahrt Journal-Sammlung>

den von 500-600 Kilometern folgten die weiteren Wegpunkte „NUKKS", „NEEVA", „NINNO", „NIPPI", „NOKKA" usw., die nur wenige Flugminuten von der zur Sowjetunion gehörenden Halbinsel Kamschatka und den Kurilen-Inseln entfernt lagen. Die Flugkarten für die Romeo 20-Route enthielten daher auch den warnenden Hinweis: „...Flugzeuge, die sich in nicht frei überfliegbares Territorium begeben, können ohne Warnung abgeschossen werden." Die Empfindlichkeit der Sowjets in diesem Gebiet kam nicht von ungefähr, da auf diesem Fleck des gigantischen Landes mehrere brisante Marine- und Luftwaffenbasen angesiedelt waren.

Unterdessen passierte KAL 007 den nächsten imaginären Meldepunkt „NABIE". Die eigenartige Kursabweichung blieb jedoch bestehen - schlimmer noch - sie vergrößerte sich. Das Flugzeug befand sich nun bereits 75 Kilometer nördlich der Romeo 20 Route. Die Entfernung zur Luftstraße nahm immer mehr zu. Mittlerweile war es 06:30 Uhr/Anchorage-Zeit. Seit 1,5 Stunden war man in der Luft.

Im Vertrauen auf ihre Instrumente, aus denen die Piloten keinerlei Unregelmäßigkeit ersahen, setzte KAL 007 den Flug in die Dunkelheit fort. Im Cockpit hatte man offenbar keine Ahnung, wohin der Flug tatsächlich ging.

Ist der Punkt der geringsten Annäherung an einen festgelegten Fixpunkt erreicht, so leuchtet auf dem INS-Gerät ein orangenes Licht auf. Die Piloten melden dann den Fixpunkt als „passiert". Selbst wenn das Flugzeug den Überflug eines Fixpunktes um mehrere hundert Kilometer verfehlen sollte, leuchtet das Lämpchen dennoch auf. Ungenauigkeiten im Kurs werden daher nicht offensichtlich.

Unter den Piloten lagen nur die unendlichen Weiten des Pazifischen Ozeans. Eine pechschwarze Masse umgab den Jumbo-Jet, in der für die Piloten keinerlei optische Anhaltspunkte auszumachen waren.

Die Abweichung nach Nordwesten vergrößerte sich zusehends. KAL007 war längst außerhalb der Radarreichweite der Station in Alaska und stand nur über UKW mit Anchorage in Verbindung. Jedoch war man in dieser entlegenen Region der Erde nicht völlig allein: Etwa 20 Minuten nachdem KAL007 in Anchorage gestartet war, folgte ihr ein weiterer Jumbo der Korean Air Lines. Es handelte sich hierbei um Flug KAL015, der in Los Angeles begann und ebenfalls Seoul als Ziel hatte. Als nach Meinung der Piloten von Flug 007 der nächste Wegpunkt NUKKS auf der Luftstraße Romeo 20 überflogen war, setzten sie über UKW eine entsprechende Positionsmeldung ab. NUKKS liegt weit außerhalb der Küste der Aleuten. Von dort dringen Positionsmeldungen über UKW-Funk normalerweise nicht bis nach Anchorage, jedoch war die automatische UKW-Station auf den Aleuten in Betrieb und fing das Funksignal von Flug 007 auf. Auf über 200 Meilen war die Kursabweichung unterdessen angestiegen. Auch KAL-Flug 015 hörte diese Meldung mit. Doch beim nächsten Meldepunkt NEEVA war die Entfernung für eine UKW-Verbindung zu groß geworden. Es war 07:58 Uhr/Alaska-Zeit (03:58 Uhr/loc.), als man vergeblich versuchte, Kontakt mit Anchorage zu bekommen. Doch KAL015 befand sich noch in UKW-Reichweite. Somit leitete KAL015 die Positionsmeldung von KAL007 an die Controller in Anchorage weiter, von denen niemand den fehlerhaften Flugweg des koreanischen Jumbos zu bemerken schien. Niemand machte sich Sorgen.

Die internationale Datumsgrenze wurde wenig später überflogen und mit einem Wimpernschlag wurden 24 Stunden übersprungen. Nun schrieb man den 1. September. Über HF-Kurzwelle wurde KAL007 beim Überflug des nächsten Wegpunktes NIPPI gebeten, mit der Flugverkehrskontrolle von Tokio Kontakt aufzunehmen. Zuvor bat der Kommandant um Steigflugfreigabe auf 33.000 ft, die auch prompt erfolgte.

Die Küste der sowjetischen Halbinsel Kamtschatka lag nun direkt vor dem ruhig dahinfliegenden Jumbo-Jet. Schließlich drang man in den sowjetischen Luftraum ein und erschien als nicht identifiziertes Flugobjekt auf den Bildschirmen der sowjetischen Radarlotsen in Kamtschatka.

Als die koreanische Boeing geradewegs auf die Südspitze der Halbinsel Kurs nahm, geriet man am Boden in Alarmbereitschaft. Auf Kamtschatka befanden sich

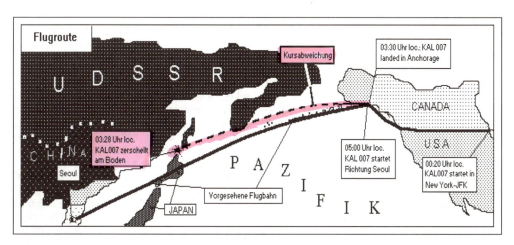

Schematische Darstellung der schicksalhaften Kursabweichung des Unglücksfluges KAL 007 in der Nacht vom 31.08. zum 1.09.1983

mehrere Raketenversuchs-Gelände sowie die streng geheime Basis Petropavlowsk, der Heimathafen der sowjetischen Atom-U-Bootflotte.

Minuten später erging der Einsatzbefehl für sechs MiG-23 Abfangjäger, die wenig später von ihrem Stützpunkt aufstiegen. Doch sie kamen zu spät. So schnell wie der Eindringling erschienen war, entfernte er sich auch wieder aus dem Hoheitsgebiet der UdSSR. In nur 24 Minuten hatte KAL 007 die Halbinsel überquert und erreichte über dem Ochotskischen Meer wieder den internationalen Luftraum. Noch bevor die MiG-Jäger ihre Zielerfassungsautomatik aktivieren konnten, mußte man den Einsatz unverrichteter Dinge abbrechen; alle sechs MiG-23 kehrten zu ihren Stützpunkten zurück.

Der Fehlkurs von Flug 007 wurde nicht korrigiert, da man im Cockpit offensichtlich immer noch annahm, daß sich die 747 auf der vorgeschriebenen Route R 20 befand. An Bord wog man sich in trügerischer Sicherheit. Doch die Kursabweichung brachte den Großraumjet geradewegs über einen weiteren hochsensiblen Bereich: die Südspitze Sachalins. Dort befanden sich neben dem wichtigen Flottenhafen von Koraskow noch zahlreiche Luftwaffen- und Marineverbände. Außerdem flog die Boeing geradewegs auf das russische Festland zu, auf dem sich der bedeutendste Kriegshafen der Pazifikflotte befand: Wladiwostok! All dies machte die Region zu einem der brisantesten Militärgebiete der Sowjetunion.

Für die Russen konnte das Verhalten der koreanischen 747 nur eines bedeuten: Spionage! Es mußte etwas geschehen. Es herrschte aufgeregte Betriebsamkeit, und eilig liefen die Meldungen zwischen den Militärstützpunkten hin und her.

Es war 02:07 Uhr/loc., als der 747-Copilot die HF-Funkgeräte auf die Frequenz der Luftraumkontrolle in Tokio umschaltete, deren Kontrollstation mittlerweile näher lag als Anchorage. Zwei Minuten darauf leuchtete wieder das Orangen Lämpchen neben dem INS auf und der Copilot funkte:

COP: *„Korean Air 007, over NIPPI 1707, flightlevel 330, estimate NOKKA at 1826(GMT)."*

Der Controller in Tokio bestätigte die Meldung. Noch war die Boeing außerhalb der Reichweite der zivilen japanischen Radarstation, daher bestand nur Funkkontakt zwischen Tokio und Flug 007. Die japanischen Fluglotsen mußten sich auf die Richtigkeit der Positionsmeldungen entlang der Pazifikrouten verlassen.

An Bord herrschte unterdessen routinierte Gelassenheit. Am Boden aber lief der Verteidigungsapparat der UdSSR auf Hochbetrieb. Kein zweites Mal sollte der Spion davonkommen. Auf dem Luftwaffenstützpunkt Dolinsk-Sokol wurden weitere Kampfjets in Alarmbereitschaft gesetzt.

Als ersichtlich wurde, daß der vermeintliche Eindringling nicht nach Osten abdrehte, sondern weiterhin schnurstracks auf Sachalin zusteuerte, fiel die Entscheidung: Abfangen! Eine Suchoi SU-15, gefolgt von drei MiG-23 starteten 02:42 Uhr/loc. in Dolinsk-Sokol, um das unwillkommene Flugobjekt abzufangen, bevor dieses den sowjetischen Luftraum wieder verließ.

Unter Radarführung flog die Staffel hinaus über das Ochotskische Meer, dem Eindringling geradewegs entgegen. Um nicht von einer möglichen Jagdflieger-Eskorte überrascht zu werden, pirschten sich die sowjetischen Jets in großem Abstand von hinten an das Zielobjekt heran. Der Suchoi Kampfjet, der die Funkkennung „805" zugewiesen bekam, war dem Ziel am nächsten. Mit dem Schub der beiden Nachbrenner verringerte sich schnell die Distanz. Doch der Einsatzradius des betagten Modells Su-15, die die Nato-Kennung "Flagon" trug, war trotz der enormen Höchstgeschwindigkeit von Mach 2,7 auf maximal 800 km begrenzt. Eile war daher geboten. Der Leuchtpunkt des unbekannten Flugobjekts erschien nun auf dem Zielradar im Cockpit der Suchoi. Wenig später kam der Funkspruch:

805: *„Ich sehe es."*

Der Kampfpilot war nun in heller Aufregung. Ein vermeintliches Spionageflugzeug der Amerikaner war in greifbarer Nähe. Und nur er hatte die Macht dazu, es vom Himmel zu holen. Der Abstand beider Flugzeuge verringerte sich weiter. Von der Bodenleitstelle kamen pausenlos Anfragen und Anweisungen. Der Kampfpilot leitete erst einmal das übliche IFF-Verfahren ein, um das Flugobjekt vor ihm als Freund oder Feind identifizieren zu können. Kommt auf ein bestimmtes IFF-Signal ein Antwortsignal, das nicht die sowjetische Erkennungsstruktur aufweist, so ist das Flugobjekt als Feind zu betrachten. Durch die Dunkelheit und die Position war der Suchoi-Pilot nicht in der Lage, das „Ziel" einwandfrei als militärisches Spionageflugzeug auszumachen. Die rot blinkenden Anti-Kollisionslichter der 747 und die rot-grünen Positionslichter waren zwar mit bloßem Auge sichtbar, jedoch war für jemanden, der noch nie eine 747 aus der Nähe gesehen hat, das Objekt vor ihm nicht als Zivilflugzeug erkennbar. Das IFF-Gerät schwieg.

805: *„805, das Ziel antwortet nicht auf IFF."*

Zur gleichen Zeit erbat KE 007 vom Tokioter Radarlotsen die Reiseflughöhe von 33.000 ft auf 35.000 ft zu ändern, um bei geringerem Gewicht durch die leerer werdenden Tanks in größerer Höhe weniger Treibstoff zu verbrauchen.

ATC: *„Roger, stand by, I call you back."*, kam es aus den Kopfhörern.

Zu dieser Zeit beobachteten japanische und US-Fluglotsen in der militärischen Radarstation Wakkanai das Kesseltreiben über Sachalin. Wakkanai liegt auf der äußersten Nordspitze Japans auf Hokkaido und die Reichweite des dortigen Radars reicht bis tief in sowjetisches Gebiet hinein. Auf dem Radarschirm konnten die Fluglotsen sehen, wie ein Leuchtpunkt im Luftraum der UdSSR von mehreren anderen Punkten verfolgt wurde. Niemand von ihnen war sich über die Bedeutung der Situation im klaren. In Wakkanai nahm man an, die Sowjets würden eine Luftübung veranstalten.

Ahnungslos waren die Piloten von Flug 007 mittlerweile um mehr als 600 km von der Luftstraße Romeo 20 abgekommen. In der Su-15 leuchtete in diesem Moment das Zielgerät auf, was bedeutete, daß beide Raketen das Ziel erfaßt hatten. „805" flog noch ein wenig näher an den Jumbo heran. Gleichzeitig meldete sich die Luftraumkontrolle in Tokio:

ATC: „Korean 007, here's your clearance, Tokio ATC cleared Korean 007 to climb and maintain flight level 350."

COP: „Roger, Korean Air 007, climb and maintain flight level 350, just leaving 330."

Der Großraumjet stieg langsam und mit geringerer Geschwindigkeit auf die gewünschte Flughöhe. Genau zu diesem Zeitpunkt gab der russische Pilot vier Feuerstöße seiner Bordkanone neben das vor ihm fliegende Objekt ab. Doch es erfolgte keine Reaktion. Vielleicht hätte ein Passagier, der zufällig aus dem Fenster in die Dunkelheit starrte, die vorbeihuschenden Lichtblitze der Kanonensalven sehen können, doch niemand an Bord wurde auf den Kampfjet aufmerksam.

805: „805, erhöhe Geschwindigkeit, ...805, nein, jetzt verringert es die Geschwindigkeit."

Das plötzliche Steigmanöver des „Ziels" hatte den Militärpiloten aus dem Konzept gebracht. Die schnellere Sukhoi befand sich nun vor der Boeing. Der Pilot und die Bodenstation legte dieses Verhalten als Ausweichmanöver aus. Nun wurde es knapp, das „Ziel" würde in den nächsten 3-5 Minuten die Südspitze Sachalins überquert haben und sich dann wieder im internationalen Luftraum befinden, wo die sowjetische Luftwaffe nichts mehr ausrichten kann.

Jetzt kam der Befehl von der sowjetischen Bodenstation zur Vernichtung des Ziels. KAL 007 hatte nun die Flughöhe erreicht und ging wieder in den Geradeausflug über.

COP: „Tokio Radar, Korean Air 007, flight level 350."

Der Jäger setzte sich wieder hinter die 747, die nun wieder mehr Fahrt aufnahm.

805: „805, ich falle zurück, ich werde es jetzt mit Raketen versuchen."

Eine Minute später war es dann soweit:

805: „805, ich nähere mich dem Ziel. Ich klinke aus, Entfernung zum Ziel acht Kilometer."

Es war genau 03:25 Uhr/loc., als der Suchoi-Pilot auf den Abschußknopf drückte. Zwei Raketen rauschten in die Dunkelheit. Die Su-15 war mit je einer AA-3 (Nato Name: „Anab") infrarot- und radargesteuerten Lenkrakete bestückt. Die Infrarot-Lenkwaffe sucht sich das Ziel anhand des Punktes mit der größten Wärmeentwicklung, wie z. B. eines der vier 747-Triebwerke. Die radargesteuerte Rakete wird von der Zielautomatik selbständig in das Zentrum des Radarechos geführt. Das Schicksal von Flug 007 war besiegelt. Sekunden darauf trafen beide Geschosse ein Innentriebwerk und das Heck des Jumbos, der augenblicklich auseinanderbrach.

805: „805, das Ziel ist zerstört...805, ich breche den Angriff ab."

Brennend trudelte der Großraumjet vor der Westküste Sachalins dem Boden entgegen. Ein letzter Funkspruch wurde abgesetzt:

COP: „....all Engines...rapide decompression...one zero one...two delta..."

Minuten später endete Flug KAL 007 einige Meilen südwestlich vor der Südspitze **Sachalins/UdSSR**, nahe der Insel Moneron in der Mündung der Tatarischen See. Der Aufprall erfolgte annähernd mit Schallgeschwindigkeit und ließ den Flugzeugrumpf in viele kleine Teile zerbersten.

Niemand der 269 Passagiere und Besatzungsmitglieder hatte den Absturz überlebt.

Die zermalmten Überreste waren noch nicht einmal alle auf den Meeresgrund abgesunken, da sickerten auch schon die ersten Meldungen vom tragischen Schicksal des Fluges 007 über die Ticker der Nachrichtenagenturen in aller Welt. Die Öffentlichkeit war schockiert und entrüstet über das brutale Vorgehen der Sowjetunion. Die Botschafter der UdSSR wurden mit Protestnoten überhäuft. Einige Länder verweigerten der Aeroflot die Überflug- und Landerechte auf ihren Flughäfen. US-Präsident Reagan verhängte einen sechstägigen Bann über alle Flüge von und in die UdSSR. Empört stellte er die Frage, worüber er sich denn noch mit einem Staat unterhalten solle, der Abscheulichkeiten wie diese zuläßt. Das Ost-West-Klima verhärtete sich wieder. Doch statt den Abschuß zu bedauern, beschuldigte der sowjetische Verteidigungsminister in einer Pressekonferenz kaltschnäuzig den koreanischen Jumbo, sich auf einer militärischen Aufklärungsmission befunden zu haben. Der Abschuß sei daher notwendig und gerechtfertigt gewesen. Die weiteren Folgen seien daher einzig und allein den Vereinigten Staaten anzulasten, die in derselben Nacht neben der 747 ein weiteres Spionageflugzeug in Richtung Kamtschatka geschickt hatten, um die Verteidigung der UdSSR auszutesten. Bevor die koreanische Maschine in den sowjetischen Luftraum eindrang, habe es ein Rendezvous mit einem Spionageflugzeug der US-Air Force gegeben. So propagandistisch diese Vorwürfe auch klangen, waren sie jedoch nicht ganz aus der Luft gegriffen.

Die US-Air Force überwachte schon seit Jahren in diesem Teil der Welt die Aktivitäten entlang des „Eisernen Vorhangs". Hierzu wurden spezielle Flugzeuge, die die Bezeichnung RC-135 trugen, gebaut und mit hochsensibler Abhör- und Überwachungselektronik ausgestattet. Die RC-135 war eine militärische Variante der zivilen Boeing 707. Anfang der siebziger Jahre wurden einige dieser RC-135 auf den US-Luftbasen in Eielson, in Zentral-Alaska und Shemya, auf den West-Aleuten stationiert. Fast täglich startete eine RC-135 in Richtung Kamtschatka und Sibirien und drang dabei immer für einige Minuten in den Luftraum der UdSSR ein. Dieses ständige Katz-und-Maus-Spiel gehörte für die sowjetische Luftraumkontrolle schon beinahe zum Alltag.

Auch in der Nacht vom 30. August zum 1. September war wieder eine RC-135 von Eielson AFB über St. Pauls Island vor der Ostküste Kamtschatkas auf einer der üblichen Abhörmissionen unterwegs.

Zusätzliche Beunruhigung verursachte auch das groß angelegte US-Seemanöver „Fleetex 83", bei dem drei große Flugzeugträger in unmittelbarer Nähe der russischen Hoheitsgewässer vor Kamtschatka zusammengezogen wurden, um ein Zeichen der Überlegenheit zu setzen.

Von weiteren Luftbasen in Südkorea und Japan observierten auch zahlreiche andere Typen wie die U-2, die SR-71 sowie die Lockheed P-3 und Boeing E-3A AWACS ständig Kontroll- und Abhörflüge entlang der

305

Pazifikgrenze des Sowjetreiches. Jedesmal, wenn so eine Maschine auf den Radarschirmen der Sowjets auftauchte, war die Situation am Boden äußerst angespannt. Der Zufall wollte es, daß die RC-135 genau dort ihre Kreise zog, wo wenig später die koreanische 747 vorbeikam. Beide Flugzeuge flogen jedoch, ohne voneinander zu wissen, in 140 Meilen Entfernung aneinander vorbei.

Die RC-135 brach jedoch unmittelbar danach ihren Einsatz ab und landete eine knappe Stunde später auf der Luftwaffenbasis Shemya.

Doch die vorsätzliche Spionagetheorie, die Moskau mit Vehemenz vertrat, ließ sich auf dieser Basis nicht länger halten. Einige Monate später hatte sich die politische Aufregung gelegt, und Moskau gab nun zu, daß es sich bei dem Abschuß um einen bedauerlichen Irrtum gehandelt hatte.

Doch weshalb war KAL 007 so weit vom Kurs abgekommen?

Die Anwort auf diese Frage konnten nur der Flugdatenschreiber und der Cockpit-Voice-Recorder liefern, die am Boden des Meeresgrundes lagen. Unterdessen liefen die Bergungsversuche vor der Insel Moneron an. Der Absturzort lag innerhalb des internationalen Seegebietes, jedoch nur wenige Meilen von sowjetischen Hoheitsgewässern und 40 Meilen von der Nordwestspitze Hokkaidos (Japan) entfernt. Der Meeresgrund liegt hier 200 Meter unterhalb der Wasseroberfläche. Schon wenige Tage darauf versammelte sich neben den russischen Schiffen eine internationale Armada von Marineeinheiten im Absturzgebiet (vor allem US- und japanische Einheiten), um nach den Überresten von Flug 007 zu suchen. Tauchboote suchten den Meeresgrund ab.

Die Sowjets wollten unter allen Umständen den Flugschreiber der Unglücksmaschine bergen. Sie plazierten in einer geheimen Aktion einen falschen Notsender (der den Standort des Flugschreibers am Meeresgrund signalisierte), um die westlichen Suchschiffe auf eine falsche Spur zu locken. Sie sollten das Wrack der Boeing in einiger Entfernung von ihrem wahren Standort suchen, und es damit den Sowjets ermöglichen, in aller Ruhe den Flugschreiber zu bergen. Was ihnen auch gelang. Die anderen Schiffe fielen auf den Trick herein und der Flugschreiber wurde per Flugzeug sofort nach Moskau geschickt und dort ausgewertet. Die darin enthaltenen Daten wurden zunächst unter Verschluß gehalten. Erst sieben Jahre später gab man in Moskau zu, den Flugschreiber geborgen zu haben.

Die Frage nach den Ursachen der enormen Kursabweichung konnte jedoch bis heute nicht geklärt werden. Jedoch existieren einige mögliche Theorien über den Hergang des Unglücks.

Die wahrscheinlichste ist, daß den Piloten kurze Zeit nach dem Start in Anchorage ein Bedienungsfehler des Flugmodus-Wahlschalters unterlief. KAL 007 flog zunächst mit einem Steuerkurs von 246° in Richtung Bethel VOR. Dieser Steuerkurs wurde vom Heading-Modus des Autopiloten automatisch gehalten. Normalerweise hätte man nach dem Überfliegen des VOR's den Schalter um eine Position nach links drehen müssen, um auf den INS-Modus zu wechseln. Doch offenbar unterblieb dies, und die 747 flog weiter auf Kurs 246. Ein Kurs, der die Maschine ungefähr auf jenen verhängnisvollen Abweg hätte bringen können. Kurz vor dem Abschuß berichtete der Suchoi-Pilot, daß die Maschine auf Kurs 240 fliegen würde. Eine Bestätigung dieser Hypothese. Doch wäre die 747 im Heading-Modus geblieben, so wäre auf dem Instrumentenbrett ein Warnlicht aufgeleuchtet, das die Deaktivierung des INS angezeigt hätte. Erfahrenen Piloten, wie denen auf der koreanischen Maschine, wäre dies kaum entgangen.

Die zweite Theorie besagt, daß der Besatzung beim Programmieren des INS am Boden in Anchorage ein Fehler unterlaufen sein muß. Statt 149 Grad West, wurde 139 Grad eingetippt. Dies hätte eine Abweichung nach Westen von mehr als 500 km zur Folge gehabt. Doch im Fall eines Engabefehlers blinkt am INS-Gerät ein entsprechendes Warnlicht auf. Um die Warnung abzuschalten, ist ein Druck auf die „Clear"-Taste nötig. Doch eine aufmerksame Besatzung hätte sofort die Diskrepanz der Koordinaten erkannt und entsprechende Korrekturen eingeleitet. Eine derartig gravierende Nachlässigkeit kann man sich bei der KAL 007-Besatzung jedoch nur sehr schwer vorstellen.

Und doch bleibt die Frage, warum den Piloten nicht auffiel, daß trotz der Einberechnung des Höhenwindes die geschätzten Überflugzeiten der Wegpunkte mit den tatsächlichen nie übereinstimmten. Auch daß man außerhalb der Funkreichweite der Radarstationen auf St. Paul's Island und Shemya war, verwunderte offenbar keinen im Cockpit. Oder doch? Bei asiatischen Piloten spielt der psychologische Faktor „Ehre" eine weitreichende Rolle. Der Berufsethos eines asiatischen Kommandanten ist mit dem in Europa oder Amerika nicht vergleichbar. Fehleinschätzungen oder unprofessionelle Flugmanöver lassen das Ansehen eines Kommandanten bei seinen Kollegen stark sinken. Hätte der erfahrene Kommandant auf Flug 007 die Kursabweichung doch mitbekommen, so hätte ein Eingeständnis des Fehlers seiner Karriere womöglich geschadet. Er wäre das Gespött seiner Kollegen geworden, von denen nicht wenige nur darauf warteten, seine Position zu übernehmen. Fehler sind gleichbedeutend mit Versagen. So nimmt man an, daß sich der Kommandant nichts anmerken ließ und, in der Hoffnung unbeschadet aus der Sache herauszukommen, weiterflog. Dem Copiloten fiel die Kursabweichung womöglich auch auf, jedoch war es unüblich, daß der Kommandant von einem jüngeren Piloten korrigiert wurde. Auch im Cockpit hat in jeder Situation immer der Kommandant das Sagen, während der Copilot zu gehorchen hat. Nach der Erziehung und dem gesellschaftlichen Ansehen hat man in Asien vor Älteren immer mehr Ehrfurcht und Respekt. Offenbar wagte es der Copilot nicht, den älteren Kollegen darauf anzusprechen, und ließ die Angelegenheit auf sich beruhen, um nicht die Autorität des Kommandanten zu untergraben. Vor einigen Jahren bereits weigerten sich zwei Piloten eines KAL-Jumbos, nach einer Bruchlandung den brennenden Jet zu verlassen, und nahmen somit den eigenen Tod in Kauf, statt unehrenhaft entlassen zu werden (siehe 19.11.80). Sollten die Piloten des Fluges 007 wissentlich 269 Menschen in Gefahr gebracht haben, nur um die Ehre des Kommandanten nicht zu beschädigen?

Oder war man doch, wie die Sowjets behaupteten, auf einem getarnten Aufklärungsflug unterwegs? Diese These hält jedoch einer näheren Prüfung nicht stand. Aufklärungsflüge zur Spionage von Militäreinrichtungen erfordern entsprechende Kameras und Sensoren am Rumpf eines Flugzeugs. Entsprechende Geräte wären den Bodenarbeitern in New York und Anchorage sicherlich aufgefallen. Eine zivile 747 bietet für die Montage solcher Geräte keinerlei Voraussetzungen und ist für eine solche Mission denkbar ungeeignet.

Oder wollte man vorsätzlich das Frühwarnsystem der UdSSR austesten? Doch ausgerechnet einen Zivilflug mit über 200 Passagieren hierfür in Gefahr zu bringen, läßt sich auch kaum vorstellen. Damals war ein vorsätzliches Eindringen in den sowjetischen Luftraum eine selbstmörderische Absicht unter Inkaufnahme der vielen unschuldigen Opfer. Ein unverhältnismäßig hoher Preis für eine getarnte Spionagemission.

Die ICAO bemängelte später, daß der sowjetische Kampfpilot nicht alles zur Identifizierung des vermeintlichen Ziels getan hätte. So flog er nicht, wie es die ICAO-Regeln besagen, neben oder vor dem Cockpit der 747. Wäre dem so gewesen, hätten die Piloten die Suchoi sofort entdeckt.

Für die prestigebewußte Korean Air Lines war der Abschuß ein schwerer Schlag, konnte doch die Airline nie ganz von dem Verdacht der Vorsätzlichkeit der Kursabweichung reingewaschen werden. Für die 269 Opfer und deren Hinterbliebenen wurde bei Seoul ein gigantisches Mahnmal errichtet. KAL wechselte den Namen und das äußere Erscheinungsbild und nannte sich seitdem Korean Air. Die unheilvolle Flugnummer 007 wurde in 027 umbenannt.

Ein gutes Jahr nach dem Unglück wurde auf St. Paul's Island ein ziviles Radargerät in Betrieb genommen, das sämtliche Airlines auf den Nordpazifikrouten überwachen konnte. Auch wurde dafür gesorgt, daß Zivilflugzeuge jederzeit im Ernstfall mit dem sowjetischen Flugleitzentrum in Chabarowsk Kontakt aufnehmen können. Für Flug 007 kam diese Maßnahme jedoch leider zu spät.

Zwei Jahre später flog wieder versehentlich ein Jumbo, diesmal einer der Japan Air Lines, in sowjetisches Hoheitsgebiet ein. Nachdem man Gewitterwolken auswich, hatte die japanische Besatzung vergessen, den Autopiloten wieder einzuschalten. Diesmal konnten die sowjetischen Lotsen, nach einem Kontrollanruf in Japan, die Besatzung rechtzeitig warnen. Der Jumbo drehte ab und setzte seinen Flug nach Paris fort.

Im Zuge des Zerfalls des Sowjetreiches und der Ost-West-Entspannung übergab der russische Präsident Jelzin schließlich am 19.11.1992 in einem offiziellen Staatsakt den für verschollen gehaltenen Flugschreiber des Unglücksjumbos an den südkoreanischen Präsidenten. Allerdings, so mokierten sich die Koreaner, enthielt dieser nicht die wichtigen Aufzeichnungen, die helfen könnten, den Hergang dieser Katastrophe zu rekonstruieren. Am 9. Dezember 1992 schließlich beantragten Rußland, Korea, Japan und die USA, daß das Untersuchungsverfahren zum Fall KAL 007 neu aufgerollt wird. Im Januar 1993 wurde der ICAO in Paris das CVR-Gerät ausgehändigt. Doch auch aus minutiösesten Analysen der Cockpitgespräche ließ sich kein eindeutiger Rückschluß auf ein vorsätzliches Fehlverhalten der Piloten ziehen. Was genau an Bord von KAL 007 geschah, wird wohl für immer ein Geheimnis bleiben.

14.09.83

C A A C   **HS121 Trident 2E**
B-264   **2169**

Ein fehlgeleiteter Trainingspilot einer chinesischen Militärmaschine kollidierte auf dem Flughafen **Guilin/China**, mit der zur Startposition rollenden Trident.

Dabei riß der landende Militärflieger ein klaffendes Loch in den vorderen Tragflächenbereich.

11 Personen an Bord des Dreistrahlers kamen ums Leben.

22.09.83

Gulf Air   **Boeing 737-200**
A40-BK   **21734**

Die 737 beflog die Route Karachi-Muscat-Abu Dhabi-Bahrein und befand sich im Sinkflug auf Abu Dhabi. Die Maschine war 60 Meilen vom Flughafen entfernt, als sich im Frachtraum eine Explosion ereignete. Die Boeing ging in den Sturzflug über und zerschellte in der Wüste nahe **Jebel Ali/VAE**, ca. 28 Kilometer von der Straße Dubai-Al Ain entfernt.

Alle 112 Insassen verloren ihr Leben.

Schnell verdichteten sich die Anzeichen auf einen Sabotageakt. Das Heck landete weitgehend intakt in einiger Entfernung zum übrigen Rumpf, was darauf schließen ließ, daß ein Sprengsatz im rückwärtigen Kabinenteil explodierte. Ein Passagier inspizierte vor dem Abflug in Karachi eingehend sein Gepäck. Er selbst bestieg jedoch die Maschine nicht.

25.09.83

RN Air Cargo   **Boeing 707-320C**
5N-ARO   **18924**

Die an die Jovialco Company vercharterte 707 fing bei der Landung in **Accra-Kotoka AP/Ghana**, Feuer und brannte aus.

Die 4 Besatzungsmitglieder konnten sich retten.

Als Ursache kam nach der Entdeckung einer mit Verzögerungszünder ausgestatteten Brandbombe nur Sabotage in Betracht.

05.10.83

SAM Colombia   **Boeing 727-100**
HK-1804   **19037**

Die Boeing 727 landete an diesem Tag mit eingezogenem Fahrwerk auf dem Flughafen der kolumbianischen Karibikinsel **San Andres/Kolumbien**. Ob das Fahrwerk aufgrund eines mechanischen Defektes nicht ausgefahren werden konnte, oder ob die Besatzung es schlicht vergaß, ist nicht geklärt.

Die Maschine war 1966 an die Pan Am ausgeliefert und flog unter dem Namen „Clipper Hamburg" im

Interzonenverkehr nach Berlin. 1975 wurde die 727 nach Kolumbien an die Avianca verkauft, welche sie 1982 wiederum an die Inlandslinie SAM Colombia vermietete.

14.10.83
Coastal AW   **Boeing 707-400**
N4465D   18411

Die seit Jahren auf dem Flugplatz von **Perpignan/Frankreich** abgestellte Boeing fing aus ungeklärter Ursache Feuer und brannte aus.

Die Boeing (ehem. British Airtours) wurde erst im August des Jahres von Coastal AW erworben.

08.11.83
TAAG Angola   **Boeing 737-200**
D2-TBN   22775

Die Maschine stürzte kurz nach dem Start vom Flughafen **Lubango/Angola** ab und crashte ca. 900 Meter hinter der Startbahn. Der Boeing-Jet war auf dem Weg zur Hauptstadt Luanda. Während die Fluggesellschaft TAAG von einem technischem Defekt als Unfallursache sprach, behauptete die von Südafrika unterstützte Rebellenbewegung UNITA, sie hätte den Ziviljet abgeschossen.

Hierbei kamen alle 130 Insassen, davon 125 Regierungssoldaten und fünf Crewmitglieder zu Tode.

27.11.83
Avianca   **Boeing 747-200B**
HK-2910   21381

Es sollte einer der üblichen Nachtflüge werden. Um 23:25 Uhr/loc. startete die Boeing 747 auf dem Pariser Flughafen Charles de Gaulle zum Flug AV 011 nach Madrid/Spanien und Bogota/Kolumbien. Normalerweise beginnt der Flug 011 in Frankfurt, konnte aber an diesem Tag aus operationellen Gründen erst ab Paris durchgeführt werden. Daher mußten die Passagiere aus Frankfurt auf einen Lufthansaflug umgebucht werden, der dann erst gegen 22:30 in Charles de Gaulle landete und so den Abflug von AV 011 um 80 Minuten verzögerte. Die große 747, die langsam auf die Reiseflughöhe von 37.000 ft stieg, schwenkte nach Süden in Richtung spanische Grenze. In der Kabine machten es sich die 169 Passagiere inzwischen bequem. Neben den 19 Crewmitgliedern befanden sich auch noch vier Avianca-Angestellte auf Flug 011, die außerdienstlich mitflogen.

Der 58-jährige Kommandant war einer der erfahrensten Piloten seiner Fluggesellschaft und hatte bereits 23.215 Flugstunden, davon 2.432 auf der 747, absolviert. Vor vier Jahren bestand er die Kommandantenprüfung auf der Boeing 747. Ihm zur Seite saß der 36jährige Copilot, der den Funkverkehr abwickelte. Zudem saß noch der Bordingenieur im hinteren Cockpitbereich. Alle drei hatten drei Tage frei und waren erholt und ausgeruht, bevor sie sich an diesem Abend am Flughafen zum Dienst zurückmeldeten. Um 00:31 Uhr/loc. überquerte Flug 011 die spanische Grenze. Eine Viertelstunde später verließ man die Reiseflughöhe und wurde für einen Sinkflug auf 19.000 ft freigegeben. Der Copilot stellte den NAV-Empfänger auf das Funkfeuer CPL (Madrid), was noch ca. 110 Meilen vor der Maschine lag. Im Verlauf des Sinkfluges überquerte man die Funkfeuer Pamplona und Barahona und nahm Kurs direkt auf das Funkfeuer Madrid (CPL). Der Fluglotse erteilte die Freigabe zum weiteren Sinkflug auf 9.000 ft

Zu dieser späten Zeit war auf dem internationalen Flughafen Madrid-Barajas die Landebahn 33 in Betrieb, zu der die anfliegenden Maschinen von Südosten her auf das ILS einschwenken müssen. Die Piloten sahen bereits in der Ferne die Lichter der Hauptstadt Madrid durch die Wolken schimmern, die sich scharf von der umliegenden Dunkelheit abhoben. An Bord herrschte routinierte Gelassenheit. Die meisten Passagiere schliefen, während der Copilot mit dem Anfluglotsen in Barajas Kontakt aufnahm:

AV11: „*Madrid approach, good evening, Avianca eleven.*"

ATC: „*Avianca eleven, you are still in radar contact and are cleared to approach Barajas runway 33, altimeter 1025.7.*"

AV11: „*1025.7 and cleared approach to Madrid.*"

Im Cockpit schlugen die Piloten in den Anflugkarten die Seiten des ILS-Anfluges der Bahn 33 auf und stellten die Frequenzen entsprechend um. Das Wetter in Madrid war relativ gut. Vereinzelte Schleierwolken in 1.000 ft, darüber stärkere Bewölkung bei ausreichender Sicht und schwachen Winden.

Schon jetzt waren sich die Piloten nicht 100%ig über den nun folgenden Anflugweg im klaren. Um Zeit zu sparen, verkürzte die Bodenstation den Flugweg der 747 und gab die Maschine zum VOR-Funkfeuer Madrid, das

HK-2910X; die bewußte 747-200, die bei Madrid abstürzte, hier kurz vor der Landung etwa ein Jahr vor dem Unglück/Miami im Dezember 1982 <Quelle: Luftfahrt Journal-Sammlung>

die Codierung „CPL" aufwies, frei. Das Funkfeuer dient als wichtigste Anflughilfe, um von Osten her in Barajas zu landen. Madrid-VOR (CPL) liegt etwas nördlich von der Anfluglinie der Bahn 33, ca. 8 Meilen vor der Landebahn. Die Mindestflughöhe beträgt hier 4.000 ft, um auf das ILS einzuschwenken. Kurz danach waren 9.000 ft erreicht. Die Maschine sank jedoch weiter. Der Copilot blickte von seinen Karten auf und funkte:

AV11: „Avianca, approaching 9.000 ft."
ATC: „Roger, you are cleared to approach, continue descent."
AV11: „Will do, Sir."

Dieser lapidare Wortwechsel stand nicht im Einklang mit den bestehenden Vorschriften. Der Anfluglotse spezifizierte seine ungenaue Anflugfreigabe nicht weiter. Weder sagte er, welche Flughöhe einzuhalten, noch welche Navigationspunkte die Besatzung im Landeanflug zu melden hatte. Im Cockpit ging man weiter die Anflugchecklisten durch. In 7.500 ft fuhr dann der Kommandant bei 245 Knoten die Landeklappen auf 5° aus. Offenbar ging man davon aus, viel früher als erwartet am Flughafen zu sein. Man befand sich 15 Meilen nordöstlich des Funkfeuers Madrid und sank mit einer Geschwindigkeit von 1.900 ft/min dem Erdboden entgegen. Der Kommandant verlangte nun: „Fahrwerk ausfahren". Auch dies war nicht im Sinne des üblichen Anflugprozederes. Normalerweise wird das Fahrwerk erst bei einer Klappenstellung von mindestens 20° ausgefahren. Mittlerweile stimmte fast gar nichts mehr. Weder war die Freigabe des Fluglotsen korrekt, noch befand man sich auf dem richtigen Anflugweg, noch wurde die Klappensequenz eingehalten. Etwa sieben Meilen vor dem Funkfeuer Madrid (CPL), meldete sich der Anfluglotse abermals:

ATC: „Avianca 011, approaching Charlie Papa Lima (Madrid), continue approach Barajas 33 and tower eighteen fifteen."
AV11: „...good night, thank you."

Kaum hatte der Copilot ausgesprochen, da kurvte der Kommandant nach rechts und ging auf Kurs 283°, direkt zurück vom Funkfeuer Madrid, an dem man zwischenzeitlich links vorbeigeflogen war. Ohne einen Blick auf die Navigationsinstrumente zu werfen, steuerte der Kommandant den Jumbo-Jet von Hand in Richtung Landebahn. Trotz einer kurzen Warnung des Höhenmeßgerätes geriet AV011 unterhalb der Sicherheitshöhe von 4.000 ft. Der Copilot meldete sich wie angewiesen beim Tower in Barajas und, da kein weiteres Flugzeug im Landeanflug war, gab der Controller um 01:03Uhr/loc. die 747 zur Landung frei:

ATC: „Avianca 011, good evening, cleared to land runway 33, wind 180, five knots."
AV11: „180, five knots, over."

Dies war die letzte Meldung von Flug 011. Der Kommandant wähnte sich nun fälschlicherweise näher am Flughafen, als er es tatsächlich war. Diese Fehleinschätzung beruhte offenbar auf den optischen Eindrücken außerhalb des Cockpits. Der Kommandant erspähte immer wieder die hellen Lichter der Großstadt vor ihm, die ihm den Eindruck einer geringeren Distanz vorgaukelten, als es tatsächlich der Fall war. Noch hatte man nicht einmal das Voreinflugzeichen, den Localizer, überflogen, doch für den fliegenden Piloten sah es so aus, als würde man nun in Kürze in Barajas sein. Ohne auf die ILS-Anzeige zu achten, wurde der Sinkflug fortgesetzt. Über Regeln des Anflugweges setzten sich die Piloten hinweg.

Der Copilot warf nun einen Blick auf den Autopiloten und fragte den Kommandanten, ob er den eingestellten ILS-Modus auf „Command", also auf direkte Steuerbewegungen, umschalten solle. Sein Vorgesetzter sagte zunächst, den Autopiloten in der ILS-Stellung zu belassen, besann sich jedoch kurz darauf um und stellte selbst den Schalter auf „Command". Somit war der Autopilot ausgeschaltet. Die DME-Entfernungsanzeige erlosch im Moment, indem sich das Flugzeug hinter der Hügelkette befand. Der Pilot war sich nun nicht mehr über seine Position im klaren. Da der Kommandant in dieser Phase weder die Landebahn noch den Flughafen sehen konnte, kamen ihm wohl erste Zweifel über die Richtigkeit seines Flugweges. „Sind die Markierungen auf den ADF-Geräten?", fragte er zögernd. Doch der Copilot antwortete nicht darauf. Im Kopf waren die Piloten schon gelandet und nahmen kaum noch wahr, daß sie noch ein gutes Stück zurückzulegen hatten. Beide besprachen ein Problem mit der Schubumkehr, statt sich auf den weiteren Anflug zu konzentrieren. Dem rechtssitzenden Copiloten unterlief nun ein fataler Fehler. Er gab auf Anfrage des Kommandanten die Überflughöhe des Voreinflugzeichens mit 2.382 ft an.

In der Anflugkarte stand jedoch 3.282 ft. Nur mit der ADF-Peilanzeige wurde in dieser Phase der Flug fortgesetzt. Der Boden war nur noch 1.000 ft entfernt und nichts deutete daraufhin, daß Flug 011 den Sinkflug unterbrechen würde. Die Klappen wurden auf 20° ausgefahren. Dem Copiloten fiel jetzt auf, daß die Gleitweganzeige nicht auf dem ILS-Landekurs zentriert war, sondern die 747 unterhalb des Gleitweges dargestellt wurde:

COP: „Es sieht so aus, als ob es der Localizer wäre, und wenn ja, ist er falsch...hoffentlich"

Das Terrain im Anflugweg der Bahn 33 ist reichlich uneben mit Erhebungen bis zu 800 Metern. Radarerfassung gibt es darüber nur bis zu einer bestimmten Flughöhe. Darunter verschwindet jedes Flugziel im Radarschatten der Hügel. Der Anfluglotse machte den Jumbo jedoch nicht auf diese Tatsache aufmerksam. Unaufhörlich verlor Flug 011 immer mehr an Höhe, bis um 01:06 Uhr/loc. das automatische Bodenannäherungswarngerät (GPWS) losschlug: „TERRAIN, TERRAIN, WHOOP, WHOOP; WHOOP, PULL UP, TERRAIN."
„Okay, okay...okay.", entgegnete der Kommandant dem eindringlichen Befehl des Warngerätes.

Mit diesen Worten schaltete der Kommandant kurzerhand das nervige Gerät ab. Er vermutete offenbar einen Fehlalarm des radargesteuerten Höhenmessers, der mit dem GPWS gekoppelt ist. Doch nur noch ein beherzter Steigflug hätte die Maschine noch retten können. Irritiert zog der Kommandant ein kleines Stück an der Steuersäule, doch die Sinkrate verringerte sich kaum. Mit 144 Knoten, einer Sinkrate von immerhin noch 1.200 ft/min kam die Boeing dem unebenen Erdboden gefährlich

nahe. Der Copilot, bei dem die GPWS-Töne eine gewisse Beunruhigung hervorgerufen hatten, fragte in dieser Phase seinen Vorgesetzten:
COP: „Was sagt der Boden, Kommandant?"

Doch es war zu spät. Kaum hatte er ausgesprochen, wurde die 747 von einer gewaltigen Erschütterung erfaßt, als das ausgefahrene Hauptfahrwerk gegen eine Hügelkuppe stieß. Nach dieser ersten Bodenberührung kam Flug 011 jedoch wieder frei. Mit abgerissenem Fahrwerk prallte der Jumbo drei Sekunden später erneut auf den Boden. Dabei löste sich das äußere rechte Triebwerk aus der Verankerung. Nochmals hüpfte AV011 in die Höhe, doch nun riß der Auftrieb ab und eine Tragfläche sackte abrupt nach unten. Binnen Sekunden drehte sich die Boeing in Rückenlage, schlug abermals auf den Boden auf und zerschellte brennend auf einem grünten Abhang. Der Absturzort lag nahe der Ortschaft Mejorada del Campo, 12 Kilometer außerhalb des Flughafens in **Madrid**.

Im Kontrollzentrum auf dem Flughafen wechselte gerade die Schicht, als dem Towerlotsen bei der Übergabe auffiel, daß von Flug AV011 sich immer noch keine Scheinwerfer im Landeanflug zu sehen waren. Erst um 01:09 Uhr/loc., als man am Boden immer noch nicht im klaren war, daß die Maschine abgestürzt war, funkte der Towerlotse:
ATC: „Avianca 011, position?"

Doch niemand konnte mehr antworten. Noch immer schien man am Boden nicht begriffen zu haben, was geschehen war. Erst nach vielen vergeblichen Aufrufen, wurde um 01:19 Uhr/loc., 13 Minuten nach dem Unglück, Alarm ausgelöst. Den eintreffenden Rettungsmannschaften bot sich ein Bild der Verwüstung. 181 Insassen bezahlten den Flug mit ihrem Leben. Nur 11 Menschen konnten lebend aus den brennenden Trümmern befreit werden. Ein Standardvokabular, an das sich strikt zu halten ist, wurde nun eingeführt. Genauso strikt sollten die Anflugwege von Madrid-Barajas, die allesamt in den Anflugkarten ausgewiesen sind, eingehalten werden.

27.11.83
C A A C HS121 Trident 2E
B-260 2167

Die Maschine wurde auf dem Flughafen der chinesischen Stadt **Fuzhou/China** zerstört. Näheres ist nicht bekannt.

29.11.83
Nigeria AW Fokker F28-2000
5N-ANF 11090

Bei der Landung in **Enugu/Nigeria** verunglückte der zweistrahlige Jet und brannte aus.
Es gab 65 Tote und 6 Verletzte.

07.12.83
Iberia Boeing 727-200
EC-CFJ 20820
Aviaco Douglas DC-9-32
EC-CGS 47645

Nur elf Tage nach dem Jumbo-Absturz in der Nähe des Flughafens **Madrid-Barajas AP/Spanien** ereignete sich ein weiteres Unglück auf diesem Flughafen.

Es herrschte an jenem Morgen auf dem Madrider Flughafen dichter Nebel mit einer Sichtweite von nur wenigen Metern. Bei diesen sehr schlechten Sichtverhältnissen waren lediglich Starts erlaubt. Landungen hingegen waren wegen der unter den Minimalwerten liegenden Vertikal- und Horizontalsichtbedingungen nicht erlaubt.

Gegen 09:30 Uhr/loc. rollte eine für Rom bestimmte 727 der Iberia mit 93 Insassen an Bord zum Startpunkt der Bahn 01.

Kurz nach ihr hatte auch die DC-9 der Tochtergesellschaft Aviaco mit 37 Passagieren und 5 Besatzungsmitgliedern die Anlaß- und Rollfreigabe erhalten zum Flug nach Santander(Nordspanien) und machte sich nun auf den Weg hinter die 727.

Diese war jedoch schon längst außer Sichtweite geraten und nahm bereits Funkkontakt mit der Abflugkontrolle auf. Auch der Tower in Madrid hatte keinerlei Sichtkontakt zu den rollenden Flugzeugen.

Die DC-9 Besatzung blieb jedoch auf der Towerfrequenz und erhielt die Anweisung, auf einen der Rollwege zu fahren und sich nach Erreichen einer Position -querab von der Kreuzung der beiden Runways 33 und 01- erneut zu melden. Währenddessen erging für die mittlerweile in Startposition gedrehte Iberia Maschine die Startfreigabe. Der Kommandant gab vollen Startschub, und die dreistrahlige Boeing begann langsam in den Nebel zu beschleunigen.

Die Aviaco Besatzung rollte inzwischen mit Radfahrertempo zu der vermeintlichen Meldeposition und gab dem

EC-CTU; eine DC-9-34CF der Aviaco mit dem Namen "Pedro de Alvarado" rollt hier auf einem Charterflug in Richtung Startposition./Hamburg 1987 <Quelle: JR-Photo>

Kontrollturm bekannt, daß man sich auf der geplanten Rollposition befände.

Doch diese Annahme des Piloten war ein schwerer Irrtum.

Die DC-9 Besatzung übersah im Nebel ein „No-Entry" Schild und rollte nun seelenruhig auf die Startbahn 01, auf der sich die 727 bereits in rasanter Fahrt befand.

Im Glauben an die Richtigkeit der Aviaco-Positionsmeldung erteilte der Tower der DC 9 die Freigabe zum Weiterrollen zur endgültigen Startposition. Die Kollision wurde unvermeidlich.

Als die Piloten der 727, um ca. 09:45 Uhr/loc., die gerade Abhebegeschwindigkeit erreicht hatte, die ihr entgegenrollende DC-9 erblickten, war es für etwaige Ausweichmanöver zu spät. In einer Reflexbewegung gelang es der Boeing-Besatzung zwar noch, das Flugzeug nach rechts zu reißen, aber selbst das konnte den Zusammenprall nicht verhindern.

Mit über 200 km/h schoß die startende Boeing auf die DC 9 mit ihrer ahnungs- und orientierungslosen Besatzung zu. Flughafenangestellte hörten eine Detonation, die vom Flugfeld herrühren mußte, konnten aber im dichten Nebel nichts erkennen.

Beide Flugzeuge wurden zerrissen und durch auslaufendes Kerosin in Brand gesetzt.

51 Personen der 727 und alle 42 Insassen der DC-9 konnten der Katastrophe nicht mehr entrinnen. Es konnten 33 Menschen gerettet werden.

Nachfolgende Untersuchungsergebnisse sagten einhellig aus, daß die Unglücksursache nicht allein den Aviaco-Piloten, die sich über ihre tatsächliche Position nicht genügend vergewisserten, zuzuschreiben war, sondern daß vielmehr auch der unzulänglichen Infrastruktur eine nicht unbedeutende Mitschuld am Tod von 93 Menschen gegeben wurde.

In Fliegerkreisen gilt Barajas Airport nicht gerade als Musterflughafen. Es wurden schon in der Vergangenheit mehrmals die unübersichtlichen Hinweisschilder auf den Rollbahnen des meistbeflogenen spanischen Airports, die teilweise kaum sichtbar sind, gerügt.

Außerdem sind die blauen und roten Markierungslämpchen, die die Roll- von Startbahnen unterscheiden sollen, nicht überall funktionsfähig.

Der Flughafenbetreiber wurde angehalten, diesbezüglich umgehende Reperaturmaßnahmen zu ergreifen. Über deren Umsetzung ist bisher nichts bekannt.

14.12.83

Tampa AL   Boeing 707-320C
HK-2401X   18707

Unmittelbar nach dem Start vom Flughafen **Medellin/Kolumbien** verlor die 707 ein Triebwerk.

Beim Absturz der Maschine in die Cortez Textilfabrik kamen neben den 4 Menschen an Bord auch noch 50 Arbeiter, die sich auf dem Fabrikgelände aufhielten, ums Leben.

18.12.83

M A S   Airbus A300B2
OY-KAA   122

In Südostasien gibt es angenehmere Jahreszeiten als den Winter. Das dachte sich auch die Besatzung des Malaysian Airline System (MAS) Airbus A300, die sich an diesem Abend inmitten eines Gewittersturms im Holding des Flughafens der malaiischen Hauptstadt Kuala Lumpur einfand. Der Linienkurs MH 684 hatte an diesem Vormittag um 11:30 Uhr/loc. für die Cockpitbesatzung in **Kuala Lumpur/Malaysia** begonnen, und sie erst nach Singapur geführt. Nach einer kurzen Zwischenlandung in der asiatischen Handelsmetropole mit seinem überfüllten Luftraum war die Besatzung nach Kuching auf der Insel Sarawak und zurück nach Singapur geflogen. Inmitten

HK-3804-C; Eine 707 der kolumbianischen Frachtfluggesellschaft TAMPA rollt nach langem Flug auf ihre Abstellposition auf dem Flughafen Oostende/Mai 1989 <Quelle: JR-Photo>

eines tobenden Gewittersturmes startete der Airbus um 18:53 Uhr/loc. in Singapur zum letzten Segment des heutigen Linienkurses mit 233 Passagieren und 14 Besatzungsmitgliedern an Bord in Richtung des Heimatflughafens Kuala Lumpur. Die Cockpitbesatzung der „OY-KAA" war nach dem langen Tag erschöpft, auch der 23-jährige Copilot war gestreßt, der den Airbus auf dem letzten Segment steuern mußte. Neben dem Copiloten befanden sich noch der Kommandant und der Bordingenieur im Cockpit.

Die Besatzung meldete die Maschine um 19:17 Uhr/loc. bei der Anflugkontrolle an und wurde in die Anflugsequenz der Landebahn 15 hinter einer F-27 und einer DC-10 eingereiht. Die Besatzung bekam die Genehmigung, in Richtung des Kilo Lima NDB s auf 5.000 ft zu sinken. Während der dunkle Regen gegen die Cockpitscheiben trommelte, wurden im Inneren des Cockpits Checklisten gelesen und die Navigationsgeräte auf den ILS (**I**nstrumenten **L**ande **S**ystem) gestützten Anflug auf die Bahn 15 vorbereitet. Bei diesen Vorbereitungen schaltete der Kommandant die Navigation der Maschine von interner (bordeigene Trägheitsnavigation) auf externe Navigation (VOR bzw. den ILS - Landesender) um, allerdings ohne dabei genau hinzusehen. Das sollte sich als fatal herausstellen, denn bei dieser Umstellung beging er einen Fehler.

Die OY-KAA hatte die malaiische Fluglinie bei der skandinavische SAS ausgeliehen, um für den rasch wachsenden asiatischen Luftverkehr die nötigen Kapazitäten zu schaffen. Das Cockpit des skandinavischen Airbus A300 unterschied sich nur in wenigen Details von dem der MAS Airbusse gleichem Typs. Einer dieser Unterschiede war die Bedienung des Gerätes, mit dem die Maschine im Landeanflug auf das ILS - System des Flughafens aufgeschaltet wird. Bei den MAS Airbussen reichte es, am oberen Mittelpaneel, dem Glareshield, die Frequenz des ILS Senders einzustellen und dann das Horizontal - Navigationsgerät (HSI) durch eine einfache Schalterdrehung (von der Trägheitsnavigation (INS) auf externe Navigation (V/L, also VOR und ILS)) am selben Paneel auf die Frequenz aufzuschalten. Der Einstellknopf bei den skandinavischen Airbussen hatte aber drei Stellungen, nähmlich NAV sowie jeweils einen für VOR und ILS. Außerdem mußte bei der OY-KAA die ILS - Frequenz an einem anderen Paneel im Cockpit eingestellt werden. Das Bedienungselement des HSI an Bord der OY-KAA unterschied sich nur durch die zusätzliche Schalterraste von denen in anderen MAS Airbussen. Alle drei Cockpitsassen hatten einen Umschulungskurs durchlaufen, in dem die Ausbilder des MAS sie auf diese Unterschiede hingewiesen hatten.

Trotzdem schaltete der Kommandant während des Landeanfluges den Drehschalter nur um eine Stellung weiter, also von NAV auf VOR, und nicht auf ILS. Obendrein vergaß er, daß die ILS - Frequenz an einem anderen Paneel eingestellt wird. So war das Navigationssystem des HSI nicht auf die ILS - Anlage des Flughafens aufgeschaltet und konnte die Besatzung nicht mit den nötigen Informationen versorgen.

Das fiel aber einstweilen im Cockpit nicht auf. War der Linienkurs bis zum Überfliegen des Funkfeuers Kilo Lima noch ruhig verlaufen, so wurde die Maschine jetzt von starken Böen erfaßt. Dem jungen Copiloten fiel es immer schwerer, den Airbus auf dem Gleitweg zu halten, doch der Kommandant überließ ihm weiterhin das Steuer. Diese Art von Gewittersturmen sind in Südostasien eine normale Erscheinung, mit der auch der Copilot lernen mußte, fertig zu werden. Obendrein hatte der Kommandant in seiner Laufbahn schon schlimmere Stürme erlebt.

Während des Sinkfluges hörten die Piloten den Funkverkehr ihrer Kollegen, die in der Landesequenz vor ihnen waren. Dem Piloten der F 27 Propellermaschine war es gelungen auf der Bahn 15 zu landen, doch er warnte die Besatzung der ihm folgenden DC-10, daß sich die Wetterbedingungen auf dem Flughafen rapide verschlechterten. Er befand sich in der Mitte eines Sturzregens, während der Kern der Schlechtwetterfront sich weiter auf den Flughafen zu bewegte. Die DC-10 wurde zuerst auch vom Copiloten geführt, doch im Endanflug übernahm der Kommandant das Steuer. Je näher der riesige Jet der Landebahn kam, um so schlimmer wurde das Wetter. Beim Erreichen der Entscheidungshöhe sah der DC-10 Kommandant die Lichter der Anflugbefeuerung, aber nicht die Bahn selber. Daraufhin entschloß er sich durchzustarten.

Gleich nach dem mißglückten Landeversuch der DC-10 meldete der Tower, daß die Sichtweite auf dem Flugplatz 450 Meter betrug und damit unter das interne Firmenminimum von 800 Metern abgesunken war. Da das Wetter im schlechter wurde, war außerdem damit zu rechnen, daß der gesamte Flughafen geschlossen wird. Im Fall eines mißglückten Landeversuchs würde die Airbus Besatzung dann mit 233 wütenden Passagieren an Bord zu einem Ausweichflughafen umgeleitet, um dort auf zu Wetterbesserung warten. Der lange, streßreiche Tag der Piloten würde noch länger und streßreicher werden. Deshalb entschloß sich die Besatzung, den Anflug zu wagen, auch wenn sie damit gegen eine Vorschrift verstoßen würden.

Um 19:29 Uhr/loc. verließ der Airbus seine Warteschleife in 5.000 ft und begann mit dem Endanflug, während die Böen immer stärker wurden. Vom Kommandanten mit lauten *„Flieg das Flugzeug, Flieg das Flugzeug"* - Rufen angefeuert, kämpfte der Copilot verzweifelt mit dem Gewittersturm um die Kontrolle des 105 Tonnen schweren Airbus.

Während der Airbus den Anflugweg hinuntertaumelte, fiel dem Kommandanten auf, daß sich der ILS - Empfänger nicht regte. Nachdem der Angluglotse die Funktion der ILS - Anlage am Flughafen bestätigt hatte, bemerkte der Kommandant seinen Fehler bei der Einstellung der Navigationsgeräte. Hektisch wurde am ILS - Empfänger die Frequenz eingestellt und der Drehknopf am Glareshield in die richtige Position gebracht. Der ILS - Empfänger erwachte zum Leben, aber nur um der Besatzung anzuzeigen, daß sie sich zu weit rechts und über dem Gleitpfad befand. Der Copilot versuchte die Situation zu retten, indem er die schwerfällige Maschine nach links zog und die Sinkrate erhöhte, um wieder auf den Gleitpfad zu kommen.

Die Maschine war neun Kilometer von der Landebahn entfernt, als das Fahrwerk aus seinen Schächten fiel und die Klappen auf 25° ausgefahren wurden. Der zusätzliche Luftwiderstand des Airbusses führte zu einem weiteren Anstieg der Sinkrate, die von den Piloten nicht bemerkt wurde. Sie konzentrierten sich darauf, endlich die Lichter der Landebahn vor sich zu sehen und schenkten den Cockpitinstrumenten keine Aufmerksamkeit mehr. Kurz vor Erreichen der Landebahn übernahm der Kommandant die Steuerung der Maschine. Immer noch ohne Bodensicht fing er die hohe Sinkrate nicht ab und durchflog den vom ILS vorgegebenen Gleitpfad. Der vom Steuer der Maschine befreite Copilot versäumte es, ihn auf diese Mißstand hinzuweisen oder auch nur die vorgeschrieben Ausrufe der passierten Flughöhen zu machen. So sank der Airbus von der Besatzung unbemerkt immer tiefer.

Sekunden nachdem der Kommandant das Steuer übernommen hatte, knallte ein starker Regenschauer gegen die Cockpitscheiben und raubte den Piloten endgültig die Sicht. Der Kommandant spähte nach der Landebahn und bat deshalb den Bordingenieur, die Scheibenwischer einzuschalten. Dieser sollte laut Vorschrift im Endanflug die Höhenmesser im Auge behalten, löste jetzt aber seinen Sitzgurt, reckte nach vorne zwischen den beiden Piloten hindurch und schaltete die Scheibenwischer an. In diesem Moment war der Airbus aber so tief abgesunken, daß die Höhenwarnung des Radiohöhenmessers aktiviert wurde. Nach einer Schrecksekunde ließ sich der Bordingenieur auf seinen Sitz zurückfallen und las erst dann die viel zu niedrige Höhe von dem Gerät ab. Doch diese Warnung kam zu spät, denn Sekunden später berührte der Airbus einen Kilometer vor der Landebahn die ersten Baumwipfel des Dschungels.

Die Maschine bog die Bäume zur Seite und streifte mit dem rechten Hauptfahrwerk den Dschungelboden, gefolgt vom linken Fahrwerk.

Die gesamte Maschine federte noch einmal 10 Meter hoch und krachte dann so heftig auf ansteigendes Gelände, daß beide Fahrwerke und die Triebwerke abgerissen wurden. Einige ausgefahrene Vorflügelklappen (Slats) wurden aus ihren Verankerungen gerissen und so unglücklich unter der rechten Tragfläche hindurch geschleift, das einige Tragflächentanks leck schlugen. Der Treibstoff lief aus und wurde wie eine Spur hinter dem Airbus hergezogen.

Als OY-KAA endlich zum Stehen kam, brauchte die geschockte Besatzung einige Sekunden, bis sie wieder einen klaren Gedanken fassen konnte. Doch inzwischen hatte sich ausgelaufener Treibstoff entzündet und den Rumpf des Havaristen erreicht. Jetzt reagierte die Besatzung und durch das Flugzeug wurde der Befehl zur Evakuierung gerufen. Die Stewardessen rannten durch die Kabine und besetzten die Ausgänge, die gefahrlos geöffnet werden konnten. Danach verließen die 237 Insassen das Flugzeug durch drei Türen, alle anderen befanden sich entweder zu nah am Feuer oder waren verklemmt. Nach fünf Minuten war die Evakuierung abgeschlossen. Der Kommandant ging noch einmal durch die inzwischen leere Kabine und verließ dann als letzter das Flugzeug. Das Feuer hatte inzwischen die gesamte rechte Tragfläche und einen Teil des unteren Rumpfes erfaßt und breitete sich weiter aus. Der Flughafenfeuerwehr gelang es zwar innerhalb einer Stunde das Feuer zu löschen, den knapp drei Jahre alten Airbus konnte man aber nicht mehr retten. Nur ein Besatzungsmitglied und fünf Passagiere zogen sich bei der Evakuierung leichte Blessuren zu.

Mit dem Airbus verbrannte auch der angeblich „unbrennbare" DFDR (Digital Flight Data Recorder), der im Heck zu nahe an der Außenwand und damit in der Nähe von großen Mengen Isoliermaterial untergebracht war. Es gelang den malaiischen Behörden aber einen PMR (Performance Maintenannce Recorder) zu bergen, der sie mit genügend Daten zum Unglücksverlauf versorgte.

In ihrem Abschlußbericht zogen die malaiischen Behörden die gesamte Cockpitbesatzung zur Verantwortung. Nicht nur der Verstoß gegen die Firmenvorschrift hatte zu diesem Unfall geführt, sondern die mangelhafte Arbeitsteilung im Cockpit. Der Copilot war mit der ihm übertragenen Aufgabe des Landeanfluges völlig überfordert und wurde vom Kommandanten weder ausreichend korrigiert noch rechtzeitig abgelöst. Beide waren völlig auf die Kontrolle der bockenden Maschine und die bevorstehenden Landung fixiert. Keinem der beiden fiel rechtzeitig die falsche Einstellung des Landeinstrumentes und anschließend die zu hohe Sinkrate auf.

Ein Grund für dieses eingeschränkte Wahrnehmungsvermögen waren sicher Erschöpfung und Müdigkeit, die durch den anstrengenden Arbeitstag verursacht wurden. Die durch viele kurzen Flüge und hektischen Zwischenlandungen ausgelöste hohe Arbeitsbelastung der Crew war noch durch das schlechte Wetter gesteigert worden und hatten den Anspannung im Cockpit noch gesteigert. Deshalb wurde die Airline MAS aufgefordert, die Linienkurse in Zukunft so zu organisieren, daß sich eine solche unnötige Streßsituation nicht wiederholen kann. Außerdem sollten die Umschulungskurse auf neue Flugzeugtypen verbessert und intensiviert werden. Auch die Kurse für Ausbilder von Flugschülern sollten überarbeitet werden, hatten doch die unpräzisen Anweisungen des Kommandanten an seinen „Flugschüler" diesen Unfall mit verursacht.

Schließlich kritisierten die malaiischen Behörden die Zusammenarbeit der MAS mit der SAS. So war es den Ingenieuren der malaiischen Airline nicht aufgefallen, daß die skandinavische Airline eine der fünf Funktionen des GPWS „totgelegt" hatten. Im Falle des Absinkens unter den Gleitpfad wird der „Modus 5" des GPWS aktiviert und meldet sich erst mit einer Warnlampe und dann mit einer Computerstimme „Glide Slope".

Das vollständige Abschalten des „Modus 5" entsprach den skandinavischen Vorschriften und wurde in allen SAS Airbussen praktiziert, widersprach aber den malaiischen Vorschriften. Trotz intensiver Vorbesprechungen und dem Austausch von Differenzlisten wurde dieser Unterschied aber nicht bemerkt. Vielleicht auch weil die skandinavischen Ingenieure den Modus selbst totgelegt hatten, nicht jedoch die Selbsttest der Funktion. Mit dem „aktiven" Modus 5 hätte das GPWS vor dem Radarhöhenmesser Alarm schlagen müssen und so einen Unfall wahrscheinlich verhindert.

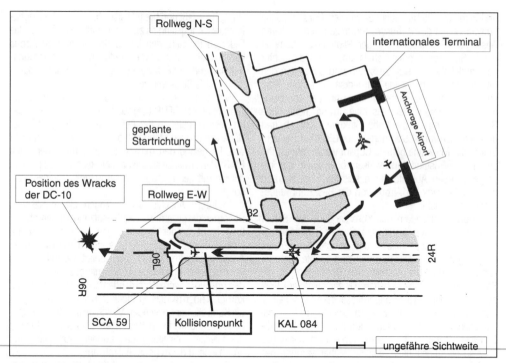

Schematische Darstellung der Rollwege beider Havaristen am Morgen des 23.12.1983 in Anchorage

23.12.83

Korean AL   **McDD DC-10-30**
HL7339   **46960**

An diesem Vorweihnachtstag lag dichter Nebel über dem Flugfeld von **Anchorage/AK/USA**. Es war mittags gegen 12:00 Uhr/loc., und die Sichtweite betrug gerade mal 400 Meter. Die arktischen Temperaturen von minus 9° ließen den Atem gefrieren und aus der Kanalisation stiegen weiße Kondensationsschleier empor. Auf dem internationalen Flughafen Anchorages mußten sich die Piloten Meter um Meter durch die Nebelschwaden vorwärtstasten, um sich nicht ungewollt von der Rollinie zu entfernen. Einer der wenigen Flüge, die unter diesen Bedingungen starten wollten, war eine Piper PA-31 Navajo (Kennzeichen: N35206) der South Central Airlines, die mit acht Passagieren und einem Piloten als Linienflug SCA 59 von Anchorage nach Kenai/ Alaska fliegen wollte. Doch die Bodenkontrolle wies den Piloten, der bereits die beiden Motoren gestartet hatte, auf eine Abflugverzögerung aufgrund des starken Nebels hin. Dieser schaltete die Propeller wieder ab und alle Insassen wärmten sich erst einmal wieder im Terminal auf.

Etwa eine Stunde später, um 13:39 Uhr/loc. meldete er sich erneut im Tower und erhielt die Rollfreigabe, da in einigen Bereichen eine leichte Sichtbesserung vorausgesagt wurde. South Central-Piloten brauchen ein Sichtminimum von 500 Metern, um starten zu können. Der Pilot entschied sich, die Startbahn 06L zu benutzen, da der Rollweg dahin am unkompliziertesten schien. Auf dem Weg vom Terminal bis zur Bahn 06 passierte Flug SCA 59 die Nord-Südbahn 32/14 und folgte der Rollinie zum Bahnanfang der Runway 06L. Dort angekommen, wartete der Pilot mit laufenden Motoren darauf, daß sich die Sichtweite wie angekündigt auf 600 Meter verbessern würde. Auf eine entsprechende Nachfrage sagte der Towerlotse:

ATC: „...its not quite there yet, we got a thousand, Ill let you know when it comes up."

So hielt die kleine Piper Navajo ihre Position. Nun wollte auch eine andere Maschine starten. Es handelte sich um eine DC-10 der Korean Air Lines, die als regulärer Frachtflug KAL 084 von Seoul über Anchorage zum sonnigen Los Angeles unterwegs war und durch den Nebel seit geraumer Zeit aufgehalten wurde. Der Bodenlotse stellte den Kommandanten vor die Wahl, entweder die Startbahn 06R oder 32 zu benutzen. In Anbetracht, daß man zur 06R die dreifache Rollstrecke benötigen würde und die Sichtweiten auf der Bahn 32 um einiges höher lagen, fiel die Wahl nicht schwer:

KAL: „Would like 32."

Ohne Sichtkontakt zum Tower erhielt Flug 084 die Rollfreigabe und der große Jet setzte sich um 13:57 Uhr/loc. vom Frachtvorfeld in Bewegung. Die Piloten flogen seit Jahren von und nach Anchorage und kannten sich mit den hiesigen Verhältnissen recht gut aus. Doch eine derartige „Brühe" hatten sie selbst hier noch nicht erlebt. Langsam bewegte sich die schwere DC-10 auf der Rollinie am Rand des Flughafenvorfeldes entlang. Kurz darauf hatte man die Einmündung des Ost-West-Rollweges erreicht und meldete sich erneut beim Bodenlotsen:

KAL: „Anchorage ground, Korean Air 084, entering east-west taxiway."

ATC: „Korean Air 084 heavy, roger, hold short of runway 32 and contact tower holding short, good day."

KAL: „Roger."

Undurchdringliche Nebelschwaden reduzierten nun wieder die Sichtweite auf weniger als 150 Meter. Obwohl die Piloten meinten sich auszukennen, passierte ihnen ein verhängnisvoller Fehler. Sie verpaßten im Nebel die Abbiegung zum Ost-West-Rollweg und fuhren weiter geradeaus. Dieser falsche Rollweg führte Flug 084 geradewegs zur Bahn 24R, an deren Ende (06L) immer noch die wartende Piper Navajo der South Central stand. Die Konstellation der Startbahn ähnelt hier bei schlechter Sicht auf frappierende Weise der von Bahn 32. Der Kommandant schwenkte nach rechts auf die erleuchtete Pistenmittellinie, ohne auf seinen Kompaß zu blicken, auf dem statt 320 nun 240 Grad stand. Beide Piloten waren ihrer Sache offenbar sehr sicher und meldeten um 14:02 Uhr/loc. Startbereitschaft. Im Tower fragte man zur Sicherheit noch einmal den Piper-Piloten:

ATC: „South Central 59, what intersection are you at?"
SCA59:
„Im at W-3"
ATC: „Thank you."

Für den Lotsen war damit die Situation geklärt und er gab die DC-10 zum Start frei:

ATC: „Korean Air 084 heavy, runway 32 cleared for take off, advise airborne."
KAL: „Roger."

Nun ließ sich nichts mehr machen. Im koreanischen Cockpit ging man noch einmal die Abflugroute durch. Nachdem alle Checks beendet waren, wurden die Scheinwerfer eingeschaltet. Der Kommandant trat in die Bremsen, als er die drei Triebwerke hochlaufen ließ. Nachdem alle Triebwerksanzeigen gleichmäßig ausschlugen, löste er die Bremsen. Flug 084 setzte sich in Bewegung.

KAL: „Anchorage tower, Korean Air 084, were rolling."

Die große Frachtmaschine gewann schnell an Fahrt. Die Tatsache, daß man sich auf der falschen Bahn befand, wurde den Piloten immer noch nicht klar. Sie waren wohl mit ihren Gedanken schon in der Luft und froh, endlich aus der unwirtlichen Witterung herauszusein. Die Bahn 24R/06L ist 3.475 Meter lang, eigentlich lang genug für den Start. Jedoch rollte die DC-10 vom Rollweg W-1 auf die Bahn. Von dort betrug die Distanz zum Ende der Bahn 24R nur ganze 787 Meter. Dies wäre selbst für eine leere DC-10 nicht ausreichend für ein Abheben gewesen. Unbeirrt beschleunigte KAL084 weiter in die Nebelwand hinein. Der Towerlotse ließ nun das kleine Propellerflugzeug auf die Bahn 06L rollen. Nicht ahnend, welche drohende Gefahr auf ihn zukam, rollte SCA 59 gemächlich in die Mitte der Bahn. Als das Ende der Bahn schon zum Greifen nah war, erkannte der Kommandant der DC-10 plötzlich vor ihm die roten Lichter der Bahnbegrenzung. Unmittelbar darauf nahm er die schemenhaften Umrisse der Piper wahr, die direkt vor ihm auf der Startbahn stand. Reflexartig zog er an der Steuersäule. Die Nase richtete sich auf und gleichzeitig trat er ins linke Seitenruder. Diese Reaktion rettete den Insassen des Kleinflugzeugs das Leben. Die Insassen duckten sich instinktiv, als sie die grellen Scheinwerfer und den näherkommenden Lärm der startenden DC-10 spürten. Das Bugrad zischte haarscharf über das Dach der Maschine hinweg. Einen Sekundenbruchteil später zermalmten das Mittel- und das rechte Hauptfahrwerk die Tragflächen der Kleinmaschine. Ein gutes Stück wurde SCA 59 nach hinten geworfen, und anschließend vom gewaltigen Düsenstrahl des rechten Triebwerks um die eigene Achse gedreht, doch die Piper Navajo blieb auf der Bahn, während die DC-10 über die Überrollfläche der Bahn 24R hinwegschoß und im nächsten Moment schon wieder im Nebel verschwunden war. Benommen und noch unter Schock mühten sich die neun Insassen aus dem Wrack. Verstört aber erleichtert stellten sie fest, daß sie allesamt ohne größere Verletzungen geblieben waren.

Trotz aller Bremsbemühungen schoß die koreanische Maschine, immer noch in schneller Fahrt, über unebenes Gelände hinter dem Ende der Bahn 24R. Alle vier Fahrwerksbeine wurden abgerissen; Triebwerke und Teile der Tragflächen lösten sich, als die Maschine mit voller Wucht direkt in die stählernen Anflugmasten der Landebefeuerung hineinraste. Die vordere Bugsektion mitsamt dem Cockpit wurde abgerissen und fiel nach vorn, während Treibstoff in großen Mengen auslief und den Havaristen in Brand setzte. Wie durch ein Wunder konnten die drei Besatzungsmitglieder trotz schwerer Verletzungen lebend geborgen werden.

Das NTSB ermittelte später, daß einige der Rollwegmarkierungen sowie viele Begrenzungslichter des Ost-West-Rollwegs fehlten bzw. nicht funktionierten. Die Sicherheitsbehörde regte daraufhin an, auf allen Flughäfen farblich unterschiedliche Begrenzungslichter für Vorfeld, Rollwege, sowie Start- und Landebahnen zu installieren. Außerdem sollte es zu den täglichen Inspektionserfordernissen gehören, die entsprechenden Lampen zu kontrollieren.

5N-ANR: Die hier gezeigte DC-10 gehörte der Nigerian Airways und verunglückte 1987 ebenfalls bei einem Startunfall/London 1986<Quelle:JR-Photo>

10.01.84

Balkan   **Tupolev 134A**
LZ-TUR   4352308

Auf dem Flug von Berlin-Schönefeld nach **Sofia/Bulgarien** geriet die Maschine im Landeanflug zu tief und berührte eine Überlandleitung sowie mehrere Bäume, bevor man zu Boden ging. Der Unglücksort lag nur etwa 2 Kilometer vom Flughafen der bulgarischen Metropole entfernt.
Dabei kamen 50 Menschen ums Leben.

27.01.84

Garuda   **Fokker F28-4000**
PK-GKB   11155

Bei der Landung in **Pangkalpinang/Indonesien** kollabierte das linke Hauptfahrwerk. Daraufhin schleifte die linke Tragfläche auf dem Boden und brach schließlich vollständig ab als der Pilot am Bahnende versuchte, nach rechts abzudrehen.
Glücklicherweise kam hierbei niemand ums Leben. Andere Meldungen hingegen sprachen von 6 Toten.

09.02.84

TAAG Angola   **Boeing 737-200**
D2-TBV   22626

Nur wenige Minuten nach dem Start in **Huambo/Angola** gab es in ca. 8.000 ft Höhe eine Explosion im hinteren Kabinenbereich. Durch die Wucht der Detonation schlugen einige Hydraulikleitungen leck, wodurch immer mehr Steuerkontrolle verlorenging. Sofort wurde die Rückkehr eingeleitet. Im Endanflug gelang es nicht mehr, die Landeklappen auszufahren. Dadurch setzte die 737 mit überhöhter Geschwindigkeit auf und war nicht mehr innerhalb der Bahnlänge abbremsbar. Hinter dem Bahnasphalt pflügte die Maschine noch etwa 180 Meter über unbefestigtes Gelände. Hierbei wurden das gesamte Fahrwerk und beide Triebwerke abgerissen. Alle Insassen konnten das Flugzeug unverletzt verlassen. Wenig später bekannte sich die angolanische Rebellenorganisation UNITA dazu, eine wärmegesteuerte Rakete auf die 737 abgeschossen zu haben.

10.03.84

U T A   **Douglas DC-8-63PF**
F-BOLL   46096

Auf dem N'Djamena AP/Tschad parkte gerade die französische DC-8, die auf einem Flug von Brazzaville/Kongo nach Paris hier einen Zwischenstopp einlegte. Für die Aufenthaltszeit von einer knappen Stunde blieben die 100 Insassen an Bord. Kurze Zeit später explodierte im Rumpf der Maschine ein Sprengsatz. Die Explosion war nicht besonders stark, trotzdem wurde sofort mit der Evakuierung begonnen. Die Flughafenfeuerwehr rückte an, um den aus dem Rumpf austretenden Rauch zu ersticken. Etwa 20 Minuten später, als sich alle Insassen aus der Maschine entfernt hatten, detonierte ein weiterer Sprengsatz in unteren Rumpfteil. Dieses Mal war die Wirkung jedoch wesentlich stärker. Durch die Wucht der Detonation wurden die umstehenden Sicherheitsbediensteten, sowie einige Mitarbeiter der Fluggesellschaft und herumstehende Passagiere, die den anfänglichen Schaden in Augenschein nehmen wollten, zum Teil schwer verletzt.
Offenbar waren die Bomben durch einen Zeitzündermechanismus gesteuert. Wäre man in N'Djamena jedoch nicht zwischengelandet, so wäre mit großer Sicherheit die Explosion im Fluge aufgetreten. Eine Katastrophe mit vielen Toten wäre die Folge gewesen.
Über die Urheberschaft der Bomben konnte nur spekuliert werden. Frankreich unterstützte die Tschadische Regierung in ihrem Kampf gegen arabische Rebellen, die von Libyen unterstützt wurden. Somit, so vermutete man, liefen die Fäden für diesen Anschlag bei Staatschef Gaddafi in Tripolis zusammen.

22.03.84

Pacific Western   **Boeing 737-200**
C-GQPW   22265

Die Temperaturen lagen nur wenig über dem Gefrierpunkt, und es herrschte sonniges Winterwetter, als 114 Passagiere und fünf Crewmitglieder auf dem internationalen Flughafen von **Calgary/Alberta/Kanada** die 737 der Pacific Western bestiegen. Der Morgenflug sollte unter der Nummer PWA501 nach Edmonton gehen und war einer des sogenannten „Airbus"-Flüge, die PWA zwischen den einzelnen Großstädten des Landes anbot. Die Startzeit war auf 07:30 Uhr/loc.. angesetzt, welche sich jedoch

***PK-GKB**; die Ünglücksmaschine hier noch in der alten roten Bemalung der Garuda 3,5 Jahre vor dem Unfall/Jakarta-Kemajoran im September 1980 <Quelle: Luftfahrt Journal-Sammlung>*

wegen einer leichten Verspätung am Terminal um etwa zehn Minuten verzögerte. Um 07:35 war es dann endlich soweit: PWA 501 ließ die Triebwerke an und begann eine Minute später mit dem Rollvorgang zur Startbahn. An diesem Morgen war die Bahn 34 in Betrieb, die 3.800 Meter lang war. Um unnötige Rollzeit zu sparen, erbat der Pilot von Flug 501, vom Rollweg C-1 aus auf die Startbahn rollen zu dürfen. Dies bedeutete eine verkürzte, aber immer noch ausreichende Take-off-Distanz und zugleich eine Zeitersparnis. Der „Line up" von C-1 wurde genehmigt und um 07:42 Uhr/loc.. erhielt die 737 Starterlaubnis. Die Schubhebel wurden nach vorne geschoben und die Bremsen gelöst. Die Boeing nahm langsam Fahrt auf. Bei einer Rollgeschwindigkeit von ca. 70 Knoten hörten die Piloten einen Knall, gefolgt von einer leichten Linksdrift. Sofort wurde der Startlauf unterbrochen und mit Hilfe von Radbremsen und Schubumkehr das Bremsmanöver eingeleitet. Beide Piloten nahmen zu diesem Zeitpunkt an, daß der Knall von einem geplatzten Reifen im linken Hauptfahrwerk kam. Doch dem war nicht so.

Aufgrund von Materialermüdung und unkorrekter Wartung gab das Schaufelrad der 13. Kompressorstufe im linken Triebwerk Nr. 1 nach und zerbarst unter der hohen Belastung während des Startlaufs. Ein gebrochenes Stück der Kompressorstufe löste sich und schoß durch das gesamte Triebwerkgehäuse und drang mit hoher Wucht in den inneren unteren Tragflächentank ein. Sofort lief Kerosin aus, das sich schlagartig entzündete. PWA 501 bremste immer noch auf Rollgeschwindigkeit ab. Die Piloten kurvten direkt in den vor ihnen liegenden Rollweg C-4 ein. Der Towerlotse, der bereits voreilig den Start von PWA 501 der Abflugkontrolle meldete, nahm die Meldung vom Startabbruch entgegen und teilte um 07:55 Uhr/loc.. mit, daß die Einsatzfahrzeuge der Feuerwehr auf dem Weg wären. Die irritierten Abfluglotsen wurden von den Ereignissen in Kenntnis gesetzt:

ATC: „He rejected take off there, he's got a fire."

Was dem Towerlotsen auffiel, blieb den beiden Piloten zunächst verborgen, denn es ertönte keinerlei Feuerwarnung vom Triebwerk Nr.1. Nur fiel den beiden auf, daß die Leistungsanzeigen vom linken Triebwerk ungewöhnlich niedrig waren. Erst als die Purserin ins Cockpit hineinplatzte und ein Feuer im hinteren Rumpfbereich meldete, fragte der Kommandant nochmals ungläubig nach. Sie wiederholte, daß am Ende der linken Tragfläche ein größeres Feuer sei. Unmittelbar danach ertönte der schrille Ton der Feuerwarnglocke. Um 07:43:19 Uhr/loc.. fragte der Kommandant auch noch beim Towerlotsen nach:

CPT: „They're saying there's some fire there. Can you see any fire around there?"
ATC: „Considerable amount off the back..on the left side engine three..and..eh..it's starting to diminish there. Eh...there's a fire going on the left side."
CPT: „Okay, we have no, eh, fire..eh could you get the emergency equipment after us here, please?"

Gleichzeitig teilte die beunruhigte Purserin mit, daß die gesamte linke Seite und das Heck in Flammen stünde. Die Passagiere wurden nun auf die bevorstehende Evakuierung vorbereitet. Der Tower bat PWA 501, zur Parkposition „Juliet" zu rollen, um den Rollweg freizumachen und dort auf die anrückenden Einsatzfahrzeuge zu treffen. Der Pilot bestätigte dies und setzte den Rollvorgang auf C-4 fort, während der Kommandant eine Löschkartusche in Triebwerk Nr.1 abfeuerte. Nur zehn Sekunden später war die Hälfte des Rumpfes in Rauch und Flammen gehüllt. Der Towerlotsen fürchtete um das Leben der Insassen der 737 und empfahl bei der gegenwärtigen Position zu stoppen. Nachdem auch die zweite Löschkartusche abgefeuert wurde (wie die erste auch ohne Erfolg) und die Purserin abermals ins Cockpit stürmte und den kritischen Zustand der Kabine bekanntgab, begriffen die Piloten erst den Ernst der Lage. Endlich gaben sie den Befehl:„*Evakuierung!*"

Sofort stoppten sie die 737, und 1 Min und 55 Sekunden nach dem Startabbruch verließen die ersten Passagiere über die Notrutschen den brennenden Jet. Gerade noch rechtzeitig gelangten die Crewmitglieder ins Freie, bevor die Flammen sich durch den Rumpf fraßen und der 737 ein schnelles Ende bereiteten.

Von den 118 Insassen verletzten sich einige beim Verlassen der Maschine. Ansonsten gelang es, alle Menschen an Bord in Sicherheit zu bringen. Später stellte sich heraus, daß bei der letzten großen Wartung im Mai 1981 geschlampt wurde. Die PWA-Techniker hielten sich nicht korrekt an den Wartungsablauf, wie er vom Triebwerkshersteller Pratt & Whitney festgelegt wurde. Daher blieben die Materialschwächen an den Bohrungen der 13. Kompressorstufe unentdeckt. Kritik wurde auch an den Piloten geübt, die, entgegen den Regeln, nach dem Startabbruch nicht sofort in den Stand hinein bremsten, sondern noch längere Zeit auf Rollgeschwindigkeit blieben. Außerdem wurde die Kommunikation zwischen Cockpit und Kabine gerügt, welche unprofessionell war und zu einem verzögerten Entscheidungsprozeß der Piloten führte. Trotz der mehrmaligen Hinweise auf das Feuer versicherten sich die Piloten nur ihrer Anzeigen, die den Triebwerksbrand erst nach einer Minute anzeigten.

Obwohl der Towerlotse sich des Feuers auf der linken Seite der 737 bewußt war, hielt er es nicht für nötig, die Piloten von diesem Umstand zu unterrichten. Zum Glück waren alle Passagiere Vielflieger und kannten die Gegebenheiten der Boeing 737. Dieser Umstand half bei der Evakuierung und trug mit dazu bei, daß es keine Todesopfer gab.

11.06.84

Garuda   **Douglas DC-9-32**
PK-GNE   47561

Beim Aufsetzen auf der Landebahn in **Jakarta-Kemajoran AP/Indonesien** stellten sich technische Probleme ein. Der Zweistrahler verließ daraufhin die Bahn und brach in zwei Teile. Bei der reibungslosen Evakuierung wurde niemand verletzt. Nur Garuda war um einen Jet ärmer.

04.08.84

Philippine AL   **BAC 1-11-500**
RP-C1182   246

Die 1-11 schoß nach dem Aufsetzen auf halber Länge der Bahn 36 von **Tacloban/Leythe/Philippinen** trotz Gegenschubs und Fahrwerkbremsens etwa 30 m über das Bahnende hinaus und blieb mit abgebrochenem Fahrwerk im Salzwasser der Pedro Bucht liegen. Die Maschine wurde erst am nächsten Tag geborgen. Keiner der 75 Insassen wurde verletzt. Die BAC konnte jedoch nicht mehr repariert werden.

30.08.84
Cameroon AL   **Boeing 737-200**
TJ-CBD   **21295**

Als die Maschine auf dem Vorfeld von **Douala/Kamerun** in die Startposition rollte, brach ein Feuer aus, das die 737 völlig zerstörte. Die vorliegenden Berichte des Hergangs sind äußerst widersprüchlich: Man nimmt an, daß ein Triebwerk (oder Bombe?) explodiert ist, wobei die leckgeschlagenen Treibstoffleitungen Feuer fingen. Dabei wurde die linke Tragfläche und die Rumpfsektion zerstört. Auch die Angaben über die Zahl der Opfer sind uneinheitlich. In einem Bericht wird von 24 Toten und 76 Verletzten gesprochen. Anderen Angaben zufolge starben lediglich 3 Personen.

18.09.84
LAC Colombia   **Douglas DC-8-54F**
HK-2380   **45879**

Nachdem der Achter bei Regen über das Bahnende in **Barranquilla/Kolumbien** hinausschoß, wurden Fahrwerk und zwei Triebwerke abgerissen und die Maschine somit jenseits der Reparierbarkeitsgrenze beschädigt.

18.09.84
AECA   **Douglas DC-8-55F**
HC-BKN   **45754**

Der Frachtcharterflug der privaten AECA Carga 103 führte zunächst von Miami nach Quito mit der Zieldestination Guayaquil, beides in Equador. Nach 3 Stunden und 22 Minuten Flugzeit setzte man um 06:52 Uhr/loc. auf dem Mariscal Sucre-Flughafen in der Hauptstadt **Quito** auf. Die für Quito bestimmte Fracht wurde ausgeladen. Dafür wurden die meisten Paletten im Innern der Kabine bewegt. Ein Tankwagen rollte zur DC-8 und füllte weitere 8.000 Liter in die Tanks der Maschine, die bald darauf wieder klar zum Start war. Doch als die Cockpitbesatzung gerade die Abflugvorbereitungen durchging, kamen zwei Männer an Bord, die Mitglieder des Equadorianischen Pilotenverbandes waren. In Equador herrschte seit einigen Tagen Unzufriedenheit über die Arbeitsbedingungen der Piloten; mehrfach wurden Streiks angedroht. Obwohl sich AECA Carga, als private Airline, außerhalb der staatlichen Tarifstruktur befand und nicht dem Verband angehörte, versuchten die beiden organisierten Piloten, die Besatzung von Flug 103 für ihre Ziele und Streikideen zu gewinnen. Sie wollten die Piloten dazu überreden, den Flug nach Guayaquil abzusagen, und die Streikfront nicht zu durchbrechen. Es entstand eine längere Diskussion im Cockpit, in die sich auch einige Angestelle der AECA einmischten. Trotz heftiger Wortwechsel gelang es den beiden Verbandspiloten nicht, die Piloten umzustimmen und sie gingen unverrichteter Dinge von Bord. So verzögerte sich der Abflug von 09:00 Uhr/loc. auf 11:00 Uhr/loc. Irritiert und emotional hin- und hergerissen entstand eine Anspannung im Cockpit., in der die Piloten einen falschen Wert für die Höhenrudertrimmung berechneten. Da sich der Schwerpunkt durch die veränderte Lage der Frachtpaletten verschoben hatte, hätten das Höhenruder auf 8°-Nase-oben-Stellung gestellt werden müssen, um innerhalb der Bahnlänge abheben zu können. Doch statt dessen verharrte dieser in der 0,5 °-Stellung. In dieser Stellung braucht die DC-8 eine längere Startstrecke. Die durch den vorherigen Disput abgelenkten und in ihrer Flugvorbereitung unterbrochenen Piloten bemerkten diese fehlerhafte Einstellung jedoch nicht und rollten um 11:00 Uhr/loc. vom Vorfeld zur Startbahn 35. Die Bahnlänge betrug 3.350 Meter, doch in dieser Startkonfiguration hätte Flug 103 mindestens 3.800 Meter benötigt. Um 11:04 Uhr/loc. beschleunigte der Kommandant die DC-8 auf der Startbahn. Nachdem etwa 2/3 der Runway vorbei waren, zog der Pilot routinegemäß an der Steuersäule, doch das falsch getrimmte Höhenleitwerk hielt die Hauptfahrwerke am Boden fest. Da die Entscheidungsgeschwindigkeit V_1 bereits vorbei war, unternahm der Kommandant keinen Versuch mehr den Startlauf abzubrechen, sondern ließ die Maschine weiter beschleunigen. Das Ende der Bahn war vorbei und Flug 103 holperte über die unbefestigte Überrollfläche dahinter. Endlich, 48 Meter hinter dem Ende der Startbahn lösten sich die Räder vom Boden. Verzweifelt versuchten die Crewmitglieder, ihren Jet nach oben zu bringen. Doch im nächsten Augenblick prallte das Fahrwerk und das Höhenleitwerk gegen die hölzernen Masten des ILS-Senders. Direkt vor der dröhnenden Maschine verlief eine Autostraße, auf der genau in diesem Moment ein Bus entlangfuhr. Das ausgefahrene Fahrwerk schmetterte mit ungeheurer Wucht gegen die Seite des Fahrzeugs. Nun war alles zu spät. Angeschlagen stürzte die DC-8 zu Boden und fiel genau auf ein im Bau befindliches Gebäude. Die Maschine zerschellte dort in mehrere Teile und schlitterte weiter in benachbarte Wohnhäuser und eine Kirche hinein, bevor das brennende Wrack schließlich in einem Flammenmeer zum Stillstand kam. Die wenigen Rettungseinheiten der Stadt traf solch eine Katastrophe völlig unvorbereitet.

Am Ende des Tages zählte man 34 Tote und 50 Verletzte. Die vierköpfige Crew der Maschine überlebte den Absturz ebenfalls nicht. Mit der „HC-BKN" verlor AECA das einzige Düsenflugzeug in ihrer Flotte.

01.10.84
Wolf Aviation   **Boeing 707-400**
9Q-CWR   **18357**

Nach einem Landeunfall in **Iziro/Zaire** wurde die Maschine später nach Kinshasa gebracht und dort im Jahre 1986 abgewrackt.

15.10.84

Aeroflot Tupolev 154B-1
CCCP-85243 243

Alle der ca. 150 Insassen und die Crew der Tupolev wurden getötet, als diese bei der Landung in **Omsk/Sibirien/UDSSR** mit einem Schneeräumfahrzeug kollidierte und in Flammen aufging. Das Vehikel stand entgegen den Vorschriften mitten auf der Startbahn herum.

01.12.84

NASA Boeing 720
N833NA 18066

Seit vielen Jahren unternahm die Luftfahrtbehörde der USA (FAA) umfangreiche Untersuchungen, um die Auswirkungen von Feuer bei einem Flugzeugabsturz zu erproben. Bereits 1964 wurden hierzu im Deer Valley in Arizona drei Zivilflugzeuge planmäßig zerstört. Damals wurden neuartige Treibstoff-Beimischungen und Rückschlagventile erprobt, die verhindern sollten, daß brennendes Kerosin in den Nachbartank „überschlägt". Im Dezember 1963 hatte es einen Absturz gegeben, bei dem durch Blitzschlag die austretenden Kerosindämpfe Feuer fingen und die Tragflächentanks explodierten (siehe 08.12.63). Die Testreihe war von Erfolg gekrönt; die neuartigen Rückschlagventile wurden weltweite Vorschrift. Doch immer noch war das Hauptproblem nicht gebannt:

Normalerweise ist Kerosin nur schwer entflammbar. Schlagen aber die Treibstofftanks durch irgend etwas leck und bewegt sich das Flugzeug mit einer relativ hohen Geschwindigkeit, so wird der Treibstoff hinter dem Flugzeug verwirbelt, und es bildet sich ein hochexplosiver Kerosinnebel. Hierbei genügt nur ein geringer Funke und schon steht das gesamte Flugzeug in Flammen. In den letzten Jahren hatte es immer wieder Todesopfer gegeben, die durch ein solches Feuer nicht mehr rechtzeitig das Flugzeug verlassen konnten. Auch das Material der Flugzeugsitze wurde überdacht und aus feuerhemmenden Stoffen gefertigt, die einer Flammenhitze mindestens 40 Sekunden widerstehen können. Um eine dieser Unglückssituationen möglichst realistisch simulieren zu können, beschaffte sich die NASA die alte Boeing 720 aus den Beständen der FAA und präparierte sie für den Übungscrash. An Bord wurden einige der neuartigen Sitze montiert sowie dem Treibstoff ein Geliermittel untergemengt, das beim Luftkontakt lange Polymere-Molekülketten bildet und dadurch den gefährlichen „Nebeleffekt" verhindern soll. Desweiteren wurden 75 Testpuppen (sog. Dummies) auf den Sitzen festgeschnallt und eine Fernsteuerung im Cockpit eingebaut. Als geeignetes Gelände kam nur die **US-Air Base Edwards** in der Mojavewüste von Kalifornien in Frage, die über geeignete Flächen für einen solchen Versuch verfügte. Dort installierte man auf einer der über 20 km langen Runways Betonhindernisse, die die Tragflächen der Boeing aufreißen und damit den Treibstoffaustritt bewirken sollten.

Als alles bereit war, startete man die vier Triebwerke und hob sogleich ferngesteuert ab. Für den Piloten, der in diesem Fall am Boden in einem Cockpitnachbau saß, fehlte naturgemäß jede Erfahrung mit der Fernsteuerung von großen Düsenjets. Als er wenig später die Boeing mit eingefahrenem Fahrwerk auf die verlängerte Pistenachse lenkte fing das Flugzeug an, etwas unruhig zu schaukeln. Der „Bodenpilot" mußte ständig die Fluglage korrigieren, um genau vor den Betonhindernissen aufzusetzen. Als er erkannte, daß die 720er noch etwas zu hoch war, drückte er sie aus ca. 20 Metern zu Boden. Krachend setzte der Rumpf mit einer leichten Linksneigung auf der Bahn des ausgetrockneten Salzsees auf. Durch diese Linksneigung trafen die Tragflächen jedoch nicht im vorgeschriebenen Winkel auf die Hindernisse, sondern seitlich versetzt. Die Maschine schlitterte in hohem Tempo unkontrolliert auf die Betonwände, und das innere rechte Triebwerk wurde bei der Kollision sofort abgerissen. Zischend strömte ein Kerosin-Luftgemisch aus. Es bildete sich, trotz des verwendeten Treibstoffgeliermittels, der berüchtigte Kerosinnebel. Eine halbe Sekunde später stand auch schon die gesamte rechte Flugzeugseite in hellen Flammen. Der gewünschte Effekt, soviel konnte man schon sagen, trat jedenfalls nicht ein. In einem Flammenmeer kam dann nach etwa 400 Metern der Jet links neben der Runway zum Stehen. Das Flugzeug und die 75 Dummies verbrannten zum größten Teil.

Bei diesem gewollten Unglück wurde niemand verletzt. Leider blieb bei diesem Test der erhoffte Erfolg aus. Nachfolgende Untersuchungen ergaben, daß die Geliermittel trotz aller Skepsis doch ihren Zweck erfüllten. Die Forschungen laufen weiter, jedoch wird wohl kaum noch einmal ein Düsenflugzeug dafür herhalten müssen.

23.12.84

Aeroflot Tupolev 154B-2
CCCP-85338 338

Während des Startlaufs auf dem Flughafen von **Krasnojarsk/Sibirien/UdSSR** brach in einem der drei Triebwerke ein Feuer aus. Daraufhin waren die Piloten nicht mehr in der Lage, das Flugzeug zu kontrollieren, und verunglückten noch auf dem Flughafengelände.

Näheres ist nicht bekannt.

30.12.84

Garuda Douglas DC-9-32
PK-GNI 47636

Nach einem mißglückten Landeanflug auf den Flughafen **Denpasar/Bali/Indonesien** setzte der Pilot den Douglas-Jet erst nach 2/3 der Piste mit dem Bugrad zuerst auf. Die DC-9 geriet ins Schleudern und schlitterte über eine Böschung in einen Mangrovensumpf neben der Runway. Die Maschine zerbrach in drei Teile, von denen eines der Rumpfteile explodierte.

Ob und wieviele Opfer es gab, ist nicht bekannt.

XX.XX.85

Libyan AF   **Ilyushin Il-76M**
5A-DKK   **0**

Es wurde berichtet, daß der Frachter irgendwann im Jahre 1985 nach einer harten Landung auf dem Wüstenflughafen von **Sebha/Libyen** so stark beschädigt wurde, daß die Il-76 abgeschrieben wurde.

01.01.85

Eastern AL   **Boeing 727-200**
N819EA   **22556**

Als Flug EA 980 absolvierte die 727 an diesem Neujahrstag die Südamerikaroute der Fluggesellschaft und startete kurz vor 19:00 Uhr/loc. von Asunción/Paraguay zur größten Stadt Boliviens: La Paz. Nach etwa 1,5 Stunden verließ EA980 die Reiseflughöhe und sank in Richtung Zielort. Mittlerweile war es dunkel geworden, und vor den Piloten zeichneten sich lediglich die hellen Stellen der schneebedeckten Andengipfel ab. Der El Alto-Flughafen von La Paz war zu dieser Zeit der höchstgelegene internationale Flughafen der Welt. 12.300 ft über dem Meeresspiegel gelegen, gelten für El Alto (zu deutsch „Der Hohe") ganz spezielle An- und Abflugregeln. Allein die örtliche Topographie ist schon beeindruckend. La Paz liegt in einem Hochplateau und ist umrahmt von noch höheren Bergen. Im Nordwesten erheben sich der Nevadu Huayna (18.848 ft) und der Nevadu Illampu (19.340 ft), sowie im Südosten der majestätische Nevadu Illimani (19.460 ft). Alle drei überragen bei weiten die höchsten europäischen Berge. Die anfliegenden Maschinen müssen vor der Landung ihr Drucksystem auf den geringeren Luftdruck in El Alto anpassen, da sonst die auf einen höheren Standardwert eingestellte Flugzeugkabine bei Türöffnen schlagartig dekompressieren würde. Eine für Besatzung und Passagiere gleichermaßen unangenehme wie vermeidbare Tatsache. El Alto hat wegen der hochgebirgigen Umgebung spezielle An- und Abflugrouten, die penibelst eingehalten werden müssen, denn eine Radarüberwachung existierte in Bolivien nicht. In der Dunkelheit ist es doppelt wichtig, auf dem korrekten Weg zu bleiben. Die Piloten von Flug 980 bereiteten sich gegen 20:30 Uhr/loc. auf den komplizierten Anflug vor. Um Kreislaufbeschwerden unter den Passagieren während der Druckangleichung vorzubeugen, wurde über die Klimaanlage reiner Sauerstoff in speziell hierfür mitgeführten Flaschen infiltriert. Die für 149 Passagiere eingerichtete Boeing war auf diesem Streckenabschnitt mit nur 21 Passagieren und den acht Mitgliedern der Besatzung sehr leicht besetzt. Zusammen mit der Eastern-Maschine befanden sich noch andere anfliegende Maschinen im Luftraum um La Paz. Der zuständige Fluglotse registrierte die Überflüge der Maschinen anhand von Pflichtmeldepunkten. Etwa 30 Meilen südöstlich des Flughafens meldete die Boeing den Überflug der Urana-Mine, deren Lichter aus der Luft gut sichtbar waren. Der Fluglotse folgerte offenkundig aus dieser Meldung, daß Flug 980 näher am Flughafen befand als es tatsächlich der Fall war, und er gab die 727 zum weiteren Sinkflug auf 18.000 ft frei. Ein tragischer Irrtum.

Die mit dem Terrain nicht allzu vertrauten amerikanischen Piloten, kamen dieser Anweisung, ohne einen weiteren Blick in ihre Karten zu werfen, nach und leiteten den Sinkflug ein. Doch direkt in ihrem Flugweg lag der **Mt. Illimani/Bolivien**, dessen Spitze in Wolken gehüllt sich den Blicken der Besatzung entzog. Eine Bergkollision wurde unvermeidlich. Nur wenige Minuten später prallte die 727 gegen die schneebedeckte Flanke des Mt.Illimani.

Niemand an Bord des Flugzeug überlebte das Unglück. Es dauerte mindestens 30 Stunden, bis man das vermißte Flugzeugwrack an einer nahezu unzugänglichen Stelle des Berges entdeckte.

01.02.85

Aeroflot   **Tupolev 134A**
CCCP-65910   **63971**

Die Maschine stürzte kurz nach dem Start vom Flughafen in **Minsk/UdSSR** zu einem Flug nach Leningrad in ein Waldgebiet und zerschellte. Nach dem Abheben fielen beide Antriebsaggregate infolge Vereisung aus und machten einen Weiterflug unmöglich.

Von den 80 Menschen an Bord überlebten nur 22.

06.02.85

Airborne Exp.   **Douglas DC-9-15**
N926AX   **47002**

Unmittelbar nach dem Abheben vom Flughafen in **Philadelphia/NJ/USA** rollte die DC-9 so stark um ihre Längstachse herum nach rechts, daß sich in beiden Triebwerken der Frachtmaschine ein Strömungsabriß ereignete. Mit der rechten Tragflächenspitze und dem Heck krachte die DC-9 aus 100 ft wieder auf die Startbahn. Dabei schlitterte sie etliche hundert Meter den vereisten Asphalt herunter, bis sie schwerbeschädigt zum Stehen kam.

Die beiden Piloten kamen mit einigen Verletzungen davon. Das Unglück ereignete sich während eines Schneesturms kurz nach Mitternacht auf einem Frachtflug nach Wilmington/Ohio. Auf der Tragfläche der DC-9 hatte sich eine millimeterdicke Eisschicht gebildet, die den Auftrieb der Tragfläche herabgesetzt hatte. Die Piloten hatten vor dem Start auf eine Enteisung verzichtet.

19.02.85

Iberia   **Boeing 727-200**
EC-DDU   **21777**

Es war genau 08:47 Uhr/loc., als die Boeing 727 mit 141 Passagieren und 7 Besatzungsmitgliedern vom Flughafen Madrid-Barajas AP zum Linienflug IB 610 zur baskischen Hauptstadt Bilbao abhob. Der Flug war auf ca. 50 Minuten angesetzt und verlief zunächst ohne Schwierigkeiten. IB 610 stieg auf die Reiseflughöhe von 26.000 ft (FL 260) mit Kurs in nördlicher Richtung.

Die Sicht am Bilbao-Sondica AP war durch aufziehenden Morgennebel auf gut 2 Kilometer begrenzt. Der Wind war schwach, und zwischen 3.000 und 10.000 ft herrschte eine aufgelockerte Wolkendecke. Die Temperatur an diesem Morgen betrug 7°Celsius. Aktive Start-

und Landebahn war die RWY 30. Um 09:09 Uhr. loc. verließ IB 610 die Reiseflughöhe und leitete den Sinkflug ein. Sieben Minuten später nahm man mit Bilbao-Approach Kontakt auf. Der Anfluglotse gab IB610 ohne Verzug zum weiteren Sinkflug frei:

ATC: „Iberia sechs eins null, Sie können den Sinkflug für einen ILS-Anflug nach Bilbao Bahn drei null fortsetzen. Der Wind ist einhundert Grad drei Knoten, QNH eins null zwei fünf und Transition Level sieben null."
COP: „Danke, sinken auf Sektorminima mit eintausend und fünfundzwanzig."
ATC: „Korrekt, eintausend und fünfundzwanzig und wenn sie wollen, können sie direkt zum Funkfeuer fliegen."
COP: „Wir werden das...Standardmanöver machen."
ATC: „In Ordnung, melden sie das Passieren des Funkfeuers."

Das Sektorminima lag bei 7.000 ft, dies war gleichzeitig die Übergangshöhe. Der Copilot stellte nun das mit dem Autopiloten gekoppelte Höhenwarngerät auf diese Höhe ein. Nähert sich die Maschine der eingestellten Höhe auf 900 ft an, so wird ein optisches und akustisches Warnsignal aktiviert. Bei einer Abweichung dieser Höhe von +/- 300 ft sind die Warngeräte deaktiviert, so daß keinerlei Warnung erfolgt.

Um 09:22 Uhr/loc. befand sich die 727 in ca. 7.100 ft Höhe mit einer Fluggeschwindigkeit von 215 Knoten. Der Kurs betrug 6° und man befand sich einige Meilen südlich von Bilbao-VOR, dem Funkfeuer, das direkt neben dem Flughafen installiert ist. Etwa 2 Meilen vor Bilbao-VOR meldete sich der Kommandant:

COP: „Siebentausend Fuß über dem VOR, Iberia sechs eins null, wir starten das Manöver."
ATC: „In Ordnung, sechs eins null."

Sofort wurde die angekündigte Rechtskurve eingeleitet. Der Pilot wählte den neuen Kurs von 130° und befand sich nun im Gegenanflug der Landebahn 30. Flug 610 steuerte auf das ungerichtete Funkfeuer BIL-NDB zu, was sich ca. 16 Meilen im verlängerten Anflugweg der Bahn 30 befand. Kurz darauf verließ man die Flughöhe von 7.000 ft und der Autopilot wurde auf 5.000 ft gestellt, die Standardanflughöhe für diese Bahn. Um 09:24 Uhr/loc. wurden die Passagiere gebeten, sich anzuschnallen und für die Landung in Bilbao-Sondica AP bereitzuhalten. Ein weiteres Mal wurde der Autopilot verstellt und zwar auf 4.300 ft, die Minimalhöhe in diesem Gelände. Doch der als Copilot fungierende Kommandant vergaß offenbar, auf dem Autopiloten die Taste „ALT-SEL" (Altitude Select) zu drücken. Oder er drückte sie zweimal, wodurch er die Höhenwarngeräte jeweils an- und wieder ausschaltete. Infolgedessen ertönte hiernach keinerlei Höhenwarnung mehr. Iberia 610 leitete 13 Meilen außerhalb des Flughafens eine leichte Linkskurve ein und sank mit einer Rate von ca. 700 ft/min dem Erdboden entgegen. Das Terrain in dieser Gegend ist recht bergig. Die höchste Erhebung ist der Berg Oiz mit einer Höhe von 1027 Metern. Dieser Berg lag genau im Flugweg der Boeing, deren Besatzung ohne Bodensicht nun eine lange Rechtskurve einleitete, um wie vorgesehen auf das ILS einzufädeln.

Mount Oiz wurde von den hiesigen Radio- und Fernsehstationen zur Errichtung von Sendemasten genutzt. Auch der regionale Fernsehsender „Euskal Telebista" ließ 1982 einen Sendemast aufstellen. Dieser überragte den Gipfel des Oiz um 25 Meter und war mit einer rot-weißen Bemalung sowie einer roten Lichtanlage ausgestattet. Diese zusätzliche Erhöhung des Berges wurde jedoch weder in den amtlichen Flughafenkarten, noch in den Anflugkarten der Iberia, die auch Flug 610 benutzte, eingezeichnet.

Mit unveränderter Sinkrate geriet IB610 unter die Minimalhöhe und raste mit über 200 Knoten auf die Bergkuppe zu. Die Besatzung konnte wegen der eingeschränkten Sichtweite in Bodennähe nicht sehen, was auf sie zukam. Ein rascher Blick auf den Höhenmesser hätte die Piloten sicherlich gewarnt, allerdings verleitete dieser bei niedrigen Höhen, wenn man sich im Cockpit auf mehrere Dinge konzentrieren muß, zu Fehlinterpretationen. Tests der NASA ergaben, daß bei flüchtigem Hinsehen nur die hunderter-Werte ins Auge fielen. Die tausender-Werte blieben meist unbeachtet. Somit machte sich niemand im Cockpit über die Höhe Gedanken.

„Fünf, bitte.", sagte der Copilot und meinte damit die Landeklappen, die vom Kommandanten auf fünf Grad ausgefahren werden sollten. COP:„Minimum eins sechs...drei. Viertausend dreihundert, kurven.", waren die letzten Worte von Flug 610.

Es war genau 09:27:04 Uhr/loc., als die Boeing mit dem bewußten Sendemast kollidierte. Dabei streifte der solide gebaute Mast die linke untere Hälfte des Buges, riß dort den Rumpf auf und prallte gegen die linke Tragfläche, die sofort vollständig wegbrach. Trudelnd stürzte die Boeing erdwärts. An einem Abhang des Oiz zerschellte Flug 610 und hinterließ eine breite Trümmerschneise.

Der Tower in Bilbao erfuhr erst 40 min. nach der letzten Funkmeldung vom Absturz der 727. Sofort wurden Rettungseinheiten zum Unglücksort geordert.

Sie konnten niemanden mehr finden, der den Absturz überlebt hatte. Alle 148 Insassen starben.

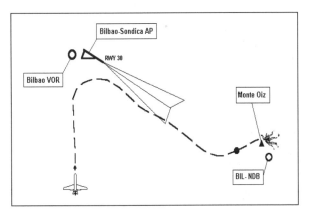

Flugweg der spanischen Unglücks-727, die im Anflug auf Bilbao am 19.02.1985 verunglückte

Hiernach wurde mehr Wert auf das Ausrufen von Höhenwerten in niedriger Höhe gelegt. Desweiteren wurden die herkömmlichen Höhenmesser gegen verbesserte Geräte, die man besser ablesen konnte, ausgetauscht. Auch die ungenauen Anflugkarten wurden gerügt. Seitdem ist die höchste Erhebung des **Mount Oiz** nicht mit 1027, sondern mit 1055 Metern ausgewiesen, und die Minimalhöhe wurde entsprechend angehoben.

16.03.85
U T A   Boeing 747-300
F-GDUA   22870

Bei Reinigungsarbeiten an dem nagelneuen Großraumjet auf dem Flughafen **Paris-Charles de Gaulle/Frankreich** entzündeten sich einige Gegenstände der Kabineneinrichtung. Die durch das flüchtende Reinigungspersonal alarmierte Feuerwehr traf jedoch erst ein, als sich das Feuer bereits durch den Rumpf des Jumbos gefressen hatte. Dies war damals der höchste Versicherungsfall für Flugzeuge aller Zeiten.

28.03.85
SATENA   Fokker F28-3000
FAC-1140   11165

Der Flieger crashte auf dem Flug von Bogota- Neiva - San Vicente de Caguan - Florencia gegen den **Mt.San Vicente de Caguan/Kolumbien** und explodierte. Zum Zeitpunkt des Unglücks herrschte schlechtes Wetter.

Es kamen alle 41 Passagiere und 5 Besatzungsmitglieder ums Leben.

15.04.85
Thai AW   Boeing 737-200
HS-TBB   21810

An diesem Abend führte der Copilot der 737 den Flug nach **Phuket/Thailand**, einem thailändischem Touristenort, durch. Im Sinkflug auf ihre Destination informierte der Tower die Besatzung über eine rapide Wetterverschlechterung: Die Wolkenuntergrenze war abgesunken und Regenschauer peitschten über das Flughafengelände. Daraufhin übernahm der Kommandant die Steuerung. Um 23:15 Uhr/loc. bekam die Boeing die Genehmigung abzusinken: Um 23:19 Uhr meldete sich nochmals die Maschine mit der Nachricht, daß das Einflugzeichen in Phuket nicht zu empfangen wäre. Da das Einflugzeichen völlig in Ordnung war, konnte das nur eines bedeuten: Die Besatzung war so tief unter den Gleitpfad abgesunken, daß eine Geländeerhebung zwischen Flughafen und Flugzeug das Funksignal abschirmte. Der Kommandant versuchte offensichtlich, den Flughafen nach Sicht anzufliegen. Wegen des schlechten Wetters legte der Tower der Besatzung nahe, nach Instrumentenflugregeln weiterzufliegen. Der Kommandant stimmte dem über Funk zwar zu, hielt sich aber nicht daran. Um 23:26 Uhr/loc. berichtete er dem Tower, man hätte beinahe einen Berg gerammt, die Triebwerke liefen unrund und man sollte die Landebefeuerung voll aufdrehen, da er den Flughafen noch nicht sehen könne. Die Triebwerke hatten bei der Beinahekollision Blätter und Geäst eingesaugt. Nicht zuletzt deswegen schaffte die Boeing den nächsten Berg nicht mehr. In 858 ft Höhe zerschellte die Boeing an einem nachfolgenden Berg, der 18 Kilometer vor dem Flughafen lag. Die Mindestflughöhe an dieser Stelle betrug gut 3.000 ft.

Alle 86 Insassen starben bei diesem Unfall.

03.05.85
Aeroflot   Tupolev 134
CCCP-65856   23253

Die Maschine kam aus Tallin/Estland und befand sich im Landeanflug auf den Flughafen von **Lvov/Ukraine/UdSSR**, als sie mit einer Antonov-26 der sowjetischen Luftwaffe kollidierte.

Die Tu-134 stürzte daraufhin nahe Zolochev ab, wobei alle 79 Insassen der Tupolev sowie die 8 Personen an Bord der Antonov ums Leben kamen.

10.06.85
Aeroflot   Tupolev 154B-2
CCCP-85311   311

In 30.000 ft Höhe kam die Tupolev aus nicht näher bekannten Gründen ins Trudeln und stürzte zu Boden. Die Maschine zerschellte nahe der Ortschaft **Uch-Kuduk/Uzbekistan/UdSSR**.

Von den 191 Passagieren und neun Besatzungsmitgliedern überlebte niemand das Desaster. Die Maschine befand sich auf einem Flug von Karachi nach Ufa/Ural/UdSSR.

12.06.85
Alia   Boeing 727-200
JY-AFW   22271

Unversöhnlicher denn je standen sich die Parteien des Bürgerkrieges in Beirut gegenüber. Während den Nordwestteil die sozialistischen Drusenkämpfer beherrschten, standen die christlichen Kräfte im Osten und die schiitische Amalmiliz kontrollierte den Süden, Südwesten und den internationalen Flughafen des einstigen „Paris des Orients". Pausenlos wurden die einzelnen Territorien im Häuserkampf verteidigt. Verbissen versuchte jede Partei die andere durch Waffengewalt in die Knie zu zwingen. Ausgehandelte Waffenstillstände wurden manchmal nur Minuten später wieder gebrochen, und erneut flammten die Kampfhandlungen auf. Die Stadt glich einem einzigen Schlachtfeld. Westliche Ausländer waren das bevorzugte Ziel von Entführungen, um damit politische Ziele zu verfolgen. Als sich 1982 nach der israelischen Invasion die Palästinenser als vierte Kraft im Süden Beiruts etablierten, schritt die Amalmiliz ein und forderte die Räumung der drei Palästinenserlager Burj al Brajneh, Sabra und Shattila. Immer wieder kam es zu gewaltsamen Auseinandersetzungen, als schließlich die überlegene Amalmiliz Anfang Juni die Siedlungen belagerte und damit ein politisches Druckmittel in den Händen hatte. Eine Dringlichkeitssitzung der arabischen Liga verabschiedete am 10.Juni eine Resolution, in der die Einstellung jeglicher Kampfhandlungen und der sofortige Abzug der schiitischen Belagerer um die Palästinenserlager gefordert wurde. Die Amal wiederum scherte sich nicht um diese Resolution und wies die Forderung als Einmischung in die inneren Angelegenheiten Libanons zurück. Innerhalb der arabischen Volksgemeinschaft waren die Schiiten nun politisch isoliert.

Nur einen Tag darauf verschafften sich die Schiiten die internationale Aufmerksamkeit. Der Linienflug der jordanischen ALIA von Beirut nach Amman wurde gerade abgefertigt und die Passagiere wurden per Bus zur startbereiten Boeing gebracht, als sich in hohem Tempo zwei Armeejeeps näherten. Schon von weitem konnte man die Salven der Maschinengewehre hören, die die Jeepinsassen in die Luft feuerten. Mit Waffengewalt wurden die 66 Passagiere über die Hecktreppe in das Flugzeug gescheucht, während andere die vordere Treppe hinaufeilten, und im Nu war der Jet mitsamt seinen 74 Insassen in der Hand der Schiiten. Insgesamt beteiligten sich an dieser Aktion sechs Personen, die alle der „Imam Musa Sadr Suicide Brigade" angehörten. Zunächst verlangten die Terroristen, nach Tunis geflogen zu werden, doch für eine solche Distanz hatte die Boeing nicht genügend Treibstoff in den Tanks. Somit einigte man sich zunächst zum näherliegenden Larnaca/Zypern zu fliegen. Dort angekommen, wurde die Maschine aufgetankt, und sogleich startete man in Richtung Tunis. Doch der dortige Flughafen verweigerte die Landeerlaubnis. Nach kurzer Überlegungszeit erhielt man schließlich doch noch eine Landeerlaubnis auf dem sizilianischen Flughafen von Palermo/Italien. Dort angekommen, startete man sogleich wieder und verlangte nochmals in Tunis zu landen, doch hartnäckig wurde eine Landung verweigert. Frustriert mußten die Terroristen nach **Beirut** zurückkehren. Die Forderungen der Entführer lasen sich wie folgt: alle Palästinenser sollten ihre drei Lager am südlichen Beiruter Stadtrand umgehend räumen, und die jordanische Fluggesellschaft ALIA sollte ab nun nicht mehr nach Beirut fliegen. Nach zähen Verhandlungen durften dann schließlich nach 4,5 Stunden fünf Menschen das in der erbarmungslosen Mittagshitze stehende Flugzeug verlassen. Hiernach erging an die Piloten erneut der Befehl „Starten" und wieder hob die Boeing ab. Doch schon nach zwei Stunden kam man nach **Beirut/Libanon** zurück, da nirgendwo eine Landegenehmigung zu erhalten war. Die Terroristen wurde nun immer nervöser, sie sahen, daß ihre Mission gescheitert war und drohten nun mit Geiselerschießungen und der Sprengung der Maschine. Schließlich mußten die Entführer, die ohne politischen Rückhalt in ihrem eigenen Lager geblieben waren, aufgeben. Nachdem alle Passagiere und Besatzungsmitglieder die Boeing verlassen hatten, ließen die Terroristen ihre angestaute Aggression an der 727 aus. Sie zündeten nacheinander drei Sprengsätze in der Kabine und feuerten ihre MG-Magazine auf den jordanischen Passagierjet ab, der in Minutenschnelle in Flammen stand. Alle sechs Schiiten nahmen jedoch vorher noch acht jordanische Sicherheitsbeamte, die mit an Bord der 727 waren, in ihre Gewalt und setzten sich vom Ort des Geschehens ab. Später wurden die Sicherheitsleute von den Schiiten wieder freigelassen.

Nur Stunden später entführte ein Palästinenser eine Boeing 707 der MEA, die kurz nach der Sprengung der 727 in Beirut gestartet war, und dirigierte sie nach Beirut. Der mit einer Granate bewaffnete Mann protestierte mit seiner „Vergeltungsaktion" gegen die Entführung der ALIA-Maschine. Hiernach verschärften sich die innerarabischen Konflikte, und erneut flammten die Kämpfe rund um Beirut wieder auf.

13.06.85
Benin Govmt.   **Boeing 707-320B**
TY-BBR   **20457**

Nach einem abgebrochenen Start in **Shebha/Libyen** fing die 707 Feuer und wurde zerstört.

23.06.85
Air India   **Boeing 747-200B**
VT-EFO   **21473**

Die große 747, die den Namen „Emperor Kanishka" trug, befand sich auf dem Weg von Kanada über England nach Indien. Der Start des Fluges AI 181 in Toronto verzögerte sich jedoch um etwa 100 Minuten, da außer der normalen Fracht auch ein zusätzliches Triebwerk transportiert wer-

VT-EFO; die bewußte Unglücksmaschine mit dem Namen "Emperor Kanishka" ein knappes Jahr vor dem tragischen Unglück/Frankfurt im Juli 1984 <Quelle: JR-Photo>

den mußte. Zwei Wochen zuvor fiel beim Start einer anderen 747 der Air India eines der vier Triebwerke aus, man kehrte nach Toronto zurück. Kurzerhand beschaffte man sich, Ersatztriebwerk von Air Canada, das eine Woche später an Air Canada zurückgegeben wurde. Die „Emperor Kanishka" flog nun mit dem beschädigten Triebwerk zurück nach Indien, um es dort zu reparieren. Diese besondere Fracht war jedoch selbst für den gigantischen Rumpfdurchmesser der Boeing 747 zu groß. Daher mußte man das Antriebsaggregat außen mitführen. Für derartige Transporte befestigten die Bodenarbeiter in Toronto das Triebwerk an dem sogenannten „fifth pod", zwischen Rumpf und linkem inneren Triebwerk Nr.2. Dieses „fünfte" Triebwerk wurde gegen die Windströmung mit einer großen Verkleidung abgedeckt und war danach für den Lufttransport bereit. Nachdem „Emperor Kanishka" aufgetankt war, hob man kurze Zeit später ab und flog zunächst nach Montreal, wo weitere Passagiere und Fracht an Bord genommen wurden. In der Kabine machten es sich nun 307 Passagiere bequem, während sich die 19 Flugbegleiter um ihr Wohl bemühten. Zusammen mit den drei Piloten befanden sich 329 Menschen in der Maschine. Flug AI 182 (die Flugnummer hatte sich ab Montreal geändert) verließ die kanadische Metropole und stieg in die Dunkelheit des Abends hinein, dem nächsten Ziel, dem Londoner Flughafen Heathrow entgegen. Der Flug über den nächtlichen Ozean verlief zunächst ohne Schwierigkeiten. Das zusätzliche Triebwerk stellte keinerlei aerodynamische Komplikationen dar. Lediglich lag der Kraftstoffverbrauch aufgrund des erhöhten Strömungswiderstandes ein klein wenig über den Normalwerten. „Emperor Kanishka" flog der Erdrotation entgegen und übersprang schnell die 00:00 Uhr-Grenze. Man schrieb nun Sonntag, den 23.Juni. Etwa 3,5 Stunden trennte Flug 182 noch von der Landung. Die meisten Passagiere schliefen, als sich der Copilot mit der Bodenstation in Shannon/Irland, die sämtliche Flüge über den Atlantik koordiniert und überwacht, in Verbindung setzte. Die aufgehende Sonne warf ein gleißendes Licht in das Cockpit und beide Piloten setzten ihre Sonnenbrillen auf.

AI 182:
    „Air India 182, good Morning."
ATC:
    „Air India 182, good morning, squawk 2-0-0-5, over"
AI 182:
    „3-0-0-5 is set, and Air india 182 is 51 north and 15 west at 0705, level 310, estimate FIR 51 north, 18 west at 0735, then Bunty."
ATC:
    „Air India, Shannon, roger. Cleared London via 51 north, 18 west, Bunty upper blue 40 to Merley, upper red 37 to Ibsley, flight level 310."
AI 182:
    „Correct, Sir. Have set 2-0-0-5, 182."

Mit 519 Knoten flog die 747 der irischen Küste entgegen, während die Fluglotsen den umliegenden Verkehr auf ihren Radarschirmen beobachteten. Plötzlich, um 07:14 Uhr/loc. vernahmen sie ein kurzes Klicken in ihren Kopfhörern und blickten verdutzt auf den Schirm, wo gerade das Radarsignal des Fluges 182 verschwunden war. Im hinteren Rumpfteil des Jumbos war ein Sprengsatz explodiert, die den hinteren Rumpf mitsamt dem Leitwerk abriß. Steuerlos trudelte „Emperor Kanishka" dem Ozean entgegen. Ein Regen aus Metalltrümmern ergoß sich 160 km westlich von **Fastnet/Irland** in den Atlantik. Nach zwei Stunden wurden die schlimmsten Befürchtungen zur Gewißheit, als ein Schiff Trümmer- und Leichenteile auf der Meeresoberfläche meldete. Damit war klar, daß niemand der 329 Menschen an Bord den Absturz überlebt hatte.

Wochen vergingen, ohne daß die Flugschreiber oder der CVR geborgen werden konnten. Endlich, knapp einen Monat nach des Katastrophe, spürte ein ferngesteuertes Mini-U-Boot diese wichtigen Unglückszeugen auf und brachte sie an Land. Schon bald wurde klar, daß es sich beim Absturz von Flug 182 um einen Sprengstoffanschlag handelte. Verschiedene Hinweise ließen den Schluß zu, daß die Bombe von einer extremistischen Sikh-Gruppe (die Sikhs sind eine in Indien lebende hinduistische Religionsgruppe, die die Loslösung vom indischen Staat anstrebt) gelegt wurde, was allerdings bis heute nicht hundertprozentig bewiesen ist. Fast zeitgleich mit der Explosion über dem Atlantik detonierte in der Frachthalle des Tokyoter Flughafens Narita eine weitere Bombe. Sie war in einer Gepäckbox gewesen, die nur wenige Minuten vorher aus einem CP-Air Jumbo entladen worden war, der ebenfalls aus Kanada kam. Die Maschine war aus betrieblichen Gründen eine Stunde früher gelandet als geplant.

Die japanischen Behörden konnten in der anschließenden Untersuchung nicht nur feststellen, daß der Sprengsatz in einem Radiorecorder versteckt wurde, sie konnten darüber hinaus auch das Fabrikat und vor allem die Seriennummer des Radiorecorders nachweisen. In Zusammenarbeit mit den kanadischen Behörden konnte der Weg des Gerätes zurückverfolgt werden: Der Radiorecorder war zusammen mit zwei anderen Recordern von einem Mann in Vancouver gekauft worden.

Die kanadischen Behörden identifizierten den Mann, der einen Koffer für die gesprengte Air India Maschine aufgegeben hatte, jedoch nicht zu dem Flug erschien, als Mr.Singh. Weiterhin wurde festgestellt, daß dieser "Mr.Singh" (So nannte er sich jedenfalls in Kanada.) den kanadischen Sicherheitsbehörden als Aktivist in extremistischen Sikhgruppen bekannt war. Außerdem fiel der Tag der beiden Anschläge mit dem ersten Jahrestag der blutigen Erstürmung des Haupteiligtums der Sikhs durch indische Truppen, dem goldenen Tempel in Amrizar/Nordindien, zusammen. Allerdings blieb „Mr.Singh" bis heute unauffindbar. Auch hat sich bis heute keiner zu diesen Attentaten bekannt, was normalerweise bei Terrororganisationen üblich ist.

Im Juli 1992 wurde ein 30jähriger Sikh in Bombay verhaftet. Ihm wurde vorgeworfen, daß er einer der Beteiligten des Terroranschlags war.

17.07.85

NASA   **Convair 990**
N712NA   37

Während des Startlaufs auf der **March AFB/CA/USA** platzte einer der Reifen des Vierstrahlers, woraufhin die

N712NA; die später verunfallte CV-990er der NASA mit dem Namen "Galileo II" hier bei der Luftfahrtausstellung "Aero Salon". Hierbei handelt es sich um die letzte gebaute Maschine dieses Typs/Paris-Le Bourget im Juni 1977 <Quelle: Luftfahrt Journal-Sammlung>

Besatzung den Start abbrach. Teile des auf der Landebahn schleifenden Fahrwerks brachen explosionsartig weg und durchschlugen die Wände der Treibstofftanks. Es entstand ein Feuer, das sich auf den gesamten Rumpf ausbreitete und die Coronado zerstörte. Alle 19 Insassen der Maschine, vier Besatzungsmitglieder und 15 Wissenschaftler konnten dem Inferno unverletzt entkommen.

02.08.85
Delta AL L1011 TriStar 1
N726DA 1163

Der an diesem Tag aus Fort Lauderdale gestartete TriStar war auf dem Nachmittagsflug DL 191 nach Los Angeles unterwegs. Die Route beinhaltete eine planmäßige Zwischenlandung in **Dallas-Fort Worth AP/TX/USA**, auf den das Großraumflugzeug zusteuerte. Bereits im Sinkflug wurde die Besatzung des unsteten Wetters in der Gegend des Dallas-Fort Worth AP gewahr. Einzelne Regenschauer und böige Winde herrschten über dem Flughafen. Als sich beim Überflug der New-Orleans VOR's die Schlechtwetterfront in Richtung Süden intensivierte, entschied man sich im Cockpit, die normale (südliche) Anflugroute zu ändern, und bekam daraufhin die nördliche „Blue Ridge"-Anflugroute zugewiesen. Dazu mußte die ATC den TriStar etwa 10 bis 15 min über Texarcana kreisen lassen, bis sich eine passende Lücke in der Anflugsequenz auftat und der weitere Anflug seinen Lauf nahm. Es war gerade 17:56 Uhr/loc., als der Controller an alle anfliegenden Flugzeuge die Meldung herausgab, daß ein kleinerer Regenschauer nördlich des Flughafens niederging. Der Großraumjet wurde um 18:02 Uhr von den zuständigen Lotsen als Landenummer 2 hinter einem Learjet in die Anflugsequenz zur Landebahn 17L eingegliedert. Der weitere Anflug verlief problemlos und noch einmal meldete sich der Lotse bei DL191:

CTR: „*We're getting some variable winds out there due to a shower on short out there northern end of DFW*".

Der Copilot wechselte nun anweisungsgemäß zur Towerfrequenz:

COP: „*Tower, Delta one ninety one heavy, out here in the rain, feels good.*"

Und um 18:03 Uhr/loc. erhielt DL191 die Landefreigabe auf der Bahn 17L:

TWR: „*Delta one nine one heavy, regional tower one seven left cleared to land. Wind zero nine zero at five, gusts to one five.*"

COP: „*Thank you, sir*"

Der Copilot bemerkte einige Meilen außerhalb der Landebahnschwelle eine Gewitterwolke, aus der einige Blitze herauszuckten:

COP: „*Lightning coming out of that one.*"
CPT: „*What?*"
COP: „*Lightning coming out of that one.*"
CPT: „*Where?*"
COP: „*Right ahead of us.*"

Alle Landechecks waren abgeschlossen, das Fahrwerk und Klappen ausgefahren und die Maschine genau auf die Pistenmittellinie ausgerichtet. Nichts deutete auf Unregelmäßigkeiten hin.

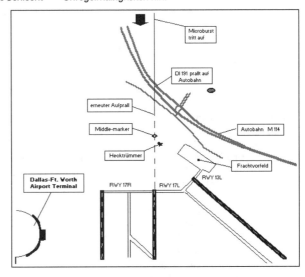

Die letzten Meter der von Norden her einschwebenden TriStar bis zum Aufprall am Boden in Dallas-Ft.Worth AP am 02.08.1985

N726DA; die in Dallas verunglückte Maschine in ungefähr derselben Flughöhe, in der der Microburst auftrat/Miami im November 1983 <Quelle: Luftfahrt Journal-Sammlung>

Doch für das menschliche Auge unsichtbar ging im Flugweg des TriStars ein Fallwind, ein sogenannter „Microburst", nieder.

Microbursts bilden sich vornehmlich bei Mischwetterlagen, wenn sich kalte Luftschichten einen Weg durch die aufsteigende wärmere Luft nach unten bahnen und dabei auf ihrem Weg immer mehr Fallenergie aufnehmen. Diese für alle Flugzeuge höchst gefährlichen Abwinde ließen sich bis dahin weder erkennen noch vorhersagen.

Ein solcher Microburst ging in diesem Augenblick nördlich des Flughafens nieder und erfaßte den mit 150 Knoten einschwebenden Delta-Jet. Der Auftrieb war plötzlich verschwunden. Verzweifelt versuchten die Piloten, ein Absacken zu verhindern:

CPT: „You gonna lose it all of a sudden, there it is."
CPT: „Push it up. Push it way up."
CPT: „Way up, way up, way up..."

Die völlig überraschten Piloten gaben in dieser Situation Vollschub, um die Geschwindigkeit zu erhöhen. Dieses Unterfangen führte zu keinerlei Erfolg, so daß man immer schneller an Höhe verlor und dem Erdboden immer näher kam. Die Kontrolle über das Flugzeug ging nun endgültig verloren. Das GPWS ertönte von nun an unaufhörlich: „Whoop, whoop, pull up...whoop whoop, pull up...!" Der Kommandant schrie: „TOGA!" (take-off-go-around), was den Abbruch des Landeanfluges bedeutete. Nun erkannte der Towerlotse auch, daß mit dem Flugverhalten des TriStars etwas nicht in Ordnung war, und gab um 18:06 Uhr/loc. die Anweisung:

TWR: „Delta, go around."

Nur zu gern wären die Piloten der Aufforderung, den Landeanflug abzubrechen und wieder auf Höhe zu gehen, gefolgt. Der anhaltende Luftstrom trieb DL 191 jedoch immer weiter nach unten und ließ die Maschine etwa 2000 Meter vor dem Bahnanfang 17L hart auf den Erdboden prallen. Man gewann jedoch kurz wieder an Höhe, um darauf wieder abzusinken. Der zweite Aufprall erfolgte auf der Fahrbahn der M114 Autobahn, einer vierspurigen Ringstraße um den Flughafen, auf der sich zahlreiche Fahrzeuge befanden. Ein kreuzender Toyota kollidierte mit dem linken Triebwerk und wurde von diesem zerfetzt. Der Fahrer war auf der Stelle tot. Als die L-1011 die andere Straßenseite überquerte, mähte die linke Tragfläche einen Lichtmast um und Feuer brach aus.

Tragfläche und Rumpf kollidierten noch mit zwei Wassertanks nahe dem östlichen Frachtterminal, bevor eine gewaltige Explosion den TriStar in Stücke fetzte und in ein Flammenmeer verwandelte. Glücklicherweise wurde fast die gesamte Heckeinheit abgesprengt, die abseits des Infernos zum Stehen kam. Hier wurden auch alle der 26 überlebenden Passagiere und 3 Flugbegleiter lebend geborgen.

Obwohl die Rettungseinheiten schnell zur Stelle waren, kam für die restlichen 133 Menschen an Bord jede Hilfe zu spät.

Hiernach wurden Wettersensoren an vielen gefährdeten Flughäfen installiert, die eine sich andeutende Fallböe im Entstehen erkennen und die Flugzeugbesatzung rechtzeitig warnen können.

12.08.85

Japan AL   **Boeing 747SR**
JA8119   **20783**

Japan ist ein Land mit etwa 120 Millionen Einwohnern, von denen die meisten in den großen Ballungszentren der asiatischen Inselmonarchie auf engstem Raum zusammenleben. Um schnell von einer Stadt in die andere zu gelangen gibt es neben breit angelegten Autobahnen und superschnellen Expresszügen auch ein dichtes Netz an Inlandsflügen. Mit dem wirtschaftlichen Boom Japans und dem einhergehenden Kaufkraftzugewinn der Bevölkerung, überstieg der Kapazitätsbedarf alle Erwartungen. Neben den Airlines, die ausschließlich innerjapanische Flüge anbieteten, mischte auch die internationale Airline JAL kräftig in diesem Inlandsgeschäft mit. Hierfür wurden Mitte der siebziger Jahre sieben speziell für Inlandstrecken ausgelegte Boeing 747, die die Bezeichnung Boeing 747SR (Short Range) erhielten, eingekauft Weitere 17 dieser Maschinen orderte einige Zeit später die All Nippon Airways, eine der japanischen Inlandsfluggesellschaften. Die 747SR unterschied sich von dem Basismodell 747-100B durch ihre geringere Treibstoffkapazität, die die Maschine auf einen Aktionsradius von knapp 5.000 km beschränkte. Dafür wurde aber die Rumpfzelle, sowie das Fahrwerk verstärkt, um für die vermehrten Start- und Landungen besser gerüstet zu sein. Das geringere Abfluggewicht nutzte man in Japan zudem für eine dichtere Bestuhlung. Die unglaubliche Zahl von 533

Passagieren paßte in den Rumpf einer 747SR. 1973 wurde der Linienverkehr auf der dichtesten Route Japans, zwischen Tokio und Osaka, aufgenommen. Alles lief ohne größeren Zwischenfall.

Im Juni 1978 passierte jedoch ein Malheur mit einem dieser Jumbos: Beim Start in Tokio-Haneda prallte das Heck der „JA8119" unsanft auf die Landebahn und verzog sich hierbei. Dadurch entstand ein Bruch am hinteren Druckschott. Diese regenschirmartige Zwischenwand schirmt die Druckkabine des Passagierbereichs hermetisch vom Heckbereich ab, der nicht unter Druck steht. Sind diese Druckschotts undicht, kann sich in der Passagierkabine kein Druck aufbauen und ein normaler Reiseflug wäre unmöglich. Um „JA8119" wieder einsatzfähig zu machen, wurden eigens Techniker aus den Boeingwerken in Seattle nach Tokio beordert, die den Schaden reparieren sollten. Diese Arbeiten wurden jedoch nicht ordnungsgemäß verrichtet. Die 0,9 Millimeter starke Aluminiumplatte des Druckschotts wurde nicht, wie vorgesehen, mit einer durchgehenden Verstärkungsplatte an die Rumpfstruktur genietet, sondern mit zwei getrennten Platten. Die eine der Verbindungen bestand aus zwei, die andere nur aus einer Nietreihe. Normalerweise müssen alle drei Nietreihen verbunden sein, um eine höhere Festigkeit zu erlangen. Doch die Boeing-Techniker verzichteten darauf. Die Rumpfzelle einer 747SR ist einer weitaus höheren Belastung unterworfen, als die anderer 747-Modelle. Pro Flugtag kommt eine normale 747 auf 2-3 Flüge, während die 747SR 7-8 Mal am Tag den Druckwechsel zwischen Reiseflughöhe und Erdboden aushalten muß. Doch dies wurde offenbar nicht bedacht. „JA8119" ging wieder in den Liniendienst zurück. Es folgten einige Jahre, in denen die fehlerhafte Reparatur nicht auffiel. Das Druckschott hielt. Doch die enormen Druckbelastungen nagten Flug um Flug an den fehlerhaften Verbindungsstellen.

Auf dem Inlandsflughafen in Tokio-Haneda drängelten sich die Menschenmassen. Das japanische „Bon"-Fest stand bevor, bei dem viele Menschen ihre Verwandten besuchen. Unter den vielen Maschinen, die an diesem frühen Montagabend am Terminal standen, befand sich auch die 747SR „JA8119" der JAL. Die Maschine war für den Flug JA 123 nach Osaka eingeteilt und restlos ausgebucht. Einige Minuten nach 18:00 Uhr/loc. wurde Flug 123 per Schlepper zurückgestoßen und rollte in Richtung Startbahn 15L. Neben den drei Piloten und weiteren 12 Flugbegleitern befanden sich außerdem noch 509 Passagiere an Bord. Als alle Startvorbereitungen beendet waren, schob der Copilot die vier Leistungshebel der Triebwerke nach vorn. Es war 18:12 Uhr/loc., als sich Flug 123 von der Startbahn in Haneda löste, und in den Steigflug überging. Zu Ausbildungszwecken hatten zuvor der Kommandant mit dem Copiloten die Plätze getauscht. Der Copilot steuerte die 747 vom linken Sitz aus, während der Kommandant den Funkverkehr und die Bordsysteme vom rechten Sitz bediente. Die vier Triebwerke hievten die große Maschine schnell auf 2.400 ft In dieser Höhe leitete der Copilot die vorgeschriebene Rechtskurve ein und schwenkte nach Süden über die Sagami-Bucht in Richtung des Funkfeuers Oshima. Für den einstündigen Flug nach Osaka wählte man 24.000 ft als Reiseflughöhe. Die Route sollte entlang der Luftstraße W27 verlaufen, dann kurz vor Osaka, würde man auf die Luftstraße V55 wechseln und den Sinkflug beginnen. Über Oshima schwenkte Flug 123 leicht nach rechts und peilte die Südspitze der Halbinsel Izu Hantu an. Es war 18:24 Uhr/loc., als man in den Reiseflug überging. Die Abendsonne warf ein gleißendes Lichts ins Cockpit und die Piloten setzten ihre Sonnenbrillen auf. Auf einmal passierte es: Ein ohrenbetäubender Knall peitschte durch die Passagierkabine. Die Ohren aller Insassen durchzuckte ein stechender Schmerz. Ein orkanartiger Wind fegte durch die Maschine und wirbelte alles durcheinander. Eiskalte Nebelschleier kondensierter Luftfeuchtigkeit zogen an den Passagieren vorbei.

Die 747 schlingerte leicht und die Sauerstoffmasken fielen von der Decke. An Bord begriff man noch nicht, was geschehen war. Doch die ersten Vermutungen sollten sich bestätigen: Das hintere Druckschott hatte versagt. Ein Ermüdungsriß an einer der oberflächlich reparierten Verbindungsstellen ließ den Kabinendruck explosionsartig entweichen. Dabei wurde das Druckschott mit großer Energie nach hinten gedrückt und riß hierbei alle vier Hydraulikleitungen, die unter dem Kabinenboden entlangliefen, auf. Aus allen lief Hydrauliköl in großen Mengen aus. Die Wucht der Dekompression entlud sich durch eine Stelle im Seitenleitwerk, welches hierdurch so stark beschädigt wurde, daß es abbrach. Nur noch die vordere Leitwerkswurzel blieb mit dem Rumpf verbunden. Flug 123 war innerhalb von nur 30 Sekunden fast unsteuerbar geworden.

F/E : „Hydraulikdruck sinkt...oranges Licht an."

Im Cockpit wurde man unruhig. Der Notfall-Transpondercode „7700" wurde eingestellt und der Kommandant befahl mehrfach:

CPT: „Rechtskurve."

JA8118; eines der seltenen 747SR-Exemplare, die jedoch in Japan häufiger anzutreffen sind, beim Start/Tokio-Haneda im November 1985 <Quelle: Luftfahrt Journal-Sammlung>

Doch der Jumbo sprach nicht auf die Steuerbewegungen an. Steuerlos taumelte der JAL 123 hin und her.
CPT: „Ah Tokio, Japan Air 123, erbitte sofort...äh...Schwierigkeit. Muß nach Tokio zurück...sinke und bleibe auf 220. Kommen."
ATC: „Verstanden, wir sind mit ihrer Bitte einverstanden."
CPT: „Radarvektor nach Oshima, bitte."

Die beschädigte Boeing schlingerte auf und ab und drehte sich von einer Seite auf die andere. Sink- und Steigflug wechselten sich in rasantem Tempo ab. Diese sogenannten „Dutch Rolls" sind für alle an Bord ein sehr unangenehmes Manöver.
ATC: „Fliegen sie Steuerkurs 090, Radarvektor Oshima."
CPT: „Aber unkontrolliert."
ATC: „Unkontrolliert, verstanden, ich verstehe."

Mit Hilfe der Schubverteilung der vier Triebwerke, die tadellos liefen, gelang es der Besatzung eine Rechtskurve nach Nordosten einzuleiten. Der lädierte Jet kurvte langsam über der Suruga-Bucht in Richtung der Küstenstadt Yaizu. Eine der Flugbegleiterinnen beschrieb dem Flugingenieur über die Bordsprechanlage ihre Eindrücke vom Heck. Sie sagte, daß das Fenster der hinteren rechten Tür Nr. 5 beschädigt sei und daß der Gepäckraum kollabiert wäre. Im Cockpit war man sich klar, daß es sich um ein ernstes Problem handelte.
F/I: „Kapitän, fünftes rechtes Türfenster. Notabstieg wäre wohl ratsam. Sollen wir auch die Sauerstoffmasken nehmen?"
CPT: „Ja, das ist besser."
ATC: „Sie sind jetzt 24 km von Nagoya entfernt, können Sie in Nagoya landen?"
CPT: „Möchte nach Haneda zurückfliegen."

Um die Geschwindigkeit für einen Sinkflug zu erreichen, ließ der Pilot das Fahrwerk ausfahren. Das Manöver zeigte Erfolg, und schon bald befand sich die angeschlagene Maschine auf konstantem Sinkflug. Gegen 18:40 Uhr/loc. zog der schneebedeckte Gipfel des Mount Fuji an der rechten Flugzeugseite vorbei. Die unkontrollierten Schlingerbewegungen verminderten sich und die panischen Angstschreie der Passagiere verstummten ein wenig. Doch in 12.000 ft erwischte die 747 eine heftige Turbulenz. Die Maschine legte sich scharf auf die linke Seite und vollführte über der Stadt Otsuki einen Vollkreis. Es gelang der Besatzung auf östlichen Kurs einzuschwenken und die Millionenmetropole Tokio lag nun vor den Piloten. Der Flughafen Haneda, der rettende Landeplatz, zeichnete sich schwach von der Umgebung ab. Doch in 10.000 ft, um 18:47 Uhr/loc., driftete Flug 123 wieder nach Norden auf das bergige Gelände zu.
ATC: „haben Sie die Kontrolle wieder?"
CPT: „....nicht steuerbar."

An Bord war man verzweifelt. Die Berge kamen nun immer näher.
CPT: „He, da ist ein Berg."
CPT: „Rechtskurve...Hochziehen wir krachen in den Berg."

Der Kommandant gab Vollschub, um wieder an Höhe zu gewinnen. Doch ein stabiler Steigflug kam nicht zustande. Der instabile Sinkflug blieb bestehen. Mit hochaufgerichtetem Bug fiel die Nadel des Geschwindigkeitsmessers schnell ab. 130 Knoten, 120...110. Bei 108 Knoten senkte sich die Nase jedoch wieder und JAL 123 gewann wieder an Fahrt. Um außerdem wieder Höhe zu gewinnen, bediente man per Notelektrik die Vorflügel, die im Zeitlupentempo ausfahren. Doch diese Maßnahme zeigte Wirkung. Um 18:53 Uhr/loc. waren wieder 11.000 ft erreicht. Die Sprechfunkfrequenz wurde auf die der Anflugkontrolle in Haneda umgeschaltet.

ATC: „Japan Air 123, ihre Position ist 5, ah 5...ah, 15 km nordwestlich von Haneda."
CPT: „Nordwest von Haneda. h...wie...wieviele Kilometer?"
ATC: „Ja das ist richtig. Nach unserem Radar sind es 18 km nordwestlich, eh, 8 km westlich von Kumagaya. Verstanden, ich werde jetzt japanisch sprechen. Wir warten jeder Zeit auf ihren Anflug. Sie können auch auf Yokota landen. Geben Sie uns ihre Entscheidung bekannt."

Flug 123 reagierte nicht mehr darauf. Zu sehr war man damit beschäftigt, die 747 wieder unter Kontrolle zu bringen. Die Nase von „JA8119" wies immer noch nach Norden, auf die Berge, die nun zum Greifen nah waren. Der Sinkflug betrug 1100 ft/min. Nun fuhr man die Klappen aus und gab wieder Schub. Doch ein Entkommen aus der Bergregion wollte einfach nicht gelingen. Der Kommandant schrie:
CPT: „Klappen ausgefahren?"
COP: „Ja, Klappen 10 Grad."
CPT: „Ziehen, ziehen, ziehen."
CPT: „He halt die Kla...ah, laß die Klappen nicht so weit runter. Klappen rein, Klappen rein, Klappen rein!"

Ohne Hydraulikdruck und dem Seitenleitwerk war es unmöglich geworden, sicher nach Tokio zurückzukehren. Die Stimmung im Cockpit war nun mehr und mehr von Entsetzen und Panik beherrscht. Bedrohlich nahe kamen die bewaldeten Berggipfel über die Flug 123 in immer engerem Abstand hinwegschoß. Verzweifelt stemmten sich die Piloten gegen den Sinkflug.
CPT: „Leistung Leistung...Klappen."
COP: "Sind eingefahren."
CPT: „ziehen, ziehen...Leistung."

Da erscholl das GPWS-Gerät und warnte vor ansteigendem Terrain direkt vor ihnen.
GPWS: „Pull up, Pull up, Pu...pu u..."

Die drohende Bergkollision war unvermeidlich geworden. Genau um 18.56:20 Uhr/loc. prallte die 747 mit dem ausgefahrenen Fahrwerk gegen die Bäume einer Flanke des 1590 m hohen **Mount Otsutaki/Gumma/Japan**, etwa 120 Kilometer nordwestlich von Tokio. Augenblicke später kollidierte der Rumpf mit dem felsigen Erdboden und zerschellte in tausend Teile. Die Treibstofftanks wurden aufgerissen und die nachfolgende Explosion verwandelte das Absturzgebiet in eine Feuersbrunst. Flug 123 hatte aufgehört zu existieren. Das entlegene Berggebiet im Bezirk Gumma, machte es für die Rettungstrupps schwer, sich zur Unglücksstelle durch zuschlagen. Außerdem behinderte die einbrechende Dunkelheit die Suchtrupps. Soldaten der Luftwaffen schlugen nach

Stunden, Rettungspfade zur Unglücksstelle. Doch es wurden keine Überlebenszeichen gefunden. In der Nacht bestiegen einheimische Feuerwehrleute den Mount Otsutaka. 14 Stunden später, am Morgen des 13. August gelangten sie zum Ort des Geschehens. Wrackteile waren über den gesamten Berg verteilt. An Überlebende wagte man nicht zu denken. Doch dann wurden vier Menschen, gefunden, die beim Aufprall aus der Kabine geschleudert wurden und Lebenszeichen von sich gaben. Unter ihnen ein zwölf- und achtjähriges Mädchen. Alle vier hatten in der hinteren Reihe 56 gesessen. Doch außer diesen vier Geretteten, gab es keine Überlebenden.

Alle anderen 520 Menschen kamen ums Leben. Dies war das zweitschwerste Unglück in der Geschichte der Luftfahrt und das schlimmste, an dem ein einzelnes Flugzeug beteiligt war (siehe 27.03.77).

Rettungsmannschaften fanden viele Abschiedsbriefe in Erwartung des nahenden Todes, die während des 30-minütige Schreckensfluges aufgeschrieben wurden.

Die Schockwellen des Unglücks hinterließen in Japan ihre Spuren. Eine Nation war erschüttert und betroffen. Der Präsident der JAL, den Schuldvorwürfe plagten, trat von seinem Posten zurück. Ein Wartungseingenieur in Haneda beging Selbstmord, um sich auf diese Weise für die Katastrophe zu entschuldigen.

Am nächsten Tag fanden japanische Marinesoldaten Teile des Hecks und Höhenleitwerks in der Sagamibucht schwimmend. Nachdem die Teile geborgen waren, entdeckte man die Wartungsmängel, die das Unglück herbeigeführt hatten. Zusätzlich wurde entdeckt, daß die vier Leitungen des Hydrauliksystems in zu dichtem Abstand zueinander verlegt wurden. Normalerweise müssen alle vier Leitungen einen ausreichenden Abstand voneinander haben. Durch diese Unkorrektheiten bedingt, war die Katastrophe nicht mehr zu vermeiden.

Vorbildlich war allerdings das Verhalten der Fluggesellschaft gegenüber den Hinterbliebenen der Flugzeugopfer.

Für die japanische Mentalität ist es selbstverständlich, daß Schadenersatzansprüche der Hinterbliebenen nicht von Anwälten erledigt werden, sondern daß der für das Unglück Verantwortliche (JAL) für alle entstehenden Kosten freiwillig aufkommt.

JAL erlegte sich unmittelbar nach der Katastrophe eine Phase der Selbstgeißelung auf: Es wurde unternehmensweit jeder Urlaub bis auf weiteres gestrichen Alle PR-Aktivitäten wurden einstweilig eingestellt. Der Präsident trat zurück. Hunderte von Mitarbeitern besuchten Angehörige persönlich, um ihr Mitgefühl auszudrücken. Es wurde ein Mahnmal an der Absturzstelle errichtet. Aus Imagegründen wechselte JAL hiernach ihre Bemalung.

Den Hinterbliebenen wurden auf Lebenszeit monatliche „Trostbeträge" überwiesen, elternlos gewordene Kinder finanziell unterstützt, Angehörigen beim Erledigen der Erbschaftsfragen geholfen und weiteres mehr. Eine so umfangreiche Fürsorge für die Opfer hatte es bis dahin nicht gegeben.

Sämtliche 747 in der Welt mußten sich einem sorgfältigem Check des hinteren Druckschotts und der Hydraulikverbindungen unterziehen, bevor ein Flugbetrieb mit diesem Luftgiganten wieder zugelassen wurde

21.08.85

Middle East AL	Boeing 720B
OD-AFL	18034
MEA	Boeing 720B
OD-AGQ	19160

Die zwei oben genannten Maschinen wurden auf dem Vorfeld des Flughafens **Beirut-Int'l AP/Libanon** das Opfer der Kämpfe zwischen syrischer Armee und der schiitischen AMAL-Miliz auf der einen und der PLO auf der anderen Seite

22.08.85

British Airtours	Boeing 737-200
G-BGJL	22033

Als die 737 auf dem Flughafen **Manchester-Ringway AP/England** zum Frühflug nach Korfu von der Terminalposition zur Startbahn rollte, befanden sich neben den 6 Besatzungsmitgliedern 131 Urlauber, die dem bevorstehenden Flug entgegenfieberten, an Bord der Maschine.

Die Windrichtung an diesem Morgen kam mit 250 Grad aus West. Somit war die Bahn 24 (3084 Meter) für Start und Landung in Betrieb. Um 06.12 erhielt Flug KT 28M die Anweisung, die Startaufstellung auf der Bahn 24 einzunehmen, und gleichzeitig kam vom Tower die Freigabe zum Start.

Beide Piloten wurden vor dem Abflug auf eine Unregelmäßigkeit im Schubverhalten des linken Triebwerks hingewiesen. Laut Logbuch vom 21.08. stellten die Piloten tags zuvor fest, daß dieses Antriebsaggregat eine nicht 100%-ige Schubentwicklung während des Anrollens zeige. Diese Notiz nahmen die Piloten einen Tag später zwar zur Kenntnis, bewerteten diesen Umstand aber nicht als Grund, den anstehenden Flug nach Korfu ausfallen zu lassen.

Als der Kommandant, der für den Hinflug die Rolle des Copiloten einnahm, die Schubhebel nach vorn schob, stellten beide Piloten befriedigt fest, daß Triebwerk 1, entgegen der Logbuch-Notiz, durchaus akzeptable Schubwerte aufwies. Flug KT 28M beschleunigte normal die Startbahn hinunter.

Die Geschwindigkeit nahm stetig zu. 12 Sekunden, nachdem der Kommandant den Geschwindigkeitswert von 80 kn ausrief, hörte man im Cockpit einen dumpfen Knall. Im Glauben an einen geplatzten Reifen oder Vogelschlag gab der Kommandant bei einer Geschwindigkeit von über 120 kn den Befehl: „Startabbruch!"

Nur wenige Augenblicke danach ertönte die Feuer-Warnglocke von Triebwerk 1. Die 737 zog eine Säule aus Flammen und dickem Qualm hinter sich her. Beide Piloten bremsten die Boeing scharf ab und steuerten nach rechts von der Bahn in den Rollweg Delta. Sofort nachdem man die Startbahn verlassen hatte, stoppte Flug KT 28M, und unverzüglich wurde das Evakuierungssignal gegeben. Flammen und Rauch wurden durch den von links wehenden Westwind von der linken Tragfläche her gegen den hinteren Rumpfbereich, in dem sich die entsetzten Passagiere gerade losschnallten, geweht. Unter der andauernden Flammenhitze wurde die hintere Rumpfstruktur immer mehr „aufgeweicht", und Rauch drang in den Innenraum. Das Kabinenpersonal öffnete als erstes die rechte vordere Tür und löste den Notrutschen-Mechanismus, der sofortige Wirkung zeigte.

Mit der hinteren rechten Tür gab es jedoch Probleme. Der Öffnungsmechanismus klemmte und konnte von Hand nicht bewegt werden. Somit fiel dieser wichtige Fluchtweg aus. Noch während des Rollens gab der Kommandant die Anweisung, daß wegen des Feuers nur die rechte Kabinenseite zum Evakuieren benutzt werden sollte. Eine Frau, die am rechten Notausgang saß, öffnete diesen nach den Anweisungen der anderen Passagiere. Wenig später traf dann auch die Flughafenfeuerwehr am Ort des Geschehens ein, mußte aber alsbald feststellen, daß wegen Reparaturarbeiten die umliegenden Wasserhydranten abgestellt und somit ohne Wasser waren.

Zu diesem Zeitpunkt war die Flugzeugkabine mit dichtem, beißendem Rauch gefüllt, der das Sehen und Atmen immer mehr erschwerte. Die Passagiere im hinteren Rumpfbereich gerieten zunehmend in Panik, hatten sie doch die geringsten Aussichten, die brennende Maschine zu verlassen. Um die schleppende Evakuierung zu forcieren, wurde jetzt sogar die linke vordere Tür geöffnet. Nur wenig später gab die hintere Rumpfstruktur unter der andauernden Hitze nach, und das Heck fiel auf den Asphalt.

Insgesamt konnten dank der Bemühungen von Helfern und Feuerwehr 82 Menschen aus dem Flugzeugwrack geborgen werden.

Für 55 von ihnen, fast ausschließlich Passagiere im hinteren Rumpfbereich, kamen jedoch alle Bemühungen zu spät. Sie erstickten an den tödlichen Rauchgasen des brennenden Kerosins und der Plastikteile der Flugzeugkabine.

Doch wie konnte es zu diesem Unglück kommen?

Als Flug KT 28M auf der Startbahn beschleunigte, kam es zu einer Ablösung eines Teils der Brennkammer Nr. 9, was dazu führte, daß diese Teile mit dem Luftstrom durch die Brennkammer in die Hochdruck-Turbine geschleudert wurden. Die Trümmerteile wurden von den Schaufelrädern erfaßt und explosionsartig umhergeschleudert. Zudem lösten sich auch Teile der hinteren Turbine, die ebenfalls auf Geschoßgeschwindigkeit beschleunigt wurden. Einige dieser Projektile durchdrangen nicht nur die Außenhaut der Triebwerkverkleidung, sondern durchschlugen auch noch die Wand des benachbarten Treibstofftanks, aus dem sich der flüssige Inhalt über das beschädigte Triebwerk ergoß. Eine Entzündung des Kerosins war dann nicht mehr zu verhindern.

Die Untersuchungskommission stellte danach fest, daß aufgrund eines Wartungsfehlers in der Brennkammer einige Teile nicht vorschriftsmäßig befestigt waren.

Als man in mehreren überprüften Maschinen gleichen Typs ähnliche Triebwerkszustände entdeckte, zog die britische Zivilluftfahrtbehörde CAA die Konsequenzen und belegte sämtliche 737, die mit dem gleichen Triebwerk wie die Unglücksmaschine ausgerüstet waren, augenblicklich mit einem Startverbot.

Die CAA ordnete daraufhin an, daß Flugzeugkabinen mit feuerhemmenden Materialien ausgerüstet werden sollten, zudem wurden leuchtende Fluchtweg-Beschilderungen zur Vorschrift gemacht.

06.09.85

Midwest Express   Douglas DC-9-14
N100ME   47309

Auf der Startbahn 19R auf dem Flughafen von **Milwaukee/WI/USA** beschleunigte die 1968 gebaute DC-9 der ersten Generation gerade auf Abhebegeschwindigkeit, und Sekunden später hoben die Räder vom Boden ab. Die Piloten gingen in den Steigflug über. Außer den beiden Piloten befanden sich noch weitere 29 Insassen an Bord zum Flug „Midex 105". Man stieg gerade durch 455 ft, als im rechten Triebwerk um 15:21:26 Uhr/loc. ein Distanzring der beiden Triebwerkskompressoren brach, worauf das Triebwerk auseinanderbrach und explodierte. Im Cockpit kam es danach zu folgendem Wortwechsel: (Anm.: Die ()-Begriffe sind Schimpfworte, die von der PR-Abteilung der Untersuchungsbehörde nicht abgedruckt wurden):

15:21:26,7 CPT:
   „What the.().was that?"
15:21:29,5 CPT:
   „What da we got, Bill?"
15:21:33 CPT:
   „Here..."
15:21:34 COP: (zur ATC)
   „Midex one oh five roger, ah..., we've got an emergency here."
15:21:36 - Geräusch des automatischen Rüttelsystems der Steuersäulen(hält bis Aufnahmeende an) -

Den Piloten ging in dieser Flugphase die Steuerkontrolle verloren, und die DC-9 senkte sich kopfüber nach unten.

15:21:38 COP:
   „Oh,.()."
15:21:39 COP:
   „Heads down."
15:21:40 COP:
   „Heads down."
15:21:41 COP:
   „Heads down."
15:21:41,7 - (GPWS) WHOOP WHOOP...WHOOP... -
15:21:41,9 - Ende der Aufzeichnung -

Die Maschine konnte nicht mehr gehalten werden und stürzte 2,5 Kilometer hinter der Runway zu Boden.

Beim Aufschlag starben alle 31 Insassen.

Trotz des Versagens des rechten Triebwerks wäre es den Piloten möglich gewesen, den Flug fortzusetzen, da keine lebenswichtigen Funktionen durch Trümmerteile getroffen worden waren.

Das NTSB zog danach folgenden Schluß: Der Fehler des Copiloten, nicht auf die anfängliche Frage des Kommandanten geantwortet zu haben, und die mangelnde Kontrollierfähigkeit der Maschine durch den Kommandanten lassen den Schluß zu, daß den Cockpitinstrumenten in den kritischen Sekunden nach dem Triebwerksversagen nicht genügend Aufmerksamkeit geschenkt wurde. Hätten die Piloten einen Blick auf die

RA-87821; ein Yak-40 Exemplar aus der riesigen Flotte der Aeroflot, jedoch schon mit neuem "RA-" Kennzeichen versehen, daß ab 1991 eingeführt wurde <Quelle: Luftfahrt Journal-Sammlung>

Instrumente geworfen, so wären sie im Nu über die Ursache der Störung im Bilde gewesen und hätten entsprechend der Notfallmaßnahmenliste für einen Triebwerksausfall nach V_1 gehandelt und den Flug sicher fortgesetzt. Doch warum taten die Piloten dieses nicht?

Die Untersuchung förderte zutage, daß beide Piloten auf der DC-9 noch recht unerfahren waren. Der Kommandant war gerade mal 31 Jahre alt und hatte zuvor ein Firmenflugzeug, eine Beech 90, geflogen. Er hatte erst 104 IFR-Flugstunden hinter sich, bevor er bei Midwest Express als Copilot einstieg. Mit nur 705 Flugstunden und ein gutes Jahr später wurde er bereits zum Kommandanten befördert. Beim Absturz hatte er insgesamt 1200 Flugstunden aufzuweisen.

Bei Midwest Express(einer relativ kleinen Airline) war es gängige Praxis, einen Copiloten bereits nach wenigen hundert Flugstunden zum Kommandanten zu befördern, entgegen den Gepflogenheiten bei den großen AW, bei denen mindestens 10 Jahre Flugerfahrung und 10.000 Flugstunden absolviert sein müssen (davon 3/4 auf Düsenflugzeugen). Außerdem wurde kritisch angemerkt, daß die Trainingspraxis bei Midwest gerade den Minimalanforderungen der FAA entspricht und weit unter den international üblichen Trainingsstunden liegt. Dies beinhaltet auch insbesondere das Simulationstraining von Triebwerksausfällen. Hinzu kam noch erschwerend die wenig nützliche Philosophie von Midwest, die ein „stilles Cockpit" als Idealbild vorsieht und ihre Piloten dazu „erzieht", Slang oder verbale Ausrufe, die den Eindruck eines Notfalls entstehen lassen könnten, zu unterlassen und die Cockpitkonversationen auf ein Minimum zu beschränken. Dies mag den Copiloten davon abgehalten haben, auf die Frage des Kommandanten(„What the () was that?") zu antworten, weil er womöglich diese internen Regularien im Hinterkopf hatte.

Letztendlich gab auch die mehr als nachlässige Wartung von Midwest Express den Ausschlag für den Crash. Das rechte Triebwerk wäre in Ordnung gewesen, wenn die Checkintervalle etwas öfter als hier geschehen durchgeführt worden wären. Das FAA bemängelte schon zuvor, daß der zuständige POI(Principals Operation Inspector) nicht ausreichend für den Flugzeugtyp DC-9 qualifiziert sei. All die Nachlässigkeiten, die ohne Zweifel auch auf den zunehmenden Kostendruck und die immer größer werdende Konkurrenz im inneramerikanischen Preiskampf zurückzuführen sind, sind als ursächliche Crashfaktoren zu nennen. Die Insassen der Midex 105 mußten also für diese Verfehlungen der Airline und des amerikanischen Konkurrenzsystems mit ihrem Leben bezahlen.

09.10.85

African Air Charter   SE210 Caravelle 6N
9Q-CMD   74

Die 24-jährige Caravelle wurde auf dem Flughafen in **Mbuji-Maji/Zaire** irreparabel beschädigt und seitdem fristet sie abgestellt ihr Dasein. Näheres ist nicht bekannt.

11.10.85

Aeroflot   Yakovlev Yak-40
CCCP-87803   9230923

Kurz nach dem Start in **Kutaisi/Georgien/UdSSR** zerschellte die Yak bei schlechter Sicht an einem Berg. Niemand der 14 Personen an Bord überlebte den Crash.

24.11.85

EgyptAir   Boeing 737-200
SU-AYH   21191

Am Abend des 23.11 brachten fünf Terroristen den Flug MS648 von Athen nach Kairo in ihre Gewalt. Diese forderten erst einmal, den Kurs der Maschine nach Westen zu ändern. Als der Sprit zur Neige ging, meldete sich der Pilot beim nächstliegenden Flughafen **Malta-Luqa AP/Malta** und bat um Landeerlaubnis zum Auftanken.

Die Flughafenleitung wollte sich nicht mit dem heiklen Flieger beschäftigen und schaltete alle Landelichter auf dem Flughafen Luqa aus, um eine Landung zu verhindern.

Der Landeanflug wurde jedoch unbeirrt fortgesetzt. Im Endanflug besann sich die Flughafenleitung und ließ das Licht wieder einschalten. Somit konnte Flug 648 um 21:16 Uhr sicher aufsetzen.

Nachdem die Boeing die Parkposition erreicht hatte, forderten die Entführer, daß unverzüglich aufgetankt werden solle. Die Forderung, Essen an Bord zu bringen, wurde erst gewährt, als die Entführer versprachen, elf weibliche Passagiere von Bord zu lassen. Als dies passiert war, konnten sich die Verbliebenen an Bord der 737 erst einmal stärken. Die Verhandlungen bezüglich des Treibstoffes zogen sich jedoch hin, da die Terroristen im Gegenzug nicht bereit waren, die restlichen Passagiere gehen zu lassen. Als am nächsten Morgen immer noch kein Treibstoff gebracht wurde, verliehen die Entführer ihren Forderungen Nachdruck. Sie schossen nacheinander einige Passagiere an und warfen sie aus dem Flugzeug. Glücklicherweise überlebten diese Insassen die Schußverletzungen und konnten später in Krankenhäuser gebracht werden.

Die Verhandlungen zogen sich bis 21:00 Uhr abends hin. Noch immer stand man in Malta. Zu dieser Zeit landete in der Dunkelheit ein Flugzeug mit einer ägyptischen Spezialeinheit, die sich Antiterror-Einheit nannte und angeblich eigens dafür ausgebildet worden war, auf dem Flughafen der Inselrepublik.

Die Militärtruppe ließ sich auch nicht lange bitten und begann, mit Waffengewalt die Maschine zu stürmen.

Doch noch bevor die Spezialeinheit in die Kabine eindringen konnte, warfen die in Panik geratenen Entführer drei Handgranaten in die Passagierkabine.

Der ungestüme und planlose Angriff der ägyptischen Befreier kostete insgesamt 59 Menschen, darunter mindestens drei der fünf Entführer, das Leben. Außerdem gab es 38 Verletzte.

Durch die Explosionen und das dadurch entstandene Feuer an Bord der Boeing wurde die Maschine so stark beschädigt, daß sich eine Reparatur nicht mehr lohnte.

02.12.85
Air France   **Boeing 747-200B**
F-GCBC   **22427**

Bei der Landung auf dem Flughafen **Rio Int'l Airport/Brasilien** versagte der Gegenschub der Turbine Nr.1, woraufhin der Jumbo nach rechts von der Bahn abkam, mit einem Lampenmast kollidierte und über einen Graben schoß. Dabei brach das gesamte Fahrwerk der Maschine ab, so daß der Jumbo schließlich auf dem Bauch liegenblieb. Rumpfunterseite und Tragflächen wurden so stark beschädigt, daß sich eine Reparatur nicht mehr lohnte. Beim Unfall selbst wurde keiner der 273 Insassen verletzt, jedoch kamen bei der anschließenden Evakuierung 13 Menschen zu leichten Verletzungen.

12.12.85
Arrow Air   **Douglas DC-8-63CF**
N950JW   **46058**

Für die 248 amerikanischen Soldaten der 101sten Luftlandedivision aus Fort Campbell/Kantucky/USA, die als Teil der multinationalen Truppe auf der Sinai Halbinsel stationiert waren, ging der lange Wüsteneinsatz zu Ende. Rechtzeitig zu Weihnachten wurden sie abgelöst und durften nach Hause fliegen. Da auf dem nahegelegenen Flughafen in El Gohrah gerade Bauarbeiten stattfanden, die einen Einsatz von größerem Fluggerät nicht zuließen, wurden die Amerikaner von zwei angemieteten B-737 der Egypt Air zum internationalen Flughafen in Kairo gebracht. Dort traf dann fünf Stunden später die „N950JW" ein, die die Luftlandeeinheit nach Fort Campbell bringen sollte. Das schwere Gepäck der 248 Soldaten wurde eingeladen, so daß kurz nach 22:00 Uhr/loc. die DC-8 zum Start bereit war. Insgesamt befanden sich nun 256 Insassen an Bord. Der Flug sollte unter der Nummer MF 1285R zunächst nach Köln gehen, von dort aus weiter in Richtung Gander fliegen, um am nächsten Tag schließlich Fort Campbell zu erreichen. Bereits am Vortag trat ein technisches Problem an einem der vier Triebwerke der DC-8 auf. Die „Exhaust Gas Temperature" (EGT), die Abgastemperatur des äußeren rechten Triebwerks (Nr.4) war um ca. 40° Celcius zu hoch. Dies war kein größeres Problem, brauchte man doch nur die Triebwerksleistung bei Nr.4 ein klein wenig niedriger einzustellen als die anderen, um eine gleichmäßige EGT zu erreichen. Beim nächsten Werfttermin würde das Problem ohnehin untersucht und beseitigt werden.

Es war bereits dunkel, als MF 1285R um 22:35 Uhr/loc. zum Flug nach Köln abhob. Dort landete der Jet um 02:21 Uhr/loc. In Köln wurde nochmals nachgetankt, und eine neue achtköpfige Crew bestieg die Maschine, die genau nach 89 Minuten (um 03:50 Uhr/loc.) wieder in der Luft war. Es brach bereits die 12. Dezember an, als man sich dem amerikanischen Kontinent näherte. Die Wettervorhersage für Gander war typisch für die Jahreszeit:

...eine niedrige Wolkendecke in 600-1.200 ft; in 2.000 ft durchgehende Wolkendecke; Sichtweite: 10 Kilometer in sehr leichtem gefrierendem Regen mit leichtem Schneefall vermischt; Temperatur: minus 4° Celcius; Wind: 300° mit 5 Knoten.

N950JW; die in Gander verunglückte Maschine hier wenige Wochen vor dem Unglück beim verlassen ihrer Parkposition aufgenommen/Hamburg im Oktober 1985 <Quelle: Luftfahrt Journal-Sammlung>

Bei Erreichen der Wolkendecke bildete sich ein leichter Eisfilm auf den Tragflächen. Der Copilot schaltete daraufhin die Enteisungsanlage ein, die das Eis sofort schmelzen ließ. Der Landeanflug wurde fortgesetzt und um 05:04 Uhr/loc. setzte MF 1285R das Fahrwerk auf die Piste des **Gander-Intl AP/Neufundland/Kanada** auf. Die 248 Soldaten waren erleichtert, aus dem unsicheren Nahen Osten zumindest schon einmal nordamerikanischen Boden erreicht zu haben, und verließen die DC-8, die nun erst noch einmal aufgetankt wurde. Desweiteren wurde die Kabine von Müll und Schmutz befreit, und der Catering Service lieferte das Frühstück. Dann inspizierte noch der Copilot die Maschine von außen. Als alles getan war, kamen die Passagiere wieder an Bord.

Es war kurz nach 06:00 Uhr/loc., als die vier Triebwerke der Douglas gestartet wurden und man gemächlich zur Startbahn 22 rollte.

Die Piste 22 war an diesem Morgen gerade vom Schnee befreit worden, allerdings waren die ersten einhundert Meter bis zur Kreuzung mit der Bahn 31 noch mit einer Schneeschicht bedeckt und standen nicht zur Verfügung. Die DC-8 nahm Startaufstellung auf der Bahn 22, 3010 Meter vom Ende entfernt. Alles war bereit zum Start.

Um 06:15 Uhr/loc. erging die Startfreigabe, und unter dem Donnern der vier Triebwerke nahm MF 1285R langsam Fahrt auf. V_1 (ca. 135 kn) wurde einige Sekunden später vom Copiloten ausgerufen, gefolgt von V_R (bei ca. 150 kn). Der Kommandant zog langsam die Steuersäule zu sich heran, und das Bugrad hob sich vom Boden. Alles schien wie immer zu sein, als bei ca. 166 kn die Hauptfahrwerke vom Boden freikamen und man langsam in den Steigflug überging. MF 1285R hatte bis zu diesem Punkt ca. 2.700 Meter der Startbahn verbraucht. Nur knapp über dem Erdboden passierte man das Bahnende, als die schwere DC-8 im Steigflug innehielt. Bei einer Geschwindigkeit von 170 Knoten sauste die DC-8 über den Trans-Canada-Highway hinweg, der unmittelbar hinter dem Bahnende verläuft. Das dahinterliegende Gelände war abschüssig, so daß der Bodeneffekt, der die DC-8 in der Luft hielt, mehr und mehr nachließ. Der anfängliche Steigflug hatte sich in einen Sinkflug umgewandelt. Zugleich kippte die rechte Tragfläche nach unten ab. In einem verzweifelten Versuch, Höhe zu gewinnen, zogen die Piloten die DC-8 wieder nach oben, konnten aber eine Bodenkollision nicht mehr abwenden. Nur wenige Sekunden nach dem Start kollidierte die Höhenflosse mit einigen Bäumen, ca. 1.000 Meter hinter dem Bahnende und ca. 300 Meter rechts davon. Flug 1285R war verloren. Nachdem die Höhenflosse durch die Baumkollision abgerissen wurde, zog der Rumpf nach rechts. Das Heck brach ab und sämtliche Triebwerke wurden abgerissen. Die DC-8 zerschellte an dem abfallenden Terrain, fing Feuer und ging in Flammen auf.

Alle 248 Soldaten sowie die acht Mitglieder der Besatzung kamen ums Leben.

An Spekulationen über die Unglücksursache mangelte es nicht. Von Triebwerksschaden über vereiste Tragflächen bis hin zum Bombenanschlag gingen die Einschätzungen. Leider wurde der Cockpit Voice Recorder (CVR) beim Aufschlag zerstört, so daß die letzten Geschehnisse an Bord für immer im Dunkeln bleiben werden.

Selbst als im Oktober 1988 der offizielle Untersuchungsbericht der Öffentlichkeit preisgegeben worden war, gab es keine endgültige Klärung der Ursache. Fünf der neun Mitglieder des Kanadischen Untersuchungsteams waren der Ansicht, daß die Gründe katastrophaler Eisansatz an den Tragflächen, die gedrosselte Triebwerksleistung bei Nr.4 sowie das hohe Abfluggewicht waren, weswegen die ', VR und '-Geschwindigkeiten zu niedrig angesetzt wurden. Für diese Theorie sprach, daß:

1. die äußeren Witterungsbedingungen, die bei minus 4° Celcius lagen, eine Eisbildung an den Tragflächen begünstigten
2. trotzdem auf eine Enteisung der Maschine verzichtet wurde
3. das kalkulierte Abfluggewicht um ca. sieben Tonnen unter dem tatsächlichem Abfuggewicht lag (weil die Piloten für ihre Berechnungen das Standardgewicht eines Normalpassagiers, und nicht das Gewicht eines vollausgerüsteten US-Army Soldaten, das um 20 - 30 Kg darüberliegt, heranzogen).

Hinzu kam, daß die Piloten seit Anfang Dezember kaum Ruhepausen hatten und deren Arbeitsbelastung sehr hoch war, was bei den Startvorbereitungen zu einigen Flüchtigkeitsfehlern führen könnte.

Die Mehrheit der Untersuchungsmitglieder schloß nach diesen Fakten ein Feuer vor der Bodenberührung oder eine Explosion im Fluge aus.

Dieser Meinung wollten sich jedoch die vier anderen Kollegen nicht anschließen. In ihrem Bericht, der nur zwei Wochen nach dem Mehrheitsbericht erschien, kamen sie zu dem Schluß, daß es keinerlei Beweise für einen Eisansatz an den Tragflächen zum Zeitpunkt des Startlaufs gab. Eine kurz vor der DC-8 gestartete 737-Besatzung meldete keinerlei Eisansatz an Tragflächen oder Triebwerken beim Start und Steigflug. Zwei Bodenarbeiter in Gander konnten während des Auftankens keine Eisbildung erkennen. Ein weiterer Arbeiter sagte aus, daß die DC-8 keine Enteisung nötig hatte, da kein Eis zu sehen war.

Ferner behauptete die Minderheit der Untersuchungskommission, daß die Maschine keinen Strömungsabriß erfuhr, sondern aufgrund einer verminderten Triebwerksleistung infolge eines Feuers zu Boden stürzte. Auch hierfür ließen sich Argumente finden. Weder aus dem Geschwindigkeitsdiagramm, noch aus dem eingeschlagenen Flugweg ließ sich ein Hinweis auf einen Strömungsabriß (Stall) finden.

Viele Zeugen am Boden sagten übereinstimmend aus, daß das Flugzeug nach dem Abheben eine horizontale Fluglage gehabt hätte. Einigen kam es so vor, als ob der Pilot die geringe Höhe halten wollte, anstatt hochzuziehen. Auch wollten viele Zeugen einen Feuerschein vor der Explosion am Boden gesehen haben. Die Untersuchung des Wracks ergab unter anderem, daß alle vier Schubumkehrklappen ausgefahren waren und daß an einer Stelle die Rumpfbeplankung von innen nach außen gedrückt war.

All diese Indizien lassen die erste Version über die Unglücksursache zumindest fraglich erscheinen. Zwischen dem Feuer an Bord und dem Leistungsabfall der Triebwerke konnten die Mitglieder der Untersuchungskommission jedoch keinen kausalen Zusammenhang herstellen. Für die Theorie einer Explosion an Bord gäbe es zwei Möglichkeiten: Entweder kam es an Bord zur Explosion einer zeitgezündeten Bombe, oder im Gepäck der Soldaten brach aus nicht näher geklärten Umständen ein Feuer aus. Die Ausrüstung der Soldaten bestand aus 202 M16 Maschinenpistolen, 25 Pistolen und 26 Maschinengewehren samt Munition, die allerdings ohne Beschädigungen geborgen wurden.

Auf dem Kairoer Flughafen stand die amerikanische DC-8 am Vorabend lange genug herum, um in der Dunkelheit einen Sprengsatz an Bord zu plazieren. Einen Tag nach dem Unglück bekannte sich die pro-iranische Terrorgruppe „Islamic Jihad" zu dem Arrow Air-Absturz. Auf das Konto dieser Gruppe gingen in der Vergangenheit mehrere Anschläge auf US-amerikanische Einheiten im Libanon. Zum Zeitpunkt des Unglücks verhandelte die USA mit dieser Terrorgruppe über die Freilassung von sechs amerikanischen Geiseln, die sich in der Gewalt des „Islamic Jihad" befanden. Somit waren Motive für einen Anschlag vorhanden.

Vielleicht kam es auch zu einem Brand im Gepäckraum der Maschine, aufgrund dessen könnten die dort verstauten Waffen und Munition Feuer gefangen haben.

Für beide Absturzthesen lassen sich Indizien finden. Somit wird es unmöglich, die eindeutige Wahrheit über die Ursachen des schwersten Luftfahrtunglücks in der Geschichte Kanadas herauszufinden.

Mit diesem Unglück endete das bisher desastreuseste Jahr der westlichen Zivilluftfahrt.

01.01.86

Alyemda   Tupolev 154B-2
7O-ACN   501

Während Bürgerkriegshandlungen in Süd-Jemen wurde die Tupolev auf dem Flughafen von **Aden/Süd-Jemen** vollständig zerstört. Andere Quellen sprachen von einer Überführung der Maschine in die UdSSR. Seitdem wurde sie nicht wieder gesichtet.

18.01.86

Aerovias   SE210 Caravelle 6N
HC-BAE   40

Für die steigende Touristenzahl, die alle die antiken Maya-Tempelruinen in der nördlichen Peten-Provinz in Guatemala besichtigen wollten, mietete Aerovias die Caravelle der ecuadorianischen SAETA an. Es befanden sich an diesem Morgen 87 Passagiere und sechs Besatzungsmitglieder an Bord des Jets, der um 07:25 Uhr/loc. zum Kurzflug ins 250 km nördlich gelegene Santa Elena abhob, dem nächstgelegenen Flughafen. Als man bereits im Landeanflug war, brach um 07:58 Uhr/loc. plötzlich der Funkkontakt zur Maschine ab. Später fand man die rauchenden Überreste der Caravelle an einem dichtbewaldeten Hügel, nur acht Meilen nördlich des Flughafens in **Santa Elena/Guatemala**.

Alle 93 Menschen an Bord konnten nur noch tot geborgen werden. Unter den Toten war auch der ehemalige Außenminister Venezuelas.

Über die Ursache des schwersten Flugzeugunfalls in der Geschichte Guatemalas konnte nur spekuliert werden. Das Wetter an diesem Tag war nicht besonders gut, und Santa Elena verfügt über keinerlei navigatorische Hilfsmittel. So nimmt man an, daß der Pilot vom vorgeschriebenen Anflugkurs abkam, zu tief geriet und mit dem wolkenverhangenen Hügel kollidierte.

27.01.86

Aerolineas Argentinas   Boeing 707-320C
LV-JGR   19961

Der aus Basel und San Pablo/Brasilien kommende Frachter schoß gegen 08:00 Uhr/loc. bei der Landung in **Buenos Aires-Ezeiza AP/Argentinien** bei schlechtem Wetter und böigen Winden über das Bahnende hinaus und wurde so stark beschädigt, daß sich eine Reparatur nicht mehr lohnte.

28.01.86

V A S P   Boeing 737-200
PP-SME   20096

Bei schlechter Sicht auf dem Flughafen von **Sao Paulo/Brasilien** versuchte die Cockpitcrew, auf einem der Rollwege zu starten. Die Piloten erkannten zwar ihren Fehler, jedoch war die Maschine bereits zu schnell, um noch rechtzeitig abgebremst werden zu können. Die Boeing schoß daraufhin über den Rollweg hinaus, schlitterte über einen Graben, wobei das gesamte Fahrwerk zusammenbrach und der Rumpf in zwei Teile brach.

Lediglich eine der 66 Personen (60 Passagiere + 6 Crewmitglieder) überlebte den Zwischenfall nicht. Für den Rest der Passagiere endete der Flug nach Belo Horizonte am Ende der Runway.

16.02.86

China AL   Boeing 737-200
B-1870   20226

Die mit 6 Passagieren und 7 Crew aus Taipeh kommende 737 setzte erst 1200 m hinter der Landebahnschwelle von **Makung, Pescadores Island/Taiwan**, vor der Küste Taiwans, hart mit dem Bugrad auf und prallte nochmal zurück. Der Pilot startete durch, die Bodenstation verlor jedoch den Funkkontakt mit der Maschine, welche kurz danach ins Meer stürzte. Bei der anschließend eingeleiteten Suche wurden Wrackteile etwa 6 Kilometer vor der Küste von Makung gefunden.

Der Unfall ereignete sich um 18:50 Uhr/loc. und kostete allen 13 Insassen das Leben.

21.02.86

USAir   Douglas DC-9-31
N961VJ   47506

Es herrschten winterliche Bedingungen auf dem Flughafen von **Erie/PA/USA**, als sich die DC-9 zum Landeanflug bereitmachte. USAir Flug 499 wurde mitgeteilt, daß die Landebahn mit einer leichten Schnee- und Eisdecke überzogen sei. Die Windverhältnisse hätten es zudem erforderlich gemacht, auf der Landebahn 06, von Westen her, anzufliegen. Jedoch reichten hierfür die Sichtweiten auf der Landebahn nicht aus. Für Bahn 06 brauchten die Piloten eine Minimalsicht von 1.300 Meter, die Sicht ging aber nicht über 950 Meter hinaus. So mußte man von der anderen Seite her, auf die Bahn 24 anfliegen. Für diese Anflugrichtung lag die Minimalsicht bei lediglich 900 Metern. Flug 499 zog es vor, statt einen Ausweichflughafen anzufliegen, mit einem Rückenwind von 10 Knoten auf der Bahn 24 zu landen. Doch laut Flughandbuch ist es bei verminderter Griffigkeit der Landebahn verboten, bei Rückenwind dort zu landen. Diese Vorschrift wurde von der Cockpitcrew jedoch mißachtet und man setzte den Anflug fort.

Es kam, was kommen mußte: es gelang dem fliegenden Kommandanten nicht, innerhalb der Aufsetzmarkierungen zu landen. Erst 500 Meter dahinter setzten die Räder des Hauptfahrwerks auf den Boden auf. Obwohl die Spoiler an den Tragflächenoberseiten auf „armed" gestellt wurden, fuhren diese nicht automatisch nach der ersten Bodenberührung hoch, da sich die Räder auf dem vereisten Bahnbelag nicht schnell genug drehten. Als der Kommandant dies bemerkte, fuhr er die Spoiler manuell aus, drückte die Nase nach unten, aktivierte den Umkehrschub und trat auf die Radbremsen. Diese zeigten jedoch kaum Verzögerungswirkung. Alles in allem reichte es nicht mehr, um noch innerhalb der Bahnlänge zum Stehen zu kommen. Die DC-9 überrollte einige Begrenzungslichter der Bahn, rutschte durch einen Zaun und endete schließlich quer über einer dahinterliegenden Autostraße. Von den 18 Passagieren und der 5-köpfigen Besatzung wurde nur eine ältere Person verletzt, die über eine Notrutsche ins Freie sprang. Die DC-9 wurde hiernach nicht mehr repariert.

06.03.86
Libyan Arab AL Ilyushin Il-76T
5A-DNF -

Als Bestrafungsaktion für angebliche libysche Verwicklungen in Terroranschläge in Westeuropa flog die US-Air Force in dieser Nacht einen großangelegten Luftangriff. Die Amerikaner versuchten hierbei, militärisch wichtige Ziele zu bombardieren, unter anderem Flughäfen und Kommunikationseinrichtungen. Die in dieser Nacht auf dem Flughafen in **Tripoli/Libyen** geparkte Ilyushin wurde im Verlauf des Angriffs zusammen mit diversen Militärmaschinen zerstört.

31.03.86
Mexicana Boeing 727-200
XA-MEM 22414

Kurz nach dem morgendlichen Start der 727 in **Mexico-City/Mexico** zum Flug MX 940 nach Puerto Vallarta und Los Angeles/USA zerplatzte ein überhitzter Reifen des Hauptfahrwerks. Splitter der Explosion trafen eine Treibstoffleitung, die den Sprit über den Rumpf verteilte. Doch die Piloten bemerkten hiervon zunächst nichts und setzten ihren Steigflug auf die Reiseflughöhe (31.000 ft) fort. Mittlerweile hatte sich das Kerosin durch die Hitze des zerplatzten Reifens entzündet. Das Feuer intensivierte sich und schlug durch den angrenzenden Frachtraum. In der darüberliegenden Passagierkabine breiteten sich schnell dichte Rauchschwaden aus. Die Piloten meldeten nun einen Notfall und wollten zum Flughafen in Mexico City zurückkehren. Zusätzlich wurden einige Hydraulikleitungen, die oberhalb des Fahrwerksschachtes verliefen, leckgeschlagen. Mehr und mehr ging dadurch die Steuerungskontrolle abhanden. Verzweifelt versuchten die Piloten, mit der brennenden Maschine nach Mexico-City zurückzukehren. Doch nach wenigen Minuten geriet die 727 um 09:15 Uhr/loc. endgültig außer Kontrolle. 130 km nördlich der Hauptstadt ging sie in bergigem Gebiet nieder.

Beim Aufschlag starben alle 166 Insassen.

Ursache der Hitzeentwicklung im Fahrwerk war die nicht vollständig gelöste Parkbremse der 727. Dadurch wurde der Startlauf um einiges verlängert und die Bremsen enorm aufgeheizt, was dann zu dem Reifenplatzer im Fluge führte. Andere Meldungen sprachen von einer Explosion im Frachtraum der Maschine, die Stücke des Hecks und der Frachttür absprengte. Gerüchten zufolge wurde eine Bombe gelegt, um einen Versicherungsbetrug zu begehen.

03.04.86
Swiftair Cargo Douglas DC-8-33F
C-GSWX 45388

Bei Abbrucharbeiten an der Tragfläche des 8ers in **Abbotsford/Kanada**, explodierte auslaufender Treibstoff (immerhin 23.000 Liter). Eine Person erlag ihren Verletzungen und das alles nur, weil ein Arbeiter vergessen hatte, vor dem Auseinandersägen der Maschine die Treibstofftanks zu entleeren.

18.04.86
Aeroflot Yakovlev Yak-40
CCCP-87236 90243

Auf dem Flughafen von **Kazan/UdSSR** erlitt die Maschine einen Rumpfschaden und mußte abgeschrieben werden. Dabei kam niemand ums Leben. Näheres ist nicht bekannt.

03.05.86
Air Lanka L1011 TriStar 100
4R-ULD 1061

Seit drei Jahren tobte im Norden des asiatischen Inselstaates ein Bürgerkrieg zwischen den hinduistischen Tamilen und den buddhistischen Singhalesen, die die große Mehrheit der Landesbevölkerung darstellen. Während den ständig aufflackernden Kampfhandlungen flohen über 500.000 Tamilen nach Indien, weitere Tausende fanden bei den Kämpfen den Tod. Die separatistischen

4R-ULE; ein anderer TriStar der Air Lanka, hier kurz vor der Landung /Frankfurt im Mai 1990 <Quelle: JR-Photo>

Tamilen wollen die Autonomie ihres nördlichen Landesteils von restlichen Sri Lanka durchsetzen. Neben dem politischen Arm der Volksgruppe gab es jedoch auch noch die radikale Organisation „Tamil Tigers", die auch vor Gewalttaten und Terroranschlägen nicht halt machte. Der 1985 unter der Schirmherrschaft Indiens ausgehandelte Waffenstillstand wurde jedoch Anfang des Jahres wieder gebrochen und hunderte kamen seitdem ums Leben. Ende April einigte man sich wieder einmal zu verhandeln und es wurde für die erste Maiwoche beiderseitige Delegationen nach Indien geschickt, wo die Verhandlungen stattfanden.

Trotz der ständigen Auseinandersetzungen in diesem Inselstaat riß der Strom der Touristen nicht ab. War Sri Lanka in den letzten Jahren doch ein exklusives und beliebtes Urlaubsziel für viele Europäer geworden. Die staatliche Fluggesellschaft Air Lanka beförderte den Großteil des Touristenstroms. So auch an diesem Tag, als viele Urlauber im Warteraum des internationalen Flughafens Banaranaike in Colombo/Sri Lanka zum Flug nach Malé auf den Malediven warteten. Zuvor kam der TriStar mit vielen Touristen aus Europa, von denen einige auf das Inselparadies im indischen Ozean weiterfliegen wollten. Beim Einchecken fiel einigen Flughafenangestellten auf, daß ein Gepäckstück für diesen Flug eingecheckt wurde, jedoch kein Fluggast dazugehörte. Die Behörden wollten sichergehen und veranlaßten umgehend eine Gepäckidentifizierung. Da sich schon viele Passagiere an Bord befanden, entstand ein gewisses Durcheinander. Die Frachtluke wurde geöffnet und ein Koffer nach dem anderen aufgereiht, den jeder Passagier dann als seinen identifizieren mußte. Die ganze Aktion lief gerade an, als eine Explosion den hinteren Teil der Maschine erschütterte. Eine Bombe befand sich in einem der Gepäckstücke, die per Zeitzünder detonierte. Die Explosion riß das gesamte Heck auseinander und auslaufender Treibstoff entzündete sich. Da erst ein Teil der Passagiere in die Maschine gestiegen waren, starben „nur" 20 Personen bei dem Unglück. Das Heck des TriStar's wurde dabei vom Rumpf getrennt. Später bekannten sich die „Tamil Tigers" zu diesem Anschlag. Wäre die zeitraubende Gepäckkontrolle nicht durchgeführt worden, wäre die Maschine womöglich in der Luft zerrissen worden. Eine sehr viel größere Zahl an Todesopfern wäre der Fall gewesen.

17.05.86
Aeroflot   **Yakovlev Yak-40**
CCCP-87301   **9321728**

Am 18.04. gelang es der Besatzung nicht, im Anflug auf Chita/Sibirien das rechte Hautfahrwerk auszufahren. Der Besatzung gelang aber eine Notlandung auf dem Flughafen, wobei die rechte Tragfläche beim Ausrollen zwangsläufig Bodenkontakt bekam und das Flugzeug rechterhand von der Runway abkam. Niemand der Insassen wurde ernsthaft verletzt, jedoch mußte die Yak zur Reparatur in die örtlich Werft. Gut einen Monat später (am 17.05.) wurde Maschine wiederhergestellt und sollte vor ihrem nächsten Planeinsatz noch einen Testflug unternehmen. Während des Testfluges wurde unter anderem auch die Belastbarkeit des Flugzeugs getestet. Hierfür drückten die Piloten die Yak offenbar zu stark nach unten, denn beim anschließenden Abfangmanöver brach die linke Tragfläche ab. Steuerlos stürzte die Yak-40 mit allen fünf Insassen in der Nähe der Ortschaft **Khanty-Mansiysk/Sibirien/UdSSR** ab und zerschellte.

Keiner der Insassen überlebte den Crash.

21.05.86
Aeroflot   **Tupolev 154B-2**
CCCP-85327   **327**

Kurz nach dem Start in Moskau versagte die Enteisungsanlage der Tupolev, was dazu führte, daß das Cockpitfenster und das Pitot-Rohr des Geschwindigkeitsmessers zufror. Vorsichtshalber entschlossen sich die Piloten, auf dem Flughafen **Moskau-Sheremetyevo/UdSSR** eine Sicherheitslandung durchzuführen. Hierbei wurde die Tu-154 so sehr beschädigt, daß sie außer Dienst gestellt wurde. Es kam niemand zu Schaden. Die Maschine wurde danach auf dem Flughafen zur Ausbildung von Mechanikern benutzt.

22.06.86
Aeroflot   **Tupolev 134A**
CCCP-65142   **60955**

Die Tupolev verunglückte beim Start in **Penza/Rußland/UdSSR**. Hierbei kam ein Mensch zu Tode. Alle anderen 64 Insassen konnten sich retten.

02.07.86

Aeroflot   **Tupolev 134A**
CCCP-65120   60482

Nach einem Brand im Frachtraum stürzte die Maschine bei **Syktyvkar/UdSSR** ab.
Es kamen 58 Insassen zu Tode. 38 überlebten.

06.08.86

Kabo Air   **SE210 Caravelle 3**
5N-AWK   50

Die am 21.06.86 an Kabo Air übergebene Caravelle schoß knapp zwei Monate später über das Ende der Runway in **Calabar/Nigeria** hinaus und wurde dabei zerstört.

10.08.86

American TA   **McDD DC-10-40**
N184AT   46751

Die aus Hawaii kommende DC-10 wurde am Terminalfinger von **Chicago O'Hare AP/IL/USA** auf ihren nächsten Einsatz vorbereitet. Mechaniker der Charterairline wechselten einige schadhafte Kabineneinrichtungen aus, wie Sitzbezüge, Rückenlehnen und sogenannten „Sauerstoffgeneratoren". Die defekte Kabineneinrichtung wurde in den vorderen Frachtraum der DC-10 gebracht und zusammen mit alten Sitzbezüge, Lappen in eine Ecke gestaut. Die Reinigungskräfte hatten inzwischen das Flugzeug betreten, als einem Mechaniker auffiel, daß man zu viele Sauerstoffgeneratoren ausgebaut hatte. Er ging in den Frachtraum und suchte in dem Berg abgelegter Generatoren nach einem funktionsfähigen, wobei er nicht sonderlich vorsichtig war. Doch diese kleinen Sauerstoffflaschen sind enorm empfindlich: In ihnen wird der Sauerstoff für die Sauerstoffmasken der Passagiere erzeugt, indem mittels einer chemischen Reaktion innerhalb der Stahlflasche der Sauerstoff erzeugt wird, wobei Temperaturen von bis zu 250°C entstehen können.

Und genau einen solche Reaktion muß bei der Suche des Mechaniker ausgelöst, indem er aus Versehen einen Auslösestift in eine Flasche drückte. Der Mechaniker verließ den Laderaum, während die Sauerstoffflasche immer heißer wurde. Die Sitzkissen in der Umgebung fingen Feuer und der Brand sprang auf den ganzen Frachtraum über.

Die Reinigungsmannschaft bemerkte den Rauch erst, als es schon zu spät war. Sie verließen die Kabine und informierten die Flughafenfeuerwehr. Die konnte das Vernichtungswerk des Feuers jedoch nicht mehr rechtzeitig unter Kontrolle bekommen, somit wurde die DC-10 ein Raub der Flammen. Niemand wurde bei dem Brand verletzt.

31.08.86

Aeromexico   **Douglas DC-9-32**
XA-JED   47356

Um 11:20 Uhr/loc. startete die DC-9 zum Linienflug AM498 von Mexico City über Tijuana nach **Los Angeles/CA/USA**. Es befanden sich 58 Passagiere und 6 Crewmitglieder an Bord. Der letzte Streckenabschnitt führte die Maschine vom relativ leeren nordmexikanischen Luftraum mitten in die von Luftfahrzeugen aller Art wimmelnde Kontrollzone von Los Angeles. Zwanzig Minuten, nachdem der Douglas-Jet abhob, startete in Torrance, einem kleinen Flugfeld südlich vom internationalen Airport von Los Angeles, eine Piper Archer. Die Privatmaschine mit der Kennung N4891F war mit drei Personen besetzt und flog nach Sichtflugregeln auf einem östlichen Kurs. Wetter und Sicht waren gut mit einer Sichtweite von 14 Meilen.

Um 11:44 Uhr/loc. begann AM 498 den Sinkflug auf die Millionenmetropole. Zwei Minuten später wurde AM 498 vom Company-Agenten über die Terminalposition, die an diesem Tag einzunehmen war, informiert.

Der kalifornische Anfluglotse informierte um 11:50 Uhr AM 498 über ein in der Nähe befindliches Flugzeug.

ATC: „Traffic ten o'clock, one mile northbound, altitude unknown."

Die mexikanischen Piloten bestätigten den Hinweis, funkten aber keinerlei Sichtkontakt-Bestätigung. Dieser mit nördlichem Kurs fliegende Verkehr war eine Grumman Tiger. Dessen Pilot drang ohne Genehmigung in die Los Angeles TCA (Terminal Control Area) in einer Höhe ein, in der dichter Düsenverkehr herrschte. Der Grumman Pilot kontaktierte LAX-Radar und bat um Radarführung. Daher tauchte der Flieger auch auf dem Schirm des Anfluglotsen auf. Doch unbemerkt von den Radarlotsen flog in derselben Gegend auch noch die Archer „nine one fox", die ebenfalls ohne Genehmigung die LAX-TCA durchflog. Aber entgegen der Grumman Tiger machte der Pilot von „nine one fox" keinerlei Versuch, mit einer Bodenstation Kontakt aufzunehmen, so daß keine Radaridentifizierung anhand eines Transpondersignals möglich gewesen wäre.

Von diesem zweiten Flugzeug nichts wissend, wurde der Grumman Pilot unmißverständlich auf sein Fehlverhalten aufmerksam gemacht:

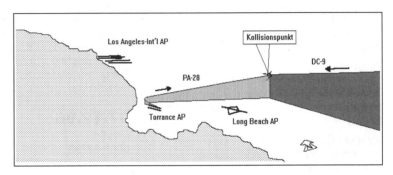

Perspektivische Darstellung der Flugwege beider Flugzeuge, die am 31.08.1986 über Cerritos in der Luft kollidierten

ATC: „In the future, you look at your TCA-Chart. You just had an aircraft pass right off your left above you."

Um 11:52:36 Uhr, also just nachdem der Lotse die Rüge erteilt hatte, verschwand das Radarsignal von AM498 von den Radarschirmen. Alle Versuche, den Funkkontakt wieder herzustellen, schlugen fehl. Genau um 11:52:09 Uhr/loc. stießen „nine one fox" und die DC-9 über dem dichtbesiedelten Stadtteil Cerritos, südöstlich des L.A International Airport in der Luft zusammen. Dabei kollidierte das Propellerflugzeug mit der linken Seite des Seitenleitwerks und wurde vom massiven Höhenleitwerk der Düsenmaschine regelrecht zweigeteilt. Durch die Wucht des Zusammenpralls löste sich die Höhenflosse der DC-9 aus der Verankerung und fiel herab. Dadurch war Flug 498 nicht mehr steuerbar und ging zu Boden. Die letzten Worte des Kommandanten der mexikanischen Maschine waren nur noch:

CPT: „Oh, Shit,...this can't be."

Beide Havaristen wurden über ein Gebiet von 600 x 200 ft verteilt. Neben den Insassen der mexikanischen DC-9 und der Piper starben noch weitere 15 Menschen am Boden, so daß insgesamt 82 Menschen zu Tode kamen. 5 Häuser wurden zerstört, 7 andere erlitten Beschädigungen.

Warum die Piper unbemerkt in einen der dichtbeflogensten Lufträume der Welt eindringen konnte und beide Flugzeuge trotz der guten Sicht nichts voneinander sahen, ist nicht restlos geklärt. Man geht inzwischen davon aus, daß der Pilot von „nine one fox" nach dem Start in Torrance einen Herzanfall erlitten haben muß und deshalb vom vorgeschriebenen Kurs abwich.

29.09.86
Indian AL   **Airbus A300B2**
VT-ELV   **22**

Während des Starts der Boeing vom Flughafen **Madras/Indien** saugte das rechte Triebwerk einen Vogel an, woraufhin der Schub rapide abfiel. Obwohl der Airbus schon die Rotationsgeschwindigkeit überschritten hatte und das Bugrad schon in der Luft war, entschloß sich die Besatzung zum Startabbruch. Der Airbus schoß über das Rollfeldende hinaus. Dabei wurde das Fahrwerk abgerissen. Die Maschine wurde an Rumpf und Triebwerken irreparabel beschädigt.

Alle 185 Passagiere und 17 Crewmitglieder kamen mit dem Schrecken davon. Der Airbus jedoch war ein Totalverlust.

Zeitungsberichten zufolge wurde im Blut der Piloten Alkohol nachgewiesen.

15.10.86
Iran Air   **Boeing 737-200**
EP-IRG   **20499**

Bei einem Tiefflugangriff irakischer Kampfflieger wurde die zur Startposition in **Shiraz/Iran** rollende 737 durch Raketentreffer zerstört. Drei der Passagiere überlebten den Angriff nicht. Eigentlich hatte die Luftattacke dem angrenzenden Militärflughafen gegolten.

19.10.86
Mozambique Gvmt.   **Tupolev 134A**
C9-CAA   **63457**

An Bord des Regierungsjets befanden sich 44 Insassen, darunter der Staatspräsident von Mosambik, Samora Machel. Der Landeanflug auf die Hauptstadt Maputo des ostafrikanischen Landes geriet die Regierungsmaschine in einen Gewittersturm. Der Anflug führt sehr nahe an der südafrikanischen Grenze entlang. Die Tupolev geriet in dem Sturm vom Kurs ab, geriet zu tief und streifte eine Hügelkuppe und stürzte in ein Tal. Die Absturzstelle bei **Nelspruit/Südafrika** war ca. 80 Kilometer von Maputo entfernt und lag auf südafrikanischem Gebiet.

Von den 44 Insassen kamen in den Trümmern 34 ums Leben, darunter auch Samora Machel. Die anderen zehn, unter ihnen der sowjetische Pilot, wurden schwerverletzt geborgen. Die südafrikanischen Luftfahrtbehörden, die mit der Klärung der Absturzursache befaßt waren, sprachen von einem Pilotenfehler. Der ortsunkundige sowjetische Pilot hatte danach das Funkfeuer des Flughafens Komatipoort, einer südafrikanischen Grenzstadt, mit dem von Maputo verwechselt. Deswegen hatte er zu früh mit dem Landeanflug begonnen und war vom Kurs abgeirrt. Es gab auch andere Versionen der Absturzursache dieses politisch brisanten Absturzes. Der überlebende sowjetische Pilot sprach von einer „Explosion an Bord". Die Gerüchte über einen politischen Mord an dem Präsidenten des vom Bürgerkrieg heimgesuchten Landes wollen bis heute nicht verstummen.

20.10.86
Aeroflot   **Tupolev 134A**
CCCP-65766   **62327**

Beim Versuch einer Blindlandung auf dem Flughafen in **Kuibishew/UdSSR** verunglückte der Zweistrahler. Von den 94 an Bord befindlichen Personen überlebten nur 24 das Unglück.

26.10.86
Piedmont AL   **Boeing 737-200**
N752N   **19073**

Bei der Landung in **Charlotte AP/NC/USA** kam der Flug PI 467 auf regennasser Bahn ins Rutschen. Die Piloten konnten nicht mehr vor dem Bahnende anhalten und die Maschine schoß über unebenen Untergrund, verlor dabei das Fahrwerk und prallte gegen einen Bahndamm, bevor sie zum Stillstand kam. Von den 108 Passagieren und fünf Crewmitgliedern des aus New York-Newark kommenden Fluges verletzte sich zum Glück nur eine Person.

07.12.86
Aeroflot   **Yakovlev Yak-40**
CCCP-88288   **-**

Diese Maschine verunglückte auf dem Inlandsflughafen in **Moskau-Bykovo/UdSSR**. Weitere Details sind nicht bekannt.

YI-AGH; ein äußerlich identisches Exemplar der in Saudi Arabien abgestürzten Unglücksboeing, daß gerade auf den Weiterflug vorbereitet wird/Frankfurt 1987 <Quelle: JR-Photo>

12.12.86

Aeroflot   **Tupolev 134A**
CCCP-65795   **63145**

Im Endanflug auf den Flughafen **Berlin-Schönefeld/DDR** bemerkte der Kommandant einer aus Minsk kommenden Aeroflot Tupolev 134, daß er auf die nicht freigegebene Runway 25R zusteuerte. Er versuchte also einen „swing-over" zu Parallelbahn 25L, war aber für einen schnellen Kurswechsel bereits zu tief. Die Tupolev berührte beim Linkskurven diverse Baumwipfel und schlug in ein Waldgebiet. Der Aeroflotkapitän wurde bereits einige Zeit vor dem Aufschlag auf die gesperrte Bahn 25R hingewiesen. Da jedoch der sowjetische Pilot, der vorwiegend auf Inlandflügen eingesetzt wurde, über keine ausreichenden englischen Sprachkenntnisse verfügte, kam es zu einigen Unklarheiten im Funksprechverkehr.

Bei dem Unglück starben 72 der 79 Insassen, darunter auch ein im Cockpit mitfliegender Ausbilder der Aeroflot, der kurz vor dem Absturz die Anweisung zu einem Bahnwechsel gegeben haben soll.

Zur Unglückszeit (gegen 18:00 Uhr/loc.) herrschten denkbar ungünstige Verhältnisse:
Temperaturen knapp unter Null mit gefrierendem Sprühregen. Die Wolkenuntergrenze lag bei 400 ft und darüber eine hochnebelartige Wolkenschicht. Das bedeutete, daß anfliegende Piloten erst unterhalb dieser Schicht Sichtkontakt zum Boden bekamen.

25.12.86

Iraqi AW   **Boeing 737-200C**
YI-AGJ   **21183**

Gerade als der Kommandant auf einem Flug von Bagdad nach Amman über die Bordsprechanlage bekanntgab, daß die Maschine soeben die Grenze zu Saudi Arabien überflogen habe, sprang ein Passagier unvermittelt auf und rannte mit eilenden Schritten ins Cockpit. In der Kabine erhob sich unterdessen ein zweiter Mann und fuchtelte mit einer Pistole herum. Beide versuchten, die Maschine in ihre Gewalt zu bringen. Sie bedrohten die Passagiere mit einer entsicherten Handgranate und mit Pistolen. Doch befanden sich auch drei irakische Sicherheitsbeamte, die sich als Passagiere ausgaben, mit an Bord. Als sie bemerkten, was vor sich ging, sprangen sie ebenfalls von ihren Sitzen auf und versuchten, den Luftpiraten daran zu hindern, ins Cockpit zu gelangen. Die Piloten versuchten noch, die Cockpittür zu verriegeln, jedoch war der Entführer schneller. Er schaffte es, ins Cockpit zu gelangen. Dort warf er dann eine Handgranate, die allerdings nicht explodierte. Eine weitere Handgranate kullerte ihm aus der Hand und explodierte direkt neben der Cockpittür. Eine dritte rollte den Gang hinunter und explodierte in der Economy Kabine. Bei der Explosion wurden die Piloten verletzt und der Druckkörper der 737 beschädigt. Im darauffolgenden Kugelhagel der Sicherheitsbeamten wurde einer der beiden Luftpiraten erschossen. Der zweite wurde überwältigt. Die verletzten Piloten leiteten einen sofortigen Notabstieg ein, da sich durch die Granatenexplosion ein Feuer im Cockpit ausbreitete. Der Kommandant versuchte um 12:30 Uhr/loc. eine Notlandung auf dem kleinen Flughafen von **Arar/Saudi Arabien**, die aber mißlang. Die Maschine schoß 200 Meter über die Landebahn hinaus und zerbrach in zwei Teile. Das Feuergefecht, in das die irakischen Sicherheitsbeamten verwickelt wurden, kostete 67 der 106 Insassen das Leben. Der zweite Luftpirat war auch unter den Toten. Alle beide waren mit libanesischen Pässen von Jugoslawien nach Baghdad gereist, um dort die Maschine nach Amman zu besteigen. Am nächsten Tag ging ein Bekenneranruf der schiitischen Organisation „Heiliger Islamischer Krieg" ein, die vorwiegend aus dem Iran operierte. Angeblich war dies ein Racheakt für die Zerstörung einer iranischen 737 in Shiraz (siehe 15.10.86), mit dem Druck auf die Irakische Regierung ausgeübt werden sollte. Ursprünglich, so der Anrufer, sollte die Maschine nicht zerstört werden.

03.01.87

VARIG   **Boeing 707-320C**
PP-VJK   **19822**

Es war gegen 01:00 Uhr/loc. nachts, als die 707 auf dem Port-Bouet AP von **Abidjan/Elfenbeinküste** zum Flug nach Rio de Janeiro startete. An Bord befanden sich 39 Passagiere sowie die zwölf Besatzungsmitglieder. Einige Minuten, nachdem sich der Vierstrahler in den stockfinsteren Nachthimmel erhoben hatte, funkte der Pilot, daß es an Bord ein technisches Problem gäbe. Wenig später meldete er, daß ein Triebwerk Feuer gefangen habe und daß man zum Flughafen zurückkehren werde. Der letzte Funkspruch von der 707 war die Mitteilung, daß man für die Landung den Treibstoff ablassen werde. Dann riß der Funkkontakt abrupt ab.

Nachdem endlose Aufrufe des Towerlotsen in Abidjan erfolglos blieben, wurde Alarm gegeben. Eine neben dem Flughafen beheimatete französische Militäreinheit, fand ca. eine Stunde später die brennenden Trümmer der Maschine in einem schwer zugänglichen Dschungelgebiet, etwa 12 Meilen östlich der Stadt. Der Unglücksort lag direkt neben einem Fluß, dessen knietiefes Wasser die Rettungsmannschaften durchwaten mußten.

Von den 51 Insassen überlebten nur zwei Menschen schwer verletzt.

Beide sagten später übereinstimmend aus, daß die Maschine ohne Vorwarnung am Boden aufschlug. Offenbar, so wird angenommen, waren die Piloten durch das Triebwerksfeuer und das Treibstoffablassen abgelenkt und unterließen es, auf die Flughöhe zu achten.

06.01.87

Transwede   **SE210 Caravelle 10R**
SE-DEC   **263**

Die betagte Caravelle sollte an diesem frostigen Morgen 21 Passagiere vom Flughafen **Stockholm - Arlanda AP/Schweden** in die wärmere südspanische Stadt Alicante bringen. Um 09:21 Uhr/loc. schoben die Piloten die Schubhebel auf ihre Maximalstellung und die Maschine begann die Startbahn 08 hinunter zu rollen. Beim Erreichen der Rotationsgeschwindigkeit zog der Pilot den Steuerknüppel zu sich heran, als plötzlich die Stallwarnungen im Cockpit losschlugen und die Steuerung den Eingaben des Piloten nicht mehr gehorchte. Für die Besatzung war die Caravelle nicht mehr beherrschbar, weshalb sie den Start abbrachen. Das Heck mit den beiden Triebwerken krachte auf die schneebedeckte Bahn, wobei Treibstoffleitungen leckschlugen. Durch das auf dem Beton schleifende Heck wurden Funken erzeugt, die das auslaufende Kerosin entzündeten.

Während die Piloten noch versuchten, die Maschine zum Stehen zu bekommen, zog die Caravelle eine regelrechte Flammenschleppe hinter sich her. Die Maschine schoß über das Bahnende hinweg und kam 300 Meter weiter zum Stehen. Bei der sofort eingeleiteten Evakuierung gelang es allen 32 Insassen unverletzt aus der schon brennenden Maschine zu entfliehen.

Obwohl die Feuerwehr schon eine Minute nach dem Unglück mit den Löscharbeiten begann und nach sieben Minuten die Flammen erstickt wurden, war die siebzehn Jahre alte Caravelle verloren. Insbesondere die schweren Beschädigungen im Heck und der hinteren Kabine ließen eine Reparatur nicht mehr sinnvoll erscheinen.

Grund für das Unglück war die mangelhafte Enteisung der Maschine. Bei Schneefall und Temperaturen von -13°C waren die Meßfühler des Anstellwinkels der Maschine eingefroren und hatten so einen falschen Stallalarm ausgelöst.

08.01.87

Middle East AL   **Boeing 707-320C**
OD-AHB   **19588**

Die gerade auf dem Flughafen **Beirut-Int'l AP/Libanon** gelandete Boeing von einer Rakete getroffen und brannte aus. Niemand wurde verletzt.

Über den Grund für dieses Zerstörungswerk gibt es die verschiedensten Gerüchte. Eine Fraktion der christlichen Maroniten Gemeinde im Libanon wollte in Ihrem Gebiet im Hinterland Beiruts einen Internationalen Flughafen erreichten. Als Begründung gaben sie die untragbare Sicherheitslage auf dem Stadtflughafen Beirut Intl an. Rund um den Flughafen kämpften zu diesem Zeitpunkt die drusischen Milizen zusammen mit der Hisbolah und den PLO Truppen gegen die von Syrien unterstützte schiitische AMAL-Miliz um die Vorherrschaft im moslemischen Teil der Stadt.

OD-AHD; eine Schwestermaschine der in Beirut bei Bürgerkriegshandlungen zerstörten Cargo-707 / London-Heathrow 1989 <Quelle: JR-Photo>

Die libanesische Regierung weigerte sich aber, der christlichen Milizen die Genehmigung dafür zu geben. Denn Gerüchten zufolge, wollte die christliche Miliz daraufhin ihrer Forderung mit einem Anschlag Nachdruck verleihen. Doch sie hatten keinen Erfolg. Stattdessen stellte die libanesische Fluggesellschaft ihre Flüge nach Beirut bis zum 10.04.87 ein. Dann hatten sich die verschiedenen Fraktionen im Libanon über den Flughafen geeinigt.

10.01.87
Nigeria AW   **McDD DC-10-30**
5N-ANR   **46968**

Bei einem Trainingsflug der DC-10 in **Ilorin/Nigeria**, bei dem die Crew gerade das Manöver des Durchstartens (touch and go) trainierte, verunglückte die Maschine und wurde durch ein anschließendes Feuer zerstört.

Die an Bord befindlichen Personen konnten allesamt unverletzt den Havaristen verlassen.

25.01.87
Aeroflot   **Yakovlev Yak-40**
CCCP-87696   **9910105**

Während des Starts auf dem Flughafen in **Leningrad/UdSSR** schwenkte die Yak plötzlich von der Bahn und kollidierte mit einem Hindernis.

Alle 26 Insassen konnten das Flugzeug unverletzt verlassen. Die Yak hatte aber nur noch Schrottwert.

23.02.87
S A S   **Douglas DC-9-41**
SE-DAT   **47625**

Der Linienkurs SK355 der SAS aus Bodö, der an diesem Abend zum Anflug auf die Landebahn 27 des Flughafens **Trondheim-Vaernes/Norwegen** ansetzte, hatte über 30 Minuten Verspätung. Der Towerlotse gab die DC-9 zum Sinkflug frei, und die beiden Piloten begannen die Landechecklisten durchzugehen. Die vom Copiloten gesteuerte Maschine passierte gerade 2.500 ft, als sich der Tower noch einmal mit der Bitte meldete, die Besatzung möge sich über die Companyfrequenz mit der SAS-Station in Trondheim in Verbindung setzen. Nach den Vorschriften der SAS dürfen die Piloten im Endanflug solche Anrufe nicht mehr beantworten. Aber der Kommandant antwortete trotzdem, denn es hätte sich ja um etwas Wichtiges handeln können. Er mußte kurz darauf allerdings feststellen, daß es nichts Wichtiges war: Ein Passagier würde aufgrund der Verspätung seine Anschlußmaschine verpassen. Er war gut eine Minute mit dem Gespräch beschäftigt und konnte erst in einer Höhe von 1.000 ft seine eigentlichen Aufgaben wahrnehmen. Infolgedessen kam der Kommandant mit seiner Checkliste durcheinander. Man war bis zu Punkt sieben der Checkliste gekommen, als der Anruf einging. Die noch fehlenden vier Punkte stehen nicht mehr auf der Checkliste, sondern müssen von den Besatzungen aus dem Kopf aufgesagt werden. Darunter ist auch das Freischalten der Pneumatik der Bremsklappen (Spoiler) auf den Tragflächenoberseiten. Durch die einminütige Störung wurde dieses glatt vergessen.

Diese Bremsklappen werden nach dem Aufsetzen ausgefahren, um den letzten Auftrieb zu zerstören und die Maschine auf die Landebahn zu drücken. Das Ausfahren erfolgt pneumatisch (mit Druckluft), und die Pneumatik wird erst kurz vor dem Aufsetzen freigeschaltet, um ein unkontrolliertes Ausfahren in der Luft zu verhindern. Dieser Mißstand fiel dem Copiloten erst auf, als sich SK355 in 100 ft unmittelbar vor der Landebahn 27 befand. Mit dem Steuern der DC-9 beschäftigt, rief er nur „Spoiler", um den Kommandanten über diesen Fehler zu informieren. Dieser, ebenfalls voll mit der bevorstehenden Landung beschäftigt, mißverstand diesen Warnruf. Anstatt die Spoiler nur freizuschalten, fuhr er sie komplett aus, obwohl man noch in der Luft war. Er bemerkte seinen Irrtum zwar sofort und fuhr die Spoiler wieder ein, aber die DC-9 befand sich wegen des abrupten Auftriebsverlustes nahezu im freien Fall. Der Copilot führte im ersten Moment die extrem hohe Sinkrate auf eine Turbulenz oder eine Windscherung zurück und gab Vollschub um durchzustarten. Die Maschine krachte trotzdem mit dem Hauptfahrwerk und dem Heck auf die Landebahn, sprang wieder hoch und vermochte danach wieder an Höhe zu gewinnen. Es gab im Cockpit keine Anzeichen für irgendeinen Schaden am Flugzeug, weswegen die Besatzung an eine „harte Landung", die hin und wieder einmal vorkommt, glaubte. Der Kommandant übernahm wieder das Steuer und setzte die DC-9 später „butterweich" (laut Zeugenaussagen) auf die Landebahn von Trondheim. Als SK355 ausrollte, zog der Jet stark nach links, woraufhin die Piloten sich entschlossen, nicht bis zum Terminal zu rollen. Die 98 Passagiere verließen über die vorderen Ausgänge die DC-9, weil sich der hintere Ausgang nicht mehr öffnen ließ. Als die Piloten das Flugzeug in Augenschein nahmen, trauten sie kaum ihren Augen:

Bei der „harten Landung" war die DC-9 mit derartiger Gewalt auf den Asphalt der Runway gestürzt, daß die Aufhängung des linken Triebwerks um 30° und das des rechten um 15° nach unten verbogen waren. Das APU war aus seiner Verankerung gerissen, und etliche Einbauten im Heck waren verbogen und aus ihren Verankerungen gerissen. Die Stoßdämpfer des linken Hauptfahrwerks waren geplatzt und die ölgefüllten Federbeine ausgelaufen. Außerdem war die gesamte Rumpfstruktur derartig verzogen, daß sich SAS entschloß, die 13 Jahre alte DC-9 abzuwracken.

04.04.87
Garuda   **Douglas DC-9-32**
PK-GNQ   **47741**

Bei einem starken Sturm rammte die DC-9 im Endanflug auf **Medan/Sumatra/Indonesien** einen Elektrizitätsmast und stürzte in eine Häuserzeile vor der Landebahnschwelle des Flughafens.

30 der 46 Insassen starben bei dem Unfall.

11.04.87

Transbrasil   **Boeing 707-320C**
PT-TCO   18932

Auf dem Flughafen von **Manaus/Brasilien** wurde die Boeing irreparabel beschädigt. Näheres ist nicht bekannt.

13.04.87

Burlington AE   **Boeing 707-320C**
N144SP   19209

Die Frachtmaschine mit der Flugnummer 721 befand sich im Ladeanflug auf **Kansas City/MO/USA**. Der Flug, der unter der Regie von Buffalo Airways stattfand, wurde vom Anfluglotsen für einen ILS-Anflug auf die Bahn 01 geführt. Es war bereits dunkel, als die 707 sich dem Flughafen näherte. Südlich der Stadt umflog die Maschine im Sinkflug einige Gewitterzonen, die sich hell auf dem Wetterradar der Piloten abzeichneten. Durch die dichte Wolkendecke hindurch waren keinerlei Konturen des Bodens auszumachen. Zudem herrschte örtlicher Bodennebel, der die Sichtweite am Boden zusätzlich einschränkte. Etwa fünf Meilen vor dem Voreinflugzeichen (Outer-Marker) wurde Flug 721 um 21:51 Uhr/loc. auf den ILS-Pfad der Bahn 01 eingefädelt. Gleichzeitig ging die Aufforderung ein, bis zum Überflug des Outermarkers eine Höhe von 2.400 ft nicht zu unterschreiten. Zwei Minuten später meldete Flug 721 den Überflug dieses Anflugzeichens. Doch der Anfluglotse mußte mit Schrecken feststellen, daß auf dem Radar eine Flughöhe von nur 1.700 ft angezeigt wurde. Augenblicklich warnte er die Piloten vor der zu geringen Flughöhe und wies sie an, auf 2.400 ft zurückzukehren. Doch Flug 721 antwortete nicht darauf. Eine knappe Minute später verschwand dann das Radarecho der Maschine vom Radarschirm. Etwa drei Meilen außerhalb der Landebahn 01 streifte die Boeing eine Baumgruppe, schlug auf ein Feld und zerschellte.

Alle drei Cockpitinsassen sowie ein mitfliegender Passagier wurden beim Aufschlag getötet.

Die Auswertung des CVR-Gerätes ergab, daß der Copilot die Höheninformationen in 100er Schritten bis zum Aufschlag ausrief, jedoch versäumte den Kommandanten auf die insgesamt zu geringe Anflughöhe aufmerksam zu machen. Die Entscheidungshöhe, bei der die Piste 01 in Sicht sein mußte, um gefahrlos landen zu können, betrug 1.211 ft. Flug 721 sank jedoch immer weiter, ohne daß der Copilot diese wichtige Höhenmarke erwähnte. Das GPWS-Gerät, das normalerweise in solchen Situationen mit einem energischen Alarmgeräusch vor zu geringer Höhe warnen soll, schwieg jedoch.

09.05.87

L O T   **Ilyushin Il-62M**
SP-LBG   3344942

Mit 172 Passagieren und 11 Besatzungsmitgliedern an Bord hob an diesem Tag um 08:18 Uhr/loc. der Linienkurs LO 5055 nach New York vom Flughafen Warschau - Okiece ab. Die vollbeladene Ilyushin 62M, die Langstreckenversion der Il 62, flog in Richtung Ostsee und stieg schwerfällig ihrer zugewiesenen Reiseflughöhe von 31.000 ft entgegen, während die Cockpitcrew den Autopiloten aktivierte. Nichts schien einer weiteren ereignislosen Atlantiküberquerung im Wege zu stehen, als 23 Minuten nach dem Start plötzlich eine laute Explosion die Maschine erschütterte. Der Autopilot schaltete sich aus, während die Feuerwarnung des linken Triebwerkpaares, welches aus den Triebwerken No.1 und No.2 bestand, zu schellen begann. Die Schubhebel der beiden Triebwerke wurden zurückgezogen und die Feuerlöscher aktiviert. Da auch eine Dekompression stattgefunden hatte, begannen die Piloten aus 27.000 ft sofort mit einem Notabstieg auf 12.000 ft Wenig später verstummten die Feuerwarnungen aus dem Heck, woraufhin die Besatzung davon ausging, daß die Löschmittel das Feuer im Heck erfolgreich bekämpft hatten.

Die Besatzung setzte um 08:42 Uhr/loc. einen Notruf nach Warschau ab, in dem sie die Lotsen über ihre Notlage informierte und um die Genehmigung zur sofortigen Rückkehr nach Warschau bat. Nachdem ihnen das genehmigt wurde, begannen sie unverzüglich mit einer Wende. Dabei fiel es auf, daß ihnen die Steuerung der Ilyushin immer schwerer fiel. Die Piloten mußten ihr ganzes fliegerisches Können aufbieten, um die Maschine unter Kontrolle zu halten. Sie schafften es am Ende, die Ilyushin wieder auf Rückkehrkurs zu bringen und den Sinkflug abzufangen, allerdings waren inzwischen die hydraulischen Steuerkontrollen ausgefallen. Die Piloten aktivierten das Notsteuersystem, mit dem die Bewegung um die Hochachse herum nur noch mit den Stabilisator und den Trimmklappen gesteuert werden konnte. Diese begrenzte Kontrollmöglichkeit stellte die Piloten vor ein Dilemma, mußten sie doch die Leistung des verbleibenden Triebwerkspaares der rechten Seite auf einer hohen Schubstufe belassen, um den Sinkflug der vollbeladenen Ilyushin zu beenden. Aber bei dieser hohen Triebwerksleistung konnten die Piloten das starke Giermoment um die Hochachse der Maschine mit dem Notsteuersystem nur schwer abfangen. So waren sie gezwungen, einen leichten Sinkflug hinzunehmen. Die Besatzung begann Treibstoff abzulassen, um das hohe Gewicht der Maschine zu verringern und so den Sinkflug abzufangen.

Während immer mehr Treibstoff von Bord gepumpt wurde, fielen immer mehr Triebwerksinstrumente, Steuerhilfen und Aggregate aus. Die Cockpitbesatzung vermutete ein Feuer im Heckbereich der Maschine, aber keines der Anzeigegeräte hatte nach dem Abschalten der beiden linken Triebwerke und der Aktivierung der Feuerlöscher im Heck ein solches Feuer registriert. Die Aggregate konnten auch als Spätfolge der Explosion ausgefallen sein.

Nach einer kontroversen Diskussion zwischen den fünf Cockpitinsassen beschloß man um 08:53 Uhr/loc., nicht bis Warschau zu fliegen und stattdessen den näher gelegenen Flughafen Modlin anzufliegen. Neben der kürzeren Flugzeit hatte dieser Flughafen den Vorteil, eine Landebahn zu besitzen, die genau in der Flugrichtung der Ilyushin lag. Die Befürworter dieser Alternative argumentierten, daß die angeschlagene Ilyushin keine Flugmanöver mehr fliegen könnte, um auf den Pistenkurs einzuschwenken. Die Landegenehmigung für Modlin wurde um 08:53 Uhr/loc. erteilt, doch die Diskussion im Cockpit war noch nicht beendet. Seit Eintreten der Notsituation war fast eine Viertelstunde vergangen und die Besatzung hatte jetzt das Gefühl, die Maschine wieder im Griff zu haben. Daher setzten sich die jenigen im Cockpit durch, die einen hindernisfreien Anflug und die besser ausgerüsteten Rettungskräfte auf dem Flughafen Warschau einer kürzeren Flugzeit vorzogen. Um 09:00 Uhr/loc. revidierte die Besatzung ihre Landegenehmigung für Modlin und flog jetzt wieder Richtung Warschau.

Die Maschine befand sich immer noch in einem flachen Sinkflug, als man im Cockpit mit den Vorbereitungen für die Landung begann. Um 09:09 Uhr/loc. wurde in 5.000 ft eine Linkskurve eingeleitet, doch in diesem Moment trat eine Verschlimmerung der Situation an Bord ein: Waren die Höhenruder vorher in einer Neutralposition festgeklemmt, so sanken sie jetzt plötzlich nach unten und drückten so die Nase der Maschine nach unten. Die Piloten versuchten, den Abwärtstrend mit allen Mitteln zu stoppen und gleichzeitig die Wende auf die Pistenachse zu vollenden. Plötzlich begann der Feueralarm des hinteren Gepäckraumes zu klingen. Schlagartig bestätigten sich die schlimmsten Befürchtungen der Cockpitbesatzung. Seit Eintreten der Notsituation hatten sie ein Feuer in ihrem Heckbereich gehabt, das immer mehr Kabel, Steuerverbindungen und Strukturteile vernichtet hatte. Auf die Frage des Towers in Warschau, wie die Lage an Bord sich entwickeln würde, antwortete der Kommandant nur kurzangebunden:
CPT: „Wir tun hier unser bestes!!"

Trotz aller Gegenmaßnahmen der Besatzung sank die Maschine immer mehr ab, bis sie schließlich sechs Kilometer vor dem Flughafen Warschau - Okecie in ein Waldstück nahe **Warschau area/Polen** stürzte und explodierte. Die gut zwanzig Minuten später eintreffenden Rettungskräfte sahen sofort, daß es außer der Verhinderung eines Waldbrands für sie nichts mehr zu tun gab.

Alle 183 Insassen der Ilyushin waren bei dem Aufschlag ums Leben gekommen. Nach dem Platzen des Triebwerks No.2 hatte die Besatzung es geschafft, eine praktisch nicht mehr steuerbare Maschine noch für 31 Minuten in der Luft zu halten.

Dies war die schwerste Luftfahrtkatastrophe, von der Polen jemals heimgesucht wurde. Und die zweite, in der ein Triebwerk einer polnischen Ilyushin 62 geplatzt war, die Steuermöglichkeiten zerstört und damit alle Insassen Bord in den Tod gerissen hatte (Siehe14.03.1981). Auch außerhalb Polens hatte es mindestens zwei Abstürze, in denen ein Feuer im Heck die Steuermöglichkeiten lahmgelegt hatte (siehe 14.08.1972 und 27.05.1977). Wurden alle diese Katastrophen sonst eher im geheimen untersucht, so forderte die polnische Öffentlichkeit in Zeiten der „Perestroika" Rechenschaft über die Absturzursache. Diese förderte wieder einmal Pfusch bei der LOT Wartung zutage, die eine fatale Kettenreaktion ausgelöst hatte: Die Mechaniker bei LOT hatten im Triebwerk No.2 ein abgenutztes Kugellager übersehen, welches daraufhin für einen unrunden Lauf der Welle im Hochdruckteil der Turbine sorgte. Während des Steigfluges wurden die daraus resultierenden Belastungen auf die Wellenhalterung so groß, daß diese wegbrach. Mit großer Gewalt schlug die so gelöste Welle in den Niederdruckteil der Turbine und löste hier ein Auseinanderbrechen der Turbinenschaufeln aus. Trümmer dieser Schaufeln durchschlugen das Außentriebwerk No.1 und legten es ebenfalls lahm. Auf der anderen Seite des Triebwerks drangen glühende Metallsplitter in die Hecksektion ein, durchtrennten Kabelstränge, beschädigten die Steuerelemente und lösten im hinteren Gepäckraum das Feuer aus. Dieses Feuer breitete sich aus und zog dabei immer mehr Steuerelemente, Kabel und Aggregate in Mitleidenschaft. Dies blieb aber unerkannt, weil die Splitter des Triebwerks die gesamten Feuermelderkabel im Heckbereich durchtrennt hatten.

Die ausbleibenden Feuerwarnungen erklärt auch die Entscheidung, nach Warschau weiterzufliegen und nicht in Modlin zu landen. Diese Entscheidung erscheint um so tragischer, da die Zeitersparnis von acht Minuten der Besatzung wahrscheinlich eine erfolgreiche Notlandung in Modlin ermöglicht hätte. Jedenfalls behaupteten die polnischen Behörden, daß eine Landung mit der Notsteuereinrichtung möglich gewesen wäre. Die polnischen Behörden kamen aber zu dem Ergebnis, daß die Besatzung mit denen ihr zur Verfügung stehenden Informationen die richtige Entscheidung getroffen hatte.

Es wurde eine sofortige, verschärfte Überprüfung der Turbinen ihrer Ilyushin 62M Maschinen angeordnet. Insbesondere auf Vibrationen innerhalb des Triebwerks, metallische Fremdkörper im Ölkreislauf und Überhitzungserscheinungen sollte geachtet werden. Der sowjetische Hersteller wurde dringend aufgefordert, die Feuermeldeeinrichtungen im Flugzeug vollständig zu überarbeiten, um der Besatzung zuverlässige Informationen zur Verfügung zu stellen zu können.

09.06.87
Alaska AL   Boeing 727-100C
N766AS   19728

Beim Rollen auf die Abstellposition auf dem Flughafen von **Anchorage/AK/USA** verschätzten sich die beiden mit dem Schleppen der Boeing beauftragten Mechaniker, wobei die Maschine eine Fluggastbrücke rammte. Dabei schlug ein Treibstofftank leck. Das auslaufende Kerosin entzündete sich sofort, und die Maschine brannte aus. Bei dem „Mißgeschick" gab es weder Tote noch Verletzte.

19.06.87
Aeroflot   Yakovlev Yak-40
CCCP-87826   91824

Die Landung in **Berdiansk/Ukraine/UdSSR** mißriet und die Yak wurde zerstört.

Es kamen acht Menschen ums Leben. Weitere 22 wurden z.T. schwer verletzt.

04.08.87
LAN Chile   Boeing 737-200
CC-CHJ   22602

Der Pilot der 737 verwechselte bei der Landung die Runway in **Calamar/Chile** und setzte auf einer wegen

Bauarbeiten gesperrten Bahn auf. Die Maschine kollidierte mit etlichen Kies- und Sandhaufen, verlor ihr Fahrwerk und geriet in Brand. Bei dem Unglück starb ein Insasse.

16.08.87

Aeroflot Yakovlev Yak-40
CCCP-87618 9XX1918

Die Maschine stürzte kurz nach dem Start in **Taschkent/Uzbekistan/UdSSR** ab.
Von den fünf Insassen überlebte niemand.

19.08.87

Northwest AL McDD MD-82
N312RC 48090

Die Abendsonne verschwand gerade hinter dem Horizont, als Flug 255 der Northwest Airlines auf dem **Detroit-Metropolitan AP/MI/USA** aufsetzte und zum Passagierterminal rollte. Flug 255 kam aus Saginaw/MI und war unterwegs in Richtung Phoenix/AZ. Endstation der Reise sollte der Flughafen von Orange County in Kalifornien sein. Die hierfür eingesetzte MD-82 war eine von acht Maschinen dieses Typs, die von der ehemaligen Republic Airlines stammten, einer größeren Inlandsgesellschaft aus Minneapolis, die Northwest kürzlich übernommen hatte. Während die MD-82 für den Weiterflug vorbereitet wurde, verdichteten sich die Wolken etwas und es fing leicht an zu regnen. Ein anderer Northwestpilot meldete um 20:22 Uhr/loc., eine Windscherung im Endanflug auf die Bahn 21. Nach kurzer Zeit änderte der Flugleiter im Tower die Betriebsrichtung des Flughafens. Nunmehr wurde nach Norden auf den drei Parallelbahnen 03L, 03C, 03R gelandet und gestartet. Über das NWA-Wetterbüro wurden die Piloten des Fluges 255 auf einige Gewitter aufmerksam gemacht, die an diesem Abend über dem Bundesstaat Michigan aufzogen. Unterdessen nahmen die Fluggäste wieder ihre Plätze ein. 148 Passagiere, darunter einige Kleinkinder, sorgten für eine volle Auslastung des Douglas-Jets. Zusammen mit den sechs Crewmitgliedern belief sich die Gesamtzahl an Bord auf 154 Menschen. Flug NW 255 wurde von der Terminalposition zurückgeschoben und im Cockpit ging man die Checklisten durch. Just zu dem Zeitpunkt, als die Rollcheckliste durchgegangen werden sollte, meldete sich noch einmal der Dispatcher auf der Company-Frequenz und teilte dem Copiloten die geänderte Startbahn mit. Dieser war gerade damit beschäftigt, die automatische Wetteransage (ATIS), die alle 20 Minuten aktualisiert wurde, abzuhören, er schrieb die Wind- und Luftdruckwerte mit.

Unterdessen erhielt NW 255 die Rollfreigabe zur Bahn 03C und der 57jährige Kommandant, der die Maschine steuerte, beschleunigte auf Rollgeschwindigkeit. Während dieser ganzen Zeit wurden jedoch keinerlei Checklisten, die zur Startvorbereitung unerläßlich sind, zur Hand genommen. Erster und wichtigster Bestandteil der Rollcheckliste ist die Bedienung der Vorflügel, auch Slats genannt, sowie der Landeklappen. Die Slats verlängern bei Start und Landung das Tragflächenprofil und damit den Auftriebskörper, so daß auch bei geringen Geschwindigkeiten genügend Auftrieb vorhanden ist. Werden diese Slats nicht ausgefahren, braucht ein Flugzeug eine wesentlich höhere Geschwindigkeit, um sich in der Luft zu halten. Fast immer werden die Slats beim Start gebraucht, so wären sie auch in diesem Fall vonnöten gewesen. Aber Slats und Landeklappen blieben eingefahren, ohne daß die Piloten davon Kenntnis nahmen. Flug NW 255 rollte gemächlich vom Vorfeld zum Bahnanfang der Bahn 03C. Dem Copiloten, der noch etwas durch die Wetterlage und die geänderte Startbahnkonfiguration abgelenkt war, ging wohl davon aus, daß alles in Ordnung sei. Mittlerweile befand sich die MD-80 schon dort, wo die Slats längst ausgefahren sein mußten. Beide Piloten galten als sehr erfahren und umsichtig und der Metropolitan Airport in Detroit gehörte zu ihrer „erweiterten Westentasche". Ohne daß die Rollcheckliste in Betracht gezogen wurde, bewegte sich NW 255 langsam zum Anfang der Bahn 03C. Detroit verfügt über vier Start- und Landebahnen. Drei davon sind parallel zueinander angeordnet und tragen die Bezeichnung 03 Left (3443 m), 03 Center (2787 m) und 03 Right (3280 m). Es war 20:.43 Uhr/loc. als die Maschine die Erlaubnis erhielt, auf die Bahn 03C zu rollen. Die ersten Lampen der Vorfeldbeleuchtung erwachten zum Leben, doch es war noch hell genug, die Scheinwerfer ausgeschaltet zu lassen. Zwei Minuten später funkte der Towerlotse: „cleared for takeoff".

Der Wind frischte etwas auf und wehte aus östlichen Richtungen, was Flug 255 eine marginale Rückenwindkomponente von 3-4 Knoten verlieh. Niemand dachte mehr an die eingefahrenen Vorflügel, als der Kommandant zu den beiden Leistungshebeln griff und sich langsam nach vorn schob. Doch der kalifornische Hersteller McDonnell Douglas hatte einige Sicherheitssysteme in die MD-82 eingebaut, die

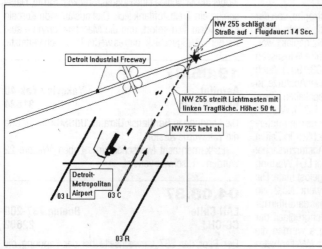

Der letzte, kurze Flug der Northwest MD-82 am 16.08.1987

einen Start mit unbeabsichtigt eingefahrenen Slats verhindern sollten. Dieses Control Aural Warning System (CAWS) spult automatisch ein Tonband in eindringlicher Lautstärke ab, das laut „FLAPS", oder „SLATS" ruft, wenn der Triebwerksschub auf ein bestimmtes Maß erhöht wird. Eine sichere Sache, sollte man meinen. Doch unglücklicherweise war die Stromversorgung für das CAWS Tage zuvor von einer anderen Crew oder einem Wartungstechniker lahmgelegt worden. So blieb diese lebensrettende Warnung aus. Die Kraft der beiden Pratt & Whitney Triebwerke beschleunigte Flug NW 255 die Startbahn hinunter. Die Entscheidungsgeschwindigkeit V_1 war schnell erreicht. Nun mußte abgehoben werden. Bei V_R zog der Kommandant an seiner Steuersäule und Sekunden später lösten sich die Fahrwerke vom Boden. Zunächst gewann man auch durch den Bodeneffekt etwas an Höhe und der Kommandant zog die Nase der MD-82 in die übliche Steigflugstellung, in der fälschen Annahme, daß man voll flugtauglich war. Doch dem war mitnichten so. Die vorausberechneten Abhebe- und Steigfluggeschwindigkeiten waren auf der Grundlage ausgefahrener Vorflügel und Klappen berechnet worden. Mit eingefahrenem Vorflügel mußte die Minimalgeschwindigkeit im Steigflug jedoch weitaus höher sein, als die, von der die Piloten ausgingen. Mit knapp 150 Knoten stieg NW 255 zunächst ein Stück nach oben, bis sich die Steigrate auf einmal verlangsamte. Das Steuersäulenrüttelsystem fing sogleich an zu arbeiten, was immer dann ausgelöst wird, wenn ein überzogener Flugzustand droht. Doch der Kommandant schien die Gefahr nicht zu begreifen und zog an der Steuersäule, um die Steigrate zu erhöhen. Nun war es um Flug 255 geschehen. Aus einer Höhe von 16 Metern sank die MD-82 wieder dem Erdboden entgegen. Obwohl der Kommandant die Triebwerke auf Vollschub gebracht hatte und das Fahrwerk im Begriff war einzufahren, war NW 255 nicht schnell genug, um in dieser Konfiguration weiterzufliegen. Die Luftströmung um die Tragflächen riß ab. Wie von einer Riesenhand wurde Flug 255 von der einen auf die andere Seite geworfen. Gerade überquerte man die letzten Meter der Startbahn, als sich die linke Tragfläche abrupt dem Erdboden zuneigte. Diese kollidierte dann mit einem Lichtmast einer Autovermietung, direkt nördlich des Flughafengeländes, verschwand dann für Momente aus dem Blickfeld der Beobachter, um darauf die Seite eines Häuserdaches zu streifen und - immer noch nach links rollend - mitten auf den stark befahrenen Detroit Industrial Freeway, der unmittelbar hinter dem Flughafengebiet liegt, zu stürzen. Dort traf die Maschine mitten auf eine Stahlbrücke einer stillgelegten Güterbahn und zerschellte in einem flammenden Inferno. Keiner unter den herbeigeeilten Rettungsmannschaften vermutete noch Überlebende in den ausgebrannten Trümmern.

Am Ende des Tages zählte man 155 Opfer. Auch zwei Autofahrer, deren Fahrzeuge von Trümmerteilen durchbohrt wurden, kamen ums Leben. Wie durch ein Wunder fand man nach Stunden ein 4jähriges Mädchen unter den Trümmern. Sie lebte. Schwerverletzt wurde sie ins Krankenhaus gebracht.

Es war das zweitschwerste Unglück in der US-Amerikanischen Zivilluftfahrt und das schlimmste, das die Fluggesellschaft Northwest je erlebt hatte. Die Airline galt bislang als sehr sichere Fluggesellschaft war seit 24 Jahren ohne einen Absturz geblieben.

Bei der Rekonstruktion des Unfallhergangs fiel dem NTSB des weiteren auf, daß die Piloten nach dem Pushback vom Terminal den bevorstehenden Start nicht ausreichend vorbereitet bzw. den vorherigen Flug nicht vollständig beendet hatten. Beide Piloten vergaßen zunächst, nach der vorherigen Landung in Detroit das Wetterradar gemäß der „After-Landing-Checkliste" abzuschalten, dann verpaßten sie die vorgesehene Terminalposition und mußten die DC-9 mühsam zur vorgesehenen Position zurückkurven. Weiter hatten die beiden Flugzeugführer Probleme mit dem Einstellen der korrekten Funkfrequenzen, zu guter letzt irrten sie sich beim Rollen zur Startbahn. An dem vom Tower erteilten Rollweg 3 rollte Flug 255 vorbei und mußte danach erneut auf diesen Rollweg dirigiert werden, bevor die endgültige Startfreigabe erteilt werden konnte. All dies zeugte von mangelnder Konzentration und Disziplin im Cockpit.

31.08.87

Thai AW   **Boeing 737-200**
HS-TBC   22267

An diesem Tag befanden sich zwei Maschinen hintereinander im Anflug auf den Flughafen von **Phuket/Thailand**. Eine 737 der Thai International war zwar näher an der Runway, aber höher als eine andere 737 des Hong-Konger Carrier Dragonair. Einer Unsitte einiger Lotsen folgend, wurde die thailändische Maschine von den thailändischen Lotsen zuerst für den Endanflug freigegeben (einheimische Maschinen zuerst). Die Besatzung der thailändischen Maschine mußte nun die andere Maschine „überholen", wobei die Piloten der Thai Airways sehr über die Möglichkeit einer Kollision besorgt waren. Sie guckten derartig angestrengt aus dem Fenster, daß sie nicht bemerkten, wie die Geschwindigkeit der in Landekonfiguration befindlichen Maschine immer mehr absank. Kurz darauf hatte die Geschwindigkeit das Minimum unterschritten und die thailändische Boeing „stallte". Den Piloten gelang es nicht mehr, die trudelnde Maschine wieder unter Kontrolle zu bringen.

Die Boeing stürzte ins Meer, wobei alle 83 Insassen ihr Leben verloren.

21.09.87

Egypt Air   **Airbus A300B4**
SU-BCA   115

Der Airbus stürzte nach dem Start zu einem Trainingsflug in **Luxor/Ägypten** ab. Die fünf Besatzungsmitglieder kamen ums Leben.

15.11.87

Continental AL   **Douglas DC-9-14**
N626TX   45726

Ende der siebziger Jahre wurde in den USA die gesetzliche Preisbindung der Flugtickets im inneramerikanischen Markt aufgehoben. Bis dahin waren die Ticketpreise stark reglementiert und oft auch zwischen den alteingesessenen Airlines abgesprochen, um den Markt unter sich aufzuteilen und das Eindringen neuer Anbieter zu verhindern. Doch jetzt traten nicht nur neue, preiswerte Airlines auf den Markt, auch zwischen den etablierten Airlines begann ein mörderischer Preiskampf. Die Ticketpreise fielen ins Bodenlose, was auf den ersten Blick gut für den Passagier war, aber auch etliche Airlines finanziell ins Trudeln kommen ließ. Darunter auch die Traditionsfluggesellschaft Continental Airlines, für die es noch schlimmer kommen sollte. Es traten die „Finanzhaie" der Börse in Aktion, um die angeschlagene Airline aufzukaufen und mit ihr noch ein Geschäft zu machen. Wie einige andere unglückliche US - Airlines, wechselte Continental einige Male den Besitzer und die Unternehmensstrategie, nur um am Ende noch schlechter dazustehen, als vorher. 1983 wurde die Airline schließlich von Frank Lorenzo, dem Musterbeispiel eines Börsenhais, aufgekauft. Dieser ging sofort daran, jeden Dollar aus der finanziell schwachen Airline herauszuholen. Es wurde an allem gespart, insbesondere an dem Gehalt der Angestellten. Die Lohnkürzungen nahmen derartige Ausmaße an, daß im Oktober 1983 ein Teil der Pilotenschaft der Continental Airlines in den Streik trat. Als Reaktion feuerte Lorenzo alle Piloten der Airline, bot ihnen aber gleichzeitig die Wiedereinstellung an. Allerdings zu Lohnkürzungen bis zu 50 %! Das ließen sich die meisten nicht gefallen und suchten sich andere Arbeitgeber oder streikten weiter. Um die entstandenen Lücken im Dienstplan zu füllen, wurden unerfahrene oder schlechtere Piloten innerhalb der Gesellschaft schneller befördert. Außerdem wurden Piloten verpflichtet, deren Erfahrung mit Jet Flugzeugen mehr als dürftig waren. So standen vor dem Terminals der Gesellschaft die streikenden Angestellten mit Plakaten wie: „Hier streiken die erfahrenen Piloten der Continental Airlines. Und mit wem fliegen sie heute?" Sie wollten die Passagiere mit diesem Plakat auf Piloten aufmerksam machen, wie die beiden, die an diesen Nachmittag auf dem Flughafen **Denver-Stapleton AP/CO/USA** eine Continental DC-9-10 übernahmen. Sie sollten mit ihr den Linienkurs 1713 nach Boise/Idaho absolvieren, wofür sich 77 Passagiere und fünf Crewmitglieder an Bord befanden.

Der Kommandant war 1969 direkt von der US-Navy zu Continental gekommen und hatte es danach zum Copiloten einer 727 gebracht, bis er infolge der Verkleinerung des Pilotenstammes (siehe 21.11.1982) zum Bordingenieur auf der 727 zurückgestuft wurde. Im Oktober 1983 hatte er sich am Streik beteiligt und diesen auch bis zum Juli 1986 durchgehalten. Dann hatte er sich wieder bei Continental als Bordingenieur verpflichten lassen. Im April 1987 hatte man ihn aufgrund starker Personalnot erst zum Copiloten und dann sieben Monate später zum Kommandanten einer DC-9 befördert. Als Copilot hatte er auf diesem Flugzeugmuster 164 Flugstunden, als Kommandant gerade einmal 33 Flugstunden absolviert, als er an diesem Nachmittag im Cockpit der DC-9 Platz nahm. Die Karriere seines 26 jährigen Copiloten war noch sprunghafter gewesen. Er hatte bei einer texanischen Zubringerairline kleine, zweimotorige Propellermaschinen geflogen und dabei gut 3.100 Flugstunden gesammelt. Im Juli 1987 wechselte er dann zu Continental. Die Firma hatte ihn innerhalb von sieben Monaten zum Copiloten einer DC-9 ausgebildet, wozu auch ein dreitägiger Liniendienst im Oktober gehört hatte. Nach einer Zeit auf der Reserveliste trat er heute zu seinem zweiten offiziellen Liniendienst an! Insgesamt hatte er auf der DC-9 innerhalb seiner Ausbildung 36,5 Flugstunden Erfahrungen gesammelt.

Das Wetter auf dem Flughafen am Fuße der Rocky Mountains war für weitere Lehrstunden denkbar schlecht. Dichter Schneefall wurde durch böigen Wind über das Flugfeld getrieben, beschränkte so die Sicht auf 3 Kilometer. Bei Temperaturen von - 2° C und schwerem Schneefall mußten sich alle Maschinen auf dem Flughafen vor ihrem Start enteisen lassen.

Die beiden unerfahrenen Continentalpiloten rollten ohne Erlaubnis und Wissen der Bodenlotsen von ihrer Terminalposition ab und begaben sich zur Enteisungsanlage von Continental Airlines. Da die Bodenlotsen wegen der schlechten Sichtverhältnisse nicht die volle Länge des Terminalgebäudes einsehen konnten, vermuteten sie die DC-9 noch an ihrem Platz vor dem Terminal. Sie waren verwundert, als sich Linienkurs 1713 bei ihnen als enteist und startbereit aus der Enteisungsanlage meldete. Durch diesen Verstoß geriet die Planung der Bodenlotsen im Tower kurzzeitig durcheinander. Der Linienkurs 1713 wurde von den Lotsen aufgefordert zu warten, bis der Computer die Flugdaten ausgespuckt hatte. So stand die DC-9 über zwanzig Minuten an einem Haltepunkt der Bahn 35L und wartete auf ihre Starterlaubnis. Die Piloten hatten in ihrer kurzen Ausbildung gelernt, daß die Enteisungsmittel die Maschine für mindestens zwanzig Minuten eisfrei halten würden. Doch als die Maschine um 14:14 Uhr/loc. die Startgenehmigung erhielt, gab ihnen das Gemisch aus Glykol und heißem Wasser nur noch „ein falsches Gefühl von Sicherheit" (Aussage eines NTSB Beamten), mehr nicht. Der Effekt der 22 Minuten vorher stattgefundenen Enteisung war verschwunden und die Tragflächen der DC-9 mit einer Schicht aus Schnee und Eis überzogen. Doch die unerfahrene Cockpitbesatzung, die wegen ihres vorschnellen Abrollens und der daraus resultierenden Wartezeit, mittlerweile unter Zeitdruck stand, entschied sich gegen eine erneute Enteisung. Der Kommandant hatte seinem Copiloten das Steuer überlassen, welcher die DC-9 auf die Startbahn 35 L bugsierte und mit dem Startlauf begann.

Die Maschine beschleunigte sehr langsam und der „V_1" - Ruf des Kommandanten ließ lange auf sich warten. Als endlich die Rotationsgeschwindigkeit erreicht war, hob die DC-9 sehr mühsam das Bugrad vom eiskalten Boden. Der Copilot wollte nachhelfen und zog die Steuersäule ruckartig zu sich heran. Jetzt richtete sich die DC-9 abrupt auf und hob sich im steilen Winkel von der Bahn. Doch die Maschine hatte einen zu großen Anstellwinkel. Die Luftzuführung der auf Vollschub arbeitenden beiden Turbinen wurde von der Tragfläche verdeckt, was zu einem Strömungsabriß in den Kompressoren führte. Die Leistung der Turbinen fiel kurzzeitig ab und damit auch die Geschwindigkeit der gerade auf 30 ft gestiegenen DC-9. Der von der Eisschicht auf den Tragflächen ohnehin schon gestörte Luftstrom an den Tragflächen riß ab. Die DC-9 kippte nach links ab und berührte Sekundenbruchteile später den gefrorenen Boden neben der Startbahn. Flug 1713 drehte sich auf den Rücken und schlug mit der Cockpitsektion zuerst wieder auf die Bahn. Die linke Tragfläche brach ab, während die Maschine auf dem Kabinendach noch 500 Meter die Bahn hinunter schlitterte. Dort kam sie endlich zum Stehen.

Die Flughafenfeuerwehr rückte sofort aus und versuchte, die Insassen der Maschine aus dem Wrack zu befreien. Die Cockpitsektion und Teile des vorderen Rumpfes waren vom Aufschlag so zerquetscht, daß sich eine Rettungsaktion dort nicht mehr lohnte. Doch der Großteil der Passagiere im mittleren und hinteren Bereich der Kabine waren noch am Leben. Doch es war nicht möglich, auch nur eine der Türen des Rumpfes zu öffnen, weshalb die Rettungskräfte versuchen mußten, sich durch die Außenwand und die Fenster in das Innere hineinzuschneiden. Die Feuerwehrleute hatten aber nur Erfahrung darin, in stehende Flugzeuge einzudringen, nicht in solche, die auf dem Rücken lagen. Sie mußten die 40 Kilogramm schweren Schneidegeräte auf den Flugzeugrumpf bugsieren und sich dann durch die äußere Flugzeugwand, den Gepäckraum und den Kabinenboden schneiden, um an die Insassen in der Kabine heranzukommen. Dabei mußten sie äußerst vorsichtig zu Werke gehen, denn die ganze Unglückstelle war von einem teilweise knöcheltiefen See aus Kerosin umgeben. Ein einziger Funke konnte die gesamte Umgebung in ein Inferno verwandeln.

Andere Rettungskräfte schafften es, einige der Fenster im Rumpf einzuschlagen und einen der Notausgänge über den Flügeln zu öffnen. Sie konnten so zu den eingeschlossenen Insassen gelangen. Doch da sie wegen des ausgelaufenen Kerosins am Boden keine größeren Öffnung in den Rumpf schneiden konnten, bekamen sie ihr voluminöses Bergungsgerät nicht in die Kabine. So mußten die kopfüber in ihren Sitzen hängenden Insassen mit Handsägen und Zangen aus den verkeilten Trümmern befreit werden. Mit in die Kabine gekletterte Rettungssanitäter versuchten erste Hilfe zu leisten. Doch in der zunehmend auskühlenden Kabine verschlechterte sich der Zustand der größtenteils schwerverletzten Insassen immer mehr.

Es dauerte fast zwei Stunden, bis die Evakuierung abgeschlossen war. Die Rettungskräfte kämpften inmitten von Schneegestöber gegen die Zeit und wurden dabei durch ausgefallene Funkgeräte, eingefrorene Bergungswerkzeuge behindert. Ihre Fahrzeuge versanken erst in geschmolzenem Schnee und froren danach wieder am vereisten Boden fest. Zu dem schleppenden Fortgang der Rettungsarbeiten trug die völlig chaotische Registrierung der Überlebenden des Flugzeuges bei. Die leicht Verwundeten, die man aus dem Flugzeug befreit hatte, sollten nach den Vorschriften am Unfallort bleiben, um sie zu registrieren. So wollten die Rettungskräfte feststellen, wieviele Insassen sich noch in der Maschine befanden. Doch wer immer sich diese Vorschrift ausgedacht hatte, er hatte nicht damit gerechnet, daß in der Kälte die Drähte der Registrierungskarten zusammenfroren und die Kugelschreiber der Rettungskräfte streikten. Außerdem hatte die Einsatzleitung vergessen, Busse zum Abtransport der Überlebenden zu bestellen. Die am Rollfeldrand wartenden, halb erfrorenen Überlebenden versuchten sich vor der Kälte zu schützen, indem sie in die geheizten Rettungsfahrzeuge kletterten, auch in das Kommandofahrzeug der Feuerwehr. Dort war danach ein konzentriertes Arbeiten der Feuerwehroffiziere nicht mehr möglich, welche ohnehin schon in ihrem Reservefahrzeug arbeiten mußten. Das eigentliche Kommandofahrzeug stand mit einem kaputten Reifen auf der Feuerwehrwache. So dauerte es 105 Minuten, bis die ersten „gehfähigen" Verwundeten in das Krankenhaus abtransportiert werden konnten.

Nicht zuletzt aufgrund der chaotischen Rettungsarbeiten kamen 28 Insassen der DC-9, darunter auch die beiden Piloten, ums Leben. Die restlichen 54 Insassen des Fluges 1713 trugen zum Teil schwere Verletzungen davon.

Bei den anschließenden Unfalluntersuchungen versuchte Continental die Schuld für den Unfall von den Piloten fernzuhalten. Bei dem Hearing machten die Anwälte der Firma eine „Turbulenzschleppe" für den Unfall verantwortlich. Vier Minuten vor der DC-9 war von der Parallelbahn 35 R eine Delta 767 gestartet und hatte, so die Anwälte, eine derartig heftige „Turbulenzschleppe" (siehe 27.11.1973) hinter sich hergezogen, daß es die Continental DC-9 einmal um ihre Längsachse gedreht hatte. Das NTSB widersprach dieser These und gab den Piloten und damit auch der Personalpolitik von Continental die Schuld an diesem Unfall. In ihrer Unerfahrenheit hatten die beiden die Wirkung der Enteisung völlig überschätzt, andererseits die fatale Wirkung der Eisschicht völlig unterschätzt. Außerdem hatte der Kommandant den Startlauf seines unerfahrenen Copiloten nicht ausreichend überwacht.

Dies war nicht das erste Mal, daß auf einem winterlichen US-Flughafen unter unerfahrenen Besatzung einer „Billigflugline" ein solch schwerer Fehler unterlief. Wie nach dem Unfall ihrer unglücklichen Kollegen des Air Florida Fluges QH 90 auf dem Flughafen Washington National (siehe 13.01.1982), entzündete sich eine heftige Diskussion über die Enteisungsvorschriften auf US-Flughäfen. Das NTSB forderte von der FAA dringend Änderungen in der Praxis von Enteisungen, insbesondere bei der notorisch „eisempfindlichen" DC-9-10. Seit ihrer Indienststellung Mitte der sechziger Jahre häuften sich Zwischenfälle und Unfälle (siehe 27.11.1968) wegen Vereisung der Tragflächen und des Rumpfes. Die Anfälligkeit dieses Flugzeugmusters für Vereisung erklärt sich aus der Tatsache, daß sie über keinerlei Vorflügel (Slats) verfügt. Diese Slats vergrößern beim Start und Landung die Fläche der Flügel und können so den durch Vereisung auftretenden Auftriebsverlust ausgleichen. Der Hersteller der Maschine gab in seinen Publikationen zum Winterbetrieb der DC-9-10 den Betreibern keine praktischen Hinweise für die Erhöhung der Abhebegeschwindigkeit, sondern „verbot" lediglich das Abheben mit vereisten Tragflächen. Nach diesem Unfall sah auch die FAA endlich einen „dringenden Handlungsbedarf", unternahm aber wiederum nichts Konkretes. Erst als einige Jahre später eine weitere DC-9-10 (siehe 17.02.1991) und eine Fokker F-28 (ebenfalls ein Verkehrsflugzeug ohne Slats) wegen Vereisung mit tödlichem Ausgang verunglückten, wurden die Enteisungsvorschriften in den USA verschärft. Insbesondere die berüchtigte „20 Minuten Regel" wurde gestrichen. Alle der -10er Version nachfolgenden Muster der DC-9 (-20; -30; 40, -50) wurden mit Slats ausgerüstet.

Das NTSB forderte außerdem Richtlinien für die Einteilung von Cockpitbesatzungen, die gewährleisten, daß immer ein erfahrener Kommandant neben einem unerfahrenen Copilot Platz nimmt (und umgekehrt, also ein erfahrener Copilot neben einem unerfahrenen Kommandanten). Es dauerte geschlagene acht Jahre, bis gegen den vehementen Widerstand der großen US-Airlines diese Regel 1995 in Kraft trat. Die Regel schreibt vor, daß ein Pilot, egal ob als Kommandant oder Copilot, mindestens 120 Flugstunden in seiner Funktion auf dem jeweiligen Flugzeugtyp unter Aufsicht eines Checkpiloten absolviert haben muß, bevor er verantwortlich ein Flugzeug führen darf.

28.11.87
South African AW   **Boeing 747-200B**
ZS-SAS   **22171**

Der South African Airways Flug 295, der von Taipeh/Taiwan über Mauritius nach Johannesburg in Südafrika führen sollte, hob an diesem Tag wegen einiger verspäteter Anschlußpassagiere und schlechtem Wetter entlang der Flugroute eine Stunde später ab als geplant. An Bord des Jumbos befanden sich 140 Passagiere und 19 Besatzungsmitglieder, darunter auch jeweils ein weiterer Pilot und ein Flugingenieur, die die normale Cockpitcrew während des elfstündigen Fluges nach Johannesburg unterstützen sollten.

Die ZS-SAS "Helderberg" war ein Combi-Jumbo. Im Gegensatz zu reinen Passagier- oder Frachtjumbos ist beim Combi das Hauptdeck in zwei Bereiche aufgeteilt: Im vorderen Teil des Decks befindet sich die Passagierkabine, während der hintere Teil als Frachtraum, als „Main Cargo Deck", genutzt wird. Der Fracht- und Passagierbereich ist durch eine Plastikwand abgetrennt. Auf diesem Flug befanden sich neben den Passagieren auch 43 Tonnen Fracht an Bord, die in den drei Frachträumen im Unterdeck des Combi-Jumbos und dem Frachtraum im Hauptdeck auf sechs Paletten untergebracht war.

Nach dem Start in Taipeh flog die südafrikanische Maschine mit südlichem Kurs über das Chinesische Meer, um beim Erreichen der malaiischen Halbinsel nach Südwesten zu drehen. Die Besatzung meldete sich bei der Luftraumkontrolle in Kuala Lumpur ab und flog auf den **Indischen Ozean** hinaus.

Über neun Stunden spulte sich das Meer unter der "Helderberg" und ihrer Insassen ab, während der Flug völlig normal zu verlaufen schien. Um 23:48 Uhr/loc. meldete sich die Besatzung wieder bei der Luftraumkontrolle auf der Insel Mauritius. Man hätte Rauch in der Kabine und würde einen Notabstieg auf 14.000 ft machen. Minuten später bat die Besatzung um die Präsenz von Rettungskräften an ihrer Landebahn und meldete den Ausfall von Teilen der Elektrik an Bord. Um 00:03 Uhr/loc. trafen der Kommandant der "Helderberg" und die Luftraumkontrolle in Mauritius die nötigen Arrangements für die Notlandung auf dem Inselflughafen in Plaisance, die um 00:04 Uhr/loc. noch einmal vom Kommandanten bestätigt wurden. Das war der letzte Funkkontakt mit der "Helderberg". Als es bis 00:40 Uhr/loc. nicht möglich war, den Kontakt wieder herzustellen, wurde eine großangelegte Suchaktion ausgelöst. Stunden später sichtete ein Suchflugzeug 250 Kilometer nordöstlich von Mauritius auf der Meeresoberfläche treibende Wrackteile. Nach weiteren Stunden erreichten die ersten Schiffe das fragliche Seegebiet und bargen erste Trümmer und Leichenteile.

Damit bestätigte sich die Befürchtung, daß die "Helderberg" ins Meer gestürzt war und keiner der 159 Insassen diesen Absturz überlebt hatte. In den Tagen nach dem Absturz konnten die Überreste von 15 Insassen geborgen werden, von denen aber nur acht identifiziert werden konnten.

Die anschließend von den südafrikanischen Behörden eingeleitete Such- und Bergungsaktion sollte die Absturzursache der bisher schlimmsten Luftfahrtkatastrophe im südlichen Afrika klären. Diese großangelegte Aktion, die ein 2.000 Quadratkilometer großes Seegebiet umfaßte, dessen Meeresgrund bis auf 5.000 Meter abfällt, wurde ebenso von den schlechten Witterungsbedingungen des Indischen Ozeans wie von der politischen Isolation der Republik Südafrika behindert. Viele westliche Länder zierten sich, dem Apartheidsstaat das für die Suche notwendige Spezialgerät zur Verfügung zu stellen.

ZS-SAS; der vor Mauritius abgestürzte Unglücksjumbo "Helderberg" parkt hier wenige Monate nach der Auslieferung auf dem Vorfeld seines Heimatflughafens/Johannesburg im April 1981 <Quelle: Luftfahrt Journal-Sammlung>

Auch weigerten sich einige schwarzafrikanische Nachbarländer, wie Madagaskar, die an ihren Küsten angeschwemmten Wrackteile der „Helderberg" an Südafrika zu übergeben.

Trotz aller Widerstände und Schwierigkeiten gelang es aber nach etlichen Wochen, den Absturzort der „Helderberg" ausfindig zu machen.

Ein unbemanntes Unterseeboot wurde eingesetzt, um das Trümmerfeld zu dokumentieren und die wichtigen Wrackteile zu bergen. Nach wochenlangen Bemühungen gelang es, 25 Teile zu heben, darunter auch den CVR. Ebenfalls geborgen wurden Teile der Trennwand zwischen dem Frachtraum des Hauptdecks und dem Passagierraum, Teile des Kabinenbodens, der Deckenverschalung des Frachtraumes und des rückwärtigen Druckschotts. Die Wrackteile, die nicht vom Meeresgrund gehoben werden konnten, wurden fotografiert. Ein Team von Ingenieuren des Herstellers Boeing und des Triebwerkherstellers Pratt-Whitney versuchte, anhand dieser Fotos die Teile zu identifizieren.

Anhand der aufgefundenen Wrackteile, der pathologischen Untersuchungen der Leichen sowie des Auslesens des CVR und der Funkmitschnitte wurde versucht, die letzten Minuten der "Helderberg" und ihrer Insassen zu rekonstruieren.

Schon bei der Bergung der ersten Wrackteile war offensichtlich geworden, daß es im Frachtraum auf dem Hauptdeck der "Helderberg" zu einem sehr intensiven Feuer gekommen sein mußte. Die aus 4.400 Meter Tiefe geborgenen Wrackstücke, insbesondere die Trennwand zwischen Fracht- und Passagierkabine, bewiesen, daß jenes Feuer seinen Ursprung auf der vorderen rechten Palette des Hauptdecks gehabt haben muß.

Diese Palette war mit Computern beladen, die sich in Pappkartons befunden hatten. Es konnte nicht geklärt werden, was genau das Feuer auf der Palette ausgelöst und wann es sich entzündet hatte. Es wurde aber angenommen, daß sich die in den Computern installierten Batterien, sogenannte Knopfzellen, entzündet hatten. Es war aber kein Fall bekannt, in dem solche Batterien, in diesem Fall Nickel-Cadmium und Lithium Batterien, Feuer gefangen hätten. Nach verschiedenen Laborversuchen kam man aber zu dem Ergebnis, daß unter bestimmten Umständen, Überlast oder ein Kurzschluß, daß es theoretisch zumindest ein Feuerfangen möglich ist.

Andere Ursachen, wie das Auslaufen von feuergefährlichen Stoffen im Frachtraum, eine vergessene, glimmende Zigarette oder die Selbstentzündung von Verpackungsstoffen, konnten den Brand ebenfalls ausgelöst haben. Auch ein elektrischer Kurzschluß im Bordsystem, der einen Schwelbrand auslöste, oder ein Terroranschlag konnten nicht völlig ausgeschlossen werden. Klar war aber, daß die Kartonverpackung der Computer für die schnelle Ausbreitung und die Intensität des Feuers verantwortlich war.

Der Flug war bisher ereignislos gewesen, worauf auch die Gespräche im Cockpit hinwiesen, die vom CVR aufgenommen wurden. Mitten in eine Diskussion zwischen den Cockpitinsassen platzte ungefähr um 23:40 Uhr/loc. der erste Feueralarm. Im Frachtraum auf dem Hauptdeck waren nur zwei Rauchmelder mit jeweils zwei Sensoren installiert, die sich an der Decke des Raumes befanden. Wahrscheinlich war erst das Paar im rechten Teil des Frachtraums aktiviert worden. Die Glocke des Feueralarms wurde sofort quittiert.

Gleichzeitig mit dem Alarm summte die Gegensprechanlage im Cockpit. Ein Mitglied der Kabinenbesatzung versuchte wahrscheinlich, das Cockpit zu erreichen. Das läßt vermuten, daß gleichzeitig mit der Auslösung des ersten Rauchmelders auch Rauch in die Passagierkabine eindrang.

F/E: "Was ist das denn?"
?: "Huh"
F/E: "Fracht? Der ging später an."
?: "Und wo ist das?"
F/E: "Auf der rechten Seite."
?: "Wiederhole das noch mal"
F/E: "Der Frachtraum auf dem Hauptdeck. Danach kam der andere (Rauchmelder), ich habe jetzt zwei."

Während die Besatzung begann, die ersten Gegenmaßnahmen zu treffen, erreichte das Feuer im Frachtraum die ersten Kabelgänge, schmolz dort die Isolierungen der Kabel. Wegen der daraus folgenden Kurzschlüsse wurden im Cockpit die ersten elektrischen Sicherungen ausgelöst.

CPT: "Kannst du bitte die Checkliste vorlesen?"
- Doppeltes Klickgeräusch im Hintergrund -
?: "Die Sicherungen fallen immer wieder raus!"
?: "Huh"
- Geräusch von zwei Klicks hintereinander -
?: "Wir müssen das ganze Sicherungspanel überprüfen."
CPT: "Ja."

Im Hintergrund waren jetzt die Geräusche von heftigen Bewegungen zu hören. Wahrscheinlich wand sich ein

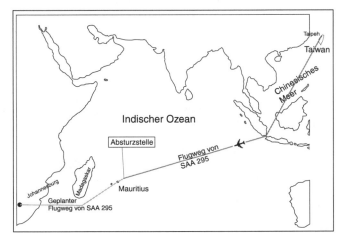

Der Verlauf des letzten, tragischen Fluges der „Helderberg" am 28.11.1987

349

Besatzungsmitglied aus seinem Sitz und versuchte das Paneel über seinem Kopf zu erreichen, um die Sicherungen zu überprüfen und wieder hineinzudrücken.

CPT: *"Mist, es ist eine Tatsache, daß beide kommen, wahrscheinlich behindern sie einen..."*
- Summer der Gegensprechanlage -
CPT: *"...Ach Scheiße!"*

Wieder versuchte jemand aus der Kabine, das Cockpit zu erreichen. Möglicherweise war auch jemand aus dem Cockpit, wahrscheinlich der zweite Bordingenieur, nach hinten gegangen um die Lage zu erkunden, und wollte jetzt Bericht erstatten.

Sekunden später war auf dem Band des CVR ein hoher Pfeifton zu hören. Auch die Leitungen, die die Mikrofone im Cockpit mit dem CVRs im Heck verbinden, begannen durchzuschmelzen. Mit ihnen schmolz ein Großteil der Leitungen, die an der Decke des Frachtraums verlaufen. *"WAS PASSIERT HIER....."* schrie der völlig überraschte Kommandant, denn im Cockpit müssen in diesem Moment 30 - 50 Sicherungen gleichzeitig ausgelöst haben. Obwohl die Vielzahl an ausgelösten Sicherungen die Flugfähigkeit nicht beeinträchtigte, wurde die Handhabung des Jumbos für die Besatzung mit Sicherheit komplizierter.

Zwischen dem Ausfall eines Großteils der Elektrik und der ersten über Funk abgesetzten Notfallmeldung vergingen drei bis fünf Minuten. Es können nur Mutmaßungen angestellt werden, was in diesen Minuten an Bord passierte. Wahrscheinlich las die Cockpitbesatzung die Checkliste und setzte die Sauerstoffmasken auf, während das Kabinenpersonal die Passagiere von der Quelle des Rauchs weg nach vorne setzte.

Als nächstes wurde vermutlich beschlossen zu versuchen, den Rauch in der Kabine nach aussenbords zu befördern. Dazu mußte man laut Checkliste die momentane Flughöhe von 35.000 ft verlassen und einen Notabstieg auf 14.000 ft machen.

Um 23:48 Uhr/loc. meldete sich die "Helderberg", Flug 295, das erste Mal bei der Luftraumkontrolle auf Mauritius (= ATC). Der Funkkontakt wurde vom Kommandanten hergestellt.:

295: *"Mauritius, Mauritius, Springbok (Rufzeichen für South African Airlines, dem Wappentier der Fluglinie nachempfunden) 295"*
ATC: *"Springbok 295, Mauritius, guten Morgen, sprechen sie."*
295: *"Guten Morgen, wir haben ein Rauch, äh, Problem und machen einen Notabstieg auf eins fünf, äh, eins vier null (Flugfläche 140 = 14.000 ft)."*

Einem Stimmexperten des NTSB zufolge, der zu den Untersuchungen hinzugezogen wurde, hörte sich die Stimme des Kommandanten zu diesem Zeitpunkt betont ruhig und beherrscht an.

ATC: *"Bestätige, sie wünschen auf Flugfläche 140 abzusinken?"*
295: *"Ja, wir haben schon angefangen, wegen einem Problem mit Rauch im Flugzeug!"*
ATC: *"Äh, sie sind sofort freigegeben, um auf Flugfläche 140 zu sinken!"*
295: *"Roger, wir würden es begrüßen, wenn sie die Feuerwehr....äh...."*

An dieser Stelle brach der Kommandant mitten im Satz ab, wahrscheinlich ereignete sich im Cockpit gerade etwas, was seine Aufmerksamkeit auf sich zog.

ATC: *"Wollen sie einen vollen Notfall erklären?"*
- bei offenem Funkgerät spricht der Kommandant mit jemanden im Cockpit -
295: *"OK Joe (der erste Bordingenieur), kannst du das für uns tun?"*
ATC: *"Springbok 295, Plaisance?"*
295: *"Entschuldigung, sprechen sie."*
ATC: *"Wollen sie, erklären sie einen vollen Notfall?"*
295: *"Absolut, ja, das wollen wir."*

Während der Fluglotse das komplizierte Räderwerk der Rettungseinheiten in Bewegung setzte und die Behörden in Südafrika informierte, kämpfte die Kabinenbesatzung irgendwo über den schier unendlichen Weiten des Indischen Ozeans um das Überleben. Die "Helderberg" war zu diesem Zeitpunkt wohl noch 300 Kilometer von Mauritius entfernt.

Laut den Vorschriften der South African Airlines muß sich bei einem solchen Notfall ein Mitglied der Kabinenbesatzung in den Frachtraum begeben und versuchen, den Brandherd mit einem Feuerlöscher zu bekämpfen. Dazu mußte es seine transportable Sauerstoffflasche für seine Atemmaske an seiner Kleidung festhaken, den fünf Kilo schweren Feuerlöscher in die eine Hand und den 2,5 Meter langen Schlauch mit der Austrittsdüse in die andere Hand nehmen und sich in den Frachtraum begeben. Im Frachtraum mußte es dann das Frachtnetz lösen, das die Ladung vor dem Verrutschen schützt, den Brandherd finden und löschen, wobei allerdings der Feuerlöscher nach 12 Sekunden leer ist.

Was sich in der Vorschrift schon kompliziert anhört, muß die Besatzung an Bord der "Helderberg" vor fast unlösbare Probleme gestellt haben. Im Frachtraum konnte man wegen der starken Rauchentwicklung wahrscheinlich nicht weiter als einen halben Meter sehen. Die Fortbewegung zwischen den mannshoch beladenen Frachtpaletten dürfte sehr schwierig gewesen sein, da der Raum zwischen den Paletten sehr begrenzt war und die Maschine gerade einen Notabstieg machte. Das führte dazu, daß das Besatzungsmitglied sich eine 10° Schräge heraufkämpfen mußte, ohne die Möglichkeit, sich irgendwo festzuhalten. Selbst wenn ein Besatzungsmitglied es trotz aller dieser Schwierigkeiten geschafft hätte, den Brandherd auszumachen und sich zu ihm durchzukämpfen, so ist es fraglich, ob es den Brand hätte löschen können. Der Brandherd lag wahrscheinlich unzugänglich in der Mitte der Palette und hatte inzwischen ein Ausmaß angenommen, das es dem Besatzungsmitglied sehr schwer machte, sich dem Feuer zu nähern und es zu löschen, bis der Feuerlöscher sich erschöpft hatte.

Monate nach dem Absturz der "Helderberg" wurde ein Feuerlöscher aus der Maschine an einen Strand an Südafrikas Ostküste angeschwemmt. Dieser Feuerlöscher war zwar unbenutzt, aber hatte getrocknete Plastikspritzer an der Außenseite. Diese Plastikspritzer stammten unzweifelhaft vom Frachtnetz der "Helderberg". Da kein Feuerlöscher direkt im Frachtraum installiert war, mußte jemand diesen Feuerlöscher in den Frachtraum gebracht haben.

Als man das Trümmerfeld der "Helderberg" am Grund des Indischen Ozeans inspizierte, ergaben Filmaufnahmen, daß das Frachtnetz neben dem Eingang des Frachtraumes an zwei Ösen aus ihrer Halterung gelöst worden war. Diese gelösten Ösen und der Feuerlöscher bewiesen, daß sich mindestens ein Besatzungsmitglied in den stockdunklen, verqualmten Frachtraum begeben und den Brand zu löschen versucht hatte. Die Experten gingen davon aus, daß zu dem Zeitpunkt, als das Besatzungsmitglied in den Frachtraum eindrang, das Feuer eine große Intensität erreicht hatte. Die verschmorten Flächen an den geborgenen Teilen der Frachtraumdecke wiesen auf die Existenz eines sogenannten "Flashfires" hin. Hierbei steigt der im Raum verbleibende Sauerstoff wegen der Hitze des Brandes zusammen mit anderen Gasen an die Decke des Frachtraumes. Da das Gas-Sauerstoff Gemisch von hier nicht entweichen kann, verdichtet und erwärmt es sich immer mehr, bis es sich explosionsartig entzündet. Es brennt praktisch die Luft, was jegliche Versuche, das Feuer mit einem kleinen Handfeuerlöscher anzugehen, zum Scheitern verurteilt.

Die Lage des Fluges 295 wurde immer bedrohlicher, was auch der Cockpitbesatzung klar war. Neben anderen hatte das Feuer auch die Navigationseinrichtungen in Mitleidenschaft gezogen, was klar wurde, als die Lufttraumkontrolle sich nach der momentanen Position der "Helderberg" erkundigte:

ATC: "Ich erbitte ihre momentane Position und ihre DME-Entfernung?"
295: "Äh, wir haben unser DME-Gerät verloren..."
ATC: "Roger, und ihre momentane Position, bitte."
295: "Nun, es ist viel von unserer Elektrik ausgefallen, wir haben nichts mehr davon in diesem Flugzeug."

Trotzdem konnte die Maschine aber ihren Kurs beibehalten und weiter auf das rettende Ufer der Insel Mauritius zuhalten.

Die „Helderberg" war jetzt auf 14.000 ft abgesunken. Die Besatzung begann, den Innenraum zu entlüften, indem sie eine oder mehrere Kabinentüren im Rumpf öffnete. Da sie dazu das ohnehin invalide Flugzeug auf 200 Knoten (lt. Checkliste), also fast Landegeschwindigkeit, abbremsen mußten und nicht abzusehen war, welche von den Auftriebshilfen trotz des totalen Stromausfalls funktionieren würden, war das ein riskantes Manöver.

Die Versuche der Besatzung, den Passagierraum zu entlüften, konnte man auf Mauritius mitverfolgen, da der Kommandant in der Aufregung sein Mikrofon offenließ.

295: "Hey Joe, mach das Ventil zu!"
ATC: "Entschuldigung, wiederholen sie bitte."
295: "Äh, Plaisance, Springbok 295, wir haben die (Kabinen)tür(en) aufgemacht, um zu sehen ob wir...."
295 (?):
"Guck mal da...."
295: "....es wird schon alles gutgehen."
- zehn Sekunden Pause -
295: "MACH DIE VERFLUCHTE TÜR ZU!!!!!"
295: "Joe, schalt schnell ab, dann mach das Loch auf deiner Seite zu."
295: „Druck ist auf 12.000 ft."
295: "...ist genug, andernfalls endet unser Flug grauenhaft!"

Der Sprachexperte des NTSB gab zu Protokoll, daß die Stimme des Kommandanten immer schneller und lauter wurde und sich am Ende fast überschlug.

Es schien aber, als wäre das Wagnis erfolgreich gewesen. Die Stimme des Kommandanten beruhigte sich während der nächsten Funkmeldungen wieder und machte den Eindruck, als hätten er und seine Besatzung die Notsituation wieder unter Kontrolle. Die Besatzung bat darum, auf 5.000 ft sinken zu dürfen. Es wurden Absprachen für die Landung getroffen, der Fluglotse informierte die Besatzung über das Platzwetter auf Mauritius. Der Kommandant wählte die Landebahn 14 für den Anflug aus.

Inzwischen hatte der neue Tag, der 28.11.1987, begonnen. Seit der ersten Notfallmeldung waren 15 Minuten vergangen, als 00:03 Uhr/loc. der Fluglotse noch mal zusammenfaßte:

ATC: "Verstanden, sie sind freigegeben auf (Waypoint) Foxtrot Foxtrot. Sie melden sich wieder, wenn sie (Flugfläche) Fünf Null erreichen."
295: "(O)kay"

bestätigte der Kommandant. Das war die letzte Funkmeldung der "Helderberg". Anhand von Uhren, die aus dem Wrack geborgen wurden, konnte man feststellen, daß sie um 00:07 Uhr/loc. in den Indischen Ozean gestürzt war.

Was am Ende zu dem Absturz geführt hatte, ließ sich nicht mehr rekonstruieren. Eine Annahme ist, daß das Feuer die mechanische Festigkeit der Rumpfzelle des Jumbos derartig geschwächt hatte, daß Teile des Hecks abbrachen. Nach dem Absturz wurden Teile von Passagiersitzen aus dem Meer gezogen, deren Aluminiumrahmen geschmolzen waren. Das weist auf die Intensität des Feuers hin, das an Bord der "Helderberg" getobt haben muß. Möglich war auch, daß das Feuer die Steuerkabel selbst oder ihre Kabelführungsrollen soweit beschädigt oder verklemmt hatte, daß die Piloten die Kontrolle über das Flugzeug verloren.

Es konnten weder die sterblichen Überreste eines Cockpitcrewmitglieds selbst, noch eine ihrer Sauerstoffmasken geborgen werden. So konnte nur darüber spekuliert werden, ob Rauch in das Cockpit eingedrungen war, ob die Besatzung ihre Notausrüstung getragen hatte und inwieweit dieser Rauch die Arbeit oder die Gesundheit der Besatzung behindert hatte. Zwei der geborgenen Leichen aus der Kabine wiesen neben starken Rauchvergiftungen auch Spuren des giftigen Kohlenmonoxids auf. Durch das an Bord brennende Plastik müssen sich außerdem toxische Gase gebildet haben. Fraglich bleibt also, ob die Cockpitcrew durch den Rauch entweder ohnmächtig oder vergiftet wurde. Vielleicht konnten sie aber auch ihre Instrumente wegen des Rauches nicht mehr ablesen oder waren anderweitig abgelenkt, so daß sie die Kontrolle über die Maschine verloren.

Nach dem Absturz wurde laute Kritik an den Vorschriften zur Feuervermeidung und Feuerbekämpfung an Bord von Frachtern und Combiflugzeugen laut. Die „Helderberg" war nach Vorschriften der Sicherheitsklasse „B" ausgerüstet gewesen. Diese Sicherheitsvorschriften hatten sich offensichtlich als ungenügend erwiesen, da zu wenig Rauchmelder und Feuerlöscher an Bord waren.

Ein hinzugezogener Experte, der Chef der Flughafenfeuerwehr vom Internationalen Flughafen Los Angeles, führte aus, daß die in Combi-Jumbos mitgeführten Feuerlöscheinrichtungen den Besatzungen das Gefühl von Sicherheit vormachten, zur ernsthaften Feuerbekämpfung aber nichts taugten. Fatal wirkte sich hier auch der Zeitfaktor aus. Versuche am Boden ergaben, daß eine vollausgebildete Stewardeß fünf Minuten brauchte, um vollausgerüstet in den Frachtraum einzudringen. Dieselbe Versuchsreihe ergab, daß sich ein „Flashfire" innerhalb von drei Minuten in einem Jumbofrachtraum entwickeln kann.

Die Sicherheitsvorschriften für Combiflugzeuge stammten nach Meinung der südafrikanischen Behörden aus einer Zeit, als die Frachträume noch viel kleiner waren.

Die südafrikanischen Behörden mahnten dringend eine Veränderung der Vorschriften an. Entweder sollten Frachträume in Combiflugzeugen hermetisch gegen den Rest der Maschine abgedichtet werden, was einer Ausrüstung entsprach, die Frachträume der Sicherheitsklasse „C" besitzen. Oder die Frachträume würden mit den nötigen automatischen Brandbekämpfungsmitteln ausgerüstet, wie einer großen Anzahl von Rauchmeldern, separate Abführung der Raumluft und automatische Halon- oder CO_2- Feuerlöscher. Da man aber die momentanen Vorschriften für ausreichend hielt, trafen diese Forderungen auf heftigen Widerstand der Flugzeughersteller und der Fluglinien. Übergangsweise sollten die Vorschriften zum Transport von „gefährlichen Gütern" überarbeitet, erweitert und verschärft werden und die Entwicklung von feuerfesten Transportbehältern vorangetrieben werden.

29.11.87
Korean Air   **Boeing 707-320C**
HL7406   **20522**

Die 707 flog den Kurs KE 858, der von Bagdad über Abu Dhabi und Bangkok nach Seoul führen sollte. Man hatte bereits den Kontrollpunkt Urdis in der Rangoon FIR überquert, als die Boeing nach Ausbleiben der Meldung über Tavoy an der burmesischen Küste als vermißt gemeldet wurde. Trotz intensiver Suche dauerte es zehn Tage, bis Suchmannschaften furchtbare Gewißheit erlangten.

Alle 115 Insassen des Fluges KE 858 waren bei dem Absturz in das **Andamanische Meer**, westlich von Burma, ums Leben gekommen. Doch die Entdeckung, daß die 707 in 33.000 ft Höhe von einer Bombe zerrissen worden war, überraschte niemanden mehr. Denn schon bevor die Reste des Fluges 858 gefunden wurden, waren den Polizeibehörden die Attentäter in das Netz gegangen.

Der Flug 858 befand sich noch über dem Indischen Ozean, als den arabischen Sicherheitsbeamten auf dem Flughafen des Golfstaates Bahrain zwei Asiaten auffielen, die sich als japanische Staatsbürger ausgaben. Als die beiden, ein älterer Mann und eine junge Frau, von den Sicherheitsleuten weiter überprüft werden sollten, baten sie darum, sich jeweils eine Zigarette anstecken zu dürfen.

Sekunden nachdem die Araber ihnen das gewährt hatten, vernahmen sie ein Knirschen und sahen wie die beiden Asiaten zusammenbrachen. Bei dem männlichen „Japaner" kam jeder Rettungsversuch zu spät, denn er hatte die Giftkapsel in der Zigarette zerbissen und soviel Gift aufgenommen, daß er auf der Stelle starb. Seiner Frau konnte einer der Sicherheitsleute geistesgegenwärtig die Zigarette zwischen den Lippen herausreißen. Die 22 jährige Frau konnte am Leben erhalten werden.

Als die Behörden in Bahrain mit den Vernehmungen der jungen Frau begannen, liefen die ersten Meldungen über die vermißte koreanische 707 ein. Eine schnelle Überprüfung ergab, daß die beiden Asiaten den fatalen Flug 858 bei seiner letzten Zwischenlandung in Abu Dhabi verlassen hatten. Die junge Frau gestand später nach langen Vernehmungen, daß sie und ihr Kumpan die Bombe gelegt hatte, die die 707 zerrissen hatte. Sie wurde nach Süd Korea ausgeliefert, wo sie den Behörden nach langen Verhören ihre Version der Geschichte erzählte:

Sie wäre zwei Jahre zuvor von der nordkoreanischen Staatssicherheit rekrutiert worden und wurde einer intensivem Ausbildung zur Agentin unterzogen. Nach Abschluß dieser Ausbildung wurde sie mit dem älteren Mann zusammen nach Belgrad geschickt, wo sie auf weitere Befehle warten sollten. Dort bekamen die beiden in einem Hotel dann eine in einem Transistorradio verborgene Bombe ausgehändigt. Mit dieser Höllenmaschine sollte eine Boeing der Korean Airlines zum Absturz gebracht werden. Mit der Bombe im Gepäck begab sich das Duo von Belgrad aus nach Bagdad. Hier sollte der anvisierte Flug 858 der Korean Airlines starten. Warum der nordkoreanische Geheimdienst ausgerechnet diesen Flug auswählte, war nicht zu klären.

Während die jugoslawischen Sicherheitsleute die beiden mit ihrem Gepäck durch alle Kontrollen winkten, baten die Stewardessen an Bord der jugoslawischen Linienmaschine nach Bagdad um die Batterien des Transistorradios. Viele Airlines entfernen vor Flugbeginn die Batterien aus von Passagieren mitgeführten Elektrogeräten, um bei eventuell eingebauten Bomben die Stromzufuhr des Zünders zu unterbrechen.

Nach der Ankunft in Bagdad wurden die Batterien wieder eingelegt, die Zeitzünder der Bombe auf neun Stunden eingestellt und geschärft. Die Bomben verschwanden wieder im Handgepäck der beiden, daß danach durch die Sicherheitsbarrieren des Bagdader Flughafens getragen wurde. Die irakischen Sicherheitsleute ließen den Mann das Transistorradio einschalten. Als dieses wirklich Töne von sich gab, entschuldigten sie sich etliche Male für die Belästigungen und gaben den Weg frei zur bereitstehenden Boeing 707 der Korean Airlines. Dort wurden die Taschen in die Gepäckfächer über den Sitzen verstaut.

Die beiden Terroristen verließen in Abu Dhabi das Flugzeug, welches kurz darauf mit 95 Passagieren und 20 Besatzungsmitgliedern an Bord in Abu Dhabi startete. Die beiden Terroristen wechselten in ein Flugzeug nach Bahrain, wo die Sicherheitsmaßnahmen offensichtlich besser waren als in Belgrad, Bagdad und Abu Dhabi . Es kam allerdings das Gerücht auf, daß die irakischen Sicherheitsleute von der Bombe wußten und sich bewußt

N351PS; mit ausgefahrenen Bremsklappen am Heck befindet sich dieses identische Exemplar der PSA BAe 146er-Flotte kurz vor dem Aufsetzen/Las Vegas im Dezember 1985 <Quelle: Luftfahrt Journal-Sammlung>

zurückhielten. Außerdem kam auch Libyen in das Gerede, bei der Vorbereitung dieses Attentats Unterstützung geleistet zu haben.

Die überlebende Attentäterin wurde in Süd Korea zum Tode verurteilt. Da sie aber öffentlich Reue zeigte und ihre angeblichen Auftraggeber in Nord Korea anprangerte, wurde die amnestiert und aus dem Gefängnis entlassen. Später wurde sie zu einem Medienstar, indem sie ihre Memoiren mit dem Namen „Und nun werde ich eine Frau" veröffentlichte. Mit diesen verdiente sie sich im Laufe der Zeit eine Summe von über einer Millionen Dollar.

07.12.87
P S A   **BAe 146-200**
N350PS   **2027**

Im Mai 1987 hatte die expandierende USAir die kalifornische Pacific Southwest Airline PSA übernommen. Man hatte sich geeinigt, die traditionsreiche PSA noch bis zum April 1988 weiterbestehen zu lassen. In diesem knappem Jahr sollten aber schon „Vorabdelegationen" der USAir zur PSA wechseln, um die Airline auf die Übernahme vorzubereiten. Die USAir versetzte daraufhin Ausbilder zur PSA, um die Belegschaft der PSA von „überschüssigem" Personal zu befreien und die verbliebenen Mitarbeiter auf USAir Linie zu trimmen. Einer dieser „Ausbilder" war auch der neue Servicechef der PSA Station in Los Angeles. Es wurden aber auch Mitarbeiter zur PSA versetzt, die innerhalb der „Kern" USAir keiner mehr haben wollte. Darunter auch einen Steward, der bei USAir schon etliche Male bei kleineren Unterschlagungen aufgefallen war. Dreimal war der seit 1972 eingestellte Steward schon innerhalb der Firma versetzt worden, jetzt schob man ihn in die PSA Station nach Los Angeles ab. Dort wurde er schon nach wenigen Monaten wieder dabei ertappt, wie er aus der Bordkasse 69 Dollar unterschlagen hatte. Der Stationsmanager in Los Angels feuerte ihn daraufhin endgültig. Der Steward, der mit seiner Entlassung psychisch nicht fertig wurde, schwor dem Stationsmanager Rache.

Drei Wochen nach seiner Entlassung begab er sich an Bord des PSA Fluges 1771, der an diesem späten Nachmittag von Los Angeles nach San Francisco führte. Unter den 37 Passagieren befand sich auch sein ehemaliger Vorgesetzter, an dem er sich heute rächen wollte. Dazu befand sich in seinem Handgepäck ein Revolver. Er konnte die Sicherheitskontrollen des Flughafens umgehen, indem er sich mit Hilfe seines alten Dienstausweises als Crewmitglied ausgab. Da die Flugzeugbesatzungen nicht kontrolliert wurde, mußte er die normalen Sperren und Metalldetektoren nicht passieren und konnte so die tödliche Waffe ungesehen an Bord schmuggeln.

Als die Maschine abgehoben hatte, schrieb der ehemalige Steward einen Abschiedsbrief auf eine Spucktüte. Ungefähr bei der Hälfte der Flugstrecke zog er seinen Revolver aus dem Handgepäck, ging zu seinem ehemaligen Chef und erschoß ihn.

Die Piloten hatten die beiden Schüsse aus der Kabine gehört und berichteten das sofort über Funk der Luftaufsicht in Oakland. Ein Notabstieg aus 22.000 ft Höhe wurde eingeleitet, um die Dekompression auszugleichen. Sie stellten an ihrem Transponder den Notfallcode „7700" ein, als sich die Geräusche eines Handgemenges immer mehr dem Cockpit näherten. Der Fluglotse fragte gerade, was an Bord von Flug 1771 eigentlich los wäre.
CPT: *„I have an emergency, gunfire!"*

In diesem Moment flog die Tür auf und eine der Stewardessen stürzte in das Cockpit um die Piloten zu warnen. Sie wurde vom Mörder zur Seite gedrängt, der sofort drei Schüsse auf die Piloten abgab und beide damit tödlich verletzte. Die sterbenden Piloten und die Stewardessen kämpften verzweifelt gegen den Mann und versuchten gleichzeitig die Kontrolle über die Maschine zu behalten. Beides gelang nicht. Die Maschine trudelte dem Boden entgegen, als kurz vor dem Aufschlag ein letzter Schuß im Cockpit ertönte. Sekunden später schlug die Maschine im flachen Winkel auf das Gelände einer Rinderfarm westlich der Ortschaft **Paso Robles/CA/USA**, wobei alle 43 Insassen ums Leben kamen.

Um an das Schicksal des Fluges 1771 zu erinnern, wurde ein Navigationspunkt zwischen Los Angeles und San Francisco in „DOUGA" umbenannt, was für die Initialen des Kommandanten des Fluges 1771 stand.

28.12.87

Eastern AL   Douglas DC-9-31
N8948E   47184

Zu dieser späten Abendstunde, es war 23:39 Uhr/loc. befand sich die DC-9 im ILS-Landeanflug auf die Bahn 16 des Zielflughafens in **Pensacola/FL/USA**. Die Maschine hatte einen längeren Nord-Süd Transamerikaflug von Richmond/NJ über Atlanta/GA hinter sich. Man ging gerade die Landecheckliste durch, als der Tower in Pensacola die Piloten auf Störungen des in Betrieb befindlichen ILS-Senders hinwies. Diese entgegneten jedoch, daß man im Cockpit einen „sauberen" Empfang der ILS-Anzeige hätte. Der IFR-Anflug wurde fortgesetzt. Am Airport bildete sich zu dieser späten Stunde leichter Nebel und es fing schwach an zu regnen. Jedoch unmittelbar vor der Landebahn sackte die DC-9 plötzlich nach unten weg und prallte mit großer Wucht auf die Landebahn. Die Maschine federte wieder in die Höhe, um knapp hundert Meter weiter nochmals aufzusetzen, dabei gab die hintere Rumpfsektion unmittelbar hinter den Tragflächen nach und löste sich mit lautem Getöse vom restlichen Rumpf. Über 1000 Meter schleifte der vordere Rumpfteil über die Landebahn, bevor man nur 200 Meter vor dem Bahnende zum Stehen kam.

Von den 99 Passagieren und fünf Besatzungsmitgliedern an Bord konnten alle aus eigener Kraft der schrottreifen Maschine entsteigen. Lediglich einige Insassen, die im hinteren Kabinenteil saßen, erlitten Verletzungen. Was genau zu der hohen Sinkrate im Endanflug führte, ist nicht bekannt. Der Kommandant hatte über 20 Jahre Flugerfahrung.

02.01.88

Condor   Boeing 737-200
D-ABHD   22635

Mit nur elf Fluggästen, drei Flugbegleitern sowie den beiden Piloten an Bord startete die 737 um 14.36 Uhr/loc. im kalten Stuttgart in Richtung Türkei. Ziel war der Adnan Menderes Flughafen der Stadt Izmir. Nach etwa 3,5 Flugstunden über die Alpen, Jugoslawien und den Bosporus begann der Copilot, der die Maschine flog, mit dem Sinkflug. Die Sonne verschwand am Horizont und die letzten Lichtschimmer des Wintertages wurden zusehends schwächer. Das Wetter in Izmir war für diese Jahreszeit entsprechend: Bei nur 10 °C hatte sich eine geschlossene Wolkendecke gebildet, der Wind blies stark und böig aus nördlichen Richtungen. Zusätzlich ergossen sich starke Regenschauer und minderten die Sichtweite erheblich. Die deutsche 737 wurde von der Flugleitung für einen ILS-Anflug auf die Bahn 35 freigegeben. Eine Radarüberwachung existierte in Izmir zu diesem Zeitpunkt jedoch nicht, somit waren die Piloten im Landeanflug auf ihre eigene Wachsamkeit angewiesen. Das Anflugverfahren der Bahn 35 war recht kompliziert, da das Flughafengelände in Berge bis 4.941 ft Höhe eingebettet ist. Izmir verfügt über zwei, sechs Meilen auseinanderliegende Funkfeuer gleichen Namens und einer Art Schein-ILS, westlich des eigentlichen Anflugkurses, das für Piloten immer etwas unangenehm war. Auch beeinflußt durch das schlechte Wetter kam es offenbar zu einer Mißinterpretation der Navigationshilfen durch die Cockpitbesatzung, die Höhe, Geschwindigkeit und Hindernisfreiheit falsch einschätzten. Sie gerieten unwissentlich unter die Sicherheitshöhe, ohne daß der Sinkflug unterbunden wurde. Die 737 befand sich in voller Landekonfiguration mit ausgefahrenem Fahrwerk und Klappen. Offenbar erwartete man im Cockpit, in Kürze am Flughafen zu sein. Erst als das GPWS-Gerät losschlug, wurde gehandelt. Doch es war bereits zu spät. Mit hoher Triebwerksleistung und in einer Rechtsneigung von 60° prallte „D-ABHD" um 19.18 Uhr/loc. frontal gegen eine Bergkuppe in 2.000 ft, und zerschellte.

Das Leben aller 16 Insassen wurde in dieser Sekunde ausgelöscht.

Der Absturzort lag ca. 18 Kilometer südwestlich des Flughafens nahe der Ortschaft **Sefrihsar/Türkei**.

Die Untersuchungen ergaben, daß die Zusammenarbeit zwischen dem fliegenden Copiloten und dem Kommandanten zu wünschen übrig ließ. Sie wichen von den üblichen IFR-Anflugverfahren ab und schätzten ihre Position zum Flughafen falsch ein. Offenbar interpretierten sie aus den uneindeutigen Navigationseinrichtungen am Boden, daß sich ihre Maschine viel näher am Flughafen befand, als sie es tatsächlich war. Der verant-

D-ABHD; die verunglückte 737 der Condor hier nach der Landung 1,5 Jahre vor dem Crash./Hamburg im Juli 1986
<Quelle: JR-Photo>

wortliche Kommandant (49) hatte insgesamt 7.584 Flugstunden hinter sich, davon 3.500 auf der 737. Der 34jähre Copilot hingegen hatte erst 700 Flugstunden auf diesem Typ absolviert.

08.01.88
TAAG Angola   **Yakovlev Yak-40**
D2-TYD   **9721853**

In **Jamba/Angola** kam es zum Absturz der Maschine. Näheres ist nicht bekannt. Ob dieser Absturz von den Bürgerkriegshandlungen im südlichen Angola verursacht wurde, kann nur spekuliert werden.

18.01.88
Aeroflot   **Tupolev 154B-1**
CCCP-85254   **254**

137 Passagiere, fünf Flugbegleiter sowie die vierköpfige Cockpitcrew starteten um 01:47 Uhr/loc. zum Nachtflug SU254 vom Moskauer Domodedovo AP nach **Krasnovodsk/UdSSR**. Es war 04:00 Uhr/loc., als man den Sinkflug über dem Kaspischen Meer einleitete. In dieser Phase wandte sich der auf Tupolev 154 noch nicht allzu erfahrene Copilot an seinen Kommandanten:
COP: „Läßt Du mich eine Landung versuchen."
CPT: „Nun, Du startest durch und ich zeige es Dir dann, kapiert?"
   Der Bitte des Copiloten wurde stattgegeben, und er übernahm nun die Steuerkontrolle, während der Kommandant mit dem Funkverkehr beschäftigt war. Um 04:17 Uhr/loc. befand sich Flug 254 im Sinkflug auf den Gleitpfad des ILS der Bahn 16 in Krasnovodsk. Der Flughafen von Krasnovodsk ist im Norden durch einige Bodenerhebungen abgegrenzt, die recht nahe an die Flughafengrenze heranreichen. Aufgrunddessen gab es hier eine technische Besonderheit: der ILS-Gleitwinkel betrug hier nicht wie sonst 3 Grad, sondern 3,33°, um nicht von den umliegenden Hügeln gestört zu werden. Deshalb mußten auf der Bahn 16 anfliegende Flugzeuge eine größere Sinkrate als sonst einschlagen. SU 254 fuhr inzwischen das Fahrwerk und die Klappen auf 28° aus. Man befand sich auf der verlängerten Pistenachse. Der rückwärtig sitzende Navigator rief Höhen- und Geschwindigkeitswerte aus, während die Piloten sich auf die Flugsteuerung konzentrierten. Langsam schwebte die schwere Tupolev der Landebahn 16 entgegen. Ein leichter Ostwind wehte, während eine geschlossene Wolkendecke bis auf 400 Meter herunterreichte. Entgegen der Regularien wurden die Klappen zu früh auf die 45°-Stellung (Endanflugkonfiguration) gestellt, und die Geschwindigkeit nahm auf etwa 270 km/h ab. In dieser Konfiguration sank SU 254 durch die dichte Wolkendecke hinab. Wolken sowie die stockschwarze Nacht verhinderten, daß die Lichter der Runway in Sicht kamen.
ATC: „254, Outer-marker, auf der Pistenachse, auf dem Gleitweg, frei zur Landung."
CPT: „254, in Ordnung, wir sind frei zur Landung."
   Der Navigator las die Checkliste zur Landung herunter, während sie der Kommandant gegenlas. Ein Punkt der Checkliste beinhaltete den künstlichen Steuerdrucksimulator (artificial feel unit), der dem Piloten ein Gefühl dafür gibt, ob das Höhenruder bei ausreichender Luftströmung anspricht oder nicht. Der Kommandant beantwortete diesen Fragepunkt, indem er dieses System abschaltete und den Copiloten nach eigenem Gefühl weiterfliegen ließ. Mit angestellter Flugzeugnase kam die Landebahn immer noch nicht in Sicht und die Tu-154 sank auf die Entscheidungshöhe von 100 Metern ab.
NAV: „Höhe 100 Meter, Fluggeschwindigkeit ist 270."
CPT: „...Ich werde die Landung übernehmen."
NAV: „Höhe ist 80 Meter, Entscheidung, auf der Pistenachse, Fluggeschwindigkeit ist 270."
CPT: „...Landung."
   In dieser Flugphase driftete die Tupolev um ca. 20 Meter nach rechts, was dem Fluglotsen auffiel, und er wies die Besatzung darauf hin. Der Boden kam immer näher. Immer noch ohne Bodensicht, entschloß sich der Kommandant das Steuer wieder zu übernehmen.
NAV: „70 Meter...Höhe ist 60 Meter, Fluggeschwindigkeit ist 270."
CPT: „Wo ist die Landebahn?...wo ist der Gleitweg?"
   - Signal der Entscheidungshöhe im Cockpit -
NAV: „40 Meter."
CPT: „Bleib oben, schau, wo ist die Landebahn?"
NAV: „30 Meter."
   Dem Kommandanten reichte es nun. Er drückte die Steuersäule, die er bis dahin in einer „Nose up-Position" gehalten hatte, auf fast 6° nach unten durch, um die Sinkrate zu erhöhen und endlich Bodensicht zu erlangen. Die Sinkrate schnellte nach oben und betrug etwa 7 m/sek, als die Piloten die Lichter der Landebahn schnell auf sich zu kommen sahen. Entsetzt zogen die Piloten die Steuersäule zu sich heran, um die Sinkrate zu vermindern und das Flugzeug abzufangen. Trotzdem krachte die Tupolev mit allen drei Fahrwerken gleichzeitig drei Meter rechts von der Mittellinie auf den Asphalt der Runway. Durch die enorme Wucht brach sofort die hintere Rumpfsektion weg und schleifte über den Boden. Der Rest des Rumpfes kam nach ca. 800 Metern links von der Bahnbefestigung zum Stehen. Glücklicherweise wurden die Treibstoffleitungen nicht beschädigt. Daher blieb den Insassen ein Feuer erspart.
   Trotzdem wurden durch den Bruch des Rumpfes 11 Passagiere, die in Reihe 24-26 saßen und damit genau an der Bruchkante, getötet. Weitere 16 Menschen erlitten teilweise schwere Verletzungen.
   Der Cockpitbesatzung wurde hiernach sofort die Fluglizenz entzogen. Der Kommandant war bereits im Juni des Vorjahres in eine Bodenkollision auf dem Flughafen in Donez verwickelt, durfte jedoch kurze Zeit später wieder fliegen.

24.01.88
Aeroflot   **Yakovlev Yak-40**
CCCP-87549   **9XX1442**

Beim Landeanflug stürzte die Maschine 1.880 m vor Erreichen der Landebahn in **Nizhnevartowsk/Sibirien/UdSSR** ab.

Es starben 27 Insassen. Anderen Berichten zufolge stürzte die Maschine nach dem Start ab. Zuvor befand man sich auf einem Flug von Tyumen nach Bulguma.

08.02.88
TAAG Angola   **Boeing 707-320C**
D2-TOI   18975

Im Endanflug auf den Flughafen von **Luanda/Angola** streifte der Vierstrahler mit der Tragfläche einen Sendemast, der sich auf dem Dach eines Gebäudes befand. Dabei wurde die Tragfläche und die darin verlaufenden Hydraulik- sowie Kerosinleitungen leckgeschlagen. Trotz dieser Kollision wurde der Anflug fortgesetzt, und man landete sicher auf der Runway. Jedoch sprachen nun durch den zu geringen Hydraulikdruck die Radbremsen nicht mehr an. Das Resultat: Die 707 schoß über das Pistenende hinaus und blieb mit eingeknicktem Bugrad hinter der Bahn liegen.

Es wurde niemand verletzt, aber der Jet war zu sehr lädiert, um noch repariert werden zu können.

17.02.88
Hang Kong Vietnam   **Tupolev 134A**
VN-A108   48430

Meldungen zufolge soll die 1977 an die vietnamesische Staatsfluggesellschaft ausgelieferte Tu-134 in der Nähe von **Hanoi/Vietnam** abgestürzt sein. Näheres ist nicht bekannt.

27.02.88
Talia AW   **Boeing 727-200**
TC-AKD   20930

Die aus Istanbul kommende 727 zerschellte um 10:00 Uhr/loc. in den Bergen des türkischen Nordteils von Zypern. Die Absturzstelle befand sich ca. 20 km nördlich vom Flughafen **Ercan/Zypern**, auf den die Maschine im Sichtanflug zusteuern sollte.

Alle 15 Insassen der Maschine (5 Crew + 10 Pax) kamen dabei ums Leben. Das Flugzeug stellte die gesamte Flotte der Talia Airways dar, die kurz darauf ihren Flugbetrieb zwanghaft einstellen mußte und in Liquidation ging (gemeinsam mit diesem oder jenem Reiseveranstalter).

Es gab 20 Tote und mehrere Schwerverletzte.

27.02.88
Aeroflot   **Tupolev 134A**
CCCP-65675   1351501

Der Pilot der Tupolev hatte den Ehrgeiz, seinem Copiloten vorzuführen, wie man eine Blindflugrlandung ohne Radarführung auf dem Flughafen in **Surgut/UdSSR** durchführt. Mit Passagieren an Bord ließ er die Rollos im Cockpit herunter und versuchte, die Landebahn nur anhand von Kompaß, Geschwindigkeitsmesser und künstlichem Horizont zu finden.

Das gelang ihm nicht! Die Maschine setzte links davon auf, wobei die linke Tragfläche Bodenberührung bekam und vom Rumpf abgerissen wurde. Leckgeschlagene Treibstoffleitungen setzten das Flugzeug sofort in Brand.

08.03.88
Aeroflot   **Tupolev 154B-2**
CCCP-85413   413

Die Künstlerfamilie Owetschin war in ganz Sibirien bekannt. Gemanaged von ihren Eltern traten die zahlreichen Söhne der Familie als die Dixieband „die sieben Simenos" erst in Irkutsk, dann in ganz Sibirien, später auch im Ausland auf. Bei einer Auslandtour nach Japan beschloß man, sich bei nächster Gelegenheit in den Westen abzusetzen. In der damaligen Sowjetunion waren derartige Ausreiseabsichten sehr verbreitet. Auch der Entschluß, diese Ausreise durch eine Flugzeugentführung zu erzwingen, war an sich nicht ungewöhnlich. Man witzelte in der UdSSR, daß man von tausenden Flughäfen mit der Aeroflot abfliegen konnte, aber ankommen würde man immer an vier Orten, nämlich Stockholm, Helsinki, Istanbul und Tel Aviv, die bevorzugten Ziele von Flugzeugentführungen.

Als die Familie an diesem Tag die Sicherheitskontrollen des Flughafens Irkutsk passierte, warfen die zuständigen Sicherheitsbeamten nur oberflächliche Blicke auf ihr Gepäck, das etliche Schrotflinten und Pistolen enthielt.

Sie gingen an Bord einer Aeroflot Tu 154, die als Linienkurs von Irkutsk über Kurgan, eine Industriestadt östlich des Urals, nach Leningrad führen sollte. Nach der Zwischenlandung in Kurgan befanden sich knapp hundert Insassen an Bord.

Die Entführer warteten noch eine Weile, bis sie die Initiative ergriffen. Die Tupolev war noch gut 300 Kilometer von Leningrad entfernt, als um 15:00 Uhr/loc. einer der Terroristen der Chefstewardess einen Zettel reichte, auf dem geschrieben stand: "Fliegt nach London (England)". Während die Stewardeß die Piloten im Cockpit informierte, kam es in der Kabine zu einem ersten Feuergefecht zwischen den Terroristen und den an Bord befindlichen Sicherheitsbeamten, bei dem die Sicherheitsbeamten unterlagen. Die waren leicht von den anderen Passagieren zu unterscheiden, da sie beim Einsteigen der normalen Passagieren in Irkutsk schon auf ihren Plätzen saßen. Während die Terroristen in der Kabine das Kommando übernommen hatten, versuchten die Cockpitbesatzung hinter ihrer fest verriegelten Tür verzweifelt zu entscheiden, was jetzt zu tun war.

Nach einer halben Stunde kam der Bordingenieur in die Passagierkabine, um den Terroristen klarzumachen, daß der Treibstoff nicht bis London reichen würde. Nach aufgeregten Verhandlungen stimmten die Entführer einer Zwischenlandung in Finnland zu. Doch die Cockpitbesatzung hatte nicht vor, den Forderungen der Entführer nachzugeben und nach England, oder an irgendeinen anderen Ort im Ausland, zu fliegen. Statt dessen steuerten sie einen sowjetischen Flughafen an, wo eine Spezialeinheit zur Terrorbekämpfung auf die Tupolev wartete. Ob die Piloten den Flughafen **Puschkin/UdSSR** in eigner

Verantwortung anflogen, oder ob sie vom Stellen am Boden dazu gedrängt wurden, ist nicht bekannt.

Damit die ahnungslosen Terroristen im Landeanflug nicht die bekannten Silhouetten der Städte Leningrad oder Tallin erkannten, wollte man auf dem kleinen Militärflughafen Puschkin bei Leningrad landen.

Um den Flughafen anzufliegen, mußte die Tupolev eine scharfe Kurve fliegen, was die Terroristen schon mißtrauisch machte. Nach der Landung erfüllten sich ihre schlimmsten Befürchtungen. Sekunden nach dem Ausrollen sahen sie am Rande des Flugfeldes Soldaten in Kampfanzügen der Roten Armee. Sie waren ganz offensichtlich noch in der UdSSR: Damit begann um 15:55 Uhr/loc. ein Nervenkrieg zwischen den Terroristen und den Sicherheitskräften außerhalb der Maschine.

Die Terroristen hämmerten an die verriegelte Tür des Cockpits und verlangten, daß die Piloten das Flugzeug sofort wieder starten sollten, sonst würden sie anfangen die Geiseln zu erschießen. Die Piloten versuchten die Geiselnehmer über Telefon zu beruhigen. Es wäre ein Tankwagen unterwegs, um die Maschine für ihren Weiterflug bereitzumachen. Doch um zu Beweisen, wie Ernst sie es meinten, erschossen die Terroristen eine Stewardeß.

Die Stunden zogen sich hin. Die Maschine wurde aufgetankt und für den Abflug bereitgemacht. Da die Drohungen der Terroristen immer wilder wurden, starteten die Piloten die Triebwerke der Tupolev um nun doch in Richtung Helsinki abzufliegen. In dieser Sekunde, um 19:10 Uhr/loc., begann eine Einheit der Roten Armee mit dem Sturm auf die Maschine. Während des Auftankens hatten sich zwei Rotarmisten in die Kabine der entführten Maschine geschlichen. In dem Moment, in dem die Maschine anrollte, rissen weitere Soldaten die Notausgänge über den Flügeln auf und stürmten in das Innere der Tupolev. Zwischen ihnen und den Terroristen, die sich im vorderen Teil der Maschine verschanzt hatten, entbrannte ein wildes Feuergefecht. Die ungefähr 80 Passagiere, die so zwischen die Fronten geraten waren, duckten sich unter ihre Sitze. Nach Zeugenaussagen feuerte die Armee-Einheit blindlings in den vorderen Teil der Maschine, wobei sie aber nur Geiseln trafen, nicht die Entführer. Während des Gefechts fing die vollgetankte Tupolev Feuer, entweder durch Querschläger oder eine Sprengladung. Die Passagiere versuchten durch den Kugelhagel hindurch die brennenden Tupolev über die hinteren Ausgänge zu verlassen. Eine männliche Geisel, die sich nach einem Sprung aus der Hecktür schon in Sicherheit wähnte, wurde von Soldaten außerhalb der Tupolev durch einen Schuß aus einer Kalaschnikow schwer verletzt. Soldaten hielten den Mann für einen entkommenen Terroristen und versuchten ihn zu exekutieren, indem sie ihn in den Rücken schossen.

Am Ende kostete die Entführung und die verunglückte Geiselbefreiung zehn Menschen, darunter fünf Terroristen, das Leben. 19 Menschen wurden zum Teil schwer verletzt. Die Tupolev brannte vollständig aus.

Diese Entführung erschütterte die gesamte UdSSR. Dank der beginnenden Politik des Glasnost wurde in der Presse Stimmen laut, die die Geiselbefreiungsaktion als „unprofessionell" und „dilettantisch" bezeichneten. Es stellte sich heraus, daß die Armee-Einheit in keinster Weise auf die Erstürmung von Flugzeugen vorbereitet war. Ein auf solche Einsätze spezialisiertes KGB-Kommando stand in Sichtweite der Tupolev bereit, wurde aber aufgrund von Befehlsgerangel zwischen Armee und KGB nicht eingesetzt.

17.03.88
Avianca   **Boeing 727-100**
HK-1716   **18999**

Nur drei Minuten, nachdem die 727 auf der Bahn 33 in **Cucuta/Kolumbien** zum Inlandsflug AV 410 nach Cartagena abgehoben hatte, verlor die Bodenstation den Funkkontakt zur Maschine. Später fand man die verstreuten Überreste der Maschine an einem bewaldeten Berghang, nahe der Ortschaft Campo Alicia, ca. 20 Meilen von Cucuta entfernt. Der Absturzort lag in 6.000 ft Höhe.

Niemand der 131 Passagiere und der sechs Crewmitglieder überlebte den Absturz.

Zum Zeitpunkt des Absturzes (13:17 Uhr/loc.) war das Wetter in Cucuta gut, allerdings lagen die umliegenden Berghänge in dichtem Nebel. Unter den ums Leben gekommenen Insassen befanden sich auch zwei Fußballteams einer Ölfirma.

Die Unglücksursache, so wurde später ermittelt, war auf die Fehleinschätzung des Piloten zurückzuführen, der trotz Nebel und diesiger Sicht unter Sichtflugbedingungen gestartet war. Als Folge des Unfalls wurde empfohlen, zukünftig An- und Abflüge nur noch nach Instrumentenbedingungen durchzuführen.

31.03.88
Arax AL   **Douglas DC-8-55F**
5N-ARH   **45859**

Der ZAS-Subcharterflug sollte von **Kairo/Ägypten** nach Sharjah mit einer Ladung von dänischen Milchkühen fliegen. Beim Start verunglückte der 8er und zerschellte 700 Meter hinter und 300 Meter seitlich von der Startbahn 27R in Cairo.

Alle 4 Besatzungsmitglieder kamen ums Leben, und auch unter der lebenden Fracht gab es keine Überlebenden.

29.04.88
Aloha AL   **Boeing 737-200**
N73711   **20209**

Die Boeing 737-200, die an diesem Mittag um 13:25 Uhr/loc. auf dem Flughafen von Hilo/Hawaii zum Start rollte, war eine der ersten Maschinen dieses Typs, die gebaut wurden. Sie war im Mai 1969 an die Aloha AL geliefert worden und war seitdem auf der Inselgruppe Hawaii im Einsatz. Sie hatte an diesem Tag schon sechs Linienflüge hinter sich, die sie kreuz und quer über die Inselgruppe Hawaii geführt hatte. Es hatte währenddessen keine besonderen Vorkommnisse gegeben. Der Flug mit 79 Passagieren von Hilo nach Honolulu/HA/USA sollte von der Copilotin ausgeführt werden, welche an diesem Tag auf ihre Tauglichkeit als Kommandantin geprüft werden sollte.

Die Maschine hatte gerade die Höhe von 24.000 ft erreicht, als die Piloten plötzlich einen lauten reißenden Ton und kurz darauf ein starkes Windgeräusch aus der Kabine wahrnahmen. Die Copilotin drehte sich nach hinten, um zu sehen, was in der Kabine vorging. Als sich der aufgewirbelte Staub und umherwirbelnde Fetzen des Isolationsmaterials verzogen hatten, traute sie ihren Augen nicht. Die Cockpittür war aus ihren Angeln gerissen worden und dahinter, wo die Decke der ersten Klasse sein sollte, sah sie den klaren blauen Himmel. Während des Fluges hatte sich die vordere Sektion des Kabinendaches vom Flugzeug gelöst und verursachte dadurch eine explosionsartige Dekompression. Außerdem waren die Steuerkabel des linken Triebwerkes durchtrennt worden, welches sofort ausfiel.

In der Kabine waren die Passagiere noch angeschnallt, als die Rumpfsektion wegriß. Von ihnen wurden sieben durch herumfliegende Trümmer und Stromschläge (bei dem Wegbrechen der Sektion rissen etliche elektrische Leitungen und lagen bloß) schwer verletzt und weitere 57 leicht verletzt. Die drei Stewardessen in der Kabine hatten sich zum Unglückszeitpunkt schon losgeschnallt und mit dem Service begonnen. Zwei wurden zu Boden geworfen und verletzten sich (eine leicht durch den Sturz, eine zweite schwer am Kopf durch herumfliegende Trümmerstücke). Beide konnten sich aber an den Sitzen festhalten bzw. wurden durch geistesgegenwärtige Passagiere festgehalten. Die dritte Stewardess befand sich in Höhe der Sitzreihe 5 und wurde sofort nach dem „Verschwinden" der Rumpfsektion nach oben aus der Kabine in die Atmosphäre gerissen. Sie sollte das einzige Todesopfer des Unglücks bleiben.

Im Cockpit hatte der Kommandant wieder das Steuer übernommen und leitete den Notabstieg mit einer Geschwindigkeit von 280-290 Knoten und einer Sinkrate von bis zu 4.100 ft/min ein. Die Maschine rollte leicht von links nach rechts, war aber sonst, bis auf eine schwammige Ruderkontrolle, noch leidlich flugfähig.

Die Copilotin stellte den Notfallcode „1200" im Transponder ein und versuchte dann, die Bodenkontrolle zu erreichen, was ihr während des Notabstiegs wegen des vom tosenden Fahrtwind verursachten Lärms nicht gelang. Gleichzeitig sahen die Controller auf dem Flughafen von **Maui-Kahului AP/HA/USA** das Transpondersignal und versuchten, mit der Maschine Kontakt aufzunehmen, aber ebenfalls ohne Erfolg. Nachdem die 737 unter 14.000 ft gesunken war und der Pilot die Maschine unter Zuhilfenahme der Luftbremsen abgefangen hatte, schaltete die Copilotin auf Maui-Tower um und konnte die Lotsen über die prekäre Situation informieren, in der sich die Maschine und ihre Insassen befanden. Die Piloten, die sich nur schreiend und mit Handzeichen verständigen konnten, entschieden sich dafür, Maui-Kahului-AP anzufliegen, von dem sie noch ca. 35 Kilometer entfernt waren. Die Copilotin meldete der Bodenstation, daß die Cockpitbesatzung keine Verbindung mit den Stewardessen in der Kabine hätte und daß sie nach der Landung wahrscheinlich Hilfe bei der Evakuierung brauchen würden. Währenddessen war die Maschine unterhalb von 10.000 ft angekommen und begann den Anflug auf den Flughafen.

Jetzt trat ein weiteres Problem auf: Beim Ausfahren des Fahrwerks war zwar das Hauptfahrwerk ordnungsgemäß eingerastet. Auch das Bugfahrwerk war ausgefahren, jedoch leuchtete das grüne Licht für die Verriegelung nicht auf. Einige Versuche der Copilotin, das Problem mit mechanischen Notfallprozeduren aus der Welt zu schaffen, schlugen fehl. Jetzt hätte sie in die Kabine gehen und in den Fahrwerksschacht gucken können, aber man entschied sich dagegen, weil jetzt jede Hand im Cockpit gebraucht wurde. Außerdem wollte man die Maschine auf die Erde bringen, mit oder ohne verriegeltem Fahrwerk.

Man wählte eine relativ hohe Landegeschwindigkeit, weil die Maschine sich mit sinkender Geschwindigkeit immer schwerer steuern ließ. Das Flugzeug begann kurz vor der Landung zu bocken und zu schütteln. Trotzdem gelang es den Piloten, die Maschine auf die Piste zu bringen und mit Hilfe der Radbremsen und einem Umkehrschub vor Ende der Piste abzubremsen. Das Bugrad hielt. Die Besatzung begann sofort mit der Evakuierung, die mit dem Abtransport der Schwerverletzten eine Viertelstunde später endete. Weder die Besatzung noch die Rettungskräfte trauten ihren Augen, als sie die Maschine von außen sahen!

Das Wegreißen der oberen Bugsektion 43 wurde verursacht durch eine Schwächung einiger Haltenieten. Diese Schwächung war das Ergebnis von Materialermüdung. Die Haltenieten im Rumpf sind bei Start und Landung großen Belastungen ausgesetzt, weil der Rumpf zum Druckausgleich nach jedem Start praktisch wie ein Luftballon aufgeblasen wird (nach der Landung wird der Überdruck wieder „abgelassen"). Die Maschine hatte zum Unglückszeitpunkt fast 90.000 Starts und Landungen hinter sich gebracht und war obendrein seit 20 Jahren unter klimatischen Bedingungen im Einsatz, die eine mörderische Korrosion fördern (die Luft ist sehr heiß und salzhaltig). Aloha AL berief sich nach dem Unfall auf Wartungsdokumente, die von Boeing erstellt worden waren. Die Maschine war im Herbst 1987 zur großen Inspektion bei der Herstellerfirma gewesen. Dort hätte man die Maschine uneingeschränkt flugtauglich geschrieben. Bei weiterer Untersuchung stellte sich heraus, daß nicht Boeing geschlampt hatte, denn die 737 befand sich schon vor dem Unfall in einem beklagenswerten Zustand. Aloha hatte einfach die Rundschreiben und Warnbriefe des Herstellers, insbesondere was den Zustand der Rumpfstruktur anging, aus den Akten verschwinden lassen. In diesen Briefen hatte Boeing die „unsachgemäßen Wartungsabläufe" bei Aloha gerügt. Insbesondere die Praxis, die Maschine erst zu bemalen und dann die kritischen Stellen auf Korrosion und Materialermüdung zu untersuchen, wurde gerügt.

Aloha hatte deswegen in den letzten Jahren recht große Bußgeldbescheinigungen aus Washington vom NTSB bekommen. Da jetzt wohl noch einige Bußgeldbescheide ins Haus standen, entschloß man sich, die älteren 737 aus dem Verkehr zu ziehen.

Eine taiwanesische Maschine gleichen Typs war den gleichen klimatischen Bedingungen ausgesetzt und stürzte 1981 ab, als sie ebenfalls Teile ihres Rumpfes während des Fluges verlor.

21.05.88
American AL McDD DC-10-30
N136AA 47846

Mit heulenden Triebwerken beschleunigte die DC-10 auf der Startbahn des Flughafens **Dallas-Fort Worth AP/TX/USA** zum Lnienflug AA70 nach Frankfurt. Gerade als man die kritische Entscheidungsgeschwindigkeit (V_1) erreicht hatte, ertönte im Cockpit plötzlich ein Warnton. Blitzartig mußte sich der fliegende Pilot entscheiden. "Startabbruch!" Der mit 166 Knoten dahinrasende Großraumjet mußte nun so schnell wie irgend möglich abgebremst werden. Dazu traten beide Piloten kräftig auf ihre Bremspedale, und die Schubumkehr wurde ausgefahren. Doch die rasante Fahrt verlangsamte sich nur allmählich. Mit hoher Geschwindigkeit kam das Ende der Startbahn immer näher. Die Piloten schafften es nicht mehr, rechtzeitig zu stoppen, und überrollten das Bahnende. Dabei geriet das Fahrwerk auf weichen Untergrund und das Bugrad knickte an der Sollbruchstelle ab. Rumpelnd schleifte der vordere Rumpf über die Erde.

Fast alle 240 Passagiere und die 14 Crewmitglieder konnten die Maschine unverletzt verlassen und den Flug am selben Tag mit einer Ersatzmaschine fortsetzen.

Offenbar wurde der DC-10 ein Opfer von zu alten Bremsbelägen. Die vornehmlich aus Kupfer hergestellten Bremsen standen bereits seit geraumer Zeit zur Auswechslung an und waren dem enormen Belastungsdruck beim Bremsvorgang nicht mehr gewachsen. Von 10 Bremsen fielen 8 aus. Den Piloten stand somit für 5 Sekunden keinerlei Wirkung der Radbremsen zur Verfügung.

Die entstandenen Strukturschäden am Flugzeug waren so groß, daß an eine Reparatur nicht mehr zu denken war.

24.05.88
LACSA Boeing 727-100
TI-LRC 18856

Die 727 befand sich mit 23 Insassen auf dem internationalen Flughafen von **San José/Costa Rica**, bereit zum Start nach Managua und Miami/USA. Bei hoher Rollgeschwindigkeit, als der Pilot bereits das Bugfahrwerk angehoben hatte, versagte eines der drei Triebwerke der Boeing. Die Piloten spürten kaum noch Beschleunigung und der Startlauf wurde abgebrochen. Das Bugrad senkte sich wieder auf die Piste und die Schubumkehr wurde bedient. Doch offensichtlich funktionierte diese Bremsvorrichtung in den beschädigten Triebwerk nicht mehr. Somit wurde die 727 um ihre Hochachse gerissen und verließ binnen Sekunden den befestigten Teil der Startbahn. Einige hundert Meter weiter schoß man über unebenes Grasland und prallte schließlich gegen eine Steinmauer. Dort wurden die Tragflächen aufgerissen und der Rumpf zerbrach in drei Teile. Auslaufendes Kerosin entzündete sich schnell und bereitete der 22jährigen Boeing ein jähes Ende.

Glücklicherweise kam niemand ums Leben. Lediglich 10 Insassen verletzten sich leicht bei der Evakuierung.

12.06.88
Austral McDD MD-81
N1003G 48050

Die MD geriet um 09:14 Uhr/loc. beim Endanflug auf die Bahn 01 in **Posadas/Argentinien**, zu tief, berührte einige Bäume und zerschellte in einem Wald. Durch den Aufschlag und ein nachfolgendes Feuer wurde die Maschine total zerstört.

Alle 6 Besatzungsmitglieder und 16 Passagiere kamen ums Leben.

Der Jet kam als Flug AU040 aus Buenos Aires.

26.06.88
Air France Airbus A320-100
F-GFKC 9

Der Airbus A320 ist der Stolz des europäischen Flugzeugbaus: Unter anderem hatten die Airbus-Ingenieure das „Fly by Wire" Steuersystem konsequent weiterentwickelt. Bei „normalen" Flugzeugen werden die Steuerbefehle von den Piloten von der Steuersäule über Kabel mechanisch über ein System von Rollen und Servomotoren an die Höhen- und Seitenruder übermittelt. Beim „Fly by Wire"-System wird das alles elektronisch übermittelt. Das sensationell Neue beim A320 war, daß dieses neue „Fly by Wire"-System nicht nur die Steuerbefehle der Piloten übermittelte, sondern auch den Flug „kontrollierte". Von den Piloten gegebene Steuerbefehle wurden von einem neuen Fluglagesystem überprüft und damit verhindert, daß das Flugzeug in einen gefährlichen Flugzustand gebracht wurde. So sollte z.B. ein Überziehen des Flugzeuges verhindert werden. Der Airbus A320 galt damit als eines der „sichersten Flugzeuge der Welt". Im Sommer 1988 begann die Serienfertigung und die Auslieferung an die Fluglinien, darunter auch die „F-GFKC". Dieser A320 war am 23.06.1988 an die Air France ausgeliefert worden. Nach einigen Erprobungsflügen sollte die nagelneue „F-GFKC" an jenem Sonntag eine Hauptrolle bei einem Flugtag des „Mulhouse Flying Club" spielen. Dieser veranstaltete einen Tag der offenen Tür auf dem kleinen Flugplatz **Habsheim/Frankreich**, 30 km nördlich von Basel. Der drei Tage alte Airbus war von dem Flugclub von der Air France gechartert worden, um im Rahmen einiger Flugvorführungen zwei Vorbeiflüge zu absolvieren. Während dieses Überfluges sollten Mitglieder des Flugclubs an Bord sein, die diesen Flug bei einem Preisausschreiben gewonnen hatten. Danach war ein Rundflug über die Vogesen und die französischen Alpen geplant.

Die beiden Piloten, die für diesen Flug eingeteilt waren, galten als sehr erfahren. Beide hatten jeweils ca. 10.000 Flugstunden auf fast allen Typen der Air France absolviert. Der Kommandant wirkte bei der Konstruktion und bei den Testflügen des Airbus A320 mit. Er war Ausbilder auf diesem Modell, und man sagte ihm nach, daß es bei Air France keinen Piloten gab, der den A320 besser kannte als er. Nur ist bei einem neueingeführten Flugzeug die

Menge von Erfahrung relativ. Seine Flugzeit mit dem A320 beschränkte sich auf 138 Flugstunden und ca. 150 Stunden im Simulator. Sein Copilot hatte gar nur 44 Flugstunden auf diesem Modell. Weder hatten die beiden jemals bei einer solchen Airshow mitgewirkt, noch kannten sie den kleinen Flughafen Habsheim. Trotzdem fiel das Briefing der beiden in Paris an diesem Morgen recht kurz aus. Zuerst sollten sie den A320 von Paris-CDG nach Basel/Mulhouse überführen, wo sie 130 Mitglieder des Flugclubs an Bord nehmen sollten. Danach waren zwei Überflüge geplant: Ein langsamer in Landekonfiguration und 100 ft Höhe, der zweite schnell mit eingefahrenen Klappen und Fahrwerk in 300 ft Höhe. Da solche Vorführungen recht selten sind, waren die Vorschriften der Air France dafür ziemlich undeutlich formuliert. Klar war aber, daß in Landekonfiguration eine Flughöhe von 100 ft nicht unterschritten werden durfte.

Nach einem problemlosen Überführungsflug landete der A320 um 11:00 Uhr/loc. auf dem internationalen Flughafen Basel-Mulhouse. Die Piloten wirkten hier bei einer Pressekonferenz mit, bei der noch einmal die Vorzüge und insbesondere die Sicherheit des A320 hervorgehoben wurden.

Zur Freude aller Beteiligten war das Wetter mit fast wolkenlosem Himmel und 21° Celcius sehr gut, so daß sich der A320 um 12:30 Uhr/loc. anschickte, mit seinem Flugprogramm zu beginnen. Mit 130 Passagieren und sechs Crewmitgliedern an Bord rollte man Richtung Startbahn. Die Stimmung im Cockpit war sehr gut: Außer den beiden Piloten waren noch zwei Stewardessen im Cockpit. An der Startbahn angekommen, mußte man sechs Minuten warten, um landende Flugzeuge vorbeizulassen. Diese Zeit nutzten die Piloten, um ihr eigenes Flugprogramm zusammenzustellen: Man hatte vor, in geringer Höhe in Landekonfiguration langsam die 800 Meter lange Graslandebahn von Habsheim entlangzufliegen. Da der A320 dabei zu langsam werden würde, mußte man mit einem hohen Anstellwinkel fliegen. Das würde aber sofort das Fluglagesystem auf den Plan rufen. Eine Automatik gibt Schub auf die Triebwerke, wenn unterhalb von 100 ft der Anstellwinkel 14,5° überschritten wird. Da der Kommandant die Sicherheitseinrichtungen an Bord des A320 mitentwickelt hatte, wußte er auch, wie man sie umgeht.

Gesagt, getan. Um 12:41 Uhr/loc. war der A320 in der Luft, der Copilot flog eine 180° Kurve Richtung Norden, Habsheim entgegen. Währenddessen zog der Kommandant die entsprechende Sicherung und damit war diese Automatik lahmlegt. Man stieg auf 1.000 ft und begann damit, den kleinen Flughafen mit den bloßen Augen zu suchen.

Der erste Orientierungspunkt am Boden -eine Autobahn- wurde um 12:43 Uhr/loc. ausgemacht, und der A320 begann wieder zu sinken. Im Cockpit ertönten Warnsignale:

-GONG-

CPT: „Das ist nur das Fahrwerk, beachte das nicht, schalt's aus!"

COP: „Sollen wir es ausfahren?"

CPT: „Nein, es ist nur weil wir ohne Fahrwerk unter 1.000 ft sind und die Schubhebel unter den vorgegebenen Wert zurückziehen, ich weiß das!"

-GONG-

CPT: „Schalt das aus, es nervt!"

COP: „Fahr das Fahrwerk aus, es macht keinen Unterschied."

CPT: „Da hast du's...."

CPT: „Wir fahren es aus, wenn wir den Flughafen sehen."

Was auch um 12:44 Uhr/loc. geschah. Das Fahrwerk und die Klappen wurden gefahren und der Höhenmesser eingestellt. Man war etwas zu hoch, deswegen wurde die Sinkrate auf 600 ft/min gesteigert. Diese Sinkrate wurde beibehalten, als man in 200 ft Höhe den Flughafenzaun überflog. Der Kommandant kurvte leicht nach rechts auf die Pistenmitte. Die hohe Sinkrate wurde beibehalten, bis man bei 100 ft begann, langsam den Sidestick nach hinten zu ziehen, um die Maschine abzufangen.

Hatten beim Anflug die beiden Piloten noch über den Chefpiloten von Air France gelästert (COP:„Wenn... sehen könnte, was wir hier machen!"), so wurde der Copilot nach dem Unterschreiten der Mindesthöhe von 100 ft nervös. Der weitere Sinkflug wurde von der Automatenstimme (= ALT) des Höhenmessers untermalt: COP:„OK, wir sind bei 100 ft, Guck, guck..."

ALT: „Einhundert"

Bei 50 ft fingen die Piloten den Airbus ab. Die Sinkrate wurde geringer, aber zu dem Preis, daß der Anstellwinkel des A320 immer höher wurde. Dadurch nahm die Geschwindigkeit immer mehr ab. Bei 50 ft überschritt der Anstellwinkel den kritischen Wert von 14,5°, bei dem normalerweise die Automatik anspricht und die Schub-

F-GFKC; im Tiefflug saust der Airbus an den Zuschauern vorbei, um Sekunden später im angrenzenden Wald zu zerschellen./Habsheim am Unglückstag <Quelle: N.Scherrer>

stufe der Triebwerke sich erhöht. Doch die Automatik war abgeschaltet und der Anstellwinkel stieg weiter, während die Geschwindigkeit unter 130 Knoten sank. Eine Folge des hohen Anstellwinkels war auch, daß der Sichtbereich der Piloten immer geringer wurde. Da die Nase des A320 gen Himmel gerichtet war, konnten die Piloten nicht mehr sehen, auf was sie sich zu bewegten. Da sie sich an einer 1,5 Kilometer weit entfernten Hochspannungsleitung orientierten, sahen sie den Wald nicht mehr, auf den sie zuflogen.

COP: „Siehst du die Strommasten da vorne, Siehst du sie?"
CPT: „Ja, ja, keine Sorge."
ALT: „Dreißig"

Mit tief nach unten hängendem Heck schwebte der A320 langsam mit 123 Knoten an den Zuschauern der Airshow vorbei.

Als sie fast am Ende der Bahn angekommen waren, erkannten sie plötzlich die Gefahr, auf die sie zuschwebten. Der Copilot schrie „Durchstartleistung" und der Kommandant drückte die Schubhebel nach vorne auf Vollschub. Quälend langsam stieg die Triebwerksleistung an, doch es war schon zu spät. In der letzten Sekunde liefen die Triebwerke zwar noch auf 83% Leistung hoch, aber das Heck schleifte schon durch die Kronen der Bäume am Rand des Flughafens. Dem Kommandanten blieb nur noch ein Schrei: „Scheiße....", dann senkte sich der Airbus langsam in den Birken- und Eichenwald. Während der A320 sich seinen Weg durch die Bäume bahnte, brachen die Fahrwerke und die rechte Tragfläche ab. Sprit verteilte sich schnell über das Gelände und entzündete sich. Bevor der Airbus 200 Meter hinter dem Waldrand am Boden aufschlug, brannte seine gesamte rechte Seite. Der Rumpf brach in der Höhe der Tragfläche in der Mitte auf und die Flammen schlugen in die Kabine.

Sofort drückte der Kommandant den Schalter für das Evakuierungssignal, aber nichts passierte. In der Kabine mußte die Besatzung feststellen, daß weder die Bordsprechanlage noch die Notbeleuchtung funktionierten. Trotzdem begann man sofort mit der Evakuierung. Im hinteren Teil der Maschine verlief sie reibungslos, während es im vorderen Teil Probleme gab. Zuerst bekam man die Tür des linken Ausgangs nicht vollständig auf, da sie von außen durch umgestürzte Baumstämme blockiert war. In der Eile hatte aber ein Steward schon die Notrutsche aktiviert, welche sich teilweise in die Kabine hinein entfaltete. Eine der Stewardessen, die im Cockpit gesessen hatte, und ein Passagier kämpften sich an dem Gummiwulst vorbei und warfen sich mit aller Kraft gegen die verklemmte Tür. Erst beim dritten Versuch gab sie nach und die beiden purzelten aus der Tür und wurden unter der nach draußen fallenden Notrutsche begraben. Die nachdrängenden Passagiere verließen in Panik den völlig verqualmten Airbus, was am Ausgang für Chaos sorgte. Eine andere Stewardeß behielt die Nerven und drängte die Passagiere für einige Sekunden in den Gang zurück, während zwei Passagiere neben die Notrutsche sprangen und Gehölz zur Seite rollten, das die Evakuierung bis jetzt behindert hatte. Während sie danach die beiden unter der Notrutsche gefangenen Personen hervorzogen, lief die Evakuierung von jetzt an schnell und

geordnet ab. Nach einigen Minuten schien der Airbus geräumt zu sein, und der Kommandant gab der Kabinenbesatzung den Befehl, die Maschine zu verlassen. Er wollte noch einen Kontrollgang durch die Kabine machen, aber er hatte sich mittlerweile auch schon eine Rauchvergiftung zugezogen und verließ ebenfalls den Airbus.

Da der Rauch in der Kabine ihn an dem Kontrollgang gehindert hatte, konnte er nicht sehen, daß noch drei Passagiere in der Maschine waren: Ein gehbehinderter Jugendlicher und ein kleines Mädchen, das unter ihrem Sitz begraben worden war und ihren Sicherheitsgurt nicht öffnen konnte. Eine Frau hatte die Kabine schon fast verlassen, lief dann aber zurück, um dem Mädchen zu helfen. Sie erstickte während sie versuchte, das Mädchen unter ihrem Sitz hervorzuziehen. Auch das Mädchen und der behinderte Junge erstickten.

Der französische Untersuchungsbericht warf den beiden Piloten vor, durch ihren Leichtsinn während der Flugvorführung den Unfall verursacht zu haben. Sie wären zu tief und zu langsam geflogen und hätten zu spät Vollschub gegeben. Insgesamt hätte die „Ferienstimmung" der Reisegruppe wohl auf die Cockpitbesatzung abgefärbt. Doch die Piloten wehrten sich gegen diese Alleinschuld. Sie sagten aus, daß sie rechtzeitig Vollschub gegeben hätten. Die Triebwerke wären aber erst zu spät hochgelaufen, nachdem sie sich zweimal „verschluckt" hätten. Außerdem hätte das Fluglagesystem nicht richtig funktioniert. Der Untersuchungsbericht widersprach diesen Aussagen. Alle Computer und Aggregate an Bord hätten „normal" funktioniert.

Ein französiches Gericht verurteilte den Kommandanten des A320 fast zehn Jahre nach dem Absturz zu einer sechs monatigen Gefängnisstrafe.

Aber der französische Untersuchungsbericht nahm sich auch die Air France vor: Warum bei so einer Flugvorführung Passagiere an Bord sein durften und warum dieser Flug auch noch von einer relativ unerfahrenen Besatzung ausgeführt werden durfte, war den Behörden „unverständlich". Auch die Vorbereitung und die Vorschriften der Air France für solche Vorführungen seien „ungenügend".

03.07.88
Iran Air **Airbus A300B2**
EP-IBU **186**

An diesem Morgen startete der Airbus auf dem Linienkurs IR655 vom südiranischen Bandar Abbas nach Dubai, Vereinigte Arabische Emirate.

An Bord befanden sich insgesamt 290 Passagiere und Besatzungsmitglieder, die genau um 09:47 Uhr/loc. abhoben und auf südöstlichen Kurs gingen, der internationalen Luftstraße folgend. Die Flughöhe für die gut 250 Kilometer „kurze" Strecke betrug nicht mehr als 16.000 ft.

Der Weg dorthin führte über die **Straße von Hormuz**, eine Meerenge zwischen dem Persischen Golf und dem Golf von Oman.

Unter normalen Umständen war das nichts Außergewöhnliches. Jedoch nicht zu jener Zeit. Die Meerenge war zu diesem Zeitpunkt eine der militärisch brisantesten

361

Wasserwege überhaupt. Es war die Zeit des „Tankerkrieges", in der iranische Kampftruppen immer wieder mit vereinzelten Schnellbootattacken versuchten, Tank- und Frachtschiffe, die in kuwaitischen oder irakischen Häfen anlegten, in Brand zu schießen.

Zum Schutz der US-registrierten Tanker befand sich eine Armada von US-Navy Kriegsschffen und Marineflieger-Einheiten in diesem Seegebiet, die diese Öltransporte sichern und im Bedarfsfall mit Waffengewalt intervenieren sollten.

Das größte Schiffskontingent stellten die Amerikaner, die an diesem Morgen mit den zwei schwerbewaffneten Fregatten „USS-Montgomery" und „USS-Sides" sowie dem Kreuzer „USS-Vincennes", einer der modernsten seiner Art, im Gebiet operierten.

Lange bevor der iranische Airbus in Bandar Abbas startete, ging auf der Vincennes um 06:33 Uhr/loc. die Meldung aus dem Flottenhauptquartier in Bahrein ein, daß die Montgomery etwa 50 Meilen nordöstlich am Eingang der Straße von Hormuz von sechs Schnellbooten der iranischen „Revolutionären Garde", die ihre Stützpunkte auf der Insel Hengam verließen und in Richtung Montgomery ausliefen, angegriffen wurde. Das Schiff befand sich zu diesem Zeitpunkt im südlichen Bereich des persischen Golfes einige Meilen vor der Küste der Vereinigten Arabischen Emirate.

Die Vincennes war der teuerste (1 Mrd $) und mit der modernsten Technik, wie dem Gefechts- und Aufklärungsradarcomputer „Aegis", ausgerüstete Kreuzer der US-Marine.

Der Kommandant der Vincennes, ein Mann ohne jede Kampferfahrung und nach Aussage in Navy-Kreisen als profilierungssüchtiger Draufgänger bekannt, gab darauf ohne zu zögern den Befehl, der Montgomery mit Vollgas zu Hilfe zu kommen.

Das Schiff nahm nun Kurs in nördliche Richtung

Um 07:11 Uhr/loc. berichtete die Montgomery von einigen Explosionen, die von einem liberianischen Tanker herrührten.

Zehn Minuten später erhielt die Vincennes die Order, einen an Bord stationierten Hubschrauber zur Montgomery zu schicken, um das Gebiet zu beobachten. Die Vincennes sollte jedoch ihre gegenwärtige Route am südlichen Rand des Golfes beibehalten und weitere Befehle aus dem Hauptquartier abwarten.

Entgegen diesen Anweisungen lief der Kreuzer aber weiter mit großer Fahrt gen Norden.

Nachdem der gestartete SH-60 Seahawk Helikopter 20 min nach dem Abheben über den iranischen Schnellbooten kreiste, die gerade ein deutsches Frachtschiff bedrängten, befahl der Kommandant, der Vincennes Gefechtsstation zu gehen, um eventuelle Angriffe abwehren zu können. Mit einer Geschwindigkeit von 30 Knoten preschte das Schiff durch die Wellen entlang der Küste der Vereinigten Arabischen Emirate, aber innerhalb von omanischen Gewässern mit Kurs auf die Montgomery.

Da die Omanis jeglicher Eskalation aus dem Weg gehen wollten, bewegten sie die iranischen Schnellboote, zu ihren Stützpunkten zurückzukehren. Auch die Vincennes-Besatzung wurde dazu angehalten, die omanischen Gewässer zu verlassen und in internationales Seegebiet zurückzukehren.

Der Kommandant ignorierte jedoch diese Anordnung und behielt den Kurs bei.

Um 08.40 loc. fiel auch einem Offizier der Marinekommandozentrale in Bahrein die Position des Kreuzers auf, der sich viel zu weit nördlich befand. Verärgert über diese Befehlsmißachtung (denn er gab zuvor die Order aus, daß die Vincennes die südliche Position halten sollte) machte er den Kommandanten des Kreuzers darauf aufmerksam. Doch abermals stellte sich dieser taub. Dieser tat so, als ob er wegen eines kommunikationstechnischen Problems die Meldung aus Bahrein nicht verstehen könne.

Daraufhin übermittelte das omanische Flottenhauptquartier auf schriftlichem Weg per Nachrichtenfax den Befehl zum unverzüglichen Rückmarsch nach Süden. Zähneknirschend gehorchte die Vincennes und machte kehrt.

Mittlerweile umkreiste der Hubschrauberpilot der Seahawk immer noch die sich zurückziehenden Boote der Iraner.

Um 09:10 Uhr/loc erfolgte dann die Meldung des Piloten, daß die Iraner mit Bordwaffen versuchten, den Hubschrauber zu attackieren.

Das war der auslösende Moment für den Kommandanten der Vincennes zum sofortigen Beidrehen und zur erneuten Kursaufnahme nach Norden.

Das Schiff lief nun wieder Höchstfahrt auf die iranische Küste zu, durchquerte den internationalen Korridor der

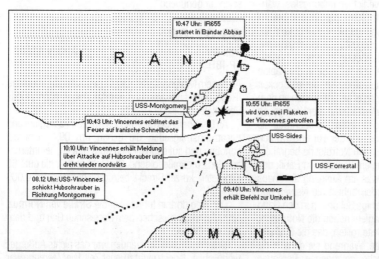

Verlauf der Tragödie des abgeschossenen Airbus A300 über der Straße von Hormuz am 3.07.1988

Handelsschiffahrt und drang genau um 09:40 Uhr/loc. in iranisches Hoheitsgebiet ein.

Der im Golf von Oman kreuzende Flugzeugträger USS-Forrestal schickte zwei F-14 Kampfflugzeuge sowie zwei Grumman A-7 Erdkämpfer in Richtung Vincennes.

Die Fregatte Montgomery hatte den Ort des Geschehens bereits wieder verlassen und befolgte die Anweisungen der Zentrale, sich nicht innerhalb iranischer Gewässer in Kampfhandlungen verwickeln zu lassen.

Die Vincennes befand sich nunmehr seit über zwei Stunden in Gefechtsbereitschaft und stand dem ersten Kampfeinsatz mit iranischen Schnellbooten gegenüber, von denen sich ein paar in Richtung Vincennes bewegten.

Unter dem Vorwand, auf einen aggressiven militärischen Akt zu reagieren, informierte der Kommandant der Vincennes Bahrein über seine Absicht, das Feuer zu eröffnen. An Bord herrschte nun eine große Anspannung.

Und zwei Minuten später, um 09:43 Uhr/loc. feuerte die Vincennes aus den Bordkanonen einige Male auf die in einigen hundert Metern Entfernung befindlichen Ziele.

Auf der Fregatte Sides, die sich etwa 25 Meilen östlich davon befand, wunderte man sich, warum die Vincennes sich nicht aus dem Staub machte, sondern die Konfrontation zu suchen schien.

Das supermoderne Aegis-System zur Identifizierung sämtlicher Objekte zu Wasser und in der Luft innerhalb eines Radius von 300 Meilen erfaßte genau um 09:47 Uhr/loc. einen Leuchtpunkt, der sich vom Flughafen in Bandar Abbas Richtung Süden bewegte. Es war der Flug IR 655 nach Dubai. Jedoch erschien kein ziviles Identifizierungssignal auf den Aegis-Bildschirmen in der Gefechtszentrale, sondern nur ein Symbol für ein unbekanntes Flugobjekt, allerdings hatte dieses Objekt einen Mode-3 Code, ein Hinweis auf ein ziviles Verkehrsflugzeug.

Bei einer Durchsicht der Liste für kommerzielle Flugbewegungen konnte der diensthabende Offizier jedoch den Flug IR655 nicht erkennen, was zu allgemeiner Konfusion führte.

Immer noch schossen die Bordwaffen der Vincennes vereinzelte Salven auf die iranischen Schnellboote.

Beunruhigt waren die Offiziere an den Computern auch über die Gegenwart eines bereits identifizierten feindlichen Flugobjekts, eines P-3 Seeaufklärungsflugzeuges der iranischen Luftwaffe, das sich auch als fliegende Kommandozentrale eignet.

Hatten die Iraner damit vor, einen Luftangriff auf die Vincennes zu koordinieren?

An Bord des Trägers USS-Forrestal, von dem die vier Kampfflieger gestartet waren, war man sich mittlerweile im Klaren über die zivile Identität des vermeintlichen Angreifers. Der Kapitän befolgte aber die internen Navy-Richtlinien, wonach die Richtlinienkompetenz für einen Angriff ausschließlich bei dem Kommandanten am Ort des Geschehens liegt, und überließ der Vincennes somit die weitere Vorgehensweise.

Es war 09:50 Uhr/loc. an Bord der Vincennes, als plötzlich jemand rief, daß es sich bei dem Objekt um einen F-14 Kampfflieger der Iraner handeln könnte. Auch das Identifizierungssymbol wies nun nicht mehr den zivilen Mode-3, sondern den militärischen Mode-2 auf.

Jedoch stammte dieses neuerliche Signal von einem in Bandar Abbas landenden Militärtransporter der Iraner, der sich für kurze Zeit auf gleicher Höhe wie der Airbus befand.

All dies trug zu einem an Chaos grenzenden Zustand auf dem Deck der Gefechtszentrale bei.

Die Einschätzungen über das Radarsignal sowie die geeigneten Maßnahmen gingen weit auseinander.

Der Kommandant erinnerte sich an den Vorfall, bei dem durch einen unvorhergesehenen Raketenangriff einer irakischen Mirage F-1 die USS-Stark ein Jahr zuvor zum Kentern gebracht wurde.

Noch 32 Meilen trennten den Airbus von der Vincennes. Das Flugzeug stieg gemächlich durch 7000 ft und befand sich nun über der Straße von Hormuz.

Die nun erfolgte Mißdeutung ist bis heute ungeklärt: der verantwortliche Offizier, der den Überwachungsmonitor beobachtete, auf dem eindeutig eine Geschwindigkeit von 380 Knoten und eine Flughöhe von 13500 ft steigend stand, schrie aber völlig andere Werte in Richtung des Gefechtsoffiziers. Nämlich 455 Knoten und 7800 ft sinkend!

Aus diesen (falschen) Werten war eindeutig eine offensive Einstellung abzulesen, auf die der Kommandant entsprechend der Richtlinien zu reagieren hatte.

Innerhalb von 10 Meilen Entfernung müssen dann Abwehrmaßnahmen ausgeführt werden, und das vermeintliche Ziel war nur noch 11 Meilen entfernt.

Die Uhr zeigte 09:64:05 Uhr/loc. als der Kommandant den SM-6 Raketenwerfer scharf machen ließ. Und einen Moment später zischten diese zwei Raketen in Richtung Ziel.

Das Schicksal des Fluges IR655 war besiegelt. An Bord des Airbusses herrschte normale Routine. Niemand ahnte die todbringenden Geschosse, die auf sie zurasten. Die erste SEADART Flugabwehrrakete traf den Airbus in die linke Flügelwurzel und brachte die Flächentanks sofort zur Explosion. An Bord der Vincennes wurden noch Funksprüche wie: „*Oh, Mann*", „*Gehen runter*" und „*direkter Treffer*" aufgefangen, bevor der Jet mit allen 290 Insassen aus 13.500 ft in den Golf stürzte. Das sind mehr Opfer als bei dem Abschuß des koreanischen Jumbos über Sachalin durch sowjetische Abfangjäger!

Lange Zeit versuchte das Pentagon in üblicher Manier, die Maßnahmen in einem proamerikanischen Licht darzustellen. Es wurde beispielsweise behauptet, der Kreuzer Vincennes habe sich innerhalb internationaler Gewässer befunden und der iranische Airbus eindeutig außerhalb der zivilen Luftstraße. Beides war unzutreffend.

Es folgten geharnischte Protestnoten Irans und ein neuerliches Aufflackern der anti-amerikanischen Proteste im nahen Osten.

21.07.88

Angola AC   **Boeing 707-320C**
D2-TOV   18881

Auf dem Weg zum äußeren Landekurssender (Localizer) der Bahn 19R in **Lagos/Nigeria** zerschellte der Frachter etwa 10 Kilometer vom Murtala Muhammed AP entfernt. Alle sechs Insassen kamen ums Leben.

Beim letzten Funkkontakt mit der Maschine wies nichts auf Probleme hin. Von den zuständigen Fluglotsen wurde die Maschine nach Passieren des Lagos VOR zum Sinkflug von 35.000 ft (FL 350) auf 200 ft Anflughöhe freigegeben.

02.08.88

Hemus Air   **Yakovlev Yak-40**
LZ-DOK   9620247

Aus ungeklärten Umständen brach während des Starts in **Sofia/Bulgarien** an Bord der YAK-40 ein Feuer aus. Die Maschine zerschellte noch auf dem Flughafengelände, wobei 25 Menschen getötet wurden.

An Bord befanden sich 33 Passagiere sowie 4 Crewmitglieder. Der Flug sollte von Sofia nach Varna gehen.

27.08.88

TWA   **Boeing 727-100**
N852TW   18571

Beim Endanflug auf den Flughafen Chicago/Midway ließ sich das Fahrwerk der 727 nicht richtig ausfahren.

Die Crew entschied sich daraufhin, zum Flughafen **Chicago O'Hare AP/IL/USA** zu fliegen, um dort eine Notlandung zu machen. Nach 35-minütigem Kreisen, währenddessen wurde der Schaumteppich gelegt, setzte die 727 um 16 Uhr auf der Bahn 14L mit der Rumpfunterseite auf.

Niemand kam ums Leben, aber bei der nun folgenden Evakuierung zogen sich einige Passagiere Blessuren zu. Die Maschine wurde dabei aber so schwer beschädigt, daß sie abgewrackt werden mußte.

31.08.88

Delta AL   **Boeing 727-200**
N473DA   20750

Auf dem Flughafen von **Dallas-Fort Worth AP/TX/USA** machte man sich im Cockpit bereit für den bevorstehenden Abflug. Der Flug sollte als Linienkurs DL 1141 nach Denver gehen. An Bord befanden sich neben der dreiköpfigen Crew noch weitere 105 Insassen, als man die Terminalposition verließ und mit leichter Verspätung in Richtung Startbahn 18L rollte. Dort angekommen reihte sich die 727 als Startnummer 4 in die Kette der wartenden Flugzeuge, die alle auf derselben Bahn starten wollten, ein. Bis zu diesem Zeitpunkt liefen nur zwei der drei Triebwerke, um während der langen Rollphase nicht unnötig Sprit zu verbrauchen. Es wurde langsam damit begonnen, die Checkliste für den Start herunterzulesen, und das dritte Triebwerk wurde wieder in Gang gesetzt, doch genau in diesem Augenblick wurde DL 1141 vom Towerlotsen angewiesen (offenbar aus Rücksicht auf den einzuhaltenden Slot), die vor ihr stehenden Flugzeuge zu überholen und unverzüglich als Startnummer 1 auf der Bahn 18L in Startaufstellung zu rollen. Mit dieser Wendung der Ereignisse wurden die Piloten überrascht und hasteten nun förmlich die weiteren Punkte der Checkliste im Eiltempo herunter. Dabei wurde auch die Klappenkonfiguration abgehakt. Auf die Frage des Copiloten: „Flaps?", gab der fliegende Pilot die routinemäßige Antwort: „Fifteen, fifteen, green light." Jedoch tat er dies im Zeitdruck und während er die anderen Flugzeuge überholte. Ein kurzer Blick auf die Kontrollanzeige der Klappen hätte genügt, um zu erkennen, daß weder die Landeklappen (Flaps) auf die vorgeschriebenen 15 Grad, noch die Vorflügel (Slats) ausgefahren waren. Die Positionsanzeiger der Klappen waren beide noch in der 0-Position, die für einen Start unter normalen Bedingungen nicht gestattet ist. Noch bevor die Checkliste zu Ende gelesen war, erhielt DL 1141 die Startfreigabe, und ohne weitere Checks schob der Pilot die Triebwerkshebel auf Startleistung. Die 727-200 besitzt ein Sicherheitssystem, das bei einer unvorschriftsmäßigen Startkonfiguration in Form eines Kontrollichtes bei der Schuberhöhung von Triebwerk 3 Alarm schlägt. Doch hatte unglücklicherweise genau dieses System einen Defekt, der beim letzten Wartungscheck vergessen worden war. Dem Copiloten fiel allerdings auf, daß das grüne „Auto Pack Trip"-Licht (was eine normale Startkonfiguration anzeigt) nicht - wie sonst immer - aufleuchtete, sondern erloschen blieb. Eine entsprechende Meldung an den Kommandanten erfolgte jedoch nicht. Flug 1141 beschleunigte weiter die Startbahn hinunter. Bei V_r zog der Pilot die Flugzeugnase vom Boden, und ca. 300 Meter später hoben die Räder des Hauptfahrwerks vom Boden ab. Doch kaum war die 727 in der Luft, so fing auch schon das Rüttelsystem der Steuersäulen, das vor überzogenen Flugzuständen warnt, an, hin und her zu schütteln. Der Pilot tat in dieser Situation jedoch genau das falsche: Statt sofort den Triebwerkschub auf 100 % zu erhöhen und die Flugzeugnase zu senken, vergrößerte er den ohnehin schon großen Anstellwinkel noch um einige Grad. Die Maschine schwebte in einer Höhe von etwa 6 Metern über dem Boden und legte sich von einer Seite auf die andere. Mittlerweile war man schon über das Ende der Runway hinausgeflogen, als 22 Sekunden nach dem Abheben die 727 einen Antennenmast des ILS streifte und kurz darauf zu Boden ging. Das Fahrwerk wurde abgerissen, der Rumpf brach in drei Teile und Feuer brach aus.

12 Passagiere und 2 Crewmitglieder des Fluges DL1141 starben bei dem Unglück. Die anderen 94 entkamen mit teilweise schwersten Verletzungen dem Ort des Geschehens.

Nachdem der 727 die Startnummer 1 zugeteilt wurde, kam es zu keinerlei Verifizierung der gelesenen Punkte der Checkliste.

Delta verbesserte von da an das System der Checklisten und intensivierte das entsprechende Schulungs- und Trainingsprogramm.

31.08.88

CAAC   **HS121 Trident 2E**
B-2218   2159

Über der gesamten Halbinsel Victoria lag an diesem Abend ein Gewittersturm. Für Hong Kong nichts Ungewöhnliches im Spätsommer. Es war bereits 00:43 Uhr/loc., als sich der Linienflug CA301 von Gouangzhou (ehem.Canton) von Nordosten her, im Sinkflug auf die

Millionenstadt befand. Zu dieser späten Zeit war aus Lärmschutzgründen die Landebahn 31 in Betrieb, bei der der Anflug in gerader Linie über das Wasser des Lei Yue Mun-Sundes erfolgte. Die Sichtweite betrug teilweise nur 3000 m. Über dem Flughafen **Kai Tak AP/Hong Kong** ging gerade wieder ein starker Regenschauer nieder, als ein weiteres Flugzeug in entgegengesetzter Richtung, auf der Bahn 13 abhob. Um diesen abfliegenden Verkehr zu umgehen, wurde CA301 angewiesen, mit Westkurs (270°) in 5.000 ft durch die verlängerte Pistenachse der Bahn 31 hindurchzufliegen und dann in einer Rechtskurve zum ILS zurückzuschwenken. Um 01:09 Uhr/loc. wurde dann die Freigabe für die Rechtskurve erteilt, doch CA301 bat statt dessen um eine Linkskurve, da sich direkt vor der Trident eine Gewitterzelle aufgebaut hatte, der man ausweichen wollte. Der Wind drehte unterdessen von West auf Südwest und blies mit etwa 12 Knoten ziemlich genau in Bahnrichtung 310°.

Die Piloten wurden hiervon in Kenntnis gesetzt, blieben jedoch bei ihrer Absicht, auf der 31 zu landen, da bei Dunkelheit und schlechtem Wetter ein „Checkerboard-Anflug", bei dem jedoch ausreichende Sicht unbedingt notwendig ist, nicht zu machen war. Somit wurde in einer weiten Linkskurve der Anflug auf die Bahn 31 fortgesetzt. Hong Kong-ATC verfügt über ein PAR-Radargerät (Precision Approach Radar), die ein anfliegendes Flugziel auf den Meter genau orten kann, um eventuelle Abweichungen vom Gleitpfad rechtzeitig erkennen zu können.

Kurz darauf wurde CA301 zur Landung auf der Bahn 31 freigegeben. Der Towerlotse setzte danach die Piloten darüber in Kenntnis, daß er keinen PAR-Kontakt auf seinem Radarschirm von der Trident habe. Wäre dies jedoch der Fall gewesen, so hätte er erkannt, daß CA301 viel zu niedrig anflog. Über der Kowloon-Bucht sank die Maschine mit einigen Knoten Rückenwind dem Bahnanfang entgegen. Als man die dichte Wolkendecke durchbrach und die Bahnbefeuerung erblickte, war es jedoch bereits zu spät.

Die äußere rechte Landeklappe krachte gegen die Anflugmasten und wurde mitsamt der Halterung abgerissen. Noch im selben Moment kollidierte das rechte Hauptfahrwerk mit der steinernen Uferaufschüttung, nur wenige Meter vom asphaltierten Anfang der Landebahn entfernt. Das Fahrwerk wurde abgerissen und die Trident schlug hart mit der rechten Tragfläche auf den Boden. Die Maschine wurde um ihre Hochachse nach rechts herumgerissen. Nachdem auch das Bug- und das linke Hauptfahrwerk in sich zusammenfielen, brach CA301 nach rechts aus, überquerte den parallelen Rollweg und fiel kopfüber in das flache Salzwasser der Hafenbucht. Dort brach dann der vordere Rumpf ab und lief in Sekunden voller Wasser.

Als die Rettungsmannschaften eintrafen, lag die hintere Rumpfhälfte über Wasser, während der Bug abgebrochen war. Ein kleineres Feuer man im Triebwerk No.2 konnte schnell gelöscht werden.

Die meisten der 78 Passagiere und die elfköpfige Besatzung konnten aus eigener Kraft dem Wrack durch die Notausgänge entfliehen. Für die drei Piloten, drei Flugbegleiter sowie einen Passagier, der im vorderen Kabinenteil saß, gab es jedoch keine Rettung. Sie waren mit dem vorderen Rumpf auf den Grund des Hafenbeckens gesunken und ertrunken.

09.09.88
Hang Kong Vietnam   **Tupolev 134A**
VN-A102   **60925**

Bei starken Regenfällen stürzte der Jet beim Anflug auf **Bangkok/Thailand** etwa 6 km außerhalb der Stadt in ein Reisfeld.

76 der 90 Insassen der aus Hanoi kommenden Maschine kamen dabei ums Leben.

15.09.88
Ethiopian AL   **Boeing 737-200**
ET-AJA   **23914**

Der Flug ET 604 begann an diesem Tag auf dem Flughafen **Bahar Dar/Äthiopien** und sollte die Boeing 737 mit ihren Insassen in die Hafenstadt Asmara bringen. Als sich die Geschwindigkeit genau zwischen V_1 und V_R befand, geriet die 737 beim Startlauf in einen Taubenschwarm, wobei einige der ca. 300 Gramm schweren Tiere in die beiden Triebwerke gesaugt wurden. Schon Sekunden später stieg die Temperatur in den beiden Triebwerken an, dann verloren sie an Schub.

Da die Entscheidungsgeschwindigkeit V_1 schon überschritten war, mußten die beiden Piloten den Start durchführen. Doch schon beim Auftreten der ersten Anomalien in den Triebwerken, entschloßen sie sich zur sofortigen Rückkehr zum Flughafen. Die Maschine machte eine Rechtskurve, um wieder auf den Landekurs zu schwencken. Doch in 7.100 ft fielen beide Triebwerke aus. Die Besatzung war gezwungen, 10 Kilometer südwestlich des Flughafens eine Notlandung mit eingezogenem Fahrwerk zu machen. Kaum, das die 737 zum Stehen gekommen war, brach an Bord ein Feuer aus, indem 31 der 105 Insassen ums Leben kamen. 11 weitere Insassen zogen sich schwere Verletzungen zu.

24.09.88
Aeroflot   **Tupolev 154B-2**
CCCP-85479   **479**

Bei der Landung in der syrischen Stadt **Aleppo/Syrien** verunglückte die Tupolev. Von den 168 Menschen an Bord wurde zum Glück niemand verletzt.

Näheres ist nicht bekannt.

26.09.88
Aerolineas Argentinas   **Boeing 737-200**
LV-LIU   **20964**

Bei der Landung der mit 120 Passagieren besetzten 737 in **Ushuaia/Argentinien** kam der Zweistrahler nach links von der Bahn ab, rollte über einen Damm und schoß in den Beagle Kanal. Auf diesem Weg, es war gerade 11:30 Uhr/loc., wurden Triebwerke und Fahrwerk aus den Verankerungen gerissen. Von 62 Insassen wurden 13 verletzt.

Die Boeing hatte allerdings nur noch Schrottwert.

10.10.88
TAAG Angola   **Boeing 707-320C**
D2-TOM   **19965**

Durch einen Kurzschluß im elektrischen System entstand ein Feuer, das erst gelöscht werden konnte, als bereits die Rumpfstruktur angefressen war. So geschehen während des Einsteigens der Passagiere auf dem Flughafen von **Luanda/Angola**.

Über verletzte Personen in diesem Zusammenhang liegen keine Meldungen vor.

17.10.88
Uganda AL   **Boeing 707-320C**
5X-UBC   **19630**

Auf dem nächtlichen Flug QU775 von London-Gatwick über Rom nach Entebbe befand sich die 707 im Sinkflug auf den Flughafen **Rom-Fiumicino/Italien** der italienischen Metropole. Zu dieser Zeit lag dichter Nebel über dem Flugfeld mit einer Horizontalsicht von weniger als 200 Metern. Anflüge waren daher nur auf der Bahn 34L, die ein Blindlandesystem der Kategorie 3(CAT 3) aufweist, möglich.

An Bord befanden sich außer den 7 Besatzungsmitgliedern noch weitere 45 Passagiere.

Der erste Landeversuch wurde vor Erreichen der Landebahnschwelle abgebrochen, als bei der Entscheidungshöhe noch keine Lichter der Anflugbefeuerung im Cockpit auszumachen waren.

Auch der zweite Anflugversuch wurde abgebrochen, und der Kommandant zog seinen Jet wieder in den dunklen Nachthimmel hinein. Der Pilot gab jedoch nicht auf.

Ein drittes Mal flog man eine Schleife und befand sich gegen 00:40 Uhr/loc. wieder im 34L-Anflug. Diesmal jedoch befand man sich nicht genau auf der Anfluglinie, sondern um einiges rechts davon. Außerdem sank der Vierstrahler etwas zu schnell und tauchte immer weiter unter den Leitstrahl ab.

Schließlich war die Maschine soweit gesunken, daß das Radarecho auf den Radarschirmen der Lotsen erlosch.

Alle Warnungen kamen zu spät, und unmittelbar darauf bekam die 707 mit der Tragfläche und dem Fahrwerk Berührung mit den Dächern einiger Wohnhäuser. Dabei brach die Tragfläche ab und stürzte brennend auf einen Parkplatz. Die Boeing stürzte augenblicklich zu Boden und ging in Flammen auf.

24 Passagiere und alle sieben Besatzungsmitglieder fanden den Tod.

19.10.88
Indian AL   **Boeing 737-200**
VT-EAH   **20481**

Die mit vollbesetzte, als IC 113 aus Bombay kommende 737 zerschellte ca. 5 km vor der Landebahnschwelle der Bahn 23 in **Ahmedabad/Gujarat/Indien**. Der Pilot hatte bei Nebel versucht, den Flughafen nach Sicht anzufliegen.

Er flog zu tief an, streifte einige Bäume, einen Hochspannungsmast und zerschellte auf einem Feld.

Das Unglück ereignete sich um 7:30 Uhr/loc. morgens und kostete 124 Passagieren und der sechsköpfigen Crew das Leben.

Nur 5 Menschen konnten sich schwerverletzt retten. Dies bedeutete das schwerste Flugzeugunglück für Indian Airlines und es war gleichzeitig auch zweitschlimmste in das ein Flugzeug vom Typ 737 verwickelt war.

25.10.88
Aeroperu   **Fokker F28-1000**
OB-R-1020   **11059**

Kurz nach dem Abheben vom Flughafen in **Juliaca/Peru** zum Flug mit 65 Passagieren und 5 Crewmitgliedern nach Arequipa verlor die Fokker an Höhe, schlug mit dem Heck auf den Boden auf und schoß über eine Farm in den Uncolla Fluß.

12 der Insassen starben dabei.

15.11.88
Air Zimbabwe   **Boeing 707-320B**
Z-WKT   **18929**

Die Boeing wurde in einem Hangar in **Harare/Zimbabwe** so schwer beschädigt, daß man sich nicht zur Reparatur entschliessen konnte. Näheres ist nicht bekannt.

14.12.88
Gas Air Cargo   **Boeing 707-320C**
5N-AYJ   **19168**

Die mit Saatgut und Blumen beladene 707 sollte aus Dar-es-Salaam kommend über Cairo nach Brüssel fliegen. Nach zwei vergeblichen Landeversuchen in Cairo wurde die Maschine nach Luxor umgeleitet. Kurze Zeit später, um 21:50 Uhr/loc, ging dem Flugzeug jedoch der Treibstoff aus. So entschloß sich die Besatzung zu einer Notlandung auf einem Feld nahe der Ortschaft **Kom-Ounran/Ägypten**, 65 Kilometer südlich von Luxor. Dabei streifte der Flieger mehrere Häuser und zerschellte schließlich.

13 Menschen, davon fünf Dorfeinwohner, starben bei dem Unglück.

21.12.88
Pan American   **Boeing 747-100**
N739PA   **19646**

An diesem Tag sollte der planmäßige Pan Am Linienkurs PA103 von Frankfurt über London nach New York stattfinden.

Dieser wurde zunächst von Frankfurt aus mit einer 727-Kurzstreckenmaschine nach London-Heathrow geführt.

Dort wechselte man das Fluggerät auf die atlantiktaugliche Flugzeugmuster 747 um. Es stiegen 243 Passagiere, 12 Mitglieder des Bordpersonals sowie die 3-köpfige Cockpitbesatzung in den startklaren Jumbo-Jet. Dieser hob mit einer 25-minütigen Verspätung, um

18:25 Uhr/loc., zur Langstreckenetappe nach New York-JFK ab.

Der Flug verlief in dieser Phase problemlos, und bald hatte der Großraumjet seine Reiseflughöhe von 31.000 ft erreicht.

Etwa 52 Minuten nach dem Start in London, als die Maschine geradewegs auf das Funkfeuer von Prestwick, Schottland, zuflog, verschwand urplötzlich das Identifizierungssymbol des Pan Am Fluges von den Radarschirmen der Kontrollotsen.

Versuche, mit der Besatzung Funkkontakt aufzunehmen, schlugen fehl.

Am Boden wurde nun Alarm ausgelöst. Der Jumbo-Jet war während des Reisefluges auseinandergebrochen und stürzte unaufhaltsam der Erde entgegen.

Unglücklicherweise fielen die Trümmer auf bewohntes Gebiet: in die Ortschaft **Lockerbie/Schottland**, genau an der Autobahn A74 zwischen Carlisle und Glasgow gelegen. Herabstürzende Flugzeugtrümmer schlugen dort in mehrere Wohnhäuser ein und setzten diese in Brand.

Auf der Autobahn durchschlugen die Wrackteile einige Fahrzeuge und verursachten dort ein Verkehrschaos. Die Autobahn wurde vollgesperrt. Die Telefonleitungen wurden kurzzeitig unterbrochen. Überall entstanden Feuer.

Das Gebiet war mit Wrack- und Leichenteilen übersät. Alle 258 Insassen des Jumbos sowie 12 Einwohner in Lockerbie kamen ums Leben. Zunächst wurde als Absturzursache ein Strukturfehler aufgrund von Materialermüdung des Jumbos vermutet. Dieser hatte bereits mehr als 18 Flugjahre hinter sich und wurde in seinem ersten Betriebsjahr 1970, über Nantucket, Massachusets, von einer CAT erfaßt, die, so meinten einige, das Flugzeug bereits angeknackst haben könnte. Außerdem ist dieser Jumbo in einer Reihe mit anderen Unglücksmaschinen gebaut worden. Die benachbarten Baunummern waren bereits 1977 bzw. 1983 verunglückt.

Ein solcher Zusammenhang entbehre jedoch, so Vertreter von Boeing und Pan Am, jeglicher Grundlage und habe mit der Absturzursache nichts zu tun. Die Maschine wurde 1987 für die strategische Luftreserveflotte der U.S. Armee auserkoren. Um deren Ansprüchen gerecht werden zu können, verstärkte man den Kabinenboden, baute eine Frachtklappe ein und erhöhte die Passagierkapazität auf 412 Sitze. Als tragische Folge dieser Strukturverstärkungen zerfiel die Maschine nicht in mehrere kleine, sondern in relativ wenige und sehr große Teile (z.B. blieb die vordere Rumpfsektion bis kurz vor dem Aufschlag nahezu intakt).

Dies führte dann zu den verheerenden Einschlagschäden am Boden.

Diejenigen, die nicht an einen Zusammenhang des Unglücks mit dem Lebenslauf des Jumbo-Jets glauben wollten, sollten recht behalten, denn einige Tage später erklärten sich arabische Extremisten für den Absturz verantwortlich. In einem akribisch und minutiös geführten Untersuchungsverfahren, dessen Ergebnis Ende 1991 veröffentlicht wurde, stellte Scotland Yard und der CIA-Untersuchungsausschuß folgendes fest:

- der Sprengsatz wurde in einem Radiorecorder der Marke Toshiba versteckt und gelangte in einem schwarzen Samsonite-Koffer an Bord des Pan Am Fluges 103
- dieser bestand aus einem Plastiksprengsatz, der mit einem Schweizer Zeitzünder ausgestattet war
- die gesamte Bombe war in ein T-Shirt gewickelt, das ein Etikett einer Boutique auf der Insel Malta trug und
- von dort wurde der brisante Koffer auf den Air Malta Flug 180 nach Frankfurt aufgegeben
- Drahtzieher der ganzen Aktion sollen drei Libyer gewesen sein, und zwar; Abdel Basset, Ali al-Megrahi und Lamen Khalifa Fhimah.

Der Libysche Staatschef Gaddafi wurde aus Washington aufgefordert, die drei mutmaßlichen Attentäter auszuliefern.

Auftrag und finanzielle Mittel, so die Kommission, wurden vom Iran gegeben. Das Motiv dafür lag auf der Hand: Rache für den im Juli abgeschossenen Airbus der Iran Air.

Die Indizien, die auf eine iranische Urheberschaft des Unglücks schließen lassen, wurden jedoch immer dünner. Die Zeichen verdichteten sich eher auf eine Drahtzieherschaft Syriens. Dort soll der PFLP-Anführer Achmed Dschibril den Auftrag aus Libyen angenommen haben,

***N739PA**; die Unglücksmaschine "Clipper Maid of the Seas" hier einige Jahre vor dem Crash beim Rollen zur Startbahn/Frankfurt 1984 <Quelle: JR-Photo>*

ein amerikanisches Verkehrsflugzeug zu sprengen. Kurze Zeit nach der Veröffentlichung der Untersuchungsergebnisse wurde von den Vereinten Nationen über Libyen ein Verkehrs- und Handelsembargo verhängt, um die Auslieferung der drei Libyer zu erwirken.

Im Laufe der Zeit ergaben sich noch weitere Details, die die so eindeutig scheinenden Fakten des CIA zumindest in einigen Punkten fragwürdig erscheinen ließen.

Die wahren Hintergründe des Terroranschlages liegen weiterhin im Dunkeln...

08.01.89
British Midland   **Boeing 737-400**
G-OBME   **23867**

Die Besatzung der British Midland Airways Boeing 737 hatte an diesem Sonntagabend schon einen Linienkurs zwischen London Heathrow und der nordirischen Verwaltungshauptstadt Belfast hinter sich. Jetzt sollte die Maschine der privaten britischen Fluggesellschaft ihren zweiten Kurs nach Belfast absolvieren. Die gerade zwei Monate alte Boeing 737-400 hob um 19:52 Uhr/loc. vom Flughafen London Heathrow ab. An Bord der vom Copiloten gesteuerten Maschine befanden sich neben der achtköpfigen Besatzung noch 118 Passagiere. Die Lichter auf dem Erdboden versanken unter der 737, als sie von ihren beiden auf Steigleistung arbeitenden CFM 56 Triebwerken in den klaren Abendhimmel gezogen wurde. Der Kommandant meldete den Flug BD 92 bei der Streckenaufsicht London an, während der Copilot die Maschine auf Nordwestkurs in Richtung der Irischen See ausrichtete und den Autopiloten einschaltete. Genau wie der Rückkehrkurs eine gute Stunde zuvor schien auch der Kurs BD 92 ereignislos zu verlaufen.

Bis um 20:05 Uhr/loc.: Man passierte gerade die mittelenglische Industriestadt Birmingham, als die 737 plötzlich von heftigen Vibrationen geschüttelt wurde. In der Kabine war ein lautes „ratterndes" Geräusch zu hören, während graue Rauchschwaden aus den Rosten der Kabinenlüfter quollen. Die Passagiere, die im hinteren Teil der Kabine auf der linken Seite am Fenster saßen, konnten Funken und Flammen aus dem Triebwerk auf ihrer Seite schlagen sehen. Im Cockpit spürten die Piloten die Vibrationen des Rumpfes und rochen den Qualm, allerdings löste keines der Instrumente Alarm aus, die die Funktion der beiden Triebwerke überwachen. Der Kommandant griff nach vorne, um den Autopiloten auszustellen und damit die Steuerung der Boeing zu übernehmen. Klar war, daß die Vibrationen von einem der beiden Triebwerke stammen mußte. Die beiden Piloten guckten auf die Blöcke mit den Triebwerksinstrumenten, um festzustellen, welches Triebwerk die Störung verursacht hatte.

20:05:05 COP:
   „We got a fire."
CPT: „Which engines giving trouble?"
COP: „Its the le-...its the right one."
20:05:24 CPT:
   „Throttle it back."

Innerhalb von 19 Sekunden hatten die beiden ihre Entscheidung getroffen. Der Copilot schaltete das Autothrottle System aus und zog den Schubhebel des rechten Triebwerkes in seine Leerlaufposition zurück. Um ein Gieren der Maschine um seine Hochachse zu verhindern, zogen sie auch den Schubhebel des linken Triebwerkes zurück. Einige Momente später gingen die Vibrationen zurück, und die Rauchentwickelung schien sich ebenfalls zu vermindern.

Man entschloß sich im Cockpit, möglichst bald zu landen. Da sich die Situation aber zu beruhigen schien, entschlossen sich die beiden Piloten, nicht den Flughafen Birmingham Intl anzufliegen, den sie vor wenigen Minuten passiert hatten. Statt dessen entschieden sie sich für eine Landung auf dem Heimatflughafen ihrer Fluggesellschaft, dem East Midlands Airport.

Dieser Flughafen nahe der Ortschaft Castle Donnington befindet sich zwischen den drei britischen Städten Derby, Nottingham und Leicester und beherbergte die Wartungsabteilung von British Midland. Die Lichter des Flughafens zogen gerade unter der rechten Seite der 737 vorüber. Da kein akuter Notfall mehr vorlag, bot sich der Flughafen für eine Ausweichlandung förmlich an.

Der Copilot meldete den Notfall, seine Auswirkungen und die weiteren Pläne der Besatzung der Luftaufsicht in London. Die genehmigte sofort den Sinkflug in Richtung East Midlands. Die 737 schwenkte nach rechts und

G-OBMF; der Flottennachbar der in East Midlands verunglückten „G-OBME" in der ozeanblauen Farbgebung kurz vor

absolvierte einen Vollkreis, um wieder in Richtung des inzwischen passierten Flughafens zu fliegen.

CPT: „Seems to have stabilised...but we've still got the smoke."

So faßte der Kommandant die Situation zusammen. Der Copilot hatte inzwischen das rechte Triebwerk abgeschaltet, während der Kommandant den Chefsteward über die bevorstehende Landung in East Midlands informierte. Die Maschine flog nur noch mit einem Triebwerk und hatte eine völlig verqualmte Kabine, aber das war eine vielfach im Simulator geübte Situation. Für den Kommandanten mit seinen 13.000 Flugstunden auf der DC-9 und der 737 sollte die Landung in East Midlands kein Problem sein.

Diese positive Haltung wurde von vielen Passagieren in der Kabine nicht geteilt. Das „ratternde" Geräusch hatte ebenso wie die Vibrationen abgenommen, aber in der Kabine stand immer noch der nach „Öl" oder „brennenden Gummi" riechende Qualm. Ohne daß man die Passagiere über die Lautsprecher unterrichtet hatte, war die Maschine eine enge Kurve geflogen und anschließend steil in die dunkle Nacht abgetaucht.

Die Schnelligkeit, fast schon die Hektik, mit der die Kabinenbesatzung kommentarlos das eben ausgeteilte Abendessen wieder abräumte, hatte nicht zur Beruhigung der Passagiere beigetragen. Der eben aus dem Cockpit zurückgekehrte Chefsteward informierte über Telefon den Kommandanten, daß in der Kabine einige Passagiere „sehr unruhig wären". Der Kommandant holte daraufhin seine überfällige Ansage über die Lautsprecher nach: Es habe ein Problem mit dem rechten Triebwerk gegeben, man habe dieses aber inzwischen abgeschaltet. Jetzt sei man im Anflug auf den East Midlands Airport, wo man in zehn Minuten landen würde.

Es fiel aber einigen in der hinteren Kabine sitzenden Insassen auf, daß der Kommandant in seiner Ansage von einem Problem mit dem RECHTEN Triebwerk gesprochen hatte. Die Funken und Flammen waren aber aus dem LINKEN Triebwerk gekommen.

Keiner der Passagiere und Stewardessen wies die Cockpitbesatzung auf diese Diskrepanz hin.

Im Cockpit war inzwischen hektische Betriebsamkeit eingekehrt. Während die Piloten die Landung in East Midlands vorbereiteten, wurden sie von einer Kaskade von Funksprüchen überhäuft. Genehmigungen für den Sinkflug und für Kurswechsel mußten erfragt und erteilt werden. Die Maschine wurde von der Streckenkontrolle in Manchester an den Anfluglotsen in East Midlands weitergegeben. Jede Stelle dieser am Boden erkundigte sich nach dem Status der Maschine, den Wünschen der Piloten, Anzahl der Insassen an Bord, Treibstoffvorrat und die momentane Position der 737. Die Flughafenfeuerwehr in East Midlands wünschte eine Kommunikationsprobe mit der Boeing, die die Besatzung ausführte. Die Operationszentrale in East Midlands meldete sich und bekam von dem Copiloten einen Statusbericht. Zwischendurch absolvierte die Besatzung die Landecheckliste, wurde aber immer wieder von eingehenden Funksprüchen und der Kabinenbesatzung unterbrochen. Der Kommandant mußte nebenher die Maschine noch in ihrem steilen Sinkflug steuern.

Mitten in dieser Streßsituation versuchte der Kommandant immer wieder, sich einen Überblick über den Status der Maschine zu verschaffen.

CPT: „Now - what indications did we actually get?"
COP: „Just rapid vibrations in the aeroplan...smoke...."

Doch in diesem Moment meldete sich wieder eine Bodenstelle mit einer Rückfrage. Nach Beantwortung dieser Frage nahm der Kommandant seinen Versuch, sich Übersicht zu verschaffen, nicht wieder auf. Jetzt war es an der Zeit für eine weitere Checkliste. Drei Minuten später schwenkte die Boeing auf die verlängerte Pistenachse der angewiesenen Bahn 27. Um die 737 bei 3.000 ft abzufangen, schob der Kommandant den Schubhebel des verbleibenden linken Triebwerkes wieder leicht nach vorne. Schlagartig vergrößerten sich wieder die Vibrationen in der Maschine. Der Kommandant konnte die Lichter der Landebahn schon vor sich sehen, als der Anfluglotse ihn für einen Sinkflug auf 2.000 ft freigab. Die Klappen wurden auf fünf Grad gefahren, während die Fahrwerke aus ihren Schächten fielen. Die Vibrationen wurden immer stärker, bis bei 900 ft plötzlich das verbleibende linke Triebwerk ausfiel. Nur noch vier Kilometer vor der Bahn tauchte die 737 plötzlich nach unten ab.

20:23 CPT:
„Try lighting the other one up...theres nothing else you can do..."

Der Copilot versuchte daraufhin, das abgestellte rechte Triebwerk wieder zu starten, während der Kommandant den Steuerknüppel zu sich heranzog. Die Lichter der Anflugbefeuerung schon vor Augen versuchte der Kommandant verzweifelt, die Maschine abzufangen, aber diese sank immer schneller ab. Als wenn sie die verzweifelt um Höhe kämpfenden Piloten verhöhnte, klingelte in diesem Moment die Feuerwarnung des gerade ausgefallenen linken Triebwerkes.

CPT: „Stretch the glide, stretch the glide"
- Geräusch der GPWS Warnung vor absinken unter den Gleitpfad -
CPT: „Try opening the other one!"
COP: „Shes not going!"

Die Starterautomatik konnte das rechte Triebwerk nicht mehr anwerfen. Den Piloten gelang es nicht mehr, daß Triebwerk mittels des Fahrtwindes wieder auf die notwendige Touren zu bringen. Eine Minute nach dem Ausfall des linken Triebwerkes ergab sich der Kommandant in sein Schicksal. Er rief durch die offene Cockpittür in die Richtung Kabine: „Prepare for crash landing". Vor der Maschine verlief in einer Senke quer durch den Anflugweg die vielbefahrene Autobahn M1. Die hochaufgerichtete Boeing war immer noch 100 Knoten schnell, als das Hauptfahrwerk auf die Krone des Seitendamms vor der rechten Fahrspur der Autobahn aufschlug. Die Maschine federte wieder hoch, touchierte einige Baumkronen am Straßenrand, segelte die Aufschüttung hinunter und schoß mit nach unten gerichteter Nase über die rechte Fahrspur hinweg. Dabei streifte eine der Tragflächen einen Lichtmast und brach ab. Die Boeing prallte mit dem Unterboden der Cockpitsektion auf den wieder ansteigenden Hang und schlitterte ein Stück diese Aufschüttung hinauf. Dabei brachen die Fahrwerke zusammen. Die Hecksektion brach ab und wurde von der negativen Beschleunigung nach vorne auf die Kabine geschleudert. Als die Boeing auf dem Hang zum Stehen kam, lag die Cockpitsektion am Kamm der Aufschüttung. Von dieser Position aus konnten die beiden Piloten im Cockpit die Begrenzungslichter der 700 Meter entfernten Landebahn sehen.

Die schon alarmierte Feuerwehr stand auf Position an der Landebahn, als die entsetzten Rettungskräfte die Lichter der Boeing hinter dem Damm der Autobahn verschwinden sahen. Die Feuerwehrwagen preschten zur Absturzstelle, wo sie ein Feuer im linken Triebwerk sahen, welches binnen Minuten gelöscht wurde. Die Umgebung des Flugzeuges wurde mit einer Schicht aus Schaum überdeckt, um ein Entzünden des ausgelaufenen Treibstoffs zu verhindern. Danach konnte man mit der Bergung der Flugzeuginsassen beginnen. Inzwischen waren auch Feuerwehren der umliegenden Städte eingetroffen und halfen bei der Arbeit. Es sollte trotzdem acht Stunden dauern, bis man die letzten Insassen aus dem Wrack befreit hatte. Die Verletzen wurden in umliegende Krankenhäuser gebracht. Als diese überfüllt waren, flogen Transportmaschinen der Royal Air Force Verletzte bis in die Hauptstadt London.

Man zählte 39 Tote unter den 126 Insassen der Boeing. 67 Passagiere und sieben Besatzungsmitglieder, darunter die beiden Piloten, wurden schwer verletzt.

Schon die ersten Untersuchungen der beiden Triebwerke ergaben, daß es das linke Triebwerk war, das die starken Vibrationen und den Qualm erzeugt hatte. Das rechte Triebwerk, welches die Piloten zuerst abgeschaltet hatten, war völlig in Ordnung gewesen. Tiefgehende Überprüfungen an den Anzeigegeräte der Triebwerke und ihrer Verkabelung förderten dort keine Fehler zutage.

Es stellte sich die Frage, warum zwei so erfahrene Piloten einen derartigen Fehler begehen konnten. Der Kommandant hatte seit seiner Einstellung bei British Midland 1964 insgesamt 13.000 Flugstunden absolviert. Doch die meisten seiner Flugerfahrung hatte er auf der DC-9 gesammelt. Ein gutes Jahr vor dem Unfall hatte er einen Umschulungskurs auf die Boeing 737-300 absolviert und ein Jahr lang Flugerfahrung auf diesem Flugzeugtyp gesammelt. Der Copilot hatte sieben Monate Erfahrung mit der 737-300. Beide waren kurz vor dem Absturz für einen Tag auf der Boeing 737-400 geschult worden. Dieser Kurs bestand aus einem Diavortrag und der Aushändigung einer Broschüre, in der die Unterschiede zwischen der 737-300 und der 737-400 aufgeführt waren. Als sie an diesem fatalen Abend mit dem Linienkurs nach Belfast begannen, hatte der Kommandant 23, der Copilot 53 Flugstunden auf der Boeing 737-400 absolviert.

Demzufolge war ihre Sammlung von Informationen auch unvollständig und fehlerhaft. Der Kommandant erinnerte sich aus der Handhabung mit der DC-9, daß die Kabine hauptsächlich vom rechten Triebwerk mit frischer Luft versorgt wird (bei der 737-400 wird die Kabine hauptsächlich vom linken Triebwerk versorgt). Als er nach dem ersten Einsetzen der Vibrationen den Qualm in der Kabine sah, folgerte er, daß dieser aus dem rechten Triebwerk kommen mußte. Als er auf das Paneel mit den Triebwerksinstrumenten guckte, war seine Meinung schon vorgefaßt. Auf diesem Paneel waren in zwei Blöcken die „Primary" und „Secondary" Instrumente der beiden Triebwerke installiert. In jedem der beiden Blöcke sind untereinander die Instrumente der beiden Triebwerke angebracht. Diese Gestaltung für das Instrumentenpaneel hielten die britischen Behörden für „extrem unübersichtlich" und gaben dieser Gestaltung die Hauptschuld für die Fehlentscheidung, die die beiden Piloten jetzt trafen. Da die beiden wegen des Qualms an ein Feuer im Triebwerk glaubten, standen sie unter Zeitdruck, eine Entscheidung zu treffen. Nach einer Rückfrage beim Copiloten entschieden die beiden sich für das rechte Triebwerk als Quelle für die Störung und zogen den Schubhebel zurück. Zwischen dem ersten Auftreten der Störung und der Drosselung des Schubes des rechten Triebwerkes auf Leerlauf vergingen 43 Sekunden. Da man den Steigflug abbrach und einen unsymmetrischen Auftrieb vermeiden wollte, drosselte man gleichzeitig auch das linke Triebwerk.

So war es Pech der Piloten, daß praktisch im selben Moment die Vibrationen und Störungen im wirklich defekten linken Triebwerk zurückgingen. Auf den „Primary" Triebwerksinstrumenten des linken Triebwerkes waren vorher eine zu hohe Abgastemperatur und eine stark schwankende Drehzahl zu erkennen. Nach der Abschaltung des rechten Triebwerkes stabilisierten sich

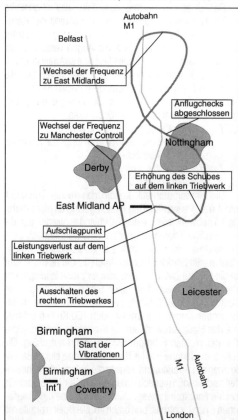

Schematische Darstellung des dramatischen Flugverlaufs der BMA 737 am 8.01.1989

auch diese beiden Werte im linken Triebwerk wieder innerhalb der vorgeschriebenen Toleranzen. Nur auf dem „Secondary" Paneel waren beim Blick auf die Instrumente noch Anzeichen von Störungen im linken Triebwerk zu sehen, denn die Vibrationen in diesem Triebwerk blieben gleichmäßig hoch. Doch erstens war die Anzeige dieses Meßinstrumentes sehr klein und unscheinbar, zweitens war das Instrument ebenfalls in die unübersichtliche Gestaltung der Triebwerksinstrumente eingepaßt. Drittens hatte der Kommandant kein Vertrauen in die Meßaufnehmer des Vibrationsmeßgerätes. In der DC-9 hat dieses Anzeigegerät den bösen Beinamen „Schätzmeter" und gilt als unzuverlässig (die Vibrationsmeßgeräte in der Boeing 737 gelten als sehr zuverlässig).

Die endgültige Entscheidung war mit dem Drosseln des rechten Triebwerkes noch nicht gefällt. Doch die Arbeitslast im Cockpit stieg jetzt rapide an. Daher prüfte der Kommandant die Triebwerksinstrumente nicht ausreichend, als der Copilot ein vollständiges Abschalten des Triebwerkes vorschlug. Er ging auf den Vorschlag des Copiloten ein, die Checkliste „Engine Failure and Shutdown" wurde gelesen und mit dem Schließen des Treibstoffhahnes des rechten Triebwerkes abgeschlossen. In der Checkliste wird keine Überprüfung der Werte der Triebwerksinstrumente verlangt. Zwei Minuten und sieben Sekunden nachdem ersten Auftreten der Störung war das rechte Triebwerk abgeschaltet.

Auch während der nächsten 15 Minuten war die Arbeitslast der Piloten so groß, daß sie die Triebwerksinstrumente nicht mehr ausreichend überprüften. Offensichtlich wurden die Probleme erst wieder, als der Kommandant den Schubhebel des linken Triebwerkes wieder nach vorne schob, um die Maschine in 3.000 ft abzufangen. Doch auch hier handelten sie zu spät. Als das linke Triebwerk in 900 ft Höhe endgültig ausfiel, war der Unfall unabwendbar.

Trotz des unübersichtlichen Layouts der Instrumentierung, der ungenügenden Schulung und der großen Arbeitslast der beiden Piloten nach dem Eintreten des Notfalles gaben die britischen Behörden den beiden Piloten die Schuld an dem Absturz. Der Kommandant wurde daraufhin von British Midland Airways pensioniert, während der Copilot gefeuert wurde.

Die britischen Behörden kritisierten aber Boeing, da der Hersteller der 737-400 es versäumt hatte, die Schwächen des Cockpitlayouts schon in der Erprobungsphase zu bemerken. Nach dem Absturz schlugen die Briten ein neues Layout für die Triebwerksinstrumente vor. In der alten Variante war jeweils ein Block mit den „Primary" und „Secondary" Instrumenten der beiden Triebwerke belegt. Statt dessen sollten jetzt alle Instrumente eines Triebwerkes in einem Block vereinigt werden.

Grund für die Triebwerksstörung war der Bruch einer Fanschaufel in der ersten Kompressorstufe des linken Triebwerks. Dabei war ein 10 Zentimeter langes Stück der Schaufel abgebrochen. Dieses hatte eine Unwucht in dem CFM56-3C-1 Triebwerk des Herstellers CFM ausgelöst, die zu den Vibrationen und Übertemperaturen im Triebwerk geführt hatte. Diese Art von Störung trat noch zwei Mal auf, einmal bei einer 737-400 der britischen Chartergesellschaft Dan Air und bei einer weiteren 737-400 der British Midland. Beide Zwischenfälle gingen ohne Unfall ab.

Um eine Berührung der Fanschaufeln untereinander zu verhindern, waren zwischen den einzelnen Schaufeln Abstandshalter angebracht. Genau an diesen Befestigung waren die Fanschaufel gebrochen. Der Hersteller des CFM56 Triebwerkes, ein Konsortium aus der französischen Firma SNECMA und der amerikanischen Firma General Electric, fand nach langen Versuchen heraus, daß die Befestigung unter bestimmten Umständen zu großen Belastungen ausgesetzt waren, die zu Ermüdungsbrüchen innerhalb der Triebwerksschaufel führten. Nach einer Änderung der Befestigung traten solche Probleme mit dem CFM56-3C-1 Triebwerk nicht mehr auf.

13.01.89
Aeroflot   **Tupolev 154A**
CCCP-85067   **67**

Aufgrund einer Überladung von 6,6 Tonnen kam man beim Start in **Monrovia/Liberia** nicht auf Höhe und die Maschine verunglückte hinter der Startbahn.

Unter den Insassen gab es keine Todesopfer.

08.02.89
Independent Air   **Boeing 707-320B**
N7231T   **19572**

Independent Air war eine kleine private Charterfluggesellschaft mit Sitz in Hapeville/Georgia. Die Flotte von drei 707 und zwei 727 war mehr als veraltet. Die Aufträge kamen spärlich ins Haus, und seit Jahren befand sich die Firma in Finanznot. Manches Mal konnte man die ausstehenden Rechnungen und Gehälter nicht pünktlich zahlen. Im Geschäftsjahr 1987 machte man einen Verlust von 3,3 Mio. Dollar. Um für das Jahr 1989 überhaupt die FAA-Betriebslizenz zu bekommen, verkaufte man die drei 707 an einen Flugzeughändler in Florida und mietete sie postwendend zurück. Somit hatte man genügend Finanzmittel, um für die Saison '89 an den Start gehen zu können. Hauptaktionsgebiet der Airline war neben den USA auch Europa und die Karibik, ein besonders im Winter lukratives Zielgebiet. Independent Air lockte vor allem durch ihre günstigen Preise die Kunden der Reiseagenturen an, die somit äußerst günstige Ticketpreise anbieten konnten. Mit dieser Strategie bestand man bisher am hartumkämpften Chartermarkt. Pro Jahr wurden ca. 400 bis 500 Flüge durchgeführt. Um Geld einzusparen und keinen Auftrag zu verlieren, wurde des öfteren ein Wartungsintervall ausgelassen oder die Piloten länger als vorgeschrieben im Cockpit gelassen. In Fachkreisen wurde bereits gemunkelt, daß die Gesellschaft eine unangemeldete Sicherheitskontrolle der FAA nicht überleben würde.

Für den Flug frühmorgens von Bergamo/Italien nach Santo Domingo/Dominikanische Republik war die 707 ausgebucht. Ein Reiseveranstalter aus der Dominikanischen Republik hatte den Flug organisiert, und sechs italienische Reisebüroketten sorgten für eine gute Auslastung. Die „N7321T" war zwar mit über 30 Dienstjahren das älteste Fluggerät der Flotte, jedoch kam die Maschine erst am 30.Januar aus einem größeren Werftcheck aus Luxemburg und befand sich in einem guten Zustand. Um überhaupt die seit 1988 europaweit geltende Lärmschutzverordnung (Kapitel 3) erfüllen zu können, mußte die Maschine für teures Geld mit Schalldämpfern ausgerüstet werden.

Es bestiegen 137 Passagiere, drei Mitglieder der Cockpitbesatzung und vier Stewardessen den abflugbereiten Jet, der auf der kurzen Bahn in Bergamo nicht mit seinem vollen Abfluggewicht starten konnte. Somit füllte man entsprechend weniger Treibstoff in die Tanks, um bei einem etwaigen Startabbruch noch genügend Sicherheitsdistanz zur Verfügung zu haben. Aus diesem Grund wurde ein Tankstopp auf halber Strecke eingeplant. Der Landepunkt für diese technische Zwischenlandung lag mitten im Atlantik, auf den zu Portugal gehörenden Azoreninseln. Es war kurz nach 07:00 Uhr/loc. als die vier Triebwerke gestartet wurden, und wenig später erhob sich der Jet in den Himmel über der Lombardei. Mit Westkurs steuerte man der 3500 km entfernten Destination entgegen. Der Flug verlief ohne Komplikationen; gegen 12:45 Uhr/loc. wurde über dem Atlantik der Sinkflug eingeleitet. Für die Landung auf dem Flughafen von Santa Maria, der östlichsten der neun Azoreninseln, holten sich die Piloten den örtlichen Wetterbericht. Es herrschte kaum Wind; einige Nebelbänke, die sich vielerorts seit den Morgenstunden nur sehr langsam auflösten, lagen auf den kargen Hängen der Insel. Weder der 41-jährige Pilot, noch der etwas jüngere Copilot waren mit den Gegebenheiten auf Santa Maria vertraut. Als die 707 beim Passieren von 20.000 ft mit der Anflug- und Platzkontrolle von Santa Maria Airport Kontakt aufnahm, war man noch gut 40 Meilen von der Landebahn entfernt. Minuten darauf kam die Chefstewardess ins Cockpit, um sich nach der bevorstehenden Landung zu erkundigen. Entgegen den Vorschriften blieb sie auch noch unterhalb von 10.000 ft im Cockpit und unterhielt sich von Zeit zu Zeit mit den Piloten.

Da an diesem Mittag kein weiteres Flugzeug im Anflug war, wurde die 707 von der diensthabenden Fluglotsin auf die Endanflughöhe freigegeben:

ATC: „Independent Air 1851, roger, recleared to 3.000 feet on QNH 1027 and runway will be one niner..."

Sie fuhr fort, indem sie die aktuellen Landedaten bekanntgab und endete mit den Worten:

ATC: „...expect ILS approach runway 19 report reaching 3.000 feet.",

genau zeitgleich drückte jedoch der Copilot seine Sprechtaste und sagte:

COP: „Recleared to two thousand feet and ah...1027.".

Diese fehlerhafte Bestätigung der Sinkfreigabe überlagerte sich mit der Transmission der Fluglotsin und konnte daher von ihr nicht gehört werden. Darauf bemerkte jedoch jemand im Cockpit die Unkorrektheit und wies den Copiloten an:

XXX: „Geh auf drei..."

Doch nichts geschah. Offenbar überhörte der Copilot diesen beiläufigen Hinweis. Der Sinkflug wurde fortgesetzt. Die Geländestruktur auf Santa Maria ist äußerst hügelig. Einzelne Bergkuppen erstrecken sich bis zu 1900 ft über dem Meeresspiegel. Die Cockpitcrew versäumte

es in dieser Situation, sich mit den Navigationskarten von Santa Maria vertraut zu machen. Aus diesen wäre eindeutig hervorgegangen, daß dort eine Mindesthöhe von 3.000 ft vorgeschrieben ist. Der Copilot stellte nun auch das automatische Höhenwarngerät auf diese Höhe ein. Die angepeilte Flughöhe von 2.000 ft lag zwar weit unterhalb der Sicherheitshöhe, jedoch wäre die 707 so gerade noch über die Bergkuppen hinweggekommen. Doch ein weiterer Fehler sollte das Schicksal des Fluges besiegeln. Die Fluglotsin war kurz zuvor verwirrt über eine offenkundig fehlerhafte Windmessanlage am Flughafen. Irritiert und abgelenkt gab sie einen Moment später der 707-Besatzung einen zu hohen Luftdruckwert durch. Dies führte dazu, daß die Boeing um noch einmal 250 ft niedriger flog als angewiesen. Die Lotsin unternahm keinen Versuch mehr, eine Bestätigung ihrer Sinkfreigabe einzufordern, und schenkte dem anfliegenden Charterjet zu wenig Beachtung.

An Bord des Vierstrahlers traf man unterdessen die letzten Vorbereitungen zur Landung. Man befand sich in den Wolken und hatte keinerlei Außensicht. Gerade ging man die Anflugcheckliste durch:

COP: „After 2.000 feet, well get below these clouds."
CPT: „In case we dont ...187 is the outbound."

Es war genau 13:08 Uhr/loc., als das automatische Bodenannäherungswarngerät (GPWS) losschlug. Wie gelähmt unternahmen die Piloten keinerlei Höhenkorrekturen, und sieben Sekunden später prallte der Rumpf in 1.800 Metern gegen eine Steinmauer. Mehrere Bäume wurden niedergemäht; im selben Augenblick explodierten die Tragflächentanks, als die 707 mit 240 Knoten nahe der Ortschaft **Santa Barbara/Santa Maria/Azoren/Portugal** am Gipfel des Pico Alto in einem Feuerball zerschellte.

Die alarmierten Rettungstrupps wurden durch starken Nebel im Absturzgebiet behindert. Jedoch kamen alle Versuche, Überlebende zu finden, zu spät. Keiner der 144 Insassen überlebte das Unglück.

Sofort wurde Kritik laut an der Sicherheitspolitik von Independent Air. Das italienische Zivilluftamt untersagte allen sogenannten „Billigveranstaltern", mit ihrem Fluggerät von italienischen Flughäfen aus zu starten. Angeblich erfüllten diese „No Name-Airlines" nicht die italienischen Wartungs- und Sicherheitsanforderungen. Doch der wahre Grund dieser administrativen Maßnahme war wohl eher in protektionistischen und wirtschaftlichen Gründen zu sehen, ebnete doch diese Entscheidung den einheimischen Charteranbietern den Weg in einen Wettbewerb mit weniger Konkurrenz.

09.02.89

L A M
C9-BAD
Boeing 737-200
20786

Bei der Landung in **Lichinga/Mozambik** kam bei starkem Regen die 737 von der Bahn ab und pflügte durch unebenes Gelände. Dabei wurde ein Triebwerk abgerissen, und zwei der 108 Insassen, die auf dem Flug TM195 aus Maputo kamen, wurden verletzt. Nach eingehender Inspektion kam man zu dem Urteil, die angeschlagene 737 nicht mehr zu reparieren.

09.02.89

Tarom   **Tupolev 154B-2**
YR-TPJ   408

Die Tupolev erlitt auf einem Übungsflug einen Schubverlust und stürzte in der Nähe von **Bukarest/Rumänien** ab. Über Personenopfer ist nichts bekannt.

18.02.89

Flying Tigers   **Boeing 747-200F**
N807FT   21828

Um 6:04 Uhr/loc.startete die Maschine der amerikanischen Frachtfluggesellschaft vom Flughafen Changi in Singapore, um die 747 nach Kuala Lumpur zu überführen und da neue Ladung an Bord zu nehmen. Der Flug sollte nur 33 Minuten dauern und es sah nicht so aus, als sollten irgendwelche Schwierigkeiten auftreten. Die Maschine wurde um 6:25 Uhr/loc.von Changi-Control an den Tower in Kuala Lumpur übergeben.

Die Maschine wurde für einen Sinkflug auf 20 000 ft freigegeben, und der Copilot erkundigte sich nach dem Zustand der von der Besatzung gewünschten Runway 33. Der Controller klärte sie darüber auf, daß entgegen der im aktuellen NOTAM verzeichneten Rollbahnverkürzung die Rollbahn zur vollen Länge zur Verfügung stehe. Zwei Minuten später gab der Controller die Maschine für einen Sinkflug auf die Höhe 5500 ft frei, nach einer weiteren Minute auf 3500 ft Der Copilot fragte nach dem ILS der Runway 33 und bekam die Information, daß dieses nicht eingeschaltet sei.

Als der Controller fragte, ob die Besatzung auf die Rollbahn 15 ausweichen wollte, lehnte diese das ab mit der Begründung: „man wäre jetzt schon auf dem Weg!".

Um 6:31:51 Uhr/loc.begann der verhängnisvolle Dialog :
TWR: „*Tiger 66 descent two four zero zero, cleared for the NDB approach runway three three.*"
COP: „*Okay, four zero zero.*"

Der Copilot hatte die Anweisung mißverstanden! Der Controller wollte die Maschine auf eine Höhe 2400 ft über dem Funkfeuer „Kayell" sinken lassen. Verstanden hatte der Copilot aber die Höhe 400 ft (130 Meter)! Und obwohl in den der Besatzung vorliegenden Anflugkarten, ebenfalls die Höhe 2400 ft verzeichnet war, begannen die Piloten, die Maschine in einen starken Sinkflug zu bringen. In der Annahme, daß seine Anweisung korrekt ausgeführt werden würde, schenkte der Controller dem weiteren Flugverlauf keine Beachtung mehr. Auch die 747-Besatzung schöpfte keinen Verdacht. Als der Frachtjumbo auf eine Höhe von 437 ft abgesunken war, kollidierte er mit einer Hügelkette im Anflugweg. Nachdem die Maschine drei Hügelspitzen gestreift hatte, zerschellte sie auf der Hälfte der Höhe eines Berges in der Nähe der Ortschaft **Pushong/Malaysia**. Die Treibstofftanks wurden aufgerissen, und der Havarist fing Feuer. Alle vier Besatzungsmitglieder starben bei diesem Unfall. Vordergründig wurde dieser Unfall auch durch die Art des malaiischen Controllers, in der er die Höhe angesagt hatte, verursacht. Statt wie im normalen Flugfunk :„*two thousand four hundret feet*" zu sagen, benutzte er die Formulierung :„*two four zero zero*". Im Zusammenhang mit der nicht guten Aussprache der englischen Vokabeln durch den Controller kann so etwas schnell zu Mißverständnissen führen. Es ist eine Tatsache, daß in einigen Ländern die Englischkenntnisse von Fluglotsen (und Piloten) ungenügend sind. Außerdem hat auch jedes Land seine eigene Art, Anweisungen zu geben, und in Malaysia zählt man die Nummern und Zahlen, aus denen die Höhe besteht, einzeln herunter. Die Piloten des Frachtjumbos hatten nicht einmal einen Versuch gemacht, die offensichtliche Diskrepanz zwischen dem, was sie über Funk verstanden haben wollten und den Eintragungen auf ihrer Anflugkarte zu klären.

10.03.89

Air Ontario   **Fokker F28-1000**
C-FONF   11060

In den Weiten Kanadas ist das Flugzeug ein unverzichtbares Verkehrsmittel, das über das gesamte Jahr funktionieren muß, um das öffentliche Leben aufrecht zu erhalten. Die kanadische Öffentlichkeit verläßt sich auf die sorgfältige Einhaltung von Sicherheitsvorschriften durch die Fluglinien und ihre lückenlose Überprüfung durch die kanadische Luftaufsicht „Transport Canada". Dieser Glaube sollte an diesem Wintertag jedoch nachhaltig erschüttert werden.

Die zu 75 % der Air Canada gehörende kleine Regionalfluggesellschaft Air Ontario flog Zubringerdienste für die Muttergesellschaft. Als Mitte der achtziger Jahre die Regierung den Binnenluftverkehr liberalisierte, gab Air Canada einen Teil ihrer Inlandstrecken an kleinere Tochterairlines wie Air Ontario ab. Die Air Ontario gab sich

N807FT; Sekunden nach dem Aufsetzen leitet der später im Anflug auf Kuala Lumpur so tragisch verunglückte Frachtjumbo das Bremsmanöver ein./Frankfurt im März 1986 <Quelle: JR-Photo>

das Image, genauso hochwertig im Service und den Sicherheitsstandards zu sein, wie die große Mutterairline.

Doch sie war es nicht. 1988 wurden zwei eingemottete Fokker F28 gekauft, bzw. geleast und im Streckennetz der Air Ontario eingesetzt. Dieser Sprung in das „Jetzeitalter" hatte die finanziellen, personellen und logistischen Möglichkeiten der kleinen Airline bis an die Grenze belastet. Bei den Ersatzteilen wurde gnadenlos gespart und eine MEL (= Minimum Equipment List, die auflistet, welche Aggregate an Bord für einen Start auf jeden Fall funktionsfähig sein müssen) gar nicht erst erstellt. Technische Störungen wurden auf Zettel vermerkt und an die nachfolgenden Besatzungen weitergegeben, fanden aber keinen Eingang in das Wartungslogbuch der Maschine und wurden deshalb nur selten beseitigt. Die Piloten wurden nur ungenügend, das Bodenpersonal und die Dispatcher jedoch überhaupt nicht auf dem neuen Flugzeugmuster geschult. Air Canada hätte den Betrieb der Fokker F28 unter diesen Bedingungen unverzüglich einstellen müssen, doch bei ihrer Tochtergesellschaft fühlte man sich nicht zuständig, einzugreifen. Auch der Aufsichtsbehörde „Transport Canada" schienen die Mißstände innerhalb der kleinen Airline nicht aufzufallen. Das war kein Wunder, hatte man den für die Air Ontario zuständigen Inspektor erst im November 1988 eingestellt. Er verfügte weder über eine Checkfluglizenz für dieses Flugzeugmuster, noch hatte er den „Eingewöhnugskurs" für die Fokker absolviert.

Als sich die Zwischenfälle zu häufen begannen, wurde innerhalb der Air Ontario Kritik an dem Betrieb der Fokker geübt. Insbesondere ein Kommandant tat sich dabei hervor: Er hatte Jahrzehnte in der kanadischen Wildnis kleine Propellerflugzeuge geflogen und war daher auf Jetflugzeugen relativ unerfahren. Von seiner gesamten Pilotenzeit von 24.000 Flugstunden hatte er 643 auf Jetflugzeugen und lediglich 82 auf der Fokker F28 absolviert. Diese Unerfahrenheit hatte ihn nicht gehindert, das Management von Air Ontario in den letzten Wochen mit nicht weniger als vierzig Eingaben, Beschwerden und Verbesserungsvorschlägen zu bombardieren. Unter seinen Kollegen galt er als „verantwortungsbewußt" oder „übervorsichtig", je nach Betrachtungsweise.

Als er sich an jenem Morgen um 06:40 Uhr/loc. in Winnipeg zum Dienst meldete, wurde er sofort wieder mit den tagtäglichen Mißständen der Air Ontario konfrontiert: Bei der Fokker, die er übernahm, war seit Monaten das APU kaputt. Den Ausgang am Heck konnte man nur mit Hilfe eines Gummibandes in der „Geschlossen" - Stellung halten. Der Dispatcher hatte in den normalen Linienkurs 1363 noch zwei Zwischenlandungen in dem Provinzstädtchen Dryden eingefügt. Dryden verfügte weder über primitivste Enteisungsmöglichkeiten, noch über einen Starterwagen, mit dem er ein abgeschaltetes Triebwerk wieder anwerfen konnte. Daher würde sich der Ausfall des APUs dort besonders schmerzhaft bemerkbar machen. Sein Rundkurs führte von Winnipeg über Dryden und Thunder Bay nach Lake Huron und die selbe Strecke wieder zurück. Auf der gesamten Strecke war starker Schneefall angekündigt, wie die letzten Tage auch.

Der Kommandant hatte die letzten drei Tage hintereinander Dienst gehabt und mußte nur den heutigen Tag noch bewältigen, dann sollte er in den Urlaub gehen. Für seinen Copiloten, der auf der Fokker 28 ebenfalls nur 66 Flugstunden hatte, war der heutige Dienst ebenfalls der letzte vor dem Urlaub.

Es schneite den ganzen Morgen über; daher hatte der Linienkurs 1363 Verspätung, als er auf seinem Rückweg wieder in **Dryden/Kanada** landete. Von seinem Urlaub nur noch durch ein Flugsegment getrennt, stellte ihn sein inoperables APU und der mangelnde Starterwagen in Dryden vor ein Dilemma: Er mußte während der gesamten Bodenzeit in Dryden eines der Triebwerke laufen lassen oder alle Triebwerke abstellen und in Dryden zu „stranden". Erschwerend kam hinzu, daß man aufgrund eines Fehlers des Dispatchers in Thunder Bay in Dryden nachtanken mußte.

Die Betankung eines Jets bei laufender Turbine nennt man „hot fueling" und ist selbst in den sehr toleranten Betriebsvorschriften der Air Ontario ausdrücklich verboten. Trotz dieses offensichtlichen Verstoßes gegen die Vorschriften entschied er sich für das Laufenlassen der Turbine. Ebenso wie die meisten seiner Passagiere, die Anschlußflüge in Winnipeg erreichen mußten, hatte er es eilig und wollte nicht in Dryden festsitzen.

Während der Bodenzeit fiel immer mehr Schnee auf die Fokker, insbesondere auf die Tragflächen. Nur die Vorderkanten der Tragflächen blieben aufgrund einer Heizung eisfrei. Einige Passagiere erkundigten sich daraufhin bei den beiden Stewardessen, wann die Maschine enteist würde. Eine von ihnen begab sich ins Cockpit und berichtete von der Schneeschicht auf der Tragfläche und den Fragen der Passagiere. Der Kommandant nahm das zur Kenntnis und schickte sie mit einem beruhigenden Kommentar zurück in die Kabine. Er sorgte sich nicht um den Schnee, der würde beim Startlauf von den Tragflächen geweht, dachte er. Nach einer knappen halben Stunde waren alle 64 Passagiere an Bord und das Tanken war abgeschlossen.

Als die Maschine 12:05 Uhr/loc. vom Terminal abrollte und sich zur Startbahn bewegte, begann das Unbehagen

Perspektivische Darstellung der letzten Momente im Leben der verunglückten Fokker F-28 nach dem Start in Dryden am 10.03.1989

einiger Passagiere über die schneebedeckten Tragflächen größer zu werden. In der Kabine begann eine Diskussion zwischen den Passagieren, die besorgt eine Enteisung der Tragflächen wollten, und denen, die keinen weiteren Aufschub des Starts akzeptierten und die Begründung der Stewardessen glaubten, die Fokker würde über eine „automatische Enteisung" verfügen. Da die Fokker im Schneefall sechs Minuten vor der Landebahn auf den Anflug einer Cessna wartete, nutzte eine Stewardeß die Gelegenheit und fragte noch einmal im Cockpit nach der Enteisung. Daraufhin fuhr der Kommandant sie an, „Sie solle das Maul halten und sie nicht weiter bei den Startvorbereitungen stören" (Aussage des Captains, laut der Stewardeß). Wenn sich jemand nach der Enteisung erkundigen würde, sollte sie sagen, daß sie zur Beantwortung solcher Fragen nicht in der Lage wäre. In der Kabine hatte der Streit inzwischen tumultartige Züge angenommen, die erst durch den beginnenden Startlauf der Fokker beendet wurde.

Die so rüde abgefertigte Stewardeß spürte auf ihrem Platz im Heck, daß die Fokker bei ihrem Startlauf viel zu langsam beschleunigte: Der Schnee wurde vom Fahrtwind von den Tragflächen geweht, aber darunter kam eine dicke Eisschicht zum Vorschein. Entsetzt spürte die Stewardeß die Wirkung der Eisschicht: Die Nase der Fokker hob sich unendlich langsam vom Asphalt, krachte wieder auf die Bahn und wurde dann erneut angehoben. Mühevoll löste sich jetzt das gesamte Fahrwerk vom Boden, ohne daß die Maschine danach an Höhe gewann. Das Ende der Bahn huschte gerade unter ihrem Fenster vorbei, als plötzlich die Maschine zu bocken begann und sich um ihre Längsachse herum taumelte. Sekundenbruchteile später erschütterte erst ein, dann mehrere harte Schläge die Maschine, dann neigte sich die Fokker nach vorne und verlor über dem abfallenden Boden hinter der Startbahn an Höhe. Durch die Fenster konnte die entsetzte Stewardeß sehen, wie die Fokker mit lautem Rumpeln eine Schneise durch den kahlen Baumbestand der Senke schlug. Sie wußte was jetzt folgen würde, schrie laut „Vorbeugen und festhalten" und wartete auf den Aufschlag, der unweigerlich bevorstand.

Bei diesem Aufschlag brach die Maschine in zwei Stücke und fing Feuer. Aus dem hinteren Bereich der Fokker konnten sich fast alle Passagiere retten, doch die meisten, die vor der Tragfläche und im Cockpit gesessen hatten, starben. Insgesamt waren 24 Tote zu beklagen, darunter auch die beiden Piloten. Die Fokker brannte vollständig aus. Obwohl sie sich nur wenige hundert Meter hinter der Landebahn befand, dauerte es zwei Stunden, bis die Feuerwehr den ersten Schlauch in die Nähe des Havaristen gebracht hatte. Auch alle anderen Rettungs- und Bergungsaktionen verliefen ähnlich chaotisch.

Schon bald begann die Presse in Kanada zu vermuten, daß dieser Unfall eher auf ein Versagen des „Systems" denn auf einzelne Personen zurückzuführen sei. Aufgrund des öffentlichen Drucks wurde daher nicht wie üblich „Transport Canada" mit der Untersuchung dieses Absturzes beauftragt, sondern ein Richter der höchsten Justizinstanz des Landes. Unter den Augen der Öffentlichkeit begann er mit einer sorgfältigen und umfangreichen Untersuchung der Umstände, die 24 Menschen das Leben gekostet hatten und die zivile Luftfahrt in Kanada in ihren Fundamenten erschütterte. Die Vernehmungen und Hearings nahmen schon bald den Charakter eines Tribunals an und förderten immer mehr Unstimmigkeiten, Regelverstöße, Schiebereien und Leichtsinn innerhalb der kanadischen Luftfahrtindustrie zutage.

Nach zwei Jahren stellte der Richter Moshansky seinen Bericht vor, der 1.700 Seiten dick war und 191 Verbesserungsvorschläge für die Zukunft beinhaltete.

Die Schlußfolgerung dieses Berichtes war, daß das System der gesamten Luftfahrtindustrie diesen Unfall „zugelassen" hatte. Die mangelnde Aufsicht durch „Transport Canada" und Air Canada über die Air Ontario hatte die Entwicklung von so eklatanten Sicherheitsverstößen ermöglicht. Nur so war es möglich, daß die Fokker ohne funktionsfähiges APU in die Mitte eines Schneesturms geschickt worden war. Der Kommandant hätte ohne dieses APU oder eine am Boden befindliche Starthilfe niemals den Flughafen Dryden anfliegen dürfen. Auch das Fehlen von primitivsten Enteisungsmöglichkeiten hätte ihn vom Ansteuern dieses Flughafens abhalten müssen. Doch seine jahrelange Erfahrung als Buschpilot hatte ihn gelehrt, daß Vorschriften „dort draußen" nicht zählten, womit er oft genug auch recht hatte. Auch hatte die hastige Ausbildung des Kommandanten dazu geführt, daß er den Sinn des Verbotes von „hot fueling" nicht verstanden hatte und sich daher nicht daran hielt. Während des Tankens hatte der zugeführte Sprit, die laufende Turbine und die Heizung der Flügelvorderkanten dafür gesorgt, daß ein Teil des Schnees auf der Tragfläche geschmolzen war. Doch der in den Tanks befindliche kalte Resttreibstoff hatte die Gesamttemperatur des Tanks wieder unter Null gedrückt. Das Wasser des geschmolzenen Schnees war bald durch den Schneefall überdeckt worden und gefror auf der Tragfläche. Dieser Effekt wird „Cold Soaking" genannt und war dem Kommandanten des Fluges 1363 niemals beigebracht worden.

Seine Entscheidung zu starten, ohne auf den Protest von Passagieren (unter denen sich ebenfalls Linienpiloten befanden) und die vorsichtigen Einwände seiner Stewardeß (im Winterbetrieb ebenfalls erfahren) zu hören, ist nicht nur durch Termindruck zu erklären. Innerhalb der Firma galt das Einhalten des Flugplanes als höchstes Ziel, um die „technischen Details" kümmerte man sich später. Wahrscheinlich zeigten sich bei den Piloten aber auch die ersten Ermüdungserscheinungen. Hatten sie doch vier Tage voller Streß, Ärger und schlechtem Wetter hinter sich. Und nach einem letzten Flug nicht nur den Feierabend dieses Tages, sondern auch Ferien vor sich: Das mag sie angetrieben haben, den Start in Dryden auf jeden Fall zu versuchen:

In seinen Verbesserungsvorschlägen mahnte der Richter Moshansky eine grundsätzliche Reform der Genehmigungs- und Überwachungsverfahren von Fluggesellschaften, der Ausbildung von Piloten, Bodenpersonal und Inspektoren an: Außerdem sollten die Vorschriften zum Winterbetrieb vollständig überarbeitet werden: Kanada sei ein Land, das aufgrund der geographischen Gegebenheiten führend in der Forschung und Praxis des Flugbetriebes im Winter sein sollte: In Wirklichkeit wären aber die Vorschriften und Methoden im Vergleich zu denen in Europa „primitiv":

Air Ontario gab nach dem Absturz seine verbleibende F-28 ab und operierte von da an nur noch mit vier DHC-6 Propellermaschinen:

18.03.89
Evergreen Int'l   **Douglas DC-9-33RC**
N931F   **47192**

Die DC-9 sollte im Auftrag der USAF mit einer Ladung Munition von der Carswell AFB/TX/USA zur Tinker AFB in Oklahoma fliegen: Kurz nach dem Start bemerkte die Crew, daß eine Frachtluke noch geöffnet war. Man entschloß sich nach Carswell zurückzukehren. Der Jet erreichte den Platz jedoch nicht mehr und stürzte in der Nähe von **Saginaw/Texas** ab.

Beide Besatzungsmitglieder kamen ums Leben.

21.03.89
Transbrasil   **Boeing 707-320C**
PT-TCS   **19354**

Nur wenige Meilen vor der Landung auf dem Guarulhos AP in **Sao Paulo/Brasilien** streifte die Fracht-707 im Endanflug ein mehrgeschossiges Wohnhaus und stürzte dann in die dichtbesiedelten Slums von Monte Carmelo. Brennende Wrackteile entzündeten mehr als 30 Wohnhütten. Dort entstand ein Inferno, in dem neben den 3 Besatzungsmitgliedern noch weitere 20 Menschen am Boden ums Leben kamen. Weitere 200 Personen mußten mit z.T. schwersten Brandverletzungen in Krankenhäuser eingeliefert werden.

Die 707 kam als Flug QD 801 mit einer Ladung von 26 Tonnen Elektronikteilen aus Manaus. Der Himmel zum Unglückszeitpunkt war bedeckt.

03.04.89
Faucett Peru   **Boeing 737-200**
OB-1314   **19425**

Es regnete sehr stark, als die Boeing zur Landung in **Iquitos/Peru** ansetzte. Mit 139 Insassen war die Maschine vollbesetzt und konnte von den Piloten nicht mehr vor dem Bahnende zum Stehen gebracht werden. Die Maschine schoß über unebenes Gelände und wurde hierbei irreparabel beschädigt. Alle Insassen entstiegen dem Flugzeug ohne größere Blessuren.

26.04.89
Aerosucre   **SE210 Caravelle 11R**
HK3325X   **219**

Unmittelbar nach dem Start von **Barranquilla/Kolumbien** zu einem Cargoflug nach Bogota verrutschte die nicht gesicherte Ladung. Frischfleisch und ein VW machten sich beim Abheben selbständig. Die Maschine war daraufhin nicht mehr zu halten, überzog und stürzte zu Boden.

Alle 3 Besatzungsmitglieder, 2 Passagiere und zwei weitere Personen am Boden kamen ums Leben.

17.05.89
Somalia AL   **Boeing 707-320B**
6O-SBT   **19316**

Bei einem Startabbruch in **Nairobi/Kenia** schoß der Vierstrahler 300 Meter über das Bahnende hinaus und geriet auf weichen Untergrund. Dabei brach das gesamte Fahrwerk der Maschine ab, so daß der Jet unreparabel Beschädigungen davontrug.

Dieser Unfall bedeutete das Ende der Vierstrahler-Ära bei Somalia AL.

01.06.89
Interflug   **Tupolev 134A**
DDR-SDT   **2763998**

Während Wartungsarbeiten in **Minsk/Weissrußland/ UdSSR** wurde die Maschine aus nicht näher bekannten Gründen jenseits der Repariergrenze beschädigt.

07.06.89
Surinam AW   **Douglas DC-8-62**
N1809E   **46107**

Mit neun Crewmitgliedern und 178 Passagieren befand sich die DC-8 als Flug PY 764 im Anflug auf den Zanderij Intl Airport von **Paramaribo/Surinam**. Die Maschine war mit Urlaubern zuvor in Amsterdam gestartet. Vor Ort waren die Wetterverhältnisse jedoch alles andere als gut. Es herrschte eine geschlossene Wolkendecke bis 3.600

6O-SBT; die in Nairobi verunglückte 707 der Somali Airlines hier ein Jahr vor dem Unfall fotografiert/Frankfurt 1988 <Quelle: JR-Photo>

ft, darunter aufgelockerte Bewölkung bis 400 ft über dem Boden. Die anfänglich gute Sichtweite betrug durch den aufkommenden Morgennebel nicht mehr als 800 Meter. Trotz langsam einsetzender Morgendämmerung (es war kurz nach 04:00 Uhr/loc.) war es am Boden wegen der Wolken noch stockfinster. Der Kommandant, der gerade die automatische Wetteransage in Zanderij abhörte, wunderte sich:

CPT: „What happened to the 6 kilometers (visibility) ?"

Paramaribo verfügte über keinerlei Radarhilfen, die den Landeanflug hätten überwachen können. Auch stand kein ILS-Anflug zur Verfügung. Somit war die Besatzung von Flug 764 ganz auf ihre eigenen Fähigkeiten angewiesen. Im Cockpit besprachen die Piloten unterdessen die Wetterbedingungen und das Anflugverfahren. Da sie hin und wieder die Lichter der beleuchteten Stadt vor sich sehen konnten, gingen sie davon aus, daß der Bodennebel nur ein lokales Problem sei. Um 04:13 Uhr/loc. sagte der Copilot:

COP: „You can see the airport down there, no problem."

Der Anfluglotse gab die DC-8 wenig später für einen VOR/DME-Anflug auf die Bahn 10 frei und teilte mit, daß er die von Westen her anfliegende Maschine bereits in Sicht habe. Der Kommandant hatte in dieser Phase die Gewalt über die Steuersäule, während der Copilot den Funkverkehr abwickelte. Bei einem VOR/DME-Anflug wird den Piloten nur der korrekte Landekurs angezeigt, nicht aber der Gleitwinkel. Für die Einhaltung der Anflughöhe sind die Piloten selber verantwortlich. Flug PY 764 näherte sich mit ausgefahrenem Fahrwerk und Klappen dem Flughafen. Der Copilot gab pausenlose Entfernungs- und Höheninformationen sowie Anmerkungen zu Kurskorrekturen, um den optimalen Anflugweg nicht zu verlassen.

COP: „Just keep on coming around 30 degrees bank there youll be all right."
COP: „Get it on up to 30 degrees."
F/E: „2.000 feet."
CPT: „Huh?"
COP: „2.000, 2.000."
CPT: „Okay,...you mean I went through it so well come back..."
COP: „Its a level out, its about ten degrees to the right level out now youll be all right."

Endlich kam die Landebahn langsam in Sicht. Doch der Bodennebel machte den Piloten Sorgen. Immer wieder verdeckten dichte Nebelschwaden die Sicht.

COP: „Runways at twelve olock."

COP: „A little bit of low fog cominup I reckon just a little bit..Okay its down right right there ah, close to the runway."

Noch durch Wolken fliegend, wies der Kommandant seinen Copiloten an:

CPT: „Tell him to put the runway lights bright."

Dieser reichte die Bitte an den Towerlotsen weiter. Doch immer noch konnte man keinen klaren Sichtkontakt mit den Landelichtern herstellen. Im Cockpit wurde man etwas unruhig:

COP: „Glideslope alive."
CPT: „If I get a capture here, Ill be happy. I didnt get no capture yet."

Wegen mangelnder Sicht wich die DC-8 von der Ideallinie ab und geriet unter den idealen Anflugweg. Einige Male ertönte das laute Geräusch des Bodenannäherungswarngerätes (GPWS), gefolgt von der „Glideslope"-Warnung. Die Maschine war auf 200 ft abgesunken, eine Höhe die viel zu niedrig war, um noch sicher die Landebahn zu erreichen. Auch befand man sich unterhalb der Entscheidungshöhe (MDA), bei der die Landebahn unbedingt in Sicht sein muß. Doch durch die dichte Nebelwand war davon nun nichts mehr zu sehen und die Piloten hätten eigentlich sofort mit einem Fehlanflugverfahren beginnen müssen. Doch der Anflug wurde nicht unterbrochen 1,5 Kilometer vor dem Beginn der Landebahn 10, berührte das Fahrwerk um 04:31 Uhr/loc. die ersten Baumwipfel. Ein Steigflug war nun nicht mehr möglich, und immer mehr Geäst prallte gegen Rumpf, Tragflächen und Triebwerke. Flug 764 war nicht mehr zu retten. Die DC-8 stürzte zu Boden, zerbrach in mehrere Teile, die Treibstofftanks explodierten und die Absturzstelle wurde binnen Sekunden in ein flammendes Inferno verwandelt. Den alarmierten Rettungseinheiten gelang es nur noch, zehn Menschen schwer verletzt aus den Überresten der Maschine zu befreien. Für alle anderen 177 Insassen kam jede Hilfe zu spät. Unter den Toten waren auch drei hochrangige Militäroffiziere Surinams. Zunächst wurde dem recht betagten Flugzeug die Hauptschuld am Unglück gegeben. Doch die DC-8 wurde erst zehn Tage zuvor in Luxemburg überholt. Dies Argument schied somit aus. Später verdichteten sich die Anzeichen auf einen Fehler der Cockpitbesatzung. Der pilotierende Kommandant wollte mit allen Mitteln den Anflug erfolgreich abschließen und nicht noch einmal neu anfliegen. Dabei versuchte er, unterhalb der Wolken die Lichter der Landebahn zu erspähen. Im Sichtflug orientierte er sich daher nicht mehr anhand seiner Instrumente. Als er

N4539C; eine DC-8-63, der längere Bruder der abgestürzten -62er Serie hier Augenblicke vor dem Abheben/Amsterdam 1987 <Quelle: JR-Photo>

erkannte, daß er viel zu tief war, war es jedoch für Gegenmaßnahmen zu spät. Im Laufe der Unglücksuntersuchungen wurde bekannt, daß der amerikanische Kommandant des Unglücksfliegers keinerlei gültige Qualifikation zur Führung des Flugzeugmusters DC-8 besaß. Seinen letzten Checkflug absolvierte er auf einer zweimotorigen Kleinmaschine. Außerdem hatte er vor sechs Jahren sein Pensionsalter erreicht und hätte eigentlich seitdem kein Passagierflugzeug mehr führen dürfen. Kritik wurde daher an seiner Arbeitsagentur geübt, die ihn unter Vertrag hatte und durch die er seine Flugaufträge bekam. Die Agentur, so das Gutachten, hätte es in sträflicher Weise versäumt, auf die Einhaltung der ATP-Lizenz (Air Transport Pilot) zu bestehen, und seine Papiere in grob fahrlässiger Weise als „in Ordnung" abgestempelt.

17.06.89
Interflug   **Ilyushin Il-62M**
DDR-SEW   **2850324**

An diesem Tag befand sich die erst im September vorigen Jahres ausgelieferte Ilyushin auf dem Rollfeld in **Berlin-Schönefeld AP/DDR**, startbereit zum Flug IF 102 nach Moskau. Um 08:28 Uhr/loc.beschleunigte der Pilot die Maschine auf der Bahn 25L. Als „Vee-One"(V_1) erreicht war, zog der Kommandant an der Steuersäule - aber vergebens - der Vierstrahler, der mittlerweile auf 293 km/h beschleunigt hatte, ließ sich einfach nicht von der Piste heben. Sofortiges Kommando: Startabbruch! Statt jedoch die zusätzliche Bremswirkung der Schubumkehr zu benutzen, wurde nur Gebrauch von den Radbremsen gemacht. Da sich das über 110 Tonnen schwere Flugzeug zu diesem Zeitpunkt nur noch wenige Meter vor dem Pistenende befand, war ein Abbremsen innerhalb dieser Distanz nicht mehr möglich, und somit raste das Fluggerät über die Bahn hinaus. Dabei kollidierte sie mit einem Wassertank, einigen Zaunpfosten, überquerte eine Straßenböschung und verfing sich in einigen Alleebäumen, die die kerosingefüllten Tragflächen aufrissen. Der Rumpf zerbrach in drei Teile, auslaufender Sprit entzündete sich und setzte die Überreste des Havaristen in Brand. Die Unglücksbilanz: von den 103 Passagieren und 10 Crewmitgliedern starben 21, weitere 50 Menschen wurden verletzt. Die restlichen Insassen wurden über die intakte rechte Seite des Flugzeugs evakuiert.

Die großen Anstrengungen der Überlebenden auf angemessenen Schadenersatz (damalige Pauschalzahlung der DDR: 7000 Ostmark) machten ein erneutes Aufrollen der Geschehnisse notwendig. Die offizielle Untersuchungskommission kam zu dem simplen Schluß, daß lediglich eine Blockade des Höhenruders der ursächliche Unglücksfaktor war. Desweiteren wurde den unzulänglich ausgebildeten Piloten eine Teilschuld gegeben, da nach Ansicht der „Staatlichen Luftfahrtkommission der DDR" der Unfall durch korrektes menschliches Verhalten zu vermeiden gewesen wäre.

Was keine Erwähnung fand, war der miserable Zustand der Überrollfläche hinter dem Bahnende der 25L, der den internationalen Sicherheitsanforderungen in keiner Weise entsprach. Außerdem wichen die internen Pre-Flight-Procedures der Interflug in grober Weise von denen des Herstellers Ilyushin ab. Diese sahen vor jedem Start eine manuelle Ruder- und Trimmprobe vor.

11.07.89
Kenya AW   **Boeing 707-320B**
5Y-BBK   **19872**

Man hatte gerade die Startbahn von **Addis Abeba/Äthiopien** zum Flug nach Nairobi hinter sich gelassen, als die Piloten feststellten, daß sich das Bugrad nicht einfahren ließ. Man entschied sich dafür, nach Addis zurückzukehren, um sich den dortigen Mechanikerkünsten der ET-Techniker anzuvertrauen.

Nach dem Aufsetzen versagten jedoch die Bremsen, woraufhin der Pilot das Steuer zur Seite riß, um nicht am Ende der Bahn einen Abhang hinunterzurutschen.

Als die Maschine dann über das unebene Gelände neben der Piste holperte, brach das fehlerhafte Bugrad in sich zusammen. Niemand unter den 66 Passagieren und 10 Crew an Bord wurde hierbei verletzt. Lediglich der Wiederaufbau des Vierstrahlers wurde nach längerer Prüfung nicht mehr durchgeführt.

19.07.89
United AL   **McDD DC-10-10**
N1819U   **46618**

Mit die kompliziertesten, teuersten und wichtigsten Teile an einem Flugzeug sind die Triebwerke. Bei Temperaturen über 1.000 Grad Celsius wird das eingespritzte Kerosin in den Brennkammern entzündet und bewirkt einen Rückstoß auf die drehenden Turbinenräder. Das Material in einer Turbine muß den höchsten metallurgischen Anforderungen gerecht werden. Spezielle, superfeste Titan-Stahl-Legierungen wurden entwickelt und sind unverzichtbarer Bestandteil sämtlicher Düsentriebwerke geworden. Trotz der großen Strapazierfähigkeit des Materials ist im Triebwerksbereich besonders sorgfältige Wartung und Pflege notwendig. Denn selbst mikroskopisch kleine Haarrisse und minimale Verformungen an den Turbinenblättern können im Flug zu Ermüdungsbrüchen führen, die dann das gesamte Triebwerk in Sekundenbruchteilen auseinanderreißen können.

Die DC-10 der Serie 10 war mit drei Triebwerken des Herstellers General Electric CF6-6D1 ausgerüstet. In der Vergangenheit hatte sich dieses Antriebsaggregat als zuverlässig erwiesen. Als die erste DC-10 im September 1971 an United Air Lines ausgeliefert wurde, war sie der ganze Stolz der Airline. Ganze 47 Maschinen umfaßte die DC-10-10-Flotte der United, die allesamt ohne größeren Zwischenfall auf den Amerikastrecken zum Einsatz kamen. Doch an diesem Tage sollte diese Serie jäh zuende gehen:

United Flug UA 232 startete an diesem sonnigen Nachmittag um 15:15 Uhr/loc. in Denver-Stapleton zum täglichen Linienflug nach Chicago. Die Maschine war ausgebucht. 285 Passagiere und elf Crewmitglieder befanden sich an Bord der DC-10, die als 118. Maschine die Werkshallen von McDonnell Douglas in Long Beach im April 1973 verlassen hatte.

Mit Kurs Nordost ging man bei 37.000 ft (FL370) in den Reiseflug über. Flug 232 verließ den Bundesstaat Colorado, überquerte Nebraska und befand sich nun in der Central Time-Zeitzone. Die Passagiere stellten ihre Uhren um eine Stunde zurück. Im Cockpit herrschte routinierte Gelassenheit. Der Kommandant galt als "alter Hase" und flog seit 1959 für United. Auf Flug 232 übernahm er die Abwicklung des Sprechfunkverkehrs und die Bedienung der Bordinstrumente, während der jüngere Copilot die DC-10 steuerte. Komplettiert wurden sie vom Bordingenieur, der auf dem hinteren Platz saß und die Flugsysteme überwachte. Nach etwa einer Stunde Flugzeit überflog man die Kleinstadt Alta in Iowa. Chicago lag nur noch eine gute halbe Stunde entfernt. Der Kommandant machte gerade eine Mitteilung über die Bordsprechanlage, als eine Stewardeß mit einem Tablett Kaffee ins Cockpit kam.

Just in diesem Moment gab es einen berstenden Knall und das Flugzeug erbebte. Die Stewardeß und der Bordingenieur fielen nach vorn und der Kaffee spritzte umher. Starke Vibrationen erschütterten die DC-10. Der Rumpf sackte etwas nach unten ab. Der Bordingenieur hatte sich gerade wieder hochgerappelt, als er sah, wie alle drei Anzeigen des Hydraulikdrucks auf Null zurückgingen. Gleichzeitig signalisierten die Anzeigen, daß das mittlere Triebwerk No.2 ausgefallen war. Die Piloten verfuhren lehrbuchmäßig, indem sie zunächst das Triebwerk No.2 abschalteten und die Reservehydrauliksysteme aktivierten. Doch auch hier leuchteten die "Low Pressure"-Lichter auf.

CPT: „Its not responding to control."

Flug 232 war praktisch unsteuerbar geworden. Im Cockpit machte sich Ratlosigkeit breit. Was zum Teufel war eigentlich geschehen? Der Copilot schnallte sich los und ging nach hinten in die Passagierkabine, um nach sichtbaren Schäden zu suchen. Als er aus einem der hinteren rechten Fenster blickte, erkannte er, daß ein großes Stück der rechten Seitenflosse herausgebrochen war. Gleichzeitig legte sich die Maschine in eine leichte Rechtskurve.

Der Kommandant griff die Steuersäule und merkte sofort, daß weder Höhen-, noch Seitenruder ansprachen. Auf einen solchen Fall waren die Piloten nicht vorbereitet. Eilig wälzte der Bordingenieur das Betriebshandbuch, doch nirgendwo war ein Ausfall sämtlicher Hydrauliksysteme vorgesehen. Die Besatzung stand dem Problem hilflos gegenüber. Da die beiden anderen Triebwerke No.1 und No.3 weiterhin einwandfrei liefen, versuchten die Piloten, mit Hilfe der Schubeinstellungen der Triebwerkshebel auf Kurs zu bleiben und die Tragflächen horizontal zu bekommen. Dies gelang zwar, aber dennoch war man an Bord nicht in der Lage, die Höhe zu halten. Abwechselnd ging es rauf und runter. Der Notfall-Transpondercode "7700" wurde eingestellt und der Streckenlotse in Minneapolis, mit dem man in Funkverbindung stand, über die Situation in Kenntnis gesetzt. Gleichzeitig erbat man um Sinkflugfreigabe zum nächstliegenden Flughafen.

Nun teilte der Kommandant den Passagieren mit, daß man alles unter Kontrolle habe und keine Veranlassung zur Beunruhigung bestünde.

CPT: „Weve lost the number two engine and we might be late arriving in Chicago."

Es wurden Drinks verteilt; Das Videoprogramm lief normal weiter. Doch die Stimmung des Kommandanten verdüsterte sich:

CPT: „Were not going to make the runway, fellas."

Der Lotse meldete sich wieder und schlug als Landeplatz den Flughafen von Des Moines vor, doch der lag 85 Meilen entfernt. Bei der gegenwärtigen Situation an Bord war es ausgeschlossen, daß man bis dorthin kommen würde. Somit kam als einziger Flughafen mit einer 3.000 m Landebahn der Municipal Airport in **Sioux City/IO/USA** in Frage, den die DC-10 vor knapp 10 Minuten überflogen hatte.

Anspannung machte sich im Cockpit breit. In einer weiten Rechtskurve ging man auf einen südöstlichen Kurs und nahm mit der Anflugkontrolle in Sioux City Kontakt auf. Gleichzeitig ließ der Bordingenieur Treibstoff ab, um nicht mit gefüllten Tanks eine Notlandung zu machen.

Ein zufälligerweise als Passagier mitfliegender DC-10 Checkpilot der United hielt es nun nicht länger auf seinem Sitz. Er kam ins Cockpit und bot seine Hilfe an. Er kniete sich zwischen die beiden Pilotensessel und bediente die beiden Gashebel von Triebwerk 1 und 3. Erschwert wurde diese Aufgabe der Besatzung einerseits dadurch, daß die unverriegelten Querruder und Bremsklappen auf den Tragflächen dazu tendierten, sich immer wieder im Luftstrom zu bewegen. Dies führte zu einem unvermittel-

N1813U; ein baugleichge Schwestermaschine der "N1819U", die in Sioux City verunglückte/ <Quelle: Luftfahrt Journal-Sammlung>

ten Absacken einer Tragfläche und machte einen stabilen Flugkurs der DC-10 fast unmöglich. Zum anderen konnten keine Auftriebshilfen (Slats) ausgefahren werden, aufgrunddessen geriet man schon bei einer Geschwindigkeit von ca. 210 Knoten in die Gefahr, die Maschine zu überziehen. Die Triebwerke mußten also mit einer hohen Schubstufe betrieben werden. Taumelnd näherte sich die DC-10 dem Sioux City Flughafen.

CPT: „*Whatever you do, keep us away from the city.*", funkte der Kommandant zum Anfluglotsen. Trotz verstärkter Bemühungen gelang es dem am Boden kauernden Checkpiloten nicht, den Rechtsdrall der DC-10 zu beenden. Frustriert gab er zu verstehen:

CPT2: „*I cant handle that steepness of bank...cant handle that amount of bank.*"

COP: „*Were going to have to try it straight ahead, Al.*"

Nervosität und Anspannung lagen über allen vier Insassen im Cockpit.

CPT: „*We want to get as close to the airport as possible. Get on the air and tell them we got about four minutes to go.*"

Der Copilot griff zum Mikrofon:

COP: "*Sioux City Approach...*", da unterbrach der Kommandant:

CPT: „*No...tell the passengers.*"

Aufgeregt machte er die Kabinenansage. Zur gleichen Zeit kreiste eine Staffel von vier F-8 Crusader der Air National Guard über Sioux City. Die Kampfflugzeuge absolvierten einen Trainingsflug, waren knapp an Treibstoff und wollten zu ihrem Stützpunkt Sioux City zurückkehren. Eine Landung wurde wegen des Notfalls von Flug 232 verweigert. Eine brenzlige Situation für alle Beteiligten. Da kam die Meldung von Flug 232 gerade recht: da man für einen direkten Landeanflug noch zu hoch war, leiteten die Piloten eine 360°-Kurve ein, um weiter Höhe abzubauen. Diese dreiminütige Verzögerung nutzte die F-8 Staffel und schwebte in Windeseile auf Landebahn 31 ein. Nun war alles am Boden für die Ankunft des lädierten Jets bereit. Knapp 13 Meilen nördlich des Flughafens kam die Landebahn in Sicht.

CPT: „*Okay, we have the runway in sight and thanks for your help.*"

ATC: „*The wind is now 260° at 11 knots...and youre cleared to land on any runway.*"

Die DC-10 passierte unterdessen gerade 3.000 ft und wurde für einen Anflug zur Landebahn 31 dirigiert. Den Piloten gelang es, die Flughöhe und den Kurs einigermaßen zu stabilisieren. Zu viert machte man sich gegenseitig Mut. Langsam stieg die Zuversicht, daß man es bis zum Flughafen schaffen würde.

Doch just in diesem Moment fielen auch noch einige Cockpitinstrumente aus. Ein letztes Mal wurden die Passagiere vom Kommandanten auf eine "*in wenigen Minuten zu erwartende*" Notlandung vorbereitet.

Der Copilot fuhr das Fahrwerk manuell aus, und zur allgemeinen Erleichterung leuchteten alle drei grünen Lampen auf. Da sämtliche Klappen an den Tragflächen durch hydraulischen Antrieb bewegt werden, verharrten die Vorflügel und die Landeklappen in ihrer eingefahrenen Position.

Mit 220 Knoten drehte der Jet langsam nach links in Richtung Landebahn. Doch die Kurve war zu weit, um die Bahn 31 zu erreichen. Somit peilte man die Bahn 22 an. Diese war jedoch mit nur 2200 Metern ein gutes Stück kürzer und wird normalerweise nur von der dort ansässigen Air National Guard als Rollweg benutzt.

CPT: „*Okay, were pretty well lined up on this one here...think we will...*"

ATC: „*The runway youre lined up on is runway 22, which is closed. But thatll work, sir- were getting the other runway and theyll line up for that one.*"

CPT: „*How long is it?*"

ATC: „*Runway 22 is 6.600 feet long...but theres an open field at the far end, and the winds should not be a problem.*"

Genau auf dieser Bahn standen aber noch sämtliche Einsatzfahrzeuge der Feuerwehr und Krankenwagen herum, die allesamt dort auf die bevorstehende Notlandung warteten. Schnell drehte die blinkende Armada zur Seite ab und räumte die Landebahn.

Zeitgleich überflog United 232 die Autobahn nach Omaha und die Landebahn war nun zum Greifen nah. Es herrschte leichter Rückenwind, der den Jet nochmals einige Knoten schneller werden ließ. Doch auf einer anderen Bahn konnte man nun nicht mehr landen. Alle am Boden hielten den Atem an. Da machte der Kommandant über Funk einen aufmunternden Scherz, als er meinte, statt der Autobahn doch lieber den Flughafen als Landeort nehmen zu wollen.

Alles sah nach einer normalen Landung aus. Kurz vor der Bahnschwelle in einer Höhe von nur etwa 50 Metern nahmen die Piloten den Triebwerksschub etwas zurück, um die sehr hohe Fluggeschwindigkeit zu vermindern.

CPT: „*Close the throttles.*"

CPT2: „*No..I cant pull em off, or well loose it! Thats whats turning us.*"

COP: „*Were turning.*"

Doch das führte urplötzlich zu einem Strömungsabriß an der rechten Tragfläche, die infolgedessen abrupt nach unten abfiel.

COP: „*Left Al...left throttle...left throttle...left throttle.*"

Die verzweifelte Besatzung konnte nicht mehr gegensteuern, und die rechte Tragfläche prallte neben der Landebahn auf den Boden. Die Nase wurde danach nach unten gerissen, und Flug UA 232 schoß radschlagenderweise in einem Trümmerwirbel über das Flughafengelände. Drei große Sektionen des Rumpfes lösten sich hierbei und brachen auseinander. In derselben Sekunde explodierten die Treibstofftanks, und eine Tragfläche brach ab. Brennend kamen die Überreste nach 700 Metern in einem Kornfeld, direkt hinter der Landebahn 35/17, zum Stehen. Einige Insassen wurden beim Aufprall aus dem wirbelnden Wrack geschleudert und überlebten das Desaster wie durch ein Wunder ohne Blessuren. Zu Fuß gingen sie unter Schock in Richtung Terminalgebäude.

Für 112 der 296 Insassen kam allerdings jede Hilfe zu spät. Alle vier Männer im Cockpit hatten den Absturz z.T. schwer verletzt überlebt. Dank der professionellen und gut vorbereiteten Arbeit der Rettungskräfte wurden weitere Todesopfer vermieden.

Die Nationale Untersuchungsbehörde NTSB machte sich sogleich an die Ursachenforschung des Unglücks. Einige Monate später entdeckten Farmer nahe der Stadt Alta einige Teile des Triebwerks Nr.2, die auf den umliegenden Feldern niedergegangen waren. Der Auslöser der Katastrophe, so wurde rekonstruiert, lag über 18 Jahre zurück. Damals wurden die Schaufelblätter der Turbinenräder bei der Firma Alcoa Company geschmiedet. Offenbar wurde der Stickstoff- bzw. Sauerstoffzuschlag beim Brennvorgang falsch berechnet. So bildete sich unbemerkt beim Abkühlen eine mikroskopisch kleine Kaverne in der Titanlegierung, die unterhalb der Oberfläche lag. Das Schaufelblatt wurde in die erste Stufe des Turbinenrades eingebaut und flog seit 1973 im mittleren Triebwerk der "N1819U". Sechsmal wurde das Schaufelblatt im Laufe der folgenden Jahre aus- und wieder eingebaut, ohne daß den Wartungstechnikern bei United eine Anomalie aufgefallen wäre. Doch dieser Materialfehler hatte fatale Folgen. Feinste Haarrisse bildeten sich im Inneren des Schaufelblattes. Bei jedem Flug vergrößerten sich diese Risse unter den enormen Kräften. Schließlich war es nach über 16 Jahren Flugbetrieb soweit: in 37.000 ft brach das Blatt. Trümmer trafen die benachbarten Schaufelblätter und wurden vom Luftstrom gegen die Schaufelräder der inneren Stufen gesogen. Explosionsartig flogen weitere Metallteile umher, eine Kettenreaktion war die Folge. Trümmer wurden als Folge der Rotationskräfte durch das Triebwerksgehäuse geschleudert. Sie durchschlugen in Sekundenbruchteilen alle drei Hydrauliksysteme, die unglücklicherweise im Heck zusammenliefen. Aus den leckgeschlagenen Leitungen begann die Hydraulikflüssigkeit auszulaufen. Andere Teile trafen die Vorderkante des rechten Höhenleitwerks, was dazu führte, daß die Maschine zu leichten Rechtskurven tendierte.

Weder der Hersteller, die US-Luftfahrtbehörde noch United Airlines konnten sich den Fall vorstellen, daß alle drei Systeme gleichzeitig ausfallen können. Daher gab es auch keinerlei Handhabungsvorschriften oder Trainingsprogramme, um die Besatzungen auf einen solchen Fall vorzubereiten. Einstimmig wurde das Verhalten der Piloten herausgestellt, die in einzigartiger Weise mit der Situation bis kurz vor der Landung fertig geworden sind und trotz vollständigem Verlust der Ruderwirkung noch bis zum Flughafen in Sioux City gekommen sind.

Bei allen amerikanischen Fluggesellschaften wurden daraufhin die Wartungsvorschriften verschärft. Außerdem zogen McDonnell Douglas und General Electric alle baugleichen Rotorscheiben dieses Triebwerktyps aus dem Verkehr. McDonnell Douglas modifizierte hiernach das gesamte Hydrauliksystem der DC-10. Es wurde eine elektrische Abschottvorrichtung konstruiert, die automatisch aktiviert wird, wenn ein Hydraulikabfall entsteht. So ist selbst bei einem Leck immer noch genügend Hydraulikflüssigkeit vorhanden, um das Flugzeug zu kontrollieren.

1995 wurde erstmals eine MD-11 zu Testzwecken mit einem sogenannten PCA-System (Propulsion Controlled Aircraft) ausgerüstet, mit dem das Flugzeug automatisch durch die Schubverteilung gesteuert und sicher gelandet werden sollte. Dieses PCA-System soll im Falle eines totalen Hydraulikausfalls die Steuerung der Maschine übernehmen.

21.07.89
Philippine AL BAC 1-11-500
RP-C1193 231

Die aus Zamboanga kommende Maschine schoß nach der Landung in **Manila/Phillipinen** über das Bahnende hinaus und über eine Autostraße hinweg. Dabei kollidierte der Flieger mit mehreren Fahrzeugen.

9 Autofahrer und ein Passagier kamen bei dem Unglück ums Leben. Etwa 100 Personen erlitten Verletzungen. Berichten zufolge war die Landebahn von Manila, trotz schlechter Sichtverhältnisse, nicht beleuchtet. Außerdem soll der Tower die Maschine zum Durchstarten aufgefordert haben, was der Pilot aber offensichtlich nicht beachtete.

27.07.89
Korean Air McDD DC-10-30
HL7328 47887

Der aus Seoul kommende Korean Airlines Flug 803 zerschellte beim Landeanflug auf die libysche Hauptstadt **Tripolis/Libyen** sechs Kilometer vor der Landebahn in einer Obstplantage. Zum Absturzzeitpunkt herrschte dichter Nebel in diesem Gebiet.

Die Maschine fing Feuer, verwüstete die Plantage, zerstörte zwei Häuser und zahlreiche Autos. Von den 181 Passagieren und 18 Besatzungsmitgliedern kamen 72 Insassen und 6 Menschen am Boden ums Leben.

Die libyschen Behörden weigerten sich anfangs, mit amerikanische Stellen zusammenzuarbeiten, und beauftragten französische Behörden mit der Auswertung der Flugschreiber. Doch nachdem deren Auswertung und das Abhören des Funkverkehrs offenlegte, daß die Absturzursache eher auf Pilotenfehler zurückzuführen war, beteiligten sie auch Vertreter der Herstellerfirma McDonnell Douglas an den Untersuchungen. Jetzt reisten auch koreanische Untersuchungsbeamte nach Libyen, um an der Untersuchung teilzunehmen.

Demnach hatte der Towerlotse zwei im Endanflug befindlichen Maschinen mitgeteilt, daß die Sicht auf 50 Meter abgefallen war und sie ihren Landeanflug abbrechen sollten. Die eine Maschine, ein Aeroflotkurs, befolgte den Rat und flog den Ausweichflughafen Malta an. Die Besatzung der koreanischen DC-10 jedoch führte ihren Landeanflug trotz wiederholter Aufforderungen der libyschen Towerlotsen weiter und zerschellte.

Die beiden koreanischen Piloten waren sofort nach dem Absturz von den libyschen Behörden in Arrest genommen worden. Nach Abschluß der Untersuchungen wurden sie an Süd Korea ausgeliefert und dort vor ein Gericht gestellt. Dieses Gericht in Seoul hielt die beiden Piloten für schuldig, mit ihrer Fortführung des Landeanfluges „überhastet und ohne Analyse der Wetterdaten" gehandelt zu haben und so die Katastrophe ausgelöst zu haben. Der Kommandant wurde zu zwei Jahren, sein Copilot zu 18 Monaten Haftstrafe verurteilt.

10.08.89

Apisa Carga   Douglas DC-8-33F
OB-1316   45384

Bei der Landung in **Iquitos/Peru** schoß der DC 8-Frachter über das Ende der regennassen Bahn hinaus.
   Es gab keine Verletzten

16.08.89

LADE   Fokker F28-1000C
TC-51   11076

Beim Startlauf in **Bariloche/Argentinien** kam die F 28 wegen eines geplatzten Reifens von der Bahn ab. Die Piloten konnten die Maschine zwar wieder unter Kontrolle bringen, aber sie nicht mehr vor dem Rollbahnende abbremsen. Die Maschine wurde dann aber von einem Funkmast abgestoppt. Das Fahrwerk brach weg, und die Maschine blieb zwischen dem Mast und einem Graben liegen.
   Es brach kein Feuer aus, weswegen Besatzung und Passagiere mit dem Schrecken davonkamen.

25.08.89

Torosair   Boeing 727-200
TC-AJV   20265

Beim Start von **Ankara-Esenboga AP/Türkei** berührte die mit 157 Passagieren und 8 Crewmitgliedern besetzte 727 einen 4m hohen ILS-Mast, der sich 300 Meter hinter der Startbahn befindet (!). Seltsamerweise vermochte die Maschine danach an Höhe zu gewinnen und sogar noch sicher zum Flughafen zurückzukehren, wo eine Notlandung stattfand.
   Niemand wurde verletzt, die Boeing wurde jedoch irreparabel beschädigt. Der Unfall war einer der Faktoren, die mit zum Ende der Torosair beitrugen. Durch die Wahl von solch altersschwachem Fluggerät ergaben sich in dieser Saison zahlreiche Verspätungen und Ausfälle. Passagiere und Reiseveranstalter wichen danach auf andere AL aus.

02.09.89

Aeroflot   Yakovlev Yak-40
CCCP-87509   9521140

Aufgrund eines Hydraulikdefektes konnte im Anflug auf **Manas/Kirgisien/UdSSR** das Fahrwerk nicht ausgefahren werden. Bei der anschließenden Bauchlandung wurde die Yak so sehr beschädigt, daß eine Reparatur nicht mehr in Frage kam.
   Alle 43 Insassen kamen mit dem Schrecken davon.

03.09.89

VARIG   Boeing 737-200
PP-VMK   21006

In Brasilien ist Fußball wichtiger als alles andere, dachte sich der Towerlotse auf dem Flughafen Maraba. Deswegen erklärte er auf Anfrage der beiden Piloten einer VARIG-737, wie sie ihr Bordfunkgerät manipulieren mußten, um damit die Radioübertragung des Fußballspieles Brasilien gegen Chile aus Rio hören zu können. Minuten später, um 17:25 Uhr/loc., hob die 737 vom Flughafen der Stadt im brasilianischen Bundesstaat Pará mit 48 Passagieren und sechs Besatzungsmitgliedern an Bord ab, um mit dem letzten Segment ihres Inlandskurses zu beginnen. Der Kurs RG 254 hatte vor Stunden in der brasilianischen Metropole Sao Paulo begonnen und die 737 mit insgesamt sechs Zwischenlandungen in Süd - Nord Richtung quer durch Brasilien geführt. Jetzt sollte die Maschine die nördlich gelegene Hafenstadt Belem an der Amazonasmündung anfliegen.
   Doch die Piloten waren so von dem Fußballspiel eingenommen, daß sie den Autopiloten falsch programmierten und statt nach Norden in südöstliche Richtung flogen. Nach einstündigem Flug über das unermeßlich grüne und weite Amazonasbecken fiel der Besatzung dieser Irrtum auf. Den Piloten wurde plötzlich klar, daß der Treibstoff bis Belem nicht mehr reichen würde. Auch ein anderer Landeplatz war nicht in Reichweite. Um 20:30 Uhr/loc. wurde der Bodenkontrollstelle ein „totaler Ausfall der Navigationsgeräte" gemeldet. Eines der Triebwerke wurde auf Leerlauf gestellt, um den nächsten Flughafen zu erreichen. Doch der Treibstoff ging unerbittlich zu Neige und eine Notlandung im Regenwald mußte eingeleitet werden.
   Die Boeing schlug eine Schneise durch das hohe Blätterdach des Dschungels und stürzte zu Boden, wobei sie in mehrere Teile zerbrach und zehn der 54 Insassen ums Leben kamen. Die Maschine war eintausend Kilometer von Belem entfernt abgestürzt.
   Eine Gruppe von unverletzten Überlebenden schlug sich unter Führung des Kommandanten über zwei Stunden durch den Dschungel des **Amazonas/Brasilien** zur nächsten menschlichen Siedlung namens Sao José de Xingu durch. Dort wurde mittels eines Funkgerätes Kontakt mit den Luftaufsichtsbehörden aufgenommen. Die schickte eine Luftwaffen Transportmaschine auf den Weg, die Medikamente, Lebensmittel und Wasser über der Absturzstelle abwarf. Einige Stunden später traf zu Fuß eine Gruppe Helfer an der Unglücksstelle ein, die die Verletzten versorgte, bis alle Überlebenden endlich mit dem Hubschrauber evakuiert werden konnten.
   Es wird berichtet, daß die erste Frage des Kommandanten bei seiner Ankunft in Sao José de Xingu war, „Wer hat gewonnen?".

03.09.89

Cubana   Ilyushin Il-62M
CU-T1281   3850453

Kurz nach dem Start in **Havanna/Kuba** bei regnerischem und böigem Wetter streifte die Il62 den Flughafenzaun und stürzte in ein Wohngebiet nahe dem Flughafen. Beim anschließenden Aufprall wurden viele Häuser zerstört. Sie war während eines tropischen Sturzregens gestartet.
   Bis auf eine Insasse wurden alle 115 Passagiere und 11 Besatzungsmitglieder der Ilyushin bei dem Aufschlag getötet. Außerdem kamen 34 Menschen am Boden ums Leben, als die Maschine in ihre Häuser stürzte.

CU-T1226; eine IL-62M der Cubana, die noch immer eine umfangreiche Flotte dieses russischen Langstreckenflugzeugs besitzt./Berlin-Schönefeld im September 1991 <Quelle: JR-Photo>

Die kubanische Untersuchungskommission sprach die Airline und die Flughafenbehörde von jeglicher Schuld frei und gab dem Piloten die Schuld. Obwohl dieser auf der Il62 sehr erfahren war, schätzte er den Einfluß von starken Windböen in der Startphase und die beschränkte Schlechtwettertauglichkeit der Ilyushin falsch ein.

07.09.89
Okada Air   **BAC 1-11-300**
5N-AOT   133

Bei der Landung in **Port Harcourt/Nigeria** kollabierte das Bugrad. Die Maschine kam daraufhin von der Bahn ab und geriet auf weichen Untergrund, wobei das rechte Hauptfahrwerk auch noch abbrach.

Keiner der 92 Insassen wurde verletzt. Die BAC jedoch wurde jenseits der Reparierbarkeitsgrenze beschädigt.

15.09.89
Aeroflot   **Yakovlev Yak-40**
CCCP-87391   9410333

Auf dem Flughafen der kirgisischen Stadt **Dschalalabad/Afghanistan** prallte das Flugzeug so stark mit dem Bugrad auf die Landebahn, daß die Yak erst nach drei weiteren Bodenberührungen kontrolliert aufsetzte. Es entstand trotzdem ein irreparabler Schaden.

Von den 30 Insassen wurde niemand ernsthaft verletzt.

19.09.89
U T A   **McDD DC-10-30**
N54629   46852

Die DC-10 befand sich auf dem Weg von Brazzaville/Kongo über N'Djamena/Tschad nach Paris als plötzlich (um 14:20 Uhr/loc.) der Funkkontakt mit der Bodenstation abriß.

Einen Tag später fanden Aufklärungsflugzeuge des Militärs das Wrack der Maschine, das auf einer Fläche von ca. 10 Quadratkilometern verstreut, in der **Tenere-Geröllwüste/Tschad** an der Grenze zwischen Tschad und Niger lag.

Keiner der 170 Insassen hatte das Unglück überlebt.

Nach diesem Unglück bekannte sich sowohl die Schiitenorganisation „Heiliger Islamischer Krieg" als auch die bis dahin unbekannte Organisation „Tschadischer Widerstand im Untergrund", die den Abzug der kolonialen Territorialmacht Frankreich aus dem Tschad erreichen will, den Absturz durch Bombenlegung herbeigeführt zu haben.

Bereits einige Tage vor den Unglück beklagten sich Mitarbeiter der UTA über die mangelhaften Sicherheitsmaßnahmen ihrer Gesellschaft.

F-BTDB; eine UTA DC-10-30, baugleich mit der über dem Tschad abgeschossenen Maschine

20.09.89

Aeroflot   **Ilyushin Il-76TD**
CCCP-76466   -

Die Besatzung der Frachtmaschine stellte im Anflug auf **Leninakan/Armenien/UdSSR** die Höhenmesser auf einen falschen Luftdruckwert ein. Demzufolge flog der Vierstrahler zu niedrig, bekam Bodenberührung und zerschellte.

20.09.89

USAir   **Boeing 737-400**
N416US   23884

Als sich die Piloten der USAir 737 sich an diesem Nachmittag um 14:00 Uhr/loc. in Baltimore/VA bei ihrer Gesellschaft zum Dienst meldeten, teilte man ihnen mit, daß sich ihr Linienkurs 1846 Baltimore -New York La Guardia AP - Norfolk/VA wahrscheinlich verspäten würde. Grund dafür war eine Schlechtwetterfront, die an diesem Vormittag über Amerikas Ostküste gezogen war und die minutiös geplanten Flugpläne gründlich durcheinander gebracht hatte. So kam es, daß die Boeing statt wie geplant um 15:10 Uhr/loc. in Richtung New York zu starten, auf dem Vorfeld des Flughafens Baltimore - Washington AP herumstand und auf eine Lücke im Verkehrsfluß hoffte.

Um 19:46 Uhr/loc., nach einer für Besatzung und Passagiere gleichermaßen entnervenden über vierstündigen Wartezeit, konnte die Boeing 737 endlich Richtung New York starten.

Eine gute Stunde später landete man auf dem Flughafen **New York La Guardia AP/NJ/USA**, wo man die Maschine sofort für ihren Weiterflug nach Norfolk/VA bereit machte.

Doch kaum hatten die Passagiere Platz genommen, froh daß die stundenlange Wartezeit im Terminal jetzt ein Ende hatte, sollte es anders kommen. Der Kommandant wurde zum zuständigen USAir - Dispatcher zitiert. Dieser teilte ihm mit, daß der Flug nach Norfolk gestrichen worden sei, die Passagiere wieder auszuladen seien und der Kommandant statt dessen mit einer anderen Gruppe Passagiere nach Charlotte/North Carolina zu fliegen habe.

Nicht nur, daß der Kommandant sich die Reaktionen seiner Passagiere vorstellen konnte, wenn er ihnen eröffnete, daß ihr Flug leider gestrichen worden war, auch kam er in echte Schwierigkeiten mit seiner Dienstzeit. Er und sein Copilot waren jetzt seit über sechs Stunden im Dienst. Bis sie aus New York wegkamen, würde es sicher noch zwei Stunden dauern, dazu noch der Flug nach Charlotte, gut drei Stunden statt eine Stunde nach Norfolk. Bis sie in Charlotte waren, wären sie über elf Stunden im Dienst und hätten damit ihre zulässige Dienstzeit überschritten. All diese Bedenken trug er dem Dispatcher vor, aber dieser änderte seine Entscheidung nicht. Nach einem langen und fruchtlosen Gespräch begab sich der gestreßte und mittlerweile erzürnte Kommandant zum Stationsmanager, um - laut NTSB - Bericht - ihm seine Sorgen bezüglich der Passagiere und seiner Dienstzeit mitzuteilen. Trotz fest geschlossener Bürotür konnte seine Beschwerde im gesamten USAir - Bürotrakt mitgehört werden. An der Entscheidung konnte er aber nichts ändern.

Als gegen 22:45 Uhr/loc. die Passagiere nach Charlotte in der 737 Platz genommen hatten, stürmte ein wutentbrannter Kommandant die Flugzeugtreppe hinauf ins Cockpit. Die Türen wurden geschlossen, sowie die Erlaubnis zum Starten der Turbinen und dem Pushback eingeholt. Schon mitten in den Startvorbereitungen bemerkte der Pilot einen winkenden USAir - Bediensten unter seinem Cockpitfenster. Dieser hatte noch einige Passagiere für Charlotte im Terminal gefunden und verlangte nun vom Kommandanten er möge die Türen der 737 noch einmal öffnen. Die Nachzügler sollten dann ihre Plätze in der Boeing einnehmen. Die Antwort der Piloten ging, Gott sei Dank, im Lärm der hochlaufenden Turbinen unter. Die Türen blieben zu und der Flug 5050 rollte um 22:52 Uhr/loc. vom Terminal ab.

Ein paar Minuten später reihte sich die Maschine in die Schlange vor der Runway 31 ein. Sie hatten abgesprochen, daß der Copilot den Weg nach Charlotte fliegen sollte. Dieser war aber auf der 737-400 mit 8,5 Flugstunden absolut unerfahren. Dies sollte sein erster allein durchgeführter Start auf diesem Flugzeugtyp werden. Der Kommandant hatte zwar schon 2.600 Flugstunden auf der 737, aber nur 160 als Kommandant.

Während des Rollens zur Startbahn zog die Steuerung die 737 ziemlich stark nach links. Außerdem lag das eine Seitenruderpedal höher als das andere. Beiden Piloten fiel wohl auf, daß sie während des Rollens permanent gegensteuern mußten. Aber keiner der beiden führte das auf die Vertrimmung der Maschine zurück. Der Kommandant war vor seiner Anstellung bei USAir Transportpilot bei der US Air Force gewesen. Dort hatte er jahrelang C-130 Hercules Transporter geflogen, eine Erfahrung, die ihn jetzt zu einem fatalen Fehlschluß führte. In dem Hercules - Transporter wirken sich Seitenwinde viel stärker aus, als in der kleineren Boeing 737. Außerdem gibt es ein Konstruktionsmerkmal, das die Steuerung der beiden grundsätzlich unterscheidet: Verschiebt der Seitenwind bei der Hercules das Seitenruder im Leitwerk, so merkt der Pilot das im Cockpit durch einen verstärkten Druck im Seitenruderpedal. Es ist beim Rollen mit einer Hercules also völlig normal, wenn sich die Seitenruderpedale verschieben. In der Boeing 737 ist das nicht der Fall: Bei ihr kann sich das Seitenruderpedal nicht wegen Windeinfluß verschieben. Sind diese Pedale verschoben, dann ist das auf eine Vertrimmung INNERHALB der Maschine zurückzuführen. Und die Boeing war völlig vertrimmt! Das Seitenruder stand nicht in seiner "Neutralstellung" (0°Grad), sondern war voll nach links ausgeschlagen. Irgendwann während der Standzeit in La Guardia mußte jemand gegen das Trimmrad gekommen sein und es völlig verstellt haben. Das NTSB ging davon aus, daß entweder ein Besucher im Cockpit oder ein Besatzungsmitglied die Konsole zwischen den Pilotensitzen als "Fußstütze" benutzt hatte und dabei gegen das dort befindliche Einstellrad gekommen war.

Bis zum Erreichen der Startbahn brachte keiner der beiden Piloten die nach links ziehende Maschine und das verstellte Seitenruder gedanklich in Verbindung. Der Kommandant war noch wegen seines vorherigen Streits zu abgelenkt und empfand sowohl die Verschiebung der Seitenruderpedale wie die nach links ziehende Steuerung als "Normal". Der Copilot war zu unerfahren und außerdem wegen seines Erstfluges zu aufgeregt. Er begann die Checkliste zu verlesen, während der Kommandant die Einstellungen kontrollierte.

COP: „Stabilizer and Trim?"
CPT: „Set .... ah,..., Stabilizer Trim, I forgot the answer..... Set for take-off."

Diese Korrektur innerhalb der Antwort weist daraufhin, daß der Kommandant nicht so recht bei der Sache war und statt zu schauen, wie die Trimmung stand, in seinem Kopf nach der "vorgeschriebenen" Antwort suchte. (Fraglich ist auch, was auf dem Paneel angezeigt wurde, als die Checkliste gelesen wurde. Nach dem Unfall war die Anzeige jedenfalls bei "Null" (=Neutral) festgeklemmt).

Um 23:18 Uhr/loc. kam die USAir Maschine am Ende der Startbahn an. Der Kommandant verkündete die V_1-Geschwindigkeit mit 125 Knoten, Vr mit 128 Knoten. Zwei Minuten später rollte Flug 5050 auf die Landebahn und machte das Line-up. Der Copilot schob die Schubhebel nach vorne und die mit 63 Insassen besetzte Boeing 737 machte sich auf ihre letzte, kurze Reise.

Die Maschine war erst wenige Meter gerollt, als sich der Copilot nach vorne beugte, um am Autopiloten den TO/GA (TakeOff/Go Around = Startleistung) -Knopf zu drücken. Diesen Knopf verfehlte er aber und schaltete statt dessen die Automatische Schubsteuerung (="Autothrottle") aus.

COP: „OK, thats the wrong button pushed!"
CPT: „Oh yeah, I know that!"

Der Kommandant schob die beiden Schubhebel hektisch manuell in ihre Startstellung, was die Maschine mit einem scharfem Ruck quittierte. Mit zunehmender Geschwindigkeit wirkte sich der „Linksdrall" der Maschine zunehmend aus und der Copilot mußte immer mehr gegensteuern.

18 Sekunden nach dem Beginn des Startlaufes war im Cockpit erst ein lauter Knall zu hören, gefolgt von einem anhaltenden Rumpeln. Wegen der Geräusche wollte der Kommandant sofort das Steuer übernehmen. Die 737 war 106 Knoten schnell, als er „Got the steering" rief, woraufhin der Copilot befehlsgemäß den Fuß vom Seitenruder nahm, um seinen Chef lenken zu lassen. Sofort ließ sein Gegendruck auf das Seitenruder nach, und die Maschine zog ruckartig nach links. Der Kommandant brauchte fünf „Schrecksekunden", um das Ausmaß des „Linksdralls" zu erfassen und zu einer Entscheidung zu kommen:

CPT: „Lets take it back then!"

Mit dieser etwas unpräzisen Formulierung teilte er dem Copiloten mit, daß er den Start abbrechen wollte. Die Maschine hatte mittlerweile die V_1-Geschwindigkeit überschritten. Diesen Umstand realisierte allerdings weder der Kommandant, der voll und ganz damit beschäftigt, war die Boeing auf der Bahn zu halten, noch der Copilot, der die Maschine zwar nicht mehr steuerte, aber seine Aufgabe, die Instrumente zu überwachen noch nicht wahrnahm. Der Kommandant riß die Schubhebel in die Leerlaufposition zurück und begann leicht zu bremsen. Erst 3,5 Sekunden nach dem Abbruch trat er voll in die Bremspedale und erst neun Sekunden nach seiner Entscheidung aktivierte er den Umkehrschub. Jetzt reagierte auch der Copilot.

COP: „Oh, here goes nothing. Here comes the brakes!!!!"

Der Kommandant schaffte es, die ausbrechende Maschine wieder unter Kontrolle zu bringen und nach einem Schlenker auf die Centerline zurückzumanövriere, doch trotz heftigem Bremsen war die Maschine nicht mehr vor Ende der Landebahn zum stehen zu bekommen. Sie passierte erst die Überrollfläche der Startbahn, um dann mit immer noch 36 Knoten (ca. 60 km/h) in das Wasser der Flushing Bay zu fallen. Kurz vor dem Aufschlag auf der Wasseroberfläche prallte die 737 auf die Masten der Anflugbefeuerung der Landebahn 13, die im rechten Winkel zur Startbahn 31 verläuft. Die Maschine verfing sich in den Masten und zerbrach in drei Teile, wobei die Hecksektion unter Wasser sank.

Von den 57 Passagieren konnten zwei Frauen nur noch tot aus den Trümmern geborgen werden. Sie hatten an einer der Bruchstellen auf den Plätzen 21A und 21B gesessen und waren von dem Kabinenboden zerquetscht worden. 15 weitere Passagiere und die sechsköpfige Crew trugen Verletzungen davon. Einige Passagiere konnten erst nach einigen Stunden aus den Trümmern geborgen werden. Der Copilot, der bei den Rettungsarbeiten geholfen hatte, rutsche aus und fiel ins Wasser der Bucht. Er wurde erst nach einer längeren Suchaktion von einem US Coast Guard Hubschrauber halb erfroren aus dem Wasser geborgen.

Das NTSB rechnete nach dem Unfall den Piloten vor, daß im Normalfall das Bremssystem einer 737 2,5 Sekunden braucht, um voll zu wirken. In dem Fall von Flug 5050 wirkte es aber erst nach 5,5 Sekunden. Die so „verschenkten" Sekunden entsprachen 240 Metern, genau die Länge, die man theoretisch gebraucht hätte, um die Maschine noch auf der Überrollfläche zum Stehen zu bringen.

Daß er nicht sofort voll bremste, war auch auf die schlechte Arbeitsverteilung im Cockpit zurückzuführen. Aus der Tatsache, daß er das versehentliche Ausschalten des „Autothrottle" durch den Copiloten erst nach einem Hinweis bemerkte, kann man folgern, daß der dem „ersten Alleinflug" seines Copiloten nicht die nötige Aufmerksamkeit schenkte. In Gedanken war er während des Startlaufes wahrscheinlich noch beim Streit mit den USAir Vertretern. Mit einer völlig überraschenden Notsituation konfrontiert, brauchte er einige Sekunden zum geistigen „Umschalten". Als er „Got the steering" rief, übernahm er wieder das Kommando, woraufhin der Copilot, den Vorschriften folgend, sofort das Steuer losließ. Die gerade mehr oder weniger stabilisierte Boeing brach daraufhin heftig nach links aus, was dem Kommandanten wahrscheinlich das Vertrauen in die Steuerfähigkeit der Maschine raubte. Er brach daraufhin den Start ab, obwohl das eigentlich, laut NTSB, nicht nötig war. Diese Entscheidung teilte er dem Copiloten höchst mißverständlich mit. Der Kommandant war immer noch voll damit beschäftigt, die Maschine unter Kontrolle zu bringen. Daher bremste er nicht voll. Der Copilot verließ sich auf den Kommandanten und tat fast nichts. Nach dem Auftreten der Notsituation wurden im Cockpit keine Geschwindigkeiten ausgerufen. Daran kann man sehen, daß der Tausch der Aufgaben im Cockpit absolut nicht klappte. Dieser endgültigen Entscheidung des NTSB ging eine ebenso laute wie unschöne Suche der Medien nach der Ursache und vor allem nach einem Sündenbock für diesen Absturz voraus:

Besonders gerieten die beiden Piloten ins Schußfeld der Kritik. Drei Tage nach dem hier beschriebenen Ereignissen betittelte die „New York Times" ihre Ausgabe mit der Schlagzeile, die Piloten hätten nach dem Absturz fluchtartig die Unfallstelle verlassen und würden jetzt von der Polizei gesucht. Der Kommandant hätte sich während des Starts „irrational" verhalten und würde sich jetzt weigern, mit den Behörden zusammenzuarbeiten. Richtig war, daß die beiden Piloten bei der Evakuierung und dem anschließenden Abtransport der Verletzten halfen. Der Copilot fiel während dieser Rettungsarbeiten ins Wasser und mußte von einem US Coast Guard Hubschrauber gerettet werden. Nachdem er sich danach im Hauptquartier der Flughafenpolizei abgemeldet hatte, begab er sich erst in ein Krankenhaus und dann ins Hotel. Sein Kommandant hatte nach Abschluß der Rettungsarbeiten die Absturzstelle verlassen, nachdem er seine Blutprobe abgegeben hatte. Danach nahmen sie auf Anraten ihres Arbeitsgebers USAir Kontakt zu ihren Rechtsanwälten auf, und machten am nächsten Morgen völlig normal ihre Aussagen zum Unfallverlauf.

Eine Woche später kam die „New York Times" mit einer neuen Titelzeile: „Crash Piloten waren wahrscheinlich betrunken". Beide hätten während ihrer Wartezeit in La Guardia 15 - 20 Rum - Cola verkonsumiert, wodurch ihre Reaktionsfähigkeit während des Startlaufs ziemlich eingeschränkt war. In Wirklichkeit wurde ihnen kurz nach dem Unfall eine Blutprobe entnommen, die keinerlei Spuren von Alkohol oder Drogen nachweisen konnte.

Dem Kommandanten wurde nach Veröffentlichung des NTSB Berichtes der Pilotenschein von der FAA entzogen. Durch seine „mangelhaften" Startvorbereitungen hat er sich leichtsinnig verhalten und so das Leben seiner Passagiere gefährdet. Der Kommandant und die Pilotengewerkschaft gingen gegen diese Entscheidung gerichtlich vor und bekamen Recht. Der Kommandant wurde von USAir wieder im normalen Liniendienst eingesetzt, wobei er allerdings zum Copiloten degradiert wurde.

14.10.89
Delta AL   **Boeing 727-200**
N530DA   21813

Mit der „N53DA" hatte man nur Ärger. Die Maschine war zehn Jahre alt, aber ihr Sauerstoffsystem war wie ein Sieb. In den letzten 30 Tagen hatten Crews sechs Mal einen zu niedrigen Druck in diesem System vermerkt und genauso oft hatten Mechaniker versucht das Problem zu beheben. Doch am Ende hatte man doch immer wieder nur die leere Sauerstoffflasche ausgewechselt. Die Wartungsabteilung von Delta konnte sich allerdings auch nicht durchringen, die Maschine aus dem Verkehr zu ziehen und das Loch sorgfältig zu suchen. Das sollte sich rächen.

Während sich die ersten Passagiere an Bord der „N53DA" auf dem Flughafen von **Salt Lake City/UT/USA** begaben, untersuchte ein Bodenmechaniker wieder einmal das Sauerstoffsystem im vorderen Teil des Flugzeuges. Wieder einmal fand er nichts und wechselte die Sauerstoffflaschen aus. Als er gerade aus dem Raum unter dem Kabinenboden kletterte und sich durch die Luke in den Passagierkabine hievte, hörte er einen lauten Knall. Unter ihm zuckte ein weißer Blitz aus dem Kontrollpult für die Sauerstoffversorgung hervor. Er griff nach seinem Funkgerät, um die Feuerwehr zu alarmieren, aber das funktionierte nicht. Dann rappelte er sich auf und rannte von der Luke in der Nähe der vorderen Galley weg, aus der immer mehr Qualm kam. Die Besatzung rief den Passagieren zu, sofort das Flugzeug durch den Heckausgang zu verlassen, während der Bordingenieur versuchte zurück in das Cockpit zu kommen, um die Notbeleuchtung anzuschalten. Doch zwischen ihm und dem Cockpit befand sich die inzwischen feuerspeiende Luke, an der er nicht vorbei kam. Er kam nur noch Richtung Heck und verließ als letzter das Flugzeug durch einen Notausgang. Nur fünf der 23 Insassen zogen sich leichte Brandverletzungen und Rauchvergiftungen zu. Die „N53DA" hatte am Ende ein 1 Quadratmeter großes Loch in ihrem Dach. Dieser Schaden war zu groß um die Maschine wieder zu reparieren.

Das NTSB erinnerte die Genehmigungsbehörde daran, daß es schon 1970 gefordert hatte, Wartungsarbeiten am Sauerstoffsystem zu verbieten, wenn sich schon Passagiere an Bord befinden. Obwohl es unter den Insassen keine Verletzungen gegeben hatte, beweis dieser Vorfall die Aktualität dieser Forderung. Außerdem sollten die Airlines ihre Methoden überdenken, mit denen sie nach Lecks im Sauerstoffsystem suchten.

18.10.89
Aeroflot   **Ilyushin Il-76MD**
CCCP-76569   -

Die Maschine stürzte während des Anfluges auf **Leninakan/Armenien/UdSSR** ab. Grund soll eine falsche Höhenmessereinstellung gewesen sein.

Alle 15 Insassen kamen ums Leben.

21.10.89
T A N   **Boeing 727-200**
N88705   19514

Die von Continental gemietete Boeing zerschellte beim Anflug auf Tegucigalpa am ca. 2000 Meter hohen **Berg Cerro Hules/Honduras**, der etwa 20 Kilometer von der Stadt entfernt liegt.

131 der 150 Insassen der als SH 414 aus San Jose, Costa Rica, und Managua, Nicaragua, kommenden 727 verloren dabei ihr Leben. Zum Zeitpunkt des Unfalls herrschten Regen und starke Winde.

Später wurde festgestellt, daß die Ausbildungsqualität der Flugzeugbesatzungen nicht ausreichte, um bei Extrembedingungen richtig zu handeln.

26.10.89
China AL **Boeing 737-200**
B-180 23795

Fünf Minuten nach dem Start vom Flughafen in Hua-Lien zum Flug nach Taipeh, Taiwan, zerschellte die Maschine in 823 m Höhe an den Hängen der **Chia-Berge/Taiwan**. Der Pilot kurvte entgegen dem normalen Abflugweg nicht nach rechts, sondern nach dem Take off nach links.

Alle 54 Insassen der Maschine kamen ums Leben. Der Absturz ereignete sich um 16:55 Uhr/loc.

25.11.89
Korean Air **Fokker F28-4000**
HL7285 11223

Kurz nach dem Start um 07:48 Uhr/loc. vom **Seoul-Kimpo AP/Süd-Korea** fiel das linke Triebwerk der Fokker aus. Daraufhin verloren die Piloten aufgrund vereister Tragflächen die Kontrolle über die Fokker, welche mit ihren 46 Passagieren und 6 Crewmitgliedern an Bord wieder zu Boden fiel. Der Flieger schoß über die Landebahn hinaus und fing Feuer. Glücklicherweise kam niemand bei dem Unglück ums Leben.

Es wurden lediglich 4 Menschen schwer und 17 leicht verletzt.

27.11.89
Avianca **Boeing 727-100**
HK-1803 19035

Vier Minuten und 36 Sekunden nach dem Start von **Bogotas El-Dorado AP/Kolumbien** zum Linienflug AV203 nach Cali explodierte ein Sprengsatz in der Maschine. Die Boeing stürzte sofort unkontrolliert zu Boden, zerschellte und brannte aus.

Alle 101 Passagiere und 6 Besatzungsmitglieder fanden den Tod. Drei weitere Menschen am Boden wurden von herabstürzenden Flugzeugteilen getötet. Die Ermittlungen ergaben, daß als Drahtzieher der Aktion die kolumbianische Drogenmafia in Frage kam, die auf diese Weise einen an Bord befindlichen hochrangigen Polizeibeamten einer Anti-Drogeneinheit beseitigen wollte. Unter Sitz 14F, neben dem Notausgang, war die Plastik-Sprengbombe deponiert. Ein Fluggast, der bereits in der Passagierkabine Platz genommen hatte, verließ kurz bevor die 727 von der Terminalposition rollte, eiligen Schrittes die startbereite Maschine. Doch den Verantwortlichen kam es nicht in den Sinn, nach diesem äußerst verdächtigen Verhalten, den Flug aufzuhalten.

Die amerikanische Polizei nahm später einen gewissen Dandeny Munoz-Mosquera fest, der im Dezember 1994 in 13 Anklagepunkten, darunter Drogenschiebereien, Kokainschmuggel und die Ermordung der Passagiere des Fluges AV203, die bei dem Absturz ums Leben kamen, schuldig gesprochen. Es wurde eine mehrfache lebenslange Freiheitsstrafe gegen ihn ausgesprochen. Munoz-Masquera, so die Ermittlungen der Anklage, war seit seinem 12. Lebensjahr Mitglied im berüchtigten Medellin-Kartell gewesen und hatte während dieser Zeit für den Drogenchef Pablo Escobar Drogenhandel betrieben und Auftragsmorde ausgeführt (mindestens 50 Polizeibeamte wurden von ihm ermordet). Es gilt als sicher, daß Escobar den Auftrag für den Anschlag auf Flug 203 erteilt hatte, um Rivalen oder unliebsame Informanten loszuwerden.

30.12.89
Air Ivoire **Fokker F28-4000**
TU-TIK 11121

Trotz günstiger Wetterbedingungen setzte die Fokker erst nach der Hälfte der Bahn in **Man/Elfenbeinküste** auf und konnte daher nicht mehr rechtzeitig vor Ende der Runway zum Stehen gebracht werden. Der Jet schoß über die Bahn hinaus und wurde völlig zerstört.

Von den 70 Insassen wurden 10 schwer verletzt.

30.12.89
America West **Boeing 737-200**
N198AW 19710

Die mit 130 Insassen besetzte Boeing befand sich an diesem Tag auf dem Weg von Phoenix zum **Tucson Intl AP/AZ/USA**. Im Landeanflug gab es plötzlich einen Kurzschluß in einer hydraulischen Pumpe. Nicht nur das die Pumpe sofort ausfiel, es wurde auch durch den Lichtbogen auch noch die Hydraulikleitung der Pumpe leckgeschlagen. Das Hydrauliksystem „A" fiel sofort aus, gefolgt von dem zweiten System „B", dessen Pumpen von der Hitzentwickelung des Kurzschlußes ebenfalls in Mitleidenschaft gezogen worden war.

Die anschließende Landung fand ohne Bremsmittel statt, weshalb die 737 das Ende der Rollbahn passierte und mit einem Betonhinderniss kollidierte. Das Fahrwerk wurde abgerissen und der Rumpf der Boeing stark beschädigt.

Alle Insassen konnten unverletzt die Unglücksstelle verlassen, die gut zwanzig Jahre alte Boeing war jedoch ein Totalschaden.

seit 1990

05.01.90
Aerolineas Argentinas   **Fokker F28-4000**
LV-MZD   11127

In tiefer Dunkelheit konnte um 21:50 Uhr/loc. die F-28 bei der Landung auf der regennassen 1.600 Meter langen Bahn 10 des **Villa Gesell AP/Argentinien** nicht rechtzeitig abgebremst werden und schoß etwa 100 Meter über das Bahnende hinaus. Bugrad und linkes Hauptfahrwerk brachen zusammen, der Tragflächentank schlug leck, und ein Feuer entzündete sich, welches die Fokker nach Evakuierung aller Insassen zerstörte. Keiner der 85 Passagiere und fünf Crewmitglieder wurde verletzt.

13.01.90
Aeroflot   **Tupolev 134A**
CCCP-65951   2351703

65 Passagiere und 5 Besatzungsmitglieder befanden sich an Bord der Tupolev auf dem Flug von Tjumen nach Ufa mit Weiterflug nach Wolgograd. Nach Erreichen der Reiseflughöhe von 10.600 Metern leuchtete auf einmal das „Rauch im Gepäckraum"-Licht auf. Der Bordingenieur wurde nach hinten beordert, um festzustellen, was die Ursache für den Alarm war. Doch er kam nach kurzer Zeit unverrichteter Dinge wieder zurück ins Cockpit. Außer einer leichten Rechtskurve wurde der Reiseflug unverändert fortgesetzt. Ca. 30 Kilometer nordöstlich von Sverdlovsk leuchtete plötzlich das rote Licht der Feuerwarnung des APUs auf. Offenbar war im hinteren Rumpfbereich ein Feuer im Gange. Sofort wurde mit Sverdlovsk-Koltsovo AP Kontakt aufgenommen, und man bat um einen Not-Sinkflug zum Flughafen. Mit ausgefahrenem Fahrwerk drückten die Piloten die Maschine nach unten. Mit maximaler Sinkrate flog man nördlich der Stadt entlang und befand sich für kurze Zeit in Höhe des Flughafens. Das Wetter in Sverdlovsk gab keinen Anlaß zur Freude: die Horizontalsicht betrug nur ca. 1.100 Meter, die Vertikalsicht nur 450 ft Die Wolkendecke war oberhalb von 6.000 ft geschlossen. Die Temperatur betrug minus 21°Celcius und es schneite. In Betrieb war die Landebahn 08. Als die Tu-134 in der Wolkendecke verschwand, erlosch im Tower in Sverdlowsk die Radaranzeige des Fluges. Man hatte weder Positions-, noch Richtungs-, oder Höhenwerte. Nur noch das Radarecho war auf dem Schirm zu sehen. Über Funk wurde das in Luftnot befindliche Flugzeug aufgefordert, nach eigener Einschätzung eine Linkskurve Richtung Flughafen einzuleiten. Mittlerweile hatte sich die Maschine mit Kurs 280° um mehr als 50 Kilometer vom Flughafen entfernt und passierte mit mehr als 400 km/h die Flughöhe 2.500 ft, als im Verlauf der Linkskurve auch noch die Feuerwarnlampen beider Triebwerke aufleuchteten. Kurz hintereinander fielen dann sowohl der künstliche Horizont als auch der Kompaß aus. Orientierungslos wurde der Sinkflug fortgesetzt und das rechte Triebwerk abgeschaltet. Der Kommandant entschied sich ohne Bodensicht zu einer Notlandung auf freiem Feld. Das Flugzeug war bereits unter die Radarhöhe gesunken, und der Fluglotse in Sverdlowsk hatte nun nicht mal mehr ein Radarecho von diesem Flug. Mit nur wenig verringerter Sinkrate prallte die Maschine nahe der Stadt **Pervouralsk/UdSSR** zu Boden und brach auseinander.

Rettungsmannschaften konnten nur noch 46 Überlebende bergen. Die anderen 22 Insassen kamen ums Leben.

Nachfolgende Untersuchungen ergaben, daß der auslösende Faktor des Unglücks ein Kabelbrand von elektrischen Leitungen im Heck der Maschine war. Infolgedessen kam es im Cockpit zu den Feuerwarnungen, die allesamt Falschmeldungen waren. Weder APU noch Triebwerke hatten Feuer gefangen.

25.01.90
Avianca   **Boeing 707-320B**
HK-2016   19276

Die aus Bogota und Medellin kommende 707 war zum New-Yorker Flughafen JFK als Flug AV 052 unterwegs. In JFK herrschte zum Zeitpunkt des Einfliegens der Boeing in den New-Yorker Kontrollsektor das übliche Gedränge. Hinzu kam, daß an diesem Abend ein

HK-2016; die in Cove Neck abgestürzte 707 der Avianca in den roten Farben der Avianca/Miami im November 1982
<Quelle: Luftfahrt Journal-Sammlung>

mittelschwerer Schneesturm über JFK hinwegzog. Daher war für anfliegende Maschinen nur eine einzige Landebahn(22L) geöffnet. Dies verstärkte den ohnehin schon auf etliche Maschinen angewachsenen Stau in der Landesequenz. AV 052 hatte bereits den Großteil des zur Verfügung stehenden Treibstoffs aufgebraucht, und somit kam eine Ausweichlandung in Boston nicht mehr in Frage. Man mußte nun, komme was wolle, in JFK landen.

Der Flug der Avianca wurde erstmal von New-York ATC in eine 45 minütige Warteschleife über New-Jersey geschickt. Schon zu diesem Zeitpunkt machte die Besatzung den Kontrollotsen auf das endliche Fassungsvermögen der Treibstofftanks aufmerksam. Diversen Maschinen war es nicht möglich zu landen, sie machten einen missed-approach und wurden in ein weiteres Holding bzw. zu einem Ausweichflughafen geschickt. Nach 30 Minuten wurde nun auch die kolumbianische Boeing aus dem Holding genommen und in die Anflugsequenz zur Bahn 22L eingeführt. Die Uhrzeit war kurz nach 21:00 Uhr/loc., und es war bereits seit einigen Stunden dunkel. Der hinten sitzende Flugingenieur gab dem fliegenden Kommandanten den Rat, aus Gründen der Treibstoffknappheit den Triebwerkschub im Falle eines Fehlanfluges nur langsam zu erhöhen und einen minimalen Anstellwinkel der Flugzeugnase vorzunehmen. New-York-ATC leitete AV052 nun auf die verlängerte Anfluglinie der Bahn 22L, und um 21:20 Uhr/loc. wurde vom Tower die Landefreigabe erteilt. Der Kommandant, der offenbar sein Headset (Kopfhörer) nicht aufhatte und somit nicht die ATC-Anweisungen mithörte, fragte kurz danach bei seinem Copiloten, der den Funkverkehr abwickelte, nach:

CPT: „Are we cleared to land, no?"
COP: „Yes, Sir, we are cleared to land."

Der Towerlotse bat AV 052 mehrmals, die Fluggeschwindigkeit von 150 kts zu erhöhen, damit der hinter der 707 anfliegende Jet (TW 801) nicht zu nahe kam. AV 052 reagierte jedoch nicht auf die Anweisungen, und der TWA-Flieger mußte aus der Anflugsequenz genommen werden, als der Abstand zur vorausfliegenden 707 zu gering wurde. Die Piloten, die ohne Sichtkontakt zum Boden waren, standen wohl unter hoher Anspannung und konzentrierten sich nur noch auf die bevorstehende Landung. New York-Tower informierte die Kolumbianer nun über eine Windscherung im Endanflug, die zwischen 1500 und 500 ft lag.

„This is the windshear", sagte der Copilot, als die 707 von der Fallböe erfaßt und unter den Gleitpfand gedrückt wurde. Das Bodenannäherungswarngerät (GPWS) sprang an.

CPT: „Where is the runway?",
schrie der Kapitän. Und unmittelbar darauf:
CPT: „I dont see it, I dont see it, Give me the landing gear up, smooth with the nose!"
F/E: „Smooth with the nose, smooth with the nose, smooth with the nose."
CPT: „We dont have fuel!"

Da der Endanflug immer unruhiger wurde und die Piloten im dichten Schneetreiben die Bahnlichter nicht sahen, wurde der Landeanflug um 21:22 Uhr/loc. abgebrochen und AV052 stieg wieder auf 2000 ft. Langsam wurde es auch dem Kommandanten mulmig, und er sagte:
CPT: „Tell them we have an emergency."

Der Copilot nahm diese Aufforderung des Kommandanten jedoch nicht zum Anlaß, eine entsprechende Meldung an den Tower abzusetzen, sondern bestätigte lediglich von der ATC gegebene Richtungsänderung:
COP: „Thats right on to one eight zero on the heading."

Der mit dem Fliegen beschäftigte Kapitän wiederholte noch einmal seine Aufforderung:
CPT: „Advise them, we have an emergency. Did you tell him?"
COP: „Yes sir,...I already advised him."

Um 21.25, als die Tanks so gut wie trocken waren, bat der Kapitän noch einmal seinen rechtssitzenden Co:
CPT: „Advise them, we dont have fuel."

Dieser meldete sich gerade wieder auf der Frequenz des Anfluglotsen, bestätigte aber zunächst die Freigabe auf 3000 ft zu steigen und sagte dann beiläufig:
COP: „...ah, were running out of fuel, Sir."
ATC: „Avianca zero five two, ah, Im gonna bring you about one five miles northeast and then turn you back on to the approach... Is that fine with you and your fuel?"
COP: „I guess so, thank you very much."
CPT: „What did he say?"
F/E: „The guy is angry..."
COP: „Fifteen miles in order to get back to the localizer."

Es vergingen noch weitere 5 Minuten, in denen die 707 vom Anfluglotsen als Landenummer 2 direkt in Richtung des ILS-Anfluges auf die Bahn 22L geführt wurde. Aber es war bereits zu spät. Um 21:32 Uhr/loc. setzte infolge akuter Spritarmut das rechte Triebwerk Nr.4 aus gefolgt von den Worten des Flugingenieurs:
F/E: „Flame out on number three, essential on number two, on number one."
CPT: „Show me the runway."
ATC: „Avianca zero five two turn left heading two five zero intercept the localizer."

Doch diese Anweisung konnte nicht mehr ausgeführt werden. Mittlerweile gaben alle vier Triebwerke ihren Geist auf und die 707 sank dem Erdboden entgegen. Unmittelbar danach verschwand der Jet von den Radarschirmen. Die Boeing stürzte ca 25 km nordöstlich vom Flughafen in ein bewaldetes Gebiet in der Nähe von **Cove Neck/NY/USA**.

Es starben 65 der 149 Passagiere und 8 der neun Besatzungsmitglieder.

Bei dem Aufschlag zerbrach das Flugzeug in vier Teile, ein Feuer brach allerdings nicht aus (nicht zuletzt, weil kein Treibstoff mehr in den Tanks war).

14.02.90

Indian AL   **Airbus A320-200**
VT-EPN   **79**

Der Airbus A320 mit der Registrierung „VT-EPN" hatte 139 Passagiere und sieben Crewmitglieder an Bord, als er den Linienkurs 605 der Inlandfluggesellschaft Indian

Airlines von Bombay nach **Bangalore/Indien**, dem indischen „Silicon Valley", absolvierte.

Die „VT-EPN" war erst zwei Monate zuvor ausgeliefert worden und stellte zusammen mit den 13 anderen an Indian Airlines gelieferten A320 Flugzeugen einen technischen Quantensprung für die indische Airline dar. Hastig waren Besatzungen und das Wartungspersonal auf den neuen Flugzeugtyp geschult worden, doch insbesondere bei den Piloten reichte der Stamm an erfahrenen Personal nicht aus. So kam es, daß der Linienkurs 605 von einem unerfahrenen Kommandanten geführt und von einem ebenso unerfahrenen Checkpiloten überwacht wurde. Der Kommandant hatte bei einer Gesamterfahrung von gut 9.000 Flugstunden nur 68 auf dem Airbus A320 absolviert. Sein Checkpilot hatte bei insgesamt 10.400 Flugstunden 48 als Copilot und 212 als Kommandant auf dem neuartigen Airbus A320 gesammelt. Beide hatten den Großteil ihrer Flugerfahrung auf der HS 748 (ein Propellerbetriebenes Passagierflugzeug) und der Boeing 737 gesammelt und im Sommer des letzten Jahres einen Umschulungskurs bei Airbus in Toulouse absolviert. Trotzdem war die Technik des Airbus A320 mit seiner Elektronik und dem „Fly by Wire" System mit dem Sidestick (statt des sonst üblichen Steuerknüppels) für sie etwas gänzlich Neues. Bereits das Erlernen der unübersehbaren Menge von Abkürzungen für die Geräte und die verschiedenen Modi der Automatik, die sich vollständig von denen unterschieden, die sie für die Boeing 737 erlernt hatten, stellte ein Problem dar. Von den Schwierigkeiten, die Funktionen des Airbus zu verstehen und sicher anwenden zu können ganz zu schweigen.

So hatte der Checkpilot seinen Prüfling während des ganzen Fluges über verschiedene technische Aspekte des Airbus A320 abgefragt und dieses Frage- und Antwortspiel erst beim Beginn des Endanfluges auf die Bahn 09 in Bangalore abgebrochen. Sein Prüfling, der auf diesem Flug eigentlich als Kommandant agierte, begann hastig und viel zu spät mit den Vorbereitungen für den Landeanflug. Die Landeklappen und Fahrwerke wurden in ihre Landestellung gefahren, die endgültige Landeerlaubnis eingeholt und die Landecheckliste gelesen. Danach programmierte der Kommandant in aller Eile die FCU (**F**light **C**ontrol **U**nit) des Flugzeugs für den Endanflug. Mit dieser FCU gibt der Pilot dem **F**light **D**irector in einem „halbautomatischen" Flug die von ihm gewählten Parameter vor, wie Geschwindigkeit, Kurs, Höhe, Sinkrate u.ä.. Der Flight Director „stellt" dann das Flugzeug ein, um diese Zielparameter zu erreichen. Da die Bahn 09 des Flughafens von Bangalore über kein Instrumentenlandesystem (ILS) verfügte, mußte der Kommandant das von ihm gewünschte Anflugprofil in die FCU eingeben. Die FCU befindet sich an dem oberen Mittelpaneel, wo auch der Flight Director von beiden Piloten aktiviert bzw. deaktiviert werden kann.

Bei dieser Programmierung unterlief ihm ein Fehler: Er gab in die FCU die Zahl „700" ein, aber nicht als die von ihm gewünschte Sinkrate (in ft/min), sondern als „Zielhöhe". Da sich die Maschine in diesem Moment noch 3.400 ft über dem Meeresgrund befand, reagierte der Computer sofort und begann mit dem Sinkflug auf diese „Zielhöhe". Doch die Höhe 3.400 ft war die Höhe der Maschine über dem Meeresspiegel, nicht über dem „wirklichen" Boden. Bangalore liegt auf einem Bergplateau, das sich 2.900 ft über dem Meeresspiegel befindet. Also war die Maschine nur 400 ft über dem Boden, als die „dumme" Automatik versuchte, der falschen Eingabe nachzukommen.

13:02:42 CPT:
„OK 700 ft Sinkrate."
13:02:42 COP:
„Im Falle eines Durchstartmanövers....."
13:02:43 - „400 Fuß" -

Von der Automatenstimme unterbrochen, verstummte der Checkpilot. Vor seinen Augen begannen sich auf dem Instrumentenpaneel für ihn unverständliche Dinge abzuspielen. Der Bordcomputer versuchte jetzt, die Höhe von 700 ft zu erreichen, und schaltete in den „Open Descent Modus". Dazu wechselte das „autothrust" System, welches die Schubstufe der Triebwerke kontrolliert, von dem „Speed Mode" in den „Thrust idle mode". Während in dem „Speed mode" die Schubstufe der Triebwerke so eingestellt wird, daß eine „Zielgeschwindigkeit" gehalten werden kann, werden im „Thrust Idle Mode" die Schubhebel von der Automatik auf Leerlauf gezogen. Dieser „Thrust Idle Mode" wird meist im Streckenflug benutzt, um auf eine vorgegebene Höhe zu sinken („Altitude Capture"). Im Landeanflug ist seine Benutzung verboten. Die Zielgeschwindigkeit von 132 Knoten war nun nicht mehr gültig und wurde unterschritten, die Sinkrate wurde größer und der Airbus begann unter den Gleitpfad zu sinken. Während der Kommandant den Sidestick zu sich heranzog, um auf dem Gleitpfad zu bleiben, suchte der Checkpilot den Grund für diesen plötzlichen Sinkflug. Und wurde nach kurzem Suchen fündig.

13:02:53 COP:
„Du sinkst die ganze Zeit im Leerlauf, „open descent", ha, die ganze Zeit."
13:02:56 COP:
„Soll ich den „Flight Director" ausmachen?"
13:02:57 CPT:
„Ja."

Unbemerkt von der Besatzung, die sich nur noch für die Schaltung der Automatik interessierte, fiel die Geschwindigkeit des Airbus ab, welcher immer tiefer unter den Gleitpfad sank. Der Kommandant zog seinen Sidestick weiter zu sich heran, während er sich vorbeugte und den vor ihm liegenden Flight Director ausschaltete.
13:02:57 CPT:
„OK, ich habe ihn ausgeschaltet!"

Jetzt erwarteten die Piloten, daß die Automatik zurück in den „Speed Mode" wechseln und so die Schubhebel auf eine höhere Schubstufe heraufsetzen würde. Doch die rührten sich nicht. Der Checkpilot wußte auch sofort warum.
13:03:00 COP:
„Aber du hast meinen nicht ausgeschaltet!"

Um in den „Speed Modus" überzugehen, müssen BEIDE Flight Directors (Kommandant und Copilot verfügen über jeweils einen) ausgeschaltet sein, doch der des Checkpiloten war noch aktiv.

Zwischen den beiden Piloten herrschte Unentschlossenheit, was jetzt zu tun wäre. Der Kommandant flog das Flugzeug, aber die Autoritätsgrenze zwischen ihm und dem Checkpiloten war verwischt. Der Anflug verlief nicht nach Plan und er wußte nicht, ob er das Kommando an seinen Checkpiloten weitergeben sollte. Der wollte dies aber nicht und fragte sich, warum die Schubhebel immer noch im Leerlauf waren.

13:03:03 - „200 Fuß" -
13:03:07 COP:
  „Du bist immer noch auf Autopiloten?"
13:03:09 CPT:
  „Nein."
13:03:09 COP:
  „Er ist aus."

Erst in diesem Moment wurde den beiden plötzlich klar, daß ihr Airbus immer schneller an Höhe verlor. Die Geschwindigkeit war inzwischen bei 107 Knoten angekommen und damit 25 Knoten unter die „Zielgeschwindigkeit" gefallen.

13:03:10 CPT:
  „Hey, wir stürzen ab!"
13:03:11 COP:
  „Oh Scheiße!"
13:03:11- „100 Fuß." -

Die beiden Piloten zogen ihre Sidesticks zu sich heran und der Kommandant aktivierte die „Alpha Floor" - Automatik (Erklärung siehe 26.06.1996). Sekunden nachdem diese Automatik die Triebwerke auf Vollschub hochlaufen ließ, rammte er die Schubhebel eigenhändig nach vorne. Doch da die beiden Turbinen sieben Sekunden benötigen, um auf ihre Maximalleistung zu kommen, war es den beiden nicht mehr möglich, die Maschine abzufangen. Kurz vor dem Aufschlag schaltete sich die Automatenstimme ein, um die Piloten vor einer hohen Sinkrate zu warnen:

13:03:11 COP:
  „Captain!"
13:03:12 COP:
  „Immer noch, Captain!!!!!"
13:03:13 - „Sinkrate"-
13:03:14 - Summer -
13:03:15 - „Sinkrate, fünfzig Fuß" -
13:03:16 - „Sinkrate, zehn Fuß" -
13:03:17 - erste Aufschlaggeräusche -

Die Maschine krachte 700 Meter vor der Landebahn auf einem Golfplatz, federte wieder nach oben, schlug eine Schneise durch ein kleines Wäldchen und zerschellte schließlich am Umfassungsdamm des Flughafens.

Die Maschine fing Feuer, wovon der Tower in Bangalore erst Kenntnis nahm, als die Crew eines nachfolgend landenden Flugzeugs ihre Beobachtung bezüglich des brennenden Airbusses meldete. Nachdem man dann im Tower bemerkt hatte, daß es keinen Notfallplan gab, alarmierte man erst einmal die Stadtfeuerwehr. Diese regte daraufhin an, man möge doch als erstes die Flughafenfeuerwehr informieren!

Die Flughafenfeuerwehr konnte die Runway nicht benutzen, da der Tower den Flugbetrieb nicht unterbrochen hatte. Auf der schlecht ausgebauten Umlaufstraße konnten sich die Fahrzeuge nur im Schrittempo vorwärts bewegen und kamen auch nur bis zum Flughafenzaun. Der war verschlossen, aber keiner der Feuerwehrleute hatte einen Schlüssel. Nachdem das Schloß geknackt war, erreichten sie zwanzig Minuten nach dem Absturz nun endlich die Unglücksstelle. Dort konnten sie nur noch die Reste des fast ausgebrannten A 320 löschen und die Verletzten und Toten bergen.

Bei dem Absturz kamen 94 der 146 Insassen ums Leben, darunter auch die beiden Piloten. Die erste Reaktion der indischen Behörden war die Stillegung aller verbleibenden 13 Airbus A320 Flugzeuge der Indian Airlines, da man dem Flugzeug die Schuld an dem Absturz gab. Weder der Hersteller Airbus Industrie noch die französischen Behörden wurden in die Absturzuntersuchung miteinbezogen, da sie nach Meinung der indischen Behörden „parteiisch" wären. Doch im Laufe der Ermittlung wurde immer offensichtlicher, daß der Absturz auch auf die mangelhafte Ausbildung der beiden Piloten zurückzuführen war. Als die französischen Behörden öffentlich eine Mitschuld der „Schnittstelle Flugzeug/Mensch" einräumten, stellten die indischen Behörden einen Teil ihrer Ergebnisse ihren Kollegen zur Verfügung.

Die Protokolle des CVR's und DFDR's enthüllten, daß die beiden Piloten das Prinzip und die Funktionsweise des Flight Directors nicht verstanden hatten. Die Trennlinie zwischen den Piloten war nicht genau zu erkennen. Der Checkpilot hatte den Kommandanten in einer Art behandelt, die man in einem Flugsimulator erwarten würde, nicht aber während eines Landeanfluges mit Passagieren an Bord. Keiner der beiden schenkte den Basisdaten des Flugzeugs, insbesondere der Geschwindigkeit und der Sinkrate, große Aufmerksamkeit. Sie verließen sich wahrscheinlich darauf, daß der Airbus A320 sich „selbst erhalten" würde, obwohl diese Maschine Dinge tat, die sie nicht verstanden.

Als beiden klar wurde, daß sie sich in einem fatalen Sinkflug befanden, warteten beide aufgrund der unklaren Arbeitsteilung im Cockpit zu lange mit ihren Gegenmaßnahmen und verschenkten so kostbare Sekunden. Dazu kam wieder ein zu großes Vertrauen in die Automatik. Hätte der Kommandant gleichzeitig mit der Aktivierung der „Alpha Floor" - Automatik in 135 Fuß Höhe auch die beiden Schubhebel auf Maximalstellung geschoben, so wäre es wahrscheinlich möglich gewesen, die Maschine abzufangen. Er wartete aber noch fatale vier Sekunden lang und schob die beiden Hebel erst in 70 Fuß Höhe in die Maximalstellung.

Indian Airlines ließ ihre 13 A320 Flugzeuge nach dem Crash noch über sechs Monate inaktiv. Die Airline schickte ihre Piloten zur Nachschulung, die sorgfältiger sein sollte, als die Schulung der beiden Unglückspiloten. Doch die so ausgebildeten Piloten verließen sehr oft mit ihren so erworbenen Musterzulassungen das Land und ihre Airline. Sie meistens bei Fluglinien an, die über dem persischen Golf operieren. Diese litten ebenfalls unter chronischem Pilotenmangel, bezahlten aber um einiges besser als Indian Airlines. Im Frühjahr 1996 mußte Indian Airlines wieder öffentlich Alarm schlagen und Airbus um Unterstützung bei der Ausbildung ihrer A320 Piloten bitten.

01.03.90
Katale AT   Boeing 707-320C
9Q-CVG   19162

Bei einer überharten Landung in **Goma/Zaire** wurde die Rumpfstruktur der Maschine überbeansprucht und die Boeing danach aus dem Verkehr gezogen. Näheres ist nicht bekannt.

22.03.90
C A A C   HS121 Trident 2E
B-2208   2165

Bei der Landung in **Guilin/China** versagten die Bremsen der Trident, die daraufhin über das Pistenende hinausschoß und in weichen Untergrund hinter der Piste geriet. Das Fahrwerk sank ein und die Tragflächen rissen ab. Über die Zahl der Opfer ist nichts bekannt.

27.03.90
Aeroflot   Ilyushin Il-76MD
CCCP-78781   -

Beim Anflug auf den Flughafen von **Kabul/Afghanistan** wurde der Frachter zu langsam und stürzte ab. Die Besatzung hatte sich bei der Festlegung der Landegeschwindigkeit verschätzt.
Alle neun Insassen an Bord kamen bei dem Absturz ums Leben.

07.05.90
Air India   Boeing 747-200
VT-EBO   20558

Nachdem bei der Landung in **Neu Delhi/Indien** das linke äußere Triebwerk Nr.1 den Boden berührte, wurde dieses Antriebsaggregat teilweise aus der Verankerung gerissen und fing Feuer. Sofort weitete sich das Feuer auf die gesamte linke Tragfläche aus. Als die Feuerwehr eintraf, war der entstandene Schaden für eine Reparatur bereits zu groß.
Über zuschadengekommene Personen ist nicht bekannt.

11.05.90
Philippine AL   Boeing 737-300
EI-BZG   24466

Die mit 6 Besatzungsmitgliedern und 113 Passagieren besetzte 737 war gerade auf dem Flughafen von **Manila/Philippinen** dabei, zum Start zu rollen, als sich im fast leeren mittleren Treibstofftank eine Explosion ereignete. Sofort stand das Flugzeug in Flammen, und die Insassen begannen, sich aus der Kabine über die mittlerweile entfalteten Notrutschen ins Freie zu retten. Durch das Feuer wurde die von der irischen Guinness Peat Aviation (GPA) geleaste Maschine vollständig zerstört. 7 Menschen kamen in den Flammen ums Leben. Weitere 80 Menschen wurden verletzt. Zunächst ging man von einem Terroranschlag aus, jedoch konnte die Untersuchungskommission keinerlei Hinweise auf eine Bombenexplosion feststellen. Man nimmt nunmehr an, daß die Explosion im mittleren Treibstofftank stattfand. Innerhalb der Verkabelung der Boeing, die an dem Treibstofftank vorbeigeführt wird, soll es zu einem Kurzschluß gekommen sein. Angeblich hatte dieser Kurzschluß in der elektrischen Versorgungsleitung eines der „Anti-Kollisions Lampe" an der Tragflächenspitze stattgefunden. Dieser Kurzschluß hatte bei einem der Füllstandssensoren innerhalb des Tanks einen Funken erzeugt. Dieser Funke hatte das im Tank befindliche Gemisch aus Luft und verdunstetem Treibstoff zur Explosion gebracht.

02.06.90
Markair   Boeing 737-200
N670MA   23122

Seit Tagen lag über dem Norton-Sund in Alaska ein Schlechtwettergebiet. Über 100 Fischersleute, die die dortige Angelsaison beenden wollten, saßen fest, da der Flughafen der kleinen Hafenstadt **Unalakleet/AK/USA** seit Tagen seinen Betrieb eingestellt hatte. Doch an diesem zweiten Junitag brach zum ersten Mal am Tage die dichte Nebeldecke etwas auf und es waren wieder Flüge in diese entlegene Region Alaskas möglich. Markair bot pro Tag sieben Flüge mit Propellerflugzeugen von Unalakleet aus in die anderen Regionen Alaskas an. Mit der nur 1950 m langen Start- und Landebahn waren Jets in Unalakleet eher die Ausnahme.

B-2208; hierbei handelt es sich um die in Guilin verunglückte Maschine, die hier gerade in den Endanflug einschwenkt/Hong Kong im November 1985 <Quelle: Luftfahrt Journal-Sammlung>

Als die Nachricht der Wetterbesserung aus Unalakleet bekannt wurde, machte sich sogleich eine 737-Combi mit der Flugnummer BF3087 in Anchorage auf den Weg, die Eingeschlossenen aus ihrer mißlichen Lage abzuholen. Der Flug galt als morgendlicher Entlastungsflug der täglichen Verbindung nach Anchorage. Die Boeing startete um 08:28 Uhr/loc. und kurvte in Richtung Nordwesten. Außer den beiden Piloten befanden sich nur noch zwei Flugbegleiterinnen an Bord. Die Flugzeit wurde auf eine Stunde und 9 Minuten geschätzt. Um 9:13 Uhr/loc. leitete BF3087 den Sinkflug ein. Unter den Piloten breitete sich die geschlossene Wolkendecke wie ein unendlicher Teppich aus. Vom Tower ihrer Destination erhielt BF3087 die neuesten Wetterinformationen: - geschlossene Wolkendecke in 500 ft - Sichtweite: 1,5 Meilen.

In Betrieb befand sich die Landebahn 14, auf der ein Localizer eingeschaltet war. Der Kommandant flog die Maschine, während der Copilot die Bordsysteme bediente und den Funkverkehr abwickelte. Im Sinkflug nahm sich der Kommandant die Anflugkarten zur Hand und ging mit seinem Copiloten das Anflug-Briefing durch. Dort war als Anflughöhe 3.000 ft ausgewiesen. Beide Piloten verfielen in dieser Phase in eine lange Konversation über den zu fliegenden Anflugweg, sie sprachen dann unter anderem über den Rückflug nach Anchorage.

Um 09.31 befand sich die 737 direkt über dem Funkfeuer Unalakleet und flog auf einem 291°-Kurs, um nach einigen Minuten in einer harten Rechtskurve auf die Pistenachse einzufliegen. Die Anflugcheckliste wurde durchgegangen. Der Copilot fuhr die Landeklappen sukzessive auf 10° aus. Die Fluggeschwindigkeit reduzierte sich merklich. Nun war die Mindesthöhe von 3.000 ft erreicht. Der Kommandant zog leicht an der Steuersäule und BF3087 behielt diese Höhe zunächst bei.

Nun wurde eine 180°-Wendung eingeleitet und langsam näherte man sich in den Wolken wieder dem Flughafen. Noch zwölf Meilen trennte die Maschine von der Landebahn.
COP: *"Going to 1.500 inbound."*

Die 737 schwenkte in einer langen Rechtskurve auf die Pistenachse der Bahn 14 ein. Das Fahrwerk rumpelte aus den Schächten. Die Klappen wurden auf 25° gesetzt. Nun sank man auf die ausgewiesene Zwischenhöhe von 1.500 ft Im Cockpit herrschte routinierte Gelassenheit.
CPT: *"There comes the 10 to 1.500...500 feet is what were headed for...2.3 DME."*

In einer Entfernung von 9.5 Meilen durchflog BF3087 1.500 ft. Ein letzter Check erfolgte um 09:37 Uhr/loc. und die Maschine durchquerte 1.000 ft. Die Piloten dachten, sie müßten nun jeden Augenblick die erleuchteten Lampen der Anflugbefeuerung sehen, doch nichts dergleichen war zu erblicken.
CPT: *"Go ahead and hit 'em five clicks or whatever for the lights make sure they're on when come out of the bottom here."*
COP: *"Okay."*

Der Copilot griff zum Mikrofon und wollte gerade mit dem Tower Kontakt aufnehmen, als vor den Piloten sich der Boden abzuzeichnen begann.
COP: *"Ground contact."*
CPT: *"Okay."*

Doch von der Landebahn war nichts zu sehen. Direkt vor den Piloten lag eine ausgedehnte Tundraebene. Für eventuelle Gegenmaßnahmen war es zu spät. BF3087 berührte um 09:37:51 Uhr/loc. die ersten Büsche.
COP: *"Oh."*

In einer Höhe von knapp 600 ft schlug die 737 am seichten Nordhang des Blueberry Hill hart mit dem Rumpf auf. Dabei löste sich die hintere Rumpfsektion vom übrigen Flugzeug, und die Triebwerke brachen von den Tragflächen, als man über den harten Erdboden schoß. Eine Flugbegleiterin, die in der leeren Passagierkabine Platz genommen hatte, wurde beim Aufprall aus dem Flugzeug geschleudert. Die andere Flugbegleiterin, die sich auf dem hinteren Jumpseat im Cockpit befand, sowie beide Piloten entkamen dem Wrack durch die geöffneten Cockpitfenster. Alle vier an Bord befindlichen Personen überlebten z.T. schwer verletzt das Unglück. Erst nach einer guten Stunde konnte in Unalakleet ein Hubschrauber aufgetrieben werden, der die Crew vom Absturzort in das nächstgelegene Krankenhaus brachte.

Die Absturzstelle lag genau in der verlängerten Pistenmittellinie der Landebahn 14, jedoch in einer Entfernung von sieben Meilen zur Landebahn. Wie konnte es zu einer derartigen Fehleinschätzung kommen?

Beide Piloten benutzten normalerweise eine Jeppesen-Anflugkarte von ihren Destinationen, auf der um den Flughafen ein Distanzkreis von normalerweise 5 Meilen eingetragen ist. Bei ihrem Anflug auf Unalakleet gebrauchten sie jedoch eine National Ocean Service (NOS)-Anflugkarte, auf der ein Distanzkreis in einem 10 Meilen-Radius eingetragen ist. Ohne sich noch einmal zu vergewissern, verschätzten sie sich daher mit der Entfernung zum Flughafen um 5 Meilen. Der erfahrene Kommandant (12.000 Flugstunden), der schon des öfteren nach Unalakleet geflogen war und auch am Unglückstag die 737 steuerte, wich vom vorgeschriebenen Anflugweg ab, ohne daß der Copilot, der erst zum zweiten Mal überhaupt Unalakleet anflog, korrigierend eingriff. Er nahm an, daß sein linkssitzender Kommandant wohl wußte, was er tat. Eine fatale Fehleinschätzung. Bei diesem von Hand geflogenen Localizer-Approach erfolgte keinerlei Warnung des veralteten GPWS-Systems, da sich die 737 in voller Landekonfiguration befand, als sie auf der Anhöhe aufschlug. Das NTSB regte daraufhin an, nur noch einheitliche Distanzkreise in die Anflugkarten einzutragen. Außerdem wurde Markair angehalten, die Crew-Koordination und das interne Crew-Trainingsprogramm zu intensivieren.

12.06.90

Aeroflot   Ilyushin Il-76MD
CCCP-86905   -

Beim Landeanflug auf die umkämpfte afghanische Hauptstadt **Kabul/Afghanistan** wurde die Ilyushin von einer amerikanischen Stinger-Luftabwehrrakete getroffen. Zwei Triebwerke fielen sofort aus und die sowjetischen Piloten sahen sich zu einer Notlandung gezwungen. Diese verlief glimpflich und alle 8 Besatzungsmitglieder kamen mit dem Leben davon. Die Maschine hatte allerdings nur noch Schrottwert.

23.06.90
LAN Chile   Boeing 707-320B
CC-CEI   20021

Beim Schleppen auf dem Flughafen von **Santiago De Chile/Chile** wurde der Vierstrahler aus unbekannter Ursache irreparabel beschädigt. Näheres ist nicht bekannt.

30.06.90
Aeroflot   Ilyushin Il-62M
CCCP-86456   62301

Bei der Landung in der sibirischen Stadt **Jakutsk/UdSSR** verfehlten die Piloten die Landebahn und die Maschine schoß in einen nahegelegenen Graben. Hierbei wurde die Il-62 zerstört.
    Keiner der 179 Insassen konnte sich mit dem Leben retten.

14.07.90
Trans Arabian AT   Boeing 707-320C
ST-ALK   18976

Bei der Landung in **Khartoum/Sudan** brach das Fahrwerk der betagten Cargo-707 zusammen, woraufhin die Tragfläche und zwei Triebwerke Bodenberührung bekamen und schwer beschädigt wurden.
    Bei dem Unfall wurde niemand verletzt, aber die Reparatur der Maschine lohnte sich nicht mehr.

22.07.90
USAir   Boeing 737-200
N210US   19555

Als auf der Startbahn des Flughafens von **Kinston/NC/USA** die Piloten die Schubhebel nach vorne schoben, bemerkten sie, daß das linke Triebwerk zu stark beschleunigte. Der Start wurde daraufhin abgebrochen. Die Temperaturen im linken Triebwerk schossen stark nach oben, so daß der Kerosinhahn dieses Triebwerks geschlossen werden mußte. Doch die Piloten hatten noch ein anderes Problem, denn wegen des asymmetrischen Schubes zog die Boeing 737 stark nach links. Man versuchte, diesen Drall durch das Gegensteuern mit dem Bugrad auszugleichen, doch kurz vor dem Ausrollen hielt die Aufhängung dieses Rades nicht mehr stand und brach weg. Die Nase der Boeing knallte auf den Asphalt und schmirgelte noch ein kurzes Stück über die Bahn.
    Von den 27 Insassen konnten 25 das Flugzeug unverletzt verlassen, nur zwei erlitten bei dem Unfall Blessuren.
    Das NTSB fand heraus, daß aufgrund mangelhafter Verarbeitung bei einer Modifikation der Treibstoffpumpe ein Splint eines Treibstoffbegrenzungsventils nicht fest genug eingebaut worden war. Während des Hochlaufens der Triebwerke hatte dieser Splint gelöst, das Ventil hatte sich voll geöffnet und das Triebwerk war mit Treibstoff überflutet worden. Die Aufhängung des Bugfahrwerks war aufgrund von Materialermüdung weggebrochen. Diese war durch „extensives" Schleifen der Aufhängung während der Wartung aufgetreten.

25.07.90
Ethiopian AL   Boeing 707-320C
ET-ACQ   19820

Beim Start in **Addis Abeba/Äthopien** fiel eine Turbine des Frachtflugzeugs wegen Vogelschlag aus, woraufhin sich die Besatzung zum Startabbruch entschied. Es gelang ihnen aber nicht mehr, die Maschine vor dem Startbahnende zum Stehen zu bringen. Die Boeing rollte einen Abhang hinunter, streifte einen Mast der Rollbahnbefeuerung und und geriet in Brand.
    Ein Besatzungsmitglied des Frachters Fracht-707 wurde schwer verletzt.

01.08.90
Aeroflot   Yakovlev Yak-40
CCCP-87453   9XX1036

Die Maschine zerschellte beim Landeanflug auf **Stepanakert/Armenien/UdSSR** an einem Berg, 23 Kilometer außerhalb der Stadt.
    Alle 47 Insassen wurden hierbei getötet.

02.08.90
Kuwait AF   Douglas DC-9-32CF
KAF320   47691

Die Regierungs-DC-9 und zwei Gulfstream III wurden im Zuge der Invasion in Kuwait durch irakische Truppen auf dem Vorfeld des internationalen Flughafens von **Kuwait City/Kuwait** zerstört.
    Die intakt gebliebenen Maschinen, die sich auf dem dortigen Vorfeld befanden, wurden von den Irakern als Kriegsbeute in die Heimat abtransportiert.

03.09.90
Aeroflot   Yakovlev Yak-40
CCCP-87690   9910503

70 Kilometer von **Leningrad** entfernt zerschellte die Maschine. Näheres ist nicht bekannt.

09.09.90
Aeroflot   Yakovlev Yak-40
CCCP-87914   9730355

Bei der Landung in **Pavlodar/Kasachstan/UdSSR** kam die Yak von der Bahn ab, schoß über das Vorfeld und kollidierte mit einer anderen Yak-40. Glücklicherweise gab es hierbei keine Todesopfer.

11.09.90
Faucett Peru   Boeing 727-200
OB-1303   20266

Auf dem Überführungsflug der über die Sommermonate an Air Malta vermieteten 727 ging der Maschine etwa 330 km südöstlich von Neufundland der Treibstoff aus. Die Besatzung sah sich daraufhin gezwungen, um 18:30 Uhr/loc. eine Notwasserung im **Atlantik** durchzuführen.

OB-1303; die im Atlantik versunkene 727 der Faucett, kurzzeitig am Air Malta vermietet, hier rollt sie gerade auf die Startbahn um zu einem der zahlreichen Charterflüge abzuheben / London-Gatwick im Mai 1990 <Quelle: JR-Photo>

Die amerikanischen und kanadischen Behörden leiteten eine mehrtägige Suchaktion ein, die allerdings ohne Erfolg blieb. Nach neun Tagen sichtete die Crew eines sowjetischen Fischtrawlers ein Teil im Meer, das dem Heckbereich der Boeing ähnlich sah. Danach ging man davon aus, daß die 727 beim Aufschlag auseinandergebrochen war und alle an Bord befindlichen Insassen tot waren. Über die Zahl der Flugzeuginsassen war man sich nicht einig. Während die kanadischen Behörden nur von zwei Insassen sprachen, berichtete die Presse über 16 Insassen an Bord. Dabei sollen neben den peruanischen Piloten auch ihre Familien an Bord gewesen sein.

14.09.90
Aeroflot   **Yakovlev Yak-42**
CCCP-42351   -

Neunzig Sekunden vor dem Aufsetzen in **Sverdlovsk/UdSSR** zerschellte die mit 124 Insassen besetzte Yak-42 offenbar wegen eines Triebwerksfehlers. Vier Menschen kamen ums Leben. Die Maschine kam aus Wolgograd.

20.09.90
Omega Air   **Boeing 707-320B**
N320MJ   **20028**

Eines stand von vornherein fest: Es sollte dies der letzte Flug der 707 werden. 1969 gebaut war sie seit 1985 in Santa Barbara/CA abgestellt und diente dem örtlichen Flugunternehmer als Ersatzteilspender, um das Leben anderer 707 zu verlängern. 1990 wurde die Maschine an Omega Air verkauft, ein Zwischenhändler für die US-Air Force, die die 707 für ihr umfangreiches Ersatzteilprogramm der KC135er-Serie benötigte. Somit wurde die Boeing wieder flugtauglich gemacht und zur weiteren Inspektion zum Pinal Air Park in **Marana/AZ/USA** überführt. An diesem späten Septembertag bestiegen die beiden Piloten und der Flugingenieur die vierstrahlige Maschine. Sie sollten die „N320MJ" zur etwa 50 km südlich gelegenen Davis Monthan AFB/AZ fliegen. In Davis Monthan AFB(DMA) befindet sich der weltgrößte Flugzeugfriedhof. Rund 8.000 Flugzeuge wurden seit dem 2. Weltkrieg dort abgestellt und warten seitdem vergebens auf einen erneuten Einsatz. Das trockene Wüstenklima im südlichen Arizona trägt maßgeblich zur Konservierung der empfindlichen Flugmaschinen bei. Davis Monthan AFB sollte auch für die 707 die letzte Station vor der schrittweisen Zerstörung durch den Schneidbrenner sein. Doch es sollte anders kommen. Nach einem umfangreichen Außencheck ließ man auf dem riesigen Flugfeld in Marana nacheinander die vier Triebwerke an. Für den 15-minütigen Kurzflug nach DMA befand sich nur ein Minimum an Treibstoff in den Tanks. Langsam rollte der Düsenveteran mit seiner Überführungsbesatzung zum Anfang der südlichen Runway. Dort erging ohne Verzug die Starterlaubnis und langsam beschleunigte die 707 zu ihrer letzten kurzen Reise.

Im Laufe früherer Jahre baute man während der Abstellphase der 707 in Santa Barbara neben Triebwerksteilen auch nahezu das gesamte Instrumentenpaneel aus. So zum Beispiel auch die beiden Fluglageanzeiger und einige Triebwerksanzeigen.

Als sich „N320MJ" der Rotationsgeschwindigkeit V_R näherte und das Cockpit gen Himmel wies, verlor der Pilot ohne optische Bezugspunkte die räumliche Orientierung. Als Sekunden darauf das Hauptfahrwerk den Boden verließ, wähnte er sich in einer leichten Linkslage und steuerte, um wie er dachte auf der Pistenmitte zu bleiben, den dröhnenden Jet mit den Querrudern nach rechts. Sofort senkte sich die rechte Tragfläche und prallte hart auf den Boden. Im Nu verlor die Besatzung die Steuerkontrolle und schlitterte radschlagenderweise die Startbahn entlang. Hierbei brach die rechte Tragfläche hinter dem Triebwerk Nr.2 weg, und das gesamte Fahrwerk wurde abgerissen. Die 707 schleuderte in hohem Tempo von der Bahn weg, wobei der vordere Rumpf mit großer Wucht auf den Boden prallte und abbrach. Nur wenige hundert Meter vor einem Wartungshangar blieb der Havarist liegen. Glücklicherweise hatte man kaum Kerosin in den Tanks, so daß kein größeres Feuer entstand.

Von den drei Crewmitgliedern erlag der Copilot seinen schweren Verletzungen. Die beiden anderen Cockpitsassen konnten schwer verletzt geborgen werden. Somit bereitete sich die 707 ihr eigenes Ende.

02.10.90

Xiamen AL	Boeing 737-200
B-2510	23189
China Southern AL	Boeing 757-200
B-2812	24758
China Southwest AL	Boeing 707-320B
B-2402	20714

Der Flug 8301 der chinesischen Fluggesellschaft Xiamen AL begann an diesem Morgen um 06:27 Uhr/loc. in Xiamen und sollte die 93 Passagiere in die südchinesische Hafenstadt Guangzhou bringen. Dabei wurden sie von einer neunköpfigen Crew betreut. Der Flug verlief normal, bis ein 27 Jahre alter Mann eine der Stewardessen bat, ihm Zutritt zum Cockpit der Boeing zu gewähren. Zu Ehren des rotchinesischen Nationalfeiertages wollte er den Piloten einen Blumenstrauß überreichen. Diese Bitte konnte ihm die Kabinenbesatzung nicht abschlagen. Man brachte ihn in das Cockpit. Doch kaum in dem beengten Raum angekommen, verkündete der Mann, er hätte sieben Kilo Sprengstoff an seinen Körper geschnallt. Er forderte die Besatzung auf, ihn sofort in die britische Kronkolonie Hong Kong zu fliegen. Die Piloten gaben dieser Forderung nach und informierten die Luftraumkontrolle, welche der Boeing sofort eine Genehmigung gab, „jeden Flughafen innerhalb und außerhalb Chinas" anzufliegen. Nach dieser Funkmeldung schickte der Entführer den Copiloten in die Kabine und verriegelte die Cockpittür.

Zu diesem Zeitpunkt muß der Kommandant schon beschlossen haben, die Entführung zu vereiteln. Statt zum gewünschten Ziel Hong Kong, flog er das nahe gelegene Guangzhou an, das sich noch auf chinesischem Gebiet befindet. Wie Hong Kong hat auch diese Stadt einen Flughafen der direkt am Wasser liegt. Die Maschine erreichte um 08:00 Uhr/loc. das Gebiet von Guangzhou und begann zu kreisen. Der Kommandant hielt den Entführer hin, während am Boden alles für die Ankunft der entführten Maschine vorbereitet wurde.

Um 08:30 Uhr/loc. begann die Boeing 737 mit ihrem Landeanflug auf den Flughafen **Guangzhou-Baiyun AP/China**. Kurz vor der Landung muß der Entführer den Plan des Kommandanten durchschaut haben, denn hinter der verriegelten Cockpittür waren plötzlich Schreie und Kampfgeräusche zu hören. Der Kommandant verlor die Kontrolle über die Boeing, welche sehr hart auf der Landebahn aufsetzte, nach links ausbrach, sich wieder kurz in die Luft erhob und dann in Richtung des neuen Passagierterminals über das Vorfeld schleuderte. Hier streifte sie den vorderen Rumpf einer abgestellten Boeing 707 der China Southwest Airlines und trennte dabei die Nase und die Cockpitsektion der Maschine ab. Danach prallte sie in eine vollbesetzte Boeing 757 der China Southern Airlines, die gerade auf einem Taxiway Richtung Startbahn rollte. Die Boeing 737 prallte mit der linken Tragfläche mit der mittleren Rumpfsektion der 757 zusammen und wurde auf den Rücken geschleudert. Nachdem sie noch einige Meter auf dem Kabinendach geschlittert war, kam der Flug 8301 auf einer Grasfläche neben dem Vorfeld brennend zum Stehen. Auch die Boeing 757 hatte Feuer gefangen und sich in eine Flammensäule verwandelt. Die Rettungskräfte rückten sofort aus, aber sie konnten an der Bilanz des Grauens nichts mehr ändern.

An Bord der Boeing 737 kamen 84 Passagiere und Besatzungsmitglieder ums Leben, darunter auch der Entführer und der Kommandant. Dazu kamen noch 47 Tote an Bord der China Southern Airlines 757. Die Liste der Toten wurde noch durch den Fahrer eines Servicefahrzeugs, das von der 737 zermalmt wurde, auf 132 erhöht. Insgesamt gab es 50 Verletzte, davon zwanzig an Bord der 737 und dem Piloten der Boeing 707, dem einzigen Insassen der Maschine. Aus dem Inferno der brennenden Boeing 757 konnten sich 71 Insassen retten. So hatte der mißglückte Versuch des 737 Kommandanten, den Entführer zu überlisten, China eine seiner schwersten Luftfahrtkatastrophen beschert.

Die chinesische Untersuchungsbehörde kritisierte die Vorbereitungen auf dem Flughafen Guangzhou vor der Landung der 737. Die Sicherheitskräfte hatten den Flughafen von der Umgebung hermetisch abgeriegelt, es aber versäumt, das Vorfeld zu räumen. Auf diesem Vorfeld lief der normale Flugbetrieb in der kritischen Phase der Entführung weiter. Diese Entscheidung hatte zu den Opfern an Bord der Boeing 757 und des Servicefahrzeugs geführt.

Die Beweggründe des Kommandanten, den Entführer zu überlisten und damit das Leben seiner Passagiere zu

B-2822; eine 757 der China Southern AL bremst nach dem Aufsetzen auf Rollgeschwindigkeit ab / Hong Kong 1994
<Quelle: N. Beiswanger>

gefährden, mag in seiner persönlichen Vergangenheit liegen. Zwei Jahre zuvor, im Mai 1988, war er schon einmal entführt worden. Er hatte den Forderungen der Entführer nachgegeben und sie nach Taipeh auf Taiwan geflogen. Bei seiner Rückkehr nach China entzog man ihm wegen dieser Nachgiebigkeit vorübergehend seine Fluglizenz, seine Essengutscheine und einige andere persönliche Privilegien.

24.10.90
Cubana Yakovlev Yak-40
CU-T1202 9631449

Aus nicht näher bekannten Gründen stürzte die Maschine in **Punta Jardinero/Cuba** ab.

Weitere Einzelheiten liegen nicht vor.

14.11.90
Alitalia Douglas DC-9-32
I-ATJA 47641

Im Jahre 1985 informierte der Flugzeughersteller McDonnell Douglas seine sämtlichen Kunden, zu denen auch seit vielen Jahren Alitalia gehörte, über die Notwendigkeit von Modifikationen an den Funknavigationsanlagen, seitdem bekannt wurde, daß diese Geräte nach einem Kurzschluß fehlerhafte Werte anzeigten. Dieses Rundschreiben gelangte jedoch nie in die Hände der zuständigen Wartungsingenieure, geschweige denn in die der Cockpitbesatzungen. Dies war die Initialzündung einer verheerenden Kette von Ereignissen mit tödlichem Ausgang. Diese Ignoranz der Fluglinie sollte sich fünf Jahre später bitter rächen.

An diesem Tage absolvierte die DC-9, die im Rahmen des gemeinsamen Flottenpools von der Alitalia-Tochter ATI die Linienflotte der Alitalia ergänzen sollte, den Flug von Mailand-Linate nach Frankfurt und zurück.

Bereits beim Hinflug passierte nun das Verhängnisvolle:

Ein Kurzschluß im elektrischen System legte das Funknavigationsgerät Nr.1 lahm. Vonseiten der Crew wurde auf eine Prüfung des Sachverhalts verzichtet und planmäßig in Frankfurt gelandet. Dort angekommen fanden keinerlei Verifizierungsmaßnahmen an den Navigationsanlagen statt. Man schenkte dem Vorfall offenbar keine Bedeutung. Auch wurde es unterlassen, die Company über Kurzwellenfrequenz über den Sachverhalt zu informieren. Normalerweise ist bei jeder Störung des technischen Systems, das nicht mit den bordeigenen Mitteln behoben werden kann, umgehend das Hauptquartier einer jeden Airline darüber zu informieren, damit das benötigte Ersatzteil unverzüglich am Heimatflughafen bereitsteht und schadhafte Teile schnell ausgetauscht werden können.

Der Rückflug nach Mailand ereignete sich ohne weitere Zwischenfälle, jedoch immer noch mit nur einem funktionierenden Navigationsgerät.

Dort wurde die Crew gewechselt und der Flieger für den nächsten Einsatz vorbereitet. Als AZ 404 sollte der Flug nach Zürich gehen.

Es bestiegen neben der 6-köpfigen Besatzung auch noch 40 Passagiere die Maschine, die planmäßig zu ihrem letzten Tageseinsatz, zum 50-minütigen Flug in die Schweizer Großstadt abhob.

Als Copilot sah der Dienstplan einen noch recht unerfahrenen, erst kürzlich von der Pilotenschule gekommenen ersten Offizier vor.

Wie bei vielen anderen Fluglinien, so praktizierte auch Alitalia die Kombination von erfahrenen und neuen, jungen Piloten, die von den älteren Kollegen die nötige Streckenerfahrung sammeln sollten. Planmäßig startete AZ404 von der Bahn 36R in Mailand-Linate um 19:36 Uhr/loc.und ging auf Kurs Nordost. Beim Einflug in den Schweizer Luftraum holte man sich die aktuellen Wetterinformationen aus **Zürich-Kloten**, die nicht gerade Anlaß zum Zurücklehnen gaben: geminderte Sicht und Regenschauer, dazu war bereits seit einigen Minuten die letzte Helligkeit der Abendsonne verschwunden. Es war bereits kurz vor 20:00 Uhr/loc., und man flog in völliger Dunkelheit. In Betrieb befand sich Landebahn 14, bei der die südliche Anflugroute westlich am Flughafen vorbeiführt und man dann in einer engen Rechtskurve auf das ILS der Bahn 14 eindrehen muß. Laut Absprache sollte die Landung vom unerfahrenen Copiloten ausgeführt werden, unter der fliegerischen Assistenz des Kommandanten, der nunmehr für den Funkverkehr und die Einstellung der technischen Geräte zuständig war. Um 19:57:20 Uhr/loc. meldete sich die Maschine bei der Züricher Anflugkontrolle:

AZA404:
 „Anflug, guten Abend, Alitalia 404...sinken 100
 Echo empfangen."
ATC: „Alitalia 404, Zürich-Anflug, guten Abend, fliegen
 sie Kurs 325, Radarvektor zum ILS 14."

Mittlerweile gesellten sich auch andere Maschinen in die Anflugstaffel der Bahn 14, um vom Anfluglotsen auf den Landekurs von 138 Grad° „eingefädelt" zu werden. Dieser führte die Maschine korrekt auf die Zwischenhöhe von 4000 ft über dem Rheintal, um darauf zum 14 Meilen langen Endanflug zur Bahn 14 einzuschwenken. AZA404 wurde hinter einer anderen DC-9 der Finnair und einem Geschäftsreisejet, einer HS 125 der Rabbit-Air, in die Anflugstaffelung der Landebahn 14 eingereiht.

Das Anflugverfahren dieser Landebahn weicht von den üblichen linearen Sinkflugverfahren insofern ab, als die landenden Maschinen 8 Meilen, bevor sie auf den ILS-Leitstrahl treffen, auf 4.000 Fuß über bergigem Gebiet aus Gründen der Hindernisfreiheit im Geradeausflug zurücklegen müssen. Erst dann ist der weitere Sinkflug im 3-Grad° Winkel zum Pistenanfang gestattet.

Zu diesem Zeitpunkt befand sich die DC-9 noch in keiner akuten Gefahr. Bei 22 Meilen vom Pistenanfang entfernt überflog die Maschine den Landekurssender (Localizer) immer noch im Sinkflug auf 4.000 Fuß hinter der Finnair DC-9. Im Cockpit wurde indes ausführlich über das Anflugverfahren diskutiert. Es herrschte eine gelassene, ja fast sorglose Stimmung an Bord.

Der Kommandant, so belegen die Gesprächsaufzeichnungen, benahm sich seinem Co gegenüber höchst anmaßend selbstherrlich. Zweifel an seinen Entscheidungen wurden nicht beachtet. Es bestand ein Lehrer-Schüler Verhältnis. Um den jungen Copiloten zu prüfen, fragte der Kommandant, was im Falle eines Zusammenbrechens der Kommunikation mit der Verkehrsleitung zu machen sei, eine Frage, die nur dazu diente, die übergeordnete Autorität des Kommandanten zu untermauern. Daher hielt sich der unsicher gewordene Copilot mit Einwänden oder sogar Kritik an seinem linkssitzenden Kollegen zurück, der in diesem Augenblick den verhängnisvollen Fehler beging, der zur Katastrophe führte. Den Blick auf die beiden Anzeigen der NAV-Empfänger gerichtet, bot sich ihm folgendes Bild:

Auf der Anzeige des Copiloten waren die roten Glideslope-Markierungen voll nach oben bzw. links ausgeschlagen, was in der momentanen Fluglage auch korrekt war. Auf der anderen Anzeige hingegen waren sowohl der horizontale als auch der senkrechte Balken genau in der Mitte, wie sie bei einem perfekten ILS-Anflug sein sollte. Diese Anzeige entsprach jedoch nicht den tatsächlichen Gegebenheiten. Sie rührte daher, daß bei einer Unterbrechung der Stromzufuhr nach einem Kurzschluß nicht die rot-weißen Warnflaggen neben der Gleitwinkelanzeige ausschwenkten, sondern sich auf die Mittelposition zentrierten.

Ohne sich noch einmal zu vergewissern, nahm der Pilot an, daß sich die DC-9 genau auf dem ILS-Leitstrahl befand, und schaltete das vermeintlich defekte Gerät aus und das mit dem Autopiloten gekoppelte NAV-Gerät auf Aktiv. Somit war der Autopilot, der den weiteren Sinkflug kontrollierte, auf das defekte Gerät geschaltet.

In dieser Situation hätte, nach Einblick in die Flugunterlagen, dem Kapitän sofort klarwerden müssen, daß das Flugzeug viel zu weit vom kartographisch ausgewiesenen Anflugweg entfernt war.

Man durchflog nun die Endanflughöhe von 4.000 Fuß in der Annahme, genau auf dem Leitstrahl zu sein. In dieser Flugphase war es immer noch möglich, mit Hilfe des Distanzmeßgerätes (DME) und der Flughöhenanzeige eine kurze Querpeilung vorzunehmen, aus der die Cockpitbesatzung ihren frühzeitigen Sinkflug rechtzeitig hätte abbrechen können. Doch dies geschah nicht. Keiner bemerkte den Irrtum:

COP: „Sehr gut, dann machen wir es auf dem eins."
CPT: „Radio eins."
COP: „Reduziere ein bißchen die Geschwindigkeit."
ATC: „Alitalia 404, reduzieren sie auf 160 Knoten."
CPT: „Reduzieren 160."
CPT: „Wir sind also auf dem Leitstrahl etwas verschoben,...aber.."

Das Höhenmesser-Modell von Alitalia war nicht gerade ein Meisterwerk der Ergonomie. Tausender- und Hunderter-Einheiten wurden unterschiedlich dargestellt, was eine verhältnismäßig lange Ablesezeit in Anspruch nahm. Möglicherweise galt die Konzentration der Piloten auch schon der bevorstehenden Landung. Zwar schwenkte das Flugzeug korrekt auf den verlängerten Bahnkurs von 138 Grad° ein, jedoch befand man sich viel zu tief und sank auch noch weiter. Der zuständige Fluglotse, der an diesem Abend Dienst hatte, sah keinen Grund zur Besorgnis. AZ 404 war in genau richtigem Abstand zur vorausfliegenden Finnair DC-9, was das Gesamtbild des Radarschirmes nur allzu normal wirken ließ. Der Lotse hätte sich zur Kontrolle der abnehmenden Flughöhenanzeige im Bild der Indentifikationsmarkierung von Flug 404 vorbeugen müssen, um die kleinen und stetig abnehmenden Zahlen wahrnehmen zu können. Zum anderen war man im Kontrollzentrum gerade mit der Koordination eines abfliegenden Flugzeuges beschäftigt und schenkte der bedrohlich sinkenden DC-9 wenig Beachtung. Im Alitalia-Cockpit war man sich über die heraufziehende Gefahr nicht im klaren:

CPT: „Wir haben einen vorne (Finnair DC-9), ziemlich nahe..setze auch 150 sonst geht es noch so weit, daß sie uns einen Durchstart aufzwingen."

Erst als man sich in einer Höhe von knapp 1.200 ft befand (in dieser Höhe wäre bei normalem Anflug der Outer-Marker zu überfliegen) kamen dem fliegenden Copiloten erste Zweifel:

CPT: „...3,8 fast 4 Meilen."
COP: „...ist er noch nicht vorbei..?..ist der Outer Marker noch nicht vorbei?"
CPT: „Nein nein, hat nicht gewechselt...oh, hier gib mir 7."

Das Grübeln wurde von der Stimme des Anfluglotsen aus der Welt geschafft, der AZ404 zum Towerlotsen abgab.

ATC: „Alitalia 404, Geschwindigkeit nun nach ihrem Ermessen, 4 Meilen hinter einer DC-9, rufen sie den Tower achtzehn-eins, gute Nacht."
CPT: „118.1, auf Wiedersehen."

Aus der Anweisung des Lotsen ließ sich keine Unregelmäßigkeit erkennen, so setzten die Piloten ihren Anflug unbeirrt fort. Doch mit der immer geringer werdenden Höhe kamen wieder die alten Zweifel:

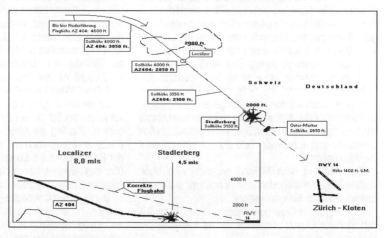

Der Sinkflug der Alitalia DC-9 am Abend des 14.11.1990.

CPT: „Das hat für mich keinen Sinn..."
COP: „Nein, für mich auch nicht."
CPT: „Ziehen, ziehen, ziehen, ziehen."

Diese Anweisung des Kommandanten nahm der fliegende Copilot zum Anlaß, den Autopiloten auszuschalten und per Handsteuerung einen Durchstart einzuleiten. Doch vom Kommandanten kam prompt das Gegenkommando:

CPT: „Nein, nein, nein, nein, nimm den Glide."
CPT: „Kannst Du ihn halten?"
COP: „Ja."

Er wollte möglichst schnell landen und nicht wieder ein aufwendiges Durchstartverfahren durchexerzieren. Da beide Piloten ihrem Dienstende entgegenfieberten und den Passagieren keine weiteren Unannehmlichkeiten zumuten wollten, wurde der Sinkflug fortgesetzt, obwohl man sich schon etwa 500 Meter unter dem Anflugweg befand.

Um 20:11:14 Uhr/loc. sank der Jet unter die Wolkendecke und gab den Piloten den Blick auf den Boden frei.

Obwohl die Cockpitbesatzung entsetzt ihre Lage erkannte und die beiden Triebwerke unverzüglich auf Vollschub brachte, ließ sich das Unglück nicht mehr verhindern. Zu nahe war bereits der vor ihnen liegende Stadlerberg, an dessen Hang der Flug AZ 404 abrupt endete.

Dröhnend streifte die Maschine einige Bäume und zerschellte einige Augenblicke darauf ein paar hundert Meter oberhalb der Ortschaft Stadel an den Berghängen.

In dieser Sekunde erlosch auf dem Radarschirm der Fluglotsen das Identifikationssignal von Flug AZ 404. Ungläubig versuchte man Kontakt aufzunehmen:
(ATC1 = Towerlotse; ATC2 = Anfluglotse, beide über internes Telefon)
ATC1: „Ja, go."
ATC2: „Hat die Alitalia 404 gerufen?"
ATC1: „Alitalia 404?"
ATC2: „Ja...die ist verschwunden vom Radar."
ATC1: „Ja, sag bloß."
ATC2: „Ja, so bei 4 Meilen,...ruf ihn mal an."
ATC1: „Ja, ruf ihn mal.."
ATC2: „Ja."

Jedoch kam keine Antwort. Der hinter der Alitalia anfliegende Geschäftsreisejet wurde nach dem vermeintlich vorausfliegenden Douglas-Jet gefragt:
ATC: „Rabbit 932, haben sie ein Flugzeug in Sicht, ungefähr 2 Meilen vor ihnen?"
RBB932: „Warten sie...da ist ein Feuer am Boden, aber wir haben keinen Verkehr in Sicht."
ATC: „Yeah, okay roger."
ATC1: „Ja."
ATC2: „Du Alitalia 404 scheint...scheint abgestürzt, so bei 5 Meilen."
ATC1: „Bei 5 Meilen?"
ATC2: „Ja..sofort Vollalarm machen."
ATC1: „Ja, gut Voll.."

Unverzüglich wurde Großalarm ausgelöst. Die Rettungsmannschaften konnten die 46 Insassen nur noch tot aus dem Wrack bergen. Bis zum Schluß zeigte der NAV-Empfänger die „eingefrorene" Mittelstellung an.

Die Untersuchungskommission stellte in einer 1992 stattgefundenen Anhörung fest, daß neben dem Hauptverantwortlichen für den Unfall, dem Kapitän, auch die Fluggesellschaft Alitalia wegen ihrer oberflächlichen Sicherheitsphilosophie zu rügen sei. Für die Aussage der Gesellschaft, der defekte Empfänger sei bereits in Mailand ausgetauscht und durch einen Mechaniker überprüft worden, konnten keinerlei Indizien gefunden werden. Desweiteren wurden auch die Lotsen der Swiss Control als Teilschuldige benannt, da die zuständigen Lotsen keinerlei Warnungen an die zu tief fliegende DC-9 während ihres verhängnisvollen Sinkfluges richteten.

Man wies die Swiss Control an, die Sicherheitsdirektiven zu novellieren, nach denen ein Fluglotse auch für die Höhenüberwachung der an- und abfliegenden Maschinen zuständig ist, und ein entsprechendes Radaralarmsystem, wie in den USA üblich, zu installieren.

17.11.90

Aeroflot   **Tupolev 154M**
CCCP-85664   818

Im Rahmen der Hilfsaktion für das sowjetische Volk sollte die Tupolev 154, zusammen mit einer anderen Maschine gleichen Typs, so „überlebenswichtige" Güter wie 15 Tonnen Filterzigaretten von Basel nach Moskau transportieren. Um möglichst viel dieser „segenbringenden" Fracht in der Maschine unterzubringen, schnallte man sogar viele Zigarettenstangen auf den Sitzen fest!

Während die Maschine gerade in den tschechischen Luftraum einflog, kam es aus bisher ungeklärten Umständen zu einer Feuermeldung und Rauchentwicklung in der Passagierkabine. Als man der Prager Bodenstation die Luftnotlage mitteilte, traf man auf dem Prager Flughafen Vorbereitungen für eine etwaige Notlandung der Tupolev. Augenblicke später riß der Funkkontakt zur Maschine ab, die ihren Flug in Richtung Warschau fortsetzte. Da es nicht gelang, den Brand unter Kontrolle zu bringen, entschloß sich der Kommandant zur Notlandung auf freiem Feld, einige Kilometer von Prag entfernt.

Um 15:21 Uhr/loc. machte der Flieger zwischen den Ortschaften **Dubenec/CSFR** und Nouzov eine Bruchlandung auf einem Acker. Nachdem die dreistrahlige Tupolev zum Stillstand gekommen war, gelang es allen 6 Besatzungsmitgliedern, sich (teilweise mit einigen Blessuren) aus dem brennenden Flugzeugwrack zu retten. Maschine und Ladung lösten sich darauf buchstäblich in Asche und Rauch auf.

20.11.90

Aeroflot   **Tupolev 154B-1**
CCCP-85268   268

Bei der Landung in **Kutaisi/Georgien/UdSSR** gelang es den Piloten nicht mehr, die Maschine vor dem Rollbahnende zum Stehen zu bringen. Das Flugzeug wurde hinter dem Bahnende so stark beschädigt, daß sich ein Wiederaufbau nicht mehr lohnte. Von den 171 Menschen an Bord kam hierbei niemand zu Schaden. Zum Zeitpunkt des Unfalls herrschte in der Gegend schlechtes Wetter.

Andere Meldungen sprachen von einem Überschreiten des Schwerpunktslimits beim Startlauf.

30.11.90
Aeroflot   **Yakovlev Yak-40**
CCCP-87934   9XX1519

Bei einer Landung in **Dixon/UdSSR** herrschte Rückenwind, der die Yak im Anflug schneller als normal werden ließ. Es gelang den Piloten nach dem Aufsetzen nicht mehr vor dem Ende der Landebahn zum Stehen zu kommen. Die Maschine schoß über das Bahnende hinaus und brach in zwei Teile.

Alle 35 Insassen kamen mit dem Schrecken davon.

Das Wrack der Maschine lag noch Jahre später hinter der Bahn.

03.12.90
Northwest AL   **Douglas DC-9-14**
N3313L   45708

Es gibt Linienpiloten, die behaupten, daß die wahre Herausforderung auf dem Gebiet der Navigation schon beim Abrollen vom Flugsteig (bzw. beim Abrollen von der Landebahn) beginnt. Auf den meisten Großflughäfen beginnt dann der lange, unübersichtliche Weg zur Startbahn, der über ein verstricktes und kompliziertes System von Rollwegen, Haltepunkten, aktiven und inaktiven Runways führt. Weder die modernen Navigationsgeräte noch ausgefeilte Kommunikationselektronik könnte den Piloten hier helfen. Sie sind auf das korrekte Verständnis ihrer Rollwegkarten, die richtige Interpretation der „Verkehrszeichen", Bodenmarkierungen auf dem Asphalt und engste Zusammenarbeit mit den Bodenlotsen angewiesen. Bei schlechter Sicht und Dunkelheit müssen Piloten auf ihre Augen, sowie die Benutzung von Karte und Magnetkompaß zurückgreifen, obwohl sie modernste Navigationsgeräte im Werte von Millionen von Mark an Bord haben. Um eine Kollision mit anderen Flugzeugen (oder Bodenfahrzeugen) zu verhindern sind sie auf die simpelste Form der Kollisionsvermeidung angewiesen: „Sehen und Gesehen werden". Bei schlechten Sichtverhältnissen können die Towerlotsen den Besatzungen meist nicht helfen, da sie kaum das Flughafenvorfeld sehen, geschweige denn das weiter entfernte, komplizierte Netz der Rollwege und Start-, und Landebahnen. Diese Zustände hatten schon zu schweren Flugzeugunglücken geführt (siehe 07.12.1983; 23.12.1983), darunter dem schwersten Flugzeugunglück überhaupt (siehe 27.03.1977).

Hilfreich ist hier ein Bodenradar, mit dem die Towerlotsen das Geschehen auf dem Flughafengelände unabhängig von den Sichtverhältnissen überwachen können. Anfang der neunziger Jahre verfügte aber nur eine Handvoll Flughäfen in den USA und Europa über eine solche Einrichtung, ASDE (Airport Surface Detection Equipment) genannt. Viele Flughäfen in den USA waren für die Installation eines solchen Radars vorgesehen, aber die üblichen Verzögerungen aufgrund von mangelndem Geld und Organisationsschwierigkeiten verhinderten das.

So kam es, daß an diesem Dezembertag die Lotsen im Tower des Flughafens **Detroit Metropolitan AP/MI/USA** rein gar nichts sahen. Es herrschte dichter Nebel, der die horizontale Sicht nach Aussage der Towerlotsen auf unter 500 Meter abfallen ließ. Doch das Flugaufkommen war nicht so groß, und die Towerlotsen ließen den „outbound" (abfliegenden) Verkehr weiterlaufen. Für Landungen war der Flughafen gesperrt. So konnte der Northwest Flug 299 vom Terminal abrollen und sich in Richtung der aktiven Startbahn 3C (C = Center) begeben. Die Besatzung der 727, die mit 156 Insassen nach New Orleans fliegen sollte, verließ das Vorfeld in Richtung Südosten, überquerte den „Outer Taxiway" und die Kreuzung „Oscar 6" und rollte im Schrittempo den Taxiway „Foxtrot" hinunter. Am Ende dieses Rollweges schwenkte sie dann auf den Taxiway „X-Ray", der parallel zur anvisierten Startbahn 3C verläuft. Nach einigen Minuten erreichte die 727 endlich die Haltefläche vor der Startbahn 3C. Die Aussage des Towers, die horizontale Sicht auf dem Flughafen würde bei 500 Meter liegen, war ganz offensichtlich übertrieben. Während des gesamten Weges zu dieser Startbahn war die Sicht teilweise so schlecht gewesen, daß die beiden Piloten kaum die gelben Mittelstreifen auf den Rollwegen sehen konnten. Die Orientierung an diesen gelben Streifen war bei den sogenannten „Spaghetti Junctions" besonders schwierig. Das waren Kreuzungen, die von ihren Abmessungen eher einem großen Parkplatz glichen und von denen mehrere Rollwege abzweigten. Bei der großen Menge von in alle Richtungen laufenden gelben Bodenmarkierungen die richtige Abzweigung zu finden, war schon bei guten Sichtverhältnissen nicht einfach. Das am Boden schwerfällige Flugzeug rechtzeitig in die richtige Abzweigung hineinzumanövrieren, war noch komplizierter. Im Nebel erforderte dies ein großes Maß an Ortskenntnis und Koordination der Cockpitbesatzung, worüber die Männer im Cockpit des Fluges 299 verfügten und glücklich waren, die Startbahn 3C erreicht zu haben. Diese Ortskenntnis unterschied sie von der Crew des Northwest Fluges 1482, die zur selben Startbahn wollten und der 727 wenige Minuten später folgen sollte:

Hier bereiteten sich an Bord der mit 39 Passagieren und vier Besatzungsmitgliedern besetzten DC-9-10 zwei auf den ersten Blick sehr erfahrene Piloten auf ihren Flug nach Pittsburgh vor. Der Kommandant verfügte über 20.000 Flugstunden, davon 4.000 als Kommandant auf der DC-9. Sein Copilot verfügte über 4.500 Flugstunden. Doch der Kommandant hatte eine fünfjährige Krankheitspause aufgrund von Gallensteinoperationen hinter sich. Nach seiner Wiedereinstellung wenige Monate zuvor hatte man sein Wissen in einem zweiwöchigen „Refresher"-Kurs wieder auf den neusten Stand gebracht und diese Kenntnisse in 13 Flugstunden im Simulator vertieft. Danach hatte er zwölf Flüge unter Aufsicht eines Checkpiloten erfolgreich absolviert. Heute sollte sein erster alleinverantwortlicher Flug nach dieser Zeit stattfinden. Sein Copilot war erst sieben Monate zuvor bei Northwest eingestellt worden. Seine 4.500 Flugstunden hatte er bei der US Air Force gesammelt, die Hälfte davon als Fluglehrer. Auf zivilen Passagierflugzeugen hatte er jedoch nur 150 Flugstunden absolviert, allesamt auf der

DC-9. Der Kommandant überließ seinem Copiloten die Entscheidungsgewalt während des Rollens, da dieser die aktuellste Flugerfahrung, insbesondere auf dem Flughafen Detroit, hatte. Nachdem die DC-9 um 13:36 Uhr/loc. mit großer Verspätung von ihrer Terminalposition C-18 abgerollt war, sollte sie genau dem Weg der Boeing 727 folgen. Die war aber schon vor wenigen Minuten in den Nebelschwaden verschwunden. Somit waren die beiden DC-9 Piloten auf sich selbst angewiesen. Der Copilot legte die Rollwegkarte auf seinen Schoß und starrte nach draußen, um die eingezeichneten Wegpunkte mit der vernebelten Realität außerhalb des Cockpits in Deckung zu bringen. Am Rand des Vorfelds rollte die Maschine in Richtung Süden und erreichte um 13:38 Uhr/loc. die erste "Spaghetti Junction" Oscar 6. Hier mußte man eigentlich nur geradeaus weiterrollen und die Kreuzung überqueren. Doch die Maschine rollte zu weit, bis die Piloten statt auf den Taxiway "Foxtrot" auf den "Outer Taxiway" gerieten.

Als um 13:40 Uhr/loc. am linken Wegesrand das Schild "O - 5" (Oscar 5) sichtbar wurde, war dem Copiloten klar, daß sie die Kreuzung Oscar 6 verpaßt hatten. Aber er nutzte das Hinweisschild auf den Abzweig "Oscar 5" für eine Positionsbestimmung.

13:41 COP:
   "OK, I think we might have missed Oscar six. ...Think we're on foxtrot now."

Doch diese Positionsbestimmung war total falsch. Flug Northwest 1482 befand sich nicht auf dem Taxiway "Foxtrot" sondern auf dem "Outer Taxiway". Der Abzweig "Oscar 5" führte nur zurück zum Vorfeld, hatte aber keine Verbindung zum Taxiway "Foxtrot". Die Besatzung des Fluges 1482 hatte sich ganz offensichtlich verirrt. Der Kommandant vertraute jedoch den Ortskenntnissen seines Copiloten und überließ ihm weiterhin die Navigation. Während der Kommandant die Maschine stoppte, rief der Copilot den Tower an, teilte ihm seine Position mit und erbat neue Anweisungen. Er gab dem Tower aber keinerlei Hinweis darauf, daß man sich verfahren hatte oder über seine Position selbst nicht sicher war. Der Lotse gab der Besatzung die Anweisung, weiter geradeaus zur Kreuzung "Oscar 4" zu rollen, dort nach rechts auf den Taxiway "X-Ray" einzubiegen, die inaktive Bahn 09/27 zu überqueren und von dort direkt zur Haltefläche der Bahn 3C zu fahren. Die DC-9 setzte sich daraufhin wieder in Bewegung und erreichte zwei Minuten später "Oscar 4".

Diese "Spaghetti Junction" war noch unübersichtlicher als ihr Vorgänger "Oscar 6", gingen doch fünf Rollwege von ihr ab.

13:42 CPT:
   "This, this is a right turn here."

Die Besatzung bog nun nach rechts ab, um den Taxiway "X-Ray" zu erreichen. Sie rollte in eine Abzweigung, an dessen Rand ein Schild mit der Aufschrift „27 - 9" (Bahn 09/27) stand. Doch um diese Bahn über den Taxiway "X-Ray" zu erreichen, hätten sie scharf nach rechts abbiegen müssen. Die Maschine bog aber nur halbrechts ab und erwischte stattdessen den Taxiway "Viktor". Der führte zwar auch zur inaktiven Bahn 09/27, doch seine Mündung führte die Maschine genau auf den Kreuzungspunkt mit der aktiven Startbahn 03/21 (Alle folgenden Angaben beziehen sich auf die Bahn 03/21C, also Center).

So kam es, daß um 13:43 Uhr/loc. die DC-9 auf dieselbe Bahn rollte, an deren Ende sich gerade die Besatzung des Fluges 299 für ihren Start bereit machte. Die DC-9 schwenkte jetzt wieder nach rechts und begann, die aktive Startbahn herunterzurollen. Der Copilot beugte sich währenddessen über die Karte und behauptete nach einem Blick nach draußen, man würde sich auf dem Taxiway "X-Ray" befinden.

13:43 COP
   "Well, wait a minute. Oh #, this, äh....(acht Sekunden Pause) I think we're on, äh, X-Ray here now."

Während die Besatzung der Boeing 727 vom Tower die Starterlaubnis erhielt, beschlichen den Kommandanten der DC-9 erste Zweifel. Der angebliche Taxiway hatte weiße Lichter in der Mitte, was ihn verdächtig nach einer aktiven Startbahn aussehen ließ.

13:43 CPT
   "This is a runway."

Sein Copilot gab ihm recht, vertrat aber nachdrücklich die Ansicht, die Maschine würde sich auf der inaktiven Bahn 09/27 befinden. Doch die verlief in West/Östlicher

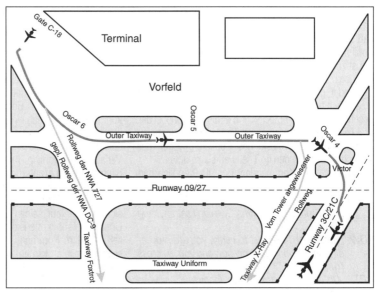

Der Hergang der Bodenkollision zweier Northwest AL Passagiermaschinen am 03.12.1990.

Richtung, Flug 1482 rollte aber in Richtung Süden. Daher wurden die Zweifel des Kommandanten immer stärker.

13:43 CPT
„Yeah, turn left over there, nah, that's a runway, too."

Die DC-9 war inzwischen an der Bahn 09/27 vorbeigerollt, als der Kommandant eine Entscheidung traf. Er rollte die DC-9 auf den linken Rand der Piste 03/21 und stoppte dort die Maschine. Im Cockpit begann jetzt eine Diskussion über die Position der DC-9, wobei der Copilot stur an seiner Meinung festhielt, man würde sich auf der Bahn 09/27 befand. Der Kommandant hatte Schwierigkeiten, sich gegen seinen autoritätsgewohnten Copiloten durchzusetzen. Um einen Start des Fluges 299 zu verhindern, wies er jetzt den Copiloten an, den Tower über die Situation zu informieren. Doch der weigerte sich und beharrte immer noch auf seiner Meinung, daß man sich auf der Bahn 09/27 befinden würde. Nach einem Machtwort des Kommandanten nahm er zwar Kontakt mit dem Tower auf, gab aber auch dem Towerlotsen einen falschen Positionsbericht. Währendessen wurden die Zweifel des Kommandanten an den Positionsangaben seines Copiloten immer größer.

13:43 CPT:
„This is the active runway, isn't it?"

Auch die Besatzung der 727 war sich ihrer Sache nicht sicher. Dicke Nebelschwaden umgaben das Flugzeug, während der Copilot die vom Tower angegebene Sichtweite bezweifelte. Die war lediglich 250 Meter weit, was einen Start unmöglich machen würde. Sein Kommandant beharrte aber darauf, daß die Sichtweite für einen Start ausreichte. Die 727 war vom Tower eigentlich zum Start freigegeben und hatte sich dort auch schon abgemeldet. Doch die letzte Entscheidung, ob man starten sollte oder nicht, lag bei den Piloten der 727, aber die waren sich trotz langer Diskussion darüber noch nicht einig.

An Bord der DC-9 war man immer noch nicht weitergekommen. Der Kommandant wies den Copiloten erneut an, den Tower über die Tatsache zu informieren, daß sie „Festhängen" würden. Wieder weigerte sich der Copilot. Jetzt reichte es dem Kommandanten. Er griff selbst zum Funkgerät, erwischte aber zuerst die falsche Frequenz.

Wieder gingen wertvolle Sekunden verloren, denn inzwischen hatte sich der Kommandant der 727 durchgesetzt. Um 13:44 Uhr/loc. schob er die Schubhebel der drei Triebwerke nach vorne und die Maschine begann zu rollen. Die leisen Proteste des Copiloten wegen der schlechten Sicht gingen im Triebwerkslärm unter.

Jetzt hatte der Kommandant der DC-9 endlich den Towerlotsen erreicht:

13:44 CPT:
„Hey Ground...we're stuck...we can't see anything out here..."
TOW: „Northwest 1482, just to verify, you are proceeding southbound on X-ray now and you're across (runway) 09/27?"
CPT: „Uh, were not sure. Its so foggy out here, we are...completely stuck here"
TWR: „OK, ah, you are on a ru...taxiway or on a runway?"
CPT: „Yeah, it looks like we're on 21 Center here!
COP: „#"

Der Towerlotse drehte sich zu seiner hinter ihm stehenden Flugleiterin (DIS) um, die den Verkehr auf dem Flughafen koordinierte.

TWR: „I think these guy's are lost."
DIS: „Stop all the traffic...I said stop everything"

Im Tower brach jetzt hektische Betriebsamkeit los. Doch an die zuvor zum Start freigegebene Northwest 727 auf der Bahn 03/21 dachte niemand mehr. So wurde die Besatzung nicht vor der von Nebelschwaden umhüllten DC-9 gewarnt, auf die sich die 727 immer schneller zubewegte.

TWR: „Northwest 1482, You're say, you are on 21 Center?"
CPT: „I believe we are, were not sure."
COP: „Yes, we're."
TWR: „Northwest 1482 roger, if youre on 21 centre, exit that runway immediately, Sir."

Nun war auch der Copilot der DC-9 überzeugt von seinem Irrtum, aber es war schon zu spät. Kaum daß die Anweisung im Cockpit verklungen war, hörte der Kommandant der DC-9 das Geräusch herannahender 727. Momente später sah er auch die Lichter der Maschine auf sich zukommen.

Die Piloten der 727 sahen die DC-9 erst im letzten Moment und ließen die mittlerweile 127 Knoten schnelle Boeing nach links ausschwenken, doch für ein erfolgreiches Ausweichmanöver reichte es nicht mehr. Die rechte Tragflächenspitze der Boeing bohrte sich hinter dem Cockpit in den Rumpf der DC-9 und schlitzte sie an der Seite auf. Das linke Triebwerk der DC-9 wurde abgerissen, während im vorderen Rumpfbereich ein Feuer ausbrach. Die Besatzung begann sofort mit der Evakuierung der Maschine, bekam aber den verklemmten Heckausgang der DC-9 nicht auf. Die Evakuierung wurde durch diesen Umstand so behindert, daß acht Insassen an Bord der DC-9 in den Flammen ums Leben kamen, darunter auch die Chefstewardeß. Die restlichen Passagiere und Besatzungsmitglieder der DC-9 konnten sich mit zum Teil schweren Verletzungen aus dem Inferno retten. Die Piloten der Boeing 727 schafften es, ihre beschädigte und schlingernde Maschine auf der Rollbahn zum Stehen zu bekommen. Allerdings gab es auch an Bord der 727 100 Leicht- bzw. Schwerverletzte. Die DC-9 brannte vollständig aus, während die Boeing wieder repariert werden konnte. Das NTSB sah ein, daß eine Reihe von menschlichen Fehlern zu diesem Unglück geführt hatten, machte aber hauptsächlich die Besatzung der DC-9 für den fatalen Verlauf verantwortlich. Ihr Versäumnis, ihren Rollvorgang rechtzeitig zu unterbrechen und den Tower über ihre Orientierungsschwierigkeiten zu unterrichten, hatte sie auf eine aktive Startbahn geführt. Der Kommandant hatte sich zu sehr auf seinen Copiloten verlassen, dessen Ortskenntnis aber offensichtlich auch zu wünschen übrig ließ. Als dem Kommandanten Zweifel an den Worten seines Copiloten kamen, schaffte er es nicht, sich ihm gegenüber sofort durchzusetzen. Außerdem wurde die „schlechte" Koordination der Evakuierung an Bord der DC-9 gerügt. Mindestens zwei der acht Toten waren nach Meinung des NTSB auf diesen Mißstand zurückzuführen.

Auch die Lotsen trugen Verantwortung für dieses Unglück. Sie hatten die beiden Maschinen auf ihrem Weg nicht ausreichend begleitet und mit teilweise „konfusen und ungenügenden" Anweisungen versorgt. Auch die Koordination unter den Lotsen wurde gerügt, da die schon freigegebene 727 auf der Startbahn nicht gewarnt und so gestoppt werden konnte. Die vom Tower verbreiteten Meldungen über die Sichtverhältnisse waren ebenfalls „ungenau". Alle auf dem Flughafen befindlichen Flugbesatzungen bezeichneten die 500 Meter „offizielle" Sichtweite als sehr „optimistisch".

Trotzdem hatte keine Besatzung ihren Rollvorgang abgebrochen. Der Copilot der DC-9 sagte während der Anhörung des NTSB zu dem Unfall aus, „er wäre nicht ausgebildet, Schätzungen über die Sichtverhältnisse durchzuführen." Außerdem „verließ er sich darauf, daß ihm die Lotsen eine Verschlechterung der Sichtverhältnisse sofort mitteilen würden". Sein Kommandant fügte hinzu, „solange der Flughafen offen ist und er die gelbe Mittellinie am Boden sehen würde, gäbe es keinen Grund nicht mehr weiterzurollen."

Hauptangeklagter war allerdings das „katastrophal" unübersichtliche System von Rollwegen in Detroit. Beim Nachstellen der Unfallsituation begingen die Untersuchungsbeamten bei klarem Wetter die selben Fehler, wie die Unglücksbesatzung bei Nebel. Sie verfehlten an der Kreuzung Oscar 4 den richtigen Rollweg und fanden sich plötzlich auf der Bahn 03/21 wieder. Der Kommandant der 727 sagte aus, daß „Detroit selbst bei besten Sichtverhältnissen nicht der einfachste Flughafen ist" und nahm so seine beiden Kollegen in der DC-9 in Schutz.

Als Reaktion auf diesen Absturz wurde die Abzweigung „Viktor" vom Rollweg Oscar 6, der auf die Kreuzung der Bahnen 03/21L und 09/27 führte, geschlossen. Das NTSB machte etliche Vorschläge zur Verbesserung der Beschilderung und Beleuchtung von Rollwegen, außerdem sollten die Airlines ihr Training zum Rollen unter schlechten Sichtverhältnissen verbessern.

04.12.90

Sudania AC   Boeing 707-320C
ST-SAC   19377

Die erst seit wenigen Tagen für die Sudania fliegende 707 sollte für den lutherischen Kirchenbund Hilfsgüter von Nairobi nach Juba, in den Norden des Sudans transportieren. Dazu war die Maschine von der Trans Arabia AT angechartert worden und befand sich aus Khartoum kommend im Anflug auf **Nairobi/Kenia**, als sie 5 Kilometer vor der Landebahn einen Elektrizitätsmast streifte und in der Nähe einer Autostraße zu Boden ging. Dabei zerbrach die 707 und ging in Flammen auf.

Alle 7 Crewmitglieder sowie 3 Passagiere kamen ums Leben.

10.01.91

Tarom   Boeing 707-320C
YR-ABD   21651

Nach einem Trainingsflug setzte die 707 sehr hart auf der Landebahn des Otopeni Airports von **Bukarest/Rumäni-**
en auf, wobei die Triebwerke 1 und 2 Bodenberührung bekamen. Sie wurden dabei zerstört und die Treibstoffleitungen zerrissen. Daraufhin brach in der Nähe von Triebwerk 1 ein Feuer aus, das die Struktur der linken Tragfläche so stark beschädigte, daß diese 20 Meter nach dem Verlassen der Piste abbrach.

Das Feuer am Tragflächenstumpf loderte daraufhin noch stärker auf, wobei die Hitze das gesamte Heck der Maschine beschädigte.

Keiner der dreizehn Insassen kam zu Schaden.

12.01.91

Vietnam AL   Tupolev 134A
VN-A126   60435

Kurz vor dem Aufsetzen in **Ho-Chi-Minh-City/Vietnam** sackte die ehemalige Interflug Tupolev in etwa 10 Metern Höhe durch und prallte hart mit dem linken Hauptfahrwerk auf die Piste, wobei das Fahrwerk so sehr in den Rumpf gedrückt wurde, daß sich eine Reparatur nicht mehr lohnte.

Bis auf einige Leichtverletzte kamen 76 Insassen der Maschine mit dem Schrecken davon.

01.02.91

USAir   Boeing 737-300
N388US   23310

Mit 45 Millionen Passagieren pro Jahr zählte der internationale Flughafen von **Los Angeles Int'l AP/CA/USA** zu den drei größten der Welt. Pro Tag landen und starten etwa 750-800 Flugzeuge. Das bedeutet, über 1500 Flugbewegungen pro Tag. Alle 45 Sekunden im Durchschnitt landet oder startet eine Maschine. Besonders in den Morgen- und Abendstunden schwillt dann das Verkehrsaufkommen noch einmal an. Los Angeles Int'l AP verfügt über vier Start- und Landebahnen, die jeweils paarweise nördlich und südlich des Terminals angeordnet sind. Somit können unabhängig voneinander die beiden nördlichen und südlichen Bahnen genutzt werden. Es war Freitag, ein Tag an dem viele Reisende ins Wochenende starten wollen, und viele zusätzliche Flüge fanden an diesem Tag statt. Die Radar- und Towerlotsen in LAX (dem ICAO Rufnamen von Los Angeles) beklagten sich bereits des öfteren in der Vergangenheit über unzumutbare Arbeitsbedingungen, die sich aus Einsparungen und dem stetigen Anwachsen des Verkehrsaufkommens ergaben. 1982 bereits traten aus diesen Gründen viele Fluglotsen der USA in den Streik, der mit der fristlosen Entlassung von hunderten von Fluglotsen endete. Seitdem herrschte zwar durch Gehaltszulagen erkaufte Ruhe, die Ursache der Kritik wurde jedoch nicht behoben. So blieb im Großen und Ganzen alles beim Alten, und oftmals kam es schon zu gefährlichen Begegnungen auf dem Rollfeld, die jedoch immer mit etwas Glück glimpflich ausgingen. Doch heute sollte es anders kommen.

Mal wieder wimmelte es an diesem Freitagnachmittag von Flugzeugen in LAX. Die Maschine Flughafen arbeitete auf Hochtouren. Die Betriebsrichtung war Ost-West, das bedeutet Anflüge über die Stadt auf den Bahnen 24R und 25L und Abflüge über dem Pazifik über die Runway 24L

und 25R. Die beiden inneren Bahnen dienen in der Regel als Startbahnen, während die beiden äußeren zur Landung benutzt werden. Bereits um 17:24 Uhr/loc. verschwand die Februarsonne hinter dem Ozean. Der Flughafen wurde schnell in Dunkelheit getaucht und war in wenigen Minuten eine eigene Stadt aus abertausend Lichtern geworden. Das Verkehrsgeschehen zu diesem Zeitpunkt war für LAX als „moderat" zu beschreiben. Es entstanden vor den Startbahnen noch nicht die üblichen langen Schlangen aus wartenden Jets, und der anfliegende Verkehr war durchaus überschaubar. Man bereitete sich dennoch auf die große „Welle" des Abendaufkommens vor. Für die nördlichen Bahnen 24L/R war eine Fluglotsin im Tower zuständig. Eine von sechs Fluglotsen im LAX-Tower zu dieser Zeit. Sie kam im September 1989 von einem kleineren Provinzflughafen nach L.A., hatte sich jedoch schon bald an die hektischere Atmosphäre akklimatisiert. Laufend gab sie Maschinen zur Landung und zum Start frei. Doch auch ohne diese Warteschlangen hatte Sie immer etwas zu tun. Neben großen Düsenflugzeugen operierten auch eine Reihe von regionalen Fluggesellschaften (die sog. Commuter) mit kleinerem Propellergerät nach Los Angeles. So mischte sich der Düsen- mit den langsameren Propellerverkehr und stellte an die Controller erhöhte Anforderungen, was die Abstände der einzelnen Flugbewegungen anging. Doch, wie immer, so lief auch am heutigen Tag nicht alles wie geschmiert: Der eben auf der 24R gelandete Wings West Flug 5006 schaltete irrtümlich von der Tower- auf die Bodenfrequenz und war für die Towerlotsin nicht mehr erreichbar. Flug 5006 stand zwischen den Bahnen auf einem Abrollweg und wartete auf die Freigabe zum Kreuzen der Bahn 24L. Erst nachdem sie den Piloten über den Bodenlotsen über die entsprechende Frequenz erreicht hatte, wurde der Irrtum bemerkt. Kurz danach meldete sich der mit schwerem spanischem Akzent sprechende Pilot einer Aeromexico DC-10, der die Lotsin in eine ungewollte Konversation verwickelte. Die Konzentration der nun mehr als zwei Stunden im Einsatz befindlichen Frau sank von Minute zu Minute. Hinzu kam noch der fehlerhafte Flugstreifen einer weiteren Wings West-Maschine, die laufend um Freigabe zum Rollen in die Startposition bat. Sie mußte den Flugstreifen aus dem Flugrechner, der eine fehlerhafte Abflugroute ausgeworfen hatte, von Hand überschreiben, um sich dann wieder dem Geschehen 40 Meter unter ihr zu widmen. Synchron mit der Arbeitsbelastung baute sich langsam Streß auf. Es war mittlerweile 18:03 Uhr/loc., und der Verkehrsandrang nahm nun stetig zu. Auf dem Vorfeld und den Rollwegen glitzerten zu Dutzenden die weißen und roten Anti-Kollisionslichter der Maschinen, als Skywest Flug 5569 in Richtung der Bahn 24L rollte. Es handelte sich um einen kleinen Metroliner, der mit 12 Insassen von Los Angeles zum „Sprung" nach Palmdale/CA starten wollte. Vorschriftsmäßig meldete er sich bei der Towerlotsin:
18:03:37 SW569:
„Tower, ah Skywest 569, at (taxiway) 45, wed like to go from here if we can."

Der Rollweg 45 lag 790 Meter hinter dem Bahnanfang und dient vielen Regionalfliegern als Startpunkt. Bei einer Bahnlänge von 3380 Metern ist es für kleinere Propellerflugzeuge unnötig, die Gesamtlänge auszunutzen. Ein Start von Taxiway 45 verkürzt somit die Rollstrecke und damit auch die Wartezeit bis zum Start. Unterdessen näherten sich von Osten her die weißen Lichter eines landenden Flugzeugs. Es handelte sich hierbei um den USAir Flug 1493, eine 737, die mit 89 Insassen aus Columbus/OH im Anflug auf die äußere Bahn 24R war. Ohne zu zögern, gab die Lotsin nun der Skywest-Metro die Anweisung:
18:03:40 ATC:
„Skywest 569, taxi up to and hold short of 24 left."
18:02:44 SKW569:
„Okay hold short."

Von ihrer Position aus konnten die Lichter der Metro mit bloßem Auge nur erahnt werden, da drei Masten des Passagierterminals die Sicht auf Taxyway 45 behinderten. So kam es zu einer grauenvollen Verwechslung. Zwei weitere Flugzeuge warteten vor dem Anfang der Bahn 24L auf ihre Startfreigaben. Eine 737 der Southwest AL war als nächste dran, gefolgt von einer weiteren Metro der WingsWest. Im Gewirr der Lichter rollte dieses Flugzeug genau dort ein Stück nach vorne, wo sie Skywest Flug 569 vermutete. Durch Lichtblendung der starken Vorfeldscheinwerfer, sind Flugzeuge auf dem Rollweg 45, auf dem Skywest 569 tatsächlich stand, kaum auszumachen. Offenbar überhörte die Lotsin die undeutlich gesprochene Meldung „taxyway 45" und ging davon aus, daß die Skywest, wie alle anderen, zum Anfang der Startbahn rollen würden. Daher war für sie klar: der Metroliner hinter der 737 mußte Skywest Flug 569 sein. Ein tragischer Irrtum. Bei dieser Metro handelte es sich um WingsWest-Flug 5072 ins benachbarte Palmdale/CA. Doch hatte der Datenschreiber noch keinen Flugstreifen für diesen Flug ausgespuckt. Flug 5072 blieb somit für sie erst einmal unbekannt. Läge ein Flugdatenstreifen vor, so wäre es sicherlich nicht zu dieser Verwechslung gekommen. Im Tower widmete man sich erst einmal einem zuvor gelandeten Jumbo-Jet und einer gerade gestarteten 737. Eine Minute später meldete sich auch schon die anfliegende Boeing:
18:04:45 USA1493:
„USAir 1493 inside of Romen."

Romen war die Kennung des Haupteinflugzeichens, 6,2 Meilen vor der Bahnschwelle der Bahn 24L/R. Die Lotsin plante nun nach der Landung der 737, die Metro starten zu lassen. Was sie zu diesem Zeitpunkt nicht wußte war, daß der Anfluglotse 12 Meilen vor der Landebahn die 737 bat, von der rechten Bahn auf die linke zu wechseln, da ein langsameres Flugzeug der 737 vorausflog. Gern kam man an Bord dieser Aufforderung nach, liegt die linke Runway doch ein Stück näher zu ihrer Terminalposition. Sie kurvten nun nach Sicht etwas nach links und waren nach etwa 3,5 Meilen auf die Pistenachse der 24L ausgerichtet. Die Meldung von USAir Flug 1493 wurde vom Tower allerdings nicht bestätigt. Statt dessen gab die Lotsin nun die verhängnisvolle Anweisung:
18:04:44 ATC:
„Skywest 569, taxy into position and hold, 24 left. Traffic crossing downfield."
18:04:47 SW569:
„Kay 24 left, position and hold, Skywest 569."

Das Bodenradar in LAX war an diesem Tag außer Betrieb. Es herrschte zwar dunstiges, aber gutes Wetter. Langsam bewegten sich die winzigen Lichter der Metro vorwärts, und Flug 5569 nahm auf der Bahn 24L Startaufstellung. Doch im Tower achtete man nun nicht mehr auf das Geschehen auf dem Rollweg 45, daß ohnehin kaum zu erkennen war. Als der Skywest-Pilot auf die Bahn rollte, warf der Copilot zwar noch behende einen Blick über die rechte Schulter und sah auch die beiden Landelichter der Boeing, jedoch, so schätzte er, würde die Maschine auf der Nachbarbahn 24R landen. Beide Piloten gingen noch die letzten Checklisten und ihre Flugstrecke durch und konzentrierten sich nicht mehr auf die anderen Flugzeuge. An Bord der 737 hatte man den Funkspruch zwar mitgehört, allerdings machten sich die Piloten die Situation nicht klar. Sie realisierten nicht, daß die Propellermaschine nun Startaufstellung auf ihrer Landebahn nahm. Auch sie waren durch das Exerzitium der Landecheckliste abgelenkt. Der Sichtanflug wurde fortgesetzt, als man die Towerlotsin ein zweites Mal rief:

18:05:29 USA1493:
   „USAir 1493, for the left side, 24 left."

Aus dieser Meldung hätte sie jedoch sofort den Ernst der Lage erkennen müssen, stand doch auf derselben Bahn noch die Metro der Skywest herum. Zweimal kam das Wort „left" in der Meldung vor. In dem Gewirr der entfernten Lichter erkannte sie die „falsche" Metro, die brav hinter der 737 der Southwest vor dem Anfang der Bahn 24L wartete, also nicht in Konfliktnähe zur landenden Maschine war. Dieses Flugzeug, was sie für den Skywest-Flug hielt, konnte somit gar nicht auf die Startbahn gelangen und sie nahm daher nicht ihre anfängliche Freigabe zur Startaufstellung zurück. Zwei Faktoren hatten in ihrem Kopf ein trügerisches Szenario in Gang gesetzt. Zunächst, ging sie immer noch davon aus, daß die USAir Maschine auf der äußeren Bahn 24R landen werde. Der kurzfristige Anflugwechsel auf die Parallelbahn 24L hatte sich bei ihr geistig nicht „verankert". Dann die optische Verwechslung der beiden Metroliner, von denen einer ohne Datenstreifen daherkam und genau die Position einnahm, wo die Skywest nach ihrer Erwartung, hätte sein müssen. Das Skywest Flug 569 bereits mit laufenden Motoren auf der aktiven Landebahn stand, wurde ihr nicht bewußt. Der etwas energische Ton der USAir-Piloten trieb die Lotsin noch weiter an, und ohne zu überlegen, sagte sie kurz darauf:

18:05:52 ATC:
   „USAir 1493, cleared to land 24 left."

Die Arbeitsbelastung hatte ihren Tribut gefordert. In diesem Moment dachte sie nicht mehr über ihre letzte Anweisung nach und konzentrierte sich auf andere abflugbereite Flugzeuge. Ihre anfängliche Vorstellung, der von ihr geplante Verkehrsablauf, war so fest verinnerlicht worden, daß keinerlei Abweichungen dieses Ablaufs mehr wahrgenommen wurden. Für sie flog die 737, trotz gegenteiliger Meldung, immer noch auf die richtige Bahn 24R an. Daher wiederholte sie die von Flug 1493 genannte Bahn 24L, meinte allerdings wohl die Parallelbahn 24R.

18:05:55 USAir1493: „Cleared to land 24 left, 1493.", war die letzte Meldung der Piloten. Somit war die Situation für die Lotsin sie „Klar" und sie widmete sich wieder den pausenlos eintrudelnden Flugstreifen der nächsten Starts und Landungen. Sie nahm nun nicht mehr aktiv an dem nun folgenden teil, sondern beobachtete nur noch. Die 737 war nun nur noch wenige hundert Meter von der Schwelle der Bahn 24L entfernt. Vom Tower aus kann man im Halbdunkel nicht hundertprozentig unterscheiden, ob ein landendes Flugzeug auf der äußeren oder inneren Runway anfliegt, da beide nur einen Abstand von 120 Metern zueinander haben. An Bord der USAir-Maschine steuerte der Copilot die Boeing, während der Kommandant auf die Instrumente sah und die geringer werdenden Höhenwerte ausrief. Etwa 400 Meter hinter dem Bahnanfang setzte Flug 1493 das Fahrwerk auf den schwarzen Asphalt der Bahn 24L. Die Nase neigte sich zum Boden und das Bugfahrwerk setzte auf. Just in diesem Moment erkannten die entsetzten Piloten im Leuchtkegel ihrer Landescheinwerfer das rote Warnlicht der stehenden Metro und die schemenhaften Kreise der rotierenden Propeller.

18:07:04 USA1493:
   „What the hell..."

Weiter kam der Copilot nicht. Für Ausweichmanöver war es zu spät. Voll trat er in die Bremspedale, doch einen Sekundenbruchteil später schlug schon der Rumpf und das linke Triebwerk mit über 200 km/h in die wartende Regionalmaschine. Gleichzeitig schlug eine gelbe Stichflamme hoch. Die Metro verkeilte sich in die 737 und wurde von ihr mitgerissen. Beide Havaristen schlitterten brennend über das Rollfeld und verließen linkerhand die Bahn. Etwa 200 Meter weiter prallten beide Maschinen gegen das alte Gebäude der Flughafenfeuerwehr, das seit Jahren leerstand, und kamen dort schließlich zum Stehen. Sofort wurde die Feuerwehr alarmiert, die mit ihrem gesamten Fahrzeugpark nur 2,5 Minuten später am Ort des Geschehens eintraf. Offenbar unbeeindruckt wurde eine nachfolgend anfliegende Maschine der Wings West von der Lotsin über die Situation informiert:

18:07:39 ATC:
   „Wings 5212, wind 240 at 8, cleared to land 24R, ah...use caution, we just had an aircraft go off the runway in flame..."

Keiner der 12 Insassen des Skywest Fluges überlebte den Zusammenstoß. Weiteren 22 Menschen an Bord der Boeing gelang es nicht mehr, sich aus der Maschine zu retten; sie starben in den Flammen.

Laut fachlicher Unglücksuntersuchung hätten zumindest 17 der 22 737-Opfer den Crash überleben können, wenn die Evakuierung der Boeing weniger chaotisch abgelaufen wäre. Von den 6 zur Verfügung stehenden Notausgängen ließen sich nur 3 öffnen. Vor den verbliebenen 3 kam es zu panikartigen Szenen, da sämtliche Passagiere den schnellen Weg ins Freie suchten. Der beißende Qualm in der Passagierkabine wurde immer dichter, so daß die Flüchtenden auf die beleuchteten Fluchtwegemarkierungen an Wänden und Boden angewiesen waren. Gerade die Beleuchtung dieser Fluchtwege fiel aus, so daß sich das Durcheinander noch verstärkte und viele Passagiere von anderen niedergetrampelt wurden. Die Kabinenbesatzung war außerstande, für eine geordnete Evakuierung der Passagiere zu sorgen.

9K-AIB; eine der aus Kuwait geraubten 767-200, die später zusammen mit der "9K-AIC" zerstört wurde/Frankfurt im März 1989 <Quelle: JR-Photo>

Daher schafften es einige der Insassen nicht mehr rechtzeitig, das brennende Wrack zu verlassen, und erstickten am Rauch und den giftigen Gasen in der Passagierkabine.

Die FAA erließ nach diesem Unglück folgende Sicherheitsempfehlungen :
- Deckenleuchten sollten in mehrere kleinere, voneinander unabhängige Sektionen mit jeweils eigenen Batteriesystemen eingeteilt werden
- weitere Notausgänge (für das Modell 737), mindestens vier
- leuchtende Bedienungsanleitungen an Notausgängen
- Rauch-Hauben oder transportable Sauerstoffmasken wären für die Passagiere lebensnotwendig Geräte

Doch wie so oft blieben diese Anregungen für viele Jahre nur fromme Wünsche und fanden nur bedingt den Segen der Flugzeughersteller. 15 Tage nach dem Unfall wurde das Anflugverfahren bei Dunkelheit geändert. Von da an durften Flugzeuge nur noch von einer verkürzten Startposition aus abheben, wenn sie, ohne noch auf der Bahn zu warten, gleich vom Rollweg aus zum Start freigegeben werden.

01.02.91

Kuwait AW	Boeing 767-200
9K-AIB	23281
Kuwait AW	Boeing 767-200
9K-AIC	23282
Iraqi AF	Tupolev 124
634	4351602
Iraqi AF	Tupolev 124
635	4351603

Die 4 oben genannten Flugzeuge wurden im Verlauf der Gegenoffensive auf Bagdad durch Bombentreffer der alliierten Luftwaffen zerstört.

Zuvor wurden die Flugzeuge von den Irakern nach der Einnahme Kuwaits im August 1990 geraubt und als Kriegsbeute nach **Bagdad AP/Irak** geflogen. Dort wurden sie dann auf irakische Kennung umregistriert.

15.02.91

Kuwait AW	Airbus A300-600
9K-AHF	327
Kuwait AW	Airbus A300-600
9K-AHG	332

Diese beiden Airbusse wurden von den irakischen Besatzern bei ihrer Invasion in Kuwait „requriert", in den Irak geflogen und auf dem Flughafen **Baghdad/Irak** abgestellt. Dort wurden sie von den alliierten Streitkräften während ihrer Luftoffensive zerstört.

17.02.91

Ryan Intl AL	Douglas DC-9-15RC
N565PC	47240

Während des ca. 1,5-stündigen Aufenthalts auf dem John Hopkins Airport in **Cleveland/OH/USA** gingen pausenlos Schneeschauer auf die parkende DC-9 nieder. Diese war vom US Postal Service vom Eigentümer Ryan Intl für Fracht- und Postflüge auf dem nordamerikanischen Kontinent gechartert worden und sollte zu einem Flug nach Indianapolis starten. Da die Vorschriften der Airline es nicht verlangten, prüfte die Besatzung weder die Tragflächen der Maschine weder auf Eisansatz noch ließen sie sie enteisen.

Sekunden nach dem Abheben um 00:18 Uhr/loc. drehte sich die DC-9 in 100 ft auf den Rücken und stürzte mit noch ausgefahrenem Fahrwerk wieder zu Boden. Die beiden Piloten wurden bei dem Aufschlag getötet.

Als Unglücksursache wurde Eisbildung an den Tragflächen vom NTSB festgestellt. Es wurde nunmehr die Praxis eingeführt, daß die Flightcrew vor dem Einstieg die Tragflächen nach Eisansätzen abfühlen muß. Von der FAA wurde zudem ein System zur Enteisung der Tragflächen durch die Abgasluft der Triebwerke vorgeschlagen.

20.02.91

LAN Chile	BAe 146-200
CC-CET	2061

Die vierstrahlige 146er war auf einem Charterflug, aus Punto Arenas kommend, in Richtung auf die Navarino Inseln im südlichen Chile unterwegs.

An Bord befanden sich 65 Chartergäste sowie 7 Crewmitglieder.

Bei der Landung in **Puerto Williams/Chile** schoß das Flugzeug über das Ende der nur 1440 Meter langen Bahn hinaus und tauchte kopfüber in den dahinter verlaufenden Beagle Kanal.

Da ein Großteil des Flugzeugrumpfes unterhalb der Wasseroberfläche lag, gelang es 20 Insassen nicht mehr rechtzeitig, aus der Maschine zu entkommen. Sie ertranken noch im Flugzeug.

27.02.91
British AW   **Boeing 747-100**
G-AWND   **19764**

Am 2.8.90 sollte der Jumbo von London aus eine linienmäßige Zwischenlandung in **Kuwait City/Kuwait** einlegen, um daraufhin zum Weiterflug nach Kuala Lumpur zu starten. Um 14:00 Uhr/loc. kam der Jet vor dem internationalen Terminal auf seiner zugewiesenen Parkposition zum Stehen.

Unmittelbar darauf fand der invasorische Überfall irakischer Truppen auf Kuwait-City statt. Stadt und Flughafen wurden im Handstreich eingenommen, und wenige Minuten nach der Landung des britischen Jumbos war der Flughafen in irakischer Hand. Die Maschine nahm dabei geringen Schaden durch einige Feuergefechte kuwaitischer und irakischer Einheiten.

Die 18-köpfige Flugzeugbesatzung und die 370 Passagiere wurden einige Zeit später von irakischen Truppen als Geiseln und „menschliche Schutzschilde" nach Bagdad befördert.

Im Zuge der Rückeroberung Kuwaits durch die Streitkräfte der Alliierten (vornehmlich USA und Großbritannien) im Februar 1991 wurde der seit dem Einmarsch der irakischen Truppen in Kuwait abgestellte Jumbo durch Geschoßtreffer zerstört.

Die Versicherung ließ sich in diesem Fall bewegen, die volle Versicherungssumme für den 1971 gebauten Jumbo zu zahlen. Die Tatsache, daß der zwar noch voll flugfähige, jedoch schon recht betagte Großraumjet -so mutmaßte man- vorsätzlich von alliierten Geschoßsalven schrottreif gebombt wurde, stellte einen willkommenen Zufall dar.

Somit kann British AW, den Tatsachen entsprechend, den Flugzeugverlust als Versicherungsprämie auf der Habenseite der Geschäftsbilanz verbuchen.

Über Personenopfer, die im unmittelbaren Zusammenhang mit dem Flugzeugverlust stehen, gibt es keine näheren Angaben.

03.03.91
United AL   **Boeing 737-200**
N999UA   **22742**

Für die beiden Piloten, die sich an diesem Morgen im Briefingraum von United Airlines in Denver zum Dienst meldeten, war es der zweite Tag innerhalb eines dreitägigen Dienstzyklus. Der vorhergehende Tag hatte für beide um 08:30 Uhr/loc. in Oakland/Kalifornien begonnen und um 18:28 Uhr/loc. in Denver geendet. Trotzdem waren beide guter Laune, als sie sich zum Wettercounter im Dienstraum begaben und mit der Planung ihres heutigen Tages begannen. Ihr erster Linienkurs 585 sollte sie in das knapp hundert Kilometer entfernte **Colorado Springs/USA** und eine knappe Stunde später wieder zurück nach Denver führen. Bis auf den Landeanflug in Colorado Springs versprach der Linienkurs 585 ein Routineflug zu werden. Der Flughafen lag im Schatten der mächtigen Rocky Mountains, an dessen schroffen Bergwänden sich heftigen Turbulenzen bilden konnten. Das Wetter über dem Zielgebiet war sonnig, allerdings wurden Böen vorhergesagt. Der Kommandant war den Anflug schon etliche Male geflogen, während seine Kollegin noch nie in Colorado Springs gewesen war. Beide gingen die Gefahren dieses Anfluges schon beim Frühstück im Hotel durch. Die Copilotin hatte sich danach noch mit einem anderen Piloten über ihren bevorstehenden Anflug unterhalten.

Um 09:20 Uhr/loc. wurde die 737 mit 20 Passagieren und fünf Besatzungsmitgliedern an Bord vom Terminal in Denver zurückgeschoben. Einige Minuten später hob sie vom Flughafen ab. Während der Kommandant das Flugzeug flog, hörte die Copilotin die Wetterberichte ab. Auch hier wurden wieder Böen angekündigt. Die Besatzung einigte sich, auf die berechnete Landegeschwindigkeit noch zwanzig Knoten Sicherheitsreserve aufzuschlagen. Die Anmeldung bei der Anflugkontrolle in Colorado Springs erfolgte um 09:32 Uhr/loc.. Ein Sinkflug aus 11.000 ft Höhe wurde begonnen und drei Minuten später der Sichtkontakt mit dem Flughafen gemeldet. Die Boeing wurde an den Tower weitergegeben und meldete sich dort 09:37 Uhr/loc.. Die Maschine sollte in entgegengesetzter Landerichtung an der Bahn 35 vorüberfliegen und dann nach einer 180° Rechtskurve auf die verlängerte Pistenachse schwenken. Der Towerlotse gab die 737 endgültig für ihren Landeanflug frei und gab die Windstärke mit 16 Knoten, bei Böen von bis zu 29 Knoten, an. Nach einer bohrenden Nachfrage der Copilotin übermittelte er den Bericht einer Continental 737, die ihnen vorausflog. Die Continental Maschine hatte zuerst in 500 ft Höhe 15 Knoten verloren, in 400 ft die verlorene Geschwindigkeit wieder hinzugewonnen und war schließlich bei 150 ft noch einmal 20 Knoten schneller.

09:38 „Hört sich abenteuerlich an, huh, United 585, danke schön."

Im Cockpit begannen jetzt die letzten Vorbereitungen für die Landung, denn man passierte gerade den Flughafen.

09:39 COP:
    „Du bist auf der Höhe der Landebahn!"
CPT: *„Wie wär's mit Klappen auf 2."*
COP: *„Okay, wir fangen genau hier an zu drehen...Fahrwerke raus."*

Die Maschine schwenkte leicht nach links, um dann mit einer weiten Rechtskurve über der Stadt zu beginnen. Die Klappen wurden weiter in Landekonfiguration gefahren, während der Tower die Copilotin anwies, sofort nach der Landung von der Landebahn abzurollen. Um 09:41 Uhr/loc. bestätigte sie diese Anweisung.

Die Boeing war mitten in ihrer Kurve, als sie von den ersten Windböen erfaßt wurde und die Geschwindigkeit

N998UA; die sechs Tage ältere Schwestermaschine der verunglückten „N999UA"/Los Angeles im März 1994 <Quelle: Luftfahrt Journal-Sammlung>

der Boeing anzusteigen begann. Das machte es dem Kommandanten schwer, den Anflugweg und die Sinkrate einzuhalten.

09:42 COP:
„Jetzt sind wir gerade um 10 Knoten schneller geworden."
CPT: „Yeah, ich weiß...Ich muß verdammt viel Schub geben, um die (Maschine) zu halten...bei dieser Geschwindigkeit."
09:43 COP:
„Und noch mal zehn Knoten mehr."
CPT: „Klappen auf dreißig."

Als der Flug 585 die verlängerte Pistenmittellinie erreichte, beendete der Kommandant die Rechtskurve und legte die Boeing wieder gerade. Sekunden später begann die Maschine sich plötzlich ohne das Zutun der Piloten nach rechts um seine Längsachse zu rollen. Beide Piloten spürten die Tendenz und versuchten gegenzusteuern. Anfangs hielten die Piloten das Rollen um die Längsachse für die Folge einer weiteren Turbulenz, deren Stärke die Copilotin mit einem „Wow" kommentierte Doch trotz des angemessenen Gegendrucks auf die Querruder konnten die Piloten sie nicht wieder zurückrollen. Die Boeing begann neben ihrer Bewegung um ihre Längsachse auch noch um die Hochachse zu gieren und tauchte immer schneller unter den Horizont. Kurz nachdem die Copilotin „1.000 Fuß" ausgerufen hatte, wurde die Maschine zunehmend unkontrollierbar, während die Steuerbewegungen immer hektischer wurden.

09:43 COP:
„Oh Gott"
CPT: „Klappen auf fünfzehn."

Der Kommandant rammte den Schubhebel nach vorne und versuchte so die 737 wieder aufzurichten und durchzustarten, doch er hatte die Kontrolle über die Maschine schon verloren. Sie stürzte fast senkrecht auf den Boden zu und zerschellte Sekunden später in einem Park, gut sechs Kilometer vor der Landebahn 35.

Alle 25 Insassen an Bord kamen bei dem Aufschlag ums Leben. Es war wie ein Wunder, daß niemand am Boden bei dem Absturz zu Schaden kam, denn die 737 zerschellte mitten in einem Wohngebiet. Die nächsten Wohnhäuser waren nicht mal hundert Meter vom Absturzort entfernt.

Schon Stunden nach der Katastrophe trafen die ersten Ermittlungsbeamten des NTSB am Absturzort ein und begannen mit ihrer Arbeit. Die Ermittlungen dauerten über ein Jahr und endeten trotzdem mit der unbefriedigenten Aussage: „Grund für den Absturz war nicht zu ermitteln". Der Flug 585 war bis zu den letzten 30 Sekunden vor dem Absturz ein normaler Routineflug gewesen.

Die Ermittler vermuteten aber, daß das Seitenruder ohne Befehl kurz vor dem Absturz langsam in seine maximale Stellung gefahren war und so den Piloten die Kontrolle über die Maschine geraubt hatte.

Das NTSB überprüfte die Wartungsunterlagen der Unglücksmaschine „N999UA" und stieß auf verschiedene vorhergegangene Schwierigkeiten mit dem Steuersystem. So hatte sechs Tage vor dem Absturz eine Besatzung berichtet, daß während ihres Fluges mit der N999UA die Maschine plötzlich um ihre Längsachse nach rechts gezogen hatte. Nachdem die Besatzung die Sicherung des Yaw Dampers (siehe 01.03.1962) gezogen hatte, hörte diese Tendenz auf. Doch das NTSB stellte fest, daß der Yaw Damper das Seitenruder nur in einem geringen Bereich beeinflussen kann. Dieser Bereich war nicht ausreichend, um der Besatzung die Steuerkontrolle zu rauben und schied so als Absturzgrund wahrscheinlich aus. Es wurden bei den Untersuchungen der Wrackteile noch andere Anomalien des Steuersystem der Boeing gefunden, so zum Beispiel leichte Rostspuren auf der Antriebswelle eines Stellmotors, der für die Bewegung der Ruder verantwortlich ist. Doch keine dieser Abweichungen konnte allein den Absturz verursacht haben. Auch eine Kombination der Anomalien im Steuersystems und des Yaw Dampers hätte einer Besatzung wahrscheinlich nicht die Steuerkontrolle rauben können. Eine weitere Erklärung könnte auch ein meteorologisches Phänomen namens „Rotor" sein. Colorado Springs liegt in einem Tal der Rocky Mountains, und der Anflugweg führt an hohen Berghängen vorbei. Hier tritt manchmal ein „Rotor" auf, ein mit hoher Windgeschwindigkeit horizontal drehender Luftwirbel. Dieser Luftwirbel kann zu schweren Klarluftturbulenzen führen. Nach dem Absturz gaben Zeugen zu Protokoll, sie hätten zwanzig Minuten vor dem Absturz einen solchen Rotor in der Nähe des Flughafens gesehen, aber bewiesen ist das nicht.

Bisherige Forschungen hatten außerdem ergeben, daß die Kraft eines solchen Rotors nicht ausreicht, um ein so großes Verkehrsflugzeug wie die Boeing 737 zum Absturz zu bringen. So hält das NTSB einen Einfluß eines Rotors auf den Absturz der 737 höchstens in Zusammenwirken mit mechanischen Problemen innerhalb der Steuerung der Boeing für möglich. Die Untersuchungen laufen bis heute weiter.

Das NTSB merkte allerdings nach der Untersuchung an, daß diese auch an der mangelhaften Datenbasis gescheitert war. Die neun Jahre alte 737 war mit einem FDR älteren Datums ausgerüstet, der nur vier Flugparameter (Flughöhe, Geschwindigkeit, Kurs und Beschleunigung) aufnimmt. Diese Parameter reichten aber nicht aus, um eine solch komplexe Absturzursache zu ergründen. Dazu wäre zum Beispiel die Stellung der Steuerflächen hilfreich gewesen.

05.03.91
Aeropostal   **Douglas DC-9-32**
YV-23C   47720

Bei heftigen Regenschauern und stürmischen Winden über dem nordöstlichen Gebiet von Venezuela verlor die Bodenstation den Funkkontakt zu der DC-9 der Inlandfluglinie, die darauf nahe der Stadt **Valera/Venezuela** abstürzte.

Von den 37 an Bord befindlichen Passagieren und 5 Besatzungsmitgliedern überlebte niemand das Unglück. Das zerschellte Wrack wurde erst Tage darauf in einem unwegsamen Gelände in den Anden von einheimischen Landarbeitern entdeckt. Die Absturzursache ist noch unbekannt.

12.03.91
Air Transport Int'l   **Douglas DC-8-62F**
N730PL   46161

Als die Cockpitcrew beim Start in **New York-JFK AP/NY/USA** bemerkte, daß Flammen aus dem Flugzeugrumpf schlugen, brachen sie den Start bei hoher Rollgeschwindigkeit ab. Es gelang ihnen aber nicht mehr, innerhalb der Bahnlänge zum Stehen zu kommen. Beim Überrollen der Startbahn lösten sich Bug- und Hauptfahrwerk, zwei Triebwerke brachen ab, und ein Teil der rechten Tragfläche wurde abgerissen.

Nachdem der brennende Vierstrahler auf weichem Untergrund endlich zur Ruhe kam, sprangen die 5 Besatzungsmitglieder des Frachters unversehrt von Bord. Als die Flughafenfeuerwehr eintraf, hatten sich die Flammen bereits durch den Rumpf gefressen. Wodurch das Feuer verursacht wurde, ist nicht bekannt.

25.03.91
Ethiopian AL   **Boeing 707-320C**
ET-AJZ   19433

Während des Aufenthalts auf dem Flughafen von **Asmara/Äthopien** wurde der Frachter von Granaten getroffen, die von Rebellen abgeschossen wurden, und durch die Explosion zerstört. Ein Lader kam ums Leben.

03.05.91
Emery Worldwide   **Boeing 727-100F**
N425EX   19095

Beim Beginn des Startlaufs auf der Runway 33 des Bradley Int'l Flughafens in **Hartford/CT/USA** zu einem US-Mail-Flug nach Boston versagte das Schaufelrad der neunten Kompressorstufe von Triebwerk Nr.3. Wegschleudernde Trümmer durchdrangen den Triebwerkskörper und schlugen eine Treibstoffleitung leck. Der auslaufende Sprit entzündete sich sofort. Da man noch nicht einmal 80 Knoten erreicht hatte, entschied man sich im Cockpit daraufhin, den Startlauf abzubrechen, und mit normaler Bremskraft stoppte die 727 noch innerhalb der Bahnlänge. Nach der im Cockpit eingehenden Feuermeldung wurde der Feuerlöschknopf für Triebwerk Nr.3 betätigt. Als die Alarmglocke weiter ertönte, wurde auch die zweite Löschkartusche ausgelöst. Jedoch ohne Erfolg. Das Feuer breitete sich weiter aus und zerstörte die Rumpfstruktur des Frachters. Die 3 Crew entkamen unverletzt. Zum Zeitpunkt des Unfalls (05:50 Uhr/loc.) herrschten normale Flugbedingungen. Nachfolgende Untersuchungen ergaben, daß einige der Hochdruck-Schaufelräder seit längerem vor sich hinrosteten.

Die Maschine wird seitdem in Hartford als Trainingsobjekt der Flughafenfeuerwehr benutzt.

23.05.91
Aeroflot   **Tupolev 154A**
CCCP-85097   97

Auf dem Inlandsflug von Sukhumi/Georgien nach **Leningrad/UDSSR** fiel ein Triebwerk aus. Infolgedessen flog man im Endanflug mit zu hoher Sinkrate. Mit dem Bugrad zuerst prallte die Tupolev dann in Leningrad auf den Bahnasphalt. Der etwas altersschwache Dreistrahler brach daraufhin auseinander und ging in Flammen auf.

Von den 160 Passagieren starben 12 bei dem Unglück.

24.05.91
Metropolitan Avn.   **Ilyushin Il-76TD**
LZ-INK   93494835

Beim Anflug auf **Bakhtaran/Iran** wurde die Besatzung angewiesen, wegen des schlechten Wetters den Anflug abzubrechen und nach Erreichen der Sicherheitshöhe erneut anzufliegen. Doch auch dieser und ein weiterer Landeversuch schlugen fehl und wurden abgebrochen. Und abermals versuchte man -mittlerweile zum 4. Mal- den Vierstrahler auf den Boden zu bringen. Nun aber stellte die Besatzung entsetzt fest, daß nach ihrem über fünf stündigem Flug der Treibstoff praktisch verbraucht war. Der Anflug wurde fortgesetzt, jedoch erklärte man den Lotsen, daß man sich nicht mehr in der Lage sähe, den Flughafen zu erreichen und etwa 10 Meilen vor der Runway in Bakhtaran eine Notlandung machen werde.

Dabei wurde der Flieger irreparabel zerstört; 4 der 10 Insassen wurden getötet.

26.05.91
Lauda Air
OE-LAV

Boeing 767-300ER
24628

Es war Sonntagabend 22:45 Uhr/loc., als die Boeing 767 der Lauda Air vom Terminal des Flughafens Bangkok Don Muang zurückgeschoben wurde und die beiden Pratt & Whittney Triebwerke angeworfen wurden. Die 767 war auf diesem Linienkurs NG 004 Hong Kong - **Bangkok** - Wien fast bis auf den letzten Platz ausgebucht. 213 Passagiere machten es sich auf ihren Sitzen bequem, während die zehn Besatzungsmitglieder die letzten Vorbereitungen für den elfstündigen Flug nach Wien abschlossen. Um 23:02 Uhr/loc. wurden die Schubhebel nach vorne geschoben und die Maschine begann mit ihrem Startlauf auf der Piste 21L. Kaum in der Luft, legte die Besatzung die Boeing mit einer Rechtskurve auf den geplanten nordwestlichen Kurs und leitete den Steigflug ein. Als man eine Höhe von 5.000 ft passierte, wurde NG 004 an die Luftraumkontrolle des Bereiches Bangkok weitergegeben.

Die Lotsen gaben die Maschine für einen Steigflug auf die geplante Reiseflughöhe in FL 310 (Flight Level = 31.000 ft) frei. Um 23:06 Uhr/loc. rief der Copilot über Funk die Zentrale von Lauda Air an und teilte ihr die voraussichtliche Ankunftszeit in Wien mit.

Einige Sekunden später bemerkte der Copilot eine blinkende gelbe Schrift auf dem Kontrollbildschirm des EICAS (= Engine Indication and Crew Alerting System) vor ihm. Die Computer des EICAS sammeln und überwachen alle Informationen über die beiden Triebwerke der Boeing 767 und stellen sie auf zwei Bildschirmen dar, die auf der Mittelkonsole vor den Piloten installiert sind. Normalerweise werden hier nur die normalen Betriebsparameter dargestellt, doch das EICAS soll die Piloten auch auf jede Veränderung oder Anomalie innerhalb der Triebwerke hinweisen und warnen. Diese gelbe Schrift am oberen linken Rand des Bildschirms zeigte „L REV ISLN VAL" an. Der Computer wies die Piloten mit dieser Nachricht darauf hin, daß ein Teil der Automatik versuchte, den Umkehrschub des linken Triebwerks aufzufahren. Dies geschah aber nicht, da das Sicherungssystem (REV ISLN VAL = Reverser Isolation Valve) der Umkehrschubklappen aktiviert war und so ein Ausfahren des Umkehrschubes im Flug verhinderte.

23:07: COP:
„That keeps...Thats come on (again)!"

Der Kommandant zog daraufhin das „Boeing 767 Quick Reference Handbook" zu Rate und versuchte so, die Bedeutung der blinkenden Nachricht auf dem Computerbildschirm herauszubekommen. Der Copilot befaßte sich währenddessen weiter mit Routineaufgaben und stellte den Standardluftdruck „1013 mbar" an den Höhenmessern ein.

Der Kommandant hatte drei Minuten lang das Handbuch studiert und gab es jetzt an seinen Copiloten weiter, um dessen Meinung zu erfahren.
23:10: CPT
„Whats it say in there about that?...Just ah..."
COP „Additional system failures may cause inflight deployment. Expect normal reverse operation after landing"
CPT „OK...just...ah lets see."

Nachdem sich auch der Copilot aus dieser Erklärung keinen Reim machen konnte, nahm der Kommandant das Handbuch wieder zurück. Die nächsten dreißig Sekunden vertiefte er sich erneut in das Handbuch, um Klärung zu bekommen und sich sein daraus folgendes Handeln zurechtzulegen. Er beschloß jedoch nichts zu unternehmen. Nicht nur daß der blinkende Hinweis auf dem Bildschirm durch den Satz im Handbuch: „*Erwarten sie normale Funktion des Umkehrschubes...*" merklich abgeschwächt wurde, es verlangte auch keine weiteren Handlungen vonseiten der Piloten. Mit einem „OK" gab der Kommandant das Handbuch seinem Copiloten zurück und schloß so für sich diese Angelegenheit ab.

Doch die gelbe Schrift auf dem Bildschirm blinkte in unregelmäßigen Abständen weiter und beunruhigte den Copiloten. Auch er konnte sich diesen Hinweis nicht erklären und wollte daher gern bei der Wartungsabteilung der Lauda Air in Wien nachfragen:
23:11: COP:
„Shall I ask the ground staff."
CPT: „Whats that?"

Diese Nachfrage machte den Kommandanten wieder unsicher.
COP: „Shall I ask the technical men?"
CPT: „Ah...you can tellem about it...its just ...Ah no...its probably...ah water or moisture or something, its just on...its coming on and off."

I-LAUD; für ein Jahr trug diese 767-300, die Farben der Lauda Air, ein italienisches Kennzeichen und den Namen "Enzo Ferrari". Heute fliegt diese Maschine wieder bei ihrem Eigentümer Martinair/München 1993 <Quelle: Luftfahrt Journal-Sammlung>

COP: „Yeah."

Der Kommandant nahm an, daß es sich hier um eine „Geisteranzeige" handelte, die durch Feuchtigkeit im Leitungssystem ausgelöst worden war. Er war sich dabei aber selbst nicht sicher und dachte noch einen Moment über die Folgen nach, die diese Anzeige haben könnte:

CPT: „But...you know its a...it doesnt really...its just a advisory thing..."

Doch am Ende erinnerte der Kommandant sich daran, daß das gelbe Licht lediglich einen „informativen" Charakter hatte. Also traf er eine Entscheidung:

CPT: „Could be some moisture in there or something."

Er beruhigte sich und seinen Copiloten damit selbst, der sofort darauf einging und genau wie sein Vorgesetzter das blinkende Licht als einen untergeordneten Systemfehler oder gar eine Falschanzeige einstufte. Beide gingen daraufhin zu ihren Routineaufgaben über:

23:12 COP:
„You need a little bit of rudder trim to the left."
CPT: „Whats that?"
COP: „You need a little bit of rudder trim to the left."
CPT: „OK."

Der Kommandant beugte sich zur Seite und justierte die Trimmung neu. Das „L REV ISLN VAL" flackerte immer noch auf dem EICAS Bildschirm, aber keiner der beiden Piloten schenkte ihm jetzt noch Aufmerksamkeit. Von 23:13 Uhr/loc. an war das einzige Geräusch im Cockpit das deutschsprachige Gemurmel des Copiloten, der die Zeiten bis zur Landung in Wien zusammenrechnete.

Mit dieser Arbeit fuhr er fort, bis sich vier Minuten später auf dem EICAS Bildschirm etwas unfaßbares abspielte: Plötzlich erschien der gelbe Hinweis „REV" (= Reverser = Umkehrschub), der Sekunden später in grüne Farbe umsprang. In 24.500 ft Höhe war ohne Zutun der Piloten der Umkehrschub des linken Triebwerks ausgefahren. Völlig überrascht rief der Copilot um 23:17:01 Uhr/loc. „Umkehrschub ausgefahren", als schon die gesamte Konstruktion der 767 wie im Fieber zu zittern begann. Entsetzen machte sich im Cockpit breit.

Das Ausfahren der Schubumkehrklappen im linken Pratt & Whittney PW4000 Triebwerk hatte katastrophale Folgen: Die PW4000 Triebwerke sind sogenannte Zweikreis- oder Bypasstriebwerke, bei denen die von den Schaufelrädern geförderte Luftmasse aufgeteilt wird. Ein Teil wird in das eigentliche Triebwerk gesogen und so der Verbrennung zugeführt. Der „Bypaß"- Luftstrom wird durch einen Ringkanal um das Triebwerk herumgeleitet. Die Umkehrschubklappen, die sogenannten „Blocker Doors", werden im vorderen Triebwerksteil in den Bypassstrom durch hydraulischen Druck hineingefahren. Diese Blocker Doors lenken den Luftstrom durch die Öffnungen in der Triebwerksaußenhaut nach außen ab und erzeugen so eine Bremswirkung.

Bei der 767 sind die Triebwerke knapp unterhalb der Flügelvorderkanten installiert. Als, nachdem der Umkehrschub ausgelöst wurde, ein großer Strom umgelenkter Luftmassen aus den Öffnungen an der Triebwerksaußenhaut strömte, wurde dadurch der normale Luftstrom über die Flügel unterbrochen. Diese Luftströmung riß ab und die von dieser Strömung getragene linke Tragfläche kippte schlagartig nach unten. Gleichzeitig schob das noch auf Steigleistung arbeitende rechte Triebwerk die Boeing um ihre Hochachse herum. Die rechte Tragflächenspitze wurde somit immer schneller und der Auftrieb um diese Tragfläche dadurch immer größer. Die so erzeugte gleichzeitige Bewegung um die Hoch- bzw. Längsachse zwang die Nase der 767 leicht nach unten, eine Tendenz, der die Piloten mit immer kräftigeren Steuerbewegungen entgegenzuwirken versuchten. Den durch die gewaltsame Drehung der Boeing und die Gegenbewegungen der Besatzung erzeugten Kräfte auf die Steuerflächen waren diese nicht mehr gewachsen. Ca. 10 Sekunden nach dem ungewollten Auslösen des Umkehrschubes brach zunächst der obere Teil des Seitenleitwerks und danach das gesamte rechte Höhenleitwerk weg. Damit war die Boeing mit all ihren Insassen verloren, obwohl die beiden Piloten noch verzweifelt versuchten, sich gegen ihr Schicksal zu stemmen:

23:17 CPT:
„Jesus Christ"
- vier laute Pieptöne -
- kurzer Ton einer Sirene -
CPT: „Here wait a minute."
- zweimal das Geräusch brechenden Metalls -
CPT: „Damn it."
- Geräusch von starken Luftströmungen -
- Geräusch eines Knalles -

Kurz nach dem rechten brach auch das linke Höhenleitwerk weg. Das Flugzeug war verloren. Ungefähr in diesem Moment schlossen die Piloten die Treibstoffversorgung des linken Triebwerks, während gleichzeitig an der rechten Tragfläche die Aufhängung des rechten Triebwerks brach. Die Boeing fiel vorne über, wobei die beiden Tragflächen in der Mitte brachen und die dem Boden entgegenfallende Maschine in ca. 10.000 ft in einen lodernden Feuerball verwandelten. Die Trümmer der 15 Minuten zuvor gestarteten Boeing zerschellten in einem abgelegenen Dschungelgebiet, ca. 200 Kilometer von Bangkok entfernt, und lösten dort einen intensiven Brand am Boden aus.

Alle 223 Insassen an Bord von Lauda Air 004 starben bei diesem Inferno. Durch den intensiven Brand wurde auch der FDR zerstört. Den thailändischen, amerikanischen und österreichischen Experten, die die Absturzursache zu ermitteln hatten, machte diese Tatsache ihre Arbeit nicht gerade leichter.

Anfangs ging man von einem Bombenanschlag aus, dann von einem Feuer an Bord. Doch einige Tage später wurden die Überreste des linken Triebwerks gefunden, in dem noch die Klappen des Umkehrschubs ausgefahren waren. Zusammen mit der Auslesung des CVRs konnten die Ermittler rekonstruieren, was sich an Bord der Boeing 767 in den Minuten vor dem Absturz ereignet hatte. Und nachdem man auch die fehlenden Teile der Umkehrschubsteuerung gefunden hatte, konnte man auch die Ursache für dieses Desaster ermitteln. Der Umkehrschub ist dazu da, die Maschine nach der Landung abzubremsen. Die Umkehrschubklappen sollen jedoch nur dann auslösen, wenn sich die Maschine am Boden befindet und die Piloten die Schubhebel über ihre Leerlaufposition hinaus in den Umkehrschub gezogen haben. In den

Modellen der 767 aus den frühen achtziger Jahren wurde der Umkehrschub noch durch eine direkte Kabelverbindung zwischen den Schubhebeln und den Triebwerken verbunden. Die Schubumkehrklappen wurden während des Fluges durch etliche mechanische Sicherungen in ihrer eingefahrenen Position gehalten. Am Boden wurden die Umkehrschubklappen vom Druck des Hydrauliksystems in den Luftstrom geschoben.

Das Hydrauliksystem zum Fahren des Umkehrschubes wird von einer Serie verschiedener Ventile und einem Sicherungssystem gesteuert und überwacht. Um die Klappen zu bewegen, müssen zwei in Reihe geschaltete Ventile geöffnet werden. Mit dem ersten Ventil, dem Trennventil „Hydraulic Isolation Valve" (= HIV), wird das gesamte System mit Hydraulikdruck versorgt. Das zweite Ventil, das „Directional Control Valve" (= DCV), bestimmt die Richtung, in die die Klappen gefahren werden. Entweder das Ventil steht in der Stellung „Öffnen", dann werden die Klappen ausgefahren, oder es steht auf „Schließen", dann werden sie wieder zugefahren.

Die Stellung dieses Ventils wird von den „Air/Ground Schaltern" bestimmt, die feststellen, ob sich das Flugzeug am Boden oder in der Luft befindet. Diese Schalter messen das Belastung der Fahrwerksbeine unter dem Gewicht der Boeing auf der Landebahn und schalten bei Bodenkontakt alle Systeme frei, die nur am Boden betrieben werden dürfen. Darunter auch den Umkehrschub.

Befindet sich das Flugzeug am Boden und werden im Cockpit die Schubhebel der Triebwerke über ihre „Idle"- (= Leerlauf) in die „Reverser" - Position gezogen, dann öffnet sich das Trennventil HIV und gibt hydraulischen Druck auf das DCV. Das wiederum wird von den „Air/Ground Schalter" in die „Öffnen" - Position gebracht und fährt so die Umkehrschubklappen auf. Die Stellung der Klappen wird von Sensoren gemessen und im Cockpit auf dem EICAS Bildschirm angezeigt.

Als Boeing Ende der achtziger Jahre eine neue Version der 767 herausbrachte, hatte man zusammen mit dem Triebwerkshersteller Pratt & Whitney auch die Steuerung des Umkehrschubs überarbeitet: Statt der mechanischen Sicherungen bauten die Konstrukteure das sogenannte „Auto Restow" System ein. Registrierten die Umkehrschub-Sensoren den für unmöglich gehaltenen Fall: ein Ausfahren der Klappen während des Fluges, so öffnete es das Trennventil HIV und gab so hydraulischen Druck auf das DCV. Dies befand sich während des Fluges in seiner „Schließen" Position, sodaß der hydraulische Druck die Umkehrschubklappen wieder zudrückte. Wenn dieses „Auto Restow System" aktiviert ist, wird im Cockpit die Nachricht „REV ISLN VAL" auf dem EICAS Bildschirm angezeigt.

Die Ermittler kamen zu dem Ergebnis, daß es wahrscheinlich genau dieses „Auto Restow System" war, das die Katastrophe auslöste. Denn nicht nur „reales" Ausfahren der Umkehrschubklappen führt zu einer Aktivierung des „Auto Restow System", es kann auch durch einen Kurzschluß ausgelöst werden. Damit wird das HIV geöffnet, welches hydraulischen Druck auf das DCV gibt und die „L REV ISLN VAL" Nachricht auf dem EICAS Bildschirm aufflackern läßt. Wir der Kurzschluß aufgeho-

ben, verlöscht die Nachricht und das HIV schließt sich wieder. Folgen hat dieser Kurzschluß alleine nicht, denn das DCV-Ventil steht in seiner „Schließen" Position und hlt die Umkehrschubklappen in ihre geschlossene Stellung.

Die beiden Piloten der Fluges NG 004 hatten von 23:07 Uhr/loc. an wahrscheinlich genau diese Auswirkung eines Kurzschlusses gesehen, als auf ihrem EICAS Bildschirm die Nachricht „L REV ISLN VAL" immer wieder aufflackerte.

Doch wenn gleichzeitig das DCV aufgrund eines anderen Kurzschlusses in der Steuerung oder eines mechanischen Fehlers in seine „ffnen" Stellung umspringt, dann hat das fatale Folgen: Wenn das HIV in einem Zeitraum von einer Sekunde geöffnet ist, während sich das DCV in seiner „Öffnen" - Stellung befindet, dann reicht das aus, um den Umkehrschub whrend des Fluges auszufahren.

Es waren etliche Fälle bekannt, wo es durch mangelhafte Verlegung des Kabelbaums in der Steuerung des Umkehrschubs an Bord der 767 immer wieder zu solchen Kurzschlüssen gekommen war. So hatte die skandinavische SAS solche mangelhaften Kabelverlegungen an Bord ihrer drei neu ausgelieferten Boeing 767-300 bemängelt. Auch die Betriebssicherheit des DCV selbst stellte sich nach intensiven Versuchen beim Hersteller Boeing als sehr fragwürdig heraus. Hatte dieses DCV eine abgenutzte Dichtung, so konnte der hydraulische Druck auf der „Öffnen" Seite des DCVs das Ventil förmlich „aufdrücken" und es so in die „Öfnen" Stellung umspringen lassen.

Der Zerstörungsgrad der Boeing war jedoch zu groß, um einen Fehler in dem Kabelbaum des Umkehrschubs identifizieren zu können. Auch war es anfangs nicht möglich, das bewußte DCV an der Unglücksstelle aufzufinden. Es tauchte erst neun Monate spter wieder auf, nachdem die thailändischen Behörden ein „Kopfgeld" auf dieses Maschinenteil ausgesetzt hatten. Bewohner eines Dorfes in der Nähe der Unglücksstelle hatten nach dem Absturz die Trümmer der Lauda Air 767 geplündert und dabei auch das Ventil gestohlen. Als die thailändischen Untersuchungsbeamten es einer späteren Überprüfung unterzogen, mußten sie feststellen, daß das Ventil auseinandergebaut und gereinigt worden war. So waren sie nicht in der Lage, Rückschlüsse über den Zustand des Ventils zum Absturzzeitpunkt zu machen.

Die thailändischen Behörden gelangten zu dem Schluß, daß ein Ausfahren des Umkehrschubs aufgrund von Kurzschlüssen in der Umkehrschub-Steuerung grundsätzlich möglich ist, aber in diesem Fall nicht bewiesen werden konnte.

Weitere Untersuchungen bei der Fluggesellschaft Lauda Air in Österreich zeigten, daß die Steuerung des Umkehrschubs der Unglücksmaschine schon lange vorher Probleme bereitet hatte. Immer wieder hatten die Selbstprüfeinrichtungen der Unglücksboeing Meldungen über Störungen in dieser Steuerung angezeigt. Die Wartungsabteilung der Fluglinie hatte versucht, diese Probleme mit Hilfe des von Boeing gelieferten „Fehlersuche Hinweise"-Handbuchs auszumerzen, aber ohne Erfolg. Obwohl bei dem linken Triebwerk das DCV, das

HIV und die Selbstprüfeinrichtung „PIMU" (= Propulsion Interface and Monitor Unit) ausgewechselt wurden, tauchten die Fehlermeldungen immer wieder auf. Auch der Umkehrschub wurde immer wieder auseinandergebaut, teilweise ersetzt, wieder neu zusammengebaut und neu justiert. Umsonst. Andere Fehlermeldungen tauchten ebenfalls auf, wie zum Beispiel eine Störung in der Elektronik des „Air/Ground" Schalters. Zuletzt trat dieser Fehler kurz vor dem Start des Unglücksfluges 004 in Bangkok auf. Die Wartungsabteilung von Lauda Air hatte es aus unverständlichen Gründen versäumt, den Hersteller Boeing von diesen Problemen in Kenntnis zu setzen und um Hilfe bei der Behebung zu bitten. Die Techniker vermuteten den Kern des Problems in abgescheuerten Isolierungen der Kabelbäume, die die Steuerungen mit dem Triebwerk und den Anzeigeinstrumenten verbinden. Im März 1991 hatte man Teile dieser Kabelbäume überprüft, aber ein Teilstück des Kabelbündels ausgelassen. Das Stück, welches innerhalb der Triebwerksaufhängung verläuft und daher extrem schlecht zugänglich ist. Doch genau dieses Teilstück ist starken Vibrationen ausgesetzt und daher anfällig für ein Durchscheuern der Isolierungen. Sowohl die thailändischen wie auch die österreichischen Ermittlungsbeamten sind sich relativ sicher, hier den Auslöser für den fatalen Kurzschluß gefunden zu haben.

Während die thailändischen Behörden eine relativ diplomatische Aussage über die Wartungsabteilung der Lauda Air in ihren Abschlußbericht schrieben (*„Es konnte keine spezifische Lauda Air Wartungsabteilung identifiziert werden, die das ungewollte Öffnen der Schubumkehr verursacht hatte."*), fanden die Ermittler in Österreich schon härtere Worte: Ein nach dem Absturz bei Lauda Air ermittelnder Staatsanwalt hielt der Airline vor, sie hätte bei einer weiteren Untersuchung des Kabelstrangs wahrscheinlich den Fehler finden und beheben können, der die Boeing 767 zum Absturz gebracht hatte.

Die Untersuchung bei Lauda Air förderte etliche andere Fehler, Unregelmäßigkeiten und Schlampereien zutage. Reparaturen wurden zu spät und unvollständig durchgeführt, die Maschinen wurden mit unvollständig behobenen Störungen abgefertigt, zudem kam es bei der Ausbildung und Prüfung von Piloten immer wieder zu Unregelmäßigkeiten. Außerdem konnte nachgewiesen werden, daß in den Wartungsunterlagen der Unglücksmaschine nach dem Absturz manipuliert wurde. Doch der Staatsanwalt stellte das Verfahren gegen die Lauda Air ein, da er keinen Zusammenhang zwischen den Unregelmäßigkeiten und dem Absturz der Boeing herstellen konnte. Grund für diese Unregelmäßigkeiten war die schnelle Expansion der Lauda Air, die die Fluggesellschaft an den Rand ihrer finanziellen personellen und logistischen Möglichkeiten gebracht hatte. Insbesondere die Anschaffung der beiden Großraumflugzeuge 767-300 Ende der achtziger Jahre, hatte den Ausbildungs- und Wartungsbetrieb der kleinen Airline vor schier unlösbare Probleme gestellt. In die Kritik kam allerdings auch Boeing. Neben den offensichtlich mangelhaften Sicherungen des Umkehrschubs wurde die Firma zusammen mit der Genehmigungsbehörde FAA für ihre ungenügende Abnahme der Typenberichtigung kritisiert. Boeing hatte das Verhalten der 767 bei einem Ausfahren des Umkehrschubs in der Luft während der Testflüge überprüft. Diese Testflüge waren bei geringer Geschwindigkeit (200 Knoten) und in tiefer Flughöhe (10.000 ft) ausgeführt worden. Die Testpiloten hatten die Maschine jedoch immer wieder in den Griff bekommen. Die bei diesen Testläufen gesammelten Daten wurden in den Computer eines Flugsimulators eingegeben und einfach für eine höhere Flughöhe und Geschwindigkeit „hochgerechnet". Auch im Flugsimulator war die Maschine nach dem Ausfahren des Umkehrschubs im Flug wieder beherrschbar. Um so größer war die Verwunderung bei Boeing, als die Meldung über den Absturz infolge eines Ausfahrens der Schubumkehr im Fluge einging. Auf Druck des NTSB, das ebenfalls an der Ermittlung dieses Absturzes beteiligt war, sollten die Daten der Flugsimulation von Boeing noch einmal überarbeitet werden. Neue Basisdaten wurden bei Versuchen in einem Windkanal bei hohen Geschwindigkeiten und in großen Flughöhen gesammelt und in den Flugsimulator eingegeben. Als die Boeing-Testpiloten das Ausfahren einer Schubumkehr im Flug simulierten, erlebten sie eine böse Überraschung: Sie konnten in der größeren Höhe und bei der größeren Geschwindigkeit die Maschine nur schwer wieder unter Kontrolle bekommen. Verschiedene Testflüge im Flugsimulator, in denen der Unglücksflug NG 004 simuliert wurde, zeigten, daß es für die Piloten schwer bis unmöglich gewesen war, die Maschine nach dem Ausfahren des Umkehrschubs wieder in den Griff zu bekommen. Sie hätten innerhalb von vier bis sechs Sekunden nach dem Auslösen des Umkehrschubs voll in das Seitenruder treten müssen und gleichzeitig die Schubhebel des rechten Triebwerks in den Leerlauf reißen müssen. Ohne diese Rettungsmaßnahmen wäre die Maschine sechs Sekunden nach dem Auslösen des Umkehrschubs verloren gewesen.

Auch das „Boeing 767 Quick Reference Handbook" wurde kritisiert. Es konnte die Piloten weder in die Lage versetzen die Störung zu identifizieren, noch zu beseitigen und wies auch nicht auf eventuelle Folgestörungen hin. Ein Verweis auf das Kapitel „Reverser Unlocked" fehlte ganz. Dieser Querverweis htte die Besatzung höchstwahrscheinlich mehr beunruhigt als der letzte Satz „Erwarten sie normale Funktion des Umkehrschubs nach der Landung."

Als Reaktion auf den Unfall verlangte das FAA eine Nachrüstung der „späteren" Modelle der 737, 757 und 767 mit zusätzlichen mechanischen Sicherungen am Umkehrschub. Außerdem sollte die Verkabelung und Schaltung der Sicherung des Umkehrschubs „grundsätzlich" überarbeitet werden. Boeing tat wie geheißen und baute eine weitere elektronische Sicherung parallel zum HIV und DCV in die Steuerung des Umkehrschubs ein.

13.06.91

Korean Air   **Boeing 727-200**
HL7350   **20469**

Die mit 119 Passagieren und 7 Besatzungsmitgliedern besetzte Boeing befand sich im Anflug auf **Taegu/Süd-**

Korea und war bereits auf Landebahnkurs, als die Warnung des Fahrwerks ertönte. Statt ihre Flugkonfiguration nochmals zu überprüfen, beurteilten die Piloten diese Warnung als technischen Fehler. Sie waren sich offenbar sicher, daß das Fahrwerk bereits unten war. Daher schalteten die Piloten das nervtötende Alarmsignal aus. Der Anflug wurde fortgesetzt. Doch kurz vor dem Aufsetzen ertönte nun auch noch die eindringliche „Pull-up"-Warnung des GPWS. Auch dieses Mal wurde die Warnung ignoriert und dem gleichen technischen Versagen zugeschrieben. Somit wurde ohne Fahrwerk gelandet, und die 727 schlitterte auf der Rumpfunterseite über die Piste. Der dabei entstandene Schaden lag jenseits der Reparierbarkeit. 49 Insassen verletzten sich, aber niemand wurde getötet.

27.06.91
L T U **L1011 TriStar 1**
D-AERI **1114**

Der TriStar befand sich auf dem Flughafen **Düsseldorf AP/BRD** im LTU-Hangar Nr.8 zu einer „overnight-maintenance", also einem kurzen Check während der Nacht, um am nächsten Morgen wieder im Einsatz zu sein. Neben der „RI" stand noch ein weiteres LTU-Flugzeug, an dem gerade ein „major-overhaul", ein D-Check, vorgenommen wurde und das daher nicht zu bewegen war. Gegen 00:45 Uhr/loc. brach in der hinteren Rumpfsektion von „Romeo India", in der gerade zwei Arbeiter an den Wandverschalungen hantierten, ein Feuer aus. Zusammen mit zwei weiteren Kollegen versuchte man, die Flammen zu ersticken. Nachdem die Flughafenfeuerwehr gerufen wurde, fuhr diese mit allen verfügbaren Fahrzeugen in die Halle 8.

Dort stellte die Einsatzleitung fest, daß ein Löschen innerhalb der Halle nicht möglich war, da die Ingenieure bereits mit dem Herausschieben der brennenden Maschine beschäftigt waren, um das benachbarte Flugzeug nicht zu gefährden. Also bewegte sich der Fahrzeugtross wieder ins Freie. Dort angekommen, es war gerade 00:49 Uhr, loderten schon 5 Meter lange Flammen aus der hinteren linken Tür des TriStars. Da mittlerweile die gesamte Flugzeugkabine brannte und starke Rauch- und Hitzeentwicklung vorherrschte, war eine Brandbekämpfung im Inneren der Flugzeugzelle nicht mehr möglich. Nachdem der Düsenriese zum Stillstand gekommen war, wurde auch schon der „Wasser Marsch"-Befehl gegeben. Um 00:53 Uhr/loc. hielt man es für ratsam, Verstärkung anzufordern. Die Berufsfeuerwehr in Düsseldorf wurde alarmiert.

Mittlerweile gab es in der Kabine der TriStars eine Verpuffung, und das Feuer durchdrang die Kabinendecke. Tragflächenwurzeln und Triebwerksgondeln wurden mit Löschwasser gekühlt, um wenigstens die Triebwerke zu retten. Gegen 01:05 Uhr/loc. traf die Stadtfeuerwehr Düsseldorf ein, allerdings zu spät für den TriStar. Als das Feuer um 02:02 Uhr/loc. gelöscht war, konnte man nur noch den Totalverlust der Maschine feststellen. Der Sachschaden betrug 40 Mio DM.

11.07.91
Nationair Canada **Douglas DC-8-61**
C-GMXQ **45982**

Wie jedes Jahr, so lief auch dieses Mal die moslemische Pilgersaison, die Hadj, auf Hochtouren. Aus der gesamten arabischen Welt wurden die Massen der Gläubigen auf dem speziell hierfür gebauten Pilgerterminal auf dem King Abdulaziz International Airport von **Jeddah/Saudi Arabien** durchgeschleust. Um diesem saisonbedingten Anstieg der Passagierzahlen Herr zu werden, charterten viele Fluggesellschaften zusätzliche Flugzeuge an. So wurde unter anderem auch die kanadische DC-8 von diversen afrikanischen Gesellschaften gemietet. Am Mittwoch, den 10.07. d.J., landete die Maschine unter Ghana AW Flugnummer aus Accra kommend um 14:00 Uhr/loc. in Jeddah und nahm den Stellplatz am östlichen Ende des Vorfelds Nr.6 ein. Ursprünglich sollte die DC-8 noch am gleichen Abend mit einer nigerianischen Pilgergruppe in Richtung Afrika abheben. Aufgrund einiger Verzögerungen traf diese Reisegruppe, bestehend aus 247 moslemischen Pilgern, aber erst am nächsten Morgen in Jeddah ein, so daß sich der Abflug bis dahin hinauszog. Die 14 Mitglieder der Crew, die sich inzwischen in einem Hotel in Jeddah ausruhten, wurden um 03:00 Uhr/loc. am Morgen des 11.07. von ihrem zuständigen „Koordinator", der für die gesamte Organisation der Abfertigung zuständig war, vom Flughafen angerufen. Dieser teilte der Crew mit, daß man demnächst mit der Ankunft der Reisegruppe rechne. Also setzte sich die 14-köpfige Gruppe in Richtung King Abdulaziz-Flughafen in Bewegung. Dort traf man gegen 05:00 Uhr/loc. ein und begab sich kurz danach zur Maschine, in die gerade das Gepäck der Passagiere eingeladen wurde. Der Flug stand unter der Regie von Nigeria Airways. Hierfür wurde die DC-8 von der Hold Trade Svcs. of Nigeria gechartert. Unter der Flugnummer NG 2120 sollte der bevorstehende Flug nach Sokoto/Nigeria gehen.

Unterdessen beobachtete der Flugingenieur den Betankungsvorgang und sagte danach dem Handling-Agent, daß das Passagiergepäck auf vier Tonnen zu begrenzen sei, um nicht die bestehenden Gewichtslimits zu überschreiten. Die Kabine wurde startklar gemacht und die 247 Passagiere machten es sich auf den Sitzen bequem. Die DC-8 war mit 261 Insassen praktisch vollbesetzt. Kurz vor 08:00 Uhr/loc. bemerkte ein Mechaniker, daß ein Reifen des Hauptfahrwerks einen etwas „schlaffen" Eindruck machte. Er informierte den Koordinator über seine Beobachtung und teilte weiterhin mit, daß er hierfür einen Behälter mit Stickstoff benötige, dem üblichen Füllgas für Flugzeugreifen. Der Koordinator bestätigte diese Beobachtung, und der Mechaniker fuhr mit einem Kollegen zum Wartungsgebäude, um dort den Stickstoff zu holen. Der Abflug war auf kurz nach acht Uhr angesetzt und man stand bereits etwas unter Zeitdruck. Im Wartungsgebäude angekommen, mußten die Mechaniker feststellen, daß die vorhandenen Stickstoffflaschen leer waren. Somit blieb als einzig verbliebene Quelle die Wartungsbasis der Saudi Arabian AL auf der anderen Seite des Flughafens. Doch mit dieser Fluggesellschaft hatte man keinen Abfertigungsvertrag unterzeichnet, dadurch wäre eine Lieferung dieser Flaschen mit einer aufwendigen Papierarbeit verbunden gewesen. Der hiervon unterrichtete Projektmanager sagte daraufhin dem Koordinator, daß dies zu einer unakzeptablen Verspätung von Flug 2120 führen würde und sagte: „Forget it". Der Reifen blieb also „schlaff".

An Bord der DC-8 war man bereit zum Start und ließ um 08:03 Uhr/loc. die vier Triebwerke an. Sieben Minuten später wurde Flug NG 2120 von einem Schlepper zurückgeschoben, und kurz darauf setzte sich die Maschine in Bewegung zur Startbahn. Die in Betrieb befindliche Runway war hierfür die Bahn 34L. Jeddah verfügt über drei parallele Start- und Landebahnen. Auf der 34L finden fast ausschließlich Starts statt, während auf der 34C und 34R meist gelandet wird. Um zur Startbahnschwelle zu gelangen, mußte die DC-8 über die gesamte Länge des Flughafens zurückrollen, immerhin eine Strecke von 5,2 Kilometern bei Temperaturen um die 35°Celcius. Als der Vierstrahler auf seinem Weg zur Startbahn war, wurden die Fluglotsen in Jeddah von einem Flugzeug der Saudia über ein Problem mit dem Kabinendruck informiert. Flug SV 738 war zuvor in Jeddah gestartet und wollte nun wieder zurück zum Flughafen. Dafür wurde die Maschine zum Sinkflug auf 5.000 ft freigegeben. Durch die höhere Priorität dieses Notfalls entstand für die Fluglotsen eine Mehrbelastung an Arbeit. Flug 738 war aber nicht in akuter Not und ging in 10.000 ft in ein Holding, um Treibstoff abzulassen. Problemlos konnte die Saudia-Maschine nördlich des Flughafens ihre Warteschleifen ziehen, und die anfängliche Anspannung der Fluglotsen wich wieder der allgemeinen Routine. Von den Problemen des Fluges 738 bekam die kanadische Besatzung, die immer noch in Richtung 34L fuhr, nichts mit. Im Cockpit bereitete man sich für den kurz bevorstehenden Abflug vor, der vom Copiloten ausgeführt werden sollte. Während dieses sehr langen Rollweges mußte der Jet sechs 90°-Kurven ausführen. Das gesamte Fahrwerk stand bereits unter einer enormen Belastung, als man um 08:26 Uhr/loc. den Anfang der Bahn 34L erreicht hatte. Vom Tower erfolgte nun die Strecken- und Startfreigabe, und NG 2120 richtete sich gemächlich auf der Mittellinie aus.

ATC: „Good morning, Nigerian 2120, cleared for takeoff three four left, surface wind three six zero, one five knots."

CPT: „Cleared for take off ahh...Nigeria ahh..2121."

„My controls", sagte der Copilot und schob um 08:27:50 Uhr/loc. die vier Leistungshebel der Triebwerke nach vorn. Der Kommandant beobachtete die vielen Meßinstrumente der Triebwerke, deren Nadeln langsam nach oben wanderten. Als er keinerlei Abweichungen der Anzeigen sah, rief er „stable" (= stabil). Die Bremsen wurden gelöst, der Schub auf Take off-Stellung erhöht und der Startlauf begann. Sekunden darauf begann eine unheilvolle Kette von Ereignissen, an deren Ende eine Katastrophe stehen sollte.

Schon seit längerer Zeit hatten die Reifen Nr.2 und Nr.4 am linken bzw. rechten Hauptfahrwerk zu wenig Druck. Besonders auf Nr.2 (am linken Hauptfahrwerk vorne innen) war der Druck unterhalb des Minimums. Dadurch verlagerte sich die Gewichtsbelastung auf den linken Nachbarreifen Nr.1. Während der langen Rollstrecke von der Vorfeldposition zur Runway wuchsen die Gewichtskräfte jenseits der Toleranzgrenze an. Der darauf folgende Startlauf überforderte den Reifen, der infolgedessen um 08.28.13, bei einer Geschwindigkeit von ca. 50 Knoten mit lautem Knall auseinanderflog. Durch die Wucht der Explosion verkeilten sich Trümmerteile am Nachbarreifen Nr.2. Dieser hörte augenblicklich auf zu rotieren und hinterließ eine Spur von qualmendem Gummiabrieb auf dem Bahnasphalt. Auch dieser Reifen gab unter der enormen Belastung in Bruchteilen von Sekunden nach und platzte ebenfalls weg. Rauchend und funkensprühend rasten die Felgen über die Startbahn. Im Cockpit spürten die Piloten nur, daß die Beschleunigung nicht ganz so wie immer war:

F/I: „What's that?"
COP: „We got a flat tyre, you figure?"
CPT: „You're not leaning on the brakes, eh?"
COP: „No, (unverständlich), I got my feet on the bottom of the rudder."
CPT: „Okay."

Die etwas langsamere Beschleunigung führten die Piloten demnach auf einen Reifen mit zu geringem Druck zurück. Da es weder Vibrationen noch andere Hinweise auf ein größeres Problem gab, wurde der Startlauf fortgesetzt. Flug 2120 passierte gerade die 80 Knoten-Marke und die Geschwindigkeit nahm weiter zu, als der steuernde Copilot vor sich hin grübelte:

COP: „Sort of a shimmy, like if you're riding on one of those ah..thingamagics."((Übersetzt: Wie ein Schlingertanz, als ob man auf einem dieser, äh.. Dinger reitet))

Gerade passierte die DC-8 die V_R-Marke und der Kommandant rief: „Rotate". Die Gedanken des Piloten waren nun auf den Steigflug gerichtet. Er dachte nicht mehr an das leichte „Schütteln", das die Piloten nicht allzu ernst nahmen, und zog bei 154 Knoten die Steuersäule langsam zu sich heran. Flug 2120 erhob sich nach einer Startstrecke von 2.500 Metern von der Landebahn 34L. Augenzeugen am Boden beobachteten in dieser Phase, daß vom linken Fahrwerk Rauch und Flammen zu kommen schienen.

Von alledem bemerkten die ahnungslosen Piloten nichts und bedienten Sekunden später den Hebel des Fahrwerks. Das beschädigte linke Hauptfahrwerk fuhr langsam in den vorgesehenen Schacht zwischen Tragfläche und Zentraltank ein. Beim Startlauf hatte sich die verklemmte Felge auf mehrere Hundert Grad Celcius erhitzt. Auch brannten noch einige Gummifetzen der beiden vorderen Reifen, als sich die Fahrwerksluken hinter den Fahrwerksbeinen mit einem Rumpeln schlossen. Die Hitze war nunmehr im Fahrwerksschacht gefangen. Direkt über den brennenden Gummiresten verlaufen wichtige hydraulische Steuerleitungen sowie Stromkabel und Kerosinzuleitungen. Die Flammen begannen langsam an den Hydraulikleitungen zu „nagen", als Flug 2120 anweisungsgemäß der „Dungu 2 Charlie"-Abflugroute folgte und nach links auf 304° kurvte.

Man befand sich gerade mal eine Minute und 25 Sekunden in der Luft und die Maschine durchquerte 1.600 ft, als sich der Flugingenieur zu Wort meldete:

F/I: „You've got four low pressure lights."
CPT: „Yeah."
F/I: „We might be losing pressurisation."
X?X: „Okay, It's not...()."
F/I: „...uncontrollable...pressurisation is uncontrolled."

Selbst unter Zuhilfenahme der Verstärkerpumpen sank der Druck des hydraulischen Systems immer weiter ab. Der Kommandant wollte sofort den Steigflug abbrechen und sagte zu seinem Copiloten:
CPT: „Level off."

Der zuständige Fluglotse wurde über die Situation informiert:
CPT: „Ah...Nationair 2120...we'd like to just level off at two thousand feet ah...if that's okay, we're having a slight pressurisation problem."
ATC: „Say call sign."
CPT: „Yes, Sir, we're having a slight pressurisation problem, I'd just like to level off at ah...two thousand ah...feet."

Die saudische Maschine, die zuvor ebenfalls Druckprobleme gemeldet hatte, befand sich immer noch in der Luft, und der Fluglotse nahm nun fälschlicherweise an, daß diese Bitte von jenem Flugzeug stammen würde. So gab er, ohne ein Rufzeichen zu verwenden, den vermeintlichen Saudia-Flug zum Sinkflug auf 3.000 ft frei.
ATC: „You can descend to three thousand feet, three thousand feet, fly heading one six zero."

In diesem Moment schmorten die ersten elektrischen Kabel, die durch den linken Fahrwerksschacht führen, durch. Dies führte im Cockpit zum Aufleuchten einiger Warnanzeigen, wie dem „Spoilerlicht" und dem „Gear unsafe-Licht".

Der Kommandant, der als Copilot für sämtliche Funkkommunikation mit den Bodenstationen zuständig war, war durch die Freigabe zum Sinken auf 3.000 ft zwar etwas verwirrt, bestätigte dann aber die Anweisungen des Fluglotsen in Jeddah.

Der kanadische Copilot dachte nun doch, daß er womöglich beim Startlauf ein wenig auf den Bremsen stand und damit einen Reifenplatzer ausgelöst hatte. Entschuldigend sagte er:
COP: „Okay, I thought I blew a tyre...flaps up."

Die rauchende DC-8 ging in eine langgezogene Linkskurve und flog mit Kurs 160° nun parallel zu den drei Startbahnen. An Bord verschlimmerte sich die Lage zusehends, und der Kommandant funkte eine diesbezügliche Meldung an den Tower:
CPT: „Okay, one six zero, and ah..we're losing our hydraulics, sir, we're going to land to ah...need to come back to ah...Jeddah to land."

In der Pilotenkanzel blinkte nun ein Warnlicht nach dem anderen auf. Als sich das Flugzeug der 3.000 ft-Marke näherte, meldete sich der Kommandant und wies die ATC darauf hin, daß man 3.000 ft beibehalten würde:
CPT: „Okay, levelling off at 3.000 feet and if you could give us a heading back towards ah...(COP:„...declaring an emergency)...the runway, we'll advise you of the problem. We're declaring an emergency at this time. We believe we have, ah, blown tyres..ah sir, over."

Der Lotse in Jeddah, der immer noch davon ausging, mit der saudischen Maschine zu sprechen, offerierte einen Direktanflug auf die Bahn 16. Da NG 2120 aber bereits südlich des Flughafens war, war ein Anflug auf die Bahn 34 weitaus günstiger. Somit wurde das Angebot abgelehnt und der Vierstrahler setzte seinen Kurs Richtung Süden fort. Mitten in diese angespannte Atmosphäre platzte die Chefstewardess ins Cockpit und sag-

C-GMXQ; die Unglücksmaschine von Jeddah hier kurz nach dem Abheben. Für die Sommersaison 1988 war diese Maschine an die spanische Gesellschaft Hispania vermietet/Athen im Juli 1988 <Quelle: JR-Photo>

te: „...smoke in the back, real bad.". Der Kommandant sagte darauf zu ihr, daß man nach Jeddah zurückkehrte und sie die Passagiere auf eine baldige Landung vorbereiten sollte.

In diesem Moment bemerkte der Fluglotse, daß Nigerian 2120 von ihrer Abflugroute abwich. Daraufhin wies er die DC-8 an (und diesmal meinte er sie tatsächlich), auf Flugfläche 150 zu steigen und von Jeddah-VOR aus den Kurs 227° einzuschlagen.

Inzwischen hatte sich die Situation weiter verschlimmert. Der Flugingenieur mußte kurz hintereinander mitteilen, daß praktisch kein Hydraulikdruck mehr vorhanden war und daß sich auch die Querruder an den Tragflächen nicht mehr bewegen ließen. In diesem Moment versagte auch noch das CVR-Band seinen Dienst. Von nun an konnte man nur noch mutmaßen, was sich im Cockpit abgespielt haben muß. Flug 2120 befand sich mittlerweile seit fünf Minuten in der Luft, als der Kommandant auf die abermalige Steiganweisung des Fluglotsen laut in sein Mikrofon hineinrief:

CPT: „Okay sir, I cannot climb, I cannot climb. We are at two thousand feet now declaring an emergency, we have flight control problems."

ATC: „roger, roger, I thought other traffic is call sign Saudia seven three eight, anyhow turn left right now heading zero eight zero. Expect runway 34L."

Erst jetzt realisierte der Fluglotse, daß Flug NG 2120 in einer Notsituation war. Im linken Fahrwerksschacht wütete immer noch das Feuer und nahm in seiner Intensität noch zu. Durch die Hitze detonierte ein weiterer Reifen an der hinteren Achse und lieferte den Flammen noch mehr Nahrung. Die Temperaturen erreichten in dieser Phase den Schmelzpunkt von Aluminium (ca. 800°C). Schon zuvor hatte sich das Feuer ein Loch durch die Decke des Fahrwerksschachtes gefressen. Somit konnten Rauch und giftige Verbrennungsgase in die Passagierkabine eindringen. Beißender Qualm setzte den Lungen der Passagiere zu. Das Atmen wurde immer schwerer und die ersten Insassen wurden bewußtlos. Doch erbarmungslos bahnten sich die Flammen weiter ihren Weg. In dieser Flugphase schmolz bereits die Trennwand zwischen Fahrwerksschacht und Mitteltank weg. Somit stiegen auch dort die Temperaturen über den kritischen Wert hinaus. Eine rasche Landung war nun sehr dringend geboten. In einer Höhe von 2.000 ft kurvte „C-GMXQ" anweisungsgemäß nach links und näherte sich nun dem Flughafen von Süden. In einer Entfernung von ca. 11 Meilen ließ die enorme Hitze des Feuers die Metallverbindungen der Sitzreihen schmelzen und aus-

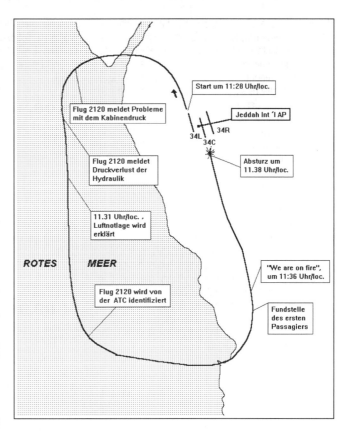

Flugweg von der kanadischen DC-8 vom Start bis zum Absturz nahe Jeddah am 11.07.1991.

einanderbrechen. Ohne Halt rutschte die Sitzreihe, die direkt über dem linken Fahrwerksschacht befestigt war, nach unten durch und fiel durch eine aufgebrannte Öffnung des Rumpfes mitsamt den Passagieren ins Freie. Um 08:36 Uhr/loc. teilte der Kommandant abermals mit, daß man Kontrollprobleme hätte und man nun schnellstens zum Flughafen zurückkehren wollte:

CPT: „Nigeria, 2120, declaring an emergency, we are on fire, we are on fire, we are returning to base immediately."

ATC: „Jeddah, 2120, cleared to land runway three four ah...left, Nigeria 2120, cleared to land runway three four left, contact tower 124, 3."

CPT: „Okay sir, we are ah... coming straight in, straight in for runway three four, we'll land on, we'll land on the ah...on the ah...left. Require emergency vehicles immediately, we have a fire. We will be ground evacuating.(Stimmen im Hintergrund)."

An Bord wirken sich die Steuerprobleme immer gravierender aus. Die Piloten waren kaum noch in der Lage, ihren Kurs zu halten.

CPT: „Okay, three four left, we need the right, we need the right, sorry the centre, we need the centre, we're lined up."

Flug 2120 taumelte brennend über die nördlichen Außenbezirke Jeddahs auf den Bahnanfang der 34C zu, als man ca. 6 Meilen außerhalb des Flughafens das

Hauptfahrwerk ausfuhr. Durch die dabei geöffneten Fahrwerksluken strömte ruckartig ein Luftstrom in den Fahrwerksschacht, wodurch das Feuer angefacht wurde. Die durch das Feuer schon geschwächte Tragekonstruktion wurde jetzt endgültig zerstört. Weitere Sitzreihen kurz hinter der Tragfläche sackten ebenfalls nach unten durch und fielen aus der Maschine. In dieser Flugphase beobachteten Augenzeugen, wie eine größere Explosion die DC-8 nur etwa zwei Meilen vor dem Bahnanfang in der Luft auseinanderriß. Womöglich hatte der mittlere Treibstofftank Feuer gefangen und war explodiert. Der Rumpf tauchte infolgedessen scharf nach unten ab, und die Flugzeugnase prallte auf den Boden. Das Flugzeug zerschellte noch vor der Landebahn 34C und ging in Flammen auf.

Bei dieser schwersten Katastrophe einer DC-8 überlebte niemand der 261 Insassen das Unglück.

Die kanadische Untersuchungsbehörde empfahl hiernach den Einbau von Geräten, die den Reifendruck sowie die Bremsen- und Felgentemperaturen messen und anzeigen. Außerdem sollten Piloten besser über Flugzeugreifen und deren Verhalten unter Belastung informiert werden. Auch, so die Behörde, fehlten eindeutige Verhaltensregeln bei etwaigen Unregelmäßigkeiten vor der Entscheidungsgeschwindigkeit V_1.

26.07.91

Okada Air **BAC 1-11-400**
5N-AOW **94**

Auf dem Flug von Benin City nach Kano/Nigeria, erhielten die Piloten die Nachricht, daß wegen schlechten Wetters der dortige Flughafen dichtgemacht hatte. Somit wurde die Maschine nach **Sokoto/Nigeria**, ca. 500 km nödwestlich von Kano, dirigiert.

Kurze Zeit später wurde jedoch auch dieser Flughafen geschlossen, so daß den Piloten nichts anderes übrigblieb, als im Holding auf Wetterbesserung zu warten. Nach etwa einer Stunde ging der Treibstoffvorrat rapide dem Ende entgegen, so daß man zur Landung gezwungen wurde. Presseberichten zufolge mißlang der Landeanflug, und die BAC stürzte etwa 10 km außerhalb der Stadt auf freiem Feld ab.

Drei der 55 Insassen kamen ums Leben, weitere 22 wurden verletzt.

16.08.91

Indian AL **Boeing 737-200**
VT-EFL **21497**

Auf dem Flug IC 257 von Kalkutta nach **Imphal/Indien** zerschellte die Maschine aus noch ungeklärter Ursache während des Landeanfluges an einem 22 Meilen vor der Landebahnschwelle gelegenen Hügel. Zuvor ging der Radarkontakt zur Maschine verloren. Das Flugzeug zerschellte etwa 22 Meilen von der Landebahn in Imphal und 14 Meilen vom vorgeschriebenen Flugweg entfernt nahe dem Lake Lok Tak. Vermutlich verlor die Besatzung in einem Schlechtwettergebiet die Orientierung. Alle 63 Passagiere und 6 Besatzungsmitglieder kamen ums Leben. Zur Zeit des Absturzes (12:35 Uhr/loc.) herrschte angeblich schlechtes Wetter. Für Indian AL ist dies bereits der zwölfte (!) Totalverlust eines Jetliners seit 1966. Dazu gesellten sich im Laufe der Jahre eine Vielzahl von Unfällen und Pannen. Der letzte Crash lag erst 18 Monate zurück.

31.08.91

Lloyd Aero Boliviano **Boeing 707-320C**
CP-1365 **18692**

Der Vierstrahler befand sich zu Wartungszwecken in einem PEMCO-Hangar in **Dothan/Alabama/USA**, als dieser aus noch ungeklärter Ursache in Brand geriet. Nach kurzer Zeit fing der LAB-Flieger Feuer. Noch bevor die Löschmannschaften anrücken konnten, war die 707 bereits ein Opfer der Flammen geworden. Alle anderen in der Halle geparkten Flugzeuge wurden ebenfalls durch das Feuer zerstört. Die Brandursache ist noch ungeklärt.

14.09.91

Cubana **Tupolev 154B-2**
CU-T1227 **540**

Die Besatzung der aus Havanna kommenden Tupolev setzte die Maschine erst nach der Hälfte der Bahnlänge der Int'l.AP von **Mexico City/Mexico** auf. Die Länge des verbleibenden Asphalts reichte für ein sicheres Abbremsen jedoch bei weitem nicht mehr aus, so daß man erst hinter dem Bahnende zum Stillstand kam. Alle 100 Passagiere konnten unverletzt entkommen. Allerdings bedeutete dies gleichzeitig die letzte Landung der Tupolev.

16.09.91

Kabo Air **BAC 1-11-200**
5N-KBG **82**

Die BAC befand sich im Anflug auf die Hafenstadt **Port Harcourt/Nigeria**. Zu Trainingszwecken übernahm der Copilot als fliegender Pilot das Kommando an Bord, während der Kommandant den Sprechfunkverkehr übernahm. Der wohl noch unerfahrene Copilot ließ die Maschine im Endanflug sehr hart auf die Runway fallen, so daß die BAC wieder von der Bahn hüpfte. In diesem Moment ergriff der Kapitän wieder den Steuerknüppel und meldete, daß er die Kontrolle übernimmt. Aufgrund der im Cockpit herrschenden Konfusion interpretierte ein weiteres Crewmitglied die Situation als Go-around, und da der Jet noch nicht wieder den Boden erreicht hatte, nahm dieser an, die Maschine befände sich bereits im Steigflug, und betätigte daher regelgemäß den Fahrwerkshebel. Der Einfuhrmechanismus erfolgte prompt, so daß die Maschine mit dem Rumpf wieder auf der Landebahn aufsetzte. Über zuschadengekommene Personen liegen keine Angaben vor. Nach Begutachtung des äußeren Zustands wurde von seiten der Company auf eine Wiederherstellung aus finanziellen Gründen verzichtet.

29.10.91
R A A F   Boeing 707-320C
A20-103   21103

Auf dem Flugfeld der **East Sale AFB/Australien** in der australischen Provinz Victoria (etwa 65 km östlich von Melbourne) übte die Besatzung gerade das Manöver des Touch-and-go. An Bord befanden sich ein Staffelführer, zwei Offiziersanwärter sowie zwei Lieutenants der australischen Luftwaffe.

Nach einem normalen Steigflug wurde die Boeing in 5.000 ft abgefangen und kippte unmittelbar danach über die rechte Tragfläche ab. Alle Versuche, den Flugzustand des Regierungsjets zu normalisieren, schlugen fehl. Die Maschine stürzte senkrecht in einen naheliegende See.

Keiner der 5 Besatzungsmitglieder überlebte den Absturz. Ein kurzes *„Mayday"* wurde von der Bodenstation kurz vor dem Aufschlag aufgefangen. Das Unglück passierte bei Tageslicht und bei gutem Wetter. Über die Unglücksursache herrscht weiter Rätselraten. Dies bedeutete den ersten Totalverlust eines Düsenverkehrsflugzeuges auf dem australischen Kontinent und gleichzeitig auch den ersten Crash eines australischen Jetliners in der Geschichte der Luftfahrt. Nach diesem Unfall wurden sämtliche 707 der RAAF vorübergehend aus dem Verkehr gezogen.

07.11.91
Aeroflot   Yakovlev Yak-40
CCCP-87526   9520841

Die Yak wurde zerstört, als sich diese im Anflug auf **Machatschkala/Aserbaidschan** am Kaspischen Meer in schlechtem Wetter befand. Alle 30 Insassen kamen ums Leben, als die Maschine, 23 Kilometer außerhalb der Stadt, gegen einen Hügel prallte und zerschellte. Die Maschine befand sich auf einem Flug von Elista.

Alle 51 Insassen kamen ums Leben.

10.11.91
Aeronica   Boeing 727-100
YN-BXW   18284

Während des Transits auf dem Augusto C. Sandino AP von **Managua/Nicaragua** entwichen beim Auffüllen der Sauerstoffbehälter einige Liter des Gases unter dem hohen Druck und entzündeten sich. Bevor man das Feuer unter Kontrolle bringen konnte, hatte dies bereits den Rumpf durchfressen.

17.11.91
SAHSA   Boeing 737-200
EI-CBL   20957

Als Ersatzmaschine für eine vor 5 Monaten verunfallte 737 der Airline charterte man kurzerhand die „CBL", um die Kapazitätslücke aufzufüllen. An diesem Abend sollte die Maschine via Managua nach **San Jose/Costa Rica** fliegen. Dort herrschten starke Windböen und heftige Regenfälle ergossen sich auf den Flughafen. Anflug und Landung sollten vom noch recht unerfahrenen Copiloten ausgeführt werden. Auf dem ILS-Leitstrahl hatte dieser jedoch beträchtliche Schwierigkeiten damit, die 737 auf Pistenkurs zu halten. Als die Entscheidungshöhe von 200 ft erreicht wurde, war man noch immer nicht hundertprozentig auf Pistenkurs ausgerichtet. Statt den Anflug abzubrechen, griff nun der Kommandant ein und übernahm selbst die Steuerung der Maschine. Er wollte mit allen Mitteln landen und nicht wieder ein erneutes Anflugverfahren einleiten. Jedoch gelang es ihm nicht, auf dem Bahnasphalt aufzusetzen. Mit hoher Geschwindigkeit setzte die 737 neben der Runway auf und schoß ca. 1.500 Meter über die angrenzende Grasfläche. Kurz darauf verfing sich das Fahrwerk in einem Entwässerungsgraben und wurde abgerissen, bevor die Fahrt zuende ging.

Von den 36 Passagieren und 6 Besatzungsmitgliedern wurde niemand verletzt.

26.11.91
Alyemda   Boeing 707-320C
70-ACS   20547

Beim Landeanflug auf den Queen Alia Int'l AP von **Amman/Jordanien**, nach Absolvierung eines Trainingsfluges, ließ sich das linke Hauptfahrwerk nicht ausfahren. Der Pilot entschloß sich trotzdem zur Landung, wobei er die linke Tragfläche solange wie möglich in der Luft hielt. Dies gelang jedoch nicht hundertprozentig, so daß beide Triebwerke mitsamt Tragfläche Bodenberührung bekamen.

Da dieser Unfall bereits der zweite innerhalb von 3 Monaten war, entschloß man sich nicht mehr dazu, die Maschine instandzusetzen.

07.12.91
Libyan Arab AL   Boeing 707-320C
5A-DJT   18888

Nachdem die vollbesetzte 707 beim Startlauf in **Tripolis/Libyen** etwa 700 Meter zurückgelegt hatte, zog die Maschine stark nach links und kam schließlich von der Startbahn ab. Dabei geriet man auf weichen Untergrund, der das Bugfahrwerk sofort in sich zusammenbrechen ließ. Das Fahrwerk brach teilweise weg und die Triebwerke wurden abgerissen. Auslaufender Treibstoff entzündete sich schnell. Halb auf, halb neben der Startbahn, kam man schließlich brennend zum Stehen. Der Rumpf brach zuvor in drei größere Teile, aus denen die Insassen schnell ins Freie flüchteten. Einige der 189 Passagiere und 10 Besatzungsmitglieder verletzten sich schwer, jedoch kam niemand ums Leben.

Das Feuer, das in der Gegend um das rechte, äußere Triebwerk Nr.4 ausgebrochen war, griff in Minutenschnelle auf die gesamte Tragfläche und den Rumpf über und die Maschine wurde ein Opfer der Flammen. Die 707 sollte ihre Passagiere und Fracht an diesem Tag eigentlich nach Benghazi bringen.

419

17.12.91

Alitalia   **Douglas DC-9-32**
I-RIBN   47339

Bei der Landung auf den Flughafen **Warschau-Okiece AP/Polen** kam die DC-9 von der Runway ab und schlingerte auf weichen Untergrund. Dabei wurde das Fluggerät derartig beschädigt, daß nach Meinung des angereisten Fachpersonals eine Reparatur des fast 23-jährigen Jets nicht mehr rentabel und damit das Ende der Maschine gekommen war. Der Unfall ereignete sich bei Dunkelheit nach einem Linienflug aus Rom. Keiner der 90 Passagiere und der 6 Crew wurde in Mitleidenschaft gezogen

Damit traf Alitalia ein zweitesmal innerhalb von 13 Monaten das Schicksal eines Flugzeugverlustes.

27.12.91

S A S   **McDD MD-81**
OY-KHO   53003

Um 22:10 Uhr/loc. abends landete die erst vor drei Monaten an die SAS ausgelieferte MD-81 mit dem Namen „Dana Viking" auf dem Flughafen **Stockholm-Arlanda/Schweden**. Die Maschine war seit ihrem Start in Zürich, 1,5 Stunden vorher, auf ihrer Reiseflughöhe Temperaturen von -53°C bis -62°C ausgesetzt gewesen. In den Flügeltanks waren noch jeweils 2550 kg Treibstoff übriggeblieben, der auf eine Temperatur von ca. -25°C heruntergekühlt war.

Nachts regnete es, wobei jeder Regentropfen, der auf die vom Treibstoff immer noch unterkühlte Tragfläche fiel, sofort gefror.

Um 2:00 Uhr/loc. nachts überprüfte ein Bodenarbeiter die auf dem Vorfeld abgestellte Maschine und stellte auf der Oberfläche der Tragflächen starke Vereisung fest. Insbesondere in der „kalten Ecke", der hintere Flügelfläche, die an den Rumpf grenzt, stellte er eine dicke Schicht des zu „Klareis" gefrorenen Regens fest.

Die Außentemperatur lag morgens um 7:30 Uhr/loc. bei einem Grad Celcius über Null, als die Bodenarbeiter begannen, „Dana Viking" für ihren morgendlichen Flug 751 nach Kopenhagen und Warschau vorzubereiten. Dazu gehörte auch eine Überprüfung der Tragflächen der MD-81 auf Vereisung: Der dafür verantwortliche Bodenarbeiter folgte den Vorschriften der SAS, stellte sich auf eine Leiter und tastete den vorderen Teil der Tragflächen ab, wobei er aber keine Vereisung feststellen konnte. Um 7:20 Uhr/loc. begann die Enteisung der Maschine, nach deren Ende er noch einmal die Vorderseite der Tragflächenoberflächen abtastete. Er stellte wieder kein Eis fest, woraufhin er dem Piloten die Maschine als „Enteist" meldete:

CPT: „Und ihr habt auch unter den Tragflächen das Eis entfernt?"

MEC: „Ja, da war viel Eis und Schnee, aber jetzt ist es weg, es ist perfekt."

CPT: „Das hört sich gut an, OK, vielen Dank dann auch."

... und übernahm die Maschine. Niemand hatte die „Klareis"-Bildung auf den HINTEREN Flügeloberflächen bemerkt.

Als alle Vorbereitungen abgeschlossen waren, wurde die „Dana Viking" mit 123 Passagieren und 6 Besatzungsmitgliedern an Bord vom Terminal zurückgeschoben und rollte zur Startbahn. Zwei Minuten später verließ die MD-81 den Taxiway und begann mit dem Startlauf. Um 7:47 Uhr/loc. hob die „Dana Viking" ihr Bugfahrwerk von der Runway und war Sekunden später in der Luft.

In diesem Moment beobachteten drei Passagiere von ihren Fensterplätzen aus, wie das Klareis von der Tragflächenoberfläche abbrach und nach hinten geschleudert wurde. Es wurde größtenteils durch die Lufteinlässe in die Hecktriebwerke gesaugt. Die JT8D-Strahltriebwerke der MD-81 sind so konstruiert, daß sie Fremdkörper, wie Eis, Hagel, Wasser oder Vögel (bei einem Vogelschlag) mit einem Gewicht von 2,14 Kilogramm ohne großen Schaden durch die Turbinen schleusen können. Aber die durch das Klareis entstandenen Wassermengen überforderten die Turbinen. Die drehenden Turbinenschaufeln zerhackten das Eis in kleine Bröckchen und schmolzen es. Das entstandene Wasser wurde mit dem Luftstrom in die Verdichter und die Brennkammer gesogen. Dies führte zu aerodynamischen Turbulenzen, welche den Luftstrom zur Brennkammer blockierten und die Leistung der Triebwerke absinken ließen. Durch die nachströmenden Luftmengen wurde das Wasser schubweise durch den Kompressor gedrückt, wodurch der Luftstrom zur Brennkammer mal mehr und mal weniger verstopft war und die Leistung der Triebwerke sehr stark schwankte. Das fühlte sich im Flugzeug an, als hätten die Triebwerke „Schluckauf". Der schnelle Leistungswechsel belastete das Material im Triebwerk über seine Grenzen hinaus, und der Moment war absehbar, wo die hin- und her- „gebogenen" umlaufenden Turbinenschaufeln das Kompressorgehäuse berühren würden.

OY-KGY; eine MD-81 der SAS mit dem Namen "Rollo Viking", identisch mit der Unglücksmaschine von Stockholm auf dem Weg zum Terminal/Hamburg 1992 <Quelle: JR-Photo>

Ungefähr 25 Sekunden nach dem Abheben verspürten die Insassen erst einen Ruck und hörten einen scharfen Knall. Sekunden später wurde der Rumpf der MD-81 von starken Vibrationen geschüttelt. Im Cockpit hatten die Piloten wegen der rasch wechselnden Triebwerksleistungen und der Vibrationen Schwierigkeiten, ihre Instrumente abzulesen.

Sie vermuteten einen Strömungsabriß im rechten Triebwerk und drosselten den Schub, um das angeschlagene Triebwerk zu schonen. Die Vibrationen gingen zurück, aber nur kurze Zeit, dann wurden sie wieder stärker.

Der erste „Schluckauf" im RECHTEN Triebwerk begann 25 Sekunden nach dem Start in einer Höhe von 1.000 ft. 51 Sekunden später zerbrachen einige Turbinenschaufeln des Kompressors. Abgesprengte Materialstücke wurden in die Brennkammern gesaugt. Im LINKEN Triebwerk begann der „Schluckauf" 64 Sekunden nach dem Abheben und führte hier zu ähnlichen Zerstörungen wie im rechten Triebwerk. 14 Sekunden später hatte die „Dana Viking" gerade 3.206 ft erreicht, als innerhalb von zwei Sekunden beide Triebwerke ausfielen und sie so zu einem großen Segelflugzeug wurde.

Die Maschine stieg noch einige Sekunden weiter und erreichte 78 Sekunden nach dem Start in 3.318 ft den Scheitelpunkt ihrer Flugbahn. Danach begann sie, antriebslos dem Erdboden entgegenzusinken.

Im Cockpit überschlugen sich nach dem Ausfall der Triebwerke die Ereignisse. Während die Besatzung gerade versuchte, die Triebwerke neu zu starten, brach im ausgefallenen linken Triebwerk ein Feuer aus. Der Copilot aktivierte den Feuerlöscher im Triebwerk, wodurch der Brand nach weiteren 26 Sekunden gelöscht war. Als das getan war, informierte er den Tower in Stockholm von ihrer mißlichen Lage:

COP: „Arlanda...Stockholm, hier ist SK 74...äh...751..."
ATC: „Guten Morgen, SK 751, steigen sie bis auf FL 180, keine Geschwindigkeitsbegrenzung."
COP: „Wir haben ein Problem mit unseren Triebwerken, bitte (Geräusche etlicher akustischer Warnungen im Hintergrund)...wir müssen zurück...wir müssen zurück nach Arlanda..."
CPT: „Was ist mit den Checklisten zum Triebwerksstart??"
ATC: „751, drehen sie nach rechts, mit Kurs 18...(Stromausfall)...nach rechts..."

Durch den Ausfall der Triebwerke arbeiteten auch die Generatoren in den Turbinen nicht mehr, die das Flugzeug mit Strom versorgen.

Deswegen hatte die Besatzung auch noch mit kurzen Stromausfällen zu kämpfen, weil die Automatik, die das Umschalten auf Batteriestrom besorgt, nicht ganz wunschgemäß funktionierte.

Das führte unter anderem dazu, daß die Computerbildschirme, die die Besatzung über die Fluglage der Maschine und die gesamte Navigation informieren, auf der Seite des Kommandanten plötzlich dunkel wurden. Da die mechanischen Ersatzanzeigen aber funktionierten, gehörte dieser Umstand zu den geringeren Problem der Besatzung.

In der Kabine hatte ein mitfliegender SAS-Pilot (=APT) durch die offene Cockpittür die Schwierigkeiten seiner Kollegen bemerkt und rannte nach vorne, um seine Hilfe anzubieten. Die mit dem Triebwerksbrand, den fruchtlosen Versuchen, die Triebwerke wieder zu starten, und etlichen kurzen Stromausfällen beschäftigte Cockpitbesatzung beauftragte ihn, das APU (Auxiliary Power Unit = Notstromaggregat) zu starten.

Während er das versuchte, sprach der Copilot wieder mit dem Tower (Dazugekommener Pilot = APT):
ATC: „Könnt ihr euch auf 2.000 ft halten?"
- Lautes Geräusch des Startermotors der Triebwerke -
APT: „Schau nach vorne, schau nach vorne..."
CPT: „Ja..."
COP: „Wir können uns bei 2.000 ft nicht halten, wir sind gerade bei 1.600 ft."
COP zum APT :
„Setz dich hin!"

Die Maschine sank jetzt antriebslos stark ab. Da es der Besatzung nicht gelungen war, die Triebwerke wieder zu starten, waren sie sich bewußt, daß sie es nicht mehr bis zum Flugplatz schaffen würden. Sie entschlossen sich, eine Notlandung auf freiem Feld zu versuchen.

Dieser Entschluß mußte vom dritten Piloten im Cockpit nach hinten in die Kabine gebrüllt werden, weil das Interphone (Telefon innerhalb des Flugzeugs) ausgefallen war.

Die „Dana Viking" war mittlerweile auf ca. 400 ft gesunken und immer noch in einer dichten Wolkendecke, als im Cockpit die Vorbereitungen für die Notlandung begannen. Es existierte weder eine Checkliste für den Fall eines Totalausfalls beider Triebwerke und einer Notlandung auf freiem Feld noch hatte man eine solche Notsituation im Flugsimulator geübt (einem Sprecher der SAS zufolge war so ein Fall zu unwahrscheinlich, um etwas zu üben). Man war im Cockpit also auf Improvisisation angewiesen:

APT: „Schau nach vorne, schau nach vorne...aus."
STA: „WIR MACHEN EINE NOTLANDUNG"
COP: „Setzen wir Klappen?"
APT: „Ja, wenn wir können,....setzt die Klappen...schau nach vorne, schau nach vorne..."
CPT: „....Laß sie runter..."
COP: „Ja"
APT: „Hör mal zu....du machst das..."

Bei ca. 250 ft kam die Maschine aus den Wolken und die Besatzung sah ein großes Feld, das allerdings rechts vom Flugweg lag:
APT: „Such einen Platz, schnell, da rechts....rechts, rechts, rechts, rechts, rechts...flieg nach rechts, flieg nach rechts.."
COP: „....geprüft, geprüft.."
APT: „Ja genau da, genau da...achte auf die Bäume...renn nicht gegen die Bäume...bleib von den Bäumen weg..."
COP: „Soll das Fahrwerk raus?"
APT: „...ja, Fahrwerk raus, Fahrwerk raus..."
COP: „Kommt raus..."
APT: „Flieg geradeaus."
APT: „Auf dem Feld da?"

421

COP: „Äh....Stockholm....SK751 hier, wir machen jetzt eine Notlandung..."

Als der Copilot seine Nachricht abgesetzt hatte, war die „Dana Viking" nur noch 90 ft hoch. Der Pilot wich noch einigen Häusern in seinem Flugweg aus und schwenkte die Maschine nach rechts, um das Feld noch zu erreichen. In der Sekunde, als das Fahrwerk einrastete, streifte die rechte Tragfläche und die Rumpfunterseite einige Bäume am Waldrand. Es gelang aber noch einmal, die Maschine kurz hochzuziehen, um die freie Fläche zu erreichen. Hier krachte die MD-81 mit einer Geschwindigkeit von 107 Knoten und leicht nach rechts geneigt auf den hartgefrorenen Boden.

Der Havarist schlitterte 110 Meter über den Acker und kam kurz vor dem Waldrand zum Stehen. Die rechte Tragfläche und das Fahrwerk waren abgerissen und der Rumpf in drei Stücke zerbrochen. Obwohl Treibstoff auslief, brach kein Feuer aus.

Der Flug SK 751 hatte genau 4 Minuten und 7 Sekunden gedauert. Wie durch ein Wunder, und durch die fliegerische Meisterleistung der Piloten, gab es bei dem Absturz keine Toten. Die kurz darauf eingetroffenen Rettungskräfte zählten 84 Leicht- und acht Schwerverletzte (darunter die drei Piloten).

Die Besatzung begann sofort mit der Evakuierung, welche schnell und ohne Panik abgewickelt werden konnte. Ein Passagier rannte zu einem 450 Meter entfernten Haus und rief die Feuerwehr an.

Der fast gleichzeitige Ausfall von zwei Triebwerken kurz nach dem Start machte den Behörden starke Kopfschmerzen, weswegen man sofort mit der Suche nach der Ursache dieses für unmöglich gehaltenen Vorfalls begann. Knapp zwei Jahre später wurde sie mit einem überraschenden Ergebnis abgeschlossen:

Viele Betreiber der MD-81, meist US-Airlines, operieren von Flugplätzen aus, die strenge Lärmschutzvorschriften besitzen. Dazu gehört auch, daß die Piloten kurz nach dem Start den Schub der Triebwerke zurücknehmen müssen, um beim Überfliegen von Wohngebieten möglichst wenig Lärm zu verursachen. Dabei besteht jedoch die Gefahr, daß der Schub zu sehr zurückgenommen wird und die Maschine deswegen im Steigflug zu langsam wird und überzieht. Also regten einige Kunden von McDonnell-Douglas an, in die MD-81 eine Automatik einzubauen, die sicherstellt, daß im Steigflug immer ausreichend Schub gegeben wird. Sollte dieser Umstand doch einmal eintreten, so sollten die Schubhebel automatisch auf Durchstartleistung bewegt werden, um der Gefahr eines Überziehens entgegenzuwirken. Und so wurde in die MD-81, unter anderem auch in die „Dana Viking", diese Automatik eingebaut. Dort fristete sie nach ihrer Einführung so unauffällig ihr Dasein, daß sie nicht einmal einen Namen bekam. Nach dem Absturz der „Dana Viking" nannten die Behörden sie ATR (Automatic Thrust Restoration = Automatische Schubwiederherstellung). Sie wird nach dem Start beim Passieren der Höhe von 350 ft und dem Absinken des Schubs eines Triebwerks unter 64% der Triebwerksleistung aktiviert. Die Aktivierung findet ohne Zutun der Piloten statt. Die Besatzung merkt die Existenz der ATR nur daran, daß die Schubhebel von allein auf Durchstartleistung schieben und auf dem Triebwerkskontrollpanel die Lampe mit der vorgewählten Schubstufe T.O. (= Take off = normale Startleistung = ca. 80 % Triebwerksleistung) erlischt und stattdessen die Lampe GA (= Go Around = Durchstartleistung = ca. 100% Triebwerksleistung) aufleuchtet.

Außerdem waren an Bord der MD-81 noch eine Automatik, die die Stellung der Schubhebel synchronisiert. Wird die Stellung nur eines Schubhebels verändert, so schiebt die Automatik, das ATS (Auto Throttle System), den anderen Schubhebel auf die gleiche Stellung. Wie die ATR aktiviert diese Automatik sich selbständig. Sie kann jedoch jederzeit von den Piloten ausgeschaltet werden.

Die skandinavische Airline SAS war seit Jahrzehnten ein treuer McDonnell-Douglas Kunde und bestellte also auch die MD-81. Die „Dana Viking" wurde 3 Monate vor dem Unfall ausgeliefert, und wie so oft in diesen Fällen waren die internen SAS Checklisten und Betriebsanweisung für diesen Flugzeugtyp noch nicht ganz vollständig. SAS hat eigene Lärmschutzmaßnahmen und hatte insofern die Installation der ATR nicht bestellt, weshalb diese in der von McDonnell-Douglas gelieferten Betriebsanweisung auch nur „am Rande" erwähnt wurde. Da die SAS nichts von der Existenz der ATR wußte, wußten auch die beiden Piloten, die an jenem frostigen Morgen vom Flughafen Stockholm-Arlanda starteten, nichts von ihr. Ohne es zu merken, versetzte sich beim Passieren von 350 ft die ATR selbst in „Stand-by"-Stellung.

Als 25 Sekunden nach dem Start in 1.124 ft der „Schluckauf" im rechten Triebwerk begann, ging der Pilot nach Checkliste vor und drosselte die Leistung des betreffenden Triebwerks auf ca.60% Leistung. Dadurch

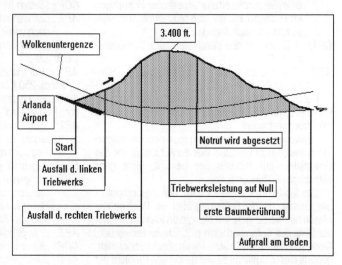

Der kurze Flug der „Dana Viking" am Morgen des 27.12.1991.

wollte er erreichen, daß durch die Leistungsminderung das in die Turbine gesaugte Wasser so schonend wie möglich durch den Kompressor und die Brennkammer geschleust wird, ohne daß die Turbinenschaufeln Schaden nehmen.

Aber durch die Leistungsminderung wurde die ATR aktiviert: Sie schob den Schubhebel des rechten Triebwerks auf Durchstartleistung. Die zweite Automatik, das ATS, registrierte die unsynchrone Schubhebelstellung und korrigierte sie, indem sie auch den linken Schubhebel auf Durchstartleistung schob. So liefen jetzt beide Triebwerke mit Vollschub, was nicht nur den „Schluckauf" im rechten Triebwerk verstärkte, sondern auch das bis dahin verschont gebliebene linke Triebwerk in Mitleidenschaft zog. Auch hier war Wasser eingesaugt worden, hatte sich bis jetzt aber nicht bemerkbar gemacht. Als die Schubwahl 85% überschritt, begann 64 Sekunden nach dem Start auch hier der „Schluckauf". Beide Triebwerke hielten der Belastung nicht lange stand und fielen 76 Sekunden (links) bzw. 78 Sekunden (rechts) nach dem Start aus.

Den Piloten war es wegen der starken Vibrationen des Flugzeuges fast unmöglich, ihre Instrumente zuverlässig abzulesen, und sie bemerkten den Anstieg der Triebwerksleistung nicht. Außerdem lagen zwischen dem Auftreten der ersten Schwierigkeiten und dem Ausfall der Triebwerke nur 51 Sekunden, zuwenig Zeit für die Piloten, um die Ursache der Störung zu finden und mögliche Gegenmaßnahmen zu ergreifen.

Die schwedische Untersuchskommission wies die SAS an, in Zukunft die Gebrauchsanweisungen ihrer Flugzeuge sorgfältiger zu lesen und auch die Checklisten und das Training für Extremfälle zu verbessern. Außerdem sollte die offensichtlich ungenügende Enteisungsprozedur und die Überprüfung derselben verbessert werden.

Der von jeder Schuld freigesprochene Kommandant beschloß nach dem Absturz, bis auf weiteres kein Flugzeug mehr zu steuern, und gab freiwillig seine Fluglizenz zurück.

29.12.91
China AL   **Boeing 747-200F**
B-198   **22390**

Kurze Zeit nach dem Abheben vom internationalen Flughafen in **Taipeh/Taiwan**, meldete die Crew Triebwerksprobleme und bat um Erlaubnis, zum Flughafen zurückkehren zu dürfen. Der Abflug-Lotse wies den Piloten an, eine Linkskurve zu machen und auf 500 Metern Höhe zu bleiben. Darauf antwortete der Kommandant, daß man nicht in der Lage sei, nach links zu kurven. Unmittelbar darauf riß der Funkkontakt zur Maschine ab. Die letzte Meldung des Fluges lautete:„*Climb, climb, climb...*". Die 747 verschwand nach 14 minütigem Flug um 15:02 Uhr/loc. vom Radarschirm und crashte auf einem Hochplateau zwischen Wanli und Cinshan, 25 km nördlich der Hauptstadt. Die Absturzstelle lag in nur kurzer Entfernung zu einem Atomkraftwerk, das sich etwa 20 Kilometer nordöstlich von Taipeh befindet.

Keiner der 5 Besatzungsmitglieder des Frachters überlebte den Absturz. Der Frachtjumbo war mit einigen Tonnen Photogeräten, Computerelementen und Textilien auf dem Routing (Cl385) Taipeh-Anchorage unterwegs. Zwei der 4 Triebwerke konnten die Suchtrupps nicht im Absturzgebiet finden. Man barg später Teile dieser Triebwerke im Wasser des Pazifiks. Es wurde später nachgewiesen, daß durch Materialermüdungserscheinungen an den Triebwerksaufhängungen die zwei Düsen während des Steigfluges von den Pylonen brachen und abfielen.

18.01.92
USAir   **Douglas DC-9-31**
N964VJ   **47373**

Die Besatzung der USAir DC-9 wußte schon vor ihrer Landung in **Elmira/NY/USA**, daß sie mit heftigen Böen zu rechnen habe. Auch der Towerlotse warnte die Besatzung nochmal vor Windböen mit der Stärke von 25 Knoten, als die DC-9 noch vier Meilen vom Flughafen entfernt war. Schon über der Landebahn zog der Copilot den Steuerknüppel zu sich heran, um die DC-9 auszuschweben. In diesem Moment packte eine Windböe die Maschine, welche mit der Nase zuerst auf die nahe Startbahn herabfiel. Die Landung war so heftig, daß das Heck der Maschine hinter der Tragfläche um einen Winkel von 7° abgeknickt wurde.

Von den 42 Insassen wurde hierbei niemand verletzt, lediglich zwei Passagiere, die in Reihe 16 saßen, klagten nach dem Aufprall über starke Rückenschmerzen.

***B-1894**; ein anderer 747-Frachter der China AL, der zusätzliche "Dynasty Cargo"-Aufschrift trug/Los Angeles im März 1981 <Quelle: Luftfahrt Journal- Sammlung>*

423

20.01.92

Air Inter   **Airbus A320-100**
F-GGED   **15**

Nach zwei spektakulären A320-Unglücksfällen in den Jahren 1988 und 1990 hatte das makellose Bild des „modernsten Flugzeugs der Welt", das der A320 zu dieser Zeit zweifelsohne darstellte, eine paar Risse bekommen. Doch in beiden Fällen wurden die Piloten, die mit dem digitalisierten und computergestützten Fliegen nicht zurechtkamen, gerügt. Airbus Industrie behielt in beiden Fällen eine weiße Weste, und der A320 setzte seinen weltweiten Siegeszug fort. Die Bilder der beiden Unfälle waren aus den Köpfen der Öffentlichkeit schon verschwunden, als sich an diesem Tag gegen 18:00 Uhr/loc. 90 Passagiere und sechs Mitglieder der Besatzung auf dem Satolas Flughafen von Lyon zum Inlandsflug IT 148DA nach Straßburg einfanden. 20 Minuten später hob der Airbus, der als fünfter A-320, vor gut vier Jahren an Air Inter ausgeliefert wurde vom Boden ab und kurvte in Richtung Norden. Mittlerweile war Dunkelheit eingekehrt, als die Maschine der Luftstraße folgend über die Ausläufer der Vogesen hinwegflog und Kurs auf den Fixpunkt Andlo, etwa 14 Meilen südwestlich des Flughafens Straßburg-Entzheim, nahm. Die automatische Terminalinformation (ATIS) um 19:00 Uhr/loc. verkündete nicht gerade bestes Wetter: *„....geschlossene Wolkendecke zwischen 1.100 und 2.600 ft; Sichtweite 10 Kilometer; stürmischer Wind aus Nordost mit 30 Knoten; Temperatur 2°C in leichtem Schneeregen..."* In Betrieb befand sich die Landebahn 05, die lediglich über einen VOR/DME-Anflug verfügte, während auf der Gegenbahn 23 ein ILS installiert war. Nach Auswertung der Wetterdaten war es für die Piloten klar, daß aufgrund des starken Windes nur ein unpräziser VOR/DME-Anflug auf der Bahn 05 in Frage kam, anstatt mit 30 Knoten Rückenwind einen ILS-Anflug auf der Gegenbahn zu unternehmen. Von der örtlichen ATC wurde Flug 148DA bis zum Andlo VOR zum Sinkflug auf 7.000 ft freigegeben. Es war 19:09 Uhr/loc. als der Airbus mit der Anflugkontrolle in Entzheim Kontakt aufnahm.

IT148DA:
    „Straßburg Approach, guten Tag, Air Inter 148 Delta Alpha."

ATC: „148 Delta Alpha, guten Tag, fliegen Sie über Andlo, Ihre Entfernung?"

IT148DA:
    „Ja Andlo und wir sind 22 Meilen vom Straßburg VOR entfernt."

ATC: „In Ordnung, setzten Sie Ihren Anflug auf 5.000 Fuß fort, QNH 1023, melden Sie Andlo auf 5.000 Fuß."

IT148DA:
    „5.000 Fuß, 1023, wir melden Andlo 5.000"

Das Flugzeug verließ die Ruhezone der oberen Luftschichten und drang in den unruhigen Luftraum von Straßburg ein. Für einen Direktanflug auf die Bahn 05 war man zwar auf dem richtigen Kurs, allerdings betrug die Flughöhe noch über 10.000 ft. Somit mußten die Piloten erst einmal eine ausgedehnte Schleife fliegen, um auf die richtige Anflughöhe zu kommen. Unterdessen sank man unter die 10.000 ft Grenze und die Anschnallzeichen in der Passagierkabine leuchten auf.

Zwei Minuten später war der Fixpunkt Andlo erreicht. Die ursprüngliche Intention der Piloten war es zunächst über den Flughafen hinwegzufliegen, um dann in einer 180°-Kurve auf das ILS der Bahn 23 einzuschwenken. Doch von der ATC in Straßburg wurde Flug 148DA darüber in Kenntnis gesetzt, daß aufgrund von drei am Startpunkt der Bahn 05 stehenden IFR-Flügen der östliche Luftraum für Anflüge auf die 23 gesperrt war. Somit mußte der A320 seine Flughöhe auf einem anderen Weg abbauen und behielt den Kurs auf das STR-VOR bei. Dann schwenkte man anweisungsgemäß nach links und ging mit Kurs 230 in den linken Gegenanflug zur Bahn 05. Die Maschine entfernte sich nun wieder vom Flughafen und erreichte um 19:17 Uhr/loc. 5000 ft. Doch der Sinkflug wurde nicht unterbrochen, sondern fortge-

F-WWDN; der Flottennachbar des bei Straßburg abgestürzten Airbus A320, hier noch vor der Auslieferung auf dem Airbus-Werksgelände mit dem Werkskennzeichen „F-WW" / Hamburg-Finkenwerder 1988 <Quelle: JR-Photo>

setzt. In einer Flughöhe von knapp 3000 ft flog man wieder am Fixpunkt Andlo vorbei und erhielt vom Radarlotsen die Anweisung:

ATC: „Air Inter Delta Alpha, Andlo rechts passiert, klar...zum Endanflug VOR/DME 05."
ITF148DA: „Delta Alpha."

Dem Lotsen fiel die geringe Flughöhe auf seinem Radarschirm offenbar nicht weiter auf, als er um 19:19 Uhr/loc. die A-320-Besatzung anwies:

ATC: „Delta Alpha, melden Sie über dem VOR im Endanflug."
ITF148DA: „Melden das VOR im Endanflug."

Dies war gleichzeitig das letzte, was von Flug 148DA zu hören war. An Bord bereitete man sich auf die bevorstehende Landung vor. Das Fahrwerk wurde ausgefahren und die Landeklappen stellte man auf 2°. In dieser Konfiguration sank der Airbus nun immer weiter, ohne daß die Piloten eingriffen. Direkt im verlängerten Anflugweg der Bahn 05 erstrecken sich vom westlichen Rheintal aus, die ersten Ausläufer der Vogesen. Mit Berggipfeln von bis zu 900 Metern stellten diese Höhenzüge nun eine akute Gefahr für Flug 148DA dar. Bei einem VOR-Anflug, wie hier, existiert keinerlei redundante Höhenüberwachung seitens des Bordcomputers. Die Piloten sind allein auf die korrekte Einhaltung der Höhenminima angewiesen. Somit erfolgte auch keinerlei Höhenwarnung des Flight Management Systems. In der Dunkelheit und bei geschlossener Wolkendecke konnten die Piloten auch nicht unter Sichtbedingungen anfliegen, somit fiel auch die letzte Kontrolle weg. Eine Flugbegleiterin machte gerade die Passagiere über die Bordsprechanlage mit der Landung in drei Minuten vertraut und wiederholte gerade die Ansage auf englisch, als die Piloten abrupt innehielten, da ihnen die Positionsangaben komisch vorkamen. Gerade zeigten die VOR-Empfänger den Landekurs von 51° an:

COP: „Wir kommen auf die Achse d...ein halber Punkt der Achse. Da ist es, es war auf sechzig gewesen das ist gut, siehst Du?"

Auf einmal schlug die automatische Stimme des Höhenwarngerätes los: „Zwei hundert!"

Doch es war bereits zu spät. Um 19:20:33 Uhr/loc. befand sich der A320 fast auf Bodenhöhe (2620 ft). Die überraschten Piloten konnten nicht mehr eingreifen, als ihre Maschine durch die wolkenumhüllten Baumwipfel des 763 Meter hohen **Mt.Saint Odile/La Bloss/Frankreich** preschte und wenige Augenblicke später auf dem Erdboden aufschlug. Der Rumpf brach in mehrere Teile und die Tragflächen wurden abgerissen. Auslaufendes Kerosin setzte den Ort des Geschehens schnell in Brand. Im Kontrollzentrum in Straßburg-Entzheim erlosch das Radarsignal von Flug 148DA. Sofort wurde Großalarm

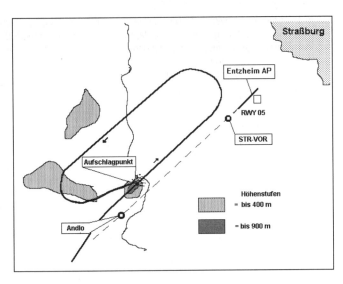

Skizze des Anflugweges des französischen A320 auf Straßburg am 20.01.1992.

gegeben. Die Absturzstelle lag 1500 Meter links der verlängerten Pistenachse und 10,5 Meilen außerhalb des Flughafens.

Trotz gutausgerüsteter Rettungsmannschaften der Armee und Feuerwehr konnte der havarierte Düsenjet erst um 23:35 Uhr/loc. also erst nach über vier Stunden, von einem Hubschrauber entdeckt werden. Den Rettern bot sich ein Bild der Verwüstung.

Von 96 Insassen konnten nur noch neun Menschen teilweise schwer verletzt geborgen werden, die der eisigen Kälte bis zuletzt getrotzt hatten. Für alle anderen 87 kam jede Hilfe zu spät. Nachfolgende Untersuchungen förderten einige technische Unzulänglichkeiten zutage. So funktionierte beispielsweise der automatische Peilsender, der bei Unglücksfällen die Position der Maschine über Funk senden soll, nicht. Nicht zuletzt deswegen konnte es zu diesen eklatanten Verspätungen seitens der Rettungsmannschaften kommen. Zum anderen, so wurde ermittelt, fehlte an Bord des Airbusses ein Gerät, das die relative Annäherungsgeschwindigkeit zwischen Flugzeug und Erdboden überwacht und gegebenenfalls Alarm gibt. So wurden die Piloten erst im letzten Moment vom Autopiloten auf die geringe Flughöhe (200 ft) aufmerksam gemacht. In Frankreich war es den Fluggesellschaften freigestellt, ob sie ein solch kostspieliges Gerät in ihre Flugzeuge installieren oder nicht.

Bis zum Aufprall sank Flug 148DA mit einer Sinkrate von ca. 3300 ft/min. Normalerweise beträgt die Sinkgeschwindigkeit beim Landeanflug um die 700 ft/min. Die viel zu hohe Sinkrate kann nur durch eine Fehlbedienung seitens der Cockpitcrew möglich gewesen sein. Höchstwahrscheinlich stellte der Copilot beim Anflug den FCU(Flight Control Unit)-Schalter nicht auf „Kurs/Gleitweg", sondern irrtümlich auf „Kurs/Sinkgeschwindigkeit". Außerdem tippten die Piloten statt der üblichen Gleitwinkelzahl 3,3, 33 ein. Ein kleiner Zahlendreher mit fatalen Folgen. Diese Fehlbedienung führte dann zu einer entsprechenden Sinkrate von 3300 ft/min. Nach diesem

Unglück wurde eine GPWS auf allen Flugzeugen mit F-Kennzeichen zur Pflicht gemacht. Außerdem wurden ergonomische und technische Verbesserungen am FCU-System des A-320 vorgenommen.

Der Untersuchungsbericht empfiehlt unter anderem, die Bedienung des Wahlschalters zur Betriebsart zwischen Sinkgeschwindigkeit und Gleitpfad zu überprüfen und gleichzeitig die „cockpit-crew procedures" neu zu überdenken. Auch wurde der Fakt genannt, daß beide Piloten wenig Erfahrung mit dem hochmodernen A-320 hatten. Der Kommandant hatte 162 Stunden, der Copilot gerade mal 61 Stunden bis zu diesem Tag absolviert. Dies war zuwenig, um sich mit der hochgezüchteten Computerelektronik vertraut zu machen und sie „im Schlaf" bedienen zu können. Während des Sinkflugs schenkten die Piloten den Instrumenten zu wenig Aufmerksamkeit und verließen sich auf den vermeintlich korrekt eingestellten Autopiloten.

Dies bedeutete für Air Inter den ersten Absturz seit 20 Jahren.

15.02.92
Burlington AE **Douglas DC-8-63F**
N794AL **45923**

Ein gutes Verhältnis zwischen Kommandant und Copilot ist für die sichere Durchführung jedes Fluges ein nicht zu vernachlässigender Faktor. Schon oft kam es innerhalb des Cockpits zu verbalen Mißverständnissen, die nicht selten zum Crash des Flugzeugs führten. Auch das Rollenverhältnis zwischen dem fliegendem Personal war nicht selten Hintergrund von tragischen Flugzeugabstürzen. So kann es bei Piloten, die über ein gleiches Maß an Flugerfahrung verfügen, zu einem Kompetenzgerangel im Cockpit kommen. Manch erfahrener Copilot ist nicht gewillt, Anweisungen entgegenzunehmen, die aus seiner Sicht falsch sind. Nicht selten trifft er dann eigenmächtige Entscheidungen, die er für richtig hält. Umgekehrt sollte sich ein Copilot mit noch geringer Flugerfahrung nie von einem älteren Piloten in ein Lehrer-Schüler-Verhältnis hineindrängen lassen. So kann es bei solch einer Rollenverteilung dazu kommen, daß sich ein junger Copilot über seine eigenen Einschätzungen nicht mehr sicher ist und somit wichtige Maßnahmen, die zu einer sicheren Flugdurchführung unerläßlich sind, ausbleiben können.

An diesem späten Nachmittag wurde die DC-8 auf dem Flughafen von Portland/OR für einen Frachtflug nach Seattle/WA und Toledo/OH vorbereitet. Die 24jährige Maschine wurde für diesen Frachtdienst von dem Frachtoperator ATI(Air Transport Int'l) gechartert, der auch das fliegende Personal stellte.

Für den bevorstehenden Flug ATI805 waren drei Besatzungsmitglieder eingeteilt, die schon mehrfach miteinander geflogen waren. Neben dem 59jährigen Kommandanten, der seit 1990 bei ATI angestellt war, bestiegen außerdem noch zwei weitere Crewmitglieder den abflugbereiten Jet. Es waren der 37jährige Copilot, der seit drei Jahren für ATI flog, und die ersten beiden Streckenabschnitte nach Seattle und Toledo als fliegen- der Pilot fungieren sollte, sowie der 57jährige Flugingenieur, der mit 7697 Flugstunden auf der DC-8 erfahrenste Mann im Cockpit.

Im Jahre 1986 fiel der Kommandant bei seiner ersten Typenberechtigungsprüfung auf der DC-8 durch. Bei Manövern wie: ILS-Anflug mit nur drei laufenden Triebwerken, Anflug ohne Klappenhilfe, NDB-Anflug sowie ein Landeanflug mit nur 50 % Triebwerksleistung blieb er unterhalb den erforderlichen Testergebnissen. Eine Woche später bestand er jedoch diese Prüfung im zweiten Anlauf ohne Schwierigkeiten.

Von allen drei Besatzungsmitgliedern hatte der Copilot mit 1143 Flugstunden die geringste Flugerfahrung. Andere Kollegen beschrieben sein fliegerisches Können als „durchschnittlich", jedoch hatte es bei ihm niemals Grund für ernsthafte Beanstandungen gegeben. Er pilotierte den Jet zunächst von Portland nach Seattle, wo weitere Fracht an Bord genommen wurde. Für die nächsten 2900 Kilometer nach Toledo bestieg ein weiterer Pilot einer anderen Frachtfluggesellschaft die Maschine und nahm auf einer der beiden Sitzreihen zwischen Frachtraum und Pilotenkanzel Platz. Es war der einzige Passagier auf Flug 805.

Um kurz nach acht Uhr abends waren alle Checks beendet und der Copilot startete nacheinander die vier Triebwerke. Kurz darauf, um 20:20 Uhr/loc. erfolgte die Startfreigabe und ATI Flug 805 erhob sich in den Nachthimmel über Seattle. Allmählich erklomm Flug 805 die vorgesehene Reiseflughöhe und kurvte in Richtung Osten. Die nächsten zwei Stunden gingen ereignislos an der Besatzung vorüber. Man überflog die dunklen Ausläufer der Rocky Mountains und die endlosen Weiten von Montana und Wyoming und begann gegen 03:00 Uhr/loc. im Luftraum von Chicago mit dem Sinkflug.

Einige Zeit später nahm der Kommandant Funkkontakt mit der Anflugkontrolle in Toledo-Express Airport, dem Heimatflughafen der Burlington Air Express, auf. Es wurde der Besatzung mitgeteilt, daß mit einem Wind von 100 ° mit 10 Knoten zu rechnen sei und daß der ILS-Anflug auf der Landebahn 07 in Betrieb ist. Die Wolkenuntergrenze lag bei nur 400 ft (125 Meter), es regnete leicht und es herrschte zudem noch örtlicher Nebel, der die Horizontalsicht weiter einschränkte. Unter diesen erschwerten meteorologischen Bedingungen steuerte der Copilot die DC-8 nach den Anweisungen des Controllers hin zum ILS-Leitstrahl der Bahn 07.

In dieser Flugphase gelang es dem Copiloten nicht, auf den vorgeschriebenen Anflugkurs zu kommen. Bereits 23 Meilen vor den Haupteinflugzeichen(Outer-Marker) fuhr der Copilot die Landeklappen aus, was dazu führte, daß die Maschine immer mehr Fluggeschwindigkeit abbaute. Somit wurde es für ihn immer schwieriger, dem ILS-Leitstrahl zu folgen. Zudem stellte sich die angekündigte Windvorhersage als unrichtig heraus. Der Wind wehte stärker(mit ca. 30-35 Knoten) und kam deutlich mehr von rechts als von vorn. Ohne Bodensicht hatte der Copilot alle Mühe, einerseits mit Hilfe von heftigen Seitenruderausschlägen und Steuersäulenbewegungen auf den Anflugkurs zu kommen, und andererseits Klappen; Fahrwerk- und die Landecheckliste durchzugehen.

Der Kommandant drängte nun seinen linkssitzenden Kollegen mit einigen kommentierenden Bemerkungen, den korrekten Anflugweg einzuhalten:

CPT: *"Da ist der Gleitweg."*

Nun war man noch 15 Meilen vom Haupteinflugzeichen entfernt und um einiges zu tief. Unaufhörlich redete nun der Kommandant auf seinen Copiloten ein:

CPT: *"...immer noch nicht genug Klappen für diese Geschwindigkeit...mehr Gas...du bist nicht auf dem Gleitweg...bring es hoch auf den Gleitweg...du bist nicht mal auf dem verdammten Voreinflugzeichen"*

Der jüngere Copilot war offensichtlich mit dem Arbeitspensum überfordert. Somit blieb nur noch die Entscheidung: Durchstarten!

Der Schub wurde erhöht und ATI805 ging wieder in den Steigflug über. Die Gedanken des Copiloten waren offenbar noch auf die letzten Minuten gerichtet. Ihm war klar, daß er den Anflug vermasselt hatte und langsam machte sich Nervosität bei ihm breit. Diese wurde noch verstärkt, als ihn der Kommandant auch noch auf das noch ausgefahrene Fahrwerk aufmerksam machen mußte, welches er hastig wieder einfuhr.

Ein zweites mal mußte nun angeflogen werden. Doch auch diesmal gelang es dem verunsicherten Copiloten nicht, auf den optimalen Anflugweg zu kommen. Der Kommandant wurde nun zunehmend ungehalten und gab nahezu unaufhörlich Kommandos und Ratschläge, wie die Maschine zu fliegen sei.

CPT: *"Werde nicht zu langsam, denn du hast jede Menge Wind dort unten als Hilfe."*

Abermals sackte die DC-8 unter den Gleitpfad. Die angespannte Situation im Cockpit wurde in diesem Moment noch durch die automatischen Warnungen des GPWS, der Gleitweganzeige und der Sinkrate verstärkt.

GPWS: *"...WHOOP WHOOP, Pull up, Pull up."*

CPT: *"Drück das Gas und komm wieder hoch auf den Gleitpfad...okay, so nun nimm es wieder zurück...bleib so."*

Der Copilot reduzierte wieder die Triebwerksleistung. Doch nun wurde es dem genervten Kommandanten zu viel:

CPT: *"Oh, Scheiße, ich hab sie."*

Abermals wurde der Anflug abgebrochen und der Kommandant übernahm die Steuerung der Maschine. Der Fluglotse in **Toledo/OH/USA** wies ATI 805 an, auf 3.000 ft zu steigen. Ohne Sichtkontakt zum Boden leitete der Kommandant nun selbst das Fehlanflugverfahren ein, und mit hoher Triebwerksleistung stieg die DC-8 wieder. Um 03:25:00 Uhr/loc. näherte man sich der 3.000 ft Marke an, und der Kommandant drückte etwas die Flugzeugnase nach unten, um die Höhe nicht zu überschreiten. Kurz zuvor erging vom Tower in Toledo die Anweisung, nach links auf Kurs 300 Grad zu kurven. Somit leitete der Kommandant eine Linkskurve ein. Doch nun passierte das Verhängnisvolle. In der pechschwarzen Nacht, die den Jet umgab, verlor der Kommandant offenbar die räumliche Orientierung. Mit nach unten gerichteter Flugzeugnase neigte er die Maschine immer mehr um deren Längsachse. Die DC-8 tauchte nach unten ab und nahm Fahrt auf. Die Sinkrate erhöhte sich auf 2.400 ft pro Minute. Bar jeder optischen Orientierung drehte der Kommandant immer mehr nach links. Dem Copiloten kam dieses Manöver nach einem Blick auf den Fluglageanzeiger äußerst merkwürdig vor. Allerdings brachte er in dieser Situation, nach all seinen Fehlleistungen der letzten Minuten nicht den Mut auf, seinen Kommandanten auf den kritischen Flugzustand aufmerksam zu machen. Eingeschüchtert wagte er nun nicht mehr sein Wort zu erheben. Vielmehr versuchte er sich einzureden, daß es mit dem Manöver des Kommandanten seine Richtigkeit hätte.

Bei einem Neigungswinkel von über 50 Grad schlugen nun wiederum die Höhen- und Trimmwarnungen los und überraschten den pilotierenden Kommandanten:

CPT: *"Scheiße...was ist los?...was zum Teufel ist hier los?"*

XXX: *"Harry."*

Nun übergab der irritierte Kommandant in dieser heiklen Lage die Steuerkontrolle wieder an seinen Copiloten ab:

CPT: *"Hast du sie?"*

COP: *"Ich hab sie."*

- Geräusch der Höhenwarnung -
- Geräusch der „Sinkrate"-Warnung -
- Geräusch der GPWS- Warnungen -

F/E: *"Zieh hoch."*

- GPWS Warnungen -

CPT: *"Hoch, hoch, hoch, hoch."*

COP: *"Ich kann nicht."*

- GPWS Warnungen -

CPT: *"Hoch, hoch."*

Doch es war zu spät. In diesem Moment streifte die Maschine bereits zahlreiche Bäume und zerschellte unmittelbar darauf in einem Waldgebiet, ca. 3 Meilen nördlich des Flughafens. Flug 805 hinterließ eine 600 Meter lange Trümmerschneise.

Keiner der vier Insassen an Bord überlebte den Absturz.

Untersuchungen ergaben, daß der Neigungswinkel der Maschine beim Aufprall 17 Grad nach unten gerichtet war und die Längsneigung der Tragflächen ca. 150 Grad betrug. Die DC-8 flog somit in Rückenlage in den Boden. Trotz aller Versuche des Copiloten gelang es ihm nicht mehr rechtzeitig, den Flugzustand zu korrigieren. Das NTSB fand heraus, daß eindeutigere Steuereingaben seitens des Copiloten den Absturz verhindert hätten. Bedacht keinerlei Fehler mehr zu machen, zog er jedoch nicht mit aller Kraft, sondern zu behutsam an der Steuersäule.

Das Unglück offenbarte wieder einmal, wie wichtig ein intaktes Rollenverhältnis im Cockpit ist. Der Kommandant beherrschte die Konversation der letzten 30 min vor dem Crash. Im Cockpit herrschte alles andere als Teamwork. In dieser einseitig dominierenden Atmosphäre entstand für den Copiloten ein psychischer Druck. Dieser verstärkte sich nach dem mißlungenen zweiten Anflug noch und führte wenig später dazu, daß der Copilot zögerte, gegen das offensichtlich falsche Flugmanöver seines Kommandanten einzuschreiten.

15.02.92
MK Air Cargo   **Douglas DC-8-54**
9G-MKB   **45860**

Der andere DC-8-Verlust an diesem Tage ereignete sich ebenfalls im Landeanflug. Auch hier befand man sich unterhalb der Anflughöhe und prallte ca. 8 Meilen außerhalb der Stadt **Kano/Nigeria**, auf die Erde.

Zwei der 5 Crew wurden schwer verletzt. Die anderen wurden für „okay" befunden. Der Flieger kam aus London-Gatwick.

20.02.92
TAAG Angola   **Boeing 707-320C**
D2-TOJ   **19355**

Während des Rollens zur Starbahn auf dem Flughafen **Luanda/Angola** brach aus nicht näher bekannten Gründen das Bugfahrwerk der Boeing zusammen. Der daraus resultiernde Rumpfschaden verunmöglichte nicht nur den angesetzten Flug nach Rio de Janeiro, sondern machte die Boeing zu einem irreparablen Versicherungsfall. Die 25 Jahre alte Boeing wurde hiernach langsam ausgeschlachtet. Ob es bei diesem Zwischenfall Verletzte unter der vierköpfigen Besatzung gab ist nicht bekannt.

19.03.92
Kamchatavia   **Yakovlev Yak-40**
CCCP-87385   **9411632**

Bei einer Routineinspektion wurde die Yak von Wartungstechnikern als nicht mehr reparabel erklärt. Denn man hatte schwere Schäden an der Rumpfstruktur des Dreistrahlers entdeckt, die von einer früheren überharten Landung stammten. Über den Unglücksort ist nichts bekannt.

22.03.92
USAir   **Fokker F28-4000**
N485US   **11235**

Die beiden Piloten des USAir Fluges 405 sahen an diesem verschneiten Märzabend äußerst mißmutig aus ihrem Cockpitfenster. Ihr Linienkurs aus Charlotte/NC und Jacksonville/FL hatte schon Verspätung gehabt, als er bei einfallender Dämmerung um 19:43 Uhr/loc. auf dem Flughafen **New York La Guardia AP/NY/USA** eingetroffen war. Vor ihrem Weiterflug nach Cleveland mußte die Fokker bei Minustemperaturen und Schneefall enteist werden. Als die Bodenmannschaften von USAir diese Prozedur beendet hatten, war eine der beiden Enteisungsfahrzeuge direkt vor der Fokker zusammengebrochen. Die Maschine kam nicht an dem Fahrzeug vorbei und somit nicht vom Gate weg. Sie mußte warten, bis die USAir-Angestellten den LKW wieder flottgemacht hatten, während sich auf den frisch enteisten Tragflächen langsam wieder die weiße Pracht ansammelte.

Nach zwanzig Minuten gelang es das Fahrzeug zur Seite zu rollen, woraufhin der Kommandant der Fokker anordnete, die Enteisungsprozedur wegen des inzwischen angehäuften Schnees zu wiederholen.

Um 21:00 Uhr/loc. war auch das geschafft und die Fokker rollte vom Terminal ab, um sich in die Schlange vor der Startbahn 13 einzureihen. Während sich die Fokker im Schrittempo der Runway näherten, bereiteten die Piloten im Cockpit den Start vor. Der mit 9.800 Flugstunden (900 auf der F-28) erfahrene Kommandant übernahm den Start, während der relativ "frische" Copilot (4.800 Flugstunden, aber nur 29 auf der F-28) die Instrumente überwachen und die Geschwindigkeiten ausrufen sollte. Man hatte die Klappen nicht ganz ausgefahren, sondern in einer 18 Grad Stellung gelassen, um diese nicht hochspritzendem Schneematsch auszusetzen. Um vor dem Startlauf nicht zu vergessen sie ganz auszufahren, hatte der Kommandant einen Kaffeebecher über den Hebel gestülpt. Die Checklisten wurden gelesen und die Startgeschwindigkeiten festgelegt. Auf dem Weg zur Startbahn war dem Kommandanten aufgefallen, daß die Bremsen auf dem schneematschbedeckten Asphalt sehr schlecht griffen. Er hatte außerdem einen Funkspruch einer gerade gelandeten American-757 abgehört, die das Bremsverhalten auf der direkt am Wasser des Hudson Rivers gelegenen Bahn 13 als "fair" (=mittelmäßig) bezeichnete. Deswegen machte er von seinem Recht als Pilot Gebrauch, und modifizierte die im Betriebshandbuch von USAir vermerkten Entscheidungs- und Rotationsgeschwindigkeiten V_1 und V_R, da diese für trockene Bahnen und Flugzeuge mit neuen Bremsen galten. Für eine Bahn mit der Länge (oder Kürze, je nachdem wie man das sieht) von 2.100 Metern, leichtem Seitenwind und einem Startgewicht von 30 Tonnen (maximales Startgewicht einer F28 liegt bei 33 Tonnen) lag laut Betriebshandbuch der Wert für V_1 und V_R bei 124 Knoten. Um im Falle eines Startabbruchs noch genug Platz zum Abbremsen der fast voll beladenen Maschine zu haben, verlegte er die Endscheidungsgeschwindigkeit V_l nach unten auf 110 Knoten. Die Rotationsgeschwindigkeit V_r verblieb bei 124 Knoten. Seine Entscheidung begründete er mit den Worten:

CPT: "Mann, das ist eine wirklich, äh, kurze Bahn, das geht wirklich schnell, wow!"

Nachdem das geklärt war, widmeten sich beide wieder der Gefahr von Schnee und Eis auf ihren Tragflächen. Bei der Fokker ist auf jeder Seite des Rumpfes ein kleiner Scheinwerfer installiert, der einen breiten schwarzen Streifen auf die Tragflächen anstrahlt. Schaut man vom Cockpit aus auf die Tragflächen und sieht, daß der schwarze Streifen sich deutlich von der metallenen Tragflächenoberseite abhebt, hat man ziemlich wahrscheinlich keine Vereisung auf den Flügeln. Diesen Scheinwerfer hatten die beiden desöfteren bedient, aber keine Schnee- und Eisablagerungen feststellen können. Kollegial hatte auch eine hinter der Fokker rollende Northwest AL-Besatzung die Tragflächen ihrer Kollegen überprüft und keinerlei Schnee oder Eis auf der Tragfläche der Konkurrenz gesehen. Um 21:34 Uhr/loc, 34 Minuten nach der letzten Enteisung, bekam die USAir-Fokker endlich die Startgenehmigung und rollte auf die Bahn. Alle Systeme wurden nochmal gecheckt während sie der über den Klappenhebel gestülpte Kaffeebecher sie an das endgültige Ausfahren der Auftriebshilfen erinnerte. Um 21:35 Uhr/loc. löste der Kommandant die Bremsen und gab Vollschub. Die Fokker mit 47 Passagieren und 4 Besatzungsmitgliedern an Bord begann mit ihrem Startlauf. Alles verlief normal, bis zum Erreichen der 80 Knoten-Marke. Laut Vorschriften hätte der Copilot hier das erste Mal eine Geschwindigkeit ausrufen müssen, was er aber vergaß. Der Kommandant erinnerte ihn daran, indem er es selbst tat. Der Copilot wiederholte den "80 Knoten"-Ruf daraufhin. Nach diesem kleinen Mißgeschick wurde er unkonzentriert und machte daraufhin einen noch größeren Fehler. Bei 109 Knoten rief er wie geplant: "V_1", aber gleich darauf, bei 113 Knoten, "*Rotate*". Er war es gewöhnt, V_1 und V_R in der Fokker F28 zusammen auszurufen, aber in diesem speziellen Fall war das 11 Knoten zu früh.

In dem Glauben, die Rotationsgeschwindigkeit wäre erreicht, zog der Kommandant daraufhin den Steuerknüppel sanft zu sich heran, ohne noch einmal auf den Geschwindigkeitsmesser zu schauen. obwohl das Flugzeug zu langsam war, rotierte es normal, hob die Räder von der Bahn und begann zu steigen. Doch in einer Höhe von 30 Fuß spürten die Piloten plötzlich, daß sich die Fokker nach links neigte. Erst leicht, dann immer mehr rollte sie über ihre Längsachse ab, bis ihre linke Tragflächespitze wieder die Runway berührte. Der Kommandant steuerte mit aller Kraft nach rechts und preßte den Steuerknüppel nach vorne, um die Maschine abzufangen und wieder Fahrt aufzunehmen. Es gelang ihm, die Tragflächen wieder horizontal auszurichten, doch die Fokker zeigte keinerlei Tendenz zu steigen.

Da eine Fortführung des Starts unmöglich war, versuchten die Piloten das Flugzeug in Richtung einer freien Fläche zwischen der Runway und Hudson-River zu steuern und dort zum Stehen zu kommen. Die Lampen einer VASI-Anlage (= Optische Anflughilfe) wurden von der rechten Tragfläche umgemäht, als man versuchte die Maschine leicht nach rechts zu drehen, um an einer ILS-Plattform mit Antennen auf massiven Stahlträgern, vorbeizukommen. Das gelang ihnen nur teilweise, denn die linke Tragfläche touchierte die Plattform. Aus der beschädigten linken Tragfläche trat Treibstoff aus und entzündete sich sofort. Hinter der ILS-Plattform tauchte zum Entsetzen der Piloten ein Pumpenhäuschen aus Beton auf, dem sie nicht mehr ausweichen konnten. Die linke Tragfläche brach endgültig ab und der gesamte Rumpf drehte nach links um seine Längsachse und schoß über einen Deich hinweg in das Wasser des Hudson-Rivers. Auf die linke Rumpfseite gedreht, sank der vordere Teil des Flugzeuges halb unter Wasser, während die Hecksektion über der Wasseroberfläche blieb. Trotz sofort eintreffender Rettungskräfte ertranken 17 Insassen in dem Flugzeugwrack, darunter auch der Kommandant und eine Stewardeß, weitere neun erlagen später ihren Verletzungen. Die anderen 25 konnten sich retten.

Spätere Ermittlungen ergaben, daß entgegen der Meinung der beiden Piloten auf den Tragflächen doch eine dünne Schicht Eis von circa 1-2 Millimeter Dicke vorhanden war. Nachdem in ca. 20 ft der Bodeneffekt nachließ, hatte diese Eisschicht zusammen mit der zu niedrigen Startgeschwindigkeit zu einem Strömungsabriss an der linken Tragfläche geführt. Ein Abfangen der kippenden F-28 war in dieser geringen Höhe nicht mehr möglich gewesen.

Eine der ersten Änderungen, die das NTSB daraufhin forderte, war die Einführung eines neuen Enteisungsmittels. Die bis jetzt benutzte Glykol-Heißwasser Mischung "Typ I" war laut NTSB absolut ungenügend. Die Forderung nach dem teueren, aber wirkungsvolleren "Typ 2"-Mittel, welches in Europa Vorschrift ist, wurden lauter. Einige amerikanische Airlines, wie United, führten es daraufhin freiwillig ein.

In die Kritik geriet aber auch die Fokker F28. Sie ist in der ganzen Welt als robustes und zuverlässiges Flugzeug bekannt. Mit einer Ausnahme: Mit Eis oder sonstigen Verunreinigungen auf der Tragfläche ist es nicht nur "nicht ratsam", sondern schlichtweg unmöglich die Maschine sicher vom Boden wegzubekommen. Testläufe im Windkanal ergaben, daß Partikel mit einem Durchmesser von 1 Millimeter, einer Tiefe von 1-2 Millimeter und einer Dichte von 1 Partikel pro Quadratzentimeter Tragfläche, den Auftrieb beim Start um 22 Prozent vermindert. Zu viel für einen sicheren Start. Hier wirkt sich das Fehlen von Slat-Klappen an den Tragflächenvorderkanten sehr negativ aus. Dies ist kein Problem, solange die Airlines sich Buchstabengetreu an die Enteisungsvorschriften halten (was in diesem Fall USAir getan hatte) die "Verfallszeit" des Enteisungsmittels beachten (welche bei diesen Außenbedingungen vom Hersteller mit 11 Minuten nachträglich errechnet wurde, welche die Besatzung also mit 35 Minuten stark überzog). Da es aber keine feste Zeitbeschränkung für die Wiederholung von Enteisungen gab (und gibt) und die Besatzung die Enteisung nur wiederholen muß, wenn sie den Verdacht hat, daß sich Eis auf der Tragfläche befindet, traf sie laut NTSB in diesem Fall keine Schuld. Die Besatzung der F-28 wurde am Ende Opfer der Kombination aus zu geringer Startgeschwindigkeit und dem Eis bedingten Auftriebsverlust.

Die dünne Eisschicht war vom Cockpit bei diesen Lichtverhältnissen (Dämmerung und Schneegestöber) nicht zu sehen gewesen. Das NTSB rügte außerdem die Testmethode mit den Scheinwerfern und dem schwarzen Streifen. Vom Cockpit aus konnte man höchstens 60 Prozent der Tragflächen sehen und selbst bei Dämmerung (der Unfall ereignete sich um 21:35 Uhr/loc.) der Unterschied zwischen Nässe und einer dünnen Eisschicht war nur schwer zu unterscheiden. Es regte die Entwicklung eines mechanisch-elektronischen Eisidentifikationsverfahrens an.

24.03.92
Golden Star AC   **Boeing 707-320C**
ST-ALX   **18715**

Mit einigen Tonnen Textilien aus Amsterdam befand sich die Fracht-707 morgens gegen 04:00 Uhr/loc. im Sinkflug auf die griechische Hauptstadt **Athen**. Zu dieser frühen Stunde herrschte noch totale Finsternis. Kurze Zeit darauf meldete der Pilot den Ausfall einiger Navigationsinstrumente. Somit wurde die 707 vom Fluglotsen in Athen zum weiteren Sinkflug auf 2.000 ft freigegeben. Gleichzeitig wurde der Frachtflieger angewiesen, auf Kurs

Nord (010 Grad) zu kurven. Meldungen zufolge wurde gerade in dieser Minute die Nacht- durch die Morgenschicht der Fluglotsen ersetzt. Der alte Lotse stand von seinem Stuhl auf und übergab seinen Platz dem neuen Kollegen. Während dieser Übergabeprozedur vergaß man offenbar die auf 2.000 ft fliegende Boeing. Die Piloten hatten mit den topographischen Gegebenheiten in und um Athen nicht sehr viel Erfahrung. Ahnungslos näherte sich die Maschine den Bergen, östlich des Flughafens. Dann schlug plötzlich aus heiterem Himmel der eindringliche Warnton des GPWS-Gerätes los: „*Whoop, whoop, pull up, pull up...*" Doch so schnell wie es kam verstummte das Gerät auch wieder. Die 707 überflog wohl gerade ein Tal und der Abstand zum Boden vergrößerte sich wieder etwas. Fälschlicherweise wähnten sich die Piloten in Sicherheit und dachten wohl, sie wären Opfer eines Fehlalarmes geworden. Doch weit gefehlt, direkt vor ihnen lagen Berge mit Höhen bis zu 800 Metern, die jedoch im Dunkeln nicht zu erkennen waren. Der Pilot funkte an die Bodenstation, man hätte gerade eine Höhenwarnung erhalten und die Gleitweganzeige des ILS sei nicht mehr vorhanden. Es sollte die letzte Meldung von „ST-ALX" sein. Schon zehn Sekunden später kollidierte das Flugzeug in 2.000 ft mit den Ausläufern eines Berges, ca. 5 Meilen vom Flughafen Hellenikon entfernt.

Alle sieben Insassen der Frachtmaschine kamen hierbei ums Leben. Die Maschine wurde erst wenige Wochen zuvor in Opa Locka/FL/USA bzw. Miami nach einer längeren Standzeit wieder flugtauglich gemacht und am 22.Januar in den Sudan überführt.

26.03.92
Intercontinental   Douglas DC-9-15
HK-2864X   47727

Die Landung in **Tumaco/Kolumbien** fiel so hart aus, daß die Rumpfstruktur des 24-Jahre alten Neuners überbeansprucht wurde. Nach eingehender Prüfung des alten Fliegers bestand kein Anlaß zur Reparatur mehr. Laut Presseangaben gab es weder Opfer unter den Passagieren noch unter der Crew.

28.03.92
Export Air   Douglas DC-8-33AF
OB-1456   45272

Der 31-jährige Düsenveteran befand sich im Landeanflug auf **Iquitos/Peru**.

Nach dem Aufsetzen und der Betätigung der Schubumkehr begann der 8er nach links und rechts zu schlingern. Im Cockpit leuchtete im selben Augenblick die Warnanzeige für die Fahrwerksverriegelung auf, und einige Sekunden darauf brach auch schon das Bugrad zusammen. Der Vierstrahler blieb zwar auf der Bahn, jedoch wurde die vordere Rumpfsektion erheblich beschädigt.

Niemand kam dabei zu Schaden. In Anbetracht des Alters der Maschine mochte man dieser eine Instandsetzung nicht mehr zumuten.

30.03.92
Aviaco   Douglas DC-9-32
EC-BYH   47556

Das Landemanöver auf den Flughafen von **Granada/Spanien** verlief bis zum Aufsetzen problemlos. Jedoch unmittelbar nach der ersten Bodenberührung löste sich die hintere Rumpfsektion direkt hinter den Tragflächen, in der sich zahlreiche Passagiere befanden. Beide Flugzeugteile kamen daher unabhängig voneinander zum Stehen.

Bei der ganzen Aktion wurden von den 93 Passagieren und 5 Crewmitgliedern 26 z.T. schwer verletzt. Zum Zeitpunkt des Unfalls herrschten Wind und Regen.

Von seiten der Company konnte keinerlei plausible Erklärung für das Auseinanderbrechen gegeben werden. Die DC-9 hatte fast 50.000 Flugstunden hinter sich gebracht. Das ist noch nicht einmal die Hälfte der technischen Lebenserwartung für diesen Typ.

31.03.92
Trans Air   Boeing 707-320C
5N-MAS   18718

Auf einem von Kabo Air durchgeführten Frachtflug von Luxemburg nach Kano/Nigeria, beim Steigflug über Frankreich in einer Höhe von 32.000 ft passierte es. Plötzlich gab es einen ungeheuren Ruck, der die fünf Besatzungsmitglieder mit negativer G-Kraft nach unten warf. Ein Blick aus dem rechten Fenster offenbarte das Ungeheure: beide Triebwerke unter der rechten Tragfläche hatten sich zeitgleich aus ihren Halterungen gerissen und fielen zu Boden! Auch fehlten einige der Landeklappen auf der rechten Seite. Aus den klaffenden Löchern strömten Treibstoff und Hydraulikflüssigkeit aus. Entsetzt mußten die Piloten feststellen, daß sie kaum noch Hydraulikdruck zur Steuerung der Maschine hatten. Schnell wurde ein Notruf abgesetzt und der nächstliegende Landeplatz angepeilt. Die Luftraumkontrolle leitete „5N-MAS" auf kürzestem Wege zum militärischen Flugplatz in **Istres/Frankreich**. Trotz der immensen Schäden gelang es den Piloten einigermaßen stabil in der Luft zu bleiben. Im Landeanflug mußte dann das Fahrwerk manuell herausgekurbelt werden. Mit eingefahrenen Landeklappen und Rückenwind setzte die 707 schließlich in Istres auf, wo schon die Feuerwehrfahrzeuge bereitstanden. Zwar kam man etwas von der Landebahn ab, da die Bugradsteuerung nicht funktionierte, aber dennoch konnten alle Insassen unverletzt aus der Maschine steigen. Die 28 Jahre alte 707 wurde nicht mehr repariert.

Die unterwegs verlorengegangenen Triebwerke fielen zum Glück auf unbewohntes Gebiet und wurden 150 km nördlich von der Luftwaffenbasis gefunden.

29.04.92
Gas Air Cargo   Boeing 707-320C
9G-RBO   18746

Während eines Testfluges auf dem Flughafen der Stadt **Ilorin/Nigeria** übten die Piloten gerade Touch-and-Go-

Manöver. Hierzu befanden sich lediglich die beiden Piloten und der Bordingenieur in der sonst leeren Frachtmaschine. Sekunden nach dem Aufsetzen zog der Pilot die Maschine wieder nach oben und kurvte über dem Flughafen zurück zum Anflugkurs. Mit ausgefahrenem Fahrwerk und Klappen drehte die 707 wieder in Richtung Flughafen. Als man sich gerade für die Landung bereitmachte, entstand im Cockpit eine gewisse Konfusion. In deren Verlauf war sich der Copilot offenbar nicht mehr ganz im Klaren, ob das Fahrwerk nun aus- oder eingefahren war. Unmittelbar vor der geplanten Landung bediente er in seiner Verwirrung irrtümlich den Fahrwerkshebel und das Fahrwerk fuhr wieder ein. Für einen Abbruch der Landung war es zu spät. Der Rumpf und die beiden inneren Triebwerke 2 und 3 rutschten auf dem Boden entlang, bis die Maschine mitten auf der Bahn zum Halten kam. In Anbetracht des Alters entschied sich Gas Air die Boeing nicht mehr zu reparieren. Noch am gleichen Tag wurde sie in drei Teile zerschnitten und per Traktor von der Piste gezogen.

13.05.92

Aeroflot   **Yakovlev Yak-40**
CCCP-88235   9640451

Die Yak befand sich mit 34 Passagieren und 4 Besatzungsmitgliedern im Endanflug auf **Tschardshou/Turkmenistan**. Im Bereich des Flughafens ging zu diesem Zeitpunkt gerade ein Unwetter mit stärkeren Regenfällen nieder, die die Sichtbedingungen für die anfliegende Besatzung erschwerten. Als die Lichter der Landebahn kurz vor dem Aufsetzen immer noch nicht in Sicht kamen, entschloß sich der Kommandant zum Go-around. Unmittelbar danach streifte die Maschine einen 10 Meter hohen Sendemast, der etwa 150 Meter von der Landebahnschwelle entfernt war. Daraufhin verlor die Besatzung die Kontrolle über den Jet und stürzte neben der Bahn auf unbefestigten Boden. Das nachfolgende Feuer zerstörte die Yak endgültig.

    Glücklicherweise gab es hierbei keine Todesopfer, allerdings wurden 5 Passagiere verletzt.

01.06.92

Aeroflot   **Tupolev 154B-1**
CCCP-85234   234
Aeroflot   **Tupolev 154B-1**
CCCP-85282   282

Auf dem Flughafen von **Bratsk/Sibirien/Rußland** entzündete sich während der Betankungsaktion plötzlich ausleckender Treibstoff. Dieser setzte die eine Tupolev in Brand. Noch bevor die Löscharbeiten begannen, hatten die Flammen bereits auf eine benachbarte Tu-154 übergegriffen. Beide Maschinen wurden ein Raub der Flammen.

02.06.92

Aeroflot   **Yakovlev Yak-40**
CCCP-87648   9140920

Die Maschine stürzte in der Nähe der russischen Stadt **Krasnodar/Rußland** ab, als ihr der Sprit ausging. Näheres ist nicht bekannt.

05.06.92

Balkan   **Tupolev 154B**
LZ-BTD   58

Die mit 127 schwedischen Urlaubern besetzte Tupolev rutschte bei der Landung in **Varna/Bulgarien** über das Ende der Bahn 27 hinaus. Dabei brach das Bugrad ab. Es wurden keine ernsten Verletzten gemeldet. Zum Zeitpunkt des Unfalls war das Wetter denkbar schlecht mit heftigen Regenschauern. Trotz des relativ geringen Schadens konnte man sich nicht zu einer Reparatur durchringen.

07.06.92

COPA Panama   **Boeing 737-200**
HP-1205-CMP   22059

Die seit dem 17.April von Britannia AW gemietete 737 sollte an diesem Abend den Linienflug CM201 von Panama City nach Cali/Kolumbien durchführen. Der Flug wür-

HP-1163-CMP; eine 737-200 in den Farben der Copa/Miami <Quelle: Luftfahrt Journal-Sammlung>

de ca. eine knappe Stunde dauern. 40 Passagiere sowie 7 Mitglieder der Besatzung bestiegen den Jet, der um 20:56 Uhr/loc. abhob und auf Südkurs ging.

Das Wetter war stürmisch und starke Regenfälle gingen nieder. Während des Steigfluges sahen die Piloten auf dem Wetterradar, daß direkt in ihrem Flugweg eine Gewitterfront heraufzog. Man bat den Tower in Panama-City um Erlaubnis, dieses dichte Wolkenfeld zu umkurven. Dieser Bitte wurde entsprochen und CM201 leitete eine Linkskurve ein, die die Maschine um das Gewitter herumführen sollte.

Doch in dieser Phase passierte das Unheilvolle: Durch einen Kurzschluß der Kabelverbindung des linken Fluglageinstruments (dem künstlichen Horizont) verharrte dieses wichtige Instrument in dieser 10°-Schräglage. Als die Kurve beendet war, wollte der Pilot die Tragflächen routinegemäß wieder in die horizontale Stellung zurückbringen. Doch trotz des Entgegenlenkens an der Steuersäule zeigte der künstliche Horizont immer noch die Linksneigung an. In dieser Phase wäre es normalerweise nicht schwer, den Instrumentenfehler zu erkennen, denn es befinden sich immer drei dieser Anzeigegeräte im Cockpit. Eines davon dient nur als redundantes Hilfsinstrument, wenn es zwischen den beiden Hauptinstrumenten zu Diskrepanzen kommt.

Unglücklicherweise wurden jedoch beide Hauptinstrumente auf der VG1-Stellung zusammengeschaltet. Die VG1-Stellung bestimmt, daß beide Systeme allein vom Instrument des Kommandanten (links) abhängen. Im normalen Flugbetrieb sollte dieser Schalter immer auf der „neutral"-Position stehen, die beide Anzeigegeräte unabhängig voneinander arbeiten läßt. Da beide Piloten die gleiche fehlerhafte Lageanzeige vor sich hatten, schätzten sie die Situation falsch ein. Im Glauben an das defekte Instrument verstärkte der Pilot die Rechtsneigung noch.

Niemand an Bord bemerkte die immer steilere Rechtskurve, da sich die G-Kräfte nicht änderten. Wegen der Dunkelheit, die mittlerweile hereingebrochen war, konnten die Piloten sich nicht visuell orientieren und waren einzig und allein von den Instrumenten abhängig. Als schließlich die Tragflächen die 90°Grad-Neigung passierten, erwachten die Lageanzeiger aus ihrer Verharrung und schnappten auf die tatsächliche Stellung um. Doch nun war es zu spät. In 24.000 ft Höhe senkte sich die Flugzeugnase nach unten, als die Boeing sich auf den Rücken legte und erdwärts abtauchte. Schnell erhöhte sich die Fluggeschwindigkeit bis zu einem Maximalwert von über 480 Knoten.

In freiem Fall riß der Kommandant die Leistungshebel der beiden Triebwerke zurück, konnte damit jedoch den rasenden Sturzflug nicht abbremsen. In 9.800 ft rissen die aerodynamischen Kräfte Flug CM201 auseinander. Die 737 zerfiel in viele Fragmente, die im unbewohnten, panamaischen Dschungelgebiet nahe der kolumbianischen Grenze niedergingen. Der Absturzort lag in dem Einzugsgebiet der Stadt **Tucuti area/Panama**.

Von den 47 Menschen an Bord hatte niemand die Katastrophe überlebt. Dies bedeutete für Panama den ersten zivilen Flugzeugabsturz dieser Größenordnung seit einigen Jahrzehnten.

22.06.92
V A S P   Boeing 737-200C
PP-SND   21188

Die nächste 737 ging im Anflug auf **Cruzeiro Do Sul/Brasilien** verloren, als die Maschine ca. 15 Kilometer vor der Stadt in den Dschungel stürzte. Während der Anflugprozedur leuchtete plötzlich das Licht des Feuermelders im hinteren Frachtbereich auf. Daraufhin begab sich eines der Besatzungsmitglieder in die Frachtkabine, um den Sachverhalt zu prüfen. Zuvor ersuchte der Pilot die ATC, für Feuerwehrpräsenz auf dem Rollfeld zu sorgen. Es war jedoch keinerlei Rauch oder Flammen zu erkennen, und somit kehrte er ins Cockpit zurück, wo man sich wieder auf die bevorstehende Landung zu konzentrieren hatte. Kurze Zeit später flammte dasselbe Warnlicht erneut auf. Abermals schnallte sich ein Besatzungsmitglied ab und ging wieder nach hinten. Doch wie beim ersten Mal ließ sich kein Indiz für ein Feuer erkennen. Das ständige Hin und Her war für die Cockpitbesatzung offenbar zuviel. Alle schienen sich vorrangig mit dem vermeintlichen Kabinenbrand zu beschäftigen. Daher wurde auch nichts gegen den rapiden Sinkflug, in dem man sich befand, getan.

Der letzte Flug der „SND" begann mit einer 14 Tonnen schweren Ladung Lebensmittel und Post in Porto Velto und kostete allen 3 Besatzungsmitgliedern das Leben.

20.07.92
Georgian AC   Tupolev 154B-1
CCCP-85222   222

Die mit einer Ladung Tee beladene Tupolev war gerade im Begriff, von der Piste des Flughafens in **Tiflis/Georgien** abzuheben, als das Flugzeug nach dem Rotieren nicht an Höhe gewann und in den Vorort Novo Alexeyevo, der unmittelbar hinter dem Flughafenareal liegt, crashte. Flugzeug und Ladung brannten völlig aus.

Keiner der 20 Personen an Bord überlebte das Unglück. Desweiteren kamen in dem entstandenen Inferno 5 Menschen am Boden ums Leben. Berichten zufolge soll das Startgewicht des Fliegers jenseits der maximal zulässigen Grenze gelegen haben. Es soll unter den ehemaligen AFL-Piloten einen regen Handel mit zusätzlicher, nicht deklarierter Fracht geben. Mit dem Erlös solcher zusätzlicher Frachtlieferungen bessern die Piloten ihr schmales Gehalt auf. Die Überschreitung des maximalen Abfluggewichtes wird hierbei in Kauf genommen.

30.07.92
T W A   L1011 TriStar 1
N11002   1014

Unglaubliches Glück hatten sämtliche 275 Passagiere, die 9 Mitglieder der Kabinenbesatzung und die 3 Cockpitmitglieder, die an diesem Tag von **New York-**

JFK/NY/USA zum Flug TW843 nach San Francisco starten wollten. Gerade hatten sich die Räder vom der Startbahn 13R gelöst, als das Rüttelsystem der Steuersäulen ansprach, das vor überzogenen Flugzuständen warnen soll. Der fliegende Copilot übergab sofort die Steuerkontrolle an seinen rechts sitzenden Kommandanten. Obwohl sich die Maschine schon einige Meter in der Luft befand, entschloß sich dieser zum Startabbruch! Dabei ließ er die Steuersäule nach vorne schnellen und hielt sie in dieser Position, was zu einer erdwärts gerichteten Bugausrichtung führte und den weiteren Steigflug unterband. Die Triebwerksleistung wurde reduziert, und die Maschine landete mit extremer Härte wieder auf der Startbahn.

Mit den Worten:

"..I didn't feel it was going to fly..".

erklärte er später seine ungewöhnliche Entscheidung. Sowohl der Bordingenieur, als auch zwei im Cockpit mitfliegende TWA-Piloten hatten das selbe Gefühl.

Der TriStar schlug mit 32 Tonnen über der maximalen Konstruktionsbelastung des Fahrwerks auf den Bahnasphalt und konnte nicht mehr vor Ende der Bahn zum Stillstand gebracht werden. Die Sinkrate betrug beim Aufprall 11 m/sek (max. Werkszulassung: 6 m/sek.). Dadurch brach einer der hinteren Spanten der rechten Tragfläche und Treibstoff ließ in großen Mengen aus.

Die Piloten wichen noch einem Hindernis hinter der Bahn aus und lenkten den TriStar auf ein Rasenstück. Hier brach das schon durch den harten Aufschlag lädierte Bugfahrwerk zusammen. Nachdem die Maschine stillstand, breitete sich das Feuer über die gesamte hintere Rumpfsektion aus. Es gelang der versierten Kabinenbesatzung, sämtliche Passagiere aus dem brennenden Jet innerhalb von zwei Minuten vollständig zu evakuieren.

Von den 292 Insassen wurden 95 leicht verletzt. Trotz der sofort einsetzenden Löscharbeiten war die hintere Rumpfzelle bereits hoffnungslos verbrannt.

Wie später ermittelt wurde, schlug das Rüttelsystem der Steuersäule durch einen Defekt ohne Grund an. Ausschlaggebend hierfür war ein fehlerhafter Sensor, der den Strömungswinkel an der rechten Seite über der Tragfläche mißt. Trotz normal anliegender Luftströmung löste das Gerät Alarm aus uns setzte damit das Schüttelsystem der Steuersäulen im Cockpit in Betrieb.

TWA wurde vom NTSB gerügt, die Wartungsintervalle für solche Sensoren nicht, wie bisher üblich, nach Kalendertagen, sondern nach Flugstunden durchzuführen. Der Bruch des hinteren Tragflächenspantes infolge Überbeanspruchung trieb die FAA bereits 1986 dazu, eine entsprechende Lufttüchtigkeits-Direktive (AD) an alle L-1011 Betreiber herauszugeben.

Grund war damals ein Bruch dieses Bauteils an einem TriStar der Delta AL, der nach der Landung ebenfalls Kerosin verlor.

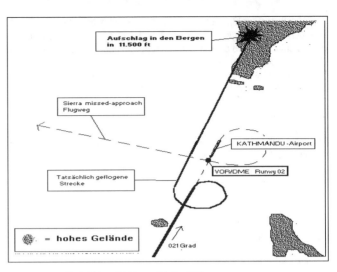

Flugweg des Thai-Airbus A310 am 31. 7. 1992

31.07.92

Thai Int'l   **Airbus A310-300**
HS-TID   **438**

Der Flughafen von **Kathmandu/Nepal** ist unter Piloten äußerst unbeliebt. Liegt er doch 1.500 Meter über dem Meeresspiegel in einem Talkessel, umgeben von 3.000- bis 4.000 Meter hohen Bergen. Es gibt weder eine Radaranlage noch eine ILS-Anlage zur Unterstützung der Piloten beim Anflug. Zudem verfügt der Flughafen über meist extrem schlechtes Wetter. Ganz besonders unbeliebt ist der Anflug von Osten, bei dem man eine äußerst heikle Slalomstrecke, die aus hohen Bergen besteht, fliegen muß, ehe man überhaupt in dem Talkessel mit dem Anflug beginnen kann. Dann muß die Maschine noch eine scharfe 180°Grad Kurve fliegen, bis der eigentliche Landeanflug durchgeführt werden kann, welcher bei schlechtem Wetter ein Abenteuer für sich ist.

An dem Tag, als sich der aus Bangkok kommende Flug TG 311 im Anflug auf Kathmandu befand, war das Wetter sehr schlecht: Starke Regenfälle, reduzierte Sicht und eine tiefe Wolkenuntergrenze herrschten vor. Die Besatzung des Thai-Airbusses war nicht begeistert, als sie für den komplizierten Anflug von Osten freigegeben wurde, statt den direkten Anflug von Süden. Als dann auch noch eine Maschine der Royal Air Nepal den direkten Anflugweg bekam, steigerte sich der Ärger der Airbusbesatzung. Es kam zu einer Diskussion zwischen den nepalesischen Anfluglotsen und den thailändischen Piloten, die in der Freigabe der Thai-Maschine für den direkten Anflug endete. Die Piloten waren sich zwar bewußt, daß sie der nepalesischen Maschine sehr nahe kamen, begannen aber trotzdem mit dem Anflug. Sie flogen in den wolkenverhangenen Talkessel ein und begannen mit dem Abstieg. Im Verlauf des Anfluges versagten die Landeklappen des Airbusses ihren Dienst. Sie fuhren nicht in die gewünschte Stellung von 15 Grad aus, woraufhin die Besatzung die Klappen wieder einfuhr und es nochmals versuchte. Diesmal funktionierten die Klappen wunschgemäß, aber während des einminütigem Ein-

und Ausfahrens der Klappen war die Maschine zu hoch über den Anflugweg geraten. Der Anfluglotse in Kathmandu entschied, daß die Maschine den Anflug abbrechen, eine Rechtskurve fliegen und zum Ausgangspunkt Romeo zurückfliegen sollte. Von dort sollte die Maschine dann für einen erneuten nächsten Anflug ansetzen.

Es waren einige Minuten vergangen, als der Kommandant des Fluges TG 311 beim Lotsen nachfragte, ob er eine Linkskurve fliegen dürfe. Der Fluglotse nahm an, die Maschine habe schon ihre Rechtskurve geflogen, und verweigerte der Besatzung diese Kurve. Der Anfluglotse verfügte über kein Radargerät und konnte daher nicht sehen, daß die Thai Besatzung immer noch Richtung Nordosten flog. Sie hatte die befohlene Rechtskurve noch nicht geflogen. Der Kommandant wiederholte seine Bitte um die Genehmigung der Linkskurve noch dreimal, doch der Anfluglotse wiederholte jedesmal „Negative, proceed!". Die Besatzung bat weiter darum, auf 18.500 ft steigen zu dürfen, doch auch das verweigerte ihnen der Anfluglotse. So legte die Besatzung den Airbus in seine Rechtskurve, aus der aber aus unerfindlichen Gründen ein Vollkreis wurde.

Statt wie angeordnet Richtung Westen den „Missed Approach Path" Sierra zu fliegen, zeigte die Nase des Airbus wieder Richtung Nordosten. Und damit genau auf ein mächtiges Vorgebirge des Himalaja Gebirges.

Jetzt übergab der Anfluglotse den Flug TG 311 an die Luftraumkontrolle, die ebenfalls über keine Radargeräte verfügte und somit bei den Positionsangaben auf die Aussagen der Besatzung angewiesen war. So bemerkte die Luftraumkontrolle ebenfalls nicht, daß der Airbus in 10.500 ft Richtung Norden flog. Ob die Piloten bemerkten, in welche Richtung sie flogen und in welche Gefahr sie sich begaben, ist ungeklärt.

Der Airbus flog gut vierzig Kilometer nach Norden und zerschellte dann in 10.500 ft an den Hängen des Talaku Shir Berges, der 14.000 ft hoch ist. Alle 113 Insassen, 99 Passagiere und 14 Besatzungsmitglieder, starben bei dem Aufschlag. Es dauerte zwei Tage, bis die nepalesischen Rettungskräfte das Trümmerfeld erreichten.

Die Klärung der Absturzursache wurde von politischem Streit zwischen der Regierung in Nepal und der in Thailand begleitet. So akzeptierten die nepalesischen Untersuchungsbehörden die thailändische Übersetzung des CVR Transscriptes nicht. Die thailändischen Untersuchungsbeamten wiederum warfen ihren nepalesischen Kollegen vor, sie würden alles tun, um die nepalesische Luftaufsicht von allen Vorwürfen freizuhalten. Die nepalesische Untersuchungsbehörde würde versuchen, als Absturzgrund den „Pilotenfehlers" mit Fakten zu unterlegen. Sie würde aber keinerlei Beweise zulassen, die auf eine Mitschuld der mangelhaft ausgerüsteten Luftaufsicht in Kathmandu hinweisen würde.

31.07.92
China General Av.   **Yakovlev Yak-42D**
B-2755   **2116644**

60 Minuten verzögerte sich der Abflug der Yak vom Flughafen der Stadt **Nanking/China**, in der Provinz Jiang-Su, zum bevorstehenden Linienflug GP 7552 nach Xiamen. Der Grund hierfür war ein Problem in einem der drei Triebwerke. Als das Problem gelöst zu sein schien, rollte die Maschine zum Start und hob kurz darauf ab. In einer Höhe von 200 ft bemerkten die Piloten, daß das anfängliche Problem nicht vollständig gelöst wurde, da das bewußte Antriebsaggregat nun vollständig den Geist aufgab und die Yak-42 wieder an Höhe verlor. Etwa 600 Meter hinter dem Bahnende stürzte der Dreistrahler in das flache Wasser eines Sees und zerschellte.

Das Unglück kostete 106 der 126 Insassen das Leben.

Nach diesem Unfall zog die Fluggesellschaft kurzerhand sämtliche Yak-42 vorübergehend aus dem Verkehr.

01.08.92
Ariana Afghan   **Yakovlev Yak-40**
YA-KAB   **9120417**
Ariana Afghan   **Yakovlev Yak-40**
YA-KAF   **9170617**

Diese beiden Maschinen wurden bei einem der zahlreichen Feuergefechte verfeindeter Mudschaheddin-Einheiten auf dem Flughafen von **Kabul/Afghanistan** durch Raketentreffer zerstört. Berichte über zuschadengekommene Passagiere liegen nicht vor.

27.08.92
Aeroflot   **Tupolev 134A**
CCCP-65058   **49868**

Um 22:45 Uhr/loc. zerschellte die aus Mineralniye Vody via Donetzk kommende Tupolev bei schlechtem Wetter und geringer Sicht im Landeanflug auf **Ivanovo/Russland**. Ersten Berichten zufolge war die Tupolev im Anflug etwas schneller als vorgeschrieben und bekam 3 Kilometer vor der Landebahn Baumberührung. Danach war die zu hohe Sinkrate nicht mehr aufzuhalten. Die rechte Tragfläche bohrte sich in die Erde und brach ab.

Alle 77 Passagiere und die 7 Besatzungsmitglieder kamen ums Leben.

29.08.92
Hold Trade Air   **BAC 1-11-200**
5N-HTA   **51**

Der Besatzung der BAC gelang es bei der Landung in **Kaduna/Nigeria** nicht, das Flugzeug rechtzeitig abzubremsen, und die ex-Aer Lingus Maschine schoß über das Ende der Piste hinaus und wurde irreparabel am Rumpf beschädigt.

Die Insassen kamen mit dem Schrecken davon.

Dies war bereits die fünfte BAC, die innerhalb von 3 Jahren, die in Nigeria abgeschrieben werden mußte.

14.09.92
Yakutivia   **Yakovlev Yak-40**
87411   **9420334**

Die Yak mußte wegen eines Feuers an Bord eine Notlandung auf dem Flughafen von **Nerjungri/Rußland**, nahe Workuta am Polarkreis, machen und wurde dabei zerstört.

28.09.92
P I A   Airbus A300B4
AP-BCP   25

In derselben Gegend, in der der thailändische A310 verunglückte (siehe 31.07.92), wurde erneut ein Airbus vom Schicksal heimgesucht. Der auf dem Linienflug PK 268, von Karachi nach **Kathmandu/Nepal** befindliche A300 beförderte 148 Passagiere, drei Sicherheitsbeamte, vier Techniker sowie die 12 Crew.

PK 268 befand sich gegen 14:00 Uhr/loc. im Landeanflug auf die Bahn 02, die allerdings wegen dichter Wolken noch nicht in Sicht war. Es wurden Klappen und Fahrwerk ausgefahren. Etwa drei Minuten vor der Landung in Kathmandu, riß plötzlich der Funkkontakt zu PK 268 ab. Ohne erkennbares Problem an Bord sank der A300 immer weiter unter die Anfluglinie und prallte schließlich gegen die Ausläufer eines in Wolken gehüllten Bergkamms, ungefähr 9 Meilen südlich des Flughafens, und zerschellte. Niemand der 167 Insassen des A300 überlebte.

Die nepalesische Untersuchungskommission kam zu dem Schluß, daß durch ein fehlerhaftes Sinkflugverfahren der Crash zustande kam. Die Piloten folgten zwar dem korrekten Landekurs von 022 Grad, leiteten aber zu früh den Sinkflug auf die Landebahn ein. Der Kathmandu-Tribhuvan Int'l Airport liegt auf 4390 ft Meereshöhe und gilt unter Fliegern als heikles Terrain. In einer Hochebene zwischen den Himalaya-Ausläufern gelegen, verfügt der Flughafen lediglich über (den topographischen Bedingungen unangemessene) VOR/DME-Anflugmöglichkeiten. Ein ILS ist nicht vorhanden.

Während des Endanfluges sind in den Anflugkarten 8 Fixpunkte verzeichnet, bei denen das anfliegende Flugzeug eine bestimmte Höhe passieren muß.

Die Piloten von PK 268 sanken aber zu früh und waren über dem ersten Fixpunkt(16 Meilen außerhalb des Flughafens) statt 11.500 ft auf etwas mehr als 10.500 ft, eine Höhe, die genau dem Höhenwert des nächsten Fixpunktes (bei 13 Meilen) entsprach. Somit war PK 268 immer um einen Schritt voraus. Durch die dichte Wolkendecke war den Piloten die Sicht auf den Boden und den näherkommenden Berg versperrt gewesen. Bei besserem Wetter hätten sie mit Sicherheit ihren Fehler erkannt und den Sinkflug in einen Geradeausflug umgewandelt.

Bei einer Entfernung von 10 Meilen zeigte der Höhenmesser 8.500 ft (Sollhöhe 9.500 ft), was für eine Überfliegung des 7.500 ft hohen Berges im Anflugweg nicht ausreichte. Der Airbus prallte wenig später in 7.350 ft (Sollhöhe etwa 9.000 ft) gegen einen Steilhang dieses Berges und zerschellte.

Als Verbesserungsmaßnahmen schlug die Kommission die Anbringung von Klemmleisten an den Steuersäulen vor, an denen Ab-und Anflugkarten geklemmt werden können, damit die Piloten jederzeit diese Karten im Blickfeld haben. Desweiteren wurde die ICAO damit beauftragt, vor der Veröffentlichung von Anflugkarten diese einer Endprüfung zu unterziehen, da es manchmal zu Abweichungen der Höhen- oder Distanzwerte auf den Karten mit den realen Werten gab.

Der nepalesische Premierminister gab bereits nach dem ersten Airbus-Crash vom Juli bekannt, daß man sich um die Installation eines Anflugradars bemühen werde.

Zu spät allerdings für die zu Tode gekommenen Menschen an Bord der Maschine. PIA leitete noch im gleichen Jahr eine umfangreiche Training und Ausbildungsoffensive ein, um das fliegende Personal besser auf die z.T. schwierigen Bedingungen im asiatischen Streckennetz vorzubereiten.

01.10.92
Aeroflot   Ilyushin Il-62M
RA-86703   41601

Ein unachtsamer Bodenarbeiter ließ auf dem Inlandsflughafen von **Moskau-Domodedovo AP/Rußland** eine brennende Zigarette fallen, die prompt einige Treibstoffreste auf dem Flugfeld in Brand setzte. Die Flammen griffen auf die danebenstehende Il-62 über und beschädigten sie so stark, daß sie aus dem Verkehr gezogen werden mußte.

04.10.92
EL AL   Boeing 747-200F
4X-AXG   21737

Der EL AL Frachter war Mittags aus New York kommend mit 114,7 Tonnen Fracht an Bord auf dem Flughafen Amsterdam-Schipol gelandet. Es wurden 72 Tonnen Treibstoff nachgetankt und ein Crew-Wechsel vorgenommen, um dann abends den letzten Teil ihres Frachtkurses nach Tel-Aviv-Ben Gurion AP anzugehen.

Es begann dunkel zu werden, als die frische Besatzung an Bord des EL AL Frachters um 18:04 Uhr/loc. um die Erlaubnis zum Push-Back und zum Starten der Turbinen baten. Diese wurde erteilt und zehn Minuten später wurde die Maschine vom Tower mit einem freundlichen „Shalom" verabschiedet. Mit einem Gesamtgewicht von 338,3 Tonnen (also 21 Tonnen unterhalb dem zulässigen Höchstgewicht) rumpelte sie gemächlich Richtung Startbahn 01L. Dort angekommen, bat der Kommandant um die Starterlaubnis. Auch diese wurde erteilt und so hob die von dem Copiloten gesteuerte israelische Maschine um 18:21 Uhr/loc. ab und begann mit ihrem Steigflug. Als sie die Höhe von 2.900 ft erreicht hatte, drehte er in Richtung Süd-Osten auf das Funkfeuer PAMPUS zu. Es gab keine besonderen Vorkommnisse. Nur einer der Abfluglotsen mokierte sich über die geringe Steigrate des Frachters:
ATC: „Kannst du KLM 237 übernehmen, diese EL AL steigt wie ein Pflasterstein!"

Es sah für die Besatzung alles nach einem ruhigen Flug nach Tel-Aviv aus, bis die Maschine um 18:27:30 Uhr/loc. in ca.6.500 ft Höhe die am Ufer des Ijsselmeers gelegene Ortschaft Muiderberg überflog. In diesem Moment brach einer der vier Befestigungsbolzen der inneren Aufhängung von Triebwerk No.3 weg. Zwei dieser Bolzen (einer außen und einer innen) und zwei Befestigungsstreben verbinden den Pylon mit der Tragfläche. Da der innere Befestigungsbolzen versagt hatte, schwang das einige Tonnen schwere Triebwerk nach außen weg, woraufhin auch der äußere Befestigungsbolzen nachgab. Es kippte nun nach vorne, nur noch an den zwei Streben hängend, welche das Gewicht nicht halten konnten und ebenfalls abrissen. Bevor es endgültig vom Flügel getrennt wurde, wurde das noch mit hoher Leistung arbeitende Triebwerk samt Pylon erst ein kurzes Stück schräg nach oben geschleudert, dann vom Fahrtwind gebremst, um darauf mit großer Gewalt seitlich gegen die Tragflächenvorderkante zu krachen. Dadurch wurden die Vorflügelklappen (Slats) zwischen den Triebwerken 3 und 4 völlig zerstört und etliche Hydraulik- und Preßluftleitungen zerteilt. Außerdem wurde das rechte äußere Querruder in seiner 5° Stellung verklemmt. Das abgefallene Triebwerk traf so unglücklich auf, daß es unter die Tragfläche gedrückt und gegen das Triebwerk No.4 geschleudert wurde, welches ebenfalls abriß. Mit dem Pylon knallte es gegen die Tragflächenunterseite und befand sich dann zusammen mit Triebwerk No.3 im freien Fall. Beide Triebwerke, etliche andere Teile der Triebwerksaufhängungen, einige Slats und Tragflächeninnereien, wie Hydraulik- und Pneumatikpumpen, schlugen Sekunden später im Ijsselmeer auf.

Da der Cockpit Voice Recorder trotz intensiver Suche an der Unglücksstelle nicht aufzufinden war (EL AL schwört, daß einer an Bord war), kann man nur vermuten, was die ersten Reaktionen der Besatzung nach dem Eintreten der Notsituation waren. Auf jeden Fall übernahm der Kommandant wieder das Steuer. Er schob die Schubhebel der verbleibenden Triebwerke Nr.1 und 2 auf Vollschub, um den schweren Frachter in der Luft zu halten und begann Sprit abzulassen. Der Copilot setzte einen Notruf ab. Er meldete Feuer in den Triebwerken No.3 und 4 und bat mehrmals darum sofort zurückkehren zu dürfen. Die Fluglotsen lösten Alarm aus und räumten sofort den Luftraum rund um die EL AL Maschine, welche nach rechts drehte, um auf dem schnellsten Weg zum Ausgangsflughafen zurückzukehren.

Wegen des harten Schlages, der offensichtlichen Beschädigungen der Tragfläche und eines falschen Feueralarms von den beiden Triebwerken No.3 und 4 (fallen die Sensoren der Temperaturüberwachung im Triebwerk aus, gibt der Computer vollautomatisch Feueralarm) erlag die israelische Besatzung am Anfang wahrscheinlich einem Irrtum. Sie dachte wahrscheinlich am Anfang, sie wären von einer oder mehreren Raketen getroffen worden, welche die beiden Triebwerke in Brand geschossen und die gesamte Tragfläche durchlöchert hätten. Da man vom Cockpit aus die Tragflächen nicht einsehen konnte, war die Besatzung nicht in der Lage, das Ausmaß der Beschädigung zu überprüfen. Auf jeden Fall ging sie davon aus, daß die beiden Triebwerke noch brennend unter den Flügeln hingen. Deswegen wollten sie wieder auf dem Flughafen sein, bevor sich das (angebliche) Feuer bis zu den Treibstofftanks in den Flügeln durchgefressen hatte.

Die Fluglotsen gaben EL AL 1862 für einen Sinkflug und eine Rechtskurve frei, welche der Pilot sofort ausführte. Der Copilot erbat eine Landeerlaubnis auf der Runway 27, da diese am schnellsten zu erreichen war. Die Lotsen waren mit dieser Entscheidung nicht sonderlich glücklich, da auf dieser Bahn Rückenwind herrschte. Da die Besatzung aber offensichtlich eine schnelle Landung mit Rückenwind einem langen Anflug mit zwei vermutlich brennenden und ausgefallenen Triebwerken vorzogen, wurde Flug EL AL 1862 für die Runway 27 freigegeben und an die Anflugkontrolle weitergegeben.

Dort meldete die Besatzung ihre Notlage und erkundigte sich mehrmals nach der Entfernung zur Landebahn. Sofortige Gegenfrage des Towers war, wieviel Platz die EL AL für ihren Landeanflug bräuchte:

ATC: „Kurs 360, machen Sie eine Rechtskurve auf dem Localizer, und dann haben Sie noch 7 Meilen bis zur Landebahn von ihrer momentanen Position aus!"
COP: „Roger, 36, verstanden."
ATC: „EL AL 1862, wieviel Entfernung braucht Ihr bis zum Aufsetzten?"
COP: „Wir brauchen 12 Meilen."

Der Frachter war für einen direkten Anflug also noch zu hoch und mußte in eine weitere Rechtskurve geschickt werden, um einen Kreis zu fliegen und dadurch Höhe zu verlieren. Dieser Aufforderung konnte die Besatzung aber schwer folgen, denn jetzt begannen sich die Steuerprobleme ernsthaft auszuwirken. Im Laufe der Kommunikation zwischen ATC und Copilot hatte man im Hintergrund den Kommandanten „Flaps 1" rufen hören können. Kurz darauf wollte sich der Anfluglotse über die Größe des Problems Gewißheit verschaffen:

ATC: „EL AL 1862, nur damit ich das richtig verstanden habe, Ihre Triebwerke 3 und 4 sind ausgefallen?"

4X-AXG; die verunglückte 747F ohne den „EL AL" Schriftzug und Logo versehen, 8 Jahre vor dem Crash / Los Angeles 1984 <Quelle: Luftfahrt Journal-Sammlung>

COP: „Nummer 3 und 4 sind aus und...äh...wir haben Probleme mit den Klappen!"

Als der Jumbo mit der Rechtskurve begann, wurde durch das auf 5° ausgefahrene innere Querruder und durch die mit hohem Schub arbeitenden Triebwerke No.1 und 2 der Frachter immer um seine Längsachse nach rechts gerollt. Dieses „Rollmoment" wurde noch dadurch verstärkt, daß die unbeschädigte linke Tragfläche mehr Auftrieb hatte als die beschädigte rechte Tragfläche. Dadurch wurde der linke Flügel vom Luftstrom hochgedrückt, was die Schwierigkeiten der Besatzung noch vergrößerte. Sie mußte alle ihre Kraft und ihre Flugerfahrung aufwenden, um die Maschine überhaupt in der Luft zu halten. Alle Versuche, diese Neigung auszugleichen, schlugen wegen der zerstörten Klappen und Versorgungssysteme fehl. Also wurde der Schub zurückgenommen, was die Neigung zwar verminderte, aber wegen des hohen Gewichts der Maschine und den ausgefallenen Auftriebshilfen bewegte sich die Maschine stark an der Grenze des Strömungsabrisses. Wochenlange Versuche am Flugsimulator ergaben später, daß die Grenze, an der ein Strömungsabriß an der rechten Tragfläche stattfindet und die Maschine überzieht, bei 256 Knoten lag. Normalerweise überzieht ein Jumbo bei 165 Knoten ohne Klappen und bei 110 Knoten mit voll ausgefahrenen Klappen und Fahrwerk (bei einem Gewicht von ca.250 Tonnen).

Die Besatzung, die den genauen Wert der Stallgeschwindigkeit unter diesen Umständen nur schätzen konnte, befand sich in einem Teufelskreis: Sie mußten einerseits die beiden verbleibenden Triebwerke mit Vollschub laufen lassen, um in der Luft zu bleiben, andererseits ließ das (und die daraus resultierende hohe Geschwindigkeit) den Frachter immer mehr nach rechts rollen.

Die Piloten versuchten jetzt verzweifelt, die Maschine in eine Linkskurve in Richtung Landebahn zu zwingen.

ATC2: „EL AL 1862, setzt den Sinkflug bis auf 1500 ft fort, 1500ft"
COP: „1500 ft, O.K...äh... wir haben auch Probleme mit der Steuerung!"
ATC2: „Sie haben Kontrollprobleme, Roger!"

Als man die verlängerte Achse der Runway 27 überflog, nahm der Kommandant den Schub zurück, um wieder nach links zu rollen und auf Landekurs einzuschwenken. Dabei fiel die Geschwindigkeit unterhalb von 256 Knoten, woraufhin die Strömung an der rechten Tragfläche abriß und sie nach unten abkippte. Die Piloten versuchten noch, den Jumbo wieder aufzurichten und eine Notlandung einzuleiten. Doch sie konnten die Maschine nicht mehr halten. Mit einer Querneigung von 85° und nach unten gerichteter Nase stürzte der steuerlose Jumbo in einer immer enger werdenden Rechtskurve dem Erdboden entgegen. Im Tower hörte man um 18:35:25 Uhr/loc. nur noch einen mit Stimmengewirr aus dem Cockpit unterlegten Notruf:

CPT und COP:
„Zieh alle Klappen ein, alle Klappen rein, Fahrwerk raus!....Wir stürzen ab, 1862, wir stürzen ab... stürzen ab, habt ihr das verstanden, stürzen ab..."

In diesem Moment schoß der fast querliegende Jumbo in Baumwipfelhöhe an den ersten Hochhäusern der Amsterdamer Vorstadt **Bijlmermeer/Niederlande** vorbei und bohrte sich um 18:35:42 Uhr/loc. in ein elfstöckiges Wohnhaus. Die Wucht des Aufschlags und das explodierende Kerosin verwandelte den Wohnblock sofort in ein Flammenmeer. Man konnte im Tower zwar den Feuerschein sehen, hatte die Größe der Katastrophe, die sich 13 Kilometer östlich abspielte, aber noch nicht begriffen:

TWR: „Es ist vorbei."
ATC: „Ja, also EL AL 1862, wie ist ihr Kurs?"
TWR: „Es hat keinen Zweck, sie sind abgestürzt."
ATC: „Hast du es gesehen?"
TWR: „Da ist eine große Wolke über der Stadt!"

Der Tower informierte die Feuerwehr, welche kurze Zeit später an der Absturzstelle eintraf. Dort bot sich ihnen ein Bild des Grauens. Die EL AL Maschine war genau in das Verbindungsteil zweier Wohnblöcke gerast, welche an dieser Stelle dem Erdboden gleichgemacht wurden und in Flammen standen. Brennende Trümmer des Flugzeuges und der Wohnblöcke waren über einen Umkreis von 400 Meter verteilt. Es gelang der eintreffenden Feuerwehr, die Flammen in kurzer Zeit zu löschen.

Trotz aller Bemühungen kamen für die vier Insassen der EL AL und für mindestens sechzig Einwohner der Wohnblöcke „Kruitberg" und „Groeneveen" jede Hilfe zu

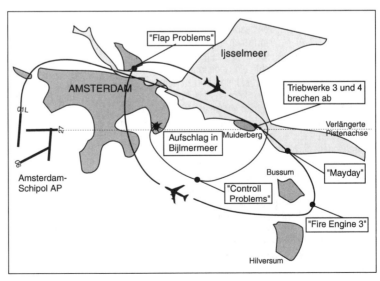

Die letzten Minuten der israelischen Fracht 747 am Abend des 04.10.1992.

spät. Die genaue Zahl der Opfer dürfte jedoch höher liegen, da in der Siedlung viele Einwanderer lebten, die bei den Behörden nicht gemeldet waren. Die Hitze der Explosion war so groß, daß die meisten Toten später nicht mehr zu identifizieren waren.

Über die genaue Absturzursache herrschte Rätselraten, bis die niederländische Marine zehn Tage nach dem Absturz das Triebwerk Nr.3 und seine Aufhängung samt Pylon aus dem Ijsselmeer barg. Es konnten keine Schäden *innerhalb* des Triebwerks festgestellt werden (also keine Überlast, weggebrochene Teile oder Vogelkadaver von einem Vogelschlag waren zu finden). Sicher ist, daß einer der vier Sicherungsbolzen, die den Pylon (und damit das Triebwerk) mit der Tragfläche verbinden, der Dauerlast nicht mehr standhalten konnten und gebrochen war. Deswegen konzentrierten sich die anschließenden Materialuntersuchungen auf den Sicherungsbolzen, der (wahrscheinlich) zuerst versagt hatte. Die anderen drei Sicherungsbolzen konnten das auf Vollschub laufende tonnenschwere Triebwerk dann nicht mehr halten und brachen kurz hintereinander weg.

Bei metallurgischen Untersuchungen stellte sich heraus, daß an einer Stelle des Sicherungsbolzens ein Haarriß vorhanden war, der den Bruch verursacht hatte. Dieser 4 Millimeter tiefe Haarriß war entlang einer Rille entstanden, die an der dünnsten Stelle des Bolzens liegt, der sogenannten Sollbruchstelle. Alle Bolzen haben diese Sollbruchstellen, um beim Abriß eines Triebwerks nicht die darüberliegenden Treibstofftanks zu beschädigen und sich so „sauber" von der Tragfläche zu trennen. Verursacht wurde dieser Ermüdungsriß durch mangelhafte Verarbeitung des Materials durch den Herstellers, die zu einer Schwächung der Zugfestigkeit des Bolzens führte.

Sofort begann ein Streit zwischen der israelischen Fluggesellschaft EL AL und dem Hersteller Boeing, wann dieser „Ermüdungsriß" aufgetreten und feststellbar gewesen sei. Boeing veröffentlichte eine Studie, wonach dieser Haarriß bei der letzten Inspektion des Bolzens, 257 Flüge vor dem Absturz, mit einer Ultraschalluntersuchung *feststellbar* war. Außerdem hätte Boeing der FAA in einigen Service-Bulletins extra darauf hingewiesen, dem Sicherungsbolzen besondere Aufmerksamkeit zu schenken. EL AL verwahrte sich energisch gegen den Vorwurf, in der Wartung seiner Flugzeuge „geschlampt" zu haben, und veröffentlichte ein Gegengutachten, wonach der Haarriß bei der letzten Inspektion zu klein war, um festgestellt werden zu können. Nachdem man Gutachten und Gegengutachten ausgetauscht hatte und sich in Zeitungen wochenlang gegenseitig die Schuld zugeschoben hatte, einigte man sich darauf die Hauptleidtragenden -die Niederländer- entscheiden zu lassen.

In ihrem Abschlußbericht kamen die Niederländer zu dem Ergebnis, daß: „keine klare Entscheidung darüber getroffen werden könnte, ob der Haarriß bei der letzten Ultraschalluntersuchung feststellbar war oder nicht.". Die niederländischen Behörden wiesen aber darauf hin, daß sich in letzter Zeit Zwischenfälle mit Triebwerksaufhängungen von B-747 und B-707 (deren Triebwerksaufhängungen fast baugleich sind) unter ähnlichen Bedingungen (ältere Maschinen im Steigflug mit Beladungen knapp unter dem Maximalgewicht) gehäuft hätten:

-Am 29.12 1991 waren bei einem China AL-Frachter ebenfalls die Triebwerke Nr.3 und 4 im Steigflug abgebrochen. Die Besatzung verlor die Kontrolle über die Maschine und stürzte in der Nähe von Taipeh/Taiwan ab.

-Am 31 03.1992 brachen über Frankreich bei einem nigerianischen 707-Frachter im Steigflug die Triebwerke Nr.3 und 4 ab. Trotz einer brennenden rechten Tragfläche und schwerster Steuerungsprobleme schafften es die afrikanischen Piloten, die Maschine auf dem französischen Militärflughafen Istres notzulanden.

-Am 31.03.1993 geriet ein Evergreen-Frachtjumbo während des Steigfluges in eine Turbulenz, die so stark war, daß das Triebwerk Nr.2 abbrach. Trotz „schwerer Steuerprobleme" konnten die Piloten den amerikanischen Jumbo wieder in Anchorage/USA landen.

Vier schwere Unfälle (den EL AL-Frachter mitgerechnet) und etliche kleinerer Zwischenfälle innerhalb von 15 Monaten hätte -laut niederländischer Behörden- Boeing nicht nur zum Verschicken von Service-Bulletins anregen sollen. Boeing hätte diese Triebwerksaufhängung außerdem neu konstruieren und die offensichtlich ungenügenden alten schnellstens aus dem Verkehr ziehen müssen. Außerdem sollte das Triebwerk-Feuerwarnungssystem neu konstruiert werden. Der EL AL wurde nahegelegt, ihr Crew-Training im Bereich des Fliegens mit asymmetrischem Schub zu intensivieren. Insgesamt sollten außerdem EL AL-Besatzungen besser auf „unmögliche" nicht in Checklisten aufgeführte Zwischenfälle vorbereitet werden. Ferner sollte der Informationsaustausch der Besatzungen mit den Lotsen in Notfällen verbessert werden, was auch und insbesondere für die niederländischen Fluglotsen gelten sollte. Boeing hat inzwischen eine verbesserte Triebwerksaufhängung entwickelt, bei der das Triebwerk an sechs Stellen aufgehängt wird, anstatt nur an vier. Mit der Umrüstung wurde im Juni 1994 begonnen. EL AL hat ein Videosystem entwickelt, mit dem die Besatzungen während des Fluges unter die Tragflächen gucken können. Mit der Installation ist ebenfalls im Sommer 1994 begonnen werden.

13.10.92

Antonov   Antonov An124
CCCP-82002   19530501003

Der erste Crash dieses russischen Frachters passierte bei Testflügen zur Ermittlung der Maximalgeschwindigkeit in der Umgebung des Herstellerwerks in **Kiew/Ukraine**.

Dabei starben 8 der 9 an Bord befindlichen Personen. Nur ein Techniker überlebte den Absturz schwerverletzt. Die Flüge waren Teil des zur zivilen Zulassungszertifikation notwendigen Testprogramms. Während eines Highspeed Sinkfluges brach aus noch ungeklärten Umständen die vordere große Frachttür weg! Berichten zufolge war die Besatzung allerdings noch in der Lage, das Flugzeug zu kontrollieren, und kündigten eine Notlandung auf freiem Feld an. Kurz darauf muß dann doch die Kontrolle verlorengegangen sein, und die „Ruslan" stürzte etwa 44 Kilometer vom Werksflughafen entfernt in ein Waldgebiet und zerbrach. Das Zulassungszertifikat ist die Voraussetzung für die Flugerlaubnis unter westlichen Betreibern.

13.10.92
Belavia   **Tupolev 154B-2**
SR85528   528

Die Tupolev war im Begriff, von der Piste in **Wladiwostok/Russland** mit einer Chartergruppe von 62 Litauern in Richtung Minsk abzuheben. Die Maschine kam aus China. Es gelang den Piloten nicht, bei der vorgeschriebenen Rotationsgeschwindigkeit V_r die Flugzeugnase von der Startbahn zu heben. Bei etwa 320 km/h blieb dem Kommandanten nichts weiter übrig, als das Startabbruchverfahren einzuleiten. Das Ende der befestigten Bahnlänge war schnell erreicht, und somit holperte die Maschine über das unebene Gelände hinter der Runway. Dabei ging die Rumpfstruktur des Dreistrahlers zu Bruch.

Daß keiner der Insassen ums Leben kam, kann man als glückliche Fügung des Schicksals bezeichnen.

Erste Untersuchungen ergaben, daß wie zuvor die Tu154 in Tiflis eine erhebliche Überladung zum Unfall geführt hatte. Das Gepäck der Reisegesellschaft wog 16,5 t. In den Frachtpapieren wurde jedoch nur eine Fracht von 10,0 t angegeben. Außerdem hatte sich der Gewichtsschwerpunkt viel zu weit nach vorn verlagert.

15.10.92
LAC Colombia   **Douglas DC-8-55**
HK-3753X   45765

Die gerade erst an LAC ausgelieferte DC-8 kam nach dem Aufsetzen auf der Bahn 36 auf dem Rio Negro Ap. in **Medellin/Kolumbien** linkerhand von der Bahn ab. Mit ausgefahrenen Schubumkehrklappen verließ die DC-8 den Bahnasphalt und kollidierte darauf mit einem herumliegenden Betonsegment eines Leitungsrohrs. Dadurch brach das Bugrad weg und der Rumpf schleifte in Schräglage über die Grasnarbe. Durch das erhöhte Niveau eines asphaltierten Taxiways schwang die Flugzeugnase nach rechts und beendete dadurch die ungewollte Exkursion. Man entschied sich gegen eine Verlängerung des 26-jährigen Lebens des Oldies.

14.11.92
Vietnam AL   **Yakovlev Yak-40**
VN-A449   9631848

Der Landeversuch auf dem Flughafen von **Nha Trang/Vietnam** mißriet und der Dreistrahler stürzte vor Erreichen der Bahn ab.

Alle 24 Passagiere (darunter 9 Ausländer), sowie die 6 Crew kamen ums Leben. Zur Unglückszeit herrschte ein Tropengewitter.

20.11.92
Aerolineas Argentinas   **Boeing 737-200C**
LV-JNE   20408

Der nächtliche Startlauf auf dem Airport von **San Luis/Argentinien** wurde nach einem Reifenplatzer des rechten Hauptfahrwerks bei 130 Knoten (ca. 220 km/h) abgebrochen. Die verbliebene Bahnlänge reichte jedoch bei weitem nicht mehr für ein Abbremsen aus, so daß der Jet auf unbefestigtes Gelände zuraste. Der Flughafen verfügt jedoch nicht über präparierte Überrollflächen, was zur Folge hatte, daß der Maschine beide Hauptfahrwerke und die Triebwerke abgerissen wurden. Die anschließende Notevakuierung der Passagiere lief reibungslos ab. Keiner der 113 Insassen kam zu Schaden. Das darauffolgende Feuer besiegelte das Schicksal der Boeing. Der Flug sollte eigentlich zum Aeroparque nach Jorge Newberry gehen.

24.11.92
China Southern AL   **Boeing 737-300**
B-2523   24913

Die 737, die sich an diesem Morgen in Südchina um 07:50 Uhr/loc. im Landeanflug befand, war als Entlastungsflug 3943 auf der stark frequentierten Strecke Guangzhou Kanton - Guilin mit 133 Passagieren und 8 Crew nahezu vollbesetzt. Die Cockpitbesatzung unter dem 28 jährigen Kommandanten hatte in dem Sinkflug die „Autothrottle" Automatik eingeschaltet. Diese Automatik regelt nach den „Anweisungen" des Autopiloten die Schubstufe der Triebwerke nach. Die Piloten wollten die Sinkrate verringern und zogen deswegen die Nase der Boeing nach oben. Automatisch sollte jetzt die Schubstärke der beiden Triebwerke erhöht werden, aber das rechte Triebwerk blieb im Leerlauf. Dies bemerkten die Piloten nicht, ebensowenig wie die Versuche des Autopiloten, den Schubverlust durch Erhöhung der Leistung des linken Triebwerkes auszugleichen. Nach einer Minute war die asymmetrische Schubverteilung so stark, daß die Piloten die Kontrolle über die Maschine verloren. Sie kippte über die rechte Fläche ab und zerschellte an den Ausläufern einer Gebirgskette nahe der Ortschaft **Yangti/China**, 20 Kilometer außerhalb von Guilin. In den Trümmern der Maschine starben alle 114 Insassen der Maschine.

25.11.92
DAS Air Cargo   **Boeing 707-320C**
5X-DAR   18825

Dieser Vierstrahler fand einige Meilen außerhalb des Flughafens in **Kano/Nigeria** sein Ende. In einem Sandsturm bei fast Nullsicht versuchte man zu landen und geriet dabei unter die Sollhöhe.

Auf dem Gelände einer im Anflugweg befindlichen Armeekaserne bekam die 707 unfreiwillig Bodenberührung. Dort prallte die Maschine gegen diverse Baracken und nahm auf dem Weg noch einige im Weg befindliche Fahrzeuge mit, bevor die rasante Fahrt zuende ging. Die 3 Besatzungsmitglieder entstiegen den Trümmern ohne ernsthafte Verletzungen. Der Flieger kam aus London-Gatwick.

26.11.92
Aerobrasil   **Boeing 707-320C**
PT-TCP   19416

Der nächste Totalverlust einer 707 passierte nur einen Tag darauf, als der Jet beim Start in **Manaus/Brasilien** mit dem Fahrwerk und Rumpf gegen die Masten der

Anflugbefeuerung der Gegenbahn prallte (ein recht ausgereizter Start!). Sofort kehrte man zum Flughafen zurück und unternahm eine Notlandung. Hierbei verließ das Flugzeug die Landebahn und kam erst auf unbefestigtem Gelände zum Stehen.

Die Crewmitglieder entkamen auch hier unverletzt dem Ort des Geschehens. In Anbetracht des Alters der Maschine kam eine Reparatur nicht mehr in Frage.

05.12.92
Armenian AL   **Tupolev 154A**
85105   105

Da die Befeuerung der Pistenmittellinie auf dem Flughafen von **Eriwan/Armenien** nicht funktionierte, deuteten die Piloten der anfliegenden Tupolev fälschlicherweise die rechte Begrenzungsbefeuerung der Landebahn als Centreline und richteten die Maschine auf diese Lichterkette aus. Beim Aufsetzen geschah das Unausweichliche: Die Tu-154 setzte mit dem rechten Fahrwerk neben der Bahn auf. Dadurch wurde die Maschine nach rechts gezogen, wobei das Bugrad mit einem Betonwall kollidierte und weggerissen wurde, bevor man zum Stillstand kam. Zu dieser Zeit herrschte dichter Bodennebel, der einen Sichtanflug zusätzlich erschwerte. Keiner der 146 Passagiere und 8 Crew wurde verletzt.

21.12.92
Martinair   **McDD DC-10-30CF**
PH-MBN   46924

Kommandant und Copilot des Martinair Fluges MP 495 nahmen an diesem Morgen im Wetterbüro in Amsterdam zur Kenntnis, daß das Wetter über ihrer Zieldestination **Faro/Portugal**, an der portugiesischen Algarveküste, sehr schlecht war. Das Satellitenbild zeigte ein Tiefdruckgebiet über dem Atlantik, welches sich schnell auf die nahe Küste zubewegte. Die Wettervorhersage warnte die Besatzung vor einem ausgewachsenen Gewittersturm über dem Flughafen von Faro.

Doch es sollte noch schlimmer kommen. Bevor die Passagiere im Flugzeug der niederländischen Chartergesellschaft Platz nehmen konnten, entdeckten Wartungstechniker einen Defekt am Umkehrschub des Triebwerks Nr.2. Doch nach 40 Minuten meldeten die Techniker, daß sie den Defekt behoben hatten. Endlich konnte die Maschine um 05:52 Uhr/loc. in Amsterdam abheben und sich auf den Weg Richtung Portugal machen. Während des gut zweistündigen Fluges konnten sich die 327 Passagiere in ihren Sitzen entspannen, während sie von den zehn Flugbegleitern umsorgt wurden. Nach einer Flugzeit von knapp zwei Stunden bereiteten sich die drei Piloten im Cockpit auf den Anflug vor. Die Wetterberichte, die man auf dem Weg aus Lissabon empfing, bestätigten die schlimmsten Befürchtungen der Besatzung. Ausläufer des Tiefdruckgebiets hatten den Flughafen erreicht und überschütteten diesen mit starken Regenfällen, die von starken Windböen über den Platz getrieben wurden. Und das Wetter wurde immer schlechter. Trotzdem entschloß sich die Besatzung, eine Landung in Faro zu wagen. Würde sich das Wetter als zu schlecht erweisen, könnte man immer noch nach Lissabon oder in das spanische Sevilla ausweichen, so dachten die Piloten.

Der 31 jährige Copilot führte den Landeanflug durch, wobei ihn der Kommandant überwachte. Die DC-10 flog eine Boeing 767 der Martinair voraus, die als Flug 461 ebenfalls nach Faro unterwegs war. Hinter der Boeing tauchte die DC-10 in das brodelnde Wolkenmeer ein, womit die entspannte Phase des Fluges für die Passagiere zuende war. Sie wurden von Turbulenzen geschüttelt, während Regengüsse gegen den Rumpf und die Fenster peitschten. Im Zuge der Landevorbereitungen rechnete der Bordingenieur die Landegeschwindigkeit aus.
07:56 CPT:
    „....and here are the wipers..."
F/E: „Speeds..they are two three seven, one six one, fifty land is one three nine."

Der Kommandant besprach erneut die bevorstehende Landung. Wegen des starken Regens rechnete er mit einer schlechten Bremswirkung auf der Landebahn. Er riet seinem Copiloten, er solle die Maschine nicht allzu „leicht" auf die Landebahn setzen.
07:57 CPT:
    „You have to make it a positive touchdown then."

Die Luftaufsicht in Lissabon gab in diesem Moment die Maschine für einen direkten Anflug auf Faro frei. Der Kommandant ging mit dem Copiloten die Landehilfen in Faro durch, präzise gesagt zählte er die nicht vorhandenen Landehilfen auf. Der Flughafen verfügte weder über ein ILS noch eine VASI Anflughilfe. Die Besatzung mußte daher einen VOR/DME Anflug machen. Man plante parallel zur Bahn 11 entlangzufliegen, danach gut zehn Kilometer hinter der Bahn eine 180° Kurve zu fliegen, auf die verlängerte Pistenachse einzuschwenken und dann den Endanflug auszuführen. Der Kommandant wies noch einmal auf die Notwendigkeit ausreichender Sicht bei diesem Anflug hin. Sollte diese unter 2 Kilometer sinken, so würde man den Landeanflug abbrechen und nach Lissabon ausweichen. Dem Copiloten gegenüber betonte der Kommandant, er solle sich dennoch nicht unter Druck gesetzt fühlen. Bei diesen Witterungsbedingungen würde ein abgebrochener Landeanflug in Faro und ein Ausweichen nach Lissabon (wo besseres Wetter herrschte) niemanden in Rechtfertigungsdruck bringen. Trotzdem wollte man eine Landung in Faro zumindestens versuchen.

Um 08:09 Uhr/loc. gab die Luftaufsicht in Lissabon Flug 465 für einen Sinkflug auf 7.000 ft frei und übergab den Flug dem Anfluglotsen in Faro. Dort bestätigte man die Sinkflugfreigabe und übermittelte der Besatzung den letzten Wetterbericht, der noch schlechter aussah, als die vorhergehenden. Die Nachricht, daß das Wetter an ihrer Zieldestination „extrem schlecht" war, übermittelte der Kommandant auch der Kabinenbesatzung. Mit Spannung wurde das Bild auf dem Wetterradar verfolgt, welches starke Regenfälle im Süden und Westen des Flughafens anzeigte.

Doch über dem Flughafen angekommen, erwies sich zumindest die Sicht für eine Landung als ausreichend. Während die DC-10 am Flughafen vorbeiflog, konnte sie durch die immer wieder aufreißenden Wolken den

Endanflug ihrer Kollegen in der Boeing 767 verfolgen, die gerade die 180° Kurve geflogen war und sich an die Landebahn herantastete. Im Cockpit der DC-10 wurden die Befehle zum Ausfahren der Slats gegeben und damit die Landevorbereitungen begonnen. Die Landeklappen wurden auf 15° ausgefahren, als die DC-10 sich noch 4.000 ft über dem Boden befand. Kurz darauf, um 08:28 Uhr/loc. wurde die Maschine für den Endanflug freigegeben. Der Tower forderte die Besatzung auf, sich entweder bei Sichtung des Flughafens oder Erreichen der Entscheidungshöhe wieder zu melden. Außerdem berichtete er, daß die Landebahn aufgrund der starken Regengüsse „geflutet" sei. Die DC-10 schwenkte auf die verlängerte Pistenachse und begann mit dem Endanflug. Die Fahrwerke kamen aus Ihren Schächten und die Landeklappen wurden erst auf 35° und dann auf 50° ausgefahren. Gleichzeitig schaltete der Copilot den Autopiloten von „Höhe halten" auf das Halten einer vertikalen Sinkgeschwindigkeit um. Damit befand sich die Maschine in Landekonfiguration. Der Großraumjet befand sich in 1.800 ft, als der Anfluglotse die letzten Wetterdaten durchgab:

08:30 ATC:
   „Wind is coming from the right, 30 knots, drift 12 degrees, so you make it 123 or so."

Die Besatzung hatte also mit starkem Seitenwind aus Südwesten zu rechnen und stellte ihr Flugverhalten auch darauf ein. Immer noch von leichten Turbulenzen geschüttelt, flog die DC-10 durch die letzten Wolkenfetzen, als die Piloten plötzlich die Landebahn vor sich sahen. Ein Aufatmen ging durch das Cockpit. Innerhalb von dreißig Sekunden wurde die Landecheckliste abgearbeitet. Inzwischen hatten es die Martinair-Kollegen geschafft, ihre Boeing 767 sicher auf den nassen Asphalt Faro zu setzen.

Die Kollegen in der DC-10 mußten sich aber noch durch die Gewitterformation kämpfen. In einer Höhe von 995 ft wurde die Maschine plötzlich von starken Erschütterungen erfaßt, die allerdings von dem noch eingeschalteten Autopiloten abgemildert wurden. Trotzdem erschauerte die Maschine immer wieder in den Windböen, was zu großen Sprüngen in der Sinkrate der Maschine führte. Mitten in dieser Flugphase fragte der Anfluglotse, ob die Besatzung des Fluges MP 495 schon die Lichter der Landebahn sehen könne? Der Kommandant beantwortete die Frage positiv. Daraufhin gab der Lotse die Maschine endgültig für die Landung frei. Der Wind kam mit 15 Knoten aus 150°, mit Böen, die auch 20 Knoten erreichen konnten. Alle diese Wetterdaten lagen innerhalb der in den Vorschriften vorgegebenen Grenzen. Die Besatzung des Fluges 495 entschloß sich daher den Anflug fortzusetzen.

Gleichzeitig begann die noch eingeschaltete Autothrottle-Steuerung, die immer stärker werdenden Turbulenzen auszugleichen. Die Schubstufe der Triebwerke schwankte stark hin und her. Die DC-10 sank durch 500 ft, was der Copilot laut ausrief und von beiden Piloten bestätigt wurde. Während die Windböen die Maschine immer mehr nach unten drückte, versuchte der Autopilot diese Tendenz auszugleichen und zog die Nase immer mehr nach oben. Der Jet wurde deshalb immer langsamer, was durch das erhöhen des Triebwerksschubes ausgeglichen wurde. Die Maschine stieg wieder und der Schub wurde wieder zurückgezogen, die Nase der DC-10 wurde von den Windböen wieder nach unten gedrückt. Dieser Kreislauf wiederholte sich immer wieder während des gesamten Endanflugs. Die Sinkrate der DC-10 schwankte in diesem letzten Teil des Anflugs von 150 bis zu 1.300 ft/min.

08:32 CPT:
   "Speed a bit low, Speed is a bit low!"
   Vier Sekunden später
CPT: „Speed is OK."

In 250 ft flog die Maschine plötzlich durch eine Regenwand, die den Piloten vollständig die Sicht raubte. Der Copilot forderte die Scheibenwischer.

08:33 COP:
   „Windshield Anti-ice. I dont see anything."
F/E: „You are fast" (gemeint war die Geschwindigkeit der Scheibenwischer)
CPT: „A bit low, bit low, bit low"
COP: „OK"

Im Augenwinkel sah der Kommandant einen Blitz aus den Wolken fahren. Als er wieder auf den Windanzeiger im Cockpit schaute, drehte sich plötzlich vor seinen Augen die Windrichtung. „190°" rief er aus, als die Maschine 150 ft passierte. Doch die Windrichtung drehte weiter und ließ aus einem Gegenwind einen Rückenwind werden. Der Copilot riß die Schubhebel nach hinten, um

PH-MCO; eine andere DC-10 der Martinair beim Rollen zur Startbahn, die zuvor bei der schweizerischen Balair flog und für 16 Monate gemietet wurde / Palma de Mallorca 1993 <Quelle: Luftfahrt Journal-Sammlung>

ein schlagartiges Aufrichten der Maschine zu verhindern. Inmitten eines Regengusses sank die Geschwindigkeit unter 139 Knoten, woraufhin die Sinkrate größer wurde. Gleichzeitig schob eine heftige Windböe die DC-10 zur Seite und ließ die linke Tragfläche absinken. Jetzt mußten die Piloten gleichzeitig den Sinkflug der Maschine abfangen, die linke Tragfläche wieder horizontal bekommen und die Maschine zurück auf die Pistenmittellinie bringen. Während die Automatenstimme des Radiohöhenmessers „*50 Fuß*" ausrief, driftete die Maschine immer weiter nach links. „*Throttle*" rief der Kommandant und schob die drei Schubhebel wieder nach vorne, während beide Piloten das Seitenruder nach rechts drehten. Die Triebwerke liefen hoch, doch die zurück nach rechts schiebende Maschine bekam in diesem Moment den ersten Bodenkontakt. Mit aufgerichteter Nase wurde das rechte Hauptfahrwerk über den Boden geschleift. Die gesamte Radaufhängung brach weg und die DC-10 begann sich um ihre Hochachse herum zu drehen. Die Spitze der rechten Tragfläche und das daran befestigte Triebwerk berührte den Bahnasphalt, was dazu führte, daß diese Tragfläche kurz vor der Triebwerksaufhängung abbrach. Auf ihren verbleibenden Fahrwerken rutschte die DC-10 noch weitere dreißig Meter auf der Bahn entlang und rollte auf die Seite. Sie kam gut einen Kilometer hinter dem Aufsetzpunkt und 100 Meter neben der Pistenmittellinie zum Stehen. Die DC-10 zerbrach in vier Teile, wobei die vordere Rumpfsektion mit dem Cockpit auf der Seite lag. Inmitten strömenden Regens begann die Besatzung mit der Evakuierung des Havaristen.

Während es den meisten Insassen aus den vorderen und hinteren Sektionen der Maschine gelang, sich aus der brennenden Maschine in Sicherheit zu bringen, starben im Mittelteil der DC-10 viele Menschen. Das Feuer hatte sich rasend schnell in den Rumpf hereingefressen und den mittleren Integraltank unter den Sitzreihen zur Explosion gebracht. Schon wenige Sekunden später brannten hier Teile der Inneneinrichtung und versperrten den benommenen Passagieren den Weg durch Notausgänge. Alle 56 Toten unter den 324 Insassen, die bei dieser Katastrophe ums Leben kamen, hatten in der mittleren Sektion der DC-10 gesessen, wobei die meisten an Rauchvergiftungen starben. Außerdem zogen sich noch 128 Insassen schwere Verletzungen zu, darunter viele mit Brandverletzungen. Die Flughafenfeuerwehr war innerhalb von einer Minute nach dem Absturz am Unfallort. Die Feuerwehrleute begannen sofort, die brennenden Teile des Flugzeugs mit Wasser und Schaum einzudecken, insbesondere das Heck. Es war dem schnellen Eingreifen der Feuerwehr und der koordinierten Aktionen der Flugbegleiter in dieser Sektion zu verdanken, daß der hintere Kabinenbereich so schnell geräumt werden konnte.

Doch die Rettungsarbeiten der Feuerwehr wurden durch „Wassermangel" am Flughafen behindert. Es gab nur eine einzige Wasserzapfstelle mit einer Pumpe, an der die Feuerwehrwagen nachtanken konnten. Die Pumpe an dieser Zapfstelle schaffte nur 750 Liter/Minute, was bei dem Füllvolumen der vier Feuerwehrwagen von jeweils 12.000 Liter absolut ungenügend war. Außerdem blieben zwei der Rettungsfahrzeuge im Schlamm neben der Unfallstelle stecken und mußten von den inzwischen eingetroffenen Kollegen der Stadtfeuerwehr abgeschleppt werden.

Es gab am Flughafen zwar einen wohl ausgearbeiteten Notfallplan, doch dieser ließ sich aufgrund von Koordinierungsschwierigkeiten nur teilweise in die Tat umsetzen. So wurde der Sammelpunkt der Überlebenden zu nahe an der Unfallstelle errichtet. Als sich einige Explosionen innerhalb des Flugzeugs ereigneten, flohen etliche Überlebende in Richtung Terminal und überfüllten dort die völlig überforderte Erste Hilfe Station. Es erwies sich als schwierig, die verbliebenen Leicht- und Unverletzten abzutransportieren, da lange Zeit kein Bus aufzutreiben war. Auch gab es zu wenig medizinisches Personal am Flughafen. Die alarmierten Krankenhäuser schickten alle verfügbaren Personalreserven zum Unglücksort, hatten sich aber logistisch nicht ausreichend vorbereitet. Es fehlte medizinisches Material an der Unfallstelle, insbesondere zur Versorgung der vielen Verbrennungsopfer. Dies mußte im Laufe des Tages mit einer Transportmaschine der Luftwaffe aus Lissabon eingeflogen werden.

Die portugiesischen Untersuchungsbehörden kamen so zu dem Ergebnis, daß die Aktionen und Vorbereitungen der Rettungskräfte im Falle solcher Unfälle in Faro noch „verbesserungswürdig" wären.

Schon am Tag des Unfalls begannen die portugiesischen und niederländischen Behörden mit der Untersuchung, warum der Charterflug 495 so fatal verlaufen war. Über das Ergebnis dieser Untersuchung entzweiten sich die Luftaufsichtsbehörden beider Länder: Einig war man sich lediglich darüber, daß die DC-10 während ihres Endanflugs drei Gebiete mit starken Windscherungen, sogenannten „Microbursts", durchflogen hatte. Die erste Windscherung ereignete sich in 700 ft Höhe, die zweite zwischen 600 und 300 ft und die dritte bei 150 ft. Als die DC-10 in die letzte Windscherung einflog, war sie noch einen Kilometer vom Bahnanfang entfernt. Man war sich weiterhin darüber einig, daß die Besatzung hier kurzzeitig die Kontrolle über das Flugzeug verloren hatte, was dann zu dem Unfall geführt hatte. Beide Behörden waren sich darüber einig, daß die Besatzung an dem kurzzeitigen Verlust der Steuerkontrolle keine Schuld traf. Beide Piloten hatten danach alles Menschenmögliche getan, um den fatalen Ausgang der Landung zu verhindern.

Doch die portugiesischen Behörden warfen dem Kommandanten vor, er hätte den Anflug aufgrund der schlechten Witterungsbedingungen und des daraus folgenden „instabilen" Anfluges früher abbrechen müssen. Die Wetterberichte vom Flughafen Faro hätten ihn mit genügenden Informationen für eine solche Entscheidung versorgt. Der Kommandant brach aber den Anflug nicht ab, weil es die vorausfliegende Boeing 767 schließlich auch geschafft hatte zu landen.

Die niederländischen Behörden widersprachen dem entschieden. Während des gesamten Landeanflugs hätte der Anfluglotse Besatzung die Existenz von Windscherungen nicht mal angedeutet. Der Anflug der DC-10 wäre zwar „instabil" gewesen, aber es gab bei einem VOR/DME Anflug keinerlei Parameter, wann man ihn hätte abbrechen müssen. Als sich der Wind vor der Landebahn plötzlich drehte, wäre es für eine Rettungsaktion der Crew zu spät gewesen. Die niederländischen Behörden machten die unvorteilhaft angebrachten Wettersensoren und die schlechte Koordination des Lotsen bei der Auswertung der Wetterdaten für diese mangelhafte Information verantwortlich.

Die beiden Untersuchungsbehörden stimmten darin überein, daß die Wetterinformationen des Flughafens mangelhaft waren. Doch die Portugiesen werteten diese Tatsache lediglich als „beitragenden" Faktor, die Niederländer sahen hier den Hauptgrund für den Absturz.

22.12.92
Libyan Arab AL   **Boeing 727-200**
5A-DIA   **21050**

Alle 144 Passagiere und die 13-köpfige Crew kamen ums Leben, als die Maschine im Anflug auf **Tripolis/Libyen** mit einer im Steigflug befindlichen MIG-23 der libyschen Streitkräfte kollidierte und östlich der Hauptstadt aus einer Höhe von 3.500 ft abstürzte. Die Besatzung der MIG konnte sich mit dem Schleudersitz retten. Nach den vom UN-Sicherheitsrat im April 1991 beschlossenen Sanktionen, im Zusammenhang mit dem Lockerbieattentat von 1988, ist es der LAA verboten, ausländische Destinationen anzufliegen, so daß man sich auf die wenigen Inlandstrecken beschränken mußte, was nach Meinung der libyschen Behörden zu einem Mangel an Flugerfahrung bei den Piloten führte. Desweiteren, so die libyschen Offiziellen, ist durch das Technologieembargo ein gefährlicher Engpaß bei den nötigen Ersatzteilen der Boeing-Flotte eingetreten, was sich negativ auf die Betriebssicherheit auswirkt.

27.12.92
Merpati Nusantara   **Fokker F28-1000**
PK-GKD   **11158**

Möglicherweise wurde die Fellowship zerstört, als diese mit nur einem ausgefahrenen Hauptfahrwerk auf der Landebahn des Simapny Tiga AP in **Pekanbaru/Indonesien** aufsetzte. Der Dutchman brach nach rechts aus und blieb neben der Bahn auf dem Rumpf liegen. Keiner der 45 Personen an Bord wurde verletzt. Zuvor startete man zu einem Flug von Pekanbaru nach Padang mit 41 Passagieren und 4 Besatzungsmitgliedern. Während des Reisefluges verlor das Hydrauliksystem Nr.1 an Druck. Der Flug nach Padang wurde fortgesetzt, jedoch ließ sich während des Anfluges das rechte Hauptfahrwerk nicht ausfahren, so daß die Fokker nach Pekanbaru zurückflog, weil es dort bessere Reparaturmöglichkeiten gibt. Im März 1989 hatte die Fokker schon mal einen schweren Unfall, als sie bei der Landung in Palankaraya/Borneo zu früh Bodenberührung bekam. Ob der Flieger ein zweites Mal repariert wird, ist fraglich.

10.01.93
Uzbekistan AW   **Tupolev 154B-2**
85533   **533**

Vierhundert Indian Airlines Piloten streikten, um so eine Verbesserung ihres Gehaltes zu erreichen. Um den Mangel an Kapazität abzufangen, charterte Indian Airlines sechs Tupolev's aus Usbekistan und Bulgarien. Die Cockpitbesatzungen wurden gleich mitgemietet. Von der Pilotengewerkschaft wurde die Beschäftigung dieser Streikbrecher hart kritisiert. Schon kurze Zeit später sollten sich die Unkenrufe der indischen Piloten bewahrheiten: Eine usbekische Tupolevbesatzung verwechselte auf einem Linienflug einen Militärflughafen nahe der Stadt Madras mit dem Internationalen Flughafen, den sie eigentlich anfliegen sollten. Auf der Bahn des Militärflughafens wartete ein Flugzeug auf seine Startgenehmigung. Als eine Kollision schon unabwendbar schien, bemerkte der indische Towerlotse den Irrtum der usbekischen Piloten. Nach einem Warnruf des Lotsen startete die Tupolev durch und wurde zu ihrer eigentlichen Zieldestination gelotst.

Drei Tage später sollte das Glück von Insassen einer usbekischen Tupolev noch einmal kräftig strapaziert werden. Der Linienflug IC 840, für den normalerweise ein A320 vorgesehen war, sollte von Hyderabad in die 1500 Kilometer entfernte Hauptstadt **Neu Delhi/Indien** gehen. An Bord befanden sich 152 Passagiere und 11 Besatzungsmitglieder. Das Wetter in Neu Delhi war für Landungen höchst ungünstig. Dichter Nebel lag über dem Flugfeld mit einer Horizontalsicht von nur 1.000 Metern. Der Anfluglotse forderte die usbekische Crew auf, den Flughafen „zu meiden", da die Landebahnbefeuerung außer Betrieb sei. Die Maschine sollte in das 800 Kilometer entfernte Ahmedabad ausweichen.

Trotz dieser Aufforderung setzte die usbekische Besatzung den Anflug weiter fort. Ob sie die Aufforderung des Towers aufgrund schlechter Englischkenntnisse nicht verstanden hatten, oder sie verstanden und sich nicht darum kümmerten, konnte nicht geklärt werden.

In Dunkelheit und Nebel verfehlte die Tupolev um 04:06 Uhr/loc. morgens die unbeleuchtete Landebahn um 700 Meter. Die Maschine krachte hart auf den Boden, prallte wieder hoch und legte sich nach rechts. Dabei berührte die rechte Tragfläche den Boden und wurde abgerissen. Das gesamte Flugzeug drehte sich nunmehr auf den Rücken und schlitterte in hohem Tempo über die Grasfläche neben der Runway. Hierbei sprangen alle Türen der Tupolev auf. Die Maschine verlor ihr gesamtes Leitwerk, Teile des Fahrwerkes und einen Flügel. Aus den Rißstellen lief Kerosin aus, welches sich aber nicht entzündete. Nach einer Fahrt von über 2000 Metern endete schließlich die Bruchlandung.

Die geschockten Insassen, die kopfüber in ihren Sitzen hingen oder aus ihren Sitzen gefallen waren, brauchten einen Moment, bis sie sich gefaßt hatten. Langsam begannen die Insassen, sich aus ihrer mißlichen Lage zu befreien und das Flugzeug zu verlassen. Da noch keine Rettungskräfte eingetroffen waren, übernahmen Passagiere und Besatzungsmitglieder die Aufgabe, die schwerer Verletzten aus der zerstörten Kabine zu bergen. Nach einigen Minuten standen die meisten der 152 Passagiere und elf Besatzungsmitglieder in kleinen Gruppen um das Flugzeug herum. Aber es sollte noch zwanzig Minuten dauern, bis die ersten Rettungskräfte aus dem Nebel auftauchten. Die Luftaufsicht in Neu Dehli hatte gedacht, die Tupolev sei durchgestartet. Daher hatte sich niemand über die ausbleibenden Funkrufe der Tupolev gewundert. Bis die langsamen Mühlen der indischen Rettungskräfte begannen zu arbeiten, verging eine weitere Stunde. Erst dann tauchte ein Bus aus dem Nebel auf, der die evakuierten Insassen vom Unfallort abtransportieren sollte. Doch keiner hatte dem Busfahrer gesagt, wohin er die Überlebenden bringen sollte. So lieferte er diese nach einer Irrfahrt über das Flughafengelände wieder bei dem (ungesicherten) Flugzeugwrack ab. Gerade als der Busfahrer sein Fahrzeug 30 Meter vom Wrack der Tupolev entfernt abgestellt hatte, ereignete sich im Inneren des Havaristen eine heftige Explosion. Von den Folgen der Explosion wurden etliche Passagiere zum Teil schwer verletzt. Die auf dem Rücken liegende Tupolev brannte vollständig aus.

Insgesamt kann man wohl von einem Wunder sprechen, daß bei diesem Unfall nur sechs Insassen schwer verletzt wurden.

Doch endlich hatte dieses Unglück auch Folgen. Sofort wurde über die restlichen 5 usbekischen Maschinen ein Startverbot verhängt. Die usbekischen Piloten hatten sich nach den internen Richtlinien der Indian Airlines für Landeanflüge bei schlechter Witterung, gerichtet. In dem Bericht der indischen Untersuchungsbehörden werden diese Richtlinien als „das unzuverlässigste und sinnloseste Dokument" bezeichnet, „welches diese Untersuchungsbehörde jemals gesehen hätte"! Auch die technische Ausrüstung des Flughafens Neu Dehli wurde gerügt.

Nach diesem Absturz mußte der indische Minister für Zivilluftfahrt seinen Rücktritt erklären.

15.01.93
Tarom   Boeing 707-320C
YR-ABM   19272

Die an Air Afrique vermietete 707 befand sich auf ihrem Flug von Dakar zum Port Bouet AP in **Abidjan/Elfenbeinküste** im Endanflug, als man auf dem ILS-Leitstrahl der Bahn 21 zu tief geriet und etwa 30 Meter vor dem befestigten Teil der Piste auf den Boden kam. Dabei wurden beide Hauptfahrwerke abgerissen, und auf der Rumpfunterseite rutschend kam das Flugzeug auf der Landebahn zum Stehen. Niemand der 3 Crewmitglieder wurde verletzt, jedoch entstand Totalschaden. Der Unfall passierte bei Dunkelheit und nebligem Wetter.

31.01.93
LADE   Boeing 707-320B
LV-ISA   19238

Auf dem Weg von Maceio nach Fortaleza, beides in Brasilien, ergaben sich einige Schwierigkeiten mit der Hydraulik. Man beschloß daher, nach **Recife/Brasilien** auszuweichen. Im Anflug auf den Guararapes AP von Recife fuhr die Crew dann das Fahrwerk per Handkurbel aus, konnte jedoch nicht hundertprozentig bestätigen, ob die Räder vorschriftsmäßig ausgefahren waren. Somit flog die 707 - zwecks Sichtinspektion - am Tower vorbei und erhielt von den Lotsen die Bestätigung, daß das Fahrwerk ausgefahren aussähe. Guten Mutes setzte man nun zur Landung an, aber als die Räder den Boden berührten, gab das Fahrwerk unter dem größer werdenden Gewicht nach, und die Boeing schürfte auf dem Rumpf über den Boden. Der Flieger scherte nach rechts aus und prallte mit dem Bugrad gegen einen Betonblock, bevor die Maschine zum Stillstand kam.

An Bord befanden sich 156 Passagiere und 12 Besatzungsmitglieder, die alle das Wrack unverletzt verlassen konnten. Als Ursache für den Fahrwerkseinbruch kommt nach ersten Einschätzungen eine fehlerhafte Bedienung des manuellen Fahrwerksmechanismus in Frage. Offenbar hatte die Crew nicht auf die Einrastanzeige geachtet.

08.02.93
Iran Air Tours   Tupolev 154M
EP-ITD   903

Kurz nach dem Abheben vom Flughafen **Teheran-Mehrabad AP/Iran** zu einem Pilgerflug nach Maschad, einem schiitischen Wallfahrtsort, östlich von Teheran, kreuzten zwei Kampfflugzeuge die Flugbahn der Tupolev. Eines der beiden prallte dabei gegen das Leitwerk des Ziviljets. Steuerlos stürzten beide Havaristen nahe der Ortschaft Karadsch zu Boden und wurden völlig zerstört.

Dabei kamen sowohl alle 119 Passagiere der Tupolev, sowie auch beiden Piloten des Militärjets ums Leben. Es soll sich bei den zwei Militärfliegern um ehemalige irakische Sukhoi SU-22 aus Saddams Luftwaffe handeln, die während des Golfkrieges kurzerhand in den Iran überführt wurden.

05.03.93
Palair Macedonian   Fokker F100
PH-KXL   11393

Um 09:40 Uhr/loc. landete die Fokker aus Frankfurt kommend auf dem Flughafen von **Skopje**. Nachdem sie über eine Stunde im Schneeregen gestanden hatte, sollte die Maschine den Linienkurs 301 nach Zürich absolvieren. Weder die Bodenmannschaften noch die Flugzeugcrew hielten eine Enteisung der Maschine für notwendig. Um 11:06 Uhr/loc. rollte man mit 97 Insassen an Bord vom Termnial ab in Richtung Startbahn. Während weiterhin Eisregen auf den Rumpf der Fokker fiel, schloßen die Piloten im Cockpit die Vorbereitung zum Start ab und begannen um 11:11 Uhr/loc. auf der Bahn 34 mit dem Startlauf.

Schon Sekunden nach dem Abheben rollte die Fokker ruckartig 10° nach rechts um ihre Längsachse, dann wieder zurück nach links, gefolgt von einem weiteren Rollen nach rechts bis auf eine Neigung von 55°. Die rechte Flügelspitze berührte den gefrorenen Boden 380 Meter hinter der Startbahn, woraufhin die Piloten endgültig die Kontrolle über die Fokker verloren. Die Maschine überschlug sich, die rechte Tragfläche löste sich vom Rumpf ab, der beim folgenden Aufschlag in drei Teile zerbrach.

Nach amtlichen Mitteilungen kamen 82 Menschen ums Leben. 15 weitere konnten z.T. schwer verletzt aus dem Wrack befreit werden.

F-OLGA; eine der knallroten Fokker 100 der Palair beim Rollen in die Startposition / Hamburg 1992 <Quelle: JR-Photo>

Man geht davon aus, daß durch die Vereisung der Triebwerkseinlässe die Schubleistung abnahm und der vollbesetzte Jet dadurch nicht mehr in der Lage war, in den Steigflug überzugehen. Außerdem erlitt die Fokker anschließend beim Abheben einen Strömungsabriß durch den Eisansatz auf den Tragflächen. Nachdem bei zunehmender Höhe die Polsterwirkung des Bodeneffektes immer mehr nachließ, war ein Weiterflug nicht mehr möglich und der Absturz wurde unvermeidlich.

30.03.93
Royal Thai AF   **Boeing 737-300**
33-333   **24480**

Die Regierungs-737 war nach einer umfangreichen Wartung auf einem Checkflug von Bangkok zur **Khon Kaen-Airbase/Thailand** unterwegs, als die Piloten Probleme mit den Triebwerken meldeten. Kurz danach ging der Funkkontakt zur Maschine verloren. Augenzeugen berichteten, daß die 737 sich einige Male stark aufbäumte, dann wieder nach unten fiel, bis die Piloten endgültig die Kontrolle über den Jet verloren und abstürzten.

An Bord befanden sich 5 Crewmitglieder und ein Boeing Ingenieur, die alle den Absturz nicht überlebten.

Lange Zeit wurde über die Absturzursache gerätselt. Nach langen Ermittlungen, die sich über 1,5 Jahre hinzogen, wurde ein schwerer Defekt in der Trimmungsanlage der Boeing 737 als Absturzursache ausgemacht.

Die Fluglage des Flugzeugs wird unter anderem durch die Stellung der Höhenflossen am Leitwerk bestimmt. Diese Höhenflossen (= Stabilizer) sind um 2°-3° drehbar (also in einem sehr kleinen Bereich) am Leitwerk montiert und können über Schalter im Cockpit je nach gewünschter Fluglage („Nose-up", „Neutral" oder „Nose down") verstellt werden.

In der thailändischen Boeing hatten die Piloten versucht, die 737 auszutrimmen. Bei einem Richtungswechsel in der Drehrichtung des Stabilisers hatte sich wahrscheinlich eine Kupplungsscheibe auf der Welle des Antriebs verklemmt. Obwohl die Piloten den Stabiliser auf „Neutral"-Stellung gestellt hatten, ließ die verklemmte Kupplung ihn auf seine Maximalstellung von Nose-up weiterlaufen. Die Boeing richtete sich ruckartig auf, woraufhin die entsetzten Piloten die Steuersäule mit aller Kraft nach vorne stießen, um die Nase wieder zu senken. Dabei übersteuerten sie die Maschine und die Nase fiel genauso ruckartig wieder nach unten. Die Piloten zogen den Steuerknüppel wieder zu sich heran, um das auszugleichen. Wegen des starken Höhenruderausschlags, unterstützt von der „Nose-up" Stellung des Stabilizers, richtete sich die 737 wieder auf.

Es ging einige Zeit auf und ab, bis die Strömung an den Tragflächen abriß, und die 737 abstürzte.

Bei Boeing wurd nach diesem Absturz eine Testreihe durchgeführt, in der die Trimmung durch den Stabiliser genau unter die Lupe genommen wurde. Entsetzt mußten die Boeing-Ingenieure zur Kenntnis nehmen, daß die Welle, über die der Stabilizer gesteuert wird, noch bis zu 40! Umdrehungen in die falsche Richtung machte, bevor sie zum Stehen kam.

In Reiseflughöhe kann ein Stabilizer, der sich „selbstständig" macht, fatale Folgen haben. In Bodennähe mit geringer Geschwindigkeit und voll ausgefahrenen Klappen, also in einer höchst instabilen Fluglage, ein solcher Stabilizer tödliche Folgen.

Das wußte auch Boeing, und so wurde an alle Boeing 737-Benutzer eine Empfehlung herausgegeben, sofort die Kupplungsscheiben gegen eine Neukonstruktion auszutauschen.

02.04.93
Aeropostal   **Douglas DC-9-15**
YV-03C   **47000**

Der einzige „Mini-Neuner" der Gesellschaft wurde zerstört, als während eines Checkfluges ohne Passagiere der Funkkontakt abbrach und die DC-9 in den Fluten der Karibik, 10 Meilen von der Urlaubsinsel **Isla De La Margarita/Venezuela** entfernt, niederging. Es befanden sich die zwei Piloten sowie 9 Techniker an Bord. Zuvor wurde die „03C" in Caracas einem größeren Check unterzogen und sollte nun einen Checkflug machen. Rettungstrupps fanden lediglich eine geringe Anzahl von Trümmern im Meer, allerdings gelten bis heute die 11 Insassen an Bord als vermißt.

06.04.93
TACA Int'l AL   **Boeing 767-200ER**
N767TA   **23494**

Flug TA510 führte die 767, das Flaggschiff der salvadorianischen Airline, von San Salvador nach Los Angeles.

Zwischendurch sollte noch ein planmäßiger Stopp auf dem La Aurora Flughafen in **Guatemala City** eingelegt werden. Es war bereits dunkel, als sich die mit 227 Passagieren und neun Crewmitgliedern gut besetzte Boeing dem La Aurora Flughafen näherte. Das Wetter war nicht besonders gut. Seit einiger Zeit regnete es ziemlich stark, und viele Gewitterturbulenzen sorgten bei den Passagieren für leichtes Unwohlsein in der Magengegend. TA 510 wurde kurz darauf zur Landung auf der 3.200 m langen Runway freigegeben. Nachdem Aufsetzen bemerkte der Pilot jedoch, daß die Maschine nicht wie gewohnt abbremste. Auf dem unebenen Bahnbelag hatten sich durch den andauernden Regen viele Pfützen gebildet, auf denen die Fahrwerke wie auf Schmierseife glitten. Zudem herrschte im Landeanflug Rückenwind, was die Aufsetzgeschwindigkeit noch einmal um einige Knoten erhöhte. Trotz Spoiler, Schubumkehr und Radbremsen gelang es den Piloten daher nicht mehr vor dem Ende der Runway zu stoppen.

Um nicht mit den Anflugmasten der Gegenbahn zu kollidieren, steuerte der Pilot die 767 nach rechts und schoß über eine angrenzende Wiese, die nach wenigen Metern stark abfiel. TA510 rutschte noch mit einiger Energie diesen Abhang hinunter, geradewegs in das dichtbesiedelte Armenviertel Santa Fe hinein, das den Flughafen wie ein dichter Ring aus windschiefen Hütten umgibt. Rumpf und Tragflächen kollidierten mit einigen Bäumen. Schließlich blieb die 767 mit abgebrochenem Bugrad an einem Erdwall stecken. Obwohl Treibstoff auslief, brach kein Feuer aus. Dieser glückliche Umstand führte dazu, daß es zu keinen Todesopfern kam. Alle Insassen gelangten per Notrutschen ins Freie. Lediglich neun Passagiere sowie sieben Bewohner in Santa Fe wurden mit leichten Verletzungen ins Krankenhaus eingeliefert.

Nach eingehender Inspektion wurde entschieden, die sieben Jahre alte 767 nicht mehr zu reparieren.

14.04.93

American AL   **McDD DC-10-30**
N139AA   **46711**

Flug AA120 hatte am Abend des vorherigen Tages in Honululu/HI begonnen und führte die DC-10 nach einem nächtlichen Flug über den östlichen Pazifik quer über den amerikanischen Kontinent ihrer Destination, Dallas, entgegen.

Inmitten eines Gewittersturms schwebte die vom Copiloten gesteuerte DC-10 unruhig auf die Bahn 17L ihres Heimatflughafens in **Dallas Fort Worth AP/TX/USA** zu. Dieser wollte kurz vor Erreichen der Landebahn den Anflug abbrechen und durchstarten, weil die DC-10 von schweren Seitenwinden nach links vom Anflugweg geschoben wurde. Doch der Kommandant entschloß sich zur Landung und übernahm das Steuer.

Ein Stoßseufzer ging durch die 202 Insassen des Fluges 102, als die Fahrwerke den Asphalt der Bahn berührten und der Umkehrschub der drei mächtigen Triebwerke aufröhrte. Doch die Erleichterung währte nur kurz, denn schon Sekunden später wurde der Jet von einem starken Seitenwind um seine Hochachse herumgeschoben. Der Kommandant hatte kein Vertrauen in die Ruder mehr und versuchte die DC-10 mittels der entriegelten Bugradsteuerung auf der Bahn zu halten. Doch mit dieser Maßnahme machte er die DC-10 erst recht unkontrollierbar. Das rechte Fahrwerk verließ den befestigten Teil der Runway und wurde dabei stark beschädigt. Schlitternd kam die Maschine neben der Bahn zum stehen.

Von den Insassen wurden zwei schwer und 38 leichtverletzt. Die zwanzig Jahre alte DC-10 wurde allerdings so schwer beschädigt, daß sich das Management von American Airlines entschloß, diese nicht mehr zu reparieren.

18.04.93

Japan Air System   **Douglas DC-9-41**
JA8448   **47767**

Auf dem Flug JAS 451 von Nagoya nach Hanamaki war der 27-jährige Copilot als fliegender Pilot eingeteilt. Erst seit wenigen Monaten flog er als 1.Offizier auf dem Flugzeugmuster DC-9. Neben ihm nahm ein sehr erfahrener Kommandant Platz, der bereits 16.100 Flugstunden (ca. 9000 davon auf der DC-9) absolviert hatte. Er überließ dem Copiloten die Aufgaben des fliegenden Piloten für den folgenden Liniendienst nach **Hanamaki/Japan**, während er selbst als Copilot fungierte.

Start- und Reiseflug vergingen ohne Zwischenfall. Flug 451 befand sich im Sinkflug auf den Zielflughafen. Das Wetter in Hanamaki war gut, allerdings herrschten enorm starke Winde aus westlichen Richtungen, die in Böen bis zu 39 Knoten erreichten. Da die einzige Start- und Landebahn in Nord-Süd-Richtung angelegt war, bedeutete dies beim Endanflug und der Landung, daß heftigste Seitenwinde auf die Maschine einwirken würden.

Die DC-9 wurde für einen ILS-Anflug auf die im Betrieb befindliche Landebahn 02 freigegeben. In dieser Flugphase bekam der unerfahrene Pilot bereits die ersten Probleme. Immer wieder mußte er mit Hilfe des Seitenruders die Maschine neu auf die Bahnachse ausrichten, um nicht vom Anflugweg gedrückt zu werden. Taumelnd näherte sich JAS 451 dem Flughafen. Der 51-jährige Kommandant übernahm jedoch nicht die Steuerkontrolle und beschränkte sich statt dessen darauf, die Kursabweichungen seines linkssitzenden Kollegen verbal zu korrigieren. Unmittelbar vor dem Aufsetzen erwischte die DC-9 eine Windböe von links, und die Maschine wurde ein Stück um ihre Längsachse gerissen. Dadurch bekam die rechte Tragflächenspitze Kontakt mit dem Bahnasphalt; die Maschine kam ins Schleudern. Unkontrolliert schlitterte der Jet nach rechts, kam von der Runway ab und schoß zum Teil über unbefestigten Boden. Dabei kollabierte das rechte Fahrwerk und der Rumpf zerbrach in zwei Teile. Durch auslaufenden Treibstoff entzündete sich der Havarist im Nu, jedoch konnten sich alle 72 Passagiere, die drei Flugbegleiter sowie beide Piloten unverletzt ins Freie retten, bevor die Trümmer der DC-9 den Flammen zum Opfer fielen.

Die Untersuchungsbehörde stellte später fest, daß das Unvermögen des jungen Piloten, der die DC-9 im

Endanflug zu keiner Zeit 100 %ig im Griff hatte und demzufolge auch keine sichere Landung möglich war, die Hauptursache des Unglücks war. Außerdem wurde das passive Verhalten des Kommandanten gerügt, der trotz der sichtbaren Schwächen seines Kollegen nicht den Richtlinien der Fluggesellschaft folgte. Diese Richtlinien besagen, daß ein Pilot mit weniger als 6 Monaten Flugerfahrung (wie in diesem Fall) keine Landung bei Seitenwinden von mehr als 13 Knoten durchführen darf. In diesem Fall hätte somit der ältere Kommandant, der seit 1980 auf der DC-9 als Kommandant flog, den Anflug und die Landung durchführen müssen. Selbst für erfahrene Piloten stellen extreme Seitenwinde nach wie vor eine nicht zu unterschätzende Gefahr dar, besonders kurz vor oder im Moment des Aufsetzens kann es durch Windeinwirkung zu abrupten Neigungen der Tragflächen kommen.

21.04.93
Uzbekistan AW **Ilyushin Il-76TD**
UK-76794 **93498954**

Wenige Minuten nach dem Start in **Peschawar/Pakistan** gab es an Bord einen Notfall, und man entschloß sich, zum Flughafen zurückzukehren. Bei der anschließenden Landung schoß der Vierstrahler über das Bahnende hinaus und kollidierte mit der Flughafenumfassungsmauer und einigen dahinterliegenden Geschäften, bevor die rasante Fahrt zuende ging.

Über Personenschäden liegen keine Angaben vor.

24.04.93
Air Inter **Airbus A300B2**
F-BUAE **4**

Beim Zurückschieben von der Gateposition auf dem Mediterranée AP von **Montpellier/Frankreich** verschätzte sich der Schlepperfahrer und das Höhenleitwerk prallte gegen einen Beleuchtungsmast. Am Leitwerk entstand erheblicher Sachschaden. Zu einer Reparatur des A300 wollte man sich nicht mehr aufraffen und verschrottete die Maschine vor Ort.

26.04.93
Indian AL **Boeing 737-200**
VT-ECQ **20561**

Die Hitze lag schwer auf dem Flugplatz der Stadt **Aurangabad/Indien**, als mittags der Linienkurs IC 491 zur Startbahn 09 rollte. Die Maschine war mit 112 Passagieren und 5 Besatzungsmitgliedern bis auf den letzten Platz voll, als um 13:04 Uhr/loc. die Piloten die Schubhebel nach vorne schoben, um nach Bombay zu starten.

Das Gewicht der vollbelegten Maschine lag außerdem wahrscheinlich um ca. 2 Tonnen über der Maximumgrenze, weswegen die Boeing nur langsam an Geschwindigkeit gewann. Die Piloten waren gezwungen, die 2000 Meter lange Runway bis zum letzten Meter auszunutzen, bevor sie die Maschine hochzogen. Trotz Vollgas war die Maschine erst ca. 6 Meter gestiegen, als sie die direkt hinter der Grenze des Flughafens verlaufende Straße überflog. Unglücklicherweise fuhr genau in diesem Moment ein mit Baumwollballen hochbeladener LKW vorbei. Das linke Hauptfahrwerk der Boeing streifte die Ladung des Lkws und brach ab. Die Maschine kippte nach links weg, verlor an Höhe, zerriß eine Stromleitung und machte eine harte Bauchlandung. Der Aufschlag war so hart, daß der Rumpf in drei Teile zerbrach, von denen die beiden hinteren Sektionen sofort Feuer fingen.

Trotz der sofort eingeleiteten Evakuierung konnten sich 53 Passagiere und 2 Stewardessen nicht mehr aus dem Inferno retten. Alle Opfer saßen im hinteren Teil des Havaristen.

Kaum waren die Trümmer gelöscht und die Toten geborgen, geriet die Indian AL mal wieder ins Kreuzfeuer der Kritik der indischen Öffentlichkeit. Die verunglückte Boeing 737 war zum Zeitpunkt des Unfalls 19 Jahre alt und mit JT8D-Triebwerken ausgerüstet. Normalerweise dürften auf einem Flughafen wie Aurangabad nur Maschinen dieses Typs starten, die mit schubstärkeren Aggregaten ausgerüstet sind. Die Unterschiede sind zwar nicht groß, aber in diesem Fall waren die 3 Meter, die der Maschine an Höhe fehlten, um über den Lkw hinwegzukommen, entscheidend! Der Vorsitzende der indischen Pilotengewerkschaft sagte nach diesem Unfall: *„Auf einer kritisch kurzen Startbahn wie Aurangabad gibt es keinen Raum für Fehler!"*.

Und wenn schon keine schubstärkere Maschine zur Verfügung stand, dann hätte die Maschine nicht über das absoluten Gewichtsmaximum beladen werden dürfen, insbesondere bei den Temperaturen, die zur Mittagszeit auf dem Flughafen lasteten. Die Temperatur von 38° Celcius hatte die Startstrecke weiter verlängert.

Auch die Flughafenbehörde von Aurangabad mußte sich Vorwürfe anhören. Die Pilotengewerkschaft hatte schon oft gegen die direkt hinter der Runway verlaufende Straße protestiert, aber das hatte nur teilweise etwas bewirkt. Die Straße war bis vor kurzem immer gesperrt worden, wenn auf der Runway 09 Starts stattfanden. Aber da diese Straße zum Industriegebiet von Aurangabad lief, waren die Wirtschaftsverbände von Aurangabad gegen diese „behindernde Maßnahme" Sturm gelaufen, und so hatte man diese Maßnahme einfach bleiben gelassen. Bis zu diesem tragischen 26. April war ja auch nichts geschehen, was diese Straßensperrung gerechtfertigt hätte.

06.05.93
Serca Colombia **SE210 Caravelle 10R**
HK-3835X **182**

Die Caravelle befand sich im Endanflug auf den Rochambeau AP von **Cayenne/Frz.Guyana**, als man plötzlich an Höhe verlor und aus etwa 20 Metern äußerst hart auf die Piste fiel. Dabei kollabierte das Fahrwerk und der Rumpf brach vor und hinter den Tragflächen. Die 4 Besatzungsmitglieder an Bord kamen mit dem Schrecken davon. Die Maschine befand sich gerade auf dem Auslieferungsflug von Frankreich zum neuen Betreiber in Kolumbien und sollte in Cayenne eine Tankstop-Zwischenstation einlegen.

19.05.93

SAM Colombia   **Boeing 727-100**
HK-2422X   **18876**

Die 727 befand sich auf dem Linienkurs MM 505 von Panama City über Medellin nach Bogota. Aufgrund von fehlerhaften Navigationsanalysen des Copiloten, der eine viel nähere Position zum Flughafen in Medellin berechnete, wurde der Sinkflug um viele Meilen zu früh eingeleitet. In dieser Flugphase wurde Flug MM505 von der örtlichen ATC angewiesen, Kurs auf das Funkfeuer Abejorral zu nehmen, das einige Meilen südlich vom Flughafen liegt. Dieses Funkfeuer hat eine Mindestüberflughöhe von 16.000 ft. Erst danach wird der weitere Sinkflug auf 12.000 ft freigegeben. Die 727-Besatzung meldete jedoch den Überflug von Abejorral, als man noch viele Meilen nördlich davon entfernt war. Der zuständige Fluglotse mußte nun von der Richtigkeit dieser Positionsmeldung ausgehen, da eine Radarüberwachung des Gebietes aufgrund der hohen Berge nicht möglich war. Somit gab er MM 505 für den weiteren Sinkflug auf 12.000 ft frei. Anweisungsgemäß setzte der Pilot den gefährlichen Sinkflug fort. Ohne Sichtkontakt kam es dann in 12.300 ft zur unvermeidlichen Kollision mit den Ausläufern des Mt.Paramo **Frontino/Kolumbien**, 60 Meilen außerhalb des Flughafens. Keiner der 125 Passagiere und der 7 Crewmitglieder überlebte den Crash.

01.07.93

Merpati Nusantara   **Fokker F28-3000**
PK-GFU   **11131**

Die Maschine zerschellte beim Endanflug auf die Bahn des Flughafens von **Sorong/Indonesien**. Von den 43 Insassen überlebten nur 2 das Unglück. Das Flugzeug bekam etwa 600 Meter vor dem Aufsetzpunkt Bodenkontakt mit dem rechten Hauptfahrwerk, und die Maschine ging in den unkontrollierten Sturzflug über.

Beim Aufschlag zerbrach der Rumpf in 3 Teile, und 37 Passagiere und 4 Besatzungsmitglieder wurden getötet. Lediglich 2 Passagiere konnten mit Verletzungen lebend geborgen werden. Das Wetter zum Zeitpunkt des Absturzes war denkbar schlecht. Es herrschte ein tropischer Regensturm. Vermutungen wurden laut, daß die Fokker einer Windscherung zum Opfer fiel. Dies bedeutete den ersten Jet-Verlust für Merpati.

16.07.93

Asiana   **Boeing 737-500**
HL7229   **24805**

Der erste Crash dieser noch jungen Airline ereignete sich beim Anflug auf den Flughafen von **Mokpo/Süd-Korea**. Das Flugzeug befand sich bereits im dritten Landeanflug, nachdem zwei Landeversuche abgebrochen wurden. Den Piloten machten schwere Regenschauer und minimale Sichtverhältnisse zu schaffen. Die örtliche ATC bot nach dem mißglückten zweiten Anflugversuch an, auf einem Ausweichflughafen zu landen. Auf dieses Angebot ging die 737-Besatzung jedoch nicht ein, und man unternahm einen dritten Anflugversuch. Die Maschine wurde auf die VOR/DME-Anfluglinie der Landebahn 06 in Mokpo ausgerichtet. Ein ILS war nicht vorhanden. Am Steuerknüppel befand sich der noch unerfahrene Copilot, während sein linkssitzender Kommandant(8000 Flugstunden) die nötigen Korrekturanweisungen für den Sinkflug gab und den Sprechfunkverkehr abwickelte. Der Kommandant verschätzte sich in dieser Flugphase, was den Abstand zum vorausliegenden Berg im Anflugweg betraf. Fälschlicherweise ging er davon aus, daß die 737 den Berg bereits passiert hatte. In Wahrheit jedoch war man noch um einige Meilen vor dem besagten Höhenzug. Mit den Worten: „*We passed it... down, more down!*", drängte er den Copiloten zum forcierten Sinkflug durch die Wolken. Durch diese Fehleinschätzung geriet man nun unter die Anfluglinie und kollidierte ohne Sichtkontakt mit dem 1000 ft hohen Berg und zerschellte.

Von den 110 Passagieren kamen 65 ums Leben. Auch einige Mitglieder der Kabinenbesatzung überlebten den Absturz nicht. Es war gleichzeitig der erste Crash einer 737-500.

18.07.93

SAHSA   **Boeing 737-200**
N401SH   **20584**

Die 737 wurde irreparabel zerstört, als diese auf dem Flughafen von **Managua/Nicaragua** aus geringer Höhe wie ein Stein auf die Runway prallte. Dabei verzog sich der Rumpf jenseits der Reparierbarkeitsgrenze. Das Flugzeug kam nach dieser Bruchlandung neben der Bahn zum Stehen. Von den 88 Passagieren und 6 Besatzungsmitgliedern verletzten sich 14. Die Boeing absolvierte gerade den Kurs von Tegucigalpa/Honduras nach Managua(SH 415) und geriet im Anflug in eine heftige Gewitterfront.

23.07.93

China Northwest AL   **BAe 146-300**
B-2716   **2315**

Der dritte Totalverlust einer BAe 146 ereignete sich auf dem Flughafen von **Jinchuan/China**, eine Stadt, die vor allem von Touristen der naheliegenden Chinesischen Mauer besucht wird. 102 Passagiere und 5 Besatzungsmitglieder befanden sich an Bord, startbereit zum Flug WH 2119 nach Shanghai. Der erste Startlauf um 14:40 Uhr/loc. wurde jedoch abgebrochen. Warum ist unklar. Die Piloten unternahmen daraufhin einen zweiten Startversuch. Dabei hob der Vierstrahler zwar von der Bahn ab, gewann aber keine Höhe und fiel aus etwa 40 Metern auf den Boden zurück. Dabei brach der Flieger in drei Teile und blieb im flachen Wasser eines Sees liegen. Zum Glück brach kein Feuer aus. 55 Insassen konnten nur noch tot geborgen werden. Die Überlebenden berichteten von heftigen Vibrationen, die dem Absturz vorausgingen.

26.07.93

T M A   **Boeing 707-320**
OD-AFY   **19108**

Während des Rollens zur Startbahn in **Amsterdam-Schiphol AP/Niederlande** gab das rechte Hauptfahrwerk

OD-AFY; hierbei handelt es sich um das in Amsterdam verunfallte Exemplar der TMA / Frankfurt 1993 <Quelle: JR-Photo>

nach und der angrenzende Tragflächenteil wurde erheblich beschädigt. Der 707 gelang es jedoch noch zur Parkposition zurückzukehren. Dort angekommen wurde nach eingehender Begutachtung das Todesurteil über den Airliner gefällt. Der Schneidbrenner bereitete dem 707-Leben von 27 Jahren und 10 Tagen ein jähes Ende. Die Boeing sollte an diesem Tag eigentlich den Flug TL172 von LHR über AMS nach Beirut durchführen, zu dem es allerdings nun nicht mehr kam.

26.07.1993
CANADAIR   **Regional Jet 602**
C-FCRJ   **7001**

Der in Kanada gebaute Regional Jet sollte die Vorherrschaft der Europäer auf dem „Commutermarkt" brechen. Die zweimotorige Maschine war aus dem Businessjet „Challenger 600" entwickelt worden und konnte ihren fünfzig Passagieren auf „low density" Strecken den Komfort eines Jetflugzeugs bieten. Doch bevor das erste Flugzeug an die Airlines ausgeliefert werden konnte, mußte es erst einmal die Testflugphase überstehen.

Da es bei Testflügen mit anderen Flugzeugen immer wieder zu Unfällen gekommen war, hatte man den Regional Jet mit einer zusätzlichen Sicherung ausgerüstet.

Um einen „Deep Stall" oder eine „Dutch Roll" (siehe 19.10.1959; 22.10.1964; 03.06.1966) des Testflugzeugs verhindern, war in das Heck des Regional Jet's ein Fach mit einem Fallschirm eingebaut. Sollte die Besatzung während des Testfluges die Kontrolle über die Maschine verlieren, so sollte dieser Fallschirm ausgeworfen werden und so mithelfen, die Maschine zu stabilisieren. War die Kontrolle wieder erlangt, wurde der Fallschirm abgeworfen, indem vom Cockpit aus die Klammer geöffnet wurde, die den Fallschirm mit dem Flugzeug verband.

Leider hatte sich dieser Fallschirm bei einigen Gelegenheiten „selbständig" gemacht, war aus dem Fach herausgefallen und hatte sich ohne Zutun der Piloten entfaltet. Da das insbesondere während der Startphase fatale Folgen haben kann, hatte man eine weitere Sicherungsmaßnahme eingeführt: Vor dem Start wurde die Klammer durch einen hydraulischen Mechanismus geöffnet. Würde sich der Fallschirm dann „selbständig" machen und sich entfalten, hatte er keine Verbindung zum Flugzeugrumpf und würde keine Gefahr für das Flugzeug darstellen. Vor Beginn der gefährlichen Testsegmente konnte im Cockpit ein Schalter bedient werden, der die hydraulisch betriebene Klammer wieder schloß und den Fallschirm mit dem Flugzeug verband.

Die Testpiloten des ersten Prototyps des Regional Jet's, der an diesem schönen Sommertag vom Flughafen Witchita abhob, hatte sich an diese Regel gehalten und vor dem Start die Klammer des Fallschirms geöffnet. Da sie aber nicht mit Schwierigkeiten rechneten, wurde diese vor Beginn des Testprogramms nicht wieder geschlossen. Dieses Programm sollte die Auswirkungen der Landeklappen auf das Flugverhalten der Maschine überprüfen. Das Gewicht innerhalb der Maschine wurde hinter den Schwerpunkt verschoben und so eine Hecklastigkeit erreicht. Dann sollten die Landeklappen auf die neue 8° Stellung gefahren werden. Bei langsamer Fluggeschwindigkeit sollte die Maschine dann in 12.000 ft geradeausfliegen, während man sie langsam um seine Längsachse rollen wollte. Bei einer Querneigung von 15° oder dem Auslösen der Stickshaker sollte das Flugmanöver abgebrochen werden.

Doch der Kommandant hielt sich nicht an dieses Programm: Er ließ die Maschine weiter um ihre Längsachse rollen, auch dann noch, als die Stickshaker auslösten und die Besatzung vor einem Strömungsabriß warnten. Dieser trat dann auch wirklich bei einer Querneigung von 21° ein. Die Maschine kippte ab und reagierte auf keinerlei Steuereingaben der Besatzung mehr. Sie befand sich in einem „Deep Stall"!

Als der Regional Jet durch 8.000 ft taumelte, löste der überraschte Copilot den Fallschirm aus, allerdings ohne vorher die Klammer zu schließen. Der Fallschirm wurde aus seinem Fach gerissen, entfaltete sich und löste sich sofort vom Flugzeug. Ohne diesen Fallschirm gelang es der Besatzung nicht mehr, die Maschine unter Kontrolle zu bekommen. In immer enger werdenden Spiralen fiel sie der Erde entgegen und zerschellte. Alle drei Insassen, der Kommandant, der Copilot und ein Testingenieur, starben bei dem Aufschlag nahe der Kleinstadt **Byres/KS/USA**.

Das NTSB gab den beiden Piloten die Schuld an dem fatalen Verlauf dieses Testfluges. Der Kommandant hatte sich nicht an das vorher geplante Testprogramm gehalten, während der Copilot nach dem Eintreten des Notfalles es vergessen hatte, die Klammer des Fallschirms zu schließen. Einen weiteren zu diesem Unglück beitragenden Faktor sah die Untersuchungsbehörde allerdings auch in der inadequaten Konstruktion der Fallschirmbefestigung.

04.08.93
SAM Colombia   **Boeing 727-100**
HK-2421X   18875

Bei nächtlichen Wartungsarbeiten auf dem El Dorado Airport von **Bogota/Kolumbien** sollte unter anderem das rechte Triebwerk Nr.3 gewartet werden. Als sich ein Wartungsarbeiter anschickte die Kerosinleitungen zu überprüfen, tröpfelte etwas Restkraftstoff auf eine Arbeitslampe und entzündete sich. Schnell breitete sich das Feuer aus und erfaßte das gesamte Triebwerk und den angrenzenden Rumpfbereich bevor es gelang die Flammen zu ersticken. Die Gesellschaft konnte sich nicht mehr zu einer Reparatur durchringen.

18.08.93
Kalitta Int'l   **Douglas DC-8-61F**
N814CK   46172

Eine ausgeruhte Crew ist ein wichtiger Faktor für einen sicheren Flug. Konzentration und Leistungsvermögen lassen nach etwa 7-8 Stunden Flugdienst spürbar nach. Minutiöse Dienstpläne, die nach den Richtlinien der Luftaufsichtsbehörde FAA erstellt werden, sollten in jedem Fall eingehalten werden. Doch manchmal kommt es anders als man denkt.

Der Kommandant und der Copilot meldeten sich am 16.August spätabends um 23:00 Uhr/loc. zum Dienst in Atlanta. Sie übernahmen den Frachtflug der Connie Kalitta AIA860 nach Charlotte/NC und Ypsilanti/MI, dem Hauptsitz der Gesellschaft. Connie Kalitta ist eine der vielen privaten Frachtfluggesellschaften in den USA, die hauptsächlich mit dem Flugzeugtyp DC-8 operieren. Die Gesellschaft firmiert offiziell unter dem Namen American International, führt ihren Flugbetrieb allerdings unter dem Namen des Firmengründers, Conrad Kalitta, als Kalitta Int'l durch. In Ypsilanti kam dann ein neuer Flugingenieur an Bord, und um 07:46 Uhr/loc. flogen alle drei auf Kurs AIA 841 nach St.Louis und Dallas/Ft.Worth. Dort endete nach 13 Dienststunden der Arbeitstag der beiden Piloten, die sich in einem Hotel ausruhten und am gleichen Abend um 23:00 Uhr/loc. wieder am Flughafen zurückmeldeten. Dort sollten sie einen weiteren Flug (AIA 840) zurück nach St.Louis und Ypsilanti übernehmen. Um 03:25 Uhr/loc. landeten sie wieder in Ypsilanti. Ohne Pause ging es sogleich weiter: der Dienstplan sah vor, daß alle drei die abflugbereite DC-8 „N814CK", die als Flug AIA 861 nach Atlanta fliegen sollte, pilotieren mußten. Nachdem die Beladung abgeschlossen und der letzte Schluck Kaffee getrunken war, startete sie um 06:20 Uhr/loc. Um 07:52 Uhr/loc.Ortszeit setzte AIA861 in Atlanta auf und rollte zum Frachtterminal. Laut Plan endete hier der Dienst für beide Piloten, die sich nach einem Bett sehnten. Der Kommandant, der in Atlanta zu Hause war, bestieg erleichtert um kurz nach 08:00 Uhr/loc. seinen Wagen und verließ den Flughafen in Richtung seines Wohnortes, während sich der Copilot am Flughafen mit seiner Familie traf. Der Flugingenieur wurde in einem Airporthotel untergebracht. Unterwegs klingelte plötzlich das Autotelefon des Kommandanten. Die Airline hatte einen unerwartet dringenden Flugauftrag für ihn. Somit machte er kehrt und fuhr, entsprechend gelaunt, zum Flughafen zurück, wo auch schon seine beiden Kollegen auf ihn warteten. Ein Vertreter von AIA sagte ihnen, daß eine andere DC-8 (N808CK) aufgrund von Triebwerksproblemen in Miami/FL feststeckt und sie daher den Frachtflug AIA 808 nach Norfolk/VA und Guantanamo Bay übernehmen müßten. Den Einwand der Piloten, daß sie Gefahr laufen, ihre maximale Dienstzeit zu überschreiten, wurde mit dem Hinweis entkräftet, daß die interne „24 Stunden"-Dienstpolitik diese Belastung durchaus zuläßt. Wohl wissend, daß sie bei einer Ablehnung des Fluges womöglich gefeuert worden wären, willigten die Piloten ein und übernahmen den Flug. Um 10:10 Uhr/loc. hob man in Atlanta ab und war um 11:40 Uhr/loc. in Norfolk. „N814CK" wurde mit Frachtpaletten beladen, und die Piloten bereiteten sich auf den Weiterflug nach Guantanamo vor. **Guantanamo Bay**, in Fliegerkreisen auch nur „Gitmo" genannt, ist eine US-Marinebasis an der Südküste Kubas. Auf dem Weg dorthin ist sorgfältig darauf zu achten, nicht in den Luftraum des Erzfeindes Kuba einzudringen. Aufmerksam studierten die Piloten die Flugroute. Noch nie waren sie mit einer DC-8 auf dem Leeward Point-Flughafen in Gitmo gelandet, wo Landungen üblicherweise auf der Landebahn 10 stattfinden, um nicht über kubanisches Hoheitsgebiet zu geraten. Es war 14:13 Uhr/loc., als Flug 808 in Norfolk startete und der Kommandant die mächtige DC-8 in Richtung Süden steuerte. 131 Minuten später, um 16:34 Uhr/loc. nahm der Copilot mit der Anflugkontrolle in Gitmo Kontakt auf. Zu diesem Zeitpunkt durchquerte man gerade 32.000 ft.

Die Anflugkontrolle gab Flug 808 die neuesten Landeinformationen. Die DC-8 flog nach Sichtflugregeln (VFR) die kubanischen Küste entlang, als der Copilot funkte:
COP: „....we'd like to land (runway) 28."
Die Anflugkontrolle wies AIA 808 an, sich über dem „East Point"-Fixpunkt östlich des Platzes zu melden. An Bord hatten die mit den geographischen Gegebenheiten nicht vertrauten Piloten ihr liebe Mühe, die Lage des „East-Point"-Fixpunktes in ihren Karten wiederzufinden. Als 16:41 Uhr/loc. dieser Anflugpunkt in 22.000 ft überflogen war, sagte der fliegende Kommandant zu seinem Copiloten:
CPT: „....otta make that one zero approach just for the heck of it, to see how it is. Why don't we do that, let's tell'em we'll take (runway) 10, if we miss we'll just come back around and land on 28."
Schon jetzt zeigten die Piloten erste Ermüdungserscheinungen. Die Anflugkarten forderten ihre volle Konzentration, doch verließen sie sich eher auf ihre Erinnerung aus dem Simulator, als auf die Navigationsinstrumente. Der Kommandant änderte erneut seine Meinung und entschied sich, von der anderen Seite her auf der Bahn 10 zu landen. Kurz darauf wurde AIA 808 für einen Sichtflug auf die Bahn 10 freigegeben.

CPT: „it does say right traffic the, in that uh...training clip that's all it says."
COP: „Right, I know for sure uh, cause I just went through recurrent. Besides there's a big hill over there. It might give you some...depth perception problems."

Die Arbeitsbelastung steckte den Piloten in den Knochen. Seit nunmehr 18 Stunden hatten sie nicht mehr geschlafen. Ihr Biorhythmus, der auf Nachtaktivität eingestellt war, geriet durch diesen Tagesflug durcheinander. Die innere Uhr der Piloten sagte ihnen, daß es eigentlich Schlafenszeit sei. Doch sie mußten sich dagegen sträuben.

Der Towerlotse in Gitmo, mit dem man mittlerweile Verbindung aufgenommen hatte, bestätigte die Landerichtung 10 und wies die Crew an, sich über dem Einflugpunkt „Alpha" zu melden. Da der Kommandant zuvor eine andere Landerichtung wollte, fragte der Lotse nach:

ATC: „808, would you like runway 28?"
COP: „We're gonna try 10 first."

Das Anflugverfahren der Landebahn 10 war nicht einfach. Zunächst mußte man parallel zur Bahn 28 von Osten über die See in geringer Höhe am Flughafen vorbeifliegen, um darauf im Sichtflug eine 180°-Wende zu machen und in den Endanflug der Landebahn 10 überzugehen. Hier hilft dem Piloten kein ILS, sondern nur sein fliegerisches Können. Landebahn 10 wird vorwiegend benutzt, da der Wind auf Kuba meistens von Osten weht. Doch mußte die Kurve in den Endanflug sehr kurz vor dem Flughafen gemacht werden, um nicht über kubanisches Territorium zu gelangen. Die Kubaner achten peinlich genau auf die korrekte Einhaltung der An- und Abflugwege von und nach Gitmo. An Bord wurden die Landechecklisten durchgegangen und die Klappen auf 15° ausgefahren. Die Fluggeschwindigkeit verringerte sich. Der Towerlotse, der spürte, daß sich die Piloten mit den Gegebenheiten nicht auskannten, meldete sich:

ATC: „Connie 808, Cuban airspace begins 3 quarters of a mile west of the runway. You are required to remain with this, within the airspace designated by a strobe light."
COP: „Roger, we'll look for the strobe light."

Westlich des Leeward Point-Flughafens beginnt nach nicht einmal 1,5 Kilometern der hohe Grenzzaun, hinter dem kubanisches Gebiet beginnt. Diese Grenze ist für anfliegende Piloten durch ein rotes Blinklicht markiert. In einer Rechtskurve flog AIA 808 auf den Beginn der Landebahn zu. Das Fahrwerk wurde ausgefahren und die Klappen auf ihre Endstellung 50° heruntergelassen. Der Geschwindigkeitsmesser fiel auf 160 Knoten ab. Während dieser Zeit zeigte der Kommandant immer wieder Unsicherheiten, die Lage der Runway zu identifizieren. Er flog nun nicht mehr nach den Regeln der Anflugkarte, sondern verließ sich auf sein Gefühl.

CPT: „Now we gotta stay on uh...one side of this road here, right?"
COP: „Yeah, we gotta stay on this side, on this side over here, you can see the strobe light."

Laufend tauschten sich die Piloten aus. Die Landebahn kam in Sicht. Die lange Dienstzeit setzte dem Kommandanten zu. Während der lang anhaltenden Konzentrationsphase im Anflug baute langsam seine Wachsamkeit ab. Er versuchte angestrengt, das Blinklicht zu sehen, doch das war an diesem Tag außer Betrieb. Er schätzte den Abstand zum Endanflug größer ein, als er in Wirklichkeit war. Daher begann er zu spät mit der Rechtskurve. Copilot und Bordingenieur waren nun beunruhigt über die sich abbauende Fluggeschwindigkeit.

F/E: „We're never going to make this."
CPT: „Huh? Were do you see the strobe light?"
COP: „Do you think, you're gonna make this?"

Als er merkte, daß er über die Pistenmittellinie hinausschießen würde, legte er die DC-8 scharf nach rechts und trat voll ins rechte Seitenruder. Trotzdem geriet Flug 808 über den Pistenkurs hinaus. Bis zum Anschlag wurden nun die Querruder bedient. Der Kommandant erkannte, daß er kaum noch eine glatte Landung hinbekommen würde. Er wollte durchstarten.

CPT: „Maxpower."

Mit Mühe rollte er die Maschine wieder in die Horizontale und zog die Nase nach oben. Die im Grenzbereich fliegende DC-8 verlangsamte sich nun noch mehr, und an der rechten Tragfläche riß abrupt die

N801CK; eine DC-8-55F, kürzer als die 60er-Serie der Kalitta AW (heute: American Int'l AW) im Endanflug / Athen im Juli 1988 <Quelle: JR-Photo>

Luftströmung ab. Schlagartig kippte Flug 808 nach rechts ab.

XXX: „There it goes, there it goes."

Doch es war zu spät. Etwa 500 Meter vor dem Anfang der Bahn 10 stürzte der Douglas-Jet zu Boden. Aus der Kontrolle geraten, schoß die Maschine radschlagenderweise über das Flughafengelände. Glück im Unglück hatten die drei Besatzungsmitglieder, die allesamt schwer verletzt, aber lebend gerettet werden konnten. Die amerikanische Untersuchungsbehörde NTSB rügte hiernach die operationellen Praktiken der Kalitta Int'l AW, die sich gerade in einer starken Expansionsphase befand. Die Airline hat die Piloten nicht richtig auf ihren kurzfristig anberaumten Einsatz nach Gitmo vorbereitet, einem Flughafen, den keiner der beiden Piloten je mit einem Flugzeug dieser Größe angeflogen hat. Außerdem wurde das Dienstmanagement bei Kalitta kritisiert, das die Piloten, die ohnehin bereits ein hartes Flugprogramm hinter sich hatten, auf den schwierigen Flug nach Norfolk und Guantanamo geschickt wurden. Dabei nahm die Airline in Kauf, daß die Crew ihre maximale Dienstzeit überschreiten würde. Doch im harten Frachtgeschäft, zählen die geflogenen Aufträge. Um Personalkosten zu sparen, wird des öfteren die Dienstzeitverordnung allzu großzügig ausgelegt. Die Belange der Piloten müssen sich den Belangen der Fluggesellschaft unterordnen.

27.08.93
Tajik Air   **Yakovlev Yak-40**
87995   **9541944**

Beim Startlauf in **Khorong/Tadschikistan** zu einem Flug nach Duschanbe/Uzbekistan gelang es nicht, die Yak vom Boden zu bringen. Trotz hoher Geschwindigkeit konnte die Maschine keine Höhe gewinnen und kollidierte mit einigen Hindernissen am Flugfeldrand, bevor das Flugzeug in den dahinterliegenden Panj-Fluß hineinschoß und zerschellte. Der in einem 32-Passagier Layout operierende Dreistrahler war mit 80 Passagieren und 4 Besatzungsmitgliedern hoffnungslos überladen. Über die beengten Zustände an Bord konnte nur gemutmaßt werden.

Nur 5 Menschen, davon ein Besatzungsmitglied, überlebten den Absturz.

Das überlebende Crewmitglied sagte jedoch aus, daß es (trotz der Überladung) erst aufgrund eines Triebwerkschadens zum Absturz kam. Die genaue Opferzahl wird wohl im Dunkeln bleiben, da die moslemischen Passagiere, nach islamischer Sitte, noch am selben Tag eigenständig von Verwandten beerdigt wurden.

05.09.93
Dominicana   **Boeing 727-200**
HI-617CA   **20726**

Die Passagiere verließen gerade die zuvor gelandete 727 auf dem Flughafen von **Santo Domingo/Dominikanische Republik**, als an Bord ein Feuer ausbrach. Der entstandene Brandschaden überstieg den Wert der Maschine, die daraufhin abgeschrieben wurde.

14.09.93
Lufthansa   **Airbus A320-200**
D-AIPN   **105**

Die Besatzung des Lufthansa Airbus „Kulmbach" bereitete sich auf die Landung des Nachmittagskurses LH 2904 Frankfurt-Warschau vor, als der Tower des Flughafens **Warschau-Okiece/Polen** die Piloten vor Scherwinden im Anflug und starken, böigen Seitenwinden über der Landebahn warnte. Den Vorschriften folgend, absolvierten sie den Endanflug daraufhin schneller als normal, um die Maschine wegen der erwarteten Scherwinde stabil zu halten und eine Geschwindigkeitsreserve für den Notfall zu haben. Der Airbus mit 70 Insassen an Bord, 63 Passagiere und sieben Besatzungsmitglieder, wurde vom Kommandanten gesteuert. Dieser war zwar sehr erfahren, befand sich allerdings nach einem längeren Krankenhausaufenthalt (Nierensteine) erst seit kurzem wieder im Dienst. Deswegen fungierte auf diesem Flug ein ebenso erfahrener Kommandant als Copilot, der ihn unterstützte.

Der Towerlotse hatte der Besatzung einen Wind aus 160° mit der Stärke von 13 Knoten über der Landebahn angekündigt. Doch während sich der Airbus durch die Schlechtwetterfront kämpfte, drehte sich der Wind Richtung Westen. Dieser Windwechsel fiel dem Copiloten auf, der ihn mit den Worten „Er dreht, er dreht, dat tut jut"

D-AIPN; der Unglücks-Airbus mit dem Namen „Kulmbach" der Lufthansa / Hamburg im Juni 1992 <Quelle: Luftfahrt Journal-Sammlung>

kommentierte. Bei ihrem Gewicht von 58,6 Tonnen hätte sie bei normalem Wetter 133 Knoten schnell sein sollen. Darauf vertrauend, daß der Tower in Warschau die richtige Windrichtung und Windstärke angeben hatte, hielt sich die Crew an die Vorschriften und wählte wegen der Turbulenzen eine höhere Anfluggeschwindigkeit von 155 Knoten. Doch der Wind war inzwischen auf 270° gedreht und hatte an Stärke zugenommen. Eine Rückenwindkomponente von 15 Knoten trug den Airbus über den Flughafenzaun. Um den erwarteten Seitenwind zu kompensieren, "hängten" die Piloten "die Maschine in den Wind" und neigten die Tragfläche leicht in Windrichtung.

Doch statt eines Seitenwindes herrschte über der Bahn ein Rückenwind, weshalb der Airbus schnell und nicht waagerecht die Landebahnschwelle überflog. Der normale Landepunkt wurde passiert und die erste Bodenberührung erfolgte erst 700 Meter hinter den Aufsetzmarkierungen mit einer Geschwindigkeit von 152 Knoten. Die Piloten versuchten sofort, die Maschine abzubremsen, aber nur eine der drei Bremshilfen - die Radbremsen - funktionierten. Die beiden anderen Bremshilfen, Spoiler und Umkehrschub, waren noch vom Bordcomputer verriegelt. Sie werden erst entriegelt, wenn sich beide Räder mit einer Mindestgeschwindigkeit von 115 km/h drehen und das volle Gewicht des Airbusses auf ihnen liegt. Da die Maschine beim ersten Bodenkontakt noch zu schnell war, "schwebte" der Airbus noch leicht über die Landebahn. Zwei Räder berührten nicht vollständig den Asphalt und drehten sich deswegen nicht mit der nötigen Geschwindigkeit. Das dritte Rad, das linke Hauptfahrwerk, hing wegen der leicht "schiefen" Landung noch vollständig in der Luft. Der Computer versagte deswegen der Besatzung die dringend benötigten Bremshilfen. Er gab sie erst neun Sekunden später frei, als der A-320 schon 750 Meter auf der nassen Runway zurückgelegt hatte! Die Piloten, die im Cockpit keinen Einfluß auf diese Sperren hatten, bemerkten nun die mangelnde Bremswirkung:

CPT: "Poor Braking!"
COP: "Full Reverse?"
CPT: "Yes, full."

Nachdem die Maschine zwei Drittel der Landepiste zurückgelegt hatte, griffen endlich alle Bremshilfen. Da man aber immer noch viel zu schnell war, forderte der Kommandant seinen Copiloten auf mitzubremsen:

CPT: "Tritt mit rein!"
COP: "Noch 100 Knoten."

Die Rollgeschwindigkeit wurde aber nur unbedeutend geringer, und die Piloten sahen das Ende der Landebahn immer näher kommen:

CPT: "Weiterbremsen, * !"

Immer noch knapp 80 Knoten schnell, verließ der Airbus die normale Landebahn und geriet auf die 300 Meter lange Überrollstrecke. Deren Decke ist nicht aus Asphalt, sondern aus Beton, weswegen hier die Bremswirkung noch schlechter war, als vorher. Der Kommandant, der einen Erdwall am Ende der Überrollstrecke auf sich zuschießen sah, schrie den Copiloten an:

CPT: "Was soll ich jetzt machen? * !"
COP: "Kannst nix machen. Dreh sie weg, dreh sie weg!"

Die verzweifelten Piloten wollten eine Frontalkollision mit dem Erdwall vermeiden und die Maschine seitlich darauf prallen lassen. Sie rissen die Bugradsteuerung herum und gaben volles rechtes Seitenruder, um die Maschine herumzuziehen. Der Airbus schleuderte nach rechts und verlor dadurch stark an Geschwindigkeit. Dennoch schlitterte der Jet über den Erdwall hinweg und kam auf der anderen Seite zum Stehen, nachdem das Fahrwerk eingebrochen und die linke Tragfläche aufgerissen wurde. Aus diesen Rissen trat Treibstoff aus, der sich sofort entzündete. Trotz der sofort einsetzenden Evakuierung der Maschine und des schnellen Eingreifens der Warschauer Feuerwehr mußten 56 Insassen mit zum Teil schweren Verletzungen in die umliegenden Krankenhäuser gebracht werden. Den Copiloten und einen Passagier konnten die Rettungskräfte nur noch tot aus dem Havaristen bergen.

Als Reaktion auf diesen Unfall wurden sofort technische Änderungen am A320 vorgenommen. Airbus bot der Lufthansa die kostenlose Umrüstung der Fahrwerke des Flugzeuges an. Die Federbeine des Fahrwerkes wurden gegen neue ausgetauscht. Diese verringerten das Gewicht von 6,3 auf 2 Tonnen, bei dem die in das Fahrwerksbein eingebauten "Air/Ground Schalter" (siehe 26.05.1991) die Automatik freischaltet. Die amerikanische Luftaufsichtsbehörde FAA ordnete diesen Austausch bei allen in den USA registrierten A320 an.

Nach diesem Unfall setzte eine Diskussion über die Computer an Bord des Airbuses ein. Kritisiert wurden hauptsächlich die mangelhaften Eingriffsmöglichkeiten der Piloten. Die "Landelogik" des Airbusses war ent-

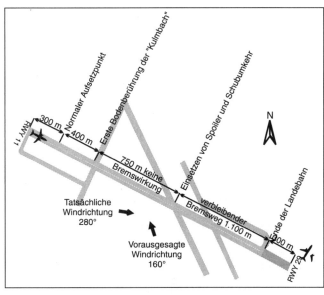

Der Weg des Lufthansa Airbus A320 "Kulmbach" auf dem Flughafen Warschau.

wickelt worden, um das Flugzeug vor Fehlern der Piloten zu schützen. Die Bremshilfen sollten erst entriegelt werden, wenn das Flugzeug sich garantiert auf dem Boden befindet. Damit sollte ein selbständiges Einsetzen des Umkehrschubes (wie bei der Lauda Air 767 am 26.05.91) oder ein versehentliches Ausfahren der Spoiler in der Luft (wie bei der Air Canada DC-8 in Toronto am 05.07.70) verhindert werden. Doch in diesem Fall wendete sich die Sicherheitsmaßnahme gegen das Flugzeug und seine Insassen. Die Piloten im Cockpit hatten in Warschau keine Möglichkeit, die Bremshilfen, unter Umgehung der Bordcomputer, „manuell" auszulösen. Die deutsche Pilotengewerkschaft forderte einen Rückbau der Computer an Bord des „Atari-Fliegers" (Piloten-Spottname für den A320). Die Computer sollten so verändert werden, daß entscheidende Systeme, wie die Triebwerkskontrolle und eben die Bremsanlage, von den Piloten jederzeit „manuell" beherrschbar sind.

21.09.93
Trans Air Georgia   **Tupolev 134A**
65893   40120

Mit dem Zerbrechen der UdSSR in ihre Einzelrepubliken begannen die schwelenden Nationalitätenkonflikte im August 1991 erst richtig aufzulodern. Einer der verwickeltsten und blutigsten Nationalitätenkonflikte in der ehemaligen UdSSR tobte in Georgien. Nicht genug, daß seit der Gründung des Staates im August 1991 mindestens drei blutige Putsche die Hauptstadt Tiflis erschütterten. Auch an den Rändern bröckelte das kleine Land. Denn nicht nur die Teilrepubliken in der UdSSR wollten ihre Unabhängigkeit. Auch die kleinen Völker innerhalb der Teilrepubliken verlangten nach Selbständigkeit. So auch das kleine moslemische Volk der Abchasen an der „Goldküste" des schwarzen Meeres. Zuerst demonstrierten die Studenten in der Hauptstadt Suchumi gegen den Einfluß des christlichen Mutterlandes Georgien. Dann erklärten im Sommer 1992 die Politiker das Land für unabhängig von Georgien. Daraufhin marschierte das georgische Militär in Abchasien ein und erstickte diesen Autonomieversuch im Keim. Sie überzogen das Land mit Terror und Plünderungen. Die unterlegenen Abchasen zogen sich in die Berge zurück und rächten sich dort an der georgischen Bevölkerung. Der Krieg zog sich über den Winter hin, bis im Frühjahr Georgien mal wieder von einem Putsch heimgesucht wurde. Große Teile der georgischen Soldateska, die inzwischen den größten Teil des abchasischen Territoriums beherrschte, wurden eilends in die Hauptstadt Tiflis abberufen, um die Regierung gegen die andrängenden Putschisten zu verteidigen. Die zurückbleibenden Truppenteile der Georgier in Abchasien waren damit geschwächt. Sie wurden den anrückenden abchasischen Rebellen nicht mehr Herr und mußten sich Richtung Küste nach Suchumi zurückziehen. Den zurückziehenden georgischen Truppen folgte die verängstigte Zivilbevölkerung.

Im Sommer 1993 war Suchumi eingeschlossen, und an den Stadtgrenzen standen Tausende von abchasischen Rebellen, denen es nach Rache an den Georgiern verlangte. In der Stadt saßen zehntausende Flüchtlinge fest, deren Versorgung immer schwieriger wurde. Die Stadt konnte nur noch aus der Luft versorgt werden. In kurzen Abständen kamen die Ziviljets der erst vor kurzem aus dem ehemaligen Sowjetdirektorat der Aeroflot in Georgien hervorgegangenen Transair Georgia und brachten Nahrungsmittel sowie Waffen nach Suchumi, um kurz darauf mit flüchtenden Georgiern wieder in Richtung Tiflis abzuheben. Die an- und abfliegenden Maschinen dieser improvisierten „Luftbrücke" waren ständig abchasischen Angriffen ausgesetzt. Die Versorgung der Zivilbevölkerung hing somit an einem dünnen Faden. Während dieser Versorgungsflüge ereigneten sich innerhalb von drei Tagen drei schwere Katastrophen:

Das erste Unglück ereignete sich an diesem Vormittag, als eine aus Tiflis kommende Tupolev-134 über das schwarze Meer auf den Flughafen von **Suchumi/Georgien** einschwebte. In 900 ft Höhe wurde sie von einer Flugabwehrrakete getroffen. Das Geschoß explodierte im Heck der Maschine und machte die Tupolev in einem Sekundenbruchteil steuerunfähig. Taumelnd kippte der Jet über die linke Tragfläche ab und schlug wenige Sekunden später auf der Wasseroberfläche auf.

Alle 26 Insassen, 22 Passagiere und 4 Crewmitglieder, starben. An Bord befanden sich auch viele internationale Reporter, die vom Kriegsschauplatz Suchumi berichten wollten.

Die Rakete war von abchasischen Rebellen abgefeuert worden, die sich in einem Patrouillenboot vor der Küste auf die Lauer gelegt hatten. Mit dieser Aktion wollten die Rebellen Suchumi endgültig vom militärischen Nachschub abschneiden.

22.09.93
Trans Air Georgia   **Tupolev 134A**
65001   42235

Der Schock des Absturzes am Vortag saß noch tief im Bewußtsein der georgischen Bevölkerung, doch die Evakuierung der Bevölkerung ging in gleicher Intensität weiter.

Am nächsten Tag schwebte wieder eine Tupolev aus Tiflis auf den Flughafen **Suchumi/Georgien** zu. Diesmal waren hauptsächlich Soldaten an Bord. Auch sie wurde kurz vor dem Aufsetzten von einer Rakete getroffen. Die Piloten schafften es noch bis zur Landebahn zu kommen, dort schlug die Tupolev aber mit einer derartigen Gewalt auf, daß sie auseinanderbrach und in Brand geriet.

An Bord waren 120 Passagiere und 12 Crewmitglieder. Die Angaben über Überlebende des Unglücks sind widersprüchlich und erstreckten sich von 26 bis 82 Personen.

23.09.93
Trans Air Georgia   **Tupolev 154B**
85163   163

Die beiden Unglücksfälle der Tage zuvor konnten die Hilfsflüge nicht stoppen. Noch immer warteten Tausende von Zivilisten auf dem eingeschlossenen Flughafen in Suchumi, um nach Tiflis ausgeflogen zu werden. Es kam zu panikartigen Szenen, als viele Passagiere verzweifelt versuchten noch, mit an Bord der startklaren Maschinen zu gelangen. Mit Gewalt mußten die nachrückenden Menschen am Betreten der hoffnungslos überfüllten Maschinen gehindert werden. Gerade stand wieder eine Tupolev-154 auf dem Vorfeld des Flughafens von **Suchumi/Georgien**, die von Flüchtlingen umlagert wurde. Die Menschen bestiegen gerade die Maschine, als eine Granate mitten in die Tragfläche einschlug, die von den abchasischen Rebellen aus den Bergen über dem Flughafen abgeschossen wurde. Das Flugzeug wurde zerstört und geriet sofort in Brand.

Die georgische Regierung gibt ein Todesopfer zu, aber Fernsehaufnahmen ließen Zweifel an dieser Version zu. Die Opferzahl wird demnach deutlich höher liegen.

25.10.93
Far Eastern AT   **McDD MD-82**
B-28003   **53065**

Bei einer Notlandung auf dem Flughafen von **Kaoshiung/Taiwan** kam die Maschine von der Runway ab, schoß über einen Wassergraben und kollidierte danach noch mit einer Mauer. Hierbei wurde die MD zerstört. Zuvor meldete der Pilot nach dem Start, daß Flug EF116 (von Kaoshiung nach Taipei) wegen Triebwerksproblemen am linken Triebwerk Nr.1 notlanden müsse, und kehrte zum Ausgangsflughafen zurück. Die 152 Insassen konnten den Jet unverletzt verlassen. Offenbar löste sich kurz nach dem Abheben ein Teil der Fanverkleidung des linken Triebwerks und beschädigte die Turbine.

26.10.93
China Eastern AL   **McDD MD-82**
B-2103   **49355**

Das Flugzeug schoß bei der Landung in **Fuzhou/China** über die Bahn hinaus und kam erst im morastigen Gelände hinter dem Bahnende zum Stehen.

Von den 71 Passagieren und der neunköpfigen Crew kamen zwei Menschen ums Leben. Die MD-82 absolvierte zuvor den Linienflug MU5398 von Shenzen nach Fuzhou. Zur Unfallzeit gingen um das Flughafengebiet starke Regenfälle nieder.

04.11.93
China AL   **Boeing 747-400**
B-165   **24313**

Wenn ein Großflughafen dieser Welt das Prädikat „Atemberaubend" verdient, dann der Flughafen Kai Tak mitten in **Hong Kong**. Mit nur einer 3350 Meter langen Start- und Landebahn 13/31 wird der gesamte, überwiegend aus Großraumflugzeugen bestehende Verkehr, abgewickelt. Meist wird die Landebahn 13, bei der die Piloten über die Millionenstadt hinwegkurven, benutzt. Dieser sog. „Chessboard-Approach" darf nur von speziell geschulten Piloten vorgenommen werden, da hierbei von Hand in weniger als 200 Metern eine scharfe Rechtskurve zum Bahnanfang der 13 geflogen werden muß. Würde man geradeaus weiterfliegen, so kollidierte man unweigerlich mit den Bergen, die ringsum Kai Tak liegen. Auch bei routinierten Flugkapitänen macht sich nach erfolgreicher Landung in Kai Tak eine gewisse Erleichterung breit. An diesem Tag kam ein Faktor noch erschwerend hinzu: Das Wetter! Im Herbst und Frühjahr treten in dieser Gegend oft tropische Regenstürme, sog. Taifune mit Windgeschindigkeiten bis zu 160 km/h auf. Ein solcher Taifun war „Ira", der zu dieser Zeit für schlechteste Wetterbedingungen rund um Hong Kong sorgte. In Betrieb befand sich die bewußte Bahn 13. Piloten anfliegender Jets hatten alle Hände voll zu tun, um einigermaßen auf den Bahnasphalt zu kommen und ihr Flugzeug sicher auf Radfahrertempo abzubremsen.

Flug CI 605 startete in Taipei/Taiwan pünktlich um 09:50 Uhr/loc. und erreichte gegen 11:25 Uhr/loc. den Luftraum von Hong Kong. Die 274 Passagiere wurden auf die bevorstehende Landung und die wetterbedingten „Unannehmlichkeiten" während des Endanfluges vorbereitet. „Ira" schüttelte den Jumbo kräftig durch, als man sich dem berühmten „Schachbrett" (eine rot-weiße Markierung im Berg, die schachbrettartig angeordnet ist und den Piloten als optische Referenz für den Punkt dient, an dem sie mit der Rechtskurve beginnen sollen) näherte. Mit voll ausgefahrenen Klappen und Fahrwerk, drehte der Kommandant die 747 in 700 ft Höhe, dicht über die Dächer der 6 Millionen-Metropole hinweg und hatte nun die Landebahn unmittelbar vor sich. Die letzten Dächer der Wohnhäuser Kowloons wurden überflogen, als die bordeigenen Sensoren eine Windscherung anzeigten. Das Flugzeug lag unruhig in der Luft, als CI 605 über den Bahnanfang hinwegschwebte. Einige Sekunden darauf (es war 11:35 Uhr/loc.) berührten die 16 Reifen des Hauptfahrwerks, etwas hinter der Aufsetzmarkierung, den nassen Bahnbelag.

Beim anschließenden Tritt ins Bremspedal bemerkten die Piloten sofort, daß kaum Verzögerungswirkung eintrat. Nachdem das Bugrad auch aufgesetzt hatte, wurden die Schubumkehrklappen betätigt und die Spoiler fuhren hoch. Immer noch zeigten die Instrumente über 100 Knoten an. Auf der nassen Piste wollten die Räder einfach nicht greifen. Das Ende der Bahn kam unaufhaltsam näher.

Längst lag der Terminalbereich hinter der Maschine, und die Runway war nun umgeben von den sturmgepeitschten Wellen des Hong Konger Hafenbeckens. Trotz vollem Gegenschub und verzweifeltem Betätigen der Radbremsen kam Flug 605 nicht mehr vor dem Bahnende zum Stehen. Etwa hundert Meter vor dem Ende riß der Kommandant, in einem letzten Versuch das Unvermeidliche zu vermeiden, die 747 um 30° nach links. Es half alles nichts. Mit ca. 70-80 km/h preschte CI 605 in die Fluten. Dabei wurde das Fahrwerk z.T. abgerissen und Triebwerke sowie Tragflächen und vorderer Rumpf beschädigt. Ohne Zeitverzug ertönte das Evakuierungssignal und zu beiden Seiten öffneten sich die Türen.

Die Notrutschen bliesen sich auf. Im Kontrollturm wurde Alarm ausgelöst. Der Flughafen wurde geschlossen. Durch den Druck der Wellen wurde die Boeing längsseits zurück an die Bahnschwelle getrieben.

Dieser Umstand erleichterte die Rettungsmaßnahmen. Alle 274 Passiere und die 22 Besatzungsmitglieder konnten sich ohne größere Verletzungen aus dem

B-164; die 747-400, die ca. 5 Monate älter als die Unglücksmaschine ist, beim Eindrehen in den Endanflug / Hong Kong 1994 <Quelle: Luftfahrt Journal-Sammlung>

Flugzeug retten. Experten aus Taiwan und Seattle reisten nach Hong Kong und erklärten die Boeing als nicht mehr reparabel. Da das Leitwerk in die verlängerte Pistenachse hineinragte, wurde, um den Flugbetrieb nicht zu gefährden, mit einer Serie von Sprengsätzen das aufragende Seitenleitwerk weggesprengt. Tage darauf schleppte man das Wrack zur HEACO-Werft am Flughafen zurück, um noch benutzbare Teile auszubauen. Seitdem dient das ausgebaute Cockpit als Ausbildungsplatz für IFR-Flüge für angehende Pilotenschüler in Xiamen, China.

13.11.93
China Northern AL　　　　　　**McDD MD-82**
B-2141　　　　　　　　　　　　　　　　**49849**

Ein unglaubliches Beispiel für die Schattenseiten des dramatischen Wachstums der chinesischen Zivilluftfahrt passierte an diesem Nachmittag, als der Linienkurs CJ901 der China Northern, aus Peking kommend, mit 90 Passagieren und zehn Crewmitgliedern im Landeanflug auf die abgelegene Hauptstadt der nördlichen Provinz Xinjiang: **Urumchi/China** war. Es herrschte recht dichter Nebel, der die Sichtweite am Boden auf 1.000 Meter einschränkte. Als man sich auf dem ILS der Landebahn 25 befand und noch etwa 4 Meilen bis zur Landebahn zurückzulegen waren, schaltete plötzlich einer der beiden Piloten den Autopiloten ab. Der Grund dieser Maßnahme ist unbekannt. Dem anderen Piloten fiel diese Fehlschaltung sogleich auf, und er schaltete den Autopiloten wieder ein, auf dessen Hilfe man während des Instrumenten-Landeanfluges angewiesen war. Doch fatalerweise unterlief ihm hierbei ein Fehler. Statt den Wahlschalter des Autopiloten wieder auf den Gleitweg-Modus zu stellen, drehte er den Schalter irrtümlich auf den „Vertical Speed Mode", d.h. daß der Autopilot die zum Zeitpunkt seiner Aktivierung gegenwärtige Sinkrate beibehält. In diesem Fall waren es 800 ft/min. Aber um auf dem korrekten Gleitwinkel zu bleiben, wäre eine Sinkrate von etwa 700 ft/min. nötig gewesen. Langsam aber sicher sank Flug 901 unter den Gleitweg. Den chinesischen Piloten fiel dies jedoch nicht auf. Sie ließen den Autopiloten machen und konzentrierten sich auf die unmittelbar bevorstehende Landung. Der Outer-Marker, das Voreinflugzeichen, wurde in 771 ft überflogen. 919 ft wären korrekt gewesen. Immer mehr geriet die Maschine unter die Anfluglinie. Die akustische Warnung des GPWS-Gerätes rief „Glideslope!, Glideslope!". Doch das kümmerte die chinesischen Piloten wenig. Der Grund hierfür war einfach. Sie verstanden kein Englisch! Auch bei dem eindringlichen „Sink rate, Sink rate!"-Warnton, reagierten sie nicht. Erst als die dritte Warnstufe des GPWS laute „Pull up, pull up"-Töne von sich gab, bemerkte der Copilot:
COP (auf chinesisch):
　„ Was bedeutet „pull up"?"
CPT: „Hochziehen und auspendeln."
　Noch im gleichen Augenblick ging ein Ruck durch die Maschine. 1,5 Kilometer vor dem Flughafen hatte man in dichtem Nebel einige Elektrizitätskabel einer Hochspannungsleitung gestreift. Ein Steigflug war nun nicht mehr möglich. Um 14:56 Uhr/loc. prallte der Rumpf unsanft vor der Landebahn auf den Boden und zerbrach. Von den 102 Insassen kamen 12 ums Leben. 30 weitere wurden verletzt. Glücklicherweise konnten sich die meisten Menschen aus dem Wrack befreien, bevor ein Treibstoffeuer die MD-82 vollends zerstörte. Es handelte sich hierbei um den ersten Unglücksfall einer SIAC-MD-80, die als Bausatz aus den USA nach China geschifft und von der Shanghai Aviation Industrial Corp. zusammenmontiert wurde. Es war gleichzeitig der dritte MD-82 Crash innerhalb eines Monats in Asien! Offenbar gab es zu dieser Zeit im innerchinesischen Flugverkehr erhebliche Ausbildungsmängel. Piloten wurden im Schnellverfahren auf die massenweise georderten Flugzeuge, allesamt aus den USA oder Europa, eingewiesen. Notfalltraining, Fliegen unter erschwerten Bedingungen, fundiertes Flugenglisch und ähnliche zeitraubende Ausbildungsbestandteile standen nicht auf dem Stundenplan. Man wollte in möglichst kurzer Zeit so viele neue Piloten wie möglich heranzüchten, um den Beschluß der allmächtigen Staatspartei in die Tat umsetzen zu können. Bei dieser gnadenlosen Wachstumsparole wurde jedoch die Sicherheit des Flugbetriebs hinten angestellt.

15.11.93
Aviastar   **Antonov An124**
82071   **-**

Auf dem Weg von Dubai nach Taschkent zerschellte die brandneue Antonov im Anflug auf **Keman/Iran** in den Joupar-Bergen, 40 km östlich der Stadt. Kerman war eine Zwischendestination auf dem Weg von Rußland zum Persischen Golf.
Alle 17 Menschen an Bord starben.

15.11.93
Indian AL   **Airbus A300B2**
VT-EDV   **34**

Der Airbus befand sich mit 253 Insassen auf einem innerindischen Linienflug von Madras an der indischen Westküste nach Hyderabad. Dort angekommen mußten die Piloten feststellen, daß über dem Airport dichter Nebel lag. Trotzdem versuchten sie einen Landeanflug, welcher aber abgebrochen werden mußte. In voller Landekonfiguration, also mit ausgefahrenem Fahrwerk und Klappen, stieg der Airbus wieder aus der Nebelbank auf, um über dem Flughafen in ein Warteschleifenmuster zu gehen. Im Steigflug lasen die Piloten die Missed-Approach Checklist und bedienten hierbei auch den Hebel für die Landeklappen, um diese einzufahren. Mit Schrecken mußten die Piloten festellen, daß diese aber in ihrer Landekonfiguration verklemmt waren. Zuerst versuchte die Cockpitcrew dieses Problem mit Bordmitteln zu beheben, was aber nicht gelang. Das bedeutete, daß man während des Fluges sehr viel mehr Strömungswiderstand hatte, und die Piloten waren gezwungen, die beiden Schubhebel des A-300 sehr weit vorzuschieben, um die Reisegeschwindigkeit halten zu können. Der Moment war absehbar, an dem die Treibstoffreserven zuende gehen würden. Eine Anfrage beim Tower in Hyderabad ergab, daß die Wettersituation sich noch verschlechtert hatte. Der Flughafen mußte geschlossen werden. Ein anschließender Rundruf der Besatzung in Südindien bestätigte die schlimmsten Ahnungen der Besatzung: Nicht nur in Hyderabad herrschte Nebel und schlechtes Wetter. Auf keinem Flughafen in der Umgebung war eine Landung eines Großraumflugzeuges möglich. Somit blieb nur noch die Rückkehr zum 500 Kilometer entfernten Ausgangsflughafen Madras.

Die Augen der angespannten Besatzung klebten förmlich an der Treibstoffanzeige. Da man den gesamten Weg mit voll ausgefahrenen Klappen zurücklegen mußte, war es fraglich, ob der Treibstoff bis dahin ausreichen würde. In 16.000 ft Höhe machte man sich auf den langen Weg zurück nach Madras, die Treibstoffanzeige immer im Blick.
Ca. 230 km vor Madras standen diese Anzeigen auf Null. Die Triebwerke verstummten und die Besatzung mußte zur Notlandung auf einem trockenen Reisfeld in der Nähe der Stadt **Tirupati/Indien** ansetzen. Dabei wurde das Bugrad weggerissen sowie Triebwerke und Tragflächen zum Teil erheblich beschädigt.
Alle Insassen konnten sich unverletzt aus dem Flugzeug retten.
In der Fachpresse tobte noch Monate später ein Krieg der Artikel und anschließenden Leserbriefen: Sollte man nun die Piloten für ihre miserable Treibstoffplanung verdammen, oder sie für ihre nahezu perfekt ausgeführte Notlandung loben?

19.11.93
COPA Panama   **Boeing 737-100**
HP-873-CMP   **19768**

Eine der letzten in Betrieb befindlichen 737 der 100er-Version wurde jenseits der Reparierbarkeitsgrenze beschädigt, als man bei der Landung auf dem Tocumen AP von **Panama-City/Panama** von starken Seitenwinden erfaßt wurde, von der Bahn abkam und über unebenes Gelände schoß. Dabei wurde das Bugrad weggerissen. Weder Crew noch Passagiere erlitten Verletzungen und entstiegen erleichtert dem 25jährigem Zweistrahler.

20.11.93
Avioimpex   **Yakovlev Yak-42D**
RA-42390   **4016557**

Der Flug startete in Genf Richtung Skopje/Mazedonien. Während man sich der Destination näherte, erfuhren die Piloten, daß aufgrund von anhaltenden Schneefällen der Flughafen von Skopje geschlossen wurde. Somit wurde der Ausweichflughafen in Ohrid, ca. 150 Kilometer südlich der Hauptstadt, nahe der albanischen Grenze, angeflogen. Dort waren das Wetter und die Sichtweite am Boden bedeutend besser. Der Flughafen von Ohrid liegt

RA-42390; die bewußte Yak-42 der Avioimpex, die noch im gleichen Jahr in Mazedonien verunglückte / Düsseldorf im Sommer 1993 <Quelle: Luftfahrt Journal-Sammlung>

in einem Talkessel am nördlichen Ufer des Ohrid-Sees auf 2.300 ft Höhe. Die Mindestsicherheitshöhe beträgt hier 8.000 ft Ohrid verfügt nicht über eine eigene Radaranlage und anfliegende Flugzeuge sind daher selbst gehalten, den angewiesenen Kurs und die Flughöhe einzuhalten. Ohne Kenntnis des Fluglotsen sank die Yak-42 auf Wolkenhöhe und setzte ohne erkennbaren Grund den Sinkflug fort. 8.000 ft wurden durchquert und die Ausläufer der Gebirgskette kamen immer näher. Als der Jet unter die Wolkendecke kam, war es bereits zu spät. Direkt vor den Augen der Piloten lag eine Felswand des **Mt.Trojani/Mazedonien** gegen die die Yak einen Augenblick später prallte. Für Sekunden kam die Yak noch einmal frei und prallte daraufhin gegen einen weiteren Gebirgshang, an dem das Flugzeug zerschellte. Der Absturzort lag 3,5 Kilometer vom Flughafen entfernt.

Von den 108 Passagieren und acht Besatzungsmitgliedern überlebte lediglich ein Passagier schwer verletzt, der beim Aufprall aus dem Flugzeug geschleudert wurde. Warum der Pilot den Sinkflug nicht unterbrach ist noch Gegenstand von Untersuchungen.

25.12.93

Aeroflot Tupolev 154B-1
RA-85295 295

Bei der Ankunft in **Grozny/Rußland** „stürzte" die vollbesetzte Tu-154 der Aeroflot förmlich auf die Landebahn, kam rechterhand davon ab und pflügte durch die benachbarte Brachfläche. Auf diesem Weg ging das gesamte Fahrwerk verloren und bäuchlings endete die rasante Fahrt. Außer dem Kommandanten wurde niemand der 165 Insassen verletzt. Die Sichtweite auf dem Flughafen war an diesem Tag durch Nebel eingeschränkt.

01.01.94

Shabair BAC 1-11-200
9Q-CSJ 13

Bei der Landung in der zairischen Provinzstadt **Mbuji-Maji/Zaire** verunglückte die BAC so schwer, das sich eine Reparatur der 29 Jahre Maschine sich nicht mehr lohnte.

Bei dem Zwischenfall kam niemand der Insassen zu Schaden.

03.01.94

Baikal Air Tupolev 154M
RA-85656 801

Nach dem Zerfall des ehemaligen Sowjetreichs splitterten sich auch die staatliche Aeroflot in die einzelnen Fluggesellschaften auf. Diese waren nun selbst für den Flugbetrieb verantwortlich. Sie bekamen eine gewisse Anzahl von Maschinen von der Aeroflot überstellt. Was die Pilotenausbildung und den Nachschub an Ersatzteilen anbelangte, so war man immer noch auf Aeroflot angewiesen, die bei vielen Betriebsfaktoren noch das uneingeschränkte Monopol ausübte. Die Treibstoff- und Ersatzteilversorung war auch bei Baikal Air (die aus dem ehem. Direktorat „Ost Sibirien" hervorging) nicht immer gesichert, und so mußte man Einschränkungen im Flugbetrieb in Kauf nehmen. Die wenigen Maschinen waren oft dem Andrang Reisenden nicht gewachsen. Ein modernes Abfertigungssystem gab es in der Russischen Provinz zu dieser Zeit nicht. Oftmals war der Fluggesellschaft weder die genaue Passagierzahl, noch das Gesamtgewicht bekannt. Überbuchte Fluggäste wurden aber dennoch mitgenommen, um möglichst hohe Einnahmen zu erhalten. Auch die für Geld empfänglichen Piloten wollten sich das ein oder andere Zubrot mit der Beförderung von nicht deklarierter Fracht verdienen. Das maximale Abfluggewicht wurde nicht selten überschritten. Der Einhaltung von Sicherheitsstandards schenkte man daher nicht die Beachtung, die ihr zukam. Hinzu kam noch der technisch veraltete Zustand von vielen Maschinen des ehem. Aeroflot-Flottenparks. Alles in allem hing ein sicherer Betrieb des russischen Flugverkehrs von vielen Faktoren ab und war mitunter reine Glückssache.

An diesem Tag nahmen an Bord der Tupolev 111 Passagiere(unter ihnen 20 Ausländer) und 9 Crewmitglieder Platz. Der Flug sollte vom verschneiten **Irkutsk/Rußland** nach Moskau gehen. Beim Anlassen der drei Triebwerke leuchtete eine Warnlampe des Airstarter an Triebwerk Nr.2 auf. Sie zeigte an, daß sich der Anlaßmotor, mit dem die Triebwerke gestartet werden, überhitzte. Doch Triebwerk Nr. 2 sprang normal an und begann auf „Idle" hochzulaufen. Der Flugingenieur berichtete dem Kommandanten über diesen Mißstand. Dieser maß diesem Vorgang jedoch nicht allzu viel Bedeutung bei und setzte die Startvorbereitungen fort. Man rollte zur Startbahn und ging in den Steigflug über. In dieser Phase überhitzte sich der Anlaßmotor und flog auseinander. Wegfliegende Trümmer beschädigten die Steuer- und Treibstoffleitungen, aus denen daraufhin Hydrauliköl bzw. Treibstoff austrat. Erst in einer Höhe von 13.000 ft bemerkten die Piloten, daß mit dem Triebwerk 2 etwas nicht stimmte und man informierte Irkutsk, daß man zurückkommen werde. Die Situation dramatisierte sich zusehends, als die Feuerwarnglocke von Triebwerk 2 und 3 losschlug. Beide Feuerlöscher wurden betätigt und die Triebwerke stillgelegt. Mehr und mehr ging auch die Steuerkontrolle abhanden, so daß sich der Kommandant mit nur noch einem laufenden Triebwerk nicht mehr in der Lage sah, den Flughafen noch zu erreichen.

Auf dem Gelände einer LPG, ca. 15 km außerhalb der Stadt, stürzte die Maschine um 11:59 Uhr/loc., nach nur 12 Flugminuten zu Boden und zerschellte auf dem tiefgefrorenen Tundraboden.

Rettungseinheiten konnten niemanden mehr lebend aus den Trümmern bergen. Mehrere Gebäude wurden total zerstört. Eine Person am Boden wurde dabei getötet, eine andere schwer verletzt.

Man geht davon aus, daß auch eine Überladung ein Unglücksfaktor war. Da es weder vollständige Passagierlisten, noch eine Obergrenze für Gepäck oder Fracht gab, konnte jeder Fluggast seine Habseligkeiten ungewogen an Bord nehmen. Somit überschritt die Maschine schon beim Abheben ihr zulässiges Startgewicht und war daher zu schwer, um im Sinkflug die Landebahn noch zu erreichen.

20.01.94
Air France Airbus A340-200
F-GNIA 10

Auf dem Weg vom Wartungshanger zum Terminal in **Paris-Charles de Gaulle AP/Frankreich** brach nach einem A-Check(ca. alle 400 Flugstunden) aus nicht näher identifizierter Ursache um 05:45 Uhr/loc. ein Feuer an Bord aus. Als die Schleppmannschaft den Brand bemerkte und die Feuerwehr alarmierte, war es jedoch für Gegenmaßnahmen zu spät. Aus dem 120 Mio. US-$ teuren Flugzeug schlugen schon die Flammen. Etwa 30 Minuten wütete das Feuer. Der Rumpf brach währenddessen an der Tragflächenhinterkante ab und rundete das desolate Bild der Zerstörung ab. Glücklicherweise kam hierbei niemand zu Schaden. Spekulationen über einen Zusammenhang dieses Unglücksfalles mit einem ähnlichen Brand, bei dem 1985 ein nagelneuer UTA-Jumbo zum Versicherungsfall wurde, fanden allerdings keinerlei Bestätigung.

25.02.94
Expresso Aereo SA Yakovlev Yak-40
OB-1559 90950

Sechs Minuten nach dem Start in **Tingo Maria/Peru** riß plötzlich der Funkkontakt ab. Später fanden Suchmannschaften die verstreuten Trümmer an einem Hang des Cerro Carpiche in 4.000 Meter Höhe.

Die an Bord befindlichen 26 Passagiere und die fünfköpfige Crew kamen ums Leben. Unter den Opfern war auch der Sohn des Besitzers der Gesellschaft, der den Platz des Copilot einnahm. Zum Zeitpunkt des Unglücks(es war nachmittags) lagen die Berge der Anden in Wolken. Die erst kürzlich von der Aeroflot gekaufte Yakovlev war auf dem Kurs: Juanjui - Tochane und Tingo Maria zur Hauptstadt Lima unterwegs.

08.03.94
Sahara Indian AL Boeing 737-200
VT-SIA 21763
Aeroflot Ilyushin Il-86
RA-86119 51483209087

Seit noch nicht einmal fünf Monaten existierte damals die private indische Gesellschaft und schon wurde die Flotte durch einen tragischen Unglücksfall halbiert. Es geschah bei gutem Wetter, als die 737 zum Zwecke des Pilotentrainings auf dem internationalen Flughafen der Hauptstadt **Neu Delhi** mehrere „Touch-and-go"-Manöver durchführen sollte. Hierfür benutzte man die recht inaktive Runway, die neben dem Inlandsterminal verläuft. Dreimal hintereinander setzte man auf, um sofort wieder mit Startleistung abzuheben. Übungsroutine. Beim vierten Versuch wurde ein Triebwerk abgeschaltet, um das Anflugverhalten mit asymmetrischem Schub zu trainieren. Mit nur einem laufenden Antriebsaggregat setzte man auf. Über den weiteren Verlauf der Ereignisse im Cockpit ließ sich nur spekulieren. Offenbar muß jemand in alter Gewohnheit „Reverse" gerufen haben, in der Annahme, man hätte beide Triebwerke zur Verfügung.

Einer der beiden Piloten muß dann den Hebel der Schubumkehr bedient haben, und sofort zog es die Maschine von der Landebahn. Einmal ins Rutschen gekommen, war es den Piloten nicht mehr möglich gegenzusteuern. Schlingernd verließ die Boeing die Runway und holperte in hohem Tempo auf das internationale Terminal des Flughafens zu. Direkt im Weg lag nun die geparkte Ilyushin der Aeroflot, die gerade auf den Abflug nach Moskau vorbereitet wurde. Die Piloten waren machtlos. Völlig außer Kontrolle geraten, prallte die Boeing mit lautem Knall gegen den Vierstrahler und brach dabei in mehrere Teile, die sofort Feuer fingen. Auslaufender Sprit entzündete sich und verwandelte den Schauplatz in ein Flammenmeer.

Alle vier Insassen der 737 sowie drei Wartungsingenieure und ein Catering-Bediensteter, die sich als einzige Personen an Bord der Il-86 befanden, kamen bei der Havarie ums Leben. Die Wrackteile wurden über mehrere hundert Meter auf dem Flughafengelände verteilt. Dabei wurden auch mehrere Fluggastbrücken durch Trümmer beschädigt. Die Privatisierungswelle scheint sich offenbar nicht allzu positiv auf die katastrophale Sicherheitsbilanz des indischen Inlandsverkehrs ausgewirkt zu haben.

15.03.94
SEC Colombia SE210 Caravelle 10R
HK-3855 265

Beim Startlauf in Bogota um 12:00 Uhr/loc. platzte einer der beiden Reifen des Bugfahrwerks. Man hob dennoch ab und setzte den begonnenen Flug in Richtung San Andres(dem Zielort) fort. Nach einigen Überlegungen änderte man im Cockpit die Meinung und kurvte zurück nach **Bogota**, da es hier bessere Reparaturmöglichkeiten gab. Nach einem Vorbeiflug am Tower, zwecks optischer Fahrwerksinspektion, bei der allerdings nichts festgestellt werden konnte, setzte man um 13:54 Uhr/loc. zur Landung an. Äußerst sachte versuchte der Pilot aufzusetzen. Dabei machte die Caravelle drei größere Sätze, die weitere vier Reifen des Hauptfahrwerks platzen ließen. Erst als die Caravelle zwei Drittel der Bahn hinter sich gelassen hatte wurde die Schubumkehr benutzt. Doch nun reichte die verbliebene Bahnlänge für ein Abbremsen nicht mehr aus. Mit noch hoher Geschwindigkeit schoß man über weichen, unbefestigten Untergrund, wobei das Fahrwerk abgerissen wurde. Erst nach einigen hundert Metern kam man zum Stehen. Fluchtartig verließen die sechs Insassen die havarierte Maschine. Sie hatten auch allen Grund dazu, denn die Ladung bestand aus 4,7 Tonnen Dynamit! Glücklicherweise konnte das Militär die brisante Fracht bergen und in Sicherheit bringen. Die Caravelle war hiernach nicht mehr zu gebrauchen und wurde in 5 handliche Teile zerlegt.

21.03.94
Aviaco Douglas DC-9-32
EC-CLE 47678

Bei schlechtem Wetter mit eingeschränkter Sichtweite (1.500 m) befand sich die aus Madrid kommende DC-9 im zweiten Anflug auf den Flughafen in **Vigo/Spanien** an

459

der spanischen Atlantikküste. Hierbei geriet sie zu niedrig und das Hauptfahrwerk berührte die Anflugmasten, die sich entlang des ansteigenden Terrains zur Landebahnschwelle erstrecken. Durch den Aufprall wurde das gesamte Hauptfahrwerk abgerissen. Desgleichen kollidierte das noch ausgefahrene Bugfahrwerk mit einem Mast und wurde ebenfalls weggerissen. Auf dem Rumpf schlitternd kam der Jet nach ca. 900 Meter am Rande der Runway zum Stehen. Bei der Bauchlandung fing eine Tragfläche Feuer und setzte die Maschine in Brand.

Von den 116 Insassen wurden bei der Evakuierung 14 verletzt.

Es wurde kritisiert, daß der Anflug trotz schlechter Sichtbedingungen, die knapp unterhalb des erlaubten Minimums lagen, fortgesetzt wurde. Die Fluggesellschaft rechtfertigte sich damit, daß bei Flughäfen an der Küste sich die Sichtbedingungen innerhalb von Sekunden ändern können. Auch zum besseren!

Neben den beiden Piloten war auch noch ein Checkpilot im Cockpit, der den halbjährigen „Linecheck" der Piloten ausführte.

22.03.94
Aeroflot   Airbus A310-300
F-OGQS   596

Der Airbus der russischen Staatsfluggesellschaft startete nachmittags in Moskau zu einem Non-Stop Flug zur britischen Kronkolonie Hong Kong. Vier Flugstunden später befand sich der „Stolz der russischen Luftfahrt" in 33.000 ft Reiseflughöhe mit Südostkurs über der sibirischen Taiga. Es war 21:00 Uhr/loc. und die meisten der 75 Passagiere in der Kabine schliefen. Im Cockpit hielt der Autopilot den Airbus auf Kurs, während der russische Kommandant seinen beiden mitfliegenden Kindern die Technik erklärte. Zuerst nahm seine zwölfjährige Tochter im Pilotensitz Platz. Er wies sie darauf hin, nicht gegen den Knopf des Autopiloten zu kommen, und erklärte ihr anhand der strahlenden Sterne die Position des Flugzeugs. Nach einigen Minuten wurde sie müde und ging in die erste Klasse, um sich schlafen zu legen. Ihren Platz nahm der sechzehnjährige Sohn des Kommandanten ein. Auch ihm erklärte er die Steuerfunktionen des Airbusses. Im Vertrauen darauf, daß der Autopilot eingestellt ist, drehte der Sohn am Steuerknüppel herum. Die Zeit verging und unter Vater und Sohn zog die dunkle Taiga vorbei. Fünf Minuten nach dem Überfliegen von Novokuzsnetsk - um 20:55 Uhr/loc. - fragte der Sohn plötzlich:„Warum bewegt es sich?". Der Airbus begann über den Flügel abzukippen!

Aufgeschreckt fragte der hinter ihm sitzende Kommandant seinen Sohn, ob sich das Flugzeug von selbst bewegt, was dieser bejahte. Schlagartig wurde dem Kommandant klar, daß sich der Autopilot abgeschaltet hatte. Sein Sohn „flog" nun das Flugzeug, das immer mehr über die Tragfläche abkippte. Aufgeregt gab er ihm Anweisungen, um es wieder zu stabilisieren:

CPT: „Halt es fest, halt das Steuer, halt es. Nach links, nach links, nach rechts."
COP: „Zur anderen Seite"
SOHN:„Ich drehe es doch nach links"

Mit widersprüchlichen Anweisungen bombardiert, wußte der Sohn nicht, was er machen sollte. Also drehte er das Steuer in die entgegengesetzte Richtung, in die das Flugzeug kippte: nach rechts. Und hielt es in dieser Position fest! Der Airbus rollte von links nach rechts um seine Längsachse und fiel nun in eine immer enger werdende Spirale. Der Kommandant hatte den Ernst der Lage nun endlich erfaßt und schrie seinen Sohn an, er solle aus dem Pilotensitz herauskommen. Doch die G-Kräfte im Cockpit wurden immer größer. Der Sohn hatte Schwierigkeiten beim Herauskriechen. Kostbare Sekunden verstrichen, während sich die Nase des A-310 immer mehr nach unten neigte:

CPT: „Komm raus."
COP: „Da ist der Boden."
CPT: „Kriech raus. Komm raus, komm raus, komm raus."

Es gelang am Ende die Plätze zu tauschen, aber es war zu spät. Der Airbus hatte inzwischen einen Strömungsabriß erfahren und trudelte unkontrolliert der Erde entgegen . Die Piloten konnten kurz vor dem Boden die Steuerfähigkeit wieder herstellen, aber die Sinkrate war inzwischen zu hoch.

Flug 593 zerschellte in einem abgelegenen Gebiet in den Altai-Bergen bei **Meschdurechensk/Sibirien/Rußland**.

Keiner der 63 Passagiere und 12 Crewmitglieder überlebte den Absturz.

Die russischen Behörden verzögerten die Veröffentlichung der Absturzursache immer wieder. Gerüchte über einen Bombenanschlag machten die Runde. Die zuständige russische Genehmigungsbehörde „Department of Air Transport" (DAT) meldete sich mit der Bemerkung zu Wort, daß im Westen gebaute Flugzeuge nicht die russischen „Bedürfnisse der Flugtauglichkeit" erfüllen würden. Doch sechs Monate nach dem Absturz veröffentlichte die Untersuchungsbehörde „Russian Aviation Committee" (MAK) die CVR Protokolle und damit den Grund für diesen Absturz.

26.04.94
China AL   Airbus A300-600R
B-1816   580

Der China Airlines Flug 140 von Taipeh in die japanische Industriestadt Nagoya bis zum Landeanflug absolut ereignislos verlief. An Bord des drei Jahre alten Airbus A300-600R, der um 17:53 Uhr/loc. gestartet war, befanden sich 256 Passagiere und 15 Besatzungsmitglieder. Dunkelheit hatte sich über das japanische Archipel gesenkt, als der Airbus um 20:12 Uhr/loc. mit seinem Endanflug auf den Flughafen begann. Der 26 Jahre alte Copilot sollte die Landung unter den wachsamen Augen des 42-jährigen Kommandanten ausführen. Bei Windstille und einer Horizontalsicht von über 20 Kilometern konnten die beiden Piloten im Cockpit schon bald die Lichter der anvisierten Landebahn 34 sehen. Der FD (**F**light **D**irector) und das ATS (**A**utothrottle **S**ystem) waren eingeschaltet, um eine konstante Geschwindigkeit während des Landeanfluges zu halten.

Als die Maschine 1.070 ft passierte, drückte der Copilot aus Versehen den TOGA (Take off/go around) Schalter. Dieser Schalter ist zwischen den beiden Schubhebeln installiert. Die Automatik des Flight Director interpretierte das als einen Wunsch zum Durchstarten und zog die Nase des Airbusses nach oben, welcher daraufhin den Gleitpfad verließ. Dem Kommandanten fiel dieses sofort auf und er brachte das auch richtig mit dem Fehlgriff seines Copiloten in Zusammenhang.

CPT: „Es ist zu hoch...Du...im „go around mode". Verzögere ein bißchen und kupple aus."

Der Copilot sollte das Autothrottle System ausschalten und die Maschine abfangen. Der Copilot beugte sich vor, schaltete das Autothrottle System ab und schob die beiden Schubhebel manuell leicht nach vorne, um die Maschine abzufangen. Man flog jetzt in 1.000 ft Höhe über dem Gleitpfad dahin, als die Piloten die beiden Autopiloten einschalteten, um die Maschine automatisch wieder auf den Gleitpfad sinken zu lassen. Doch die beiden Autopiloten schalteten sich sofort in den immer noch vorgewählten TOGA Modus und trimmten den A300 hecklastig aus, um den vorgeschriebenen „TOGA" Anstellwinkel von 18° zu erreichen. Die Nase des Airbusses stieg immer höher, bis man am Ende 18° erreicht hatte. Die Maschine wurde immer langsamer und begann zu sinken. Überrascht über das plötzliche Aufbäumen stemmte sich der Copilot gegen diesen Trend. Er wollte die Nase der Maschine wieder senken und versuchte daher, die Steuersäule nach vorne zu drücken. Doch diese bewegte sich nicht.

CPT: „Keine Sorge, langsam, langsam..."
CPT: „Drück sie, drück sie. Unterstütze sie fest mit deiner Hand."
COP: „Es läßt sich nicht bewegen."
CPT: „Keine Sorge. Versuche es langsam."

Auf dem Hauptpaneel vor den beiden Piloten leuchtete deutlich das Zeichen „TOGA". Doch keiner der beiden Piloten schien das zu realisieren. Sie stemmten sich weiter gegen die Automatik, die versuchte durchzustarten. Und so drückten die beiden Piloten das Höhenruder in eine volle „nose down"-Stellung, während gleichzeitig die Automatik die Stabilisatoren der Maschine vollständig in eine „Nose up" austrimmte. Der Copilot versuchte, den Steuerknüppel zu bewegen. Der setzte ihm aber großen Widerstand entgegen. Mit diesem künstlichen Widerstand signalisierte ihm die Automatik, daß die Steuerbewegungen des Copiloten im Konflikt mit denen des Autopiloten standen. So ging der Kampf zwischen Copilot und Automatik weiter, bis es dem Kommandanten reichte:

CPT: „Ok, ich versuche es"

Auch der Kommandant konnte den Steuerknüppel nicht weiter nach vorne schieben. Die Maschine hatte inzwischen ihren maximalen Anstellwinkel erreicht, wurde langsamer und sank immer stärker. Als die Maschine in 500 ft den Gleitwinkel passierte, schaltete der Copilot die beiden Autopiloten ab.

COP: „Ich schalte, ich schalte."

Doch immer noch ließ sich die Nase der Maschine nicht senken. Zwar konnte man den Fall der Maschine abfangen, doch der Kommandant wurde nervös und forderte das Einschalten des Autothrottle Systems.

CPT: „Was ist?"
COP: „Ich schalte."
CPT: „Verdammt, warum geschieht das so."

Unbemerkt von den Piloten hatte sich die „Alpha Floor" Automatik eingeschaltet. Diese Automatik soll einen Strömungsabriß durch einen zu großen Anstellwinkel bei zu kleiner Geschwindigkeit verhindern, indem auf den beiden Triebwerken Vollschub gegeben wird. Doch statt die Maschine zu stabilisieren, verursachte dieser Vollschub erst einmal ein weiteres, noch heftigeres Aufbäumen der Maschine. Obwohl der Kommandant die Höhenruder mit aller Kraft in ihre „Nose down" Stellung drückte, begann die Maschine wieder zu steigen. Während er noch mit dem Steuerknüppel kämpfte, wurde der Tower in Nagoya von dem Abbruch des Landeanfluges unterrichtet. Das wurde vom Tower bestätigt.

Der Anstellwinkel war inzwischen auf fast 50° gewachsen.

XXX: „Wir werden überziehen bei dieser Steigrate!"
COP: „Keine Chance, keine Chance..."
- Geräusch der hochlaufenden Triebwerke -
CPT: „Stellen, stellen, stell es ein."

Der Kommandant stellte das Autothrottle System wieder aus, indem er die Schubhebel nach hinten riß. Außerdem wurde das Durchstarten eingeleitet und die Landeklappen von 30° auf 15° gefahren. In 1.800 ft Höhe

B-192; Sekunden vor der Landung schwenkt einer der A300-Exemplare der CAL auf die Bahnachse / Hong Kong im Dezember 1996 <Quelle: JR-Photo>

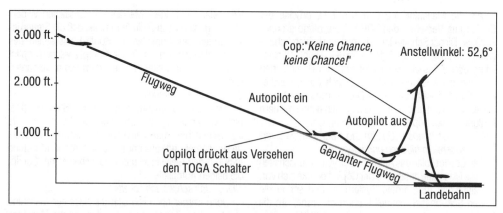

Der fatale Endanflug des taiwanesischen Airbus auf Nagoya am Abend des 26.04.1994.

hatte der Airbus einen Anstellwinkel von 52,6° erreicht, als bei einer Geschwindigkeit von 78 Knoten die Strömung abriß. Der Airbus kippte nach vorne und stürzte auf den Erdboden zu.

CPT: „Keine Sorge, keine Sorge, nicht aufregen, nicht aufregen..."
- GPWS „Terrain, Terrain" -
XXX: „SCHUB"
XXX: „Ah....Keine Chance, keine Chance....."

Die völlig überzogene Maschine zerschellte um 20:15 Uhr/loc. nach einem Sturzflug 200 Meter rechts neben der Landebahn 34. In den Trümmern des Havaristen brach sofort ein Feuer aus. Seit der Aktivierung des TOGA Modus waren nicht einmal zwei Minuten vergangen.

Die sofort ausgerückten Rettungskräfte konnten zwar noch viele Überlebende dem Feuer entreißen, doch viele der Schwerverletzten starben auf dem Weg in das Krankenhaus und auf den Intensivstationen. Am Ende überlebten nur neun der 271 Insassen das Unglück. 247 Passagiere und alle 15 Besatzungsmitglieder starben.

Das war der dritte Totalverlust eines China Airlines-Großraumflugzeugs innerhalb von drei Jahren, zwei davon ereigneten sich in nicht einmal sechs Monaten (siehe 29.12.1991, 04.11.1993). Die Flugsicherheit in Taiwan allgemein und bei China Airlines speziell, geriet immer mehr in die Kritik der taiwanesischen Öffentlichkeit. Noch bevor der erste Vorbericht der japanischen Behörden veröffentlicht werden konnte, trat schon der Aufsichtsratsvorsitzende und der Manager der China Airlines zurück. Ihnen folgte binnen Tagesfrist auch der zuständige Minister. Der neue Aufsichtsratsvorsitzende strich erst einmal 160 Flüge, um die „Kompetenz" der 404 China Airlines Piloten zu überprüfen. Außerdem wurde das Beschaffungsprogramm der Staatsfluggesellschaft zeitweilig gestoppt.

In ihrem Abschlußbericht kamen die japanischen Untersuchungsbehörden zu dem Schluß, daß „die in der Benutzung und den Charakteristiken des Autopiloten mangelhaft trainierte Besatzung" den Unfall verursacht hatte. Ihre Reaktion auf den sich entwickelnden, überzogenen Flugzustand war „schrecklich schlecht koordiniert" gewesen.

Doch auch der Hersteller Airbus wurde kritisiert. Angefangen von der „ungeschickten" Anbringung der beiden „TOGA"-Hebel zwischen den beiden Schubhebeln, bis hin zu den teilweise „unklaren" Erklärungen des Autopiloten in den Bedienungsanleitungen und der „irreführenden" Logik der Automatik des Airbus A300-600. Insbesondere hatte der Hersteller Airbus die fatale Auswirkung der Aktivierung der „Alpha Floor"-Automatik in einer extremen „out of trim"-Situation unterschätzt.

So müßte es den Piloten jederzeit möglich sein, den Autopiloten durch kräftige Bewegungen mit dem Steuerknüppel auszuschalten. Anfangs war das nur bis zu einer Höhe oberhalb von 1.500 ft möglich. Unterhalb dieser Höhe mußten die Piloten den Autopiloten mit einem Schalter am Glareshield vor ihnen Piloten (siehe 18.12.1983) oder einem Schalter direkt an der Steuersäule „bewußt" ausschalten. Nach einigen Zwischenfällen, die dem Absturz in Nagoya sehr ähnelten, aber glimpflich ausgingen, senkte Airbus diese Mindesthöhe auf 400 ft ab. Doch diese Veränderung waren nur Empfehlungen, keine Anordnungen. Nicht alle Fluggesellschaften, darunter auch nicht China Airlines, nahmen diese Veränderungen vor. Airbus stemmte sich gegen eine weitere Absenkung dieser Höhe mit der Begründung, daß unterhalb dieser Höhe eine versehentliche Abschaltung des Autopiloten fatale Folgen haben könnte. Nach dem Absturz strich Airbus auch diese Mindesthöhe. Doch die Piloten mußten eine bestimmte Menge Kraft aufwenden, um den Autopiloten abzuschalten (Druckkräfte 45 lb oder Zugkräfte 100 lb). Das sollte ein versehentliches Abschalten des Autopiloten vermeiden.

Die japanischen Behörden kritisierten auch das Fehlen eines akustischen Signals, das im Cockpit eine vom Autopiloten kommandierte Bewegung der Stabilisatoren akustisch markiert. Im Laufe der Entwicklung der Airbusfamilie hatten die Konstrukteure diesen „Whooler" - Ton wegrationalisiert. Doch in diesem Falle hätte das Signal die beiden Piloten darauf hinweisen können, daß ihnen der Autopilot entgegenarbeitet. Die Maschinen der beiden Konkurrenten Boeing wie auch McDonnell Douglas verfügen über dieses „Whooler" Signal. Airbus sollte darüber hinaus in der Bedienungsanleitung die Teile, die sich mit der Übersteuerung des Autopiloten befassen, überarbeiten.

Die japanischen Behörden forderten Airbus auf, die gesamte Funktion, die Darstellungsart und das Warnsystem des Autopiloten und einiger anderer Automatiken an Bord, zu überarbeiten. Das existierende System ihrer Flugzeuge, so die neuere Erkenntnis, ist für die Anwendung in Notfällen zu kompliziert.

Die japanischen Untersuchungsbehörden forderten ihre französischen Kollegen dazu auf, dieser Empfehlung zuzustimmen. Würden die französischen Untersuchungsbehörden das tun, wäre Airbus gezwungen, diese Änderungen durchzuführen. Doch die französischen Behörden weigerten sich, Airbus zur Ausführung dieser Empfehlung zu zwingen. Der Streit zwischen den beiden Behörden wogte jahrelang hin und her. Am Ende wurde dem japanischen Abschlußbericht kommentarlos die Originalversion der französischen Zurückweisung beigelegt.

27.04.94
Transafrik   Boeing 727-100
S9-TAN   18893

Die Landebahn des M'Banza-Congo Flughafens in **Angola** wird in Fliegerkreisen als „kurz" und „schmal" beschrieben. Eigentlich ist diese Runway für größere Düsenflugzeuge ungeeignet. Der Besatzung der aus Luanda anfliegenden 727 war klar, daß man keinen Meter des kostbaren Pistenasphalts verschenken darf. In diesem Bewußtsein wollte man so früh wie möglich aufsetzen, geriet dabei jedoch unter den optimalen Anflugweg. Das Hauptfahrwerk berührte ca. 2 Meter vor der Bahnschwelle den Boden. Dabei wurde das gesamte Fahrwerk an einem Entwässerungsgraben, der direkt vor dem Bahnanfang lag, abgerissen. Der Jet schlitterte unkontrolliert auf der Piste entlang und kam rechterhand davon ab. Mit noch hoher Geschwindigkeit rutschte die Boeing über eine angrenzende Autostraße hinweg.

Dabei prallte die rechte Tragfläche gegen einen vorbeifahrenden Autobus, in dem sieben Menschen getötet wurden, bevor man endlich zum Stillstand kam. Von den drei Crewmitgliedern wurde niemand ernsthaft verletzt. Die Boeing absolvierte an diesem Tag einen Frachtflug mit Hilfsgütern im Auftrag karitativer Organisationen für die vom Bürgerkrieg erschütterte Region.

07.05.94
Arkhangelsk Avia   Tupolev 134A
RA-65796   -

Beim Start in Moskau-Sheremetyevo AP löste sich die Verkleidung eines Strömungskörpers an der rechten Tragfläche. Dadurch wurden die hydraulischen Leitungen des rechten Fahrwerksmechanismus beschädigt. Der Flug SU2315 wurde dennoch in Richtung des Zielortes, **Archangelsk/Rußland** fortgesetzt. Es kam, wie es kommen mußte: beim Landeanflug ließ sich das rechte Fahrwerk nicht ausfahren. Da eine Vorrichtung zum Ablassen des Treibstoffs nicht vorhanden war, kurvte man so lange über dem Flughafen, bis das Kerosin in den Tanks auf ein Minimum reduziert war. Danach setzte die Tupolev zur Landung an. Durch das noch eingefahrene rechte Fahrwerksbein geriet die rechte Tragfläche auf den Boden, und die Maschine schlitterte von der Landebahn. Die hierbei entstandenen Schäden waren so enorm, daß man von einer Reparatur absah. Von den 55 Passagieren und der 7-köpfigen Crew wurde angeblich niemand verletzt.

Meldungen zufolge hatten sich die Piloten zuvor verzweifelt bemüht, doch noch das Fahrwerk auszufahren, indem sie versuchten, statt der Hydraulikflüssigkeit Limonade aus der Bordverpflegung zu verwenden(!). Wie sie dies anstellen wollten, bleibt ihr Geheimnis.

21.05.94
ATC Colombia   Douglas DC-8-51F
HK-3816   45685

Beim Startlauf auf dem Rio Negro AP von **Medellin/Kolumbien** gab plötzlich das Bugrad des Frachtjets nach und brach bei hoher Geschwindigkeit ab. Der daraus resultierende Rumpfschaden bedeutete das Ende des 30jährigen Düsenveteranen.

06.06.94
China Northwest AL   Tupolev 154M
B-2610   740

Chinas Zivilluftfahrt steckte seit der Wirtschaftsliberalisierung in einer Krise. Einerseits wurden seit Jahren überproportional hohe Zuwachsraten an Passagieren und Flugbewegungen verzeichnet, andererseits konnte man mit den internationalen Sicherheitsstandards nicht mithalten. Die einzelnen Fluggesellschaften, deren Flotten aus westlichen und russischen Fluggeräten bestanden, verzichteten auf adäquate Wartung und Pflege der Maschinen.

Diese bewußte Tu-154 war seit 1986 in China im Einsatz. Laut den chinesischen Behörden hat sie seit damals zwei vollständige C- und D-Checks hinter sich. Aber der Hersteller Tupolev fragte in der Presse, wo diese Überholungen absolviert worden seien. Und wer sie gemacht hätte. Bei dem Hersteller Tupolev jedenfalls nicht. Und auch nirgendwo anders in Rußland oder dem Gebiet der GUS. Innerhalb China gibt es keine Flugzeugwerft, die dazu die Berechtigung hätte. Der Mangel an ausgebildetem Personal sollte in diesem Fall tragische Folgen haben:

Nachts wurde auf dem Flughafen der Nordchinesischen Stadt Xian der Autopilot der bewußten Tu-154 ausgetauscht. Beim Einbau des neuen Autopiloten machte einer der schlecht ausgebildeten Mechaniker einen Fehler. Er schloß das Kabel, das die Querneigung des Flugzeuges kontrolliert, an den Eingang der Kontrolle an, die die Gierneigung korrigiert. Und das Kabel der Gierkontrolle an den Kanal der Querkontrolle. Damit hatte er erreicht, das wenn der Autopilot den Befehl gibt, Bewegungen um die Längsachse zu korrigieren, statt dessen die Trimmung um die Hochachse aktiviert wird. Die Vorschriften sehen einen Test des Autopiloten am Boden vor, der wurde jedoch nicht ausgeführt.

Die Tu-154 wurde zum morgendlichen Inlandslinienkurs CNW 2303 von **Xian/China** in die boomende Sonderwirtschaftszone Guangzhou am Südchinesischen Meer bereitgestellt. 160 Passagiere gingen an Bord und gegen 07:00 Uhr/loc.hob die Tupolev vom Flughafen ab.

463

Die ersten Minuten des Fluges verliefen normal, bis die Besatzung acht Minuten nach dem Start den Autopiloten einschaltete. Sofort begann das Flugzeug stark zu vibrieren. Immer wenn der Autopilot irgend etwas korrigierte, tat das Flugzeug genau das Gegenteil. Die Schwingungen wurden so stark, daß die Piloten dem Tower sofort einen Notfall meldeten. Als der Tower über die starken Schwingungen informiert wurde, forderte er die Piloten auf, sofort den Autopiloten auszuschalten. Damit zögerten sie aber zu lange.

Die Tupolev brach Sekunden später in der Luft auseinander und stürzte in ein Reisfeld nahe dem Flughafen.

Alle 160 Insassen kamen bei dem Absturz ums Leben. Es war der schwerste Unfall, von dem die chinesische Zivilluftfahrt je heimgesucht wurde.

Nach diesem Unfall, und etlichen anderen schweren Zwischenfällen, forderte die Interessenvertretung der Flugzeugpassagiere, die IAPA, dazu auf, chinesische Inlandsflüge zu meiden. Der Vorsitzende sagte *„daß es auf den Straßen von Sarajevo sicherer wäre, als bei einem Inlandsflug in China"*!

Die chinesischen Behörden zogen die Konsequenzen. Sie untersagten alle Flugzeugbestellungen chinesischer Airlines an das Ausland, bis innerhalb Chinas eine adäquate Infrastruktur für die Zivilluftfahrt geschaffen worden sei.

30.06.94
Airbus Industries　　　　　**Airbus A330-300**
F-WWKH　　　　　　　　　　　　　　　**42**

Im südfranzösischen **Toulouse/Frankreich**, dem Zentrum des europäischen Flugzeugbaus und Heimat der Airbus Industrie, war man gerade dabei, das neueste Produkt auf Herz und Nieren zu prüfen: den A330. Seit dem Erstflug im vergangenen Jahr absolvierten die Prototypen ein umfangreiches Zertifikationsprogramm zur Erlangung der Musterzulassung, die wiederum die Voraussetzung zur Auslieferung an die Kunden ist. Die ersten Exemplare des A330 mit General Electric-Triebwerken wurden bereits im vergangenen Herbst an Air Inter ausgeliefert. Nun standen für den heutigen Tag einige Zertifikationsflüge mit Pratt & Whitney-Triebwerken auf dem Programm. Im Mittelpunkt stand hierbei die Überprüfung der Blindlandeautomatik, um diesen Typ auch für CAT III - Landungen zuzulassen sowie das für den A330 entwickelte Flugreglersystem, welches bei extremen Flugbedingungen automatisch eine stabile Fluglage wiederherstellen sollte. Seit dem frühen Morgen war hierzu die Testcrew unterwegs und gab nach der ersten Testeinheit ein ausgedehntes Interview. Vor jedem Flug folgte dann das umfangreiche Briefing für die nächste Prüfungseinheit. Die Piloten standen bereits unter erheblicher Arbeitsbelastung, als sie am Nachmittag an Bord der „WWKH" gingen. Im Cockpit saßen nun vier Testingenieure der Airbus Industries (unter ihnen der Cheftestpilot bei Airbus) sowie drei Piloten von potentiellen A330-Kunden. Ohne Probleme startete der Airbus und stieg auf die anvisierte Höhe. Der Autopilot wurde aktiviert, und man begann mit dem Prüfverfahren des Flugreglersystems und der CAT-III Automatik.

Nachdem dieser Test erfolgreich abgeschlossen wurde, setzte man wieder zur Landung an. Hierfür, so verlangte es das Testprogramm, schalteten die Piloten eines der beiden Triebwerke ab und sanken so auf den ILS-Leitstrahl. In einigen hundert Metern Höhe wurde der Anflug abgebrochen, und man ging wieder in den Steigflug über. Nach einer knappen Stunde landete der A330 wieder in Toulouse, jedoch nur, um einen Wechsel der Piloten vorzunehmen. Nun saß ein Ausbildungskommandant der Air Inter auf einem der Pilotensessel, während der Airbus Cheftestpilot als Copilot fungieren sollte. Der Copilot teilte schon mal die geplanten Einzelheiten des Fluges mit:

COP: *„...wir heben ab, dann Linkskurve 92, 170, dann noch mal, ILS Anflug 15 links."*

Bisher gab der „WWKH" keinen Anlaß zur Klage. Das bereits absolvierte Testprogramm verlief reibungslos. Die Atmosphäre an Bord war recht locker, und so verzichteten die Piloten auf das Verlesen der Checklisten. Hätten sie dies getan, so wäre ihnen die Autopilot-Vorwahl, die seit dem letzten Anflug immer noch auf 2.000 ft stand, sicherlich aufgefallen. Doch ohne diesem Umstand Beachtung zu schenken, rollte man wieder zur Startbahn und war nach wenigen Minuten wieder bereit zum Start. Eine weitere Nachlässigkeit seitens der Crew war die fehlerhafte Einstellung der automatischen Schubwahl der Triebwerke. Statt, wie verlangt, den Flex 49er Modus zu wählen (für variable Startleistung bei Außentemperaturen bis 49 Grad), stellten die Piloten den Wahlschalter auf die weitaus stärkere TOGA-Stufe (Durchstartleistung). Für den bevorstehenden Flug wurde der Schwerpunkt der Maschine auf den maximalen hinteren Bereich und die Trimmung auf „Nase hoch" gestellt. Die Piloten sprachen manchmal auf Englisch, manchmal auf Französisch, die weiteren Schritte untereinander ab.

CPT: *„Erst einmal rotierst Du, laß die Geschwindigkeit über V2 gehen...und stell den Autopiloten auf...in..."*

COP: *"Yeah."*

CPT: *„Okay. Sobald der Autopilot eins an ist, drosselst Du das Triebwerk, und ich schalte die Hydraulik ab. Okay?"*

COP: *"Yeah. Okay."*

die Piloten glaubten, richtig für den Start vorbereitet zu sein, und vertrauten den Flugleistungen des A330, der bis dahin fehlerlos funktionierte. Man rollte langsam auf die Startbahn.

CPT: *„Wir sind fertig, nun mal los, Michel."*

CPT: *„Immer noch TOGA, richtig?"*

CPT: *„....wegen dem Schwerpunkt, bis wir die...kriegen, warte bis wir die Fluggeschwindigkeit sehen."*

COP: *„Okay."*

Es war ca. 17:40 Uhr/loc. als der französische Kommandant die Leistung der Triebwerke erhöhte und den Fuß vom Bremspedal nahm. Der Jet nahm schnell Fahrt auf. In wenigen Sekunden war V_1 und V_R erreicht. Die Flugzeugnase hob sich und der Testflug begann. Das leere Flugzeug stieg mit einem Anstellwinkel von 24,6 Grad. Der Kommandant schaltete sechs Sekunden später den Autopiloten ein. Sofort erhöhte sich der Anstellwinkel auf 29 Grad und die Steiggeschwindigkeit sank auf 145 Knoten ab. Unmittelbar darauf wurde programmgemäß die Leistung des linken Triebwerks gedrosselt, um einen Triebwerksausfall zu simulieren. Dadurch verlor „WWKH" immer weiter an Geschwindigkeit. Das hohe Schubungleichgewicht ließ den Airbus um die Hochachse drehen, und die Piloten mußten mit Hilfe der Seitenruder eine seitliche Überdrehung verhindern. Mittlerweile sank die Fluggeschwindigkeit weiter ab und man näherte sich mit nur noch 100 Knoten der „Stall"-Grenze.

In einer Höhe von 1280 ft schaltete der Copilot nun den Autopiloten aus.

CPT: „und ich...ich weiß nicht, was weg ist."

Das automatische „Alpha-Floor-System" versuchte nun, diese gefährliche Fluglage wieder zu stabilisieren, und erhöhte selbständig den Schub auf dem gedrosselten linken Triebwerk. Gleichzeitig nahm der Copilot den Schub des rechten Triebwerks zurück, um dem asymmetrischen Schub entgegenzuwirken. Nun griff der Kommandant ein.

CPT: „Da ... das ist nicht richtig. Ich habe Steuerkontrolle."

Die laute Stimme der Stallwarnung dröhnte in ihren Ohren.

CPT: „Ich habe Steuerkontrolle."

Doch inzwischen erreichte die Geschwindigkeit mit nur noch 77 Knoten ihr kritisches Minimum. Die Strömung um die linke Tragfläche riß ab und ließ den Airbus ruckartig nach links drehen.

F/E: „Paß auf die Geschwindigkeit, paß auf."

Die Tragflächen standen fast senkrecht, als sich die Nase dem Erdboden zuneigte und man wieder Fahrt aufnahm. Doch die Höhe reichte für ein Abfangmanöver nicht mehr aus. Nur 32 Sekunden nach dem Abheben stürzte der Airbus noch auf dem Flughafengelände neben der Runway ab und zerschellte.

Keiner der sieben Insassen überlebte den Absturz.

Die französische Untersuchungskommission kritisierte vor allem die mangelhafte Zusammenarbeit im Cockpit und das laxe Verhalten der Piloten. Es folgten verschärfte Richtlinien für das Briefing vor jedem Flug sowie eine genaue Überprüfung des Autopilotensystems.

Trotz der eingeleiteten Sicherheitsmaßnahmen bleibt bei Testflügen immer ein erhöhtes Restrisiko für die Piloten, die neuartige Flugzeugmuster erproben.

01.07.94
Air Mauretanie   **Fokker F28-4000**
5T-CLF   **11092**

Das bisher schwerste F-28 Unglück ereignete sich im Landeanflug auf **Tidjika/ Mauretanien**. Die Maschine kam mit 89 Passagieren und vier Besatzungsmitgliedern als Charterflug aus der Hauptstadt Nouachkott und sollte gegen 08:30 Uhr/loc. landen. Man geht davon aus, daß der Pilot bei schlechtem Wetter und reduzierter Sichtweite kurz vor oder bei der Landung die Kontrolle über seine Maschine verlor und der Zweistrahler infolgedessen auseinanderbrach.

Von den 93 Insassen kamen 80 ums Leben. Weitere 13 wurden zum Teil schwer verletzt aus dem Wrack befreit und zur weiteren medizinischen Behandlung nach Frankreich abtransportiert.

02.07.94
USAir   **Douglas DC-9-31**
N954VJ   **47590**

Die fast 21 Jahre alte DC-9 befand sich auf dem Linienflug US1016 von Columbia/SC nach **Charlotte/NC/USA**. Bereits während des Reisefluges zeigten sich die ersten Ausläufer eines umfangreichen Tiefdruckgebietes. Diese brachten viele Wolken, stürmische Böen, Gewitter und vor allem viel Regen in das Gebiet des Zielflughafens. Vereinzelt gingen Regenschauer nieder, als US1016 gegen 18:30 Uhr/loc. für einen ILS-Anflug auf die Bahn 18R freigegeben wurde. Beide Piloten betrachteten sich die dichten Gewitterzellen südöstlich des Flughafens und einigten sich, falls nötig den Anflugweg etwas nach Westen abzukürzen, um die bedrohlichen Wolkenformationen zu umgehen. Man kurvte auf den ILS-Landekurs, fuhr Klappen und Fahrwerk aus und war bereit zur Landung. Da meldete sich der Towerlotse und warnte vor einer Windscherung im Endanflug der Bahnen 18L/R. Das entsprechende Warngerät (LLWAS), das etwa 700 Meter nördlich des Flughafens stand, löste die Warnung im Tower aus. Im Cockpit von Flug 1016 steuerte der Copilot die DC-9. Dieser spürte die starken Turbulenzen, die sich in dieser Flugphase verstärkten. Vor den Piloten verschmolzen gerade zwei Gewitterzentren.

Schlagartig geriet man mitten in einen sintflutartigen Platzregen hinein. Von Böen bis zu 38 Knoten auf und niedergezerrt, hatte der Copilot immer mehr Mühe, einen stabilen Landeanflug auszuführen. 0,6 Meilen vor dem Bahnanfang, als die Lichter der Anflugbefeuerung durch die Wasserwand hindurch sichtbar wurden, entschloß sich der Kommandant durchzustarten. Bei den Wetterbedingungen war ein sicheres Aufsetzen auf der regennassen Landebahn nicht möglich. Der Copilot behielt die Steuerkontrolle, und nur 200 ft über dem Boden brachte er die beiden Triebwerke auf Startleistung, zog die Nase leicht nach oben und fuhr die Klappen und das Fahrwerk wieder ein. Der Towerlotse wies die Piloten an, den Landekurs beizubehalten und auf 3.000 ft zu steigen. Doch der Kommandant entgegnete, daß sie in einer Rechtskurve einer weiteren Gewitterzelle ausweichen wollten.

CPT: „up to 3.000, we are taking a right turn here..."

Trotz der hohen Triebwerksleistung kam die DC-9 nicht über 350 ft hinaus. In dieser Höhe wurde Flug US1016 vom Zentrum der Windscherung erfaßt und zu Boden gedrückt. Der Kommandant befahl: „*Firewall throttles!*", also die Triebwerkshebel bis zum Anschlag nach vorn zu drücken. Der plötzlich einsetzende Rückenwind reduzierte die Strömungsgeschwindigkeit soweit, bis das Rüttelsystem der Steuersäulen aktiviert wurde. Ein Stall wurde nun unabwendbar. Noch kurz sprang das GPWS an und eindringlich ertönten die „Terrain"-Warnungen. Doch zu diesem Zeitpunkt stieß die Rumpfunterseite bereits gegen die ersten Baumwipfel. Schließlich verschwand um ca. 18:40 Uhr/loc. das Radarecho von den Bildschirmen.

Die Maschine stürzte kurz vor dem Bahnanfang auf eine Lichtung und schoß in den dahinterliegenden Wald. Der Rumpf zerfiel hierbei in drei große Teile. Das Heck mitsamt dem Leitwerk blieb in einer Autogarage neben einem Einfamilienhaus stecken.

Es gab 37 Todesopfer. Weitere 14 wurden schwer verletzt. Die fünfköpfige Crew überlebte das Unglück ebenfalls.

Wegen des heftigen Regens konnten die Fluglotsen im Tower weder den Anflug noch den Crash von Flug 1016 sehen. Als dann die folgenden Aufrufe unbeantwortet blieben und das Radarsignal erlosch, wurde Alarm ausgelöst, und die Rettungsmannschaften rückten aus. Piloten und Towerlotsen waren sich hiernach einig, noch niemals solch einen gewaltigen Regensturm erlebt zu haben. Experten des NTSB gingen davon aus, daß die DC-9 einer Windscherung zum Opfer fiel. Etwa eine Minute vor der geplanten Landung leitete der Tower die „Windshear"-Warnung, die das LLWAS aufgefangen hatte, an alle anfliegenden Maschinen im Luftraum von Charlotte weiter. Doch läßt sich bei diesem Gerät weder die Intensität, noch die Richtung der Fallböe erkennen. Ein verbessertes Doppler-Wetterradar (TDWR), das sowohl an Bord eines Flugzeugs als auch am Boden installiert ist, hätte, so Experten, den Piloten und Fluglotsen konkretere Informationen über jede gefährliche Windbewegung rund um den Flughafen gegeben. So hätte der Unfall möglicherweise abgewendet werden können.

17.07.94

Sankuru Air Svc.   **Yakovlev Yak 40**
RA-872256   **9311326**

Die von Impulse Aero angemietete Maschine befand sich auf einem Erprobungsflug von Kinshasa in die Provinzstadt **Goma/Zaire**. Die unter Sichtflugbedingungen durchgeführte Landung geriet aber so lang, daß die Räder des Hauptfahrwerks erst nach der Hälfte der Runway aufsetzten. Infolgedessen gelang es den Piloten nicht mehr den Dreistrahler vor dem Bahnende abzubremsen. Die Yak überrollte das Bahnende, knallte in einen Graben und zerbrach. Auslaufender Treibstoff entzündete sich in Windeseile und setzte die Trümmer in Brand.

Alle fünf Crewmitglieder wurden hierbei getötet.

29.07.94

Yunnan AL   **Boeing 737-300**
B-2540   **27139**

Während eines Gewitters und heftigem Regen schoß die 737 bei der Landung auf dem Wu Jiabao AP in **Kunming/China** über die Bahn hinaus. Dabei verlor man ein Triebwerk und das Hauptfahrwerk. Das Bugfahrwerk gab ebenfalls nach und wurde durch den vorderen Rumpfbereich in die Cockpitinstrumente gedrückt. Eine Reparatur kam hier nicht mehr in Frage.

Es gab keine Toten, aber 15 Insassen wurden bei der Evakuierung verletzt.

10.08.94

Korean Air   **Airbus A300-600R**
HL7296   **583**

Man sollte meinen, daß zwischen den Piloten während eines Fluges Aufgaben und Entscheidungskompetenzen eindeutig verteilt sind. Hierbei sind gewisse Autoritätsunterschiede nötig, damit in kritischen Situationen die Vorgehensweise klar ist und nicht noch Diskussionen stattfinden. Trifft ein Kommandant erst einmal eine Entscheidung, so sollte sich normalerweise der Copilot daran halten. Dies gilt auch für den Fall, wenn eine Entscheidung des Rangniederen (Copilot oder Bordingenieur) vom Kommandanten korrigiert wird. Verstehen sich beide falsch, oder teilen die Einschätzung des anderen nicht, so kann es zu bedrohlichen Situationen kommen, da sie nicht mehr mit-, sondern gegeneinander arbeiten. Ein solcher Fall ereignete sich an diesem Tag.

Ausläufer des Taifuns „Doug" lagen vor der Küste Südkoreas. Dort, ca. 100 km südlich vor dem Festland, liegt die Insel **Cheju/Süd Korea**, ein beliebtes Ferienreiseziel der Südkoreaner. Der Taifun wirbelte die Luftmassen mit Windgeschwindigkeiten von bis zu 37 Knoten umher. Starke Niederschläge ergossen sich über die Insel. Die 152 Passagiere des auf Flug KE2033 aus der Hauptstadt Seoul kommenden Airbusses wurden im Anflug auf den örtlichen Flughafen, gegen 11:10 Uhr/loc., kräftig durchgeschüttelt. Im Cockpit befanden sich der kanadische Kommandant sowie sein koreanischer Copilot.

Im Endanflug auf die Landebahn 06 lag der Airbus recht unruhig in der Luft. Der kanadische Kommandant steuerte die Maschine, während sein koreanischer Kollege die Bordsysteme bediente. Der koreanische Pilot drückte während des Anfluges mehrfach sein Unbehagen über die Art aus, wie der Kommandant den Anflug durchführte. Andauernd stieß er warnende Rufe, wie „sink rate", oder „speed" aus. Der Kanadier jedoch war ein alter Hase und ließ sich nicht beirren, hatte er doch schon 13.000 Flugstunden auf seiner Habenseite, während der junge Copilot noch nicht einmal ein Drittel davon aufweisen konnte.

Als man schon fast über der Bahnschwelle war, und der Airbus sich gerade mal wieder von einer scharfen Böe gepeitscht, auf die Seite legte, kam es dem Koreaner vor, daß Flug 2033 nicht innerhalb des markierten Aufsetzbereiches landen würde und somit nicht mehr genügend Platz zum Ausrollen wäre. Ängstlich rief er:
COP: „Go around."

Die Automatenstimme des Radio-Höhenmessers rief unterdessen die Flughöhe in 10er-Schritten aus: „50, 40, 30." Als der Copilot erkannte, daß der Kommandant ungerührt mit dem Landeanflug fortfuhr, griff er eigenmächtig zu den Triebwerkshebeln, um sie auf Startleistung zu schieben.
CPT: „Get your han...get off. Get. Tell me what it is."

20 Fuß wurden durchflogen. Abermals wies er seinen Co an, den Finger von den Leistungshebeln zu nehmen. Irritiert fragte der Copilot nach:
COP: „Go around?"
CPT: „No. No."

Der Kommandant wollte nicht erneut anfliegen und machte mit dem Landemanöver weiter. Sekunden später berührten die Hauptfahrwerke den nassen Bahnasphalt, gefolgt vom Bugrad. Der Kommandant ging nun davon aus, daß der rechtssitzende Kollege die Bremssysteme bedienen würde. Doch ganz im Gegenteil. Zwar sagte er:
COP: „Reverse...brake."
Die Schubumkehrklappen fuhren aus. Doch schon im selben Augenblick bediente er den TOGA-Mechanismus (Take-off / go around), der die beiden Triebwerke automatisch auf Höchstleistung brachte. Der Copilot wollte demnach also wieder abheben. Entsetzt schrie der Kommandant:
CPT: „What are you doing? Dont. That man...youre gonna kill us."
Der A300 nahm wieder Fahrt auf. Nach ein paar Sekunden riß der Kommandant die Triebwerkshebel wieder nach hinten und fuhr die Spoiler und den Gegenschub selber aus. Der Copilot, starr vor Schreck, war auf einmal wie gelähmt. „Hold Yoke.", rief der Kommandant, der nun auch mit besorgter Miene aus dem Fenster blickte und das Ende der Runway in greifbarer Nähe sah.

Im Cockpit erkannte man, daß die Maschine unmöglich vor dem Bahnende abzubremsen war. Für einen Durchstart war es nun ebenfalls zu spät. Kurz vor dem Bahnende zog der Kommandant den Jet nach rechts von der Landebahn, um nicht frontal ins angrenzende Meer zu schießen. Dabei kollidierte die Maschine mit einem Hangar der koreanischen Marine und die rechte Tragfläche streifte den Flughafenzaun. Unmittelbar darauf entzündete sich der auslaufende Treibstoff und setzte das Flugzeug in Brand.

Nachdem Flug 2033 zum Stehen gekommen war, blickten sich beide Piloten mit großen Augen an. Obwohl in der Kabine schon dichter Rauch war und Flammen den Jet umzüngelten, entstand im Cockpit eine lebhafte Konversation:
CPT: „Yup, Okay. Youre all right?"
COP: „All right."
CPT: „Okay...Get this off. What did you pull us off? What did you pull us off?"
(Seufzer)
CPT: „Okay."
COP: „Go around..go around!"
CPT: „Yeah, but, we were on, we were on the runway. Why did you pull us off?"
(drei schwere Seufzer)
CPT: „Okay, okay, we got to get out of here. Open your window."
CPT: „Get you slide."
CPT: „Why did you pull us off? We had full reverse on. Pull the fire handles, pull them."
CPT: „Get your hand, get your hand."
COP: „Fire pulls."
CPT: „Okay get out, get out."

Alle 160 Insassen konnten sich über Notrutschen ins Freie retten, bevor der A300 ein Opfer der Flammen wurde. Beide Piloten wurden von der südkoreanischen Polizei angeklagt, den Unfall durch krasses Fehlverhalten herbeigeführt zu haben.

18.08.94
ADC Airline   **Douglas DC-9-31**
5N-BBE   **45872**

Seit dem Bürgerkrieg wurde der internationale Flughafen von **Monrovia/Liberia** geschlossen. Seitdem werden alle Flüge auf dem kleinen City-Airport Spriggs Payne Field abgefertigt. Dieser kleine Flugplatz verfügt nur über eine sehr kurze Start- und Landebahn. Es herrschte gerade ein Regensturm über der Gegend, als die aus Gambia und Sierra Leone anfliegende DC-9 auf der Bahn aufsetzte, jedoch nicht mehr vor dem Ende der Runway zum Stehen gebracht werden konnte. Die Maschine schoß über das Bahnende hinaus und blieb im Matsch eines angrenzenden Fußballfeldes liegen.

Bevor der Jet durch auslaufendes Kerosin ausbrannte, gelang es noch allen 85 Insassen, sich ins Freie zu retten. Erst vor kurzem wurde der Jet aus der Mojavewüste in den USA nach Afrika überführt und an ADC ausgeliefert.

08.09.94
USAir   **Boeing 737-300**
N531AU   **23699**

Der Charterkurs 427 der USAir von Chicago nach West Palm Beach/Florida, mit einer Zwischenlandung in **Pittsburgh/PA/USA**, war fast bis auf den letzten Platz ausgebucht. Die drei Flugbegleiter hatten gerade die 127 Passagiere wieder auf Ihre Plätze gebeten, als die beiden Piloten im Cockpit von der Luftaufsicht in Cleveland die Erlaubnis erhielten, mit dem Sinkflug zu beginnen. Nachdem die 737 auf eine Höhe von 10.000 ft freigegeben war, wurde sie an die Anflugkontrolle in Pittsburgh weitergegeben. Der Lotse gab Flug US 427 für einen Landeanflug auf die Bahn 28R frei und informierte die beiden Piloten, daß die Sicht zwischen ihnen und der Zieldestination hervorragend sei. Er ordnete die USAir 737 hinter einer ebenfalls auf die Bahn 28R anfliegende Boeing 727 der Delta Airlines ein.

Man passierte 10.000 ft und wurde für einen weiteren Sinkflug auf 6.000 ft freigegeben. Um Platz zwischen sich und die Delta 727 zu bringen, sollte die USAir Besatzung das Flugzeug auf 190 Knoten abbremsen. Bei 6.000 ft sollte man dann die Maschine abfangen und in dieser Höhe halten, bis sie nach rechts schwenken und mit dem Endanflug beginnen sollte.

Die Besatzung tat wie ihr geheißen, fing die 737 während des Sinkfluges in 6.000 ft ab und begann die Landeklappen auszufahren. Sie ließen sich im Landeanflug dabei vom Autopiloten unterstützten. Als die 737 die angewiesene Höhe erreichten, war die Maschine noch 189 Knoten schnell. Jetzt legte sich die Maschine von einem 140° Kurs in eine Linkskurve, um in die Landesequenz einzuschwenken. Als die 737 den Kurs 100° erreicht hatte und die Flügel wieder gerade stellte, flog in die Wirbelschleppe der vor ihr fliegenden Delta 727 ein. Diese befand sich 7,5 Kilometer vor der 737. Im Cockpit war ein dreifaches, kurzes „rumpelndes" Geräusch zu hören, als die 737 von den relativ starken Luftbewegungen der Wirbelschleppe getroffen wurde. Gleichzeitig begann die Maschine leicht nach links um ihre Längsachse zu rollen. Einer der beiden Piloten bemerkte sofort die Tendenz der Maschine, murmelte ein Schimpfwort und ruckte mit dem Steuerknüppel in die entgegengesetzte Richtung. Doch die Boeing hatte schon eine Querneigung von 20° erreicht. Außerdem begann die Nase der 737 unter den Horizont zu sinken.

Während der Autopilot versuchte, das Rollen um die Längsachse zu stoppen, zogen die Piloten an ihren Steuerknüppeln, um die Nase der 737 wieder nach oben zu ziehen. Die gemeinsamen Anstrengungen schienen Früchte zu zeigen, denn langsam rollte die 737 wieder nach rechts um ihre Längsachse zurück. Doch diese Entspannung währte nur kurz. Die Maschine passierte gerade eine Querneigung von 15°, als sie wieder nach links drehte. Die Tendenz war stärker als zuvor und wurde von einem der beiden Piloten mit einem „Whoa" kommentiert. Sie versuchten das Rollen aufzuhalten, indem sie die Schubhebel der beiden Triebwerke zurückzogen. Einer der beiden rief *„Hang on"* und schaltete den Autopiloten aus, doch die Maschine rollte weiter nach links. *„What the hell is this"* schrie einer der Cockpitinsassen, die inzwischen voll in den rechten Seitenrudern standen.

Genau in diesem Moment begannen die Stickshaker zu rasseln, um die Besatzung vor einem Abriß der Luftströmung der 737 zu warnen. Mit letzter Kraft drückten die Piloten ihre Steuerknüppel nach rechts. Die Tragflächen der 737 standen inzwischen fast im rechten Winkel zur Erdoberfläche, als die Strömung an der linken Tragfläche abriß. 13 Sekunden nach dem Auftreffen auf die Wirbelschleppe war die 737 mit all ihren Insassen verloren.

Die 737 rollte auf den Rücken und stürzte fast senkrecht auf die Erde zu. Einer der Piloten schrie *„Pull, Pull"*, um Zeit zu gewinnen. Die Nase der Maschine richtete sich bei den verzweifelten Versuchen der Piloten, die Steuerkontrolle wieder zu erlangen, für einen kurzen Moment wieder auf. Doch schon Sekundenbruchteile später kippte die Nase wieder nach unten. Die immer schneller werdende Maschine stürzte fast senkrecht auf die Erde zu und zerschellte dort in einem Waldstück.

Alle 132 Insassen starben bei dem Aufschlag. Der war derartig heftig, daß sich die Trümmerstücke der 737 so tief in den Boden bohrten, daß sie praktisch wieder ausgegraben werden mußten. Zwischen dem ersten Auftreffen auf die Wirbelschleppe und dem Aufschlag waren nicht einmal 30 Sekunden vergangen.

Nach einer über zweijährigen Untersuchung, 70.000 Arbeitsstunden eines fast hundertköpfigen Ermittlungsteams und Kosten von mehreren Millionen Dollar konnte das NTSB immer noch keine Absturzursache feststellen. Ausschließen konnte man einen Bombenanschlag, ungewolltes Ausfahren des Umkehrschubs, ungewolltes oder ungleichmäßiges Ausfahren von Vorflügeln oder Landeklappen oder das Auftreten von elektromagnetischen Interferenzen.

Nach Meinung der Ermittler war ein ungewolltes Ausfahren des Seitenruders auf seine linke Maximalstellung die Absturzursache der 737. Was allerdings diese ungewollte Bewegung des Seitenruders provoziert hatte, ist bis heute nicht geklärt.

Immer wieder fiel auf, daß der Unfall in Pittsburgh in vielen Details dem ebenfalls ungeklärten Absturz einer United 737 in Colorado Springs (siehe 03.03.1991) glich. Auch hier war eine 737 kurz nach dem Einschwenken in den Endanflug über ihre Tragfläche abgekippt, ohne daß die Piloten das verhindern konnten. Und auch hier hatte man als Absturzursache eine Fehlfunktion des Ruders in Verdacht. Und auch hier konnte man nichts beweisen.

Man konzentrierte sich auf drei Ursachen für das sogenannte „Hardover" des Seitenruders: Pilotenfehler, die Wirbelschleppe der vorausfliegenden Delta 727 oder eine Störung innerhalb der Steuerung der Seitenruder oder des Yaw Dampers. Man nahm allerdings an, daß wahrscheinlich keine der drei Ursachen allein den Unfall verursacht haben könnte, sondern nur eine Kombination aus den dreien.

Der Pilotenfehler: Man argumentierte, daß der gesamte Flug absolut ereignislos verlaufen war, was zu einer mangelnden Konzentration und Laxheit der beiden Piloten geführt habe. Als die 737 dann in die Wirbelschleppe der 727 eingeflogen sei und begann, nach links zu rollen, hätten beide Piloten ruckartig das Seitenruder betätigt und so den Absturz verursacht. Diese Theorie bezeichnet das NTSB als „äußerst unwahrscheinlich". Beide Piloten waren in der 737 erfahren (CPT: 3.200 737 Flugstunden; COP: 3.645 737 Flugstunden) und galten als professionelle Piloten. So war es auszuschließen, daß einer von

***N531AU**; genau die 737, die bei Pittsburgh abstürzte, nur 6 Monate vor dem Crash aufgenommen / San Francisco im März 1994 <Quelle: Luftfahrt Journal-Sammlung>*

ihnen „aus Versehen" das Seitenruder über 30 Sekunden bis zum Fußboden durchdrückte. Oder dieser es so heftig durchdrückt, daß es (in der ersten Zeit von ihm unbemerkt) in der Vollauschlag-Stellung steckenbleibt.

Die Wirbelschleppe: Auswertungen des CVR-Bandes bewiesen, daß die Maschine Sekunden vor dem Beginn des „Rudder Hardovers" in die Wirbelschleppe der 727 eingeflogen war. Das dreifache „Rumpeln" rührte von dem Auftreffen der bewegten Luftmassen. Nachrechnungen des NTSB ergaben außerdem, daß es sich um eine „relativ starke" Wirbelschleppe gehandelt hatte. Klar war außerdem, daß solche Wirbelschleppen schon Abstürze von Verkehrsflugzeugen verursacht hatten (siehe 30.05.1972). Doch daß eine 737 in die Wirbelschleppe einer gut sieben Kilometer vorausfliegenden 727 einfliegt, ist auf den meisten Flughäfen der Welt eine Routineangelegenheit. Um diese Möglichkeit abzuklären, führte das NTSB ein Jahr nach dem Absturz mit einer gecharterten Boeing 737-300 der USAir eine Reihe von Flugtests durch. Zusammen mit einer FAA 727 versuchte man in Testflügen genau dieselben Bedingungen herzustellen, die an jenem fatalen Abend über Pittsburgh geherrscht hatten. Obwohl diese Reproduktion weitgehend gelang, konnten keine Anomalien oder Schwierigkeiten an Bord der 737 festgestellt werden. Egal wie stark die Wirbelschleppe auch sein konnte, sie hätte alleine nie ausgereicht, um den beiden Piloten an Bord von Flug 427 die Kontrolle über ihr Flugzeug zu rauben. Trotzdem hatte das „Rudder Hardover" mit dem Einfliegen in die Wirbelschleppe begonnen. Das NTSB konnte nach Abschluß der Tests nicht sagen ob, und wenn wie, die Wirbelschleppe beim Absturz des Fluges 427 eine Rolle gespielt hatte.

Das Seitenruder selbst oder seine Steuerung: Hier kamen ein Kurzschluß, ein mechanisches Versagen der Seitenruder oder ihrer Stellelemente, verschmutzte Hydraulikflüssigkeit in den Steuerungselementen, ein Totalausfall der beiden Hydrauliksysteme, ein Versagen der Steuerungseinheit der Seitenruder oder eine Störung des Yaw Dampers in Frage.

Daß der Yaw Damper (siehe 01.03.1962) einen solchen Ruderausschlag auslösen konnte, war unwahrscheinlich. Bei der 737-300 kann er das Ruder nur bis zu 3° ausschlagen, beim Flug 427 mußte das Ruder aber bis auf 14,5° ausgeschlagen sein. Möglich war auch ein „Überschlagen" des Yaw Dampers. Allerdings waren hier nur Fehler bekannt, bei denen der Yaw Damper das Ruder aufgrund von einer falschen Justierung bei der Wartung auf 4,5° ausgeschlagen hatte.

Als eine weitere mögliche Fehlerquelle sah man die **P**ower **C**ontrol **U**nit (PCU) an. In ihr werden die Steuersignale über hydraulischen Druck in Bewegungen des Seitenruders umgesetzt. Entweder hatte sich in der elektrischen Steuerung der PCU ein Kurzschluß ereignet und so das Seitenruder in seine linke Extremstellung ausfahren lassen. Oder ein Teil oder Ventil der PCU hatte sich entweder verklemmt oder gelöst und so den Ruderausschlag bewirkt.

Von Anfang an hatte man verschmutzte Hydraulikflüssigkeit innerhalb des Ruderkreislaufs in Verdacht. Obwohl die Flüssigkeit auf ihrem Weg durch die Systeme der Maschine etliche Male gefiltert wird, schlüpfen immer wieder kleinere Verschmutzungen durch die Maschen der Filter. Da man aber verschmutzte Hydraulikflüssigkeit nie als Problem angesehen hatte, war der Grad von Verschmutzung einer Hydraulikflüssigkeit nie definiert worden. Außerdem war diese Verschmutzung innerhalb des Hydraulik-Kreislaufes nie gleichmäßig verteilt und deswegen schwer zu rekonstruieren (und noch schwerer zu simulieren). Tests ergaben, daß die Hydraulikflüssigkeit der Unglücksmaschine „relativ" verschmutzt war. Es lag im Bereich des Möglichen, daß eine Konzentration von solchen Verschmutzungen eines der Steuerventile der PCU verstopfen oder blockieren konnte. Diese Theorie konnte allerdings durch Ergebnisse von Tests nicht gestützt werden. Man entschloß sich, die Tests so praxisnah wie möglich durchzuführen. Die Hydraulikflüssigkeit wurde auf 60°C erwärmt und das Gehäuse der PCU auf -30°C abgekühlt, um die Temperaturverteilung innerhalb der PCU während des Fluges zu simulieren. Doch auch hier gab es keine verwertbaren Ergebnisse. Als nächstes beschloß man, diese Tests konsequent weiterzuführen. Bei den oben genannten Temperaturverhältnissen sollte ein „Gegendruck" auf die Steuerflächen ausgeübt werden, wie er zum Beispiel beim Eintauchen in eine Wirbelschleppe auf die Ruderflächen wirken kann. Das Ergebnis der Tests steht noch aus.

Das NTSB hat bis heute (Herbst 1996) kein Endergebnis seiner Untersuchungen veröffentlicht. Im Voraus wurden aber 14 Empfehlungen zum sicheren Betrieb von 737 Flugzeugen, davon vier für die Wartung und Inspektion der PCU veröffentlicht. Die Genehmigungsbehörde FAA antwortete daraufhin mit neun Verordnungen zum Betrieb der 737, davon bezogen sich aber nur zwei auf die Empfehlungen des NTSB.

09.09.94
Gromir Flight   **Tupolev 134A**
RA-65760   62187

Die Maschine startete auf dem Zukovski AP zu einem Luft-zu-Luft-Fotoflug zusammen mit einem Tupolev Tu-22 „Blinder"-Langstreckenbomber der Luftwaffe. Beide Maschinen flogen in Formation gen Osten, als die Tu-134 dem Bomber etwas zu nahe kam. Bei **Jegorowsk/Rußland**, etwa 100 km östlich von Moskau, kam es zur Kollision in der Luft. Infolgedessen verlor die Tu-134-Besatzung die Steuerkontrolle und stürzte zu Boden. Nach den Meldungen des zuständigen Ministeriums kamen hierbei alle acht Insassen ums Leben. Die Tu-22 hatte Glück: Mit leichten Beschädigungen konnte man den Flug fortsetzen und sicher in Moskau landen.

18.09.94
Oriental AL   **BAC 1-11-500**
5N-IMO   229

Mit 32 Mitgliedern einer nigerianischen Fußballmannschaft und der siebenköpfigen Crew machte sich die BAC an diesem Morgen auf den Heimweg von Tunis nach Lagos. Für die ca. 3.500 Kilometer lange Strecke war ein Tankstop in der algerischen Wüste auf dem Flugplatz in

Tamanrasset/Algerien vorgesehen. Doch dort war wegen Nebel kein Flugbetrieb möglich. Über dem Flughafen ging man somit erst einmal in eine Warteschleife, um auf Wetterbesserung zu warten. Nachdem zwei Stunden vergangen waren, ohne daß sich die Sichtweite entscheidend verbessert hatte, blieb den Piloten nichts weiter übrig als eine Landung zu riskieren. Man versuchte vier Landeanflüge, jedoch alle ohne Erfolg. Dann fielen aufgrund von Spritmangel die Triebwerke aus. Ohne Schub befand sich die BAC gegen 08:20 Uhr/loc. im NDB-DME-Anflug, sank aber zu schnell ab. Schon über dem Flughafengelände streifte eine Tragfläche einen Lichtmast. Ein Einsatzfahrzeug der Feuerwehr wurde ebenfalls gerammt. Die Piloten verloren die Kontrolle über die Maschine. Das Flugzeug schlitterte über die Parkfläche neben der Landebahn und kollidierte schließlich noch mit einem Gebäude, bevor man brennend zum Stehen kam. Von den 39 Insassen kamen nach amtlichen Meldungen mindestens vier ums Leben.

26.09.94

Cheremshanka AL   **Yakovlev Yak-40**
RA-87468   9XX1337

Während des Fluges von Krasnojarsk nach Tura/Rußland wurde der Zielflughafen wegen Nebels geschlossen. Somit mußte man zum 260 Meilen entfernten Flughafen von **Vanavara** ausweichen. Hierfür reichte allerdings der Treibstoffvorrat nicht mehr aus, so daß man sich nach über 3,5 Stunden Flug zu einer Notlandung in einem Flußbett, 20 Meilen außerhalb des Flughafens gezwungen sah. Hierbei prallte die Yak gegen die Uferböschung und zerschellte.

Von den 28 Passagieren und der Crew überlebte niemand.

09.10.94

Tampa Colombia   **Boeing 707-320C**
HK-3355X   18886

Das Leben der 707 endete an diesem Tag, als einige Zeit nach dem Start in Sao Paulo-Viracopas AP/Brasilien Probleme mit der Hydraulik auftraten. Nachdem die Piloten genug Treibstoff abgelassen hatten, leitete man die Landung auf dem näherliegenden **Guarulhos-Flughafen in Sao Paulo** ein. Auf Anfrage des Towers, ob die Fahrwerke verriegelt seien, gaben die Piloten jedoch uneindeutige Antworten. Der Landeanflug wurde jedenfalls fortgesetzt und nach dem Aufsetzen auf der Bahn 09L brach, als hätte man es geahnt, Bug- und linkes Hauptfahrwerk zusammen. Schmirgelnd schoß die 707 über die Piste und wurde dabei so sehr beschädigt, daß nur noch der Schrotthändler gerufen werden konnte. Die Crewmitglieder blieben unverletzt.

12.10.94

Iran Asseman AL   **Fokker F-28-1000**
EP-PAW   11070

Bei gutem Flugwetter absolvierte die Fokker den abendlichen Inlandsflug von Isfahan zum Mehrabad Flughafen in Teheran. An Bord befanden sich neben der siebenköpfigen Crew weitere 59 Passagiere. Gegen 22:50 Uhr/loc., etwa 35 Minuten nach dem Start in Isfahan, verlor die ATC den Funk- und Radarkontakt zur Maschine. Es wurde eine umfangreiche Suchaktion eingeleitet. Am nächsten Morgen fanden Rettungstrupps die verstreuten Überreste der Fokker in einem unzugänglichen Berggebiet in ca. 2000 Meter Höhe. Der Absturzort lag knapp 250 Kilometer südlich von Teheran in den Kakus-Bergen nahe der Ortschaft **Natanz/Iran**. Keiner der 66 Menschen an Bord überlebte das Unglück.

Mittlerweile geht man davon aus, daß die Fokker einem Terroranschlag zum Opfer fiel. Im Sommer hatte es schon einen schweren Bombenanschlag auf eine Moschee in Meshed gegeben (71 Tote). Wie nach dem ersten Anschlag wurden im Iran wieder viele "mutmaßliche Attentäter„ verhaftet. Sie sollen alle, laut Behörden, in diesen Anschlag verwickelt sein.

22.10.94

Thai Int'l AW   **Airbus A300B4**
HS-THO   72

Auf dem Werftgelände der Thai AW in **Bangkok-Don Muang AP/Thailand** unternahm die MD-11 gerade einige Triebwerkstestläufe, als die Maschine bei hoher Leistung plötzlich über die Bremsklötze sprang und mit angezogener Parkbremse über das Werftvorfeld rutschte. Eine Kollision mit dem querliegenden A-300, der gerade für einen Testflug vorbereitet wurde, wurde unvermeidlich. Hierbei stieß die Nase der MD-11 mit der rechten Tragflächenspitze von „THO" zusammen, bevor der Ausreißer zum Stillstand kam. An Tragfläche (A-300) und Cockpit (MD-11) kam es zu schweren Beschädigungen. Nach eingehender Inspektion der erlittenen Beschädigungen wurde der 15-jährige Airbus für nicht mehr reparabel erklärt.

23.10.94

Aeroflot   **Antonov An-72**
RA-72960   -

Beim Start in der Bergbaustadt **Workuta/Rußland** versagte aus ungeklärter Ursache das Hydrauliksystem am linken Triebwerk. Unkontrolliert kam der STOL-Jet (Short Take Off and Landing) von der Runway ab und wurde irreparabel beschädigt. Die Maschine war für die Grenztruppen unterwegs.

27.10.94

Don Avia   **Yakovlev Yak-40**
RA-88254   9170952

Mit einem selbstgebauten Sprengsatz bemächtigte sich während des Fluges ein Entführer der Yak und dirigierte sie auf den Flughafen von **Machatschkala** im Kaukasus, der Hauptstadt der GUS-Republik Dagestan. Nach stundenlangen Verhandlungen ließ der Luftpirat schließlich alle Passagiere frei. Die Crew blieb jedoch an Bord. Die Zermürbungstaktik ging auf: nach weiteren Stunden überkam den Entführer die Müdigkeit und als er eingeschlummert war, machte sich die Crew auf leisen Sohlen aus dem Staub. Die örtlichen Einsatzkräfte bereiteten sich auf eine Erstürmung der Maschine vor, als der Luftpirat auf einmal hochschreckte und erkannte, daß er das Spiel verloren hatte. In einem Verzweiflungsakt zündete er mitgebrachte Bombe. Dabei opferte wer nicht nur sein eigenes Leben, sondern beschädigte den Rumpf der Yak so sehr, daß an eine Reparatur nicht mehr zu denken war.

30.11.94
Merpati Nusantara   **Fokker F-28-4000**
PK-GKU   **11210**

Bei der Landung auf dem Flughafen in **Samarang/Indonesien** auf der Urlaubsinsel Java, gelang es den Piloten nicht mehr rechtzeitig abzubremsen und die Fokker schoß ein beträchtliches Stück über die Bahn hinaus und prallte frontal gegen ein Hindernis. Von den 75 Passagieren, wurde einer leicht und die beiden Piloten schwer verletzt. Zum Zeitpunkt der Unfalls herrschte Dunkelheit und es regnete stark.

30.11.94
(STIGL)   **Tupolev 134**

Die Bewohner der kleinen kaukasischen Provinz Tschetschenien strebten nach Unabhängigkeit und wollten aus dem GUS-Staatenbund austreten. Dies gefiel jedoch vielen Politikern und vor allem vielen Generälen in Moskau nicht, die Rußland nicht noch weiter dem Verfall preisgeben wollten. Es kam zu politischen Spannungen, die im Herbst in erste bewaffnete Konflikte übergingen. Die Russische Armee wurde mobilisiert, um den „Aufstand eines Haufens Banditen" im Keim zu ersticken. Doch die abtrünnigen Tschetschenen leisteten unter Führung ihres Führers Dudajew, einem ehemaligen General der Roten Armee, verbissenen Widerstand, ja sie zwangen die Russen sogar teilweise zum Rückzug. Die Militärs in Moskau, die jeden Willen zur Kooperation verloren hatten, ließen nun ihre ganze Wut am Volk der Tschetschenen aus. Ende November zeigten Armee und Luftwaffe ihre Macht und legten weite Teile der Hauptstadt **Grozny/Rußland** in Schutt und Asche. Auf zivile Einrichtungen wurde keine Rücksicht genommen. Ende des Monats hatte man den zivilen Flughafen Groznys im Visier.
    Ein Geschwader russischer Mil-MI-24 (NATO Name „Hind") schwärmte aus und schoß unter anderem eine Tupolev 134 in Brand. Wenige Tage später wurde der Angriff wiederholt. Doch diesmal flogen Suchoi Su-25 Bomber (NATO Name „Frogfoot") die Attacke. Bilder einiger TV-Reporter, die nach dem Angriff vor Ort waren, belegten, daß neben 12 abgestellten Aero L-29 und L-39 Jet-Trainern noch weitere vier zivile Tupolev 134 durch Bombentreffer zerstört waren.
    Offiziell wurde jedoch dieser Angriff von den russischen Militärs nie bestätigt. Daher ist die Identität der Flugzeuge nicht geklärt. Auf den Fernsehbildern war auf einem Flugzeug die Aufschrift STIGL zu lesen.

20.12.94
Nigeria AW   **Boeing 707-320C**
5N-ABK   **20669**

Die mit 35 Tonnen Fracht beladene Boeing hatte gerade ihren Sinkflug auf die nigerianische Stadt **Kano/Nigeria**-no area/Nigeria begonnen, als der Pilot Rauch in der Kabine und einen Notfall meldete. Dies war gleichzeitig das letzte Lebenszeichen der Maschine. Später fand man die Trümmer der 707 in einer sumpfigen Marschlandschaft, ca. 170 km außerhalb von Kano. Alle fünf Crewmitglieder kamen ums Leben. Die 707 kam zuvor aus dem Saudi Arabischen Jeddah. Zum Absturzzeitpunkt befand sich der Copilot nicht auf seinem Platz. Es wird angenommen, daß er nach hinten ging, um die Flammen per Feuerlöscher zu bekämpfen. Über die Ursache des Brandes liegen keine Erkenntnisse vor. Im April letzten Jahres gab es schon einmal einen Zwischenfall der „5N-ABK" ebenfalls bei der Landung in Kano, als das Bugrad nicht ausfuhr und man eine Landung nur auf dem Hauptfahrwerk machen mußte.

21.12.94
Air Algérie   **Boeing 737-200C**
7T-VEE   **20758**

Die seit gut 21 Jahren ohne größeren Unfall gebliebene Fluggesellschaft ereilte an diesem Tag das Schicksal im Anflug auf den Baginton AP von **Coventry/England**. Die Cargo-737 flog an diesem Morgen unter der Regie von Phoenix Aviation 190 Kälber von Coventry nach Amsterdam und kehrte danach wieder leer zurück. Doch dichter Frühnebel verhinderte zunächst eine Landung in Coventry. Somit wich man nach East Midlands aus um auf Wetterbesserung zu warten. Gegen 09:30 Uhr/loc. begann sich die Sicht in Coventry langsam aufzuklären und die arabische Boeing startete zum 20minütigen „Luftsprung". Es war 09:50 Uhr/loc. als die Boeing bei auflösendem Frühnebel den Anflug auf die Bahn 23 in Coventry einleitete. Im Cockpit hatte man allerdings Probleme mit den NAV-Empfängern, die kein Signal des ILS-Senders oder der Localizers empfingen. Somit kam ein Präzisionsanflug nicht in Frage. Die 737 mußte „von Hand" nach den Anweisungen des Fluglotsen heruntergeredet werden. Bei diesem SRA (Surveillance Radar Approach) gab der Fluglotse die Hindernishöhe, die nicht zu unterschreiten sei mit 650 ft (220 Meter) an. Außerdem wurde die algerische Crew darauf hingewiesen, daß bei 3,7 Meilen Entfernung die SRA-Überwachung beendet sei. Bei einer Horizontalsicht von 1000 - 1500 Metern geriet die Maschine nun unter die vorgesehene Anfluglinie und streifte im Ortsteil Willenhall, ca. 3 km vor der Bahnschwelle, mit der linken Tragfläche den 28 Meter hohen Mast einer Hochspannungsleitung. Der Auftriebskörper wurde dadurch so sehr beschädigt, daß die 737 schlagartig über die linke Seite nach unten kippte und in Rückenlage in einen bewaldeten Park dicht neben einer Wohnsiedlung aufschlug. Die Frachtmaschine ging in Flammen auf.
    Von den beiden Piloten und den drei weiteren Insassen überlebte niemand das Unglück. Dabei konnten die Bewohner Willenhalls noch von Glück reden, daß sich

471

der Absturz ausgerechnet auf der einzig unbebauten Fläche in dem sonst dichtbesiedelten Anflugweg ereignete.

Die mit den Bedingungen in Coventry unerfahrenen algerischen Piloten beachteten während des Anfluges nicht die Entscheidungshöhe (DH), bei der die Landebahnbefeuerung in Sicht sein muß, um sicher landen zu können. Aufgrund der schlechten Sicht und den defekten NAV Empfänger hätten sie eigentlich Coventry gar nicht anfliegen dürfen. Der AAIB-Report kam zu dem Schluß, daß die Konzentration und die Wahrnehmungsfähigkeit der Piloten durch Ermüdungserscheinungen getrübt war. Beide waren seit 23:00 Uhr/loc. am Vortag 10 Stunden im Dienst und absolvierten in dieser Zeit fünf Flugabschnitte. Eine derartige Arbeitsbelastung wäre für Piloten einer in Großbritannien registrierten Maschine nicht erlaubt gewesen, doch in anderen Ländern galten großzügigere Bestimmungen.

29.12.94
Turkish AL   **Boeing 737-400**
TC-JES   26074

Als gegen 15:30 Uhr/loc. die 737 zum Landeanflug auf den Flughafen der ostanatolischen Stadt **Van/Türkei** ansetzten, herrschte dichtes Schneetreiben. Die Sichtweite am Boden schwankte zwischen 900 und 300 Metern. Ein Wetter, das für Van zu dieser Jahreszeit nicht ungewöhnlich war, liegt der Flughafen doch auf 1.800 Metern Höhe. Die Boeing war zuvor mit 69 Passagieren und sieben Crewmitgliedern als Linienflug TK278 aus der Hauptstadt Ankara gestartet.

Der erste VOR/DME-Anflug wurde abgebrochen. Der Kommandant teilte der Bodenstation mit, daß man zurück nach Ankara fliegen werde. Kurz darauf änderte sich jedoch die Meinung der Besatzung und man wollte nun doch noch einen weiteren Landeversuch unternehmen. Der Fluglotse schlug TK278 nun einige Ausweichflughäfen vor, doch der Pilot entgegnete: „*Laßt uns so weitermachen, Danke. Wir setzen unseren Anflug fort mit ..(unverständlich)...*"

Von nun an hörte man nichts mehr von der Maschine. Die Piloten sanken in dieser Flugphase jedoch zu sehr ab, und etwa 2 km vor der Bahnschwelle kollidierte man mit den Ausläufern eines Berghanges. Augenblicklich zerschellte der neue Jet beim Aufprall.

Für sämtliche 76 Insassen kam jede Hilfe zu spät. An Bord befand sich auch eine Einheit von türkischen Regierungssoldaten, die zu ihren Stützpunkten in den Kurdengebieten geflogen werden sollten.

Nach dem Absturz gab ein türkisches Militärgericht dem Kommandanten die Schuld an dieser Katastrophe, da er durch seinen „Leichtsinn" den Unfall verursacht hatte und verurteilte ihn „posthum".

31.12.1994
Belair   **Ilyushin Il-76TD**
EW-76836   1013409305

An diesem Silvesterabend mißlang die Landung der Frachtmaschine auf dem belagerten Flughafen **Sarajevo/Bosnien Herzegowina**. Sie schoß über die Piste hinweg und krachte in einen Erdbunker. Dabei brach das Fahrwerk der mit 35 Tonnen Hilfsgüter beladenen Ilyushin zusammen. Bei dem Zwischenfall wurde niemand verletzt, allerdings konnte man sich zur Reparatur der Maschine nicht entschließen.

02.01.95
Air Zaire   **Boeing 737-200C**
9Q-CNI   20793

Bei widrigen Wetterbedingungen verloren die Piloten im Moment des Aufsetzens auf dem N'Djili - Flughafen von **Kinshasa/Zaire** die Kontrolle über ihr Gefährt und kamen von der Runway ab. Das Bugrad brach infolgedessen ab und beide Triebwerke wurden aus ihren Verankerungen gerissen. Es entstand zudem ein Feuer, das den Rumpf in Brand setzte und der 737 die den Namen „Lac Tumba" trug, ein vorzeitiges Ende bereitete.

11.01.95
Intercontinental Col.   **Douglas DC-9-14**
HK-3839X   45742

Aufgrund technischer Probleme wurde der Flug 256 der privaten Fluggesellschaft Intercontinental am Flughafen Bogota lange aufgehalten. Statt wie geplant um 12:30 Uhr/loc. verließ die DC-9 erst um 18:43 Uhr/loc. den Flughafen. Der Flug 256 sollte von Bogota nach Cartagena, San Andrés, Panama City, Cali und zurück nach

EW-76836; genau diese Il-76 schoß in Sarajewo über die Bahn hinaus / Moskau-Sheremetiewo <Quelle: Luftfahrt Journal-Sammlung>

Bogota führen. An Bord befanden sich 47 Passagiere und fünf Besatzungsmitglieder.

Die Maschine flog fast eine Stunde in Richtung Nordosten und erfragte dann bei der Streckenkontrolle von Barranquilla die Sinkfluggenehmigung auf 8.000 ft, um die erste Landung in Cartagena vorzubereiten. Der letzte Funkkontakt mit Flug 256 um 19:34 Uhr/loc. wies auf keinerlei Probleme an Bord der DC-9 hin. Um 19:38 Uhr/loc. meldete ein Privatpilot in der Nähe der Kleinstadt **Flamenco/Kolumbien** „*die Lichter eines Flugzeuges, das rapide dem Erdboden entgegenfällt*". Wenige Minuten später, um 19:42 Uhr/loc., berichtete derselbe Pilot von einer Explosion am Boden.

Augenzeugen am Boden sagten später aus, sie hätten Flammen und Funken aus der abstürzenden DC-9 schlagen sehen. Die Piloten hätten noch eine Notlandung versucht, die DC-9 wäre mit einem Hochwasserdamm kollidiert.

Den alarmierten Rettungskräften bot sich ein Bild des Schreckens, als sie die in einem Sumpf gelegene Absturzstelle erreichten. Etliche Flugzeugtrümmer, Passagiersitze, Inneneinrichtungsgegenstände der Kabine und Passagiergepäck trieben auf dem flachen Wasser. Bei diesem Anblick hofften sie nicht darauf, noch Überlebende zu finden. Doch wie durch ein Wunder hatte ein achtjähriges Mädchen den Absturz überlebt. Alle anderen 51 Insassen der Maschine, darunter auch die Eltern des Mädchens, konnten nur noch tot geborgen werden.

Die Absturzursache des Fluges 256 konnte bis heute nicht eindeutig geklärt werden. Der Chef der kolumbianischen Luftfahrtbehörde sprach nach dem Absturz von einer „*Explosion in 14.000 ft*" Höhe. Doch diese Behauptung wurde mit keinerlei Fakten belegt. Andererseits war die private Fluglinie für ihre schlechte Wartung berüchtigt.

14.01.95
Chelyabinsk Avia   **Yakovlev Yak-40**
RA-87565   9211721

Nach dem Aufsetzen auf der schneebedeckten Landebahn in **Tobolsk/Rußland** erkannte man im Cockpit, daß man für ein erfolgreiches Bremsmanöver innerhalb der verbleibenden Bahnlänge (1.600 Meter) zu schnell war. Um nicht mit einer Begrenzungsmauer hinter dem Bahnende zu kollidieren zog der Pilot die Maschine nach rechts in einem Winkel von 60-70 Grad von der Runway. Schließlich hielt man ca. 245 Meter vor der Flughafenmauer an. Von verletzten Personen liegen keine Berichte vor, allerdings wurde die Yak für nicht mehr reparabel erklärt. Zum Unglückszeitpunkt herrschte eine durch Schneefall getrübte Sicht von 4000 Metern und eine tiefe Wolkenuntergrenze.

25.01.95
Aerovolga   **Yakovlev Yak-40**
RA-87464   9430337

Der Landeanflug bei sehr niedriger Wolkendecke war vorschriftsmäßig und die Yak setzte normal auf der Landebahn in **Rostov/Rußland** auf. Doch danach verlor man kaum an Geschwindigkeit und man überrollte das Ende der Bahn. Erst im Flughafenzaun kam man zum Stehen. Von den sechs Passagieren und der vierköpfigen Crew wurde niemand verletzt. Aus dem Flugdatenschreiber des abgeschriebenen Fliegers konnten die Unfallexperten entnehmen, daß die Piloten nach dem Aufsetzen keinerlei Gebrauch von der Schubumkehr machten, die offenbar wohl nicht funktionierte.

31.01.95
Angola Air Charter   **Boeing 727-100F**
D2-TJB   19005

Es regnete sehr stark und daher war die Sichtweite auf den kleinen Flugplatz in **Huambo/Angola** auf einen guten Kilometer begrenzt. Inmitten dieses Regengusses setzte die 727 zur Landung an. Nicht nur die Wetterverhältnisse, sondern auch noch die kurze Landebahn machten eine sichere Landung zu einem schwierigen Unterfangen. Für Düsenflugzeuge ist der Flugplatz in Huambo eigentlich ungeeignet. Daher mußten die Piloten, als sie aus den Wolken kamen, den Aufsetzpunkt sehr kurz ansetzen. Doch der fliegende Pilot entschied sich etwas hinter der Landebahnschwelle aufzusetzen. Das Resultat war, daß man den Frachtflieger nicht rechtzeitig stoppen konnte. Außerdem verhinderte Aquaplaning eine ausreichende Bremswirkung. Dabei wurde das gesamte Fahrwerk abgerissen und irreparabler Schaden entstand. Es entstand zum Glück kein Personenschaden. Die einzige Runway 11/29 in Huambo gilt bei ortskundigen Fliegern als „sehr knapp". Die betagte 727 flog erst seit vergangenen November bei AAC.

16.02.95
Air Transport Intl   **Douglas DC-8-63**
N782AL   45929

Der DC-8 Frachter verunglückte bei einem Startversuch auf dem Flughafen **Kansas City Intl AP/KS/USA**, wobei die gesamte vierköpfige Crew getötet wurde.

Die Besatzung hatte nach einem mißglückten Startversuch mit nur drei Triebwerken einen erneuten Anlauf unternommen und war dabei kurz nach dem Abheben in einen überzogenen Flugzustand geraten.

Grund für den Strömungsabriß war eine falsche Berechnung der Abhebegeschwindigkeit durch die Piloten, die daher zu niedrig war.

Die Maschine sollte zur Reparatur der defekten Turbine in die Werft überführt werden.

17.03.95
Intercontinental   **Douglas DC-9-15**
HK-3564X   47127

Nur drei Monate nach dem Absturz der „3839X" bei Cartagena verlor die Gesellschaft ein zweites Mal einen ihrer Jets. Nach einem Nightstop wurde die DC-9 auf dem Ernesto Cortissoz AP von **Barranquilla/Kolumbien** zum ersten Flug an diesem Morgen bereitgemacht. Bodentechniker bestiegen den Jet und ließen über das Bodenstromaggregat die Bordsysteme sowie das APU

(Auxiliary Power Unit = unabhängige Hilfsturbine zur Energieversorgung) an. Kurz darauf bemerkten sie einen eindringlichen Brandgeruch. Das Hilfsaggregat wurde wieder abgestellt. Unterdessen traf auch die Cockpitcrew an der Maschine ein und schaltete sich in die Diskussion ein. Nach einigem Für und Wider entschloß man sich, das APU erneut anzulassen, da man meinte, daß der Brandgeruch nur von den Abgasen, die beim Anlassen des APU's entstanden waren, herrühren könnte. Um dennoch den Brandgeruch in der Flugzeugkabine zu verhindern, wurden sämtliche Außentüren der „HK-3564X" geöffnet. Ein zweites Mal zündete man das APU. Abermals drang ein stechender Brandgeruch in die Kabine, und das APU wurde erneut abgeschaltet. Der bevorstehende Flug wurde daraufhin gestrichen, und die Piloten verließen konsterniert das Cockpit. Gerade als der Kommandant das Flugzeug verlassen wollte, sah er, wie sich lodernde Flammen vom Heck durch die Kabine nach vorn ausbreiteten. Hurtig entstieg er der DC-9 und löste Alarm aus. Das Feuer hatte im Nu das gesamte Flugzeug erfaßt, drang durch den Rumpf und zerstörte die Maschine, noch bevor die Löscharbeiten begannen.

Zum Glück kam niemand zu Schaden. Es wurde ermittelt, daß das Feuer in der hinteren Toilette entstanden war. Dort fing ein heißgelaufener Motor der Toilettenspülung Feuer und setzte die umliegenden Wandverkleidungen in Brand.

31.03.95
Tarom   **Airbus A310-300**
YR-LCC   **450**

In einer einzigen Fluggesellschaft des Ostblocks, der Tarom, befanden sich seit den siebziger Jahren neben diversen sowjetischen Flugzeugtypen auch westliche Flugzeugmuster. Nach dem Ende der Ceaucescu-Ära 1989 befanden sich zwar viele flugtaugliche, aber hoffnungslos veraltete Maschinen im Flugzeugpark. Somit holte man sich 1992 aus Mitteln der Staatskasse zwei Airbusse A310 in die Flotte, um einerseits wirtschaftlicher fliegen zu können und andererseits die verschärften Lärmvorschriften an europäischen Flughäfen zu erfüllen. Viele andere Fluggesellschaften des ehemaligen Ostblocks erneuerten auf diese Art in nur wenigen Jahren ihren gesamten Flottenpark und flogen seitdem nur fast noch westliche Jets.

Mit der Umstellung von manuell geprägter Cockpittechnik auf das computerisierte Fly-By-Wire Cockpit des A-310 klappte es recht gut, die Airbusse flogen ohne größere Zwischenfälle. Im Herbst 1994 kam es jedoch zu einem Beinahe-Absturz, als bei einem Tarom-Airbus im Anflug auf Paris-Orly der Autopilot die Schubhebel selbsttätig nach vorn schob und das Flugzeug nach vorn austrimmte. Erst als im letzten Moment das Autothrottle-System abgestellt wurde, konnte gerade noch eine stabile Fluglage erreicht und eine Katastrophe verhindert werden. Einen ähnlichen Zwischenfall gab es 1990 auf einem A-310 der Interflug. Ein eigenmächtiges Übersteuern der Befehle des Piloten seitens des Bordcomputers war auch die Ursache im zweitschwersten Crash eines Airbusses überhaupt (siehe 26.04.1994), der sich im Anflug auf Nagoya/Japan ereignete. Damals starben 263 Menschen, weil der Bordcomputer durchstarten, der Pilot aber landen wollte.

Doch im Fliegeralltag erwiesen sich die Airbusse sämtlichen anderen Maschinen der Tarom als weit überlegen. So kaufte man sich im März 1994 einen weiteren A-310, der die Flotte ergänzte. Doch nur ein Jahr später sollte diesen Airbus das Schicksal ereilen.

Es war ein ungemütlicher Morgen. Die Temperaturen lagen nur geringfügig über dem Gefrierpunkt, und ein Regen-Schnee-Gemisch ging aus der tiefliegenden Wolkendecke nieder. Auf dem Bukarester Flughafen Otopeni waren für den bevorstehenden Morgenflug RA371 nach Brüssel nur 50 Passagiere im Wartesaal. Eine für diese Strecke durchschnittliche Auslastung. Gegen 08:45 Uhr/loc. bestiegen die 10 Crewmitglieder den abflugbereiten Jet, und kurz darauf stiegen die übrigen Insassen eilenden Fußes vom Vorfeldbus in den Airbus, um nicht naß zu werden.

Nachdem alle Checks beendet waren und man die Anlaß- und Rollgenehmigung eingeholt hatte, setzte sich

YR-LCC; hierbei handelt es sich um den bei Bukarest abgestürzten Airbus, der hier gerade auf den nächsten Flug vorbereitet wird <Quelle: Luftfahrt Journal-Sammlung>

der A-310 langsam in Richtung Startbahn 08R in Bewegung. Zuvor sprachen die Piloten untereinander ab, daß den Hinflug der Copilot absolvieren und zurück der Kommandant den Airbus fliegen würde. Der rumänische Kommandant galt innerhalb der Fluggesellschaft als sehr erfahrener Flugzeugführer und hatte bereits über 14.000 Flugstunden hinter sich gebracht. Am Bahnanfang angekommen, gingen die Piloten die Abflugcheckliste noch einmal durch, und nach Erhalt der Starterlaubnis beschleunigte RO371 um 09:02 Uhr/loc. die Startbahn hinunter. Nach V_R zogen die Piloten an ihren Steuersäulen und YR-LCC erhob sich schnell in die naßkalte Morgenluft. Der Autopilot war in dieser Flugphase bereits aktiviert und folgte der eingegebenen Abflugroute selbständig. In etwa 800 ft wurde das Fahrwerk eingezogen. Alles schien wie immer zu sein. Nichts deutete auf Unregelmäßigkeiten hin. Zusammen mit dem Autopiloten war auch ein Gerät namens ATS (Autothrottle System) eingeschaltete. Das ATS steuert und überwacht die Leistung der beiden Triebwerke nach den vorherigen Eingaben der Piloten. Dies ist insofern wichtig, als das eine bestimmte Geschwindigkeit hierdurch exakt gehalten werden kann. Je nach Bedarf schiebt dann das ATS die Leistungshebel der Triebwerke automatisch nach vorn, um die Geschwindigkeit zu erhöhen, oder nach hinten, um zu verlangsamen. Doch kann das ATS jederzeit bei Notfällen manuell übersteuert werden. Bei RO371 stand das ATS auf dem Modus „Take-off" und bei Erreichen einer Flughöhe von ca. 2.000 ft schaltete der Copilot das ATS von „Take-off" auf „Climb" um. Nahezu gleichzeitig wurden die Klappen von 15 Grad auf Null eingefahren und eine Linkskurve in Richtung des Funkfeuers Strejnic-VOR eingeleitet. Das ATS reduzierte nun die Triebwerksleistung, indem es Servomotoren ansteuerte, die, durch Seilzüge mit einer Kupplung verbunden, die Treibstoffzufuhr der beiden Triebwerke senken. Jedoch ist dies abhängig von der Stellung der Triebwerkshebel, die sich auf einer Konsole zwischen den Piloten befinden. Durch einen Defekt hatte sich jedoch in der Startphase der rechte Seilzug des Hebels für das Triebwerk Nr.2 verklemmt. Unverrückbar blieb dieser Hebel auf der „Take-off"-Stellung, während sein linker Nachbar vom ATS langsam ohne Zutun der Piloten zurückgenommen wurde. Die Piloten registrierten diesen Mißstand jedoch nicht und waren in ihre Abflugkarten vertieft bzw. mit den vorn befindlichen Instrumenten beschäftigt. RO371 war mittlerweile in der Wolkendecke verschwunden, und beide Piloten sehnten sich danach, aus der eisigen „Waschküche" herauszukommen und die Morgensonne über den Wolken zu erblicken. Um die eingegebene Abfluggeschwindigkeit zu halten, nahm das ATS den linken Triebwerkshebel immer mehr zurück, bis dieser am hinteren Anschlag angekommen war. Doch das ungewöhnliche Triebwerksgeräusch alarmierte die nichtsahnende Cockpitbesatzung immer noch nicht. Mit leerlaufendem linken und dröhnendem rechten Triebwerk entstand ein immer größer werdendes Schubungleichgewicht. Ohne optischen Bezugspunkt erkannten die Piloten nicht, daß der A310 immer mehr um seine Hochachse gerissen wurde. Die Flugrichtung war nunmehr entgegengesetzt zur Richtung der Startbahn. In einer Höhe von 4.700 ft war der Anstellwinkel des Rumpfes gegenüber der anströmenden Luft so groß geworden, daß die linke Tragfläche in den Windschatten des Rumpfes geriet und die Strömung dort abriß. Urplötzlich sackte die Tragfläche wie ein Stein nach unten ab. Die überraschten Piloten erkannten in dieser Phase jedoch immer noch nicht die Ursache der Störung. Statt den linken Triebwerkshebel auf Vollschub zu bringen und nach rechts zu kurven, hielten sie die Maschine in einer neutralen Ruderposition. Als die linke Tragfläche einen Winkel von 90 Grad erreicht hatte, wurde die Flugzeugnase durch das auf Hochtouren laufende rechte Antriebsaggregat nach unten gedrückt. RO371 schoß wie ein Pfeil nach unten. Wie gelähmt unternahmen die Piloten keinerlei Gegenmaßnahmen. Um 09:08 Uhr/loc. schoß der Airbus beinah in Rückenlage aus der Wolkendecke. Seit der ATS-Umstellung waren bis dahin 42 Sekunden vergangen, in denen niemand diesen gefährlichen Flugzustand korrigierte. Doch nun war es zu spät. Sekunden vor dem Aufschlag wurde zwar noch der rechte Triebwerkshebel auf Leerlauf zurückgenommen, doch der Absturz war unabwendbar. Nach nur vierminütiger Flugzeit zerschellte der siebenjährige Airbus auf einem offenen Feld, ca. drei Kilometer nördlich des Bukarester Otopeni Flughafens, nahe der Ortschaft **Balotesti/Rumänien**.

Niemand der 60 Insassen an Bord überlebte das Unglück. Für Rumänien bedeutete dies den schwersten Flugzeugabsturz des Landes. Das Fliegen mit einem Triebwerk im Leerlauf ist im fliegerischen Alltag ein Routinefall und wird des öfteren im Simulatortraining nachgestellt. Nach dem Unglück wurden wieder einmal die mahnenden Stimmen laut, die die übertriebene Computerisierung des Cockpits kritisierten. Das vorsorgliche Startverbot der beiden verbliebenen Tarom A310 erwies sich jedoch als unbegründet. Ein technischer Zusammenhang zwischen diesem Absturz und dem „Orly-Zwischenfall" vom September 1994 (s.o.) konnte nicht hergestellt werden.

28.04.95
Millon Air   **Douglas DC-8-54F**
N43UA   **45677**

Der Frachtflug LAM 705 der DC-8 aus Miami befand sich im Ladeanflug auf den La Aurora Flughafen von **Guatemala City/Guatemala**. In Betrieb war die Landebahn 19, auf die der Jet in einem VOR/DME-Anflug zusteuerte. Das Wetter an diesem Tag war nicht gerade besonders gut: Es herrschte ein wolkenverhangener Himmel mit einer Wolkenuntergrenze von 1.500 ft. Es war beinahe windstill, und die Sichtweite war durch leichten Nieselregen auf 4 Kilometer reduziert.

Es war 11:35 Uhr/loc., als Flug 705 zur Landung auf der Bahn 19 freigegeben wurde. Nach dem Aufsetzen griffen die Radbremsen auf dem rutschigen Bahnbelag nur sehr schwach. Eine Geschwindigkeitsverzögerung trat kaum ein. Schnell waren die 2600 Meter der Landebahn verbraucht, und mit noch hoher Geschwindigkeit schoß die DC-8 über das unebene Terrain hinter dem Bahnende. Das gesamte Fahrwerk wurde hierbei abgerissen. Unmittelbar darauf fiel die Maschine einen steilen Abhang hinunter, prallte gegen einige Wohnhäuser und kam schließlich in einem Rauchpilz zum Stehen. Aus den beschädigten Tragflächen trat Treibstoff in großen Mengen aus und setzte neben der DC-8 auch noch zwei Wohnhäuser und mehrere Hütten in Brand.

Die drei Besatzungsmitglieder konnten mit Verletzungen in ein Krankenhaus gebracht werden. Durch das Feuer wurden jedoch 12 Menschen des Armenviertels La Aurora getötet. Die Maschine, das einzige DC-8-Exemplar der Millon Air, flog im Auftrag der guatemaltekischen Maya Airways.

Der La Aurora - Flughafen hatte schon seit längerem einen schlechten Ruf. Große Wasserlachen bilden sich auf dem unebenen Bahnasphalt bereits schon bei geringer Regenintensität. Anfang April 1993 raste hier bereits eine 767 der TACA über die Landebahn hinaus und kam erst in einem belebten Wohnviertel zum Stehen. Nur durch glückliche Umstände konnte eine Katastrophe für die Insassen und die Flughafenanwohner vermieden werden.

31.05.95
Air Niugini　　　　　　　　　Fokker F-28-1000
P2-ANB　　　　　　　　　　　　　　　　11049

Aufgrund von Aquaplaning bei der Landung in **Medang/Papua New Guinea** wollte der Jet einfach nicht mehr stehenbleiben und schoß über die Piste hinaus ins Meerwasser. Von den 35 Passagieren und der vierköpfigen Crew wurde niemand verletzt. Zum Unfallzeitpunkt (20:10 Uhr/loc.) herrschte Dunkelheit und schwere Regenschauer gingen nieder.

09.06.1995
Valujet　　　　　　　　　　　Douglas DC-9-32
N908VJ　　　　　　　　　　　　　　　　47321

Die Piloten an Bord der DC-9 hatten auf der Startbahn 27R des Flughafens **Atlanta-Hartsfield/GA/USA** die Schubhebel der DC-9 nach vorne geschoben und die 23 Jahre alte Maschine in Bewegung gesetzt, als sie hinter sich einen Knall hörten. Eines der gerade zur Startleistung hochlaufenden Triebwerke war geborsten. Die mittlerweile 50 Km/h schnelle Maschine wurde von einer starken Erschütterung gepackt, während im Cockpit die Feuerwarnung des rechten Triebwerkes anging. Die Piloten brachten die Maschine schlingernd zum Stehen und ordneten die Evakuierung an. Die Trümmer der Rotorscheibe hatten eine Treibstoffleitungen durchschlagen und das ausströmenden Kerosin entzündet.

Während im Heck schon die ersten Flammen aus dem Rumpf schlugen, schafften es die Besatzungsmitglieder, alle Passagiere aus dem Flugzeug zu bringen. Unter den 57 Passagieren gab es nur einige Leichtverletzte, während unter der Besatzung eine Schwerverletzte zu beklagen war. Eine im Heck der Maschine sitzende Stewardeß war von Trümmern des geborstenen Triebwerkes gestreift worden und hatte sich dabei schwere Verbrennungen an den Beinen zugezogen.

Das NTSB fand heraus, daß eine der Rotorscheiben im Kompressor des rechten Triebwerks aufgrund von schlechter Wartung gebrochen war. Die 23 Jahre alte Maschine hatte die amerikanische „Billigfluglinie" Valujet erst 1994 der türkischen Staatsfluggesellschaft THY abgekauft. Dort hatte man bei einer Grundwartung des JT-8D Triebwerkes im Jahre 1991 einen beginnenden Ermüdungsriß in den Befestigungslöchern der Rotorscheibe übersehen. Das FAA ordnete daraufhin die Überprüfung aller von THY gewarteten Triebwerke an, die bei amerikanischen Fluglinien im Einsatz waren. Außerdem gab die FAA neue Richtlinien für Wartungsfirmen von amerikanischen Triebwerken außerhalb der USA heraus.

16.06.95
Aviacor　　　　　　　　　　　Antonov An-74
RA-74041　　　　　　　　　　　　　36547096924

Die mit zwei Passagieren und der sechsköpfigen Crew besetzte STOL-Maschine (Short Take Off and Landing), die für die Operationen von und nach kleineren unausgebauten Flugplätzen im ehem. Sowjetreich konstruiert worden war, sprang bei der etwas harten Landung in **Keperveem/Rußland** wieder hoch und setzte darauf mit dem Bugrad zuerst wieder auf. Dieses brach infolge der Überbeanspruchung sofort ab. Die Antonov holperte über das Ende der Piste hinaus und wurde irreparabel beschädigt. Die an Bord befindlichen Personen trugen keine Verletzungen davon. Der Unfall ereignete sich bei Tageslicht. Beim Entladen stellte man fest, daß sich statt der deklarierten 2,5 Tonnen Fracht, 9,3 Tonnen an Bord befanden. Also das 3,7fache des normalen. Zusätzliche Fracht ist in Rußland weit verbreitet und gibt den Piloten ein willkommenes Zubrot ihres vergleichsweise kümmerlichen Einkommens, die für jede zusätzliche Fracht ein „Servicegeld" für den Transport erhalten. Sicherheitserwägungen werden hintangestellt.

24.06.95
Harca Air　　　　　　　　　　　Tupolev 134A
RA-65617　　　　　　　　　　　　　　　7350305

Der Inlandsflug von Kaduna zur Hauptstadt **Lagos** war schon fast beendet und die Piloten erblickten bereits die Landebahn vor ihnen. Sehr heftiger Regen prasselte zu dieser Zeit (16:05 Uhr/loc.) gegen die Cockpitscheiben. Die Piloten ließen beim Abfangen die Tupolev sehr lange über die Runway schweben, bis die Fahrwerke endlich den Boden berührten und das Bremsmanöver eingeleitet wurde. Sekunden später erkannte man im Cockpit, daß man nicht mehr vor dem Ende der Bahn anhalten würde. So wich man aus, und verließ den asphaltierten Bereich, wo man nach einigen Metern in einen Entwässerungsgraben schlitterte. Das gesamte Fahrwerk wurde hierbei abgerissen und Feuer entstand, noch bevor man zum Stillstand kam. Von den 74 Passagieren und sechs Besatzungsmitgliedern konnten 16 nur noch tot geborgen werden. Meldungen zufolge, sollen die Rettungsarbeiten durch das Verhalten einiger Passagiere behindert worden sein. Einige von ihnen hatten sich nämlich aus Angst vor den Flammen in den Toiletten eingeschlossen und konnten, wenn überhaupt, dann nur sehr schwer befreit werden. Zum anderen mußten die ersten Feuerwehreinheiten, die am Unfallort eintrafen, bestürzt feststellen, daß sich in ihren Einsatzfahrzeugen kein Tropfen Löschwasser befand. Somit wurde die Tupolev ein Raub der Flammen, bevor sie der erste Wasserstrahl erreichte.

26.07.95
ADC Airlines   Douglas DC-9-31
5N-BBA   47217

Nur elf Monate nachdem eine DC-9 der ADC auf dem Sprigg-Payne AP in **Monrovia/Liberia** bei der Landung verunglückte, ereilte dasselbe Schicksal eine andere ADC DC-9 am gleichen Ort. ADC Linienflug aus Lagos/Nigeria und Accra/Ghana sank im Endanflug zu weit ab und die Maschine prallte etwa 20 Meter vor dem Beginn der Landebahn auf den sandigen Boden. Hierbei kollabierte zunächst das linke Hauptfahrwerk. Die linke Tragfläche bekam Bodenkontakt und schleifte über den Boden. Die DC-9 hüpfte anschließend über den Absatz der Landebahn. Dabei brach auch das rechte und das Bugfahrwerk in sich zusammen. Schließlich kam man brennend 600 Metern weiter halb auf, halb neben der Bahn zum Stehen. Alle 82 Passagiere sowie die neun Crewmitglieder konnten den Havaristen verlassen, ehe der ein Opfer der Flammen wurde. Zum Unglückszeitpunkt regnete es und die Sicht war auf sieben Kilometer beschränkt.

09.08.95
Aviateca   Boeing 737-200
N125GU   23849

Die achtjährige 737 befand sich mit 58 Passagieren und sieben Crewmitgliedern an Bord im Sinkflug auf den internationalen Flughafen von San Salvador/El Salvador. Flug GU 901 war zuvor in Miami/USA gestartet und sollte weiter nach Managua/Nicaragua und Guatemala City fliegen. Es war gegen 20:00 Uhr/loc. - es herrschte bereits Dunkelheit - als die Boeing sich mit der Anflugkontrolle in San Salvador in Verbindung setzte. Sogleich wurde Flug 901 für einen ILS-Anflug auf die Landebahn 07 freigegeben. An diesem Abend hatten sich zuvor heftige Sommergewitter gebildet, deren Zentren die Piloten auf ihrem Wetterradar als helle Färbung ersehen konnten. Starke Niederschläge und böige Winde begleiteten diese widrigen Wetterumstände. Von Osten her näherte sich GU901 dem Flughafen und gab eine Positionsmeldung ab, die jedoch für den Fluglotsen recht mißverständlich war. Dieser wiederum interpretierte daraus, daß sich die Maschine auf dem üblichen Anflugweg befand, und erteilte die weitere Sinkfreigabe. Doch aufgrund der Wetterlage mußten die Piloten einigen Gewittern, die sich ihnen in den Weg gestellt hatten, ausweichen. So kamen sie von der ausgewiesenen Flugroute ab. Ohne Radarüberwachung erkannte der Lotse nicht rechtzeitig, daß GU901 geradewegs auf die hohen Berge östlich der Stadt zuflog. Obwohl dem Copiloten die fehlerhafte Positionsmeldung auffiel, korrigierte er jedoch nicht energisch genug den fliegenden Kommandanten. Ohne Bodensicht sanken sie unter die ausgewiesene Mindesthöhe. Als das GPWS losschlug, war es zu spät geworden. In 7.100 ft prallte GU 901 frontal gegen den **Mount Chicontepec**, einem erloschenen Vulkan, 55 km östlich des Flughafens. Die 737 pflügte eine Schneise in den bewaldeten Hang und explodierte. Die Rettungstrupps fanden die verstreuten Trümmer auf einer Hochebene nahe des Städtchens San Vicente. Aufgrund des schlechten Wetters wurden die Rettungskräfte am Vordringen zum Absturzort behindert. Keiner der 65 Menschen an Bord hatte eine Überlebenschance.

Die anfängliche Annahme, ein Blitzschlag hätte das Entfernungsmeßgerät (DME), das die Entfernung zum Flughafen bestimmt, lahmgelegt, erwies sich als unzutreffend. Hiernach rügte das NTSB, daß das „Cockpit Ressource Management"-Programm (CRM) der guatemaltekischen Airline nicht effektiv gewesen sei. Die schwerwiegenden Fehler innerhalb des Cockpits hätten sich daher durch bessere Zusammenarbeit der Piloten vermeiden lassen. Das Unglück bedeutete den ersten Jet-Verlust für den Nationalcarrier Guatemalas in seinem 66sten Betriebsjahr.

17.08.95
Air Afrique   Boeing 707-320C
YR-ABN   19379

Die von der rumänischen TAROM an Air Afrique verleaste 707 schoß bei einem Landeversuch auf dem Flughafen **NDjamena/Tschad** über die regennasse Bahn hinweg und wurde bei einem Zussamenstoß mit einem Betonpoller irreparebel beschädigt. Niemand an Bord des Frachters wurde verletzt.

24.08.95
Delta AL   L-1011 Tristar 1
N781DL   1003

Der älteste noch fliegende TriStar, der im Juni 1971 aus den Hallen in Palmdale/CA/USA geschoben wurde, hatte bis zu diesem Tag über 20.000 Flüge absolviert. Diese andauernde Beanspruchung der Rumpfzelle führte in den letzten Jahren zu vermehrt auftretenden Rissen, die sich im Laufe der Jahrzehnte an den Spanten und Innenstreben der Rumpfstruktur gebildet hatten. Die FAA gab daraufhin vorsorglich eine Sicherheitsdirektive (AD) an alle TriStar Betreiber heraus, um die entsprechenden Stellen auf Risse zu checken. Das auch andere Teile von Ermüdungserscheinungen heimgesucht werden können, wurde darin jedoch nicht thematisiert.

„N781DL" absolvierte an diesem Tag den Linienflug von **Los Angeles/CA/USA** nach Honolulu/HI. Noch im Steigflug gab es plötzlich einen berstenden Knall und schlagartig entwich der Kabinendruck. Die Sauerstoffmasken fielen herab. Nachdem die ersten Schrecksekunden vorbei waren, stellte man fest, daß die Maschine noch problemlos zu steuern war. Der Rückflug wurde eingeleitet und man landete wieder sich in L.A.

Am Boden stellte man fest, daß sich im hinteren Druckschott ein knapp 2 Meter langer Riß gebildet hatte, durch den der Überdruck in die Atmosphäre entweichen konnte.

Für weitere Inspektionen wurde die Maschine nach Marietta/GA überführt, dort angekommen entschied man sich in Anbetracht des Alters gegen eine aufwendige Reparatur des Düsenveterans.

04.11.95
Iberoamericana(ex)   SE210 Caravelle 10R
HK-3962X   184

Die Drogenkuriere Mittelamerikas unternehmen immer abenteuerlichere Aktionen, um ihre heiße Fracht in die Absatzländer zu befördern. So wurde der altehrwürdige Jet angemietet, mit dem falschen Kennzeichen HK-4029X ausgestattet, und mit Kokain vollgestopft. Nach Einbruch der Dunkelheit startete man dann in Richtung Norden. Ziel des Drogenfluges war ein ausgetrockneter See bei Todos Santos, 50 km nördlich von **Cabo San Lucas/Baja California/Mexico**. Bei der unsanften Landung wurde der Jet am Bugrad beschädigt. Sofort nach dem Ausrollen umringten bewaffnete Männer das Flugzeug und entluden die heiße Fracht. Doch dem nicht genug: sämtliche Cockpitinstrumente wurden herausgerissen und die Tragflächen abgesägt! Schließlich wurde „4029X" von einem Bulldozer mehrmals überrollt und teilweise mit Sand zugedeckt, um Beweisspuren für die Patrouillen der „US-Anti-Drug-Forces" zu vernichten. Ein eher unwürdiges Ende für den 30-jährigen Oldie.

13.11.95
Nigeria AW   Boeing 737-200
5N-AUA   22985

Die Boeing befand sich auf dem Linienflug WT357 von Jos über Kaduna und Yola nach Lagos. An Bord befanden sich 129 Passagiere und acht Besatzungsmitglieder. An diesem Morgen näherte sich Flug 357 der Landebahn in **Kaduna/Nigeria**. Über dem Flugfeld kam gerade ein Sturm auf und wirbelte den staubigen Erdboden hoch in die Luft. Die Sichtweite ging zurück, als die Maschine nun mit etwa 15 Knoten Rückenwind über der Landebahn einschwebte. Erst nach der Hälfte der Landebahn sank die Boeing auf den Bahnasphalt. Im Moment des Aufsetzens verloren dadurch die Piloten offenbar an Orientierung, die Boeing kippte nach rechts. Die rechte Tragflächenspitze bekam Bodenberührung und wurde stark demoliert. Treibstoff strömte aus und setzte den ausgetrockneten Grasboden um das Flugzeug herum in Brand. Nachdem die Maschine 35 Meter hinter dem Bahnende zum Stillstand gekommen war, sprangen viele Passagiere durch die Flammen ins Freie und zogen sich dabei schwerste Brandverletzungen zu.

Insgesamt kamen bei diesem Unglück elf Menschen ums Leben.

Für Nigeria Airways ist dies bereits der achte Flugzeugverlust in 26 Jahren. Aufgrund der allgemeinen Finanzknappheit leidet der Ruf der Staatsfluglinie seit vielen Jahren. Ein großer Teil der Flotte steht inaktiv in Belgien, Irland und Arabien herum, weil die örtlichen Behörden die Flugzeuge als Pfand gegen unbezahlte Rechnungen an die Kette legten. Besonders die mangelhafte Wartung und der daraus resultierende technische Zustand der Flotte gaben immer wieder Anlaß zur Besorgnis. Aus diesem Grund ist es nigerianischen Flugzeugen untersagt, in den USA zu landen.

30.11.95
Baku Air   Boeing 707-320C
4K-401   19584

Die mit sieben Crewmitgliedern aus Urumchi/China kommende Fracht-707, befand sich im Landeanflug auf **Baku/Aserbaidschan**. In dieser Phase meldeten die Piloten ein Problem mit der Fahrwerksverriegelung. Die Piloten waren sich nicht sicher, ob das linke Hauptfahrwerk eingerastet war. Daher führten sie einen sog. „low approach" durch, bei dem das Flugzeug geringer Höhe über den Flughafen fliegt, damit man am Boden per Sichtkontrolle die Stellung des Fahrwerks feststellen kann. Doch zu dieser Zeit, es war bereits 19:10 Uhr/loc. war dies für die Towerlotsen in Baku eine schwierige Aufgabe. Nachdem die Maschine vorübergezogen war, wies der Lotse „4K-401" an, ein Fehlanflugverfahren durchzuführen und in einer Linkskurve zum Landeanflug zurückzukehren. Offenbar war das Fahrwerk vorschriftsmäßig ausgefahren. Doch die 707 gewann keine Höhe, im Gegenteil: als die Linkskurve eingeleitet wurde, sank die Frachtmaschine immer weiter ab. Schließlich berührte die linke Tragfläche einige Lichtmasten einer Autobrücke und stürzte direkt hinter der Brücke auf den Boden. Die 707 zerbrach in mehrere Teile.

Hierbei wurde das Flugzeug zerstört und zwei der sieben Insassen kamen ums Leben. Unbestätigten Berichten zufolge, ging der Maschine vor dem Absturz der Treibstoff aus.

Die 28-jährige 707 war die erste Maschine dieses Typs, die für eine Fluggesellschaft der GUS-Staaten operierte und damit die einzige westliche Maschine, die in Aserbaidschan zugelassen war. Vor kurzem wurde sie von der indonesischen Fluggesellschaft Merpati gekauft und auf verschiedenen Ad-Hoc-Frachtchartern eingesetzt.

02.12.95
Indian Airlines   Boeing 737-200
VT-ECS   20963

Wie so oft, so kann man auch diesen Unfall von Indian Airlines erneut in die Kategorie „vermeidbar" einordnen. Offensichtlich vergaß der Pilot im Landeanflug auf den Indira Ghandi AP von **Neu Delhi/Indien**, daß er sich nicht in einem einmotorigen Sportflieger befand, sondern in einer 30 Tonnen schweren 737. Erst nachdem der größte Teil der Landebahn verbraucht war, und nur noch ca. 600 Meter Asphalt vor der Boeing lagen, setzte der Pilot die Räder auf den Boden. Er dachte wohl fälschlicherweise, daß er es noch schaffen würde. Mit hoher Geschwindigkeit überrollte „VT-ECS" das Bahnende und geriet auf weichen Untergrund, wo das gesamte Fahrwerk und das rechte Triebwerk abgerissen wurde. Von den 102 Passagieren und sechs Crewmitgliedern, die mit Flug IC492 aus Bombay und Jaipur kamen, wurde niemand verletzt. (dies war der 14 Totalverlust eines Jets der Indian AL; im Laufe der letzten 30 Jahre flog die Fluggesellschaft 6 x 737, 5 x Caravelle, 2 x A300 und 1 x A320 zu Bruch) Eine beispiellos schlechte Bilanz.

03.12.95
Cameroon AL   **Boeing 737-200**
TJ-CBE   **23386**

Die 737 befand sich im Landeanflug auf **Douala/Kamerun**. 71 Passagiere und sechs Crewmitglieder befanden sich an Bord der als Flugnummer UY3701 aus Cotonou/Benin kommenden Maschine. Im Flugplan stand zwar eine Ankunftszeit von 15.55 Uhr/loc., aber in Westafrika waren solche Flugzeiten oftmals nur Makulatur. So kam es, daß die Maschine erst kurz vor 22:00 Uhr/loc. im Luftraum über Douala eintraf. Crew und Passagiere waren froh, in Kürze wieder am Boden zu sein. Doch wenige Minuten vor der Landung meldete sich der Pilot beim Tower in Douala und teilte mit, daß man Probleme mit dem Fahrwerk habe. Flug 3701 brach den Landeanflug ab. Als die 737 sich etwas später zum zweiten Anflug anschickte, brach kurz danach die Funkverbindung ab. Die Boeing war etwa 4 km außerhalb des Flughafens in ein dicht bewaldetes Sumpfgebiet gestürzt und beim Aufprall zerschellt.

Stunden später entdeckten Suchteams zwischen den rauchenden Trümmern fünf überlebende Insassen. Für alle anderen 72 Menschen kam jedoch jede Hilfe zu spät.

Für den Nationalcarrier Kameruns war dies das bislang schwerste Unglück in ihrer 24jährigen Geschichte. Über die genaue Absturzursache herrscht nach wie vor Unklarheit.

05.12.95
Azerbaijan Airlines   **Tupolev 134B**
4K-65703   **63383**

Nur ca. 2 Minuten nach dem Start vom Flughafen in **Nachitschewan/Aserbaidschan** funkte der Pilot, daß ein Triebwerk ausgefallen sei. Der Versuch zum Ausgangsflughafen zurückzukehren wurde abgebrochen, da man zu schnell an Höhe verlor. Im Cockpit sah man sich offensichtlich nicht mehr in der Lage, zur Landebahn zu gelangen, somit versuchten die Piloten eine Notlandung auf freiem Feld.

Etwa 6 km außerhalb des Flughafens ging der Jet in einem Waldgebiet zu Boden. Dabei zerbrach der Rumpf in mehrere Teile.

Von den 76 Passagieren und acht Crewmitgliedern wurden 54 getötet, alle anderen 30 überlebten zum Teil schwer verletzt. Berichten des Herstellers Tupolev zufolge, schalteten die Piloten offenbar irrtümlich statt dem ausgefallenen das noch arbeitende Triebwerk aus. Doch diese Meldungen wurden bislang nicht bestätigt. Andere Quellen sprechen davon, daß Überladung eine Rolle bei diesem Unglück gespielt hat. Dies war bereits das zweite Flugzeugunglück in Aserbaidschan innerhalb von drei Tagen.

07.12.95
Far East Avia   **Tupolev 154B**
RA-85164   **164**

Für den einstündigen Nachtflug hatten sich 89 Passagiere an Bord der Tupolev eingefunden, die von Yuzno-Sakhalinsk auf der Halbinsel Sachalin nach Chabarowsk, dem Zentrum der gleichnamigen ostsibirischen Autonomen Region, fliegen sollte. Das Wetter in dieser entlegenen Region war schlecht:

Ein ausgedehntes Tiefdruckgebiet lag über der Tatarischen See, in dem sich dichte Wolkenmassen formierten. Starke Winde und dichte Schneefälle waren die Folge. Es war 02:43 Uhr/loc., als der Dreistrahler in Richtung Chabarowsk abhob. Mit Kurs Nordwest ging man über der Tatarischen See in einer Flughöhe von 10.500 Metern in den Reiseflug über. Gegen 03:15 Uhr/loc. setzten die Piloten eine Routine-Positionsmeldung an die Kontrollstation ab. Dies war gleichzeitig das letzte Lebenszeichen von der Maschine. Als nach längeren Aufrufen der russischen Militärkontrolle, die für die dortige Luftraumüberwachung zuständig war, immer noch keine Nachricht von der Tupolev kam, wurde Alarm ausgelöst.

Eine groß angelegte Suchaktion zu Wasser und in der Luft wurde ins Leben gerufen. Doch das anhaltend schlechte Wetter verhinderte viele Tage lang, daß die Rettungstrupps fündig wurden. Erst am 18.Dezember entdeckte ein Hubschrauberpilot, der eigentlich nicht zur Sucharmada gehörte, die Überreste der Tupolev, die an einem Hang des Bo-Dzhaus-Berges, ca. 50 km westlich von **Grossevici**, östlich von Chabarowsk abgestürzt war.

Keiner der 97 Menschen an Bord überlebte den Crash.

Nach intensiven Nachforschungen gelang es der russischen Untersuchungsbehörde die Ursache für den Unfall zu ermitteln: Eine defekte Treibstoffpumpe führte dazu, daß während des Fluges das Kerosin nicht wie üblich Schwerpunktneutral (d.h. aus der linken und rechten Tragfläche gleichzeitig) abgesogen wurde, sondern nur eine Tragfläche angezapft worden war. Mit zunehmenden Verbrauch entstand ein immer stärkeres Ungleichgewicht. Der Autopilot mühte sich, die Balance zu halten, während die Piloten ahnungslos weiterflogen. Schließlich wurden die noch randvoll mit tonnenschwerem Kerosin gefüllte Tragfläche zu schwer und sackte abrupt nach unten. Die völlig überraschten Piloten schafften es nicht mehr, die Tupolev zu stabilisieren und so den Unfall abzuwenden.

Für Far East Avia bedeutete dies den ersten Verlust eines Flugzeugs, seit die Gesellschaft aus dem ehemaligen Chabarowsk-Direktorat der Aeroflot hervorgegangen war.

20.12.95
Tower Air   **Boeing 747-100**
N605FF   **20271**

Ganz New York war eine Schneehölle. Es war 11:30 Uhr/loc., als sich Tower Air Flug FF 041 anschickte, von der Terminalposition des **John F. Kennedy Airport** in Richtung Startbahn zu rollen. Linienflug FF 041 hatte das sonnige Miami/FL zum Ziel. Für diesen Flug hatten sich

443 Personen entschieden, viele von ihnen Urlauber, die der eisigen Kälte des Nordens entfliehen wollten. Zusammen mit den 15 Mitgliedern der Besatzung befanden sich somit 458 Menschen an Bord. Nicht nur die Kabine war gut belegt, sondern auch im Cockpit befanden sich fünf Personen, davon zwei außerdienstlich mitfliegende Beobachter, die sich auf den Notsitzen niedergelassen hatten. Aufgrund des anhaltenden Schneetreibens gab es auf allen drei New Yorker Flughäfen die üblichen Verzögerungen beim Start. Auch Flug 041 war betroffen. Die im Flugplan ausgedruckte Abflugzeit von 10:00 Uhr/loc. konnte man nicht mehr einhalten. Von vier Startbahnen standen nur zwei zur Verfügung. Es bildeten sich lange Schlangen von Flugzeugen, die alle auf Anlaß-, Roll- und Startfreigabe warteten. Mit 1,5-stündiger Verspätung kam auch endlich die Tower Air Maschine an die Reihe. Langsam bewegte sich der schwere Jet zum Beginn der Startbahn 04L. Der mäßige Nordwestwind trieb immer wieder neue Schneeschauer über das Rollfeld. Die Räummannschaften kamen kaum gegen die weiße Pracht an. Die Sichtweite war durch Nebel getrübt und lag teilweise bei nur 600 Metern. Gegen 11:38 Uhr/loc. war die 747 endlich die Nr.1 in der Startsequenz. Der Tower gab Flug 041 zum Start auf der Bahn 04L frei. Langsam baute sich die Geschwindigkeit auf. Der fliegende Kommandant ahnte die Mittellinie nur, da diese oft durch Schneewehen unterbrochen war. Bei etwa 60-70 Knoten spürten die beiden Piloten eine leichte Tendenz, nach links zu driften. Der Kommandant bediente zum Ausgleich das rechte Seitenruder und versuchte, mittels Bugradsteuerung zurück in die Pistenmitte zu gelangen. Doch die Linksdrift verstärkte sich. Der Kommandant hielt dagegen: er trat das Seitenruder voll nach rechts aus. Doch es half nichts. Die Lichter der Bahnbegrenzung kamen bedrohlich näher. Der Kommandant brauchte nicht länger zu überlegen. Er befahl: „Startabbruch!". Er zog die vier Triebwerkshebel auf Leerlauf zurück und trat voll ins Bremspedal. Flug 041 schlingerte weiter und verließ Sekunden später den Bahnasphalt. Bis dahin hatte man 700 Meter zurückgelegt. Die Hebel der Schubumkehr blieben unangetastet. In einem letzten Versuch, doch noch nach rechts zu schwenken, wurde der Schub der linken Triebwerke kurzzeitig auf 91 % erhöht, doch es half alles nichts. Schlimmer noch, der Bremsweg vergrößerte sich. Außer Kontrolle schoß der Jumbo über einen angrenzenden Taxiway hinweg, überquerte die Querbahn 31L, schlitterte über den schneebedeckten Boden, wobei das rechte äußere Triebwerk mit einem Elektrizitätshäuschen kollidierte und abgerissen wurde, und kam nach einer Rollstrecke von etwa 1.600 Metern in einer Schneewolke zum Stehen. Das rechte Hauptfahrwerk brach ein, und das Bugfahrwerk wurde um drei Meter in den vorderen Rumpfbereich hineingedrückt. Da keiner der Treibstofftanks leckschlug, lief zum Glück nichts von den 46.400 Litern Kerosin aus. Ein Inferno wäre die Folge gewesen.

Bei der anschließenden Evakuierung zogen sich 12 Personen leichtere Verletzungen zu. Darunter war auch eine Stewardeß, die während des Bremsmanövers in der hinteren Küche von einem nicht richtig gesicherten Eiskarren eingeklemmt wurde.

Die restlichen 446 Menschen wurden per Treppen und herbeigeeilten Bussen zurück ins Terminal gebracht. Der JFK Flughafen wurde für vier Stunden geschlossen. Bei der ganzen Aktion wurde der vordere Rumpf so sehr in Mitleidenschaft gezogen, daß an eine Reparatur nicht mehr zu denken war. Tower Air erlitt damit den ersten Totalverlust in ihrer 13-jährigen Geschichte.

Die Ermittlungen ergaben, daß sich auf der Oberfläche der Startbahn 04L kurz vor dem Start von Flug 041 eine gefährliche Eisschicht gebildet hatte. Diese war dafür verantwortlich, daß die 747 von der Bahn rutschte. 90 Minuten vorher wurde diese Bahn noch vom Schnee geräumt und gesandet. Viele Maschinen starteten vor der Tower Air ohne irgendwelche Probleme. Der einsetzende Schneefall ließ jedoch nach wenigen Minuten eine feine Schneeschicht entstehen, die jedes Mal, wenn ein Flugzeug startete, von den heißen Abgasen der Triebwerke zu Wasser schmolz und dann wieder gefror. Das NTSB regte an, die Start- und Landeverfahren bei rutschigen Runways zu modifizieren. Ferner sollten auch die Programme in den Flugsimulatoren so geändert werden, daß sie den Bedingungen auf vereisten Rollbahnen Rechnung tragen.

20.12.1995
American Airlines **Boeing 757-200**
N651AA **24609**

Weil man auf Anschlußpassagiere warten mußte, war der American AL Flug 965 in Miami mit zwei Stunden Verspätung um 18:34 Uhr/loc. in Richtung seiner Zieldestination **Cali/Kolumbien** gestartet. An Bord der fast vollbesetzten Boeing 757 befanden sich neben den 159 Passagieren noch acht Besatzungsmitglieder. Der anschließende dreistündige Reiseflug durch die Dunkelheit in 37.000 ft Höhe, bei dem die Karibik und die kolumbianische Küste in südlicher Richtung überquert wurde, verlief ohne weitere Zwischenfälle.

Um 21:26 Uhr/loc. gab die Luftaufsicht in Bogota die Boeing 757 für einen Sinkflug auf FL240 (=24.000 ft) frei, welchen die beiden Piloten auch sofort einleiteten. Gesteuert wurde die Maschine von dem 39-jährigen Copiloten, während der 57-jährige Kommandant die Arbeit an den Funkgeräten und der Navigation übernahm. Im Gegensatz zum Copiloten hatte der Kommandant schon einige Landungen auf dem Flughafen Cali absolviert. Der Flughafen der als Drogenmetropole verschrieenen Stadt liegt in 3.000 Meter Höhe über dem Meeresspiegel mitten in den Anden und verfügt nur über eine einzige in Nord/Süd Richtung weisende Landebahn. Um diese Bahn 01/19 zu erreichen, wird der Sinkflug in Längsrichtung über (und teilweise in) tiefen Andentälern absolviert.

Zur Unterstützung in der Navigation steht der Besatzung der 757 ein ausgefeiltes Navigationssystem zur Verfügung, das FMCS (=**F**light **M**anagement **C**omputer **S**ystem). Dieses System sammelt alle für die Navigation des Flugzeugs relevanten Daten, wie Position, Treibstoffverbrauch, Geschwindigkeit und Höhe. Aus diesen Daten formt das FMCS dann mit Hilfe von an Bord vorhandenen

Datenbanken über Wegpunkte, Funkfeuer, Daten über Flughäfen und Landkarten ein Gesamtbild der momentanen Position des Flugzeuges und seiner Umgebung. Das FMCS können die Piloten in zwei verschiedenen Arten benutzen. Entweder sie lassen sich das Gesamtbild vom FMCS auf zwei Bildschirmen darstellen (diese befinden sich jeweils genau vor den beiden Piloten auf dem Hauptpaneel) und orientieren sich bei ihrem Flug an den so dargestellten Navigationsdaten. Oder sie verbinden das FMCS mit der Automatik des Flugzeugs. Das FMCS kann dann das Flugzeug nach einem vorher eingegebenen Flugplan abfliegen lassen. Die Kombination aus „Automatic Flight Director System", zum Beispiel bestehend aus dem Autopiloten und dem Autothrottle System, kann das Flugzeug dann in allen Achsen steuern. Während im Streckenflug meist die Automatik und das FMCS eingekuppelt werden, sind in der Steig- oder Sinkphase des Flugzeuges nur Teile der Automatik und des FMCS aktiv. So läßt man zum Beispiel während des Landeanfluges das FMCS vom Piloten eingegebene „Waypoints" (Laterale Kontrolle; nach links und rechts steuern) abfliegen, während die Sinkrate der Maschine (Vertikale Kontrolle; nach oben und unten steuern) manuell über die Schubstufe der Triebwerke und die Klappenkonfiguration der Maschine gesteuert wird.

Die Piloten können die gewünschten Flugpläne, die gewählten Modis des FMCS und zu jeder Zeit auch die von ihnen gewünschten Änderungen in die sogenannte CDU (**C**ontrol **D**isplay **U**nit) eingeben und so das FMCS mit ihren Wünschen programmieren. Jeder Pilot verfügt über eine eigene CDU, die einen Bildschirm und eine Tastatur umfaßt. Sie sind am äußeren oberen Rand des Mittelkonsole zwischen den beiden Piloten installiert. Der Weg des Flugzeugs wird von jedem Piloten auf dem Bildschirm in der Mitte des Instrumentenpaneels überwacht.

Die Cockpitcrew der 757 wurde um 21:27 Uhr/loc. informiert, daß sie mit einer Landung auf der nach Norden weisenden Bahn 01 zu rechnen habe. Daraufhin gab die Besatzung den Flugplan für den Landeanflug in die CDU ein. Dieser Landeanflug bedeutete für die Besatzung, daß sie in südlicher Richtung den Flughafen passieren, dann eine 180° Kurve fliegen und damit die verlängerte Pistenmittellinie der Bahn 01 erreichen würde. Als Navigationspunkt gaben sie das VOR Funkfeuer CALI, mit der Kurzkennung CLO, ein. Dieses Funkfeuer lag einige Kilometer südlich des Flughafens auf der verlängerten Pistenachse.

Der Kommandant meldete sich um 21:34 Uhr/loc. bei der Luftraumüberwachung in Bogota ab und wurde an die Anflugkontrolle in Cali weitergegeben. Sekunden nach seiner Verabschiedung in Bogota, rief der Kommandant Cali. Wie erwartet wurde die Maschine für einen Landeanflug auf die Bahn 01 freigegeben und sollte daher direkt auf das Funkfeuer CALI zusteuern. An Bord der American 757 hatte man das FMCS auf Laterale Kontrolle gestellt. Als der Lotse der American Crew den Anweisung gab, das Funkfeuer CALI anzusteuern, gab einer der beiden Piloten den Kurznamen des VOR Funkfeuers CALI, die Buchstaben CLO, über die CDU ein und bestätigte diese Eingabe. Das FMCS suchte daraufhin die Daten des Funkfeuers aus seinem Speicher, stellte die Frequenz des Funkfeuers CALI ein und ermittelte die Position der Maschine in Relation zu diesem Funkfeuer. Danach übermittelte die FMCS die notwendigen Kurskorrekturen an den Autopiloten. Der Autopilot legte ohne Zutun der Piloten die 757 in eine leichte Rechtskurve, um den notwendigen Kurs von 198° zu erreichen und das Funkfeuer CALI anzusteuern.

Der Kommandant informierte den Anfluglotsen in Cali über die erfolgte Kursänderung. Der Anfluglotse verfügte über kein Radargerät und war daher auf die Positionsangaben der Piloten angewiesen, um sich ein Bild von der Situation in dem von ihm kontrollierten Luftraum zu machen.

21:35 APP:
„No delay expected for the approach. Report, eh, TULUA VOR"

Um sich Klarheit über die Position der 757 zu verschaffen, bat der Anfluglotse um einen Positionsreport beim Überfliegen des VOR Funkfeuers TULUA. Dieses Funkfeuer mit dem Kurznamen ULQ lag im Flugweg der 757, gut 60 Kilometer nördlich des Flughafens.

21:35 CPT:
„OK, understood. Cleared direct to CALI VOR eh, report TULUA, eh, and altitude 150 (FL150 = 15.000 ft), thats 15.000 ft, (altimeter setting) 3002. Is that all correct, Sir?"

APP: „Affirmative"

Die Maschine war inzwischen auf ihren Südkurs eingeschwenkt und sank durch die ruhige Abendluft auf die anvisierte Flughöhe von 15.000 ft zu. Im Cockpit

N651AA; *genau das bei Cali verunglückte Exemplar der 757-Flotte. Hier auf dem Weg zur Startbahn / Miami im März 1994 <Quelle: Luftfahrt Journal-Sammlung>*

wurden die letzten Vorbereitungen getroffen und die Kabine über die baldige Landung informiert. Alles verlief nach Plan, als sich zwei Minuten später noch einmal der Anfluglotse aus Cali meldete, der gerade die neuesten Wetterberichte erhalten hatte. Die enthielten eine gute Nachricht für die Besatzung der American 757:

21:36 APP:
  „965, Cali"
CPT: *„965, go ahead, please"*
APP: *„Sir, the wind (in Cali) is calm. Are you able to approach runway 19?"*

Wegen des erstorbenen Windes über dem Flughafen konnte der Anfluglotse den beiden Piloten einen Anflug auf die südwärts gerichtete Bahn 19 anbieten. Aufgrund des möglichen Direktanflugs ohne den geplanten Schlenker nach Süden konnte die Besatzung des Fluges 965 so einen Teil der aufgelaufenen Verspätung aufholen. Das war die gute Nachricht für die Besatzung. Die schlechte Nachricht war, daß die 757 eigentlich für einen Direktanflug zu hoch war. Um die Bahn 19 dennoch zu erreichen, mußte die Besatzung sie mit einer großen Sinkrate von ihrer gegenwärtigen Flughöhe von 17.500 ft herunterdrücken. Aber die baldige Landung erschien beiden Piloten zu verlockend:

21:36 CPT:
  „Would you like to shoot the 19 straight in?"
COP: *„Uh yeah, well have to scramble to get down. We can do it."*

So war die Entscheidung gefallen. Der Kommandant erbat über Funk beim Anfluglotsen eine Freigabe auf eine niedrigere Höhe und erhielt diese auch prompt. Die Maschine sollte auf 5.000 ft absinken und sich beim Überqueren des Funkfeuers TULUA melden. Beides wurde nach einer Nachfrage von dem Kommandanten bestätigt.

Im Cockpit brach jetzt hektische Aktivität los. Die Freigabe für den Direktanflug hatte die Planungen der beiden Piloten völlig durcheinander geworfen. Der Copilot leitete einen rapiden Sinkflug ein, indem er einen Teil der Luftbremsen auf den Tragflächen ausfuhr. Währenddessen suchte der Kommandant aus dem Ordner mit den Jeppsenkarten die richtige Anflugkarte für den Anflug auf die Bahn 19 heraus.

  - Geräusch von raschelndem Papier -
CPT: *„and...TULUA one...ROZO...there it is."*

Der Towerlotse hatte ihm gesagt, daß der Name der Anflugsequenz „ROZO one" lauten würde. Nach einer knappen Minute hatte er die richtige Karte herausgesucht und studiert. Der Anflug begann an dem VOR Funkfeuer TULUA, von dem man mit dem Kurs 202° bis zum Wegpunkt „CLO D21" fliegen würde. Dieser war ein imaginärer Fixpunkt, der 21 Meilen vom VOR Funkfeuer CALI entfernt war. Hier sollte die Maschine auf die verlängerte Pistenachse der Bahn 19 schwenken. Die Maschine würde sich danach an dem NDB Funkfeuer ROZO orientieren, welches dieser Anflugsequenz den Namen gegeben hatte und sich fünf Kilometer vor dem Aufsetzpunkt der Bahn 19 befand. Mit dem Überfliegen des Funkfeuers ROZO begann der eigentliche Endanflug.

Die Anflugsequenz „ROZO one" würde die 757 in Längsrichtung genau durch die Mitte eines großen Tals der Anden führen: Dieses Tal war von beiden Seiten von Bergen umgeben, die bis zu 12.000 ft hoch waren. Diese Berge waren aber auf der Anflugkarte nicht verzeichnet, doch jeder, der einmal den Flughafen Cali angeflogen, oder sich auf dem Flughafengelände im Kreis gedreht hatte, wußte, daß sie da waren.

Die Besatzung des Fluges 965 wollte den ohnehin schon verkürzten Anflug noch kürzer machen. Sie baten darum, das NDB Funkfeuer ROZO direkt anfliegen zu dürfen, ohne den Schlenker über den Fixpunkt CLO D21 machen zu müssen. Dieses Manöver würde die Maschine zwar leicht von der Mitte des Tals wegführen, aber es war immer noch genug Hindernisfreiheit vorhanden. Der Towerlotse genehmigte den Anflug auf ROZO, wiederholte aber noch einmal die Aufforderung, sich beim Überfliegen von TULUA zu melden. Dieses Funkfeuer hatte die 757 inzwischen schon fast erreicht.

Die Hände des Kommandanten flogen über die Tastatur der CDU, um den neuen Flugplan in das FMCS einzugeben. Er benutzte für das NDB Funkfeuer ROZO die auf der Jeppesenkarte vermerkte Kurzkennung „R". Der Kommandant wußte nicht, daß die Kennung „R" außer für das VOR Funkfeuer ROZO auch noch für das VOR Funkfeuer ROMEO in der Nähe der kolumbianischen Hauptstadt Bogota verwendet wird. Dieses ROMEO Funkfeuer sendete auf derselben Frequenz wie das ROZO Funkfeuer und lag 240 Kilometer nordwestlich von Cali. Da das ROMEO Funkfeuer des Flughafens von Bogota häufiger benutzt wird, war nur dieses Funkfeuer in der Datenbank des FMCS mit der Kurzkennung „R" versehen. Das Funkfeuer ROZO war überhaupt nicht in der Datenbank des FMCS aufgeführt. Diese Diskrepanz zwischen der Jeppesenkarte und der Datenbank des FMCS war dem Kommandanten offensichtlich nicht bekannt.

Als der Kommandant um 21:37:43 Uhr/loc. den neuen Flugplan über die „Execute"-Taste der CDU aktivierte, faßte das FMCS als nächstes Flugziel das 230 Kilometer entfernte VOR Funkfeuer ROMEO nahe Bogota auf. Die 757 legte sich in eine Linkskurve und begann, sich von ihrem Anflugweg zu entfernen. Sie sank damit direkt auf die mächtigen Berge längsseits des Tals.

Im Cockpit schien dieser Kurswechsel einstweilen nicht besonders aufzufallen. Der Kommandant sprach weiter mit dem Anfluglotsen in Cali, ohne ihn allerdings über das Passieren des VOR Funkfeuers TULUA zu informieren. Anschließend fragte der Copilot nach der Höhe, für die sie freigegeben waren. Während dieser Konversation absolvierte die 757 ihre Linkskurve mit einer 16° Querneigung.

21:38 COP:
  „OK, so were cleared down to five (=5.000ft)"
CPT: *„Thats right, and...off ROZO...Which will I tune in here"*
COP: *- fährt die Luftbremsen vollständig aus -*
CPT: *„See what we get..."*

Jetzt meldete sich erneut der Anfluglotse und wollte wissen, wie weit die 757 noch vom Funkfeuer CALI entfernt war. „38 Meilen" sagte der Kommandant, eine Antwort die dem Copiloten merkwürdig vorkam. Das Funkfeuer TULUA (Kurzkennung ULQ) war 43 Meilen vom Funkfeuer CALI entfernt. Da sie 38 Meilen vom

Funkfeuer CALI entfernt waren, mußten sie das Funkfeuer schon passiert haben. Aber warum flog die Maschine dann eine Linkskurve?

21:38 APP: „Distance DME"
CPT: „OK, the distance from, uh, Cali is, uh, 38 (Meilen)"
COP: „eh, where are we..."
APP: „Roger"
COP: „...we goin out to...."
CPT: „Lets go right to, eh, TULUA first of all, OK."
COP: „Yeah, where we are headed?"
CPT: „117,7 (Mhz, Frequenz des Funkfeuers TULUA), ULQ, I dont know whats this ULQ? What the, what happened here?"

Die Augen des Kommandanten flogen zwischen der DME Anzeige und der Anflugkarte von ROZO 1 hin und her. Doch er hatte den Überblick über die Position der Maschine und ihren Kurs verloren. Das merkte auch der Copilot und schaltete die Laterale Kontrolle des FMCS aus. Die Maschine legte sich wieder gerade, welche jetzt Richtung Südosten flog. Hektisch versuchten die Piloten, sich über ihr weiteres Vorgehen einig zu werden, während die 757 in der Dunkelheit die ersten Berge des Andenmassivs überflog. Die Luftbremsen waren immer noch ausgefahren.

21:39 COP: „Manual.."
CPT: „Lets come to the right a little bit"
COP: „Yeah, he is wantinto know where were heading"
CPT: „Im going to give you direct Tulua"
COP: „OK"

Wieder tippte der Kommandant eine Kurzkennung in die CDU ein, dieses Mal ULQ, und drückte die „Execute" Taste, doch nichts passierte. Die Laterale Kontrolle des FMCS hatte der Copilot ausgekuppelt, ohne daß der Kommandant es bemerkt hatte. Der Copilot drehte die Maschine jetzt nach rechts, um wieder auf die Anflugroute zu kommen. Der Kommandant versuchte sich wieder Übersicht zu verschaffen. Nach einiger Verwirrung entschlossen sich die Piloten, weiter in Richtung Südwesten zu fliegen. Sie wollten wieder das VOR Funkfeuer ROZO anfliegen und so wieder die verlängerte Pistenachse erreichen. Der Anfluglotse in Cali wurde kontaktiert und erneut eine direkte Anfluggenehmigung für die Landebahn 19 eingeholt. Der Kommandant informierte den Lotsen aber nicht über die Verwirrung, die immer noch im Cockpit herrschte.

21:40 APP: „You can * landed, Runway 19, you can use runway 19. What is (your) altitude and (the) DME from Cali?"
CPT: „OK, were 37 DME at 10.000 ft."
- Maschine legt sich erneut in eine Rechtskurve -
CPT: „Youre OK. Youre in good shape now."

Es fiel auch dem Anfluglotsen nicht auf, daß die 757 innerhalb von zwei Minuten nicht sechs, sondern nur eine einzige Meile in Richtung Süden zurückgelegt hatte. Das hätte den Anfluglotsen anzeigen müssen, daß die Maschine keinen Südkurs mehr flog. Die Stimmung im Cockpit wurde immer gereizter.

CPT: „Come to the right, come, come, right to Ca...Cali for now, OK"
COP: „OK."
...
COP: „I dont want TULUA. Lets just go to the extended centerline of, uh.."
CPT: „Which is ROZO"
COP: „ROZO?"

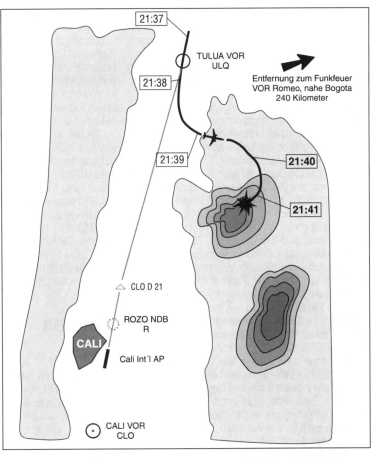

Der Irrflug der American 757 über dem Andenmassiv am Abend des 22.12.1995.

CPT: *„Why dont you just go direct to ROZO then, alright."*
COP: *„Lets...."*

Anfänglich war der Kommandant der Meinung, man sollte einen Vollkreis fliegen und so den gesamten Anflug noch einmal von vorne beginnen. Am Ende schwenkte er auf die Linie des Copiloten und wollte das südwestlich gelegene NDB Funkfeuer ROZO anfliegen. Doch die Sorgen des Copiloten bezogen sich jetzt auf die Flughöhe der Maschine.

CPT: *„Im going....."*
COP: *„Get some altimeters, were out of ten (10.000 ft) now.."*
CPT: *„Alright"*

Der Kommandant informierte den Anfluglotsen, daß sie gerade 9.000 ft passiert hatten. Gerade als der Lotse nach der Entfernung zum Funkfeuer CALI fragen wollte, schlug das Bodenannäherungswarngerät GPWS (**G**round **P**roximity **W**arning **S**ystem) los. Die 757 war mit ausgefahrenen Luftbremsen soweit über dem San José Bergmassiv abgesunken, daß das Warngerät die Bodenannäherung bemerkt und Alarm geschlagen hatte.

Die beiden Piloten reagierten sofort. Die Schubhebel der Triebwerke wurden auf Vollschub geschoben, während beide Piloten die Steuerknüppel zu sich heranzogen. Die 757 begann zu steigen, doch nicht schnell genug da die Piloten vergessen hatten, die Luftbremsen einzufahren. Bevor die Maschine genug Höhe erreicht hatte, streifte sie die ersten Baumkronen eines Berghangs in 9.000 ft Höhe und zerschellte. In den Trümmern starben 163 Passagiere und Besatzungsmitglieder. Vier Passagiere überlebten wie durch ein Wunder. Die Trümmer der Maschine lagen 75 Höhenmeter unter dem Kamm eines Bergrückens. Hätten die Piloten nicht vergessen, die Luftbremsen wieder einzufahren, wären sie wohl über den Gebirgskamm hinweggekommen.

Die kolumbianischen Untersuchungsbehörden sparten nicht mit Kritik an den beiden American Piloten. Sie hätten den Anflug auf die Landebahn 19 „nicht adäquat geplant und durchgeführt" und auch dann nicht abgebrochen, „als sich eine Weiterführung als gefährlich herausstellte". Sie hätten zu keinem Zeitpunkt den Eindruck gemacht, daß sie sich der sie umgebenden mächtigen Berge bewußt waren. Vor allen Dingen hätten sie zu lange die Navigation und Steuerung der 757 der FMCS Automatik überlassen. Zwischen dem Abschwenken der 757 vom Anflugweg bis zum Abschalten der lateralen Steuerung und der ersten Rechtskurve zurück nach Süden waren 87 Sekunden vergangen. In dieser Zeit hatten die Piloten zugesehen, wie ihre Automatik sie in eine gefährliche Situation geflogen hatte. Die Zusammenarbeit der beiden Piloten und ihre Versuche, die Übersicht und damit die Kontrolle über die 757 wieder zu erlangen, waren ebenso unkoordiniert wie unstrukturiert. Die kolumbianischen Behörden warfen der amerikanischen FAA vor, „die Aufsicht von US - Fluggesellschaften, die Flüge nach Südamerika absolvierten, vernachlässigt zu haben". Der Anfluglotse in Cali habe „sich den ICAO Richtlinien entsprechend verhalten".

Das sahen die US Behörden und American Airlines anders: Das Englisch des Anfluglotsen sei „inadäquat" gewesen. Diese schlechten Englischkenntnisse hatten es ihm schwer gemacht, seiner Verwirrung über die Anfragen und Positionsangaben der American Besatzung Ausdruck zu verschaffen. Außerdem war er während der kritischen Phase des Anflugs durch einen „störenden" Anruf abgelenkt worden. Es war ihm nicht aufgefallen, daß die von der American Besatzung gemeldete DME Entfernung über einige Minuten nicht kleiner wurde. Das hätte ihn warnen müssen, daß die Maschine ihren Anflugkurs verlassen hatte.

American Airlines teilte die Schuld an dem Absturz zwischen der Datenbank des FMCS und der Besatzung auf. Die Informationen in der Datenbank des FMCS der 757 würden nicht mit den Informationen auf dem veröffentlichten Kartenmaterial übereinstimmen, obwohl beide vom selben Hersteller geliefert wurden. Die Piloten konnten nur aufgrund der unterschiedlichen Längen- und Breitengrade die Unterschiede der beiden Funkfeuer ROZO und ROMEO erkennen.

Doch der Unfall auch durch die beiden Piloten verursacht worden, die das Verlassen der 757 vom geplanten Anflugweg nicht rechtzeitig bemerkt hatten. American merkte an, daß sowohl der Hersteller Boeing wie die Käufer der 757 dem FMC System ein zu großes Vertrauen entgegenbrachten. Dieses übergroße Vertrauen würde im Training und in der Ausbildung auf die Piloten übertragen. Man hatte den Piloten nicht ausreichend vermittelt, daß das FMCS auch nur „eine dumme Maschine ist, die genau das tut, was man ihr sagt und beigebracht hat". Das Vertrauen der beiden American Piloten des Unglücksfluges ging so weit, daß keiner der beiden die Navigation des Sinkfluges in Gedanken vorbereitet hatte. Daher dauerte es so lange, bis sie das Abschweifen der 757 vom Anflugpfad bemerkten. Und daher brach im Cockpit so große Verwirrung los, als man es bemerkte.

Sowohl die kolumbianischen Behörden wie auch American Airlines machten klar, daß der Unfall durch ein verbessertes GPWS verhindert worden wäre. Das bestehende GPWS, so die Ermittler, hätte die Piloten zu spät gewarnt und für ein Ausweichmanöver blieb zu wenig Zeit. Als Reaktion auf diesen CFIT-Unfall bestellte American Airlines für seine gesamte Flotte von 635 Flugzeugen neue EGWPS - Geräte (Enhanced GPWS = Weiterentwickeltes GPWS) Geräte für insgesamt 20 Millionen Dollar. Diese EGPWS Geräte sollten die Vorwarnzeit von durchschnittlich 10 auf 60 Sekunden verlängern (Herstellerangabe). Die Umrüstung soll bis 1999 abgeschlossen sein.

30.12.95

Tarom   BAC 1-11-500
YR-BCO   272

Bei turbulenten Windverhältnissen, Schneeregenschauern, reduzierter Sichtweite und Temperaturen wenig über Null Grad, wurde die BAC wenige Meter über der Landebahn 36 des Atatürk-Flughafens von **Istanbul/Türkei** schwebend, von einer Fallböe erfaßt und nach unten gedrückt. Auf allen drei Fahrwerken prallte die Maschine auf den Boden. Der Aufprall ließ den Jet wieder in die Luft zurückfedern. Abermals setzte man auf, diesmal auf dem Bugrad. Nun endlich fuhren die Spoiler hoch und die Schubumkehr wurde aktiviert. Als man noch 60 Knoten schnell war, kam die zweistrahlige Maschine von der Bahn ab holperte über das unebene Gelände daneben. Das Bugrad brach daraufhin in sich zusammen, bevor die Maschine zu Stillstand kam. Alle 75 Passagiere und die fünf Besatzungsmitglieder entstiegen über Treppen dem lädierten Jet, der nicht wieder repariert wurde. Der Unfall passierte bei Dunkelheit (17:25 Uhr/loc.) bei der Beendigung des Fluges RO261 aus Bukarest.

28.01.96
Afrettair   Douglas DC-8-55F
Z-WSB   45805

Es regnete aus Kübeln, als der Copilot zum Anflug auf die Bahn 05 in **Harare/Zimbabwe** ansetzte. Dabei vergaß er jedoch die Spoiler zu entsichern, die nach der Landung nicht hochfuhren und somit als zusätzliche Bremshilfe ausfielen. Erschwerend kam noch hinzu, daß nur auf den Triebwerken 2 und 4 die Schubumkehr funktionierte. Größere Wasserlachen führten zusätzlich letztendlich dazu, daß der Frachter durch Aquaplaning nicht mehr rechtzeitig zum Stehen kam. Als man die Landebahn verließ, brach das Bugrad auf dem weichen Untergrund in sich zusammen. Von den vier Insassen wurde niemand verletzt. Der letzte Flug der „WSB" hatte in Johannesburg begonnen.

04.02.1996
LAC Colombia   Douglas DC-8-54F
HK-3979X   45882

Die Cargomaschine der kolumbianischen Gesellschaft war auf dem Flughafen **Asunción/Paraguay** nach einem Frachtflug aus Miami entladen worden und sollte jetzt leer nach Campinas/Brasilien fliegen. Der Kommandant wollte diese Gelegenheit zu einem Crewtraining nutzen. Kurz nach dem Abheben der Maschine von der Bahn 02 des Silvio Pettirossi Airports zog er die Schubhebel der Triebwerke No. 1 und 2 in Leerschub zurück. Der offensichtlich überraschte Copilot verlor die Kontrolle über die Maschine, welche mit hochgezogener Nase wieder dem Boden entgegenfiel. Die DC-8 streifte die Dächer dreier Häuser und stürzte auf ein Sportfeld, auf dem einige Kinder Volleyball spielten.

Bei dem Absturz kamen die vier Besatzungsmitglieder und zwanzig Menschen am Boden ums Leben, darunter überwiegend Kinder.

06.02.96
Birgenair   Boeing 757-200
TC-GEN   22206

Die Dominikanische Republik ist seit wenigen Jahren zu einem Mekka für Europäische Urlaubsreisende geworden. Das ganze Jahr über locken die Reiseveranstalter viele Touristen mit günstigen Pauschalangeboten auf diese Karibische Inselrepublik. Unter den vielen Fluggesellschaften, die die beiden Flughäfen der Insel - Santo Domingo im Süden und **Puerto Plata/Dominikanische Republik** im Norden - bedienen, war auch die private türkische Charterfluggesellschaft Birgenair. Für Birgenair hatte sich das Karibikgeschäft, neben den Charterflügen zwischen Westeuropa und der Türkei, zu einem zweiten Standbein entwickelt. Die Flotte bestand aus einer 737-300, einer 757 sowie einer 767-200. Im verkehrsschwächeren Winterhalbjahr hatte man einige Überkapazitäten und vermietete deshalb die 757 im Dezember an eine argentinische Fluggesellschaft, die die Maschine ebenfalls für Charterflüge in die Dominikanische Republik nutzte. Der Mietvertrag lief jedoch am 24.Januar aus, und seither stand die 757 inaktiv auf dem Vorfeld in Puerto Plata herum. Das einzige Flugzeug für die Karibikrouten war daher die 767, die jedoch aus rechtlichen Gründen nicht unter dem Birgenair-Banner fliegen durfte. So gründete Birgenair die Airline ALAS Nacionales mit dem Hauptsitz in Puerto Plata. Die 767 wurde mit dominikanischem Kennzeichen versehen, um die verkehrsrechtlichen Bedingungen für Flüge zwischen der Karibikinsel und Westeuropa zu erfüllen. Das Geschäft ging gut. Die 767 war an jenem 6.Februar wieder mit vielen Urlaubern auf dem Weg von Europa nach Puerto Plata. Wegen der zu geringen Reichweite mußte die Maschine im kanadischen Gander einen Tankstopp einlegen. Während man noch am Boden stand, bemerkten die Piloten einen geringfügigen Schaden an einem Hydrauliksystem. Dieser war jedoch nicht tragisch, so daß der Flug nach Puerto Plata weitergehen konnte. Gegen 21:00 Uhr/loc. landete die 767 auf dem internationalen Flughafen in Puerto Plata. Nachdem die Passagiere von Bord gegangen waren, begutachtete der technische Direktor der ALAS Nacionales das Flugzeug und entschied, daß es besser sei, wenn

HK-2632-X; ebenfalls eine DC-8-54F der LAC Colombia, Sekunden vor dem Aufsetzen / Miami 1989 <Quelle: Luftfahrt Journal-Sammlung>

man für den bevorstehenden Weiterflug die Flugzeuge wechseln und die abgestellte 757 benutzen würde. Unter der Flugnummer ALW 301 sollte dieser von Puerto Plata über Gander nach Berlin-Schönefeld und weiter nach Frankfurt gehen. Die Buchungslage erlaubte eine solche Transaktion auf das kleinere Fluggerät.

Während die Passagiere im Terminal eincheckten wurde die 757, die seit 13 Tagen auf dem Vorfeld herumstand, für den Rückflug bereitgemacht. In ihrer zweiwöchigen Standzeit hatte man es versäumt, die am Rumpf unter dem Cockpit installierten Pitotrohre, auch Staudruckrohre genannt, mit einer Abdeckkappe gegen Feuchtigkeit und Schmutz zu sichern. Diese Pitotrohre messen den Druck der anströmenden Luft und ermitteln daraus unter anderem die Geschwindigkeit des Flugzeuges. Während der langen Standzeit hatte sich in einem Rohr etwas Schmutz abgelagert und das Rohr verengt. Dieser minimale Mißstand sollte sich jedoch als fatal erweisen.

Kurze Zeit später nahmen der 62jährige Kommandant und der 35jährige Copilot ihre Plätze im Cockpit ein. Zusätzlich befand sich noch ein weiterer Pilot auf dem Notsitz hinter den beiden, während zehn weitere Flugbegleiterinnen die Kabine für den zehnstündigen Flug bis Berlin herrichteten. Die Cockpitbesatzung war rein türkisch. Den ersten Streckenabschnitt sollte der Kommandant fliegen, während sich der jüngere Copilot dem Sprechfunkverkehr widmete. Nachdem das Auftanken erledigt war, kamen die 176 Passagiere, die meisten Urlauber aus Deutschland, an Bord.

Um 23:36 Uhr/loc. war es soweit. Flug ALW 301 wurde vom Terminal zurückgeschoben, und die Piloten ließen die beiden Triebwerke an. Eine Minute später rollte die türkische 757 mit 189 Menschen an Bord zum Anfang der Startbahn 08. Das Wetter an diesem Abend war recht schwül. Vereinzelt hatten sich Gewitter über dem warmen Meer gebildet, die langsam nach Westen drifteten und am Boden ab und zu für Nieselregen sorgten. Ansonsten herrschte gute Sicht. Um 23:41 Uhr/loc. gab der Towerlotse die Maschine zum Start frei:

ATC: „301, cleared for take off runway 08."
COP: „Cleared for take off 08, 301."

Der Kommandant schob die beiden Hebel der Triebwerke nach vorn. ALW 301 setzte sich in Bewegung. Der Copilot achtete auf seinen Geschwindigkeitsmesser, dessen Zeiger langsam aus der „Null"-Stellung erwachte und sich im Uhrzeigersinn zu drehen begann.

COP: "80 knots."
CPT: „Checked."

Hier unterlief dem Kommandanten der erste Fehler. Hätte er wie vorgeschrieben beim 80Knoten-Check einen Blick auf einen Fahrtmesser geworfen, so wäre ihm aufgefallen, daß dieser eine wesentlich geringere Geschwindigkeit anzeige. Der Kommandant antwortete routinegemäß, als wäre alles in Ordnung. Bei etwa 110 Knoten, noch unterhalb der Entscheidungsgeschwindigkeit V_1, wurde ihm der Fehlanzeige bewußt:

(* = auf türkisch gesprochen)
CPT*:„Mein Geschwindigkeitsmesser arbeitet nicht."
COP*:„Ja... ihrer arbeitet nicht, 120..."
CPT*:„Arbeitet Deins?"
COP*:„Ja, Sir."

Der Kommandant überlegte kurz, dann entschied er sich, den Startlauf fortzusetzen. Der Flug hatte bereits leichte Verspätung. Ein Startabbruch hätte den Flug weiter verzögert und ein solch vergleichsweise „geringfügiges" Problem war kein Grund, 189 Menschen warten zu lassen. Die Entscheidung war gefällt. Eine tödliche Entscheidung. Die Boeing hatte nun V_1 erreicht und der Copilot rief:

COP: „Vee one,...rotate."

Die Nase hob sich. Einen Augenblick später lösten sich die Räder vom Boden. Flug 301 hatte begonnen.
CPT: „positive climb, gear up."
COP: „positive climb."

Das Fahrwerk wurde eingefahren, während die 757 langsam in die Dunkelheit der Nacht hinausflog. Erleichtert stellten die Piloten fest, daß offenbar der linke Geschwindigkeitsmesser des Kommandanten wieder funktionierte.

CPT*: „Ja"
COP*: „Er fängt an zu arbeiten."

Der Zeiger des linken Gerätes bewegte sich tatsächlich und näherte sich schnell der Anzeige des Copiloten. Der Kommandant ging davon aus, daß dieses Gerät wieder voll funktionsfähig sei und wog sich in Sicherheit.

CPT*: „Ist es möglich, die Scheibenwischer auszustellen?"
COP*: „Okay Scheibenwischer aus."
CPT: „Climb thrust."
COP: „Climb thrust."

Die Triebwerksleistung wurde nun auf Steigflug zurückgenommen und die Klappen wurden eingefahren, während der Tower ALW 301 an die Flugleitzentrale in Santo Domingo übergab.

ATC: „301, change to Santo Domingo 124.3."
COP: „1-2-4-3, bye bye, Sir."

Alles schien perfekt zu laufen. Die 757 hatte die Küste überflogen und befand sich nun über dem Atlantik. In dieser Phase machten sich beide noch keinerlei Sorgen. Das Fahrwerk wurde verriegelt und die „After Take off"-Checkliste durchgegangen. Der Copilot rief Santo Domingo:

COP: „Santa Domingo, good evening, ALW301 climbing with you."
ATC: „ALW301, climb and maintain flight level 280 report overhead Pokeg."
COP: „Okay, 280 and I call you over Pokeg."

Pokeg war ein Navigationsfixpunkt, nordöstlich von Puerto Plata über dem Ozean, den Flug 301 anzufliegen hatte. Im Cockpit wurde nun der Autopilot eingeschaltet. Dies war ein weiterer Fehler. Der Autopilot richtet sich in der Standardeinstellung ausschließlich nach den Daten der Instrumente auf der linken Seite des Kommandanten. Die 757 verfügt über drei verschiedene Geschwindigkeitsmeßgeräte, eines für jeden Piloten, sowie ein drittes Gerät, der sogenannte „stand-by"-Anzeiger. In dieser Flugphase zeigten alle drei Geräte ähnliche Geschwindigkeitswerte an. Doch langsam erhöhte sich die Anzeige des linken Geschwindigkeitsmessers. Im verstopften Staurohr baute sich ein höherer Druck auf, als der wirklich anliegende Druck der anströmenden Außenluft. Die

Diskrepanz wuchs immer mehr an. Den Piloten fiel dieses jedoch zunächst nicht auf, da Santo Domingo gerade rief:
ATC: „301, whats your call sign, Sir?"

ALAS Nacionales Code „ALW" war vielen Fluglotsen nicht vertraut, daher benutzte der Copilot meistens nur die Flugnummer 301. Diese Nachfrage der Flugsicherung waren die Piloten dieser kleinen und unbekannten Airline gewohnt.
COP: „Alpha Lima Whiskey 301, Sir"

Flug 301 setzte den Steigflug fort. 5.000 ft waren gerade erreicht, da meldete der Bordcomputer auf den digitalen Display (EICAS) ein Problem. Die Warnanzeigen „Mach Speed Trim" und „Rudder Ratio" leuchteten auf. Dem Kommandanten fiel dies sofort auf.
CPT*: „Da läuft etwas falsch, hier gibt es einige Probleme."

Erneut wurden die Piloten durch Funkverkehr abgelenkt. Santo Domingo gab die 757 direkt zum Fixpunkt Pokeg frei, doch das unklare Englisch verstand der Copilot nicht. Er fragte nach und erhielt, diesmal verständlich, die Bestätigung der Freigabe. Dem Kommandanten mißfiel die Situation:
CPT*: „Okay, da spinnt etwas, siehst du es?"
COP*: „Hier spinnt etwas. Hier ist meiner in diesem Moment nur 200 und fallend, Sir."
CPT*: „Beide sind falsch, was können wir machen...laß uns die Sicherungen checken."

Eine derartige Situation hatten die Piloten noch nicht erlebt, geschweige denn, daß sie darauf vorbereitet waren. Aus den Handbüchern der Herstellers Boeing war nicht ersichtlich, was in solch einer Situation zu tun ist. Die Piloten waren der Elektronik hilflos ausgeliefert. Der Fahrtmesser des Kommandanten zeigte über 330 Knoten an, die in einem Steigflug mit einer voll beladenen 757 jedoch kaum erreicht werden können. Der Fahrtmesser des Copiloten zeigte hingegen die korrekte Geschwindigkeit an. Doch diese erschien dem Kommandanten wiederum zu niedrig. Schließlich sagte er:
CPT*: „Alternate ist richtig."

Der Copilot bestätigte und beide drückten die Taste „Alternate" auf ihren Konsolen. Doch damit war das Verhängnis nahezu perfekt. Der Bordcomputer des Kommandanten wurde zwar dadurch auf den korrekt arbeitenden Fahrtmesser des Copiloten umgeschaltet, doch dieser hatte auch die „Alternate" Taste gedrückt und somit nicht auf den „Stand by"-Geschwindigkeitsmesser geschaltet, sondern wieder zurück auf das fehlerhafte Gerät des Kommandanten. Der dritte Fahrtmesser, der als einziges Instrument die korrekte Geschwindigkeit anzeigte, arbeitete jedoch unabhängig von Bordcomputer und Autopiloten. Diese Fehlschaltung führte schließlich dazu, daß der Bordcomputer annahm, die 757 sei viel zu schnell.

Die Piloten grübelten, was nun zu tun sei. Verwirrung machte sich breit. Der Kommandant dachte laut nach:
CPT*: „...als das Flugzeug nicht flog, und am Boden passierte irgendetwas...ist normal...so wie eine Asymmetrie der Höhenleitwerke und andere Dinge...wir glauben ihnen nicht"

Plötzlich ertönte das Hupen der „Overspeed"-Warnung aus dem Bordcomputer. Das Flugzeug flog angeblich zu schnell. Ein Indiz dafür, daß beide Geschwindigkeitsmesser der Piloten fehlerhaft waren. Der Bordcomputer leitete nun Maßnahmen ein, um die seiner Meinung nach zu hohe Geschwindigkeit abzubauen. Der gekoppelte Autopilot erhöhte daraufhin den Steigwinkel und reduzierte die Triebwerksleistung. Die Piloten begriffen nicht, in welche Situation der Autopilot sie bringen würde. Die Geschwindigkeit fiel weiter ab. Doch Flug 301 war nicht etwa mit 350 Knoten unterwegs, sondern nur noch mit knapp 160 Knoten. Durch die Maßnahmen des Bordcomputers sank die Fluggeschwindigkeit bedrohlich ab.
COP*: „Jetzt ist er bei 350, ja."

Doch weit gefehlt. Die Geschwindigkeit hatte ihr kritisches Minimum erreicht. Ein Strömungsabriss, der sogenannte „Stall", stand unmittelbar bevor. Nun überschlugen sich im Cockpit die Ereignisse. Vier Warntöne schlugen gleichzeitig an. Das automatische Steuersäulenrüttelsystem, das immer dann aktiviert wird, wenn die Luftströmung um die Tragflächen im Begriff ist abzureißen, wurde ausgelöst.
CPT*: „Oh Gott, Gott, Gott."
COP*: „Gott, Gott."

Mit 7.000 ft hatte die Flughöhe ihren Scheitelpunkt erreicht. Von nun an ging es nach unten. Die Boeing verlor schnell an Höhe, sackte nach unten durch, legte sich erst auf die rechte, dann auf die linke Seite. Die Piloten wußten offenbar nicht wie ihnen geschah. Auf Bewegungen der Steuersäule regierte der Jet kaum noch.

TC-GEN; die bewußte 757, die einzige der Birgenair, hier kurz vor der Landung / Hamburg im Sommer 1994 <Quelle: Luftfahrt Journal-Sammlung>

COP*: „Im Namen Gottes...Schub"
CPT*: „Ausschalten den Autopilot, ist der Autopilot ausgeschaltet?"
COP*: „Bereits ausgeschaltet, ausgeschaltet, Sir."

Da beide Piloten immer noch dachten, die Maschine sei zu schnell statt zu langsam, blieben die Leistungshebel der Triebwerke über 30 Sekunden lang unangetastet im Leerlauf. Dies war der Todesstoß für Flug ALW 301. Mitten in diese hochkritische Situation meldete sich der Fluglotse in Puerto Plata:

ATC: „301, Squawk 3-7-7-0."
COP: „Stand by"

Dies war gleichzeitig die letzte Meldung von Flug 301. Die Anspannung im Cockpit war mit Händen zu greifen.
CPT*: „Kein Steigflug, was soll ich machen?"
COP*: „Sie sollten Höhe halten, Höhe okay, ich drücke auf „Höhe halten", sir."
CPT*: „Drück, drück."
COP*: „Ist gedrückt, okay, 5.000 Fuß."

Der Kommandant überflog das Instrumentenbrett. Dabei fiel sein Blick auf die Leerlaufstellung der Triebwerke. Erst jetzt erfaßte er die Situation. Sofort rief er:
CPT*: „Die Schubhebel...SCHUB, SCHUB, SCHUB, SCHUB"
COP*: „Auf Leerlauf."
CPT*: „SCHUB...zieh nicht zurück, zieh nicht zurück, zieh nicht zurück, zieh nicht zurück..."
COP*: „Okay, voller Schub."

Diese richtige Maßnahme kam jedoch zu spät. Die Strömung um die rechte Tragfläche riß genau in dieser Sekunde ab, und jäh taumelte die 757 nach unten. Die Maschine gierte zudem so sehr nach rechts, daß das linke Triebwerk nicht mehr genügend Luft in die Kompressoren saugen konnte, um auf Vollschub zu gelangen. Mit einem kurzen Knall gab dieses Triebwerk seinen Geist auf. Die 757 drehte sich auf den Rücken. Was sich in dieser Phase in der Passagierkabine abgespielt haben muß, läßt sich nur erahnen. Sicher ist jedoch, daß viele Passagiere in der Erwartung einer Notlandung noch instinktiv nach ihren Rettungswesten und den Sitzen griffen. Verzweifelt stemmten sich die Piloten gegen den Jet, der eine Rolle flog und nicht mehr zu kontrollieren war. Flug ALW 301 stürzte im steilen Winkel dem Ozean entgegen, der wie eine schwarze Masse unsichtbar vor den Piloten lag.
CPT*: „zieh nicht zurück, bitte zieh nicht zurück."
COP*: „läuft auf Vollschub, Sir, Vollschub."
CPT2*: „Sir, ziehen sie hoch."
CPT*: „Was passiert hier?"
COP*: „Oh, was passiert hier?"

Vom Schub des rechten Triebwerks, das nun auf voller Leistung lief, wurde die Boeing um ihre Hochachse gerissen. Das GPWS-System schlug los. Flug 301 war verloren.
COP*: „Laß es uns so machen..."

Weiter kam der Copilot nicht. Kopfüber raste die 757 um 23:47:16 Uhr/loc., nach nur 4 Minuten und 33 Sekunden in der Luft, in die Fluten des Atlantiks, 10,5 Meilen außerhalb des Flughafens. Beim Aufprall zerschellte der türkische Urlaubsjet in unzählige Teile.

Zunächst wurde die Maschine als vermißt gemeldet, doch als Stunden, nachdem das Radarecho von Flug ALW301 in der Leitzentrale in Santo Domingo verschwunden war, immer noch kein Lebenszeichen zu erkennen war., wurde Großalarm ausgelöst. Eine Schiffsarmada wurde in Richtung des letzten Radarkontaktes, etwa 5 Meilen nordöstlich der Küste geschickt, um nach dem Flugzeug zu suchen. Nach einigen Stunden fanden dann die Boote die ersten Trümmer und Leichen auf dem Ozean treibend. Schnell wurde klar, daß hier niemand der 189 Insassen überlebt hatte.

Dies war das bislang schwerste Unglück in der deutschen Tourismusfliegerei. Doch noch bevor die ersten Anhaltspunkte der Unglücksursache erkennbar waren, lief in Deutschland, dem Land der meisten Todesopfer, eine beispiellose Rufmordkampagne gegen die sogenannten „Billigflieger" an. Birgenair und ALAS Nacionales gehörten in diese vom Volksmund kreierte Kategorie. Ohne Kenntnis der Fakten wurden Schlagzeilen à la „Günstig, Billig, Tödlich"; „Müssen Urlauber Angst haben?"; „Billigflüge in den Tod"; „Die Pannenjets der Billigflieger", usw. produziert. Unterstützt von Aussagen gewissenloser „Experten", wurde der Öffentlichkeit der Eindruck vermittelt, daß praktisch jede nicht-deutsche Ferienfluggesellschaft ein potentielles Absturzrisiko beinhaltet. Diese Negativpropaganda brachte nicht nur Birgenair, sondern auch viele andere Fluggesellschaften ins Zwielicht. Um den Markt für die deutschen Airlines sichern, die meist zu höheren Kosten fliegen als ausländische, wurde an der Seriösität der Airlines gerüttelt, die Reisen zu deutlich günstigeren Preisen anbieten konnten. Es entstand das Trugbild, nur deutsche Charterfluggesellschaften könnten die nötige Sicherheit garantieren.

Viele große Reiseveranstalter, darunter auch die türkische Reisekette Öger Tours, die die Reise mit Flug ALW301 organisiert hatte, sprangen auf diesen propagandistischen Zug auf und trennten sich aus Imagegründen von Birgenair und den weniger bekannten Airlines. Das Familienunternehmen Birgenair selbst erholte sich nicht mehr von diesem Schlag und mußte wenig später den Flugbetrieb einstellen. Diese Panikmache in der Öffentlichkeit führte zu absurden Szenen. So kam es, daß sich Passagiere, die auf eine deutschen Airline gebucht waren, weigerten, ein Flugzeug zu besteigen auf dem ein anderer Name stand. In der Hochsaison im Sommer kommt es öfteren zu technischen Flugzeugwechseln, oder Kapazitätsengpässe erfordern es, daß ein fremdes Flugzeug die Flotte ergänzt. Dies ist normaler Alltag auf der ganzen Welt.

Unter dem Druck der Öffentlichkeit reagierte der deutsche Gesetzgeber: Das Bundesverkehrsministerium erließ einen Maßnahmenkatalog, um gegen die unliebsame „Billig"-Konkurrenz vorzugehen. Darin enthalten waren u.a.:

○ Bildung einer sog. „Task Force", die unangemeldet Sicherheitsüberprüfungen auf jedem deutschen Flughafen durchführen kann
○ Schaffung einer Zentralen Meldestelle für entsprechende Vergehen beim Luftfahrt-Bundesamt, um bei wiederholten Mängeln zügig Bußgelder zu verhängen

○ Schaffung eines EU-weiten Aktionsplans zur besseren Durchsetzung der Luftsicherheit

Ob diese Maßnahmen allerdings den gewünschten Erfolg haben, muß bezweifelt werden. Fest steht, daß das Unglück von Flug ALW301 dadurch nicht verhindert worden wäre. Der offizielle Untersuchungsbericht kam darüber hinaus zu der Erkenntnis, daß auch der Hersteller Boeing nicht schuldfrei an diesem Unglück war. Die Warnanzeigen „Overspeed" (also zu schnell), gefolgt von einer „Stall"-Warnung (also zu langsam), waren irreführend genug, um die Piloten handlungsunfähig zu machen. Weder in der Pilotenausbildung noch im Handbuch findet sich ein solches Szenario wieder, für das Boeing keinerlei Maßnahmen entworfen hatte. Bereits vorher gab es in den USA einige vergleichbare Fälle von unkorrekten Geschwindigkeitsanzeigern. Die großen Airlines der USA flogen alle ungefähr 25-30 Exemplare der 757 und sammelten so einen wertvollen Erfahrungsschatz im Umgang mit diesem Problem, für das sie konkrete Maßnahmen in ihre Flottenhandbücher aufnahmen. Diese Erkenntnisse wurden zwar an den Hersteller Boeing weitergeleitet, jedoch behielt man dies für sich. Daß diese wichtigen Erfahrungen auch kleineren Airlines, die die 757 flogen (wie z.B. Birgenair) zugute kommen können, wurde dabei nicht in Erwägung gezogen. Boeing wurde angewiesen, sowohl die Warnanzeigen im Bordcomputer, als auch das Flughandbuch der 757 entsprechend abzuändern und gezielte Trainingsprogramme auszuarbeiten.

Allgemein läßt sich sagen, daß die beiden türkischen Piloten nicht adäquat auf eine derartige Notfallsituation vorbereitet waren. Bei der Schulung auf die neuen Flugzeugtypen orientieren sich viele Fluggesellschaften oft an den Minimalanforderungen, die ein Pilot beherrschen muß, um ein Flugzeug sicher von A nach B zu bringen. Für eine komplexere Ausbildung fehlt meist die Zeit und das Geld im gnadenlosen Konkurrenzkampf. Dies gilt nicht nur für Charterairlines, sondern ist ein weltweit zu beobachtender Risikofaktor.

19.02.96
Continental AL Douglas DC-9-32
N10556 47423

Während des Anfluges auf den internationalen Flughafen von **Houston/TX/USA** vergaß man im Cockpit während der Landechecks das Fahrwerk auszufahren. Dieser Umstand blieb den Piloten solange verborgen, bis beim Aufsetzen ein unangenehmes Rumpeln durch die Maschine ging. Der Rumpf schleifte einige hundert Meter weit über den Bahnasphalt bevor die DC-9 qualmend zum Stehen kam. Die 82 Passagiere und fünf Crewmitglieder, die allesamt auf dem Flug CO 1943 aus Washington-National kamen, konnten aus eigener Kraft dem Havaristen entsteigen. Der Unfall passierte bei Tageslicht um 09:04 Uhr/loc.

29.02.1996
Faucett Peru Boeing 737-200
OB-1451 19072

Der Linienflug CF 251 sollte die 28 Jahre alte 737 von Lima nach Süden in die Provinzhauptstadt **Arequipa/Peru** führen. Die Maschine war mit 117 Passagieren und sechs Besatzungsmitgliedern fast ausgebucht. Der Anfluglotse in Arequipa gab die Boeing für einen VOR/DME Anflug auf die Bahn 09 des in 8.400 ft Höhe gelegenen Flughafens der Gebirgsstadt frei, warnte die Piloten aber vor dichtem Nebel. Die Sichtweite auf dem Flughafen war an diesem regnerischen Abend von vier auf zwei Kilometer abgesunken. Drei Minuten vor der geplanten Landung meldete die Besatzung, sie sei auf 9.500 ft abgesunken. Kurz darauf erkundigte sich der Kommandant, ob die Landebahnlichter des Flughafens eingeschaltet seien. Der Towerlotse bestätigte das. Danach blieben alle weiteren Funkrufe des Lotsen unbeantwortet.

Die Boeing hatte um 20:25 Uhr/loc. einen Gebirgskamm in ihrem Anflugpfad gestreift, hatte ein Tal überflogen und war dann 10 Meter unterhalb der Spitze eines anderen Kammes zerschellt. Alle 123 Insassen kamen bei dem Aufschlag und dem anschließenden Feuer ums Leben. Die Absturzstelle befand sich acht Kilometer vor dem Flughafen. Dies war die bisher schlimmste Luftkatastrophe in Peru.

Bei dem Vergleich der FDR Daten und den Funksprüchen der Piloten zeigte sich, daß die Maschine sich auf einer niedrigeren Höhe befand, als die Piloten über Funk angaben. Als der Kommandant drei Minuten vor der Landung als präsente Höhe „9.500 ft" angab, befand sich die 737 in Wirklichkeit in 8.644 ft. In dieser Flughöhe hatte die Boeing die Sicherheitshöhe um 120 ft unterschritten. Die Piloten korrigierten diese Falschablesung nicht mehr und blieben während des ganzen Anfluges unter dem Gleitpfad. Das hatte bei den schlechten Sichtverhältnissen und dem gebirgigen Umfeld fatale Folgen. Über die Gründe für diese Falschablesung ist nichts bekannt.

03.04.96
US Air Force Boeing CT-43A
31149 20669

Die Boeing T-43A war eine militärische Variante der 737-200. Rumpf und Triebwerke waren praktisch baugleich, nur unterschied sie sich sowohl in ihrem Interieur, als auch in Einsatzprofil von den meisten anderen 737. 19 Exemplare der T-43A wurden von der US-Luftwaffe seit Mitte der siebziger Jahre zunächst für die Navigationsausbildung benutzt. Doch später erfüllte die Maschine ihren Zweck als Transportflugzeug für wichtiges Militärpersonal. In dieser Funktion wurde auch eine T-43, die die erweiterte Bezeichnung CT-43A trug, an die 86.Airlift Wing in Ramstein/Deutschland, überstellt, die Hilfs- und Überwachungsflüge im ehemaligen Jugoslawien durchführte. Der Friedensschluß einige Monate zuvor stand noch auf wackligen Füßen. Einer der ersten, die mit den Kriegsparteien über wirtschaftliche Themen sprachen, war der amerikanische Handelsminister Ron Brown, der sich mit einigen US-Geschäftsleuten zu diesem Zweck nach Tuzla/Bosnien begeben hatte. Von dort bestiegen sie gegen 14:00 Uhr/loc. die bereitstehende CT-43, die sie ins kroatische **Dubrovnik/Kroatien** bringen sollte. Der Flug, der unter dem Rufnamen IFOR 21 stattfand, mußte aus sicherheitstechnischen Gründen einen Umweg über Split fliegen, da die direkte Flugroute über militärisch brisantes Gebiet der Serben führte. Flug 21 überquerte nach etwa 20 Minuten die Grenze zu Kroatien und leitete über dem Funkfeuer Split eine Linkskurve ein. Von dort peilte man das Funkfeuer KLP, knapp 14 Meilen westlich des Cilipi-Flughafens an. Dieses Funkfeuer dient anfliegenden Maschinen als wichtige Navigationseinrichtung. IFOR 21 verließ die Reiseflughöhe von 21.000 ft und begann mit dem Sinkflug. Kurz darauf nahm man Kontakt mit dem Tower in Dubrovnik auf. Das Wetter war der Jahreszeit entsprechend. Bei einer Temperatur von 12°C regnete es leicht und es, während sich in 600 ft Höhe eine geschlossene Wolkendecke gebildet hatte. Der Wind wehte aus südöstlichen Richtungen und die Landebahn 12 war in Betrieb.

In dieser Richtung konnte IFOR 21 ohne Kursänderung direkt anfliegen. Der Towerlotse gab die Boeing nun frei für den NDB-Anflug. Gleichzeitig wies er den Piloten an, auf 4.000 ft zu sinken und den Überflug des KLP-Funkfeuers zu melden. Zu diesem Zeitpunkt befand sich die Maschine noch etwa 15 Meilen außerhalb des Flughafens. Die Sinkgeschwindigkeit war mit 220 Knoten allerdings recht hoch. In diesem Fall hätten die Piloten bei Erreichen des KLP-Fixpunktes eigentlich ein Holdingverfahren einleiten müssen, um die Geschwindigkeit abzubauen. Doch IFOR 21 passierte KLP, ohne daß eine Geschwindigkeits- oder eine Kurskorrektur gemacht wurde. Der korrekte Anflugkurs auf die Bahn 12 beträgt hier 119°. Die CT-43 flog jedoch mit ihrem anfänglichen Kurs von 110° weiter. Offenbar fiel den Piloten dieser Mißstand nicht weiter auf. Der Copilot drehte möglicherweise versehentlich den Landekurs-Wahlschalter statt auf die 9, eine Position zu weit auf die 0. In den Wolken wurden dann das Fahrwerk ausgefahren und die Klappen auf 30° gesetzt. So driftete die Maschine immer weiter nach Osten ab. Die Piloten ahnten die Gefahr nicht. Östlich des Flughafens erstrecken sich steile Berge bis zu 800 Metern Höhe. Ohne Bodensicht überflog der Jet die Hafenanlagen der dalmatinischen Stadt und erhielt unmittelbar darauf die Landefreigabe vom Towerlotsen, der leider über kein Radar verfügte, daß ihm den Fehlkurs angezeigt hätte. Der Sinkflug wurde fortgesetzt. Die Piloten versuchten nun angestrengt, die ersten Lichter der Landebahnbefeuerung auszumachen, doch plötzlich tauchte ein dunkler Schatten vor ihnen auf. Instinktiv zog der Pilot an der Steuersäule, als er einen Berg direkt vor sich sah. Doch man war bereits zu tief. Um 14:52 Uhr/loc. stürzte die T-43 1,8 Meilen nördlich des Flughafens gegen einen Hang des Sveti Ivan Berges und zerschellte. Alle 27 Passagiere, unter ihnen auch US-Handelsminister Brown und die sechs Besatzungsmitglieder, verloren ihr Leben. Nach den internen Air Force Direktiven hätte ein Instrumentenanflug auf Dubrovnik ohne Prüfung der örtlichen Verhältnisse nicht erlaubt werden dürfen. Entsprechende Bedenken wurden von den Offizieren der 86th Airlift Wing nicht beachtet. Später wurden zwei Generäle sowie weitere 14 Offiziere entlassen bzw. degradiert.

05.04.96

Krasnoyarsk AL   Ilyushin IL-76TD
RA-76752   93498967

Der Frachter startete in Novosibirsk mit einer Ladung von 57 Tonnen Fleisch für die isolierte Bevölkerung auf der Halbinsel Kamtschatka. Zugelassen war die Maschine jedoch nur für eine maximale Zuladung von 40 Tonnen. Daher wurde ersatzweise an Treibstoff gespart. In Rußland keine Seltenheit.

Mit neun Crewmitgliedern und einigen weiteren unregistrierten Passagieren an Bord machte sich der Vierstrahler auf den Weg. 1,5 Stunden vor dem Zielort, dem Flughafen von Petropawlosk, geriet man in eine Gegenwindzone. Die Crew ersuchte daraufhin die Flugüberwachung um eine direkte Routenführung zum Zielort, damit Kerosin gespart werden kann. Die Luftüberwachung genehmigte dies jedoch nicht und wies den Frachter an, auf der vorgeschriebenen Luftstraße zu bleiben. Etwa 50 Kilometer vor dem Zielflughafen in Petropawlosk, erhielt der Frachter die Freigabe auf 900 Meter zu sinken, sich allerdings beim Durchflug von 3.000 Metern zu melden. In dieser Flugphase bemerkten die Piloten, daß der Treibstoff bedrohlich zur Neige ging. Somit wählten sie den kürzesten Flugweg und verließen ohne Genehmigung den Anflugweg. Die Maschine näherte sich dem Flughafen somit nicht auf dem acht km breiten Anflugkorridor, sondern südlich davon. Durch eine dichte Wolkendecke war den Piloten die Bodensicht genommen. Daher konnten sie auch nicht erkennen, daß sie den umliegenden Bergen immer näher kamen. Durch eine Lücke in der Wolkendecke konnten die Piloten kurzzeitig Umrisse am Boden erkennen. Ein Funkspruch wurde abgesetzt: „*Ich sehe die Küstenlinie; Flughöhe 900 Meter. Wir sind gut...*"

Danach wurde es still im Äther. Etwa 40 km außerhalb des Flughafens prallte dann die Ilyushin gegen den **Vachkatchech-Berg**. Keiner der 12 Passagiere und neun Crewmitglieder überlebte den Crash. Die Radarüberwachung in Petropawlowsk war an diesem Tag außer Betrieb und konnte daher die Piloten nicht auf den falschen Anflugweg aufmerksam machen.

01.05.96

Fly Lineas Aereas   Boeing 727-200
PP-LBY   21297

Die 727 schickte sich gerade an, auf dem Mariscal Sucre AP von **Quito/Equador** zur Startposition der Bahn 35 zu rollen. Der Charterjet flog unter der Regie des Fußballclubs „Corinthias de Sao Paulo", der den Jet für den Flug nach Quito gebucht hatte. Neben den neun Besatzungsmitgliedern befanden sich noch weitere 77 Passagiere in der Flugzeugkabine, als die Startgenehmigung für „*PP-LBY*", erteilt wurde. Das Wetter war kühl und leicht regnerisch, jedoch herrschte gute Sicht. Der Pilot schob die drei Leistungshebel nach vorn und löste die Radbremsen. Die 727 beschleunigte unter einem anschwellenden Lärmpegel die Startbahn hinunter. Doch bemerkten die Piloten, daß die Beschleunigung nicht so war, wie gewohnt. Kurz vor Erreichen der Entscheidungsgeschwindigkeit V$_1$ (120 kts) brach dann der Pilot den Startlauf ab und leitete das Bremsmanöver ein. Trotz Aktivierung sämtlicher Bremssysteme gelang es den Piloten nicht mehr vor dem Ende der 3.210 Meter langen Bahn 17/35 zum Halten zu kommen. Der Dreistrahler schoß über das unebene Gelände hinter der Bahn, wo das gesamte Fahrwerk wegbrach, pflügte durch die Aufbauten der ILS-Einrichtung, rutschte weiter einen Abhang hinunter, überquerte eine Straße und kam schließlich 130 Meter hinter dem Ende der Startbahn zum Stehen.

Bei der anschließenden Evakuierung verletzte sich ein Passagier schwer.

Die 727 war nicht mehr zu gebrauchen und wurde abgeschrieben. Später wurde ermittelt, daß die Maschine mit einem zu hohen Abfluggewicht (MTOW) gestartet war. Statt der erlaubten 60 Tonnen, wog „LBY" 69,6 Tonnen, fast zehn Tonnen zuviel. Quito's internationaler Flughafen liegt über 3.000 Meter Höhe, wo die Luft dünner ist und daher erst bei einer höheren Geschwindigkeit als anderswo der nötige Auftrieb zum Abheben erreicht ist. Die Piloten errechneten auch eine maximale MTOW von 60 Tonnen, erhielten aber von ihrer Abfertigungsfirma vor dem Start den Hinweis, daß das Maximum bei 70 Tonnen läge. Eine eindeutig falsche Information. So korrigierten sie fatalerweise ihre zuvor richtigen Eingaben.

11.05.1996
Valujet
N904VJ

Douglas DC-9-32
47377

Die amerikanische „Low Fare"-Fluglinie Valujet hatte seit ihrer Gründung in den frühen neunziger Jahren einen kometenhaften Aufstieg absolviert. 1993 hatte sie begonnen, mit zwei DC-9 Flugzeugen von Atlanta/Georgia Flüge in Amerikas Süden und Südwesten durchzuführen. Die Airline betrat den hart umkämpften Markt mit einem nicht ganz neuen, aber konsequent durchgeführten Konzept. Bei extrem niedrigen Ticketpreisen bot Valujet seinen Fluggästen „fliegen pur". Für den Passagier ist die Tatsache offensichtlich, daß der Service am Boden und in der Flugzeugkabine bei Valujet auf das notwendigste reduziert wurde. Das Buchungssystem ist ebenso wie der gesamte Flugplan ausgefeilt und effizient. Valujet vergab alle Arbeiten, die nicht direkt mit Kundenkontakt zu tun hatten, nach außen. So wurden Wartung und Instandhaltung der nur aus DC-9 Flugzeugen bestehenden Valujet Flotte an externe Wartungsfirmen abgegeben. Auch die Ausbildung, das Training und die Prüfung der Piloten wurden ausgelagert. Jeder Trick wurde genutzt, um Kosten zu sparen und so den mörderischen Kampf um den Luftraum gegen die beiden alteingesessen „Majors" USAir und Delta und den zweiten „Low Fare" Anbieter Southwest Airlines zu gewinnen.

Und Valujet war ungemein erfolgreich: Die Airline begann 1993 mit zwei gebraucht gekauften DC-9, expandierte in den folgenden Jahren aber explosionsartig. Im Durchschnitt kam pro Monat eine weitere DC-9 zur Flotte hinzu, allesamt aus zweiter Hand gebraucht gekauft. Das Routennetz der Airline dehnte sich immer mehr aus, am Ende bis in den Nordosten der USA.

Doch die Expansion hatte auch ihren Preis. Die überall auf der Welt zusammengekauften DC-9 Flugzeuge wurden bei externen Wartungsfirmen überprüft und wieder aufgearbeitet. Trotzdem waren sie zum Teil in einem schlechten technischen Zustand. Immer wieder auftretende Pannen im Liniendienst und eine ansteigende Zahl von technischen Zwischenfällen brachten Valujet und ihre Wartungsfirmen immer wieder ins Gerede. Der Flugalltag bei Valujet war immer mehr von Improvisation geprägt: unerfahrenes Wartungspersonal übergab alte und ungenügend in Stand gehaltene Maschinen den ebenfalls hastig ausgebildeten Flugzeugbesatzungen.

So auch an diesem Morgen. Als die Besatzung die N904VJ auf dem Flughafen Atlanta die Systeme hochfuhr, flog im Cockpit immer wieder die Sicherung einer Treibstoffpumpe heraus. Ein Mechaniker wurde geholt, welcher den Schaden behob. Doch die Freude darüber war nur kurz: Kaum hatten die Passagiere in der DC-9 Platz genommen, als dieselbe Sicherung wieder heraussprang. Erneut wurde der Mechaniker gerufen, der das Problem behob. Die Maschine konnte nach zwei Stunden technischer Verspätung vom Terminal abrollen und ihren Linienkurs nach Miami absolvieren. Dort angekommen hörten die Probleme nicht auf. Der Rückkehrkurs „Critter 592", so der Rufname von Valujet, nach Atlanta mußte mit 105 Passagieren und fünf Besatzungsmitgliedern an Bord über eine Stunde am Gate in Miami warten, weil schlechtes Wetter über der Zieldestination Atlanta einen Abflug unmöglich machte. Erst als sich das Wetter um 14:00 Uhr/loc. verbessert hatte, konnte der Linienflug „Critter 592" beginnen.

Die Maschine hob um 14:04 Uhr/loc. von der Startbahn 09 des Flughafens **Miami/FL/USA** ab und begann mit ihrem Steigflug in Richtung Osten. Nach einer Schleife über Miami stieg die DC-9 in Richtung Nordwesten auf ihre anvisierte Flughöhe. Fünf Minuten nach dem Start hörten die Insassen unter sich plötzlich einen lauten Knall.

14:10 CPT:
    „What was that?"
COP: „I dont know."

Schon Sekunden später stellten sich die ersten Schwierigkeiten ein. Immer mehr elektrische Geräte fielen aus.

CPT: „We got some electrical problem."
COP: „Yeah. That battery chargers kickinin. Ooh, we gotta...."
CPT: „Were losing everything!"

Jetzt war beiden klar, daß man sofort nach Miami zurück mußte. Der Copilot informierte den zuständigen Abfluglotsen über diesen Wunsch. Der gab die Maschine sofort für eine Linkskurve und einen Sinkflug frei. Anschließend fragte der Lotse nach dem Problem an Bord von „Critter 592". Der Copilot antwortete nur mit einem gehetzten „Rauch im Cockpit". Denn die Situation an Bord der DC-9 wurde mit jeder Sekunde schlimmer. Von hinten meldete eine Stewardeß starken Rauch in der Kabine und forderte die Aktivierung des Sauerstoffsystems. Keiner der beiden Piloten im Cockpit ging auf diese Aufforderung ein, da das Einströmen von reinem, brennbarem Sauerstoff in die Kabine die Situation noch verschlimmert hätte.

Eine Minute nach dem Knall aus dem Frachtraum waren aus der Passagierkabine plötzlich laute Schreie zu hören. Eine der Stewardessen riß die Cockpittür auf und rief den Piloten: „....completely on Fire..." zu. Sie hatte damit nicht nur die schlechte Nachricht, sondern auch dem dichten, schwarzem Rauch in das Cockpit gebracht. Hier rächte sich die Tatsache, daß die Maschine am Gate mit defekter Bordsprechanlage abgefertigt worden war.

Trotz der erfolgten Freigabe flog die Maschine erst eine Minute auf ihrem nordwestlichen Kurs weiter, bis mit der Linkskurve begonnen wurde. Gleichzeitig fragte der Copilot nach einem Kurs zum nächstgelegenen Flughafen. Nach einer kurzen Diskussion akzeptierten die Piloten die Landebahn 12 des Flughafens Miami Intl. Während der Lotse den Luftraum rundum Critter 592 räumte, flog die Maschine jetzt Richtung Südwesten, wobei sie inzwischen das ausgedehnte Stadtgebiet Miamis verlassen hatte. Die Funkmeldungen des Copiloten wurden immer kürzer und hektischer. Der Lotse gab die Maschine für einen Sinkflug auf 5.000 ft frei und ordnete einen Schwenk auf einen Kurs von 140° an. Doch der Flug „Critter 592" antwortete nicht. Auf dem Radarschirm konnte der Lotse aber verfolgen, wie die DC-9 kurz eine weitere Linkskurve flog. Die Maschine begann auch mit dem Sinkflug, antwortete aber nicht auf die Rufe der Bodenstation. Den Lotsen blieb nur, den überfüllten Luftraum rund um die DC-9 freizuhalten.

Die Maschine hatte über den Everglade Sümpfen die Flughöhe von 7.200 ft erreicht, als sie plötzlich in einen Sturzflug überging. Zeugen sahen sie fast senkrecht auf den Sumpf zu stürzen, wo sie zerschellte. Die von den Augenzeugen des Absturzes alarmierten Suchtrupps in Hubschraubern fanden die Trümmer der DC-9 in den Everglades Sümpfen schnell. Ihre Leitstelle fragte die Hubschrauberpiloten, ob es sich bei den Trümmern um ein Fracht- oder Passagierflugzeug handeln würde. Der Pilot antwortete „Da unten ist nichts mehr übrig, was groß genug wäre, um das zu entscheiden". Über das Schicksal der 110 Insassen der Maschine bestand so keinerlei Zweifel mehr.

Obwohl die Absturzstelle kaum 20 Kilometer vom Flughafen Miami Intl entfernt war, erwiesen sich die Bergungsarbeiten als enorm kompliziert und aufwendig. Die DC-9 war bei ihrem Aufschlag in den Sumpf in tausende Einzelteilen zerborsten, die sich zum Teil metertief in den Sumpf eingegraben hatten. Die Ermittler brauchten Wochen, bis sie die wichtigsten Teile der Maschine geborgen und ihren Platz zugeordnet hatten. Dazu mußten sie die US-Army zu Hilfe holen, die den Sumpf rund um die Absturzstelle teilweise trockenlegte.

Die Einzelteile wurden in einen Flugzeughangar transportiert und dort vom NTSB untersucht. In langer Kleinarbeit, die zum Teil bis heute (Herbst 1996) noch nicht abgeschlossen ist, wurde die Tragödie rekonstruiert, die sich an Bord von Flug 592 abgespielt hatte.

Schon in den ersten Funkmeldungen hatte der Copilot ein Feuer an Bord gemeldet. Die Untersuchungen zeigten, daß dieser Brand im vorderen Frachtraum der DC-9 unterhalb der Sitzreihe 5 ausgebrochen war. Innerhalb von Sekunden war das Feuer so intensiv geworden, daß es sich durch den darüberliegenden Kabinenfußboden fraß und die Einrichtung selbst in Brand setze.

Als Auslöser dieses Feuers wurde schnell in der DC-9 mitgeführte Luftfracht ausgemacht. Neben normalem Passagiergepäck, zwei Hauptfahrwerksrädern und einem kompletten Bugfahrwerk einer MD-80 hatte die Maschine in Miami auch einen Karton mit 144 Sauerstoffgeneratoren geladen. Eine von Valujet beauftragte Wartungsfirma, die Sabre Tech Inc., hatte im Zuge der Aufarbeitung einer gebraucht gekauften MD-80 die Sauerstoffgeneratoren ausgebaut, weil sie ihr Haltbarkeitsdatum von 12 Jahren überschritten hatten. Die im März 1996 ausgebauten Sauerstoffgeneratoren hatten einige Zeit in der Werkhalle und dann einem Lagerraum herumgelegen. Anfang Mai wurde allerdings eine Werksbesichtigung des Betriebes in Miami von einem potentiellen Kunde von Sabre Tech., Continental Airlines, angekündigt. Die Geschäftsleitung mahnte daraufhin an, die Werkhalle vor dieser Führung aufzuräumen und zu säubern. Während dieser Säuberung am 03.05.1996 verschwanden auch die ausgebauten Sauerstoffgeneratoren aus der Halle. Man beschloß, sie zum Besitzer der MD-80, Valujet in Atlanta, zu überführen.

Diese sogenannten „Sauerstoffgeneratoren" sind ungefähr 30 Zentimeter lange, kleine Sauerstofflaschen. Sie dienen an Bord von Flugzeugen zur Versorgung der Sauerstoffmasken der Passagiere mit Atemluft. Durch einen Auslösestift wird in den mit Soda gefüllten Flaschen eine chemische Reaktion in Gang gesetzt, mit der Sauerstoff erzeugt wird. Bei dieser chemischen Reaktion entsteht aber auch eine große Hitze, die an der Außenseite des Generators Temperaturen bis zu 260°C erzeugen kann (Siehe 10.08.1986). Daher dürfen die ausgebauten Generatoren im gefüllten Zustand auch nicht als normale Luftfracht transportiert werden. Sie müssen entweder als Gefahrgut gekennzeichnet oder entleert werden. Außerdem muß bei einem Transport der Auslösemechanismus mit einer Plastikkappe gesichert werden, um ein versehentliches Auslösen der chemischen Reaktionen zu verhindern.

Aber mit dieser Vorschrift nahm man es bei der Wartungsfirma Sabre Tech in Miami nicht so genau. Von den 144 ausgebauten Flaschen waren etliche noch mit Soda gefüllt und obendrein nicht mit der Plastikkappe gesichert. Nachdem man die Flaschen in fünf Pappkartons gepackt hatte, stopfte man diese mit Plastikfolie aus, um ein Verrutschen der Flaschen zu verhindern. Auf die Kartons kamen Aufkleber, in denen die Sauerstoffgeneratoren als „leer" bezeichnet wurden. Diese Kartons wurden zugeklebt und ohne weiteren warnenden Hinweis dem Bodenpersonal von Valujet übergeben. Die luden es zusammen mit den Fahrwerken der MD-80 und Passagiergepäck auf dem Flughafen in Miami in den vorderen Frachtraum des Fluges 592.

Wahrscheinlich hatten sich schon beim Abrollen der DC-9 vom Terminal ein oder mehrere Sicherungsstifte gelöst. In den Flaschen begann die chemische Reaktion Hitze zu erzeugen, während brennbares Sauerstoffgas aus den Flaschen strömte. Erst fing die umhüllende Plastikfolie Feuer, dann brannte der Pappkarton selbst. Der Frachtraum füllte sich mit schwarzem Rauch. Bei steigender Temperatur wurde die Außenhaut der gelagerten Flugzeugreifen immer mehr in Mitleidenschaft gezogen, bis einer der beiden Reifen zerbarst. Das war der Knall, der die Kommandantin dazu brachte, sofort nach Miami zurückzufliegen.

Durch die Explosion des Reifens wurde das Feuer noch weiter angefacht und über den ganzen Frachtraum verteilt. Immer mehr Sauerstoffgeneratoren schlugen leck und füllten den Raum mit brennbarem Sauerstoffgas. Spätere Tests ergaben, daß das Feuer im Frachtraum der DC-9 eine Temperatur von über 2000°C erreichen kann. Einige Momente nach der Explosion des Bugradreifens drang der erste Rauch und die Flammen durch den Kabinenboden. Die Seitenwände der Kabine und der Teppich begannen zu brennen. Jetzt füllte sich auch die Kabine mit schwarzem, beißendem Qualm, welcher wegen des verbrennenden Plastiks hoch toxisch war. Als die Piloten um 14:14 Uhr/loc. die Kontrolle über die Maschine verloren und diese abstürzte, war ein Teil der Passagiere schon an dem giftigen Qualm erstickt. Die anderen waren wahrscheinlich schon ohnmächtig.

Es blieb ungeklärt, warum die Piloten die Kontrolle über die Maschine verloren. Das NTSB gab an, daß das Steuersystem der DC-9 zu diesem Zeitpunkt zwar beschädigt, aber grundsätzlich funktionsfähig war. Es ließ sich nicht mehr feststellen, ob die beiden Piloten ihre Sauerstoffmasken aufgesetzt hatten. Die Leichen der beiden konnten nicht identifiziert werden. Auch die Auswertung des CVR Bandes konnte anhand der Stimmen der Cockpitinsassen keinen Beweis für das Tragen der Masken liefern.

Mit dem Absturz der Valujet DC-9 und dem Tod der 110 Insassen begann in den USA eine Diskussion, die die Luftfahrtindustrie in ihren Fundamenten erschütterte. Offenkundig ging es um die „Low Fare" Airlines und die Kontrolle, die die Genehmigungsbehörde FAA über sie ausübte. Doch schon bald war das gesamte System der staatlichen Kontrolle über die Luftfahrtindustrie in der Kritik.

Bei den Ermittlungen fand das NTSB heraus, daß Valujet 145 Vertragsfirmen für ihre Flugzeugwartung beschäftigte, die meisten in den USA, etliche aber auch im Ausland. Nach FAA Regularien muß die Fluglinie die von ihr beauftragten Wartungsfirmen im Umgang mit gefährlichen Gütern und der Reparatur von Flugzeugen schulen und trainieren. Sie muß ebenfalls sicherstellen, daß die Arbeit bei der Vertragsfirma nach Gesetzen und Regularien der FAA ausgeführt wird. Die Ermittlung ergab, daß Valujet weder das Personal noch die Mittel hatte, um diesen Auflagen zu entsprechen.

Und genau auf diese mangelnde Überprüfung war wohl auch die ebenso widerrechtliche wie fatale Verschickung der 144 Sauerstoffgeneratoren zurückzuführen. Valujet schob der Vertragsfirma Sabre Tech alle Schuld zu. Die Fluglinie hätte die Wartungsfirma über die Gefährlichkeit dieser Generatoren aufgeklärt und den Betrieb aufgefordert, die ausgebauten Generatoren in Miami zu entsorgen. Sabre Tech hätte diese Aufforderung ignoriert und die Generatoren mit falschen Ladepapieren an Bord der Valujet „geschmuggelt". Bei der Wartungsfirma konnte man sich weder an die Belehrung bezüglich der Generatoren noch an die Anordnung, die ausgebauten Generatoren selbst zu entsorgen, erinnern.

Als das NTSB immer neue Verstöße gegen Sicherheitsrichtlinien bei Valujet und ihren Vertragsfirmen aufdeckte, geriet die Genehmigungsbehörde FAA unter Druck. Die FAA erläßt die Richtlinien für den Luftverkehr in den USA, vergibt die Lizenzen für den Flugbetrieb und überprüft anschließend ihre Einhaltung. Nach dem Absturz wurden Dokumente zu Tage gefördert, die belegen, daß die FAA schon im November 1995 erste Zweifel an der Sicherheit bei Valujet hatte.

Der Airline wurde intern nahegelegt, das Tempo ihrer Expansion zu verlangsamen. Als die Serie der Zwischenfälle und Unstimmigkeiten in den Wartungsunterlagen nicht abriß, setzte die FAA im Februar 1995 eine ausgedehnte Überprüfung der Sicherheitsstandards bei der Fluglinie an. Diese förderte etliche Fehler und Vergehen zu Tage. Im April 1996 ordnete die FAA daraufhin an, die Zahl der in diesem Jahr zum Kauf anstehenden Flugzeuge zu reduzieren. Einen knappen Monat nach dieser Anordnung stürzte „Critter 592" in die Sümpfe der Everglades.

Es stellte sich heraus, daß die FAA personell mit den Sicherheitskontrollen der Airlines völlig überfordert war. Außerdem hatte sich bei diesen Sicherheitskontrollen ein gewisser Schlendrian eingeschlichen. So wurden einige Flugzeuge 200 Mal überprüft, andere Flugzeuge gar keiner Kontrolle unterzogen.

N903VJ; der baugleiche Flottennachbar der "904VJ", die ebenfalls von Delta AL erworben wurde / Miami 1995 <Quelle: Luftfahrt Journal-Sammlung>

Auch die Vergabe von Lizenzen der FAA an Mechaniker erwies sich als ungenügend. „Wir vergeben Lizenzen wie Kaugummi!" kommentierte ein FAA - Beamter die Situation. Die Mechaniker müssen Tests vor FAA Prüfern ablegen. Doch zum einen sind die Testinhalte vor der Prüfung bekannt, die Antworten müssen also von den Aspiranten nur noch auswendig gelernt werden. Es gab Bezirke in den USA, in denen die Prüfungen als nicht so „scharf" galten, insbesondere für ehemalige Luftwaffenangehörige. Wartungsfirmen nutzten das aus und ließen ganze Busladungen von Mechanikern in diese Bezirke reisen und sie die Prüfungen dort ablegen. Als besonders „freundlich" galten die FAA Büros in Seattle, Nashville, Dallas Fort Worth und eben auch in Miami. Genau dort war auch die Wartungsfirma Sabre Tech beheimatet. Daß im FAA Büro in Miami sowohl die Prüfungen wie auch die anschließenden Kontrollen der Wartungsfirmen nicht allzu streng waren, ließ sich an einer simplen Tatsache illustrieren: Eine der wichtigsten Prüfungspunkte für einen angehenden FAA -lizensierten Mechaniker ist die Beherrschung der englischen Sprache. Untersuchungen des NTSB nach dem Absturz entdeckten etliche Sabre Tech Mechaniker, die zwar gültige FAA Lizenzen besaßen, aber kein Wort Englisch sprachen.

Doch auch die Regularien der FAA kamen in die Kritik. In den 80er Jahren hatte das NTSB nach etlichen zu spät entdeckten Feuern in Frachträumen (siehe 28.11.1987) die verstärkte Installation von Warn- und Feuerlöscheinrichtungen in Frachträumen angemahnt. Die FAA hatte nach langen Kontroversen nachgegeben, allerdings ordnete sie die Ausrüstung nur bei Verkehrsflugzeugen an, die NACH 1990 gebaut wurden. Bei allen älteren Verkehrsflugzeugen „würde sich der Aufwand nicht lohnen", denn diese Nachrüstung hätte die US-Airlines insgesamt über 400 Millionen Mark gekostet.

Schon Stunden nach dem Absturz stieg der öffentliche Druck auf die „Dumping" Airline Valujet. Anfangs verteidigte die FAA Valujet vor den Angriffen. Am Tag nach dem Absturz behauptete der Transportminister der USA in einem Fernsehinterview, *„Ich bin mit Valujet geflogen, es ist eine sichere Airline"*. Der FAA Chef Hinson erklärte *„Wenn wir sagen, diese Airline ist sicher, dann ist es eine sichere Airline. Es gibt keine Grauzone"*.

Doch als der Blick der Öffentlichkeit immer mehr auf die FAA fiel, wurde deren Unterstützung für Valujet immer schwächer. Vier Tage nach dem Absturz strich das Verteidigungsministerium Valujet von der Liste der Airlines, die Militärpersonal transportieren dürfen. Die Direktorin des Transportministeriums, eine Art Staatssekretärin, äußerte bei einem Besuch an der Absturzstelle in den Everglades öffentlich ihre Abneigung gegen „Low Cost" Airlines wie Valujet. Die FAA ordnete eine dreißigtägige Überprüfung jedes Aspektes des Flugbetriebes bei Valujet an. Neben den normal tätigen Inspektoren wurden noch 11 weitere speziell zu dieser Überprüfung abgestellt.

Während dieser Überprüfung wuchs der Druck auf die FAA und die politisch übergeordneten Stellen, denn mittlerweile wurde lautstark der Rücktritt des Transportministers gefordert. Nach den 30 Tagen Überprüfung, am 17.06.1996, gab Valujet die Lizenz für den Flugbetrieb zurück und stellte alle Flugoperationen ein.

Hatte die FAA anfangs behauptet, bei ihrer Überprüfung nichts „weltbewegendes " gefunden zu haben, so sickerten doch nach der Stillegung viele erschreckende Details durch. Valujet konnte bei etlichen ihrer Flugzeuge nicht die Lebensdauer von Verschleißteilen, wie Bremsen und die beweglichen Teile der Landeklappen, dokumentieren. Obendrein hatte die Firma „eine ungenügende Kontrolle über ihr Ersatzteillager von Ersatzteilen". Auch die Flugberechtigungen von Piloten der Valujet wurde in Zweifel gezogen, da sich in ihren Logbüchern und Firmenakten Lücken und Unstimmigkeiten fanden. Diese ungenügende Buchführung disqualifizierte die gesamte Trainingsabteilung von Valujet. Anstatt wie geplant den Flugbetrieb im August wieder aufzunehmen, wurde Valujet auch noch die Genehmigung entzogen, Überführungs- und Trainingsflüge durchzuführen. Valujet beauftragte nach dem Absturz exklusiv Air Canada mit der Wartung ihrer Flugzeuge. Außerdem verkaufte die Airline einen Teil ihrer Flotte, um Vorschriften der FAA zu zu genügen und die auflaufenden Schulden abzutragen. Erst im September 1996, fünf Monate nach dem Absturz, nahm Valujet mit fünf Flugzeugen den Betrieb wieder auf.

Das U.S. General Accounting Office, welches die Aktionen der US-Bundesbehörden auf Effizienz und Wirksamkeit überprüft, warf der FAA vor, neugegründete Airlines nicht ausreichend zu überprüfen. Die alteingesessenen Airlines, wie American oder Southwest Airlines, würden bis zu zehnmal öfter von FAA - Inspektoren Besuch bekommen als neugegründete, wie Valujet. Und das obwohl die Absturzrate der neuen Airlines doppelt so hoch war, wie bei den „alten" Majors.

14.05.96
Allegro Airlines   **Douglas DC-9-14**
XA-SNR   **45699**

Präzise Navigation gehört zum A und O der Langstreckenfliegerei. Die großen Jets verfügen alle über INS oder GPS Systeme, die mittlerweile unverzichtbar bei der Überquerung großer Wasserflächen sind. Bei kleineren Kurzstreckenmaschinen sieht die Sache jedoch anders aus.

Charterflug GRO 401 startete am frühen Nachmittag in Orlando/FL zum „Sprung" über den Golf von Mexico. Destination war der internationale Flughafen von Cancun/Mexico an der Ostspitze der Halbinsel Yucatan. Normalerweise ein Flug von 1 Stunde und 50 Minuten. An Bord befanden sich 42 Passagiere und vier Besatzungsmitglieder. Mit Kurs Südwest jettete die DC-9, übrigens eine der ältesten noch fliegenden Exemplare dieses Typs, auf den grauschimmernden Golf hinaus. Schnell ließ Flug 401 Florida hinter sich. Das letzte erreichbare Funkfeuer in Key West, dem südlichsten Punkt der USA, hatte man inzwischen verloren und war nun eine gewisse Zeit lang ohne Radarführung und außerhalb der Reichweite des nächsten Funkfeuers. Zu der Zeit, als man eigentlich den Sinkflug auf Cancun einleiten wollte, versuchten die beiden Piloten, das Funkfeuer Cancuns zu empfangen. Doch die NAV-Empfänger zeigten nichts an. Auch hatte Flug 401 den Funkkontakt zur Bodenstation verloren. Als man eigentllich schon längst in Cancun gelandet sein sollte, umgab die DC-9 jedoch nichts als Wasser.

Nun war klar: man war vom Kurs abgekommen. Etwa eine Stunde flog man hilflos über den Golf von Mexico, als plötzlich die Stimme des Fluglotsen in Mexico City auf die Aufrufe antwortete. Dieser teilte den verdutzten Piloten mit, daß sie sich ca. 220 Meilen östlich der mexikanischen Stadt **Tampico/Mexico** befanden. Tampico liegt auf der anderen Seite des Golfs von Mexico, 600 Meilen von Cancun entfernt. GRO 401 war somit über 300 Meilen nördlich an Cancun vorbeigeflogen. Nun wußte man im Cockpit zwar die Position der Maschine, doch nun entstand ein neues Problem. Der Treibstoff ging zur Neige. Sofort wurde Kurs auf Tampico, dem nächstliegenden Flughafen, genommen. Etwa 80 Meilen vor der Küste wurde der Sinkflug eingeleitet. Wenige Minuten später, als man bereits 3,5 Stunden in der Luft war, passierte es: das linke Triebwerk Nr.1 fiel wegen Kerosinmangels aus, kurz darauf das rechte. Flug 401 ging in den Segelflug über. Verzweifelt funkte der Copilot:

COP: „We are not going to make it. I think that we will crash in the water about 20 or 30 miles from Tampico."

Doch der Fluglotse machte ihm Mut:

ATC: „Yes, you will make it."
COP: „God help us."

Per Radarführung wurde GRO 401 zur Landebahn 31 geführt. Da man noch genug Flughöhe hatte, erschien eine Landung auf dem Flughafen doch noch möglich. Die Landebahn rückte in greifbare Nähe. Doch als das Fahrwerk ausgefahren wurde, entstand durch die zusätzliche Luftreibung eine erhöhte Sinkrate. Ohne Triebwerksschub geriet die DC-9 unter den Anflugweg und prallte etwa 300 Meter vor der Landebahnschwelle hart auf den Boden. Das Flugzeug kollidierte unmittelbar danach mit einigen Betonpfählen der Anflugbefeuerung. Hierbei brach das Bugrad und das rechte Hauptfahrwerk in sich zusammen. Mehr rutschend als rollend blieb man schließlich nach weiteren 300 Metern rechts von der Landebahn liegen. Glücklicherweise brach kein Feuer aus. Von den 48 erleichterten Menschen an Bord kam keiner ernsthaft zu Schaden. Wodurch die gravierende Kursabweichung ausgelöst wurde, ist nicht bekannt.

17.05.96
Air Alfa   **Airbus A300B4**
TC-ALP   153

Der auf dem Vorfeld in **Istanbul/Türkei** seit 48 Stunden geparkte Airbus wurde das Opfer eines Brandes. Mitarbeiter der Fluggesellschaft, die gerade den Duty Free-Bestand erneuern wollten, nahmen zwar einen stechenden Geruch in der Kabine wahr, benachrichtigten jedoch nicht die Flughafenfeuerwehr. Als ihre Arbeiten beendet waren, verließen sie nach etwa 20 Minuten den Großraumjet. Etwas später, gegen 00:35 Uhr/loc., entdeckten Bodenarbeiter plötzlich, wie Flammen aus dem Rumpf schlugen und lösten Alarm aus. Sie konnten jedoch auch nicht mehr verhindern, daß bei „TC-ALP" irreparabler Schaden entstand. Es wird angenommen, daß das Feuer im oberen Kabinenbereich ausbrach. Offenbar war ein Kabelschmorbrand, ausgelöst durch einen Kurzschluß, der dann auf die Deckenverkleidung übergriff, für den Flugzeugverlust verantwortlich. Ein möglicher Terroranschlag wurde ebenfalls nicht ausgeschlossen.

06.06.96
Hoseba   **Ilyushin Il-76MD**
UR-76539   0083483519

Beim Start auf den NDjili AP von **Kinshasa/Zaire** fing die Maschine aus noch unbekannter Ursache Feuer und stürzte unmittelbar nach dem Abheben ab. Von den 8 Crewmitgliedern und den beiden Passagieren an Bord überlebte Berichten zufolge niemand das Unglück. Die ukrainische Il-76 kam zuvor aus Kairo und sollte leer nach Athen weiterfliegen. Über die Unglücksursache herrscht Ungewißheit.

09.06.96
Iran Air   **Boeing 727-200**
EP-IRU   21079

Die mit sieben Besatzungsmitgliedern, darunter auch einige Trainingspiloten, besetzte Boeing absolvierte gerade auf dem Flughafen in **Rascht/Iran** endlose Touch-and-Go-Manöver. Beim 15. (!) Landeversuch setzte der Übungspilot die 727 jedoch äußerst hart auf die Piste. Hierbei zog sich die Boeing einige Beschädigungen zu. Zwar hob man danach wieder ab, stürzte aber ca. 9 min. später nahe der Ortschaft Pir-Bazar, 20 km vom Flughafen entfernt, ab.

Lediglich drei Insassen überlebten das Unglück. Iran Air verlor damit bereits ihre dritte 727.

13.06.96
Garuda   **McDD DC-10-30**
PK-GIE   46685

Mit 260 Passagieren, die meisten von ihnen japanische Touristen, sowie 15 Besatzungsmitgliedern war die indonesische DC-10 auf dem internationalen Flughafen in **Fukuoka/Japan** bereit zum Start nach Denpasar/Bali und Jakarta. Es war 12:06 Uhr/loc., als der Tower die Startgenehmigung für Flug GA856 auf der Bahn 16 erteilte. 3.000 Meter Asphalt lagen vor den Piloten, die die drei Leistungshebel der Triebwerke nach vorn schoben. Schnell beschleunigte die große Maschine. 18 Sekunden später waren 100 Knoten erreicht. Der Copilot rief danach die Entscheidungsgeschwindigkeit V_1 aus. Nun mußte abgehoben werden. Der Kommandant zog an der Steuersäule und der Bug richtete sich langsam auf. Einen Augenblick später gab es einen lauten Knall. Im Cockpit klingelte die Feuerwarnsirene. Gleichzeitig fing der Jet an zu schlingern, da die Leistung des rechten Triebwerks rapide abfiel. Da einerseits V_1 bereits überschritten war und andererseits die verbliebene Bahnlänge für ein Abbremsen nicht mehr ausreichte, tat der Pilot das einzig richtige und setzte den Startlauf fort. Die Räder lösten sich vom Boden und langsam gewann GA 856 an Höhe.

Doch die Maschine beruhigte sich nicht. Die Piloten hatten das Gefühl, daß die Maschine nicht mehr flugtaug-

PK-GIE; hierbei handelt es sich um die verunglückte DC-10, die hier nach der Landung zur Terminalposition rollt / Frankfurt 1991 <Quelle: JR-Photo>

lich sei. Daher korrigierte der fliegende Pilot seine Entscheidung und brach den Start ab. Doch man befand sich bereits etwa 10 Meter über dem Erdboden. Die Triebwerkshebel wurden zurückgerissen, augenblicklich senkte sich die DC-10 wieder auf die Startbahn.

Den Piloten war klar, daß die letzten 300 Meter der Bahn 16 nicht mehr ausreichen würden, um eine nahezu vollbesetzte DC-10 mit einer Geschwindigkeit von 170 Knoten zum Stillstand zu bringen. Ohne zu überlegen, zog der Pilot die Maschine nach rechts von der Bahn auf weichen Grasboden. Flug 856 schoß durch den Flughafenzaun, über einen 3 Meter breiten Graben hinweg und prallte frontal gegen eine erhöht aufgeschüttete Autostraße. Dort brach das gesamte Fahrwerk in sich zusammen, das linke Triebwerk wurde abgerissen. Auf dem Bauch rutschte die Maschine noch etwa 250 Meter weiter, fing Feuer und kam schließlich 550 Meter hinter dem Ende der Startbahn qualmend zum Stehen. Auslaufendes Kerosin aus dem rechten Treibstofftank verwandelte die Maschine binnen Minuten in eine Flammenhölle.

Man begann sofort mit der Evakuierung, welche aber von den mangelnden japanischen Sprachkenntnisse der indonesischen Besatzung behindert wurde. Für drei Insassen kam jede Hilfe zu spät, weitere 12 Passagiere trugen Brandverletzungen davon.

Die Untersuchungen der japanischen Behörden ergaben, daß eine der Turbinenschaufeln im Hochdruckbereich des Triebwerkes Nr.3 während des Starlaufes gebrochen war und so denn Unfall ausgelöst hatte. Nach Erkenntnissen der japanischen Unfallexperten war das Flugzeug im Moment des Startabbruchs durchaus flugfähig. Die Entscheidung des Kommandanten nach V_1 abzubrechen war daher falsch.

28.06.1996

Samodorok   **Yakovlev Yak-40**
RA-87423

Einige Minuten nach dem Start in Tynda, auf einem Flug nach Aldan/Rußland, ergaben sich Schwierigkeiten mit dem mittleren Triebwerk Nr.2. Im weiteren Verlauf des Fluges, sahen sich die Piloten gezwungen, dieses Triebwerk abzuschalten, doch von einem so „unbedeutendem" Problem ließ sich die Crew nicht aus der Ruhe bringen und setzte ihren Flug fort. Doch bei der Landung in **Aldan**, fehlte dann der nötige Schub, um die Yak vor dem Aufsetzen abzufangen. So knallte man mit 4g vor der Landebahn auf den Boden. Das Bugfahrwerk riß ab, man sprang wieder hoch, setzte nochmals auf und schürfte auf der Bugsektion noch 800 m weiter. Keiner der vier Crew und sieben Passagiere wurde verletzt.

30.06.96

DAS Air Cargo   **Boeing 707-320C**
5X-JON   20546

Die Fracht-707 wurde von der Air Afrique für zahlreiche Transportaufträge zwischen Frankreich und Westafrika gechartert. In dieser Rolle absolvierte sie das Routing Marseille - Niamey - Bamako. Im Anflug auf den Endpunkt der Strecke, den Senou AP von **Bamako/Mali**. Bei Dunkelheit, niedriger Wolkendecke und böigen Winden eines nahen Gewitters befand man sich im ILS-Endanflug auf die Bahn 06. Dicht vor der Landebahn flog man mitten in einen schweren Regenschauer hinein. Der Vierstrahler wurde im Moment des Aufsetzens von einer plötzlichen Windböe erfaßt. Dabei hob sich die linke Tragfläche während die rechte den Boden der Runway berührte. Außer Kontrolle geraten, kam die 707 von der befestigten Teil der Landebahn ab, wobei die rechte Tragfläche mit einem Bunker kollidierte und abgerissen wurde.

17.07.96

Trans World AL   **Boeing 747-100**
N93119   20083

Im Abflugterminal des John F. Kennedy International AP von New York, herrschte das übliche Gedränge am Abend. Viele Reisende, die von Amerika nach Europa unterwegs waren, tummelten sich in den Warteräumen. Unter den vielen Maschinen, die den Atlantik Richtung Osten überquerten, war auch ein Jumbo der TWA, der auf Flug 800 von New York nach Paris und Tel Aviv gehen sollte. An Bord erwarteten die drei Piloten und weitere 15

Flugbegleiter die 212 Passagiere, die sich wenig später aus der Fluggastbrücke des Terminals auf ihren Sitzen niederließen. Nachdem alle Vorbereitungen am Boden abgeschlossen waren, wurde TW 800 vom Schlepper zurückgestoßen und gegen 20:00 Uhr/loc. setzte sich die 747 langsam in Richtung der Startbahn 22 in Bewegung. Das Wetter war recht gut an diesem Sommerabend. Nur leichte Bewölkung war am roten Abendhimmel zu erkennen. Die Sicht war klar und die Temperatur betrug angenehme 21°C. Um 20:19 Uhr/loc. wurde die Startgenehmigung erteilt und TW800 hob sich langsam in die Luft Auf Geheiß der Abflugkontrolle leitete die 747 in 3.000 ft eine Linkskurve ein und schwenkte auf Kurs Nord-Nordost. Die Flugroute verlief hier bereits über dem Atlantik in Sichtweite zur Küste Long Islands. TW 800 wurde beim Durchflug von 5.000 ft aufgefordert, sich mit der Luftraumkontrolle in Boston in Verbindung zu setzen. Boston ist eine wichtige Kontrollstation der USA und überwacht den gesamten Zivilverkehr der auf den Nordatlantik hinausfliegt, bzw. vom Nordatlantik in den Luftraum der USA hereinfliegt. Der Lotse in Boston gab die amerikanische 747 routinemäßig zum weiteren Steigflug auf 15.000 ft (FL150) frei. Der große Jet durchstieg 10.000 ft, die Höhe, über der die 250 Knoten Geschwindigkeitsbegrenzung aufgehoben war. Der Plot senke etwas die Nase und die Steigrate verlangsamte sich leicht. Die Fluggeschwindigkeit wuchs über 300 Knoten an. Alles schien wie immer zu sein. Dann plötzlich, um 20:31 Uhr/loc., nach nur Minuten und 30 Sekunden in der Luft, verschwand plötzlich das Radarsignal in einer Höhe von 13.700 ft.

Alle Versuche mit Flug 800 Kontakt aufzunehmen schlugen fehl. Alarm wurde ausgelöst. Suchhubschrauber und Marineschiffe wurden in Richtung der Stelle beordert, über der der Radarkontakt verlorenging. Die einsetzende Dunkelheit erschwerte es den Rettern, nach dem verlorengegangenen Jumbo-Jet Ausschau zu halten. Stunden später sollten sich die schlimmsten Befürchtungen bestätigen. Ein Hubschrauber sichtete einen hellen Feuerschein etwa 10 Meilen vor der Küste Long Islands in Höhe der Kleinstadt **East Moriches**. Auf dem ruhigen Wasser treibend, lagen die verstreuten brennenden Trümmer, die Überreste von Flug 800.

Schnell wurde jede Hoffnung begraben, daß irgend jemand an Bord die Tragödie überlebt haben könnte. Alle 230 Menschen an Bord kamen ums Leben. Nach der DC-10 Unglück in Chicago (siehe 25.05.79), war es das zweitschlimmste Unglück, daß sich je im amerikanischen Luftraum ereignet hatte.

Das NTSB machte sich sogleich an die Arbeit und sammelte alle Verfügbaren Trümmer der Unglücksmaschine in einem Flugzeughangar in Calverton/LI. Die Spekulationen überschlugen sich: zunächst wurde die 25 Jahre alte 747 für den Absturz verantwortlich gemacht. Diese wurde jedoch 1992 und 1995 einem minuziösen „D" und „C"-Check unterzogen. Technisch gesehen gab es keinerlei Grund zur Beanstandung. Dann hieß es, daß ein Terroranschlag die Boeing in der Luft zerrissen haben soll. Doch auch für diese Theorie fehlten stichhaltige Beweise. Dafür sprach lediglich der unvermittelt abbrechende Radarkontakt und der ausbleibende Notruf der Crew. Alles deutete darauf hin, daß alles sehr schnell gegangen sein mußte. TWA Flug 800 hatte auch den Flughafen Tel Aviv in Israel zum Ziel. Diese Tatsache nährte die Gerüchte, die einen Sprengsatz als Ursache des Unglücks vermuteten. Flug TW 800 wurde schon einmal das Ziel eines Anschlages (siehe 08.09.74). Die USA ist seit einigen Jahren das Ziel arabischer Terroristen, die auch vor Sprengstoffanschlägen nicht zurückschrecken. Das Unglück vor Long Island ereignete sich wenige Tage vor den Olympischen Spielen in Atlanta. Offenbar, so nahmen einige an, sollte die USA unter Druck gesetzt werden, die Spiele abzusagen. Doch für diese gewagte These fanden sich keine weiteren Anhaltspunkte. Niemand bekannte sich zu diesem Unglück. Weder ließ sich bestätigen, daß ein ferngelenkter US-Flugkörper bei einem Seemanöver versehentlich die 747 getroffen hätte, noch daß Flug 800 von einer Boden-Luft-Rakete vom Himmel geholt wurde. Die Ursache des Unglücks blieb weiterhin im Dunkeln.

Metallurgische Untersuchungen der gehobenen Trümmer, führten die Ermittler auf die Spur, daß es eine Explosion innerhalb oder in der Nähe des Reservetreibstofftanks Nr.4 an der rechten Tragfläche gegeben haben muß. Dieser Tank wies innere Verbrennungsspuren auf. Auch die Verbindungsleitung zum Mitteltank unter dem Rumpf der 747, wies innere Verbrennungsspuren auf. Dies ließ die Experten zu der Annahme kommen, daß sich eine gewaltige Explosion im Mitteltank (der noch auf dem Meeresgrund liegt) ereignet haben muß. Womöglich

N53116; *identisch mit der Unglücksmaschine "N53119", die vor Long Island abstürzte ist dieses Exemplar, das sich kurz vor der Landung befindet / Frankfurt 1987 <Quelle: JR-Photo>*

hatten sich Kerosindämpfe im Inneren des Tanks, dessen Inhalt beim Start und Steigflug als erstes verbraucht wird, von selbst entzündet und eine tödliche Kettenreaktion ausgelöst. Man weiß, daß eine solche Explosion die Stabilität und die Struktur eines Flugzeug zerstören kann (siehe 11.06.90). Doch was letztendlich diese Selbstentzündung ausgelöst hat, bleibt nach wie vor unklar.

25.07.96
Weasua Air Transport **Yakovlev Yak-40**
RA-87573 22-05

Die aus Freetown/Sierra Leone kommende Yak befand sich gerade im Endanflug auf den Spriggs Payne AP von **Monrovia/Liberia**. Der Anflug geriet jedoch um etwa 5 m zu kurz. Danach stieß die Maschine mit Wucht gegen den aufgeschütteten Anfang der Landebahn. Dabei wurde eine Tragfläche abgerissen und das linke Hauptfahrwerk kollabierte. Nach weiteren 300 Metern endete die unsanfte Landung. Ein Feuer brach zum Glück nicht aus. Bereits im Aug 1994, bzw. Im Jul 1995 fielen dem Spriggs Payne AP, zwei DC-9 der ADC Airlines zum Opfer.

02.08.96
Air Algérie **Boeing 737-200C**
7T-VED 20650

Bei einem Startlauf auf dem algerischen Flughafen **Tiemencen/Algerien** bemerkten die beiden Piloten plötzlich, da eine ihrer Triebwerksanzeigen anormale Werte anzeigte. Sofort wurde der Start abgebrochen.

Es gelang den Piloten nicht mehr, die Boeing vor Ende der Startbahn abzubremsen. Sie kam erst 40 Meter dahinter zum Stehen, als das Bugfahrwerk zusammenbrach.

Keiner der 108 Insassen kam bei diesem Zwischenfall zu Schaden, doch eine Reparatur der 25 Jahre alten Boeing lohnte sich nicht mehr.

19.08.96
SPAIR Air Transport **Ilyushin Il-76T**
RA-76513 083414451

Alle 10 Crewmitglieder, sowie zwei Frachtbegleiter wurden getötet, als die IL im Endanflug auf **Belgrad** vor der Landebahn abstürzte, explodierte und ausbrannte. Drei Stunden (gegen 00:00 Uhr/loc.) zuvor war der Frachter mit einer Ladung Militärgüter (Waffen) incl. Munition mit dem Ziel Malta in Belgrad gestartet. Nach etwa 60 Meilen funkte der Pilot, daß man „...elektrische Energie, Licht, Navigation, Kommunikation, einfach alles..." verliert und man zum Valjavo AP nach Belgrad zurückkehren werde. Dort kreiste die Maschine dann für weitere 2,5 Stunden, bevor man in niedriger Höhe zum Landeanflug ansetzte. Bei Dunkelheit und ohne Cockpitinstrumente mißriet dieser jedoch und man stürzte auf einen Acker, westlich der Landebahn.

Ein Spair-Mitarbeiter insistierte nach dem Crash beharrlich darauf, daß an Bord nur 14,5 Tonnen Autoreifen und 0,5 Tonnen Leuchtraketen für Rettungsnotfälle auf See, waren. Dem entgegen belegten jedoch die Fernsehbilder vom Unglück, daß sich andauernde Explosionen im Rumpf der Maschine ereigneten, bevor die Ilyushin ein Raub der Flammen wurde. Auch mußte die Polizei die Einwohner der Umgebung evakuieren, da sich ein stark ätzender Geruch (brennender Munition gleich) aus dem Wrack verbreitete.

21.08.96
EgyptAir **Boeing 707-320C**
SU-AVX 20760

Die letzte noch existierende 707 der Egypt Air befand sich an diesem Nachmittag gegen 17:00 Uhr/loc. im Endanflug auf die Bahn 24 des Atatürk international Airport in **Istanbul/Türkei**. Seit Stunden ging auf dem Flugfeld ein warmer Sommerregen nieder, der den Asphalt der Landebahn feucht und rutschig machte. Die Piloten der 707, die als Linienflug MS837 aus Kairo kamen, wurden kurz vor der Landung vom Tower informiert, daß die Bremswirkung auf der Runway lediglich „medium" sei. Der Anflug wurde fortgesetzt und man setzte normal auf. Doch baute der vierstrahlige Jet seine hohe Rollgeschwindigkeit kaum ab. Schnell war das Ende der 2.300 Meter langen Rollbahn erreicht. Flug 837 schoß einen 200 Meter langen Abhang hinunter, wo das gesamte Fahrwerk zusammenbrach, und blieb schließlich quer über einer öffentlichen Autostraße liegen, wo man noch mit einem Taxi kollidierte. In der Umgebung des Triebwerks Nr.2 brach ein Feuer aus, das allerdings nach kurzer Zeit gelöscht werden konnte. Von den 128 Insassen, 120 Passagieren und acht Crewmitglieder wurden bei der anschließenden Evakuierung 20 Personen verletzt. Der ägyptische Pilot beschuldigte nach dem Unfall den Towerlotsen, ihn nicht über den wahren Zustand der Runway 24 in Kenntnis gesetzt zu haben. Die tatsächliche Bremswirkung war nach seinem Empfinden eher „poor" bis „very poor".

29.08.1996
Tupolev 154M **Vnukovo AL**
RA-85621 742

Die in der nördlichen Barentsee gelegene Inselgruppe Spitzbergen gehört politisch zu Norwegen, aber aufgrund eines Vertrages von 1920 haben alle Staaten das Recht, die dort lagernden Rohstoffe auszubeuten. Von diesem Recht machen aber nur Norwegen selbst und die Nachfolgestaaten der UdSSR Gebrauch. So betrieb die russische Minengesellschaft Trust Arktik UGOL ein Kohlebergwerk in Svalbard auf der Hauptinsel Spitzbergen.

Diese Minengesellschaft hatte eine Tupolev 154M angemietet, um einen Personalaustausch auf der Insel durchzuführen. Mit 129 Bergleuten und ihren Familien an Bord startete an diesem Morgen der Charterkurs VKO 2801 von Moskau in Richtung Norden. 14 Besatzungsmitglieder steigerten die Zahl der Insassen auf 142. Die Maschine ließ den europäischen Kontinent hinter sich und überflog die eiskalten Fluten der Barentsee. Nach einigen Stunden meldete sich die Maschine bei der

N320FE; die schwerere Langstreckenversion der DC-10 im Landeanflug. Die Maschine flog vorher bei der belgischen Sabena / Frankfurt 1993 <Quelle: JR-Photo>

Luftaufsicht ihrer Zieldestination Longyearbyen, der Hauptsiedlung der kargen Inselgruppe. Der Flughafen von Longyearbyen ist nach Aussagen von Piloten extrem schwer anzufliegen. Der Flughafen selbst liegt zwar an der Küste und ist mit ILS Landehilfen ausgerüstet. Doch beim Anflug auf die meist benutzte Bahn 28 des Flughafens müssen die Piloten in tiefe Täler eintauchen und bei schlechten Sichtverhältnissen unterhalb der mächtigen Berggipfel fliegen.

Die russische Maschine erhielt die Landegenehmigung und begann mit ihrem Sinkflug von Osten her. Sie überflog die Küste der Hauptinsel und hatte jetzt die bis zu 1.000 Meter hohen Berg- und Gletschergipfel zwischen sich und dem Flughafen. Da die Wolkendecke fast auf Bodennähe abgesunken war, konnten die Piloten die Hindernisse vor sich nicht sehen.

Der Anfluglotse in **Longyearbyen/Spitzbergen/Norwegen** hatte seinen letzten Kontakt mit der Tupolev um 10:05 Uhr/loc., danach blieben alle seine Funkrufe unbeantwortet. Als die Maschine sich nach zehn Minuten immer noch nicht gemeldet hatte, löste der Lotse Alarm aus. Drei norwegische und zwei russische Hubschrauber suchten bei extrem schlechten Sichtbedingungen drei Stunden, bis sie die Trümmer der russischen Maschine unterhalb eines Hügelkammes des Helvetia Gletschers sichteten. Schon beim ersten Blick konnten die Retter erkennen, daß es keine Hoffnung auf Überlebende gab. Alle 143 Insassen, darunter 40 Frauen und sieben Kinder, waren bei dem Aufschlag der Maschine gestorben. Obwohl die Absturzstelle nur 10 Kilometer östlich von der Hauptsiedlung Longyearbyen entfernt lag, stellte sich die Bergung der Leichen und der Trümmer in dem unwegsamen Gelände und bei wechselhaften Wetterbedingungen als äußerst schwierig heraus. Die Rettungsarbeiten mußten nach drei Stunden abgebrochen werden, weil die Witterungsbedingungen sich extrem verschlechterten.

Doch am nächsten Tag klarte das Wetter auf, und die meisten Leichen der Insassen konnten geborgen werden. Sie wurden zu einer ersten Autopsie auf das norwegische Festland nach Trömsö und Bodö geflogen. Nach der Identifikation überführte man sie in ihre Heimat. Die meisten der Insassen kamen aus den östlichen Provinzen der Ukraine, wo der Präsident der Ukraine eine dreitägige Staatstrauer anordnete.

Die Zusammenarbeit zwischen den russischen und norwegischen Ermittlungsbeamten stellte sich als schwierig heraus. Norwegische Polizei verhaftete zwei russische Untersuchungsbeamte, die den Cockpit Voice Recorder der Tupolev ohne Erlaubnis der norwegischen Behörden von der Absturzstelle entfernen wollten. Nach diesem Zwischenfall verbannten die norwegischen Behörden alle russischen Untersuchungsbeamten von der Absturzstelle. Sie durften erst wieder zurückkehren, als die russische Regierung öffentlich zugesichert hatte, daß die Ermittlungen unter norwegischem Kommando durchgeführt würden. Das Ergebnis dieser Untersuchung steht noch aus.

06.09.96
Federal Express   McDD DC-10-10CF
N68055   47809

Der erste Flugzeugverlust dieser weltweit größten Kurierfracht-Airline ereignete sich auf dem Flug von Memphis/TN - dem Heimatflughafen der Airline - nach Boston/MA. FedEx Flug 1406 startete frühmorgens gegen 04:00 Uhr/loc. in Memphis und jettete an der Ostküste der USA entlang in Richtung Norden. Man hatte gerade den Luftraum von New York passiert, als über Long Island gegen 05:40 Uhr/loc. im Cockpit ein Feuerwarnlicht aufleuchtete.

Einer der Rauchmelder im hinteren Frachtraum wurde ausgelöst, was bedeutete, daß in den Frachtabteilen 6-10 auf dem oberen Frachtdeck ein Feuer ausgebrochen sein mußte. Boston - Center wurde verständigt und Flug 1406 erhielt die Freigabe für einen Notabstieg. Die DC-10 verließ umgehend ihre Reiseflughöhe von 33.000 ft (FL330) und machte eine 180°-Wende, um den nächstgelegenen Flughafen zu erreichen. Die Piloten wollten auf dem Stewart International AP in **Newburgh/NY/USA** landen, etwa 60 Meilen nördlich von New York, den sie gerade vor fünf Minuten überflogen hatten. Ohne die geringsten Steuerungsprobleme setzte der große Frachtjet gegen 06:00 Uhr/loc., 20 Minuten nach der ersten Feuermeldung, in Newburgh auf. Der Pilot nahm den nächsten Abrollweg und bremste die Maschine, die bereits eine leichte Rauchfahne hinter sich herzog, scharf in den Stand. So blieb „68055" mit dem Heck noch über der Landebahn, auf dem Abrollweg stehen. Alle an Bord hatten es offenbar sehr eilig, dem Flugzeug zu entsteigen. Alle drei Piloten sowie zwei FedEx - Angestellte benutzten die Notstrickleiter bzw. die Notrutsche, um sich in Sicherheit zu bringen. Den zuvor alarmierten Feuerwehreinheiten war es jedoch nicht mehr möglich, den Brandherd im Innern der Kabine zu bekämpfen, da Frachtpaletten ihnen den Weg versperrten. So bahnte sich das Feuer seinen Weg, bis nach weiteren 40 Minuten die Flammen aus dem Dach schlugen. Die DC-10 war nun nicht mehr zu retten. An Bord befanden sich auch etwas radioaktives Material für medizinische Zwecke sowie jede Menge Blutplasma und einige HIV - positive Blutproben. Über die Ursache des Brandes gibt es noch keine Klarheit.

02.10.96
Aero Peru Boeing 757-200
N52AW 25489

Die Boeing 757 gilt weltweit als sehr sicheres Flugzeug. Doch nach zwei Unglücken kurz hintereinander (vgl. 20.12.95; 06.02.96) geriet dieser Typ jedoch etwas ins Zwielicht der Öffentlichkeit. Eine minimale Unachtsamkeit des Bodenpersonals hatte das Unglück im Februar ausgelöst. Ein fast identisches Problem sollte auch an diesem Tag einer 757 zum Verhängnis werden.

Die peruanische Staatsairline Aero Peru erwarb kürzlich zwei 757 von einer australischen Leasingfirma. Diese Maßnahme kam unter anderem auch als Reaktion auf die Kritik der allmächtigen US-amerikanischen Aufsichtsbehörde FAA, die Peru seit längerem wegen ihrer mangelhaften Sicherheitsstandards kritisierte. Es wurde sogar angedroht, Aero Peru die Landerechte in den USA zu verweigern. Unter diesem Druck, die USA sind immerhin eines der lukrativsten Verkehrsgebiete, versprach man Abhilfe zu schaffen. Die beiden neuen 757 operierten daher vordringlich auf den USA Routen, um den FAA-Inspekteuren möglichst wenig Anlaß zur Kritik zu geben. Doch an diesem Tag fiel eine der beiden 757 wegen einer technischen Fehlfunktion aus. Somit mußte der Linienflug nach Miami/FL mit einer alten 727 geflogen werden. Der Rückflug PL 603 nach Lima und Santiago De Chile landete abends gegen 22:30 Uhr/loc. auf dem Jorge Chavez Flughafen in **Lima/Peru**. Dort wechselte man dann auf die einsatzbereite „N52AW", die den letzten Flugabschnitt nach Santiago de Chile übernehmen sollte. Die 757 hatte die letzten 25 Stunden in Lima im Wartungshangar verbracht, wo an ihr kleinere Reparaturen ausgeführt wurden. Diese längere Standzeit beinhaltete auch eine Politur der metallenen unteren Hälfte des Rumpfes. Zu diesem Zweck wurden alle hervorstehenden Teile durch Klebeband vor Verunreinigung geschützt. Während der Außenreinigung starteten die Mechaniker auch das rechte Triebwerk Nr.2, um die Kontrollanzeigen im Cockpit zu überprüfen. Wenig später wurde „N52AW" frisch gewartet und gereinigt aus dem Hangar geschoben und stand bereit für Flug PL 603. Doch man vergaß die Klebebänder wieder von den Meßsonden des statischen Luftdrucks, die links und rechts am vorderen Rumpf eingelassen waren, zu nehmen. Diese Meßsonden, auch „static ports" genannt, messen den Luftdruck, der das Flugzeug umgibt, und leiten die Meßwerte an den Höhenmesser weiter. Diese Sonden sind lebenswichtige Einrichtungen für die sichere Flugführung eines jeden Jets. Beim anschließenden Außencheck übersahen die Piloten in der Dunkelheit noch verbleibenden Klebebänder. Das Verhängnis nahm seinen Lauf.

61 Passagiere und neun Besatzungsmitglieder gingen an Bord. Flug 603 rollte wenig später zur Startbahn 15. Eine tieffliegende Wolkendecke in 280 Metern lag über dem Flughafen, und streckenweise war die Sichtweite aufgrund aufkommenden Bodennebels auf wenige hundert Meter begrenzt. Es war bereits 00:37 Uhr/loc. geworden, als die Startgenehmigung erteilt wurde und PL603 auf der Runway Fahrt aufnahm. Wenige Momente darauf hob die 757 in den Nachthimmel ab und war sofort in Nebelschwaden verschwunden. Schon zu dieser Zeit mußten die Piloten bereits bemerkt haben, daß etwas nicht in Ordnung war. Etwa fünf Minuten nach dem Start kam dann die Meldung von Flug 603:

CPT: „Wir erklären einen Notfall, wir haben keine statischen Instrumente...Höhenmesser oder Geschwindigkeitsanzeiger, wir erklären einen Notfall."

Per Radarführung wurde Flug 603 angewiesen eine Rechtskurve einzuleiten, um zurück zum Flughafen zu fliegen.

CPT: „Wir haben Probleme mit der Instrumententafel. Sie werden uns mit Höhe und Geschwindigkeit helfen müssen."

ATC: „Wir werden Sie zum Einflugzeichen leiten, wir werden...etwa 30 Meilen nördlich von Lima VOR für..."

Der Fluglotse las den Piloten ständig die Werte vor, die er auf seinem Radarschirm hatte. Nach einer längeren Wartungszeit funktionierte das Doppler-Radar in Lima in dieser Nacht zum Glück wieder. Doch die Werte, die dieses Radar empfing, basierten auf dem sogenannten Mode-C des Transponders der 757. Dieser Mode-C Transponder überträgt automatisch die Werte, die die Fluginstrumente im Cockpit anzeigen, in diesem Fall also die falschen. Die zugeklebten Meßsonden suggerierten der Besatzung, daß sie eine höhere Fluggeschwindigkeit hätten, als es tatsächlich der Fall war. Die Lage an Bord verschlimmerte sich rapide:

CPT: „Es gibt keine Möglichkeit das..(Hintergrundgeräusch)...wir sind immer noch sehr schnell, ein Rettungsflugzeug bitte. Wir brauchen ein Flugzeug. Gibt es möglicherweise ein Flugzeug, das kommen kann und uns hier rausholt?"

ATC: „Wir bestellen sofort eins. Wir haben eine 747, die nach Pudahuel unterwegs ist. Wir sagen denen Bescheid."

Die 757 leitete einen Sinkflug ein. Trotz der irreführenden Anzeigen hatte der Pilot seine Maschine noch einigermaßen im Griff. Doch gleichzeitige „Overspeed" - und „Stall" - Warnungen widersprachen sich. Die Piloten waren mit der Situation überfordert.

CPT: „Keines unserer Instrumente funktioniert. Wir haben einen Overspeed Alarm, die Triebwerke gedrosselt und offenbar verlangsamen wir nicht."

ATC: „Roger, eine 707 ist bereit, in fünf Minuten abzuheben."

PL 603 passierte nun im Sinkflug den Flughafen, der unsichtbar unter den Wolken rechts an der Maschine vorbeiwanderte. Die 757 befand sich über dem Pazifischen Ozean einige Meilen außerhalb der Küstenlinie, zu an der man parallel entlangflog. Ohne zuverlässige Höheninformationen kam man der Wasserlinie immer näher. Die Mode-C -Anzeige wies einen Wert von 9.000 ft aus. Doch tatsächlich befand sich die Maschine nur 1.500 ft über den Wellen. Kurz darauf schlug das automatische Bodenannäherungswarngerät (GPWS) Alarm.

CPT : „Wir haben eine Bodenwarnung."
ATC: „Ihr zeigt eine Höhe von 10.000 Fuß über dem Ozean an, fliegt Nordwest auf Kurs 300."
CPT: „Wir haben eine Bodenwarnung und wir sind...wahrscheinlich auf 10.000 Fuß?"
ATC: „Nach dem Monitor, zeigt ihr eins-null-fünf."
CPT: „All unsere Computer scheinen hier oben verrückt zu sein."

Der Kommandant verließ sich auf die Angaben des Towerlotsen, die die 757 in ausreichender Höhe erscheinen ließen. Der Sinkflug wurde trotz anhaltender GPWS-Warnungen nicht abgebrochen. Dem erfahrenen Kommandanten erschien die Situation trotzdem nicht geheuer:

CPT: „Wir sind über Wasser, richtig?"
ATC: „Korrekt, über Wasser, 42 Meilen westlich ."
CPT: „Wir kommen jetzt runter."
ATC: „Ihre Geschwindigkeit ist ungefähr 200."
CPT: „Geschwindigkeit 200?"
ATC: „230, jetzt kommen sie langsam runter."

Nur noch wenige Meter trennte Flug 603 von der Wasserlinie. Der Geräuschpegel im Cockpit schwoll nun merklich an.

CPT: „Wir bleiben auf Kurs 070, was wir nicht haben ist...(Hintergrundgeräusch)...und die Höhe ist 9.700."
ATC: „Welche Höhe zeigen sie an? Habt ihr Sichtkontakt?"
CPT: „Wir zeigen an..."

Dann verstummte der Kommandant. Das rechte Triebwerk hatte bereits die Wasseroberfläche erreicht und fiel schlagartig aus. Die Gischt schäumte auf, als eine Tragfläche auf das Wasser aufsetzte und die 757 augenblicklich radschlagenderweise auseinanderbrach. Um 01:11 Uhr/loc., nach nur 36 Minuten in der Luft, endete Flug PL 603, ca. 45 Meilen nördlich des Flughafens von Lima in den Fluten des Pazifiks. Niemand der 70 Menschen an Bord hatte die Katastrophe überlebt. Damit ging bereits die dritte Maschine dieses Typs innerhalb von nur 10 Monaten verloren.

Die unglaublichen Gerüchte über die verklebten Meßfühler bestätigten sich bei der Hebung der Trümmerstücke der Boeing 757 vom Meeresgrund einige Wochen nach dem Absturz. Alle drei der „Static Ports" (Capt; F/O; Alternate) auf der linken Seite der 757 waren sorgfältig mit grauem Klebeband verstopft.

Das NTSB forderte die Firma Boeing auf, ihre Manuals denen der Konkurrenten McDonnell Douglas und Airbus anzupassen. Die beiden Firmen schrieben in ihren Manuals nämlich die Benutzung von grell orangenefarbenden Klebeband und der Anbringung von gleichfarbigen Warnflaggen bei der Überklebung von Meßsonden vor.

08.10.1996
Aeroflot   **Antonov An 124-100**
RA-82069   -

Die Antonov Frachtmaschine war von einer britischen Charterfirma angemietet worden, um Luxusautos bei dem italienischen Hersteller Ferrari in Turin aufzunehmen und sie danach zu ihren neuen Besitzern nach Sharajah am Persischen Golf und dem Fürstentum Brunei im Fernen Osten zu transportieren.

Über dem Flughafen **Turin Caselle AP/Italien** hing eine tiefe Wolkendecke, aus der seit Stunden ein leichter Nieselregen auf die Umgebung des Flughafens niederging. Laut Zeugenaussagen befand sich die riesige Antonov über dem Gleitpfad, als sie die Wolkendecke durchstieß. Die Piloten entschlossen sich daraufhin zum Durchstarten und gaben Vollschub. Doch die vereinigte Kraft der vier mächtigen Progress D-18 Triebwerke reichte nicht aus, um die Antonov wieder Höhe gewinnen zu lassen. Sie streifte 2 Kilometer hinter der Bahn einige Hausdächer und stürzte dann in die Siedlung San Francesco al Campo. Der vordere Teil der Maschine kam in einem Bauernhaus zu Stillstand, wobei das Cockpit und das Haus völlig zerschmettert wurden. Die leere Frachtmaschine brannte vollständig aus.

Bei dem Unfall kamen vier Menschen ums Leben. Von der 23 Mann starken Besatzung der Antonov kamen der Kommandant und der Copilot ums Leben. 13 weitere Besatzungsmitglieder wurden verletzt. Es starben auch zwei Bewohner des Hauses, in das die Maschine stürzte.

22.10.96
Millon Air   **Boeing 707-320C**
N751MA   **19582**

Die Frachtmaschine sammelte an diesem Tag auf der Route Asuncion - Quito - Manta - Manta diverse Waren ein, die in die USA transportiert werden sollten. Die ekuadorianische Hafenstadt **Manta** war die letzte Etappe auf dem Rückflug nach Miami. Einige Tonnen Gefrierfisch wurden in den Frachtraum verladen und gegen 21:44 Uhr/loc. hob man auf dem kleinen Airport ab und stieg in die Dunkelheit. Augenblicke später fing offenbar ein Triebwerk Feuer und die Boeing verlor wieder an Höhe, streifte einen Kirchturmmast und stürzte kopfüber in das dichtbesiedelte Wohngebiet La Dolorosa. Dort hinterließ die 707 eine Schneise der Verwüstung. Neben den vier Besatzungsmitgliedern starben mindestens 30 weitere Menschen am Boden in ihren Häusern. Millon Air verlor damit ihr zweites Flugzeug innerhalb von nur 13 Monaten. Die US-Luftfahrtbehörde FAA belegte das Fluggesellschaft hiernach einstweilig mit einem Startverbot, bis die Unglücksursache aufgeklärt war. Die bewußte 707 „N751MA" wurde bereits am 22.Februar 1996 stark beschädigt, als die Maschine mit nicht voll ausgefahrenem Fahrwerk in Miami landete.

23.10.96
LADE Boeing 707-320C
LV-LGP 20077

Kaum waren die Meldungen über den Manta-Crash in aller Welt, der verunglückte auch schon eine weitere 707, die ebenfalls mit Fisch beladen war. Mit 25 Tonnen Meerestieren an Bord sollte die Boeing von Buenos Aires/Argentinien zum Luftwaffenstützpunkt El Palomar fliegen. Doch unterwegs hatte man einen Triebwerksschaden und mußte umkehren. Im Landeanflug auf die Bahn 01 des **Ezeiza Intl AP** verschlimmerten sich die Probleme jedoch, und wenige Sekunden vor der Landung verloren die Piloten die Kontrolle über ihr Flugzeug. Abrupt verlor der Jet kurz vor der Runway an Höhe und stürzte auf unbebautes Grasland. Dabei zerbrach die 707 in mehrere Teile. Zwei Insassen starben, sieben weitere wurden z.T. schwer verletzt. Die staatliche LADE, die als Transportunternehmen für die Luftwaffe dient, verlor damit ihr 10.Flugzeug in 28 Jahren.

23.10.96
Zaire Express Boeing 707-320C
9Q-CVG 20122

Innerhalb von 24 Stunden ging auf dem Internationalen Flughafen von **Kinshasa-NDjili AP/Zaire** eine weitere 707 verloren. Hierbei landete man mit noch eingezogenem Fahrwerk auf der Rumpfunterseite. Der entstandene Schaden überstieg den Wert der 27-jährigen Maschine. Die Besatzung blieb unverletzt.

26.10.96
Tyumenaviatrans Yakovlev Yak-40
RA-88257 9711252

Bei einem schweren Schneesturm und einer Sichtweite unterhalb der Minima, unternahm die Yak einen Landeversuch (ohne ILS) in Hanti-**Mansiisk/Rußland**. Es kam, wie es kommen mußte: der Pilot verfehlte die Landebahn und setzte einige hundert Meter vorher auf. Der dortige Untergrund war zwar befestigt, allerdings standen nun drei Mil Mi-8 Hubschrauber im Weg. Ein Ausweichmanöver kam zu spät. Die Yak durchstieß mit der Tragfläche den Ersten, begrub den Zweiten unter sich und kam erst durch die Kollision mit dem Dritten zum Stehen. Von den 27 Fluggästen und fünf Crewmitgliedern starben fünf Menschen. Tags darauf wurde in den Russischen Medien kritisiert, daß der Pilot sich beim Abflug in Tyumen, knapp 50 km entfernt, nicht über die Wetterverhältnisse informiert hatte und außerdem nicht genügend Treibstoff für eine Ausweichlandung mitführte.

31.10.96
TAM Fokker F-100
PT-MRK 11440

Sao Paulos Inlandsflughafen Congonhas liegt inmitten dichtbesiedelter Stadtbezirke, in denen ein großer Teil der 9,5 Mio. Einwohner dieser größten Stadt Südamerikas, lebt. Es war 08:28 Uhr/loc., als Flug KK402 nach Rio de Janeiro von der Startbahn 35 abhob. Das Wetter was sonnig und die Sicht war klar. Gerade wurde das Fahrwerk eingefahren, da fuhr plötzlich die Schubumkehr des rechten Triebwerks Nr.2 aus, so sagen es jedenfalls die neuesten Meldungen.

Den Piloten gelang es nicht mehr die Steuerkontrolle zurückzuerlangen und die Fokker stürzte mitten in eines der Wohngebiete nördlich des Flughafens. Der Havarist hinterließ dort eine Schneise der Verwüstung. Fünf mehrgeschossige Häuser wurden buchstäblich dem Erdboden gleichgemacht. Viele Weitere durch Trümmer beschädigt. Beim Aufprall explodierte die Maschine in einem Feuerball. Niemand der 89 Insassen und fünf Crewmitglieder überlebte das Unglück. Weitere 22 Einwohner starben am Boden, die von der herabstürzenden Fokker überrascht wurden. In den ausgebrannten Trümmern fanden die Rettungsmannschaften eine gewisse Menge an Kokain, jedoch ist ein Zusammenhang mit dem Crash ausgeschlossen. Was zur Auslösung der Schubumkehr im Steigflug geführt hat, ist bislang unklar. Der Crash war eines der schwersten Flugzeugunglücke, die Brasilien in den letzten Jahren erlebte hatte. Am 21.03.89 rauschte eine Transbrasil 707 im Anflug auf den internationalen Flughafen Sao Paulos, Guarulhos, in ein Armenviertel. 23 Menschen starben, darunter 20 am Boden. Das Unglück wirft ein Schlaglicht auf die Betriebssicherheit der achso beliebten City-Airports, wie z.B. Berlin-THF, der zum Glück bislang von einem derartigen Unfall verschont blieb.

07.11.96
ADC Airlines Boeing 727-200
5N-BBG 20054

Nigeria ist das bevölkerungsreichste Land Afrikas und gleichzeitig das mit der niederschmetterndsten Unfallbilanz. Seit 1990 verunglückten nicht weniger als 11 zivile Düsenmaschinen. Doch meist verliefen die Unfälle mehr oder weniger glimpflich. Nicht nur Wartung und technisches Gerät, sondern auch die Luftraumkontrolle Nigerias befinden sich seit geraumer Zeit infolge Geldmangels und Mißwirtschaft in einem beklagenswertem Zustand. Die amerikanische Luftaufsichtsbehörde FAA erließ als Reaktion ein striktes Landeverbot für alle nigerianischen Maschinen auf US-Flughäfen. Auch in anderen Ländern wurden Maschinen der nationalen Nigeria Airways wegen unbezahlter Rechnungen und technischen Mängeln an die Kette gelegt.

Doch allen Sicherheitsbedenken zum Trotz: der Luftverkehr innerhalb Nigerias florierte. Eine der vielen Airlines, die im Inlandsverkehr mitmischten, war die Aviation Development Company, kurz ADC Airlines genannt. 1989 gegründet, unterhielt die Fluglinie ein Streckennetz bis nach Europa und in den nahen Osten. Bereits zwei Flugzeugverluste mußte ADC in der Vergangenheit hinnehmen (siehe 18.08.94 und 25.07.95) wobei allerdings niemand zu Schaden kam. Doch bei diesen beiden unrühmlichen Vorfällen sollte es nicht bleiben.

Die Boeing 727 der ADC absolvierte an diesem Tag den Linienflug ADC 086 von Port Harcourt zur Hauptstadt Lagos. In einer Reiseflughöhe von 24.000 ft (FL240) flog man gen Westen. In geringer Entfernung, ebenfalls in westliche Richtung fliegend, befand sich ein Geschäftsreiseflugzeug der französischen Elf Company in 21.000 ft., das auch Lagos zum Ziel hatte. Beide Maschinen standen den gesamten Flug nicht in Radarkontakt mit der Bodenstation und waren auf ihre eigene Navigation angewiesen. Zur selben Zeit startete in Lagos eine andere 727 in Richtung Osten. Sie gehörte zur kleinen Flotte der Triax Airlines, die ebenfalls in Nigeria beheimatet war und in Richtung Enugu jettete. Diese Maschine wählte eine Reiseflughöhe von 16.000 ft (FL160). Früher als sonst üblich gab der Lotse in Lagos die Triax-Maschine ab und wies die Crew an nach eigenem Gutdünken Richtung Enugu zu fliegen. Wenige Minuten später rief die ADC-Maschine den Lotsen und bat um Sinkflugfreigabe. Doch der Lotse ließ ADC 086 zunächst in 24.000 ft weiterfliegen, um den tiefer fliegenden Elf-Jet zum Landeanflug vorzuziehen. Erst zwei Minuten darauf erteilte er dann auch der Boeing die Sinkflugfreigabe auf 3.000 ft. Ohne Radargerät war es ihm nicht möglich die Position und die Flughöhe der an- und abfliegenden Maschinen präzise zu bestimmen. In dieser Phase unterlief ihm ein verhängnisvoller Fehler. Er vergaß, daß die ADC-Maschine nicht wie üblich, sondern verspätet den Sinkflug eingeleitet hatte und sich damit in größerer Höhe befand als von ihm angenommen. Die Piloten in der sinkenden Maschine vernahmen plötzlich die eindringlichen Warntöne des Anti-Kollisionsgerätes (TCAS), das vor einer drohenden Begegnung mit einem anderen Flugzeug warnte.

Einen Augenblick danach erkannte man im Cockpit die Umrisse einer anderen Maschine, die frontal auf sie zukam. Es war die andere 727 der Triax Airlines, die in 16.000 ft. unterwegs war. Nach einer lähmenden Schrecksekunde zerrte der fliegende Pilot das Flugzeug herum. Die ausgefahrenen Querruder ließen eine Tragfläche steil nach oben schießen, die andere abrupt gen Boden neigen. Beide Flugzeuge rauschten in wenigen Metern aneinander vorbei. Die Triax Maschine, die über keine TCAS-Warnung verfügte, unternahm keinerlei Ausweichmanöver. Vermutlich hatte man die herabstoßende ADC-Boeing nicht einmal wahrgenommen.

An Bord der 727 hatte man zwar eine Luftkollision vermieden, jedoch hatte man sich durch das plötzliche Manöver in eine kritische Fluglage gebracht. Der maximale Rollwinkel wurde überschritten und die Boeing legte sich auf den Rücken. Verzweifelt versuchten die Piloten die Kontrolle über die Maschine zurückzuerlangen, doch vergebens. ADC 086 tauchte nach unten ab, ohne daß es den Piloten gelang, den Sturzflug abzubrechen. Nach nur 16 Sekunden schlug der Geschwindigkeitsmesser bei der 500 Knoten-Markierung an, diese liegt nur hauchdünn unter der Schallgrenze. Es war gegen 17:00 Uhr/loc., als die 727 südöstlicher Hauptstadt **Lagos** in die weiten Ausläufer einer Sumpflagune stürzte und zerschellte. Keiner der 134 Passagiere und neun Besatzungsmitglieder überlebte die Katastrophe. Mit 143 Todesopfern war dies das schlimmste Flugzeugunglück in der Geschichte Nigerias.

Allein im Jahre 1996 waren damit über 800 Menschen bei Flugzeugunglücken in Afrika ums Leben gekommen.

Ein Mitschuld hieran trägt zu einem erheblichen Teil die antiquierte Luftraumüberwachung auf dem schwarzen Kontinent. Noch nicht einmal 10 % des Luftraums sind durch ein Radarzentrum überwacht. Der große Rest ist unkontrolliert. 41 der 55 Staaten dieser Region verfügen über kein Sekundärradar, bzw. über keine UKW-Funkstationen. Die Pilotenvereinigung IFALPA empfiehlt daher seit Jahren über Afrika das sogenannte „inflight broadcasting" zu praktizieren. Die UKW-Frequenz 126,9 Mhz dient seitdem den Piloten um Positions- und Höhenmeldungen abzugeben und untereinander Verkehrsinformationen auszutauschen. Besorgt über die wachsende Zahl von Unfällen und gefährlichen Begegnungen wurde zwischen der IFALPA und der südafrikanischen Pilotenvereinigung eine Vereinbarung zur Verbesserung der Luftüberwachung ins Leben gerufen. Bleibt abzuwarten, ob sich dies in einer verbesserten Unfallbilanz über dem afrikanischem Kontinent auswirken wird.

12.11.96

Saudia	Boeing 747-100
HZ-AIH	22748
Kazakhstan AW	Ilyushin 76
UN-76435	1023413428

Das viertschwerste Unglück der Luftfahrtgeschichte ereignete sich in einem Land, das durch seine katastrophale Unfallbilanz bekannt ist. Doch diesmal waren zwei nichtindische Flugzeuge betroffen. Schauplatz des traurigen Geschehen war der Indira Ghandi-Flughafen in **Neu Delhi/Indien**.

Von dort startete die Saudische Boeing um 18:06 Uhr/loc. zum Flug SV 763 nach Dharan und Jeddah. An Bord befanden sich 312 Menschen, darunter viele indische Gastarbeiter, die in Saudi Arabien ihrem Tagewerk nachgehen. Flug 763 stieg langsam mit Westkurs auf die freigegebene Flughöhe von 14.000 ft, während von Westen her die IL-76 im Sinkflug auf Delhi war. Deren Pilot, so hieß es, hätte Schwierigkeiten gehabt, die Anweisungen des indischen Fluglotsen zu verstehen.

Kurz nachdem die Saudische Maschine abhob, wurde der kasachische Flieger auf 15.000 ft freigegeben. Also 1.000 ft über der Höhe der 747. Was sich hiernach genau ereignet hat, bedarf wohl noch einer endgültigen Klärung. Jedenfalls flogen die beiden Maschine, womöglich ohne voneinander zu wissen, mit über 800 km/h aufeinander zu. 45 meilen westlich der Stadt kam es zur Kollision. Die 747 befand sich gerade in einer leichten Linkskurve, als die Ilyushin frontal mit ihr zusammenstieß. Beide Maschine waren danach nicht mehr Flugfähig und stürzten senkrecht zu Boden. Auf einem unbewohntem Feld, nahe der Ortschaft Charkhi Dardi, ging ein Regen aus Trümmer- und Leichenteilen nieder. Von den 39 Insassen der Il-76 überlebte niemand das Desaster. Zuerst vermutete man auch keine Überlebenden in der 747. Doch am nächsten Tag wurden, wie durch ein Wunder, zwei Überlebende aus dem Trümmerfeld geborgen.

Dennoch, mit 349 Todesopfern ist dies das viert schwerste Flugzeugunglück in der Geschichte der Zivilluftfahrt. Nur drei andere Unfälle waren noch schlimmer

503

HZ-AIH; die in die Luftkollision über Indien verwickelte Maschine der Saudia, hier 18 Monate vor der Katastrophe / Brüssel im Mai 1995 <Quelle: JR-Photo>

- die Kollision zweier 747 am Boden in Teneriffa 1977 (583 Tote) - der Absturz einer JAL 747 westlich von Tokio 1985 (520 Tote) - der Absturz einer DC-10 nördlich von Paris 1974 (364 Tote). Nach dem Crash kam es zu den für Indien typischen Verhältnissen, erst als der Journalistentross den Absturzort erreichte, merkten auch die indischen Behörden etwas und setzten die Rettungseinheiten in Marsch. Es kam zu vielen Plünderungen seitens der Landbevölkerung, die genug Zeit für ihr kriminelles Machwerk hatten.

Die Medien droschen natürlich sofort auf die russischen Flugzeuge ein. Deren Piloten allesamt kein Englisch könnten, und nur als "fliegende Särge" bekannt wären und sich nur selten an die Anweisungen der Bodenkontrolle halten würden. Richtig ist, daß viele GUS-Flugzeuge die Flughöhe, Geschwindigkeit und Entfernungen nach dem metrischen System berechnen, während überall sonst in der welt nach Fuß, Knoten und Seemeilen gerechnet wird. Angaben zufolge, hatte die Ilyushin jedoch sowohl einen metrischen, als auch einen Standard-Höhenmesser an Bord gehabt. Doch die Auswertungen der Flugschreiber laufen noch. Ein weiterer Unglücksfaktor könnte die Flugsicherungstechnik gewesen sein.

Das indische ATC-System ist nach Meinung vieler Piloten hoffnungslos veraltet und marode. Trotz des reliv hohen Verkehrsaufkommens gibt es für an- und abfliegende Maschinen einen gemeinsamen Korridor, indem sich der Hauptteil der Flugbewegungen abspielt. Desweiteren existiert bis heute kein funktionsfähiges Sekundärradar, auf dem jedes Flugziel mit Höhe und Geschwindigkeit angezeigt wird. Die Firma Raytheon sollte bereits seit Januar für 93 mio. US $ eine neue Radaranlage in Delhi und Bombay installieren, die eigentlich im Juli in Betrieb gehen sollte. Doch bis heute war dies nicht der Fall. Der Himmel über Indien bleibt riskant. 3

Flug 691 sollte quer durch Afrika von Addis über Nairobi/Kenia, Brazzaville/Kongo, Lagos/Nigeria nach Abidjan/Elfenbeinküste verlaufen. Die große 767 stieg schnell auf die gewünschte Reiseflughöhe und nahm Kurs in Richtung Kenia. An Bord war alles wie immer und die Passagiere genossen ihren Flug.

Doch unter ihnen befanden sich auch drei Äthiopier die gänzlich andere Dinge im Sinn hatten. Angetrunken erhoben sie sich aus ihren Sitzen, rannten ins Cockpit und brachten die Maschine in ihre Gewalt. Brüllend forderte der Anführer von den Piloten, nach Australien geflogen zu werden. Der Kommandant tat wie ihm geheißen und steuerte die 767 leicht nach links in Richtung Küste. Doch Flug 961 hatte für den vorgesehenen Flug nach Nairobi nur Treibstoff für 120 Minuten an Bord. Aussichtslos damit auch nur in die Nähe Australien zu gelangen.

Die drei Entführer, die allesamt reichlich alkoholisiert waren, gaben sich als Gegner der äthiopischen Regierung aus. Ihre weiteren Motive blieben jedoch im Dunkeln. Offenbar handelte es sich hierbei um drei Straftäter, die zuvor aus einem äthiopischen Gefängnis getürmt waren. Ausgerüstet waren sie mit einem verschnürten Paket (von dem sie sagten, es sei eine Bombe darin), einer Axt und einem Feuerlöscher. So bewaffnet, gaben sie ihre Kommandos. Die 767 setzte ihren unfreiwilligen Flug in Richtung Südwesten fort und der Kommandant meldete der Flugleitung in Dar Es Salaam/Tansania, daß man sich 61 Meilen nördlich der Stadt befinden und in 39.000 ft Höhe fliegen würde. Als die Piloten den Luftpiraten klarzumachen versuchten, daß man unmöglich nonstop bis Australien schaffen kann, brach Unruhe an Bord aus. Einer der drei wurde handgreiflich und fingerte an einigen Geräten im Cockpit herum, bediente einige Schalter des Autopiloten und langte nach der Bordsprechanlage. Nur mühsam konnte er von den Piloten vor schwerwiegenderen Manipulationen gehindert werden.

Flug 961 verließ die afrikanische Ostküste und flog nun auf den Indischen Ozean hinaus. Erneut bemühten sich die Piloten den Entführern klarzumachen, daß in weniger als 2 Stunden der Treibstoffvorrat zuende gehen würde.

Doch davon wollten diese nichts hören. Die aufgestaute Anspannung entlud sich am Copiloten, der mit Faustthieben traktiert und unsanft aus dem Cockpit geschleudert wurde.

Die verunsicherten Luftpiraten untersagten dem Kommandanten jeglichen weiteren Funkverkehr. Von

23.11.96

Ethiopian AL   **Boeing 767-200ER**
ET-AIZ   **23916**

163 Passagiere und zwölf Crewmitglieder bestiegen an diesem Vormittag die startklare Boeing 767 der äthiopischen Staatsfluggesellschaft auf dem internationalen Flughafen in Addis Abeba. Kurz danach setzte sich Flug ET961 auf dem Rollfeld in Bewegung.

nun an herrschte am Boden Unklarheit über den weiteren Verbleib der 767. Der Kommandant, der nun allein mit einem der Entführer im Cockpit verblieb, steuerte die große Maschine über das Meer und suchte verzweifelt nach einem Ausweg. Weder wollten die Gangster eine Zwischenlandung erlauben, noch war ihnen das Treibstoffproblem klarzumachen.

Seit über 40 Minuten hätte Flug 961 in Nairobi sein sollen, doch unter der Maschine befanden sich nur die Wellen des Indischen Ozeans. Eindringliche Appelle an die Entführer, eine Ausweichlandung doch noch zu erlauben, wurden nicht beachtet. Schließlich geschah das Unweigerliche und eines der beiden Triebwerke fiel infolge Kerosinmangel aus. Mit nur einem laufenden Triebwerk konnte die Flughöhe nicht mehr gehalten werden und der Sinkflug begann.

Der Kommandant meldete sich über die Bordsprechanlage:

CPT: „We have lost one engine. We are running out of fuel. We are going to have a crash landing. Get ready"

Aus dem leichten Sinkflug wurde eine Minute darauf ein steiler Segelflug, als auch das zweite Antriebsaggregat ausfiel. Da sich das Flugzeug auf halbem Wege zwischen dem afrikanischen Kontinent und Madagaskar befand, schien eine Notwasser nunmehr unabwendbar zu sein. In der Passagierkabine demonstrierten die Flugbegleiter die richtige Sitzposition und gaben den Passagieren Anweisungen für das weitere Verhalten. Das unendliche Blau des Ozeans kam unaufhaltsam näher.

Auf einmal tauchten in weiter Entfernung schemenhaft die dunkleren Umrisse einer Insel auf. Hierbei handelte es sich um Njazidja, die nordwestlichste Insel der Komoren.

Die Komoren sind beliebtes Ferienziel vieler Europäer und Südafrikaner, die hier ungestört vom Massentourismus exklusiven Urlaub machen. Doch an Bord von Flug 961 konnte keiner die Schönheiten der Natur genießen, sondern dachte nur noch an die bevorstehende Notlandung. Der Kommandant stand unter Streß. Zwar besaß Njazidja einen Flughafen, doch der lag im Süden der Insel, über 50 Kilometer entfernt. Die Flughöhe reichte unmöglich, um es bis dorthin zu schaffen. Er faßte den Entschluß, wenigstens so weit wie möglich in die Nähe der Insel zu gelangen und peilte die nordwestliche Spitze nahe des Touristenortes Mitsamiouli an. Die Silhouette eines großen weißen Luxushotels war bereits vom Flugzeug aus sichtbar.

Eine Wasserlandung stellt für Piloten ein äußerst schwieriges Manöver dar, das nur sehr selten geübt wird, da eine solche Situation praktisch so gut wie noch nie vorgekommen war. Zusätzlich erschwerend kam hinzu, daß ET961 keine Triebwerksleistung mehr zur Verfügung stand. Daher hatte der Pilot nur einen Landeversuch.

In dieser Situation höchster nervlicher Belastung verließ sich der Kommandant auf seine fliegerischen Instinkte. Einerseits mußte er so weit wie möglich in der Luft bleiben und daher die Sinkgeschwindigkeit so gering wie nur möglich halten, andererseits barg dies die Gefahr einer zu geringen Fluggeschwindigkeit und damit eines Strömungsabrisses in sich. Bravourös steuerte der Kommandant den Jet im Segelflug an die Klippen heran.

Neugierige Passagiere sahen aus dem Fenster und erkannte bereits die Schaumkronen auf den Wellen. Die Entführer erkannten nun, daß ihr Plan fehlgeschlagen war. Trotzdem erlaubten sie nicht mit dem Flughafen der Inselhauptstadt Moroni Kontakt aufzunehmen. Am Boden wußte man daher nichts von der unmittelbar bevorstehenden Notwasserung und alarmierte daher auch nicht vorsorglich die Rettungseinheiten.

Beobachter am Boden sahen, wie die 767 in niedriger Flughöhe lautlos an ihnen vorbeizog und hinter einer Landzunge verschwand.

Einen knappen Kilometer vor dem Sandstrand, an dem sich viele Einheimische und Touristen aufhielten, schwenkte der Kommandant leicht nach links um nicht zu nahe an das Riff zu gelangen und keine Boote oder Surfer im Weg zu haben. Doch noch bevor die Linkskurve beendet war, bekam die linke Tragflächenspitze Wasserkontakt.

Nun ging alles ganz schnell. Im Cockpit ertönten Alarmsignale, während die linke Tragfläche durch die türkisblaue Meeresoberfläche pflügte.

Jetzt war das Landegebiet, die Bucht vor dem Touristenort **La Galawa/Komoren** erreicht. Der Pilot brachte die Tragflächen wieder in eine horizontale Stellung und Augenblicke später senkte sich Flug 961 in die Fluten.

Das Unglück wollte es, daß hierbei das linke Triebwerk von einer leichten Woge erfaßt und in Sekundenbruchteilen abgerissen wurde. Gleichzeitig prallte der Rumpf der 767 auf die Wasserlinie.

Der Rumpf wurde um die Hochachse herumgerissen und brach vor und hinter den Tragflächen in drei große Teile. Die hintere Teil der Maschine bäumte sich auf, die Tragflächensektion überschlug sich und ET961 war. in einer Gischtwolke verschwunden.

Trotz sofortiger Rettungsmaßnahmen konnten nur noch 48 Überlebende geborgen werden. Für alle anderen 127 Insassen kam jede Hilfe zu spät. Zwei der Luftpiraten überlebten das Unglück und wurden der Justiz übergeben.

Es war bislang der schwerste Crash, der durch Luftpiraterie verursacht wurde und der spektakuläre Schlußpunkt in einem katastrophenreichen Jahr.

17.12.96

MK Air Cargo   Douglas DC-8-55CF
9G-MKD   45965

In der Endphase eines VOR-Anfluges auf die Bahn 21 in **Port Harcourt/Nigeria** kam man von der Ideallinie ab und berührte kurz vor dem Flughafengelände mit der Rumpfunterseite einige Bäume. Der Kommandant entschied sich zunächst durchzustarten und schob die Triebwerkshebel nach vorn. Doch Sekunden später besann er sich anders und drückte die DC-8 auf die Landepiste. Bei der darauffolgenden harten Landung brach das Bugrad ab, die Maschine brach aus und verließ den befestigten Teil der Runway bevor man zum Stehen kam.

Von den vier Cockpitinsassen wurde niemand ernsthaft verletzt. Die Frachtmaschine erlitt jedoch irreparable Schäden.

22.12.96
Airborne Express   Douglas DC-8-63F
N827AX   45901

Die gerade erst im August des Jahres von Emery Worldwide erworbene Maschine verunglückte bei einem Checkflug nahe der Ortschaft **Narrows/VA/USA**. Die DC-8 prallte bei stürmischen Winden und sehr heftigen Regenfällen gegen einen Berg und zerschellte. Hinweise über irgendwelche Probleme vor dem Unglück gab es nicht. Die 29 Jahre alte Maschine hatte gerade ein Wartungsintervall absolviert und sollte vor dem weiteren Linieneinsatz geprüft werden.

Keiner der sechs Menschen an Bord überlebte das Unglück.

Abkürzungen und Fachbegriffe

ADF =	Automatic Direction Finder (automatischer Kursanzeiger)
AFB =	Air Force Base (Luftwaffenstützpunkt)
Aileron =	Querruder
AP =	Airport (Flughafen)
ASDE =	Airport Surveillance Detective Equipment (Radar für Bodenbewegungen)
ATIS =	Automated Terminal Information Service (automatische Flughafeninformationen)
CAB =	Civil Aviation Board (US-Unfallbehörde bis 1967)
Centreline =	Pistenmittellinie
CFIT =	Controlled Flight Into Terrain (kontrollierte Bodenkollision)
Controller =	Fluglotse
CVR =	Cockpit Voice Recorder (Aufzeichnungsgerät für Cockpitgespräche)
Dekompression =	schlagartiger Druckverlust in d. Kabine
DFDR =	Digital Flight Data Recorder (digitales Aufzeichnungsgerät der wichtigsten Flugparameter)
DH =	Decision Height (Entscheidungshöhe im Endanflug)
DME =	Distance Measuring Equipment (Entfernungsmeßgerät)
Dutch Rolls =	taumelnde Flugbewegung um Längs- und Querachse
Elevator =	Höhenruder
Emergency =	Notfall
FAA =	Federal Aviation Administration (US-Luftfahrtbehörde)
Fatigue	= Ermüdung
FDR =	Flight Data Recorder (analoges Aufzeichnungsgerät der wichtigsten Flugparameter)
Flaps =	Klappen
Flight level(FL) =	Flugfläche (z.B. FL240 = 24.000 ft.)
GCA =	Ground Controlled Approach (vom Boden kontrollierter Anflug)
Gear =	Fahrwerk
Glareshield =	obere Mittelkonsole
Glideslope =	Gleitwegsender, für vertikale Anflugausrichtung
GMT =	Greenwich Mean Time (Standardzeit im Weltluftverkehr)
Go-around =	Fehlanflug
GPWS =	Ground Proximity Warning System (Bodenannäherungswarnsystem)
Holding =	Warteraum in d. Luft
ICAO =	International Civil Aviation Organization (intern. Luftverkehrsbehörde)
IFALPA =	International Federation of Airline Pilots Association (Internationale Pilotengewerkschaft)
IFR =	Instrument Flight Rules (Instrumentenflugregeln)
ILS =	Instrument Landing System (Instrumentenlandesystem)
IMC =	Instrument Meteorological Conditions (Flugbedingungen ohne Bodensicht)
INS =	Inertial Navigation System (Trägheitsnavigationsgerät)
LLWSAS =	Low Level Wind Shear Alert System (Alarmsystem für Windscherungen in Bodennähe)
Loadsheet =	Ladeliste
Localizer =	Landekurssender, für horizontale Anflugausrichtung
Maintenance =	Wartung
Mayday =	Internationaler Notruf (von: m'aidez(F))
Microburst =	böiger Fallwind
Mid-Air-Collision =	Luftkollision
Middle marker =	Haupteinflugzeichen, ca. 1/2 Meile ausserhalb d. Landebahn
NDB =	Non Directional Beacon (ungerichtetes Funkfeuer)
NOTAM =	Notice To Airmen (Nachrichten für Luftfahrer)
NTSB =	National Transportation Safety Board (US-Transportsicherheitsbehörde ab 1967)
Outer marker =	Voreinflugzeichen, ca. 4 Meilen ausserhalb d. Landebahn
Overhaul =	Überholung, Reparatur
PA-System =	Public Announcement System (Bordsprechanlage)
Pitch (Nicken) =	Bewegung um die Querachse
PTC =	Pitch Trim Compensator (Trimmungs-Ausgleichsregler für Bewegungen um die Querachse)
QNH =	Luftdruckwert zum genauen Einstellen des Höhenmessers
Reverser =	Schubumkehr
Roll (Rollen) =	Bewegung um die Längsachse
Rotieren =	Aufrichten der Flugzeugnase beim Startlauf
Runway =	Start-/Landebahn
RVR =	Runway Visual Range (Sichtweite auf der Start/-Landebahn)
RWY =	Runway (Start-/Landebahn)
Slot =	zeitlich reservierter Luftraum, bzw. Bodenposition
Spoiler =	Luftbremsen an d. Tragflächenoberseite

Squawk =	vierstelliger Transpondercode von 0000 bis 7777
Stall =	Auftriebsverlust; Strömungsabriss an d. Tragflächen
TCAS =	Traffic Alert And Controlling System (Kollisionswarngerät)
TOGA =	Take-Off-Go-Around (Durchstartmodus des Autopiloten)
Touch and go =	erneutes Abheben nach dem Aufsetzen
Touchdown =	Erdberührung d. Fahrwerke
Transponder =	Gerät zur Radaridentifizierung e. Flugzeugs
VFR =	Visual Flight Rules (Sichtflugregeln)
VOR =	Very High Frequency Onmi-directional Range (UKW-Funkfeuer)
VORTAC =	Very High Frequency Onmi-directional Range & Tactical Air Navigation (kombiniertes VOR und TACAN Funkfeuer)
V_1 =	Vee One (Entscheidungsgeschwindigkeit, nach der der Startlauf fortgesetzt werden muß)
V_2 =	Vee Two (minimale Abhebegeschwindigkeit)
V_R =	Rotationsgeschwindigkeit beim Startlauf
V_{REF} =	Referenzgeschwindigkeit für unterschiedliche Klappenstellungen
White-Out-Effekt =	Sehminderung durch Schneeblendung
Windshear =	Windscherung in Bodennähe
Windshield =	Windschutzscheiben
Wing =	Tragfläche
Yaw (Gieren) =	Bewegung um die Hochachse
Yaw damper =	Gerät zum Ausgleichen d. Giermoments

Umrechnungswerte

ft =	Fuß (1 Fuß = 0.305 Meter)
km =	Kilometer (1 km = 1.000 Meter)
mls =	Nautische Meile (1 Meile = 1.852 Meter)
kts =	Knoten (1 Knoten = 1,68 km/h)

Stimmbandaufzeichnungen

ATC =	Air Traffic Control (Fluglotse)
COP =	Copilot (1.Offizier)
CPT =	Commander (Kommandant)
F/E(F/I)(ING) =	Flight Engineer (Flugingenieur/2.Offizier)
STA =	Stewardess
XXX =	unbekannt

US-Bundesstaaten

AK =	Alaska	IL =	Illinois	NC =	North Carolina	SC =	South Carolina
AL =	Alabama	IN =	Indiana	ND =	North Dakota	SD =	South Dakota
AL =	Arkansas	KS =	Kansas	NE =	Nebraska	TN =	Tennessee
AZ =	Arizona	KY =	Kentucky	NH =	New Hampshire	TX =	Texas
CA =	California	LA =	Lousiana	NJ =	New Jersey	UT =	Utah
CO =	Colorado	MA =	Massachusetts	NM =	New Mexico	VA =	Virginia
CT =	Connecticut	MD =	Maryland	NV =	Nevada	VT =	Vermont
DE =	Delaware	ME =	Maine	NY =	New York	WA =	Washington
FL =	Florida	MI =	Michigan	OH =	Ohio	WI =	Wisconsin
GA =	Georgia	MN =	Minnesota	OK =	Oklahoma	WV =	West Virginia
HI =	Hawaii	MO =	Missouri	OR =	Oregon	WY =	Wyoming
IA =	Iowa	MS =	Mississippi	PA =	Pennsylvania		
ID =	Idaho	MT =	Montana	RI =	Rhode Island		

Flieger-Alphabet

Alpha	**B**ravo	**C**harlie	**D**elta	**E**cho	**F**oxtrott
Golf	**H**otel	**I**ndia	**J**uillet	**K**ilo	**L**ima
Mike	**N**ovember	**O**scar	**P**apa	**Q**uebec	**R**omeo
Sierra	**T**ango	**U**niform	**V**ictor	**W**hiskey	**X**-Ray
Yankee	**Z**ulu				

Literatur

Bücher

David Beaty	The Naked Pilot, Airlife Publishing Ltd., Shrewsbury/England, 1995	Arne Leibing	Wie man einen Flugzeugabsturz überlebt, Rowohlt Taschenbuchverlag, Reinbek bei Hamburg, 1968
Stephen Barlay	The Last Call, ?/USA, 19??	Morgenstern/Simberger	Die abenteuerliche Geschichte des ersten deutschen Düsenverkehrsflugzeugs, Goldmann Verlag, München, 1977
Stephen Barlay	Aircrash, Ullstein Verlag, Frankfurt/Berlin, 1969		
Stephen Barlay	Cleared for Take-Off, Kyle Cathie Limited, London/England, 1994		
Tim van Beveren	Runter kommen sie immer, Campus Verlag GmbH, Frankfurt a.Main, 1995	Sepp Moser	Wie sicher ist Fliegen ?, Orell Füssli, Zürich, 1986
		H. Mensen	Moderne Flugsicherung, Springer, Berlin, 1988
Philip J. Birtles	De Havilland Comet, Ian Allan Ltd., Shepperton, Surrey/England, 1990	Charles Perrow	Normale Katastrophen - Die unvermeidbaren Risiken der Großtechnologie, Reihe Campus, Frankfurt a.Main, 1989
Andrew Brookes	Disasters in the Air, Ian Allan Ltd., Shepperton, Surrey/England, 1992		
Rudolf Brockhaus	Flugregelung, Springer Verlag, Berlin, 1994	Jon Proctor	Convair 880/990, World Transport Press, Miami, USA, 1996
D.P.Davies	Handling the big jets, Civil Aviation Authority, 1979	Graham Robson	Desert Airlines, Airlife Publishing Ltd., Shrewsbury/England, 1994
Terry Denham	World Directory of Airliner Crashes, Haynes Publishing/England, 1995	Karl-Dieter Seifert	Weg und Absturz der Interflug, BRD, 1994
A. Ditze	Start ins Chaos, Haag und Herchen, Frankfurt a. Main, 1989	Stanley Stewart	Flugkatastrophen die die Welt bewegten, Bernard u. Graefe, Koblenz, 1989
Klaus Engmann (Hrsg.)	Technologie des Flugzeuges, Leuchtturm-Verlag/LTV Press, Alsbach/Bergstrasse, 1994		
JP Airline Fleets International	Buchair Verlag, Zürich/Schweiz	Stanley Stewart	EMERGENCY-Crisis on the Flightdeck, Airlife Publishing Ltd., Shrewsbury/England, 1992
David Gero	Aviation Disasters, Patrick Stephens Ltd., Sparkford/Somerset/England, 1993	Stanley Steward	Flying the big Jets, Airlife Publishing Ltd., Shrewsbury/England, 1993
B. I. Hengi	Crash, NARA-Verlag, Allershausen, 1993	Rodney Stich	The real unfriendly Skies, Diablo Western Press, Inc., Alamo/USA, 1990
Hillman/Jessup/Henhof	Soviet Transports: 94, TAHS, Crawley/England, 1994	N. M. Tomkins & Ricky-Dene Halliday	Airliner Production List/1985, Aviation Data Center, Feltham/England, 1985
Peter Hillman	Soviet Airliners, EAH-Publications, England, 1989	N. M. Tomkins & Ricky-Dene Halliday	Airliner Production List/1992, Aviation Data Center, Feltham/England, 1994
R. & L. Hurst	Flugunfälle und ihre Ursachen, Motorbuchverlag, Stuttgart, 1987		
Andrej & Jelena Illesch	Todesflug 007, Rowohlt Taschenbuchverlag, Reinbek bei Hamburg, 1991		Production List/1994, Aviation Data Center, Feltham/England, 1992
Mac Arthur Job	Air Disaster/Volume 1, Aerospace Publications PTY Limited, Weston Creek/Australien, 1994	R.Weston & R.Hurst	Zagreb one four-clear to collide, Granada Publishing, Frogmore, London/England, 1982
		Gavin Young	Beyond Lion Rock, Penguin Group, London/England, 1990
Mac Arthur Job	Air Disaster/Volume 2, Aerospace Publications PTY Limited, Weston Creek/Australien, 1996	Thomas W. Wild	Transport Category Aircraft Systems, IAP, Inc., Casper/USA, 1990

Zeitungen

Bombay Frontline
Die Tageszeitung

Die Zeit
Die Welt

Frankfurter Allgemeine Zeitung
Hamburger Abendblatt
Jerusalem Post
Maariv
New York Times
Seattle Intelligencer
Süddeutsche Zeitung

Zeitschriften und Publikationen

ACAR International
Aero
Aeroplane
Airclaims Blue Print
Airclaims Monthly Accident Review
Airliner Monthly News
Aviation Letter
Aviation Week & Space Technology
Der Flugleiter
Der Spiegel
EUCARE
Fliegermagazin
Fliegerrevue
Fliegerrevue-Extra
Flight International
Flug Revue
Focus Magazin
GEO
ICAO Circular
Jetstream
Lloyds List
Luftfahrt Journal
Newsweek
Pilot und Flugzeug
Scramble
Stern
Time Magazine

Unterstützung von Personen und Einrichtungen

Bei folgenden Fluggesellschaften, Flugzeugherstellern und Institutionen der Luftfahrt möchten wir uns für die Unterstützung bedanken:

Malaysia Airlines, Civil Aviation Academy/Russia, SAS, Air France, United Airlines, KLM, Swissair, Boeing, Pan American, Cathay Pacific, SABENA

Bei den Luftfahrtbehörden folgender Staaten möchten wir uns für die zur Verfügungstellung von Unfallberichten bedanken:

Argentinien, Deutschland, Dänemark, Frankreich, Kanada, Neuseeland, Niederlande, Norwegen, Schweden, Spanien, Tschechien, Großbritannien, Schweiz, Südafrika, USA

Ein besonders herzlicher Dank geht an Renate Richter, sowie Hans-Jürgen Ruthenberg für ihre tatkräftige Unterstützung, ohne die dieses Buch nicht realisierbar gewesen wäre.

Desweiteren danken wir Gabriele Döhler und Ralph Reinwarth für ihr Vertrauen in unsere Arbeit und die Ermöglichung dieses Buchprojektes.

Ein Dankeschön auch an U.Boie, Jürgen Matthes, Dr.-Ing. Ulrich Unger, sowie N. Scherrer für ihre Mühen und Entgegenkommen.

Zu guter letzt möchten wir uns bei allen bedanken, die uns im AVSIG-Forum mit fachlichem Rat unterstützten. Ganz besonders seien hier auch Bill Harms, John Kollonitsch und Leigh D. Johnson erwähnt.

Index — Flugzeugtypen

Airbus A300B2	311, 338, 361, 447, 457	Boeing 727-200	244, 285, 287, 296, 310, 320, 322, 335, 356, 364, 382, 386, 394, 413, 443, 452, 490, 495, 502
Airbus A300B4	284, 345, 435, 470, 495		
Airbus A300-600R	406, 460, 466		
Airbus A310-300	433, 460, 474	Boeing 737-100	457
Airbus A320	359, 389, 424, 452	Boeing 737-200	110, 140, 154, 183, 224, 230, 233, 239, 246, 270, 273 - 274, 278, 285, 290, 297, 300, 307 - 308, 316, 318, 322, 329, 331, 334, 338, 343, 345, 354, 357, 365 - 366, 372, 376, 382, 387, 392, 394, 396, 407, 418 - 419, 431, 447, - 448, 459, 477 - 479, 489
Airbus A330	464		
Airbus A340	459		
Antonov An-72	470		
Antonov An-74	476		
Antonov An124	438, 457		
Baade VL-DDR 152	17		
BAC 1-11-200	43, 47, 65, 73, 92, 237, 418, 434, 458	Boeing 737-200C	296, 339, 432, 439, 471 -, 472, 498
		Boeing 737-300	392, 403, 439, 445, 466 -, 467
BAC 1-11-300	383	Boeing 737-400	368, 384, 472
BAC 1-11-400	96, 119, 182, 223, 418	Boeing 737-500	448
BAC 1-11-500	126, 164, 168, 198, 274, 317, 381, 469, 484	Boeing 747-100	111, 175, 185, 197, 213, 300, 366, 407, 496, 503
BAC VC-10-1100	89, 97, 129	Boeing 747-200	157, 213, 229, 270, 301, 308, 323, 332, 348, 392
BAC VC-10-1150	113, 130, 169		
BAe 146-200	353, 406	Boeing 747-200F	373, 423, 435
BAe 146-300	448	Boeing 747-300	322
Boeing 707-120	19, 24, 32, 53, 78, 105, 209, 278	Boeing 747-400	455
		Boeing 747SR	326
Boeing 707-120B	31, 44, 48, 55, 80, 167, 243, 250, 272	Boeing 757-200	396, 480, 485, 500
		Boeing 767-200	406, 445, 504
Boeing 707-220	20	Boeing 767-300	410
Boeing 707-320	24, 27, 32 - 33, 51, 98, 130, 201, 232, 274, 286, 448		
		Convair 880	53, 55, 67, 78, 80, 95, 136, 141, 201, 210, 222, 236, 259, 270
Boeing 707-320B	89, 113, 156, 165 - 167, 173, 192, 234, 237, 293, 323, 366, 371, 376, 378, 388, 394, - 395, 396, 444		
		Convair 990	39, 86, 89, 99, 101, 110, 140, 154, 161, 324
Boeing 707-320C	82, 85 - 89, 95, 119, 123, 129, 138, 140, 146, 148, 155 - 156, 162, 171, 188, 200, 210, 220, 223, 243, 246, 248, 250, 254, 257 - 259, 262, 272, 274, 276, 283, 286, 290, 292, 296, 307, 311, 334, 340, 342, 352, 356, 363, 366, 376, 392, 394, 403, 409, 418, - 419, 428 - 430, 439, 444, 470, 471, 477 - 478, 496, 498, 501 - 502	DH106 Comet 1	11 - 13, 16
		DH106 Comet 2	17
		DH106 Comet 4	19, 21, 28, 47, 108, 116
		DH106 Comet 4B	30, 77
		DH106 Comet 4C	34, 39 - 40, 89, 100 - 101, 119
		Douglas DC-8-10/20/30	22, 23, 26, 33, 35, 46, 62, 69, 72, 86, 88, 132, 154, 193, 208, 224, 267
		Douglas DC-8-30F	269, 335, 382, 430
Boeing 707-400	36, 60, 63, 84, 120, 212, 221, 287, 308, 318	Douglas DC-8-50	25, 64, 67, 69, 86, 113, 135, 138, 139, 155, 219, 439
Boeing 720	175, 195, 286, 319		
Boeing 720B	29, 37, 51, 53, 80, 120, 192, 200 - 201, 258, 273, 275, 286, 289, 329	Douglas DC-8-50F/AF	44, 60, 73, 181, 224, 294, 318, 357, 428, 463, 475, 485, 505
		Douglas DC-8-60	91, 104, 109, 116, 140, 222, 233, 240, 251, 273, 283, 291, 376, 414, 473
Boeing 727-100	57, 59 - 60, 69, 76, 82, 93 - 94, 96, 126, 162, 193, 195, 258, 260, 269, - 270, 289, 293 - 294, 307, 357, 359, 364, 387, 419, 448, 450, 463		
		Douglas DC-8-60F/AF/CF/PF	96, 110, 115, 117, 160, 171, 210, 212, 239, 316, 332, 409, 426, 450, 506
Boeing 727-100C	83, 90, 175, 190, 259, 343	Douglas DC-9-14	68, 133, 181, 209, 243, 259, 330, 345, 400, 472, 494
Boeing 727-100F	409, 473		
Boeing 727-200	54, 119, 125, 150, 177, 179, 186, 188, 208, 222, 235, 237,	Douglas DC-9-15	70, 89, 155, 201, 263, 320, 406, 430, 445, 473

511

Douglas DC-9-21	148
Douglas DC-9-31	95, 116, 123, 132, 141, 158, 163, 174, 198, 216, 334, 354, 423, 465, 467, 477
Douglas DC-9-32	94, 101, 129 - 130, 151, 163, 177, 191, 201, 236, 239, 251, 258, 274, 277, 285, 296 - 297, 310, 317, 319, 337, 341, 376, 397, 409, 420, 430, 459, 476, 489, 491
Douglas DC-9-30CF	105, 394
Douglas DC-9-41	341, 446
Fokker F100	444, 502
Fokker F28-1000	139, 142, 167, 182, 185, 190, 192, 233, 244, 248, 257, 285, 366, 373, 382, 443, 470, 476
Fokker F28-2000	274, 310
Fokker F28-3000	299, 322, 448
Fokker F28-4000	276, 316, 387 - 388, 428, 465, 471
HS121 Trident 1C	63, 86, 95, 136, 192
HS121 Trident 1E	64, 128, 172, 190
HS121 Trident 2E	172, 245, 285, 307, 310, 364, 392
HS121 Trident 3B	201
Ilyushin Il-62	53, 136, 138 - 139, 189, 259
Ilyushin Il-62M	221, 287, 292, 299, 342, 378, 382, 394, 435
Ilyushin Il-76	269, 320, 335, 384, 386, 392 - 393, 409, 447, 472, 490, 495, 503
Ilyushin Il-86	459
L1011 TriStar 1	142, 171, 325, 414, 432, 477
L1011 TriStar 100	335
L1011 TriStar 200	268
McDD DC-10-10	169, 232, 246, 253, 378
McDD DC-10-10CF	499
McDD DC-10-30	164, 255, 273, 290, 314, 341, 359, 381, 383, 446, 495
McDD DC-10-30CF	191, 193, 282, 440
McDD DC-10-40	337
McDD MD-80	262
McDD MD-81	359, 420
McDD MD-82	277, 344, 455 - 456
Regional Jet 602	449
SE210 Caravelle 1	21
SE210 Caravelle 3	27 - 28, 41, 49, 75, 88,
SE210 Caravelle 3	95, 104, 120, 128, 139, 159, 161, 166, 170, 201, 244, 300, 337
SE210 Caravelle 6N	39, 61, 89, 95, 155, 161, 186, 209, 224, 297, 331, 334
SE210 Caravelle 6R	43, 68, 129, 154, 156, 162, 167, 175, 248, 262, 272
SE210 Caravelle 10R	78, 130, 151, 159, 170, 227, 340, 447, 459, 478
SE210 Caravelle 11R	376
Tupolev 104A	17, 22, 24, 28, 33, 36, 39, 108, 154, 159, 193, 200, 210
Tupolev 104B	25, 28, 33, 36, 39 - 40, 51, 94, 125, 128, 130, 161, 164, 175, 189, 209, 245
Tupolev 124	41, 53, 58, 65, 83, 101, 110 - 111, 155, 163 -, 164, 167, 193, 222, 250, 406
Tupolev 134	97, 122 - 123, 128, 138, - 139, 190, 222, 233, 246, 258, 300, 322
Tupolev 134A	155, 210, 216, 224, 246, 248, 250, 273 - 274, 289, 316, 320, 336 - 339, 356, 365, 376, 388, 403, 434, 454, 463, 469, 471, 476, 479
Tupolev 144	155
Tupolev 144D	236
Tupolev 154	149, 154, 172, 190, 224, 233, 274
Tupolev 154A	198, 258, 371, 409, 440
Tupolev 154B	236, 276, 431, 454, 479
Tupolev 154B-1	267, 319, 355, 399, 431 -, 432, 458
Tupolev 154B-2	262, 268, 277, 319, 322, 334, 336, 356, 365, 373, 418, 439, 443
Tupolev 154M	399, 444, 458, 463, 498
VFW-614	129
Yakovlev Yak-40	125, 129, 132, 140, 151, 158, 166, 171 - 172, 181 -, 182, 188 - 191, 193, 201, 209 - 210, 216, 221, 234, 239, 246, 253 - 254, 258, 262, 267, 276, 282, 285, 289, - 290, 297, 299 - 300, 331, 335 - 336, 338, 341, 343 - 344, 355, 364, 382, - 383, 394, 397, 400, 419, 428, 431, 434, 439, 452, 459, 466, 470, 473, 496, 498, 502
Yakovlev Yak-42	287, 395, 434, 457

Index — Fluggesellschaften

AECA	318	Air Ontario	373
ALM	105	Air Transport Int'l	409, 473
ATI	251	Air Vietnam	175
ADC Airlines	467, 477, 502, 506	Air Zaire	472
Aero Peru	500	Air Zimbabwe	366
Aerobrasil	439	Airborne Exp.	320, 506
Aeroflot	17, 22, 24 - 25, 28, 33, 36, 39 - 41, 51, 53, 58, 65, 83, 94, 101, 111, 125, 128, 130, 132, 138 - 140, 149,	Airbus Industries	464
		Airlift Int'l	171
		Airtrine Inc.	210
		Alaska AL	126, 193, 343
Aeroflot	151, 154 - 155, 158, 161, 163 - 164, 166 - 167, 171 - 172, 175, 181 - 182, 188 - 191, 193, 198, 200 - 201, 209 - 210, 216, 221, 234, 236, 239, 245 - 246, 248, 250, 253 - 254, 258, 262, 267 - 268, 273 - 274, 276 - 277, 282, 285, 287, 289 - 290, 292, 297, 299 - 300, 319 - 320, 322, 331, 335 - 339, 341, 343 - 344, 355 - 356, 365, 371, 382 - 384, 386, 388, 392 - 395, 399 - 400, 409, 419, 431, 434 - 435, 458 - 460, 470	ALIA	148, 188, 244, 322
		Alitalia	33, 88, 95, 116, 132, 239, 258, 397, 420
		All Nippon AW	60, 125
		Allegheny AL	95, 198, 237
		Allegro Airlines	494
		Aloha AL	357
		Altair	300
		Alyemda	283, 334, 419
		American AL	19, 24, 31, 39, 57, 195, 246, 359, 446, 480
		American TA	337
		Angola AC	363, 473
		Antonov	438
Aerolineas Argentinas	19, 21, 28, 39, 192, 334, 365, 388, 439	Apisa Carga	382
		Arax AL	357
Aeromexico	23, 67, 69, 155, 201, 274, 277, 337	Ariana Afghan	90, 434
		Arkhangelsk Avia	463
Aeronaves Del Peru	267, 269	Armenian AL	440
Aeronica	419	Arrow Air	332
Aeroperu	366	Asiana	448
Aeropostal	409, 445	ATC Colombia	463
Aerosucre	376	Austral	164, 223, 274, 359
Aerotal	248, 272, 289, 293	Avensa	159, 181, 296
Aerotour	224	Aviaco	138, 151, 159, 310, 430, 459, 476
Aerovias	334	Avianca	190, 201, 258, 308, 357, 387 - 388
Aerovolga	473	Aviastar	457
Afrettair	485	Aviateca	477
African Air Charter	331	Aviogenex	122, 216
Air Afrique	477	Avioimpex	457
Air Alfa	495	Azerbaijan AL	479
Air Algé130rie	95, 161, 471, 498		
Air California	273	BAC	43, 47
Air Cambodge	120	BEA	30, 77, 86, 95, 136, 192, 201
Air Canada	73, 109, 155, 236, 285, 297	Baikal Air	458
Air Florida	278	Bakhtar Afghan	129
Air France	27, 32 - 33, 82, 88, 98, 185, 201, 244, 284, 332, 359, 459	Baku Air	478
		Balkan	224, 233, 316, 431
		Bangladesh Biman	259
Air India	60, 120, 229, 287, 323, 392	Belair	472
Air Inter	120, 170, 424, 447	Belavia	439
Air Ivoire	387	Benin Govmt.	323
Air Lanka	335	Birgenair	485
Air Mauretanie	465	BOAC	11 - 13, 16, 47, 63, 84, 113
Air Micronesia	270	BRAATHENS S.A.F.E.	142
Air New Zealand	64, 255	Braniff Int'l	20, 65
Air Niugini	476	British Airtours	212, 329

513

British AW	169, 407
British Caledonian AW	129
British Midland	368
British United AW	92
Burlington AE	342, 426
C A A C	128, 245, 285, 307, 310, 364, 392
C S A	39, 108, 110, 159, 189, 210
California AM	161
Cameroon AL	318, 479
CANADAIR	449
Canadian Pacific AL	11
Capitol Int'l	86, 117
Cathay Pacific AW	78, 136
Charlotte AC	224
Chelyabinsk Avia	473
Cheremshanka AL	470
China AL	128, 250, 258, 334, 387, 423, 455, 460
China Eastern AL	455
China General Av.	434
China Northern AL	456
China Northwest AL	448, 463
China Southern AL	396, 439
China Southwest AL	396
Chosonminhang	299
Civil AT	82
Coastal AW	308
Conair	175
Condor	354
Continental AL	32, 53, 188, 232, 345, 489
COPA Panama	431, 457
CP Air	62, 80
Cruzeiro	154, 167
Cubana	193, 208, 258, 382, 397, 418
Cyprus AW	172, 250
Dan Air	108, 116, 260
DAS Air Cargo	439, 496
De Havilland	63
Delta AL	21, 72, 133, 158, 163, 325, 364, 386, 477
Dominicana	101, 452
Don Avia	470
East African AW	130
Eastern AL	46, 132, 142, 163, 174, 186, 243, 320, 354
EgyptAir	136, 140, 172, 210, 292, 331, 498
EL AL	435
Elbe Flugzeugwerke	17
Emery Worldwide	409
Ethiopian AL	223, 365, 394, 409, 504
Evergreen Int'l	376
Export Air	430
Expresso Aereo SA	459
Far East Avia	479
Far Eastern AT	274, 455
Faucett Peru	376, 394, 489
Federal Express	499
Fly Lineas Aereas	490
Flying Tigers	110, 373
Garuda	86, 190, 244, 248, 258, 285, 495, 299, 316 - 317, 319, 341
Gas Air Cargo	366, 430
Georgian AC	432
Ghana AW	274
Global Int'l	293
Golden Star AC	429
Gromir Flight	469
Groth Air	236
Gulf Air	307
Hang Kong Vietnam	356, 365
Harca Air	476
Hemus Air	364
Hispaniola AW	278
Hold Trade Air	434
Hoseba	495
Hughes Airwest	123
IAS Cargo	220
Iberia	78, 129, 142, 151, 162, 164, 176, 233, 310, 320
Iberoamericana(ex)	478
Inair Panama	259
Independent Air	371
Indian AF	222
Indian AL	61, 68, 154 - 155, 186, 418, 447, 457, 478, 209, 239, 246, 338, 366, 389
Inex Adria AW	129 - 130, 191, 201, 277
Intercontinental	430, 472, 473
Interflug	138 - 139, 190, 224, 376, 378
Iran Air	258, 294, 338, 361, 495
Iran Air Tours	444
Iran Asseman AL	470
Iranian AF	197
Iraqi AF	406
Iraqi AW	123, 269, 339
Itavia	167, 185, 263
J A T	139, 161, 177
Jamahirya AT	296
Japan Air System	446
Japan AL	53, 95, 135, 139 - 140, 157, 210, 222, 283, 291, 326
Japan Domestic AL	67
Jet Travel	182
K L M	25, 86, 213
Kabo Air	337, 418
Kalitta Int'l	450
Kamchatavia	428
Katale AT	392
Kazakhstan AW	503
Kenya AW	378
Korean Air	352, 381, 387, 413, 466
Korean AL	200, 234, 270, 301, 314
Krasnoyarsk AL	490

Kuwait AF	394
Kuwait AW	64, 406
L A M	297, 372
L O T	258 - 259, 342
L T U	414
LAC Colombia	318, 439, 485
LACSA	359
LADE	382, 444, 502
LAN Chile	94, 237, 343, 394, 406
Latin Carga	270
Lauda Air	410
Lebanese Int'l	89
Libyan AF	320
Libyan Arab AL	150, 335, 443
Lloyd Aero Boliviano	209, 418
Loftleidir	239
Lufthansa	29, 51, 166, 175, 248, 452
M A S	224, 311
Malev	97, 128, 190, 222, 276
Markair	392
Martinair	181, 440
McDD	262
Metropolitan Avn.	409
Mexicana	94, 96, 162, 335
Middle East AL	49, 80, 89, 192, 200, 275, 286, 289, 329, 340
Midwest AC	262
Midwest Express	330
Millon Air	475, 501
MK Air Cargo	428, 505
Modern Air	110
Mohawk AL	73
Monarch Avn.	222
Mozambique Gvmt.	338
N A S A	154, 319, 324
N L M	276
Nationair Canada	414
National AL	235
Nigeria AW	97, 139, 233, 310, 341, 471, 478
North Central AL	141
Northeast AL	190
Northwest AL	344, 400
Northwest Orient	37, 177
O N A	191, 193, 212, 273
Okada Air	383, 418
Omega Air	395
Orient Pacific AW	201
Oriental AL	469
Ozark AL	89
P I A	53, 129, 254, 273, 435
P S A	237, 353
Pacific Western	146, 316
Palair Macedonian	444
Pan American	44, 48, 55, 69, 86, 89, 111, 123, 156, 162, 165, 167, 171, 213, 269, 287, 300, 366
Panair Do Brasil	35, 43
Paninternational	126
Pearl Air	221
Philippine AL	96, 198, 219, 317, 381, 392
Piedmont AL	76, 338
Quebecair	243
R A A F	419
R A F	17
RN Air Cargo	307
Royal Air Maroc	104
Royal Thai AF	445
Ryan Intl AL	406
S A N	297
S A S	21, 91, 104, 148, 341, 420
S A T A	227
Sabena	24, 87, 233
Sahara Indian AL	459
SAHSA	419, 448
SAM Colombia	307, 448, 450
Samodorok	496
Sankuru Air Svc.	466
SATENA	322
Saudi Arabian VIP	39
Saudia	257, 268, 503
Seaboard World	96
SEC Colombia	459
Serca Colombia	447
Shabair	458
Sobelair	166, 232, 274
Societa Avioligure	221
Somalia AL	376
South African AW	85, 348
Southern AW	116, 216
Southwest AL	290
SPAIR Air Transport	498
SPANTAX	99, 140, 290
Sterling AW	130, 156, 170
Sudan AW	290
Sudania AC	403
Surinam AW	376
Swiftair Cargo	335
Swissair	41, 101, 113, 251
Syrianair	193
T A M	502
T A N	386
T A P	222
T H Y	129, 167, 169, 182, 208, 257, 296
T M A	248, 274, 276, 286, 448
T W A	51, 55, 70, 78, 80, 95, 105, 119, 130, 138, 167, 171, 173, 179, 192, 272, 364, 432, 496
TAAG Angola	262, 270, 308, 316, 355 - 356, 366, 428
TAC Colombia	272
TACA Int'l AL	445

Tajik Air	452
Talia AW	356
TAME	300
Tampa AL	311, 470
Tarom	119, 267, 373, 403, 444, 474, 484
Texas Int'l	209, 259
Thai AW	322, 345
Thai Int'l AW	75, 95, 154, 433, 470
Torosair	382
Tower Air	479
Trans Air	430
Trans Air Georgia	454
Trans Arabian AT	394
Trans Canada AL	44
Trans Caribbean	60, 119
Trans Int'l	115
Transafrik	463
Transbrasil	168, 259, 342, 376
Transwede	340
Turkish AL	472
Tyumenaviatrans	502
UAT	13
UTA	316, 322, 383
Uganda AL	246, 366
United AL	22, 26, 54, 59, 83, 93, 110, 140, 224, 240, 294, 378, 407
United Arab AL	34, 40, 100 - 101, 119
US Air Force	489
US Global	195
USAir	334, 384, 394, 403, 423, 428, 465, 467
Uzbekistan AW	443, 447
V A S P	233, 285, 296, 334, 432
V F W	129
Valujet	476, 491
VARIG	28, 36, 69, 88, 155 - 156, 243, 274, 340, 382
VIASA	94
Vietnam AL	403, 439
Vnukovo AL	498
Weasua Air Transport	498
West Coast AL	68
Western AL	120, 183, 253
Wolf Aviation	318
World Airways	160
World AW	282
Xiamen AL	396
Yakutivia	434
Yunnan AL	466
Zaire Express	502
Zaire Intl	262

Index — Unfallorte

Abbotsford/Kanada	335
Abidjan area/Elfenbeinküste	340, 444
Acapulco AP/Mexico	110
Acapulco/Mexico	67
Accra AP/Ghana	274, 307
Adana area/Türkei	129
Addis Abeba AP/Äthiopien	100, 130, 378, 394
Aden AP/Süd-Jemen	334
Aden area/Süd-Jemen	130
Ahmedabad AP area/Indien	366
Ajaccio AP/Korsika/Frankreich	201
Akron-Canton AP/OH/USA	163
Aldan AP/UdSSR	234, 496
Aleppo AP/Syrien	365
Algier AP/Algerien	161
Alma Ata AP/ Kasachstan/UdSSR	262
Alma Ata area/UdSSR	210, 300
Amazonas/Brasilien	382
Amman AP/Jordanien	155, 419
Amsterdam-Bijlmermeer/Niederlande	437
Amsterdam-Schiphol AP/Niederlande	86, 169, 448
Anapka AP/UdSSR	201
Anchorage Int'l AP/AK/USA	117, 210, 314, 343
Andamanische Meer/vor Burma	352
Ankara/Türkei	21
Ankara-Esenboga AP/Türkei	30, 296, 382
Ansbach area/BR Deutschland	51
Arar AP/Saudi Arabien	339
Archangelsk AP/UdSSR	158, 267
Archangelsk/Rußland	463
Arequipa/Peru	489
Armavir area/UdSSR	209
Asmara AP/Äthiopien	409
Asuncion/Paraguay	19, 485
Athen-Hellenikon AP/Griechenland	251
Athen area/Griechenland	429
Atlanta-Hartsfield AP/GA/USA	21, 262, 476
Atlantic-City/NJ/USA	86
Atlantik bei Lissabon/Portugal	25
Atlantik/LI area/USA	497
Atlantischer Ozean	324, 394
Atlas-Gebirge/Marokko	188
Auckland Int'l AP/Neuseeland	64
Aurangabad/Indien	447
Azusa/CA area/USA	123
Bagdad AP/Irak	269, 406
Bahar Dar AP/Äthiopien	365
Bahia Blanca AP/Argentinien	164
Bahktaran area/Iran	409
Bahrain AP/Bahrain	250
Baku/Aserbaidschan	478

Bali area/Indonesien	171
Balotesti area/Rumänien	475
Bamako AP/Mali	496
Bangalore/Indien	390
Bangkok AP/Thailand	95, 470
Bangkok area/Thailand	365, 410
Bangkok/Thailand	210
Banjarmasin AP/Borneo/Indonesien	258
Baracoa AP/Kuba	258
Barcelona area/Spanien	108
Bariloche AP/Argentinien	382
Barquisimento AP/Venezuela	296
Barquisimento/Venezuela	159
Barranquilla AP/Kolumbien	190, 318
Barranquilla area/Kolumbien	195, 376, 473
Bastia AP/Frankreich	170
Baton Rouge/LA/USA	259
Batumi/Georgien/UdSSR	188
Bear Mountain/NY/USA	179
Beirut area/Libanon	190, 248, 323
Beirut Int'l AP/Libanon	80, 89, 193, 200, 275, 286, 289, 323, 329, 323, 329
Belgrad AP/Jugoslawien	139, 177, 498
Bellingham/WA/USA	20
Benghazi AP/Libyen	158, 224
Benguela AP/Angola	270
Beni-Sueif area/Ägypten	140
Berdiansk AP/UdSSR	343
Bergamo/Italien	185
Berlin-Schönefeld AP/DDR	224, 339, 378
Bilbao AP/Spanien	142, 190
Biskra area/Algerien	95
Blainville area/Quebec/Kanada	44
Blossburg area/PA/USA	74
Bo-Dzhaus-Berg/Chabarowsk area/Rußland	479
Bogota AP/Kolumbien	272, 450, 459
Bogota/Kolumbien	248, 287
Bombay-Santa-Cruz AP/Indien	39, 120, 139, 155 - 209, 287
Bombay area/Indien	34, 40, 68, 86, 229
Boston-Bay/MA/USA	158
Boston Logan Int'l AP/MA/USA	162, 164, 171, 282
Brüssel AP/Belgien	24, 274
Branti AP/Indonesien	285
Brasilia AP/Brasilien	285, 293
Brasilia/Brasilien	28
Bratsk AP/UdSSR	132, 274, 431
Bremen area/BR Deutschland	129
Brooklyn/NY/USA	23
Buchara AP/UdSSR	181
Buenos Aires AP/Argentinien	21, 237, 334, 502
Bukarest AP area/Rumänien	222, 403
Bukarest area/Rumänien	373
Byres/KS/USA	449
Cabo San Lucas area/Baja California/Mexico	478
Calabar AP/Nigeria	337
Calamar AP/Chile	343
Calgary AP/AB/Kanada	316
Cali area/Kolumbien	480
Cap d'Antibes/Frankreich	89
Caracas AP/Venezuela	89, 270
Casablanca area/Marokko	104
Casper AP/WY/USA	183
Cayenne AP/Frz.Guyana	447
Chabarowsk area/UdSSR	36
Chance's Mountain/British West Indies	56
Chardzou AP/UdSSR	246
Charleroi AP/Belgien	233
Charleston/NC/USA	174
Charlotte AP/NC/USA	338, 465
Chattanooga AP/TN/USA	163
Cheju AP/Süd Korea	466
Chia-Berge/Taiwan	387
Chicago-Midway AP/IL/USA	140
Chicago O'Hare AP/IL/USA	83, 141, 246, 337, 364
Chicklade/Großbritannien	43
Chihuahua AP/Mexico	274
Chinesische See	128
Chinesisches Meer	334
Chita AP/UdSSR	175, 268
Chita/UdSSR	17, 154, 200
Cincinnati AP/OH/USA	78, 298
Cincinnati area/OH/USA	57, 80
Cinshan area/Taiwan	423
Cleveland AP/OH/USA	406
Colombo area/Sri Lanka	239
Colorado Springs/CO/USA	407
Constanta/Rumänien	119
Cordoba AP area/Argentinien	40
Cordoba area/Argentinien	192
Cove Neck/NY area/USA	389
Coventry/England	471
Cranbrock/BC/Kanada	230
Cruzeiro Do Sul area/Brasilien	432
Cucuta area/Kolumbien	357
Cuenca area/Equador	300
Cuneo area/Italien	39
Dürrenäsch/Schweiz	43
Düsseldorf AP/BRD	414
Dade Collier Riff/FL/USA	243
Dakar AP/Senegal	13
Dallas-FTW AP/TX/USA	325, 359, 364, 446
Dallgow/DDR	69
Damaskus AP/Syrien	283
Damaskus area/Syrien	189, 233
Dawsons Field/Jordanien	114
Dayton area/OH/USA	71
Denpassar AP/Indonesien	319
Denver-Stapleton AP/CO/USA	26, 188, 209, 346
Detroit Metropolitan AP/MI/USA	294, 344, 400
Dharan area/Saudi Arabien	50
Dixon AP/UdSSR	400
Dnjeprodsershinsk/UdSSR	250
Dnjeprpetrowsk area/UdSSR	111, 285
Doha AP/Katar	244
Dotham/AL/USA	418
Douala AP/Kamerun	262, 318
Douala area/Kamerun	479
Dresden/DDR	139
Dryden/Kanada	374

Dschalalabad AP/Afghanistan	383
Dubai/VAE	130
Dubenec area/CSFR	399
Dubrovnik/Kroatien	490
Duschanbe area/UdSSR	262
East Sale AFB/Australien	419
Ebersheim area/BR Deutschland	30
Edwards AFB/CA/USA	319
Elkton/MD/USA	45
Elmendorf AFB/AK/USA	89
Elmira AP/NY/USA	423
Entebbe AP/Uganda	246
Enugu/Nigeria	310
Ercan area/Zypern	356
Erie AP/PA/USA	334
Eriwan AP/UdSSR	166, 440
Everglades/FL/USA	38
Falls City area/NE/USA	66
Faro AP/Portugal	440
Felthorpe area/Großbritannien	64
Fernhurst area/England	78
Flamenco/Kolumbien	473
Florianopolis AP/Brasilien	259
Fortaleza area/Brasilien	285
Foutadjall Berge/Guinea-Bissau	299
Frankfurt-Rhein/Main AP/BR Deutschland	244
Ft.Lauderdale/FL/USA	132
Fujiyama/Japan	63
Fukuoka AP/Japan	495
Funchal AP/Madeira/Portugal	222
Fuzhou AP/China	455
Fuzhou/China	310
Gander area/NF/Kanada	333
Genf-Cointrin AP/Schweiz	292
Genua area/Italien	221
Goma AP/Zaire	392, 466
Goussaintville/Frankreich	155
Granada AP/Spanien	430
Greater Southwest AP/TX/USA	133
Grozny AP/Rußland	458
Grozny/Rußland	471
Guadeloupe/Frz.-Guyana	33
Guam Island/US-Guam	161
Guangzhou-Baiyun AP/China	396
Guantanamo Bay AP/Kuba	450
Guatemala City AP/Guatemala	446, 475
Guayaquil AP/Equador	297
Guilin AP/China	307, 392
Habsheim AP/Frankreich	359
Hamburg AP/BR Deutschland	27
Hamburg area/BR Deutschland	128
Hanamaki AP/Japan	446
Hanoi/Vietnam	356
Hanti-Mansiysk/UdSSR	336, 502
Harare AP/Zimbabwe	485
Harare/Zimbabwe	366
Hartford AP/CT/USA	409

Havanna/Kuba	193, 221, 382
Hendersonville/NC/USA	76
Ho-Chi-Minh-Stadt AP/Vietnam	403
Hongkong-Bay/Hongkong-GB	75, 78
Hongkong-Kai Tak AP/Hongkong-GB	365, 455
Houston AP/TX/USA	489
Huambo AP/Angola	316, 473
Huntington/WV/USA	116
Hyderabad AP/Indien	239
Ilorin AP/Nigeria	341
Ilorin/Nigeria	430
Imphal area/Indien	418
Indianapolis AP/IN/USA	105
Indischen Ozean	348
Iqiutos AP/Peru	376, 382
Iquitos area/Peru	269, 430
Irkutsk AP/UdSSR	94, 125, 193
Irkutsk/UdSSR	40, 458
Ishigaki Island/ Okinawa/Japan	290
Isla de la Margarita area/Venezuela	445
Istanbul AP/Türkei	97, 182, 193, 484, 495, 498
Istres/Frankreich	430
Ivanovo AP/Rußland	434
Iziro AP/Zaire	318
Izmir AP/Türkei	167
Izmir area/Türkei	354
Jakarta AP/Indonesien	317
Jakutsk AP/UdSSR	394
Jamaica Bay/NY/USA	31
Jamba/Angola	262, 355
Japanische Küste/Pazifischen Ozean	243
Jebel Ali area/VAE	307
Jeddah AP/Saudi Arabien	257
Jeddah/Saudi Arabien	123, 414
Jegorjewsk AP/UdSSR	236
Jegorosk area/Rußland	469
Jinchuan AP/China	448
Jorhat AFB/Assam/Indien	222
Juliaka area/Peru	366
Juneau area/AK/USA	126
Kabul AP/Afghanistan	434
Kabul area/Afghanistan	392 - 393
Kaduna AP/Nigeria	434, 478
Kairo-Almaza AP/Ägypten	136
Kairo area/Ägypten	53
Kairo Int'l AP, Ägypten	113, 172, 357
Kalkutta area/Indien	12
Kalkutta Dum-Dum AP/Indien	13, 86
Kampong Ladang/Malaysia	224
Kano AP area/Nigeria	439
Kano area/Nigeria	148, 233, 428
Kansas City AP/MO/USA	53, 55, 342, 473
Kaoshiung AP/Taiwan	455
Karachi AP/Pakistan	12, 273, 300
Karibik/Venezuela	98
Karibische See/Barbados	209
Kathmandu AP/Nepal	154
Kathmandu area/Nepal	433, 435

Kaysville/UT/USA	227	Liepaya AP/UdSSR	246
Kazan AP/UdSSR	171, 335	Lima area/Peru	36
Kazan area/UdSSR	163	Linkou/Taiwan	82
Kazerman area/UdSSR	299	Lockerbie/Großbritannien	367
Kefallina area/Ionisches Meer	173	London-Gatwick area/Großbritannien	90
Kem area/UdSSR	234	London-Gawtick AP/Großbritannien	129
Keman/Iran	457	London-Heathrow AP/Großbritannien	84, 86, 95, 192
Kenner/LH/USA	73	Long Island/NY/USA	24
Keperveem/Rußland	476	Longyearbyen area/Spitzbergen/Norwegen	499
Ketchikan/AK/USA	194	Los Angeles area/CA/USA	92, 337, 477
Khabarowsk area/UdSSR	17	Los Angeles Int'l AP/CA/USA	167, 232, 403
Khao Yai/Thailand	35	Los Rodeos AP/Spanien	140, 213
Khartoum AP/Sudan	394	Luanda AP/Angola	366, 428
Khon-Kaen area/Thailand	445	Luanda/Angola	356
Khorong AP/Tadschikistan	452	Lubango area/Angola	308
Khost/Afghanistan	129	Lusaka/Sambia	220
Kiew-Zhulyani AP/UdSSR	172	Luxemburg AP/Luxemburg	273, 292
Kiew area/UdSSR	128, 438	Luxor area/Ägypten	345
Kinshasa-NDjili AP/Zaire	472, 495, 502	Lvov area/UdSSR	167, 322
Kinston/NC/USA	394		
Kirov AP/UdSSR	190	M'Banza-Congo AP/Angola	463
Kirsanov area/UdSSR	250	München-Riem AP/BR Deutschland	101
Kiyushu AP/Japan	53	Machatschkala/Aserbaidschan	419, 470
Kom-Ounran area/Ägypten	366	Madeira/ Funchal/Portugal	151, 227
Königswusterhausen/DDR	138	Madras AP/Indien	246, 338
Kopenhagen-Kastrup AP/Dänemark	175	Madrid-Barajas AP area/Spanien	197, 310
Krasnodar aerea/UdSSR	253, 431	Madrid-Barajas AP/Spanien	162, 175, 310
Krasnojarsk AP/UdSSR	140, 319	Mahd Island area/Indien	41
Krasnojarsk area/UdSSR	33	Mailand-Linate AP/Italien	92
Krasnōvodsk AP/UdSSR	189	Mailand-Malpensa AP/Italien	192, 300
Krasnovodsk/UdSSR	355	Mailand area/Italien	88
Kroussne-Hory Berge/CSSR	129	Malabo area/Äquatorial Guinea	198
Kuala Lumpur AP/Malaysia	222	Malaga AP/Spanien	290
Kuala Lumpur/Malaysia	311	Malta AP/Malta	331
Kuibischew AP/UdSSR	338	Man AP/Elfenbeinküste	387
Kuibischew area/UdSSR	53, 155	Managua AP/Nicaragua	419, 448
Kunming AP/China	466	Manas AP/UdSSR	382
Kutaissi AP/UdSSR	331, 399	Manaus AP/Brasilien	167, 274, 342, 439
Kuwait-City AP/Kuwait	394, 407	Manaus area/Brasilien	296
Kuwait City AP area/Kuwait	64	Manchester AP/Großbritannien	329
		Manila AP/Philippinen	258, 381, 392
La Coruna/Spanien	159	Manila area/Philippinen	96
La Galawa/Komoren	505	Manta/Ecuador	501
La Plange/Frankreich	153	Maracaibo/Venezuela	94
La Soufriére/Gouadeloupe/Frankreich	83	Marana AP/AZ/USA	395
Lagos AP/Nigeria	476	March AFB/CA/USA	324
Lagos area/Nigeria	87, 97, 363, 503	Marseille AP/Frankreich	95
Lake City/FL/USA	224	Maturin area/Venezuela	181
Lake Michigan/IL/USA	54	Maui AP/HA/USA	358
Lake Pontchartrain /LA/USA	47	Mazatlan/Mexico	162
Lake Tahoe/OR/USA	182	Mbuji-Maji/Zaire	331, 458
Las Palmas area/Kanarische Inseln	138	Medan area/Indonesien	341
Las Vegas AP/NV/USA	130	Medang/Papua New Guinea	476
Leipzig-Schkeuditz AP/DDR	190	Medellin AP/Kolumbien	439, 463
Leninakan area/UdSSR	297, 386	Medellin/Kolumbien	311
Leninakan/UdSSR	384	Merpati Nusantara	443, 448, 471
Leningrad AP/UdSSR	341, 409	Meschdurechensk area/Rußland	460
Leningrad area/UdSSR	39, 394	Mexico-City AP/Mexico	201, 253, 418
Leon AP/Mexico	201	Mexico City area/Mexico	335
Libreville area/Gabun	216	Miami/FL/USA	60
Lichinga/Mozambik	372	Miami-Int'l AP/FL/USA	210, 236, 278

Miami area/FL/USA	60, 143, 491
Milwaukee AP/WI/USA	330
Minsk AP/UdSSR	376
Minsk/UdSSR	65, 320
Mokpo area/Süd-Korea	448
Moneron-Inseln/Tatarische See/ UdSSR	305
Mongolei	128
Monrovia AP/Liberia	69, 371, 467, 477, 498
Mont Blanc/Frankreich	60
Monterey AP/Mexico	94
Montpellier AP/Frankreich	447
Montreal-Dorval AP/QU/Kanada	285
Moses Lake AP/WA/USA	95
Moskau-Bykovo AP/UdSSR	125, 338
Moskau-Domodedovo AP/UdSSR	161, 164, 435
Moskau-Sheremetyevo AP/UdSSR	36, 140, 287, 336
Moskau-Vnukovo AP/UdSSR	154, 193
Moskau area/UdSSR	128, 139, 209, 245
Mt.Bromo/Java/Indonesien	244
Mt.Cerro Hules/Honduras	386
Mt.Cerro Lilio/Mexico	267
Mt.Chicontepec	477
Mt.Cubuktepe/Türkei	257
Mt.Dutton/Cold Bay/AK/USA	161
Mt.Erebus/Antarktis	256
Mt.Esperanza/Teneriffa/Spanien	261
Mt.Illimani/Bolivien	320
Mt.Kamunay/Philippinen	124
Mt.Karatepe/Türkei	208
Mt.Laxabana/Sri Lanka	181
Mt.Lunga/Italien	132
Mt.Oiz/Spanien	322
Mt.Otsutaki/Japan	328
Mt.Parano/Kolumbien	448
Mt.San Vicente/Kolumbien	322
Mt.Sibayak/Indonesien	248
Mt.St. Pietro/Korsika/Frankreich	277
Mt.St.Odile/Frankreich	425
Mt.Stadel/Zürich/Schweiz	397
Mt.Weather/VA/USA	180
Mt.Yangsu/China	285
Murmansk/UdSSR	58, 101
N'Djamena AP/Tschad	316, 477
Nachitschewan/Aserbaidschan	479
Naha AP/Japan	110
Nairobi AP/Kenia	176, 376
Nairobi area/Kenia	176, 403
Nanking AP/China	434
Narrows/VA/USA	506
Natanz/Iran	470
Nelspruit area/Südafrika	338
Nerjungri AP/UdSSR	434
Neu Delhi AP/Indien	61, 154, 166, 392, 443, 459
Neu Delhi area/Indien	135, 478, 503
Neva-Fluß/Leningrad/UdSSR	41
New Hope/GA/USA	219
New Orleans/LA/USA	287
New York-JFK AP/NJ/USA	23, 48, 113, 115, 116, 186, 191, 409, 433, 479
New York-Newark AP/NJ/USA	39
New York La Guardia AP/NJ/USA	384, 428
Newburgh AP/NY/USA	499
Nha-Trang AP area/Vietnam	439
Niamey AP area/Niger	212
Nikosia AP/Zypern	172
Nikosia/Zypern	160
Nil-Fluss/bei Khartoum/Sudan	290
Niznevartowsk AP/UdSSR	355
Norilsk AP/UdSSR	277
Nouadhibou/Mauretanien	267
Novgorod/UdSSR	191
Novosibirsk AP/UdSSR	189
Novosobirsk/UdSSR	51
Odessa AP/Ukraine/UdSSR	25
Ohrid area/Mazedonien	458
Omsk AP/UdSSR	130, 319
Omsukchan AP/UdSSR	300
Ontario AP/CA/USA	120
Orange County AP/CA/USA	273
Orenburg/UdSSR	258
Oslo-Fornebu AP area/Norwegen	142, 148
Ottawa area/Ontario/Kanada	73
Ottendorf-Okrilla/DDR	17
Oujda AP/Marokko	224
Pago-Pago AP/US-Samoa	167
Palembang area/Indonesien	190
Palermo area/Mittelmeer	239
Panama City AP/Panama	259, 457
Papeete area/Tahiti	156
Paramaribo area/Surinam	376
Paris-CDG AP/Frankreich	322, 459
Paris-Orly AP/Frankreich	32, 120, 156
Paris area/Frankreich	170
Paso Robeles/CA/USA	353
Pawlodar AP/UdSSR	394
Pazifik/CA/USA	94
Pazifik/Lima area/Peru	500
Peconic area/NJ/USA	19
Pekanbaru AP/Indonesien	443
Peking/China	245
Pengkalpinang AP/Indonesien	316
Pensacola area/FL/USA	235, 354
Penza AP/UdSSR	336
Perpignan AP/Frankreich	308
Pervouralks/UdSSR	388
Peshawar AP/Pakistan	447
Phang-Rang-AB/Süd-Vietnam	175
Philadelphia Int'l AP/NJ/USA	110, 198, 320
Phnom-Penh AP/Kambodscha	120
Phuket area/Thailand	322, 345
Pittsburgh area/PA/USA	467
Pleiku/Süd-Vietnam	136
Pochinok area/UdSSR	236
Pomona area/NJ/USA	95
Port Harcourt AP/Nigeria	383, 418
Port Harcourt/Nigeria	139, 505
Portland/OR/USA	240
Posadas AP/Argentinien	359
Prag-Ruzyne AP/CSSR	149, 210, 276

Prestwick AP/Schottland/Großbritannien	212	Sarajevo AP/Bosnien Herzegowina	472
Puerto Plata area/Dominikanische Republik	488	Savosteevka area/UdSSR	17
Puerto Plata/Domenikanische Republik	485	Sebha AP/Libyen	320, 323
Puerto Williams AP/Chile	407	Sebha area/Libyen	296
Punta Jardinero/Kuba	397	Semipalatinsk AP/UdSSR	151
Purto Vallarta/Mexico	155	Seoul-Kimpo AP/Süd-Korea	270, 387
Puschkin/UdSSR	356	Sevchenko area/UdSSR	282
Pushong area/Malaysia	373	Shanghai AP/China	291
		Shelbyville/IN/USA	96
Quaisumah area/Saudi Arabien	193	Shiraz AP/Iran	338
Quelimane area/Mosambik	297	Shizukuishi area/Japan	125
Quetta AP/Pakistan	273	Sierra dos Macacos/Rio area/Brasilien	250
Quito AP/Equador	258, 490, 318	Simferopol AP/UdSSR	274
		Sinai Wüste/Ägypten	150
Rabat-Sàle/Marokko	27	Singapur-Seletar AP/Singapur	47, 201, 259
Rascht/Iran	495	Sioux City AP/IO/USA	89, 379
Recife area/Brasilien	43, 444	Skopje/Mazedonien	444
Rhodos area/Griechenland	77	Sochi AP/UdSSR	273
Rijeka/Jugoslawien	122	Sofia AP/Bulgarien	364
Rio De Janeiro AP area/Brasilien	155	Sofia area/Bulgarien	33, 316
Rio De Janeiro AP/Brasilien	35, 88, 332	Sokoto area/Nigeria	418
Rio de La Plata/Argentinien	274	Sorong area/Indonesien	448
Riohacha/Columbien	272	Sorroch area/Italien	251
Riyadh/Saudi Arabien	268	St. Lucia. Inl AP/St.Lucia	243
Rochester AP/NY/USA	237	St.Croix area/Karibik	107
Rom-Ciampino AP/Italien	11	St.Thomas AP/US-Virgin Islands	195
Rom-Fiumicino AP/Italien	51, 104, 165, 223, 258, 366	Staines/Großbritannien	138
Rostov AP/UdSSR	171	Stepanakert area/UdSSR	394
Rostov/Rußland	473	Stockholm-Arlanda AP/Schweden	99, 156, 340
Rotterdam area/Niederlande	276	Stockholm area/Schweden	420
Rußland	428	Stockton AP/CA/USA	96
		Straße von Hormuz/Persischer Golf	361
Saarbrücken AP/BR Deutschland	182	Suchumi AP/Georgien	289, 454 - 455
Sadlec/bei Prag/CSSR	191	Sunnyvale/Ca/USA	154
Saginaw/TX/USA	376	Surgut AP/UdSSR	356
Saigon AP/Vietnam	201	Sverdlovsk area/UdSSR	161, 395
Saint Thomas AP/US-Virgin Islands	119	Sverdlowsk AP/UdSSR	25, 239
Salt Lake City AP/UT/USA	59, 386	Syktyvkar/UdSSR	337
Samarang/Indonesien	471		
San Andres Island AP/Kolumbien	307	Tacloban AP/Philippinen	317
San Carlos de Bariloche/Argentinen	223	Taegu AP/Süd-Korea	414
San Diego/CA/USA	237	Taif area/Saudi Arabien	254
San Francisco AP/CA/USA	138, 272	Taipeh area/Chinesisches Meer	250
San Jose AP area/Costa Rica	222, 419	Tajungkara AP/Indonesien	299
San Jose AP/Costa Rica	269, 359	Tamanrasset AP/Algerien	470
San Jose/Ibiza/Spanien	129	Tampico AP/Mexico	495
San Luis AP/Argentinien	439	Tanger/Marokko	166
Sanaa AP/Nordjemen	221, 284	Taschkent/UdSSR	28
Santa-Cruz AP/Teneriffa/Spanien	232	Tashkent AP/UdSSR	344
Santa Cruz/Bolivien	209	Teesside AP/Großbritannien	116
Santa Elena area/Guatemala	334	Teheran AP/Iran	170, 294
Santa Maria/Azoren/Portugal	372	Teheran area/Iran	200, 258, 444
Santa Marta AP/Kolumbien	289, 293	Tel Aviv Lod/Israel	119
Santiago de Chile area/Chile	94, 394	Telford Lake/AB/Kanada	148
Santiago de Compostela/Spanien	233	Tenere Wüste/Tschad	383
Santo Domingo/Dominikanische Republik	101, 452	Texcoco See/Mexico	69, 96
Sanyi area/Taiwan	275	Tidjikja AP area/Mauretanien	465
Sao Luiz area/Brasilien	154	Tiemencen/Algerien	498
Sao Paulo/Brasilien	376, 502	Tiflis AP/UdSSR	239, 432
Sao Paulo-Campinas AP area/Brasilien	28	Tingo Maria/Peru	459
Sao Paulo AP/Brasilien	168, 233, 334, 470	Tirupati area/Indien	457

Titograd/Jugoslawien	161
Tobolsk/Rußland	473
Tokio-Bucht/Japan	60
Tokio-Haneda AP/Japan	67, 283
Tokio-Narita AP/Japan	62, 219, 276
Toledo AP area/OH/USA	427
Toronto AP/ON/Kanada	155, 236
Toronto/ON/Kanada	109
Toulouse AP/Frankreich	464
Travis AFB/CA/USA	171
Tripoli AP/Libyen	335
Tripolis AP/Libyen	419
Tripolis area/Libyen	108, 119, 120, 381, 443
Trondheim AP/Norwegen	341
Tschardshou AP/Turkmenistan	431
Tucuti area/Panama	432
Tumaco AP/Kolumbien	430
Turin area/Italien	167
Turin Caselle AP/Italien	501
Tyrrhenisches Meer/Italien	13, 15, 17
Tyumen AP/UdSSR	248
Uch-Kuduk area/UdSSR	322
UdSSR	53, 289
UdSSR	53
Ufa AP/UdSSR	246
Unalakleet/AS/USA	392
Unionville area/IO/USA	32
Urumchi/China	129, 456
Ushuaia AP/Argentinien	365
Ust-Kut AP/UdSSR	210
Ust-Orda/UdSSR	22
Ustica Inseln area/Italien	264
Vachkatchech Berg/Kamtschatka/Rußland	490
Valera area/Venezuela	409
Van/Türkei	472
Vanavara area/Rußland	470
Vancouver AP/BC/Kanada	80
Varna AP/Bulgarien	431
Vigo AP/Spanien	459
Vilinius area/UdSSR	164
Villa Gesell AP/Argentinien	388
Vologda area/UdSSR	254
Vrasta area/Bulgarien	233
Vrbovec/Jugoslawien	206
Würenlingen/Schweiz	103
Warschau-Okiece AP/Polen	258, 259, 420, 452
Warschau area/Polen	343
Washington D.C/USA	278
Weissrußland/UdSSR	287
Wemme area/OR/USA	68
Windhoek AP area/Namibia	85
Wisley AP/Großbritannien	47
Wladiwostok AP/Rußland	439
Wladiwostok/UdSSR	24, 28
Wolgograd/UdSSR	83
Workuta AP/Rußland	470
Wyton AP/England	17
Xian area/China	463
Yangti area/China	439
Yap/Carolinen Inseln/USA	271
Yuma AP/AZ/USA	262
Zürich-Kloten AP/Schweiz	110
Zamboanga AP/Philippinen	198
Zaporozhye AP/Ukraine/UdSSR	182, 210
Zelesnogorsk area/UdSSR	276
Zeya/UdSSR	290
Zhadovka area/UdSSR	216
Zihuatanejo area/Mexico	277